SCHÄFFER
POESCHEL

Finanz und Steuern

Band 1

Bilanzsteuerrecht und Buchführung

von

Dr. Harald Horschitz

Professor a. D.
an der Hochschule für öffentliche Verwaltung und Finanzen Ludwigsburg

Walter Groß

Professor a. D.
an der Hochschule für öffentliche Verwaltung und Finanzen Ludwigsburg

Bernfried Fanck

Professor
an der Hochschule für öffentliche Verwaltung und Finanzen Ludwigsburg

Harald Guschl

Oberregierungsrat
hauptamtlicher Dozent an der Hochschule für öffentliche Verwaltung und Finanzen Ludwigsburg

Jürgen Kirschbaum

Professor
an der Hochschule für öffentliche Verwaltung und Finanzen Ludwigsburg

Heribert Schustek

Oberamtsrat
hauptamtlicher Dozent an der Hochschule für öffentliche Verwaltung und Finanzen Ludwigsburg

14., vollständig überarbeitete Auflage

2016
Schäffer-Poeschel Verlag Stuttgart

Bearbeiterübersicht:

Horschitz: D, E, F, K (1 bis 3), O, P, Q, S, T
Fanck: A, B, K (4 bis 6), M, R
Guschl: H (1, 2 und 4), I, L (1 bis 7), S, T
Kirschbaum: C, G, L (8 und 9), N, S, T
Schustek: H (3), J, S, T

MIX
Papier aus verantwortungsvollen Quellen
FSC® C089473

Gedruckt auf säure- und chlorfreiem, alterungsbeständigem Papier

Bibliografische Information der Deutschen Nationalbibliothek
Die Deutsche Nationalbibliothek verzeichnet diese Publikation in der Deutschen Nationalbibliografie; detaillierte bibliografische Daten sind im Internet über <http: //dnb.d-nb.de> abrufbar.

Print:	ISBN 978-3-7910-3614-4	Bestell-Nr.:	20182-0002
ePDF:	ISBN 978-3-7910-3615-1	Bestell-Nr.:	20182-0151

www.schaeffer-poeschel.de
service@schaeffer-poeschel.de

Umschlagentwurf: Goldener Westen, Berlin
Umschlaggestaltung: Kienle gestaltet, Stuttgart
Typograpfie: Hans Peter Willberg und Ursula Steinhoff
Satz: primustype Hurler GmbH, Notzingen
Druck und Bindung: Beltz Bad Langensalza GmbH, Bad Langensalza

Printed in Germany
April 2016
Schäffer-Poeschel Verlag Stuttgart
Ein Tochterunternehmen der Haufe Gruppe

Vorwort zur 14. Auflage

Mit dem vorliegenden Buch geben die Verfasser eine vertiefende Darstellung des handelsrechtlichen Bilanzrechts und des ertragsteuerlichen Bilanzsteuerrechts sowie des Unternehmenssteuerrechts. Dabei wird wegen des engen sachlichen Zusammenhangs neben der rechtlichen Problematik auch die buchmäßige Behandlung einzelner Positionen, ja sogar einzelner Geschäftsvorfälle dargestellt.

Das Buch ist als Lehrbuch für Studenten an den Universitäten, den Hochschulen und Fachhochschulen sowie zur Vorbereitung auf die Bilanzbuchhalterprüfung und Steuerberaterprüfung ebenso geeignet wie als Nachschlagewerk für Praktiker in der Finanzverwaltung, in der Steuerberatung und im Betrieb. Dafür sorgen die Verfasser, die als langjährige Praktiker und als Professoren an der Hochschule für öffentliche Verwaltung und Finanzen Ludwigsburg steuerrechtliches Wissen vermitteln. Aus dem Kreis der Autoren ist Professor Walter Groß aus Altersgründen ausgeschieden. Der Verlag und die Autoren danken ihm für die langjährige und stets hochqualifizierte Mitarbeit an diesem Werk. Neu zum Autorenteam gestoßen sind Oberregierungsrat Harald Guschl und Oberamtsrat Heribert Schustek, die nach längerer Tätigkeit als Sachgebietsleiter in der Betriebsprüfung bzw. als Sachbearbeiter bei der Oberfinanzdirektion Karlsruhe inzwischen ebenfalls als hauptamtliche Dozenten an der Hochschule für öffentliche Verwaltung und Finanzen Ludwigsburg Bilanzsteuerrecht lehren.

Das Lehrbuch berücksichtigt die aktuelle Rechtslage bis Januar 2016. Neben zahlreichen Gesetzesänderungen, insbesondere durch das Bilanzrichtlinie-Umsetzungsgesetz (BilRUG), sind die einschlägigen BMF-Schreiben und Veröffentlichungen in der Fachliteratur sowie die aktuelle Rechtsprechung eingearbeitet.

Ludwigsburg, im Januar 2016

Dr. Harald Horschitz
Bernfried Fanck
Jürgen Kirschbaum
Harald Guschl
Heribert Schustek

Inhaltsverzeichnis

Teil C Begriff des Gewinns, Gewinn- und Verlustrechnung und steuerliche Gewinnermittlungsarten

Teil D Wirtschaftsgut

Teil E Abgrenzung des Betriebsvermögens vom Privatvermögen

Teil F Einlagen und Entnahmen

Teil G Bilanzierungs- und Bewertungsgrundsätze

Teil H Bewertungsmaßstäbe

Teil I Besondere Anschaffungsvorgänge

Teil J Abschreibungen

Teil K Bilanzierung bestimmter Aktivposten

Teil L Bilanzierung bestimmter Passivposten

Teil M Besonderheiten bei bestimmten Gewinn- und Verlust-Posten

Teil N Bilanzberichtigung und Bilanzänderung sowie Berichtigungstechnik und Mehr- und Wenigerrechnung

Teil O Betriebseröffnung, Betriebserwerb, Betriebsübertragung, Betriebsaufgabe

Teil P Verträge unter Verwandten

Teil Q Besonderheiten bei Personengesellschaften

Teil R Besonderheiten beim Abschluss von Kapitalgesellschaften

Teil S Komplexe Übungsfälle

Teil T Lösungen zu den komplexen Übungsfällen

Abkürzungsverzeichnis

A	Abschnitt
a. A.	anderer Ansicht
a. a. O.	am angegebenen Ort
AB	Anfangsbestand
Abschn.	Abschnitt
AEAO	Anwendungserlass zur Abgabenordnung (BStBl I 1998, 630)
a. F.	alte Fassung
AfA	Absetzung für Abnutzung
AfaA	Absetzung für außergewöhnliche wirtschaftliche oder technische Abnutzung
AfS	Absetzung für Substanzverringerung
AG	Aktiengesellschaft
AK	Anschaffungskosten
AO	Abgabenordnung
a. o. Aufwand	außerordentlicher Aufwand
a. o. Ertrag	außerordentlicher Ertrag
Art.	Artikel
AV	Anlagevermögen
AVmG	Altersvermögensgesetz
Az.	Aktenzeichen
BaWü	Baden-Württemberg
BB	Betriebs-Berater (Zeitschrift)
BBauG	Bundesbaugesetz
Bd.	Band
BdF (BMF)	Bundesminister der Finanzen
BerlinFG	Berlinfördergesetz
BewG	Bewertungsgesetz
BFA	Bankenfachausschuss des Instituts der Wirtschaftsprüfer in Deutschland e. V.
BFH	Bundesfinanzhof
BFHE	Entscheidung des Bundesfinanzhofs
BFH/NV	Sammlung amtlich nicht veröffentlichter Entscheidungen des BFH
BGBl I	Bundesgesetzblatt Teil I
BGH	Bundesgerichtshof
BGHZ	Entscheidungen des Bundesgerichtshofs in Zivilsachen
bgND	betriebsgewöhnliche Nutzungsdauer
BilMoG	Bilanzrechtsmodernisierungsgesetz
BiRiLiG	Bilanzrichtlinien-Gesetz
BMF (BdF)	Bundesminister der Finanzen
BR-Drucksache	Drucksache des Bundesrats
BStBl I	Bundessteuerblatt Teil I
BT-Drucksache	Drucksache des Bundestags
Buchst.	Buchstabe
BVerfG	Bundesverfassungsgericht
BW	Baden-Württemberg
Bw	Buchwert
bzw.	beziehungsweise
DB	Der Betrieb (Zeitschrift)
dergl.	dergleichen
d. h.	das heißt
d. s.	das sind
DStR	Deutsches Steuerrecht (Zeitschrift)
DStZ	Deutsche Steuerzeitung (Zeitschrift)
EB	Eröffnungsbilanz
EFG	Entscheidung der Finanzgerichte (Zeitschrift)
EGHGB	Einführungsrecht zum HGB
EGAO	Einführungsgesetz zur Abgabenordnung
e. K.	eingetragene(r) Kaufmann/ Kauffrau
Erl.	Erlass
ESt	Einkommensteuer
EStDV	Einkommensteuer-Durchführungsverordnung
EStG	Einkommensteuer-Gesetz
EStH	Einkommensteuer-Hinweise
EStR	Einkommensteuer-Richtlinien
EStÄR	Einkommensteueränderungsrichtlinien
EuGH	Europäischer Gerichtshof
EuroEG	Gesetz zur Einführung des Euro (Euroeinführungsgesetz) vom 09. 06. 1998 (BGBlI1988,2342)
evtl.	eventuell

EWWU	Europäische Wirtschafts- und Währungsgemeinschaft
f., ff.	folgende, fortfolgende
FA	Finanzamt
FEK	Fertigungseinzelkosten
FG	Finanzgericht
FGK	Fertigungsgemeinkosten
FinMin Ba-Wü	Finanzministerium Baden- Württemberg
FK	Fertigungskosten
FKPG	Gesetz zur Umsetzung des Föderalen Konsolidierungsprogramms
FL	Fertigungslöhne
FÖJG	Gesetz zur Förderung eines freiwilligen ökologischen Jahres (FÖJ-Förderungsgesetz – FÖJG)
FördG	Gesetz über Sonderabschreibungen und Abzugsbeträge im Fördergebiet (Fördergebietsgesetz)
FR	Finanz-Rundschau (Zeitschrift)
FVG	Finanzverwaltungs-Gesetz
GbR	Gesellschaft des bürgerlichen Rechts
GdbR	Gesellschaft des bürgerlichen Rechts
GenG	Genossenschafts-Gesetz
GewSt	Gewerbesteuer
GewStDV	Gewerbesteuer-Durchführungsverordnung
GewStG	Gewerbesteuer-Gesetz
GewStR	Gewerbesteuer-Richtlinien
GG	Grundgesetz
ggf.	gegebenenfalls
gl.A.	gleicher Ansicht
GmbH	Gesellschaft mit beschränkter Haftung
GmbHG	Gesetz betreffend die Gesellschaften mit beschränkter Haftung
GoB	Grundsätze ordnungsmäßiger Buchführung
GoS	Grundsätze ordnungsmäßiger Speicherbuchführung
GrESt	Grunderwerbsteuer
GrEStG	Grunderwerbsteuer-Gesetz
GuV-Rechnung	Gewinn- und Verlustrechnung
GWG	geringwertiges Wirtschaftsgut, geringwertige Wirtschaftsgüter
HB	Handelsbilanz
HBeglG 2004	Haushaltsbegleitgesetz 2004
HdR-E	Küting/Pfitzer/Weber, Handbuch der Rechnungslegung Einzelabschluss (Loseblatt)
HFA	Hauptfachausschuss des Instituts der Wirtschaftsprüfer in Deutschland e. V.
HFR	Höchstrichterliche Finanzrechtsprechung (Zeitschrift)
HGB	Handelsgesetzbuch
HK	Herstellungskosten
h. L.	herrschende Lehre
h. M.	herrschende Meinung
HS	Halbsatz
i. d. F.	in der Fassung
i. d. R.	in der Regel
IKR	Industriekontenrahmen
InvZulG	Investitionszulagengesetz
i. S. v.	im Sinne von
i. V. m.	in Verbindung mit
JbFSt	Jahrbuch der Fachanwälte für Steuerrecht
JStG	Jahressteuergesetz
KapSt	Kapitalertragsteuer
KapCoRiLiG	Kapitalgesellschaften- und Co-Richtliniengesetz
KG	Kommanditgesellschaft
KGaA	Kommanditgesellschaft auf Aktien
KiLSt	Kirchenlohnsteuer
Kj	Kalenderjahr
Kj 01, 02, 03	erstes Kj, zweites Kj, drittes Kj (in Beispielen)
Kln	Köln
Kösdi	Kölner Steuerdialog
KSt	Körperschaftsteuer
KStDV	Körperschaftsteuer-Durchführungsverordnung
KStG	Körperschaftsteuer-Gesetz
KStR	Körperschaftsteuer-Richtlinien
KVStG	Kapitalverkehrsteuer-Gesetz
KWG	Gesetz über das Kreditwesen
LG	Leasing-Geber
LN	Leasing-Nehmer
LSt	Lohnsteuer

LStDV	Lohnsteuer-Durchführungsverordnung
m. E.	meines Erachtens
m. w. N.	mit weiteren Nachweisen
MGK	Materialgemeinkosten
MK	Materialkosten
MWR	Mehr und Weniger-Rechnung
MWSt	Mehrwertsteuer (Umsatzsteuer)
n. F.	neue Fassung
NJW	Neue Juristische Wochenschrift (Zeitschrift)
Nr.	Nummer
OFD	Oberfinanzdirektion
OHG	Offene Handelsgesellschaft
PartG	Partnerschaftsgesellschaft
PartGG	Partnerschaftsgesellschaftsgesetz
PB	Prüferbilanz
PublG	Publizitätsgesetz
R	Richtlinie
RAP	Rechnungsabgrenzungsposten
rd.	rund
Rdnr.	Randnummer
RennwLottAB	Ausführungsbestimmungen zum Rennwett- und Lotteriegesetz
RennwLottG	Rennwett- und Lotteriegesetz
RfE	Rücklage für Ersatzbeschaffung
RFH	Reichsfinanzhof
RhPf	Rheinland-Pfalz
rkr.	rechtskräftig
RStBl I	Reichssteuerblatt TeilI
Rz.	Randziffer
S.	Seite
SchlHol	Schleswig-Holstein
SchutzbauG	Schutzbaugesetz
SEStEG	Gesetz über steuerliche Begleitmaßnahmen zur Einführung der Europäischen Gesellschaft und zur Änderung weiterer steuerrechtlicher Vorschriften
SK	Selbstkosten
s. o.	siehe oben
so. betr. Aufw.	sonstige betriebliche Aufwendungen
so. betr. Ertr.	sonstige betriebliche Erträge
sog.	so genannt
SolZ	Solidaritätszuschlag
Sopo	Sonderposten mit Rücklageanteil

St.	Stück
StÄndG	Steueränderungsgesetz
StB	Steuerbilanz
StBp	Die steuerliche Betriebsprüfung
SteuerStud	Steuer und Studium (Zeitschrift)
StEuglG	Steuer-Euroglättungsgesetz
StGB	Strafgesetzbuch
stl.	steuerlich
stl. BP	steuerliche Betriebsprüfung
STEd	Steuer-Eildienst (Zeitschrift)
StMBG	Gesetz zur Bekämpfung des Missbrauchs und zur Bereinigung des Steuerrechts
StOG	Standortsicherungsgesetz
Stpfl.	Steuerpflichtiger
StuW	Steuer und Wirtschaft (Zeitschrift)
StW	Steuer-Warte (Zeitschrift)
s. u.	siehe unten
szt.	seinerzeit
TW	Teilwert
Tz	Textziffer
u.	und
u. a.	unter anderem
u. ä.	und ähnliche
u. E.	unseres Erachtens
u. f.	und folgende
UmwG	Umwandlungsgesetz
UmwStG	Gesetz über steuerliche Maßnahmen bei ¾nderung der Unternehmensform (Umwandlungssteuergesetz)
UmwStErl.	Umwandlungssteuererlass
UntStFG	Gesetz zur Fortentwicklung des Unternehmersteuerrechts
USt	Umsatzsteuer
UStAE	Umsatzsteuer-Anwendungserlass
UStDV	Umsatzsteuer- Durchführungsverordnung
UStG	Umsatzsteuer-Gesetz
UStR	Umsatzsteuer-Richtlinien
usw.	und so weiter
u. U.	unter Umständen
UV	Umlaufvermögen
VAG	Gesetz über die Beaufsichtigung der privaten Versicherungsunternehmen (Versicherungsaufsichtsgesetz)

VermBG	Vermögensbildungsgesetz
VersStDV	Versicherungssteuer-Durchführungsverordnung
Vfg.	Verfügung
vgl.	vergleiche
v. H.	vom Hundert
VO	Verordnung
VorSt	Vorsteuer (Eingangs-Umsatzsteuer)
VSt	Vermögenssteuer
VStG	Vermögenssteuer-Gesetz
VStR	Vermögenssteuer-Richtlinien
VVaG	Versicherungsverein auf Gegenseitigkeit
WG	Wechselgesetz
Wj.	Wirtschaftsjahr
Wj. 01, 02, 03	erstes Wj., zweites Wj., drittes Wj. (in Beispielen)
WPg	Die Wirtschaftsprüfung (Zeitschrift)
WStDV	Wechselsteuer-Durchführungsverordnung
WStG	Wechselsteuer-Gesetz
z. B.	zum Beispiel
Ziff.	Ziffer
ZPO	Zivilprozessordnung
z. T.	zum Teil
ZVG	Gesetz über die Zwangsversteigerung und Zwangsverwaltung

Teil A Buchführungs- und Aufzeichnungspflichten

1 Einführung

1.1 Begriffsbezeichnungen

Der Begriff »Aufzeichnungen« ist als Oberbegriff für alle Buchungen innerhalb und außerhalb einer kaufmännischen Buchführung zu verstehen. Da jedoch in den verschiedenen Vorschriften regelmäßig zwischen »Bücher und Aufzeichnungen führen« unterschieden wird, bietet sich für die Darstellung dieses Problembereichs folgende begriffliche Unterscheidung an:

- Der Begriff **»Buchführungspflicht«** wird für die Buchführungs- und Aufzeichnungspflicht des Handels-, Gesellschafts- und Genossenschaftsrechts verwendet. Das Gleiche gilt für die entsprechende steuerliche Pflicht.
- Der Begriff **»Sonstige Aufzeichnungspflichten«** wird für alle übrigen Aufzeichnungen verwendet, die nach speziellen Gesetzen und Verordnungen für irgendwelche Zwecke vorgeschrieben sind.

1.2 Buchführung als Zweig des betrieblichen Rechnungswesens

Das betriebliche Rechnungswesen als System zur Erfassung und Analyse betrieblicher Mengen- und Wertbewegungen wird allgemein in die vier Bereiche

- **Buchführung** (als Zeitabschnittsrechnung),
- **Kosten- und Leistungsrechnung** (als Betriebsbuchführung, Betriebsabrechnung und Kalkulation),
- **Betriebsstatistik** (als Vergleichs- und Kontrollrechnung) und
- **Planung** (als Vorausschaurechnung)

gegliedert.

Diese vier Zweige hängen zwar eng zusammen und ergänzen sich gegenseitig, haben aber ihre eigenen Verfahren und Anwendungsgebiete. Umfang und Bedeutung der einzelnen Zweige sind in erster Linie von der Art und Größe des Betriebs abhängig.

a) Buchführung

Die Buchführung (auch Geschäftsbuchführung oder Finanzbuchführung genannt) ist eine Zeitabschnittsrechnung. Ihre wichtigste Aufgabe besteht darin, den Stand und die Veränderungen des Anlage- und Umlaufvermögens sowie des Eigen- und Fremdkapitals fortlaufend und systematisch aufzuzeichnen. Das Gleiche gilt für die Erträge und Aufwendungen eines Geschäftsjahres (Wirtschaftsjahres). Aufgrund dieser Aufzeichnungen muss es möglich sein, zum Schluss des Geschäftsjahres einen Abschluss (Schlussbilanz, Gewinn- und Verlustrechnung sowie einen Anhang hierzu) zu erstellen.

Die aus der Buchführung erkennbaren wichtigen Grunddaten der Veränderungen des Vermögens und der Schulden sowie der Erträge und Aufwendungen sind allerdings nicht nur für den Eigenbedarf des Betriebs bedeutsam, sondern allgemein (z. B. für den Gläubigerschutz, die Besteuerung). Aus diesem Grunde wurden schon sehr früh den Kaufleuten gesetzlich ganz bestimmte Pflichten zur Aufzeichnung ihrer verschiedenartigen Geschäftsvorgänge auferlegt.

b) Kosten- und Leistungsrechnung

Die Kosten- und Leistungsrechnung (auch als Betriebsbuchführung bezeichnet) ist eine rein innerbetriebliche Verrechnung. Durch sie werden die Kosten und Leistungen des Betriebs erfasst, ausgewertet sowie den erzeugten Produkten und erbrachten Leistungen zugerechnet. Diese Aufgabe gliedert sich insbesondere in die **Kostenartenrechnung** (systematische Erfassung der Kosten), die **Kostenstellenrechnung** (Verrechnung der Kosten nach Kostenstellen) und die **Kostenträgerrechnung** (Verrechnung der Kosten auf die erzeugten Produkte und erbrachten Leistungen). Die Kostenträgerrechnung umfasst auch die **Kalkulation** (mit ihren verschiedenen Arten und Verfahren bzw. Methoden).

c) Betriebsstatistik

Im Rahmen der Betriebsstatistik (auch Vergleichs- und Kontrollrechnung genannt) werden betriebliche Kennzahlen ermittelt und für Betriebszwecke ausgewertet. Diese Kennzahlen dienen insbesondere dem Zweck, die Entwicklung des Betriebs zu verfolgen, zu kontrollieren und marktwirtschaftlich zu überwachen. Durch sie können auch Grundlagen und Erkenntnisse für betriebliche Planungen gewonnen werden. Für diese Vergleichs- und Kontrollrechnung können i. d. R. viele Daten aus der Buchführung sowie aus der Kosten- und Leistungsrechnung entnommen werden.

d) Planung

Bei der betrieblichen Planung handelt es sich um eine Vorausschaurechnung für den Betrieb. Auch für diese Vorausschaurechnung wird z. T. auf die Ergebnisse der Buchführung sowie der Kosten- und Leistungsrechnung zurückgegriffen. Die größte Schwierigkeit für die Planung liegt in der Vorausschätzung der zukünftigen Entwicklung des Betriebs. Hierbei spielen evtl. Strukturwandlungen, Konjunkturschwankungen und Veränderungen am Absatzmarkt eine wichtige Rolle.

2 Allgemeine Buchführungspflicht nach Handelsrecht

2.1 Gesetzliche Grundlagen

Unter »Allgemeiner Buchführungspflicht nach Handelsrecht« ist die allgemeine Buchführungs- und Aufzeichnungspflicht des Handels-, Gesellschafts- und Genossenschaftsrechts zu verstehen. Durch Art. 1 des Bilanzrichtlinien-Gesetzes vom 19.12.1985 (BGBl I 1985, 2355) wurden die Bestimmungen über die Führung der Handelsbücher sowohl der Einzelkaufleute und Personenhandelsgesellschaften, als auch der Kapitalgesellschaften und Genossenschaften sowie für Unternehmen bestimmter Geschäftszweige im Dritten Buch des HGB (§§ 238–342 e) zusammengefasst. Die grundlegenden Bestimmungen über die Pflicht des Kaufmanns »Bücher zu führen und in diesen seine Handelsgeschäfte und die Lage seines Vermögens nach den Grundsätzen ordnungsmäßiger Buchführung ersichtlich zu machen« enthalten die §§ 238–241 a HGB (mit weiteren Regelungen in den §§ 242–261 HGB über die Eröffnungsbilanz, den Jahresabschluss, die Aufbewahrung und Vorlage). Diese Bestimmungen gelten grundsätzlich **für alle Kaufleute, insbesondere jedoch für die Einzelkaufleute** und die **Personenhandelsgesellschaften**. Darüber hinaus wurden für bestimmte juristische Personen sowie für Unternehmen bestimmter Geschäftszweige besondere Regelungen als ergänzende Vorschriften in das HGB aufgenommen und zwar für:

- **Kapitalgesellschaften** (AG, KGaA und GmbH) und bestimmte Personenhandelsgesellschaften mit Kapitalgesellschaften als Gesellschaftern (vgl. § 264 a HGB) in den §§ 264–289 a HGB (vgl. auch § 91 AktG und § 41 GmbHG). Auch die Bestimmungen über den Konzernabschluss und Konzernlagebericht (§§ 290–315 a), die Prüfung (§§ 316–324 a), die Offenlegung, Veröffentlichung und Vervielfältigung sowie Prüfung durch den Betreiber des elektronischen Bundesanzeigers (§§ 325–329), die Verordnungsermächtigung für Formblätter und andere Vorschriften (§ 330) sowie die Vorschriften über Strafgelder, Bußgelder und Zwangsgelder (§§ 331–335 b) wurden in das HGB übernommen.
- Eingetragene **Genossenschaften** in den §§ 336–339 HGB (vgl. auch § 33 GenG).
- **Unternehmen bestimmter Geschäftszweige** in den §§ 340–341 p HGB. Diese ergänzenden Vorschriften gelten für Kreditinstitute und Finanzdienstleistungsinstitute (§§ 340–340 o HGB) sowie für Versicherungsunternehmen und Pensionsfonds (§§ 341–341 p HGB).

Außerdem wurden Regelungen geschaffen für die Anerkennung und Übertragung bestimmter Aufgaben auf ein **privates Rechnungslegungsgremium** (§ 342 HGB), für die Bildung eines **Rechnungslegungsbeirats** (§ 342 a HGB) und für eine Prüfstelle für Rechnungslegung (§§ 342 b–342 e HGB).

2.2 Zur Buchführung verpflichtete Personen, Beginn und Beendigung der Buchführungspflicht, Befreiung von der Buchführungspflicht

Nach § 238 Abs. 1 HGB ist **jeder Kaufmann** zur Buchführung **verpflichtet**. Die Buchführungspflicht ist daher eng mit der Kaufmannseigenschaft verknüpft. Das Vorliegen der Kaufmannseigenschaft ist nicht nur für die andauernde Buchführungspflicht maßgebend, sondern auch für deren **Beginn** und die **Beendigung.**

Der **Istkaufmann** (§ 1 HGB) ist also bereits mit Beginn des Handelsgewerbes buchführungspflichtig, weil er auch ohne Eintragung ins Handelsregister Kaufmann ist. Istkaufmann ist, wer ein Handelsgewerbe betreibt, ohne Kleingewerbetreibender zu sein. Die Kaufmannseigenschaft wird also, wie die Negativformulierung in § 1 Abs. 2 HGB (»es sei denn«) zeigt, bei jedem Gewerbetreibenden vermutet.

Der **Kannkaufmann** (§ 2 HGB) erlangt die Kaufmannseigenschaft erst mit seiner Eintragung in das Handelsregister. Erst ab diesem Zeitpunkt beginnt bei ihm die handelsrechtliche Buchführungspflicht. Kannkaufleute sind **Kleingewerbetreibende**, die nach Art und Umfang einen in kaufmännischer Weise eingerichteten Gewerbebetrieb nicht benötigen (§ 1 Abs. 2 HGB). Diese Kleingewerbetreibenden sind berechtigt, sich in das Handelsregister eintragen zu lassen, sie sind hierzu jedoch nicht verpflichtet. Sind sie eingetragen, so gelten sie nach § 2 HGB als Kaufleute. Sie können aber auf ihren Antrag hin auch wieder aus dem Handelsregister gelöscht werden mit der Folge, dass ihre Kaufmannseigenschaft wieder erlischt.

Land- und forstwirtschaftliche Unternehmen, die nach Art und Umfang einen in kaufmännischer Weise eingerichteten Geschäftsbetrieb erfordern, erlangen gem. § 3 Abs. 2 HGB mit der Eintragung im Handelsregister zugleich die Kaufmannseigenschaft. **Freiberufler** können nicht ins Handelsregister eingetragen werden. Ihnen fehlt also die Kaufmannseigenschaft.

Kaufleute i. S. v. § 5 HGB, die zu Unrecht als solche im Handelsregister eingetragen sind, unterliegen nicht der Buchführungspflicht nach § 238 HGB (Baumbach/Hopt, Handelsgesetzbuch § 238 Rz. 7). Gleiches gilt für **Scheinkaufleute**. Dies sind Personen, die zwar nicht Kaufleute sind, die aber im Geschäftsverkehr den Anschein erwecken, Kaufmann oder (insbesondere persönlich haftender) Gesellschafter einer Handelsgesellschaft zu sein und sich deshalb gegenüber gutgläubigen Dritten entsprechend ihres Verhaltens als Kaufmann behandeln lassen müssen. Als Umstände, die eine solche Verhaltensweise dokumentieren, können in Betracht kommen: das Führen einer Firma, das Auftretenlassen von Prokuristen, die Verwendung von Allgemeinen Geschäftsbedingungen, Telegrammadressen oder aufwendigen Briefköpfen mit mehreren Geschäftskonten, die Eintragung in Branchenverzeichnissen usw. Buchführungspflichtig sind aber Unternehmen, die ursprünglich als Handelsgewerbe i. S. v. § 1 Abs. 2 HGB einzustufen waren und demzufolge ins Handelsregister eingetragen wurden, nunmehr aber nur noch ein Kleingewerbe betreiben, und bei denen eine Löschung aus dem Handelsregister unterblieben ist. Diese Unternehmen fallen nicht unter § 5 HGB, sondern sind als Kannkaufleute nach § 238 i. V. m. § 2 HGB verpflichtet, Bücher zu führen (Beck'scher Bilanz-Kommentar § 238 Rz. 22). Diese Verpflichtung erlischt erst, wenn auf Antrag eine Löschung im Handelsregister erfolgt.

Der **Formkaufmann** (§ 6 HGB) ist stets buchführungspflichtig. Als Formkaufleute werden die **Handelsgesellschaften** bezeichnet. Es sind dabei zu unterscheiden:

- Handelsgesellschaften als **Personengesellschaften**
  Das sind die OHG und die KG. Betreiben diese Gesellschaften ein Kleingewerbe oder verwalten sie nur ihr eigenes Vermögen, erlangen sie erst mit der Eintragung ins Handelsregister den Status einer Handelsgesellschaft (§§ 105 Abs. 2 und 161 Abs. 2 HGB). Die Buchführungspflicht beginnt demzufolge auch erst mit der konstitutiven Eintragung. Wird dagegen ein vollkaufmännisches Gewerbe nach § 1 Abs. 2 HGB betrieben, liegt bereits mit Aufnahme der Tätigkeit eine Handelsgesellschaft vor (§ 123 Abs. 2 und 161 Abs. 2 HGB), sodass auch die Buchführungspflicht zu diesem Zeitpunkt einsetzt. Die spätere Eintragung ins Handelsregister wirkt nur deklaratorisch. Zu beachten ist aber bei der vermögensverwaltenden OHG oder KG, dass sich die Einkunftsart nach wie vor nach den Regelungen des Einkommensteuerrechts richtet. Die reine Immobilienverwaltungsgesellschaft, die nicht gewerblich tätig ist und auch keine gewerblich geprägte Personengesellschaft im Sinne des § 15 Abs. 3 Nr. 2 EStG darstellt, erzielt somit ungeachtet ihrer handelsrechtlichen Kaufmannseigenschaft als OHG oder KG gleichwohl nur Einkünfte aus Vermietung und Verpachtung. Diese Überschusseinkunftsart entzieht sich aber ertragsteuerlich einer Gewinnermittlung (§ 2 Abs. 2 EStG), so dass die §§ 140 und 141 AO nicht anzuwenden sind. Trotz ihrer auf § 238 HGB basierenden handelsrechtlichen Buchführungspflicht muss eine solche nur Grundbesitz verwaltende Vermögensverwaltungs-OHG oder -KG für steuerliche Zwecke eine Einnahmen-Überschuss-Rechnung nach den §§ 8, 9, 11 EStG vorlegen. Gleiches gilt für reine Kapitalverwaltungsgesellschaften (Holdings), die nicht gewerblich tätig oder gewerblich geprägt sind, mit ihren Einkünften nach § 20 EStG.
- Handelsgesellschaften als **Kapitalgesellschaften**
  Dazu zählen AG, KGaA und GmbH. Nicht dazu rechnen die Genossenschaften, die Versicherungsvereine auf Gegenseitigkeit und die Vereine. Nicht für alle Kapitalgesellschaften sind die Pflichten zur Erstellung des Jahresabschlusses, die Veröffentlichungspflichten und die Prüfungspflichten gleich umfangreich. § 267 und § 267 a HGB teilen daher die Kapitalgesellschaften in verschiedene Größenklassen ein.

Die eingetragenen **Genossenschaften** gelten als Kaufleute (§ 17 GenG). Für sie sind daher die gleichen Buchführungspflichten und Grundsätze ordnungsmäßiger Buchführung maßgebend, wie für die Kaufleute allgemein. Die eingetragenen Genossenschaften sind Gesellschaften von nicht geschlossener Mitgliederzahl, die die Förderung des Erwerbs oder der Wirtschaft ihrer Mitglieder mittels gemeinschaftlichen Geschäftsbetriebs bezwecken (§ 1 GenG). Sie entstehen mit der Eintragung in das Genossenschaftsregister. Die Buchführungspflicht beginnt jedoch wie beim Istkaufmann u. U. bereits vor der Eintragung in das Genossenschaftsregister.

Von der Pflicht zur Buchführung und zur Erstellung eines Inventars sind allerdings solche Einzelkaufleute nach § 241 a HGB befreit, die an den Abschlussstichtagen von zwei aufeinander folgenden Geschäftsjahren nicht mehr als 500 000 € Umsatzerlöse und 50 000 € Jahresüberschuss aufweisen. Bei Neugründungen greift die Befreiung schon ein, wenn diese Werte am ersten Abschlussstichtag nach der Neugründung nicht überschritten werden. In § 242 Abs. 4 HGB ist klargestellt, dass solche Einzelkaufleute auch keine Eröffnungsbilanz, Schlussbilanz sowie Gewinn- und Verlustrechnung erstellen müssen.

3 Steuerliche Buchführungspflicht

Für die Besteuerung sehen die §§ 140 ff. AO mehrere Möglichkeiten einer Buchführungspflicht vor. Hierbei handelt es sich um eine besonders konkretisierte Pflicht des Steuerpflichtigen, bei der Ermittlung des steuerlichen Sachverhalts mitzuwirken (vgl. § 90 Abs. 1 AO).

3.1 Buchführungspflicht nach § 140 AO

Nach § 140 AO müssen Personen, die **nach anderen als den Steuergesetzen Bücher und Aufzeichnungen** zu führen haben, diese Pflicht auch für die Besteuerung erfüllen (abgeleitete Buchführungspflicht). Die insbesondere aus dem Handelsrecht sich ergebende Buchführungspflicht gilt somit gleichermaßen als steuerliche Verpflichtung. Diese Pflicht besteht jedoch nur, soweit die Aufzeichnungen für steuerliche Zwecke bedeutsam sind. Von der Buchführungspflicht sind vor allem diejenigen Gewerbetreibenden betroffen, die zu den Kaufleuten gehören.

Da die allgemeine (außersteuerliche) Buchführungspflicht durch den Grundsatz des § 140 AO ausdrücklich zur **steuerlichen Pflicht** erklärt wird, kann sie allein für steuerliche Zwecke erzwungen werden.

BEISPIEL

Ein selbstständiger Handelsvertreter, dessen Jahresüberschuss regelmäßig 50 000 € übersteigt, zeichnet lediglich täglich seine betrieblichen Einnahmen und Ausgaben in Form einer Einnahme-Überschuss-Rechnung auf.

LÖSUNG Da es sich bei ihm um einen Istkaufmann handelt (§ 1 HGB), ist er nach § 238 Abs. 1 HGB zur Buchführung verpflichtet. Gleichzeitig hat er diese Pflicht gemäß § 140 AO für steuerliche Zwecke zu erfüllen. Also genügen seine Aufzeichnungen den gesetzlichen Anforderungen nicht.

3.2 Besondere Buchführungspflicht nach § 141 Abs. 1 AO

Aufgrund der Regelung des § 140 AO allein würde **für bestimmte Steuerpflichtige** (z. B. bestimmte Land- und Forstwirte) steuerlich keine Buchführungspflicht bestehen. Damit für alle Steuerpflichtigen die Besteuerung aber möglichst gerecht und zutreffend durchgeführt werden kann, musste auch für die bedeutenderen Fälle dieses Personenkreises eine entsprechende Verpflichtung vorgesehen werden. **Gewerbliche Unternehmer sowie Land- und Forstwirte**, die nicht bereits nach § 140 AO buchführungspflichtig sind, sind daher nach § 141 Abs. 1 AO unter bestimmten Voraussetzungen verpflichtet, für steuerliche Zwecke Bücher zu führen.

Die **Voraussetzungen** dafür sind:	**bei Land und Forstwirten** mehr als ...	**bei Gewerbetreibenden** mehr als ...
• **Umsätze** einschließlich der steuerfreien Umsätze, ausgenommen die Umsätze nach § 4 Nr. 8–10 UStG, im Kalenderjahr	500 000 €	500 000 €
• selbstbewirtschaftete **land- und forstwirtschaftliche Flächen** mit einem **Wirtschaftswert** (§ 46 BewG)	25 000 €	
• **Gewinn** aus Gewerbebetrieb im Wirtschaftsjahr		50 000 €
• **Gewinn** aus Land- und Forstwirtschaft im Kalenderjahr	50 000 €	

Diese Grenzen beziehen sich stets nur auf einen einzelnen Betrieb, auch wenn der Steuerpflichtige mehrere Betriebe der gleichen Einkunftsart hat. Für das Entstehen der Buchführungspflicht genügt es, wenn eine der genannten Wertgrenzen überschritten ist. Bei Gewerbetreibenden, welche diese Grenzen überschreiten, ergibt sich die Buchführungspflicht aber regelmäßig schon aus dem Handelsrecht (vgl. §§ 1, 238, 241 a HGB).

Bei **Land- und Forstwirten** ist der Wirtschaftswert aller selbst bewirtschafteten Flächen maßgebend, unabhängig davon, ob sie in seinem Eigentum stehen oder nicht (§ 141 Abs. 1 Satz 3 AO). Es zählen daher auch gepachtete Flächen dazu. Wirtschaftswert ist der Wert, der nach den Bestimmungen für die Einheitsbewertung des land- und forstwirtschaftlichen Vermögens zu ermitteln ist (umgerechnet auf Euro). Erforderlichenfalls ist für die Frage der Buchführungspflicht eine eigene (fiktive) Ermittlung des Wirtschaftswerts durchzuführen. Das ist z. B. dann der Fall, wenn der Land- und Forstwirt fremde Flächen mitbewirtschaftet oder Flächenänderungen nicht zu einer Wertfortschreibung des Einheitswerts des Betriebs der Land- und Forstwirtschaft geführt haben. In vielen Fällen wird jedoch auf die Ergebnisse der Ermittlung des Wirtschaftswerts im Zuge der Einheitswertfeststellung zurückgegriffen werden können. Eine Bindungswirkung besteht jedoch nicht (BFH vom 16. 12. 1982 BStBl II 1983, 257).

Soweit die Wertgrenzen in § 141 Abs. 1 Satz 1 Nr. 4 und 5 AO sich auf den Gewinn beziehen, ist bei Gewerbetreibenden auf den **Gewinn des Wirtschaftsjahres** und bei den Land- und Forstwirten auf den **Gewinn des Kalenderjahres** abzustellen; vgl. hierzu § 4 a EStG. Der Gewinn der Land- und Forstwirte ist dabei zeitanteilig aus zwei Wirtschaftsjahren zu ermitteln (§ 4 a Abs. 2 Nr. 1 EStG). Dadurch wird bei stark schwankenden Gewinnen eine gewisse Nivellierung erreicht.

BEISPIEL

Für den Landwirt und Winzer L wurden nach § 13 a EStG folgende Gewinne ermittelt:

Wirtschaftsjahr 01/02	=	40 000 €
Wirtschaftsjahr 02/03	=	56 000 €

LÖSUNG Für den Veranlagungszeitraum 02 ergeben sich somit folgende Einkünfte aus Land- und Forstwirtschaft:

6/12 von 40 000 €	=	20 000 €
6/12 von 56 000 €	=	28 000 €
		48 000 €

Es besteht für L noch keine Buchführungspflicht, obwohl im Wirtschaftsjahr 02/03 der Gewinn die Grenze von 50 000 € überschritten hat.

Für die Berechnung der Grenzen des § 141 Abs. 1 Nr. 4 und 5 AO sind erhöhte Absetzungen oder Sonderabschreibungen außer Betracht zu lassen (§ 7 a Abs. 6 EStG). Ebenso ist der Freibetrag des § 13 Abs. 3 EStG bei der Ermittlung dieser Grenzen nicht zu berücksichtigen. Sonderbetriebsvermögen eines Mitunternehmers einer Personengesellschaft ist bei der Ermittlung des maßgeblichen Betriebsgewinns der Personengesellschaft einzubeziehen (vgl. AEAO zu § 141 Tz. 1).

Eine **Besonderheit** besteht **für Land- und Forstwirte,** die freiwillig Bücher führen. Sie können wählen zwischen der Ermittlung des Gewinns nach Durchschnittsätzen (§ 13 a Abs. 1 und Abs. 3–6 EStG) oder der Gewinnermittlung durch Bestandsvergleich bzw. durch Vergleich der Betriebseinnahmen mit den Betriebsausgaben (§ 13 a Abs. 2 EStG). Wählen sie die Sonderregelung des § 13 a Abs. 2 EStG, so sind sie vier aufeinander folgende Wirtschaftsjahre daran gebunden.

Unter die Regelung des § 141 Abs. 1 AO fallen aber nur gewerbliche Unternehmer (§ 15 Abs. 2 EStG) sowie Land- und Forstwirte, **nicht** jedoch die **selbstständig Tätigen** mit Einkünften nach § 18 EStG. Also sind selbstständig Tätige niemals zur Buchführung verpflichtet, sie können aber selbstverständlich freiwillig Bücher führen und regelmäßig Abschlüsse machen.

Auch die nach § 141 Abs. 1 AO buchführungspflichtigen Unternehmer haben aufgrund jährlicher Bestandsaufnahmen Abschlüsse zu machen. Hierbei sind die Vorschriften der §§ 238, 240, 241, 242 Abs. 1 und 243–256 HGB sinngemäß anzuwenden, soweit sich nicht aus den Steuergesetzen etwas anderes ergibt (§ 141 Abs. 1 Satz 2 AO). Vgl. auch Ausführungen zu 5.

3.3 Beginn und Wegfall der Buchführungspflicht

Für die **unter § 140 AO fallenden Steuerpflichtigen** richten sich der Beginn und das Ende der Buchführungspflicht nach dem HGB oder dem jeweiligen anderen Gesetz. Für die daraus abgeleitete steuerliche Buchführungspflicht ist daher eine besondere Regelung nicht erforderlich gewesen. Beginn und Ende sind bei diesem Personenkreis jeweils vom **Eintreten oder Enden der Kaufmannseigenschaft** abhängig (vgl. 2.2). Für die **unter § 141 Abs. 1 AO fallenden Steuerpflichtigen** gilt für den Beginn und das Ende der Buchführung folgendes:

a) Entscheidend ist nicht allein das objektive Vorliegen der Merkmale des § 141 Abs. 1 AO.
b) Die Buchführungspflicht **beginnt** vom Anfang des Wirtschaftsjahres an, das auf die Bekanntgabe der Mitteilung folgt, durch die die Finanzbehörde auf den Beginn dieser Verpflichtung hingewiesen hat (§ 141 Abs. 2 Satz 1 AO). Das zuständige Finanzamt hat also dem Steuerpflichtigen den Beginn der Buchführungspflicht mitzuteilen. Dieser Hinweis kann in einem Steuerbescheid oder Feststellungsbescheid erfolgen. Der Steuerpflichtige kann aber auch in anderer Form auf den Beginn der Buchführungspflicht hingewiesen werden. Diese Mitteilung soll jedoch mindestens einen Monat vor Beginn des Wirtschaftsjahres bekannt gegeben werden, von dessen Anfang an die Buchführungsverpflichtung zu erfüllen ist (AEAO zu § 141 Tz. 4).
   Zur Möglichkeit, Erleichterungen zu bewilligen, vgl. 7.
c) Die Buchführungspflicht **endet** mit Ablauf des Wirtschaftsjahres, das auf das Wirtschaftsjahr folgt, in dem die Finanzbehörde feststellt, dass die Voraussetzungen für diese Verpflichtung nicht mehr vorliegen (§ 141 Abs. 2 Satz 2 AO).
   Eine diesbezügliche Mitteilung an den Steuerpflichtigen ist nicht zwingend vorgeschrieben. Der **Steuerpflichtige** sollte jedoch entsprechend **benachrichtigt** werden, damit er sich auf den Wegfall der Buchführungspflicht einrichten kann. Werden die Buchführungsgrenzen des § 141 Abs. 1 AO nicht mehr überschritten, so wird der Wegfall der Buchfüh-

rungspflicht dann nicht wirksam, wenn die Finanzbehörde vor dem Erlöschen der Verpflichtung wiederum das Bestehen der Buchführungspflicht feststellt. Die Pflicht und das Recht zur Buchführung und Bilanzierung enden jedoch stets zum **Zeitpunkt der Aufgabe des Betriebs** (BFH GrS vom 13.11.1963 BStBl III 1964, 124 und BFH vom 22.02.1978 BStBl II 1978, 430).

d) Nach § 141 Abs. 3 AO geht die Buchführungspflicht auf denjenigen über, der den Betrieb **im Ganzen übernimmt**. Eine solche Übernahme im Ganzen liegt dann vor, wenn die Identität des Betriebs gewahrt bleibt. Das ist der Fall, wenn die wesentlichen Grundlagen des Betriebs als einheitliches Ganzes erhalten bleiben. Als Übernehmer eines Betriebs kommen z. B. in Betracht: Erwerber, Erbe, Pächter, Nießbraucher.

BEISPIELE

a) Der bisher nicht buchführungspflichtige Landwirt L reicht seine ESt-Erklärung für das Jahr 01 am 05. 01. 03 beim Finanzamt ein. Für das Kalenderjahr 01 ergibt sich nach § 13 a EStG ein Gewinn von 51 000 €. Auch in künftigen Jahren kann mit ähnlich hohen Gewinnen gerechnet werden.
Dadurch erhält das Finanzamt erst im Januar 03 Kenntnis von der mit Ablauf des Wirtschaftsjahres 01/02 objektiv eingetretenen Buchführungspflicht für den Betrieb des L. Weist das Finanzamt den Steuerpflichtigen L noch vor dem 30. 06. 03 auf den Beginn der Buchführungspflicht hin, so hat L ab dem Wirtschaftsjahr 03/04 diese Verpflichtung zu erfüllen.
Die Mitteilung über den Beginn der Buchführungspflicht ist ein Verwaltungsakt und kann mit einem Einspruch (§ 347 AO) angefochten werden, auch wenn die Mitteilung Bestandteil eines Steuer- oder Feststellungsbescheids ist.

b) Landwirt L (kein Kaufmann nach Handelsrecht) schränkt altershalber seinen Betrieb ein. Umsatz, Wirtschaftswert und Gewinn fallen erstmals im Kalenderjahr 02 unter die Grenzen des § 141 Abs. 1 Satz 1 Nr. 1, 3 und 5 AO. Das Finanzamt erhält die ESt-Erklärung für 02 im September 03.
Das Finanzamt stellt im September 03 den Wegfall der Voraussetzungen für die Buchführungspflicht fest und teilt dies im Oktober 03 dem Steuerpflichtigen L mit. In diesem Fall endet die Buchführungspflicht erst mit Ablauf des Wirtschaftsjahres 04/05.

4 Sonstige Aufzeichnungspflichten

4.1 Außersteuerliche Aufzeichnungspflichten

Neben der allgemeinen Buchführungspflicht (vgl. 2) sehen zahlreiche Spezialgesetze und Verordnungen noch eine Vielzahl von Pflichten zur Führung bestimmter Bücher und Aufzeichnungen vor (sonstige Aufzeichnungspflichten). Hierbei handelt es sich um Aufzeichnungspflichten, die bestimmten Betrieben und den Angehörigen bestimmter Berufsgruppen aus den verschiedensten Gründen auferlegt werden. Soweit derartige Verpflichtungen von den Betroffenen im Rahmen der allgemeinen Buchführung erfüllt werden können, erübrigen sich jedoch besondere Aufzeichnungen.

Ebenso wie für die allgemeine Buchführungspflicht schreibt § 140 AO auch für die sonstigen Aufzeichnungspflichten vor, dass sie gleichermaßen für steuerliche Zwecke erfüllt werden müssen. Dies muss immer dann geschehen, wenn bei derartigen Aufzeichnungen Erkenntnisse und Daten festgehalten werden, die auch für die Besteuerung irgendwie nutzbar sind. Es spielt dabei keine Rolle, welche außersteuerlichen Ziele der Gesetz- und Verordnungsgeber mit diesen Aufzeichnungspflichten im eigentlichen Sinne verfolgt.

In dem früheren **Einführungserlass** zur AO 1977 (BStBl I 1976, 576) waren beispielhaft die wichtigsten Betriebe und Berufsgruppen zusammengestellt, die solche Aufzeichnungen führen müssen. Nachstehend ein aktualisierter **Auszug** aus dieser Zusammenstellung; danach sind besondere Aufzeichnungen zu führen:

- von **Einsammlern oder Beförderern von Abfällen** sowie von **Abfallbeseitigern** (Nachweisbücher nach §§ 27, 28 der Abfallnachweis-VO);
- von **Apotheken** (Herstellungsbücher und Prüfungsbücher nach § 22 der Apothekenbetriebsordnung);
- von **Auskunfteien** und Detekteien (Aufzeichnungen über die erteilten Aufträge nach § 38 Abs. 3 Gewerbeordnung i. V. m. einzelnen Landesverordnungen);
- von **Baugewerbetreibenden** und **Baugeldempfängern,** die die Herstellung eines Neubaues unternehmen (Baubücher nach § 2 des Gesetzes über die Sicherung von Bauforderungen);
- von Inhabern von **Beherbergungsstätten** (Fremdenverzeichnisse nach Landesrecht);
- von Betrieben, die eine **Besamungsstation** betreiben (Aufzeichnungen u. a. über die Gewinnung, Abgabe und Verwendung des Samens nach dem Tierzuchtgesetz);
- von Unternehmen, die unter das **Betäubungsmittelgesetz** fallende Stoffe einführen, ausführen, anbauen, gewinnen, gewerbsmäßig herstellen und verarbeiten, mit ihnen handeln, sie erwerben, abgeben und veräußern (Lagerbücher über den Eingang und Ausgang sowie die Verarbeitung der Betäubungsmittel nach § 17 des Betäubungsmittelgesetzes);
- von Apotheken, ärztlichen und tierärztlichen Hausapotheken, Praxen und Kliniken Bücher oder Karteikarten über den Verbleib der **Betäubungsmittel** (Betäubungsmittelbücher nach §§ 13–15 der Betäubungsmittel-Verschreibungs-Verordnung);
- von **Bezirksschornsteinfegermeistern** (Kehrbücher nach § 14 Abs. 1 der VO über das Schornsteinfegerwesen);
- von Inhabern und Leitern von **Blindenwerkstätten** (Aufzeichnungen über die Menge und den Erlös der verkauften Blindenwaren und Zusatzwaren nach § 3 Abs. 1 der VO zur Durchführung des Blindenwarenvertriebsgesetzes);
- von **Buchmachern** (Durchschriften der Wettscheine oder Wettbücher, Aufstellungen und Abrechnungen mit den Buchmachergehilfen und Geschäftsbücher nach § 4 Abs. 1 RennwLottG);
- von **Effektenverwahrern** (Verwahrungsbücher für die verwahrten Wertpapiere nach § 14 Abs. 1 des Gesetzes über die Verwahrung und Anschaffung von Wertpapieren – Depotgesetz);
- von Inhabern von **Fahrschulen** (Aufzeichnungen über die Ausbildung eines jeden Fahrschülers sowie über das erhobene Entgelt nach § 18 Abs. 1 und 2 des Fahrlehrergesetzes);
- von **Forstsamen- und Forstpflanzenbetrieben** (Kontrollbücher über alle Vorräte, Eingänge, Vorratsveränderungen und Ausgänge von Saat- und Pflanzengut nach § 19 Abs. 1 des Gesetzes über forstliches Saat- und Pflanzengut);
- von Landwirten, die frisches **Geflügelfleisch** abgeben oder liefern (besondere Aufzeichnungen über Abgabe oder Lieferung nach §§ 2, 14 Abs. 2 der Geflügelfleischhygiene-VO);
- von Bearbeitungs- und Verarbeitungsbetrieben der **Getreide- und Futtermittelwirtschaft** (Geschäftsbücher nach § 15 der Getreide-Ausfuhr- und Verarbeitungs-ÜberwachungsVO);
- von **Gebrauchtwaren- und Edelmetallhändlern** (über ihre Geschäfte Gebrauchtwarenbücher nach Landesrecht);

- von Unternehmen des **Güterfernverkehrs** (Fahrtenbücher, Beförderungs- und Begleitpapiere usw. nach § 7 Güterkraftverkehrsgesetz und §§ 2–4 der Fahrtenbuch-VO zum Güterkraftverkehrsgesetz);
- von Unternehmern, die **Heimarbeit** ausgeben, weitergeben oder abnehmen (Beschäftigungslisten, Entgeltverzeichnisse und Entgeltbücher nach §§ 6 Satz 1 und 8 Abs. 1 des Heimarbeitsgesetzes i. V. mit §§ 9 ff. der 1. VO zur Durchführung des Heimarbeitsgesetzes);
- von Unternehmern, die **Kriegswaffen** herstellen, befördern lassen oder selbst befördern oder die tatsächliche Gewalt über Kriegswaffen von einem anderen erwerben oder einem anderen überlassen (Kriegswaffenbücher zum Nachweis des Verbleibs der Kriegswaffen nach § 12 Abs. 2 des Gesetzes über die Kontrolle von Kriegswaffen);
- von **Lohnsteuerhilfevereinen** (besondere Aufzeichnungen u. a. über die Einnahmen, Ausgaben und Vermögenswerte nach § 21 des StBerG);
- von **Maklern, Darlehens- und Anlagevermittlern, Bauträgern und Baubetreuern** (Angaben über die Aufträge bzw. Bauvorhaben nach § 10 der Makler- und Bauträger-VO);
- von **Reisebüros** und **Unterkunftsvermittlern** (besondere Aufzeichnungen nach Landesrecht);
- von Betrieben, die bestimmtes **Saatgut** erzeugen oder vertreiben (Aufzeichnungen über Gewicht oder Stückzahl des von ihnen abgegebenen Saatguts nach §§ 13 Abs. 3 und 19 Abs. 2 des Saatgutverkehrsgesetzes);
- von **Erzeugern von Schlachtrindern** sowie von **Schlachtbetrieben** (Nachweise nach der Rinder- und Schafprämien-VO);
- von gewerbsmäßigen Herstellern von **Schusswaffen** (Waffenherstellungsbücher), von Unternehmen, die gewerbsmäßig Schusswaffen erwerben, vertreiben oder anderen überlassen (Waffenhandelsbücher);
- von Unternehmen, die die Erlaubnis für den Umgang und Verkehr mit **Sprengstoffen** haben (Verzeichnisse über die Menge der hergestellten, wiedergewonnenen, erworbenen, eingeführten, überlassenen, verwendeten oder vernichteten Sprengstoffe nach § 16 Abs. 1 des Sprengstoffgesetzes i. V. mit §§ 41–44 der ersten VO zum Sprengstoffgesetz);
- von **Tierärzten**, die eine Hausapotheke betreiben (Aufzeichnungen – Nachweise – über den Erwerb, die Herstellung, die Aufbewahrung und die Abgabe von Arzneimitteln nach § 5 Abs. 2 und § 13 der VO über tierärztliche Hausapotheken);
- von **Versicherungsunternehmen** (eine besondere Rechnungslegung nach der RechnungslegungsVO);
- von **Versteigerern** (Aufzeichnungen über die Versteigerungsaufträge nach § 21 der VersteigererVO);
- von **Verwaltern des gemeinschaftlichen Eigentums der Wohnungseigentümer** (Wirtschaftspläne, Abrechnungen und Rechnungslegungen nach § 28 Abs. 1, 3 und 4 des Wohnungseigentumsgesetzes);
- von Unternehmen, die Erzeugnisse i. S. des **Weingesetzes** herstellen, in Verkehr bringen, ins Inland und aus dem Inland verbringen (Wein- und Analysenbücher nach § 29 Abs. 1 Weingesetz i. V. m. §§ 5 ff. WeinüberwachungsVO).

Verstöße gegen diese außersteuerlichen Buchführungs- und Aufzeichnungspflichten stehen den Verstößen gegen steuerliche Buchführungs- und Aufzeichnungsvorschriften gleich. Vgl. § 162 Abs. 2 AO (Schätzung), § 379 Abs. 1 AO (Steuergefährdung). Diese Aufzeichnungen erlangen insbesondere im Zuge einer steuerlichen Außenprüfung Bedeutung.

4.2 Steuerliche Aufzeichnungspflichten

Neben den außersteuerlichen sonstigen Aufzeichnungspflichten gibt es auch im Steuerrecht Vorschriften, nach denen bestimmte Geschäftsvorgänge besonders aufzuzeichnen sind. Dabei handelt es sich jedoch regelmäßig um Aufzeichnungspflichten, die von buchführungspflichtigen Steuerpflichtigen im Rahmen ihrer Buchführung erfüllt werden können und auch erfüllt werden. Praktische Bedeutung erlangen diese Verpflichtungen daher im Allgemeinen nur bei den nichtbuchführenden Steuerpflichtigen. Nachstehend **die wichtigsten speziellen Aufzeichnungspflichten** dieser Art:

a) Ergänzende Aufzeichnungen für Land- und Forstwirte (§ 142 AO)
Danach haben die buchführungspflichtigen Land- und Forstwirte in einem **Anbauverzeichnis** aufzuzeichnen, mit welchen Fruchtarten die selbstbewirtschafteten Flächen im abgelaufenen Wirtschaftsjahr bestellt waren.

b) Aufzeichnung des Wareneingangs (§ 143 AO)
Dazu sind nur **gewerbliche Unternehmer** verpflichtet, nicht dagegen Land- und Forstwirte. Buchführende Gewerbetreibende werden diese Verpflichtung regelmäßig im Rahmen der Buchführung erfüllen. Nichtbuchführende Gewerbetreibende müssen dagegen ein Wareneingangsbuch oder ein ihm gleichartiges Buch (z. B. Steuerheft der Straßenhändler, Wildhandelsbuch der Wildbrethändler) führen.

Der **Inhalt** der Aufzeichnungen ist in § 143 Abs. 2 und 3 AO im Einzelnen festgelegt. Aufzuzeichnen sind danach nicht nur die entgeltlich oder unentgeltlich erworbenen Handelswaren, sondern auch die erworbenen Rohstoffe, unfertigen Erzeugnisse, Hilfsstoffe und Zutaten.

c) Aufzeichnung des Warenausgangs (§ 144 AO)
Nach dieser Regelung müssen **gewerbliche Unternehmer,** die nach Art ihres Geschäftsbetriebs Waren regelmäßig an andere gewerbliche Unternehmen zur Weiterveräußerung oder zum Verbrauch als Hilfsstoffe liefern, den erkennbar für diesen Zweck bestimmten Warenausgang gesondert aufzeichnen. Diese Bestimmung betrifft vor allem die Großhändler. Anders als beim Wareneingang müssen auch **Land- und Forstwirte** entsprechende Warenausgänge aufzeichnen, jedoch beschränkt auf buchführungspflichtige Land- und Forstwirte (§ 144 Abs. 5 AO). Auch hier wird es so sein, dass buchführende Unternehmer diese Verpflichtung regelmäßig im Rahmen ihrer Buchführung erfüllen. Aufgrund der vorhandenen Aufzeichnungen des Wareneingangs und Warenausgangs können die Finanzbehörden die Angaben in den Steuererklärungen überprüfen und leichter gegenseitige Kontrollen durchführen. Der **Inhalt** der Aufzeichnungen ist in § 144 Abs. 2–4 AO im Einzelnen festgelegt.

d) Aufzeichnungspflichten nach Einzelsteuergesetzen

aa) Im **ESt-Recht** vorgeschriebene besondere Aufzeichnungen:

- nach § 4 Abs. 3 Satz 5 EStG für Wirtschaftsgüter des Anlagevermögens und für die in Satz 4 bezeichneten Wirtschaftsgüter des Umlaufvermögens bei Einnahmen-Überschuss-Rechnung;
- nach § 4 Abs. 7 EStG für **bestimmte Betriebsausgaben** i. S. von § 4 Abs. 5 EStG (R 4.11 EStR);
- nach § 6 Abs. 2 Satz 4 EStG für **geringwertige Wirtschaftsgüter**, deren Wert 150 € übersteigt;

- nach § 7 a Abs. 8 EStG für solche Wirtschaftsgüter, für die **erhöhte Abnutzungen oder Sonderabschreibungen** in Anspruch genommen werden;
- nach § 41 EStG i. V. m. § 4 LStDV hat der Arbeitgeber am Ort der Betriebsstätte für jeden Arbeitnehmer und jedes Kalenderjahr ein **Lohnkonto** zu führen.

bb) **Im USt-Recht vorgeschriebene besondere Aufzeichnungen**

- Aufzeichnungspflicht nach **§ 22 UStG** und §§ 63–68 UStDV für z. B:
  - die vereinbarten Entgelte für vom Unternehmer ausgeführte Lieferungen und sonstige Leistungen (§ 22 Abs. 2 Nr. 1 UStG),
  - die vereinnahmten Entgelte und Teilentgelte für noch nicht ausgeführte Lieferungen und sonstige Leistungen (§ 22 Abs. 2 Nr. 2 UStG),
  - die Bemessungsgrundlage für Lieferungen i. S. von § 3 Abs. 1 b UStG und für sonstige Leistungen i. S. von § 3 Abs. 9 a Nr. 1 UStG (§ 22 Abs. 2 Nr. 3 UStG),
  - die wegen unrichtigen Steuerausweises nach § 14 c Abs. 1 UStG und wegen unberechtigten Steuerausweises nach § 14 c Abs. 2 UStG geschuldeten Steuerbeträge (§ 22 Abs. 2 Nr. 4 UStG),
  - die Entgelte für steuerpflichtige Lieferungen und sonstige Leistungen, die an den Unternehmer für sein Unternehmen ausgeführt wurden und die darauf entfallende Vorsteuer (§ 22 Abs. 2 Nr. 5 UStG),
  - die Bemessungsgrundlage für die Einfuhr von Gegenständen für das Unternehmen und die dafür entrichtete Einfuhr-Umsatzsteuer (§ 22 Abs. 2 Nr. 6 UStG),
  - die Bemessungsgrundlagen für den innergemeinschaftlichen Erwerb von Gegenständen sowie die hierauf entfallenden Steuerbeträge (§ 22 Abs. 2 Nr. 7 UStG).
  - In den vorgenannten Fällen müssen die Entgelte dabei nach steuerpflichtigen und steuerfreien Umsätzen und nach Steuersätzen getrennt werden.
  - Führung eines Steuerheftes in den Fällen des § 22 Abs. 5 UStG.
- Aufzeichnungspflicht für **bestimmte Steuerbefreiungen** und zwar z. B. nach
  - § 4 Nr. 1a i. V. m. § 6 Abs. 4 und § 7 Abs. 4 UStG sowie § 13 UStDV für Ausfuhrlieferungen und Lohnveredelungen an Gegenständen der Ausfuhr,
  - § 4 Nr. 2 i. V. m. § 8 Abs. 3 UStG und § 18 UStDV bei Umsätzen für die Seeschifffahrt und Luftfahrt,
  - § 4 Nr. 3a UStG i. V. m. § 21 UStDV für steuerfreie Leistungen, die sich auf Gegenstände der Ausfuhr oder Einfuhr beziehen,
  - § 4 Nr. 5 UStG i. V. m. § 22 UStDV für bestimmte Vermittlungsleistungen.

cc) **Für andere Steuerarten bestehen ebenfalls besondere Aufzeichnungspflichten, so z. B.**

- in § 10 VersStG, wonach für die Abrechnung der Versicherungsteuer besondere Aufzeichnungen zu führen sind,
- in § 17 RennwLottAB, wonach bestimmte Nachweise aufzustellen sind.

5 Inhalt der Buchführungspflicht

5.1 Handelsrechtliche Vorschriften zur Erstellung der Buchführung und des Jahresabschlusses

Nach den §§ **238–263 HGB**, die als allgemeine Grundsätze für buchführungspflichtige Unternehmer (handelsrechtlich für alle Kaufleute) gelten, beinhaltet die Buchführungspflicht im Wesentlichen die nachfolgend aufgeführten Regelungen:

a) Jeder Kaufmann ist nach §§ 238 Abs. 1 und 239 HGB zur **Führung von Handelsbüchern** verpflichtet. Die Buchführung muss kaufmännisch ausgestaltet sein, ist jedoch an ein bestimmtes System nicht gebunden. Wesentlich ist nur, dass sämtliche Geschäftsvorfälle laufend aufgezeichnet werden und dass mit Hilfe einer körperlichen Bestandsaufnahme die Aufstellung einer Vermögensübersicht (Inventar und Bilanz) erfolgt. Insgesamt muss die Buchführung allerdings so ausgestaltet sein, dass ein sachkundiger Dritter jederzeit in angemessener Zeit die Höhe und die sachliche Zusammensetzung des Vermögens feststellen und erfassen kann (BFH vom 23.09.1966 BStBl III 1967, 23, vom 26.03.1968 BStBl II 1968, 527, vom 24.11.1971 BStBl II 1972, 400); vgl. hierzu auch § 238 Abs. 1 Sätze 2 und 3 HGB und die Ausführungen in R 5.2 EStR und H 5.2 EStH. Hieran sind folgende **Mindestanforderungen** zu stellen:
   - Erstellung eines ordnungsmäßigen Inventars (§ 240 HGB).
   - Tägliche und fortlaufende Aufzeichnung des gesamten Zahlungsverkehrs, getrennt nach baren und unbaren Vorgängen. Dazu müssen ein Kassenbuch und Bankkonten geführt werden (BFH vom 14.12.1966 BStBl III 1967, 247).
   - Forderungen und Schulden sind fortlaufend nachzuweisen (Geschäftsfreundebuch, Kontokorrentkonten, Hilfsbücher, Offene-Posten-Buchhaltung, Ergänzungen im Wareneingangs- und Warenausgangsbuch).
   - Veränderungen der Anlagewerte, der Wertpapiere, der Wechsel- und Scheckbestände sind laufend nachzuweisen (Bestandsverzeichnisse).
   - Privatentnahmen und Privateinlagen müssen buchmäßig nachgewiesen werden.

b) **Jahresabschlüsse** müssen aufgrund jährlicher Bestandsaufnahmen (§§ 242 und 243 HGB) erstellt werden. Bei doppelter Buchführung müssen danach eine Bilanz und eine Gewinn- und Verlust-Rechnung erstellt werden. Bei der einfachen Buchführung genügte früher ein aufgrund der Bestandsaufnahme durchgeführter Bestandsvergleich; dies ist wegen § 242 Abs. 2 und 3 HGB nicht mehr ausreichend.
   Nach § 245 HGB ist der **Jahresabschluss** unter Angabe des Datums vom Kaufmann zu **unterzeichnen.** Bei Personenhandelsgesellschaften hat dies durch die persönlich haftenden Gesellschafter und bei juristischen Personen durch die zuständigen Organe der Geschäftsführung zu geschehen.

c) Die Anforderungen an die **Ausgestaltung der Buchführung** hängen wesentlich von der Art und Größe des Betriebs ab (BFH vom 29.08.1969 BStBl II 1970, 40).
   Wird eine Buchführung mit Hilfe von **Datenträgern** geführt, so sind grundsätzlich die gleichen Regeln und Grundsätze maßgebend, die auch für andere Buchführungsformen gelten. Die maßgebenden handelsrechtlichen GoB wurden durch die **Grundsätze zur ordnungsmäßigen Führung und Aufbewahrung von Büchern, Aufzeichnungen und Unterlagen in elektronischer Form sowie zum Datenzugriff** (GoBD) ergänzt (bekannt gegeben mit BMF-Schreiben vom 14.11.2014 BStBl I 2014, 1450, auch abgedruckt in Beck'sche Steuererlasse Nr. 800 § 146/1. Den GoBD kommt insbesondere hinsichtlich der

allgemeinen Anforderungen an die Dokumentation und Prüfbarkeit eine grundsätzliche Bedeutung für jede Buchführung mit Datenträgern zu. Vgl. auch H 5.2 (GoB) EStH. Zur Aufbewahrung von Kassenstreifen vgl. auch BMF vom 09.01.1996 BStBl I 1996, 34.
Die Aufzeichnungen in der Buchführung und in den sonstigen Büchern sind so vorzunehmen, dass der Zweck, den sie für die Besteuerung erfüllen sollen, erreicht wird. Es handelt sich hierbei um einen Grundsatz, der nicht unbedingt mit den handelsrechtlichen GoB konform gehen muss.

Für die allgemeine handelsrechtliche Buchführung und die sonst allgemein erforderlichen Aufzeichnungen sowie für den Jahresabschluss sind einige wichtige Grundsätze in den **§§ 239, 243–245 HGB** festgelegt. Buchführende Unternehmer haben u. a. Folgendes zu beachten:

- Nach § 244 HGB ist der Jahresabschluss in **deutscher Sprache** zu erstellen.
- Ebenfalls nach § 244 HGB ist der **Jahresabschluss in Euro** aufzustellen.
- Die Bedeutung von **verwendeten Abkürzungen, Ziffern, Buchstaben oder Symbolen** muss eindeutig festliegen (§ 239 Abs. 1 Satz 2 HGB).
- Die Aufzeichnungen müssen **vollständig, richtig, zeitgerecht und geordnet** vorgenommen werden (§ 239 Abs. 2 HGB).
- Keine **Veränderung ursprünglicher Eintragungen und Aufzeichnungen,** ohne dass der ursprüngliche Inhalt nicht wieder feststellbar ist (§ 239 Abs. 3 HGB).
- An Stelle schriftlicher Eintragungen und Aufzeichnungen oder der Erfassung auf Datenträgern ist unter bestimmten Voraussetzungen auch die **geordnete Ablage von Belegen** zulässig (sog. »Offene-Posten-Buchhaltung«). Hierbei sind jedoch stets die GoB zu beachten und einzuhalten. Vgl. auch R 5.2 Abs. 1 EStR.

5.2 Ergänzende steuerrechtliche Vorschriften

Außer den allgemeinen handelsrechtlichen Anforderungen an Buchführung und Aufzeichnungen enthalten die **§§ 145 und 146 AO** noch weitere klarstellende Regelungen hierzu. Danach muss die Buchführung so beschaffen sein, dass sie einem sachverständigen Dritten innerhalb angemessener Zeit einen Überblick über die Geschäftsvorfälle und über die Vermögenslage des Unternehmens vermitteln kann. Die Geschäftsvorfälle müssen sich in ihrer Entstehung und Abwicklung verfolgen lassen (§ 145 Abs. 1 AO). Vgl. hierzu auch § 238 Abs. 1 Sätze 2 und 3 HGB. Weitere Ordnungsvorschriften für die Buchführung und Aufzeichnungen sind im Einzelnen in § 146 AO festgelegt; sie ergeben sich z. T. bereits aus § 239 und § 243 HGB. Darüber hinaus sind zur Frage der Ordnungsmäßigkeit der Buchführung die wesentlichen Grundsätze in R 5.2 EStR und H 5.2 EStH zusammengestellt.

6 Handelsrechtliche und steuerliche Aufbewahrungspflichten

Nach Handelsrecht (§ 257 HGB) und Steuerrecht (§ 147 AO) müssen folgende Unterlagen **geordnet aufbewahrt** werden:

- Handelsbücher, Inventare, Eröffnungsbilanzen, Jahresabschlüsse, Lageberichte, Konzernabschlüsse, Konzernlageberichte sowie die zu ihrem Verständnis erforderlichen Arbeitsanweisungen und sonstigen Organisationsunterlagen,
- die empfangenen Handelsbriefe,
- Wiedergabe der abgesandten Handelsbriefe (§ 238 Abs. 2 HGB),
- Buchungsbelege und
- sonstige Unterlagen, soweit sie für die Besteuerung von Bedeutung sind.

Diese Regelung wurde vor allem deshalb getroffen, um später die einzelnen Geschäftsvorfälle nachvollziehen und die Ergebnisse der Buchführung und sonstigen Aufzeichnungen überprüfen zu können. § 257 HGB gilt nur für Kaufleute. § 147 Abs. 1 AO ist dagegen für alle buchführungs- und aufzeichnungspflichtigen Personen maßgebend. Die steuerliche Regelung erfasst damit einen viel größeren Personenkreis. Vgl. auch H 5.2 (Aufbewahrungspflichten) EStH.

Es sind **aufzubewahren**

- **zehn Jahre lang** alle in § 257 Abs. 1 Nr. 1 und Nr. 4 HGB bzw. § 147 Abs. 1 Nr. 1 und Nr. 4 AO aufgeführten Unterlagen, also insbesondere die Handelsbücher, Inventare, Eröffnungsbilanzen, Jahresabschlüsse sowie die zu ihrem Verständnis erforderlichen Arbeitsanweisungen und sonstigen Organisationsunterlagen und Buchungsbelege (insbesondere auch kontierte Eingangs- und Ausgangsrechnungen),
- **sechs Jahre lang** die sonstigen Unterlagen, soweit nicht in anderen Steuergesetzen kürzere Aufbewahrungspflichten zugelassen sind (§ 257 Abs. 4 HGB bzw. § 147 Abs. 3 AO).

Steuerlich läuft die Aufbewahrungspflicht jedoch nicht ab, soweit und solange die Unterlagen für Steuern von Bedeutung sind, für welche die Festsetzungsfrist (§§ 169–171 AO) noch nicht abgelaufen ist (§ 147 Abs. 3 Satz 3 AO).

Die **Aufbewahrungspflicht beginnt** mit dem Schluss des Kalenderjahres, in dem die letzte Eintragung in das Handelsbuch bzw. Buch gemacht, das Inventar, die Eröffnungsbilanz, der Jahresabschluss oder der Lagebericht aufgestellt, der Handels- oder Geschäftsbrief empfangen oder abgesandt worden oder der Buchungsbeleg entstanden ist, ferner die Aufzeichnungen vorgenommen worden oder die sonstigen Unterlagen entstanden sind (§ 257 Abs. 5 HGB, § 147 Abs. 4 AO).

BEISPIEL

Die Buchführung für das Wirtschaftsjahr 01. 10. 01 bis 30. 09. 02 wird im Februar 03 abgeschlossen.

LÖSUNG In diesem Falle beginnt die Aufbewahrungsfrist mit Ablauf des Jahres 03.

Mit Ausnahme der Eröffnungsbilanz, der Jahresabschlüsse und der Konzernabschlüsse können alle anderen Buchführungs- und Aufzeichnungsunterlagen auch auf **Mikrofilmen oder anderen Datenträgern** aufbewahrt werden. Einzelheiten hierzu regeln § 257 Abs. 3 HGB und § 147 Abs. 2 und 5 AO.

7 Bewilligung von Erleichterungen

Nach § 148 AO können die Finanzbehörden für einzelne Fälle oder für bestimmte Gruppen von Fällen gewisse Erleichterungen zulassen, wenn die Einhaltung der durch die Steuergesetze begründeten Buchführungs-, Aufzeichnungs- und Aufbewahrungspflichten Härten mit sich bringt. Die Besteuerung darf aber nicht beeinträchtigt werden. Erleichterungen kommen z. B. in Betracht

- für das Hinausschieben des Beginns der Buchführungspflicht, weil die Voraussetzungen des § 141 Abs. 1 AO von der Entscheidung eines Rechtsbehelfsverfahrens abhängen,
- für die Befreiung von der Buchführungspflicht, weil die Grenzen des § 141 Abs. 1 Satz 1 AO nur zufällig, z. B. wegen außerordentlicher Erträge, überschritten werden.

Zur Möglichkeit der vorübergehenden Befreiung von der gesetzlichen Buchführungspflicht vgl. auch BFH vom 17. 09. 1987 (BStBl II 1988, 21). Erleichterungen dieser Art können wiederrufen werden (§ 148 Satz 3 AO). Erleichterungen sind jedoch nicht zulässig wegen persönlicher Gründe des Steuerpflichtigen, wie z. B. Alter und Krankheit (BFH vom 14. 07. 1954 BStBl III 1954, 253).

8 Verletzung von Buchführungs- und Aufzeichnungspflichten und ihre Folgen

Werden die Bücher und Aufzeichnungen ordnungsgemäß geführt, so sind ihre Ergebnisse der Besteuerung zugrunde zu legen (§ 158 AO). Der Buchführung kommt daher eine wichtige Beweiskraft zu. Die Buchführungs- und Aufzeichnungspflicht kann durch formelle und materielle Mängel verletzt worden sein. Zu den **formellen Mängeln** zählen z. B.

Fehlen bestimmter Handelsbücher bzw. Bücher (z. B. Grundbuchungen, Kassenbuchaufzeichnungen).

- Keine zeitnahe Buchung des baren und unbaren Geschäftsverkehrs.
- Keine Führung von Personenkonten (Kontokorrentbuch bzw. Geschäftsfreundebuch).
- Wareneingänge und Warenausgänge sind nicht vorschriftsmäßig aufgezeichnet.
- Es wurde keine Inventur durchgeführt.
- Fehlen von Buchungsbelegen.
- Der Jahresabschluss wurde verspätet aufgestellt. Nach Auffassung des BFH vom 06. 12. 1983 (BStBl II 1984, 227) ist eine Buchführung nicht ordnungsgemäß, wenn der Jahresabschluss nicht innerhalb eines Jahres nach dem Bilanzstichtag aufgestellt wird; für Kapitalgesellschaften beträgt diese Frist grundsätzlich drei Monate, für kleine Kapitalgesellschaften (vgl. § 267 Abs. 1 HGB) sechs Monate (§ 264 Abs. 1 HGB).
- Aufbewahrungsfristen wurden nicht eingehalten.

Materielle Mängel liegen z. B. vor

- bei fehlenden und falschen Bilanzierungen und Wertansätzen und
- bei fehlenden und falschen Buchungen.

Vgl. auch R 5.2 Abs. 2 EStR.

Die Verletzung von Buchführungspflichten kann zu Sanktionen führen. Für vertretungsberechtigte Organe von Kapitalgesellschaften sieht das **Handelsrecht** u. a. Folgendes vor:

- wenn Verhältnisse der Kapitalgesellschaft in der Eröffnungsbilanz, im Jahresabschluss oder im Lagebericht unrichtig wiedergegeben oder verschleiert werden, **Freiheitsstrafen** bis zu drei Jahren oder **Geldstrafe** (§ 331 Nr. 1 HGB),
- wenn bei der Aufstellung oder Feststellung des Jahresabschlusses gegen bestimmte Vorschriften verstoßen wird, **Bußgelder** bis zu 50 000 € (§ 334 HGB),
- wenn die Pflicht zur Offenlegung des Jahresabschlusses und des Lageberichts nicht erfüllt wird, können **Ordnungsgelder** von 2 500 € bis zu 25 000 € festgesetzt werden (§ 335 HGB).

Weitere strafrechtliche Konsequenzen kann die Verletzung der Buchführungspflichten nach § 283 Abs. 1 Nr. 5 bis 7 StGB (Freiheitsstrafe bis zu fünf Jahren oder Geldstrafe) und nach § 283 b StGB (Freiheitsstrafe bis zu zwei Jahren oder Geldstrafe) haben. Weitere Voraussetzung für die Strafbarkeit nach § 283 StGB (Bankrott) ist allerdings, dass der Kaufmann seine Zahlungen eingestellt hat oder über sein Vermögen das Insolvenzverfahren eröffnet oder der Eröffnungsantrag mangels Masse abgewiesen worden ist.

Die Verletzung der Buchführungs- und Aufzeichnungspflichten kann auch verschiedene **steuerliche Folgen** auslösen:

- Die Buchführungs- und Aufzeichnungspflichten können mit **Zwangsmitteln** erzwungen werden (§ 328 AO).
- Die Besteuerungsgrundlagen können **geschätzt** werden (§ 162 AO).
- Tritt eine **Steuergefährdung** ein (§ 379 AO), kann diese Ordnungswidrigkeit mit einer **Geldbuße** bis 5 000 € geahndet werden.

- Liegt eine **leichtfertige Steuerverkürzung** vor (§ 378 AO), kann diese zu einer **Geldbuße** bis 50 000 € führen.
- Liegt der Tatbestand der **Steuerhinterziehung** vor (§ 370 AO), so kann der Steuerpflichtige mit einer Freiheitsstrafe bis zu fünf Jahren oder einer Geldstrafe **bestraft** werden.

In den Fällen aufgetretener Straftatbestände stellen die Verstöße gegen bestimmte Buchführungs- und Aufzeichnungspflichten häufig Vorbereitungshandlungen hierzu dar. Ob die Ergebnisse der Buchführung für die Ermittlung der Besteuerungsgrundlagen wegen fehlender Ordnungsmäßigkeit völlig oder nur teilweise verworfen werden müssen, hängt von der Art und dem Umfang der Verletzung der einzelnen Bestimmungen ab. Hierfür ist das Gesamtbild der Verhältnisse maßgebend.

9 Unterschiede bei Gewinnermittlung nach § 4 Abs. 1 und § 5 EStG

§ 5 EStG gilt **nur für Gewerbetreibende.** Darunter fallen also Kaufleute, die ein Gewerbe betreiben und deshalb bereits allgemein handelsrechtlich zur Buchführung verpflichtet sind, aber auch die übrigen Gewerbetreibenden, die erst über § 141 AO zur Buchführungspflicht gelangen. Dazu gehören aber ebenso alle Kleingewerbetreibenden, die zwar nicht buchführungspflichtig sind, aber freiwillig Bücher führen und regelmäßig Abschlüsse tätigen. Für diesen Personenkreis gelten also grundsätzlich die **handelsrechtlichen GoB** (§ 5 Abs. 1 Satz 1 erster HS EStG, Maßgeblichkeitsprinzip), es sei denn, steuerlich ist etwas anderes vorgeschrieben oder erlaubt. Abweichungen ergeben sich für die Entnahmen und Einlagen, die Zulässigkeit (bzw. Nichtzulässigkeit) von Bilanzänderungen, die Betriebsausgaben, die Bewertung und die Absetzung für Abnutzung oder Substanzverringerung (§ 5 Abs. 6 EStG). Weitere Einzelheiten hierzu werden an anderen Stellen dieses Buches behandelt.

§ 4 Abs. 1 EStG gilt für **alle anderen buchführenden Unternehmer**, also für Land- und Forstwirte und für selbstständig Tätige i. S. v. § 18 EStG (insbesondere Freiberufler), die freiwillig Bücher führen und regelmäßig Abschlüsse machen. Bei Land- und Forstwirten kann es sich auch um solche Betriebe handeln, die bereits handelsrechtlich durch freiwillige Eintragung in das Handelsregister buchführungspflichtig sind (§ 140 AO). Für diese Betriebe gelten selbstverständlich auch die handelsrechtlichen GoB. Die Vorschriften des § 4 EStG gehen jedoch stets vor.

Die im Zuge der Bilanzierung und Bewertung der Wirtschaftsgüter zu beachtenden Unterschiede zwischen Gewinnermittlung nach § 4 Abs. 1 und § 5 EStG sind unter C 3 dargestellt.

Für **Unternehmer, die freiwillig Bücher führen** und Abschlüsse erstellen, gelten die Ausführungen zu 5, 6 und 8 entsprechend. Jedoch können derartige Personen wegen Verletzung der Buchführungsvorschriften nicht belangt werden. Allerdings ist es möglich, dass die Ergebnisse der Buchführung verworfen werden und der Gewinn auf andere Weise ermittelt, d. h. geschätzt wird.

Teil B Technik der doppelten Buchführung

1 Grundlagen der Buchführung

Ziel der Buchführung ist nach § 238 Abs. 1 HGB unter anderem, die Vermögenslage des Kaufmanns ersichtlich zu machen. Dazu ist vor allem notwendig, die Bestände der positiven und negativen Vermögensgegenstände des Betriebs nicht nur buchmäßig, sondern auch in ihrer tatsächlichen Höhe festzustellen. Diesem Zweck dienen insbesondere die in § 240 HGB vorgeschriebenen Inventuren zum Beginn des Handelsgewerbes und zum Schluss eines jeden Geschäftsjahrs.

1.1 Inventur

Bei der Inventur müssen nach § 240 Abs. 1 HGB alle Vermögensgegenstände, die dem Kaufmann gehören (s. D 2) und seinem Betrieb dienen, genau aufgezeichnet und im Einzelnen bewertet werden. Das Gesetz erwähnt dabei ausdrücklich die Grundstücke, die Forderungen und Schulden sowie das Bargeld; aber auch die sonstigen Vermögensgegenstände sind zu erfassen. Dies hat durch eine **körperliche Bestandsaufnahme** zu erfolgen, also durch »Messen, Zählen, Wiegen«. Wo eine körperliche Bestandsaufnahme tatsächlich nicht möglich ist, wie z. B. bei Forderungen oder Schulden, muss die Erfassung auf andere Art und Weise sichergestellt werden. Das geschieht beispielsweise durch Kontoauszüge bei den Bankguthaben, durch so genannte Saldenlisten bei den Kundenforderungen und Lieferantenschulden (s. 2.2) und dergleichen.

Die Inventur hat **zeitnah** zu erfolgen, am besten am Inventurstichtag (Betriebsbeginn, Bilanzstichtag) selbst. Nach R 5.3 Abs. 1 EStR bedeutet zeitnah in der Regel eine Frist von zehn Tagen vor oder nach dem Bilanzstichtag. Bei zeitlichem Abweichen vom Stichtag müssen aber zwischenzeitliche Bestandsveränderungen berücksichtigt werden. Wegen Einzelheiten wird auf R 5.3 Abs. 1 Sätze 3 und 4 EStR verwiesen.

1.2 Inventar

Unter Inventar i. S. des § 240 HGB ist die Aufstellung über die Vermögensgegenstände, das Bestandsverzeichnis, zu verstehen. In ihm sind die einzelnen Vermögensgegenstände nach **Art, Menge und Wert** genau zu verzeichnen. Es ist ein wichtiger Bestandteil der Buchführung, so dass die allgemeinen Ordnungsmerkmale auch hier zu beachten sind, z. B. übersichtliche Gliederung, keine »Radierungen«, keine Bleistiftschrift, Vollständigkeit. Das Inventar muss unterschrieben und mit Datum versehen sein. Ein nicht ordnungsmäßiges Inventar führt auch zur Nichtordnungsmäßigkeit der Buchführung selbst, und zwar nicht nur für das abgelaufene Wirtschaftsjahr, sondern auch für das folgende (BFH vom 25. 03. 1954 BStBl III 1954, 195).

1.3 Inventurerleichterungen

Die ordnungsgemäße Durchführung einer Inventur erfordert in der Regel einen erheblichen organisatorischen und personellen Einsatz, der wegen der festliegenden Termine für manche Betriebe zu Schwierigkeiten führen kann. Das HGB und die EStR sehen aus diesem Grunde Inventurerleichterungen vor, die in vielen Fällen Auswege aus diesen Schwierigkeiten bieten.

1.3.1 Festwert

Der Festwert hat seine gesetzliche Grundlage in § 240 Abs. 3 HGB. Danach können **Vermögensgegenstände des Sachanlagevermögens** sowie **Roh-, Hilfs- und Betriebsstoffe** über Jahre hinweg mit einer gleich bleibenden Menge und einem gleich bleibenden Wert im Inventar – und der Bilanz – angesetzt werden. Voraussetzung dafür ist, dass diese Vermögensgegenstände regelmäßig ersetzt werden, ihr Bestand nach Größe, Zusammensetzung und Wert nur geringen Schwankungen unterliegt und dass ihr Gesamtwert für den Betrieb von nachrangiger Bedeutung ist (vgl. auch BMF vom 08.03.1993 BStBl I 1993, 276). Solche Festwerte sind z. B. üblich bei genormtem Gerüst- und Schalmaterial, maschinengebundenen Werkzeugen, Verpackungsmaterial, Vordrucken usw. Alle drei Jahre ist eine Überprüfung des Festwerts durch eine körperliche Bestandsaufnahme vorzunehmen. Bei Gegenständen des beweglichen Anlagevermögens kann die körperliche Bestandsaufnahme in Ausnahmefällen aber auch erst zum vierten oder fünften Bilanzstichtag erfolgen (R 5.4 Abs. 3 Satz 1 EStR).

Die **Anschaffungs- oder Herstellungskosten** der neu angeschafften Gegenstände werden – wie bei geringwertigen Wirtschaftsgütern – sofort als Aufwand behandelt. Für abnutzbare Wirtschaftsgüter kann man dabei auch die Meinung vertreten, dass die Anschaffungs- oder Herstellungskosten einer pauschalierten AfA entsprechen (BFH vom 23.03.1972, BStBl II 1972, 683), was jedoch zum gleichen Ergebnis führt.

Ist der bei der Überprüfung festgestellte Wert um mehr als 10 % höher als der bisherige Festwert, so gilt ein **neuer Festwert** (R 5.4 Abs. 3 Sätze 2 und 3 EStR). Die erforderliche Zuaktivierung ist aus den Anschaffungs- bzw. Herstellungskosten der im abgelaufenen Geschäftsjahr zugegangenen, unter den Festwert fallenden Gegenstände vorzunehmen. Sind diese Kosten ausnahmsweise niedriger als der Zuschreibungsbetrag, so wird der neue Festwert am ersten Bilanzstichtag noch nicht erreicht. Der Wert muss dann aus den Kosten in den Folgejahren weiter aufgestockt werden, bis der neue Festwert erreicht ist.

BEISPIEL

Bisheriger Festwert für Schalmaterial seit 31. 12. 01	85 000 €
Wert laut Inventur 31. 12. 04	96 000 €
Anschaffungskosten für Schalmaterial im Jahr 04	5 400 €
Anschaffungskosten für Schalmaterial im Jahr 05	6 300 €

LÖSUNG Der neue Wert übersteigt den alten Festwert um mehr als 10 % und wird daher zum neuen Festwert. Für die Aufstockung werden 11 000 € benötigt. Die Anschaffungskosten 04 betragen jedoch nur 5 400 €. Sie müssen in voller Höhe aktiviert werden und führen zu einem Bilanzansatz von 90 400 € zum 31. 12. 04. Von den Anschaffungskosten 05 von 6 300 € müssen demnach noch 5 600 € dem Festwert zugeschrieben werden, der nun in der Bilanz zum 31. 12. 05 mit den maßgebenden 96 000 € ausgewiesen wird. Als laufender Aufwand 05 verbleiben noch 700 €.

S		Festwert Schalmaterial			H
01. 01. 04	AB	85 000	31. 12. 04	SB	90 400
31. 12. 04	Aufw.	5 400			
		90 400			90 400
01. 01. 05	AB	90 400	31. 12. 05	SB	96 000
31. 12. 05	Aufw.	5 600			
		96 000			96 000

S	Aufwand Schalmaterial		H
04 Diverse	5 400	31. 12. 04 Festwert	5 400
05 Diverse	6 300	31. 12. 05 Festwert	5 600
		31. 12. 05 GuV	700
	6 300		6 300

Übersteigt der neu ermittelte Wert die Grenze von 10 % nicht, so kann der Kaufmann den alten Festwert beibehalten oder einen neuen Festwert ansetzen (R 5.4 Abs. 3 Satz 5 EStR). Bei Wertabweichungen nach unten gibt es keine feste Grenze. Der Kaufmann kann auch schon bei geringen Abweichungen einen neuen Festwert wählen (R 5.4 Abs. 3 Satz 4 EStR). Bei größeren Abweichungen, vor allem wenn sie nicht nur vorübergehend sind, muss nach allgemeinen Grundsätzen ordnungsmäßiger Buchführung auf den niedrigeren Wert gegangen werden.

Nur in begründeten Ausnahmefällen kann der Kaufmann von einer einmal gewählten Festbewertung abgehen und zur normalen Bestandsaufnahme und -bewertung übergehen (§ 252 Abs. 1 Nr. 6 und Abs. 2 HGB).

S. im Einzelnen auch G 7. 3.

1.3.2 Gruppenbewertung

§ 240 Abs. 4 HGB lässt als Ausnahme vom Grundsatz der Einzelbewertung die **Zusammenfassung von Gegenständen des Vorratsvermögens** zu einer Gruppe zu, wenn sie gleichartig sind. Dasselbe gilt für gleichartige oder annähernd gleichwertige **bewegliche Vermögensgegenstände des Anlagevermögens.** Für die einzelnen Gruppen kann dann jeweils ein Durchschnittswert angesetzt werden. Vgl. hierzu auch R 6.8 Abs. 4 EStR. Diese Bewertung mit einem Durchschnittswert ist jedoch nicht zu verwechseln mit der Durchschnittsbewertung nach R 6.8 Abs. 3 Satz 3 EStR, die anzuwenden ist, wenn sich bei vertretbaren Wirtschaftsgütern die tatsächlichen Anschaffungskosten der am Stichtag vorhandenen Bestände nicht mehr feststellen lassen (s. auch G 7.1).

1.3.3 Stichprobeninventur

Eine verhältnismäßig neue Art der Inventurerleichterung ist die so genannte Stichprobeninventur. Sie ist in § 241 Abs. 1 HGB gesetzlich geregelt. Dabei werden beim Vorratsvermögen nicht mehr alle Gegenstände erfasst, sondern nur noch Stichproben gezogen, die für den Gesamtbestand repräsentativ sein müssen. Die **Auswahl dieser Stichproben** erfolgt nach einer Zufallsrechnung. Das Ergebnis dieser Stichprobenaufnahme und -bewertung muss dann zum Gesamtbestand hochgerechnet werden. Dabei sind anerkannte mathematisch-statistische Berechnungsmethoden anzuwenden. Das Ergebnis ist sicher nicht gleich dem einer vollständigen Bestandsaufnahme, es muss ihm aber annähernd entsprechen.

1.3.4 Permanente Inventur

In Firmen mit einer gut organisierten Lagerbuchhaltung ist es in der Regel möglich, die vorhandenen Bestände jederzeit nach Art und Menge aus der Buchführung zu entnehmen. In diesen Fällen ist nach § 241 Abs. 2 HGB eine körperliche Bestandsaufnahme zum Bilanzstichtag entbehrlich. Sie wird durch eine **buchmäßige Bestandsaufnahme** ersetzt. Allerdings kann auf die **körperliche Bestandsaufnahme** nicht völlig verzichtet werden (BFH vom 11.11.1966 BStBl III 1967, 113). Sie ist **im folgenden Geschäftsjahr** nachzuholen. Dabei ist es möglich, die Inventur zu einem Zeitpunkt vorzunehmen, in dem die Bestände einen besonders niedrigen Stand haben (Saisonbetriebe), oder für unterschiedliche Warengattungen unterschiedliche Inventurzeitpunkte zu wählen. Auch diese später erfolgende körperliche Bestandsaufnahme muss alle Bedingungen erfüllen, die an eine ordnungsmäßige Inventur gestellt werden.

Weicht der durch die körperliche Bestandsaufnahme ermittelte Bestand (Ist-Bestand) von dem buchmäßig ermittelten Bestand (Soll-Bestand) ab, so ist die Lagerbuchhaltung zu berichtigen. Das Wareneinkaufskonto bzw. das Warenbestandskonto bleibt unberührt. Weitere Einzelheiten ergeben sich aus H 5.3 (Permanente Inventur) EStH.

Die permanente Inventur ist nicht zulässig, wenn bei bestimmten Beständen unkontrollierbare Abgänge vorkommen, die ins Gewicht fallen und auch nicht durch sachgemäße Schätzung annähernd zutreffend bestimmt werden können, oder wenn es sich um besonders wertvolle Wirtschaftsgüter handelt (R 5.3 Abs. 3 EStR).

1.3.5 Zeitverschobene Inventur

Nach § 241 Abs. 3 HGB hat der Kaufmann einen erheblich größeren zeitlichen Spielraum für die Vornahme seiner Inventur als nach R 5.3 Abs. 1 EStR. Er kann für seine Inventur einen Stichtag wählen, der um bis zu drei Monate vor oder bis zu zwei Monate nach dem Bilanzstichtag liegt. Die körperliche Bestandsaufnahme erfolgt nun zu diesem Inventurstichtag nach den allgemein gültigen Regeln (s. 1.1 und 1.2). Das Inventar weist dann für diesen Stichtag den Bestand nicht nur nach Art und Menge, sondern auch nach Wert aus. Allerdings kann dieser Wert nicht in die Bilanz aufgenommen werden. Nach § 241 Abs. 3 Nr. 2 HGB und R 5.3 Abs. 2 EStR ist der Bestand vielmehr wertmäßig fortzuschreiben bzw. zurückzurechnen, um auf den richtigen Bilanzansatz zu kommen.

BEISPIEL

Bilanzstichtag 31. 12. 03, Inventurstichtag 01. 11. 03;

Warenbestand am Inventurstichtag	137 400 €
Wareneinkauf November/Dezember 03	219 500 €
Warenverkauf November/Dezember 03	276 000 €

Das Unternehmen arbeitet mit einem Rohgewinnaufschlag (Kalkulationszuschlag) von 25 %.

LÖSUNG

Warenbestand am Inventurstichtag 01. 11. 03		137 400 €
Wareneinkauf November/Dezember 03		+ 219 500 €
		356 900 €
Warenverkauf November/Dezember 03	276 000 €	
Rohgewinn (276 000 × 25/125)	./. 55 200 €	
Wareneinsatz	220 800 €	./. 220 800 €
Warenbestand am Bilanzstichtag 31. 12. 03		136 100 €

Liegt der Inventurstichtag **nach** dem Bilanzstichtag, so findet eine Zurückrechnung statt, d. h. der Wareneinkauf (Zugang) ist abzuziehen, der Wareneinsatz (Abgang) muss zugeschlagen werden. Ebenso wie die permanente Inventur ist auch die zeitverschobene Inventur nicht uneingeschränkt anwendbar, vgl. R 5.3 Abs. 3 EStR. Außerdem setzen bestimmte steuerliche Vergünstigungen die Ermittlung der tatsächlichen Bestände des Bilanzstichtags voraus (vgl. R 5.3 Abs. 2 Satz 10 EStR). Dies gilt insbesondere für die Bewertung nach § 6 Abs. 1 Nr. 2 a EStG.

1.3.6 Buchmäßige Bestandsaufnahme für Anlagevermögen

Die bisher aufgeführten Inventurerleichterungen haben insbesondere Bedeutung für das Vorratsvermögen. Aber auch beim Anlagevermögen kann man ohne eine körperliche Bestandsaufnahme am Bilanzstichtag auskommen. Voraussetzung dafür ist, dass ein laufend geführtes **Anlageverzeichnis** vorhanden ist, beispielsweise in der Form einer Anlagekartei. Aus diesem Verzeichnis muss für jedes Anlagegut

- die Bezeichnung,
- der Tag der Anschaffung oder Herstellung,
- die Anschaffungskosten oder Herstellungskosten,
- die AfA,
- der jeweilige Stichtagswert
- sowie ein eventueller Abgang

zu ersehen sein, wenn dieses Verzeichnis das durch die körperliche Bestandsaufnahme erstellte Inventar voll ersetzen soll. Vgl. auch R 5.4 Abs. 4 EStR. Die gesetzliche Grundlage für diese Erleichterung ergibt sich wiederum aus § 241 Abs. 2 HGB. Die **Summe der Stichtagswerte** aus dem Anlageverzeichnis – eventuell in Gruppen zusammengefasst – muss den Salden der Sachkonten für das Anlagevermögen an den jeweiligen Bilanzstichtagen entsprechen. Eine **Abstimmung** zwischen Sachkonten und Anlagebuchführung gehört zu den wichtigsten Abschlussvorbereitungen (s. 2.3).

1.4 Bilanz

Die Bilanz dient in erster Linie der **Darstellung des Betriebsvermögens**. Nach § 247 Abs. 1 HGB müssen in der Bilanz einerseits das Anlage- und das Umlaufvermögen (Aktiva), andererseits das Eigenkapital und die Schulden (Passiva) ausgewiesen sein. Dazu kommen noch die Rechnungsabgrenzungsposten, die sowohl auf der Aktivseite als auch auf der Passivseite stehen können. Der Grundsatz der **Bilanzklarheit** verlangt, dass die Bilanz genügend aufgegliedert ist. Für Kapitalgesellschaften und bestimmte Personengesellschaften (Kapitalgesellschaften & Co) gibt es dazu mit § 266 HGB eine ins einzelne gehende Vorschrift, die auch für andere Unternehmensformen Richtschnur sein kann. Insbesondere die Aussage, dass die Bilanz in Kontoform zu erstellen ist, bleibt keinesfalls auf Kapitalgesellschaften beschränkt.

Eine erste Bilanz (Eröffnungsbilanz) wird vom Kaufmann zum Beginn seines Handelsgewerbes verlangt, danach zum Schluss eines jeden Geschäftsjahrs (§ 242 Abs. 1 HGB). Diese Bilanzen ergeben sich einerseits aus den Zahlen der Inventur, andererseits aber auch aus dem Zahlenmaterial der Buchführung. Nur bei übereinstimmenden Werten können Buchführung und Bilanz ordnungsmäßig sein.

Schema für eine Bilanz:

Aktiva	Bilanz Passiva
Anlagevermögen	Eigenkapital
Umlaufvermögen	Rückstellungen
Rechnungsabgrenzungsposten (aktive)	Verbindlichkeiten
	Rechnungsabgrenzungsposten (passive)
Bilanzsumme	Bilanzsumme

Die Bilanzsummen in Aktiva und Passiva müssen übereinstimmen (Bilanzgleichung: Aktiva = Passiva).

1.5 Abschluss

§ 242 HGB fordert vom Kaufmann nicht nur die Aufstellung einer Bilanz. Es muss auch eine Gewinn- und Verlustrechnung erstellt werden, nämlich eine Gegenüberstellung der Aufwendungen und Erträge eines Geschäftsjahrs. Erst **Bilanz** und **Gewinn- und Verlustrechnung** zusammen ergeben den **Jahresabschluss**, der Auskunft über die Lage des Unternehmens vermitteln kann (vgl. § 238 Abs. 1 HGB). Bei Kapitalgesellschaften und den so genannten Kapitalgesellschaften & Co, d. s. Personengesellschaften i. S. v. § 264 a HGB, besteht der Abschluss noch aus einem dritten Bestandteil, dem Anhang (§ 264 Abs. 1 Satz 1 HGB), vgl. auch R 2. 3. Der Abschluss ist nach § 244 HGB in deutscher Sprache und in Euro aufzustellen.

Der Abschluss ist innerhalb der einem ordnungsmäßigen Geschäftsgang entsprechenden Zeit aufzustellen (§ 243 Abs. 3 HGB). Genaue **Zeitvorstellungen** bringt das HGB aber nur für Kapitalgesellschaften: drei bzw. sechs Monate nach Ablauf des Geschäftsjahrs (§ 264 Abs. 1 Sätze 3 und 4 HGB) – und für Genossenschaften: fünf Monate nach Ablauf des Geschäftsjahrs (§ 336 Abs. 1 Satz 2 HGB). Für andere Unternehmensformen, also Einzelunternehmen und Personengesellschaften muss auf die Rechtsprechung des BFH zurückgegriffen werden. Zwar hat der BFH sich bezüglich einer Aufstellungsfrist nicht eindeutig festgelegt, nach seinem Urteil vom 25. 04. 1978 (BStBl II 1978, 525) neigt er aber der Ansicht zu, dass die Bilanz (der Abschluss) innerhalb eines Jahres nach Ablauf des Geschäftsjahrs aufgestellt werden müsse (vgl. auch BFH vom 28. 10. 1981 BStBl II 1982, 485 und BFH vom 06. 12. 1983 BStBl II 1984, 227).

1.6 Gewinn- und Verlustrechnung

Die Gewinn- und Verlustrechnung, die nach § 242 HGB Bestandteil des Abschlusses ist, ergibt sich eigentlich zwangsläufig aus dem Zahlenwerk einer doppelten Buchführung (s. 2.1.3), und zwar bei Abschluss der Erfolgskonten. Man kann sie als Reinschrift des Gewinn- und Verlustkontos bezeichnen. Sie kann in zwei verschiedenen Formen aufgestellt werden, in Kontoform oder in Staffelform. Während früher nur die Aktiengesellschaften die Gewinn- und Verlustrechnung in Staffelform aufstellen mussten, gilt dies nunmehr nach § 275 HGB für alle Kapitalgesellschaften und bestimmte Personengesellschaften (Kapitalgesellschaften & Co). Auch andere Unternehmensformen können diese Darstellungsweise wählen. S. auch C 2. 1.

a) Gewinn- und Verlustrechnung in Kontoform

BEISPIEL

Aufwand	Gewinn- und	Verlustrechnung	Ertrag
	€		€
Wareneinsatz	11 599 187	Umsatzerlöse	19 809 284
Löhne und Gehälter	2 952 043	Erträge aus Beteiligungen	213 039
Soziale Abgaben	421 238	Zinserträge	89 036
Abschreibungen		Erträge aus Anlagenverkauf	7 943
auf Sachanlagen	875 506	außerordentliche Erträge	60 908
auf Forderungen	30 482		
Zinsen und ähnl. Aufwendgn.	143 362		
Betriebssteuern	176 138		
sonstige Aufwendungen	3 124 651		
außerordentliche Aufwendgn.	28 579		
Gewinn	829 024		
	20 180 210		20 180 210

b) Gewinn- und Verlustrechnung in Staffelform

BEISPIEL

			€
Umsatzerlöse			19 809 284
Wareneinsatz		./.	11 599 187
Rohergebnis			8 210 097
Personalaufwand			
a) Löhne und Gehälter	2 952 043		
b) soziale Abgaben	421 238	./.	3 373 281
Abschreibungen			
a) auf Sachanlagen	875 506		
b) auf Forderungen	30 482	./.	905 988
sonstige Aufwendungen		./.	3 124 651
			806 177
Erträge aus Beteiligungen		+	213 039
Zinserträge		+	89 036
Zinsen und ähnliche Aufwendungen		./.	143 362
Ergebnis der gewöhnlichen Geschäftstätigkeit			964 890
außerordentliche Erträge			
a) Erträge aus Anlagenverkauf	7 943		
b) andere außerordentl. Erträge	60 908		
außerordentl. Aufwendungen	./. 28 579		
außerordentliches Ergebnis	40 272	+	40 272
			1 005 162
Betriebssteuern		./.	176 138
Jahresüberschuss			829 024

Beispiele für eine Gewinn- und Verlustrechnung bei Produktionsbetrieben nach dem Gesamtkostenverfahren und dem Umsatzkostenverfahren finden Sie in H 3. 9. 4.

Bei **Kapitalgesellschaften** und bestimmten Personengesellschaften (Kapitalgesellschaften & Co) sind die Posten der Gewinn- und Verlustrechnung und ihre Reihenfolge in § 275 HGB **verbindlich vorgeschrieben**. Dabei brauchen aber Posten, für die kein Betrag auszuweisen ist, unter den Voraussetzungen des § 265 Abs. 8 HGB nicht ausgewiesen werden. Eine weitere Untergliederung ist zulässig (§ 265 Abs. 5 HGB). Für kleine und mittelgroße Kapitalgesellschaften (Begriffe vgl. § 267 Abs. 1 und 2 HGB und R 2.4.1) kann statt Umsatzerlösen und Wareneinsatz auch nur das Rohergebnis ausgewiesen werden (§ 276 HGB).

2 Funktion der doppelten Buchführung

2.1 Sachkonten

In der doppelten Buchführung werden die einzelnen Geschäftsvorfälle – neben ihrer zeitgerechten Aufzeichnung im Journal – nach sachlichen Gesichtspunkten in den Sachkonten gebucht. Sachkonten sind die Bestandskonten und die Erfolgskonten. Das Grundprinzip der seit langer Zeit bewährten doppelten Buchführung ist dabei recht einfach.

2.1.1 Bestandskonten

Die Bestandskonten sind aus der Bilanz abgeleitet. Sie werden – ungeachtet weiterer Unterteilungen – für die einzelnen Bilanzposten geführt. Sie haben, wie jedes Konto, zwei Seiten: eine »Aktiv«-Seite und eine »Passiv«-Seite, die hier allerdings »Soll« und »Haben« heißen. Die Anfangsbestände stehen auf der gleichen Seite, auf der sie auch in der Bilanz stehen, Besitzposten also auf der Sollseite, Passivposten auf der Habenseite. Auf die gleiche Seite kommen die jeweiligen Bestandszugänge. Bestandsabgänge dagegen erscheinen auf der Gegenseite, z. B. ein Geldabgang (durch Barzahlung) im Kassenkonto im Haben, eine Schuldminderung im Konto »Verbindlichkeiten« im Soll. Jeder Sollbuchung auf einem Konto entspricht eine Habenbuchung auf einem anderen Konto.

Schema der Bestandskonten:

Soll **Aktivkonto**	Haben
Anfangsbestand Zugang	Abgang Saldo = Schlussbestand
Summe	Summe

Soll **Passivkonto**	Haben
Abgang Saldo = Schlussbestand	Anfangsbestand Zugang
Summe	Summe

Die Summen in Soll und Haben müssen übereinstimmen. Der Schlussbestand wird in das Schlussbilanzkonto übertragen. Probleme entstehen, wenn Geschäftsvorfälle sich auf das Betriebsvermögen auswirken, wie das bei Aufwendungen und Erträgen, aber auch bei Privatentnahmen und Privateinlagen der Fall ist. Das dafür eigentlich »zuständige« (Eigen-) Kapitalkonto ist für laufende Buchungen nicht geeignet. Es wird deshalb durch Erfolgskonten und Privatkonten ersetzt.

2.1.2 Erfolgskonten

Auf den Erfolgskonten werden die betrieblich veranlassten Betriebsvermögensveränderungen gebucht, nämlich die Aufwendungen und die Erträge. Entsprechend den Regeln für das Kapitalkonto als Passivkonto müssen die Vermögensminderungen im Soll, die Erhöhungen dagegen im Haben gebucht werden. In den Erfolgskonten steht **Aufwand** daher immer **im Soll**, **Ertrag** immer **im Haben**. Der Saldo am Jahresende, der wie üblich auf der Gegenseite erscheint, ist auf das Gewinn- und Verlustkonto (GuV) zu übertragen.

Schema der Erfolgskonten:

Soll	**Aufwandskonto** Haben
Aufwand	Aufwandsminderung Saldo → GuV
Summe	Summe

Soll	**Ertragskonto** Haben
Ertragsminderung Saldo → GuV	Ertrag
Summe	Summe

2.1.3 Gewinn- und Verlustkonto

Im Gewinn- und Verlustkonto werden die Salden der einzelnen Erfolgskonten gesammelt. Wie bei den Erfolgskonten selbst ist die Sollseite die Aufwandseite, die Habenseite dagegen die Ertragsseite. Der Saldo des Gewinn- und Verlustkontos hat noch eine besondere Bedeutung: er zeigt den Überschuss des Ertrags über die Aufwendungen, d. h. den Gewinn des Geschäftsjahrs. Umgekehrt zeigt der Überschuss der Aufwendungen über den Ertrag einen Verlust. Der Gewinn – oder der Verlust – wird dann auf das Kapitalkonto übertragen. Die Reinschrift dieses Gewinn- und Verlustkontos ist die zum Abschluss des Unternehmens zählende Gewinn- und Verlustrechnung (s. 1.6).

2.1.4 Privatkonten

Bei Einzelunternehmen und bei Personengesellschaften spielen die Privatkonten eine wichtige Rolle. Sie sammeln die Veränderungen des Betriebsvermögens, die einen privaten Anlass haben. Dies sind insbesondere die Entnahmen von Geld, Sachen usw. (§ 4 Abs. 1 Satz 2 EStG). Solche Entnahmen stehen auf dem Privatkonto bzw. den Privatkonten immer im Soll (Kapitalabnahme!). Einlagen (§ 4 Abs. 1 Satz 8 EStG) dagegen werden auf der Habenseite verbucht, da sie das Kapital erhöhen. Privatkonten werden über das Kapitalkonto abgeschlossen. Bei **Einzelunternehmen** genügt grundsätzlich **ein** Privatkonto. Aus Gründen der Zweckmäßigkeit werden aber oft mehrere Privatkonten geführt, z. B. Privatentnahmen allgemein, Personensteuern, Sonderausgaben, Sachentnahmen, Privateinlagen. Bei Personengesellschaften muss **für jeden Gesellschafter** mindestens **ein** Privatkonto eingerichtet werden. Kapitalgesellschaften haben dagegen keine Privatkonten, weil es bei ihnen Privatentnahmen oder -einlagen nicht gibt.

2.1.5 Schema für den Abschluss der Sachkonten

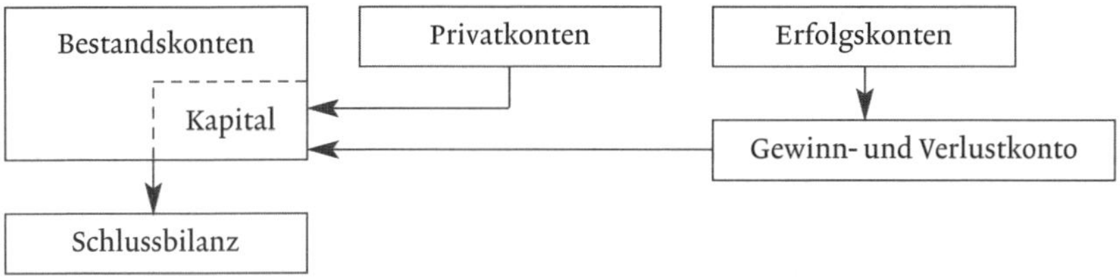

2.1.6 Buchungssatz

Der Buchungssatz stellt eine **kurzgefasste Buchungsanweisung** oder einen Buchungsvermerk dar. In ihm wird zuerst das Konto genannt, auf dem im Soll gebucht wird (Sollkonto), anschließend das Habenkonto, zuletzt der Betrag. Sollkonto und Habenkonto sind oft durch das Wörtchen »an« getrennt, dem aber keine weitere Bedeutung beizulegen ist.

BEISPIELE

Verschiedene Formen des Buchungssatzes:

a) Barabhebung vom Bankkonto (z. B. für Wechselgeld)

Kasse an Bank	500 €		(einzeilig)

b) Überweisung für Gewerbesteuervorauszahlung

Betriebssteuern	850 €		
an Bank		850 €	(zweizeilig)

c) Bareinnahme aus Warenverkauf einschl. USt

Kasse	1 190 €		
an Verkaufserlöse		1 000 €	
an Umsatzsteuer		190 €	(mehrzeilig)

Hinweis: Eine eingehende Einführung in das System und die Technik der doppelten Buchführung, verbunden mit zahlreichen Beispielen und Übungen, bringt der Grundkurs des Steuerrechts, Band 3, Fanck/Guschl/Kirschbaum; Buchführungstechnik und Bilanzsteuerrecht.

2.2 Personenkonten

Neben den Sachkonten gehören zu einer ordnungsmäßigen Buchführung auch Personenkonten, falls **Kreditgeschäfte** abgeschlossen werden. In diesen Fällen müssen sowohl für die einzelnen Kunden als auch für die Lieferer (Kontokorrent-)Konten geführt werden, aus denen der Zahlungsverkehr hervorgeht (vgl. R 5.2 Abs. 1 EStR). Diese Konten gehören nicht unmittelbar zum Zahlenwerk der doppelten Buchführung, sie sind aber oft integriert, z. B. bei der Durchschreibebuchführung (s. 3.2.3) oder bei der EDV-Buchführung (s. 3.2.4). Für die Buchungen auf den Personenkonten gelten dieselben Regeln wie bei den Sachkonten »Forderungen« (Debitoren) und »Verbindlichkeiten« (Kreditoren), das heißt: bei Lieferung an Kunden oder Zahlung an Lieferer wird im Soll gebucht, bei Zahlung eines Kunden oder Rechnung eines Lieferers wird dagegen im Haben gebucht.

Es ist allerdings möglich, die **Kontokorrentbuchführung** losgelöst von der herkömmlichen Kontoform mit ihren Soll- und Haben-Spalten zu gestalten. Dies zeigt sich besonders deutlich bei der Offene-Posten-Buchhaltung (s. 3.2.5).

Beim Abschluss werden die Salden der einzelnen Personenkonten in Listen zusammengestellt (Saldenlisten) und mit den Salden der Sachkonten »Forderungen« und »Verbindlichkeiten« verglichen, notfalls auch abgestimmt, d. h. etwaige Differenzen aufgeklärt und bereinigt.

2.3 Anlagekonten

Anlagekonten werden insbesondere dann geführt, wenn die jährliche körperliche Bestandsaufnahme des Anlagevermögens vermieden werden soll. Es wird wohl wenige Kaufleute geben, die auf eine Anlagebuchführung verzichten. Das Anlagekonto hat allerdings nicht die typische Kontoform. Aus dem Zweck dieses Kontos ergeben sich vielmehr folgende Bestandteile:

- Bezeichnung des Vermögensgegenstands,
- Tag der Anschaffung (oder Herstellung),
- Anschaffungskosten (Herstellungskosten),
- jährliche AfA (AfA-Satz, AfA-Betrag, betriebsgewöhnliche Nutzungsdauer) und
- Stichtagswert (Wert am Bilanzstichtag)

Zum Jahresabschluss wird eine Zusammenstellung der AfA-Beträge und der Stichtagswerte vorgenommen. Aus ihr ergibt sich die in den Sachkonten (z. B. Betriebs- und Geschäftsausstattung) zu buchende AfA. Die Summe der Stichtagswerte muss mit den Salden der Sachkonten für das Anlagevermögen übereinstimmen. Vgl. hierzu auch 1.3.6 und R 5.4 Abs. 4 Satz 2 EStR.

3 Organisation der Buchführung

3.1 Buchführungssysteme

Neben der bisher behandelten doppelten Buchführung sind noch die kameralistische Buchführung und die so genannte einfache Buchführung zu nennen. Die **Einnahmen-Ausgaben-Überschussrechnung** des § 4 Abs. 3 EStG zählt dagegen **nicht** zu den Buchführungsformen; es handelt sich dabei nur um Aufzeichnungen. Die **kameralistische Buchführung** eignet sich nicht für kaufmännische Betriebe (auch nicht für freie Berufe oder Land- und Forstwirte). Sie beruht nicht auf Bilanzen. Man kann sie als Buchführung der Behörden bezeichnen. Sie soll in diesem Rahmen nicht weiter verfolgt werden, zumal sich die Kommunen derzeit in einem Prozess zur Umstellung auf die doppelte Buchführung befinden. Ob die **einfache Buchführung** in der Praxis überhaupt noch zu finden ist, dürfte mehr als zweifelhaft sein. In ihr wird nämlich auf die sachgerechte Verbuchung der Geschäftsvorfälle in Sachkonten verzichtet. Es ist damit unmöglich, eine Gewinn- und Verlustrechnung zu erstellen. Daher kann diese Buchführung den Anforderungen des HGB nicht genügen (vergleiche § 242 Abs. 2 HGB). Eine weitere Besprechung erübrigt sich deshalb.

3.2 Methoden und Organisationsformen der doppelten Buchführung

Zunächst muss darauf hingewiesen werden, dass sich die doppelte Buchführung nicht in den Sachkonten erschöpft. Neben der sachlichen Erfassung der Geschäftsvorfälle in den Sachkonten steht die nach zeitlichen Gesichtspunkten geregelte Erfassung im Grundbuch, dem **Journal.** Außerdem ist bei Kreditgeschäften eine **Kontokorrentbuchführung** vorgeschrieben, d. h. es müssen Geschäftsfreundebücher bzw. -konten für Kunden und Lieferer geführt werden. Für Bargeschäfte kann ein **Kassenbuch** erforderlich werden, in dem die Einnahmen und Ausgaben **täglich** festzuhalten sind, s. 3. 3. Bei diesen doch recht unterschiedlichen Aufgaben, die der Buchführung gestellt werden, kommt es für den Kaufmann darauf an, die für ihn zweckmäßigste Form zu finden. Hier haben sich im Laufe der Zeit folgende Entwicklungen ergeben.

3.2.1 Übertragungsbuchführung

Die Übertragungsbuchführung ist die wohl älteste Form der doppelten Buchführung. Hier wurden zunächst die täglichen Geschäftsvorfälle laufend in ein Tagebuch, das Journal, eingetragen. Dabei waren Datum, Vorgang, Betrag und evtl. Beleg-Nummer anzugeben. Von diesem Journal ausgehend wurden dann die einzelnen Daten in das Hauptbuch mit den Sachkonten und ihren Soll- und Haben-Spalten übertragen. Daneben wurde für die Kunden und Lieferer ein Kontokorrentbuch geführt. Diese Art der Buchführung war natürlich sehr zeitraubend und personalintensiv und ist daher heute nicht mehr anzutreffen.

3.2.2 Amerikanisches Journal

Das amerikanische Journal verknüpft in geschickter Weise Journal und Sachkonten. Der Geschäftsvorfall wird **in einer Zeile** sowohl im Journal als auch auf den Konten gebucht.

BEISPIEL

Datum	Text	Betrag	Kasse		USt		Warenverkauf		...	
			S	H	S	H	S	H	S	H
17. 11.	Barverkauf	595	595			95		500		

Auf diese Art und Weise kommt der Kaufmann mit **einem** Buch aus. Lediglich für die Kreditgeschäfte muss noch ein Kontokorrentbuch geführt werden (s. aber unten 3.2.5). Der entscheidende **Nachteil** des amerikanischen Journals liegt in der beschränkten Anzahl möglicher Konten. Für die meisten Unternehmer ist es daher nicht zu gebrauchen.

3.2.3 Durchschreibebuchführung

Die Durchschreibebuchführung war für lange Zeit die fortschrittlichste Form der Buchführung. Der Name ergibt sich aus der Tatsache, dass bei ihr die Eintragungen in den Sachkontenblättern jeweils auf das Journalblatt durchgeschrieben werden. So werden in einem Arbeitsgang gleich zwei verschiedene Aufgaben erfüllt. Da die Konten nun nicht mehr in gebundenen Büchern geführt werden, sondern **lose Kontenblätter** an deren Stelle treten, spricht man auch von »Lose-Blatt-Buchführung«. Durch geeignete Einteilung der Spalten ist es sogar möglich, die **Kontokorrentbuchführung** zu **integrieren**. In diesem Falle wird vom Personenkontoblatt auf die »Forderungen«- oder »Verbindlichkeiten«-Spalte des Journals durchgeschrieben. Insoweit ist dann das Journal auch Teil des Hauptbuchs. Bei der manuell geführten Durchschreibebuchhaltung ist das **Journalblatt** fest auf einer Schreibplatte eingespannt. Es hat üblicherweise drei bis vier Betrags-Doppelspalten.

BEISPIEL

Datum	Text	Forderungen		Verbindlichkeiten		Bestandskonto		Erfolgskonto		Gegenkonto	Konto
		S	H	S	H	S	H	S	H		
		€	€	€	€	€	€	€	€		

Beim Drei-Spalten-Journal werden Bestandskonten und Erfolgskonten zusammengefasst, Bezeichnung: Sachkonto.

Die Kontenblätter entsprechen in ihrer Einteilung dem Journal-Vordruck. Dabei ist allerdings für jede Kontenart (Kundenkonto, Liefererkonto, Bestandskonto, Erfolgskonto) nur eine Betrags-Doppelspalte vorgesehen. Zur Buchung wird auch das Kontenblatt auf der Schreibplatte eingespannt. Sonst wird es in einem Karteikasten aufbewahrt. Selbstverständlich muss bei einer Durchschreibebuchführung ein genauer Kontenplan bestehen und müssen alle Kontenblätter mit Kontonummer, Seitenzahl und evtl. Übertrag versehen sein, damit eine formelle Ordnungsmäßigkeit gewährleistet ist. Durchschreibebuchführung ist auch mit speziellen Buchungsmaschinen möglich. Dabei wurde bei den so genannten Buchungsautomaten mit saldierenden Speichern und teilweise vorhandenen Magnetkonten oft schon die Grenze zur EDV-Buchführung erreicht.

3.2.4 EDV-Buchführung

Die Buchführung mit elektronischer Datenverarbeitung ist heute Standard. Konnten vor Jahren nur größte Betriebe sich eine eigene EDV-Anlage leisten, so ermöglichen heute die viel kleineren, billigeren und trotzdem leistungsfähigeren Computer (hardware) und die ausgereiften Programme (software) auch dem Mittel- und Kleinbetrieb die EDV-Buchführung. Insbesondere gilt dies für eine externe EDV-Buchführung, bei der im Betrieb lediglich Belege gesammelt und u. U. aufgelistet werden, die gesamte Datenerfassung aber außerhalb, z. B. beim Steuerberater, und die Datenverarbeitung im Rechenzentrum erfolgt.

3.2.4.1 Externe EDV-Buchführung

Die externe EDV-Buchführung ist in der Regel stark arbeitsteilig. Das Sammeln der Belege ist auf jeden Fall Sache des Kaufmanns. Dabei ist es zur Vorbereitung der späteren Datenerfassung üblich, die Belege nach Buchungskreisen zu sortieren, natürlich zeitlich geordnet. **Buchungskreise** werden regelmäßig gebildet für Kassenbelege, Bankbelege, Eingangsrechnungen, Ausgangsrechnungen, sonstige Belege. Auch die listenmäßige Erfassung der Belege erfolgt oft noch beim Kaufmann. Buchführungskenntnisse erfordert erst die Kontierung der einzelnen Geschäftsvorfälle, das ist die Angabe der Konten, auf denen zu buchen ist, in den Listen oder auf dem Beleg.

Die eigentliche Datenerfassung, oft auch schon die Kontierung, geschieht meistens bei einer Buchungsstelle, in der Regel im Büro des Steuerberaters. Dazu bedarf es eines Datenerfassungsgeräts, das die Daten auf einem so genannten **Datenträger** festhält. Datenträger sind beispielsweise Magnetbänder oder -kassetten und Disketten, kaum noch gebräuchlich sind inzwischen Lochkarten und Lochstreifen. Außerdem wird ein Eingabejournal erstellt, auch als **Primanota** bezeichnet. In ihm sind die erfassten Daten dokumentiert.

Die Daten werden nun durch Post oder mittels Datenfernübertragung (DFÜ) an das Rechenzentrum übermittelt, bei dem die eigentliche Buchungsarbeit durchgeführt wird. Der Computer erstellt dabei aufgrund der vorgegebenen Programme das Journal sowie die Sach- und Personenkonten. Üblich ist in diesem Rahmen auch die maschinelle Fertigung von Listen über die Summen und Salden der einzelnen Konten, die betriebswirtschaftliche Auswertung mit Kennzahlen, das Erstellen von Umsatzsteuer-Voranmeldungen und andere Auswertungen. Die (Sach- und Personen-)Konten haben dabei meist den Charakter von Kontoauszügen, jedoch ist auch ein vollständiger Kontoausdruck möglich.

Zur Vorbereitung des Jahresabschlusses kann eine **Hauptabschlussübersicht** erstellt werden. Die eigentlichen Abschlussarbeiten können dann manuell vorgenommen werden. Sie können aber auch rechnergesteuert erfolgen, optimal über einen »Dialog« Erfassungsstelle – Rechenzentrum.

3.2.4.2 Interne EDV-Buchführung

Eine interne EDV-Buchführung setzt eigene Geräte (Computer, Drucker usw., die hardware) und Programme voraus. Dabei hängt die Qualität der Buchführung insbesondere von den eingesetzten Programmen (der software) ab. So bringen eingeplante Plausibilitätsprüfungen eine erhöhte Sicherheit, mehrfache Auswertungsmöglichkeiten bessere und oft zusätzliche Informationen. Auf jeden Fall müssen verlangt werden: Journal, Personenkonten, Sachkonten.

Die Finanzverwaltung hat zur Ordnungsmäßigkeit der EDV-Buchführung die »Grundsätze zur ordnungsmäßigen Führung und Aufbewahrung von Büchern, Aufzeichnungen und Unterlagen in elektronischer Form sowie zum Datenzugriff (GoBD)« entwickelt, aus denen Einzelheiten über den Anwendungsbereich, die Beleg-, Journal- und Kontenfunktion, die Buchung, das interne Kontrollsystem, die Datensicherheit, Dokumentation und Prüfbarkeit, Aufbewahrungsfristen, Wiedergabe der auf Datenträgern geführten Unterlagen sowie die Verantwortlichkeit hervorgehen (BMF vom 14. 11. 2014 BStBl I 2014, 1450).

Muster für einen Kontoauszug:
Konto: 01660 Schuldwechsel

letzte Buchung		EB-Wert	Saldo alt	Jahresverkehrszahlen alt	
14. 04.		184.031,80 H	68.459,40 H	184.031,80 S	68.459,40 H
				Betrag	
Datum	Beleg Nr.	Buchungstext	Gegen-Konto	Soll	Haben
14. 07.	92		01210	68.459,40	
20. 07.	38	Wechsel per 20. 10.	74201		68.649,82
Summe				**68.459,40**	**68.649,82**
gebucht bis		**EB-Wert**	**Saldo neu**	**Jahresverkehrszahlen neu**	
31. 07. 04		**184.031,80 H**	**68.649,82 H**	**252.491,20 S**	**137.109,22 H**

Muster für ein vollständiges Konto:
Konto: 01660 Schuldwechsel

letzte Buchung		EB-Wert	Saldo alt	Jahresverkehrszahlen alt	
		0,00 S	0,00 S	0,00 S	0,00 H
				Betrag	
Datum	Beleg Nr.	Buchungstext	Gegen-Konto	Soll	Haben
01. 01.	1	EB-Wert	09000		184.031,80
08. 01.	4		01210	107.350,00	
20. 02.	25		01210	76.681,80	
14. 04.	17	Wechsel per 10. 07.	74201		68.459,40
14. 07.	92		01210	68.459,40	
20. 07.	38	Wechsel per 20. 10.	74201		68.649,82
16. 09.	57	Wechsel per 16. 12.	74201		143.864,82
20. 10.	143		01210	68.649,82	
21. 12.	82	Wechsel per 16. 12.	74201	143.864,82	
21. 12.	82	Wechsel per 16. 03.	74201		120.000,00
Summe				**465.005,84**	**585.005,84**
gebucht bis		**EB-Wert**	**Saldo neu**	**Jahresverkehrszahlen neu**	
31. 12. 04		**184.031,80 H**	**120.000,00 H**	**465.005,84 S**	**400.974,04 H**

Anmerkungen: Im Zusammenhang mit der EDV-Buchführung stellt sich die Frage, ob eine Buchführung **noch ordnungsmäßig** ist, wenn Daten nicht ausgedruckt, sondern nur auf Datenträgern gespeichert werden. § 239 Abs. 4 HGB lässt diese Speicherung unter bestimmten Voraussetzungen zu. So müssen die Daten während der gesamten Aufbewahrungsfrist verfügbar sein und innerhalb angemessener Frist lesbar gemacht werden können. Vergleiche auch §§ 146 Abs. 5 sowie 147 Abs. 5 und 6 AO sowie GoBD (BStBl I 2014, 1450).

3.2.5 Offene-Posten-Buchhaltung

Ebenfalls auf § 239 Abs. 4 HGB geht die Offene-Posten-Buchhaltung zurück. In ihr werden Teile der Buchführung durch geordnete Aufbewahrung der Belege ersetzt. Eine Vereinfachung ergibt sich dabei vor allem für die Kontokorrentbuchführung. So können beispielsweise die Personenkonten durch geordnete Aufbewahrung der Eingangsrechnungen und/oder Ausgangsrechnungen ersetzt werden.

Jeweils mindestens einmal monatlich sind die Tagessummen der Ausgangsrechnungen festzustellen (nach Ordner 1) und zu buchen, z. B. Forderungen an USt und Warenverkauf. Offene Posten (Ordner 2) sind monatlich mit dem Sachkonto (Forderungen) abzustimmen. Vergleiche auch BStBl II 1963, 93 (Erlass betr. Ordnungsmäßigkeit der Buchführung, hier: Offene-Posten-Buchhaltung), sowie H 5.2 (Belegablage) EStH.

Schema einer Offene-Posten-Buchhaltung für Kunden

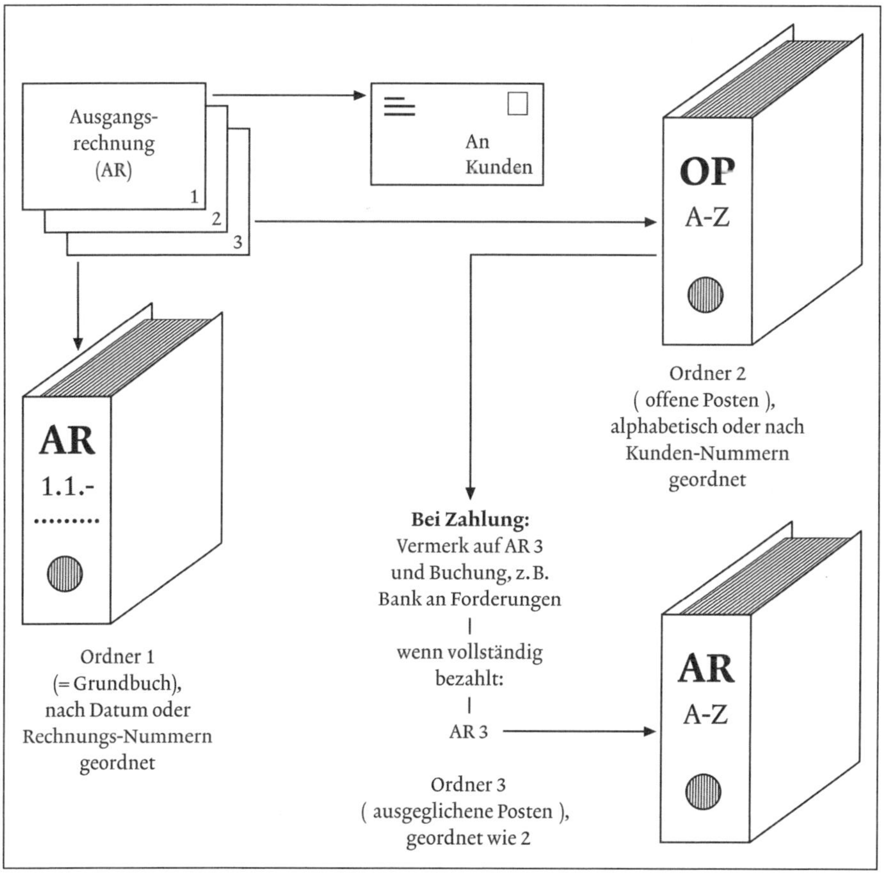

3.3 Kassenbuchführung

Geschäftsvorfälle müssen im Allgemeinen nicht bereits am Tage ihres Anfalls verbucht werden. Eine zeitgerechte Buchung genügt, vgl. H 5.2 (zeitgerechte Erfassung) EStH. Dies gilt jedoch nicht für den baren Zahlungsverkehr. Bareinnahmen und Barausgaben sind täglich festzuhalten. Das muss nicht unbedingt sofort auf dem Kassen**konto** geschehen. Ein Kassenbuch – als zusätzliches Grundbuch – erfüllt zunächst die Voraussetzungen bis zur endgültigen Verbuchung. Dabei brauchen bei einem Einzelhändler die Einnahmen nicht einzeln aufgezeichnet werden (BMF vom 14.12.1994 BStBl I 1995, 7). Werden z. B. Registrierkassen eingesetzt, so reicht die Aufbewahrung der Tagesendsummenbons aus. Vgl. auch BMF vom 09.01.1996, BStBl I 1996, 34, über den Verzicht auf die Aufbewahrung von Kassenstreifen bei Einsatz elektronischer Registrierkassen. Für Unternehmer ohne Registrierkassen oder ähnliche Geräte ist der **Kassenbericht** ein gutes Hilfsmittel, bei dem die Bareinnahmen (Tageslosung) insgesamt errechnet werden.

Kassenbericht vom *5. September*

	Vorsteuer	Ausgaben	€	Ct	Buchungsvermerk
Kassenendbestand			*1.560*	*25*	
Ausgaben im Laufe des Tages:					
1. Ausgaben für Waren					
Fa. Lieferer Ulm	*28,50*	*150,00*			*WE*
			150	*00*	
2. Betriebsausgaben					
Stromgeld August	*11,40*	*60,00*			*Raumk*
			60	*00*	
3. Summe Vorsteuer	*39,90*	*→*	*39*	*90*	*Vorst.*
4. Privatentnahmen *Haushaltsgeld*		*80,00*	*80*	*00*	*Entn*
5. Sonstige Ausgaben					
Einzahlung auf Bankkonto		*800,00*	*800*	*00*	*Bk*
Summe Kassenbestand + Ausgaben			*2.690*	*15*	
abzüglich Kassenbestand des Vortages			*441*	*55*	
= **Kasseneingang** einschließlich USt			*2.248*	*60*	
6. abzüglich sonstige Einnahmen					
Wohnungsmiete Hausmann		*200,00*	*200*	*00*	*Einl*
= **Bareinnahmen** (Tageslosung)			*2.048*	*60*	
Bareinnahmen einschließlich USt			*2.048*	*60*	
darin enthaltene USt 19 % (19/119)			*327*	*09*	*USt*
Steuerpflichtiger Umsatz			*1.721*	*51*	*WV*

Kaufmann
(Unterschrift)

BEISPIEL

Kassenbericht siehe voriges Blatt

Dieser Kassenbericht führt zu folgenden Buchungen (zusammengefasst):

Wareneinkauf	150,00	
Raumkosten	60,00	
Privatentnahmen	80,00	
Bank	800,00	
Vorsteuer	39,90	
an Kasse		1 129,90
Kasse	2 248,60	
an Privateinlagen		200,00
an Warenverkauf		1 721,51
an Umsatzsteuer		327,09

Die Umsatzsteuer wurde mit 19/119 aus den Verkaufserlösen herausgerechnet. Dieses Herausrechnen kann nach § 63 Abs. 3 UStDV auch jeweils zum Ende des Voranmeldungszeitraums in einer Summe erfolgen.

Der Unterschied zwischen den Buchungen auf dem Kassenkonto im Soll (2 248,60 €) und im Haben (1 129,90 €) entspricht der Zunahme des Kassenbestandes (1 118,70 €), vgl. Kassenbericht.

3.4 Hauptabschlussübersicht

Die Hauptabschlussübersicht ist **gesetzlich nicht vorgeschrieben** und auch kein unverzichtbarer Bestandteil einer ordnungsmäßigen doppelten Buchführung, sie wird aber in der Regel von den Kaufleuten zur Vorbereitung des Abschlusses erstellt, ja sie kann den Abschluss unter bestimmten Voraussetzungen sogar teilweise ersetzen (BFH vom 28.10.1981 BStBl II 1982, 485). Der Kaufmann verwendet für diese Übersicht allerdings oft andere Bezeichnungen, z. B. Abschlusstabelle oder Betriebsübersicht.

In einer Hauptabschlussübersicht sind **alle Summen** – oder zumindest Salden – **sämtlicher Sachkonten** aufgelistet. Meist sind noch für die Abschlussvorbereitung wichtige Umbuchungen vorgesehen. Die – evtl. berichtigten – Salden werden dann in die Vermögensbilanz (Bestandskonten) und die Erfolgsbilanz (Aufwands- und Ertragskonten) eingestellt. Dabei kann man die Vermögensbilanz als die Rohform der eigentlichen Schlussbilanz, die Erfolgsbilanz als Rohform der Gewinn- und Verlustrechnung bezeichnen. Wegen Einzelheiten vgl. Grundkurs des Steuerrechts Band 3, Fanck/Guschl/Kirschbaum; Buchführungstechnik und Bilanzsteuerrecht, Teil G.

Bei vielen Unternehmern ist die Hauptabschlussübersicht geradezu **in die Buchführung integriert**. Auf den Sachkonten werden keine Anfangsbestände mehr gebucht; am Jahresende wird kein Saldo gezogen, keine Abschlussbuchungen gemacht, lediglich die Kontenseiten werden addiert und die Summen festgehalten. Alles andere ergibt sich aus der Hauptabschlussübersicht (Abschlusstabelle), die dann aus folgenden Spalten (jeweils mit Soll und Haben) besteht:

- Eröffnungsbilanz,
- Summenzugänge (Verkehrszahlen, aus den Konten übernommen),
- Summenbilanz,
- Saldenbilanz bzw. Saldenbilanz I,
- Umbuchungen,
- berichtigte Saldenbilanz bzw. Saldenbilanz II,
- Vermögensbilanz bzw. Schlussbilanz oder Inventurbilanz,
- Erfolgsbilanz bzw. Gewinn- und Verlustrechnung.

Konto	Eröffnungsbilanz		Summenzugänge		Summenbilanz	
Geschäftsausstattung	78 500		2 700	3 600	81 200	3 600
Kapital		201 300				201 300
Forderungen	58 370		1 044 720	1 042 500	1 103 090	1 042 500
Vorsteuer			94 902	90 797	94 902	90 797
Bank	49 392		1 023 308	1 001 330	1 072 700	1 001 330
Kasse	4 830		30 750	30 110	35 580	30 110
Privat			51 890		51 890	
Verbindlichkeiten		31 652	728 350	729 060	728 350	760 712
sonst. Verbindlichkeiten		12 380	64 000	63 320	64 000	75 700
Umsatzsteuer		5 210	124 538	130 210	124 538	135 420
sonst, betriebl. Erträge				1 700		1 700
Wareneinkauf	59 450		641 950	2 500	701 400	2 500
Löhne und Gehälter			132 500		132 500	
soziale Abgaben			22 300		22 300	
Raumkosten			32 670		32 670	
Betriebssteuern			8 400		8 400	
Allg. Verwaltungskosten			18 500	660	18 500	660
Abschreibungen/Sachanlagen						
Warenverkauf				921 191		921 191
Erlöse aus Eigenverbrauch				4 500		4 500
Summen	250 542	250 542	4 021 478	4 021 478	4 272 020	4 272 020
Gewinn						

Die **Aussagekraft** einer derartigen Hauptabschlussübersicht geht natürlich weit über die eines »normalen« Abschlusses mit Bilanz und Gewinn- und Verlustrechnung hinaus.

In Einzelheiten können Hauptabschlussübersichten durchaus voneinander abweichende Formen haben. Dies gilt insbesondere für den **Ausweis von Kapital und Gewinn**. Das soll an folgenden Beispielen aufgezeigt werden, die alle vom selben Fall ausgehen.

BEISPIELE

a) **Hauptabschlussübersicht, Variante 1 (siehe doppelseitige Tabelle oben und auf der folgenden Seite)**

b) **Hauptabschlussübersicht, Variante 2**
Eröffnungsbilanz bis Saldenbilanz I unverändert. In Spalte »Umbuchungen« **Umbuchung des Wareneinsatzes** in Höhe von 637 100 € von Wareneinkauf auf Warenverkauf.
Dadurch in Saldenbilanz II Wareneinkauf nur noch 61 800 € (Warenbestand) und Warenverkauf nur noch 284 091 € (Rohgewinn/Handelsspanne). In der Vermögensbilanz ergibt sich keine Änderung, dagegen erscheint in der Erfolgsbilanz bei Warenverkauf nur der Rohgewinn, bei Wareneinkauf

Saldenbilanz I		Umbuchungen			Saldenbilanz II		Vermögensbilanz		Erfolgsbilanz	
77 600		AfA		19 400	58 200		58 200			
	201 300	Priv.	51 890			149 410		149 410		
60 590					60 590		60 590.			
4 105		USt		4 105						
71 370					71 370		71 370			
5 470					5 470		5 470			
51 890		Kap.		51 890						
	32 362					32 362		32 362		
	11 700					11 700		11 700		
	10 882	Vorst.	4 105			6 777		6 777		
	1 700					1 700				1 700
698 900					698 900		61 800		637 100	
132 500					132 500				132 500	
22 300					22 300				22 300	
32 670					32 670				32 670	
8 400					8 400				8 400	
17 840					17 840				17 840	
		G.A.	19 400		19 400				19 400	
	921 191					921 191				921 191
	4 500					4 500				4 500
1 183 635	1 183 635		75 395	75 395	1 127 640	1 127 640	257 430	200 249	870 210	927 391
								57 181	57 181	–
							257 430	257 430	927 391	927 391

nichts mehr. Die Summen der Erfolgsbilanz (vor Gewinn) betragen dann 233 110 € bzw. 290 291 €, am Gewinn ändert sich nichts.

c) **Hauptabschlussübersicht, Variante 3**

Auf eine Umbuchung des Privatkontos wird verzichtet. In der Vermögensbilanz wird eine **Kapitalkontenentwicklung** eingebaut, in den Zeilen »Kapital« und »Privat« erscheinen dabei die Beträge der Saldenbilanz nicht mehr. Damit ist die Habensumme (Passiva) zunächst um 149 410 € niedriger. Dazu wird folgende **Nebenrechnung** erstellt:

Kapital Anfang (Ende Vorjahr)		201 300 €
Entnahmen	./.	51 890 €
		149 410 €
Gewinn	+	57 181 €
Endkapital		206 591 €

Diese Zahl wird an Stelle des Gewinns in die Habenspalte der Vermögensbilanz eingesetzt. Die Endsumme stimmt wieder mit der Sollsumme überein.

d) **Hauptabschlussübersicht, Variante 4**

Es werden überhaupt keine Umbuchungen vorgenommen, daher gibt es **nur eine Saldenbilanz**. Das führt zu folgenden Auswirkungen:
aa) Bei Geschäftsausstattung wird die Abschreibung (AfA) ohne Umbuchung auf ein besonderes Konto mit 19 400 € in der Sollspalte der Erfolgsbilanz ausgewiesen.
bb) Wareneinkauf und Warenverkauf wie in Variante 1.
cc) Das Privatkonto erscheint mit 51 890 € auf der Sollseite der Vermögensbilanz(!), das Kapitalkonto unverändert gegenüber der Saldenbilanz mit 201 300 € im Haben.
dd) Die Vorsteuer wird wie in der Saldenbilanz mit 4 105 € im Soll der Vermögensbilanz, die Umsatzsteuer mit 10 882 € im Haben angesetzt.
Die Summen der Vermögensbilanz (vor Gewinn) betragen danach 313 425 € bzw. 256 244 €, am Gewinn ändert sich nichts. Die Summen der Erfolgsbilanz werden nicht berührt, allerdings ist die Zeile »Abschreibungen für Sachanlagen« weggefallen.

3.5 Selbstständige Buchungskreise

Bei manchen Unternehmen ist es organisatorisch erforderlich oder auch nur zweckmäßig, die Buchführung in eigenständige Bereiche aufzuspalten. Diesem Zweck dienen selbstständige Buchungskreise, die miteinander verbunden werden. Beispiele hierfür sind die Filialbuchführung, die Devisenbuchführung und die Geheimbuchführung.

3.5.1 Filialbuchführung

Wenn ein kaufmännischer Betrieb mehrere Filialen hat, ist es für den Unternehmer wichtig, die Rentabilität der einzelnen Zweigstellen zu kennen. Dies wird möglich, wenn für die Filialen jeweils **eigene Buchungskreise** eingerichtet werden. Ein solcher Buchungskreis entspricht grundsätzlich einer »normalen« doppelten Buchführung für die Filiale, mit allen in Betracht kommenden Bestandskonten und Erfolgskonten. Soweit Zahlungen über den Hauptbetrieb erfolgen, wird ein »Verrechnungskonto Hauptbetrieb« eingerichtet. Umgekehrt wird dann beim Hauptbetrieb ein »Verrechnungskonto Filiale X« geführt.

BEISPIEL

Die Filiale verkauft Ware im Wert von brutto 25 228 € gegen bar. Von den Tageseinnahmen werden 22 500 € auf das Bankkonto des Hauptbetriebs eingezahlt. Der Hauptbetrieb liefert Waren im Wert (AK) von 18 300 € an die Filiale aus.

Buchungen bei der **Filiale**:

Kasse	25 228 €	
an Warenverkauf		21 200 €
an Umsatzsteuer		4 028 €
Verrechnung Hauptbetrieb	22 500 €	
an Kasse		22 500 €
Wareneinkauf	18 300 €	
an Verrechnung Hauptbetrieb		18 300 €

Beim **Hauptbetrieb** ergeben sich folgende Buchungen:

Bank	22 500 €	
an Verrechnung Filiale X		22 500 €
Verrechnung Filiale X	18 300 €	
an Wareneinkauf		18 300 €

Die Verrechnungskonten Hauptbetrieb und Filiale müssen stets übereinstimmen. Hauptbetrieb Soll = Filiale Haben oder umgekehrt. Zum Jahresabschluss werden die Konten der Filialbuchführung abgeschlossen und in den Abschluss des Hauptbetriebs übernommen. Nach außen gibt es nur eine Bilanz und eine Gewinn- und Verlustrechnung, intern lässt sich jedoch das Betriebsergebnis jeder Filiale leicht ermitteln.

3.5.2 Devisenbuchführung

Bei Betrieben, die häufig Rechnungen in ausländischer Währung erhalten oder selbst ausstellen, kann es eine Erleichterung für die Buchführung bringen, wenn eine Devisenbuchführung eingerichtet wird, in der die Buchungen in ausländischer Währung erfolgen. Für jede Währung ist aber ein eigener Buchungskreis zu führen.

BEISPIEL

Importeur H bezieht seine Waren regelmäßig auf US-$-Basis. Im Mai 03 erhält er eine Rechnung über Waren im Wert von 15 500 $. Kurs im Zeitpunkt der Lieferung: 1$ = 0,85 €.
Buchung in **Devisenbuchführung:**

Verrechnung Euro-Buchf.	15 500 $	
an Verbindlichkeiten		15 500 $
Buchung in **Euro-Buchführung:**		
Wareneinkauf	13 175 €	
an Verrechnung Devisen-Buchf.		13 175 €

Die Devisenbuchführung betrifft in der Regel nur wenige Konten, und zwar insbesondere die **Sachkonten** Verbindlichkeiten, Forderungen und evtl. auch Bank. Die Verrechnungskonten Devisenbuchführung und Euro-Buchführung stimmen nur inhaltlich überein, die Zahlen selbst weichen naturgemäß voneinander ab. Beim Jahresabschluss ist auf Kursgewinne oder -verluste zu achten. In den Abschluss dürfen nur Euro-Beträge übernommen werden.

BEISPIEL

Die Verbindlichkeit von 15 500 $ (vorhergehendes Beispiel) ist am Bilanzstichtag noch nicht getilgt. Kurs am Bilanzstichtag 1 $ = 0,88 € (= Kurs bei Tilgung Anfang Januar 04).
Die Verbindlichkeit ist handelsrechtlich nach § 256 a Satz 1 HGB mit dem höheren Kurswert vom Bilanzstichtag anzusetzen, also mit 13 640 €. Steuerlich kann die Verbindlichkeit ebenfalls mit dem höheren Kurswert ausgewiesen werden (§ 6 Abs. 1 Nr. 3 i. V. m. Nr. 2 EStG); wahlweise könnte der Ausweis allerdings auch – abweichend von der Handelsbilanz – mit den »Anschaffungskosten« von 13 175 € erfolgen, § 5 Abs. 1 Satz 1 zweiter Halbsatz EStG; dies hätte allerdings ein höheres steuerliches Ergebnis und damit regelmäßig eine höhere Steuerlast zur Folge.
Buchung in **Devisenbuchführung:**

Verbindlichkeiten	15 500 $	
an Verrechnung Euro-Buchf.		15 500 $
Buchung in **Euro-Buchführung:**		
Verrechnung Devisen-Buchf.	13 640 €	
an Verbindl. i. ausl. Währung		13 640 €

Im Konto »Verrechnung Devisen-Buchführung« zeigt sich nun eine Differenz von 465 €, die auf die Veränderung des Wechselkurses zurückzuführen ist. Das Konto wird ausgeglichen durch die Buchung in der Euro-Buchführung.

Verlust aus Kursdifferenzen	465 €	
an Verrechnung Devisen-Buchf.		465 €

Bei Unternehmen, die ausschließlich im Währungsgebiet des Euro tätig sind, erübrigt sich eine Devisenbuchführung.

3.5.3 Geheimbuchführung

Die Geheimbuchführung ermöglicht einem Unternehmer, bestimmte Geschäftsvorfälle auch gegenüber dem Buchhalter geheim zu halten, z. B. die Privatentnahmen oder die Gehälter eines leitenden Angestellten. Auch hier gibt es zwei Buchungskreise: Geheimbuchführung und (z. B.) Hauptbuchführung. Im Übrigen dürfte die Bedeutung der Geheimbuchführung sehr gering sein.

Teil C Begriff des Gewinns, Gewinn- und Verlustrechnung und steuerliche Gewinnermittlungsarten

1 Allgemeines

1.1 Handelsrechtlicher Gewinnbegriff

In § 242 Abs. 2 HGB ist festgelegt, dass der (zur Buchführung verpflichtete) Kaufmann zum Schluss eines jeden Geschäftsjahres neben der Jahresschlussbilanz auch eine Gegenüberstellung der Erträge und Aufwendungen (die Gewinn- und Verlustrechnung) zu erstellen hat. Die Gewinn- und Verlustrechnung (GuV-Rechnung) ist daher **für alle Kaufleute zwingend** vorgeschrieben, soweit sie nicht nach § 241 a HGB von der handelsrechtlichen Buchführungspflicht befreit sind (§ 242 Abs. 4 HGB). Die GuV-Rechnung bildet zusammen mit der Bilanz den Jahresabschluss (§ 242 Abs. 3 HGB). Bei Kapitalgesellschaften ist der Jahresabschluss noch um einen Anhang zu erweitern; außerdem ist noch ein Lagebericht aufzustellen (§ 264 Abs. 1 HGB).

Da in der GuV-Rechnung die **Erträge den Aufwendungen gegenübergestellt** werden, ergibt der Unterschied zwischen diesen beiden Größen den Gewinn (oder Verlust) eines Geschäftsjahres. In der für Kapitalgesellschaften vorgeschriebenen Gliederung der GuV-Rechnung (vgl. § 275 HGB) wird dieses Ergebnis als Jahresüberschuss bzw. Jahresfehlbetrag bezeichnet (§ 275 Abs. 2 Nr. 20 und Abs. 3 Nr. 19 HGB). Der Gewinn oder Verlust ist darüber hinaus ein wichtiges Ergebnis der doppelten Buchführung. Buchtechnisch ergibt er sich aus dem GuV-Konto (vgl. B 2.1.3). Bei der Ermittlung des Gewinns oder Verlusts durch Gegenüberstellung der Erträge und Aufwendungen sind die Grundsätze ordnungsmäßiger Buchführung (GoB) zu beachten (vgl. § 243 Abs. 1 HGB).

1.2 Steuerlicher Gewinnbegriff

Nach § 4 Abs. 1 Satz 1 EStG ist der steuerliche Gewinn grundsätzlich mit Hilfe des **Betriebsvermögensvergleichs** (Bestandsvergleich) nach folgender Formel zu ermitteln:

	Betriebsvermögen am Schluss des Wirtschaftsjahres
./.	Betriebsvermögen am Schluss des vorangegangenen Wirtschaftsjahres
=	Betriebsvermögenszunahme/Betriebsvermögensabnahme
+	Entnahmen
./.	Einlagen
=	Gewinn (oder Verlust) des Wj.

Diese **Form** der Gewinnermittlung gilt (zunächst) für alle Steuerpflichtigen, die **buchführungspflichtig** sind oder freiwillig Bücher führen und jährlich Abschlüsse machen, soweit es sich nicht um Gewerbetreibende handelt, die unter § 5 EStG fallen. Gewerbetreibende, die buchführungspflichtig sind oder freiwillig Bücher führen und jährlich Abschlüsse machen, müssen den Gewinn ebenfalls durch Betriebsvermögensvergleich ermitteln, aber nach den Regeln des § 5 EStG, d. h., sie müssen zusätzlich die handelsrechtlichen Grundsätze ordnungsmäßiger Buchführung beachten. Steuerpflichtige, die **nicht buchführungspflichtig** sind und auch nicht freiwillig Bücher führen und auch keine Abschlüsse machen, können den Gewinn durch **Einnahmen-Überschuss-Rechnung** (Überschuss der Betriebseinnahmen über die Betriebsausgaben, auch Überschussrechnung genannt) ermitteln (§ 4 Abs. 3 EStG).

Vom Gesetzgeber wurde als grundsätzliche Gewinnermittlungsmethode der **Beriebsvermögensvergleich** gewählt, weil privatwirtschaftliche Unternehmen (insbesondere Gewerbetreibende und Land- und Forstwirte) ihre wirtschaftliche Existenz in aller Regel auf ein Vermögen aufbauen und mit Hilfe des eingesetzten Vermögens ihre Tätigkeit betreiben. Mit dem eingesetzten Vermögen wird in erster Linie gewirtschaftet, um dieses Vermögen durch Erträge zu vermehren.

Zur Gewinnermittlung durch Betriebsvermögensvergleich vgl. auch R 4.1 EStR.

1.3 Gewinnermittlungszeitraum und Geschäftsjahr bzw. Wirtschaftsjahr

Eine wichtige Aufgabe der Buchführung als Zeitabschnittsrechnung ist es, den **Erfolg** eines **bestimmten Zeitraums** durch fortlaufendes und systematisches Aufzeichnen der Erträge und Aufwendungen und deren Gegenüberstellung aufzuzeigen. Handelsrechtlich nennt man diesen Zeitraum »Geschäftsjahr« und steuerlich »Wirtschaftsjahr«. Da sowohl handelsrechtlich als auch steuerlich der periodengerechte Gewinn des Geschäfts- bzw. Wirtschaftsjahres zu ermitteln ist, kann man als gemeinsamen Oberbegriff die Bezeichnung »Gewinnermittlungszeitraum« wählen. Steuerlich kommt dies besonders durch die Überschrift des § 4 a EStG zum Ausdruck.

a) Handelsrechtliches Geschäftsjahr

Die grundlegenden Vorschriften über das Geschäftsjahr befinden sich in § 240 Abs. 2 und § 242 Abs. 1 und 2 HGB. Danach darf die Dauer des Geschäftsjahres **12 Monate** nicht überschreiten. Diese Regelung ist zwingend und kann weder durch einen Gesellschaftsvertrag noch Ähnliches außer Kraft gesetzt werden. Geschäftsjahr ist der Zeitraum, für den ein Jahresabschluss aufzustellen ist. Für im Handelsregister eingetragene Unternehmen braucht dieser Zeitraum nicht mit dem Kalenderjahr übereinzustimmen. Diese Unternehmen können auch ein vom Kalenderjahr **abweichendes Geschäftsjahr** wählen (z. B. vom 01. 07. bis 30. 06.). Die weitaus überwiegende Mehrzahl der Unternehmen bilanzieren jedoch nach dem Kalenderjahr (01. 01. – 31. 12.).

Ein **kürzerer Zeitraum** als 12 Monate (sog. **Rumpfgeschäftsjahr)** ist in folgenden Fällen zulässig und üblich:

- bei Neueröffnung und Aufgabe eines Betriebs,
- bei Erwerb und Veräußerung eines Betriebs,
- bei Umstellung vom Kalenderjahr auf ein abweichendes Geschäftsjahr oder umgekehrt.

BEISPIEL

A eröffnet am 01. 09. 01 einen Handel mit Automobilen. Er beabsichtigt die Jahresabschlüsse jeweils zum Schluss eines Kalenderjahres zu erstellen.

Das erste Geschäftsjahr des Betriebs des A umfasst als Rumpfgeschäftsjahr den Zeitraum vom 01. 09. – 31. 12. 01.

Ein **längerer Zeitraum** als 12 Monate ist niemals zulässig, auch nicht bei Neueröffnung des Betriebs oder bei Umstellung des Geschäftsjahres.

b) Steuerliches Wirtschaftsjahr

Ertragsteuerlich befinden sich die Regelungen über den Gewinnermittlungszeitraum im § 4 a EStG und in den §§ 8 b und 8 c EStDV. Danach ersetzt das EStG den handelsrechtlichen Begriff des Geschäftsjahres durch die Bezeichnung Wirtschaftsjahr. Trotz der anderen Bezeichnung gelten aber **im Wesentlichen auch steuerlich die handelsrechtlichen Grundsätze.** Das gilt insbesondere für die Dauer des Wirtschaftsjahres (längstens 12 Monate bzw. weniger als 12 Monate bei Rumpfwirtschaftsjahren); vgl. § 8 b EStDV. Abweichend vom Handelsrecht gelten steuerlich jedoch folgende **Besonderheiten:**

- **Die Umstellung des Wirtschaftsjahres** vom Kalenderjahr auf einen anderen Zeitraum **(abweichendes Wirtschaftsjahr)** ist nur wirksam, wenn dies im Einvernehmen mit dem zuständigen Finanzamt vorgenommen wird (§ 4 a Abs. 1 Nr. 2 Satz 2 EStG). Die Zustimmung des Finanzamts ist eine Ermessensentscheidung, die nach Recht und Billigkeit zu treffen ist. Wenn wirtschaftlich vernünftige Gründe vorliegen (z. B. Anpassung an einen branchenüblichen Stichtag zur Erleichterung von Betriebsvergleichen, Erleichterungen bei der Inventur, Änderung des Unternehmenszwecks, einheitlicher Stichtag in einem Konzern), kann das Finanzamt den Antrag auf Umstellung des Wirtschaftsjahres nicht ablehnen. Die Absicht, eine **Steuerpause** oder einen anderen steuerlichen Vorteil zu erlangen, ist kein betrieblicher Grund für die Umstellung des Wirtschaftsjahres. Bei einer **Betriebseröffnung** kann der Steuerpflichtige den Zeitraum des Wirtschaftsjahres frei wählen. In einem solchen Fall ist für ein vom Kalenderjahr abweichendes Wirtschaftsjahr die Zustimmung des Finanzamts nicht erforderlich. Auch bei einer Rückkehr vom abweichenden Wirtschaftsjahr zum Kalenderjahr ist keine Zustimmung des Finanzamts erforderlich. Weitere Einzelheiten regelt R 4 a EStR.
- Für **Land- und Forstwirte** bestimmt § 4 a Abs. 1 Nr. 1 EStG grundsätzlich als Wirtschaftsjahr den Zeitraum vom 01. 07. bis 30. 06. Für bestimmte Gruppen von Land- und Forstwirten enthält § 8 c EStDV abweichende Regelungen.
- Für **Gewerbetreibende, die nicht im Handelsregister eingetragen sind,** bestimmt § 4 a Abs. 1 Nr. 3 EStG als Wirtschaftsjahr das Kalenderjahr.

1.4 Bedeutung des Gewinns für die Besteuerung

Nach dem deutschen Steuersystem zählen zu den Ertragsteuern die Einkommensteuer (für die natürlichen Personen), die Körperschaftsteuer (für bestimmte juristische Personen, insbesondere für die Kapitalgesellschaften) und die Gewerbesteuer (für inländische Gewerbebetriebe). Für alle drei Ertragssteuerarten bildet der Gewinn eine wichtige Besteuerungsgrundlage, und zwar wie folgt:

- Für die **Einkommensteuer** ist der Gewinn als Einkünfte für die ersten drei Einkunftsarten (Einkünfte aus Land- und Forstwirtschaft, aus Gewerbebetrieb und aus selbstständiger Tätigkeit) maßgebend (§ 2 Abs. 2 Nr. 1 EStG). Diese drei Einkünfte werden daher auch als Gewinneinkünfte bezeichnet.
- Für die **Körperschaftsteuer** ist das Einkommen nach den Vorschriften des EStG zu ermitteln (§ 8 Abs. 1 KStG), d. h. für die meisten körperschaftsteuerpflichtigen Personen ist ebenfalls der Gewinn die Besteuerungsgrundlage (vgl. § 8 Abs. 2 KStG).
- Für die **Gewerbesteuer** ist der Gewinn des Gewerbebetriebs die Ausgangsbasis zur Ermittlung des Steuermessbetrags vom Gewerbeertrag (§ 7 GewStG).

Da das Körperschaftsteuerrecht (§§ 7 Abs. 2 und 8 Abs. 1 KStG) und das Gewerbesteuerrecht (§ 7 GewStG) hinsichtlich der Ermittlung des Gewinns jeweils auf das Einkommensteuerrecht

Bezug nehmen, befinden sich die grundlegenden Vorschriften über die Gewinnermittlung im EStG (§§ 4–7 k EStG).

2 Gewinn- und Verlustrechnung als Bestandteil des Jahresabschlusses

2.1 Gewinn- und Verlustrechnung

2.1.1 Begriff, Bedeutung und Inhalt

Die **GuV-Rechnung** (auch Erfolgsrechnung genannt) ist gemäß § 242 Abs. 2 HGB eine Gegenüberstellung der Erträge und Aufwendungen eines Geschäfts- bzw. Wirtschaftsjahres. Das Ergebnis der GuV-Rechnung muss mit dem Ergebnis des GuV-Kontos der doppelten Buchführung übereinstimmen. Das **GuV-Konto** dient als Sammelkonto für die Ertrags- und Aufwandskonten (Erfolgskonten). Die GuV-Rechnung ist dagegen eine detaillierte Zusammenstellung aller Erträge und Aufwendungen eines Geschäfts- bzw. Wirtschaftsjahres (außerhalb) der Buchführung, gegliedert nach einem bestimmten System (vgl. § 275 HGB und 2.1.2).

Die GuV-Rechnung hat die Aufgabe, **sämtliche Erträge** und **Aufwendungen** eines Geschäfts- bzw. Wirtschaftsjahres und damit die Komponenten der Ertragslage des Unternehmens **aufzuzeigen**. Sie soll die Erfolgsquellen offen legen und insbesondere auch das Ergebnis der betriebsgewöhnlichen Geschäftstätigkeit (Betriebsergebnis) und das außerordentliche Ergebnis verdeutlichen. Über die Gliederung der Aufwendungen wird erkennbar gemacht, welche Mittel (Kostenarten oder nach Bereichen gegliederte Aufwendungen) eingesetzt werden mussten, um die ausgewiesenen Erträge zu erzielen. Das Jahresergebnis der GuV-Rechnung muss bei einer ordnungsmäßigen Buchführung stets mit dem Ausweis des Erfolgs in der **Bilanz übereinstimmen**, weil Erträge und Aufwendungen jeweils nur die erfolgsabhängigen Betriebsvermögensveränderungen verdeutlichen.

BEISPIEL

Werden betriebliche Löhne bezahlt, dann wird durch diese Aufwendungen der Gewinn gemindert. Gleichzeitig mindert sich der Geldbestand und damit das Eigenkapital (Schlusskapital eines Geschäfts- bzw. Wirtschaftsjahres).

2.1.2 Form und Gliederung

Allgemein unterscheidet man zwei äußere Formen der GuV-Rechnung:
1. Kontenform (nur noch für Einzelunternehmen und Personenhandelsgesellschaften zulässig),
2. Staffelform (nach § 275 Abs. 1 HGB für Kapitalgesellschaften – und Genossenschaften – zwingend vorgeschrieben).

Vgl. hierzu die **Beispiele** in B 1. 6.
Nach dem **Inhalt** und der **Gliederung** unterscheidet § 275 Abs. 1 HGB das
- Gesamtkostenverfahren (§ 275 Abs. 2 und 4 HGB) und
- Umsatzkostenverfahren (§ 275 Abs. 3 und 4 HGB).

Einzelheiten zum Gesamtkosten- und Umsatzkostenverfahren sind in H 3.9.4 dargestellt (insbesondere anhand von Beispielen im Rahmen der Ermittlung der Herstellungskosten).

Für **Einzelunternehmen** und **Personenhandelsgesellschaften** ist eine besondere Form und Gliederung der GuV-Rechnung nicht vorgeschrieben. Sie können daher nach wie vor die früher übliche Kontenform praktizieren. Jedoch kann davon ausgegangen werden, dass immer mehr dieser Unternehmen sich der Staffelform und dem Gliederungsschema von Kapitalgesellschaften gemäß § 275 HGB angleichen (einschließlich der Anwendung des Gesamtkostenverfahrens oder des Umsatzkostenverfahrens).

Für **Kapitalgesellschaften** sowie bestimmte Personengesellschaften und Einzelunternehmen, die unter das **Publizitätsgesetz** fallen, ist die Form (Staffelform), die Gliederung und die Reihenfolge der einzelnen GuV-Posten in § 275 HGB genau und zwingend vorgeschrieben. Diese Unternehmen können jedoch bei der Aufstellung der GuV-Rechnung zwischen dem Gesamtkostenverfahren (§ 275 Abs. 2 HGB) und dem Umsatzkostenverfahren (§ 275 Abs. 3 HGB) wählen. Daneben enthält § 265 HGB allgemeine Grundsätze für die Gliederung der GuV-Rechnung (und auch für die Gliederung der Bilanz) von Kapitalgesellschaften. § 276 HGB sieht für kleine und mittelgroße Kapitalgesellschaften (vgl. § 267 Abs. 1 und 2 HGB) Erleichterungen für bestimmte GuV-Posten vor (Zusammenfassung mehrerer Erlösposten und des Materialaufwands zum Posten »Rohergebnis«). § 277 HGB regelt den Inhalt bestimmter GuV-Posten, insbesondere für die Posten Umsatzerlöse, Bestandsveränderungen, bestimmte außerplanmäßige Abschreibungen, außerordentliche Erträge und Aufwendungen sowie für Erträge aus Abzinsungen und für Erträge und Aufwendungen aus Währungsumrechnungen. Auch hier ist in § 276 Satz 2 HGB für kleine Kapitalgesellschaften eine Erleichterung hinsichtlich erforderlicher Erläuterungen gemäß § 277 Abs. 4 Satz 2 HGB (außerordentliche Aufwendungen und Erträge) geregelt. Für Kleinstkapitalgesellschaften i. S. v. § 267a Abs. 1 HGB gelten gemäß § 267a Abs. 2 HGB die gleichen Erleichterungen wie für kleine Kapitalgesellschaften, soweit nichts anderes geregelt ist. Eine besondere Erleichterung für Kleinstkapitalgesellschaften besteht beispielsweise darin, dass sie unter Umständen nach § 264 Abs. 1 Satz 5 HGB von der Pflicht zur Erstellung eines Anhangs befreit sind und nur eine verkürzte GuV-Rechnung mit den in § 275 Abs. 5 HGB aufgeführten Mindestposten zu erstellen haben.

2.1.3 Bedeutung für die Besteuerung

Obwohl für die Gewinnermittlung durch Betriebsvermögensvergleich die Bilanz im Mittelpunkt steht, spielt auch die GuV-Rechnung des Unternehmens für die Ermittlung des steuerpflichtigen Gewinns eine wichtige Rolle. Da insbesondere bei unbeschränkt körperschaftsteuerpflichtigen Personen die Ermittlung des Einkommens an den Gewinn (oder Verlust) bzw. Jahresüberschuss (oder Jahresfehlbetrag) der Handelsbilanz anknüpft (wenn, was nach § 60 Abs. 2 EStDV zulässig ist, keine eigene Steuerbilanz erstellt wird), ist wegen der Korrekturen nach den §§ 9 und 10 KStG der Inhalt der GuV-Rechnung von steuerlicher Bedeutung. Für bilanzierende einkommensteuerpflichtige Gewerbetreibende und gewerbliche Personengesellschaften gilt analog das Gleiche. § 60 Abs. 1 Satz 2 EStDV schreibt daher vor, dass der Steuererklärung neben der Bilanz auch eine GuV-Rechnung beizufügen ist, wenn Bücher geführt werden, die den Grundsätzen der doppelten Buchführung entsprechen.

2.2 Handelsrechtliche und betriebswirtschaftliche Erträge und Aufwendungen

a) Abgrenzung gegenüber Einnahmen und Ausgaben

Die Bezeichnungen Ertrag (Erträge) und Aufwand (Aufwendungen) beinhalten die positiven und negativen Komponenten des im Rahmen der Finanzbuchführung durch die GuV-Rechnung zu ermittelnden Erfolgs. Das durch diese Erfolgsrechnung zu ermittelnde Ergebnis hat sich allerdings nicht auf die Gesamtdauer des Betriebs, sondern auf eine bestimmte Periode (das Geschäftsjahr) zu beziehen. Dabei sind die Erträge und Aufwendungen dem Geschäftsjahr zuzuordnen, in dem sie entstanden sind (Verursachungsprinzip, vgl. § 252 Abs. 1 Nr. 4 und 5 HGB). Die Erträge und Aufwendungen innerhalb der Finanzbuchführung sind daher begrifflich abzugrenzen von den Einnahmen und Ausgaben einer Geldrechnung und den Leistungen und Kosten der Kosten- und Leistungsrechnung. Auch besteht teilweise ein Unterschied zu den steuerlichen (zu versteuernden) Betriebseinnahmen und den steuerlich abzugsfähigen Betriebsausgaben.

b) Begriff Erträge

Unter Erträgen versteht man alle in Geldeinheiten bewerteten **Güterzugänge** eines Betriebs innerhalb einer Abrechnungsperiode (Geschäftsjahr). Dabei handelt es sich nur um solche Erträge, die im Rahmen des Betriebs angefallen sind. Wertzuwächse im Bereich der privaten Sphäre scheiden aus. Jedoch ist zu unterscheiden zwischen den eigentlichen betrieblichen Erträgen (Zweckerträge, die aus dem eigentlichen Betriebszweck herrühren; z. B. Erlöse aus dem Verkauf erzeugter Produkte oder erbrachter sonstiger Leistungen) und den betriebsfremden Erträgen (neutrale Erträge, die mit dem eigentlichen Betriebszweck nichts zu tun haben; z. B. Zins- und Mieteinnahmen eines Produktionsbetriebs). Ferner müssen die Erträge nach ihrer wirtschaftlichen Verursachung auf ein Geschäftsjahr abgestellt werden, d. h. sie müssen ggf. zu anderen Abrechnungsperioden abgegrenzt werden (Grundsatz der periodengerechten Gewinnermittlung gemäß § 252 Abs. 1 Nr. 5 HGB).

c) Begriff Aufwendungen

Unter Aufwendungen versteht man den in Geldeinheiten bewerteten **Güterverzehr** eines Betriebs innerhalb einer Abrechnungsperiode (Geschäftsjahr). Im Rahmen des Industriekontenrahmens (IKR) ist darunter »der wertmäßige Verbrauch eines Unternehmens an Sachgütern, Arbeits- und Dienstleistungen und die vom Unternehmen zu tragenden Abgaben, Steuern, Gebühren und Beiträge« zu verstehen. Das Merkmal des Güterverzehrs drückt sich durch eine Veränderung oder Abnahme von Vermögensbestandteilen aus, wodurch sowohl ein Gegenwert entstehen kann (z. B. Verbrauch von Rohstoffen und Löhnen zur Erstellung von Produkten) als auch die Aufwendungen ohne Gegenleistung anfallen können (z. B. Abgaben, Steuern). Das Merkmal Betriebsbezogenheit schließt den Wertverzehr der Privatsphäre aus. Jedoch ist ebenso wie bei den Erträgen zwischen den eigentlichen betrieblichen Aufwendungen (Zweckaufwendungen, die durch den eigentlichen Betriebszweck entstanden sind; z. B. Verbrauch von Roh-, Hilfs- und Betriebsstoffen sowie Löhnen und Abschreibungen von Produktionsanlagen) und den betriebsfremden Aufwendungen (neutrale Aufwendungen, die nicht den eigentlichen Betriebszweck berühren; z. B. Darlehenszinsen) zu unterscheiden. Wie die Erträge sind auch die Aufwendungen auf ein Geschäftsjahr zu beziehen und daher ggf. periodengerecht abzugrenzen.

2.3 Steuerliche Betriebseinnahmen und Betriebsausgaben

2.3.1 Betriebseinnahmen

Der Begriff Betriebseinnahmen ist im EStG nicht geregelt. Nach seinem Sinn und Zweck ist dieser steuerliche Begriff in Anlehnung an § 4 Abs. 4 und § 8 Abs. 1 EStG zu bestimmen. Danach sind Betriebseinnahmen alle betrieblich veranlassten **Güterzugänge** zum Betriebsvermögen, die **in Geld oder Geldeswert** bestehen (vgl. BFH vom 22.07.1988 BStBl II 1988, 995 und vom 14.03.2006 BStBl II 2006, 650). Vgl. auch die Ausführungen in R 4.7 EStR und H 4.7 EStH. Die Betriebseinnahmen können aus Grundgeschäften oder Hilfsgeschäften des Betriebs stammen. **Grundgeschäfte** sind beispielsweise Veräußerung von Waren eines Einzel- oder Großhandelsbetriebs, Veräußerung der erzeugten Produkte eines Fabrikationsbetriebs, Erlöse aus Werk- und Dienstleistungen. **Hilfsgeschäfte** sind beispielsweise Veräußerung von abnutzbaren und nichtabnutzbaren Wirtschaftsgütern des Anlagevermögens, Veräußerung von Wirtschaftsgütern des gewillkürten Betriebsvermögens (z. B. Grundstücke, Wertpapiere), Einnahmen aus Vermietungen oder Darlehensgewährungen, wenn diese Geschäfte nicht den eigentlichen Betriebszweck darstellen.

Keine Betriebseinnahmen sind mangels betrieblicher Veranlassung die Einlagen, gleichgültig ob sie in Form von Geld, Sachwerten oder Rechten bestehen.

Keine Betriebseinnahmen im Rahmen einer Überschussrechnung nach § 4 Abs. 3 EStG sind die Aufnahme von Darlehen mangels endgültigem Geldzugang, sowie durchlaufende Posten, die im Namen und für Rechnung eines anderen vereinnahmt werden. Der Verzicht auf Einnahmen ist grundsätzlich keine Betriebseinnahme. Jedoch können in solchen Fällen u. U. Entnahmen vorliegen (vgl. Ausführungen F 2).

Entscheidendes Kriterium einer Betriebseinnahme ist damit der betriebliche Veranlassungszusammenhang, ungeachtet einer zeitlichen Zuordnung. Hingegen ist der Begriff des Ertrags, neben der auch hier erforderlichen betrieblichen Veranlassung, erweitert durch das Merkmal der wirtschaftlichen Zuordnung zum Geschäftsjahr (Wirtschaftsjahr). Der Begriff des Ertrags ist damit gegenüber dem Begriff der Betriebseinnahme um eine zeitliche Dimension erweitert. Folge dieses Definitionsunterschieds sind beispielsweise die Regelungen zu den Rechnungsabgrenzungsposten nach § 250 Abs. 2 HGB bzw. § 5 Abs. 5 Satz 1 Nr. 2 EStG, mit deren Hilfe der als Betriebseinnahme anzusehende betriebliche Güterzugang in seiner periodengerechten Erfassung als Ertrag einem anderen Geschäfts- bzw. Wirtschaftsjahr zugeordnet wird.

2.3.2 Abgrenzung zu außerbetrieblichen Einnahmen

Ein Wertzugang stellt nur dann eine Betriebseinnahme dar, wenn er sachlich mit dem Betrieb zusammenhängt. Dabei genügt ein mittelbarer Zusammenhang. In den Rahmen des Betriebs fallen daher nicht nur die Geschäfte, die den Hauptgegenstand ausmachen, sondern auch die sog. **Nebengeschäfte** und Nebentätigkeiten (z. B. Vergütungen aus Ehrenämtern, Tätigkeiten als Aufsichtsratsmitglied). Bezüglich der Hilfsgeschäfte vgl. oben 2. 3. 1.

Auch **Schenkungen** und Erbschaften können ausnahmsweise ursächlich mit dem Betrieb zusammenhängen und somit Betriebseinnahmen sein (vgl. BFH vom 14.03.2006 BStBl II 2006, 650). Unentgeltliche betriebliche Zuwendungen von Wirtschaftsgütern führen zu Betriebseinnahmen i. H. des Verkehrswerts nach § 6 Abs. 4 EStG (vgl. a. BFH BStBl II 1988, 633). Ein wichtiges Merkmal für eine betrieblich veranlasste Zuwendung und damit Betriebseinnahme beim Empfänger ist regelmäßig die Tatsache, dass der Zuwendende die dafür getätigten Aufwendungen als Betriebsausgabe behandelt (BFH vom 21. 11. 1963 BStBl III 1964, 183 und u. a. auch vom 26. 09. 1995 BStBl II 1996, 273). Reine **Aufmerksamkeiten** stellen jedoch keinen geldwerten Vermögenszugang dar und sind daher keine Betriebseinnahmen (z. B. eine Blumenspende zu einem Betriebsjubiläum).

Keine Betriebseinnahmen sind Einnahmen, die nicht durch den Betrieb, sondern durch private Umstände veranlasst sind. Zu den **Privateinnahmen** gehören die Einnahmen aus der Veräußerung von Gegenständen des Privatvermögens. Nach der Rechtsprechung kommt es für die Unterscheidung zwischen Betriebseinnahmen und Privateinnahmen (wie bei den Betriebsausgaben) nicht auf die Auffassung des Steuerpflichtigen, sondern auf den objektiven Zusammenhang mit dem Betrieb an. Wirtschaftsgüter des notwendigen Beriebsvermögens können jedoch nicht privat veräußert werden.

BEISPIEL

Ein Schmuckwarenhändler kann nicht Schmuckgegenstände zunächst in das Privatvermögen entnehmen und anschließend privat veräußern. Der Erlös aus einer solchen Veräußerung gehört zu den Betriebseinnahmen. Bedeutung haben diese Fälle vor allem auch für die USt.

2.3.3 Steuerfreie Betriebseinnahmen

Nicht alle betrieblich veranlassten Wertzugänge sind **steuerpflichtige** Betriebseinnahmen. Vor allem § 3 EStG enthält einen umfangreichen Katalog von Einnahmen, die ertragsteuerlich befreit sind. Darüber hinaus enthalten andere Gesetze und Verordnungen ebenfalls Regelungen über die Steuerbefreiung bestimmter Vermögenszugänge (vgl. auch R 3.0 EStR und die Zusammenstellung in H 3.0 EStH sowie zu einzelnen Nr. des § 3 EStG in H 3.1 bis H 3.65 EStH). Derartige steuerfreie Betriebseinnahmen sind von dem durch Betriebsvermögensvergleich bzw. GuV-Rechnung unter Einbeziehung dieser Betriebseinnahmen ermittelten Gewinn abzuziehen (**außerbilanzielle Abrechnung**). Von den zahlreichen Befreiungstatbeständen werden im Rahmen dieses Buches nur folgende behandelt:

a) Investitionszulagen nach dem Investitionszulagengesetz

Unternehmer können von der öffentlichen Hand für bestimmte Investitionen eine Investitionszulage erhalten und zwar nach § 2 Investitionszulagengesetz 2010; diese Investitionszulagen sind steuerfrei nach § 13 InvZulG 2010 und die gewährten Zulagendürfen die steuerlichen Anschaffungs- und Herstellungskosten der betreffenden Wirtschaftsgüter nicht mindern.

Diese steuerfreien Zulagen sind zweckmäßigerweise auf eigenen Ertragskonten zu buchen. Sie sind im Zuge der steuerlichen Gewinnermittlung von dem aus der Buchführung und dem Jahresabschluss (GuV-Rechnung) sich ergebenden Gewinn (Jahresüberschuss) außerhalb der Bilanz wieder abzuziehen.

b) Erwerb von Freianteilen an Kapitalgesellschaften aufgrund Kapitalerhöhung aus Gesellschaftsmitteln

Kapitalgesellschaften (AG, KG a.A und GmbH) können ihr Nennkapital aus Gesellschaftsmitteln (z. B. aus freien Rücklagen) erhöhen (für AG nach den Vorschriften der §§ 207–220 AktG, für KG a. A. nach den Vorschriften des § 278 Abs. 3 i. V. mit den §§ 207–220 AktG). In derartigen Fällen erhalten die bisherigen Anteilseigner (Aktionäre bzw. Gesellschafter) unentgeltlich neue Anteilsrechte (Freianteile, Freiaktien, Gratisaktien, Berichtigungsaktien). Nach § 1 des Gesetzes über steuerrechtliche Maßnahmen bei Erhöhung des Nennkapitals aus Gesellschaftsmitteln vom 10. 10. 1967 – KapErhStG – (BGBl I 1967, 977 und BStBl I 1967, 367), zuletzt geändert durch SEStEG vom 07. 12. 2006 (BGBl I 2006, 2782 und BStBl I 2007, 4), unterliegt der unentgeltliche Erwerb der Freianteile nicht der Einkommensteuer, Körperschaftsteuer und Gewerbesteuer. Vgl. zu diesem Thema die weiteren Ausführungen in K 3. 1. 6.

2.3.4 Betriebsausgaben

Nach § 4 Abs. 4 EStG sind Betriebsausgaben alle Aufwendungen, die durch den Betrieb veranlasst sind. Betriebsausgaben kommen nur bei den ersten drei Einkunftsarten des EStG (bei den Einkünften aus Land- und Forstwirtschaft, aus Gewerbebetrieb und aus selbstständiger Arbeit, § 2 Abs. 1 Nr. 1–3 EStG) in Betracht.

Der Begriff Betriebsausgaben beinhaltet folgende **Merkmale:**

a) Es muss sich um **Aufwendungen** handeln. Damit ist aber offenbar nicht der betriebswirtschaftliche Aufwandsbegriff gemeint, da das EStG die Bezeichnung Aufwendungen auch bei den Werbungskosten (vgl. § 9 Abs. 1 Satz 1 EStG) und bei den Kosten der Lebensführung (so in § 10 Abs. 1 Satz 1, § 12 Nr. 1 und §§ 33 und 33 a EStG) verwendet. Die Aufwendungen sind abzugrenzen gegenüber den Ausgaben und Kosten. Ausgaben sind tatsächliche Abflüsse in Geld oder Geldeswert (im Sinne von § 11 Abs. 2 Satz 1 EStG), bezogen auf den Zeitpunkt der Verausgabung. Unter Kosten versteht man den in Geld ausgedrückten betrieblichen Güter- und Diensteverzehr zur Erstellung von betrieblichen Leistungen (alles was in Geld bewerteten Sachgütern und Dienstleistungen erforderlich bzw. aufzuwenden ist, um Erzeugnisse oder Leistungen zu produzieren, z. B. Rohstoffe, Hilfs- und Betriebsstoffe, Fertigungslöhne). Innerhalb eines Wirtschaftsjahres dürfen (in den Fällen der Gewinnermittlung durch Betriebsvermögensvergleich) nur solche Aufwendungen berücksichtigt werden, die wirtschaftlich in das entsprechende Wirtschaftsjahr gehören (periodengerechte Gewinnermittlung). Insoweit stimmt bei der Gewinnermittlung durch Betriebsvermögensvergleich der Inhalt des Begriffs Betriebsausgaben mit dem handelsrechtlichen Begriff Aufwendungen (vgl. 2.2 c) überein.

b) Die Aufwendungen können in **Geld** (z. B. Bezahlung von Löhnen und Gehältern, Zinsen, Mieten, Reparaturkosten) oder in **Geldeswert** (z. B. Abschreibung bei abnutzbaren Wirtschaftsgütern des Anlagevermögens, Verbrauch von Betriebsstoffen) bestehen.

c) Die Aufwendungen müssen vom Steuerpflichtigen geleistet worden sein, d. h. es muss eine **Vermögensminderung** eintreten. Die Arbeitsleistung des Unternehmers ist keine Betriebsausgabe. Lediglich das eigene Vermögen des Unternehmers mindernde Aufwendungen können berücksichtigt werden (**Eigenaufwand**). Drittaufwand, also das Vermögen eines Dritten mindernde Kosten, können nicht als Betriebsausgabe berücksichtigt werden, vgl. H 4.7 (Drittaufwand) EStH, auch nicht im Wege einer Nutzungseinlage, vgl. H 4.3 [1] (Nutzungsrechte/Nutzungsvorteile) EStH. Übt beispielsweise der Unternehmer seinen Betrieb in einem seiner Ehefrau gehörenden **und auf deren Kosten** erstellten Gebäude aus, so kann er eine AfA für das Gebäude als betrieblichen Aufwand nicht geltend machen, weil er die Herstellungskosten des Gebäudes nicht getragen hat. Zu den Ausnahmefällen der **Abkürzung des Zahlungswegs** bzw. des Vertragswegs, bei denen Aufwendungen eines Dritten als Aufwendungen des Steuerpflichtigen gewertet werden können, vgl H 4.7 (Drittaufwand) EStH.

d) Die Aufwendungen brauchen nicht mit Wirtschaftsgütern des Betriebsvermögens zusammenzuhängen (vgl. hierzu auch R 4.7 Abs. 1 Satz 2 EStR). Die Aufwendungen müssen jedoch **betrieblich veranlasst** sein, d. h. sie müssen objektiv mit dem Betrieb in sachlichem Zusammenhang stehen und subjektiv für betriebliche Zwecke gemacht worden sein. Die Aufwendungen müssen ausschließlich oder doch ganz überwiegend betrieblich verursacht sein (weitere Ausführungen hierzu vgl. 2.3.5). So kann beispielsweise ein Unternehmer die AfA seines zum Privatvermögen gehörenden Pkw insoweit als Betriebsausgabe geltend machen, als er diesen für betriebliche Fahrten nutzt. Auch Eigenaufwand, der bei der betrieblichen Nutzung eines in fremdem Eigentum stehenden Wirtschaftsguts anfällt, kann der Unternehmer als Betriebsausgabe geltend machen, vgl. H 4.7 (Eigenaufwand für ein fremdes Wirtschaftsgut) EStH.

e) Die betriebliche Verursachung muss **nicht zwangsläufig** sein. Der Steuerpflichtige hat einen sehr weiten Spielraum; er kann insbesondere nach freiem Ermessen darüber entscheiden, welche Ausgaben er aus betrieblichem Anlass machen will. Auch Aufwendungen, die das notwendige und übliche Maß übersteigen, sind Betriebsausgaben, wenn sie betrieblich veranlasst sind. Ebenso sind unangemessene Aufwendungen begrifflich Betriebsausgaben, jedoch sieht hierfür § 4 Abs. 5 Nr. 7 EStG gewisse Einschränkungen für den Abzug vor (vgl. R 4.10 Abs. 12 EStR und H 4.10 [12] EStH). Auch wirtschaftlich unzweckmäßige Aufwendungen (z. B. der Steuerpflichtige musste wegen früherer Geldentnahmen einen betrieblich bedingten Kredit aufnehmen und dafür Schuldzinsen zahlen; beachte jedoch die Einschränkung des Abzugs der Schuldzinsen gem. § 4 Abs. 4 a EStG sowie die Zinsschranke des § 4 h EStG) oder vermeidbare Aufwendungen (z. B. der Steuerpflichtige hätte durch Abschluss entsprechender Versicherungsverträge hohe Schadenskosten vermeiden können) sind Betriebsausgaben. Die Ungewöhnlichkeit, Unnötigkeit und Unzweckmäßigkeit von Ausgaben kann aber ein Anzeichen dafür sein, dass der betriebliche Anlass nur vorgeschoben ist.

f) Betriebsausgaben können auch bereits vor der Eröffnung eines Betriebs anfallen **(vorweggenommene Betriebsausgaben,** z. B. Planungskosten, Finanzierungskosten, Reisekosten u. a., vgl. H 4.7 (Vorweggenommene Betriebsausgaben) EStH). Kommt es anschließend nicht zu der beabsichtigten Betriebseröffnung, dann sind solche vergeblichen Aufwendungen trotzdem Betriebsausgaben. Entsprechendes gilt für eine Betriebsbeendigung. Auch nach Aufgabe oder Veräußerung eines Betriebs können weitere Betriebsausgaben in der Abwicklungsphase bis zur Vollbeendigung und sogar noch danach anfallen **(nachträgliche Betriebsausgaben,** vgl. § 24 Nr. 2 EStG). Entscheidend dafür ist, dass die Aufwendungen ihre Ursache in der früheren gewerblichen Tätigkeit haben (z. B. Zinszahlungen für Verbindlichkeiten, die noch nicht getilgt sind).

g) Betriebsausgaben können grundsätzlich nur dann anerkannt werden, wenn deren betriebliche Veranlassung und Höhe nachgewiesen wird. Gelingt der Nachweis der Höhe jedoch nicht, obwohl offensichtlich Ausgaben angefallen sein müssen, ist eine Schätzung der in der Höhe nicht feststellbaren Betriebsausgabe möglich, vgl. H 4.7 (Schätzung von Betriebsausgaben) EStH. Allerdings ist dann gegebenenfalls noch das Abzugshindernis des § 160 AO zu prüfen.

Dieser sehr weit gehende Betriebsausgabenbegriff des § 4 Abs. 4 EStG wird jedoch eingeengt durch § 12 EStG (insbesondere hinsichtlich der Kosten der Lebensführung) und durch § 4 Abs. 5 EStG (hinsichtlich bestimmter nicht abzugsfähiger oder nur beschränkt abzugsfähiger Betriebsausgaben) sowie durch die besondere Regelung des § 4 Abs. 4 a EStG für den Schuldzinsenabzug und die Regelung über die Zinsschranke durch § 4 h EStG. Vgl. hierzu weitere Ausführungen in 2.3.5 und 2. 3. 6. 3.

2.3.5 Abgrenzung zu anderen Aufwendungen

Die Betriebsausgaben sind abzugrenzen von den **Werbungskosten** (§ 9 EStG) und den **Aufwendungen im Sinne von § 12 EStG** (insbesondere zu den Kosten der Lebensführung, § 12 Nr. 1 EStG), von denen ein Teil jedoch als Sonderausgaben (§§ 10 und 10 b EStG) oder außergewöhnliche Belastungen (§§ 33–33 c EStG) bei der Ermittlung des zu versteuernden Einkommens abgezogen werden kann.

Von den Werbungskosten und den unter § 12 EStG fallenden Aufwendungen sind jedoch die **nicht abzugsfähigen und beschränkt abzugsfähigen Betriebsausgaben** im Sinne von § 4 Abs. 5 EStG streng zu unterscheiden. Bei den Aufwendungen, die unter § 12 EStG fallen, liegen Entnahmen vor, wenn sie aus betrieblichen Mitteln bezahlt werden, während es sich bei den unter § 4 Abs. 5 EStG fallenden Aufwendungen um echte Betriebsausgaben handelt, für die lediglich die steuerlich gewinnmindernde Abzugsfähigkeit eingeengt ist. Bei den nicht abzugsfähigen oder nur beschränkt abzugsfähigen Aufwendungen im Sinne von § 4 Abs. 5 EStG liegen deshalb keine Entnahmen vor. Vgl. hierzu die Ausführungen in 2. 3. 6. 3.

Eine Besonderheit ergibt sich für den **Abzug von Schuldzinsen als Betriebsausgaben**. Nach § 4 Abs. 4 a EStG sind ertragsteuerlich bestimmte Zinsaufwendungen, die mit Schulden zusammen hängen, die im Betriebsbereich anfallen, nicht als Betriebsausgaben abzugsfähig. Der nach § 4 Abs. 4 a EStG berechnete Betrag der nicht abziehbaren Schuldzinsen ist dann dem Gewinn außerbilanziell zuzurechnen. Entsprechendes gilt für die begrenzte Abziehbarkeit von Zinsaufwendungen als Betriebsausgaben im Rahmen der Zinsschrankenregelung des § 4 h EStG (eingefügt durch Art. 1 Nr. 6 Unternehmensteuerreformgesetz 2008 vom 14. 08. 2008, BGBl I 2007, 1912 und BStBl I 2007, 630). Vgl. hierzu auch 2. 3. 6. 6.

Werbungskosten kommen nur bei den Überschusseinkünften des § 2 Abs. 1 Nr. 4–7 EStG in Betracht. Es muss sich hierbei um Aufwendungen handeln, die dem Steuerpflichtigen zur Erwerbung, Sicherung und Erhaltung der Einnahmen dieser Einkünfte erwachsen, oder diese Aufwendungen sind ausdrücklich nach dem Katalog des § 9 Abs. 1 Satz 3 EStG als abzugsfähig zugelassen. Dienen Aufwendungen gleichzeitig der Erzielung von Einnahmen verschiedener Einkunftsarten (Gewinneinkünften und Überschusseinkünften), so sind sie entsprechend aufzuteilen. Eine derartige Aufteilung ist nach objektiven Gesichtspunkten vorzunehmen, ggf. durch Schätzung, vgl. H 4.7 (Verhältnis von Betriebsausgaben und Werbungskostenpauschale) EStH.

Die **Kosten der Lebensführung** (§ 12 Nr. 1 EStG) sind nicht betrieblicher Natur, sondern privat veranlasst und daher keine Betriebsausgaben. Das sind zunächst einmal nach § 12 Nr. 1 Satz 1 EStG insbesondere die Aufwendungen für Ernährung, Kleidung und Wohnung für den Steuerpflichtigen und seine Familienangehörigen. Nach § 12 Nr. 1 Satz 2 EStG gehören dazu aber auch die Aufwendungen für die Lebensführung, die die wirtschaftliche oder gesellschaftliche Stellung des Steuerpflichtigen mit sich bringt, auch wenn sie zur Förderung des Berufs oder der Tätigkeit des Steuerpflichtigen erfolgen (z. B. Repräsentationsaufwendungen). In der Praxis fallen zahlreiche Aufwendungen an, die nur zum Teil beruflich (bei Gewerbetreibenden und freiberuflich Tätigen betrieblich) veranlasst sind (sog. **gemischte Aufwendungen**). Schon seit den Anfängen des Einkommensteuergesetzes (z. B. § 9 Abs. II Nr. 2 EStG vom 24. 06. 1891, Gesetzessammlung für die Königlichen Preußischen Staaten 1891, 175; § 15 Nr. 3 EStG vom 29. 03. 1920, RGBl I 1920, 359; § 12 EStG 1934, RStBl 1935, 33, 41) und später auf Grund der Fassungen des § 12 Nr. 1 EStG (seit Bestehen der Bundesrepublik Deutschland) bestanden unterschiedliche Auffassungen darüber, ob aus § 12 Nr. 1 EStG ein grundsätzliches Aufteilungsverbot oder ein Aufteilungsgebot für solche gemischte Aufwendungen herzuleiten ist. Zunächst bestand vor allem in der Finanzverwaltung und in der Rechtsprechung des RFH und BFH die Auffassung, dass § 12 Nr. 1 EStG ein Aufteilungsverbot für gemischte Aufwendungen normiere. Dieses Aufteilungsverbot wurde aber im Laufe der Zeit durch zahlreiche Entscheidungen einzelner Senate und des Großen Senats des BFH immer stärker aufgeweicht. Mit Beschluss des Großen Senats des BFH vom 21. 09. 2009 (BStBl II 2010, 672 – zur Frage der Behandlung von Aufwendungen für die Hin- und Rückreise bei gemischt beruflich (betrieblich) und privat veranlassten Reisen) und durch ein Urteil des BFH vom 21. 04. 2010 (BStBl II 2010, 685 – zur Frage Aufteilung von Aufwendungen für eine gemischt veranlasste Fortbildungsveranstaltung) ist eine generelle Änderung der Auffassung zu § 12 Nr. 1 EStG auch beim BFH eingetreten. Nunmehr vertritt der BFH die Auffassung, dass § 12 Nr. 1 EStG kein allgemeines Aufteilungs- und Abzugsverbot für Aufwendungen normiert, die sowohl durch die Einkunftserzielung als auch privat veranlasste Teile enthalten (**gemischte Aufwendungen**). Dieser Auffassung hat sich die Verwaltung angeschlossen und im Schreiben des BMF vom 06. 07. 2010 BStBl I 2009, 614 entsprechende Grundsätze zur Aufteilung und entsprechender Abzugsfähigkeit gemischter Aufwendungen aufgestellt. Gemischte Aufwendungen sind danach insoweit als Betriebsausgaben abziehbar, als sie betrieblich veranlasst sind und sich dieser Teil nach objektiven Merkmalen und Unterlagen von Ausgaben, die der privaten Lebensführung gedient haben, leicht und einwandfrei trennen lässt , es sei denn, dass dieser Teil von untergeordneter Bedeutung (Anteil weniger als 10 %) ist. Der Teil der Aufwendungen, der danach als Betriebsausgaben zu berücksichtigen ist, kann gegebenenfalls geschätzt werden. So kann gemäß R 4.12 Abs. 2 Satz 2 EStR beispielsweise ein Unternehmer, der für eine Geschäftsreise einen Pkw seines Privatvermögens nutzt, zur Ermittlung der dadurch betrieblich veranlassten Fahrtkosten pauschale Kilometersätze (0,30 € je gefahrener Kilometer) anwenden, was einer Schätzung der betrieblich veranlassten Kosten entspricht. Eine objektive Trennung zwischen privater und betrieblicher Nutzung des Pkw wäre zwar anhand der zurückgelegten Fahrleistungen und von Aufzeichnungen darüber und über die Kosten des Pkw möglich, allerdings bei Pkw des Privatvermögens angesichts des dabei zu betreibenden Aufwands (Fahrtenbuch und Belegaufbewahrung) häufig nicht als angemessen zu betrachten, vor allem bei nur gelegentlicher Nutzung des Pkw für betriebliche Fahrten. Lässt sich allerdings eine Trennung der gemischten Aufwendungen nach objektiven Merkmalen und Unterlagen nicht leicht und einwandfrei durchführen, gehört der gesamte Betrag der Aufwendungen entsprechend allgemeiner Darlegungs- und Beweislastregelungen nach § 12 Nr. 1 EStG zu den nicht zu berücksichtigenden Ausgaben, vgl. auch R 12.1 EStR. Darüber hinaus enthalten die EStR spezielle Regelungen für die Abgrenzung folgender Aufwendungen, soweit sie durch den Beschluss des Großen Senats vom 21. 04. 2010 nicht berührt sind:

- Für Wege zwischen Wohnung und Betriebsstätte (in R 4.12 Abs. 1 EStR),
- für Mehraufwendungen wegen doppelter Haushaltsführung (in R 4.12 Abs. 3 EStR),
- für Geldstrafen und ähnliche Rechtsnachteile (in R 12.3 EStR),
- für Zuwendungen (in R 12.5 EStR),
- für Unterhalts- und Versorgungsleistungen (in H 12.6 EStH).

Zu den Regelungen für Wege zwischen Wohnung und Betriebsstätte, Reisekosten und Mehraufwendungen wegen doppelter Haushaltsführung vgl. a. BMF vom 23. 12. 2014 BStBl I 2015, 26 und BMF vom 24. 10. 2014 BStBl I 2014, 1412.

Auch die **Personensteuern** (Einkommensteuer, Körperschaftseuer, Kirchensteuer) und die **Umsatzsteuer** für Umsätze, die Entnahmen sind und **bestimmte Vorsteuerbeträge** sind nicht betrieblich veranlasst und daher folgerichtig in § 12 Nr. 3 EStG und § 10 Nr. 2 KStG (eigentlich nur klarstellende Bedeutung) als nicht zum Abzug zugelassen. Sie sind bei Einzelunternehmern und bei Personengesellschaften als Entnahmen zu buchen und bei den juristischen

Personen für die Ermittlung des zu versteuernden körperschaftsteuerlichen Einkommens außerhalb der Bilanz wieder hinzuzurechnen. Das Abzugsverbot der Umsatzsteuer für Umsätze, die Entnahmen sind und Vorsteuerbeträge bestimmter Aufwendungen, bezweckt in erster Linie die Gleichstellung der Unternehmer i. S. des UStG mit denjenigen Steuerpflichtigen, die nicht die Möglichkeit haben, Waren und Leistungen einem Betrieb zu entnehmen, sondern sich diese umsatzsteuerbelastet beschaffen müssen (Unternehmer insoweit als umsatzsteuerlicher Endverbraucher).

2.3.6 Arten der Betriebsausgaben

Von der Auswirkung auf den Gewinn eines Wirtschaftsjahres und den steuerlichen Gewinn überhaupt sind folgende Arten von Betriebsausgaben zu unterscheiden:

- sofort abzugsfähige und damit sofort erfolgswirksame Betriebsausgaben,
- nicht sofort abzugsfähige Betriebsausgaben,
- nicht abzugsfähige und nur beschränkt abzugsfähige Betriebsausgaben,
- besondere Regelung für den Schuldzinsenabzug als Betriebsausgaben.

2.3.6.1 Sofort abzugsfähige Betriebsausgaben

Dazu gehören alle betrieblich veranlassten Aufwendungen, die laufend anfallen, durch die aber kein bewertbares Wirtschaftsgut entsteht, wie beispielsweise Miet- und Zinszahlungen, Lohn- und Gehaltszahlungen, Reparaturkosten, die keine Herstellungskosten sind, Zahlung von Versicherungsbeiträgen, betrieblichen Steuern, Gebühren und sonstigen Beiträgen, Porto und Telefonkosten u. Ä.

Derartige Aufwendungen sind jedoch nur in dem Wirtschaftsjahr abzugsfähig, in dem sie **wirtschaftlich verursacht** wurden. Im Voraus geleistete Zahlungen für künftige Wirtschaftsjahre sind daher ggf. aktiv abzugrenzen (§ 5 Abs. 5 Satz 1 Nr. 1 EStG); vgl. hierzu nähere Ausführungen in K 5.

Aber auch Aufwendungen, die erst **nach dem Bilanzstichtag** fällig werden (z. B. bis zum Abschlusszeitpunkt noch nicht bezahlte Mieten, Zinsen und Reparaturkosten) oder die dem Grunde und/oder der Höhe nach noch nicht endgültig feststehen (z. B. wahrscheinlich zu erwartende Prozesskosten und Garantieverpflichtungen, für die Rückstellungen zu bilden sind; vgl. hierzu nähere Ausführungen in L 5), sind sofort abzugsfähige Betriebsausgaben, wenn sie wirtschaftlich auf das Wirtschaftsjahr entfallen.

Ferner gehören zu den sofort abzugsfähigen Betriebsausgaben die **Anschaffungs- und Herstellungskosten** der geringwertigen Wirtschaftsgüter – GWG –, wenn für sie die Bewertungsfreiheit (Sofortabschreibung) des § 6 Abs. 2 EStG in Betracht kommt.

2.3.6.2 Nicht sofort in voller Höhe abzugsfähige Betriebsausgaben

Im weiteren Sinne gehören begrifflich zu den Betriebsausgaben auch alle Aufwendungen, die dem Betrieb ein bewertbares Wirtschaftsgut bringen, dessen Nutzen sich über das Jahr der Aufwendung hinaus erstreckt. Hierbei sind folgende Fälle zu unterscheiden:

a) Aufwendungen, die dem Betrieb über die Anschaffungs- und Herstellungskosten ein **abnutzbares Wirtschaftsgut** des Anlagevermögens bringen, wie beispielsweise Gebäude, Maschinen und maschinelle Anlagen, Kraftfahrzeuge, Einrichtungen sowie zeitlich

begrenzte Nutzungsrechte und andere immaterielle Einzel-Wirtschaftsgüter sowie der entgeltlich erworbene Geschäfts- oder Firmenwert:
In diesen Fällen werden die Anschaffungs- und Herstellungskosten regelmäßig über die jährliche planmäßige Absetzung für Abnutzung (AfA) zu erfolgswirksamen Betriebsausgaben (zum Verständnis der AfA als nicht sofort abzugsfähiger Betriebsausgaben vgl. a. Schmidt/Kulosa, EStG, § 7, Rz. 2 f). Die planmäßige AfA kann danach auch als Ausdruck der periodengerechten Verteilung der Anschaffungskosten/Herstellungskosten auf die Zeit der betriebsgewöhnlichen Nutzungsdauer des Wirtschaftsguts verstanden werden. An Stelle oder neben der planmäßigen AfA können auch erhöhte Absetzungen, Sonderabschreibungen oder Teilwertabschreibungen zu Betriebsausgaben führen. Bei Veräußerung oder Entnahme derartiger Wirtschaftsgüter führt der restliche Buchwert des Wirtschaftsguts zu einer Betriebsausgabe.

BEISPIEL

Der Unternehmer veräußert einen gebrauchten Pkw des Anlagevermögens am 02. 01. 02 für 10 000 € zuzüglich 1 900 USt. Der Buchwert des Pkw hat 8 000 € zum Bilanzstichtag 31. 12. 01 betragen.

LÖSUNG Diese Veräußerung ist zum 02. 01. 02 wie folgt zu buchen:

Geldkonto	11 900 €	
an Fuhrpark		8 000 €
an Sonstige betriebliche Erträge		2 000 €
an USt		1 900 €
Alternative Buchung:		
Geldkonto	11 900 €	
an Erlöse aus Anlagenverkauf		10 000 €
an USt		1 900 €
und:		
Abschreibung für Anlagenabgang	8 000 €	
an Fuhrpark		8 000 €

Die Ausbuchung des Restbuchwerts von 8 000 € wirkt wie eine Betriebsausgabe, denn im Ergebnis führt der Erlös von 10 000 € nur zu einem (sonstigen betrieblichen) Ertrag (d. h. Gewinn) in Höhe von 2 000 €. Die USt hat auf den Gewinn keinen Einfluss, da ihr ein entsprechender Geldzufluss gegenüber steht.
Bei einer Entnahme des Pkw für private Zwecke wäre die Auswirkung entsprechend, da als Entnahmewert der Teilwert (hier angenommen, ebenfalls 10 000 €) an die Stelle des Erlöses beim Verkauf zum Ansatz käme (umsatzsteuerlich läge ein lieferungsgleicher Vorgang nach § 3 Abs. 1 b Satz 1 Nr. 1 UStG vor, für die als Bemessungsgrundlage nach § 10 Abs. 4 Nr. 1 UStG die Wiederbeschaffungskosten, hier ebenfalls 10 000 €, in Betracht kämen).

b) Aufwendungen, die dem Betrieb über die Anschaffungs- und Herstellungskosten ein **nicht abnutzbares** und **nicht verbrauchbares Wirtschaftsgut** des Anlagevermögens bringen, wie beispielsweise Grund und Boden von unbebauten und bebauten Grundstücken, Wertpapiere und Beteiligungen.
In diesen Fällen werden die Anschaffungs- und Herstellungskosten regelmäßig erst durch eine Veräußerung oder Entnahme zu Betriebsausgaben.

BEISPIEL

Der Unternehmer veräußert ein im Jahre 01 für 50 000 € erworbenes unbebautes Grundstück am 30. 06. 03 (umsatzsteuerfrei) für 120 000 € gegen Barzahlung.

LÖSUNG Diese Veräußerung ist zum 30. 06. 03 wie folgt zu buchen:

Kasse	120 000 €	
an Unbebaute Grundstücke		50 000 €
an Sonstige betriebliche Erträge		70 000 €

Auch hier wirkt die Ausbuchung des Buchwerts, der den ursprünglichen Anschaffungskosten entspricht, in Höhe von 50 000 € wie eine Betriebsausgabe, denn im Ergebnis führt der Erlös von 120 000 € nur zu einem Veräußerungsgewinn von 70 000 €.
Anmerkung: Auch in diesem Fall kann alternativ wie oben im Beispiel unter a) gebucht werden.

c) Aufwendungen, mit denen **Wirtschaftsgüter des Umlaufvermögens** angeschafft oder hergestellt werden, wie beispielsweise die Anschaffungskosten bei der Anschaffung von Handelswaren sowie bei der Anschaffung von Roh-, Hilfs- und Betriebsstoffen zur Herstellung von Erzeugnissen in einem Fabrikationsbetrieb sowie Fertigungslöhne zur Herstellung von Erzeugnissen in einem Fabrikationsbetrieb (Herstellung von Fertigerzeugnissen und halbfertigen Erzeugnissen):
In diesen Fällen werden die Anschaffungs- und Herstellungskosten erst durch eine Veräußerung oder Entnahme über den Wareneinsatz bzw. Materialeinsatz oder den Buchwert der aktivierten Herstellungskosten zu Betriebsausgaben.

BEISPIELE

a) Ein Großhändler veräußert am 15. 01. 02 Handelswaren für 20 000 € zuzüglich 3 800 € USt, die er am 20. 12. 01 für 15 000 € zuzüglich 2 850 € USt erworben hatte.
LÖSUNG Dieser Vorgang ist wie folgt zu buchen:

- am 15. 01. 02

Forderungen	23 800 €	
an Warenverkauf (Erlöse)		20 000 €
an USt		3 800 €

- (spätestens) beim Jahresabschluss zum 31. 12. 02 (zusammen mit den Wareneinsatzbeträgen der übrigen im Wirtschaftsjahr 02 zum Verkauf gelangten Handelswaren):

GuV-Konto	15 000 €	
an Wareneinkauf		15 000 €

Im Rahmen der GuV-Rechnung wirken sich (bei vorstehender Buchung des Wareneinsatzes über das GuV-Konto als Bruttoabschluss der Warenkonten) die seinerzeitigen Anschaffungskosten in Höhe von 15 000 € als Betriebsausgaben aus.

b) Ein Fabrikant veräußert ein im Betrieb für 10 000 € Herstellungskosten erzeugtes Produkt für 20 000 € zuzüglich 3 800 € USt an einen Kunden.
LÖSUNG Im Zuge des Jahresabschlusses wirken sich die Herstellungskosten in Höhe von 10 000 € über das Konto »Bestandsveränderungen« gewinnmindernd und somit im Ergebnis wie Betriebsausgaben aus.

2.3.6.3 Nicht abzugsfähige und beschränkt abzugsfähige Betriebsausgaben nach § 4 Abs. 5 EStG

a) Ertragsteuerliche Behandlung der Aufwendungen im Sinne von § 4 Abs. 5 EStG:

Im § 4 Abs. 5 EStG sind bestimmte Aufwendungen aufgeführt, die zwar wegen ihrer betrieblichen Veranlassung echte Betriebsausgaben sind, aber den steuerlichen Gewinn nicht oder nur in einer bestimmten Höhe mindern, d. h. steuerlich nicht als Betriebsausgaben abgezogen werden dürfen. Trotz dieser rein steuerlichen Regelung bleibt der handelsrechtliche gewinnmindernde Abzug solcher Aufwendungen völlig unberührt.

Da die Aufwendungen im Sinne von § 4 Abs. 5 EStG keine Entnahmen darstellen, sind sie (ebenso wie die übrigen abzugsfähigen Betriebsausgaben) zunächst von den Kosten der Lebensführung (§ 12 Nr. 1 EStG) abzugrenzen (vgl. R 4.10 Abs. 1 EStR und 2.3.5). Letztere sind der Sache nach bereits keine Betriebsausgaben.

Die nicht abzugsfähigen oder nur beschränkt abzugsfähigen Aufwendungen sind außerhalb der Bilanz und Buchführung dem Gewinn wieder hinzuzurechnen (vgl. auch § 60 Abs. 2 Satz 1 EStDV). Sie sind zweckmäßigerweise auf eigenen Aufwandskonten (»Nicht abzugsfähige Betriebsausgaben«) zu buchen, damit zum einen die Hinzurechnungsbeträge leichter zu ermitteln sind und zum anderen die Aufzeichnungspflichten des § 4 Abs. 7 EStG erfüllt werden.

b) Behandlung der Vorsteuer bestimmter nicht abzugsfähiger oder beschränkt abzugsfähiger Betriebsausgaben:

Nach § 15 Abs. 1 a Nr. 1 UStG sind die Vorsteuerbeträge für Aufwendungen, für die das Abzugsverbot des § 4 Abs. 5 Satz 1 Nr. 1 bis 4 und Nr. 7 oder Abs. 7 EStG oder des § 12 Nr. 1 EStG gilt, nicht abziehbar. Die nicht abziehbare Vorsteuer darf in diesen Fällen bereits nach § 12 Nr. 3 EStG nicht als Betriebsausgabe behandelt werden. Vorsteuerbeträge, die aus anderen Gründen umsatzsteuerlich nicht zum Abzug zugelassen sind, fallen unter § 9 b EStG und teilen folglich das Schicksal der zugehörigen Aufwendungen als nicht abzugsfähige Betriebsausgabe, vgl. auch R 9 b (3) EStR.

c) Geschenke (§ 4 Abs. 5 Satz 1 Nr. 1 EStG)

Grundsätzlich gilt: Nach § 4 Abs. 5 Satz 1 Nr. 1 **Satz 1** EStG sind Aufwendungen für betrieblich veranlasste Geschenke nicht abzugsfähig, soweit sie Personen zugewendet werden, die nicht Arbeitnehmer des Unternehmens sind. Es spielt dabei keine Rolle, ob der Empfänger eine natürliche oder nichtnatürliche Person ist. Geschenke an Arbeitnehmer des Betriebs sind daher als Betriebsausgabe abzugsfähig, stellen jedoch beim Empfänger grundsätzlich steuerpflichtigen Arbeitslohn dar.

Geschenke sind unentgeltliche Zuwendungen in Geld oder Geldeswert jeglicher Art, z. B. auch Dienstleistungen. Diese unentgeltlichen Zuwendungen sind gegenüber den Fällen abzugrenzen, in denen der Empfänger der Zuwendung eine (konkrete) **Gegenleistung** erbringt (vgl. R 4.10 Abs. 2–4 insbesondere Abs. 4 EStR und H 4.10 [2 – 4] (Geschenk) EStH). Nicht als Geschenke sind die **Annehmlichkeiten** bzw. Aufmerksamkeiten zu behandeln (vgl. hierzu auch R 4.10 Abs. 4 Satz 5 EStR). Schmiergeldzahlungen für konkrete Leistungen des Empfängers sind damit keine Geschenke und somit grundsätzlich abzugsfähige Betriebsausgaben, jedoch muss der Empfänger nachgewiesen werden (vgl. § 160 AO); vgl. jedoch § 4 Abs. 5 Satz 1 Nr. 10 EStG.

Eine **Ausnahme** bildet die **beschränkte Abzugsfähigkeit für sog. Werbegeschenke**. Unter folgenden Voraussetzungen sind sog. Werbegeschenke als Betriebsausgaben abzugsfähig (§ 4 Abs. 5 Satz 1 Nr. 1 **Satz 2** EStG):

- Es muss sich um Gegenstände (Gebrauchs- oder Verbrauchsgegenstände) handeln.
- Die Anschaffungs- oder Herstellungskosten für die Geschenke dürfen pro Empfänger und pro Wirtschaftsjahr insgesamt 35 € nicht übersteigen. Diese Beträge stellen eine Freigrenze dar. Lediglich Vorsteuerbeträge, deren Abzug als Vorsteuer ohne Berücksichtigung des § 15 a Abs. 1 a UStG ausgeschlossen ist, gehören dabei nach § 9 b EStG zu den Anschaffungskosten/Herstellungskosten des Geschenks. Die allein aufgrund § 15 a Abs. 1 a UStG nicht abziehbare Vorsteuer beeinflusst damit die Einhaltung der Wertgrenze 35 € nicht.

Vgl. auch R 4.10 Abs. 3 EStR, R 9 b Abs. 3 Satz 2 EStR sowie H 4.10 [2 – 4] (Freigrenze für Geschenke ...) und H 9 b (Freigrenze für Geschenke ...) EStH.
- Die Aufwendungen müssen einzeln und getrennt von den übrigen Betriebsausgaben aufgezeichnet werden (§ 4 Abs. 7 EStG).

Entstehen die Aufwendungen für ein Geschenk in einem anderen Wj. als dem, in dem der Gegenstand geschenkt wird, und haben sich die Aufwendungen in dem Wj., in dem sie gemacht wurden, gewinnmindernd ausgewirkt, ist, wenn ein Abzug nach § 4 Abs. 5 Satz 1 Nr. 1 EStG ausgeschlossen ist, im Wj. der Schenkung eine entsprechende Gewinnerhöhung vorzunehmen. Das Abzugsverbot greift jedoch nicht, wenn das zugewendete Wirtschaftsgut beim Empfänger ausschließlich betrieblich genutzt werden kann (vgl. R 4.10 Abs. 2 Sätze 3 und 4 EStR). Vgl. hierzu auch die Ausführungen in Band 3 Zenthöfer/Schulze zur Wiesche, Einkommensteuer, C 3. 3. 2.

BEISPIEL

Unternehmer U (Geschäfts- bzw. Wirtschaftsjahr = Kalenderjahr) schenkte seinen langjährigen Kunden A, B, C und D zu Ostern des Jahres 01 je einen Karton Wein, dessen Anschaffungskosten jeweils 35 € betrugen. Darüber hinaus erhielten die Kunden A und B zu Weihnachten desselben Jahres je eine Aktentasche, deren Anschaffungskosten jeweils 30 € betragen haben. Diese Zuwendungen wurden getrennt von den übrigen Betriebsausgaben aufgezeichnet.

LÖSUNG Die Geschenke an die Kunden C und D sind als Betriebsausgaben abzugsfähig. Die Geschenke an die Kunden A und B sind nicht abzugsfähige Betriebsausgaben, da sie insgesamt im Wirtschaftsjahr 01 jeweils den Betrag von 35 € übersteigen.

Nach § 15 Abs. 1 a Nr. 1 UStG ist die auf diese Aufwendungen entfallende VorSt (das sind 19 % von 130 €) nicht abziehbar. Sie fällt damit unter das Abzugsverbot des § 12 Nr. 3 EStG und gehört damit auch nicht zu den Anschaffungskosten, vgl. R 9b Abs. 2 Satz 2 EStR. Sollte die Eingangs-USt der unter das Abzugsverbot des § 4 Abs. 5 Satz 1 Nr. 1 EStG fallenden geschenkten Gegenstände bereits als abzugsfähige VorSt gebucht worden sein, dann müsste dieser Betrag (spätestens im Zuge des Jahresabschlusses 01) wie folgt umgebucht werden:

Privatentnahme	24,70 €	
an VorSt		24,70 €

Ggf. müsste auch noch der Aufwand in Höhe von 130,00 € auf das Konto »Nicht abzugsfähige Betriebsausgaben« umgebucht werden.

d) Bewirtung von Personen aus geschäftlichem Anlass nach § 4 Abs. 5 Satz 1 Nr. 2 EStG

Ertragsteuerlich dürfen nach § 4 Abs. 5 Satz 1 Nr. 2 Satz 1 EStG Aufwendungen für die Bewirtung von Personen aus geschäftlichem Anlass nur bis zu 70 % der Aufwendungen abgezogen werden, die nach der allgemeinen Verkehrsauffassung als angemessen anzusehen und deren Höhe und betriebliche Veranlassung nachgewiesen sind. Bewirtungsaufwendungen sind Aufwendungen für den Verzehr von Speisen, Getränken und sonstigen Genussmitteln, ggf. noch Trinkgelder oder Garderobengebühren von untergeordneter Bedeutung – vgl. R 4.10 Abs. 5 Satz 3 und 4 EStR. Aufwendungen, die ihrer Art nach keine Bewirtungsaufwendungen sind (z. B. Kosten des Rahmenprogramms) fallen nicht unter die Abzugsbegrenzung und können bei betrieblichem Anlass grundsätzlich in vollem Umfang abgezogen werden. Bei der **Anwendung** dieser Begrenzungsregelung ist Folgendes zu beachten:

- Begrenzt abzugsfähig sind nur **betrieblich veranlasste Bewirtungsaufwendungen**, für die ein geschäftlicher Anlass vorlag. Ein **geschäftlicher Anlass** besteht insbesondere bei Bewirtung von Personen, zu denen schon Geschäftsbeziehungen bestehen oder zu denen sie erst angebahnt werden sollen. Die Abzugsbegrenzung gilt auch für den Teil der Bewirtungsaufwendungen, der auf den an der Bewirtung aus geschäftlichem Anlass teilnehmenden Steuerpflichtigen oder dessen Arbeitnehmer entfallen. Nicht hierunter fallen die Bewirtungsaufwendungen für Arbeitnehmer im Rahmen einer nicht geschäftlichen Bewirtung (z. B. aus Anlass eines Betriebsfestes); diese Aufwendungen sind von der vorstehenden Regelung nicht betroffen und daher in vollem Umfang abzugsfähige Betriebsausgaben. Vgl. hierzu auch die Ausführungen in R 4.10 Abs. 5–7 EStR. Im Übrigen sind konkrete Angaben zum Anlass der Bewirtung erforderlich zwecks Nachweis der betrieblichen Veranlassung. Angaben wie Arbeitsgespräche, Infogespräch oder Hintergrundgespräch als Anlass der Bewirtung sind nicht ausreichend (vgl. BFH vom 15.01.1998 BStBl II 1998, 263).

- Von der 70 %igen Begrenzung sind nur diejenigen Bewirtungsaufwendungen betroffen, die nach der Verkehrsauffassung **angemessen und nachgewiesen** sind. Unangemessen hohe sowie nicht nachgewiesene Bewirtungsaufwendungen von Personen aus geschäftlichem Anlass sind in vollem Umfang nicht abzugsfähig. Den **Nachweis** der Höhe und der betrieblichen Veranlassung der Bewirtungsaufwendungen hat der Steuerpflichtige durch schriftliche Angaben zu führen. Nach § 4 Abs. 5 Satz 1 Nr. 2 Satz 2 EStG sind Ort, Tag, Teilnehmer und Anlass der Bewirtung sowie deren Höhe schriftlich nachzuweisen. Hat die Bewirtung in einer Gaststätte stattgefunden, genügen Angaben zu dem Anlass und den Teilnehmern der Bewirtung unter Beifügung der Rechnung der Gastwirtschaft (§ 4 Abs. 5 Satz 1 Nr. 2 Satz 3 EStG). Weitere Einzelheiten und gewisse Vereinfachungen hierzu regelt R 4.10 Abs. 8 und 9 EStR.

Umsatzsteuerlich gilt Folgendes: Nach § 15 Abs. 1 a UStG sind für Aufwendungen, für die das Abzugsverbot des § 4 Abs. 5 Satz 1 Nr. 1 bis 4 und Nr. 7 oder Abs. 7 oder § 12 Nr. 1 EStG gilt, die darauf entfallenden **Vorsteuerbeträge grundsätzlich nicht abziehbar**. Die nicht abziehbare Vorsteuer unterliegt in diesen Fällen dem Abzugsverbot des § 12 Nr. 3 EStG. Obwohl nach § 4 Abs. 5 Satz 1 Nr. 2 EStG der Unternehmer (angemessene) Aufwendungen für die Bewirtung von Geschäftsfreunden nur in Höhe von 70 % der Aufwendungen als Betriebsausgaben abziehen darf, kann er nach § 15 Abs. 1 a Satz 2 UStG i. V. m. Abschn. 15.6 Abs. 6 UStAE den vollen Umsatzsteuerbetrag der angemessenen Aufwendungen als **Vorsteuer** abziehen; eine Kürzung auf 70 % der Vorsteuer ist nicht zulässig (vgl. hierzu auch BFH vom 10.02.2005 BStBl II 2005, 509).

Zur ertragsteuerlichen Behandlung vgl. auch die Ausführungen in Band 3 Zenthöfer/Schulze zur Wiesche, Einkommensteuer, C 3. 3. 3.

BEISPIEL

Unternehmer U bewirtete am 30. 01. 01 in Ludwigsburg mehrere Geschäftsfreunde anlässlich eines Vertragsabschlusses. Der ordnungsgemäße Bewirtungsbeleg weist einen Betrag von 500 € zuzüglich 95 € USt aus. Die Bewirtungskosten sind als angemessen anzuerkennen.

LÖSUNG Die VorSt in Höhe von 95 € ist abziehbar nach § 15 Abs. 1 UStG. Nach § 4 Abs. 5 Satz 1 Nr. 2 EStG sind angemessene Bewirtungskosten in Höhe von 30 % nicht abzugsfähige Betriebsausgaben. Nach § 15 Abs. 1 a Satz 2 UStG i. V. m. Abschn. 15.6 Abs. 6 UStAE ist trotzdem der gesamte VorSt-Betrag in Höhe von 95 € abzugsfähig.

Buchung:

Nicht abzugsfähige Betriebsausgaben		
(30 % von 500 € = 150 €)	150,00 €	
Abzugsfähige Betriebsausgaben (Bewirtungskosten)	350,00 €	
VorSt	95,00 €	
an Geldkonto		595,00 €

e) Gästehäuser (§ 4 Abs. 5 Satz 1 Nr. 3 EStG)

Vgl. hierzu die Ausführungen in R 4.10 Abs. 10 und 11 EStR sowie Band 3 Zenthöfer/Schulze zur Wiesche, Einkommensteuer, C 3. 3. 4.

f) Jagd, Fischerei, Jachten und ähnliche Zwecke (§ 4 Abs. 5 Satz 1 Nr. 4 EStG)

Aufwendungen für diese Betätigungen und die damit zusammenhängenden Bewirtungskosten sind stets nicht abzugsfähige Betriebsausgaben. Dieses Abzugsverbot gilt auch für Arbeitnehmer des Steuerpflichtigen. Vgl. hierzu die Ausführungen in Band 3 Zenthöfer/Schulze zur Wiesche, Einkommensteuer, C 3. 3. 5.

g) Mehraufwendungen für Verpflegung (§ 4 Abs. 5 Satz 1 Nr. 5 EStG)

Für die Berücksichtigung derartiger Aufwendungen als Reisekostenart sind nach R 4.12 Abs. 2 EStR die Regelungen in den LStR zu Reisekosten sinngemäß anzuwenden (vgl. hierzu die Ausführungen in den Schreiben des BMF vom 23. 12. 2014 BStBl I 2015, 26 und BMF vom 24. 10. 2014 BStBl I 2014, 1412 sowie Band 3, Zenthöfer/Schulze zur Wiesche, Einkommensteuer, C 3.3.6).

h) Aufwendungen für Wege zwischen Wohnung und Betriebsstätte und Familienheimfahrten (§ 4 Abs. 5 Satz 1 Nr. 6 EStG)

Vgl. hierzu die Ausführungen in R 4.12 Abs. 1 EStR und H 4.12 EStH und in den Schreiben des BMF vom 23. 12. 2014 BStBl I 2015, 26 und BFH vom 24. 10. 2014 BStBl I 2014, 1412 sowie in Band 3 Zenthöfer/Schulze zur Wiese, Einkommensteuer, C 3. 3. 8. Aufwendungen für Fahrten zwischen mehreren Betriebsstätten können hingegen in vollem Umfang als Betriebsausgaben abgezogen werden.

Nicht unter diese Regelung fallen Aufwendungen für private Fahrten mit dem betrieblichen Pkw. Solche Aufwendungen stellen Kosten der Lebensführung dar und rechnen somit zu den Entnahmen. Vgl. hierzu die näheren Ausführungen in F 3. 1.

i) Häusliches Arbeitszimmer und Kosten der Ausstattung (§ 4 Abs. 5 Satz 1 Nr. 6 b EStG)

Nach § 4 Abs. 5 Satz 1 Nr. 6 b EStG sind Aufwendungen des Unternehmers für ein häusliches Arbeitszimmer sowie die Kosten für dessen Ausstattung nicht abziehbare Betriebsausgaben. Lediglich falls für die betriebliche Tätigkeit kein anderer Arbeitsplatz zur Verfügung steht (vgl. hierzu BMF vom 02. 03. 2011 BStBl I 2011, 195, Rz. 14 f), sind ausnahmsweise die Aufwendungen und Kosten bis zu einer Höhe von 1 250 € im Jahr abziehbar. Falls für diesen Ausnahmefall das Arbeitszimmer zudem den Mittelpunkt der gesamten betrieblichen und beruflichen Betätigung des Unternehmers bildet, gilt die Beschränkung auf den Höchstbetrag nicht und es sind dann die Aufwendungen und Kosten in vollem Umfang abziehbar. Ein häusliches Arbeitszimmer ist ein Raum, der seiner Lage, Funktion und Ausstattung nach in die häusliche Sphäre des Steuerpflichtigen eingebunden ist und ausschließlich oder nahezu ausschließlich zu betrieblichen und/oder beruflichen Zwecken genutzt wird. Eine untergeordnete private Mitbenutzung (kleiner 10 %) ist dabei als unschädlich einzustufen. Bei einem höheren privaten Mitbenutzungsanteil fallen die Aufwendungen unter das Abzugsverbot des § 12 Nr. 1 EStG. Ob es dann allerdings in Folge der geänderte Rechtsprechung zum Abzugsverbot des § 12 Nr. 1 EStG bei gemischten Aufwendungen (vgl. Beschluss des BFH vom 21.09.2009 BStBl II 2009, 2010 und Urteil des BFH vom 24.02.2011, DB 2011, 1142) zu einer Aufteilung der Aufwendungen für das Zimmer kommen kann und der auf den betrieblichen Nutzungsanteil entfallende Anteil an den Aufwendungen und Kosten ggf. wenigsten teilweise im Rahmen des § 4 Abs. 5 Satz 1 Nr. 6 b EStG abziehbar ist oder ob die nicht nur untergeordnete private Mitbenutzung die Qualität als Arbeitszimmer entfallen lässt, mit der Folge, dass die Aufwendungen nicht einmal teilweise abziehbar sind, ist streitig (vgl. hierzu das Urteil des FG Köln vom 19.05.2011, EFG 2011, 1410 (bejahend) einerseits und andererseits das Urteil des FG Baden-Württemberg vom 02.02.2011, EFG 2011, 1055 (verneinend); Wied in Blümich, § 4 EStG, Rz. 832 und Schmidt/Heinicke, EStG § 4, Rz. 520, Arbeitszimmer). Die Verwaltung vertritt in diesem Fall derzeit noch das vollständige Abzugsverbot nach § 12 Nr. 1 EStG (vgl. OFD Koblenz vom 19.09.2011, DStR 2012, 78). In die häusliche Sphäre eingebettet ist ein als Arbeitszimmer genutzter Raum im Übrigen regelmäßig dann, wenn er zur privaten Wohnung oder zum Wohnhaus des Steuerpflichtigen gehört, was auch auf Zubehörräume einer Wohnung zutreffen kann. In letzterem Fall ist allerdings zu beachten, dass solche Räume nicht unter die Abzugsbeschränkung des § 4 Abs. 5 Satz 1 Nr. 6 b EStG fallen, die ihrer Ausstattung und Funktion nach nicht einem Büro entsprechen, wie z. B. Betriebsräume, Lagerräume, Ausstellungsräume, selbst wenn diese ihrer Lage nach mit dem Wohnraum des Steuerpflichtigen verbunden und so in die häusliche Sphäre eingebunden sind (vgl. BMF vom 02.03.2011 BStBl I 2011, 195, Rz. 5). Zur gesamten Problematik vgl. neben dem Schreiben des BMF vom 02.03.2011 BStBl I 2011, 195 auch die Ausführungen in Band 3, Zenthöfer/Schulze zur Wiesche, Einkommensteuer, C 3.3.7).

j) Unangemessene Aufwendungen anderer Art, die auch die Kosten der Lebensführung des Steuerpflichtigen oder anderer Personen berühren (§ 4 Abs. 5 Satz 1 Nr. 7 EStG)

Vgl. hierzu die Ausführungen in R 4.10 Abs. 12 EStR und Band 3 Zenthöfer/Schulze zur Wiesche, Einkommensteuer, C 3. 3. 9.

k) Geldbußen, Ordnungsgelder und Verwarnungsgelder (§ 4 Abs. 5 Satz 1 Nr. 8 EStG)

Derartige von einem bundesdeutschen Gericht oder einer Bundes-, Landes- oder Gemeindebehörde oder von einem Organ der Europäischen Gemeinschaften festgesetzten Beträge sind nicht als Betriebsausgaben abzugsfähig, auch wenn der Festsetzung ein betrieblicher Anlass zugrunde lag. Vgl. R 4.13 EStR. Mit den betrieblich veranlassten Sanktionen zusammenhängende Verfahrenskosten, insb. Gerichts- und Anwaltsgebühren, bleiben aber auch in diesen Fällen abziehbare Betriebsausgaben. Diese Geldbußen, Ordnungsgelder und Verwarnungsgelder sind jedoch zu unterscheiden von den nach § 12 Nr. 4 EStG nicht abzugsfähigen Geldstrafen u. Ä. (vgl. R 12.3 EStR und H 12.3 EStH). Nach § 4 Abs. 5 Satz 1 Nr. 8 Satz 4 EStG gilt das Abzugsverbot nicht, soweit der wirtschaftliche Vorteil, der durch den Gesetzesverstoß erlangt wurde, abgeschöpft worden ist, wenn die Steuern vom Einkommen und Ertrag, die auf den wirtschaftlichen Vorteil entfallen, nicht abgezogen worden sind. Vgl. hierzu auch die Ausführungen in Band 3 Zenthöfer/Schulze zur Wiesche, Einkommensteuer, C 3.3. 10. Dies ist beispielsweise dann der Fall, wenn die Bußgeldbehörde die Ertragsteuern, die auf diesen wirtschaftlichen Vorteil entfallen, bei der Festsetzung der Geldbuße nicht berücksichtigt hat. Die damit insoweit zugelassene Abzugsmöglichkeit der Sanktion verhindert eine Doppelbelastung durch das Bußgeld einerseits und die Besteuerung andererseits.

l) Zinsen auf hinterzogene Steuern nach § 235 AO (§ 4 Abs. 5 Satz 1 Nr. 8 a EStG)

Zinsen auf hinterzogene betriebliche Steuern sind in vollem Umfang nicht abzugsfähige Betriebsausgaben. Vgl. hierzu die Ausführungen in Band 3 Zenthöfer/Schulze zur Wiesche, Einkommensteuer, C 3.3. 11.

m) Schmiergelder u. Ä. (§ 4 Abs. 5 Satz 1 Nr. 10 EStG)

Vgl. hierzu die Ausführungen in R 4.14 EStR und H 4.14 EStH sowie Band 3 Zenthöfer/ Schulze zur Wiesche, Einkommensteuer, C 3.3. 12.

n) Bestimmte Aufwendungen zur Verwendung in Betrieben mit Handelsschiffen im internationalen Verkehr (§ 4 Abs. 5 Satz 1 Nr. 11 EStG)

Die durch Gesetz vom 22. 12. 2003 (BGBl I 2003, 2840) eingeführte Regelung betrifft Aufwendungen, die mit unmittelbaren oder mittelbaren Zuwendungen von nicht einlagefähigen Vorteilen an natürlichen oder juristische Personen oder Personengesellschaften zur Verwendung in Betrieben mit Handelsschiffen im internationalen Verkehr in tatsächlichem oder wirtschaftlichem Zusammenhang stehen.

o) Sanktionszuschläge nach § 162 Abs. 4 AO (§ 4 Abs. 5 Satz 1 Nr. 12 EStG)

Die Finanzverwaltung kann im Zusammenhang mit ihren Schätzungsmöglichkeiten nach § 162 AO als Sanktion bei Verstoß gegen die Vorlage von Aufzeichnungen nach § 90 Abs. 3 AO (bei Vorgängen mit Auslandsbezug) einen Zuschlag zur Steuer nach § 162 Abs. 4 AO festsetzen. Bei diesen Zuschlägen handelt es sich um steuerliche Nebenleistungen im Sinne von § 3 Abs. 4 AO. Aufgrund des Sanktionscharakters dieser Zuschläge wurden sie in den Katalog der nicht abziehbaren Betriebsausgaben nach § 4 Abs. 5 EStG aufgenommen.

p) Restrukturierungsfondsbeiträge (§ 4 Abs. 5 Satz 1 Nr. 13 EStG)

Zum Zwecke der Finanzmarktstabilisierung wurde durch das Restrukturierungsfondsgesetz (Art. 3, Gesetz vom 09. 12. 2010 BGBl I 2010, 1900, 1921) die Einrichtung eines Restrukturierungsfonds ermöglicht. Dessen Zweck ist die Finanzierung künftiger Restrukturierungs- und Abwicklungsmaßnahmen bei so genannten systemrelevanten Banken. Der Fonds wird durch Beiträge beitragspflichtiger Kreditinstitute aufgebaut. Um die Steuerzahler nicht an der Finanzierung von Bankenrettungen zu beteiligen, sind die nach § 12 Abs. 2 des Restrukturierungsfondsgesetzes zu leistenden Jahresbeiträge der Banken nicht als Betriebsausgabe absetzbar.

2.3.6.4 Aufzeichnungspflicht für nicht abzugsfähige und beschränkt abzugsfähige Betriebsausgaben

Soweit es sich um Aufwendungen im Sinne von § 4 Abs. 5 Satz 1 Nr. 1–4, Nr. 6 b und Nr. 7 EStG handelt, sind von den übrigen Betriebsausgaben **getrennte Aufzeichnungen** zu führen (§ 4 Abs. 7 EStG). Über die Art und den Umfang dieser Aufzeichnungen enthält R 4.11 EStR nähere Regelungen. Soweit Aufwendungen der bezeichneten Art abzugsfähig oder beschränkt abzugsfähig wären, geht die **Abzugsfähigkeit verloren**, wenn der Steuerpflichtige dieser besonderen Aufzeichnungspflicht nicht nachkommt (H 4.11 (Verstoß gegen die besondere Aufzeichnungspflicht) EStH). Vgl. hierzu auch die Ausführungen in Band 3, Zenthöfer/Schulze zur Wiesche, Einkommensteuer, C 3.3. 13.

2.3.6.5 Betriebsausgaben, die mit steuerfreien Betriebseinnahmen wirtschaftlich zusammenhängen

Soweit Aufwendungen mit steuerfreien Betriebseinnahmen in unmittelbarem wirtschaftlichem Zusammenhang stehen, dürfen sie **nicht als Betriebsausgaben** abgezogen werden (§ 3 c Abs. 1 EStG). Hiervon unberührt bleiben jedoch die in § 3 c Abs. 2 und 3 EStG benannten Sonderregelungen.

2.3.6.6 Besondere Regelung für den Abzug von Schuldzinsen als Betriebsausgaben nach § 4 Abs. 4 a EStG

Durch die Einführung des § 4 Abs. 4 a EStG aufgrund des Steuerentlastungsgesetzes 1999/2000/2002 wurde der Abzug von Schuldzinsen als Betriebsausgaben, die nach dem 31.12.1998 entstehen (vgl. § 52 Abs. 11 EStG) auf eine völlig andere gesetzliche Grundlage gestellt. Vgl. hierzu die Ausführungen in E 3. 2.

Außerdem wurde durch Art. 1 Nr. 6 Unternehmensteuerreformgesetz 2008 vom 14.08.2007 (BGBl I 2007, 1912 und BStBl I 2007, 630) in dem neu eingefügten § 4 h EStG für bestimmte Fälle eine weitere Begrenzung des Betriebsausgabenabzugs für Zinsaufwendungen (Zinsschranke) eingeführt. Vgl. hierzu das Anwendungsschreiben des BMF vom 04.07.2008 (BStBl I 2008, 718).

2.3.6.7 Sonderfälle: Gewerbesteuer und Aufwendungen zur Förderung staatspolitischer Zwecke

Da die Gewerbesteuer durch den Betrieb eines gewerblichen Unternehmens entsteht, ist die Gewerbesteuer eine betrieblich veranlasste Aufwendung und somit als Betriebsausgabe zu qualifizieren. Demgemäß ist die noch nicht durch Vorauszahlungen abgedeckte Jahresschuld der Gewerbesteuer als Rückstellung für ungewisse Verbindlichkeiten nach § 249 Abs. 1 Satz 1 HGB zu passivieren. Nach dem Wortlaut des § 4 Abs. 5 b EStG sind die Gewerbesteuer und die darauf entfallenden Nebenleistungen jedoch keine Betriebsausgaben. Diese Regelung gilt erstmals für die Gewerbesteuer, die für Erhebungszeiträume festgesetzt wird, die nach dem 31.12.2007 enden (§ 52 Abs. 12 Satz 7 EStG). Der Wortlaut des § 4 Abs. 5 b EStG wird jedoch allgemeinen als missglückt angesehen. Auch unter dem Aspekt der formalen Systematik des Gesetzes wird daraus, dass diese Vorschrift unmittelbar nach der Vorschrift des § 4 Abs. 5 EStG aufgeführt ist, der Schluss gezogen, dass steuerlich die Gewerbesteuer und die darauf entfallenden Nebenleistungen lediglich als steuerlich nicht abziehbare Betriebsausgaben anzusehen sind, also als Betriebsausgaben, die allerdings den steuerlichen Gewinn nicht mindern dürfen. Trotz dieses Abzugsverbots ist daher die handelsrechtlich zu passivierende Gewerbesteuerrückstellung aufgrund des Maßgeblichkeitsgrundsatzes gem. § 5 Abs. 1 Satz 1 EStG auch in der Steuerbilanz auszuweisen (vgl. R 5.7 Abs. 1 Satz 2 EStR). Allerdings sind die sich aus der Berücksichtigung der Gewerbesteuerrückstellung ergebenden Gewinnminderungen außerbilanziell wieder zu korrigieren. Bei der Berechnung der Gewerbesteuerrückstellung ist die Gewerbesteuer mit dem Betrag anzusetzen, der sich ohne ihre Berücksichtigung als Betriebsausgabe ergibt. Auf entsprechende Weise dürfen sich auch geleistete GewSt-Zahlungen (Vorauszahlungen und Nachzahlungen) steuerlich nicht auf den Gewinn auswirken und führen zu entsprechenden außerbilanziellen Korrekturen. Letztlich hat damit die Belastung des Unternehmens durch die Gewerbesteuer auf die Höhe des ertragssteuerrechtlichen Gewinns keinen Einfluss mehr.

Aufwendungen zur Förderung staatspolitischer Zwecke sind nach § 4 Abs. 6 EStG keine Betriebsausgaben und dürfen somit den steuerlichen Gewinn nicht mindern.

2.4 Übereinstimmung zwischen den handelsrechtlichen Erträgen bzw. Aufwendungen und steuerlichen Betriebseinnahmen bzw. Betriebsausgaben

Die handelsrechtlichen Erträge stellen regelmäßig auch steuerlich Betriebseinnahmen dar und erhöhen somit grundsätzlich den steuerlichen Gewinn, soweit die Erträge nicht ausdrücklich im EStG als steuerfreie Betriebseinnahmen definiert sind (vgl. z. B. hierzu insbesondere den Katalog der steuerfreien Einnahmen in § 3 EStG, soweit sie betrieblich veranlasst sind).

Das Gleiche gilt im Wesentlich für die handelsrechtlichen Aufwendungen, die ebenfalls grundsätzlich den steuerlichen Gewinn mindernde Betriebsausgaben sind, soweit dafür nicht ausdrücklich eine gegensätzliche Regelung im EStG getroffen wurde (vgl. z. B. § 3 c EStG und insbesondere die speziellen Regelungen im § 4 Abs. 5 b und 6 EStG).

3 Gewinnermittlungsarten

3.1 Gewinnermittlung durch Betriebsvermögensvergleich nach § 4 Abs. 1 EStG

3.1.1 Personenkreis

§ 4 Abs. 1 EStG sagt nichts darüber aus, welche Steuerpflichtigen den Gewinn allein nach dieser Vorschrift zu ermitteln haben. Klammert man jedoch diejenigen Personen aus, die den Gewinn durch Betriebsvermögensvergleich unter Berücksichtigung des § 5 EStG ermitteln müssen (vgl. Ausführungen zu 3.2.2) oder durch Einnahmen-Überschuss-Rechnung nach § 4 Abs. 3 EStG den Gewinn ermitteln dürfen (vgl. Ausführungen zu 3.3.2), dann bleiben für die alleinige Anwendung des § 4 Abs. 1 EStG nur folgende Personen übrig:

a) **Land- und Forstwirte** (vgl. auch R 4.1 Abs. 1 EStR),
   - die nach § 141 Abs. 1 AO zur Buchführung verpflichtet sind oder
   - die freiwillig Bücher führen und regelmäßig Abschlüsse machen; dazu gehören auch Land- und Forstwirte, die sich nach § 3 HGB im Handelsregister eintragen lassen und daher als Kannkaufleute zu den Kaufleuten zählen;

b) **freiberuflich Tätige** i. S. von § 18 Abs. 1 Nr. 1 EStG, die freiwillig Bücher führen und regelmäßig Abschlüsse aufstellen (vgl. H 18.2 (Buchführung) EStH);

c) **Kleingewerbetreibende**, die nicht nach § 141 Abs. 1 AO verpflichtet sind, Bücher zu führen und auch freiwillig keine Bücher führen und auch den Gewinn nicht durch Einnahmen-Überschuss-Rechnung nach § 4 Abs. 3 EStG ermitteln. Für diese Personengruppe ist der Gewinn nach den Grundregeln des § 4 Abs. 1 EStG unter Berücksichtigung des Einzelfalles, unter Umständen unter Anwendung von Richtsätzen, zu schätzen (vgl. R 4.1 Abs. 2 Satz 3 EStR, H 4.1 (Gewinnschätzung) EStH).

3.1.2 Begriff des Betriebsvermögens

Das Betriebsvermögen, als zentrale Funktion zur Ermittlung des Gewinns durch Betriebsvermögensvergleich, hat folgende zweifache Bedeutung:

1. **Mengenmäßige Bedeutung**
   Zum Betriebsvermögen gehören alle Wirtschaftsgüter,
   - die dem **Steuerpflichtigen** (Betriebsinhaber) **gehören** oder steuerlich zuzurechnen sind,
   - die vom Steuerpflichtigen ausschließlich und unmittelbar für eigenbetriebliche Zwecke genutzt werden **(notwendiges Betriebsvermögen)** oder
   - die zumindest in einem gewissen objektiven Zusammenhang mit dem Betrieb stehen und ihn zu fördern bestimmt und geeignet sind, wenn der Steuerpflichtige solche Wirtschaftsgüter freiwillig (Wahlrecht!) in der Bilanz ausweist **(gewillkürtes Betriebsvermögen).**

Zum Betriebsvermögen gehören neben den Besitzposten auch die **betrieblichen Schulden** und Lasten. Hierbei geht es um die **Abgrenzung** des Betriebsvermögens vom Privatvermögen. Vgl. hierzu die näheren Ausführungen in E sowie in R 4.2 EStR. Für Grundstücke und Grundstücksteile enthält R 4.2 Abs. 3–14 EStR umfangreiche Sonderregelungen (vgl. E 2).

2. **Wertmäßige Bedeutung**
   Hierbei geht es um den **Wertansatz** der zum Betriebsvermögen zwingend gehörenden oder freiwillig als gewillkürtes Betriebsvermögen bilanzierten Wirtschaftsgüter. Rein rechnerisch ist damit der Unterschied zwischen der Summe der Besitzposten und der Summe der Schulden und Lasten gemeint. Das Betriebsvermögen als Betragsgröße ist daher grundsätzlich identisch mit dem Eigenkapital der (Steuer-)Bilanz. Die doppelte Bedeutung des Begriffs »Betriebsvermögen« i. S. des § 4 Abs. 1 EStG soll folgendes Beispiel verdeutlichen:

BEISPIEL

Steuerbilanz zum 31. 12. 01 (z. B. für eine Möbelhandlung)

Art der Wirtschaftsgüter (mengenmäßige Bedeutung)	**Wert** der Wirtschaftsgüter (wertmäßige Bedeutung)	
Besitzposten (Aktiva):		
Grundstücke	80 000 €	
Maschinen	25 000 €	
Einrichtung	15 000 €	
Warenvorräte	50 000 €	
Kundenforderungen	30 000 €	
Bank, Kasse	10 000 €	210 000 €
Schulden und Lasten (Passiva):		
Darlehensschulden	25 000 €	
Lieferantenverbindlichkeiten	15 000 €	40 000 €
Betriebsvermögen (Eigenkapital)		170 000 €

Im vorstehenden Beispiel drücken die 170 000 € sowohl mengenmäßig als auch wertmäßig den Umfang des Betriebsvermögens des Betriebs zum Bilanzstichtag 31. 12. 01 aus.

3.1.3 Ausscheiden nichtbetrieblicher Vorgänge

Bei der Ermittlung des Gewinns durch Betriebsvermögensvergleich sind die **Entnahmen** und **Einlagen** des Wirtschaftsjahres dem Unterschiedsbetrag zwischen dem Betriebsvermögen am Schluss des Wirtschaftsjahres und dem Betriebsvermögen am Schluss des vorangegangenen

Wirtschaftsjahres wieder hinzuzurechnen bzw. von ihm abzuziehen (vgl. Formel zur Gewinnermittlung in 1.2). Der Grund für diese Korrektur liegt darin, dass nichtbetriebliche Vorgänge den Gewinn eines Wirtschaftsjahres nicht beeinflussen dürfen. Wurden jedoch in einem Wirtschaftsjahr dem Betrieb Werte für außerbetriebliche Zwecke entzogen (z. B. Entnahme von Bargeld oder Waren für private Zwecke), so wurde dadurch das Betriebsvermögen mengen- und wertmäßig gemindert. Dies würde sich bei einer bloßen Differenzbetrachtung auch auf den Gewinn mindernd auswirken. Umgekehrt würde eine Zuführung von Geld oder Sachgütern aus dem außerbetrieblichen Bereich in das Betriebsvermögen den Gewinn erhöhen. Durch die Hinzurechnung der Entnahmen und Minderung um die Einlagen werden diese Vorgänge im Ergebnis **gewinnneutral** behandelt.

BEISPIEL

Im Wirtschaftsjahr 02 wurden dem Betrieb für private Zwecke 20 000 € in bar entnommen und ein Grundstück mit einem Einlagewert von 35 000 € dem Betrieb zugeführt. Der Wert des Betriebsvermögens (Kapital) betrug zum 31. 12. 02 = 200 000 € und zum 31. 12. 01 = 160 000 €.
Wie hoch ist der Gewinn nach § 4 Abs. 1 EStG für das Wirtschaftsjahr 02?

LÖSUNG

Betriebsvermögen zum 31. 12. 02	200 000 €
Betriebsvermögen zum 31. 12. 01	160 000 €
Betriebsvermögens-Zunahme	40 000 €
+ Entnahmen	20 000 €
./. Einlagen	35 000 €
Gewinn des Wirtschaftsjahres 02	25 000 €

Kontrolle: Wären im Wirtschaftsjahr 02 keine Entnahmen und Einlagen angefallen, dann würde das Betriebsvermögen zum 31. 12. 02 = 185 000 € betragen. Die Gewinnermittlung nach dem Betriebsvermögensvergleich hätte dann folgendes Aussehen:

Betriebsvermögen zum 31. 12. 02	185 000 €
Betriebsvermögen zum 31. 12. 01	160 000 €
Betriebsvermögens-Zunahme = Gewinn 02	25 000 €

3.1.3.1 Definition Entnahmen

Entnahmen sind nach § 4 Abs. 1 Satz 2 EStG alle Wirtschaftsgüter, die der Steuerpflichtige dem Betrieb für sich, für seinen Haushalt oder für andere betriebsfremde Zwecke im Laufe eines Wirtschaftsjahres entnommen hat. Es muss danach eine **Wertabgabe des Betriebs** an den außerbetrieblichen Bereich vorliegen. Diese Wertabgabe des Betriebs kann in Form von Geld, Waren, Erzeugnissen, Nutzungen und Leistungen bestehen. Die Entnahme erfordert regelmäßig eine eindeutige (ausdrückliche oder schlüssige) **Entnahmehandlung** (konkludentes Handeln), zu der auch der Entnahmewillen des Steuerpflichtigen gehört. Die Erkennbarkeit der Entnahmehandlung erfordert zudem eine Dokumentation ihrer Vornahme. Bei der Überführung eines Wirtschaftsguts des gewillkürten Betriebsvermögens in das Privatvermögen dokumentiert grundsätzlich die Buchung, ob und zu welchem Zeitpunkt das Wirtschafsgut aus dem Betriebsvermögen ausgeschieden ist. Die Entnahmehandlung besteht **regelmäßig:**

- in einem **persönlichen Verwenden** von Geld oder Waren und Erzeugnissen: z. B. Entnahme von Geld zur Finanzierung des Lebensunterhalts oder von Waren und im Betrieb erzeugten Produkten für den eigenen Haushalt;
- in einer **Nutzungsänderung:** z. B. ein bisher ausschließlich betrieblich genutzter Pkw wird ab einem bestimmten Zeitpunkt ausschließlich privat genutzt. Sind die buchmäßigen

Konsequenzen einer solchen Nutzungsänderung nicht durch eine entsprechende Entnahmebuchung gezogen worden, ist die Bilanz fehlerhaft und muss berichtigt werden (vgl. R 4.3 Abs. 3 Satz 4 EStR).

- in einer **Buchung:** z. B. der Steuerpflichtige möchte künftig Wertpapiere, die er bisher als gewillkürtes Betriebsvermögen bilanziert hatte, im Privatvermögen führen;
- in einem **Eigentumswechsel:** z. B. der Steuerpflichtige schenkt seinem Sohn das betriebliche Grundstück und nutzt es im Rahmen eines Mietvertrags selbst weiter für betriebliche Zwecke;
- in einer **Nutzungsentnahme** (als Aufwandsentnahme): z. B. der Steuerpflichtige nutzt den betrieblichen Pkw während des Wirtschaftsjahres zeitweise (z. B. zu 25 %, nachgewiesen durch ein Fahrtenbuch) für private Zwecke;
- in einer **Leistungsentnahme** (als Aufwandsentnahme): z. B. der Steuerpflichtige lässt von einem Arbeitnehmer des Betriebs das privat genutzte Einfamilienhaus reparieren.

Im Fall der Aufwandsentnahme wird dem Betrieb zwar kein Wirtschaftsgut entnommen. Gleichwohl liegt eine **Wertabgabe zu betriebsfremden Zwecken** vor, die zu einer entsprechenden Aufwandskorrektur führen muss, da die insoweit verursachten Kosten nicht betrieblich, sondern privat veranlasst sind. Diese so genannte Aufwandsentnahme stellt somit sicher, dass letztlich nur betrieblicher Aufwand den Gewinn mindert. Da der eigenen Arbeitsleistung des Unternehmers mangels Vermögensminderung von vornherein der Aufwandscharakter fehlt, scheidet hier eine Aufwandsentnahme aus.

Die Entnahmen sind nach § 6 Abs. 1 Nr. 4 EStG mit dem **Teilwert** anzusetzen. Nähere Einzelheiten hierzu sind in F 2 ausgeführt. Vgl. auch die Ausführungen in R 4.3 Abs. 2–4 EStR sowie H 4.3 [2–4] EStH.

Nach § 4 Abs. 1 Satz 3 EStG steht der Ausschluss oder die Beschränkung des Besteuerungsrechts der Bundesrepublik Deutschland hinsichtlich des Gewinns aus der Veräußerung oder der Nutzung eines Wirtschaftsguts einer Entnahme für betriebsfremde Zwecke gleich. Bei diesem Vorgang der **Entstrickung** kommt es also nicht zu einer Überführung in den betriebsfremden Bereich. Bei der Ermittlung des Entnahmegewinns wird dabei nach § 6 Abs. 1 Nr. 4 Satz 1 HS 2 EStG allerdings auf den gemeinen Wert abgestellt. Falls das Wirtschaftsgut allerdings in eine EU-Betriebsstätte überführt oder dort zur Nutzung überlassen wird, ist § 4 g EStG zu beachten, der infolge der Möglichkeit der Bildung eines Ausgleichspostens auf der Passivseite der Bilanz und dessen zeitlich gestreckten Auflösung zur Verteilung des Entnahmegewinns über 5 Jahre führt (vgl. hierzu auch die Ausführungen in F 3.4).

3.1.3.2 Definition Einlagen

Einlagen sind nach § 4 Abs. 1 Satz 8 EStG alle Wirtschaftsgüter, die der Steuerpflichtige dem Betrieb im Laufe eines Wirtschaftsjahres zugeführt hat. Es muss danach eine **Wertabgabe aus dem außerbetrieblichen Bereich in den Betrieb** vorliegen. Diese Wertabgabe kann außer in Bargeld auch in Form von Sachen und Rechten bestehen. Bloße Nutzungen von nicht dem Unternehmer gehörenden Wirtschaftsgütern und bloße Leistungen können mangels Eigenaufwand nicht in das Betriebsvermögen eingelegt werden; dies gilt auch für unentgeltlich erworbene dingliche oder obligatorische Nutzungsrechte (vgl. H 4.3 [1] (Nutzungsrechte/Nutzungsvorteile) EStH). Betrieblich verursachte, aber vom Unternehmer privat getragene Aufwendungen, werden jedoch als **Aufwandseinlage** erfasst, da sich betrieblich veranlasste Aufwendungen als Aufwand auswirken müssen. Da jedoch, wegen der mit privaten Mitteln getragenen Aufwendungen, mangels betrieblichen Vermögensabflusses keine tatsächliche Betriebsvermögensminderung vorliegt, kann dies buchtechnisch nur mit Hilfe einer Einlagebuchung gelöst werden. Die eigene Arbeitsleistung des Betriebsinhabers kann nicht Gegenstand einer Aufwandseinlage sein, da insoweit kein Aufwand gegeben ist. **Einlagefähig** sind nur Wirtschaftsgüter, die nicht ohnehin schon als notwendiges Betriebsvermögen bilanziert werden müssen. Naturgemäß können daher nur solche Wirtschaftsgüter eingelegt werden, die durch Nutzungsänderung zum Betriebsvermögen werden oder die der Steuerpflichtige künftig als gewillkürtes Betriebsvermögen behandeln will. Für Wirtschaftsgüter, die jedoch nur als gewillkürtes Betriebsvermögen einlagefähig sind, fällt der **Einlagezeitpunkt** regelmäßig mit der Bilanzierung **(Einlagebuchung!)** zusammen, da für die Behandlung als gewillkürtes Betriebsvermögen der Ausweis in der Bilanz zwingende Voraussetzung ist. Falls damit ein Wirtschaftsgut vom Privatvermögen ins gewillkürte BV überführt werden soll, muss der Willensentschluss des Unternehmers grundsätzlich durch die Buchung nach außen kenntlich gemacht werden, so dass ohne Buchung grundsätzlich auch keine Einlage vorliegt. Die Rechtsprechung des BFH lässt es für die Zuordnung zum gewillkürten BV allerdings genügen, dass der notwendige Widmungsakt zeitnah in den Büchern oder in Aufzeichnungen dokumentiert wird (BFH vom 27.06.2006 BStBl II 2006, 874 und H 4.2 [1] (Gewillkürtes Betriebsvermögen) EStH). Der Zuordnungsakt muss sich dabei nicht aus dem eigentlichen Buchführungswerk ergeben. So kann die zeitnahe Aufnahme des erworbenen Wirtschaftsguts in das betriebliche Bestandsverzeichnis ausreichen (BFH vom 22.09.1993 BStBl II 1994, 172). In der Regel wird der Unternehmer seine Widmungsentscheidung allerdings durch eine Einlagebuchung dokumentieren. Falls bei einem Wirtschaftsgut des Privatvermögens eine Nutzungsänderung lediglich die Zuordnung zum **gewillkürten** BV zulässt, ist damit für die Herbeiführung der Betriebsvermögenseigenschaft die Vornahme der Einlagebuchung regelmäßig erforderlich und in diesem Sinne konstitutiv. Bei Wirtschaftsgütern, die durch Nutzungsänderung **notwendiges** Betriebsvermögen werden, fällt die Einlagehandlung mit dem Zeitpunkt der **Nutzungsänderung** zusammen; die Einlagebuchung hat in solchen Fällen nur deklaratorische Bedeutung.

BEISPIELE

Bei folgenden Vorgängen handelt es sich um Einlagen:

a) Betriebliche Steuern (z. B. GrSt für ein betrieblich genutztes Grundstück) werden mit privaten Geldern bezahlt: Einlage von Bargeld.

b) Ein bisher privat genutzter Pkw wird ab 01. 07. 01 zu 60 % betrieblich genutzt: Einlage einer Sache (Pkw wurde durch Nutzungsänderung notwendiges Betriebsvermögen). Die Einlagebuchung hat hier lediglich deklaratorische Bedeutung.

c) Ein zu Wohnzwecken vermietetes Grundstück wurde bisher als Privatvermögen behandelt. Der Steuerpflichtige möchte es künftig im Betriebsvermögen führen: Einlage als gewillkürtes Betriebsvermögen ist möglich, jedoch ist hierzu eine Einlage**buchung** (Bilanzierung) erforderlich, die somit konstitutive Bedeutung hat.

d) Ein zu Recht zum privaten Vermögen gehörender Pkw wird zeitweise betrieblich genutzt (keine betriebliche Nutzung von mehr als 50 %): Es liegt eine Nutzungseinlage hinsichtlich der anteiligen betrieblichen Aufwendungen vor, wenn diese zuvor mit privaten Mitteln finanziert wurden (einschließlich der anteiligen AfA, vgl. R 4.7 Abs. 1 Satz 2 EStR).

Die Einlagen sind nach § 6 Abs. 1 Nr. 5 EStG grundsätzlich mit dem **Teilwert** zum Zeitpunkt der Zuführung zu bewerten. Wurde das eingelegte Wirtschaftsgut jedoch innerhalb von drei Jahren, vom Zeitpunkt der Einlage an gerechnet, angeschafft oder hergestellt, dürfen höchstens die (ggf. fortgeführten) Anschaffungs- oder Herstellungskosten angesetzt werden. Auch die Einlagen von wesentlichen Beteiligungen an einer Kapitalgesellschaft i. S. v. § 17 Abs. 1 und

Abs. 6 EStG und von Wirtschaftsgütern i. S. v. § 20 Abs. 2 EStG dürfen unabhängig vom Anschaffungszeitpunkt höchstens mit den Anschaffungskosten des Wirtschafsguts bewertet werden. Nähere Einzelheiten hierzu sind in F 1 ausgeführt.

Auch die Überführung eines Wirtschaftsguts des Betriebsvermögens aus dem Ausland in eine inländische Betriebsstätte wird nach § 4 Abs. 1 Satz 8 HS 2 EStG einer Einlage gleichgestellt, wenn dadurch die Begründung des Besteuerungsrechts der Bundesrepublik Deutschland hinsichtlich des Gewinns aus der Veräußerung des Wirtschaftsguts herbeigeführt wird (**Verstrickung**), wobei das Wirtschaftsgut dann nach § 6 Abs. 1 Nr. 5a. EStG mit dem gemeinen Wert angesetzt wird.

3.1.4 Bilanz nach § 4 Abs. 1 EStG

Die Bilanz nach § 4 Abs. 1 EStG ist (mit Ausnahme in den Fällen der Land- und Forstwirte i. S. von § 3 HGB – Kannkaufleute –) eine reine **Steuerbilanz,** der keine Handelsbilanz zugrunde liegt, wie bei den Gewerbetreibenden nach § 5 EStG. Probleme, die sich aus dem Grundsatz der Maßgeblichkeit der handelsrechtlichen Grundsätze ordnungsmäßiger Buchführung für die steuerliche Gewinnermittlung (Maßgeblichkeitsgrundsatz, vgl. G 4) ergeben, können in diesen Fällen nicht auftreten. Eventuelle Wahlrechte der Bilanzierung und Bewertung sind daher allein nach den Bestimmungen des EStG auszuüben. Für den Bereich des § 4 Abs. 1 EStG besteht zwar **keine unmittelbare Bindung** an die **handelsrechtlichen** Grundsätze ordnungsmäßiger Buchführung wie in den Fällen des § 5 EStG, jedoch sind durch § 141 Abs. 1 Satz 2 AO die Regelungen

- des § 238 HGB (für bestimmte Inhalte der Buchführungspflicht),
- der §§ 240 und 241 HGB (für die Inventur und Aufstellung des Inventars),
- des § 242 Abs. 1 HGB (für die Aufstellung der Bilanzen),
- der §§ 243–245 HGB (für den Aufstellungsgrundsatz, die Sprache und Währungseinheit sowie die Unterzeichnung des Jahresabschlusses),
- der §§ 246–251 HGB (für die Ansatzvorschriften, d. h. die Regeln über die Bilanzierung) und
- der §§ 252–256 a HGB (für die Bewertungsvorschriften) sinngemäß anzuwenden, sofern sich nicht aus Steuergesetzen etwas anderes ergibt.

Dies gilt jedoch nur für Landwirte, da Gewerbetreibende, die buchführungspflichtig sind oder freiwillig Bücher führen, stets unter § 5 EStG fallen. Selbstständig Tätige, die freiwillig Bücher führen, sind zwar in § 141 Abs. 1 AO nicht erwähnt; für diese Personen müssen aber auch die allgemeinen Grundregeln einer Buchführung gelten (vgl. die Ausführungen im nachfolgenden Absatz).

Danach sind bestimmte Grundregeln auch für die Bilanz nach § 4 Abs. 1 EStG, wenn auch nicht unmittelbar nach den handelsrechtlichen Grundsätzen, sondern **nach allgemeinen Regeln** der Ordnungsmäßigkeit einer Bilanz als Gegenüberstellung von Vermögen und Schulden, zu beachten. Auch in diesen Fällen muss die Bilanz klar und vollständig sein. Im Prinzip müssen für die Bilanzen i. S. von § 4 Abs. 1 EStG die gleichen Grundsätze gelten wie für die Bilanzen von Gewerbetreibenden, die unter § 5 EStG fallen. Dies gilt **insbesondere** für:

- die Bilanzierung von **Forderungen und Schulden** (sobald der Leistende seine Leistung erbracht hat; auf die Rechnungsstellung und die Zahlung kommt es nicht an);
- den möglichen Ansatz **immaterieller Wirtschaftsgüter;** vgl. R 5.5 EStR;
- die Bildung von **Rechnungsabgrenzungsposten** (zur Abgrenzung des periodengerechten Gewinns); vgl. R 5.6 EStR;
- die Bildung von **Rückstellungen;** vgl. R 5.7 EStR;

- die Behandlung der **Entnahmen und Einlagen,** die **Betriebsausgaben,** die **Bewertung** und über die **Absetzung für Abnutzung** und Substanzverringerung (Kraft eigenen Rechts durch die Regelungen in § 4 Abs. 1 EStG).

Vgl. auch R 4.1 Abs. 5 EStR, wonach die Regelungen in R 5.2–5.4 EStR über die Ordnungsmäßigkeit der Buchführung, über die Bestandsaufnahme des Vorratsvermögens und über die bestandsmäßige Erfassung des beweglichen Anlagevermögens sinngemäß gelten.

3.2 Gewinnermittlung durch Betriebsvermögensvergleich nach § 5 EStG

Die Gewinnermittlung durch Betriebsvermögensvergleich nach § 5 EStG kann man als **Unterfall des § 4 Abs. 1 EStG** bezeichnen, weil § 5 Abs. 1 Satz 1 EStG auf § 4 Abs. 1 Satz 1 EStG verweist. Die Gewinnermittlungsformel ist daher genau die gleiche wie in den Fällen des § 4 Abs. 1 EStG (vgl. 1.2). Der entscheidende **Unterschied** besteht jedoch darin, dass bei der Gewinnermittlung nach § 5 EStG das Betriebsvermögen grundsätzlich nach den handelsrechtlichen Grundsätzen ordnungsmäßiger Buchführung anzusetzen ist (Maßgeblichkeit der handelsrechtlichen Grundsätze ordnungsmäßiger Buchführung für die steuerliche Gewinnermittlung); vgl. 3.2.2 b) und auch G 4). Das bedeutet, dass in diesem Fall bei der Erstellung der Steuerbilanz grundsätzlich auch die Vorschriften des HGB zu beachten sind.

3.2.1 Personenkreis

Die Gewinnermittlung nach § 5 EStG gilt **nur für Gewerbetreibende.** Gewerbetreibende sind Personen, die Einkünfte aus Gewerbebetrieb haben (§ 2 Abs. 1 Nr. 2 EStG). Wer Einkünfte aus Gewerbebetrieb bezieht, regelt im Einzelnen § 15 EStG. Danach werden folgende Personen **unterschieden,** die Einkünfte aus Gewerbebetrieb haben:

- **Einzelgewerbetreibende** (§ 15 Abs. 1 Satz 1 Nr. 1 EStG);
- Gesellschafter (Mitunternehmer) von Personengesellschaften, wenn die Personengesellschaft gewerblich tätig ist (**gewerblich tätige Personengesellschaft,** § 15 Abs. 1 Satz 1 Nr. 2 i. V. mit Abs. 3 Nr. 1 EStG);
- Gesellschafter (Mitunternehmer) von Personengesellschaften, wenn die Gesellschaft eine **gewerblich geprägte Personengesellschaft** ist (§ 15 Abs. 1 Satz 1 Nr. 2 i. V. mit Abs. 3 Nr. 2 EStG);
- persönlich haftende Gesellschafter von **Kommanditgesellschaften auf Aktien** (§ 15 Abs. 1 Satz 1 Nr. 3 EStG).

Für die Frage, ob ein **Gewerbebetrieb** vorliegt, ist also allein das **EStG** und nicht das HGB maßgebend. Das HGB kennt den Begriff des Gewerbetreibenden im Sinne des EStG nicht, sondern stellt auf die Kaufmannseigenschaft ab (vgl. §§ 1–3 sowie 5 und 6 HGB sowie A 2.2), wobei § 1 HGB wiederum ein Handelsgewerbe voraussetzt. Die Eintragung ins Handelsregister ist allerdings allein nicht entscheidend.

Unter § 5 EStG fallen danach **folgende Personen** (soweit sie gewerblich tätig sind i. S. von § 15 Abs. 2 EStG) – vgl. auch H 5.1 EStH:

- **Kaufleute** (§§ 1–3 sowie 5 und 6 HGB); nicht unter § 5 EStG fallen allerdings Land- und Forstwirte, die sich in das Handelsregister haben eintragen lassen und deshalb zu den Kannkaufleuten des § 3 HGB zählen. Solche Personen haben, obwohl sie den Kaufleuten zuzuordnen sind, den Gewinn trotzdem nach § 4 Abs. 1 EStG zu ermitteln. Sie müssen zwar eine Handelsbilanz erstellen, der Maßgeblichkeitsgrundsatz des § 5 Abs. 1 Satz 1 EStG gilt aber nicht (zum Maßgeblichkeitsgrundsatz vgl. G 4).

- **Kleingewerbetreibende,** die weder nach Handelsrecht noch nach § 141 AO zur Führung von Büchern verpflichtet sind, die aber freiwillig Bücher führen und regelmäßig Abschlüsse machen. Zur handelsrechtlichen und steuerlichen Buchführungspflicht vgl. die Ausführungen in A 2 und 3.

3.2.2 Bilanz nach § 5 EStG

a) Allgemeine Grundsätze

Der Gewinnermittlung nach § 5 EStG ist die nach den Grundsätzen ordnungsmäßiger Buchführung aufzustellende Handelsbilanz zugrunde zu legen, die von Gewerbetreibenden ohnehin aufgrund gesetzlicher (handelsrechtlicher) Vorschriften aufzustellen ist oder freiwillig erstellt wird. Hierbei sind die handelsrechtlichen Grundsätze ordnungsmäßiger Buchführung zu beachten (vgl. § 243 Abs. 1 i. V. m. § 242 Abs. 1 HGB), die in den Ansatzvorschriften (§§ 246–251 HGB) und den Bewertungsvorschriften (§§ 252–256 a HGB) des HGB größtenteils näher modifiziert sind. Darüber hinaus regelt § 5 Abs. 2–5 EStG die Behandlung der immateriellen Wirtschaftsgüter des Anlagevermögens und bestimmter Rückstellungen sowie den Ansatz von Rechnungsabgrenzungsposten. Wie schon bei der Gewinnermittlung durch Betriebsvermögensvergleich nach § 4 Abs. 1 EStG sind auch die einkommensteuerlichen Regelungen über die Entnahmen und Einlagen, über die Zulässigkeit von Bilanzberichtigungen und Bilanzänderungen, über die Betriebsausgaben, über die Bewertung und über die Absetzung für Abnutzung oder Substanzverringerung zu befolgen (§ 5 Abs. 6 EStG).

b) Verhältnis der Handelsbilanz zur Steuerbilanz

Für die Gewinnermittlung durch Betriebsvermögensvergleich nach § 4 Abs. 1 Satz 1 und § 5 Abs. 1 Satz 1 EStG ist das **steuerliche Betriebsvermögen** maßgebend. Dieses Betriebsvermögens ergibt sich grundsätzlich aus einer Steuerbilanz. Für den steuerlichen Ansatz dieses Betriebsvermögens ist bei der Gewinnermittlung durch Betriebsvermögensvergleich nach § 5 Abs. 1 Satz 1 Halbsatz 1 EStG das Betriebsvermögen nach den handelsrechtlichen Grundsätzen ordnungsmäßiger Buchführung, also grundsätzlich wie in der Handelsbilanz anzusetzen, es sei denn, es ist nach dem EStG ein anderer Ansatz vorgeschrieben oder es ist ein steuerliches Wahlrecht möglich, das vom Handelsrecht abweicht (§ 5 Abs. 1 Satz 1 Halbsatz 2 EStG). Durch die Regelung des § 5 Abs. 1 Satz 1 EStG hat sich im Laufe der Zeit der der sog. »**Maßgeblichkeitsgrundsatz**« entwickelt (vgl. G 4), genauer gesagt der »**Grundsatz der Maßgeblichkeit der handelsrechtlichen Grundsätze ordnungsmäßiger Buchführung für die steuerliche Gewinnermittlung**«.

Dieser Maßgeblichkeitsgrundsatz besteht für die steuerliche Gewinnermittlung nach § 5 Abs. 1 EStG schon Jahrzehnte lang. Er war aber bereits seinerzeit, insbesondere durch den sog. »Bewertungsvorbehalt« des § 5 Abs. 6 EStG stark eingeschränkt worden und wurde in den letzten Jahren immer mehr eingeschränkt (z. B. durch die Regelungen in § 5 Abs. 3, 4 und 4 a EStG). Im Zuge des Bilanzrechtsmodernisierungsgesetzes (BilMoG) vom 25. 05. 2009 wurde auch § 5 Abs. 1 Satz 1 EStG durch Hinzufügung des Halbsatzes 2 (»es sei denn, im Rahmen der Ausübung eines steuerlichen Wahlrechts wird oder wurde ein anderer Ansatz gewählt«) geändert. Außerdem fiel die sog. »umgekehrte Maßgeblichkeit« (§ 5 Abs. 1 Satz 2 EStG a. F.) ab 2009 weg. In diesem Zusammenhang wurden auch die einschlägigen Vorschriften des HGB gestrichen (z. B. § 247 Abs. 3 und § 254 HGB a. F.), allerdings grundsätzlich erst ab 2010.

Nach der Begründung zum BilMoG ist aber keine totale Loslösung der Steuerbilanzansätze von den Handelsbilanzansätzen vorgesehen gewesen. Es besteht nach Auffassung der Finanzverwaltung nach wie vor die grundsätzliche Bindung der Handelsbilanzansätze für die

Steuerbilanzansätze, wenn dem nicht steuerlich zwingend andere Regelungen oder Wahlrechte entgegen stehen (steuerlicher Ansatz- und Bewertungsvorbehalt). Zu einzelnen Fragen der »Maßgeblichkeit der handelsrechtlichen Grundsätze ordnungsmäßiger Buchführung für die steuerliche Gewinnermittlung« hat inzwischen auch das BMF in seinem Schreiben vom 12.03.2010 (BStBl I 2010, 239, ergänzt mit BMF-Schreiben vom 22.06.2010, BStBl I 2010, 597) Stellung genommen. Auf die bedeutsamen Einzelheiten wird im Rahmen der Ausführungen zu G 4 (und erforderlichenfalls an anderen Stellen) dieses Buches näher eingegangen.

Zunächst an dieser Stelle folgendes Beispiel:

BEISPIEL

Handelsrechtlich darf nach § 248 Abs. 2 HGB für selbst geschaffene immaterielle Vermögensgegenstände des Anlagevermögens in der Handelsbilanz ein Aktivposten aufgenommen werden (handelsrechtliches **Aktivierungswahlrecht**). Der Aufwand für die Herstellung eines solchen Vermögensgegenstands darf aber auch sofort als Aufwand behandelt werden.

Steuerlich dürfen nach § 5 Abs. 2 EStG selbstgeschaffene immaterielle Wirtschaftsgüter des Anlagevermögens nicht aktiviert werden (**Aktivierungsverbot**, Umkehrschluss aus § 5 Abs. 2 EStG). Folglich ist trotz positiver Ausübung des handelsrechtlichen Aktivierungswahlrechts ein entsprechender Ansatz für die steuerliche Gewinnermittlung (d. h. in einer Steuerbilanz) nicht zulässig (Durchbrechung des Maßgeblichkeitsgrundsatzes).

3.3 Gewinnermittlung durch Einnahmen-Überschuss-Rechnung nach § 4 Abs. 3 EStG

3.3.1 Begriff

Durch Einnahmen-Überschuss-Rechnung (auch kurz »Überschussrechnung« genannt) wird der Gewinn nach folgender **Formel** ermittelt:

Summe der Betriebseinnahmen
./. Summe der Betriebsausgaben
= Gewinn (oder Verlust)

BEISPIELE

a) Betriebseinnahmen:		
Erlöse aus Leistungen	290 000 €	
Sonstige betriebliche Erlöse	12 000 €	
(Erträge aus) Sachentnahmen	3 000 €	
Summe der Betriebseinnahmen		305 000 €
Betriebsausgaben:		
Materialeinkäufe	120 000 €	
Löhne	125 000 €	
Darlehenszinsen	13 000 €	
Betriebssteuern	19 000 €	
Verwaltungskosten und sonstige betriebliche Aufwendungen	1 000 €	
AfA	5 000 €	
Summe der Betriebsausgaben		283 000 €
Überschuss der Betriebseinnahmen	= Gewinn	22 000 €
b) Summe der Betriebseinnahmen		60 000 €
Summe der Betriebsausgaben		65 000 €
Überschuss der Betriebsausgaben	= Verlust	5 000 €

Äußerlich ähnelt diese **Überschussrechnung** der Gewinn- und Verlustrechnung der doppelten Buchführung (vgl. 2.1). Sachlich werden im Rahmen der Überschussrechnung nach § 4 Abs. 3 EStG vielfach aber ganz andere Vorgänge erfasst, als bei der Erfolgsrechnung der doppelten Buchführung. In der Gewinn- und Verlustrechnung werden periodengerechte Erträge und Aufwendungen erfasst (nach dem Prinzip der Verursachung des Geschäftsvorfalles innerhalb eines Geschäfts- bzw. Wirtschaftsjahres), während die Überschussrechnung eine Gegenüberstellung der Betriebseinnahmen und Betriebsausgaben ist, für deren Erfassung es grundsätzlich auf den **Zeitpunkt des Zuflusses** bzw. **Abflusses** von Geldbeträgen und Sachwerten ankommt (vgl. § 11 EStG).

Die Überschussrechnung beinhaltet den Grundgedanken, dass jede Veränderung des Betriebsvermögens, die auf betrieblichen Vorgängen basiert, sich irgendwann einmal in Form von (zugeflossenen) Betriebseinnahmen oder (abgeflossenen) Betriebsausgaben auswirkt. Die Überschussrechnung erleichtert und vereinfacht die Gewinnermittlung, weil **Anfangs- und Endbestände** des Betriebsvermögens **nicht berücksichtigt** werden müssen. Es entfallen daher auch die jährlichen Bestandsaufnahmen. Im Prinzip ist die Überschussrechnung mit einer **Geldrechnung** (ähnlich einem Kassenbuch) vergleichbar. Der Charakter dieser Rechnung ist jedoch verschiedentlich durchbrochen (z. B. hinsichtlich der nicht abnutzbaren und abnutzbaren Wirtschaftsgüter des Anlagevermögens).

3.3.2 Berechtigter Personenkreis

Zur Gewinnermittlung nach § 4 Abs. 3 EStG besteht ein **Wahlrecht** für einen bestimmten Personenkreis. Diese Gewinnermittlungsart kann daher nicht erzwungen werden. § 4 Abs. 3 EStG stellt eine Ausnahme von der Gewinnermittlung durch Betriebsvermögensvergleich dar. Berechtigt, den Gewinn durch Gegenüberstellung der Betriebseinnahmen und Betriebsausgaben zu ermitteln, sind Steuerpflichtige,

- die nicht aufgrund gesetzlicher Vorschriften (handelsrechtlich oder steuerlich) verpflichtet sind, Bücher zu führen und regelmäßig Abschlüsse zu machen und
- die auch nicht freiwillig Bücher führen und nicht regelmäßig Abschlüsse erstellen.

Das sind vor allem **Kleingewerbetreibende** und die Angehörigen der **freien Berufe.** Aber auch nicht zur Buchführung verpflichtete Land- und Forstwirte können, statt der Besteuerung nach Durchschnittsätzen, den Gewinn durch Überschussrechnung ermitteln, wenn sie die Betriebseinnahmen und Betriebsausgaben aufzeichnen (vgl. § 13 a Abs. 2 EStG). **Führt** jedoch eine der genannten Personen **Bücher** und werden regelmäßig Abschlüsse erstellt, dann darf der Gewinn nicht durch Überschussrechnung, sondern muss **zwingend** durch **Betriebsvermögensvergleich** ermittelt werden (vgl. R 4.5 Abs. 1 EStR und H 4.5 (Wahl der Gewinnermittlungsart) EStH). Wurde ein **Gewerbebetrieb veräußert** oder aufgegeben und fallen danach noch Betriebseinnahmen und Betriebsausgaben an, so sind diese nachträglichen Einkünfte ausschließlich durch **Überschussrechnung** zu ermitteln (BFH vom 22.02.1978 BStBl II 1978, 430).

In den Fällen, in denen der Steuerpflichtige zu Recht den Gewinn durch Überschussrechnung nach § 4 Abs. 3 EStG ermittelt, darf der Gewinn **nicht** nach § 4 Abs. 1 EStG **geschätzt** werden (BFH vom 02.03.1978 BStBl II 1978, 431;vgl. a. H 4.5 [1] (Wahl der Gewinnermittlungsart) EStH), sondern die Gewinnschätzung ist dann auch in dieser gewählten Gewinnermittlungsart durchzuführen (vgl. BFH vom 02.03.1982 BStBl II 1984, 504 und H 4.1 (Gewinnschätzung) EStH) . Zu beachten ist, dass für die Überschussrechnung eine grundsätzliche **Aufzeichnungspflicht nicht besteht**. Es können daher die Betriebseinnahmen und Betriebsausgaben auch anhand von Belegen zusammengestellt werden (vgl. auch H 4.5 [1] (Wahl der Gewinnermittlungsart) EStH). Vgl. hierzu auch die Ausführungen in 3. 3. 7.

3.3.3 Unterschiede zur Gewinnermittlung durch Betriebsvermögensvergleich

Die Gewinnermittlung durch Überschussrechnung nach § 4 Abs. 3 EStG kann man als Unterart der Gewinnermittlung durch Betriebsvermögensvergleich nach § 4 Abs. 1 EStG bezeichnen. Für die gesamte Dauer des Bestehens eines Betriebs muss das **Gesamtgewinnergebnis** bei beiden Gewinnermittlungsarten gleich hoch sein. § 4 Abs. 3 EStG ist in erster Linie eine Vereinfachungsvorschrift für solche Steuerpflichtige, denen nach ihren Verhältnissen eine Gewinnermittlung durch Betriebsvermögensvergleich nicht zugemutet werden soll. Die Überschussrechnung verzichtet grundsätzlich auf den Vergleich von Beständen (auch von Geldbeständen) und begnügt sich mit dem **Saldo** von **Geldbewegungen**. Nicht in Betracht kommen daher Rechnungsabgrenzungsposten, Wertberichtigungen und Rückstellungen, da solche Ansätze das Vorhandensein einer Bilanz voraussetzen. Auch im Rahmen der Gewinnermittlung nach § 4 Abs. 3 EStG gelten allerdings die üblichen Definitionen für die den Gewinn bestimmenden Betriebseinnahmen und Betriebsausgaben in Abgrenzung zu außerbetrieblichen (privaten) Zuflüssen und Abflüssen, die keine Auswirkungen auf den Gewinn haben dürfen. Die Besonderheit besteht bei der zeitlichen Erfassung der Betriebseinnahmen und Betriebsausgaben, welche sich nach § 11 EStG bestimmt. Auch die Begriffe Betriebsvermögen, Privatvermögen, Entnahmen, Einlagen, Anschaffungskosten, Herstellungskosten, Teilwert und AfA sind in beiden Gewinnermittlungsarten identisch und bestimmen sich nach den einschlägigen Vorschriften. Damit ist gewillkürtes Betriebsvermögen auch bei der Gewinnermittlung nach § 4 Abs. 3 EStG möglich. Hierbei reicht die zeitnahe, unmissverständliche Aufnahme des Wirtschaftsguts in das betriebliche Bestandsverzeichnis (vgl. H 4.2 [1] (Gewillkürtes Betriebsvermögen) EStH und R 5.4 Abs. 1 EStR) als Nachweis für die betriebliche Zuordnungsentscheidung aus. Ansonsten gilt auch hier, dass Wirtschaftsgüter, die nur in geringfügigem Umfang betrieblich (mit)genutzt werden, nicht zum Betriebsvermögen gezogen werden können. Als geringfügig ist hierbei ein betrieblicher Nutzungsanteil von weniger als 10 % des gesamten Nutzungsumfangs anzusehen (vgl. R 4.2 Abs. 1 Satz 5 EStR). Es bestehen zwischen Überschussrechnung und Betriebsvermögensvergleich dennoch teils erhebliche Unterschiede, die letztlich mit der unterschiedlichen zeitlichen Erfassung und der damit verbundenen erfolgsmäßigen Auswirkung von Betriebseinnahmen und Betriebsausgaben zusammenhängen. Während der Betriebsvermögensvergleich insoweit vom Grundsatz der periodengerechten Gewinnermittlung beherrscht wird, gilt im Bereich der Überschussrechnung das Zufluss- und Abflussprinzip des § 11 EStG. Allerdings sind in § 4 Abs. 3 EStG und § 11 EStG selbst bereits bedeutsame Ausnahmen vom alleinigen Vorgehen nach dem strengen Zufluss- und Abflussprinzip geregelt (s. auch 3.3.5).

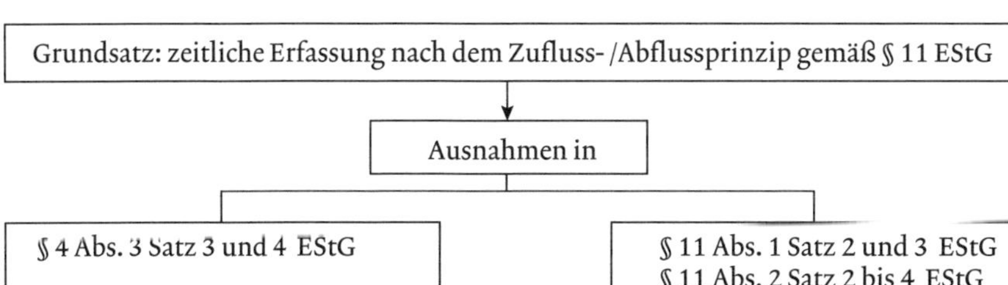

Das bei der Gewinnermittlung nach § 4 Abs. 3 EStG grundsätzlich geltende **Zufluss- und Abflussprinzip** ist für Betriebseinnahmen in § 11 Abs. 1 Satz 1 EStG und für Betriebsausgaben in § 11 Abs. 2 Satz 1 EStG geregelt. Das Zufluss- und Abflussprinzip steht im Gegensatz zur zeitlichen Erfassung nach der wirtschaftlichen Verursachung von Einnahmen bzw. Ausgaben.

Dies bedeutet, dass es im Grundsatz auf den körperlichen Fluss von Vermögenswerten ankommt und nicht primär auf die rechtliche Entstehung von Vermögenspositionen. Somit führt z. B. nicht die Lieferung eines Gegenstandes oder die Erbringung einer Werk-, Dienst- oder Vermietungsleistung und damit das Entstehen einer Forderung zu einer Betriebseinnahme, sondern erst der Zahlungseingang (Zufluss des Geldes). Ebenso liegt erst dann eine zu erfassende Betriebsausgabe vor, wenn die Gelder für die Bezahlung von Schulden, Löhnen und Gehältern, Mieten, Zinsen, Reparaturkosten usw. abgeflossen sind. Damit wird im Rahmen des § 11 EStG nicht bereits die Entstehung von Forderungen bzw. Schulden als Betriebseinnahmen bzw. Betriebsausgaben erfasst, sondern grundsätzlich erst deren Bezahlung. Dem gleichgestellt wird allerdings die Erlangung bzw. der Verlust von Rechtspositionen, die im Wirtschaftsleben bereits die gleichen Verfügungsmöglichkeiten eröffnen wie der körperliche Besitz am Vermögen. Also Vorgänge, die im Wirtschaftsleben wirtschaftlich bereits wie eine Zahlung gewertet werden. Dies soll durch das Merkmal des Erlangens oder des Verlierens der **wirtschaftlichen Verfügungsmacht** zum Ausdruck gebracht werden. Es gibt allerdings keine allgemeingültigen, für alle Fälle passenden Regeln, wann die wirtschaftliche Verfügungsmacht erlangt oder verloren wurde. Die Gestaltungsmöglichkeiten im Wirtschaftsverkehr sind vielfältig und unterliegen dem Wandel. Es gibt lediglich **typische Fallgruppen** (vgl. H 11 EStH).

Weil man auf die wirtschaftliche Verfügungsmacht abstellt, sind zivilrechtliche Überlegungen von untergeordneter Bedeutung. So spielt z. B. die Fälligkeit einer Zahlung grundsätzlich keine Rolle. Zivilrechtliche Überlegungen können allerdings in die Gesamtbeurteilung der Frage mit eingehen, ob die wirtschaftliche Verfügungsmacht als erlangt oder als verloren angenommen werden kann (vgl. z. B. H 11 (Gutschrift) EStH).

Für sogenannte **regelmäßig wiederkehrende** Einnahmen und Ausgaben **und** bei **Vorauszahlungen auf Nutzungsüberlassungen von mehr als 5 Jahren** wird ausnahmsweise auf die periodengerechte Zuordnung der Einnahme bzw. Ausgabe abgestellt.

- Ausnahmen vom reinen Zufluss- und Abflussprinzip bestehen für **regelmäßig wiederkehrende Einnahmen** (§ 11 Abs. 1 Satz 2 EStG) **und Ausgaben** (§ 11 Abs. 2 Satz 2 EStG), die kurze Zeit vor Beginn oder kurze Zeit nach Beendigung des Kalenderjahres gezahlt werden, zu dem sie wirtschaftlich gehören. In diesen Ausnahmefällen wird die Einnahme bzw. die Ausgabe **in dem Jahr erfasst, in dem sie wirtschaftlich verursacht wurde** und nicht in dem Jahr, in dem die Zahlung erfolgt. Regelmäßig wiederkehrende Zahlungen im Sinne dieser Vorschriften sind zeitbezogene Zahlungen, die nach dem zugrunde liegenden Rechtsverhältnis grundsätzlich am Beginn oder am Ende des Kalenderjahrs zahlbar sind, zu dem sie wirtschaftlich gehören, z. B. Zinsen, Miet- und Pachtzahlungen. Als kurze Zeit wird nach ständiger Rechtsprechung in der Regel ein Zeitraum von bis zu 10 Tagen vor und bis zu 10 Tagen nach dem Ende des Kalenderjahres angesehen. Ebenso nach der Rechtsprechung des BFH ist es erforderlich, dass neben der Zahlung **auch die Fälligkeit** der Zahlung **kurze Zeit** vor Ende oder nach Beginn des Kalenderjahres liegt (BFH vom 24.07.1986 BStBl II 1987, 16). Allerdings muss die Fälligkeit selbst nicht im Jahr der wirtschaftlichen Verursachung liegen (vgl. H 11 (Allgemeines) EStH).
  Umsatzsteuervorauszahlungen gehören auch zu den regelmäßig wiederkehrenden Ausgaben. Entsprechendes gilt für Umsatzsteuererstattungen aufgrund von Voranmeldungen (Vorsteuerüberhang), vgl. H 11 (Umsatzsteuervorauszahlungen/-erstattungen) EStH. Die

Umsatzsteuer-Vorauszahlungen aufgrund einer Voranmeldung sind gemäß § 18 Abs. 1 Satz 3 UStG am 10. Tag nach Ablauf des Voranmeldungszeitraums fällig und sie gehören wirtschaftlich zum abgelaufenen Kalenderjahr, da sie auf Leistungen beruhen, die der Kläger im Vorjahr erbracht hat, bzw. auf Zahlungen, die er im Vorjahr erhalten hat. Hinsichtlich des Zeitpunkts des Abflusses der USt-Vorauszahlungen bzw. des Zuflusses von Vorsteuererstattungsbeträgen gelten die allgemeinen Regeln. Bei Vorliegen einer Einzugsermächtigung gilt gem. § 224 Abs. 2 Nr. 3 AO eine wirksam geleistete Zahlung als am Fälligkeitstag entrichtet. Im Fall einer erteilten Lastschrift-Einzugsermächtigung gilt die USt-Vorauszahlung daher bei fristgerecht abgegebener Voranmeldung und hinreichender Deckung des Kontos bereits im Zeitpunkt der Fälligkeit als entrichtet, unabhängig von einer tatsächlich späteren Inanspruchnahme durch das FA.

Keine regelmäßig wiederkehrenden Leistungen sind Zahlungen, die zwar auch regelmäßig entstehen können, die aber, vom Rechtsgrund aus betrachtet, immer wieder neu entstehen bzw. beschlossen werden müssen, z. B. Dividenden.

Regelmäßig wiederkehrende Einnahmen und Ausgaben weisen daher folgende Merkmale auf:

- Sie sind ihrem Rechtsgrund nach (Dauerschuldverhältnis) in gewissen Zeitabständen regelmäßig wiederkehrende Zahlungen.
- Die Zahlung erfolgt kurze Zeit (10 Tage) vor oder nach dem Jahreswechsel.
- Die Fälligkeit der Zahlung liegt ebenfalls kurze Zeit vor oder nach dem Jahreswechsel.
- Die Zuordnung der Zahlung erfolgt zum Jahr der wirtschaftlichen Zugehörigkeit.

• Auch bei **Vorauszahlungen, die auf Nutzungsüberlassungen beruhen**, kann es zu Ausnahmen vom Zufluss- und Abflussprinzip kommen. **Betriebseinnahmen**, die als Vorauszahlung für eine Nutzungsüberlassung von mehr als 5 Jahren zufließen (z. B. Mieteinnahmen für die Überlassung von Grundstücken), können nach dem Zuflussprinzip sofort im Jahr der Zahlung erfasst werden. Der Steuerpflichtige kann (**Wahlrecht**) sie nach § 11 Abs. 1 Satz 3 EStG aber auch gleichmäßig auf den Vorauszahlungszeitraum (was nicht der Dauer des Nutzungsrechts entsprechen muss) verteilen.

  Betriebsausgaben sind nicht nach dem Abflussprinzip zu behandeln, wenn es sich um Vorauszahlungen für eine Nutzungsüberlassung von mehr als 5 Jahren handelt. Die Ausgaben sind (**Pflicht**) dann gleichmäßig verteilt über den Zeitraum als Betriebsausgaben zu erfassen, für den die Vorauszahlung geleistet wird (§ 11 Abs. 2 Satz 3 EStG). Für ein bei einer Darlehensauszahlung einbehaltenes Damnum/Disagio gilt jedoch die Sonderregelung des § 11 Abs. 2 Satz 4 EStG (s. 3.3.7.4).

• Bei der Gewinnermittlung nach § 4 Abs. 3 EStG bleiben **Wertschwankungen** der Wirtschaftsgüter des Betriebsvermögens **außer Betracht**. Abschreibungen auf einen niedrigeren Teilwert sind nicht zulässig. Eine anhaltende Wertminderung eines Wirtschaftsguts wirkt sich damit grundsätzlich erst bei Veräußerung oder Entnahme des Wirtschaftsguts aus.

Aus den genannten Gründen können sich für die einzelnen Kalender- bzw. Wirtschaftsjahre **erhebliche Unterschiede** in der Höhe des Gewinns ergeben. Diese Unterschiede gleichen sich jedoch im Laufe der Zeit wieder aus, was dem Prinzip der Gleichheit im Gesamtgewinnergebnis entspricht. Probleme entstehen aber beim Wechsel der beiden Gewinnermittlungsarten (vgl. hierzu die Ausführungen in 3.6).

3.3.4 Betriebseinnahmen

Grundsätzlich deckt sich der Begriff der Betriebseinnahmen bei der Überschussrechnung mit dem Begriff der Betriebseinnahmen beim Betriebsvermögensvergleich. Zum Begriffsinhalt, zur Abgrenzung zu außerbetrieblichen Einnahmen und hinsichtlich steuerfreier Betriebseinnahmen vgl. die Ausführungen zu 2.3.1–2. 3. 3.

Man kann daher auch bei der Überschussrechnung unterscheiden zwischen

- Betriebseinnahmen aus Grundgeschäften (aus Lieferungen und Leistungen) und
- Betriebseinnahmen aus Hilfs- und Nebengeschäften.

Eine wichtige **Besonderheit** besteht jedoch darin, dass bei der Überschussrechnung die **Umsatzsteuer,** die der Unternehmer vom Leistungsempfänger (Kunden) über den Rechnungspreis erhält, ebenfalls zu den Betriebseinnahmen rechnet. Es spielt dabei keine Rolle, ob die Umsatzsteuer auf der Rechnung gesondert ausgewiesen ist oder nicht. Da die Umsatzsteuer aber auch bei der Überschussrechnung den Gewinn nicht beeinflussen darf, ist sie bei der Zahlung (Weiterleitung) an das Finanzamt als Betriebsausgabe abzuziehen. Da die Umsatzsteuer bei der Sollversteuerung mit Ablauf des Voranmeldungszeitraums entsteht, in dem die Lieferung oder sonstige Leistung ausgeführt wurde (§ 13 Abs. 1 Nr. 1 Buchst. a UStG), also u. U. zu einem früheren Zeitpunkt an das Finanzamt abzuführen ist als der Kunde den Rechnungsbetrag begleicht, kann es vorkommen, dass hinsichtlich der Umsatzsteuer die Betriebsausgabe vor der Betriebseinnahme liegt. Beträge, die im Namen und auf Rechnung eines anderen vereinnahmt werden **(durchlaufende Posten),** zählen nicht zu den Betriebseinnahmen (§ 4 Abs. 3 Satz 2 EStG), so beispielsweise die Zahlung des Grundstückskaufpreises auf ein Notaranderkonto des den Kaufvertrag beurkundenden Notars zwecks Weiterleitung an den Grundstücksverkäufer nach Einleitung der Eigentumsumschreibung am Grundstück.

BEISPIEL

Unternehmer U mit Überschussrechnung. Lieferung eines Gegenstandes am 20. 11. 01 für 1 000 € zuzüglich 190 € USt. Der Kunde zahlt den Rechnungsbetrag von 1 190 € erst am 15. 01. 02. U meldet die USt monatlich beim Finanzamt an (§ 18 Abs. 1 UStG) und bezahlt sie am Fälligkeitstag.

LÖSUNG Da die USt aus der Lieferung vom 20. 11. 01 zusammen mit den übrigen USt-Beträgen des Monats November 01 bis zum 10. 12. 01 an das Finanzamt abzuführen ist, wirken sich die 190 € bereits im Jahr 01 als Betriebsausgabe gewinnmindernd aus. Die Betriebseinnahme aus dieser Lieferung (auch hinsichtlich der USt) ist jedoch erst am 15. 01. 02 zugeflossen und damit erst im Jahr 02 zu versteuern.

Falls die Lieferung durch U und die Bezahlung durch den Kunden im Dezember 01 erfolgt, die Bezahlung der von U anzumeldenden USt an das Finanzamt (USt-Vorauszahlung) zwangsläufig erst zum 10. 01. 02, wird sowohl die vom Kunden erhaltene USt-Zahlung (Betriebseinnahme) als auch die von U geleistete USt-Vorauszahlung (Betriebsausgabe) bereits im Jahr 01 erfasst, da die USt-Vorauszahlung als eine regelmäßig wiederkehrende Ausgabe nach § 11 Abs. 2 Satz 2 EStG anzusehen ist.

3.3.5 Betriebsausgaben

Hinsichtlich des Begriffs der Betriebsausgaben und der Abgrenzung zu anderen Ausgaben gelten sinngemäß die gleichen Grundsätze wie bei der Gewinnermittlung durch Betriebsvermögensvergleich. § 4 Abs. 4 EStG gilt auch hier (vgl. die Ausführungen zu 2.3.4 und 2.3.5). Ein entscheidender Unterschied besteht jedoch bezüglich des **Zeitpunkts der Abzugsmöglichkeit**. Nicht nur bei den sofort abzugsfähigen Betriebsausgaben ergeben sich wegen des Abflussprinzips des § 11 Abs. 2 EStG Unterschiede, sondern vor allem die Behandlung der Anschaffungs-

oder Herstellungskosten von Wirtschaftsgütern ist anders, je nachdem, ob es sich um abnutzbare oder nicht abnutzbare Wirtschaftsgüter des Anlagevermögens oder um Wirtschaftsgüter des Umlaufvermögens handelt. Andererseits regelt § 4 Abs. 3 EStG in den Sätzen 3 und 4 seinerseits Ausnahmen vom Abflussprinzip des § 11 Abs. 2 EStG hinsichtlich der zeitlichen Berücksichtigung von Betriebsausgaben, wenn sie sich als Anschaffungs- oder Herstellungskosten bestimmter Wirtschaftsgüter darstellen. Die Ausnahmen dienen zum einen dazu, die temporären Unterschiede der Gewinnbesteuerung nicht zu groß werden zu lassen bzw. die Besteuerung wirtschaftlich nicht erzielter Gewinne oder Verluste zu verhindern. Zum anderen sollen Missbräuche durch Sofortabzug bei Anschaffung verhindert werden (vgl. auch Schmidt/Heinicke, EStG, § 4, Rz. 372, 373).

3.3.5.1 Sofort abzugsfähige Betriebsausgaben

Zu den sofort abzugsfähigen Betriebsausgaben zählen alle betrieblich veranlassten **Ausgaben**, die laufend anfallen, aber keine Anschaffungs- oder Herstellungskosten von Wirtschaftsgütern des Anlagevermögens darstellen. Der entscheidende Unterschied zur Gewinnermittlung durch Betriebsvermögensvergleich ist, dass es bei der Überschussrechnung allein auf die Bezahlung ankommt (§ 11 Abs. 2 Satz 1 EStG). Für regelmäßig wiederkehrende Ausgaben ist jedoch die Sonderregelung des § 11 Abs. 2 Satz 2 i. V. m. Abs. 1 Satz 2 EStG zu beachten (siehe auch 3.3.3). Beispiele für sofort abzugsfähige Betriebsausgaben sind im ersten Absatz von 2.3.6.1 zu finden. Die besonderen **Regelungen für den Abzug von Schuldzinsen** als Betriebsausgaben nach § 4 Abs. 4 a EStG gelten auch bei der Gewinnermittlung nach § 4 Abs. 3 EStG; vgl. hierzu die Ausführungen in 2. 3. 6. 6. Hinsichtlich der Anwendung der **Bewertungsfreiheit nach § 6 Abs. 2 und eines Sammelpostens nach § 6 Abs. 2 a EStG** vgl. 3.3.5.2 und die Ausführungen in J 7.

3.3.5.2 Erwerb von abnutzbaren Wirtschaftsgütern des Anlagevermögens

Die abnutzbaren Wirtschaftsgüter des Anlagevermögens (z. B. Gebäude, Maschinen, Kraftfahrzeuge, Einrichtung, entgeltlich erworbener Geschäfts- oder Firmenwert, Praxiswert bei freien Berufen) werden bei der Überschussrechnung aufgrund der Ausnahmeregelung des § 4 Abs. 3 Satz 3 EStG genauso behandelt wie bei der Gewinnermittlung durch Betriebsvermögensvergleich (einzige Ausnahme: Abschreibungen auf einen niedrigeren Teilwert sind nicht zulässig). Das bedeutet, dass die Anschaffungs- oder Herstellungskosten **nicht bei der Bezahlung** der Anschaffungen bzw. der Bezahlung der Roh-, Hilfs- und Betriebsstoffe und der anderen Fertigungskosten zu erfolgswirksamen Betriebsausgaben führen, **sondern** erst über die **Absetzung für Abnutzung oder Substanzverringerung** (AfA oder AfS) nach § 7 EStG (§ 4 Abs. 3 Satz 3 EStG, R 4.5 Abs. 3 Sätze 2 und 3 EStR). Die Vornahme erhöhter Absetzungen oder Sonderabschreibungen sieht § 4 Abs. 3 EStG zwar nicht ausdrücklich vor, sie kommen nach R 4.5 Abs. 3 Satz 3 EStR aber ebenfalls in Betracht.

Auch die Regelungen über die **Bewertungsfreiheit** nach § 6 Abs. 2 EStG **für geringwertige Wirtschaftsgüter** und die Bildung eines **Sammelposten**s nach § 6 Abs. 2 a EStG sind bei der Gewinnermittlung durch Überschussrechnung zu befolgen (§ 4 Abs. 3 Satz 3 EStG). Die Einzelheiten zur Bewertungsfreiheit geringwertiger Wirtschaftsgüter und zur Bildung eines Sammelpostens sind in Teil J 7 dargestellt.

Alle diese Abschreibungen (§ 7 sowie § 6 Abs. 2 und 2 a EStG sowie erhöhte Absetzungen und Sonderabschreibungen) sind in die besonders zu führenden Verzeichnisse des Anlagevermögens aufzunehmen (R 4.5 Abs. 3 Satz 4 EStR).

Wurden bis zum Zeitpunkt der **Veräußerung** oder der **Entnahme** eines Wirtschaftsguts noch nicht die vollen Anschaffungs- oder Herstellungskosten abgeschrieben, so ist der **Restbetrag** zu diesem Zeitpunkt als Betriebsausgabe zu behandeln (H 4.5 [3] (Veräußerung abnutzbarer Wirtschaftsgüter/Unterlassene AfA) EStH). Der Veräußerungserlös oder der Entnahmewert stellen Betriebseinnahmen dar.

In den Fällen der **Nachholung** unterlassener AfA gelten bei der Überschussrechnung die gleichen Regelungen wie bei der Gewinnermittlung durch Betriebsvermögensvergleich (vgl. H 7.4 (Unterlassene oder überhöhte AfA) EStH sowie die Ausführungen in J 2.2). Eine Nachholung unterlassener AfA-Beträge kommt dagegen nicht in Betracht für Zeiträume, in denen das Wirtschaftsgut zu Unrecht nicht als Betriebsvermögen erfasst worden war (vgl. H 4.5 [3] (Veräußerung abnutzbarer Wirtschaftsgüter/Unterlassene AfA) EStH).

BEISPIEL

Unternehmer U (Gewinnermittlung nach § 4 Abs. 3 EStG) erwirbt am 15. 12. 01 einen Büroschrank für 146 € zuzüglich 27,55 € USt. Transportkosten fallen in Höhe von 10 € zuzüglich 1,90 € USt an. Kaufpreis und Transportkosten werden sofort am 15. 12. 01 durch Bankscheck beglichen. Die betriebsgewöhnliche Nutzungsdauer des Büroschranks beträgt 8 Jahre. U unterliegt hinsichtlich der USt der Regelbesteuerung und tätigt nur umsatzsteuerpflichtige Umsätze.

LÖSUNG Die von U im Dezember durch Bankscheck bezahlte Umsatzsteuer ist als Betriebsausgabe des Jahres 01 zu erfassen. Hinsichtlich der bezahlten Anschaffungskosten des Büroschranks sind abweichend von § 11 Abs. 2 Satz 1 EStG nach § 4 Abs. 3 Satz 3 EStG die Vorschriften des § 6 Abs. 2 und des § 6 Abs. 2 a EStG zu befolgen. Bei dem erworbenen Büroschrank handelt es sich um ein selbständig nutzungsfähiges Wirtschaftsgut des abnutzbaren Anlagevermögens. Seine Anschaffungskosten betragen nach § 255 Abs. 1 HGB:

Kaufpreis	145 €
Transportkosten (Anschaffungsnebenkosten)	10 €
Anschaffungskosten (insgesamt)	155 €

Damit handelt es sich um ein (geringwertiges) Wirtschaftsgut sowohl im Sinne von § 6 Abs. 2 EStG als auch von § 6 Abs. 2 a EStG, da die Wertgrenzen beider Vorschriften eingehalten sind. Dies bedeutet, dass U folgende drei Wahlmöglichkeiten hat:

1. Aktivierung und Abschreibung auf die betriebsgewöhnliche Nutzungsdauer nach § 7 Abs. 1 oder 2 EStG oder
2. Sofortabschreibung (Behandlung als GWG nach § 6 Abs. 2 Sätze 1–3 EStG und Aufnahme in ein nach § 6 Abs. 2 Satz 4 EStG n. F. zu führendes besonderes Verzeichnis, da die Anschaffungskosten 150 € übersteigen) oder
3. Einbeziehung in einen Sammelposten nach § 6 Abs. 2 a EStG.

Die Sofortabschreibung als GWG nach § 6 Abs. 2 EStG ist aber nach § 6 Abs. 2 a Satz 5 EStG nur möglich, wenn U alle übrigen Wirtschaftsgüter dieser Art, d. h. mit maximal 410 € Anschaffungs- oder Herstellungskosten oder Einlagewert, die im selben Jahr angeschafft, hergestellt oder in das Betriebsvermögen eingelegt werden, als GWG behandelt. Für die Einbeziehung in einen Sammelposten nach § 6 Abs. 2 a EStG gilt Entsprechendes (Einheitlichkeit der Wahlrechtsausübung). Falls dem U ein Skontoabzug von 4 % eingeräumt worden wäre und U diesen bei Bezahlung des Kaufpreises abgezogen hätte, würden sich die Anschaffungskosten auf insgesamt 149,20 € belaufen. Damit wäre U nach § 6 Abs. 2 a Satz 4 EStG nicht mehr durch den Grundsatz der Einheitlichkeit der Wahlrechtsausübung beschränkt und er könnte den Büroschrank auch dann im Jahr 01 als GWG nach § 6 Abs. 2 EStG behandeln, wenn er andere Wirtschaftsgüter mit Anschaffungs- oder Herstellungskosten oder Einlagewert bis maximal 410 € in einen Sammelposten einstellen würde.

3.3.5.3 Erwerb von nicht abnutzbaren Wirtschaftsgütern des Anlagevermögens und bestimmten anderen Wirtschaftsgütern des Umlaufvermögens

Auch bei diesen Wirtschaftsgütern ist das Prinzip der Geldbewegungsrechnung gemäß § 4 Abs. 3 Satz 4 EStG durchbrochen. Für nicht abnutzbare Wirtschaftsgüter **des Anlagevermögens** sowie für Anteile an Kapitalgesellschaften, für Wertpapiere und vergleichbare nicht verbriefte Forderung und Rechte, für Grund und Boden sowie Gebäude **des Umlaufvermögens** sind die Anschaffungs- oder Herstellungskosten oder der an deren Stelle getretene Wert erst **im Zeitpunkt des Zuflusses des Veräußerungserlöses** oder bei Entnahmen im Zeitpunkt der Entnahme als Betriebsausgaben zu berücksichtigen. Für die angeführten Wirtschaftsgüter des Umlaufvermögens gilt die Anwendung der Ausnahme nach § 52 Abs. 6 Satz 3 EStG nur dann, wenn sie nach dem 5. Mai 2005 angeschafft, hergestellt oder ins Betriebsvermögen eingelegt worden sind. Für nicht abnutzbare Wirtschaftsgüter des Anlagevermögens gilt die Ausnahme nach § 52 Abs. 6 Satz 4 EStG auch dann, wenn sie vor dem 06. 05. 2006 (im Gesetz angeführtes Datum 05.05.ist wohl ein Redaktionsversehen) angeschafft, hergestellt oder ins Betriebsvermögen eingelegt worden sind. Die Ausdehnung der Ausnahmen auf bestimmte Wirtschaftsgüter des **Umlaufvermögens** (Wertpapiere, Anteile an Kapitalgesellschaften und vergleichbare nicht verbriefte Forderungen und Rechte, Grund und Boden und Gebäude) dient der Verhinderung von Missbräuchen durch Sofortabzug bei Anschaffung oder Herstellung. **Sonstiges Umlaufvermögen** ist insoweit **nicht betroffen** (vgl. Schmidt/Heinicke, EStG, § 4, Rz. 373). Die Berechtigung der Ausnahmeregelung für nicht abnutzbare Wirtschaftsgüter des Anlagevermögens kann wohl auch darin gesehen werden, dass die zeitliche Abweichung bei der Erfolgsbesteuerung zur Gewinnermittlung nach § 4 Abs. 1 EStG nicht zu groß werden soll, insbesondere wenn man bedenkt, dass die Anschaffungs- oder Herstellungskosten ebenso wie die Veräußerungserlöse derartiger Wirtschaftsgüter i. d. R. erheblich sein werden und die Zeiträume zwischen Erwerb/Herstellung/Einlage und Veräußerung bzw. Entnahme des Wirtschaftsguts infolge ihrer Zugehörigkeit zum Anlagevermögen von längerer Dauer sein werden. Soweit bei nicht abnutzbaren Wirtschaftsgütern des Anlagevermögens die Anschaffungs- oder Herstellungskosten jedoch vor dem 01. 01. 1971 bereits zum Zeitpunkt der Zahlung als Betriebsausgaben abgesetzt worden sind, gilt § 4 Abs. 3 Satz 4 EStG nicht (vgl. § 52 Abs. 6 Satz 2 EStG und R 4.5 (3) Satz 5 EStR). Nach § 4 Abs. 3 Satz 5 EStG sind die von der Ausnahmeregelung betroffenen Wirtschaftsgüter in besonders zu führende Verzeichnisse aufzunehmen.

BEISPIELE

a) Unternehmer U erwarb am 01. 07. 01 für 80 000 € ein unbebautes Grundstück für eigenbetriebliche Zwecke. Dieses Grundstück veräußerte U mit notariellem Vertrag am 30. 11. 03 an E für 140 000 €. Übergang der Nutzen und Lasten und Zahlung des Kaufpreises erfolgten am selben Tage. Veräußerungskosten bei U 3 000 €, Bezahlung ebenfalls am 30. 11. 03.

LÖSUNG Im Rahmen der Überschussrechnung sind bei U im Jahre 03 (zum 30. 11. 03) anzusetzen:

Erlös aus Verkauf (erhaltener Kaufpreis)	140 000 €
./. Veräußerungskosten	3 000 €
Betriebseinnahme	137 000 €
Betriebsausgabe (ehemalige Anschaffungskosten)	80 000 €

b) Gleicher Sachverhalt wie bei a), jedoch zahlte E den Kaufpreis erst am 15. 01. 04. Die Veräußerungskosten wurden jedoch bereits am 30. 11. 03 in Höhe von 3 000 € bezahlt.

LÖSUNG Bei U ergeben sich im Rahmen der Überschussrechnung folgende Ansätze:

	Im Jahr 03	im Jahr 04
Betriebseinnahme (im Jahr des Zuflusses)	0 €	140 000 €
Betriebsausgabe bezüglich Veräußerungskosten (im Jahr des Abflusses)	3 000 €	
Betriebsausgabe bezüglich der seinerzeitigen Anschaffungskosten (im Jahr des Zuflusses des Veräußerungserlöses)		80 000 €
Verlust	3 000 €	
Gewinn		60 000 €

c) Gleicher Sachverhalt wie bei a), jedoch zahlte E den Kaufpreis in zwei Raten, und zwar am 30. 11. 03 = 70 000 € und am 31. 05. 04 = 70 000 €.

LÖSUNG Bei U ergeben sich im Rahmen der Überschussrechnung folgende Ansätze (vgl. R 4.5 (5) EStR):

	im Jahr 03	im Jahr 04
Betriebseinnahme:		
Erhaltener Kaufpreis (anteilig)	70 000 €	70 000 €
./. Veräußerungskosten	3 000 €	–
	67 000 €	
Betriebsausgabe:		
ehemalige Anschaffungskosten:		
für 03 anteilig bis zur Höhe der Betriebseinnahme	67 000 €	
für 04 der Rest		13 000 €
Gewinn		57 000 €

3.3.5.4 Erwerb von immateriellen Wirtschaftsgütern des Anlagevermögens

Für **entgeltlich** erworbene immaterielle Wirtschaftsgüter des Anlagevermögens gilt das Gleiche wie für die abnutzbaren Wirtschaftsgüter des Anlagevermögens (vgl. 3.3.5.2). Dies trifft auch für den entgeltlich erworbenen Geschäfts- oder Firmenwert zu, da dieser nach § 7 Abs. 1 Satz 3 EStG auf 15 Jahre abzuschreiben ist.

Für **unentgeltlich** erworbene oder im Betrieb selbst hergestellte immaterielle Wirtschaftsgüter des Anlagevermögens stellt sich diese Frage nicht, wenn man davon ausgeht, dass das für Buchführungspflichtige zu beachtende Aktivierungsverbot des § 5 Abs. 2 EStG entsprechend auch für § 4 Abs. 3 EStG-Steuerpflichtige gilt. Folgerichtig müssen dann auch die dafür anfallenden Aufwendungen (Kosten) sofort als Betriebsausgaben zum Abzug zugelassen werden und nicht erst bei einer Veräußerung oder Entnahme eines solchen Wirtschaftsgutes. Da nicht zu aktivierende Wirtschaftsgüter auch nicht abgeschrieben werden können, kann auch die Ausnahmevorschrift § 4 Abs. 3 Satz 3 EStG zu keiner anderen Behandlung als dem Sofortabzug der Aufwendungen bei Zahlung führen.

3.3.5.5 Erwerb von Wirtschaftsgütern des Umlaufvermögens

Für das Umlaufvermögen sieht § 4 Abs. 3 EStG grundsätzlich **keine besondere Regelung** vor. Das bedeutet, es kommt allein auf den Abfluss der Gegenleistung (auf die Begleichung des Kaufpreises) an. § 11 EStG gilt hier also grundsätzlich uneingeschränkt sowohl für den Erwerb von Wirtschaftsgütern des Umlaufvermögens als auch für die Veräußerung derselben hinsichtlich der Betriebseinnahmen. Umlaufvermögen wird also bei der Gewinnermittlung durch Betriebsvermögensvergleich und durch Überschussrechnung völlig verschieden behandelt.

Für bestimmte Wirtschaftsgüter des Umlaufvermögens ist jedoch in § 4 Abs. 3 Satz 4 EStG die Ausnahme geregelt, dass sich deren Anschaffungskosten erst im Zeitpunkt des Zuflusses des Veräußerungserlöses oder bei Entnahmen im Zeitpunkt der Entnahme als Betriebsausgaben auswirken (s. auch 3.3.5.3).

BEISPIEL

Flaschenbierhändler F mit Gewinnermittlung nach § 4 Abs. 3 EStG erhält von seiner Brauerei am 28. 12. 01 eine Ladung Bier für 1 190 €, die er sofort bezahlt, aber erst im Januar 02 weiterverkauft. Erlöse im Januar 02 insgesamt 1 428 € (einschließlich 228 € USt).

LÖSUNG

Ansätze:	**im Jahr 01**	**im Jahr 02**
Betriebseinnahmen	–	1 428 €
Betriebsausgaben	1 190 €	–

Die VorSt aus der Lieferung vom 28. 12. 01 mindert die USt-Zahllast zum 10. 01. 02 und wirkt somit die Betriebsausgaben des Jahres 01 mindernd (erstattungsfähige Vorsteuer als regelmäßig wiederkehrende Einnahme), und die an das Finanzamt abzuführende USt der Verkäufe des Monats Januar 02 stellt bei der Zahlung zum 10. 02. 02 Betriebsausgaben dar.

3.3.6 Behandlung der Einlagen und Entnahmen

Da es auch bei der Gewinnermittlung nach § 4 Abs. 3 EStG Wirtschaftsgüter des Betriebsvermögens und des Privatvermögens gibt, sind auch hier Entnahmen und Einlagen möglich. Dabei kann es dann zum Ansatz »fingierter« Betriebseinnahmen oder Betriebsausgaben kommen, da bei einer Gesamtgewinnbetrachtung keine andere Erfolgsauswirkung entstehen darf wie bei einer Gewinnermittlung aufgrund doppelter Buchführung.

a) Einlagen

Geldeinlagen spielen bei der Überschussrechnung keine Rolle. Das Gleiche gilt für Geldentnahmen. Sie haben deshalb keine Bedeutung, da nicht die Geldbestände verglichen werden, sondern nur die betrieblich veranlassten Geldbewegungen.

Sacheinlagen haben bei der Gewinnermittlung nach § 4 Abs. 3 EStG allerdings den Charakter von Betriebsausgaben. Hierbei kommt es darauf an, ob sie sofort oder nicht sofort oder überhaupt nicht abzugsfähig sind. Dies hängt wiederum davon ab, ob und welche Wirtschaftsgüter eingelegt worden sind. Legt der Unternehmer beispielsweise ein unbebautes Grundstück des Anlagevermögens ins Betriebsvermögen ein, führt dies zu einer Betriebsausgabe in Höhe des Einlagewerts in dem Zeitpunkt, in dem er das Grundstück wieder veräußert (oder entnimmt) gemäß § 4 Abs. 3 Satz 4 EStG. Der Einlagewert bestimmt sich nach § 6 Abs. 1 Nr. 5 EStG. Je nach Art der eingelegten Sache liegen wie folgt Betriebsausgaben vor:

- Bei privat angeschafften und zur betrieblichen Veräußerung gedachten Waren ist der Einlagewert sofort Betriebsausgabe.
- Werden abnutzbare Wirtschaftsgüter des Anlagevermögens eingelegt, so fallen die Betriebsausgaben erst über die AfA oder AfS an. Der bis zu einer evtl. späteren Veräußerung oder Wiederentnahme noch nicht abgeschriebene Restbetrag stellt zum Zeitpunkt der Veräußerung oder Entnahme eine Betriebsausgabe dar (vgl. Ausführungen zu 3.3.5.2).
- Werden nicht abnutzbare Wirtschaftsgüter des Anlagevermögens eingelegt, so wird der Einlagewert (grundsätzlich) erst zum Zeitpunkt der evtl. späteren Veräußerung (im Zeitpunkt des Zuflusses des Veräußerungserlöses) oder Wiederentnahme (im Zeitpunkt der

Entnahme) zur Betriebsausgabe. Das Gleiche gilt für die weiteren in § 4 Abs. 3 Satz 4 EStG aufgeführten Wirtschaftsgüter (für Anteile an Kapitalgesellschaften, für Wertpapiere und vergleichbare nicht verbriefte Forderungen und Rechte, für Grund und Boden sowie Gebäude des Umlaufvermögens). Vgl. hierzu die Ausführungen zu 3. 3. 5. 3.

- Werden nicht abzugsfähige Geschenke i. S. d. § 4 Abs. 5 Nr. 1 EStG privat angeschafft und anschließend aus betrieblichem Anlass an einen Kunden verschenkt, liegt zwar eine Einlage vor, diese darf jedoch wegen der Regelung des § 4 Abs. 5 Nr. 1 EStG nicht als Betriebsausgabe abgezogen werden.

b) Entnahmen

Wie bereits vorstehend unter a) ausgeführt, haben **Geldentnahmen** bei der Überschussrechnung keine Bedeutung. Sie sind also nicht als Betriebseinnahmen zu erfassen. **Sachentnahmen** stellen jedoch (fingierte) Betriebseinnahmen dar, und zwar in Höhe des Teilwerts (§ 6 Abs. 1 Nr. 4 EStG). Der Grund für diese Behandlung liegt in Folgendem: Würde der Steuerpflichtige diese Gegenstände nicht für private Zwecke entnehmen, könnte er sie veräußern und damit Betriebseinnahmen erzielen. Zudem fordert auch das Prinzip der Gleichheit im Gesamtgewinn den Ansatz einer Betriebsentnahme um zum gleichen erfolgswirksamen Ergebnis wie bei der Gewinnermittlung nach § 4 Abs. 1 EStG zu gelangen. Außerdem führen die Anschaffungs- oder Herstellungskosten solcher Wirtschaftsgüter stets zu Betriebsausgaben (ausgenommen die Fälle des § 4 Abs. 5 EStG), und zwar:

- Umlaufvermögen sofort bei der Bezahlung des Erwerbs,
- abnutzbare Wirtschaftsgüter des Anlagevermögens über die AfA oder AfS und hinsichtlich eines Restwerts bei der Veräußerung oder Entnahme,
- nicht abnutzbare Wirtschaftsgüter des Anlagevermögens und die anderen in § 4 Abs. 3 Satz 4 EStG aufgeführten Wirtschaftsgüter bei der Veräußerung oder Entnahme (vgl. dazu die Ausführungen in 3.3.5.3).

Bei nicht abnutzbaren Wirtschaftsgütern des Anlagevermögens und den anderen in § 4 Abs. 3 Satz 4 EStG aufgeführten Wirtschaftsgütern sowie für den Restwert von abnutzbaren Wirtschaftsgütern des Anlagevermögens hat eine Entnahme in der technischen Darstellung der Überschussrechnung doppelte Wirkung: Hinsichtlich des Teilwerts der Entnahme liegt eine Betriebseinnahme vor und hinsichtlich der seinerzeitigen Anschaffungs- oder Herstellungskosten bzw. des noch nicht abgeschriebenen Restwerts eine Betriebsausgabe. Die durch die Entnahme evtl. anfallende USt (Tatbestand der Lieferung nach § 3 Abs. 1 b Satz 1 Nr. 1 UStG) könnte zwar grundsätzlich ebenfalls als eine fingierte Betriebseinnahme angesetzt werden. Die nachfolgende Zahlung der USt an das Finanzamt ist jedoch nach § 12 Nr. 3 EStG als Betriebsausgabe nicht abzugsfähig. Dann ist es allerdings auch nicht mehr gerechtfertigt, die Umsatzsteuer nach § 3 b Abs. 1 b Satz 1 Nr. 1 UStG als fingierte Betriebseinnahme anzusetzen. Die Umsatzsteuer soll in diesem Fall, wie aus § 12 Nr. 3 EStG zu entnehmen ist, eine neutrale Auswirkung haben. Aus Vereinfachungsgründen ist es daher nicht zu beanstanden, wenn die USt in diesen Fällen sowohl auf der Betriebseinnahmenseite als auch auf der Betriebsausgabenseite außer Ansatz gelassen wird. Die **Entnahme von Nutzungen** (z. B. teilweise private Nutzung eines betrieblichen Pkw) oder von **Leistungen** (z. B. ein betrieblicher Arbeitnehmer wird für die Erledigung von privaten Arbeiten des Steuerpflichtigen eingesetzt) sind ebenfalls als Betriebseinnahmen zu behandeln. Durch diese Handhabung werden insoweit Ausgaben, die ggf. früher bei Abfluss oder über Abschreibungen als Betriebsausgaben berücksichtigt worden sind, die sich allerdings jetzt als nicht betrieblich veranlasst herausstellen, wieder rückgängig gemacht. Umsatzsteuerlich liegt ggf. eine sonstige Leistung nach § 3 Abs. 9 a UStG vor.

BEISPIEL

Kleingewerbetreibender G schenkt einen bisher ausschließlich eigenbetrieblichen Zwecken dienenden Pkw am 02. 04. 01 seinem Sohn, der auswärts studiert. Zum Zeitpunkt der Schenkung betragen: Buchwert 5 000 €, Teilwert bzw. Wiederbeschaffungskosten 8 000 €. Beim Erwerb des PKW wurde der Vorsteuerabzug gewährt.

LÖSUNG Ansätze in der Überschussrechnung des G für das Jahr 01:

Betriebseinnahmen:		
Teilwert	8 000 €	
USt (§ 3 Abs. 1 b Satz 1 Nr. 1 und § 10 USt Abs. 4 Nr. 1 UStG) 19 %	1 520 €	9 520 €
Betriebsausgaben:		
Buchwert des Pkw am 02. 04. 01	5 000 €	
USt (bei Bezahlung an das Finanzamt)	1 520 €	6 520 €

Das gleiche Ergebnis wird erreicht, wenn man die USt sowohl auf der Einnahmen- als auch auf der Ausgabenseite wegen § 12 Nr. 3 EStG außer Betracht lässt. Problematisch wird dieser Fall nur, wenn der Zeitpunkt der Entnahme und der Zahlung der USt an das FA in verschiedene Jahre fällt.

3.3.7 Wichtige Besonderheiten bei der Überschussrechnung

3.3.7.1 Reine Geldbewegungen

Wie die Geldeinlagen und Geldentnahmen spielen auch andere Geldbewegungen **keine Rolle.** Die Aufnahme eines Darlehens ist keine Betriebseinnahme und die Rückzahlung (Tilgung) dieses Darlehens keine Betriebsausgabe (H 4.5 [2] (Darlehen) EStH). Entsprechendes gilt für vom Steuerpflichtigen gewährte Darlehen (Darlehensforderungen) und die Rückzahlung durch den Schuldner. Fällt jedoch eine betriebliche **Darlehensforderung aus,** weil der Schuldner z. B. zahlungsunfähig wurde, dann liegt zum Zeitpunkt des Eintritts der Uneinbringlichkeit eine Betriebsausgabe vor (vgl. H 4.5 [2] (Darlehens- und Beteiligungsverlust) EStH).

3.3.7.2 Anzahlungen, Vorauszahlungen, Teilzahlungen und Abschlagszahlungen, Vorschüsse

Die Abzugsfähigkeit solcher Zahlungen hängt davon ab, für welchen **Zweck** sie getätigt wurden. Wird damit der Erwerb von Wirtschaftsgütern des Umlaufvermögens finanziert, dann liegen grundsätzlich sofort abzugsfähige Betriebsausgaben vor. Beim Erwerb von Wirtschaftsgütern des abnutzbaren Anlagevermögens führt erst die AfA oder AfS zur Betriebsausgabe, bei nicht abnutzbaren Wirtschaftsgütern und den anderen in § 4 Abs. 3 Satz 4 EStG aufgeführten Wirtschaftsgütern erst die Veräußerung oder Entnahme. Werden Vorschüsse für laufende Betriebsausgaben geleistet (z. B. Lohn-Vorschüsse), sind diese sofort abzugsfähige Betriebsausgaben.

3.3.7.3 Abfindungen

Erhält ein Steuerpflichtiger, der den Gewinn durch Überschussrechnung ermittelt, eine Abfindung (z. B. weil er ein gemietetes Gebäude vorzeitig freigibt), so liegt zum Zeitpunkt des Zuflusses eine Betriebseinnahme vor. **Zahlt** ein solcher Steuerpflichtiger aus betrieblichen Gründen eine Abfindung (z. B. damit ein Mieter eines Gebäudes vorzeitig aus einem Mietverhältnis ausscheidet), so liegt eine Betriebsausgabe vor. Erwirbt der Steuerpflichtige damit ein immaterielles Wirtschaftsgut (vorzeitige Nutzungsmöglichkeit), wirkt sich die Abfindungszahlung wiederum erst über die AfA des Nutzungsrechts aus.

3.3.7.4 Damnum

Ein bei einer Darlehensaufnahme vom Darlehensgeber zurückbehaltenes Damnum (**Abgeld**, Disagio) führt beim Steuerpflichtigen (Darlehensnehmer), der den Gewinn nach § 4 Abs. 3 EStG ermittelt, in dem Jahr zu einer **Betriebsausgabe**, in dem das Abgeld **wirtschaftlich** aus seinem Betriebsvermögen **ausscheidet**. Das ist regelmäßig zu dem Zeitpunkt der Fall, zu dem das Darlehen ausbezahlt wird bzw. anderweitig dem Darlehensnehmer zufließt, weil der Gläubiger in aller Regel das Abgeld bei Auszahlung des Darlehens einbehält. Beim Darlehensgeber liegt zum selben Zeitpunkt eine Betriebseinnahme vor, wenn es sich um eine betriebliche Darlehenshingabe handelt und er den Gewinn ebenfalls nach § 4 Abs. 3 EStG ermittelt. Vgl. auch H 11 (Damnum) EStH.

Bei einem **Aufgeld** (Auszahlung der Darlehenssumme mit 100 % und Rückzahlung mit einem höheren Betrag) liegt eine Betriebsausgabe erst zum Zeitpunkt der Zahlung des Mehrbetrages an den Darlehensgeber vor. Beim Darlehensgeber gilt hinsichtlich der Betriebseinnahme Entsprechendes.

Ein bei Darlehensauszahlung einbehaltenes Damnum/Disagio ist wirtschaftlich jedoch als Entgelt für eine Nutzungsüberlassung der Darlehensmittel (Vorauszahlung) einzuordnen, so dass grundsätzlich die Einschränkung des Abflussprinzips in § 11 Abs. 2 Satz 3 EStG zu beachten ist, was bei einer Vorauszahlung für einen Zeitraum von mehr als 5 Jahren zu einer periodengerechten Verteilung der Betriebsausgabe auf den Zeitraum der Zinsfestschreibung des Darlehens oder bei dessen Fehlen auf die Laufzeit des Darlehens führt. Diese Ausnahme einer periodengerechten Verteilung gilt aber nur, **soweit** es **nicht als marktüblich** anzusehen ist – § 11 Abs. 2 Satz 4 EStG. Der marktübliche Teil des Damnums ist sofort als Ausgabe abziehbar und lediglich der marktunübliche Teil ist zu verteilen. Nach BMF vom 20. 10. 2003 BStBl I 2003, 546, Rz. 15 ist ein Damnum marktüblich, wenn es bei einem Zinsfestschreibungszeitraum von mindestens 5 Jahren nicht mehr als 5 % des Darlehensnennbetrags beträgt. Wegen weiterer Besonderheiten bei einem Damnum, insbesondere bei einem in Raten ausbezahlten Darlehen, vgl. H 11 (Damnum) EStH.

BEISPIEL

Der seinen Gewinn nach § 4 Abs. 3 EStG ermittelnde Kleingewerbetreibende U erhält am 01. 07. 01 von seiner Hausbank für eine betriebliche Investition ein Darlehen von 50 000 € ausgezahlt. Bei der Auszahlung wird ein Disagio von 3 000 € einbehalten. Die Laufzeit des Darlehens beträgt 6 Jahre und die laufende jährliche Verzinsung 4 %. Die Zinsvereinbarungen sind steuerlich anzuerkennen. Jährlicher Zinszahlungstermin ist der 30.06. Das Darlehen ist in voller Höhe am Ende der Laufzeit zurückzuzahlen. Die erste Zinszahlung wird dem Konto des U am 30. 06. 02 in Höhe von 2 000 € belastet.

LÖSUNG

01:

Die Darlehensgutschrift ist keine Einnahme, vgl. H 4.5 [2] (Darlehen) EStH

Betriebsausgaben: Belastetes Disagio nach § 11 Abs. 2 Satz 4, 1 EStG	2 500 €	(50 000 × 5 %)
Betriebsausgaben: Belastetes Disagio nach § 11 Abs. 2 Satz 3 EStG	42 €	(500 : 6 × 6/12)

02:

Betriebsausgaben: gemäß § 11 Abs. 2 Satz 1 EStG: Zahlung laufender Zins	2 000 €
Betriebsausgaben: gemäß § 11 Abs. 2 Satz 3 EStG: anteiliges Disagio	83 € (500 : 6)

3.3.7.5 Schwund durch Diebstahl, Verderb u. Ä.

Bei Verlust von Wirtschaftsgütern des **Umlaufvermögens** ergibt sich keine Betriebsausgabe, weil die Bezahlung des Kaufpreises bereits zu einer Betriebsausgabe führte. Bei Verlust eines **abnutzbaren Wirtschaftsguts** des Anlagevermögens ist ein noch nicht abgeschriebener Restwert nach § 7 Abs. 1 Satz 7 EStG eine außergewöhnliche Betriebsausgabe (Absetzung für außergewöhnliche technische oder wirtschaftliche Abnutzung). Bei Verlust eines **nicht abnutzbaren Wirtschaftsguts** des Anlagevermögens und ggf. bei den anderen in § 4 Abs. 3 Satz 4 EStG aufgeführten Wirtschaftsgütern sind die seinerzeitigen Anschaffungs- oder Herstellungskosten zum Zeitpunkt des Verlusteintritts in voller Höhe Betriebsausgaben. Dieser Vorgang muss hinsichtlich der Erfassung der Anschaffungs-/Herstellungskosten oder des Einlagewerts als Betriebsausgabe einer Veräußerung oder Entnahme im Ergebnis gleichgestellt werden, weil diese Wirtschaftsgüter sonst niemals zu einer Betriebsausgabe führen würden.

Gehen **betriebliche Gelder** durch Diebstahl oder Unterschlagung verloren, liegt ebenfalls eine Betriebsausgabe vor. In solchen Fällen führt der Geldverlust jedoch nur dann zu einer Betriebsausgabe, wenn der betriebliche Zusammenhang anhand konkreter und objektiv greifbarer Anhaltspunkte festgestellt ist (H 4.5 [2] (Diebstahl) EStH). Eine geschlossene Kassenführung ist nicht erforderlich. Den Zusammenhang zwischen dem Geldverlust und dem Betrieb muss der Steuerpflichtige allerdings nachweisen. Gelingt ihm dies nicht, ist zu vermuten, dass das Geld privat verwendet wurde. Entsteht für den Steuerpflichtigen ein **Regressanspruch** (z. B. gegen eine Versicherungsgesellschaft), so führt der spätere Zufluss der Entschädigung wiederum zu einer Betriebseinnahme. Der Betriebsausgabenabzug zum Zeitpunkt des Verlustes bleibt hiervon unberührt.

3.3.7.6 Erlass von Forderungen und Schulden

Erlässt ein Steuerpflichtiger, der den Gewinn nach § 4 Abs. 3 EStG ermittelt, eine **betriebliche Forderung**, so muss unterschieden werden, ob dies aus betrieblichen oder privaten Gründen geschieht. Bei einem Erlass aus **betrieblichen Gründen** (z. B. um mit dem Kunden die Geschäftsbeziehungen zu erhalten oder zu verbessern) tritt keine Gewinnauswirkung ein. Es fehlt am Zufluss eines Wertes. Bei einem Erlass **aus privaten Gründen** liegt eine Entnahme vor (BFH vom 16.01.1975 BStBl II 1975, 526). Diese Entnahme ist gleichzeitig eine Betriebseinnahme. Wird jedoch für eine erbrachte Leistung **von vornherein** auf ein Honorar **verzichtet** (z. B. Durchführung einer betrieblichen Tätigkeit für einen Angehörigen), tritt keine Gewinnverwirklichung ein, und es liegt auch keine Betriebseinnahme vor. Wird dem Steuerpflichtigen eine **betriebliche Schuld erlassen**, müssen **folgende Fälle unterschieden** werden:

- Wird eine Kaufpreisschuld für den Erwerb bzw. für die Herstellung von **Wirtschaftsgütern des** abnutzbaren und nicht abnutzbaren **Anlagevermögens** sowie den anderen in § 4 Abs. 3 Satz 4 EStG aufgeführten Wirtschaftsgütern erlassen, wirkt sich dies nicht auf die Anschaffungs- bzw. Herstellungskosten aus. Die AfA für ein abnutzbares Wirtschaftsgut und die Anschaffungs- oder Herstellungskosten für ein nicht abnutzbares Wirtschaftsgut sowie den anderen in § 4 Abs. 3 Satz 4 EStG aufgeführten Wirtschaftsgütern bei einer Veräußerung oder Entnahme als Betriebsausgabe bleiben hiervon unberührt. Da jedoch bei Steuerpflichtigen, die den Gewinn nach § 4 Abs. 3 EStG ermitteln, sich der gleiche Totalgewinn ergeben muss wie bei Steuerpflichtigen, die den Gewinn durch Betriebsvermögensvergleich nach § 4 Abs. 1 oder § 5 EStG ermitteln, müssen in Höhe der erlassenen betrieblichen Schuld **fiktive Betriebseinnahmen** zum Zeitpunkt des Schuldenerlasses angesetzt werden, wenn die Schuld aus betrieblichen Gründen erlassen wurde. Bei einem Erlass der Schuld aus privaten Gründen kommt jedoch der Ansatz von fiktiven Betriebseinnahmen nicht in Betracht.

- Wird eine Kaufpreisschuld für den Erwerb von **Wirtschaftsgütern des Umlaufvermögens**, die nicht zu den in § 4 Abs. 3 Satz 4 EStG aufgeführten Wirtschaftsgütern des Umlaufvermögens gehören (insbesondere Vorratsvermögen) aus betrieblichen Gründen erlassen, führt dies einerseits zu keiner Betriebsausgabe, weil es an der Bezahlung fehlt. In diesen Fällen führt der Erlös aus einer Veräußerung oder der Teilwert bei einer Entnahme solcher Wirtschaftsgüter andererseits trotzdem zu einer Betriebseinnahme. Das Gleiche gilt, wenn laufende Schulden erlassen werden, die z. B. für Reparaturleistungen, Dienstleistungen u. Ä. bestehen, da – wie (grundsätzlich) beim Erwerb von Wirtschaftsgütern des Umlaufvermögens – Betriebsausgaben erst zum Zeitpunkt der Bezahlung der Verbindlichkeit anfallen (Abflussprinzip).

3.3.7.7 Erwerb von Wirtschaftsgütern gegen Leibrenten

Vgl. hierzu die Ausführungen in R 4.5 Abs. 4 EStR und H 4.5 EStH.

3.3.7.8 Veräußerung von Wirtschaftsgütern gegen Raten oder Veräußerungsrenten

Vgl. hierzu die Ausführungen in R 4.5 Abs. 5 EStR.

3.3.7.9 Veräußerung und Aufgabe eines Betriebs

Veräußert ein Steuerpflichtiger, der zuvor den Gewinn nach § 4 Abs. 3 EStG ermittelte, den Betrieb oder gibt er ihn auf, so wird die Betriebsveräußerung oder Betriebsaufgabe (wie in den Fällen der buchführenden Steuerpflichtigen) nach den Regeln des § 16 bzw. § 18 Abs. 3 EStG ermittelt. R 4.5 Abs. 6 EStR sieht jedoch vor, dass in diesen Fällen im Augenblick der Veräußerung oder Aufgabe des Betriebs zur **Gewinnermittlung durch Betriebsvermögensvergleich** übergegangen wird. In derartigen Fällen sind daher wegen des Wechsels der Gewinnermittlungsart zunächst die Korrekturen gemäß R 4.6 Abs. 1 EStR vorzunehmen. Die dadurch verursachten Mehr- oder Wenigergewinne gehören zum laufenden Gewinn und nicht zum Veräußerungsgewinn (H 4.5 [6] (Übergangsgewinn) EStH). Vgl. hierzu die näheren Ausführungen in 3. 6. 1. Das Gleiche gilt nach R 4.5 Abs. 6 Satz 2 EStR auch bei Veräußerung eines Teilbetriebs oder des gesamten Mitunternehmeranteils. Nach R 4.5 Abs. 6 Satz 2 EStR soll dies auch für Fälle der Realteilung einer Personengesellschaft (als Unterfall einer Betriebsaufgabe) und für Einbringungsfälle gelten. Nach Auffassung der Rechtsprechung gilt dies jedoch nicht in den Fällen, in denen eine Überführung des Betriebsvermögens **zu Buchwerten** erfolgt (bei Realeilung ohne Spitzenausgleich zwingend, bei Einbringungsfällen wahlweise nach § 24 UmwStG) und der Gewinn nach dem Umstrukturierungsvorgang in den neuen betrieblichen Einheiten **weiterhin nach § 4 Abs. 3 EStG ermittelt wird** (vgl. BFH vom 11. 04. 2013 BStBl II 2014, 242). Dieser Auffassung hat sich die Verwaltung nunmehr angeschlossen (vgl. OFD Frankfurt vom 24. 10. 2014

– S 1978 d A – 4 – St 510), so dass in diesen Fällen der Realteilung ohne Spitzenausgleich bzw. Einbringung ein Übergang zur Gewinnermittlung durch Betriebsvermögensvergleich nach § 4 Abs. 1 EStG nicht erforderlich ist, sofern der Vermögensübergang zu Buchwerten erfolgt und der Gewinn auch weiterhin nach § 4 Abs. 3 EStG ermittelt wird. Damit besteht in diesen Fällen der Buchwertfortführung keine Verpflichtung zur Erstellung einer Realteilungsbilanz (bzw. Übergangsbilanz) nebst Übergangsgewinnermittlung.

3.3.8 Aufzeichnungspflichten

Steuerpflichtige, die den Gewinn durch Überschussrechnung ermitteln, haben nach § 4 Abs. 3 Satz 5 EStG für nach dem 05.05.2006 angeschaffte, hergestellte oder eingelegte abnutzbare und nicht abnutzbare Wirtschaftsgüter des Anlagevermögens und für Wirtschaftsgüter des Umlaufvermögens im Sinne von § 4 Abs. 3 Satz 4 EStG folgende Aufzeichnungen vorzunehmen:

- Tag der Anschaffung oder Herstellung oder Einlage,
- Höhe der Anschaffungs- oder Herstellungskosten oder den an deren Stelle tretenden Wert (z. B. bei Einlagen den Teilwert).

Diese Aufzeichnungen sollen dazu dienen, z. B. bei einer späteren Veräußerung oder Entnahme, die als Betriebsausgabe maßgebenden Anschaffungs- oder Herstellungskosten bzw. die an deren Stelle tretenden Werte (z. B. bei Einlagen) zweifelsfrei zur Verfügung zu haben. Im Übrigen besteht nach dem Einkommensteuerrecht keine besondere Aufzeichnungspflicht. Allerdings hat der Steuerpflichtige nach § 60 Abs. 4 EStDV der Steuererklärung eine Gewinnermittlung nach amtlich vorgeschriebenem Vordruck beizufügen. Außerhalb des Einkommensteuerrechts bestehen jedoch folgende Aufzeichnungspflichten:

- Nach § 22 UStG für die USt und den VorSt-Abzug,
- nach § 143 AO für den Wareneingang,
- nach § 144 AO für den Warenausgang.

3.4 Gewinnermittlung nach Durchschnittsätzen

Unter bestimmten Voraussetzungen (vgl. § 13 a Abs. 1 Satz 1 EStG) kann der Gewinn aus Land- und Forstwirtschaft nach Durchschnittsätzen ermittelt werden. Vgl. hierzu die Einzelheiten in § 13 a Abs. 3–6 EStG.

3.5 Gewinnermittlung durch Schätzung

Nach § 162 AO hat das Finanzamt die Besteuerungsgrundlagen zu schätzen, soweit der Steuerpflichtige diese nicht ermitteln oder berechnen kann. Das ist regelmäßig dann der Fall, wenn **keine Bücher** oder **Aufzeichnungen geführt** werden, obwohl Buchführungspflicht besteht und jährliche Abschlüsse gemacht werden müssten. Auch für diejenigen Steuerpflichtigen trifft dies zu, für die eine Gewinnermittlung nach § 4 Abs. 3 EStG in Betracht käme, die aber keine entsprechenden Unterlagen über Betriebseinnahmen und Betriebsausgaben vorlegen können. Bei einer Schätzung des Gewinns sind grundsätzlich die Gewinnermittlungsvorschriften für den **Betriebsvermögensvergleich** zu beachten, falls nicht festgestellt werden kann, dass der Steuerpflichtige die Gewinnermittlung nach § 4 Abs. 3 EStG gewählt hat. Eine Schätzung unter Zugrundelegung einer Überschussrechnung kommt nur dann in Betracht, wenn trotz fehlender Unterlagen festgestellt werden kann, dass der Steuerpflichtige zulässigerweise die

Gewinnermittlung nach § 4 Abs. 3 EStG gewählt hat (vgl. hierzu H 4.1 (Gewinnschätzung) EStH). Bei buchführungspflichtigen Steuerpflichtigen kommt für eine Schätzung auch nicht die Richtsatzschätzung in Betracht, da nach den Regeln des Betriebsvermögensvergleichs die Anfangs- und Endbestände eines Wirtschaftsjahres zu berücksichtigen sind.

3.6 Wechsel der Gewinnermittlungsart

Da die Gewinnermittlungsarten an bestimmte Voraussetzungen geknüpft sind (z. B. die Buchführungspflicht an die Voraussetzungen des § 141 Abs. 1 AO), kann ein Wechsel der Gewinnermittlungsart notwendig werden, wenn sich diese **Voraussetzungen ändern**. Ein Steuerpflichtiger kann aber auch freiwillig von der Überschussrechnung zum Betriebsvermögensvergleich übergehen. Schließlich kann ein Übergang auch bei Veräußerung oder Aufgabe des Betriebs erforderlich sein (R 4.5 Abs. 6 EStR). Durch einen Wechsel der Gewinnermittlungsart darf nicht der Fall eintreten, dass betriebliche Vorgänge überhaupt nicht erfasst oder doppelt erfasst werden. Aus diesem Grunde sind **Korrekturen** erforderlich, die grundsätzlich zum Zeitpunkt des Wechsels der Gewinnermittlungsart und nicht erst bei Veräußerung oder Aufgabe des Betriebs vorzunehmen sind.

Beim Übergang von der Überschussrechnung zum Betriebsvermögensvergleich sind alle Vorgänge der Vergangenheit zu berücksichtigen, die sich **bisher** im Rahmen der Überschussrechnungen noch **nicht gewinnmäßig ausgewirkt** haben (H 4.6 (Gewinnberichtigung beim Wechsel der Gewinnermittlungsart) EStH). Für den umgekehrten Fall (Wechsel vom Betriebsvermögensvergleich zur Überschussrechnung) gelten die gleichen Erwägungen; d. h., es muss geprüft werden, wie sich die einzelnen Vorgänge im Rahmen der bisherigen Betriebsvermögensvergleiche ausgewirkt haben und wie sie sich bei den zukünftigen Überschussrechnungen auswirken werden. Da der Gesetzgeber die Regelung dieser Frage offen gelassen hat, wurde diese Gesetzeslücke in ständiger Rechtsprechung (durch den Reichsfinanzhof und den Bundesfinanzhof) geklärt. Die einzelnen von der Rechtsprechung entwickelten Grundsätze sind in R 4.6 EStR und H 4.6 EStH zusammengefasst und in der **Anlage (zu R 4.6) der EStR** systematisch aufgelistet. Diese Übersicht ist jedoch nicht erschöpfend. Sie enthält lediglich die regelmäßig vorkommenden Korrekturposten. In den nachstehenden Ausführungen (siehe 3.6.1 und 3.6.2) wird nur auf die regelmäßig in Betracht kommenden Korrekturposten eingegangen.

3.6.1 Wechsel von der Überschussrechnung zum Betriebsvermögensvergleich

Solange die Buchführungsgrenzen des § 141 Abs. 1 AO konstant bleiben, dürfte dieser Wechsel der Gewinnermittlungsart (zumindest für Land- und Forstwirte sowie Gewerbetreibende) in der Praxis am häufigsten vorkommen. Hierbei ergibt sich folgende Problematik:

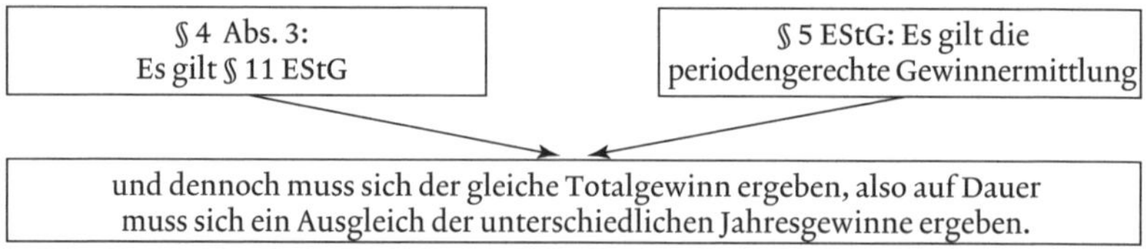

Beim Wechsel der Gewinnermittlungsart kann dieser Ausgleich jedoch gestört werden, indem Betriebsausgaben/Betriebseinnahmen dadurch doppelt erfasst oder auch gar nicht erfasst werden könnten. Mittel zur Sicherstellung des richtigen Totalgewinns und Ausgleich der Störungen infolge des Wechsels der Gewinnermittlungsart sind Zurechnungen bzw. Abrechnungen zum Ergebnis des ersten Wirtschaftsjahres nach dem Wechsel (= Gewinnberichtigungen) – vgl. H 4.6 (Gewinnberichtigungen beim Wechsel der Gewinnermittlungsart) EStH.

Zunächst ist der durch den Geschäftsvorfall zu erfassende Totalgewinn festzustellen. Danach ist die bisher erfasste Gewinnauswirkung und die künftig sich ergebende Gewinnauswirkung aus der Behandlung des Geschäftsvorfalls festzustellen und zu saldieren. Ergibt die Saldierung den richtigen Totalgewinn, erfolgt keine Gewinnzurechnung oder Gewinnabrechnung. Ergibt die Saldierung nicht den richtigen Totalgewinn, ist eine Gewinnzurechnung oder eine Gewinnabrechnung vorzunehmen. Somit ergibt sich folgende Vorgehensweise:

Da die Überschussrechnung **andere Periodengewinne** ergibt als der Betriebsvermögensvergleich, müssen daher diejenigen betrieblichen Vorgänge, die sich bisher bei der Überschussrechnung noch nicht ausgewirkt haben und bei den künftigen Betriebsvermögensvergleichen nicht mehr auswirken werden, beim ersten Betriebsvermögensvergleich berücksichtigt werden. Entsprechendes gilt für diejenigen Vorgänge, die sich bei den bisherigen Überschussrechnungen bereits gewinnmäßig auswirkten und sich bei den künftigen Betriebsvermögensvergleichen noch einmal auswirken würden. Diese erforderlichen **Gewinnkorrekturen im Jahr des Übergangs** führen somit zu demselben Gesamtgewinn, der sich ergeben würde, wenn für den Betrieb schon von Anfang an der Gewinn durch Betriebsvermögensvergleich ermittelt worden wäre (**einmalige Nachholung** der steuerlich noch nicht berücksichtigten betrieblichen Vorgänge). Jeder **Bilanzposten** der Eröffnungsbilanz muss daher in dieser Hinsicht untersucht werden. Auch die USt und VorSt müssen (bei Unternehmern mit Regelbesteuerung) in diese Überlegung einbezogen werden. Für die Wirtschaftsgüter des abnutzbaren **Anlagevermögens** ergeben sich keine Korrekturen, da sie bei beiden Gewinnermittlungsarten einheitlich behandelt werden. Das Gleiche gilt grundsätzlich für die Wirtschaftsgüter des nicht abnutzbaren Anlagevermögens. Für die Wirtschaftsgüter des nicht abnutzbaren Anlagevermögens (ausgenommen Grund und Boden), soweit diese während der Dauer der Überschussrechnung angeschafft und ihre Anschaffungskosten vor dem 01.01.1971 als Betriebsausgaben abgesetzt wurden, ohne dass ein Zuschlag nach § 4 Abs. 3 Satz 2 EStG in den vor dem Steuerneuordnungsgesetz geltenden Fassungen gemacht wurde, kommt eine Korrektur in Betracht (vgl. Anlage zu R 4.6 EStR Nr. 1). Zu- und Abrechnungen unterbleiben ebenfalls für Wirtschaftsgüter des Umlaufvermögens und Schulden für Wirtschaftsgüter des Umlaufvermögens, die von § 4 Abs. 3 Satz 4 EStG erfasst werden (Anlage zu R 4.6 EStR am Schluss).

Die einzelnen Wirtschaftsgüter sind beim Wechsel zur Gewinnermittlung durch Betriebsvermögensvergleich in der Eröffnungsbilanz mit den **Werten** anzusetzen, mit denen sie **zu Buch stehen** würden, wenn von Anfang an der Gewinn durch Betriebsvermögensvergleich ermittelt worden wäre (H 4.6 (Bewertung von Wirtschaftsgütern) EStH). Zum Anlagevermögen gehörender Grund und Boden ist dabei mit dem Wert anzusetzen, mit dem er zum Zeitpunkt des Übergangs in das nach § 4 Abs. 3 Satz 5 EStG laufend zu führende Verzeichnis aufzunehmen war. Dasselbe gilt für andere nicht abnutzbare Wirtschaftsgüter des Anlagevermögens. Ergibt sich durch den Wechsel zum Betriebsvermögensvergleich wegen der Korrekturen ein **außergewöhnlich hoher Gewinn** und damit eine außergewöhnlich hohe Steuer, so kann zur Vermeidung von Härten vom Steuerpflichtigen beantragt werden, dass die Zurechnungsbeträge gleichmäßig auf das Jahr des Wechsels und die beiden folgenden Jahre verteilt werden (R 4.6 Abs. 1 Satz 4 EStR).

Veräußert ein Steuerpflichtiger, der zuvor den Gewinn durch Überschussrechnung ermittelte, den Betrieb oder gibt er ihn auf, so ist er so zu behandeln, als sei er im Augenblick der

Veräußerung oder Aufgabe des Betriebs zum Betriebsvermögensvergleich übergegangen (R 4.5 Abs. 6 EStR; vgl. auch obige Ausführungen in 3.3.7.9). Die erforderlichen Zu- und Abrechnungen sind allerdings beim laufenden Gewinn des letzten Jahres und nicht beim Veräußerungsgewinn zu berücksichtigen (R 4.6 Abs. 1 Satz 5 EStR). Eine Verteilung auf drei Jahre kommt in diesen Fällen nicht in Betracht.

Siehe dazu **Übungsfall 1 in Teil S** Komplexe Übungsfälle.

3.6.2 Wechsel vom Betriebsvermögensvergleich zur Überschussrechnung

Ein solcher Wechsel ist **nur möglich,** wenn für den Steuerpflichtigen die gesetzliche Buchführungspflicht wegfällt (weil er z. B. kein Kaufmann nach dem HGB mehr ist und er auch unter die Grenzen des § 141 Abs. 1 AO absinkt) oder weil er bisher freiwillig Bücher führte und freiwillig regelmäßig Abschlüsse machte, künftig den Gewinn aber nur noch durch Überschussrechnung ermitteln möchte. Beim Wechsel vom Betriebsvermögensvergleich zur Überschussrechnung müssen die erforderlichen **Korrekturen** nach R 4.6 Abs. 2 EStR grundsätzlich im **ersten Jahr nach dem Wechsel** der Gewinnermittlungsart vorgenommen werden. Dabei handelt es sich um solche betrieblichen Vorgänge, die sich bisher schon gewinnmäßig ausgewirkt haben und bei den späteren Überschussrechnungen ein zweites Mal auswirken würden oder die sich infolge des Wechsels überhaupt nicht als Betriebseinnahmen oder Betriebsausgaben auswirken würden. Die wichtigsten Korrekturposten sind in der Anlage zu R 4.6 EStR Nr. 2 zusammengestellt.

Wie beim Wechsel von der Gewinnermittlung durch Überschussrechnung zum Betriebsvermögensvergleich sind beim Wechsel vom Betriebsvermögensvergleich zur Überschussrechnung **keine Korrekturen** erforderlich, wenn die Wirtschaftsgüter bei beiden Gewinnermittlungsarten gleich behandelt werden. Das trifft für die Wirtschaftsgüter des abnutzbaren und nicht abnutzbaren Anlagevermögens zu. Das gilt ebenfalls für Wirtschaftsgüter des Umlaufvermögens und Schulden für Wirtschaftsgüter des Umlaufvermögens, die von § 4 Abs. 3 Satz 4 EStG erfasst werden (Anlage zu R 4.6 EStR am Schluss). Die Buchwerte des Grund und Bodens und der übrigen **Wirtschaftsgüter des nicht abnutzbaren Anlagevermögens** sowie die **Wirtschaftsgüter des Umlaufvermögens** und Schulden für Wirtschaftsgüter des Umlaufvermögens, die von § 4 Abs. 3 Satz 4 EStG erfasst werden (Anlage zu R 4.6 EStR am Schluss), sind mit den Buchwerten der letzten Steuerbilanz **in** das nach § 4 Abs. 3 Satz 5 EStG zu führende **Verzeichnis aufzunehmen.** Dies ist erforderlich, weil diese Wirtschaftsgüter bei einer späteren Veräußerung oder Entnahme zu Betriebsausgaben führen. Wurde von Steuerpflichtigen bisher in der Bilanz **gewillkürtes Betriebsvermögen** geführt, so führt der Wechsel von der Gewinnermittlung durch Betriebsvermögensvergleich zur Gewinnermittlung durch Überschussrechnung nicht zwangsläufig zu einer Entnahme dieser Wirtschaftsgüter, da auch bei Steuerpflichtigen, die den Gewinn durch Einnahmen-Überschuss-Rechnung nach § 4 Abs. 3 EStG ermitteln, gewillkürtes Betriebsvermögen zugelassen wird (s. 3.3.3).

Eine **Verteilung** der Korrekturen auf mehrere Jahre ist beim Übergang zur Überschussrechnung nach R 4.6 Abs. 2 Satz 1 EStR **nicht zulässig.** Der Grund ist in erster Linie darin zu sehen, dass ein Wechsel zur Überschussrechnung freiwillig erfolgt, während ein Wechsel zum Betriebsvermögensvergleich in aller Regel zwingend in Betracht kommt.

Siehe dazu **Übungsfall 2 in Teil S** Komplexe Übungsfälle.

Teil D Wirtschaftsgut

1 Begriff des Wirtschaftsguts

Das **Handelsrecht** spricht von **Vermögensgegenständen** (§§ 246 Abs. 1, 252, 253 HGB), das **Steuerrecht** von **Wirtschaftsgütern** (§§ 4 bis 6 EStG), die zu bilanzieren sind. Beide Begriffe sind wegen des in § 5 Abs. 1 EStG normierten Maßgeblichkeitsgrundsatzes notwendigerweise **identisch** (so ganz h. M. vgl. Schmidt/Weber-Grellet, EStG, § 5 Rz. 93 m. w. N., BFH vom 06. 12. 1978 BStBl II 1979, 262, vom 26. 10. 1987 FR 1988, 160, 161 und vom 07. 08. 2000 BStBl II 2000, 632). Dennoch gibt weder das Handelsrecht noch das Steuerrecht eine Definition des Begriffs Vermögensgegenstand bzw. Wirtschaftsgut. Beide Rechtsgebiete setzen ihren jeweiligen Begriff voraus.

Nach der gebräuchlichen **Definition** sind Wirtschaftsgüter Gegenstände im Sinne des BGB (Sachen und nichtkörperliche Gegenstände) und vermögenswerte Vorteile (Rechte, Werte, tatsächliche Zustände, konkrete Möglichkeiten), auf die der Steuerpflichtige Aufwendungen gemacht hat, die nach der Verkehrsauffassung einer selbstständigen Bewertung fähig sind und die einen Nutzen über den Bilanzstichtag hinaus erbringen (so auch Schmidt/Weber-Grellet, EStG, § 5, Rz. 94). Zu den Wirtschaftsgütern gehören daher alle körperlichen (materiellen) Gegenstände, aber auch selbstständig bewertbare Teile von Gegenständen, wie z. B. Betriebsvorrichtungen (selbst wenn sie wesentliche Bestandteile von Gebäuden sind, vgl. § 68 Abs. 2 BewG), Ladeneinbauten, Schaufensteranlagen; dazu gehören ferner Bodenschätze (dazu und zum Begriff des Wirtschaftsguts vgl. BFH vom 08. 04. 1992 BStBl II 1992, 894); aber auch unkörperliche (immaterielle) Gegenstände gehören dazu, wie z. B. Forderungen, Rechte (Abbaurecht, Nutzungsrecht), Know-how, Firmenwert, Domain-Name; vgl. im Einzelnen K 2 dieses Buches.

Keine Wirtschaftsgüter sind Sachen, die dem allgemeinen Wirtschaftsverkehr entzogen sind, wie z. B. der Grabstein auf dem Grab oder die Brille, die der Steuerpflichtige trägt. Ebenfalls keine Wirtschaftsgüter sind bloße Rechnungsposten wie z. B. Rechnungsabgrenzungsposten, Wertberichtigungsposten (vgl. im Einzelnen K 3). Auch ein negativer Firmenwert soll nach herrschender Lehre als Wirtschaftsgut nicht denkbar sein (vgl. Schmidt/Weber-Grellet, EStG, § 5, Rz. 226, BFH vom 25. 01. 1984 BStBl II 1984, 344 (Ziffer 6) und vom 19. 02. 1981 BStBl II 1981, 730; offen gelassen in BFH vom 26. 04. 2006 BFH/NV 2006, 1566 (1568)).

Von der Frage, ob ein Wirtschaftsgut vorliegt, ist die Frage zu unterscheiden, ob es auch bilanziert werden darf (vgl. im Einzelnen den Abschnitt über die Bilanzierungsgrundsätze G 2, über die Aktivierung immaterieller Wirtschaftsgüter K 2.2, über die Abgrenzung des Betriebsvermögens vom Privatvermögen E, jeweils in diesem Buch).

2 Zurechnung

Grundsätzlich darf der Steuerpflichtige nur die Wirtschaftsgüter in seine Bilanz aufnehmen, die ihm gehören (vgl. § 242 Abs. 1 HGB, der über den Maßgeblichkeitsgrundsatz des § 5 Abs. 1 EStG auch für den bilanzierenden Gewerbetreibenden gilt; für bilanzierende Landwirte und Selbstständige, für die § 5 Abs. 1 EStG nicht gilt, folgt der Grundsatz aus § 2 Abs. 2 BewG, denn der Erste Teil des Bewertungsgesetzes (§§ 1–16 BewG) gilt für alle Steuerarten, wenn die Spezialsteuergesetze nichts Abweichendes regeln).

Dabei ist zunächst darauf abzustellen, ob der Steuerpflichtige **bürgerlich-rechtlicher Eigentümer** ist. Da das Steuerrecht jedoch in besonderem Maße an wirtschaftliche Vorgänge anknüpft, hat sich hier weit gehend eine wirtschaftliche Betrachtungsweise durchgesetzt. Obwohl Rechtsprechung und Literatur die zivilrechtlichen Vorgänge soweit als möglich auch für das Steuerrecht zugrunde legen (vgl. etwa BFH vom 09.07.1985 BStBl II 1985, 722, vom 01.07.2003 BFH/NV 2003, 1266), postuliert die Vorschrift des § 39 AO für das Steuerrecht die wirtschaftliche Betrachtungsweise. In Zweifelsfällen ist also ein Wirtschaftsgut dem **wirtschaftlichen Eigentümer** zuzurechnen. Wirtschaftliches Eigentum liegt vor

- beim Erwerber, der unter **Eigentumsvorbehalt** erworben hat (bürgerlich-rechtlicher Eigentümer ist noch der Verkäufer),
- beim Sicherungsgeber in Fällen des **Sicherungseigentums** (bürgerlich-rechtlicher Eigentümer ist der Sicherungsnehmer),
- beim Käufer, auf den zwar noch nicht das Eigentum, wohl aber die **Verfügungsmacht** übergegangen ist; der bloße **Gefahrübergang** soll nach BFH vom 03.08.1988 BStBl II 1989, 21 dagegen **nicht** ausreichen; **rollende Ware** ist daher nicht schon ab Übergabe der Ware an den Spediteur dem Erwerber zuzurechnen, obwohl die Gefahr des zufälligen Untergangs bereits zu diesem Zeitpunkt auf ihn übergegangen ist (§ 447 BGB),
- beim Grundstückskäufer, der zwar noch nicht im Grundbuch als neuer Eigentümer eingetragen ist, auf den das Grundstück jedoch bereits aufgelassen ist und auf den vertraglich bereits die **Nutzen und Lasten** übergegangen sind,
- bei demjenigen, der, gegen Entzug gesichert, das Wirtschaftsgut bis zu dessen Erschöpfung nutzen darf (Abbauberechtigter, Leasingnehmer),
- bei demjenigen, der bei Geltendmachen des Eigentümerherausgabeanspruchs ein Wegnahmerecht (§ 539 BGB) oder einen Ersatzanspruch (§ 951 BGB) hat (so BFH vom 28.07.1993 BStBl II 1994, 164 und vom 14.05.2002 BStBl II 2002, 741).

Mit Recht weist Knobbe-Keuk darauf hin, dass die wirtschaftliche Vermögenszugehörigkeit des Bilanzrechts, die sich nach den Grundsätzen der ordnungsmäßigen Buchführung richtet, und § 39 AO nicht unbedingt **übereinzustimmen** brauchen. Evident wird dies bei dem bei Knobbe-Keuk, Bilanz- und Unternehmenssteuerrecht, 9. Auflage 1993, S. 73 angeführten Fall des **bösgläubigen Eigenbesitzers**, bei dem es durchaus gerechtfertigt erscheint, ihm alle steuerlichen Pflichten der Besitz- und Verkehrssteuern aufzuerlegen (was über § 39 AO ausdrücklich möglich ist), bei dem es jedoch eine Täuschung des Rechtsverkehrs wäre, wenn er das Wirtschaftsgut zunächst in seine Handelsbilanz aufnehmen würde. Fraglich ist nun, ob das handelsrechtliche Verbot, das bösgläubig in Eigenbesitz genommene Wirtschaftsgut in der **Handelsbilanz zu erfassen**, über § 5 Abs. 1 EStG auch auf die Steuerbilanz durchschlägt oder ob die Grundsätze ordnungsmäßiger Buchführung des Handelsrechts, die grundsätzlich ihre Grenze an zwingenden steuerlichen Vorschriften finden, hier ebenfalls durch § 39 AO eingeschränkt werden. Knobbe-Keuk geht ohne weiteres davon aus, dass hier auch **steuerlich** ein **Bilanzierungsverbot** besteht. U. E. befindet sie sich damit im Recht, da § 39 AO keine steuerliche Bilanzierungsvorschrift darstellt, daher auch nicht lex specialis im Verhältnis zu den Bilanzierungsvorschriften des Handelsrechts, die über § 5 EStG Eingang ins Steuerrecht finden sollen, sein kann (i. E. ebenso Musil in Herrmann/Heuer/Raupach, EStG, Anm. 144 zu § 2 EStG; Drüen in Tipke/Kruse, AO und FAO, § 39 AO, Rz. 11). Daher wird das Einkommensteuerrecht zwar in der Regel mit den übrigen Steuerarten in der Beurteilung des wirtschaftlichen Eigentums und der Zurechnung eines Wirtschaftsguts übereinstimmen. Im Zweifelsfalle wird aber § 5 EStG den Vorrang vor § 39 AO haben. So ist es daher auch möglich, dass die Verwaltung den **Begriff des wirtschaftlichen Eigentums** über § 39 AO hinaus auch auf Fälle **ausdehnt**, in denen der Besitzer zwar den Eigentümer nicht von der Einwirkung auf das Wirtschaftsgut ausschließen kann, in dem aber ein evtl. Herausgabeanspruch des Eigentümers wirtschaftlich wertlos ist, etwa weil der Eigentümer dem Besitzer dann eine volle wirtschaftliche Entschädigung leisten muss (so etwa der sog. Mietereinbautenerlass vom 15.01.1976 Ziff. 6 BStBl I 1976, 66. Eine weitere Typisierung enthalten die Leasing-Erlasse vom 19.04.1971 BStBl I 1971, 264 und vom 21.03.1972 BStBl I 1972, 188; vgl. auch bei Gebäuden auf fremdem Grund und Boden, BFH vom 14.05.2002 BStBl II 2002, 741). Im Übrigen hat der BFH in seinem Beschluss vom 20.12.2005 (BFH/NV 2006, 704) entschieden, dass wirtschaftliches Eigentum nicht schon dann anzunehmen ist, wenn ein Vorbehaltsnießbraucher den zivilrechtlichen Eigentümer von der Verfügung über ein Wirtschaftsgut ausschließen kann; erforderlich für die Annahme wirtschaftlichen Eigentums sei vielmehr, dass er selbst wie ein Eigentümer über das Wirtschaftsgut verfügen könne.

Abgesehen von diesen Typisierungen, in denen bei Vorliegen bestimmter Merkmale von wirtschaftlichem Eigentum und Bilanzierung beim wirtschaftlichen Eigentümer ausgegangen wird, wird es ansonsten stets auf die **Verhältnisse des Einzelfalles** ankommen, wobei der Grundsatz des § 39 AO, dass erst dann wirtschaftliches Eigentum angenommen werden kann, wenn der Besitzer den Eigentümer wirtschaftlich von der Verfügung über sein Eigentum ausschließen kann, grundsätzlich anzuwenden ist. Obwohl es hierfür auf die Umstände des Einzelfalles ankommt, kann doch gesagt werden, dass wirtschaftliches Eigentum nur bei schwerwiegenden Normabweichungen angenommen werden kann. Nießbrauch, Miete und Pacht vermitteln regelmäßig kein wirtschaftliches Eigentum.

3 Anteile an einem Wirtschaftsgut

Wer nur **Miteigentümer** an einem Wirtschaftsgut ist, kann nur seinen Anteil an dem Wirtschaftsgut bilanzieren. Dabei ist es gleichgültig, ob er einen Anteil an einer Gesamthandsgemeinschaft hat oder an einer Bruchteilsgemeinschaft (§ 39 Abs. 2 Nr. 2 AO).

BEISPIEL

Steuerpflichtiger M betreibt einen Gewerbebetrieb. Er betreibt ihn auf einem Grundstück, das ihm und seiner Ehefrau F je zur Hälfte gehört. Beide leben im Güterstand der Zugewinngemeinschaft.

LÖSUNG M muss seine Grundstückshälfte bilanzieren, die seiner Ehefrau kann er nicht bilanzieren (H 4.2 [7] (Miteigentum) EStH), es sei denn, er sei wirtschaftlicher Eigentümer des ganzen Grundstücks – was aber nicht ohne Weiteres unterstellt werden darf.

Teil E Abgrenzung des Betriebsvermögens vom Privatvermögen

1 Grundsätze

Die Unterscheidung in Betriebsvermögen und Privatvermögen ist in erster Linie eine steuerliche. Das **Handelsrecht** enthält sich weit gehend einer Regelung, so dass in früherer Zeit wegen der uneingeschränkten Haftung des Einzelunternehmers bzw. des persönlich haftenden Gesellschafters einer Personengesellschaft teilweise die Meinung vertreten wurde, der Unternehmer, auf dessen Privatvermögen die Gläubiger zurückgreifen können, habe sein gesamtes Vermögen einschließlich seines Privatvermögens zu bilanzieren (vgl. die Darstellung bei Staub, Kommentar zum HGB, 13. Aufl., 1926, Anm. 5 a zu § 38). Heute hat sich auch dort die Meinung durchgesetzt, der Unternehmer habe nur sein **Betriebsvermögen zu bilanzieren** (vgl. Küting/Weber, Handbuch der Rechnungslegung Einzelabschluss, § 246 HGB, Rz. 9), was durch § 5 Abs. 4 PublG (Verbot des Ausweises von Privatvermögen) für die Personenunternehmen, die unter den Geltungsbereich dieses Gesetzes fallen, sogar ausdrücklich normiert wird. Auch § 247 Abs. 2 HGB enthält die Vorschrift, dass beim Anlagevermögen zumindest nur die Gegenstände ausgewiesen werden dürfen, die auf Dauer dem Geschäftsbetrieb zu dienen bestimmt sind.

Das **Steuerrecht** setzt bei seinem Gewinnbegriff des § 4 Abs. 1 EStG den Begriff des **Betriebsvermögens** voraus. Daher ist die Unterscheidung in Betriebsvermögen und Privatvermögen in der steuerlichen Judikatur und Literatur zu finden. Mit Hilfe dieser Abgrenzung soll in erster Linie versucht werden, **stille Reserven**, die im Betrieb gebildet wurden, auch der **betrieblichen Steuer zuzuführen**, und umgekehrt soll der Steuerpflichtige daran gehindert werden, sich abzeichnende private Vermögensverluste, die sich (abgesehen von den Vorschriften der §§ 17 und eingeschränkt 20, 23 EStG) steuerlich nicht auswirken würden, auf dem Wege über den Betrieb zu steuerlich zu berücksichtigenden Verlusten zu machen.

Bei der Diskussion über die Abgrenzung ist in letzter Zeit insbesondere der Begriff des **gewillkürten Betriebsvermögens** umstritten gewesen. Die Rechtsprechung hatte einerseits eingeräumt, dass sie insbesondere dem Gewerbetreibenden nicht vorschreiben könne, womit er seine Gewinne erzielen wolle, andererseits wollte auch sie der uneingeschränkten Verlagerung von (insbesondere verlustträchtigem) Vermögen in die betriebliche Sphäre einen Riegel vorschieben. Sie hat deshalb stets verlangt, dass ein Wirtschaftsgut, das der Steuerpflichtige zum gewillkürten Betriebsvermögen ziehen will, in einem »gewissen objektiven Zusammenhang zum Betrieb« stehe und diesen »objektiv zu fördern geeignet« sei (vgl. BFH vom 20.06.1985 BStBl II 1985, 654). In der Steuerrechtslehre ist nicht nur die Unbestimmtheit dieses Begriffs gerügt worden (Woerner StbJb. 1974/75, S. 321 ff., 338 f. sprach sogar von einer bloßen Leerformel), sondern die Notwendigkeit des gesamten Begriffs des gewillkürten Betriebsvermögens ist in Zweifel gezogen worden (vgl. Wassermeyer, JDStJG 1979, 315 ff.; Uelner, StBerKongrReport 1981, 47, 54 ff.; Knobbe-Keuk, Bilanz- und Unternehmenssteuerrecht, 9. Auflage, 1993, S. 65; Heinicke in Schmidt, EStG, § 4 Rz. 108; Arndt, SteuerStud 1989, 224). Die Kritik übersieht, dass sie eine in der Praxis bewährte Einteilung angreift, ohne einen besseren Ansatz zu liefern – im Gegenteil, die von der Rechtsprechung entwickelte und nachfolgend dargestellte Dreiteilung wird (nur ohne die Bezeichnung als gewillkürtes Betriebsvermögen) im Wesentlichen beibehalten (vgl. Knobbe-Keuk, a. a. o., S. 65 f.). Dann ist es aber überzeugender, ein **notwendiges Betriebsvermögen**, das unabhängig von der Bilanzierung immer Betriebsvermögen darstellt, von einem gewillkürten Betriebsvermögen, das nur im Falle der subjektiven Willkürung Betriebsvermögen darstellt, abzugrenzen. Objektiver Ausdruck dieser subjektiven Zuordnung ist die Erfassung des Wirtschaftsgutes in der Bilanz. Wird ein Wirtschaftsgut in der Bilanz nicht erfasst, dann stellt es in der Regel gewillkürtes Privatvermögen dar. Dabei ist ein willkürlicher Wechsel von Jahr zu Jahr nicht möglich: eine einmal vorgenommene Zuordnung muss in aller Regel auch beibehalten werden. Auch der Überschussrechner des § 4 Abs. 3 EStG darf nach BFH vom 02.10.2003 DStR 2003, 2156 und nach R 4.2 (1) Satz 3 EStR gewillkürtes Betriebsvermögen bilden. Eine unterschiedliche Behandlung scheitere an dem Grundsatz der Gesamtgewinngleichheit, da § 4 Abs. 3 EStG keinen anderen Gewinnbegriff zu Grunde lege als § 4 Abs. 1 EStG. Die Zuordnung zum Betriebsvermögen erfolge »durch entsprechende zeitnah erstellte Aufzeichnungen«, also durch Aufnahme in das nach R 5.4 Abs. 1 EStR zu führende Bestandsverzeichnis.

1.1 Notwendiges Betriebsvermögen

Wirtschaftsgüter stellen dann notwendiges Betriebsvermögen dar, wenn sie entweder nach ihrer **Nutzung** überwiegend für Zwecke des Betriebes eingesetzt werden **(isolierte Betrachtung** vom Wirtschaftsgut her) oder wenn sie nach ihrer **Funktion** im Betrieb des Steuerpflichtigen nur Betriebsvermögen sein können **(integrierte Betrachtung** vom Betrieb her). Gibt schon die Nutzung Aufschluss über die Eigenschaften als Betriebsvermögen oder als Privatvermögen, so kommt es auf die Funktion nicht mehr an.

1.1.1 Gemischt-genutzte Wirtschaftsgüter als notwendiges Betriebsvermögen

Nach ihrer **Nutzung** sind Wirtschaftsgüter bereits dann zwingend zum notwendigen Betriebsvermögen zu rechnen, wenn sie überwiegend, das heißt zu mehr als 50 % ihrer Nutzung im Betrieb des Steuerpflichtigen eingesetzt werden (vgl. R 4.2 Abs. 1 EStR; BFH vom 13.03.1964 BStBl III 1964, 455). In diesen Fällen sind alle Wirtschaftsgüter (mit Ausnahme von Grund und Boden und Gebäuden) **voll** und nicht nur entsprechend ihrer prozentualen Nutzung **als Betriebsvermögen** zu erfassen (diese derzeit unstreitige Behandlung ist jedoch keineswegs logisch zwingend, so aber ständige Rechtsprechung, vgl. BFH vom 22.11.1960 BStBl III 1961, 97 ff.; kritisch Tipke, Steuerrecht, S. 216; Merten FR 1979, S. 372 f.).

Von der Frage, ob ein Wirtschaftsgut in die Vermögensart Betriebsvermögen oder Privatvermögen einzuordnen ist, ist streng zu trennen die Frage, wie die auf den betrieblichen Nutzungsanteil bzw. auf den privaten Nutzungsanteil entfallenden anteiligen Aufwendungen (AfA, Benzin, Öl, Reparaturen) zu verteilen sind. Hierzu vgl. Teil F. Unter **betrieblicher Nutzung** ist regelmäßig die Nutzung zu ausschließlich oder nahezu ausschließlich betrieblichen Zwecken zu verstehen. Dabei muss auf die betriebliche Veranlassung abgestellt werden, die eindeutig nachweisbar sein muss.

BEISPIEL

Das Gespräch mit einem Geschäftsfreund für Zwecke des betrieblichen Einkaufs ist als Nutzung des Telefons zu betrieblichen Zwecken auch dann anzusehen, wenn sich der Steuerpflichtige gelegentlich dieses Gesprächs nach dem Befinden von Familienmitgliedern des Geschäftsfreundes erkundigt.

Ist die berufliche oder private Veranlassung nicht leicht und objektiv nachprüfbar, dann ist die Nutzung insgesamt privat.

BEISPIELE

a) Der Steuerpflichtige kann einen Sommeranzug mit Hemd, Krawatte, Schuhen deshalb nicht als beruflich genutztes Wirtschaftsgut aktivieren und abschreiben, da berufliche Veranlassung (als Betriebsinhaber vermeintlich korrekt gekleidet sein zu müssen) und private Veranlassung (überhaupt bekleidet zu sein) nicht eindeutig abgrenzbar sind, vgl. R 12.1 EStR, H 12.1 (Kleidung und Schuhe) EStH.

b) Anders bei der Waschmaschine eines Arztes, bei der zumindest bei jedem Waschgang berufliche und private Veranlassung erkennbar sind (BFH vom 29.06.1993 BStBl II 1993, 838 und 837).

Werden Wirtschaftsgüter in mehreren Betrieben des Steuerpflichtigen genutzt, so werden sie ebenfalls wieder einheitlich einem Betrieb zugeordnet (vgl. BFH vom 11.09.1969 BStBl II 1970, 317), und zwar dem, in dem sie überwiegend genutzt werden. Werden sie in beiden Betrieben je genau zur Hälfte genutzt, so muss dem Steuerpflichtigen ein Wahlrecht eingeräumt werden, wo er die Wirtschaftsgüter bilanzieren will. Die Kosten sind jedoch anteilig auf die beiden nutzenden Betriebe aufzuteilen.

BEISPIEL

A hat zwei verschiedene Betriebe. In dem Betrieb 1 nutzt er einen Lkw zu 60 %, in dem Betrieb 2 wird er zu 40 % genutzt. Die Anschaffung erfolgte am 15. 01. 01, Nutzungsdauer vier Jahre, Anschaffungskosten 40 000 €.

LÖSUNG Der Lkw ist in Betrieb 1 zu bilanzieren. Die AfA (und die sonstigen Kosten) sind auf die beiden Betriebe anteilig aufzuteilen. Die Buchungssätze lauten:

Betrieb 1:		
AfA	10 000 €	
an Lkw		10 000 €
Entnahme		4 000 €
an AfA	4 000 €	(keine USt)
Betrieb 2:		
AfA	4 000 €	
an Einlage		4 000 €

Bei der Nutzung ist auf die **voraussichtliche Nutzung** abzustellen (so auch BFH vom 06.12.1977 BStBl II 1978, 330), die, wenn möglich, aus den Erfahrungen der Vergangenheit abzuleiten ist. Ergibt sich aus den Erfahrungen der Vergangenheit etwa, dass ein Wirtschaftsgut regelmäßig zu 60 % im Betrieb eingesetzt wird, dann ändert sich an der Zugehörigkeit zum Betriebsvermögen auch dann nichts, wenn die Nutzung in einem Jahr einmal unter 50 % absinkt, es sei denn, die Annahme sei gerechtfertigt, dass das Wirtschaftsgut von nun an nachhaltig nicht mehr überwiegend im Betrieb eingesetzt werde.

Da auf die **künftige Nutzung** abgestellt wird, sind auch noch ungenutzte Maschinen oder noch lagerndes Vorratsvermögen bereits im Betriebsvermögen zu erfassen, da bei ihnen die betriebliche Nutzung bereits feststeht.

Dasselbe gilt für die **Halbfertig- und Fertigfabrikate** und das Warenlager des Steuerpflichtigen. Selbst wenn feststünde, dass der Steuerpflichtige vom vorhandenen Inventar einzelne, jedoch noch nicht konkretisierte Posten privat verwenden wird, käme eine Minderung des Betriebsvermögens noch nicht in Betracht.

BEISPIEL

Ein Juwelier pflegt seinen Bedarf an persönlichen Geschenken stets aus seinen Vorräten zu decken. Dabei verschenkt er im Folgejahr erfahrungsgemäß 3 % des am Bilanzstichtages festgestellten Bestandes.

LÖSUNG Der Bestand ist vollständig zu erfassen. Eine Entnahme ins Privatvermögen kommt erst in Betracht, wenn der betriebliche Zusammenhang nachhaltig gelöst ist. Wenn er also selbst von ihm gefertigten Schmuck trägt, liegt eine Entnahme nur vor, wenn er ihn auf Dauer privat verwenden will. Sobald er jedoch solchen Schmuck wieder veräußert, veräußert er ihn aus seinem Betriebsvermögen, d. h. er tätigt zuvor zwangsweise eine Einlage, § 344 HGB.

1.1.2 Neutrale Wirtschaftsgüter als notwendiges Betriebsvermögen

Neben den Wirtschaftsgütern, die ausschließlich betrieblich, ausschließlich privat oder betrieblich und privat gemischt genutzt werden, gibt es auch Wirtschaftsgüter, bei denen eine solche eindeutig einer Vermögenssphäre zuzurechnende **Nutzung nicht erkennbar** ist. Man nennt sie **neutrale Wirtschaftsgüter,** das heißt Wirtschaftsgüter, die einer Nutzung für den Betrieb oder für private Zwecke nicht eindeutig zugeordnet werden können, z. B. Mietwohngrundstücke, Wertpapiere, Beteiligungen. Diese Wirtschaftsgüter sind dann dem notwendigen Betriebsvermögen zuzurechnen, wenn sie in dem Betrieb des Steuerpflichtigen eine für dessen Fortführung unerlässliche **Funktion** haben.

BEISPIELE

a) Der Steuerpflichtige hat keine andere Kreditgrundlage mehr als ein bisher im Privatvermögen gehaltenes Aktienpaket.

LÖSUNG Hier ist das zur Erlangung eines Kredits verpfändete Aktienpaket ausnahmsweise einmal notwendiges Betriebsvermögen (anders, wenn der Steuerpflichtige auch noch andere Sicherheiten bieten könnte, H 4.2 [1] (Wertpapiere) EStH.

b) Der Steuerpflichtige beteiligt sich an einer GmbH, die für ihn (und andere Betriebe) den ausschließlichen Wareneinkauf übernimmt.

LÖSUNG Hier hat die Beteiligung eine für den Betriebsablauf notwendige Funktion, die Beteiligung ist daher notwendiges Betriebsvermögen (ähnlich BFH vom 03.08.1977 BStBI II 1978, 53; BFH vom 22.11.2002 BFH/NV 2003, 320, anders wenn die GmbH nur teilweise den Einkauf übernimmt und daneben noch eine eigenständige anderweitige Geschäftstätigkeit ausübt, vgl. das von Söffing in NWB Fach 3 S. 7431 bespr. BFH-Urteil vom 31.10.1989, BStBI II 1990, 677 sowie BFH vom 20.09.1995 BFH NV 1996, 393, wo es um die Beteiligung eines Malermeisters an einer Wohnungsbau-GmbH geht; BFH vom 20.03.2006 BFH/NV 2006, 1093).

Wichtig ist, dass die Frage nach dem **Funktionszusammenhang** nur bei neutralen Wirtschaftsgütern gestellt wird, also nur dann, wenn eine bestimmte Nutzung nicht feststellbar ist. Ist eine Einordnung bereits nach der Nutzung möglich, dann kommt es auf die Funktion des Wirtschaftsgutes nicht mehr an.

BEISPIEL

Das in vollem Umfang zu eigenen Wohnzwecken genutzte Einfamilienhaus ist nach der Nutzung notwendiges Privatvermögen. Es kann auch dann nicht zu Betriebsvermögen werden, wenn der Steuerpflichtige es für betriebliche Kredite belastet, nicht einmal dann, wenn es die letzte Sicherheit wäre, die er für den Kredit anbieten könnte.

1.1.3 Folgen der Einordnung als notwendiges Betriebsvermögen

Wirtschaftsgüter des notwendigen Betriebsvermögens müssen vom Steuerpflichtigen bilanziert werden. Hat der Steuerpflichtige die Bilanzierung unterlassen, dann muss sie im Wege einer Bilanzberichtigung nachgeholt werden.

1.2 Gewillkürtes Betriebsvermögen

Wirtschaftsgüter können immer dann zu gewillkürtem Betriebsvermögen gemacht werden, wenn sie weder dem notwendigen Betriebsvermögen noch dem notwendigen Privatvermögen zuzurechnen sind. Durch seine Wahl, die in der Regel durch Aufnahme in die Bilanz ausgedrückt wird, macht der Steuerpflichtige deutlich, ob er das Wirtschaftsgut als gewillkürtes Betriebsvermögen oder als gewillkürtes Privatvermögen behandelt wissen will. Die Kritik von Heinicke in Schmidt, EStG, § 4 Rz. 108), die Dreiteilung sei unvollständig, solange dem gewillkürten Betriebsvermögen kein gewillkürtes Privatvermögen gegenüberstehe, ist daher wenig überzeugend.

Auch hier ist zwischen gemischt-genutzten Wirtschaftsgütern, die allein schon nach ihrer Nutzung zugeordnet werden können, und neutralen Wirtschaftsgütern, die nach ihrer Funktion zuzurechnen sind, zu unterscheiden.

1.2.1 Gemischt-genutzte Wirtschaftsgüter als gewillkürtes Betriebsvermögen

Nach ihrer Nutzung sind die Wirtschaftsgüter dann dem gewillkürten Betriebsvermögen zuzurechnen, wenn ihre betriebliche Nutzung weder überwiegt (dann notwendiges Betriebsvermögen) noch von untergeordneter Bedeutung ist (dann notwendiges Privatvermögen). Eine Behandlung als gewillkürtes Betriebsvermögen kommt also immer dann in Betracht, wenn die **Nutzung im Betrieb** sich auf **10 bis 50 %** beläuft, vgl. R 4.2 Abs. 1 Satz 6 EStR (eine Sonderregelung gilt auch hier wieder für Grundstücke und Gebäude).

In diesem Bereich hat der Steuerpflichtige also ein **Wahlrecht,** ob er das Wirtschaftsgut als Betriebsvermögen oder als Privatvermögen behandeln will. Das Wahlrecht wird in der Regel durch Aufnahme in die Bilanz ausgeübt. Denkbar sind in Ausnahmefällen auch andere Deklarationen, etwa jahrelange Bilanzierung, im fraglichen Streitjahr auch Ausweis in der Inventur, aber versehentliches Unterlassen der Bilanzierung (weitere Möglichkeiten vgl. BFH vom 27.03.1968 BStBl II 1968, 522).

Als **Zeitpunkt** für die Bestimmung eines Wirtschaftsgutes zum gewillkürten Betriebsvermögen kommt nur die **Einbuchung** des Wirtschaftsgutes in Betracht. Hat der Steuerpflichtige eine zeitnahe Einbuchung unterlassen und nimmt er sie erst später bei Erstellen der Bilanz vor, dann kommt eine Bestimmung zum gewillkürten Betriebsvermögen rückwirkend nicht mehr in Betracht (ständige Rechtsprechung, vgl. BFH vom 12.09.1985 BStBl II 1986, 255, 257).

BEISPIEL

Der Steuerpflichtige hat am 10.01.01 einen Pkw angeschafft, den er (wie vorhergesehen) nur zu 25 % betrieblich nutzt. Er hat den Zugang nicht im zeitlichen Zusammenhang mit der Anschaffung verbucht, sondern erst der Steuerberater nahm am 10.04.02 bei Erstellen der Bilanz die Einbuchung vor.

LÖSUNG Der Pkw kann für 01 nicht mehr als gewillkürtes Betriebsvermögen behandelt werden. Ob er es ab 02 kann, hängt davon ab, ob man die Einbuchung 02 als Einlage behandeln kann. Da im vorliegenden Fall nicht von einem willkürlichen Wechsel eines Bilanzierungswahlrechtes gesprochen werden kann, kann man in der Einbuchung eine Einlage zum 10.04.02 sehen.

Keinesfalls genügt die bloße Inanspruchnahme des **Vorsteuerabzugs** bei der Anschaffung als Nachweis für die Bestimmung zum gewillkürten Betriebsvermögen. Die Entscheidung, ein Wirtschaftsgut umsatzsteuerlich zu gewillkürtem Unternehmensvermögen zu machen, schließt die Entscheidung über das ertragsteuerrechtlich gewillkürte Betriebsvermögen nicht ein. Andererseits hat auch der ertragsteuerliche Ausweis als gewillkürtes Betriebsvermögen nicht gleichzeitig eine umsatzsteuerlich zwingende Folge, vgl. BFH vom 25.03.1988, BStBl II 1988, 649.

Auch hier ist die Frage der Zuordnung eines Wirtschaftsgutes zum gewillkürten Betriebsvermögen zu unterscheiden von der Frage nach der **Behandlung der Aufwendungen**. Hierzu vgl. Teil F.

1.2.2 Neutrale Wirtschaftsgüter als gewillkürtes Betriebsvermögen

Bei den neutralen Wirtschaftsgütern kommt eine Behandlung als gewillkürtes Betriebsvermögen in Betracht, wenn sie in dem konkreten Betrieb eine dem Betrieb zuordenbare Funktion haben, das heißt wenn sie in einem **gewissen objektiven Zusammenhang** zu dem Betrieb stehen und ihm dienlich sein können (so für die neutralen Wirtschaftsgüter »vermietete Grundstücke« ausdrücklich R 4.2 Abs. 9 EStR, für »Wertpapiere« ebenso R 4.2 Abs. 1 EStR, H 4.2 [1] (Wertpapiere) EStH. Dieser objektive Zusammenhang ist immer schon dann gegeben, wenn mit Hilfe dieser Wirtschaftsgüter der Kreditspielraum des Betriebes erweitert wird (vgl. insbesondere BFH vom 13.08.1964 BStBl III 1964, 502). Das Merkmal soll nur verhindern, dass durch die Einlage gewillkürten Betriebsvermögens der Charakter des bisherigen Gewerbebetriebes in vorrangig (gewerbliche) Vermögensverwaltung umgebogen wird (BFH vom 10.12.1964 BStBl III 1965, 377; R 4.2 Abs. 9 Satz 5 EStR) oder im Privatvermögen erstandene Verlustquellen in das Betriebsvermögen eingeschleust werden (BFH vom 20.06.1985 BStBl II 1985, 654 sowie vom 24.02.2000 BStBl II 2000, 297).

BEISPIEL

Der Steuerpflichtige betreibt einen kleinen Kiosk. Er will mehrere Mietwohnungen durch Einlage zu gewillkürtem Betriebsvermögen machen.

LÖSUNG Hier würde der Charakter vom Gewerbebetrieb zur (gewerblichen) Vermögensverwaltung verändert, also ist keine Behandlung als gewillkürtes Betriebsvermögen möglich. Anders wenn der Gewerbebetrieb nach Kapital und Gewinn so umfangreich wäre, dass sich durch die Einbringung der Grundstücke der Charakter der insgesamt gewerblichen Betätigung nicht wesentlich verändern würde.

Somit kann davon ausgegangen werden, dass dem Abgrenzungsmerkmal des »gewissen objektiven Zusammenhangs mit dem Betrieb« **beim Gewerbetreibenden** nur die Bedeutung zukommt, extreme Auswüchse zu verhindern. Grundsätzlich kann jedoch einem Gewerbetreibenden nicht vorgeschrieben werden, mit welchen Wirtschaftsgütern er seine gewerblichen Erträge erwirtschaften will. Anders verhält sich das mit **den Freiberuflern**, die mit ihrem Beruf einem engeren Berufsbild verhaftet sind. Diese Berufsgruppen können nach der Rechtsprechung nicht schon dann Wirtschaftsgüter zum gewillkürten Betriebsvermögen ziehen, wenn sie in einem objektiven Zusammenhang zum Betrieb stehen, sondern erst, wenn die Wirtschaftsgüter in einem **engen Zusammenhang zur ausgeübten Tätigkeit** stehen.

BEISPIEL

a) Rechtsanwalt A hat an der Börse eine Beteiligung an einer AG (Aktien) angeschafft.

b) Steuerberater B hat eine Beteiligung an einer GmbH angeschafft; er hoffte, als Mitgesellschafter die Beratung der GmbH übertragen zu bekommen.

LÖSUNG (nach der Rechtsprechung des BFH):
A kann die Aktien ebensowenig bilanzieren wie B die Beteiligung. Beteiligungen stehen nicht in einem unmittelbaren Zusammenhang zu der ausgeübten Tätigkeit des Freiberuflers (so für Beteiligung an GmbH BFH vom 22.01.1981 BStBl II 1981, 564 und BFH vom 24.08.1989 BStBl II 1990, 17 und für die Aktien BFH vom 10.06.1998 BFH NV 1998, 1477 unter Aufgabe früherer entgegenstehender Rechtsprechung, sowie BFH vom 24.02.2000 BStBl II 2000, 297), auch dann nicht, wenn der Freiberufler mit dem Erwerb weiter gehende Erwartungen verknüpfe, die mit seinem Beruf zusammenhängen (vgl. auch H 4.2 [1] (Anteil eines Steuerberaters an einer GmbH) EStH.

Da bilanzierende Gewerbetreibende ihren Gewinn nach § 5 EStG ermitteln, während auf bilanzierende Freiberufler nur § 4 Abs. 1 EStG zutrifft, kann vereinfachend gesagt werden, dass nach der Rechtsprechung die Bildung gewillkürten Betriebsvermögens bei § 5 EStG in einem weiteren Umfang zulässig ist als bei § 4 Abs. 1 EStG.

Schließlich sei darauf hingewiesen, dass nach der neueren Rechtsprechung auch der Überschussrechner, der seinen Gewinn nach § 4 Abs. 3 EStG ermittelt, gewillkürtes Betriebsvermögen bilden kann, BFH vom 02.10.2003 DStR 2003, 2156; zur Anwendung des Urteils vgl. BMF-Schreiben vom 17.11.2004 BStBl I 2004, 1064 und R 4.2 (1) Satz 3 EStR. Bis dahin war ihm nur die Beibehaltung der Betriebsvermögenseigenschaft zugestanden worden, wenn bisher notwendiges BV diese Eigenschaft auf Grund einer Nutzungsänderung verlor.

BEISPIEL

Freiberufler F ermittelt seinen Gewinn nach § 4 Abs. 3 EStG. Er betrieb seinen Beruf bisher in einem Gebäude, das ihm gehörte und daher notwendiges Betriebsvermögen war.

LÖSUNG Wenn er die Räume nach einem Umzug seines Büros nunmehr vermietet, braucht er sie nicht zwangsweise zu entnehmen, sondern er kann sie weiter als Betriebsvermögen behandeln.

1.2.3 Folgen der Einordnung als gewillkürtes Betriebsvermögen

Wenn sich der Steuerpflichtige entschieden hat, ein Wirtschaftsgut durch Aufnahme in die Bilanz zu gewillkürtem Betriebsvermögen zu machen oder durch Nichtaufnahme im gewillkürten Privatvermögen zu belassen, dann kann er dieses ausgeübte Bilanzierungswahlrecht **nicht willkürlich wieder ändern**. Eine Änderung bedarf vielmehr einer sachlichen Begründung und der dafür vorgesehenen Form einer Entnahme bzw. Einlage. Ebensowenig wie die Bestimmung zum gewillkürten Betriebsvermögen durch rückwirkende Einbuchung geschehen kann, kann die Entnahme durch rückwirkende Ausbuchung geschehen. **Einbuchungen** und **Ausbuchungen** wirken vielmehr (ihre Zulässigkeit vorausgesetzt) stets **nur ab dem Zeitpunkt ihrer Vornahme** (BFH vom 31.01.1985 in BFH/NV 1986, 80 und vom 12.09.1985 BStBI II 1986, 255).

1.3 Notwendiges Privatvermögen

Auch bei der Zuordnung eines Wirtschaftsguts zum notwendigen Privatvermögen ist vorrangig auf die **Nutzung** abzustellen und erst, wenn diese keinen Anhaltspunkt für eine Zuordnung ergibt, auf die **Funktion,** die ein Wirtschaftsgut für den Betrieb des Steuerpflichtigen hat.

1.3.1 Gemischt-genutzte Wirtschaftsgüter als notwendiges Privatvermögen

Wird das Wirtschaftsgut ausschließlich für Zwecke der Lebensführung des Steuerpflichtigen genutzt oder ist zwar eine betriebliche Nutzung feststellbar, die jedoch von untergeordneter Bedeutung ist, so ist das Wirtschaftsgut dem notwendigen Privatvermögen zuzuordnen. Als eine betriebliche Nutzung von untergeordneter Bedeutung wird dabei ein nachhaltiger **betrieblicher Nutzungsanteil von weniger als 10 %** angesehen (vgl. BFH vom 02. 10. 2003 BStBl II 2004, 985 Leitsatz 2; R 4.2 Abs. 1 EStR; zu der wiederum abweichenden Beurteilung beim Grund und Boden vgl. R 4.2 Abs. 8 und 4.2 [11] EStH). **Aufwendungen**, die auf die betriebliche Nutzung entfallen, können trotz der mangelnden Bilanzierung des Wirtschaftsguts berücksichtigt werden (vgl. Teil F).

Ist ein Pkw zunächst zulässigerweise dem gewillkürten Betriebsvermögen zugeordnet worden, so verliert er diese Eigenschaft auch dann nicht, wenn er in einem Folgejahr nur einen betrieblichen Nutzungsanteil von weniger als 10 % aufweist, BFH vom 21. 08. 2012 DStR 2012, 2477.

1.3.2 Neutrale Wirtschaftsgüter als notwendiges Privatvermögen

Bei den neutralen Wirtschaftsgütern kommt es darauf an, ob diese für den Betrieb eine gewisse Funktion haben, das heißt ob sie in einem gewissen objektiven Zusammenhang zu dem Betrieb stehen oder ob ein solcher Zusammenhang fehlt. Fehlt ein solcher Zusammenhang, dann sind die neutralen Wirtschaftsgüter dem notwendigen Privatvermögen zuzuordnen.

1.3.3 Folgen der Einordnung als notwendiges Privatvermögen

Wirtschaftsgüter des notwendigen Privatvermögens dürfen nicht bilanziert werden; sind sie in der Bilanz enthalten, so ist diese zu berichtigen (vgl. BFH vom 21. 06. 1972 BStBl II 1972, 874; vom 23. 07. 1975 BStBl II 1976, 180 und vom 01. 12. 1976 BStBl II 1977, 315).

Gemischt-genutzte Wirtschaftsgüter

Betriebliche Nutzung	§ 5 EStG	§ 4 Abs. 1 EStG	§ 4 Abs. 3 EStG
über 50 %	Notwendiges BV	Notwendiges BV	Notwendiges BV
10 – 50 %	Gewillkürtes BV	Gewillkürtes BV	Gewillkürtes BV[1]
unter 10 %	Notwendiges PV	Notwendiges PV	Notwendiges PV

Neutrale Wirtschaftsgüter

Funktionszusammenhang zum Betrieb	§ 5 EStG	§ 4 Abs. 1 EStG	§ 4 Abs. 3 EStG
Für die Fortführung unerlässlich	Notwendiges BV	Notwendiges BV	Notwendiges BV
Unmittelbarer Zusammenhang zur ausgeübten Tätigkeit	Gewillkürtes BV	Gewillkürtes BV	Gewillkürtes BV[1]

1 Vgl. BFH vom 02. 10. 2003 DStR 2003, 2156

Funktionszusammenhang zum Betrieb	§ 5 EStG	§ 4 Abs. 1 EStG	§ 4 Abs. 3 EStG
Kein unmittelbarer Zusammenhang zur ausgeübten Tätigkeit, aber objektiver Zusammenhang zum Betrieb	Gewillkürtes BV	Notwendiges PV (gilt auch für Gewerbetreibende mit festem Berufsbild, die den Gewinn nach § 5 EStG ermitteln)	Notwendiges PV
Kein objektiver Zusammenhang zum Betrieb	Notwendiges PV	Notwendiges PV	Notwendiges PV

2 Grundstücke im Betriebsvermögen

2.1 Grund und Boden

Der **unbebaute Grund und Boden** macht bei der Zuordnung zum Betriebs- oder Privatvermögen keine besonderen Schwierigkeiten: Werden einzelne Teile des Grundstücks eindeutig betrieblich genutzt (etwa als Lagerplatz), so stellen sie (berechnet auf die entsprechenden Quadratmeter Nutzfläche) notwendiges **Betriebsvermögen** dar. Werden einzelne Teile eindeutig privat genutzt, so stellen sie notwendiges **Privatvermögen** dar. Werden einzelne Teile des unbebauten Grundstücks vermietet, so können diese unter den allgemeinen Voraussetzungen (objektiver Zusammenhang zum Betrieb, dem Betrieb förderlich, Ausweis in der Bilanz) zum gewillkürten Betriebsvermögen gezogen werden.

Der **Grund und Boden des bebauten Grundstücks** ist bezüglich des überbauten Teils des Grundstücks nach der Zuordnung des aufstehenden Gebäudes anteilig dem Betriebsvermögen zuzurechnen (quotenmäßige Aufteilung, vgl. R 4.2 Abs. 7 EStR; Heinicke in Schmidt, EStG, § 4 Rz. 189). Bezüglich des nicht überbauten Teils des Grundstücks ist wie folgt zu verfahren: Lassen sich einzelne Teile des Grund und Bodens schon nach der Nutzung eindeutig zuordnen (etwa ein Teil nur für Parkplätze von Kunden oder nur als privater Wäschetrockenplatz), dann ist die anteilige Fläche voll der entsprechenden Vermögensart zuzurechnen (flächenmäßige Aufteilung, so auch Heinicke in Schmidt, EStG, § 4 Rz. 188). Ist dies nicht oder nicht für das gesamte Grundstück möglich, dann folgt der nicht eindeutig zuordenbare Teil ebenfalls der Nutzung des aufstehenden Gebäudes.

Der Grund und Boden ist als **nicht abnutzbares Anlagevermögen** stets gesondert vom Gebäude, das abnutzbares Anlagevermögen darstellt, zu bilanzieren. Unter Umständen können die Grundstücke auch einmal **Umlaufvermögen** darstellen, etwa bei einem Wohnungsbauunternehmen, das Grundstücke aufkauft, parzelliert, bebaut und veräußert (so bspw. die Grundstücke eines gewerblichen Grundstückshändlers, vgl. BFH vom 12.09.1995 BFH/NV 1996, 206 und BFH vom 25.10.2001 BFH/NV 2002, 266). Zum Umlaufvermögen gehörende bebaute Grundstücke müssen für Grund und Boden und Gebäude ebenfalls gesondert bilanziert werden, da sich deren Teilwerte jeweils für sich entwickeln können – auch beim Umlaufvermögen bilden Grund und Boden und Gebäude keine Einheit.

2.2 Gebäude

Anders als alle anderen Wirtschaftsgüter werden Gebäude mit **unterschiedlichen Nutzungen** (die Rechtsprechung spricht bei Gebäuden von unterschiedlichen Nutzungs- und Funktionszusammenhängen; grundlegend BFH vom 26.11.1973 BStBl II 1974, 132) **nicht als** eine **Einheit** behandelt, sondern das Gebäude wird entsprechend seiner Nutzung in verschiedene Gebäudeteile aufgeteilt, die jedes für sich ein Wirtschaftsgut darstellen sollen. Dabei soll entsprechend R 4.2 Abs. 4 EStR nach der Nutzung zu unterscheiden sein in je ein Wirtschaftsgut

- eigenbetrieblich genutzter Gebäudeteil
- fremdbetrieblich genutzter Gebäudeteil
- zu fremden Wohnzwecken genutzter Gebäudeteil
- zu eigenen Wohnzwecken genutzter Gebäudeteil.

Über die Bilanzierungsfähigkeit jedes einzelnen dieser Wirtschaftsgüter ist gesondert anhand des R 4.2 Abs. 7 ff. EStR zu entscheiden. Über die genannten Gebäudeteile hinaus ist das Gebäude noch weiter zu atomisieren, wenn sich in ihm Betriebsvorrichtungen, Scheinbestandteile, besondere Einbauten oder Mietereinbauten befinden (vgl. R 4.2 Abs. 3 EStR).

2.2.1 Eigenbetrieblich genutzter Gebäudeteil

Der eigenbetrieblich genutzte Gebäudeteil ist **grundsätzlich notwendiges Betriebsvermögen** (R 4.2 Abs. 7 EStR). Dabei gehört zur eigenbetrieblichen Nutzung auch ein Gebäude oder Gebäudeteil, der an eigene Arbeitnehmer zu Wohnzwecken vermietet wird, wenn sich der Steuerpflichtige von der Vermietung an die eigenen Arbeitnehmer einen betrieblichen Vorteil erwartet oder erwarten kann, wie zum Beispiel eine engere Bindung an den Betrieb (BFH vom 01.12.1976 BStBl II 1977, 315; R 4.2 Abs. 4 Satz 2 EStH).

Nach § 8 EStDV brauchen eigenbetrieblich genutzte Gebäudeteile, die im Verhältnis zum gesamten Grundstück von **untergeordneter Bedeutung** sind, nicht als notwendiges Betriebsvermögen bilanziert zu werden. Dem Steuerpflichtigen steht vielmehr ein **Wahlrecht** zu, ob er den Gebäudeteil und den zugehörigen Bodenanteil zum Betriebsvermögen oder zum Privatvermögen bestimmen will. Dieses Wahlrecht macht den eigenbetrieblich genutzten Gebäudeteil, der ein selbstständiges Wirtschaftsgut darstellt, das zu 100 % eigenbetrieblich genutzt wird, zum gewillkürten Betriebsvermögen. Grundstücksteile von untergeordneter Bedeutung liegen nach § 8 EStDV vor, wenn der Gebäudeteil und der zugehörige Bodenanteil zusammen höchstens 20 500 € Wert sind **und** der eigenbetriebliche Gebäudeteil **höchstens 20 %** des Gesamtgebäudes ausmacht. Ist nur eine der beiden Grenzen überschritten, so stellt der eigenbetrieblich genutzte Gebäudeteil nebst zugehörigem Grund- und Bodenanteil wieder notwendiges Betriebsvermögen dar. Dabei soll die 20 500-Euro-Grenze jährlich zum Bilanzstichtag überprüft werden, und beim erstmaligen Überschreiten hat eine Einlage (unter Berücksichtigung des § 6 Abs. 1 Nr. 5 EStG) zu erfolgen. Gibt bei der 20 %-Grenze die Aufteilung nach der Nutzfläche völlig falsche Ansätze (beispielsweise weil eine große Fabrikhalle darin enthalten ist), dann soll in solchen Fällen entsprechend R 4.2 Abs. 8 Satz 5 EStR auf das Verhältnis der Raummeter oder einen anderen vernünftigen Maßstab zurückgegriffen werden.

Bei Grundstücksgemeinschaften soll entsprechend R 4.2 Abs. 12 Satz 2 EStR der Teil berücksichtigt werden, der dem Eigentümer anteilig gehört, bei der Frage, ob der Teil von untergeordneter Bedeutung ist, ist auf das Verhältnis zum Gesamtgrundstück abzustellen.

BEISPIEL

A, B und C sind zu je einem Drittel Miteigentümer eines Gebäudes, das mit zugehörigem Grundstück einen gemeinen Wert von 100 000 € hat. A nutzt das Gebäude zu 60 % in seinem Gewerbebetrieb; für den Grund und Boden ist ein abweichendes Nutzungsverhältnis nicht feststellbar.

LÖSUNG A hätte bei voller betrieblicher Nutzung nur seinen Anteil von einem Drittel zu bilanzieren, den Rest dürfte er nicht bilanzieren (so auch H 4.2 [7] (Miteigentum) EStH). Bei nur 60 % eigenbetrieblicher Nutzung könnte daher allenfalls 20 % von Grund und Boden und Gebäude mit einem Gesamtwert von 20 000 € bilanziert werden. Der BFH ist jedoch der Ansicht, der A habe seinen Teil der AK für die betriebliche Nutzung aufgewendet, so dass er den betrieblich genutzten Teil im Rahmen seines Miteigentumsanteils voll mit 33 333 € zu bilanzieren hat (an sich 60 000 €, aber ihm gehört das Grundstück nur zu höchstens 33 333 €), BFH vom 23.08.1999 BStBl II 1999, 774.

Sobald der Steuerpflichtige jedoch einen anderen Gebäudeteil als **gewillkürtes Betriebsvermögen** behandelt, **fällt** der Grund für die **Sonderregelung** des § 8 EStDV, keine Minianteile von Grundstücken bilanzieren zu müssen, **weg** und auch der für sich betrachtet untergeordnete eigenbetrieblich genutzte Gebäudeteil ist dann wieder als notwendiges Betriebsvermögen zu behandeln.

2.2.2 Fremdbetrieblich genutzter Gebäudeteil

Der an fremde Betriebe vermietete Gebäudeteil stellt ein weiteres Wirtschaftsgut für sich dar. Dabei stellen auch mehrere Stockwerke, die jeweils an einen unterschiedlichen Betrieb vermietet sind, nur ein Wirtschaftsgut fremdbetrieblich genutzter Gebäudeteile dar, sie können also **nur einheitlich behandelt** werden. Dieses Wirtschaftsgut kann als gewillkürtes Betriebsvermögen behandelt werden, wenn es in einem gewissen objektiven Zusammenhang zum eigenen Betrieb steht (R 4.2 Abs. 9 EStR). Dabei ist nicht erforderlich, dass die fremden Betriebe etwa zu dem eigenen in Geschäftsbeziehung stehen. Für den objektiven Zusammenhang reicht schon die Tatsache eines vergrößerten Betriebsvermögens zur Erlangung betrieblicher Kredite aus. Entsprechend den obigen Ausführungen soll das Erfordernis des **objektiven Zusammenhangs** nur bewirken, dass dem Betrieb keine gewerbliche Vermögensverwaltung aufgepfropft wird. Im Regelfall bedarf das Erfordernis des betrieblichen Zusammenhangs beim Gewerbetreibenden keines besonderen Nachweises. Anders beim bilanzierenden Freiberufler, wo es eines unmittelbaren Zusammenhanges zur ausgeübten Tätigkeit bedarf. Zur Kennzeichnung der Ausübung des Wahlrechts bedarf es eines Ausweises in der Bilanz, wobei die Bestimmung zum gewillkürten Betriebsvermögen wiederum im Regelfall erst im Zeitpunkt der Einbuchung vorliegt. Wird also erst bei Erstellen der Bilanz das Wahlrecht ausgeübt, dann ist der fremdbetrieblich genutzte Gebäudeteil erst ab dem Tag des Erstellens der Bilanz gewillkürtes Betriebsvermögen, eine Rückwirkung etwa zum Tage der Fertigstellung, der Vermietung oder Ähnliches kommt nicht in Betracht.

Fehlt dem Wirtschaftsgut »fremdbetrieblich genutzter Gebäudeteil« der objektive Zusammenhang zum Betrieb, so stellt es grundsätzlich notwendiges Privatvermögen dar.

BEISPIEL

S und seine Ehefrau F sind je zur Hälfte Miteigentümer eines unbebauten Grundstücks. Das Grundstück ist an X vermietet. S hat seine Grundstückshälfte aktiviert. – Nunmehr kauft er der F ihre Grundstückshälfte ab, ohne sie hinzuzuaktivieren. Das FA folgert hieraus, dass daher auch der bisher aktivierte Teil entnommen werden muss (an der Nutzung durch Vermietung ändert sich nichts).

LÖSUNG (BFH vom 08.03.1990 HFR 1990, 614): Eine Hinzuaktivierung braucht nicht zu erfolgen. Daraus ist nicht zu entnehmen, dass der bisher aktivierte Anteil entnommen werden müsse. Ebenso BFH vom 08.03.1990 BStBl II 1994, 559.

2.2.3 Zu fremden Wohnzwecken genutzter Gebäudeteil

Dieser Gebäudeteil kann unter denselben Voraussetzungen wie der fremdbetrieblich genutzte Gebäudeteil zum gewillkürten Betriebsvermögen gemacht werden (R 4.2 Abs. 9 und 10 EStR). Da es sich um verschiedene Wirtschaftsgüter handeln soll, müssen die einzelnen Gebäudeteile **in der Buchführung gesondert erfasst** werden; sie können jedoch selbstverständlich in der Bilanz in einem Bilanzposten zusammengefasst werden. Der dazugehörende Grund und Boden kann auch schon in der Buchführung auf einem einzigen Konto geführt werden.

Da die einzelnen Gebäudeteile verschiedene Wirtschaftsgüter darstellen, können diese auch verschieden abgeschrieben werden (R 7.4 Abs. 6 EStR). Denkbar wäre also bei einem Gebäude, bei dem der Antrag auf Baugenehmigung nach dem 31.12.2003 und vor dem 01.01.2006 gestellt wurde, wie folgt abzuschreiben: Den eigenbetrieblich genutzten Gebäudeteil linear mit 3 %, den fremdbetrieblich genutzten (und bilanzierten) Gebäudeteil linear mit 3 %, den zu fremden Wohnzwecken genutzten Gebäudeteil degressiv mit 4 %. Dies führt entsprechend den gesetzlichen Vorgaben zu einer Abschreibung der betrieblich genutzten Teile in 33 Jahren, der Wohnteile in 25 Jahren. Bei linearer AfA muss der betrieblich genutzte Teil mit 3 %, der Wohnteil mit 2 % abgeschrieben werden, da die Voraussetzungen des § 7 Abs. 4 Satz 1 EStG nur vorliegen, wenn der Gebäudeteil nicht Wohnzwecken dient.

2.2.4 Zu eigenen Wohnzwecken genutzter Gebäudeteil

Der zu eigenen Wohnzwecken dienende Gebäudeteil ist notwendiges Privatvermögen. Eine Bilanzierung kommt seit 01.01.1987 nicht mehr in Betracht (bis 31.12.1998 existierte noch eine Übergangsregelung).

3 Forderungen und Verbindlichkeiten

Forderungen und Verbindlichkeiten sind für sich betrachtet einer Nutzung nicht zugänglich. Bei ihnen handelt es sich daher um **neutrale Wirtschaftsgüter.** Dennoch können sie nicht isoliert betrachtet werden, sondern es ist für ihre Zuordnung – jedenfalls zunächst – der Anlass ihres Entstehens zu berücksichtigen.

3.1 Forderungen

Bei Forderungen kommt es für die **Entstehung** auf das zugrunde liegende Geschäft an, ob sie im Betriebsvermögen zu erfassen sind oder nicht. Forderungen aus der Veräußerung, dem Verlust, der Beschädigung betrieblicher Wirtschaftsgüter entstehen im Betriebsvermögen, Forderungen aus der Veräußerung, Verlust, Beschädigung privater Wirtschaftsgüter entstehen im privaten Bereich.

Für die Entstehung von **Darlehensforderungen** kommt es auf den Anlass der Gewährung an, das heißt die Gewährung an Geschäftsfreunde, Kunden und dergleichen führt zu einer Entstehung im betrieblichen Bereich, die Gewährung an Verwandte führt zu einer Entstehung im privaten Bereich. Die Entstehung eines Einkommensteuererstattungsanspruchs vollzieht sich im privaten Bereich, da die Einkommensteuer der privaten Lebensführung zugerechnet wird (§ 12 Nr. 3 EStG). Damit ist jedoch nicht notwendigerweise die Aussage verbunden, dass die im betrieblichen oder privaten Bereich entstandenen Forderungen zwingend dem Entstehungsbereich verhaftet bleiben. Wie aus einem bislang betrieblich nur untergeordnet genutzten Wirtschaftsgut durch nachhaltige Nutzungsänderung aus notwendigem Privatvermögen gewillkürtes oder gar notwendiges Betriebsvermögen werden kann, kann durch eine **Änderung des Funktionszusammenhangs** aus einer Forderung, die im notwendigen Privatvermögen entstanden ist, zumindest eine Forderung des gewillkürten Betriebsvermögens werden.

Die Beziehung einer Forderung zum Betrieb kann vom Steuerpflichtigen unabhängig von ihrem Entstehungsgrund verändert werden. So kann er eine im privaten Bereich entstandene Forderung jederzeit zur Stärkung des Betriebskapitals verwenden, womit er – zumindest bei kurzfristigen Forderungen – auch den Grad seiner Liquidität verändert. Es ist daher nicht einzusehen, weshalb der Steuerpflichtige, dessen Anspruch auf eine Einkommensteuererstattung zwangsweise im Privatvermögen entstanden ist, diese nicht zur Stärkung seines Betriebskapitals einlegen können soll (so aber BFH vom 22.07.1966 BStBl III 1966, 542; wie hier dagegen Heinicke in Schmidt, EStG, § 4 Rz. 220). Dies würde noch deutlicher, wenn dieser Anspruch gegen das Finanzamt von einem Betriebsgläubiger gepfändet würde. Fehlt es dagegen für eine Änderung des Funktionszusammenhangs an ersichtlichen betrieblichen Gründen, wie dies in der Regel mit privat entstandenen Forderungen sein wird, die mit Ausfallrisiken behaftet sind, dann fehlt der betriebliche Zusammenhang, der eine Änderung zum Betriebsvermögen ermöglichen würde.

Wegen des Vorsichtsprinzips des Handelsrechts, das über § 5 Abs. 1 EStG auch im Steuerrecht gilt, dürfen **bestrittene Forderungen** nicht ausgewiesen werden (BFH vom 26.04.1989 BStBl II 1991, 213; vom 03.06.1993 BFH/NV 1994, 366, vom 10.02.1994 BFH BStBl II 1994, 564 und vom 23.02.1995 BFH/NV 1995, 1060).

Langfristige unverzinsliche Darlehensforderungen haben zwar in Höhe des abgezinsten Werts einen niedrigeren Teilwert. Da dieser jedoch nicht von Dauer ist, kommt eine Abschreibung nicht in Betracht, BMF vom 16.07.2014 BStBl I 2014, 1162 Rz. 21. In der Handelsbilanz ist dagegen eine Abschreibung gem. § 253 Abs. 3 Satz 4 HGB möglich. In der Handelsbilanz ist mit dem Marktzinssatz abzuzinsen.

3.2 Verbindlichkeiten

Bei Verbindlichkeiten kommt es für die Zuordnung zum Betriebs- bzw. zum Privatvermögen ebenfalls zunächst auf die Entstehung an. Verbindlichkeiten sind grundsätzlich neutrale Wirtschaftsgüter, die jedoch durch ihre Eingehung bedingt entweder in einem solch engen Funktionszusammenhang zum Betrieb stehen (nämlich wenn sie die Anschaffung betrieblicher Wirtschaftsgüter ermöglichen), dass sie bei ihrer Entstehung dem **notwendigen Betriebsvermögen** zuzurechnen sind; oder sie stehen in keinem objektiven Zusammenhang zum Betrieb (weil sie unmittelbar zur Anschaffung privater Wirtschaftsgüter oder zum privaten Verbrauch eingegangen wurden), dann sind sie dem **notwendigen Privatvermögen** zuzurechnen (vgl. R 4.2 Abs. 15 Satz 1 EStR). Gewillkürtes Betriebsvermögen gibt es bei Verbindlichkeiten also grundsätzlich nicht (so im Grundsatz auch BFH vom 12.09.1985 BStBl II 1986, 255). Dabei macht es keinen Unterschied, ob die Verbindlichkeiten unmittelbar als **Kaufpreisschuld** entstehen oder erst mittelbar als **Darlehen** die Anschaffung von Wirtschaftsgütern ermöglichen (zum Kontokorrentkredit siehe aber unten). Allerdings ist bei Darlehen der betriebliche oder private Zusammenhang ungleich schwieriger zu erkennen. Steht ihre Aufnahme in einem eindeutigen bei der Darlehensaufnahme mit der Bank vereinbarten Zusammenhang mit der Anschaffung oder Herstellung eines Wirtschaftsgutes (Baudarlehen, Hausratsdarlehen, Existenzgründungsdarlehen), so macht die Zuordnung keine Schwierigkeiten. Ist das Darlehen nur allgemein auf ein Geschäftskonto zur Stärkung der betrieblichen Liquidität aufgenommen worden, so stellt es ebenfalls notwendiges Betriebsvermögen dar. Dabei ist die Grenze teilweise schwer zu ziehen, insbesondere wenn ein zeitlicher Zusammenhang zu einer größeren Privatentnahme gegeben ist.

BEISPIEL

A kauft ein Einfamilienhaus zu eigenen Wohnzwecken.
a) Er nimmt hierzu ein Darlehen über 100 000 € auf. Die Auszahlung der Darlehenssumme erfolgt auf ein betriebliches Konto, von wo sie alsbald entnommen wird.

b) Er entnimmt seinem Betrieb 100 000 € und nimmt am gleichen Tag über seinen Betrieb »wegen plötzlich eingetretenen Kapitalbedarfs« ein Bankdarlehen über 100 000 € auf.

c) Er entnimmt seinem Betrieb 100 000 € und nimmt vier Monate später ein Darlehen über 20 000 € auf, weitere drei Monate später eines über 30 000 € und nochmals zwei Monate später eines über 50 000 €.

d) Er nimmt drei Monate vor der Anschaffung des EFH ein Darlehen über den Betrieb auf und entnimmt das Geld anlässlich der Anschaffung.

LÖSUNG

a) Das Darlehen ist trotz des gewählten Umwegs unmittelbar durch private Zwecke veranlasst. Es steht notwendigerweise im Privatvermögen (vgl. BFH vom 15. 11. 1990 BStBl II 1991, 238 vom 21. 02. 1990 BStBl II 1991, 514 und insbesondere GrS vom 08. 12. 1997 BStBl II 1998, 193, 199 und BMF vom 22. 05. 2000 BStBl I 2000, 588, Rz. 3 und 4).

b) Der BFH sieht in seinem Urteil vom 24. 11. 1967 BStBl II 1968, 177 ebenfalls noch einen unmittelbaren Zusammenhang zum Privatvermögen.

c) Ein solcher Zusammenhang dürfte hier nicht mehr nachweisbar sein. Dennoch ist der Zinsabzug als Betriebsausgabe möglicherweise eingeschränkt, § 4 Abs. 4 a EStG. Dasselbe gilt für d).

Fraglich ist, wie Verbindlichkeiten **nach ihrer Entstehung** zu behandeln sind. Der BFH war früher der Ansicht, dass betrieblich begründete Verbindlichkeiten grundsätzlich notwendiges Betriebsvermögen bleiben, während privat begründete Verbindlichkeiten grundsätzlich ihren Charakter als notwendiges Privatvermögen behalten (BFH vom 07. 05. 1965 BStBl III 1965, 446). Werden Wirtschaftsgüter des gewillkürten Betriebsvermögens angeschafft, so folgt die Verbindlichkeit der Behandlung des angeschafften Wirtschaftsgutes (wird das Wirtschaftsgut als gewillkürtes Betriebsvermögen bilanziert, dann stellt die Verbindlichkeit notwendiges Betriebsvermögen dar).

In der Tat muss man dem BFH darin folgen, dass es bei Verbindlichkeiten **nicht möglich** ist, den ursprünglichen **Funktionszusammenhang zu ändern** oder auch nur soweit zu lockern, dass die Verbindlichkeiten dem gewillkürten Betriebsvermögen (bzw. dem gewillkürten Privatvermögen) zugerechnet werden könnten, bei denen der Steuerpflichtige ein Wahlrecht bei der Zurechnung zum Betriebs- oder zum Privatvermögen hätte. Dies mögen zwei Beispiele verdeutlichen:

BEISPIELE

a) Der Steuerpflichtige hat ein ausschließlich zu eigenen Wohnzwecken genutztes Einfamilienhaus gekauft und noch nicht bezahlt. Wollte man hier früher oder später einen Funktionszusammenhang eines selbstständigen Wirtschaftsguts »Verbindlichkeit« mit dem Betrieb annehmen (ohne gleichzeitige Änderung der Nutzung des Grund und Bodens und des Gebäudes), so würde man eine betriebliche Verbindlichkeit und damit einen betrieblichen Schuldzinsenabzug anerkennen.

b) Der Steuerpflichtige hat einen Kran gekauft und noch nicht bezahlt. Wollte man hier die Überführung der Verbindlichkeit in das Privatvermögen zulassen, so verdeutlicht der dazu erforderliche Buchungssatz »Verbindlichkeit an Einlage« bereits, dass hiermit vorgegeben würde, dem Betrieb Eigenkapital zuzuführen, ohne dass ihm tatsächlich Mittel zufließen oder dass Verbindlichkeiten getilgt wären. Dies aber würde dem handelsrechtlichen Verbot, sich reicher zu machen als man ist bzw. dem Gebot der §§ 242, 253 HGB, wonach Schulden ausgewiesen werden müssen, widersprechen.

Daraus wird deutlich, dass Verbindlichkeiten anders als Forderungen sich nicht im Betrieb als Wirtschaftsgüter verselbstständigen können, sondern eng an das Schicksal der mit Hilfe der Verbindlichkeiten erworbenen Wirtschaftsgüter gebunden sind. Dabei ist eine Änderung des ursprünglichen Funktionszusammenhangs ausgeschlossen, wenn die Verbindlichkeiten zum Verbrauch im Betrieb bzw. im Privatvermögen eingegangen und auch tatsächlich verbraucht wurden.

BEISPIELE

a) A hat 10 000 € aufgenommen, um Löhne zu zahlen.
LÖSUNG Nach Zahlung der Löhne ist die Schuld Betriebsschuld, eine nachträgliche Änderung ist nicht mehr möglich.

b) B hat 5 000 € aufgenommen, um eine Urlaubsreise zu machen.
LÖSUNG Nach Zahlung der Summe für die Reise ist die Schuld Privatschuld, eine Änderung ist nicht mehr möglich.

c) Ereilt den B in Beispiel b) nach Aufnahme des Darlehens, aber vor der Abreise ein durch den Betrieb verursachter Gebührenbescheid über 5 000 €, auf Grund dessen B auf seinen Urlaub verzichten und den Betrag verwenden muss, um die Steuerschuld zu tilgen, dann liegt hierin eine Änderung des Aufnahmezwecks, so dass die Darlehensschuld zu einer betrieblichen wird.

Eine Änderung des ursprünglichen Funktionszusammenhangs ist auch ausgeschlossen, wenn das mit Hilfe der Verbindlichkeiten erworbene Wirtschaftsgut ohne Nutzungsänderung wieder aus dem jeweiligen Vermögen ausgeschieden ist.

BEISPIELE

a) C hat Waren für 20 000 € gekauft. 12 000 € hat er bezahlt mit Geldern, die er zu diesem Zweck bei der Bank aufgenommen hat, 8 000 € schuldet er noch dem Lieferanten. Die Waren hat er bereits weiterveräußert.
LÖSUNG Die Darlehensschuld (12 000 €) und die Lieferantenverbindlichkeit (8 000 €) sind Betriebsschulden.

b) D hat ein vermietetes Einfamilienhaus gekauft und mit Bankdarlehen finanziert. Er schuldet der Bank hieraus noch 50 000 €, obwohl er das Haus inzwischen weiterveräußert hat.
LÖSUNG Die Schuld ist nach wie vor privat. Die Zinsen können jedoch nicht mehr zu Werbungskosten bei Vermietung und Verpachtung führen, da bei den Werbungskosten des § 9 EStG nicht nur die Verursachung zum Zweck der Einnahmeerzielung ausreicht, sondern eine fortdauernde Einnahmeerzielungsabsicht erforderlich ist.

Eine Änderung der Zuordnung der Verbindlichkeiten kommt also allenfalls dann infrage, wenn das **erworbene Wirtschaftsgut seine Zuordnung ändert,** wobei auch gleich zu fragen ist, ob die Verbindlichkeit in diesen Fällen nicht zwangsläufig dem erworbenen Wirtschaftsgut folgt.

BEISPIELE

a) A kaufte Wertpapiere, die er zunächst voll als Betriebsvermögen behandelte, auf Kredit. Nach zwei Jahren überführt er die Wertpapiere ins Privatvermögen, der Kredit ist erst zur Hälfte getilgt.

b) B kaufte ein Grundstück, das er zunächst voll betrieblich nutzte, mit Hilfe eines Bankdarlehens. Nach zwei Jahren nutzt er das Grundstück ausschließlich zu privaten Zwecken, das Darlehen ist erst zur Hälfte getilgt.

Nach BFH vom 24.08.1956 (BStBl III 1956, 325) entsteht die Verbindlichkeit zunächst in beiden Fällen im notwendigen Betriebsvermögen und wird nach der Entnahme der angeschafften Wirtschaftsgüter zum notwendigen Privatvermögen. BFH vom 07.05.1965 (BStBl III 1965, 445) spricht dagegen davon, dass in einem solchen Fall die »Betriebsschuld in eine Privatschuld umgewandelt werden kann«, was auf die Möglichkeit der Beibehaltung des bisherigen Funktionszusammenhanges und damit auf die Bildung gewillkürten Betriebsvermögens hindeutet. Dies ist jedoch nicht möglich. Der **Gläubigerschutz** des HGB, der über § 5 Abs. 1 EStG auch für das Steuerrecht maßgebend ist, verlangt ebenso eine **einwandfreie Trennung** betrieblicher von privaten Verbindlichkeiten wie das Verbot des privaten Schuldzinsenabzugs, das einen Abzug privater Schuldzinsen nur im Rahmen des § 9 Abs. 1 Nr. 1 EStG gestattet. Bei Verbindlichkeiten endet also die Möglichkeit der Gestaltungsfreiheit. In den beiden oben genannten Beispielen werden somit die Darlehensschulden mit der Entnahme der Wertpapiere bzw. des Grundstücks ebenfalls zu **notwendigerweise privaten Schulden** (vgl. BFH vom 28.01.1987 BStBl II 1987, 616 – Leitsatz 3 und Beschluss des GrS des BFH vom 04.07.1990 BStBl II 1990, 817 sowie R 4.2 Abs. 15 EStR).

BEISPIELE

a) A erwirbt ein Grundstück für 100 000 €. Er finanziert es voll mit einem langjährigen Fälligkeitsdarlehen. Er nutzt das Grundstück zunächst zu 40 % zu betrieblichen Zwecken. Nach zwei Jahren erweitert er die betriebliche Nutzung auf 70 %, 30 % werden vermietet.
aa) Er bilanziert entsprechend R 4.2 Abs. 7 EStR nur 70 %.
bb) Er bilanziert entsprechend R 4.2 Abs. 9 EStR auch den vermieteten Teil.

LÖSUNG Zunächst ist die Schuld zu 40 % Betriebsschuld (vgl. BFH vom 29.11.1968 BStBI II 1968, 233, 235). Durch die nachhaltige Nutzungsänderung des Grundstücks wird die Schuld im Fall aa) zu 70 %, im Fall bb) zu 100 % Betriebsschuld. Der BFH ist anderer Meinung: In BFH vom 29.11.1968 (BStBI II 1968, 233, 235) räumt er dem Steuerpflichtigen ein Gestaltungsrecht ein, den betrieblichen Anteil der Verbindlichkeiten auf 40 % zu belassen. Dabei wird jedoch übersehen, dass A einen noch nicht bezahlten Grundstücksteil einlegt – die Vernachlässigung der Verbindlichkeit widerspräche dem Gläubigerschutzgedanken des HGB. Wie sich im Falle eines Tilgungsdarlehens die Tilgungsraten ausnähmen, dazu siehe unten im nächsten Abschnitt.

b) A erwirbt einen Pkw, den er mit Hilfe eines langfristigen Darlehens finanziert. Er benutzt ihn zunächst zu 40 % zu betrieblichen Zwecken und behandelt ihn **nicht** als gewillkürtes Betriebsvermögen. Nach zwei Jahren ändert er den betrieblichen Nutzungsanteil nachhaltig auf 70 %, was dazu führt, dass er den Pkw jetzt einlegen muss, wobei sich der Einlagewert nach § 6 Abs. 1 Nr. 5 EStG bemisst.

LÖSUNG Der Pkw ist im Gegensatz zu dem Grundstück einheitlich zu behandeln. Die Schuld war daher zunächst in vollem Umfang Privatvermögen. Die Zinsen konnten jedoch zusammen mit dem übrigen Kfz.-Aufwand einschließlich der AfA zu 40 % als betrieblicher Aufwand berücksichtigt werden (Buchungssatz: Aufwand an Einlage) – Nach der Nutzungsänderung des Pkw ist die Schuld, soweit sie noch nicht getilgt ist, in vollem Umfang zu passivieren (vgl. R 4.2 Abs. 15 Satz 2 EStR). Allerdings sind die Schuldzinsen in die Gesamtkosten der Kfz.-Kosten einzubeziehen. Der private Nutzungsanteil wird gem. § 6 Abs. 1 Nr. 4 EStG als Entnahme behandelt.

c) C rechnet mit dem (privaten) Einkommensteuer-Erstattungsanspruch gegen eine (betriebliche) Umsatzsteuerschuld auf.

LÖSUNG Da die Verbindlichkeit zwingend betrieblicher Natur ist, ändert C den Funktionszusammenhang der Forderung, die durch die Einlage zu einer betrieblichen Forderung wird. Dabei kann C den betrieblichen Teil auf den Aufrechnungsbetrag beschränken, er kann die Forderung aber auch voll einlegen (vgl. BFH vom 10.12.1964 BStBI III 1965, 377; für den konkreten Fall des Einkommensteuer-Erstattungsanspruchs jedoch ablehnend BFH vom 22.07.1966 BStBI III 1966, 542).

d) C rechnet mit dem (betrieblichen) Vorsteuer-Erstattungsanspruch gegen eine (private) Einkommensteuerschuld auf.

LÖSUNG Die Verbindlichkeit kann nicht Betriebsvermögen werden, also wird die Forderung Privatvermögen, jedenfalls zunächst bis zur Höhe des Aufrechnungsbetrags.

3.2.1 Tilgung einer Schuld

Wie wir bereits oben gesehen haben, kann der Steuerpflichtige eine private Schuld durch eine Entnahme vom betrieblichen Bankkonto tilgen und bei einem späteren Kapitalbedarf eine (nunmehr) betriebliche Verbindlichkeit aufnehmen. Diese Art der Umschuldung ist unbestritten. Zur Abzugsfähigkeit der Schuldzinsen nach der Neuregelung des § 4 Abs. 4a EStG vgl. F 3.3.

a) Kontokorrentkonto

Ein Kontokorrentkonto, über das der Steuerpflichtige **betriebliche und private Zahlungen** leistet, muss er nach der Rechtsprechung durch Bildung von Unterkonten in einen betrieblichen und einen privaten Teil aufteilen; die auf den betrieblichen Teil entfallenden Zinszahlungen sind als Betriebsausgaben abzugsfähig. Dabei gilt, dass der Steuerpflichtige für Einnahmen, die auf dem Konto eingehen, bestimmen kann, dass diese den privaten Teil der Schulden tilgten, so dass der betriebliche Teil übrig blieb mit der Folge, dass die Zinsen als Betriebsausgaben abzugsfähig sind, so GrS des BFH vom 04.07.1990 BStBl II 1990, 817 und zuletzt BFH vom 04.03.1998 BFH/NV 1998, 1342; die Verwaltung erkannte diese Verfahrensweise an, vgl. BMF vom 10.11.1993 BStBl I 1993, 930 und BMF vom 22.05.2000 BStBl I 2000, 588 Rz. 3. Um den betrieblichen und den privaten Teil der Salden auseinander halten zu können, ist eine notfalls tägliche Berechnung nach der Zinszahlenstaffelmethode erforderlich. (Legt der Steuerpflichtige eine solche Berechnung nicht vor, so können die privaten und die betrieblichen Anteile geschätzt werden, BFH vom 31.01.1992 BFH/NV 1992, 447.)

Nach der **Zinszahlenstaffelmethode** werden die Zinsen nicht für jeden Posten des Kontokorrents (Postenmethode), sondern bezogen auf die jeweiligen Soll- oder Habensalden (Zwischensaldo) berechnet. Diese Berechnungsart geht von der finanzmathematischen Gleichung zur Ermittlung der Zinsen eines Kapitals aus:

$$Z = \frac{K \times p \times t}{100 \times 360}$$

(Z = Zinsen; K = Kapital; p = Zinsfuß; t = Tage) – und formt diese in eine Zinszahl $K \times t/100$ und in einen Zinsdivisor 360/p um. Die Zinszahlen werden von dem jeweiligen Zwischensaldo für die Zeit (Tage) seiner unveränderten Dauer (Wertstellung) gesondert berechnet (Zinszahlenstaffel). Die Zinszahlensummen der Soll- und Habenseite werden am Ende der Rechnungsperiode addiert und durch den Zinsdivisor geteilt.

Vorausgesetzt werden also folgende Formeln:

$$\textbf{Zinszahl} = \frac{\text{Kapital} \times \text{Tage}}{100}$$

$$\textbf{Zinsdivisor} = \frac{360}{\text{Zinsfuß}}$$

BEISPIEL

Datum	Vorgang		Betrag in €	Tage		Zinszahlen
01. 06.	Saldo		0			
30. 06.	Überweisung	./.	4 000			
30. 06.	Saldo	./.	4 000	10	./.	400
10. 07.	Auszahlung	./.	1 000			
10. 07.	Saldo	./.	5 000	11	./.	550
21. 07.	Überweisung	./.	5 000			
21. 07.	Saldo	./.	10 000	9	./.	900
30. 07.	Auszahlung	./.	2 000			
30. 07.	Saldo	./.	12 000	1	./.	120
01. 08.	Lastschrift	./.	1 000			
01. 08.	Saldo	./.	13 000	4	./.	520
05. 08.	Einnahme	+	5 000			
05. 08.	Saldo	./.	8 000	2	./.	160
07. 08.	Auszahlung	./.	1 000			
07. 08.	Saldo	./.	9 000	3	./.	270
10. 08.	Gutschrift	+	2 000			
10. 08.	Saldo	./.	7 000	20	./.	1 400
31. 08.	Überweisung	./.	3 000			
31. 08.	Saldo	./.	10 000	120	./.	12 000
31. 12.	Saldo	./.	10 000			
Summe der Zinszahlen					./.	16 320

Bei einem Zinsfuß von 8 % ergibt sich ein Zinsdivisor von (360/8 =) 45. Die Zinsen betragen also 16 320/45 ≈ 362 € (ebenso 16 320 × 8 : 360 = 362 €).
Wird nun unterstellt, die Auszahlungen vom 10. 07., 30. 07. und 07. 08. seien privat veranlasst, so lässt sich daraus folgendes privates **Unterkonto** entwickeln:

Datum	Vorgang		Betrag in €	Tage		Zinszahlen
–	Saldo		0			
10. 07.	Auszahlung	./.	1 000			
10. 07.	Saldo	./.	1 000	20	./.	200
30. 07.	Auszahlung	./.	2 000			
30. 07.	Saldo	./.	3 000	7	./.	210
07. 08.	Auszahlung	./.	1 000			
07. 08.	Saldo	./.	4 000	143	./.	5 720
31. 12.	Saldo	./.	4 000			
Summe der Zinszahlen						6 130

Privater Zinsanteil also 6 130/45 = 136 €.
Damit betrieblich veranlasst (362 ./. 136 =) 226 €.

Würde der Steuerpflichtige nun seinen Zahlungsverkehr über mehrere Konten abwickeln, gälte kein anderes Ergebnis, da alle Konten zu einem einheitlichen Bestand zusammenzuzählen sind.

b) Darlehenskonto

Bei den Finanzierungsdarlehen taucht die Frage auf, wie die Tilgung zu behandeln ist, wenn der Steuerpflichtige etwa ein Gebäude anschafft, das zu 40 % betrieblich und zu 60 % privat genutzt ist. Das Darlehen, das für zwei steuerliche Wirtschaftsgüter aufgenommen wurde, ist also zu zerlegen in ein zu 40 % betrieblich begründetes und ein zu 60 % privat begründetes Darlehen. Wie aber sind die Tilgungen zu behandeln?

Nach der Rechtsprechung soll der Steuerpflichtige bei der Tilgung **nicht** frei bestimmen können, welchen Teil des Darlehens er mit seiner Tilgungsrate als getilgt ansehen will. Würde der Steuerpflichtige beispielsweise 50 000 € eines Darlehens von 200 000 € tilgen, so ließ der 4. Senat des BFH schon in seinem Urteil vom 07.11.1991 BStBl II 1992, 141 nur zu: Getilgt seien anteilig 25 % des privaten und 25 % des betrieblichen Teils der Darlehensschuld.

Der 4. Senat nahm es schon 1991 in Kauf, sich damit in Widerspruch zu der Rechtsprechung des Großen Senats zum Kontokorrentkonto zu setzen. Er hat sich mit dieser Rechtsprechung auseinandergesetzt und ausgeführt, es gebe keine Notwendigkeit, diese Rechtsprechung auf den Fall eines einheitlichen Darlehens zu übertragen. Dieser Auffassung hatte sich auch der 9. Senat des BFH angeschlossen, vgl. BFH vom 05.03.2007 BFH NV 2007, 1298 und vom 15.05.2007 BFH NV 2007, 1647.

Um jegliches Risiko auszuschließen, sei der Abschluss zweier Darlehen empfohlen, eines zur Finanzierung des Wirtschaftsguts betrieblich genutzter Gebäudeteil, einer zur Finanzierung des Wirtschaftsguts privat genutzter Gebäudeteil (vgl. R 4.2 Abs. 4 EStR). Dann kann dem Steuerpflichtigen nicht verwehrt werden, Gelder zur Tilgung des privat verursachten Darlehens zu entnehmen und das betrieblich verursachte Darlehen einstweilen nicht zu bedienen; der durch die Entnahmen im Betrieb verursachte Kapitalbedarf kann dann später durch anderweitige betriebliche Verbindlichkeiten wieder abgedeckt werden. Zum Schuldzinsenabzug nach der Regelung des § 4 Abs. 4 a EStG vgl. jedoch F 3. 3.

c) Zwei- und Dreikonten-Modell

Von diesen Modellen spricht man dann, wenn der Steuerpflichtige Finanzierungen von betrieblichen und privaten Investitionen über mehrere Konten laufen lässt und sich dabei die Rechtsprechung des BFH zunutze macht, derzufolge dem Steuerpflichtigen nicht vorgeschrieben werden kann, ob er seinen Betrieb mit Eigen- oder Fremdkapital finanziere. Beim Dreikontenmodell also werden drei Konten eingerichtet: Auf Konto 1 (Kontokorrentkonto) gehen die Betriebseinnahmen ein, über Konto 2 (Kontokorrentkonto) werden die Betriebsausgaben getätigt, über Konto 3 (Kontokorrent- oder Darlehenskonto) werden private Investitionen finanziert. Der Steuerpflichtige verwendet die Einnahmen von Konto 1 ausschließlich, um die Schulden auf Konto 3 zu tilgen. Der Schuldsaldo auf Konto 2 wächst dadurch natürlich immens an, ist aber ausschließlich betrieblich verursacht, so dass die Zinsen zunächst als Betriebsausgaben voll abzugsfähig sind. Wird der Kontokorrentkredit auf Konto 2 eines Tages durch einen zinsgünstigeren Darlehenskredit abgelöst, so ist auch dieser Darlehenskredit ausschließlich durch betriebliche Schulden verursacht, die Zinsen mithin abzugsfähig. Dieses Modell ist durch die Rechtsprechung des BFH im Grundsatz bestätigt worden, GrS des BFH vom 08.12.1997 BStBl II, 193.

3.2.2 Abfindungszahlung an weichende Miterben

Kurz erwähnt werden soll noch die Rechtsprechung zu Abfindungszahlungen an weichende Miterben, wenn sich ein Betrieb im Nachlass befindet (vgl. hierzu Beschluss des GrS des BFH vom 05.07.1990 BStBl II 1990, 837 und BMF vom 14.03.2006 BStBl I 2006, 253).

Maßgebend für die Rechtsfrage über die Erbauseinandersetzung im betrieblichen Bereich ist der Beschluss des Großen Senats des BFH vom 05.07.1990 BStBl II 1990, 837. Danach geht der Betrieb des Erblassers unentgeltlich auf die Erben über, die sämtlich vom Erbfall an zu Mitunternehmern werden und die Buchwerte des Erblassers fortführen, § 6 Abs. 3 EStG. Setzen sich die Miterben auseinander, dann gibt es zwei Möglichkeiten:

1. Wird der Nachlass real geteilt und erhält ein Miterbe den Betrieb, die anderen andere Nachlassgegenstände, dann wird der den Betrieb fortführende Erbe entsprechend den Grundsätzen der Realteilung insgesamt unentgeltlicher Rechtsnachfolger der Erbengemeinschaft.
2. Übernimmt dagegen ein Miterbe den Betrieb und leistet er Ausgleichszahlungen an die übrigen Miterben, dann stellen diese Ausgleichszahlungen bei ihm Anschaffungskosten dar, die übrigen Miterben realisieren einen (nach §§ 16, 34 EStG begünstigten) Veräußerungsgewinn. Dabei spielt es keine Rolle, ob die Ausgleichszahlungen aus dem Nachlass gewonnen werden oder aus dem eigenen Vermögen des übernehmenden Miterben stammen; vgl. Beschluss des GrS des BFH vom 05.07.1990 BStBl II 1990, 837. Ihm folgend BFH vom 29.10.1991 BStBl II 1992, 512 (ein besonders für Lernende äußerst lehrreicher Fall).

BEISPIELE

a) Erblasser E stirbt. Er hinterlässt einen Betrieb mit einem Buchwert (d.h. Eigenkapital) von 100 000 €. Der reale Wert beträgt 280 000 €. Die stillen Reserven stecken je hälftig im Grund und Boden (Buchwert 20 000 €) und im Firmenwert. – Erben sind A und B. A übernimmt den Betrieb und findet den B mit 140 000 € ab.

LÖSUNG Zunächst werden A und B mit dem Tag des Erbfalles Mitunternehmer. Beide führen die Buchwerte des E fort, beide haben Kapitalkonten von je 50 000 €. (Kapital E 100 000 € an Kapital A 50 000 € und Kapital B 50 000 €).

Die Abfindungszahlung von A an B führt bei B zu einem Veräußerungsgewinn, bei A zu Anschaffungskosten. Ermittlung des Veräußerungsgewinns des B: Sein Abfindungserlös (140 000 €) beträgt 50 % des Verkehrswerts (280 000 €). Nach der bei der Erbauseinandersetzung vom Großen Senat und von der Finanzverwaltung vertretenen **Trennungstheorie** wird der Vorgang so betrachtet, als sei der Betrieb von B an A zu 50 % entgeltlich und zu 50 % unentgeltlich übertragen worden. Der Veräußerungsgewinn des B beträgt also:

Veräußerungserlös	140 000 €	(50 % des Verkehrswerts)
./. anteiliger Buchwert	50 000 €	(50 % des Kapitals)
Veräußerungsgewinn	90 000 €	(vgl. Tz 16 im Schreiben des BMF vom 14.03.2006 BStBl I 2006, 253)

Diesen Veräußerungsgewinn muss B nach den §§ 16, 34 EStG versteuern.
In derselben Höhe muss A seine Buchwerte aufstocken.
A bucht:

Kapital B	50 000 €	
Grund und Boden	45 000 €	
Firmenwert	45 000 €	
an Verbindlichkeiten		140 000 €

b) Wie wäre die Lösung, wenn B nur eine Abfindungszahlung von 28 000 € erhielte und ansonsten mit anderen Nachlassgegenständen abgefunden würde?

LÖSUNG

VG des B	28 000 €	(10 % Verkehrswert)
./.	10 000 €	(10 % Kapital)
	18 000 €	

A bucht:

Kapital B	50 000 €	
Grund und Boden	9 000 €	
Firmenwert	9 000 €	
an Kapital A		40 000 €
Verbindlichkeiten		28 000 €

An diesen Ergebnissen hat sich durch die Neuregelung der Realteilung in § 16 Abs. 3 Satz 2 EStG nichts geändert, da ja nicht der Betrieb oder der Mitunternehmeranteil real geteilt wird, sondern der Nachlass. Allerdings führt die Veräußerung bei B dieses Mal nicht zu einem begünstigten Veräußerungsgewinn nach den §§ 16, 34 EStG, da er nicht seinen **gesamten** Anteil wie in Fall a), sondern nur 20 % seines Anteils entgeltlich veräußert. Der Gewinn ist also voll zu versteuern, vgl. Erl. v. 14. 03. 2006 BStBl I 2006, 253, Rdnr. 36 Bsp. 18.

3.2.3 Zahlungen bei vorweggenommener Erbfolge

Ebenfalls entschieden ist die Rechtsnatur der Zahlungen, die im Zusammenhang mit einer Betriebsübertragung im Rahmen der vorweggenommenen Erbfolge geleistet werden. Lt. Beschluss des GrS des BFH vom 05. 07. 1990 BStBl II 1990, 847 wurde den Steuerpflichtigen weiter Gestaltungsspielraum eingeräumt. Zwar ist in den Leitsätzen des Beschlusses von der Übertragung von Privatvermögen die Rede, jedoch ergibt sich aus den Gründen, dass er auch für die Übertragungsfälle von Betriebsvermögen Geltung beansprucht. So auch die Verwaltung BFH vom 13. 01. 1993 BStBI I 1993, 80 und vom 26. 02. 2007 BStBl I 2007, 269.

Der Große Senat und die Verwaltung unterscheiden grundsätzlich zwischen einer Übertragung gegen Einräumung von **Versorgungsleistungen** an den Übertragenden oder an andere Angehörige und der Übertragung gegen **Abfindungsleistungen** an den Übertragenden bzw. gegen **Gleichstellungsgelder** an andere Angehörige. Überträgt der Übertragende und soll der Empfänger an den Übertragenden oder an andere Angehörige **Versorgungsleistungen** bezahlen, dann geht der Betrieb im Ganzen unentgeltlich über, der Empfänger führt die Buchwerte fort, § 6 Abs. 3 EStG. Die Zahlungen sind kein Entgelt oder Teilentgelt. Sie sind nach § 10 Abs. 1 Nr. 1 a EStG voll und ohne Verrechnung mit dem Buchwert des erhaltenen Betriebes als Sonderausgaben abzugsfähig, beim Übertragenden sind sie voll nach § 22 Nr. 1 b EStG zu versteuern. Eine Unterscheidung nach Rente und dauernder Last findet bei Vermögensübertragungen, die seit 01. 01. 2008 vereinbart sind, nicht mehr statt . Der Übertragende braucht keinen Veräußerungsgewinn zu versteuern (zu dem gesamten Komplex der Übertragung von Vermögen gegen Versorgungsleistungen vgl. Schreiben des BMF vom 23. 12. 1996 BStBl I 1996, 1508). Lässt sich der Übertragende dagegen am Verkehrswert des Betriebes orientierte **Abstandszahlungen** bezahlen oder verlangt er ebenfalls am Wert orientierte **Gleichstellungsgelder** an andere Angehörige, dann stellen diese Abstandszahlungen und Gleichstellungsgelder Anschaffungskosten dar. Der Übertragende realisiert insoweit einen Veräußerungsgewinn im Sinne der §§ 16, 34 EStG.

BEISPIELE

a) V hat einen Betrieb (Aktiva 400 000 €, Verbindlichkeiten 300 000 €, Eigenkapital 100 000 €, Teilwert 280 000 €, die stillen Reserven entfallen je hälftig auf Grund und Boden und den Firmenwert). V überträgt den Betrieb noch zu Lebzeiten auf A. V und A haben den Wert des Betriebes mit allen stillen Reserven einschließlich Firmenwert schätzen lassen. A muss an seinen Bruder B ein Gleichstellungsgeld in Höhe von 140 000 € bezahlen.

LÖSUNG Gemäß dem Erlass vom 13.01.1993 erwirbt A zwar die Hälfte des Betriebs entgeltlich, die andere Hälfte unentgeltlich, jedoch wird zur Ermittlung des Veräußerungsgewinns bei der vorweggenommenen Erbfolge die **Einheitstheorie** angewandt: Dem Erlös wird der volle Buchwert gegenübergestellt, V realisiert daher einen VG von 140 000 ./. 100 000 € = 40 000 €. Um diesen Betrag stockt A die Buchwerte auf. Er bucht also:

Kapital V	100 000 €	
Grund und Boden	20 000 €	
Firmenwert	20 000 €	
an Verbindlichkeit		140 000 €

Vgl. hierzu das Schreiben des BMF vom 13.01.1993, BStBl I 1993, 80, Rz. 35.

b) Wie wäre die Lösung, wenn V verlangte, dass A an B 28 000 € bezahlen und B ansonsten mit anderen Wirtschaftsgütern des V gleichgestellt würde?

LÖSUNG Vgl. Schreiben des BMF vom 13.01.1993, BStBl I 1993, 80, Rz. 38: Hier entsteht nicht etwa ein Veräußerungsverlust des V, sondern bei Abfindungs- und Gleichstellungsgeldern bis zur Höhe des Kapitalkontos geht der Betrieb voll unentgeltlich über. Buchung also an sich Kapital V an Kapital A 100 000 €.

Da die Schuld gleichwohl durch den Erwerb des Betriebs begründet wurde, lautet der Buchungssatz

Kapital V	100 000 €	
an Kapital A		72 000 €
Verbindlichkeit		28 000 €

Trotz Ausweises einer betrieblichen Verbindlichkeit wird der Fall hinsichtlich der AfA dennoch wie ein voll unentgeltlicher Erwerb behandelt.

c) V und A sowie der Bruder orientieren sich nicht an dem Wert des Betriebes, sondern am Bedarf des B und an der wirtschaftlichen Leistungsfähigkeit des A. Daher vereinbaren sie, dass A an B monatlich 1 000 € bezahlen soll; über eine Abänderung der monatlichen Raten enthält der Vertrag keine Regelung. Die Ertragskraft des Betriebes reicht aus, um die 1 000 €-Monatsraten aus den Erträgen zu bezahlen.

LÖSUNG Der Betrieb geht unentgeltlich über, V erzielt keinen Veräußerungsgewinn, A hat keine Anschaffungskosten. Auch die Übernahme der Verbindlichkeiten in Höhe von 300 000 € stellt kein Teilentgelt dar (vgl. letzter Absatz des Beschlusses des GrS des BFH vom 05.07.1990 BStBI II 1990, 847, 854). Die Zahlungen sind als Versorgungsleistungen voll als Sonderausgaben bei A abzugsfähig, und zwar vom ersten Euro an, eine Verrechnung mit dem Buchwert von 100 000 € findet nicht statt; bei B sind die Zahlungen voll nach § 22 Nr. 1 b EStG zu versteuern, vgl. BMF vom 23.12.1996 BStBl I 1996, 1508, Rz. 8, 11 ff., 36 ff.

d) Wie ist die Lösung des vorigen Falles, wenn die Ertragskraft des Unternehmens nicht ausreicht, um die 1 000 €-Zahlungen aus den Erträgen zu bezahlen?

LÖSUNG Nach BMF vom 11.03.2010 BStBl 2010 I, 227 Rz. 29 besteht grundsätzlich eine widerlegbare Vermutung dafür, dass der Betrieb ausreichend ertragbringend ist, wenn der Betrieb fortgeführt wird. Hat der Betrieb zuletzt ausschließlich Verluste produziert, ist es nach Rz. 35 Sache des Steuerpflichtigen nachzuweisen, dass der Betrieb (aufgrund des Inhaberwechsels oder aus sonstigen Gründen) im Jahr des Vermögensübergangs und in den beiden Folgejahren ausreichende Nettoerträge abwirft, um die wiederkehrenden Leistungen zu erbringen. Gelingt dieser Nachweis nicht, so scheidet ein Abzug nach § 10 Abs. 1 Nr. 1 a EStG aus. Es handelt sich dann um ein entgeltliches Veräußerungsgeschäft, vgl. Rz. 57 und 65 ff. des Erlasses vom 11.03.2010.

3.2.4 Zahlungen anlässlich des Zugewinnausgleichs

Der Zugewinnausgleichsanspruch des Ehegatten ist auf die Scheidung und damit ganz eindeutig auf einen privaten Vorgang zurückzuführen. Insofern können solche Verbindlichkeiten niemals Betriebsvermögen sein. Wie aber, wenn der Zugewinn des Unternehmer-Ehegatten allein (oder anteilig) in dessen Betriebsvermögen liegt? Und wenn der Steuerpflichtige nur die Möglichkeit hat, entweder den Betrieb zu veräußern, um die Verbindlichkeiten zu tilgen oder ein Darlehen zur Tilgung dieser privaten Verbindlichkeit aufzunehmen (und damit letztlich den Betrieb zu erhalten)? Hier bestand früher eine Rechtsprechung des BFH, die in der Darlehensaufnahme eine betriebliche Verursachung sah und daher zumindest den betrieblichen Schuldzinsenabzug zuließ, BFH vom 24.01.1989 BStBl II 1989, 706 (zu einem Fall zu § 21 EStG) und BFH vom 22.01.1991 BFH/NV 1991, 594 (in dem die private Zugewinnausgleichsschuld in eine betriebliche Darlehensschuld umgewandelt wurde). Diese Rechtsprechung ist in der Zwischenzeit aufgegeben worden, vgl. BFH vom 08.12.1992 BStBl II 1992, 434, vom 11.05.1993 BStBl II 1993, 751, vom 02.03.1993 BStBl II 1994, 619 und vom 25.11.1993 BStBl II 1994, 623. Der BFH stellt nun richtigerweise darauf ab, dass die Schuldaufnahme durch den der privaten Sphäre zuzurechnenden Zugewinnausgleichsanspruch verursacht wurde, vgl. H 4.7 (Schuldzinsen) EStH.

Teil F Einlagen und Entnahmen

1 Einlagen

Handelsrechtlich ist über die Privateinlagen nichts bestimmt, jedoch steht außer Zweifel, dass sie nach den Grundsätzen ordnungsmäßiger Buchführung nicht den Handelsbilanzgewinn erhöhen, sondern unmittelbar dem Kapitalkonto gutgeschrieben werden (vgl. Döllerer, JbFfSt 1980/81, 242). Im **Steuerrecht** sind sie Bestandteil des Gewinnbegriffs des § 4 Abs. 1 EStG. Unter Einlagen sind nach der **Legaldefinition** des § 4 Abs. 1 Satz 5 EStG »alle Wirtschaftsgüter (Bareinzahlungen und sonstige Wirtschaftsgüter), die der Steuerpflichtige dem Betrieb im Laufe eines Wirtschaftsjahres zugeführt hat«, zu verstehen. Hält man die Definition der Entnahmen in § 4 Abs. 1 Satz 2 EStG dagegen, so fällt auf, dass das Gesetz zwar bei den Entnahmen neben den Wirtschaftsgütern auch die **Nutzungen und Leistungen** erwähnt, diese jedoch bei den Einlagen unerwähnt lässt. Es ist umstritten, ob aus dieser unterschiedlichen gesetzlichen Aufzählung Folgerungen zu ziehen sind.

a) Einlage von Wirtschaftsgütern

Unbestritten können alle Arten von Wirtschaftsgütern vom Privatvermögen in das Betriebsvermögen eingelegt werden, also materielle und immaterielle (diese entgegen dem Wortlaut des § 5 Abs. 2 EStG; vgl. R 5.5 Abs. 3 Satz 3 EStR), abnutzbare und nicht abnutzbare, Wirtschaftsgüter des Anlage- und des Umlaufvermögens, aktive und passive (allerdings sind Verbindlichkeiten nicht selbstständig einlagefähig, vgl. E 1.3.2). Voraussetzung ist nur, dass sie zuvor Privatvermögen darstellten, und nunmehr notwendiges oder gewillkürtes Betriebsvermögen darstellen können. Voraussetzung ist ferner eine **Einlagehandlung** und ein **Einlagewille.** Die Einlagehandlung kann in einem schlüssigen Verhalten, in einer Einbuchung, in einer Nutzungsänderung zu einer betrieblichen Nutzung über 50 % oder in einer Erklärung gegenüber dem Finanzamt liegen. Der Einlagewille muss sich nur auf die Zuordnung zum Betriebsvermögen oder auf die betriebliche Nutzung oder sonstige Voraussetzungen beziehen; er braucht die (möglicherweise unerwünschten) Folgen (z. B. vermehrte Nutzung bewirkt Erfassung im notwendigen Betriebsvermögen) nicht gewollt zu haben (so für den umgekehrten Fall des Entnahmewillens BFH vom 31.01.1985 BStBl II 1985, 395).

Die Einlage eines Wirtschaftsgutes kann weitere **Folgewirkungen** nach sich ziehen:

BEISPIEL

S nutzt ein noch nicht voll bezahltes Grundstück, das er bisher im Privatvermögen hatte, ab einem bestimmten Stichtag zu 100 % für betriebliche Zwecke.

LÖSUNG S muss das Grundstück einlegen. Gleichzeitig ist die Restschuld notwendiges Betriebsvermögen (vgl. E 3), ebenso sind nunmehr alle Grundstücksversicherungen (Feuer, Wasser, Haftpflicht) Betriebsausgaben, ebenso die Grundsteuer.

b) Einlage von Nutzungen und Leistungen

Nutzungsrechte (Nießbrauch, langfristiges Nutzungsrecht aufgrund einer Mietvorauszahlung) sind immaterielle Wirtschaftsgüter und daher schon nach dem in Teil E über die Wirtschaftsgüter Gesagten an sich einlagefähig (kritisch bei obligatorischen Nutzungsrechten Beschluss des GrS des BFH vom 26.10.1987 BStBl II 1988, 348, FR 1988, 162 f.). Gleichwohl lässt die Verwaltung die Einlage unentgeltlich erworbener Nutzungsrechte nicht zu (H 4.2 [1] Nutzungsrechte/Nutzungsvorteile EStH). Auch **reine Nutzungen** sind nicht einlagefähig (ebenso Döllerer, BB 1971, 1249; Trzaskalik, StuW 1983, 126; a. A. Ley, DStR 1985, 261, Kramer, DB 1981, 1584, Herrmann/Heuer/Raupach, EStG, § 6 Anm. 1215a mit umfangreichen weiteren Nachweisen). Seit dem Beschluss des Großen Senats des BFH vom 26. 10. 1987 BStBl II 1988, 348 DB 1988, 529, FR 1988, 160 dürfte zumindest für Rechtsprechung und Verwaltung entschieden sein, dass reine Nutzungen **nicht** einlagefähig sind. Es ist dabei gleichgültig, ob der Steuerpflichtige diese betrieblichen Nutzungen am eigenen Privatvermögen oder an einem fremden Vermögen vornimmt. Nutzt er jedoch eigenes Privatvermögen für betriebliche Zwecke, so ist ein Abzug der eigenen im Privatvermögen entstandenen Aufwendungen zulässig. Rein buchtechnisch wird dieser Aufwand über das Einlagenkonto erfasst. Man spricht insoweit von einer **Aufwandseinlage**.

BEISPIEL

S hat sich Anfang 01 für 20 000 € + 3 800 € Umsatzsteuer einen Pkw gekauft, den er zu 5 % für betriebliche Zwecke nutzt, Nutzungsdauer fünf Jahre. An laufenden Kosten (ohne Abschreibung) sind S 3 000 € entstanden, die er nicht über den Betrieb verbucht hat. Ein Mietwagen hätte Kosten von 2 500 € verursacht.

LÖSUNG Die ersparten Aufwendungen (2 500 €) sind nicht zu berücksichtigen. Auf jeden Fall zu berücksichtigen sind die anteiligen betrieblichen Kosten in Höhe von 5 % von 3 000 € = 150 €. Daneben muss aber auch der anteilige Wertverzehr von 5 % von 23 800 € = 1 190 €, davon 1/5 für ein Jahr = 238 €, als betrieblicher Aufwand behandelt werden. Insgesamt kann S also für das Jahr 01 buchen: a. o. Aufwand an Einlage 388 €. Zulässig ist es auch, die betrieblich gefahrenen Kilometer mit dem Pauschsatz von 0,30 € anzusetzen, R 4.12 Abs. 2 EStR.

Fraglich ist, ob dies auch gilt, wenn die laufende **Nutzung eines Wirtschaftsgutes** betroffen ist, **das einem Dritten,** etwa der Ehefrau des Steuerpflichtigen, **gehört.** In diesem Fall lehnt der Große Senat des BFH nicht nur die Nutzungseinlage ab, sondern auch den anteiligen **Drittaufwand** (es sei denn, er würde dem Dritten ersetzt, sei es als Aufwandsersatz, sei es als Miete). Ausdrücklich offen lässt der Große Senat die Frage, ob bei Überlassungen unter nahen Angehörigen etwas anderes gelten solle. Bereits Groh hat darauf hingewiesen, dass sich rechtssystematisch natürlich auch bei Überlassungen durch Angehörige kein anderes Ergebnis finden lasse, auch nicht über die Konstruktion eines abgekürzten Zahlungsweges, die insbesondere bei der Einlage des Drittaufwandes AfA völlig versagen muss (Groh DB 1988, 518). Der Große Senat hat die Fragen in vier Beschlüssen grundlegend geklärt (BFH vom 23. 08. 1999 BStBl II 1999, 778, 782, 787, 774). Er verneint die Abzugsfähigkeit von Drittaufwand, hält aber eigenen Aufwand für abzugsfähig; dabei ist er bei der Frage der Zurechnung eigenen Aufwands sehr großzügig.

Die **eigene Arbeitskraft** ist nicht einlagefähig, da sie sich einer Bewertung entzieht.

BEISPIELE

a) Der im obigen Beispiel genannte Pkw gehört der Ehefrau des S, die den Wagen dem S für dessen betriebliche Fahrten unentgeltlich überließ; diese Fahrten machen 5 % der jährlichen Gesamtnutzung des Pkw aus. Das Benzin für die betrieblichen Fahrten beglich der S jeweils während der Fahrten aus privaten Mitteln; hierfür wendete er 150 € auf.

LÖSUNG Die 150 € stellen nach jeder der vertretenen Meinungen Einlagen dar, notfalls über die Einlage des Wirtschaftsgutes Geld (Buchungssätze)

Reisekosten	150 €	
an Einlage		150 €

Ein zusätzlicher Buchungssatz a. o. Aufwand an Einlage in Höhe von 5 % der Jahresabschreibung der Ehefrau ist dagegen unzulässig: Verbot des Abzugs von Drittaufwand. Hat der S jedoch seinerseits an der Anschaffung mitgewirkt, indem er die Anschaffungskosten anteilig getragen oder an der Finanzierung mitgewirkt hat, dann kann er in entsprechender Anwendung der neuen Rechtsprechung des GrS des BFH auch eigene AfA abziehen.

b) Ehefrau F überlässt ihrem Ehemann, dem Gewerbetreibenden G, ihr bebautes Grundstück zur betrieblichen Nutzung. Vereinbarungen über diese Nutzung bestehen nicht.

LÖSUNG Hätte die F dem G das Grundstück vermietet, dann hätte er in Höhe der Miete Betriebsausgaben (und sie Einnahmen aus Vermietung und Verpachtung). Bei unentgeltlicher Nutzungsüberlassung kann der G keine AfA als BA verbuchen, da er den Wertverzehr nicht trägt, und die F kann die AfA nicht geltend machen, da sie ihr Grundstück nicht zur Einnahmeerzielung nutzt, vgl. BMF vom 05. 11. 1996 BStBl I 1996, 1257.

1.1 Bewertung der Einlagen

Wirtschaftsgüter, die der Steuerpflichtige in den Betrieb einlegt, sind mit dem sich aus § 6 Abs. 1 Nr. 5 EStG ergebenden Wert anzusetzen. Danach sind Einlagen grundsätzlich mit dem **Teilwert** zu bewerten.

Sind die Wirtschaftsgüter dagegen innerhalb der letzten drei Jahre vor dem Tag der Einlage angeschafft oder hergestellt worden, so ist zwar der Einlagewert immer noch grundsätzlich der Teilwert; ist dieser aber höher als die (fortgeführten) **Anschaffungs- oder Herstellungskosten,** so sind diese anzusetzen.

BEISPIELE

a) Am 04. 03. 01 erwirbt S ein Notebook für 2 000 € + 380 € Umsatzsteuer. Die Nutzungsdauer beträgt vier Jahre. Am 04. 03. 02 legt S das Notebook in seinen Betrieb ein. Teilwert ist 1 700 €.

LÖSUNG Die fortgeführten Anschaffungskosten betragen 2 380 € Anschaffungskosten abzüglich Wertverzehr für ein Jahr 595 €, also 1 785 €. Da der Teilwert niedriger ist als die fortgeführten Anschaffungskosten, ist dieser anzusetzen.

b) Ein Grundstück gehört allein der Ehefrau. Sie hat ein Gebäude für 1 Mio. € errichtet. Ehemann M hat sich mit 100 000 € an den Anschaffungskosten beteiligt. Der Ehemann unterhält in dem aufstehenden Gebäude ein Büro, das 10 % der Nutzungsfläche umfasst. (Alternativ 30 %).

LÖSUNG M kann nicht nur alle laufenden mit der Nutzung zusammenhängenden Kosten als Betriebsausgaben abziehen, sondern auch anteilige AfA, sofern er nur selbst Aufwendungen zu den Anschaffungs- oder Herstellungskosten getragen hat (ein Beitrag zu den Finanzierungskosten etwa durch eigene Darlehensaufnahme mit Rückzahlung durch die Ehefrau reicht nicht). Im Ausgangsfall hat er sich mit 10 % an den Herstellungskosten beteiligt, da die Nutzfläche nicht höher als 10 % ist, kann er die Gebäude-Afa, die auf den Büroanteil entfällt, voll abziehen. Im Alternativfall dagegen kann er nur AfA aus 100 000 € abziehen, obwohl er 30 % des Gebäudes nutzt. An der Abzugsfähigkeit der nutzungsorientierten übrigen Aufwendungen ändert sich dagegen nichts.

c) Das Grundstück gehört M und F zu je 50 %. Beide errichten ein Gebäude für 1 Mio. €. M trägt zu den Herstellungskosten 100 000 € bei, F 900 000 €. M nutzt in dem Gebäude ein Büro, das 30 % der Nutzfläche ausmacht (alternativ: 100 % Nutzung).

LÖSUNG Anders als in Sachverhalt 4 stellt der Große Senat in diesem Falle nicht auf die konkret getragenen Anteile ab, sondern lässt die Vermutung gelten, dass bei gemeinschaftlichem Eigentum jeder entsprechend seinem Anteil zu den Herstellungskosten beigetragen hat. Entsprechend dieser Vermutung wir also unterstellt, M habe 500 000 € der Herstellungskosten getragen. Er kann also entsprechend seiner Nutzung 30 % der AfA abziehen. Im Alternativfall kann er 50 % abziehen. Wenn die F dem M die ihr gehörende Hälfte vermietet, kann er die Miete zusätzlich als BA abziehen. Sie muss diese Miete als Einnahmen aus Vermietung und Verpachtung versteuern, kann dafür aber die andere Gebäude-AfA-Hälfte als Werbungskosten abziehen. M könnte die AfA zu 100 % nur abziehen, wenn er die Herstellungskosten allein getragen hätte. – Die Vermutung soll jedoch dann nicht gelten, wenn sich beide Ehegatten je ein Grundstück zu Alleineigentum erworben haben und einer ein Büro im Gebäude des anderen nutzt. Hier soll der nutzende Ehegatte nach der in BStBl II 1999, 782 veröffentlichten Entscheidung ausnahmsweise keine AfA abziehen können. Hier bleibt also nur die Vermietung durch den Eigentümer-Ehegatten an den Nutzer-Ehegatten als Ausweg.

Erhält der Steuerpflichtige das Wirtschaftsgut, das er einlegt, privat geschenkt, so hat er es auch dann mit dem Teilwert einzulegen, wenn der Schenker es innerhalb der letzten drei Jahre angeschafft hat (BFH vom 14.07.1993 BStBl II 1994, 15).

Bei der **Aufwandseinlage** ist § 6 Abs. 1 Nr. 5 EStG nicht anwendbar. Hier ist der Einlagewert festzusetzen in Höhe des Wertverzehrs des Privatvermögens einschließlich der Abschreibung. Der Einlagewert ist nicht festzusetzen in Höhe der ersparten Miete, denn dies wäre die Übertragung des Teilwertgedankens auf die Nutzungen und Leistungen, der jedoch auf diese nicht zutrifft, da ein gedachter Erwerber die in der Vergangenheit liegenden Nutzungen und Leistungen nicht erwerben kann; könnte er es, so lägen Nutzungsrechte vor, die nach R 5.5 Abs. 3 Satz 3 EStR an sich als immaterielle Wirtschaftsgüter einlagefähig wären, jedoch dann von der Einlagefähigkeit ausgenommen werden, wenn für sie auch privat kein Entgelt gezahlt wurde, vgl. H 4.2 [1] (Nutzungsrechte/Nutzungsvorteile) EStH.

BEISPIEL

S hat in seiner Villa eine Putzfrau P beschäftigt. Als die Putzfrauen seines Betriebes streiken, lässt er die P in seinem Betrieb putzen. Eine fremde Putzfrau hätte 300 € gekostet; der anteilige Lohn für die P beträgt 250 €.

LÖSUNG S hat nicht die ersparten Aufwendungen (300 €), sondern den Einsatz seines Privatvermögens (250 €) als Einlage zu behandeln (Buchungssatz: Raumkosten an Einlage 250 €).

Die fortgeführten Anschaffungs- oder Herstellungskosten berechnen sich **bei Gebäuden** aus den Anschaffungs- oder Herstellungskosten abzüglich der tatsächlich geltendgemachten Abschreibung. Ab der Einlage ist dann allerdings nur noch Abschreibung nach § 7 Abs. 4 EStG möglich, da die Einlage als anschaffungsähnlicher Vorgang angesehen wird (R 7.4 Abs. 10 EStR; BFH vom 09.08.1983 BStBl II 1983, 759).

Bei den **übrigen Wirtschaftsgütern** berechnen sich die fortgeführten Anschaffungskosten nach den Anschaffungs- oder Herstellungskosten abzüglich einer linearen und zeitanteiligen AfA. Eine AfA nach § 7 Abs. 2 EStG zu Berechnungszwecken zu verwenden verbietet sich, da § 7 Abs. 2 EStG nur auf Wirtschaftsgüter des Anlagevermögens zulässig ist, diese AfA-Methode ist mithin auf das Betriebsvermögen beschränkt. Nach der Einlage ist allerdings wegen des anschaffungsähnlichen Charakters der Einlage eine Abschreibung nach § 7 Abs. 2 EStG auf die Restnutzungsdauer möglich, vgl. R 7.4 Abs. 10 EStR. **Eingelegte Wirtschaftsgüter**, die bereits früher einmal zu einem Betriebsvermögen gehört haben und aus diesem entnommen worden sind, sind mit dem fortgeführten Entnahmewert anzusetzen, wenn der Teilwert in dem Zeitpunkt der Einlage höher ist (§ 6 Abs. 1 Nr. 5 Satz 3 EStG).

BEISPIEL

A kaufte am 01.04.01 einen Pkw für 20 000 € + 3 800 € Umsatzsteuer. A zog die Umsatzsteuer als Vorsteuer ab und schrieb den Pkw linear auf vier Jahre Nutzungsdauer ab. Am 01.04.02 entnahm er ihn und buchte richtig: Privatentnahme 19 040 € an Pkw 15 000, a. o. Ertrag 1 000 € und Umsatzsteuer 3 040 €. Am 01.04.03 legt er ihn wieder ein, der Teilwert beträgt jetzt 12 000 €.

LÖSUNG Die fortgeführten Anschaffungskosten berechnen sich wie folgt: Entnahmewert am 01. 04. 02 19 040 € abzüglich 1/3 AfA nach § 7 Abs. 1 EStG (berechnet aus einer dreijährigen Restnutzungsdauer im Privatvermögen) = 6 347 = fortgeführte Entnahmekosten = 12 693 €; da der Teilwert niedriger ist, ist dieser als Wert der (Wieder-)Einlage anzusetzen. Die AfA ist auch dann als fiktiver Wertverlust abzuziehen, wenn der Pkw bei keiner Einkunftsart verwendet wird.

Unabhängig von dem Zeitpunkt der Anschaffung ist bei **Einlage eines Anteils an einer Kapitalgesellschaft,** an der der Steuerpflichtige **wesentlich beteiligt** ist, nach § 6 Abs. 1 Nr. 5 Buchst. b EStG der Teilwert anzusetzen, als Obergrenze sind jedoch **stets** die Anschaffungskosten zu berücksichtigen. Die Vorschrift bezweckt, dass ein Steuerpflichtiger, der Anteile nach § 17 EStG versteuern müsste, wenn er sie aus dem Privatvermögen verkaufen würde, nicht den Umweg über eine Einlage in das Betriebsvermögen zum Teilwert und anschließende erfolgsneutrale Veräußerung aus dem Betriebsvermögen wählen kann. Daher greift die Vorschrift zwangsläufig in all den Fällen, in denen der Steuerpflichtige bei einer gedachten Veräußerung Einkünfte nach § 17 EStG erzielen würde. Es genügt also, dass der Steuerpflichtige oder sein Rechtsvorgänger innerhalb der letzten fünf Jahre zu irgendeinem Zeitpunkt an dem Kapital der Kapitalgesellschaft, deren Anteile er jetzt einlegt, zu mindestens 1 % unmittelbar oder mittelbar beteiligt war.

Handelt es sich um Anteile unterhalb der 1 %-Grenze des § 17 EStG, gilt die geschilderte Rechtslage ebenso, vgl. § 6 Abs. 1 Nr. 5 c EStG.

BEISPIELE

a) Am 01. 04. 01 hat A sich als Privatmann an der X-GmbH mit 100 000 € beteiligt und dafür 1,5 % des Stammkapitals der GmbH erworben. Am 01. 10. 02 veräußerte A die Hälfte seines Anteils mit Gewinn, den er nach § 17 EStG versteuerte. Am 01. 04. 05 legt er den verbleibenden Rest (= 0,75 % des Stammkapitals) in sein Betriebsvermögen seines Einzelunternehmens ein. Der Teilwert der Beteiligung an der X-GmbH beträgt 70 000 €.

LÖSUNG A ist am 01. 04. 05 zwar nicht mehr wesentlich beteiligt, da er jedoch irgendwann innerhalb der letzten fünf Jahre einmal zu mindestens 1 % an der X-GmbH beteiligt war, liegen am 01. 04. 05 die Voraussetzungen des § 17 EStG noch vor. A muss also die Einlage mit den anteiligen Anschaffungskosten von 50 000 € bewerten. Erfolgt die Einlage ab 02. 10. 07, dann ist zwar nicht mehr § 6 Abs. 1 Nr. 5 b, wohl aber Nr. 5 c EStG anzuwenden. Die Einlage erfolgt also auch in diesem Fall mit den anteiligen Anschaffungskosten .

b) **Abwandlung von a):** Wie ist der Einlagewert, wenn der Teilwert sich auf 40 000 € beläuft?

LÖSUNG Nach dem klaren Wortlaut des § 6 Abs. 1 Nr. 5 Buchst. b EStG hätte die Einlage mit 40 000 € zu erfolgen. Gemäß H 17 Abs. 8 EStH ist die Beteiligung zur Vermeidung nicht begründbarer Nachteile jedoch mit den anteiligen Anschaffungskosten von 50 000 € anzusetzen. Ein Verlust kann gleichwohl erst bei Veräußerung oder Auflösung der Kapitalgesellschaft realisiert werden, vgl. H 17 Abs. 8 Einlagen einer wertgeminderten Beteiligung 2. Spiegelstrich EStH, BFH vom 02.09.2008 BStBl II 2010, 162.

Anders ist die Rechtslage bei der Einlage eines Anteils an einer Kapitalgesellschaft in eine Personengesellschaft gegen eine Gewährung von Gesellschaftsrechten: Hier liegt nach BFH vom 19. 10. 1998 BStBl II 2000, 230 und BMF vom 29. 03. 2000 BStBl I 2000, 462 ein tauschähnlicher Umsatz vor, der bei A zu einer Veräußerung nach § 17 EStG und bei der OHG zu Anschaffungskosten nach § 6 Abs. 6 EStG führt, vgl. H 17 Abs. 8 Einlage einer wertgeminderten Beteiligung 1. Spiegelstrich EStH.

1.2 Abschreibung von eingelegten Wirtschaftsgütern

Werden Wirtschaftsgüter in ein Betriebsvermögen eingelegt, ist für die AfA die Vorschrift des § 7 Abs. 1 Satz 5 EStG zu beachten. Danach kommt es darauf an, ob die Wirtschaftsgüter vor der Einlage bereits zur Einnahmeerzielung genutzt (und damit auch abgeschrieben) wurden oder nicht. Wichtig ist dabei, dass sich der Einlagewert weiterhin nach § 6 Abs. 1 Nr. 5 EStG richtet, während sich die AfA-Bemessungsgrundlage nach § 7 Abs. 1 Satz 5 EStG richtet.

BEISPIEL

S hatte im Januar 01 ein bebautes Grundstück erworben, wobei auf das Gebäude Anschaffungskosten i. H. v. 1 Mio. € entfielen. Er nutzte das Grundstück im Privatvermögen zur Erzielung von Einnahmen. Er schrieb es mit jährlich 2 % ab. Am 01. 01. 03 (alternativ am 01. 01. 05) legte er das Gebäude in das Betriebsvermögen ein. Der Teilwert betrug im Einlagezeitpunkt jeweils 1 100 000 €.

LÖSUNG Bei Einlage am 01. 01. 03 ist der Einlagewert begrenzt auf die fortgeführten Anschaffungskosten. Der Einlagewert beträgt also 960 000 €. Die AfA-Bemessungsgrundlage beläuft sich ebenfalls auf 960 000 €. Handelt es sich um ein Betriebsgebäude, kann S also 3 % von 960 000 € AfA abziehen, vgl. BMF vom 27. 10. 2010 BStBl I 2010, 1204 »Fallgruppe 4«. Bei der Einlage 05 ist S bereits außerhalb des Dreijahreszeitraums. Die Einlage erfolgt daher mit dem Teilwert von 1 100 000 €. Die nach § 7 Abs. 1 Satz 5 EStG maßgebende AfA-Bemessungsgrundlage beläuft sich aber auf 1 020 000 €, vgl. BFH vom 18. 08. 2009 BFH NV 2010, 283 und BMF vom 27. 10. 2010 BStBl I 2010, 1204 »Fallgruppe 1«. Nach Ablauf von 33 1/3 Jahren wäre die AfA-Bemessungsgrundlage abgeschrieben, der danach verbleibende Rest i. H. v. 80 000 € bleibt als Restwert in der Bilanz stehen. Er wird sich gewinnmindernd erst bei einer Veräußerung oder Entnahme auswirken.

Läge im vorigen Fall der Teilwert bei der Einlage 05 bei 900 000 €, dann wäre der Einlagewert 900 000 €, die AfA-Bemessungsgrundlage ebenfalls 900 000 €, vgl. das o. a. BMF-Schreiben Fallgruppe 2.

Hätte S das Grundstück bislang nicht zur Einnahmeerzielung genutzt, dann wäre der Einlagewert (960 000 € bei Einlage am 01. 01. 03 bzw. 1 100 000 € am 01. 01. 05) auch gleichzeitig die AfA-Bemessungsgrundlage. Die Regelung in H 7.4 (AfA-Volumen), die den privaten Nutzungszeitraum zwar nicht der AfA-Bemessungsgrundlage, wohl aber dem AfA-Volumen entzieht, ist auf die Überschusseinkünfte beschränkt.

1.3 Abgrenzungen zu steuerfreien Einnahmen, Privateinlagen

Einlagen sind nicht zu verwechseln mit **steuerfreien Einnahmen** (etwa der Investitionszulage nach dem InvZulG). Bei Einlagen handelt es sich um Vermögensmehrungen aus dem privaten Bereich, die den Gewinn nicht erhöhen dürfen und auch handelsrechtlich keinen Gewinn darstellen. Bei den steuerfreien Einnahmen dagegen handelt es sich um betrieblich begründete Vermögensmehrungen, die handelsrechtlich Gewinn darstellen, jedoch steuerlich begünstigt sind und daher nicht als Gewinn verbucht werden müssen. Häufig werden sie, um ihre Verbuchung erfolgsneutral zu gestalten, aus technischen Gründen mit dem Buchungssatz »Bank an Privateinlage« verbucht, jedoch handelt es sich dabei materiell-rechtlich betrachtet nicht um Privateinlagen.

Ebensowenig handelt es sich um **Privateinlagen**, wenn ein Dritter dem Betrieb nicht aus privaten Gründen etwas zuwenden möchte, sondern aus betrieblichen Gründen. Betriebliche Gründe liegen vor, wenn die Ausgaben objektiv mit dem Betrieb zusammenhängen und subjektiv dem Betrieb zu diesem bestimmt sind. In diesen Fällen liegen Zuwendungen vor, die über § 6 Abs. 4 EStG als Ertrag zu verbuchen sind. Allerdings kann der zuwendende Unternehmer die Zuwendung auch unter Anwendung des § 37b EStG an den Zuwendungsempfänger übertragen. Der Zuwendende wird dadurch zum Steuerpflichtigen i. S. d. § 37b EStG. Er hat dann einen pauschalen Steuersatz von 30 % aus dem Bruttobetrag seiner Anschaffungsaufwendungen (zuzüglich Soli und Kirchensteuer, vgl. BMF-Schreiben vom 19.05.2015 BStBl I 2015,468, Rz. 36) an das Finanzamt zu entrichten, der Empfänger braucht die Zuwendung einschließlich der pauschalierten Steuer dann nicht als Betriebseinnahme zu erfassen, § 37b Abs. 3 EStG. Als Anschaffungskosten und damit auch als Bemessungsgrundlage für die AfA hat er gem. § 6 Abs. 4 EStG den gemeinen Wert anzusetzen, BMF-Schreiben vom 19.05.2015, Rz. 28. Er bucht dann entweder Wirtschaftsgut an Einlage oder Wirtschaftsgut an sonstiger betrieblicher Ertrag und zieht dann diesen Betrag außerhalb der Bilanz von seinem Gewinn ab. Beim Zuwendenden kommt es darauf an, ob es sich bei der Zuwendung um ein Geschenk im Sinne des § 4 Abs. 5 Nr. 1 EStG handelt oder um eine Sachzuwendung, die als Belohnung für ein bestimmtes Verhalten des Zuwendungsempfängers gewährt wird (z. B. Auslobung einer Incentive-Reise für erfolgreiche Vertreterleistungen). Zur Unterscheidung vgl. R 4.10 Abs. 4 EStR. Barzuwendungen fallen nicht unter § 37b EStG. Geschenke über der Grenze von 35 € sind dann beim Zuwendenden nicht abzugsfähig (vgl. BMF vom 19.05.2015, Rz. 24, FG Nds vom 16.01.2014, zitiert bei Stickan in Littmann-Bitz-Pust, Einkommensteuerrecht, § 37b, Rz. 9), sonstige Sachzuwendungen dagegen sehr wohl. Dabei gilt die pauschalierte Steuer als Teil der Zuwendung (so auch Stickan in Littmann-Bitz-Pust, Einkommensteuerrecht, § 37b, Rz. 9). Für die Pauschalierung selbst hat die Unterscheidung zwischen sonstigen Sachzuwendungen i. S. d. § 37b Abs. 1 Satz 1 Nr. 1 und Geschenken i. S. d. § 37b Abs. 1 Satz 1 Nr. 2 EStG allerdings keine Bedeutung (so auch Loschelder in Schmidt, EStG, § 37b, Rz. 5). Entscheidet sich der Zuwendende die Steuer pauschal zu übernehmen, so kann er dieses Wahlrecht nur einheitlich für alle Sachzuwendungen und Geschenke (auch für die Geschenke, die die Grenze von 35 € nicht übersteigen, da eine diesbezügliche Unterscheidung, die noch in den Entwürfen vorhanden war, nicht in die Endfassung des Gesetzes übernommen wurden) eines Jahres ausüben, § 37b Abs. 1. Satz 1 EStG. Allerdings kann das Wahlrecht nach § 37b Abs. 1 EStG für Geschäftsfreunde und nach § 37b Abs. 2 EStG für Arbeitnehmer des Steuerpflichtigen unterschiedlich ausgeübt werden, so im Schreiben des BMF vom 19.05.2015, Rz. 4 BStBl I 2015, 468. Die pauschale Steuer gilt als Lohnsteuer, und zwar auch dann, wenn sie nicht wie in § 37b Abs. 2 EStG ermöglicht, Zuwendungen an eigene Arbeitnehmer umfasst, sondern auch dann, wenn sie für Zuwendungen an fremde Dritte übernommen wird. Die Wahlrechtsausübung hat daher spätestens in der letzten Lohnsteuer-Anmeldung des Wirtschaftsjahres der Zuwendung zu erfolgen (siehe Schreiben des BMF vom 19.05.2015, Rz. 7 BStBl I 2015, 468). Zu beachten ist die Höchstbetragsregelung von 10 000 €, die gilt, soweit die Zuwendungen pro Empfänger und Wirtschaftsjahr oder pro einzelne Zuwendung diesen Betrag überschreiten, § 37b Abs. 1 Satz 3 EStG. Einbezogen in die Höchstgrenze werden auch die Geschenke (Berechnungsbeispiele finden sich in dem Schreiben des BMF vom 19.05.2015, Rz. 21 BStBl I 2015, 468). Da § 37b Abs. 1 Satz 1 Nr. 1 EStG verlangt, dass die Zuwendung »zusätzlich« zu einer vereinbarten Vergütung geleistet wird, kommen nach BFH vom 12.12.2013 BStBl II 2015, 490 nur Zuwendungen in Betracht, die in einem sachlichen und zeitlichen Zusammenhang mit einem Grundgeschäft stehen; Zuwendungen zur Anbahnung eines Vertragsverhältnisses scheiden aus dem Anwendungsbereich des § 37b EStG aus (Schreiben des BMF vom 19.05.2015, Rz. 9a BStBl I 2015, 468).

BEISPIEL

A schenkt dem S aus privaten Gründen ein Notebook, B tut dies aus betrieblichen Gründen (etwa als Treueprämie); Teilwert des Notebooks 1 000 €, Verkehrswert (gemeiner Wert) 1 200 €.

LÖSUNG Da S das von A privat geschenkt erhaltene Notebook betrieblich nutzt, tätigt er eine Einlage. Diese hat zum Teilwert zu erfolgen, also zu 1 000 €, vgl. BFH vom 14.07.1993 BStBl II 1994, 15; Buchungssatz: Geschäftsausstattung an Einlage. Von B hat S das Notebook dagegen aus betrieblichen Gründen unentgeltlich erhalten. Es liegt also keine Einlage, sondern ein Ertrag vor. Das Notebook ist mit dem gemeinen Wert von 1 200 € einzubuchen (§ 6 Abs. 4 EStG). Buchungssatz: Geschäftsausstattung an a. o. Ertrag. Macht B hingegen von dem Wahlrecht des § 37b EStG Gebrauch, dann übernimmt er die pauschale Einkommensteuer von 30 % von 1 190 € = 357 € mit der Folge, dass S die Zuwendung nicht als Ertrag verbuchen muss. Ob B die Zuwendung als Betriebsausgabe verbuchen darf, hängt davon ab, ob es sich um ein Geschenk im Sinne des § 4 Abs. 5 Nr. 1 EStG handelt (kein Abzug einschl. der Steuer) oder eine sonstige Sachzuwendung.

Beide Beträge sind übrigens jeweils die Beträge ohne Umsatzsteuer. Anders als im Umsatzsteuerrecht, wo die Begriffe Teilwert und gemeiner Wert teilweise anders verwendet werden, sind diese Begriffe für einen bilanzierenden Steuerpflichtigen, der zum Vorsteuerabzug berechtigt ist, immer als Nettobeträge zu verwenden, ist er dagegen nicht zum Vorsteuerabzug berechtigt, dann sind sie bei Zuflüssen (Einlagen, Erträgen nach § 6 Abs. 4 EStG) als Bruttobeträge zu verwenden, bei Abflüssen (Entnahmen, nicht abzugsfähigen Betriebsausgaben) dagegen ebenfalls zum Nettowert.

Wie bereits oben bemerkt, wird das Privateinlagekonto zumindest bei Einzelunternehmen häufig verwendet, um eine erfolgsneutrale Buchung technisch zu ermöglichen, obwohl tatsächlich nicht von einer Privateinlage die Rede sein kann. Neben dem oben angeführten Fall der Investitionszulagen (Buchungssatz: Bank an Privateinlage, H 6.5 (Investitionszulage) EStH) ist auch der Fall der Überführung eines Wirtschaftsguts von einem Betrieb in einen anderen Betrieb desselben Steuerpflichtigen (Buchungssatz: WG an Privateinlage) denkbar, § 6 Abs. 5 EStG.

2 Entnahmen

2.1 Begriff

Auch über die Privatentnahmen ist im **Handelsrecht** nichts Ausdrückliches bestimmt, wenn auch allgemein anerkannt ist, dass nicht nur die reinen Privatentnahmen, sondern auch die im privaten Interesse des Unternehmers durch den Betrieb geleisteten Zahlungen bei Einzelunternehmen und bei Personalgesellschaften über ein »Privatkonto« verbucht und dieses auf das Kapitalkonto abgeschlossen wird. Im **Steuerrecht** gehören auch die Entnahmen zum Gewinnbegriff des § 4 Abs. 1 EStG.

Auch für die Privatentnahmen enthält das Gesetz eine **Legaldefinition** in § 4 Abs. 1 Satz 2 EStG. Danach sind Entnahmen »alle Wirtschaftsgüter (Barentnahmen, Waren, Erzeugnisse, Nutzungen und Leistungen), die der Steuerpflichtige dem Betrieb für sich, für seinen Haushalt oder für andere betriebsfremde Zwecke im Laufe des Wirtschaftsjahres entnommen hat«. Es handelt sich also um Wertabgaben für betriebsfremde Zwecke im weitesten Sinn, deren betriebsvermögensmindernde und damit gewinnmindernde Auswirkung vermieden werden soll. Darin erschöpft sich aber die Begründung der Entnahmeregelung nicht: Da Entnahmen nach § 6 Abs. 1 Nr. 4 EStG grundsätzlich zum Teilwert entnommen werden müssen, besteht ein weiterer **Zweck** der Entnahmeregelung darin, die im Betrieb entstandenen stillen Reserven einer Besteuerung zuzuführen (wegen dieses eigentlichen Hauptzwecks der Entnahmeregelung spricht man auch von einem **finalen Entnahmebegriff**). So wird das Tatbestandsmerkmal »**für betriebsfremde Zwecke**« so ausgelegt, dass eine Entnahme immer schon dann angenommen wird, wenn etwas aus dem Betrieb in das Privatvermögen überführt wird oder wenn etwas in eine ausländische Betriebsstätte verbracht wird (und damit grundsätzlich Betriebsvermögen bleibt), in der kraft eines Doppelbesteuerungsabkommens oder anderer Regelungen die Besteuerung der in der inländischen Betriebsstätte entstandenen stillen Reserven nicht mehr der deutschen Besteuerung unterliegt, § 6 Abs. 5 EStG (so auch BFH vom 07.10.1974 BStBl II 1975, 168). Zur Besteuerung einer solchen als Entnahme zu bewertenden Überführung vgl. §§ 4 Abs. 1 Satz 3, 4 g EStG und Teil F 3.4.

Dagegen stellt es keine Entnahme dar, wenn der Steuerpflichtige ein Wirtschaftsgut aus einem Gewerbebetrieb in einen Betrieb der Land- und Forstwirtschaft oder in einen freiberuflichen Betrieb überführt, vgl. BFH vom 14.06.1988 BStBl II 1989, 187, BMF vom 24.12.1999 BStBl I, 1076. Auch ansonsten ist die Überführung in eine andere Betriebsstätte oder einen anderen Betrieb gem. § 6 Abs. 5 EStG erfolgsneutral. Auch zu den Entnahmen gehört grundsätzlich eine **Entnahmehandlung** und ein **Entnahmewille** (BFH vom 06.11.1991 BStBl II 1993, 391). Die Entnahmehandlung kann in einem schlüssigen Verhalten, in einer Ausbuchung, in einer nachhaltigen Nutzungsänderung zu einer betrieblichen Nutzung von untergeordneter Bedeutung (unter 10 %), in einer Erklärung gegenüber dem Finanzamt u. Ä. liegen. Allerdings gehört dazu, dass das Wirtschaftsgut überhaupt **entnahmefähig** ist, also nicht weiterhin zum notwendigen Betriebsvermögen gehört. Der Entnahmewille muss sich nur auf den die Rechtsfolgen der Entnahmebesteuerung auslösenden tatsächlichen Geschehensablauf beziehen, er muss die Rechtsfolgen nicht mit umfassen (BFH vom 31.01.1985 BStBl II 1985, 395). Der Steuerpflichtige muss also nur die Nutzungsänderung, die Ausbuchung oder die Verwendung zu privaten Zwecken wollen, nicht dagegen auch die mit diesen Entnahmen gleichzeitig verbundenen Realisierungen stiller Reserven.

BEISPIEL

a) Der Steuerpflichtige hat von seinem Vater einen Betrieb geerbt, in dem auch ein Betriebsgrundstück bilanziert war. Dieses Grundstück bebaut der Steuerpflichtige und vermietet es an einen Unternehmer. Am Ende des Wirtschaftsjahres erfasst der Steuerpflichtige das Grundstück nicht mehr in seiner Bilanz und erklärt Einkünfte aus Vermietung und Verpachtung.

LÖSUNG Der Fall entspricht dem Urteil des BFH vom 31.01.1985 BStBl II 1985, 395. Der Steuerpflichtige hätte das Grundstück entsprechend R 4.2 Abs. 9 EStR weiterhin in seiner Bilanz als gewillkürtes Betriebsvermögen ausweisen können. Da der Steuerpflichtige das Grundstück jedoch nicht mehr in seiner Bilanz ausweist, sondern die Mieteinnahmen als privat eingenommene Vermietungseinkünfte erklärt, hat er es entnommen. Dass er dabei als Rechtsfolge die stillen Reserven noch versteuern muss, braucht er nicht gewußt und gewollt zu haben. Dass jedoch der Ausweis von Einkünften aus V+V in komplizierteren Fällen keinen unbedingten Hinweis auf einen Entnahmewillen darstellt, hat der BFH in seinem Urteil BFH vom 09.08.1989 BStBl II 1990, 128 entschieden.

b) Die A-OHG (Gesellschafter A und B) betreibt zwei Teilbetriebe. Teilbetrieb X veräußert sie an die B-KG, an der der A auch beteiligt ist. Das Betriebsgrundstück des Teilbetriebs X veräußert die A-OHG nicht an die B-KG, jedoch vermietet es ihr. Das Grundstück ist eine der wesentlichen Betriebsgrundlagen für den Teilbetrieb X.

LÖSUNG Fraglich ist, ob die Teilbetriebsveräußerung des Teilbetriebs X nach §§ 16, 34 EStG begünstigt ist. Dies wäre der Fall, wenn anlässlich der Teilbetriebsveräußerung durch die OHG alle im Teilbetrieb X stehenden stillen Reserven aufgedeckt worden wären. Dies ist nach der Rspr. des BFH zu verneinen. Das Grundstück, das von der A-OHG an die z. T. personenidentische Schwesterpersonengesellschaft B-KG vermietet wird, bleibt BV der A-OHG und in deren Bilanz (BFH vom 16.06.1994 BStBl II 1996, 82, vom 22.11.1994 BStBl II 1996, 93 und vom 23.04.1996 BB 1996, 2074 sowie BMF vom 18.01.1996 BStBl I 1996, 86). Da die OHG somit nicht alle für den Teilbetrieb wesentlichen Betriebsgrundlagen übertragen hat, ist ihr die Vergünstigung der §§ 16, 34 EStG zu versagen, BFH vom 13.02.1996 BStBl II 1996, 409.

Zuweilen lässt der BFH in seiner Rechtsprechung auch bloße tatsächliche Geschehensabläufe zur Entnahme genügen, die einen **bloßen Rechtsvorgang** auslösen. Dabei lässt er sich wiederum von dem Gedanken leiten, dass grundsätzlich keine stillen Reserven der Besteuerung entgehen sollen (finaler Entnahmebegriff).

BEISPIELE

a) A, B und C sind Gesellschafter einer OHG. A hatte der OHG ein ihm gehörendes Grundstück zur betrieblichen Nutzung zur Verfügung gestellt. Das Grundstück befand sich also in seinem Sonderbetriebsvermögen. Für den Fall des Todes haben die Gesellschafter Fortführung der OHG unter den Altgesellschaftern (ohne die Erben) vorgesehen. A stirbt. Erbe des Grundstücks wird E, der nach dem Gesellschaftsvertrag nicht berechtigt ist, in die Gesellschaft nachzufolgen.

LÖSUNG Die im Gesamthandsvermögen befindlichen Wirtschaftsgüter werden nunmehr allein B und C zugerechnet (Anwachsung, § 738 Abs. 1 Satz 1 BGB). Noch in der Person des A entsteht ein Abfindungsanspruch (§ 738 Abs. 1 Satz 2 BGB). Die anteiligen stillen Reserven des Gesamthandvermögens hat also der A noch zu versteuern. Steuerlich wird A also so behandelt, als ob er seinen Mitunternehmensanteil aufgegeben hätte. Der Aufgabegewinn besteht in der Differenz des Abfindungsanspruchs zum Buchkapital des A. Gleichzeitig wird das Grundstück notwendiges Privatvermögen. Maßgebend hierfür war nicht eine Entnahmehandlung oder ein Entnahmewille, sondern der Rechtsvorgang des Todes des A, der den Übergang des Grundstückes in das Privatvermögen auslöste. Daher hat A auch noch die damit verbundenen stillen Reserven zu versteuern (Rz. 73 BMF vom 14. 03. 2006 BStBl I 2006, 253; BFH vom 24. 04. 1975 BStBI II 1975, 580). Diese bestehen in der Differenz zwischen dem gemeinen Wert (§ 16 Abs. 3 EStG) und dem Buchwert des Grundstücks, so BFH vom 29. 10. 1991 BStBI II 1992, 512.

b) A war Alleingesellschafter einer Einmann-GmbH. Dieser verpachtete er einige wesentliche Betriebsgrundlagen (Folge: Betriebsaufspaltung). Die Verpachtung erfolgt im Rahmen eines Gewerbebetriebes, zu dessen notwendigem Betriebsvermögen die verpachteten Gegenstände und die GmbH-Anteile gehören, vgl. H 15.7 Abs. 4 (Allgemeines und notwendiges Betriebsvermögen) EStH). Nunmehr veräußert A seine Anteile an der GmbH an S, die Wirtschaftsgüter verpachtet er weiterhin an die GmbH.

LÖSUNG Die Veräußerung der GmbH-Anteile löst als Rechtsvorgang das Ende der gewerblichen Verpachtung des A aus, da die Voraussetzungen der Betriebsaufspaltung nunmehr entfallen sind. Falls A der GmbH alle wesentlichen Betriebsgrundlagen verpachtet hat, diese also keine eigenen wesentlichen Betriebsgrundlagen besaß, wird dem A ein Wahlrecht zugestanden, entsprechend dem Verpächtererlass vom 17. 10. 1994 BStBl I 1994, 771 weiterhin gewerbliche Einkünfte zu erzielen, vgl. § 16 Abs. 3b EStG, BFH vom 06. 03. 1997 BStBl II 1997, 460; 14. 03. 2006 BFH/NV 2006, 1552. Hatte die GmbH dagegen auch eigene wesentliche Betriebsgrundlagen oder waren ihr von Dritten wesentliche Betriebsgrundlagen zur Verfügung gestellt worden, so soll dieses Wahlrecht nach BFH vom 13. 12. 1983 BStBl II 1984, 474 nicht greifen: Durch den Rechtsvorgang der Beendigung der Betriebsaufspaltung und das Nichtvorliegen der Voraussetzungen des Verpächterwahlrechts seien die verpachteten Wirtschaftsgüter Privatvermögen geworden, die stillen Reserven seien (neben dem Veräußerungsgewinn der GmbH-Anteile) zu versteuern. Vgl. auch die Ausführungen in BFH vom 15. 12. 1988 BStBl II 1989, 363 in Ziffer 5 der Gründe über die Notwendigkeit, unter Umständen mit Billigkeitsmaßnahmen zu helfen. Vgl. H 16.2 Abs. 2 (Beendigung einer Betriebsaufspaltung) EStH. Der BFH hält in seinem Urteil vom 14. 03. 2006 BFH/NV 2006, 1552 auch eine Betriebsunterbrechung für möglich, wenn beim Steuerpflichtigen die Absicht besteht, den Betrieb später fortzuführen, und wenn die zurückbehaltenen Wirtschaftsgüter es erlauben, »innerhalb eines überschaubaren Zeitraums den Betrieb in gleichartiger oder ähnlicher Weise wieder aufzunehmen.« Für den »überschaubaren Zeitraum« hielt der BFH in diesem Urteil einen Zeitraum von 13 Jahren, die die Grundstücke erst einmal vermietet waren, für unschädlich. Also: Hat das Besitzunternehmen der GmbH-Betriebsgesellschaft alle für die GmbH wesentlichen Betriebsgrundlagen vermietet, hat die GmbH also keine eigenen wesentlichen Betriebsgrundlagen, dann liegt bei Beendigung der Betriebsaufspaltung durch Wegfall der personellen Verflechtung ein Verpächterwahlrecht vor. Waren es nicht alle für die GmbH wesentlichen Betriebsgrundlagen, so waren es doch zumindest die für das Besitzunternehmen wesentlichen Betriebsgrundlagen. Lässt sich mit ihnen ein gleicher oder ähnlicher Betrieb fortsetzen, dann liegt eine Betriebsunterbrechung vor. In beiden Fällen liegt eine Betriebsaufgabe des Besitzunternehmens nur bei einer ausdrücklichen Aufgabeerklärung vor, vgl. jetzt auch § 16 Abs. 3 b EStG für Aufgaben nach dem 04.11.2011, § 52 Abs. 34 Satz 9 EStG.

Keine zu Gewinnrealisierungen zwingenden Rechtsvorgänge sah die Rechtsprechung in folgenden Vorgängen:

- **Strukturwandel,** d. h. ein Betrieb der bisher mehr als 50 % seines Umsatzes aus dem Verkauf fremder Erzeugnisse tätigte, und der daher ein Gewerbebetrieb war (R 15.5 Abs. 11 EStR), verringert seinen Zukauf fremder Erzeugnisse so, dass er seine Umsätze nur noch zu höchstens einem Drittel und höchstens 51 500 € daraus erzielt, wodurch er zum Betrieb der Land- und Forstwirtschaft wird (keine Entnahme; die Besteuerung der im Gewerbebetrieb entstandenen stillen Reserven erfolgt dann, wenn die Wirtschaftsgüter, in denen sie enthalten sind, zu einem späteren Zeitpunkt veräußert, entnommen oder abgeschrieben werden; notwendig ist jedoch schon im Zeitpunkt des Strukturwandels die Höhe der im Gewerbebetrieb entstandenen stillen Reserven festzuhalten, damit sie zu dem späteren Zeitpunkt von den in dem Betrieb der Land- und Forstwirtschaft entstandenen abgegrenzt werden können BFH vom 07.10.1974 BStBl II 1975, 168, H 16 (2) Strukturwandel EStH, Wacker in Schmidt Tz. 177 zu § 16 EStG).
- Belastung eines Betriebsgrundstücks mit einem entgeltlichen **Erbbaurecht** zu Gunsten des Ehegatten, wobei der Ehegatte dann auf dem Erbbaurecht ein Einfamilienhaus erstellte, in das die Eheleute zu Wohnzwecken einzogen; BFH vom 26.02.1970 BStBl II 1970, 419, vom 26.11.1987 BStBl II 1988, 490, vom 10.04.1990 BStBl II 1990, 961 und vom 10.12.1992 BStBl II 1993, 342 erkannten in dieser Gestaltung keine Entnahme des Grundstücks, sondern entschieden, dass das Grundstück weiterhin gewillkürtes Betriebsvermögen sein könne; bei unentgeltlicher Bestellung eines Erbbaurechts liegt dagegen eine Entnahme vor;
- In der Regel wird auch bei einer Änderung der Rechtslage aufgrund **Gesetzesänderungen,** die Betriebsvermögen nicht mehr zulassen, von der Besteuerung der stillen Reserven abgesehen und eine Ausbuchung zum Buchwert zugelassen, vgl. zur gesetzlichen Neuregelung der **gewerblich geprägten Personengesellschaft** in § 52 Abs. 20 b EStG (Verzicht auf die Erfassung stiller Reserven bei Entnahmen nach dem 30.10.1984 und vor dem 11.04.1985; zur gesetzlichen Neuregelung der **Nutzungswertbesteuerung** § 52 Abs. 15 letzter Satz EStG, wonach zu eigenen Wohnzwecken genutzte Gebäudeteile, die nach dem ehemaligen Abschn. 14 Abs. 4 EStR gewillkürtes Betriebsvermögen sein konnten, bei Entnahmen oder bei fiktiven Entnahmen zwischen 31.12.1986 und 31.12.1998 nicht zu einer Gewinnrealisierung führen, und zwar weder beim Gebäudeteil noch beim anteilig dazugehörenden Grund und Boden; die Verwaltung verlangt jedoch als Voraussetzung für die Steuerfreiheit des Entnahmegewinns, dass bei dem Steuerpflichtigen im Zeitpunkt der Entnahme die Voraussetzungen der Nutzungswertbesteuerung, also die Nutzung zu eigenen Wohnzwecken vorliegen, vgl. BMF vom 12.11.1986, BStBl I 1986, 528).
- Übergang von einem Gewerbebetrieb zu einer einkommensteuerlich unbeachtlichen **Liebhaberei** (H 16 Abs. 2 (Liebhaberei) EStH).

Entnahmen können dieselben **Folgewirkungen** haben wie die Einlagen. Die Entnahme eines bisher vermieteten Gebäudeteils (der nach R 4.2 Abs. 4 EStR ein eigenes Wirtschaftsgut darstellt) zieht zwangsläufig die Entnahme des dazugehörenden Grund und Bodens nach sich (BFH vom 24.11.1982 BStBl II 1983, 365). Die Entnahme eines noch nicht voll bezahlten

Grundstücks zieht die Entnahme der Restkaufpreisschuld (oder des Darlehens) nach sich, vgl. R 4.2 Abs. 15 Satz 1 EStR. Die Grundsteuer ist künftig keine Betriebsausgabe mehr, ebensowenig die zu dem Grundstück gehörenden Sachversicherungen und die Schuldzinsen (für letztere ausdrücklich § 4 Abs. 4 a Nr. 3 EStG).

2.1.1 Entnahme von Wirtschaftsgütern

Entnahmefähig sind alle Arten von Wirtschaftsgütern, sofern sie **nicht weiterhin notwendiges Betriebsvermögen** darstellen. Stellten sie schon zuvor notwendiges Privatvermögen dar, so kommt keine Entnahme, sondern nur eine **Bilanzberichtigung** in Betracht (BFH vom 21.06.1972 BStBl II 1972, 874 und vom 19.06.1973 BStBl II 1973, 706). Der **Zeitpunkt der Entnahme** ist der der nachhaltigen Loslösung vom Betriebsvermögen. Bei der Bebauung eines unbebauten Grundstücks, das sich bisher im Betriebsvermögen befand, mit einem Einfamilienhaus, ist der Entnahmezeitpunkt der, in dem feststeht, dass das Grundstück nachhaltig der privaten Nutzung zugeführt wird; dies wird in der Regel der Beginn der Bebauung, in Ausnahmefällen (Errichtung zum Verkauf, spätere Änderung der Verkaufsabsicht und Selbsteinzug) aber auch einmal ein späterer Zeitpunkt sein. Bei Entnahmen gewillkürten Betriebsvermögens kommt es in der Regel auf die Ausbuchung in der Buchführung an; erfolgt die Ausbuchung erst bei Aufstellen des Jahresabschlusses, indem der Steuerberater ein Wirtschaftsgut nicht mehr in der Bilanz erfasst, so ist nicht rückwirkend der Bilanzstichtag, sondern erst der Tag der Bilanzerstellung der Entnahmezeitpunkt, (so auch BFH vom 30.01.1985 BFH/NV 1986, 80, ständige Rechtsprechung).

BEISPIELE

a) Der Steuerpflichtige, der ein Lebensmittelgeschäft betreibt, entnimmt Waren für sich und seine Familie.

b) Der Steuerpflichtige bezahlt die Einkommensteuerschuld (eine Privatschuld, § 12 Nr. 3 EStG) aus betrieblichen Mitteln.

c) Der Steuerpflichtige schenkt ein Wirtschaftsgut aus seinem Betriebsvermögen seiner Tochter zum Geburtstag.

d) Der Steuerpflichtige bebaut ein Grundstück mit einem zu eigenen Wohnzwecken genutzten Einfamilienhaus.

e) Ein Steuerpflichtiger überführt ein bisher vermietetes Grundstück, das er als gewillkürtes Betriebsvermögen behandelt hatte, in das Privatvermögen und tut diese Änderung durch eine Ausbuchung von dem betrieblichen Grundstückskonto kund.

Auch der Verkauf eines Wirtschaftsguts an einen nahen Angehörigen zu einem niedrigen Entgelt stellt eine (teilweise) Entnahme dar, die zu einer Aufdeckung der gesamten stillen Reserven führt, vgl. BFH vom 04.04.2006 BFH/NV 2006, 1460. Dabei ist der durch das Entgelt aufgedeckte Teil der stillen Reserven (Kaufpreis ./. anteiliger Buchwert) 6b-fähig, der durch die Entnahme aufgedeckte Teil dagegen nicht.

2.1.2 Entnahme von Nutzungen und Leistungen

Liest man das Gesetz wörtlich, dann könnte man der Meinung sein, der Gesetzgeber halte Nutzungen und Leistungen für Wirtschaftsgüter. Dies ist jedoch nicht der Fall, denn wer einen Pkw zu privaten Zwecken nutzt, der entnimmt weder den Pkw noch ein Wirtschaftsgut »Nutzung«, sondern das private Nutzen ist ein tatsächlicher Vorgang, der eine Wertabgabe des Betriebes für außerbetriebliche Zwecke darstellt. Da die Entnahme von Nutzungen und Leistungen anders als bei der Einlage ausdrücklich im Gesetz vorgesehen ist, ist sie unstreitig. Allerdings weist der Große Senat in seinem Beschluss BFH vom 26. 10. 1987 DB 1988, 529 darauf hin, dass damit nicht die Aussage getroffen sei, Nutzungen seien Wirtschaftsgüter. Eine solche Annahme »würde sich in einen Gegensatz zu den Vorschriften über den Ansatz (§ 5 EStG) und die Bewertung von Wirtschaftsgütern (§ 6 EStG) stellen«. Ohne dass der BFH in seinem Beschluss sagt, wofür der Wortlaut des § 4 Abs. 1 Satz 2 EStG mit der Aufnahme der Nutzungen als entnahmefähig dann spreche, muss der BFH doch die **Aufwandsentnahme** anerkennen. Beispiele für Nutzungen und Leistungen als Aufwandsentnahme sind etwa: Private Pkw-Nutzung, private Telefonnutzung, Einsatz der Arbeitnehmer für private Zwecke, nicht entnahmefähig ist dagegen die eigene Arbeitskraft des Unternehmers.

2.1.3 Entnahmen in Fällen des § 12 EStG

Auf jeden Fall als Entnahmen zu behandeln sind Wertabgaben aus dem Betrieb, die durch einen der in § 12 EStG niedergelegten Gründe verursacht sind. Aus **§ 12 Nr. 1 EStG** wurde bislang der Grundsatz herausgelesen, dass Aufwendungen, die sowohl der **Ausübung des Berufs** als auch der **Lebensführung** dienen, nicht abzugsfähig sind.

BEISPIEL

Die Kosten für eine Tageszeitung, die neben dem Wirtschaftsteil auch Politik, Sport und Feuilleton enthält, sind nicht abzugsfähig (BFH vom 30. 06. 1983 BStBl II 1983, 715, Frankfurter Allgemeine, BFH vom 07. 09. 1989 BStBl II 1990, 19, FAZ, Frankfurter Rundschau, Süddeutsche Zeitung, Tagesspiegel, taz, Spiegel, Zeit); die Kosten für eine reine Wirtschaftszeitung sind dagegen abzugsfähig (BFH vom 12. 11. 1982 DB 1983, 372, Handelsblatt). Nicht abzugsfähig sind Kosten für den Führerschein (BFH vom 20. 02. 1969 BStBl II 1969, 433; anders wenn der Führerschein nahezu oder ganz ausschließlich aus beruflichen Gründen erworben wurde BFH vom 04. 04. 1964 BStBl III 1964, 431).
R 12.1 EStR unterscheidet daher folgende zwei Fallgruppen:

1. Lässt sich der berufliche Teil und der private Teil **anhand objektiver Maßstäbe** leicht und einwandfrei trennen, so ist der beruflich (betrieblich) veranlasste Teil der Aufwendungen abzugsfähig; die Feststellungslast für den Nachweis der betrieblichen Verursachung trägt der Steuerpflichtige (BFH vom 22. 01. 1985 BStBl II 1985, 308).
2. Gibt es einen solchen objektiven Maßstab nicht, so sind die Aufwendungen nur dann abzugsfähig, wenn sie ausschließlich oder doch nahezu ausschließlich beruflich veranlasst waren. Auch hier trägt die Feststellungslast der Steuerpflichtige.

BEISPIELE

a) Ein Arzt ist Teilnehmer eines Fortbildungskongresses, der im Februar in Davos abgehalten wird. Die Vorträge finden erst in den Stunden ab Hereinbrechen der Dunkelheit statt. – Hier dient der Aufenthalt sowohl der Fortbildung als auch der sportlichen Betätigung; auch für Nichtsportler steht die berufliche Fortbildung schon nach dem Programm nicht eindeutig im Vordergrund. Daher sind die Reise- und Aufenthaltskosten nicht als Betriebsausgaben abzugsfähig, da diese Kosten sowohl der beruflichen Fortbildung wie auch der Lebensführung dienen. Dagegen sind die reinen Kongreßgebühren als Betriebsausgaben abzugsfähig, da sie eindeutig ausschließlich beruflich verursacht sind; zu diesem Thema vgl. BFH vom 01. 04. 1971 BStBl II 1971, 524 – keine berufliche Veranlassung bei Besuch eines 4 1/2tägigen Ärztekongresses bei 16 Tagen Schiffsreise für Hin- und Rückfahrt nach Montreal; BFH vom 14. 07. 1988 BStBl II 1989, 19 – keine berufliche Veranlassung, wenn ein Steuerberater-Symposium auf der Fähre Finnjet stattfindet; BFH vom 22. 05. 1974 BStBl II 1975, 70 – Informationsreise in die USA; BFH vom 31. 01. 1997 BFH/NV 1997, 476 – Lehrer in Kanada; BFH vom

08.11.1996 BFH/NV 1997, 470 in einem besonders engherzigen Fall der Fortbildung von Spanischlehrern an einem Kurs für deutsche Spanischlehrer in Granada; Beschluss des Großen Senats BFH vom 27.11.1978 BStBl II 1979, 213 – Informationsreise in die USA mit allgemein-touristischem Programmteil von nicht untergeordneter Bedeutung bzw. mit Privataufenthalt außerhalb der Gruppenreise von nicht untergeordneter Bedeutung nicht als Betriebsausgabe abzugsfähig; einzelne betrieblich veranlasste abgrenzbare Aufwendungen abzugsfähig; BFH vom 12.04.1979 BStBl II 1979, 513 – hält ein Arzt auf einem Fachkongreß Vorträge, dann sind private Unternehmungen in weiterem Maße zulässig als bei bloßer Teilnahme als Hörer; BFH vom 23.01.1997 BStBl II 1997, 357, in dem ein in Jordanien geborener und in Bremen tätiger Zahnarzt auf einem Kongreß syrischer Zahnärzte in Syrien einen Fachvortrag hielt; BFH vom 13.02.1980 BStBl II 1980, 386 Nachweis der Teilnahme an den Fachveranstaltungen; Mitnahme der Ehefrau; hierzu auch BFH vom 18.02.1965 BStBl III 1965, 282, BFH vom 28.10.1976 BStBl II 1977, 238 und BFH vom 12.04.1979 BStBl II 1979, 513; Teilnahme der Ehefrau spricht für nicht unerhebliche Erholungszwecke; Ausnahme wenn Ehefrau im Betrieb des Steuerpflichtigen in führender Position mitarbeitet oder ihm als Dolmetscherin behilflich ist oder ihn als Schwerbeschädigten begleitet. Zu den Ärzte- und Zahnärztekongressen in Davos in ihrer tatsächlichen Ausgestaltung (Vorträge von 8.00 Uhr bis 11.30 Uhr und von 16.00 Uhr bis 19.00 Uhr als weitaus überwiegend beruflich veranlasster Fortbildungsaufenthalt) vgl. FG Hbg vom 01.02.1983 EFG 1983, 494; dagegen in einem vor Neid triefenden Urteil FG Ba-Wü vom 24.02.1988 EFG 1988, 296. Im Ergebnis allerdings wie FG Ba-Wü vom 24.02.1988 auch BFH vom 15.03.1990 BStBl II 1990, 736 und vom 18.04.1996 BFH/NV 1997, 18. Zur Fortbildung von Rechtsanwälten in Sils Maria (Schweiz) vgl. BFH vom 02.03.1995 in BFH/NV 1995, 959.

b) Dieses Alles-oder-nichts-Prinzip hat der Große Senat des BFH in seinem Beschluss vom 21.09.2009 (DB 2010, 143) aufgegeben. Der Entscheidung lag ein Sachverhalt zugrunde, in dem ein Arbeitnehmer eine Fachmesse in Las Vegas/USA besucht hatte. Die Messe dauerte von Montag bis Donnerstag, während der Hinflug am Freitag davor und der Rückflug am Samstag danach erfolgten. Das Finanzamt versagte in Übereinstimmung mit der Verwaltungsauffassung wegen des Aufteilungs- und Abzugsverbots den Abzug der Flugkosten. Der Große Senat gestand dem Steuerpflichtigen dagegen einen Abzug von 4/7 der Flugkosten zu. Er begründete dies mit dem verfassungsrechtlich geschützten Nettoprinzip (als Differenz zwischen den Erwerbseinnahmen und den betrieblichen (bei § 4 Abs. 4 EStG) bzw. beruflichen (bei § 9 EStG) Erwerbsaufwendungen).
War die Aufteilung in dem vom Großen Senat entschiedenen Fall noch relativ einfach, da die berufliche Veranlassung von 4 und die private Veranlassung von 3 Tagen unstreitig war, stellt sich die Frage, wie der Große Senat entschieden hätte, wenn festgestanden hätte, dass der Steuerpflichtige täglich an (sagen wir einmal) 6 Stunden an den Veranstaltungen teilgenommen hätte und an 4 Stunden Ski gefahren wäre. Der BFH hatte den Abzug der Reisekosten vor dem Beschluss des Großen Senats stets abgelehnt (BFH vom 15.03.1990 BStBl II 1990, 736 und vom 18.04.1996 BFH/NV 1997, 18). Diese Ablehnung lässt sich jetzt nicht mehr aufrechterhalten, da der Große Senat entschieden hat, dass der berufliche und der private Anteil gegebenenfalls im Wege der Schätzung aufzuteilen seien. Da der Große Senat dem Steuerpflichtigen ausdrücklich eine umfassende Darlegungs- und Beweislast auferlegt, werden die Fertigung und Vorlage von Mitschriften und Aufzeichnungen wieder fröhliche Auferstehung feiern. So verlangt die Finanzverwaltung gem. BMF vom 06.07.2010 BStBl I 2010, 614 von dem Steuerpflichtigen eine »umfassende Darlegung und Nachweis« der betrieblichen Veranlassung.

Das vorstehend Gesagte gilt nicht nur für Aufwendungen, sondern auch für die **Anschaffung von Wirtschaftsgütern**. Auch diese führen nur zu Anschaffungskosten, die bilanziert und abgeschrieben werden können, wenn sie für betriebliche Zwecke oder zumindest nahezu ausschließlich betriebliche Zwecke angeschafft werden. Werden sie sowohl betrieblich als auch privat genutzt, so kommt es darauf an, ob der betriebliche Nutzungsanteil anhand eines objektiven Maßstabs (km-Zähler, Gebührenzähler, Zahl der Buchungsvorgänge hinsichtlich der Kontoführungsgebühr, neuerdings auch Waschmaschinenlauf) wenigstens im Wege der Schätzung einwandfrei ermittelt werden kann. Ist dies nicht möglich, dann gilt das Wirtschaftsgut als aus privaten Gründen angeschafft (Beispiele: Lexikon auch bei einem Lehrer nicht abzugsfähig, BFH vom 29.04.1977 BStBl II 1977, 716; Flügel einer Musiklehrerin gehört zu der Anschaffung für die private Lebenshaltung, BFH vom 10.03.1978 BStBl II 1978, 459, ein kaum haltbares Urteil, revidiert in BFH vom 21.10.1988 BStBl II 1989, 356, Waschmaschine im Wege der Schätzung aufteilbar, vgl. BFH vom 25.10.1985 BFH/NV 1986, 281 sowie BFH vom 29.06.1993 BStBl II 1993, 837 und 838).

Nach **§ 12 Nr. 2 EStG** sind Zahlungen, die aus dem Betrieb **freiwillig**, aufgrund einer **freiwillig begründeten Rechtspflicht** oder an **Unterhaltsberechtigte** geleistet werden, nicht abzugsfähig, sondern als Privatentnahmen zu behandeln. Dies gilt jedoch nicht, wenn den Zahlungen eine Gegenleistung gegenübersteht. Ob dies der Fall ist, ist insbesondere bei **Betriebsübertragungen** von Eltern auf Kinder gegen laufende Zahlungen fraglich. Hierzu ist die Rechtslage folgende: Haben der übertragende Teil und der erwerbende Teil den Wert des Betriebes nach kaufmännischen Gesichtspunkten ermittelt und die Gegenleistung wertmäßig an diesem Wert des Betriebes orientiert, dann liegt ein **entgeltliches Rechtsgeschäft** vor, das wie unter fremden Dritten abzuwickeln ist. Vgl. hierzu den Erlass über die vorweggenommene Erbfolge BMF vom 13.01.1993 BStBl I 1993, 80, vom 20.02.2007 BStBl I 2007, 269 und vom 11.03.2010 BStBl I 2010, 227.

BEISPIEL

Vater und Sohn haben den Wert des väterlichen Betriebes auf 500 000 € festgestellt; S soll den Betrieb für 250 000 € erwerben. Ob V einen Veräußerungsgewinn realisiert und S die Buchwerte aufstockt, hängt nach BMF vom 13.01.1993 BStBl I 1993, 80, Rz. 35, davon ab, wie hoch das Kapital ist. Beträgt das Kapital weniger als 250 000 €, so realisiert V einen VG (Beispiel: Kapital 100 000 €, VG 150 000 €, B stockt die Buchwerte um 150 000 € auf). Beträgt das Kapital 250 000 € oder mehr, dann liegt trotz der Zahlung von 250 000 € ein voll unentgeltlicher Erwerb vor (BMF vom 13.01.1993 BStBl I 1993, 80, Rz. 38).
Ist dagegen die Leistung des Sohnes auf 250 000 € festgesetzt worden, ohne dass man sich über den Wert des Betriebes Gedanken machte, dann liegt unabhängig von der Höhe des Kapitals ein insgesamt unentgeltliches Rechtsgeschäft vor; S hat also die Buchwerte nach § 6 Abs. 3 EStG fortzusetzen, die Verbindlichkeit ist nicht betrieblich veranlasst (GrS BMF vom 05.07.1990 BStBl II 1990, 847).
Übernimmt der Sohn den Betrieb mit allen Aktiven und Passiven, dann liegt trotz der Übernahme der Schulden dennoch eine insgesamt unentgeltliche Übertragung vor, also Fortführung aller Aktiva und Passiva zu Buchwerten (GrS BMF vom 05.07.1990 BStBl II 1990, 847).

Haben die Parteien dagegen die Leistung und die Gegenleistung als wiederkehrende Leistung und **nicht nach kaufmännischen Gesichtspunkten** festgestellt und abgewogen, dann liegt zumindest kein entgeltliches Rechtsgeschäft vor. Damit ist jedoch noch nicht gesagt, dass das gesamte Rechtsgeschäft unter § 12 Nr. 2 EStG fällt, denn immerhin kann nicht übersehen werden, dass hier vermögenswerte Wirtschaftsgüter übertragen werden. Für die Lösung von Fällen dieser Art vgl. Schreiben des BMF vom 11.03.2010 BStBl I 2010, 227. Ist die Vereinbarung ab 01.01.2008 abgeschlossen worden, dann gelten die §§ 10 Abs. 1 Nr. 1 a, 22 Nr. 1 b EStG.

BEISPIELE

a) V hat einen Betrieb mit einem Kapital von 100 000 €. Im Einvernehmen mit S wird der Wert des Betriebes von einem Steuerberater auf 500 000 € taxiert. Da V 69 Jahre alt ist, hat er also gemäß dem Erl. zu § 14 Abs. 1 Satz 4 BewG bei einer Leibrente den Vervielfältiger 10,059 (Stand 2012; gilt auch für 2015, vgl. BMF vom 13.12.2013). Damit sich Leistung und Gegenleistung entsprechen, wird der Jahreswert der Leibrente auf 500 000 €: 10,059 = 49 706,73 bzw. dann endgültig der monatliche Rentenbetrag auf 4 142 € festgesetzt.

LÖSUNG (Veräußerungsrente): Da Leistung und Gegenleistung nach kaufmännischen Gesichtspunkten festgesetzt wurden, handelt es sich um einen entgeltlichen Veräußerungsvorgang (BFH vom 29.01.1992 BStBl II 1992, 465, lehrreicher Fall!). Für V besteht das Wahlrecht der R 16 Abs. 11 EStR. S hat den Betrieb des V entgeltlich erworben. Entsprechend § 6 Abs. 1 Nr. 7 EStG hat er den Kaufpreis auf die übernommenen Wirtschaftsgüter zu verteilen, wobei diese grundsätzlich mit dem Teilwert anzusetzen sind, und ein Überschuss auf den Firmenwert entfällt. Die Rentenverbindlichkeit ist mit 4 142 × 12 × 10,059 = 499 973 € zu passivieren. Falls der Vorgang sich im Januar abspielte, dann hat S im Erwerbsjahr 12 × 4 142 = 49 704 € bezahlt und zunächst als Aufwand verbucht. Am Jahresende hat er die Barwertdifferenz (neuer Rentenbarwert 4 142 × 12 × 9,730 (Vervielfältiger für 70 Jahre) = 483 620 €. Differenz zum Anfangsbestand also 16 353 €), mit dem Buchungssatz Rentenverbindlichkeit an sonstiger betrieblicher Ertrag 16 353 € als Ertrag auszuweisen. Zum Verfahren bei **Wertsicherungsklauseln** vgl. Horschitz, SteuerStud 85, 247.
Einen sehr wichtigen Beratungshinweis enthält in diesem Zusammenhang das Urteil vom 30.07.2003 BStBl II, 211: Stirbt V, dann hat der Erbe die Verbindlichkeit über Ertrag aufzulösen. Dem können V und S entgehen, wenn sie zusätzlich eine Mindestzeit entsprechend der statistischen Lebenserwartung des V vereinbaren (14 Jahre), innerhalb derer die Ansprüche bei vorzeitigem Ableben des V auf S übergehen; in diesem Fall geht der Anspruch auf S über, wo er wegen sog. Konfusion erlischt. Da hier der Wegfall der Verbindlichkeit auf privaten Gründen (Erbfall) beruht, ist die Verbindlichkeit erfolgsneutral über das Privatkonto auszubuchen. Die Lektüre dieses lehrreichen Falles sei empfohlen.

b) Im vorigen Fall haben V und S sich über den Wert des Betriebes keine Gedanken gemacht. Mehr nach dem Bedarf des Vaters und dem Leistungsvermögen des Sohnes hat man die monatlichen Renten auf 5 000 € festgesetzt. Die Möglichkeit der Abänderung des Betrages von 5 000 € wurde ausdrücklich ausgeschlossen. Die 60 000 € können aus den Erträgen des Betriebes erbracht werden.
LÖSUNG (Versorgungsrente): Kein Veräußerungsvorgang. Der Rentenbarwert beträgt jedoch grob geschätzt nicht mehr als das Doppelte des Wertes des Betriebes; genau: Betrieb 500 000 €; Rentenwert 603 540; dies könnte man noch als annähernd gleichwertig betrachten; da die Parteien sich jedoch über die Werte von Leistung und Gegenleistung gar keine Gedanken gemacht haben, liegt kein entgeltliches Rechtsgeschäft und keine Veräußerungsrente vor (vgl. BFH vom 22.09.1982 BStBl II 1983, 99). Es liegt aber auch keine Zahlung vor, die nur unter dem Gesichtspunkt geleistet wurde, dass V zum Kreis der Unterhaltsberechtigten gehört, vielmehr liegt eine Versorgungsleistung in Form einer Rente, vor (Übertragung existenzsichernden Vermögens, wobei die Zahlungen aus den Erträgen erbracht werden können). S führt also die Buchwerte des unentgeltlich übernommenen Betriebes fort (§ 6 Abs. 3 EStG), ohne die Rentenverbindlichkeit passivieren zu können. S zieht gem. § 10 Abs. 1 Nr. 1 a EStG die Versorgungsleistung mit 60 000 € als Sonderausgaben ab, V versteuert sie nach § 22 Nr. 1 b EStG (vgl. BMF vom 11.03.2010 Rz. 26 ff.).

c) Im vorigen Fall haben V und S den monatlichen Rentenbetrag auf 12 000 € festgesetzt, der aus den betrieblichen Erträgen nicht mehr bestritten werden kann.
LÖSUNG (Unterhaltsrente): Jetzt haben wir eine Unterhaltsleistung, da die Leistungen nicht mehr aus den Erträgen erbracht werden können; der Rentenbarwert beträgt 1 448 496 €, d. h. er ist mehr als doppelt so hoch wie der Wert des Betriebes. Jetzt ist in allererster Linie im Hinblick auf die Stellung des V als Unterhaltsberechtigtem eine Vereinbarung getroffen worden; den Betrieb kann man nicht mehr ernsthaft als Rentengrund ansehen. In einem solchen Fall ist der S ebenfalls wieder unentgeltlicher Rechtsnachfolger im Sinne des § 6 Abs. 3 EStG. Die Rente wird aber dieses Mal an einen Unterhaltsberechtigten im Hinblick auf eben diese Rechtsstellung bezahlt, d. h. die Zahlungen fallen in voller Höhe unter das Abzugsverbot des § 12 Nr. 2 EStG, R 10.3 Abs. 2 EStR, Beschluss des GrS des BFH vom 15.07.1991 BStBl II 1992, 78, 84 f. und BFH vom 22.01.1992, BFH/NV 1992, 513, BMF vom 11.03.2010 Rz. 66 Satz 3. Sie sind also allenfalls nach § 33 a Abs. 1 EStG berücksichtigungsfähig. V braucht die Zahlungen entsprechend § 22 Nr. 1 Satz 2 EStG nicht zu versteuern, wenn S unbeschränkt steuerpflichtig ist.

d) Im fortgeführten Fall haben V und S den monatlichen Rentenbetrag auf 2 000 € festgesetzt. Der Betrieb macht seit drei Jahren konjunkturell bedingte Verluste.

LÖSUNG (Versorgungsrente): Obwohl der Betrieb Verluste schreibt, gilt die widerlegbare Vermutung, dass Betriebe zu den grundsätzlich ertragbringenden wirtschaftlichen Einheiten gehören, BMF vom 11.03.2010 Rz. 29. Es wird im Übertragungsjahr und in den beiden folgenden Jahren vorläufig nach den Grundsätzen der Versorgungsleistungen veranlagt, Rz. 35, wenn der S nachweist, dass er den Betrieb wieder zu ausreichenden Erträgen führen wird.

Nach **§ 12 Nr. 3 EStG** führt die Bezahlung von **Einkommensteuerschulden** oder auch von **Erbschaftsteuerschulden** über ein betriebliches Konto selbst dann zu einer Privatentnahme des entsprechenden Geldbetrages, wenn der Steuerpflichtige ausschließlich Einkünfte aus Gewerbebetrieb hat bzw. zum Nachlass ausschließlich Betriebsvermögen gehört. Während bei der Einkommensteuer eine Verbuchung der Steuerschuld unterbleibt (bei Bezahlung also einfach »Privatentnahme an Bank« gebucht wird), wird bei der ebenfalls unter § 12 Nr. 3 EStG fallenden Umsatzsteuer für den Eigenverbrauch die Steuerschuld in der Buchführung erfasst, allerdings über eine entsprechende Entnahmebuchung wieder neutralisiert. Die Entnahme eines voll abgeschriebenen Pkw zum Teilwert von 2 500 € ist also buchmäßig wie folgt zu erfassen: Privatentnahme 2 975 € an a. o. Ertrag 2 500 € und Umsatzsteuer 475 €. Bei Zahlung der Steuer wird dann nur noch gebucht Umsatzsteuer 475 € an Bank 475 €.

Nach **§ 12 Nr. 4 EStG** schließlich gehören auch alle Arten von **Geldstrafen** in den privaten Bereich, selbst wenn sie durch den Betrieb veranlasst wurden. Diese Vorschrift korrespondiert mit der des § 4 Abs. 5 Nr. 8 EStG, wonach die betrieblich veranlassten **Geldbußen, Ordnungsgelder und Verwarnungsgelder** zu den nicht abzugsfähigen Betriebsausgaben gehören. **Geldstrafen** sind die nach dem Strafgesetzbuch und anderen Strafgesetzen festgesetzten Strafen, **Geldbußen** dagegen werden für Ordnungswidrigkeiten festgesetzt. Zu einzelnen Zweifelsfragen vgl. R 12.3 EStR.

Nach **§ 12 Nr. 5 EStG** sind die Kosten für eine Erstausbildung bzw. ein Erststudium, das eine solche Erstausbildung vermittelt, nicht abzugsfähig. Allerdings werden sie gem. § 10 Abs. 1 Nr. 7 EStG bis zur Höhe von 4 000 € als Sonderausgaben berücksichtigt.

2.2 Bewertung der Entnahmen

Entnahmen sind grundsätzlich mit dem **Teilwert** anzusetzen, die Differenz zum Buchwert führt zu einem außerordentlichen Ertrag bzw. zu einem außerordentlichen Aufwand. Maßgebend ist dabei der Teilwert vom Entnahmezeitpunkt. Auch **selbstgeschaffene immaterielle Wirtschaftsgüter**, die nicht aktiviert werden können, können entnommen werden und müssen dann in Höhe des Teilwertes versteuert werden (R 4.3 Abs. 4 EStR). Für Wirtschaftsgüter ist der Teilwert der Wiederbeschaffungs- oder Wiederherstellungswert. Bei selbsthergestellten Wirtschaftsgütern entspricht der Wiederherstellungswert den Selbstkosten und nicht den Herstellungskosten, d. h. die **eigene Arbeitskraft des Unternehmers** wird im Teilwert miterfasst, so BFH vom 04.08.1959 BStBl III 1959, 421. Zu den Unfallkosten vgl. R 4.7 Abs. 1 Satz 3 ff. EStR.

Bei **Nutzungen und Leistungen** ist der Teilwert nicht etwa das, was der Steuerpflichtige erspart hat (etwa die Kosten für ein Mietauto), sondern der anteilige Aufwand, der dem Betrieb entstanden ist, so etwa auch H 6.12 (Nutzungen) EStH. Dies liegt gerade darin begründet, dass Nutzungen und Leistungen keine Wirtschaftsgüter sind; da sie bereits zurückliegen, können sie von einem gedachten Erwerber auch nicht übernommen werden. Aus diesem Grund ist die **eigene Arbeitskraft des Unternehmers,** wenn sie als Leistung erbracht wird, nicht zu erfassen. Zu den anzusetzenden Selbstkosten gehören auch die Finanzierungskosten, die auf das genutzte WG entfallen (BFH vom 18. 2. 1992, BFH/NV 1992, 590).

BEISPIELE

a) S errichtet auf einem Grundstück, das zu seinem Betriebsvermögen gehörte, ein Einfamilienhaus für seine eigenen Wohnzwecke. Hierzu setzt er Material und Arbeitnehmer des Betriebes ein und arbeitet auch selbst mit.

LÖSUNG Der Grund und Boden ist mit Beginn der Bauarbeiten entnommen, da zu diesem Zeitpunkt spätestens feststeht, dass eine nachhaltige Nutzungsänderung vorgenommen worden ist. Die Entnahme des Grund und Bodens erfolgt zum Teilwert. Ebenfalls entnommen ist das Material, Teilwert sind die Wiederbeschaffungskosten vom Verwendungstag. Ebenfalls entnommen ist die Arbeitskraft der Arbeitnehmer. Teilwert sind hier die anteiligen Lohnkosten einschließlich der Lohnnebenkosten. Nicht anzusetzen ist die eigene Arbeitskraft des Unternehmers (BFH vom 04.08.1959 BStBl III 1959, 421, Leitsatz 2).

b) S errichtet auf einem betrieblichen Grundstück ein Gebäude. Hierzu setzt er auch Material und Arbeitnehmer aus seinem Betrieb ein und er selbst arbeitet auch mit. Das Gebäude vermietet er und bilanziert es als gewillkürtes Betriebsvermögen. Ein Jahr später überführt er es in das Privatvermögen.

LÖSUNG Entnommen sind Grund und Boden und Gebäude, beide zu Teilwerten. Der Teilwert des Grund und Bodens besteht in den Wiederbeschaffungskosten, die entsprechender (bebauter) Grund und Boden in der entsprechenden Gegend im Entnahmezeitpunkt kosten würde. Der Teilwert des Gebäudes besteht in den Wiederherstellungskosten = Selbstkosten, also einschließlich der Arbeitskraft des Unternehmers (BFH vom 04.08.1959 BStBl III 1959, 421, Leitsatz 1). Der Grund für diese, eher am Gedanken der Wiederbeschaffungskosten als an dem der Wiederherstellungskosten orientierte Meinung, liegt darin, dass der Zweck des § 6 Abs. 1 Nr. 4 EStG darin gesehen wird, die Besteuerung der stillen Reserven zu sichern. U. E. rechtfertigt es der Zweck einer Regelung nicht, einen festen Rechtsbegriff innerhalb eines Gesetzes in verschiedenartigem Umfang anzuwenden. U. E. ist daher auch bei dem Gebäude von dem Begriff der Wiederherstellungskosten im Sinne der R 6.3 EStR auszugehen, der Wert der eigenen Arbeitsleistung des Unternehmers also nicht mit einzubeziehen.

2.3 Sachspenden

Sachspenden stellen grundsätzlich Entnahmen dar, sie sind also mit dem Teilwert anzusetzen. Sachspenden an die in § 6 Abs. 1 Nr. 4 Satz 4 EStG genannten Körperschaften usw. können mit dem Buchwert ausgebucht werden, jedoch stellen sie nach wie vor Entnahmen dar. Der Steuerpflichtige hat hier ein Wahlrecht, ob er den Teilwert oder den Buchwert ansetzen möchte. Diese Möglichkeit besteht jedoch nur für Sachspenden, nicht dagegen für Nutzungen oder Leistungen (also etwa den Einsatz von Arbeitnehmern des Betriebes).

Begünstigt sind Sachspenden an tatsächlich nach § 5 Abs. 1 Nr. 9 KStG von der Körperschaftsteuerpflicht befreite Körperschaften, die ausschließlich und unmittelbar der Förderung wissenschaftlicher Zwecke oder der Erziehung oder der Volks- und Berufsbildung dienen. Durch diesen Zusatz ist der Kreis der Empfänger, an die zum Buchwert gespendet werden kann, erheblich geringer als der Kreis der nach § 5 Abs. 1 Nr. 9 KStG Begünstigten. Nicht dazu gehört etwa das Deutsche Rote Kreuz. Gedacht ist vielmehr an wissenschaftliche Institute oder an Privatschulen. Denselben Zielsetzungen müssen auch Körperschaften, Anstalten oder Stiftungen des öffentlichen Rechts dienen. Begünstigt sind also Sachspenden an Universitäten usw. Erforderlich ist weiter, dass die Sachspenden unentgeltlich sind und dass sie in unmittelbarem Anschluss an die Entnahme an den Empfänger überlassen werden.

2.4 Umsatzsteuer

Die Entnahme eines dem Unternehmensvermögen zuzurechnenden Wirtschaftsgutes stellt umsatzsteuerlich eine Lieferung nach § 3 Abs. 1 b UStG dar. Die hieraus resultierende Umsatzsteuer ist nach § 12 Nr. 3 EStG eine private Steuer, erhöht also die Privatentnahme.

BEISPIEL

A entnimmt einen Pkw, Buchwert im Zeitpunkt der Entnahme 6 000 €, Teilwert 7 000 €.

LÖSUNG A muss buchen:

Privatentnahme	8 330 €	
an Pkw		6 000 €
an Sonst. betriebl. Ertrag		1 000 €
an Umsatzsteuer		1 330 €

2.5 Abgrenzung zu nicht abzugsfähigen Betriebsausgaben

Entnahmen sind nicht zu verwechseln mit **nicht oder nur beschränkt abzugsfähigen Betriebsausgaben** des § 4 Abs. 5 EStG. Bei diesen handelt es sich um betrieblich veranlasste Aufwendungen, die grundsätzlich den Betriebsausgabenbegriff des § 4 Abs. 4 EStG erfüllen, die jedoch kraft einer Entscheidung des Gesetzgebers von der (vollen) Abzugsfähigkeit ausgeschlossen wurden. Bei Entnahmen handelt es sich dagegen um Aufwendungen, die privat veranlasst wurden. Vgl. C 2. 3. 6. 3.

Auch das Entnahmekonto wird häufig bemüht, um buchtechnisch die **Erfolgsneutralität** von Ausbuchungen zu gewährleisten, obwohl es sich in Wirklichkeit gar nicht um Privatentnahmen handelt, z. B. bei Überführen eines WG von einem Betrieb des Stpfl. in einen anderen nach § 6 Abs. 5 EStG (Buchungssatz: Entnahme an WG, obwohl tatsächlich gar keine Privatentnahme vorliegt, daher auch kein Ausbuchen zum Teilwert, sondern Ausbuchen zum Buchwert).

3 Sonderfälle von Einlagen, Entnahmen

3.1 Pkw-Nutzung

3.1.1 Private Nutzung eines betrieblichen Pkw

Wird ein gemischt-genutzter Pkw im notwendigen oder gewillkürten Betriebsvermögen erfasst, dann sind die anteilig auf den privaten Nutzungsanteil entfallenden Aufwendungen als Entnahmen zu behandeln. Entnommen wird nach dem Beschluss des Großen Senats des BFH vom 26. 10. 1987 (FR 1988, 160, 162, BStBl II 1988, 348) »nicht der Wert der Nutzung, sondern der durch sie verursachte Aufwand« **(Aufwandsentnahme)**. Zur Ermittlung der Höhe des privaten Nutzungsanteils stellt das Gesetz zwei Methoden zur Verfügung: die sog. 1-Prozent-Regelung und den konkreten Nachweis mittels Fahrtenbuch, vgl. § 6 Abs. 1 Nr. 4 Sätze 2 und 3 EStG. Allerdings setzt die 1-Prozent-Methode seit 2006 voraus, dass das Fahrzeug zu mehr als 50 % betrieblich genutzt wird, § 6 Abs. 1 Nr. 4 Satz 2 EStG. Wird es nur bis zu 50 % betrieblich genutzt sind die auf den privaten Anteil entfallenden Teile der Selbstkosten als Entnahmen anzusetzen (BMF vom 15. 11. 2012 BStBl I 2012, 1099 Rz. 31). Beide Methoden sollen anhand nachstehenden Falles einander gegenübergestellt werden:

BEISPIELE

a) S hat sich am 02. 04. 01 einen Pkw gekauft zum Preis von 40 000 € zuzüglich 7 600 € Umsatzsteuer. S ist zum Vorsteuerabzug berechtigt. Die Nutzungsdauer des Pkw beträgt fünf Jahre, die lineare Jahres-AfA mithin 8 000 €. An variablen und fixen sonstigen Kosten sind im Jahr 01 12 000 € angefallen, davon waren 10 000 € mit 1 900 € USt belastet.
aa) S führt kein Fahrtenbuch.
bb) S führt ein Fahrtenbuch und kann nachweisen, dass er 01 17 500 km zu beruflichen Zwecken gefahren ist und 7 500 km zu privaten Zwecken.

LÖSUNG

aa) Als Entnahme zu verbuchen ist 1 % monatlich vom Bruttolistenpreis. Diese unterliegt der Umsatzsteuer, wobei Bemessungsgrundlage entweder die 1 % oder ein geschätzter Anteil von 35–40 % ist, vgl. Nieskens UStR 2004, 105 (121) oder die tatsächlich nachgewiesenen Anteile aus dem Fahrtenbuch. Nach BMF vom 27. 08. 2004 BStBl I 2004, 864 Rz. 2.1 ist es zulässig, die USt für die nicht mit USt belasteten Aufwendungen um 20 % zu Kürzen.
S bucht also:

Pkw	40 000 €	
Vorsteuer	7 600 €	
an Bank		47 600 €
AfA für 9 Monate § 7 (1) 4 EStG	6 000 €	
an Pkw		6 000 €
Kfz-Kosten	12 000 €	
Vorsteuer	1 900 €	
an Bank		13 900 €
Privat	4 835 €	
an Kfz-Kosten (9 % von 47 600 €)		4 284 €
USt (813,96 ./. 20 %)		651 €

bb) AfA und sonstige Kfz-Kosten belaufen sich auch in diesem Falle auf 18 000 €. Sein privater Nutzungsanteil beträgt 7 500 von 25 000 km, also 30 v. H. Daher sind 30 % = 5 400 € als Entnahme zu verbuchen, § 6 Abs. 1 Nr. 4 Satz 3 EStG, USt fällt auch hier wieder an.

Privatentnahme	6 255 €	
an Kfz-Kosten		5 400 €
USt (10/12 von 1 026)		855 €

Für S hat sich somit der Aufwand, ein Fahrtenbuch zu führen, nicht gelohnt. Lohnen wird sich dieser Aufwand immer dann, wenn S einen hohen betrieblichen Nutzungsanteil hat oder ein altes Fahrzeug, bei dem die AfA bereits verbraucht ist. Zu den Anforderungen, die an ein Fahrtenbuch zu stellen sind, vgl. R 8.1 (9) Nr. 2 LStR, H 8.1 (9–10) ordnungsgemäßes Fahrtenbuch LStH sowie BMF vom 15. 11. 2012 Rz. 24 ff.

b) Wie wäre die Lösung, wenn S mittels Fahrtenbuchs nachweisen könnte, dass sein privater Nutzungsanteil nur 2 500 km beträgt?

LÖSUNG Die 1-Prozent-Regelung führt zum gleichen Ergebnis wie im Fall 1. Die Aufteilung nach Fahrtenbuch führt zu einer Entnahme von nur 2 142 €.

c) Wie wäre die Lösung des Beispiels a), wenn S das Fahrzeug bereits vor 8 Jahren gekauft, im Jahr 01 also schon abgeschrieben hatte?

LÖSUNG Bei Anwendung der 1-Prozent-Regelung stünden 12 000 € Betriebsausgaben unverändert Entnahmen in Höhe von 4 935 € gegenüber. Bei Nachweis mittels Fahrtenbuch hätte S 12 000 € Betriebsausgaben, jedoch nur 4 284 € Entnahmen.

3.1.2 Fahrten zwischen Wohnung und Betriebsstätte

Während der private Nutzungsanteil zu Privatentnahmen führt, stellen die Fahrten zwischen Wohnung und Betrieb betrieblich veranlasste Fahrten dar, die jedoch ihrer Höhe nach nur beschränkt abgezogen werden dürfen. Auch hier stellt das Gesetz in § 4 Abs. 5 Nr. 6 EStG zwei Methoden zur Verfügung, die 0,03-Prozent-Methode und die Fahrtenbuch-Methode. Ausgangspunkt beider Methoden ist die Tatsache, dass sich Fahrten zwischen Wohnung und Betrieb in Anlehnung an die Regelung der Arbeitnehmer-Fahrten zwischen Wohnung und Arbeitsstätte nur in begrenzter Höhe auf die Steuer auswirken dürfen, nämlich mit 0,30 € je Entfernungskilometer, §§ 9 Abs. 1 Nr. 4, 4 Abs. 5 Nr. 6 EStG. Liegen die tatsächlichen Kosten darüber, dann müssen sie von den Betriebsausgaben gekürzt werden.

BEISPIEL

a) Im Beispiel a) und 3.1.1 belaufen sich die AfA wiederum auf 6 000 € und die sonstigen Kfz-Kosten auf 12 000 €. S fährt an 230 Tagen im Jahr fünf Entfernungskilometer, also mit Hin- und Rückfahrt tatsächlich 2 300 km zwischen Wohnung und Betrieb. Welche nicht abzugsfähigen Betriebsausgaben ergeben sich für S?

LÖSUNG Bei Inanspruchnahme der **Pauschallösung** ergibt sich ein Ansatz von

0,03 % × 47 600 × 5 × 12		= 856 €
Dem stehen gegenüber zulässige 0,30 × 5 × 230		= 345 €
Somit ist ein Zuschlag von 511 € zu machen:		
nicht abzugsfähige BA	511 €	
an Kfz-Kosten		511 €

oder entsprechende Zurechnung außerhalb der Bilanz.

Bei Nachweis mittels **Fahrtenbuch** lautet die Rechnung:

Die tatsächlichen Betriebsausgaben belaufen sich auf 18 000 €; das ergibt bei 25 000 km Gesamtfahrleistung einen km-Satz von 0,72 € je km. Auf die Fahrten Wohnung – Betrieb entfielen also 2 300 km je 0,72 € = 1 656 €. Zulässig sind 345 €. Nicht abzugsfähig sind also bei der Fahrtenbuchlösung 1 311 €.

nicht abzugsfähige BA	1 311 €	
an Kfz-Kosten		1 311 €

oder entsprechende Zurechnung außerhalb der Bilanz.

Fährt der Steuerpflichtige mit seinem überwiegend betrieblich genutzten Pkw täglich noch zu einer Arbeitsstätte, um dort nichtselbstständig tätig zu werden, dann gehören diese Fahrten zu den privaten.

b) Eine freiberuflich tätige Hebamme ist zusätzlich halbtags im Krankenhaus angestellt. Die Entfernung Wohnung – Krankenhaus beträgt 5 km. Sie benutzt den Pkw an 230 Arbeitstagen. Der Pkw kostete brutto 32 000 €. Kfz-Kosten ohne AfA 9 000 €. Die Fahrten lt. Fahrtenbuch: 15 000 km beruflich; 10 000 km privat, davon 2 300 km Wohnung – Krankenhaus. Da die Hebamme nach § 4 Nr. 14 UStG steuerfreie Umsätze erbringt, ist sie nicht zum Vorsteuerabzug berechtigt, die AfA berechnet sich also aus 32 000 €, Nutzungsdauer 5 Jahre.

LÖSUNG

1 %-Regelung:

AfA	6 400 €	
Kfz-Kosten	9 000 €	
Eigenverbrauch	3 840 €	(12 × 1 % von 32 00 €)

Bei Anwendungen der 1-%-Regelung hat sie nach Rz. 17 des BMF-Schreibens vom 18. 11. 2009 BStBl I 2009, 1326 für die bei § 19 EStG zu berücksichtigenden WK zusätzlich zu der 1-%-Regelung nochmals 0,001 % je gefahrenem Km als Entnahme (= 368 €) anzusetzen.

Dafür kann sie als Werbungskosten bei nichtselbstständiger Arbeit 5 × 230 × 0,30 € = 345 € abziehen.

Das Wahlrecht des Verzichts auf den Erhöhungsbetrag nach Rz. 17 letzter Satz hat sie nicht, da die WK bei § 19 EStG nur beschränkt abzugsfähig sind.
Fahrtenbuch-Lösung:

AfA	6 400 €
Kfz-Kosten	9 000 €
Eigenverbrauch	6 160 €

Auch hier sind die 345 € als Werbungskosten berücksichtigungsfähig.

3.1.3 Betriebliche Nutzung eines privaten Pkw

Die betriebliche Nutzung eines Pkw stellt sich als Aufwandseinlage dar. S kann den auf ihn entfallenden Aufwand seines privaten Pkw (einschließlich AfA) in dem Umfang als Aufwandseinlage verbuchen (Buchungssatz Kfz-Kosten an Einlage), in dem er den Pkw betrieblich nutzt. Dabei sind weder zwingend Fahrtenbücher zu führen (der betriebliche Aufwand kann vielmehr geschätzt werden, die zwingende Fahrtenbuchregelung gilt gem. § 6 Abs. 1 Nr. 4 EStG nur für Entnahmen), noch gilt die 1-Prozent-Regelung. S kann daher sowohl den betrieblichen Nutzungsanteil schätzen als auch die Pauschale von 0,30 € je km in Anspruch nehmen, R 4.12 Abs. 2 EStR i. V. m. H 9.5 Pauschale Kilometersätze LStR. Statt der Pauschalen kann auch der tatsächlich individuell ermittelte km-Satz als Einzelnachweis in Ansatz gebracht werden.

Für den Steuerpflichtigen kann es sich also empfehlen, einen Pkw, den er zwischen 10 und 50 % betrieblich nutzt und somit als gewillkürtes Betriebsvermögen ausweisen könnte, nicht als Betriebsvermögen zu erfassen. Er kann dann den betrieblichen Nutzungsanteil in sonstiger Weise nachweisen. Daneben kann er nach wie vor die 0,30 € Kilometerpauschale ansetzen. Schließlich braucht er die Veräußerung oder Privatentnahme des Fahrzeugs nicht als Betriebseinnahme zu erfassen.

Die Behandlung eines gemischt genutzten Wirtschaftsguts als notwendiges oder gewillkürtes Betriebsvermögen hat nach der im **Umsatzsteuerrecht** herrschenden Lehre keine direkten Folgen für das **Unternehmensvermögen,** vgl. BFH vom 25. 03. 1988 BStBl II 1988, 649. Die Behandlung eines Wirtschaftsguts als gewillkürtes Privatvermögen bedeutet im Umsatzsteuerrecht nicht, dass dieses Wirtschaftsgut auch umsatzsteuerlich Privatvermögen sei; es kann vielmehr zum **gewillkürten Unternehmensvermögen** gezogen werden, wenn es zu mindestens 10 % unternehmerisch genutzt wird, § 15 Abs. 1 Satz 2 UStG. Dabei besteht gemäß BMF vom 27. 08. 2004 BStBl I 2004, 864 Ziff. 1 ein Wahlrecht, den Pkw voll zum Unternehmensvermögen oder entsprechend dem betrieblichen Anteil nur anteilig oder gar nicht zum Unternehmensvermögen zu nehmen.

Wertung

Insgesamt ist dem Gesetzgeber mit der Regelung der privaten Nutzungsanteile betrieblicher Pkw ein großer Schritt in Richtung einer Steuervereinfachung gelungen, der insbesondere die Betriebsprüfungen von langwierigen und klimamäßig unerfreulichen Diskussionen entlastet.

Erfreulich auch, dass sich die Verwaltung der Auslegung angeschlossen hat, dass die 1 %-Regelung zumindest dann zu keinem Ertrag führen darf, wenn sie die nachgewiesenen tatsächlichen Kosten überschreitet, sog. Kostendeckelung, vgl. BMF vom 18. 11. 2009 BStBl I 2009, 1326, Rz. 18. Da eine kostenmäßige Erfassung also stets mit einem negativen Saldo im Verhältnis zur 1-Prozent-Regelung schließt, schlimmstenfalls mit 0 €, sollte die Deckelung auch dann angewandt werden, wenn der Steuerpflichtige keine Kosten erfasst hat: Ergebnis in solchen Fällen sollte sein, dass weder Aufwand noch Ertrag entsteht.

3.1.4 Unfälle mit betrieblichen Pkw auf privaten Fahrten

Da die Vorschrift des § 6 Abs. 1 Nr. 4 EStG von den »insgesamt für das Kraftfahrzeug entstehenden Aufwendungen« spricht und die Aufwendungen, die anlässlich eines Unfalls entstehen, auch zu diesen Gesamtkosten gehören, ist es nach dem Gesetzeswortlaut nicht mehr möglich, eine Sonderregelung für Unfallkosten auf betrieblichen oder privaten Fahrten für betriebliche Pkw zu statuieren, die Reparaturkosten müssten also in die Gesamtkosten eingehen, selbst wenn sie anlässlich einer privaten Fahrt entstanden sind. Nach BMF vom 15.11.2012 Rz. 32 sind jedoch diese »außergewöhnlichen Kfz-Kosten vorab der beruflichen oder privaten Nutzung zuzurechnen.« Anders ist die Rechtslage hinsichtlich des Restbuchwerts bei einem Totalschaden: Die AfaA ist in die Kosten des Unfalljahres einzubeziehen, BFH vom 13.03.1998 BStBl II 1998, 443. Ist allerdings der Unfall auf einer privaten Fahrt geschehen, so verbietet R 4.7 Abs. 1 Satz 4 EStR eine Einbeziehung des Buchwerts in die Gesamtkosten. Während die Gesamtkosten bei der Fahrtenbuchmethode anteilig auf Betriebsausgaben und Privatentnahmen verteilt werden, soll der Aufwand des Restbuchwerts des Pkw voll den Privatentnahmen zugerechnet werden (also statt AfaA an Pkw wie beim Totalschaden auf betrieblicher Fahrt ist zu buchen Privatentnahme an Pkw und USt). Die dabei vernichteten stillen Reserven bleiben außer Betracht, da nicht der Pkw entnommen wurde, sondern nur zu berücksichtigen ist, dass der Aufwand in Form der AfaA privat verursacht wurde. (Dies wiederum ist eine Frage der Tatsachenwertung, eines besonderen Entnahmewillens bedarf es dazu nicht.) Versicherungsleistungen sind als Betriebseinnahmen anzusetzen, R 4.7 Abs. 1 Satz 5 EStR. Fremdschäden berühren die Gesamtkosten für das eigene Fahrzeug nicht.

Schmerzensgeld, Krankheits- und Heilungskosten sind stets Privateinnahmen. Werden sie auf ein betriebliches Bankkonto bezahlt, dann handelt es sich um Privateinlagen. Bei **Insassenunfallversicherung, private Unfallversicherung** vertritt der BFH die Ansicht, dass dann, wenn die Prämienleistungen als Betriebsausgaben verbucht (und am Jahresende mittels der anteiligen Privatentnahmebuchung in Höhe des privaten Nutzungsanteils rückgängig gemacht) wurden, die Zahlungen, die durch Schäden auf einer Privatfahrt verursacht wurden, zu den Privateinnahmen gehören, während Zahlungen für Schäden auf betrieblichen Fahrten zu den Betriebseinnahmen gehören (BFH vom 15.11.1971 BStBI II 1972, 277; vom 14.03.1972 BStBI II 1972, 536; vom 15.12.1977 BStBI II 1978, 212). Zahlungen aus der gesetzlichen Unfallversicherung sind steuerfreie Einnahmen gemäß § 3 Nr. 1 EStG. Der **Verdienstausfall** gehört, wenn er entschädigt wird, stets zu den Betriebseinnahmen (§ 24 Nr. 1 a EStG).

3.1.5 Unfälle mit privaten Pkw auf betrieblichen Fahrten

In diesen Fällen hat der Steuerpflichtige Privatvermögen für betriebliche Zwecke eingesetzt, was als Aufwandseinlage anzusehen ist, R 4.7 (1) 2 EStR. Im Falle eines **Totalschadens** kann in entsprechender Anwendung des Urteils des BFH vom 17.10.1973 BStBI II 1974, 185 die Differenz zwischen Zeitwert (d. h. gemeinem Wert) des Pkw im Zeitpunkt des Unfalls und Verkaufserlös bzw. Zeitwert des PKW nach dem Unfall als Einlage verbucht werden mit dem Buchungssatz »a. o. Aufwand an Privateinlage«. Einlagefähig sind mithin der betriebliche Nutzungsanteil an den Gesamtkosten ohne Unfallkosten und die Unfallkosten, wenn der Unfall sich auf einer betrieblichen Fahrt ereignete.

Ob dasselbe auch gelten kann, wenn der Steuerpflichtige den Totalschaden nicht mit seinem, sondern mit dem Fahrzeug seines Ehegatten herbeigeführt hat, ist umstritten. Im Beschluss des GrS des BFH vom 26. 10. 1987 FR 1988, 160; DB 1988, 529, BStBl II 1988, 348 wird diese Frage ausdrücklich offen gelassen. U. E. ist zu unterscheiden zwischen der reinen Nutzungsüberlassung und der Schädigung anlässlich einer Nutzungsüberlassung. Bei der Schädigung müsste der zu ersetzende Schaden als Aufwand einlagefähig sein, denn entweder ist der Betriebsinhaber-Ehegatte dem Fahrzeugbesitzer-Ehegatten schadensersatzpflichtig oder der Fahrzeugbesitzer-Ehegatte verzichtet auf diesen Ersatzanspruch und wendet daher dem Betriebsinhaber-Ehegatten aus privaten Gründen einen Vorteil zu (im Ergebnis ebenso BFH vom 17. 10. 1973 BStBl II 1974, 318). **Reparaturkosten** für das Fahrzeug des Privatvermögens können einschließlich der nicht abzugsfähigen Vorsteuer als Einlagen mit dem Buchungssatz »a. o. Aufwand an Privateinlage« verbucht werden. **Ersatzleistungen** der Kaskoversicherung oder der gegnerischen Haftpflichtversicherung mindern den durch den Betrieb verursachten Aufwand.

3.2 Gebäudenutzung

a) Betriebliche Nutzung eines Gebäudeteils des Privatvermögens

Grundsätzlich stellt jeder zu **betrieblichen Zwecken genutzte Gebäudeteil** ein selbstständiges Wirtschaftsgut dar (R 4.2 Abs. 4 EStR), das in der Regel notwendiges Betriebsvermögen (R 4.2 Abs. 7 EStR) darstellt. Allerdings gestattet § 8 EStDV betrieblich genutzte Grundstücksteile von untergeordneter Bedeutung im Betriebsvermögen außer Ansatz zu lassen. Solche Grundstücksteile von untergeordneter Bedeutung liegen nur dann vor, wenn die betriebliche Nutzung höchstens 20 % **und** der anteilige Wert von Grund und Boden und Gebäude, die betrieblich genutzt werden, höchstens 20 500 € beträgt. Trotz der Nichterfassung im Betriebsvermögen kann der Steuerpflichtige die durch den betrieblich genutzten Gebäudeteil entstandenen Kosten (einschl. AfA) anteilig als Betriebsausgaben berücksichtigten, R 4.7 Abs. 1 Satz 2 EStR.

BEISPIEL

S hat ein bebautes Grundstück mit einem Wert von 60 000 € Grund und Boden und 140 000 € Gebäude. Dieses Grundstück nutzt er zu 10 % betrieblich. Die Herstellungskosten des Gebäudes haben sich einstmals auf 120 000 € belaufen. An laufenden Gebäudekosten sind auf das Gesamtgebäude 15 000 € entfallen. Da die Herstellungskosten langfristig finanziert wurden, hat S jährlich noch 6 000 € Schuldzinsen zu bezahlen. Das Grundstück ist nicht bilanziert.

LÖSUNG Die betrieblich verursachten Kosten belaufen sich auf 240 € anteilige AfA (10 % der Gesamt-AfA von 2 400 €), 1 500 € anteilige laufende Kosten (hätten Teile dieser laufenden Kosten dem betrieblichen Teil allein zugeordnet werden können, dann wären sie voll zu erfassen gewesen) und 600 € anteilige Schuldzinsen.

Buchungssatz:		
Grundstücksaufwand	2 340 €	
an Privateinlage		2 340 €

b) Privatnutzung eines Gebäudeteils des Betriebsvermögens

Seit 1987 gilt, dass ein **durch den Unternehmer selbst bewohnter Gebäudeteil o**der ein Gebäudeteil, der einem Dritten unentgeltlich zu Wohnzwecken überlassen worden ist, in jedem Fall **notwendiges Privatvermögen** darstellt (R 4.2 Abs. 10 Satz 1 EStR).

3.3 Schuldzinsenabzug nach § 4 Abs. 4 a EStG

Schuldzinsen sind grundsätzlich abzugsfähig, wenn es sich um **betriebliche Schulden** handelt. Wann solche vorliegen, wurde bereits in E 3.2 ausführlich dargestellt. Jedoch ist der Abzug nur dann unbegrenzt zulässig, wenn der Steuerpflichtige keine sog. **Überentnahmen** getätigt hat. Eine Überentnahme ist der Betrag, um den die Entnahmen die Summe von Gewinn und Einlagen eines Jahres übersteigen.

Zu den **Schuldzinsen** werden alle einmaligen und laufenden Gegenleistungen für die Überlassung von Fremdkapital gerechnet, also einschließlich Damnum, jedoch ohne sonstige Finanzierungs- oder Geldbeschaffungskosten (z. B. Bearbeitungsgebühren). Unter **Gewinn** ist der steuerliche Gewinn zu verstehen einschließlich steuerfreier Gewinne und einschließlich eines steuerbegünstigten Veräußerungs- oder Aufgabegewinns, BMF vom 17. 11. 2005 BStBl I 2005, 1019, Rz. 8; BFH vom 07. 03. 2006 BFH/NV 2006, 1393. Zuführungen zu Rücklagen mindern den steuerlichen Gewinn, Erträge aus deren Auflösung und Verzinsung erhöhen den steuerlichen Gewinn. Nicht abziehbare Betriebsausgaben sind in dem Gewinn enthalten oder ansonsten ihm hinzuzurechnen. Anders als Entnahmen werden sie jedoch nicht in die Überentnahmen mit einbezogen. Bei der PKW-Nutzung ist also scharf zwischen der privaten Nutzung (Entnahme nach § 6 Abs. 1 Nr. 4 EStG) und der Fahrt zwischen Wohnung und Betrieb (nicht abzugsfähige Betriebsausgabe nach § 4 Abs. 5 Nr. 6 EStG) zu unterscheiden. Unter **Entnahmen** ist die Summe aller Geld-, Sach- und sonstigen Entnahmen für betriebsfremde Zwecke zu verstehen, aber auch alle Überführungen aus einem Betriebsvermögen, die nach § 6 Abs. 5 EStG zu Buchwerten in ein anderes Betriebsvermögen überführt werden (entsprechende Erfassung in dem aufnehmenden Betriebsvermögen als Einlage), BMF vom 17. 11. 2005 BStBl I 2005, 1019, Rz. 10. **Einlagen** sind umgekehrt alle Einlagen aus dem Privatvermögen, aber auch solche aus einem anderen Betriebsvermögen desselben Steuerpflichtigen. Ebenso gehören zu den Einlagen die anlässlich einer Betriebseröffnung in das Betriebsvermögen überführten Wirtschaftsgüter.

Liegen keine Über- oder Unterentnahmen **aus vergangenen Jahren** vor, dann ist der Schuldzinsenabzug pauschal in Höhe von 6 % der Überentnahmen des laufenden Jahres in nicht abziehbare Betriebsausgaben umzuqualifizieren. Technisch wird dies am Besten dadurch vollzogen, dass der Betrag dem Gewinn außerbilanziell zugerechnet wird. Allerdings darf der Hinzurechnungsbetrag nicht höher sein als die angefallenen Schuldzinsen überhaupt, die wiederum mindestens 2 050 € betragen dürfen, § 4 Abs. 4 a Satz 5 EStG. Zusätzlich zu diesem Sockelbetrag von 2 050 € sind die Schuldzinsen zur Finanzierung von Anlagevermögen ebenfalls immer abzugsfähig, soweit Wirtschaftsgüter des Anlagevermögens angeschafft oder hergestellt werden (also keine Begünstigung, wenn bloßer Erhaltungsaufwand getätigt oder Umlaufvermögen auf Kredit angeschafft wurde, vgl. BFH vom 23. 03. 2011 BStBl II 2011, 753). Es ist also folgende Vergleichsrechnung anzustellen:

Berechnung 1:	**Berechnung 2:**
Entnahme des laufenden Wj.	Betrieblicher Zinsaufwand
./. Gewinn des laufenden Wj.	./. Zins für Anlagevermögen
./. Einlagen des laufenden Wj.	./. Sockelbetrag 2 050 €
= Überentnahme	= bedingt abzugsfähiger Zins
davon 6 % = Betrag 1	= Betrag 2

Der niedrigere der beiden Beträge stellt den Betrag dar, der als nichtabzugsfähige Betriebsausgabe zu behandeln ist (zu erfassen als außerbilanzielle Zurechnung).

Kompliziert wird die Lage dadurch, dass § 4 Abs. 4 a EStG vorschreibt, auch die Über- und die Unterentnahme **früherer Wirtschaftsjahre** zu berücksichtigen. Waren die Entnahmen in einem vergangenen Wirtschaftsjahr höher als der Gewinn und die Einlagen, dann handelte es sich in diesem Jahr ebenfalls um eine Überentnahme; waren Gewinn und Einlagen höher als die Entnahmen, dann handelt es sich um eine Unterentnahme. Grundsätzlich lässt sich also sagen, dass ein positives Anfangskapital bedeutet, dass der Steuerpflichtige in der Vergangenheit Unterentnahmen in zumindest dieser Höhe getätigt haben muss. Da die Regelung erstmals in dem Wirtschaftsjahr anzuwenden ist, das nach dem 31.12.1998 endet, hat der Gesetzgeber in § 52 Abs. 11 Satz 2 EStG normiert, dass sich ein positives Anfangskapital 1999 nicht zur Minderung von Überentnahmen 1999 einsetzen lasse, der Anfangsbestand an Über- und Unterentnahmen vielmehr auf jeden Fall mit 0 € anzusetzen sei. Nach BMF vom 17.11.2005 BStBl I 2005, 1019, Rz. 11 ff. sind die Verluste mit Unterentnahmen früherer Jahre zu verrechnen. Diese Folge ergibt sich nicht aus dem Gesetz (zustimmend aber Schmidt-Heinicke, Rz. 531 zu § 4 EStG).

Fraglich ist, ob sich **Unterentnahmen** eines Jahres grundsätzlich **erst ab dem Folgejahr** zu Gunsten eines Steuerpflichtigen auswirken können, nicht im Jahr der Unterentnahme selbst. Diese Auslegung findet nun allerdings tatsächlich eine Stütze in § 4 Abs. 4 a Satz 4 EStG. Die Berücksichtigung von Unterentnahmen erst ab dem Folgejahr macht allerdings gemessen an dem Sinn und Zweck der Regelung keinen Sinn. Sinn und Zweck ist, dass der Steuerpflichtige nur den im Unternehmen erwirtschafteten Gewinn und die geleisteten Einlagen entnehmen können soll. Gemessen daran müssen Unterentnahmen auch bereits im laufenden Jahr berücksichtigt werden (ebenso ein Berechnungsschema der OFD Karlsruhe). Berücksichtigt man die Über- und Unterentnahmen der vergangenen Wirtschaftsjahre noch zusätzlich, ergibt sich folgende Vergleichsrechnung, wobei die Verwaltungsmeinung jeweils mit eingebaut wurde:

Berechnung 1:

	Entnahmen des laufenden Wj.
./.	Gewinn des laufenden Wj.
./.	Einlagen des laufenden Wirtschaftsjahres
=	Überentnahmen oder Unterentnahmen
+	Überentnahmen vorangegangener Wirtschaftsjahre (nicht vor 1999)
./.	Unterentnahmen vorangegangener Wirtschaftsjahre (nicht vor 1999)
	davon 6 % = Betrag 1

Berechnung 2:

	Betriebl. Zinsaufwand
./.	Zins für Anlagev.
./.	Sockel 2 050 €
=	Betrag 2

Der niedrigere der beiden Beträge ist als nicht abzugsfähige Betriebsausgabe zu behandeln (also dem Gewinn außerbilanziell zuzurechnen).

BEISPIELE

a) U hat in seinem Betrieb 01 einen Gewinn in Höhe von 120 000 € erzielt. Seine Entnahmen beliefen sich auf 200 000 €, seine Einlagen auf 10 000 €. Seine Schuldzinsen betrugen 40 000 €, wobei kein Anlagevermögen finanziert wurde.

LÖSUNG Die Schuldzinsen sind nach der Berechnung 1 um 6 % der Überentnahmen zu kürzen. Die Überentnahmen betrugen 70 000 €. Der Kürzungsbetrag beläuft sich auf 4 200 €. (Der Vergleichsbetrag nach der Berechnung 2 beläuft sich auf 37 950 €, kommt also nicht zur Anwendung.)

b) (Fortsetzung von a)): Im Jahr 02 erzielt er einen Gewinn von 180 000 €. Die Entnahmen belaufen sich auf 250 000 €, die Einlagen auf 20 000 €. Die Schuldzinsen dieses Jahres belaufen sich auf 60 000 € (ohne Anschaffungen von Anlagevermögen).
LÖSUNG Die Überentnahmen dieses Jahres belaufen sich auf 50 000 €. Hinzuzurechnen sind die Überentnahmen des Vorjahres mit 70 000 €. Der Kürzungsbetrag errechnet sich somit aus 6 % von 120 000 € = 7 200 €. (Der Vergleichsbetrag errechnet sich mit 57 950 € und kommt somit nicht zur Anwendung.)

c) U hat im Jahr 01 einen Gewinn von 100 000 € erzielt. Seine Entnahmen betrugen 70 000 €, seine Einlagen 10 000 €. Seine Schuldzinsen beliefen sich auf 20 000 € (keine Anschaffung von Anlagevermögen).
LÖSUNG U hat keine Überentnahmen getätigt. Eine Kürzung erfolgt daher nicht. Die Schuldzinsen sind mit 20 000 € abzugsfähig. Für das Folgejahr ist eine Unterentnahme von 40 000 € zu berücksichtigen.

d) (Fortsetzung): Im Jahr 02 erzielt U einen Gewinn von 90 000 €. Er entnimmt 125 000 €, Einlagen tätigt er nicht. Seine Schuldzinsen betragen 30 000 €.
LÖSUNG Er tätigt in 02 Überentnahmen in Höhe von 35 000 €. Da er jedoch in 01 Unterentnahmen in Höhe von 40 000 € hatte, erfolgt in 02 keine Kürzung der Schuldzinsen. Für 03 bleiben noch Unterentnahmen in Höhe von 5 000 € zu berücksichtigen.

e) (Fortsetzung): In 03 erleidet U einen Verlust in Höhe von 28 000 €. Seine Schuldzinsen belaufen sich auf 30 000 €. Entnahmen und Einlagen tätigt er nicht.
LÖSUNG U tätigt keine Überentnahmen, sodass die Schuldzinsen voll abzugsfähig sind. Dieses Ergebnis ist unstreitig. Streitig ist aber die Verwaltungsauffassung, derzufolge die verbliebenen Unterentnahmen der Jahre 01 und 02 in Höhe von 5 000 € mit dem Verlust des Jahres 03 zu verrechnen seien. Nach der Lösung des Beispiels 2 a im Schreiben des BMF vom 17. 11. 2005 BStBl I 2005, 1019, Rz. 13 u. 14 ist damit nicht nur die Unterentnahme der Jahre 01 und 02 verschwunden, der Restverlust in Höhe von 23 000 € soll vielmehr sogar noch die Unterentnahme (d. h. Gewinn- und Einlagenüberschüsse) künftiger Jahre kürzen!

f) U erzielt 01 einen Gewinn in Höhe von 200 000 €, er entnimmt 250 000 € und tätigt keine Einlagen. Die Schuldzinsen für laufende Betriebsausgaben belaufen sich auf 20 000 €.
LÖSUNG Der Kürzungsbetrag beläuft sich auf 6 % von 50 000 €, also auf 3 000 €.

g) (Fortsetzung): In 02 beläuft sich der Gewinn wiederum auf 200 000 €, die Entnahmen betragen aber nur 160 000 €. Zins wieder 20 000 €.
LÖSUNG Die Überentnahme des vergangenen Jahres beträgt (wie gesehen) 50 000 €. Die Unterentnahme des laufenden Jahres wirkt sich nach Wortlaut des § 4 Abs. 4 a EStG erst im Folgejahr aus. Der Kürzungsbetrag beliefe sich also erneut auf 6 % von 50 000 € = 3 000 €. Nach Sinn und Zweck der Vorschrift müssen sich aber die Unterentnahmen bereits 02 auswirken, daher ist der Kürzungsbetrag mit 6 % von 10 000 € = 600 € anzusetzen.

h) (Fortsetzung): In 03 beläuft sich der Gewinn wiederum auf 200 000 €, die Entnahmen auf 170 000 €, die Zinsen wieder auf 20 000 €.
LÖSUNG Die Überentnahme des Jahres 01 von 50 000 € ist um die Unterentnahme des Jahres 02 von 40 000 € zu kürzen, auch die weitere Unterentnahme des Jahres 03 ist zu berücksichtigen. Eine Kürzung des Zinsabzugs erfolgt somit nicht.

i) U erzielt in 01 einen Gewinn in Höhe von 200 000 €, er entnimmt 300 000 €. Seine Schuldzinsen betragen insgesamt 30 000 €, wovon 25 000 € auf die Finanzierung eines Betriebsgrundstücks und 5 000 € auf die Finanzierung der Weihnachtsgeldzahlung entfielen.
LÖSUNG Nach der Berechnung 1 ergibt sich ein Betrag von 6 % der Überentnahme 100 000 € = 6 000 €. Nach der Berechnung 2 ergibt sich ein Betrag von 30 000 € Schuldzinsen insgesamt, abzüglich 25 000 € der Zinsen zur Finanzierung von Anlagevermögen, abzüglich einem Sockelbetrag von 2 050 €. Somit verbleibt ein nicht abzugsfähiger Betrag in Höhe von 2 950 €. – Es lässt sich auch umge-

kehrt sagen, dass die Zinsen zur Finanzierung von Anlagevermögen (hier 25 000 €) und der Sockelbetrag von 2 050 € immer voll abzugsfähig sind.
Hat der Steuerpflichtige eine Anschaffung von Anlagevermögen zunächst über ein laufendes Kontokorrentkonto finanziert und schuldet er dieses dann später in ein Darlehenskonto um, so sollen die dafür anfallenden Zinsen nach BMF vom 17.11.2005 BStBl I 2005, 1019, Rz. 29 nicht mehr unter die Begünstigung des § 4 Abs. 4 a Satz 6 EStG fallen. Anders dagegen bei Aufnahme eines Darlehens zugleich für begünstigte und für nicht begünstigte Zwecke. Hier sollen die Zinsen nach BMF Rdnr. 28 geteilt werden. Nach Schmidt-Heinicke Rdnr. 527 zu § 4 EStG soll bei Tilgungen unterstellt werden dürfen, dass der nicht begünstigte Teil zuerst getilgt werden soll.
Bei **Mitunternehmerschaften** sieht die Verwaltung die Überentnahmeregelung gesellschaftsbezogen, nicht bezogen auf jeden einzelnen Gesellschafter, BFM vom 17.11.2005 BStBl I 2005, 1019, Rz. 30 ff. und vom 07.05.2008 BStBl I 2008, 588. Dabei ist nach Ansicht der Verwaltung auf den steuerlichen Gesamtgewinn abzustellen (unter Einbeziehung der Gewinn- und Verlustrechnungen aus Ergänzungs- und Sonderbilanzen) und auf die Entnahmen und Einlagen aller Gesellschafter insgesamt. Ein Hinzurechnungsbetrag ist dem Gesamtgewinn hinzuzurechnen und (falls der Gesellschaftsvertrag nichts Abweichendes vorsieht) den Gesellschaftern nach dem gesellschaftsvertraglichen Gewinnverteilungsschlüssel hinzuzurechnen. Eine rückwirkende Vereinbarung im Gesellschaftsvertrag will die Verwaltung in den ersten beiden Jahren nach In-Kraft-Treten des Gesetzes anerkennen, vgl. Rz. 30 letzter Satz. Durch die nicht unumstrittene Beschränkung auf die Gesellschaft wird der Sockelbetrag von 2 050 € nur ein Mal gewährt. Er ist auf die einzelnen Gesellschafter entsprechend ihrem jeweiligen Anteil an den Gesamtschuldzinsen aller Gesellschafter aufzuteilen.

3.4 Überführung von Wirtschaftsgütern ins Ausland

3.4.1 Grundtatbestand nach § 4 Abs. 1 Satz 3 EStG

Wird ein Wirtschaftsgut vom Inland ins Ausland verbracht und steht der Bundesrepublik dort ein Besteuerungsrecht des Gewinns aus der Veräußerung des Wirtschaftsguts nicht oder nur eingeschränkt zu, dann ist dieser Vorgang wie eine Entnahme zu versteuern. Eine solche **Entstrickung** liegt in der Regel beim Verbringen eines Wirtschaftsguts in eine ausländische Betriebsstätte des inländischen Betriebs vor, wenn entweder kein DBA besteht oder wenn der Gewinn aus der Veräußerung oder Vermietung des Wirtschaftsguts durch ein DBA dem ausländischen Staat zusteht. Daher ist der (Quasi-)Entnahmegewinn bereits bei der Überführung ins Ausland zu versteuern, wobei der **gemeine** Wert des Wirtschaftsguts maßgblich ist, § 6 Abs. 1 Nr. 4 Satz 1 HS 2 EStG. Dasselbe gilt, wenn das Wirtschaftsgut der ausländischen Betriebsstätte nur vorübergehend zur Nutzung überlassen wird. Allerdings gilt in diesem Fall nur der Nutzungswert (übliche Miete) als entnommen.

Wird umgekehrt ein Wirtschaftsgut aus dem Ausland in eine inländische Betriebsstätte überführt (**Verstrickung**), so ist dieser Vorgang gem. § 4 Abs. 1 Satz 7 EStG einer Einlage gleichzustellen, die gem. § 6 Abs. 1 Nr. 5 a EStG mit dem gemeinen Wert anzusetzen ist. Wie der ausländische Staat diesen Vorgang behandelt, ist dabei ohne Bedeutung.

3.4.2 Überführung in eine EU-Betriebsstätte

Wird ein (materielles oder immaterielles) Wirtschaftsgut des Anlagevermögens in eine Betriebsstätte innerhalb der EU überführt, dann ist ebenfalls ein Gewinn zu realisieren, da § 4 Abs. 1 Satz 3 EStG auch für diesen Fall gilt. Jedoch kann dieser Gewinn aufgrund der Vorschrift des **§ 4 g EStG** mit Hilfe eines steuerlichen Ausgleichspostens auf 5 Jahre zu verteilen.

Dabei gilt es die Voraussetzungen des § 4 g EStG zu beachten:

- getrennter Ausweis für jedes Wirtschaftsgut
- der Steuerpflichtige muss gem. § 4 g Abs. 4 EStG die Voraussetzungen für die Bildung bzw. Beibehaltung des Ausgleichspostens nachweisen.
- Anzeige der Entnahme an das Finanzamt, § 4 g Abs. 5 EStG.

BEISPIEL

S überführt 06 eine Maschine (AK 100 000 € Nutzungsdauer 10 Jahre, Buchwert 50 000 €, gemeiner Wert 70 000 €) in eine Betriebsstätte nach Straßburg/Frankreich. Nach dem DBA Deutschland-Frankreich steht dem deutschen Staat damit ein Besteuerungsrecht hinsichtlich der stillen Reserven nicht mehr zu.

LÖSUNG Der Vorgang stellt eine Entnahme dar, die einen Entnahmegewinn von 20 000 € zur Folge hat, §§ 4 Abs. 1 Satz 3, 6 Abs. 1 Nr. 4 EStG. Auf Antrag kann S dafür einen Ausgleichsposten bilden.

01:	(Quasi-)Entnahme 70 000 an Maschine	50 000
	Ausgleichsposten	20 000
	Ausgleichsposten 4 000 an s. b. Ertrag	4 000

Die Verteilung des Gewinns auf 5 Jahre ist unabhängig von der Restnutzungsdauer der Maschine.
Die Bildung eines Ausgleichspostens kommt sowohl bei der Überführung von immateriellen (auch selbst geschaffenen) als auch von materiellen Wirtschaftsgütern in Betracht, nicht aber bei bloßer Nutzungsüberlassung. Hier sind eben jährlich die fiktiven Mieteinnahmen als Nutzungsentgelt (Entnahme an s. b. Ertrag) zu versteuern.
Die Regelung begegnet im Hinblick auf die Niederlassungsfreiheit dennoch Bedenken, da Überführungen in eine inländische Betriebsstätte gem. § 6 Abs. 5 Satz 3 EStG zu Buchwerten erfolgen und keinen Entnahmegewinn auslösen. Ebenso die Beschränkung der Vorschrift des § 4 g EStG auf unbeschränkt Steuerpflichtige, was beschränkt steuerpflichtige EU-Angehörige ausschließt.

3.4.3 Rücküberführung

Wird ein Wirtschaftsgut aus der ausländischen Betriebsstätte ins Inland zurücküberführt, dann ist zu unterscheiden:

Wurde der Entnahmegewinn sofort ohne Ausgleichsposten versteuert oder wurde zwar ein Ausgleichsposten gebildet, erfolgt die Rücküberführung aber erst nach Ablauf von 5 Jahren, dann ist das Wirtschaftsgut gem. § 4 Abs. 1 Satz 7 EStG als Einlage zu erfassen, und zwar gem. § 6 Abs. 1 Nr. 5 a EStG mit dem gemeinen Wert. Dasselbe gilt, wenn die Rücküberführung nach Ablauf der Nutzungsdauer erfolgt (Umkehrschluss aus § 4 g Abs. 3 EStG).

Wurde die Rücküberführung dagegen noch während des Bestehens des Ausgleichspostens vollzogen, ist die Rücküberführung nicht mit dem gemeinen Wert des § 6 Abs. 1 Nr. 5 a EStG zu bewerten, sondern mit dem besonderen Verstrickungswert des § 4 g Abs. 3 EStG. Es gilt dann zunächst einmal, dass der (Rest-)Ausgleichsposten nicht nach § 4 g Abs. 2 EStG erfolgswirksam, sondern nach § 4 g Abs. 3 Satz 1 EStG erfolgsneutral aufzulösen ist (Ausgleichsposten an (Quasi-)Einlage). Der Einlagewert berechnet sich sodann aus den

- fortgeführten AK (wie wenn das WG im Inland verblieben wäre)
- zuzüglich der bisher vorgenommenen erfolgswirksamen Auflösungsbeträge des Ausgleichsposetns
- zuzüglich der Differenz zwischen gemeinem Wert bei Rücküberführung und Buchwert im Zeitpunkt der Rücküberführung.

BEISPIEL

In dem obigen Beispiel (s. 3.4.2) wurde auf den Entnahmegewinn der Ausgleichsposten von 20 000 € gebildet und 06 und 07 mit je 4 000 € gewinnerhöhend aufgelöst. 08 wird die Maschine in das inländische Stammhaus zurücküberführt. Der gemeine Wert beträgt zu diesem Zeitpunkt 55 000 €.

LÖSUNG Der Einlagenwert beträgt gem. § 4 g Abs. 3 EStG:

Fortgeführte AK		30 000 €
+ aufgelöster Ausgleichsposten		+ 8 000 €
+ Diff. Buchführungswert und Buchwert		
Ausl. Betriebsstätte	55 000 €	
Einlagewert Ausl. Betr.st.	70 000 €	
Restwert 5 Jahre, AfA	28 000 €	
Buchwert	42 000 €	+ 13 000 €
		51 000 €

Die Maschine ist mit 51 000 € zu aktivieren und auf die RestND von 3 Jahren abzuschreiben. Der Rest des Ausgleichspostens in Höhe von 12 000 € ist erfolgsneutral auszubuchen.

Teil G Bilanzierungs- und Bewertungsgrundsätze

1 Unterscheidung zwischen Bilanzierung und Bewertung

Jeder Kaufmann hat zu Beginn seines Handelsgewerbes und zum Schluss eines jeden Geschäftsjahres im Rahmen des Jahresabschlusses ein **Inventar** (vgl. § 240 HGB) und eine **Bilanz** (Eröffnungsbilanz, Jahresschlussbilanz, vgl. § 242 Abs. 1 HGB) zu erstellen. Bei der Aufstellung des Jahresabschlusses, der sich aus der (Schluss-)Bilanz und der GuV-Rechnung zusammensetzt (§ 242 Abs. 3 HGB), sind die Grundsätze ordnungsmäßiger Buchführung (GoB) zu beachten (§ 243 Abs. 1 HGB). Hierbei geht es um die Frage der Bilanzierung und Bewertung der in Betracht kommenden Vermögensgegenstände und Schulden (Wirtschaftsgüter) sowie Rechnungsabgrenzungsposten.

Bei der Frage der **Bilanzierung** dem Grunde nach (Aktivierung und Passivierung) geht es darum, ob ein Vermögensgegenstand oder eine Schuld (steuerlich für beides = Wirtschaftsgut) oder ein Rechnungsabgrenzungsposten in die Bilanz aufgenommen werden muss (Bilanzierungs**gebot**), aufgenommen werden darf (Bilanzierungs**wahlrecht**) oder nicht aufgenommen werden darf (Bilanzierungs**verbot**). Die hierbei von allen Kaufleuten zu beachtenden Regeln sind (handelsrechtlich) in den **Ansatzvorschriften** der §§ 246–251 HGB zusammengefasst. Die einzelnen Bilanzierungsgrundsätze sind in 5 näher dargestellt. Zum steuerlichen Begriff des Wirtschaftsguts und zur Abgrenzung des Betriebsvermögens vom Privatvermögen vgl. die Ausführungen in D und E.

Bei der Frage der **Bewertung** geht es darum, mit welchen Werten die bilanzierungspflichtigen (notwendiges Betriebsvermögen) oder bilanzierungsfähigen (gewillkürtes Betriebsvermögen) Bilanzposten anzusetzen sind (Bilanzierung der Höhe nach). Auch beim Wertansatz ist zwischen Bewertungsgeboten, Bewertungsverboten und vor allem Bewertungswahlrechten zu unterscheiden. Die von allen Kaufleuten zu beachtenden Regeln sind (handelsrechtlich) in den **Bewertungsvorschriften** der §§ 252–256 a HGB zusammengefasst. Bei der Bewertung der Bilanzposten geht es vor allem um die Frage des maßgebenden **Bewertungsmaßstabs** (vgl. hierzu die Ausführungen in 6 und in H) und um die Frage der **Abschreibung** (vgl. hierzu die Ausführungen in J).

2 Handelsrechtliche Grundsätze ordnungsmäßiger Buchführung (GoB)

2.1 Allgemeines

Seitdem Kaufleute Aufzeichnungen machen und Bücher führen, haben sich für die laufende Buchführung sowie für die Erstellung des Jahresabschlusses mit Handelsbilanz und GuV-Rechnung, d. h. für die gesamte Rechnungslegung, bestimmte **Regeln und Grundsätze** entwickelt und **ständig fortentwickelt**. Diese Regeln und Grundsätze sind im Laufe der Zeit als »Grundsätze ordnungsmäßiger Buchführung (**GoB**)« von der Rechtsprechung, Verwaltung und Praxis mitgestaltet und geprägt worden. Bis zum Ergehen des Bilanzrichtliniengesetzes vom 19. 12. 1985 waren sie größtenteils ungeschriebenes Gesetz, lediglich in § 38 Abs. 1 HGB a. F. war im Rahmen der Buchführungspflicht darauf hingewiesen, dass der Kaufmann »... seine

Handelsgeschäfte und die Lage seines Vermögens nach den Grundsätzen ordnungsmäßiger Buchführung ersichtlich zu machen« habe. Darüber hinaus enthielten noch die §§ 39–44 HGB a. F. sowie die Rechnungslegungsvorschriften des AktG a. F. für den Jahresabschluss (insbesondere die §§ 151–156 AktG a. F.) Regelungen, die den Grundsätzen ordnungsmäßiger Buchführung entsprachen und daher **für alle Kaufleute** (also auch für Einzelunternehmen und Personengesellschaften) zu beachten waren (von der Rechtsprechung und Verwaltung anerkannt). Diese GoB galten früher auch schon ertragsteuerlich (vgl. hierzu z. B. die Regelungen in Abschn. 29–31 a EStR 1984, in Abschn. 29–31 c EStR 1990 und zuletzt in R 29–31 c EStR 2003 sowie in R 12 Abs. 5 EStR 2003). **Ab 2005** sind dazu die entsprechenden Bestimmungen in R 5.2–5.7 EStR mit Hinweisen hierzu in H 5.2–5.7 EStH für Steuerpflichtige, die den Gewinn nach § 5 EStG ermitteln, sowie in R 4.1 Abs. 5 EStR, für Steuerpflichtige, die den Gewinn nach § 4 Abs. 1 EStG ermitteln, enthalten.

Durch das **Bilanzrichtliniengesetz** wurden die Vorschriften über die Führung der »Handelsbücher« nunmehr für alle Kaufleute und Genossenschaften im Dritten Buch des HGB zusammengefasst. Wie schon zuvor, weist § 238 Abs. 1 HGB darauf hin, dass jeder Kaufmann verpflichtet ist, »Bücher zu führen und in diesen seine Handelsgeschäfte und die Lage seines Vermögens nach den Grundsätzen ordnungsmäßiger Buchführung ersichtlich zu machen«. Aber auch in § 243 Abs. 1 HGB wird der Grundsatz festgelegt, dass der Jahresabschluss nach den GoB aufzustellen ist. Schließlich wurden zahlreiche wichtige GoB (die Ansatzvorschriften in den §§ 246–251 HGB und die Bewertungsvorschriften in den §§ 252–256 HGB) geschlossen gesetzlich geregelt. Auch wenn noch nicht alle GoB gesetzlich fixiert sind, kann man sagen, dass die GoB gegenüber der früheren Regelung eher noch aufgewertet wurden. Durch das **Bilanzrechtsmodernisierungsgesetz** (BilMoG) vom 25. 05. 2009 wurden ab 2009 bzw. 2010 zahlreiche im HGB normierte GoB geändert.

Trotz der nunmehr teilweise gesetzlich festgelegten Regelungen handelt es sich bei den GoB nach wie vor um einen **unbestimmten Rechtsbegriff,** der sich ständig fortentwickelt und wegen der wirtschaftlichen Entwicklung auch fortentwickeln muss. Nach traditioneller Auffassung handelt es sich hierbei um diejenigen Buchführungsgrundsätze, die tatsächlich von ehrbaren und ordentlichen Kaufleuten angewendet werden. Daraus ergibt sich auch ihre Einstufung als **Gewohnheitsrecht mit rechtsverbindlichem Charakter**.

2.2 Anwendungsbereich

Die GoB umfassen den gesamten Bereich der kaufmännischen Rechnungslegung. Dazu gehört nicht nur der eigentliche Jahresabschluss (Erstellung einer Bilanz und GuV-Rechnung, § 242 Abs. 3 HGB), sondern auch die Führung der Bücher (Journal bzw. Grundbuch, Sachkonten, Personenkonten) und die Inventur (Inventar). Die GoB »**im weiteren Sinne**« kann man daher in **drei Bereiche** gliedern:

1. Grundsätze ordnungsmäßiger Buchführung im engeren Sinne,
2. Grundsätze ordnungsmäßiger Inventur,
3. Grundsätze ordnungsmäßiger Bilanzierung und Bewertung.

a) Grundsätze ordnungsmäßiger Buchführung im engeren Sinne

Dazu gehören insbesondere die materielle Abgrenzung und Buchung der **Geschäftsvorfälle** eines Geschäftsjahres sowie der Ausweis der Vermögenslage (vgl. § 238 Abs. 1 Satz 1 HGB). Art und Ausgestaltung der Buchführung ist grundsätzlich dem Kaufmann überlassen, jedoch muss sie nach § 238 Abs. 1 Satz 2 HGB so beschaffen sein, dass sie einem sachverständigen Dritten innerhalb angemessener Zeit einen Überblick über die Geschäftsvorfälle und über die Lage des Unternehmens vermittelt. Hierfür hat der Kaufmann die freie Wahl des **Buchführungssystems** (einfache oder doppelte Buchführung). Die einfache Buchführung als reine Bestandsrechnung ist heute jedoch kaum noch vorzufinden; sie dürfte auch kaum noch ausreichen, um den Gesetzesauftrag, »im Zuge des Jahresabschlusses auch eine GuV-Rechnung zu erstellen« zu erfüllen.

Außerdem hat der Kaufmann die freie Wahl der **Buchführungsform** (Buchführungstechnik). Die Übertragungsbuchführung (etwa das Amerikanische Journal) und die Durchschreibebuchführung spielen heute aber nur noch eine ganz untergeordnete Rolle. Regelmäßig werden die laufenden Buchführungsarbeiten und auch die buchtechnische Durchführung des Jahresabschlusses mit Hilfe der EDV abgewickelt (EDV-Buchführung). Große und mittlere Unternehmen haben i. d. R. eine eigene Finanzbuchhaltung (eigene Abteilung des Unternehmens) mit eigener EDV-Anlage (interne EDV-Buchführung), aber auch kleinere Unternehmen gehen zunehmend dazu über oder lassen sich zumindest (ggf. über Steuerberater) ihre Buchführungsarbeiten über eine EDV (externe EDV-Buchführung) abwickeln. Zu diesen GoB gehört auch das Prinzip der **Wirtschaftlichkeit der Buchführung** (z. B. dass die Kasseneinnahmen eines Ladengeschäfts täglich nur in einer Summe zu buchen sind; vgl. hierzu die Ausführungen in R 5.2 EStR und H 5.2 EStH).

b) Grundsätze ordnungsmäßiger Inventur

Zu den GoB gehört auch eine (formell und materiell) ordnungsmäßige Inventur und die Aufstellung eines Inventars (§§ 240 und 241 HGB). Vgl. hierzu im Einzelnen die Ausführungen in B 1.1–1. 3.

c) Grundsätze ordnungsmäßiger Bilanzierung und Bewertung

Die Grundsätze über die Bilanzierung (Ansatzvorschriften der §§ 246–251 HGB) und die Bewertung (Bewertungsvorschriften der §§ 252–256 a HGB) sind Teile der GoB. Da das Bilanzrichtliniengesetz im Dritten Buch »Handelsbücher« in stärkerem Maße als in den früheren Vorschriften des HGB a. F. und des AktG a. F. auch Einzelregelungen enthält (z. B. durch die Verpflichtung zur Bildung einer Rückstellung für unterlassene Instandhaltung; durch die Erweiterung der aktiven RAP nach § 250 Abs. 3 HGB; durch die Aufzählung bestimmter allgemeiner Bewertungsregeln in § 252 Abs. 1 HGB; ferner wurden bestimmte Begriffe des Handelsrechts an das Steuerrecht angeglichen) könnte die Auffassung entstehen, dass in gewissem Umfang die GoB verändert oder erweitert wurden. Nach der Begründung zum Bilanzrichtliniengesetz (z. B. in BR-Drucksache 257/83, Abschn. B zu § 237 E-HGB) sollte an der Aussagefähigkeit und dem Zweck des Jahresabschlusses (auch wenn die Grundsätze für Aktivierungsrechte und Passivierungspflichten teilweise geändert wurden) nichts Wesentliches geändert werden; insbesondere sollten die neuen Rechnungslegungsvorschriften steuerneutral sein. Man kann also davon ausgehen, dass sich die GoB durch das Bilanzrichtliniengesetz kaum verändert haben, dass aber wichtige Teile davon nunmehr gesetzlich formuliert sind und z. T. (zumindest in Formulierungen) den steuerlichen Regelungen angepasst wurden. Durch das Bilanzrechtsmodernisierungsgesetz (BilMoG) vom 25. 05. 2009 haben einige GoB gewisse Änderungen erfahren, auf die an den entsprechenden Stellen dieses Buches eingegangen wird.

3 Allgemeine Grundsätze ordnungsmäßiger Bilanzierung und Bewertung

3.1 Bilanzwahrheit, Bilanzklarheit und Verrechnungsverbot

Der Grundsatz der **Bilanzwahrheit** besagt, dass die Bilanz, und damit im Rahmen des Jahresabschlusses auch die GuV-Rechnung, **vollständig** und **richtig** sein muss (mengen- und wertmäßig). Von einem Prinzip der absoluten Wahrheit kann jedoch nicht gesprochen werden, da es sowohl handelsrechtlich als auch steuerlich zahlreiche Bilanzierungs- und Bewertungswahlrechte gibt. Um diesem Umstand Rechnung zu tragen, wird daher neuerdings der Begriff der Bilanzwahrheit häufig durch »Richtigkeit und Willkürfreiheit« ersetzt. Der Grundsatz der Wahrheit erfordert dabei eine möglichst weit gehende Übereinstimmung mit den tatsächlichen Gegebenheiten, wobei sich die Bilanzierungs- und Bewertungsgrundsätze »Wahrheit« und »Vorsicht« (vgl. hierzu die Ausführungen in 3.7) nicht zu widersprechen brauchen. Da die zahlreichen **Bilanzierungs-** und **Bewertungswahlrechte** dem Kaufmann bzw. Steuerpflichtigen u. U. einen breiten Spielraum lassen, ist es nicht zu beanstanden und verstößt damit auch nicht gegen den Grundsatz der Bilanzwahrheit, wenn sich in seinem Jahresabschluss bzw. in der Höhe seines Jahresgewinns die von ihm gewünschten und legal gesteuerten Ergebnisse auswirken; z. B.: er erwirbt noch GWG, um die Bewertungsfreiheit des § 6 Abs. 2 EStG in Anspruch nehmen zu können, oder er überträgt in der Steuerbilanz Veräußerungsgewinne im Rahmen des § 6 b EStG oder des R 6.6 EStR (ggf. über gebildete Rücklagen für Reinvestitionen bzw. für Ersatzbeschaffung) auf Ersatzwirtschaftsgüter, oder er nahm bzw. nimmt an Stelle der linearen AfA die degressive AfA (§ 7 Abs. 2 bzw. Abs. 5 EStG in der jeweiligen Fassung) in Anspruch.

Der Grundsatz der **Bilanzklarheit** ergibt sich aus der ausdrücklichen Bestimmung des § 243 Abs. 2 HGB, wonach der Jahresabschluss klar und **übersichtlich** sein muss. Dieser Grundsatz berührt vorwiegend die formelle Seite des Jahresabschlusses und damit vor allem auch die richtige Bezeichnung und Gliederung der einzelnen Bilanzposten und GuV-Posten (vgl. die für Kapitalgesellschaften zwingenden Gliederungsvorschriften für die Bilanz in § 266 HGB und für die GuV-Rechnung in § 275 HGB), aber auch die Vorschriften über den Inhalt des Jahresabschlusses sowie die Sondervorschriften zu einzelnen Bilanzposten und GuV-Posten (für die Kapitalgesellschaften bezüglich bestimmter Bilanzposten in den §§ 268 ff. HGB und bezüglich bestimmter GuV-Posten in § 277 HGB).

Ein Ausfluss des Grundsatzes der Bilanzklarheit ist auch das **Verrechnungsverbot** bzw. Saldierungsverbot. Nach § 246 Abs. 2 Satz 1 HGB dürfen Posten der Aktivseite nicht mit Posten der Passivseite, Aufwendungen nicht mit Erträgen, Grundstücksrechte nicht mit Grundstückslasten verrechnet werden. § 246 Abs. 2 Sätze 2 und 3 HGB sehen davon bestimmte Ausnahmen vor.

Die Grundsätze »Bilanzwahrheit« und »Bilanzklarheit« sind also nicht miteinander identisch, können sich aber gegenseitig ergänzen. Ein Jahresabschluss, also die Bilanz und GuV-Rechnung, kann zwar ausgesprochen klar und übersichtlich gestaltet, aber vollkommen unwahr sein. Bilanz und GuV-Rechnung können andererseits auch wahr und der Inhalt richtig, allerdings völlig unklar und unsystematisch aufgestellt sein.

3.2 Vollständigkeit

Auch der Grundsatz der Vollständigkeit ist ein wichtiger Teil der GoB, vor allem bezogen auf die innerhalb eines Geschäftsjahres angefallenen **betrieblichen Geschäftsvorfälle** (vgl. § 238 Abs. 1 Satz 1 HGB) und die **Inventur** (§ 240 HGB). Für den **Jahresabschluss** ist außerdem in § 246 Abs. 1 Satz 1 HGB festgelegt, dass dieser sämtliche Vermögensgegenstände, Schulden, Rechnungsabgrenzungsposten, Aufwendungen und Erträge zu enthalten habe, soweit gesetzlich nichts anderes bestimmt ist. Danach sind insbesondere sämtliche betrieblich genutzten Vermögensgegenstände und betrieblichen Schulden (Wirtschaftsgüter) zu erfassen (vgl. hierzu auch die Ausführungen in E). Dabei sind alle bis zum Tag der Aufstellung der Bilanz angefallenen Informationen und Erkenntnisse, die sich auf Vorgänge vor dem bzw. bis zum Bilanzstichtag erstrecken, zu berücksichtigen (Grundsatz der **besseren Erkenntnis** und **Wertaufhellung**; z. B. bis zum Tag der Bilanzaufstellung wurde bekannt, dass eine Kundenforderung zum Bilanzstichtag bereits uneinbringlich war, weil der Kunde inzwischen Insolvenz angemeldet hatte, dieser Umstand dem Gläubiger am Bilanzstichtag aber noch nicht bekannt war).

3.3 Bilanzenidentität und Bilanzenkontinuität

Unter **Bilanzenidentität** versteht man die Regelung des § 252 Abs. 1 Nr. 1 HGB, wonach die Wertansätze in der Eröffnungsbilanz eines Geschäftsjahres mit denen der Schlussbilanz des vorhergehenden Geschäftsjahres übereinstimmen müssen (z. B. die Wertansätze der Eröffnungsbilanz zum 01. 01. 11 mit den Wertansätzen der Jahresschlussbilanz zum 31. 12. 10). Dieser Grundsatz gilt gleichermaßen für die Handels- und Steuerbilanzen. Steuerlich wird dafür jedoch regelmäßig die Bezeichnung »**Bilanzenzusammenhang**« verwendet.

Steuerlich hat dieser Grundsatz vor allem **Bedeutung** für die Gewinnermittlung durch **Betriebsvermögensvergleich** (§ 4 Abs. 1 und § 5 EStG). Im Rahmen der Gewinnermittlung durch Betriebsvermögensvergleich wird das Betriebsvermögen am Schluss des Wirtschaftsjahres dem Betriebsvermögen am Schluss des vorangegangenen Wirtschaftsjahres gegenübergestellt. Dies hat zur Folge, dass das Endvermögen des laufenden Wirtschaftsjahres zugleich wieder das Anfangsvermögen des folgenden Wirtschaftsjahres ist (**Zweischneidigkeit** der Bilanz). Dadurch wird vermieden, dass Teile des Betriebsvermögens aus der Gewinnermittlung ausgeklammert werden. Wird das Betriebsvermögen eines Bilanzstichtages durch Bilanzberichtigung (vgl. hierzu die Ausführungen in N) verändert, so hat dies für zwei Wirtschaftsjahre Auswirkungen auf den Gewinn, nämlich für das Jahr der Korrektur und für das Folgejahr. Dieser steuerlich wichtige Bilanzenzusammenhang darf **grundsätzlich nicht durchbrochen** werden; Ausnahmen hiervon sind unter ganz bestimmten Voraussetzungen zulässig (vgl. H 4.4 (Berichtigung einer Bilanz, die einer bestandskräftigen Veranlagung zugrunde liegt) EStH), z. B. bei willkürlich unterlassener AfA (H 7.4 (Unterlassene oder überhöhte AfA) EStH). Vgl. hierzu auch die Ausführungen in N (sowie Fälle von Bilanzberichtigungen über mehrere Jahre in T und U).

Die **Wahrung des Bilanzenzusammenhangs** bezieht sich aber nicht nur auf das Betriebsvermögen (Eigenkapital) als Summe, sondern **auch auf** die **einzelnen Bilanzposten.**

BEISPIEL

Ein Einzelhändler hat in der Schlussbilanz zum 31. 12. 01 zutreffend ein unbebautes Grundstück mit 80 000 € und die Handelswaren mit 50 000 € angesetzt. In der Eröffnungsbilanz zum 01. 01. 02 (Folgejahr) setzt er das Grundstück mit 70 000 € und die Handelswaren mit 60 000 € an, wodurch das Eigenkapital und somit auch das Betriebsvermögen betragsmäßig unverändert bleiben.

LÖSUNG Bei dieser Handhabung ist trotzdem in unzulässiger Weise der Bilanzenzusammenhang durchbrochen worden. Angenommen, die Handelswaren würden im Wirtschaftsjahr 02 in vollem Umfang veräußert werden, so würde sich dies über den um 10 000 € zu hohen Wareneinsatz in gleicher Höhe gewinnmindernd auswirken. Eine spätere Veräußerung oder Entnahme des Grundstücks mit dem dann um diese 10 000 € zu niedrigen Wert würde zwar wieder gewinnmäßig einen Ausgleich herbeiführen, diese Manipulation ist aber unzulässig. Es läge u. a. auch ein Verstoß gegen den Grundsatz der periodengerechten Gewinnermittlung vor.

Beim Grundsatz der **Bilanzenkontinuität** muss man unterscheiden zwischen formeller Bilanzenkontinuität und materieller Bilanzenkontinuität.

Unter **formeller Bilanzenkontinuität** versteht man in erster Linie die gleiche Gliederung, die gleiche inhaltliche Abgrenzung und die gleiche Bezeichnung der einzelnen Bilanzposten in den verschiedenen Geschäfts- bzw. Wirtschaftsjahren. Durch die Einhaltung dieser Prinzipien soll die Vergleichbarkeit der Bilanzen der einzelnen Jahre gewährleistet sein. Ohne zwingende wirtschaftliche Gründe (z. B. bei Änderung des Geschäftszweiges) ist daher ein Wechsel nicht zulässig (vgl. BFH vom 01. 04. 1958 BStBl III 1958, 291 und vom 25. 08. 1960 BStBl III 1960, 444).

Unter **materieller Bilanzenkontinuität** wird regelmäßig der Grundsatz der Bewertungsstetigkeit und der Grundsatz der Wertstetigkeit (auch Wertkontinuität oder Wertzusammenhang genannt) verstanden. Außerdem fällt darunter auch das Gebot der Ansatzstetigkeit.

Der Grundsatz der **Ansatzstetigkeit** ist in § 246 Abs. 3 HGB normiert, wodurch die Stetigkeit bei den Bilanzierungswahlrechten festgelegt wird. Davon betroffen sind die folgenden vier Ansatzwahlrecht: Disagio nach § 250 Abs. 3 HGB, Aktivierung selbst geschaffener immaterieller Vermögensgegenstände des Anlagevermögens nach § 248 Abs. 2 HGB, Aktivierung aktiver latenter Steuern nach § 274 Abs. 1 Satz 2 HGB und die Passivierungswahlrechte nach Art. 28 Abs. 1 EGHGB. Die Ansatzwahlrechte können danach sowohl in zeitlicher als auch in sachlicher Hinsicht jeweils nur einheitlich ausgeübt werden.

Der Grundsatz der **Bewertungsstetigkeit** ist in § 252 Abs. 1 Nr. 6 HGB gesetzlich festgelegt. Danach sind die auf den vorhergehenden Jahresabschluss angewandten Bewertungsmethoden (z. B. Gruppenbewertung mit Durchschnittswerten) auch für den nachfolgend zu erstellenden Jahresabschluss beizubehalten. In begründeten Ausnahmefällen darf nach § 252 Abs. 2 HGB davon abgewichen werden. Solche **Ausnahmefälle** werden z. B. in folgenden Situationen angenommen:

- Wechsel von der bisherigen Festwertbewertung (§ 240 Abs. 3 i. V. m. § 256 Satz 2 HGB) zur Einzelbewertung (§ 252 Abs. 1 Nr. 3 HGB) und Wechsel von einer zu einer anderen Bewertungsvereinfachungsmethode (vgl. § 256 HGB),
- Abgehen von der retrograden Methode der Ermittlung der Herstellungskosten zur progressiven Methode (Zuschlagskalkulation),
- Abgehen von der Einbeziehung der Verwaltungskosten in die Herstellungskosten,
- Änderung der Kostenrechnungssysteme (z. B. Übergang von der Divisionskalkulation zur Zuschlagskalkulation).
- Änderung der Rechtsprechung zu bestimmten Tatbeständen und Bewertungsmethoden.

Der Grundsatz der **Wertstetigkeit** (Wertzusammenhang) besagt, dass ein Vermögensgegenstand, der bereits zum vorangegangenen Bilanzstichtag bilanziert war, im Folgejahr (grundsätzlich) nicht mit einem höheren Wert angesetzt werden darf. Eine ausdrückliche handelsrechtliche Regelung fehlt hierzu allerdings, jedoch kann dieser Grundsatz als Ausprägung des in § 252 Abs. 1 Nr. 4 letzter HS HGB geregelten Realisationsprinzips gesehen werden. Der Grundsatz der Wertstetigkeit kollidiert daher nicht mit der Pflicht zur **Wertaufholung** nach § 253 Abs. 5 HGB. Diese Pflicht entsteht dann, wenn auf einen früheren Bilanzstichtag Vermögensgegenstände des Anlagevermögens und des Umlaufvermögens außerplanmäßig auf niedrigere Werte abgeschrieben wurden im Vergleich zu dem Wert, mit dem sie ohne die außerplanmäßige (Teilwert)Abschreibung anzusetzen wären. Vorzunehmen sind außerplanmäßige Abschreibungen bei Vermögensgegenständen des nicht abnutzbaren und des abnutzbaren Anlagevermögens nach § 253 Abs. 3 Satz 5 HGB auf einen niedrigeren Wert, der ihnen aufgrund einer Wertminderung beizulegen ist, allerdings nur, wenn diese Wertminderung von Dauer ist Lediglich bei Finanzanlagen **kann** auch bei einer voraussichtlich nicht dauernden Wertminderung gemäß

§ 253 Abs. 3 Satz 6 HGB eine außerplanmäßige Abschreibung auf den niedrigeren beizulegenden Wert vorgenommen werden. Bei Vermögensgegenständen des Umlaufvermögens ist gemäß § 253 Abs. 4 HGB **zwingend** eine Abschreibung auf einen niedrigeren Börsen- oder Marktpreis oder, falls ein solcher nicht festellbar ist, auf einen anderen nach vernünftiger kaufmännischer Beurteilung notwendig erscheinenden (beizulegenden) niedrigeren Wert vorzunehmen. Falls auf einen späteren Bilanzstichtag die Gründe für eine solche Wertminderung und damit für diesen bislang bilanzierten niedrigeren Wertansatz nach § 253 Abs. 3 Satz 5 oder 6 oder Absatz 4 HGB nicht mehr bestehen (zumindest nicht im selben Umfang), besteht nach § 253 Abs. 5 HGB die Pflicht zum Ansatz auf den höheren Wert, der sich ohne die nicht mehr bestehende Wertminderung ergibt (Pflicht zur Wertaufholung). Eine Ausnahme besteht nach § 253 Abs. 5 Satz 2 HGB nur für den entgeltlich erworbenen Geschäfts- oder Firmenwert. Mit der Wertaufholung wird sozusagen nur die nunmehr insoweit nicht mehr gerechtfertigte außerplanmäßige Abschreibung (entsprechend den geänderten Wertverhältnissen teilweise oder ganz) rückgängig gemacht. Ein Widerspruch zur Grundsatz der Wertstetigkeit als Ausprägung des Realisationsprinzips ergibt sich daraus nicht.

Steuerlich gilt sowohl für Wirtschaftsgüter des Anlage- als auch des Umlaufvermögens ein steuerlich autonomes **Wahlrecht** zum Ansatz mit dem niedrigeren Teilwert und somit zur Vornahme einer Teilwertabschreibung, allerdings jeweils nur für den Fall einer **voraussichtlich dauernden Wertminderung** (§ 6 Abs. 1 Satz 2 und Abs. 2 Satz 2 EStG). Ebenso wie im Handelsrecht gilt auch im Steuerrecht sowohl für Vermögensgegenstände des abnutzbaren Anlagevermögen nach § 6 Abs. 1 Nr. 1 Satz 4 EStG und für Vermögensgegenstände des nicht abnutzbaren Anlagevermögens und des Umlaufvermögens nach § 6 Abs. 1 Nr. 2 Satz 3 EStG eine **Pflicht zur Wertaufholung**.

Nähere Ausführungen zur Wertaufholung s. 6. 3.

3.4 Going-Concern-Prinzip

Darunter versteht man allgemein den in § 252 Abs. 1 Nr. 2 HGB festgelegten Grundsatz, dass bei der Bewertung von der **Fortführung der Unternehmenstätigkeit** auszugehen ist, sofern dem nicht tatsächliche oder rechtliche Gegebenheiten (z. B. eine geplante Stillegung des Betriebs) entgegenstehen. Dieses Prinzip ist vergleichbar mit dem im steuerlichen Teilwertbegriff des § 6 Abs. 1 Nr. 1 Satz 3 EStG zum Ausdruck kommenden Merkmal, dass ein gedachter Erwerber des Betriebs den Betrieb fortführt.

3.5 Stichtagsprinzip

Das Stichtagsprinzip, als ein für den **Wertansatz** des Bilanzpostens maßgebender Grundsatz, ist in § 252 Abs. 1 Nr. 3 HGB festgelegt. Dieser Grundsatz besagt, dass die Bilanzposten im Wege einer (grundsätzlichen) Einzelbewertung (vgl. hierzu unten 3.6) auf der Basis des Abschlussstichtags (Bilanzstichtags) zu bewerten sind, und nicht nach den Verhältnissen des Bilanzerstellungszeitpunkts. Die **bessere Erkenntnis** (Wertaufhellung) über Tatsachen, die bereits zum Bilanzstichtag vorlagen, aber erst bis zum Tag der Bilanzerstellung dem Kaufmann bekannt werden, sind jedoch (auch und besonders steuerlich) zu beachten.

3.6 Einzelbewertung

Der in § 252 Abs. 1 Nr. 3 HGB geregelte Grundsatz der Einzelbewertung besagt, dass jeder Vermögensgegenstand und jede Schuld (steuerlich jedes Wirtschaftsgut) **einzeln zu bewerten** ist. Es dürfen daher z. B. nicht Werterhöhungen bei dem einen Vermögensgegenstand bzw. Wirtschaftsgut mit notwendigen Abschreibungen bei einem anderen Vermögensgegenstand bzw. Wirtschaftsgut ausgeglichen werden. **Ausnahmen** von diesem Grundsatz bestehen z. B. für die Gruppenbewertung mit Durchschnittswerten und für den Ansatz eines Festwerts (vgl. hierzu die Ausführungen in 7). Die handelsrechtlich in § 246 Abs. 2 Satz 2 HGB geregelte Ausnahme, nach der Vermögensgegenstände, die dem Zugriff aller übrigen Gläubiger entzogen sind und ausschließlich der Erfüllung von Schulden aus Altersversorgungsverpflichtungen oder vergleichbaren langfristig fälligen Verpflichtungen dienen, mit diesen Schulden zu verrechnen sind, gilt wegen § 5 Abs. 1a Satz 1 EStG nicht für die Steuerbilanz,

3.7 Vorsichtsprinzip, Realisationsprinzip und Imparitätsprinzip

Das als allgemeiner GoB geltende **Prinzip der Vorsicht** bzw. **Vorsichtsprinzip** (»ein Kaufmann darf sich nicht reicher machen als er ist«) ist in § 252 Abs. 1 Nr. 4 HGB gesetzlich festgelegt und auch näher umschrieben. Das Realisationsprinzip und das Imparitätsprinzip sind Ausprägungen des Vorsichtsprinzips.

Unter dem **Realisationsprinzip** versteht man, dass nur solche Gewinne ausgewiesen werden dürfen, die bis zum Bilanzstichtag **bereits realisiert** (entstanden) sind (§ 252 Abs. 1 Nr. 4 letzter HS HGB). Eine Gewinnverwirklichung tritt grundsätzlich erst dann ein, wenn der Kaufmann seine Leistung (z. B. Lieferung des Händlers, Werkleistung des Handwerkers, Vermittlung des Handelsvertreters) vollständig erbracht hat. Der **Gewinnverwirklichungszeitpunkt** (Realisationszeitpunkt) ist regelmäßig deckungsgleich mit dem Zeitpunkt des Entstehens des Anspruchs auf Gegenleistung (z. B. Anspruch auf Zahlung des Kaufpreises). **Besonderheiten** ergeben sich jedoch bei längerfristigen Fertigungen, Tauschgeschäften, Dauerleistungen und unentgeltlichen Rechtsgeschäften. Bei längerfristigen Fertigungen (z. B. großen Bauaufträgen) entsteht zwar der Gewinn auch erst mit Abschluss der Fertigstellung des gesamten Werks, jedoch werden unter den Vertragspartnern vielfach Teilleistungen vereinbart und auch Teilabrechnungen vorgenommen, die dann zu einer Teilrealisierung des Gewinns führen können; dies hängt jedoch vom Einzelfall ab. Fehlt es an entsprechenden zur Gewinnrealisierung führenden Vereinbarungen, sind vor endgültiger Fertigstellung des gesamten Werks erfolgte Anzahlungen gewinnneutral über die Positionen »erhaltene Anzahlungen« (beim Zahlungsempfänger) bzw. »geleistete Anzahlungen« beim die Zahlung Leistenden, zu erfassen (vgl. a. § 266 Abs. 2 A. I. Nr. 4; II. Nr. 4 und B. I. Nr. 4 HGB bzw. § 266 Abs. 3 C. Nr. 3. HGB). Bei Tauschgeschäften liegt regelmäßig eine Gewinnrealisierung vor (z. B. im Zeitpunkt der Hingabe des Vermögensgegenstands bzw. Wirtschaftsguts, vgl. die Ausführung in I 2). Bei Dauerleistungen (z. B. Vermietungen und Verpachtungen) führt die jeweilige Teilleistung (Mietzahlung) zu einer Gewinnrealisierung. Unentgeltliche Rechtsgeschäfte (z. B. Schenkung eines Wirtschaftsguts an einen Geschäftsfreund oder privat an einen Verwandten) führen regelmäßig durch die Nichtabzugsfähigkeit (§ 4 Abs. 5 Nr. 1 EStG) oder die Entnahme (§ 4 Abs. 1 Satz 2 EStG) zur Gewinnauswirkung bzw. Gewinnrealisierung. Grundsätzlich führt der **Übergang des wirtschaftlichen Eigentums** zur Gewinnrealisierung, auf die Rechnungserteilung und die Bezahlung kommt es nicht an.

Das **Imparitätsprinzip** besagt, dass noch nicht realisierte Gewinne noch nicht ausgewiesen werden dürfen, jedoch **noch nicht realisierte, aber wirtschaftlich bereits verursachte Verluste** berücksichtigt werden müssen. Nach der Formulierung des § 252 Abs. 1 Nr. 4 HGB (» ... namentlich sind alle vorhersehbaren Risiken und Verluste, die bis zum Abschlussstichtag entstanden sind, zu berücksichtigen, selbst wenn diese erst zwischen dem Abschlussstichtag und dem Tag der Aufstellung des Jahresabschlusses bekanntgeworden sind«) gehört zum Vorsichtsprinzip und damit zum Imparitätsprinzip auch der Grundsatz der besseren Erkenntnis (Wertaufhellung, vgl. oben 3.5). Aber auch das Realisationsprinzip wird in das Imparitätsprinzip einbezogen. Dass noch nicht realisierte Verluste in der Bilanz zu berücksichtigen sind, ergibt sich nicht nur aus dem Bewertungsgrundsatz des § 252 Abs. 1 Nr. 4 HGB, sondern **auch** aus folgenden **Einzelregelungen** des HGB:

- Für Gegenstände des Anlagevermögens sind bei einer voraussichtlich dauernden Wertminderung außerplanmäßige Abschreibungen vorzunehmen (§ 253 Abs. 2 Satz 3 HGB).
- Für Gegenstände des Umlaufvermögens ist ein niedrigerer Börsen- oder Marktpreis oder beizulegender Wert anzusetzen (§ 253 Abs. 4 HGB).
- Für drohende Verluste aus schwebenden Geschäften sind (allerdings nur handelsrechtlich) Rückstellungen zu bilden (§ 249 Abs. 1 Satz 1 HGB, vgl. aber § 5 Abs. 4 a EStG).

Eine **Saldierung** von nicht realisierten Gewinnen mit nicht realisierten Verlusten ist nicht zulässig (Ausfluss des Grundsatzes der Einzelbewertung).

Das **Prinzip der Vorsicht** (Vorsichtsprinzip) kann sich aber nicht nur im Realisationsprinzip und Imparitätsprinzip niederschlagen, sondern auch **eigenständig** bei anderen Bewertungen (z. B. bei der Schätzung der Höhe einer Rückstellung für ungewisse Verbindlichkeiten; vgl. hierzu die Ausführungen in L 5). Das Vorsichtsprinzip, das Realisationsprinzip und das Imparitätsprinzip dienen nicht nur der periodengerechten steuerlichen Gewinnermittlung, sondern vor allem auch dem **Gläubigerschutz.** Diese Prinzipien verhindern bei Kapitalgesellschaften somit auch überhöhte Gewinnausschüttungen.

3.8 Periodenabgrenzung (Abgrenzungsprinzip)

Darunter versteht man den Grundsatz, dass Erträge und Aufwendungen sich im Gewinn eines Geschäftsjahres nur insoweit auswirken dürfen aber auch müssen, als sie wirtschaftlich betrachtet in diesen Zeitraum fallen. Dieser Grundsatz kommt vor allem zum Ausdruck im § 242 Abs. 2 HGB (für die Aufstellung einer GuV-Rechnung im Rahmen der Erstellung des Jahresabschlusses) und im § 252 Abs. 1 Nr. 5 HGB (in dem festgelegt ist, dass die Berücksichtigung von Erträgen und Aufwendungen im Jahresabschluss unabhängig von den Zeitpunkten der entsprechenden Zahlungen zu erfolgen hat; dies erfordert zunächst auch eine richtige Zuordnung der Geschäftsvorfälle eines Geschäftsjahres). Steuerlich ergibt sich eine entsprechende Regelung für die Ermittlung des Gewinns eines Wirtschaftsjahres aus § 4 a EStG. Vgl. hierzu auch die Ausführungen in C 1. 3.

Der Grundsatz der periodengerechten Abgrenzung findet aber auch in den anderen GoB seinen Ausdruck (z. B. im Grundsatz der Vollständigkeit, im Going-Concern-Prinzip, im Realisations- und Imparitätsprinzip, sowie in der Regelung des § 250 HGB für die Rechnungsabgrenzungsposten). Die wirtschaftlich zutreffende Periodenabgrenzung wird aber auch vielfach modifiziert durch zahlreiche Bewertungswahlrechte (z. B. Wahl der degressiven AfA an Stelle der linearen AfA, Wahl der Bewertungsfreiheit nach § 6 Abs. 2 EStG an Stelle einer planmäßigen Abschreibung usw.). Insofern kann man den Grundsatz der Periodenabgrenzung auch als einen nachgeordneten Grundsatz der Bilanzwahrheit betrachten (vgl. oben 3.1).

4 Grundsatz der Maßgeblichkeit der handelsrechtlichen Grundsätze ordnungsmäßiger Buchführung (GoB) für die steuerliche Gewinnermittlung

4.1 In Betracht kommender Personenkreis

Wie bereits bei C 3.2.2 zu b) ausgeführt, ist für die steuerliche Gewinnermittlung durch Betriebsvermögensvergleich nach § 4 Abs. 1 Satz 1 und § 5 Abs. 1 EStG das steuerliche Betriebsvermögen maßgebend, das sich grundsätzlich aus einer Steuerbilanz ergibt.

Für Gewerbetreibende, die den Gewinn durch Betriebsvermögensvergleich nach § 5 EStG ermitteln müssen oder freiwillig ermitteln, gilt für den Ansatz des steuerlichen Betriebsvermögens nach § 5 Abs. 1 Satz 1 EStG der Grundsatz der Maßgeblichkeit der handelsrechtlichen Grundsätze ordnungsmäßiger Buchführung (GoB) für die steuerliche Gewinnermittlung (kurz »**Maßgeblichkeitsgrundsatz**« oder auch »Maßgeblichkeitsprinzip« genannt). Dieser Maßgeblichkeitsgrundsatz gilt **für folgende Personen** (vgl. auch Küting/Weber, HdR-E, 5. Aufl., Kap. 3, Rn. 4):

- Vollkaufleute als Gewerbetreibende und bestimmte andere Gewerbetreibende,
- die gesetzlich (ob als Kaufmann nach § 238 Abs. 1 HGB oder ob als sonstiger Gewerbetreibender nach § 141 Abs. 1 AO spielt keine Rolle) verpflichtet sind Bücher zu führen und jährliche Abschlüsse zu machen oder
- die freiwillig Bücher führen und jährlich Abschlüsse machen.

Für Land- und Forstwirte und selbstständig Tätige i. S. des § 18 EStG gilt der Maßgeblichkeitsgrundsatz nicht, auch wenn sie den Gewinn durch Betriebsvermögensvergleich ermitteln, da sie keine Handelsbilanz erstellen.

4.2 Begriff und Inhalt

Schon seit über einhundert Jahren sind in Deutschland hinsichtlich der Gewinnermittlung über die Vorschrift des § 5 Abs. 1 EStG die Handels- und Steuerbilanz konzeptionell miteinander verknüpft. Die Regelung über den **Maßgeblichkeitsgrundsatz bedeutet**, dass grundsätzlich das handelsrechtlich nach den GoB ermittelte Betriebsvermögen auch für die steuerliche Gewinnermittlung durch Betriebsvermögensvergleich anzusetzen ist, wenn dem nicht davon abweichende steuerliche Regelungen entgegenstehen. Dieser Maßgeblichkeitsgrundsatz ist aber im Laufe der Zeit durch zahlreiche steuerliche Sonderregelungen sehr stark eingeschränkt und damit durchbrochen worden, insbesondere schon seit langer Zeit durch den sog. Bewertungsvorbehalt des § 5 Abs. 6 EStG und in neuerer Zeit z. B. durch die Regelungen im § 5 Abs. 3, 4 und 4 a EStG und durch insb. in § 6 Abs. 1 EStG zu findende steuerlich eigenständige Bewertungsregeln. Durch das Bilanzrechtsmodernisierungsgesetz **(BilMoG)** vom 25.05.2009 hat der Maßgeblichkeitsgrundsatz eine noch weiter gehende Eingrenzung erfahren, so dass der ursprüngliche Grundgedanke der Aufstellung von sog. **Einheitsbilanzen** (Handelsbilanz = Steuerbilanz) in noch zahlreicheren Fällen als bisher schon nicht mehr möglich sein wird. Außerdem ist der bisherige Satz 2 des § 5 Abs. 1 EStG a. F. hinsichtlich der »umgekehrten Maßgeblichkeit« weggefallen (vgl. hierzu 4.6) und dafür § 5 Abs. 1 Satz 1 2. HS EStG eingefügt worden, der die gegenüber dem Handelsrecht unabhängige Ausübung steuerlich autonomer Wahlrechte normiert.

Die **nunmehrige Bestimmung** des § 5 Abs. 1 Satz 1 EStG zur Anwendung der Maßgeblichkeit der handelsrechtlichen GoB für die steuerliche Gewinnermittlung enthält folgende **zwei Regelungsbereiche**:

1. § 5 Abs. 1 Satz 1 **1. HS** EStG: Grundsätzlicher Ansatz des nach den handelsrechtlichen GoB ermittelten Betriebsvermögens auch für die steuerilche Gewinnermittlung, wenn keine davon abweichenden anderen steuerlichen Regelungen bestehen und
2. § 5 Abs. 1 Satz 1 **2. HS** EStG: Abweichender Ansatz, wenn der Steuerpflichtige wegen eines bestehenden autonomen steuerlichen Wahlrechts einen von den GoB abweichenden anderen Ansatz wählt.

Einzelheiten zu diesen beiden Regelungsbereichen sind nachstehend in 4.4 und 4.5 ausgeführt.

4.3 Anwendungszeitpunkt der Neuregelung zum Maßgeblichkeitsgrundsatz

Die gesetzliche Regelung über den Zeitpunkt der Anwendung der Neuregelung zum Maßgeblichkeitsgrundsatz des § 5 Abs. 1 EStG i. d. F. des BilMoG ist leider etwas missglückt. Die in Art. 3 Nr. 1 Buchstabe a) BilMoG getroffene Bestimmung über den Maßgeblichkeitsgrundsatz gilt nach Art. 15 BilMoG ab 25.05.2009. Das bedeutet, dass die neuen Regelungen über die steuerliche Gewinnermittlung durch Betriebsvermögensvergleich nach § 5 Abs. 1 EStG bereits für Wirtschaftsjahre gelten, die vor dem 25.05.2009 begonnen haben, also regelmäßig **für** das **Wirtschaftsjahr 2009**. Da im Zuge der Neufassung des § 5 Abs. 1 EStG auch die sog. »Umkehrung der Maßgeblichkeit« des § 5 Abs. 1 Satz 2 EStG a. F. weggefallen ist, gelten für die steuerliche Gewinnermittlung auch insoweit die neuen Regelungen bereits ab 2009. Um die Abschaffung der umgekehrten Maßgeblichkeit auch handelsrechtlich umzusetzen, mussten korrespondierend die sog. handelsrechtlichen Öffnungsklauseln im HGB aufgehoben werden (z. B. § 247 Abs. 3 HGB a. F. für den Ansatz von Sonderposten mit Rücklageanteil und § 254 HGB a. F. für die Übernahme höherer steuerlicher Abschreibungen sowie die entsprechenden Bestimmungen der §§ 273, 279 und 281 HGB a. F. für Kapitalgesellschaften). Diese Bestimmungen wurden jedoch erst ab 01.01.2010 aufgehoben. Vgl. hierzu auch Abschn. III BMF vom 12.03.2010, BStBl I 2010, 239.

Mit Art. 2 BilMoG wurden in Art. 66 und 67 EGHGB zahlreiche **Übergangsregelungen** zum BilMoG zur Anwendung der neuen handelsrechtlichen Vorschriften zur Führung der Handelsbücher und zur Aufstellung der Jahresabschlüsse sowie zum Wegfall der Öffnungsklauseln hinsichtlich des umgekehrten Maßgeblichkeitsgrundsatzes getroffen. Auf diese Übergangsregelungen wird im Rahmen dieses Buches erforderlichenfalls bei der Behandlung der jeweiligen Regelungen eingegangen.

4.4 Anwendung des Maßgeblichkeitsgrundsatzes nach § 5 Abs. 1 Satz 1 1. HS EStG

Bei der Gewinnermittlung durch Betriebsvermögensvergleich ist danach das steuerliche **Betriebsvermögen grundsätzlich nach den handelsrechtlichen GoB anzusetzen**. Das bedeutet, dass in allen Fällen, in denen für den Ansatz eines Bilanzpostens und seiner Bewertung keine eigenen steuerlichen Regelungen existieren, die handelsrechtlichen Ansätze, auch hinsichtlich des Wertansatzes, für die steuerliche Gewinnermittlung gelten und in einer Steuerbilanz (ggf. Einheitsbilanz) anzusetzen sind. Die handelsrechtlichen Bilanzierungs- und Bewertungsgrundsätze (ob Gebot, Verbot oder Wahlrecht) haben daher grundsätzlich unmittelbar steuerliche Bedeutung, da insoweit eine Bindung der Ansätze in der Steuerbilanz an diejenigen der Handelsbilanz besteht (sog. GoB-konforme Ansätze in der Handelsbilanz für die Steuerbilanz). Da in diesen Fällen die Steuerbilanz der Handelsbilanz entspricht, wird bzw. wurde die Steuerbilanz auch als abgeleitete Handelsbilanz bezeichnet. Ist die Handelsbilanz allerdings falsch, besteht insoweit keine Bindung der Handelsbilanzansätze für die Steuerbilanz.

Enthält jedoch das **Steuerrecht** (insbesondere das EStG) für den Ansatz oder die Bewertung eines Bilanzpostens **eigene**, vom Handelsrecht abweichende, **Regelungen** (z. B. durch § 5 Abs. 1 a bis 4 b und Abs. 6 sowie §§ 6, 6 a und 7 EStG), so sind diese gemäß § 5 Abs. 6 EStG zu beachten und der Maßgeblichkeitsgrundsatz wird durchbrochen. Zahlreiche Regelungen des Handelsrechts wurden zwischenzeitlich für das Ertragsteuerrecht völlig konträr getroffen (z. B. in § 5 Abs. 4 a EStG für die Rückstellungen für drohende Verluste aus schwebenden Geschäften). In diesen Fällen ist daher eine einheitliche Handels- und Steuerbilanz (**Einheitsbilanz**) nicht mehr möglich. Bestehen jedoch zwangsläufig Unterschiede zwischen dem handelsrechtlichen und dem steuerlichen Ansatz, so können die Unterschiede nach § 60 Abs. 2 Satz 1 EStDV bzw. bei einer elektronisch übermittelten Bilanz nach § 5b Abs. 1 Satz 2 EStG aus Sicht der Handelsbilanz **außerbilanziell** dargestellt werden. Der Steuerpflichtige könnte jedoch auch eine eigenständige Steuerbilanz aufstellen (§ 60 Abs. 2 Satz 2 EStDV bzw. § 5b Abs. 1 Satz 3 EStG). Nach § 60 Abs. 1 EStDV bzw. § 5b Abs. 1 EStG ist der Steuerpflichtige auch weiterhin nur verpflichtet, seiner Steuererklärung die Abschrift einer Handelsbilanz einzureichen oder diese elektronisch zu übermitteln.

BEISPIELE

a) Nach § 4 Abs. 4 a EStG sind Schuldzinsen in bestimmtem Umfang steuerlich nicht abzugsfähig.

b) Nach § 4 Abs. 5 EStG sind bestimmte Betriebsausgaben steuerlich nicht oder nur beschränkt abzugsfähig.

c) Nach § 5 Abs. 2 a bis Abs. 4 b EStG sind bestimmte Verbindlichkeiten und Rückstellungen steuerlich nur in eingeschränkter Form oder überhaupt nicht anzusetzen.

d) Nach § 6 Abs. 3 und 3 a EStG sind bestimmte Verbindlichkeiten und Rückstellungen nur in eingeschränktem Umfang oder mit einem abgezinsten Wert (Gegenwartswert bzw. Barwert) anzusetzen.

e) Nach § 7 Abs. 4 (und zeitweise Abs. 5) EStG sind Gebäude oder Gebäudeteile mit steuergesetzlich bestimmten AfA-Sätzen (gesetzliche Abschreibungsdauer) abzuschreiben.

f) Nach § 7 Abs. 1 Satz 3 EStG ist der entgeltlich erworbene Geschäfts- oder Firmenwert auf 15 Jahre abzuschreiben.

Der Maßgeblichkeitsgrundsatz ist vor allem auch durchbrochen für die Besteuerung der **Personengesellschaften** (wegen § 15 Abs. 1 Satz 1 Nr. 2 Satz 1 zweite Alternative EStG, wonach z. B. Mietverhältnisse und Darlehensverträge zwischen Personengesellschaften und ihren Gesellschaftern steuerlich nicht zu Gewinnminderungen bei der steuerlichen Mitunternehmerschaft führen dürfen, es also neben dem handelsrechtlichen Gesamthandsvermögen auch steuerliches Sonderbetriebsvermögen geben kann, sodass die der steuerlichen Gewinnermittlung zugrunde zu legende Bilanz [Steuerbilanz mit steuerlichem Betriebsvermögen] der Personengesellschaft ein anderes Bild als die Handelsbilanz der Personengesellschaft hat), und durch die Regelungen des Umwandlungssteuergesetzes (UmwStG); vgl. hierzu die näheren Ausführungen in Q 2 ff.).

Soweit es sich also um die Fälle handelt, die unter § 5 Abs. 1 Satz 1 HS 1 EStG fallen, hat sich gegenüber der Rechtslage und der Regelung des § 5 Abs. 1 Satz 1 EStG a. F. aufgrund des

BilMoG grundsätzlich nichts geändert, d. h. die allgemeinen Grundsätze zur Aktivierung, Passivierung und Bewertung der einzelnen Bilanzposten gelten insoweit unverändert weiter.

Zur **Anwendung** des § 5 Abs. 1 Satz 1 **1. HS** EStG vgl. Abschn. I Nr. 1 Rn. 1–11 BMF vom 12.03.2010 BStBl I 2010, 239, unter Berücksichtigung der Aktualisierung durch BMF vom 22.06.2010 BStBl I 2010, 597. Danach wird – ausgehend von durch Verwaltung, Praxis und Rechtsprechung entwickelten Grundsätzen – unterschieden:

a) Ansatz von Wirtschaftsgütern, Schulden und Rechnungsabgrenzungsposten:

Handelsrechtliche **Aktivierungsgebote** und **Aktivierungswahlrechte** führen zu steuerlichen Aktivierungsgeboten, es sei denn, die Aktivierung in der Steuerbilanz ist aufgrund einer eigenständigen steuerlichen Regelung ausgeschlossen (z. B. für bestimmte selbstgeschaffene immaterielle (Einzel-)Vermögensgegenstände bzw. (Einzel-)Wirtschaftsgüter des Anlagevermögens, für die nach § 248 Abs. 2 Satz 1 HGB ein Aktivierungswahlrecht besteht, ist eine Aktivierung in der Steuerbilanz nach § 5 Abs. 2 EStG nicht zulässig). Handelsrechtliche **Aktivierungsverbote** gelten auch steuerlich.

Handelsrechtliche **Passivierungsgebote** sind – wiederum vorbehaltlich abweichender steuerlicher Vorschriften – auch für die steuerliche Gewinnermittlung (Steuerbilanz) maßgebend. Dies gilt grundsätzlich auch für Pensionsverpflichtungen hinsichtlich der Bildung von Rückstellungen (vgl. hierzu jedoch nachstehend die Ausführungen zu c). Handelsrechtliche **Passivierungsverbote** und **Passivierungswahlrechte** (es sei denn, letztere werden durch steuerliche Regelungen bestätigt) führen zu steuerlichen Passivierungsverboten (BFH vom 03.02.1969 BStBl II 1969, 291).

b) Bewertungswahlrechte und Bewertungsvorbehalte:

Handelsrechtliche Bewertungswahlrechte gelten wegen des Maßgeblichkeitsgrundsatzes auch für die Steuerbilanz, wenn dafür eine eigenständige steuerliche Regelung **nicht** besteht. Über den Maßgeblichkeitsgrundsatz des § 5 Abs. 1 Satz 1 1. HS HGB gelten die im Rahmen der Aufstellung der Handelsbilanz ausgeübten Bewertungswahlrechte zwingend auch für die steuerliche Gewinnermittlung (Steuerbilanz).

Im o. a. BMF-Schreiben vom 12.03.2010 werden hierzu folgende Beispiele aufgeführt (Rn. 6–8):

BEISPIELE

a) Einbeziehung von Zinsen für Fremdkapital bei der Ermittlung der Herstellungskosten gemäß § 255 Abs. 3 Satz 2 HGB, wenn das Fremdkapital zur Herstellung eines Vermögensgegenstands verwendet wird (vgl. auch R 5.3 Abs. 4 EStR mit der Bestätigung des handelsrechtlichen Wahlrechts).

b) Anwendung der Bewertungsvereinfachungsverfahren gemäß § 240 Abs. 3 (Festwertbewertung) und Abs. 4 (Gruppenbewertung) HGB als Erleichterungsmöglichkeiten bei der Aufstellung des Jahresabschlusses im Rahmen der Inventur.

c) Nach § 255 Abs. 2 Satz 3 HGB hat der Kaufmann handelsrechtlich für die Einbeziehung der angemessenen Teile der Kosten der Verwaltung sowie für angemessene Aufwendungen für soziale Einrichtungen des Betriebs, für freiwillige soziale Leistungen und für die betriebliche Altersversorgung in die Herstellungskosten eine Wahlrecht (Einbeziehungswahlrecht). Steuerlich sah R 6.3 Abs. 4 Sätze 1 und 2 EStR 2008 für die Einbeziehung dieser Kosten in die Herstellungskosten ebenfalls ein Wahlrecht vor. Im Beispiel 3 der Rn. 8 des BMF vom 12.03.2010 BStBl I 2010, 239 wird jedoch unter Bezugnahme auf den Bewertungsvorbehalt des § 5 Abs. 6 EStG und die Regelung in § 6 Abs. 1 Nr. 2 Satz 1 EStG die Auffassung vertreten, dass zu den steuerlichen Herstellungskosten zwingend auch diese Kosten gehören. Dabei nimmt das BMF ausdrücklich Bezug auf die Ausführungen des BFH vom 21.10.1993 BStBl II 1994, 176 – auch in H 6.3 (Bewertungswahlrecht) EStH zitiert. Zwischen

dem BFH-Urteil vom 21.10.1993 und R 6.3 Abs. 4 Sätze 1 und 2 EStR 2008 besteht somit ein Widerspruch. Es bestehen erhebliche Bedenken, von der bisher langjährig geübten Praxis abzuweichen. Aus diesem Grunde hat das BMF auch inzwischen am 22.06.2010 BStBl I 2010, 597 seine am 12.03.2010 vertretene Auffassung (wenigstens zunächst) aufgegeben und ausgeführt, dass für Wirtschaftsjahre, die vor der Veröffentlichung einer geänderten Richtlinienfassung enden, noch nach R 6.3 Abs. 4 EStR 2008 verfahren werden darf. Es besteht daher zunächst weiterhin für die Einbeziehung der o. a. Kosten steuerlich ein Wahlrecht. Dieser Konflikt wurde bislang jedoch auch durch die Einkommensteuer-Änderungsrichtlinien 2012 noch nicht endgültig bereinigt. In der Neufassung des R 6.3 EStR ist zwar dieses Wahlrecht nicht mehr enthalten. Nach R 6.3 Abs. 1 EStR 2012 besteht steuerlich eine Pflicht zur Einbeziehung der angemessenen Kosten der allgemeinen Verwaltung, der angemessenen Aufwendungen für soziale Einrichtungen des Betriebs, für freiwillige soziale Leistungen und für die betriebliche Altersversorgung in die steuerlichen Herstellungskosten. Aufgrund hoher administrativer Kosten einer daraus ggf. notwendigen Anpassung der Herstellungskostenermittlung (z. B. Änderungen in den Betriebsabrechnungsbögen zur Schaffung und Bereitstellung der erforderlichen Datenbasis) bestehen jedoch weiterhin Bedenken an dieser Neuregelung. Daher ist zum einen in R 6.3 Abs. 9 EStR 2012 geregelt, dass es nicht zu beanstanden ist, wenn für Wirtschaftsgüter, mit deren Herstellung vor der Veröffentlichung der Einkommensteuer-Änderungsrichtlinien 2012 im Bundessteuerblatt begonnen wurde, noch nach R 6.3 Abs. 4 EStR 2008 verfahren wird, also die darin enthaltene Herstellungskostenuntergrenze angewendet wird. Zum anderen erging zeitgleich mit der Veröffentlichung der Einkommensteuer-Änderungsrichtlinien 2012 ein Schreiben des BMF vom 25.03.2013 BStBl I 2013, 296 wonach es nicht beanstandet wird, wenn bis zur Verifizierung des mit der Neuregelung des R 6.3 Abs. 1 EStR 2012 verbundenen Erfüllungsaufwandes, spätestens aber bis zu einer Neufassung der Einkommensteuerrichtlinien bei der Ermittlung der Herstellungskosten nach der Richtlinie R 6.3 Absatz 4 EStR 2008 verfahren wird. Damit bleibt die Situation bei der steuerlichen Herstellungskostenermittlung auch nach Inkrafttreten der Einkommensteuer-Änderungsrichtlinie 2012, zumindest vorerst, unverändert.
Vgl. zu diesem Problem auch die Ausführungen in H 3 dieses Buches.

c) Ansatz und Bewertung von Pensionsverpflichtungen im Sinne von § 6 a EStG:
Das Ansatz- und Bewertungsgebot des § 249 Abs. 1 Satz 1 HGB, wonach in der Handelsbilanz Rückstellungen für Pensionsverpflichtungen zwingend zu bilden sind, gilt grundsätzlich auch für die steuerliche Gewinnermittlung. Steuerlich sind jedoch darüber hinaus die Regelungen des § 6 a EStG zu beachten, vor allem hinsichtlich der Voraussetzungen (§ 6 Abs. 1 und 2 EStG) und der Höhe des Ansatzes (§ 6 a Abs. 3 und 4 EStG). Da steuerlich strengere Regelungen gelten, kann der steuerliche Ansatz vom handelsrechtlichen Ansatz abweichen. Für laufende Pensionsverpflichtungen und Pensionsanwartschaften, die vor dem 01.01.1987 rechtsverbindlich zugesagt worden sind (sog. Altzusagen) und für die handelsrechtlich und steuerlich ein Wahlrecht besteht, gilt Art. 28 EHGB vom 19.12.1985 weiter.

Vgl. hierzu die Ausführungen in den Rn. 9–11 BMF vom 12.03.2010 BStBl I 2010, 239 sowie die nähere Behandlung in L 6 dieses Buches.

4.5 Anwendung steuerlicher Wahlrechte nach § 5 Abs. 1 Satz 1 2. HS EStG

Für die steuerliche Gewinnermittlung können sich steuerliche Wahlrechte für den Ansatz (**Bilanzierungswahlrechte**) und für den Wert (**Bewertungswahlrechte**) aus dem Gesetz (insbesondere dem EStG, z. B. § 6 b EStG) oder aus den Verwaltungsvorschriften (z. B. R 6.5 Abs. 2 oder R 6.6 EStR oder aus BMF-Schreiben) ergeben.

Zur **Anwendung** des § 5 Abs. 1 Satz 1 **2. HS** EStG vgl. Abschn. I Nr. 2 Rn. 12–18 BMF vom 12.03.2010 BStBl I 2010, 239. Danach sind zu unterscheiden:

a) Steuerliche Wahlrechte

Bilanzierungs- und Bewertungswahlrechte, die nur steuerlich bestehen, können nach § 5 Abs. 1 Satz 1 2. HS EStG unabhängig vom handelsrechtlichen Ansatz ausgeübt werden. Die Ausübung des steuerlichen Wahlrechts wird in diesen Fällen nicht durch den Maßgeblichkeitsgrundsatz des § 5 Abs. 1 Satz 1 1. HS EStG beschränkt.

Im o. a. BMF-Schreiben vom 12. 03. 2010 werden hierzu folgende Beispiele aufgeführt (Rn. 14 und 15):

BEISPIELE

a) Um eine sofortige Versteuerung durch Veräußerung aufgedeckter stiller Reserven zu vermeiden, können diese in bestimmten Fällen nach § 6 b EStG auf bestimmte erworbene oder hergestellte Wirtschaftsgüter übertragen werden oder, soweit eine sofortige Übertragung nicht möglich ist, kann eine den steuerlichen Gewinn mindernde Rücklage (vielfach als steuerfreie Rücklage bezeichnet) gebildet (passiviert) werden. Handelsrechtlich ist eine solche Übertragung bzw. Bildung einer Rücklage nicht (mehr) zulässig. Durch § 5 Abs. 1 Satz 1 2. HS EStG ist die abweichende Behandlung in der Steuerbilanz zulässig. Vgl. Rn. 14 BMF vom 12. 03. 2010 BStBl I 2010, 239 und die nähere Behandlung in I 4 und L 9 dieses Buches.

b) Für Vermögensgegenstände des Anlage- und Umlaufvermögens sind bei voraussichtlich dauernder Wertminderung nach § 253 Abs. 3 Satz 5 und Abs. 4 HGB außerplanmäßige Abschreibungen auf einen niedrigeren Wert als die (ggf. fortgeführten) Anschaffungs- oder Herstellungskosten vorzunehmen; diese außerplanmäßige Abschreibung ist für abnutzbare Anlagegüter zusätzlich zur planmäßigen Abschreibung vorzunehmen. Steuerlich besteht bei voraussichtlich dauernder Wertminderung nach § 6 Abs. 1 Nr. 1 Satz 2 und Nr. 2 Satz 2 EStG ein Wahlrecht zur Abschreibung auf einen niedrigeren Teilwert (Teilwertabschreibung). Die handelsrechtlich zwingend vorzunehmende außerplanmäßige Abschreibung führt nicht zwingend zur gleichzeitigen steuerlichen Teilwertabschreibung (§ 5 Abs. 1 Satz 1 2. HS EStG). Der Steuerpflichtige kann handelsrechtlich und steuerlich unterschiedlich verfahren. Auch in solchen Fällen ist der Maßgeblichkeitsgrundsatz des § 5 Abs. 1 Satz 1 1. HS EStG durchbrochen. Vgl. Rn. 15 BMF vom 12. 03. 2010 BStBl I 2010, 239 und die nähere Darstellung in H 4 dieses Buches.

b) Handelsrechtliche und steuerliche Wahlrechte

Bilanzierungs- und Bewertungswahlrechte, die sowohl handelsrechtlich **als auch steuerlich** bestehen, können aufgrund des § 5 Abs. 1 Satz 1 2. HS EStG in der Handelsbilanz und in der Steuerbilanz unterschiedlich ausgeübt werden (vgl. auch Rn. 16 BMF vom 12. 03. 2010 BStBl I 2010, 239).

Im o. a. BMF-Schreiben vom 12. 03. 2010 werden hierzu folgende Beispiele aufgeführt (Rn. 17 und 18):

BEISPIELE

a) Nach § 256 Satz 1 HGB kann handelsrechtlich (Wahlrecht) bei der Aufstellung des Jahresabschlusses als Bewertungsvereinfachungsverfahren für den Wertansatz gleichartiger Vermögensgegenstände des Vorratsvermögens eine bestimmte Verbrauchsfolge unterstellt werden (Lifo-Methode oder Fifo-Methode). Steuerlich besteht nach § 6 Abs. 1 Nr. 2 a EStG, abweichend von der handelsrechtlichen Möglichkeit der Fifo-Methode, ein solches Wahlrecht nur für die Lifo-Methode. Da somit steuerlich für diese Bewertungsvereinfachungsmethode eine eigenständige Regelung besteht, kann das Wahlrecht für die Anwendung des Verbrauchsfolgeverfahrens bei der Aufstellung der Handelsbilanz und der Steuerbilanz unterschiedlich ausgeübt werden. Auch in diesem Fall kann der Maßgeblichkeitsgrundsatz des § 5 Abs. 1 Satz 1 1. HS EStG durchbrochen werden. Vgl. hierzu Rn. 17 BMF vom 12. 03. 2010 BStBl I 2010, 239 sowie die näheren Ausführungen in 7. 2.

b) Handelsrechtlich sind nach § 253 Abs. 3 Sätze 1 und 2 HGB abnutzbare Vermögensgegenstände des Anlagevermögens planmäßig auf die Nutzungsdauer abzuschreiben. Hierbei kann eine lineare oder degressive Abschreibung oder eine Leistungsabschreibung oder eine progressive Abschreibung gewählt werden.
Steuerlich kann bei beweglichen Wirtschaftsgütern des Anlagevermögens in bestimmten Jahren statt der linearen AfA die degressive AfA nach § 7 Abs. 2 EStG gewählt werden. Auch in diesen Fällen kann nach § 5 Abs. 1 Satz 1 2. HS EStG handelsrechtlich und steuerlich unterschiedlich verfahren und damit der Maßgeblichkeitsgrundsatz des § 5 Abs. 1 Satz 1 1. HS EStG durchbrochen werden. Vgl. hierzu Rn. 18 BMF vom 12.03.2010 BStBl I 2010, 239. Für nach dem 31.12.2010 angeschaffte oder hergestellte bewegliche Wirtschaftsgüter des abnutzbaren Anlagevermögens ist darüber hinaus steuerlich zwingend die degressive AfA untersagt.

4.6 Aufzeichnungspflichten für die Ausübung steuerlicher Wahlrechte

Übt ein Steuerpflichtiger bei der steuerlichen Gewinnermittlung ein steuerliches Wahlrecht aus, dessen Wertansatz nicht mit dem handelsrechtlichen Wertansatz übereinstimmt, so sind diese Wirtschaftsgüter in besondere, laufend zu führenden Verzeichnisse aufzunehmen (§ 5 Abs. 1 Satz 2 EStG, vgl. auch § 60 Abs. 2 Satz 1 EStDV). In diesen Verzeichnissen sind der Tag der Anschaffung oder Herstellung, die Anschaffungs- oder Herstellungskosten, die Vorschrift des ausgeübten steuerlichen Wahlrechts und die vorgenommenen Abschreibungen nachzuweisen (§ 5 Abs. 1 Satz 3 EStG). Hierfür kommen insbesondere die Wahlrechte in Betracht, die unter § 5 Abs. 1 Satz 1 HS 2 EStG fallen. Soweit sich die erforderlichen Angaben aus anderen Aufzeichnungen ergeben (z. B. aus dem Verzeichnis für GWG gemäß § 6 Abs. 2 Satz 4 EStG für Wirtschaftsgüter, die nach dem 31.12.2009 angeschafft, hergestellt oder in das Betriebsvermögen eingelegt worden sind, oder das Anlagenverzeichnis bzw. der Anlagenspiegel im Sinne von § 268 Abs. 2 HGB ist um diese Angaben ergänzt worden), so ist diese Dokumentation ausreichend. Die Aufstellung des Verzeichnisses kann auch nach Ablauf des Wirtschaftsjahres im Rahmen der Erstellung der Steuererklärung (z. B. bei den vorbereitenden Abschlussbuchungen) erfolgen. Die laufende Führung des in § 5 Abs. 1 Satz 3 EStG genannten Verzeichnisses ist Tatbestandsvoraussetzung für die wirksame Ausübung des jeweiligen steuerlichen Wahlrechts, vgl. BMF vom 12.03.2010 BStBl I 2010, 239, Rz. 21. Bei der Ausübung steuerlicher Wahlrechte für Wirtschaftsgüter des Sonderbetriebsvermögens (vgl. § 15 Abs. 1 Satz 1 Nr. 2 Satz 1 zweite Alternative EStG) oder für Umwandlungsvorgänge des UmwStG ist eine gesonderte Aufzeichnung nach § 5 Abs. 1 Satz 2 EStG nicht erforderlich, vgl BMF vom 12.03.2010 (a. a. O.) Rz. 19.

Vgl. zur Aufzeichnungspflicht Abschn. II Rn. 19–23 BMF vom 12.03.2010 BStBl I 2010, 239 und die Ausführungen bei der Behandlung der entsprechenden Themenkreise in diesem Buch.

4.7 Wegfall des umgekehrten Maßgeblichkeitsgrundsatzes

Die vor Ergehen des BilMoG in § 5 Abs. 1 Satz 2 EStG a. F. bestehende Regelung der Umkehrung des Maßgeblichkeitsgrundsatzes, wonach in bestimmten Fällen ein Wahlrecht in der Steuerbilanz nur dann ausgeübt werden konnte, wenn das betreffend Wahlrecht auch in der Handelsbilanz ausgeübt wurde, ist ab 2009 weggefallen. In diesem Zusammenhang wurden (wie bei 4.3 bereits erwähnt) auch die im HGB dafür erforderlichen Bestimmungen gestrichen (z. B. § 247 Abs. 3, § 254 sowie §§ 273, 279 und 281 HGB a. F.). Durch Wegfall dieser Bestimmungen wurde die Trennung zwischen Handelsbilanz und Steuerbilanz auf erhebliche Felder der Bilanzierung und Bewertung ausgedehnt, so dass insoweit keine Einheitsbilanzen mehr möglich sind.

Da entsprechende Wahlrechte, die vor 2009 ausgeübt wurden, im Rahmen der Übergangsregelung der Art. 66 und 67 EGHGB (z. B. Art. 66 Abs. 5 EGHGB) auch weiter gelten, wird der umgekehrte Maßgeblichkeitsgrundsatz für diese sog. »Altfälle« auch nach 2008 bedeutsam sein. Auch auf diese Fälle wird ggf. im Rahmen der Behandlung der jeweiligen Themenkreise in diesem Buch an der betreffenden Stelle eingegangen.

4.8 Sonderregelung für Bewertungseinheiten zur Absicherung von finanzwirtschaftlichen Risiken

4.8.1 Begriff und Bedeutung der Absicherung von finanzwirtschaftlichen Risiken

Ausgehend vom Bankgewerbe ist es schon seit Jahren auch in anderen Wirtschaftsbereichen, vor allem im Außenhandel, üblich geworden, sich gegen Fremdwährungsrisiken sowie gegen Zins- und Preisrisiken über entsprechende Sicherungsgeschäfte abzusichern. Zum eigentlichen Handelsgeschäft (dem sog. »**Grundgeschäft**«, z. B. Lieferungen an ausländische Abnehmer oder Erwerb von Wirtschaftsgütern von ausländischen Lieferanten gegen ausländische Währung) wird ein sog. »**Sicherungsgeschäft**« oder »**Deckungsgeschäft**« abgeschlossen (z. B. um Wechselkursrisiken abzudecken). Man spricht hier von »Sicherungszusammenhängen« bzw. sog. »**Hedge-Geschäften**«. Folgende Arten von Hedge-Geschäften (auch »Hedges« oder »Hedging« genannt) sind grundsätzlich denkbar:

- Micro-Hedge (Micro-Hedging): Bei einem Micro-Hedge steht dem aus einem einzelnen Grundgeschäft resultierenden Risiko ein einzelnes individuelles Sicherungsinstrument gegenüber.
- Portfolio-Hedge (Porfolio-Hedging): Hierbei handelt es sich um die Sicherung mehrerer gleichartiger Grundgeschäfte mit einem oder mehrerer Sicherungsinstrumenten.
- Macro-Hedge (Macro-Hedging): Das sind Sicherungen ganzer Gruppen von Grundgeschäften mit einem oder mehreren Sicherungsinstrumenten.

Häufig werden auch die Vertragslaufzeiten beider Geschäfte aufeinander abgestimmt, sie können aber auch voneinander abweichen. Der Sicherungszusammenhang erfolgt bzw. die Sicherungszusammenhänge erfolgen dadurch, dass die durch das Grundgeschäft bzw. die Grundgeschäfte evtl. eintretenden Verluste (z. B. Verluste aus Kursumrechnungen oder Kursschwankungen) durch das Sicherungsgeschäft bzw. die Sicherungsgeschäfte wieder (evtl. auch nur teilweise) ausgeglichen werden, sodass insgesamt kein oder nur ein geringer Verlust eintritt.

4.8.2 Handelsrechtliche Behandlung als Bewertungseinheit

Nach dem Grundsatz der Einzelbewertung (§ 252 Abs. 1 Nr. 3 HGB) und dem Imparitätsprinzip (§ 252 Abs. 1 Nr. 4 HGB) sowie dem Grundsatz des Verrechnungsverbots (§ 246 Abs. 2 Satz 1 HGB) dürften eigentlich auch in solchen Fällen nicht realisierte Verluste (z. B. Wechselkursverluste) aus dem einen Geschäft mit evtl. nicht realisierten Gewinnen (z. B. Wechselkursgewinne) aus dem anderen Geschäft nicht miteinander verrechnet bzw. ausgeglichen werden. Handelsrechtlich wurde jedoch in der Fachliteratur sowie auch vom HFA (Hauptfachausschuss des Instituts der Wirtschaftsprüfer in Deutschland e. V., Stellungnahme 1/1962 und 1986, 665 f.) und vom BFA (Bankfachausschuss des Instituts der Wirtschaftsprüfer in Deutschland e. V., Stellungnahme 1/1975) schon seit längerem sowohl die strikte Einzelbewertung als auch die Kompensation von beiden Geschäften für zulässig erachtet und damit zugelassen, beide Geschäfte (das Grundgeschäft und das Sicherungsgeschäft als Deckungsgeschäft) als Einheit zu betrachten (sog. **Bewertungseinheit**). Man bezog sich in der letzten Zeit dabei auch auf das Ausnahmerecht des § 252 Abs. 2 HGB. Durch die Zusammenfassung zu einer Bewertungseinheit wurde bzw. wird vor allem vermieden, dass die aus dem noch schwebenden Geschäft zu erwartenden Verluste sich bereits im Jahresüberschuss auswirken, obwohl sie aufgrund des Sicherungsgeschäfts letztlich zu keinem Verlust (oder nur zu einem teilweisen Verlust) führen. Bei den Micro-Hedges wurde die Zusammenfassung zu einer Bewertungseinheit und damit die Verrechnung des Verlusts aus dem einem Geschäft mit dem Gewinn aus dem anderen Geschäft sogar als Pflicht angesehen (nach BFA 2/1995). Bezogen auf Micro-Hedges kann man sagen, dass daher mit der Bildung von Bewertungseinheiten auf die Bilanzierung nicht realisierter Verluste aus dem Grundgeschäft verzichtet wird, soweit diesen möglichen Verlusten nicht realisierte Gewinne aus dem darauf bezogenen Sicherungsgeschäft in gleicher Höhe gegenüber stehen und daher der Eintritt des abgesicherten Risikos ausgeschlossen ist.

Die bisher gesetzlich nicht geregelte Möglichkeit der Bildung von solchen Bewertungseinheiten wurde nunmehr aufgrund des BilMoG in § 254 HGB gesetzlich verankert und damit auch insoweit zu einem gesetzlichen GoB erhoben. Änderungen der bisherigen Bilanzierungspraxis sind lt. Gesetzesbegründung mit der gesetzlichen Regelung in § 254 HGB nicht beabsichtigt. Nach der Gesetzesbegründung sind sowohl Micro-Hedges und Portfolio-Hedges als auch Macro-Hedges zulässig.

Nach § 254 Satz 1 HGB können Vermögensgegenstände, Schulden, schwebende Geschäfte oder mit hoher Wahrscheinlichkeit erwartete Transaktionen zum Ausgleich gegenläufiger Wertänderungen oder Zahlungsströme aus dem Eintritt vergleichbarer Risiken mit **Finanzinstrumenten** zu einer Bewertungseinheit zusammengefasst werden. Der Begriff »Finanzinstrumente« wurde im Rahmen des § 254 Satz 1 HGB nicht definiert (dazu zählen in erster Linie Forderungen und Verbindlichkeiten auf Geldleistungen, Wertpapiere, Aktien einschließlich Anteile an anderen Unternehmen, eigene Anteile, Geldmarktinstrumente, Devisen und Derivate). Voraussetzung für die Zusammenfassung zu einer Bewertungseinheit ist also, dass aus dem Grundgeschäft und dem Sicherungsgeschäft gegenläufige Wertänderungen oder Zahlungsströme dem gleichen Risiko ausgesetzt sind. Nur dadurch lassen sich die gegenläufigen Wertänderungen oder Zahlungsströme verlässlich messen. Absicherungsfähig sind nur eindeutig ermittelbare Risiken, wie z. B. das Zinsrisiko, Währungsrisiko, Ausfallrisiko oder Preisänderungsrisiko; nicht absicherungsfähig ist das allgemeine Unternehmensrisiko. Die Dokumentation von Bewertungseinheiten stellt jedoch kein Voraussetzungsmerkmal dar. Eine Dokumentation ist jedoch erforderlich, um den Nachweis der effektiven Sicherungsbeziehung zu erbringen.

§ 254 Satz 2 HGB ermöglicht die Absicherung des Kaufs oder Verkaufs von Waren mittels **Termingeschäften** (Warentermingeschäften). Diese ausdrückliche Regelung war erforderlich, da Warentermingeschäfte keine Finanzinstrumente i. S. des § 254 Satz 1 HGB darstellen. Als Termingeschäfte i. S. des § 1 Abs. 11 Satz 4 Nr. 1 KWG sind als Kauf, Tausch oder anderweitig ausgestaltete Festgeschäfte oder Optionsgeschäfte anzusehen, die zeitlich verzögert zu erfüllen sind und deren Wert sich mittelbar oder unmittelbar von dem Preis oder Maßstab eines Basiswerts ableitet.

Die Art und Weise der **bilanziellen Erfassung** von Grundgeschäft und Sicherungsgeschäft (Sicherungsinstrument) schreibt das Gesetz nicht vor. Es wird daher die Auffassung vertreten, dass sowohl die sog. »**Netto-/Einfrierungsmethode**« als auch die sog. »**Brutto-/Durchbuchungsmethode**« zulässig seien. Die Einfrierungsmethode bedeutet und führt dazu, dass die

Wertänderung des Grundgeschäfts und des Sicherungsinstruments in der Bilanz und der GuV-Rechnung unberücksichtigt bleiben, soweit der Eintritt der Risiken ausgeschlossen ist, weil sich Verlust- und Gewinnrisiko ausgleichen. Die Durchbuchungsmethode ist die in den IFRS übliche Abbildung von Bewertungseinheiten. Danach werden die Wertänderungen des Grund- und Sicherungsgeschäfts vollständig erfolgswirksam erfasst und »durchgebucht«. Auch bei der Durchbuchungsmethode dürfen sich die Wertänderungen nur insoweit erfolgswirksam auswirken, wie die Sicherungsbeziehung von Grund- und Sicherungsgeschäft effektiv ist. Gemäß Schreiben des BMF vom 25.08.2010 DB 2010, 2024 ist steuerlich für die Anwendung der Gewinnermittlungs- und Einkommensermittlungsvorschriften nach dem Sinn und Zweck des § 5 Abs. 1 a Satz 2 EStG der Netto-/Einfrierungsmethode der Vorrang einzuräumen, da nur durch sie eine zutreffende Wiedergabe der Betriebsvermögensänderungen sichergestellt ist.

Die Vorschrift des § 254 HGB über die Bildung von Bewertungseinheiten wird durch die umfangreichen **Angabepflichten** des § 285 Nr. 23 HGB **im Anhang** flankiert.

Hinsichtlich weiterer Einzelheiten vgl. z. B. die Ausführungen in Küting/Pfitzer/Weber, HdR-E, 5. Aufl., § 254 HGB und Haufe Steuer Office »BilMoG«, HaufeIndex 2172629.

4.8.3 Anwendung der handelsrechtlichen Behandlung von Bewertungseinheiten auch für die steuerliche Gewinnermittlung

Nach § 5 Abs. 1 a **Satz 1** EStG (eingefügt durch Art. 3 Nr. 1 Buchstabe b) BilMoG mit Wirkung für Wirtschaftsjahre, die nach dem 31.12.2009 beginnen, § 52 Abs. 12 e EStG) dürfen Posten der Aktivseite nicht mit Posten der Passivseite verrechnet werden (**Verrechnungsverbot**). Diese Regelung entspricht der handelsrechtlichen Bestimmung des § 246 Abs. 2 Satz 1 HGB. Dieses Verrechnungsverbot gilt grundsätzlich und darf nur durchbrochen werden, wenn die handelsrechtlichen GoB oder das EStG eine davon abweichende Regelung vorsehen.

Nach § 5 Abs. 1 a **Satz 2** EStG (vor Ergehen des BilMoG § 5 Abs. 1 a EStG a. F., eingefügt durch Art. 1 Nr. 2 a des Gesetzes zur Eindämmung missbräuchlicher Steuergestaltungen vom 28.04.2006 BStBl I 2006, 353) ist mit Wirkung ab dem Veranlagungszeitraum 2006 (vgl. § 52 Abs. 1 EStG a. F.) die handelsrechtliche bilanzmäßige Rechnungsregelung zur Absicherung finanzwirtschaftlicher Risiken durch **Bildung von Bewertungseinheiten** auch für die steuerliche Gewinnermittlung maßgebend. Vgl. hierzu auch BMF vom 25.08.2010 DB 2010, 2024. Insofern stellt die Vorschrift eine besondere Ausprägung des Maßgeblichkeitsgrundsatzes dar. Bewertungseinheiten für andere Risiken sind allerdings für steuerliche Zwecke nicht anzuerkennen.

Die Möglichkeit der Bildung von Bewertungseinheiten zur Absicherung finanzwirtschaftlicher Risiken wurde durch das BilMoG in § 254 HGB für die handelsrechtliche Gewinnermittlung gesetzlich eingeführt bzw. geregelt (vgl. hierzu die vorstehenden Ausführungen 4.8.1 und 4.8.2). Somit wird der Maßgeblichkeitsgrundsatz des § 5 Abs. 1 Satz 1 EStG, trotz des insoweit regelmäßigen handelsrechtlichen Wahlrechts der Bildung von Bewertungseinheiten, durch § 5 Abs. 1 a Satz 2 EStG auch auf diese Fälle ausgedehnt. Diese Regelung ermöglicht eine Vereinfachung in der Bewertungsarbeit und wirkt einem weiteren Auseinanderfallen von Handels- und Steuerbilanz entgegen. Außerdem verhindert diese Regelung vorgezogene Steuermindereinnahmen, zu denen bei strenger Anwendung des Einzelbewertungsgrundsatzes die imparitätische Bewertung führen würde (einseitige Antizipation des drohenden Verlustes z. B. aus dem Grundgeschäft und unter Weglassung des gleichzeitig sicher zu erwartenden kompensatorischen Gewinns z. B. aus dem Sicherungsgeschäft). Ein derartiger Gedanke liegt im Übrigen auch der Vorschrift des § 6 Abs. 1 Nr. 3 a Buchst. c) EStG zugrunde.

Die Regelung des § 5 Abs. 1 a Satz 2 EStG über die Berücksichtigung der Ergebnisse gebildeter Bewertungseinheiten zur Absicherung von finanzwirtschaftlichen Risiken steht auch in Beziehung zur steuerlichen Behandlung der Bildung von Rückstellungen für drohende Verluste aus schwebenden Geschäften (Drohverlustrückstellungen) gemäß § 5 Abs. 4 a EStG. Nach § 5 Abs. 4 a Satz 2 EStG ist die Bildung von Drohverlustrückstellungen aufgrund eines negativen Ergebnisses aus gebildeten Bewertungseinheiten aufgrund ausdrücklichen Ausnahme vom Verbot zur Bildung von Drohverlustrückstellungen auch für steuerliche Zwecke zulässig. Die Anerkennung der steuerlichen Abzugsfähigkeit der Drohverlustrückstellungen ist aber an die eindeutige Dokumentation der Hedge-Beziehung gebunden. Zur Behandlung von Drohverlustrückstellungen vgl. L 5.4 dieses Buches.

Bei der Bildung von Bewertungseinheiten i. S. von § 5 Abs. 1 a Satz 2 EStG für die steuerliche Gewinnermittlung sind im Wesentlichen **folgende Absicherungsgeschäfte** zu finanzwirtschaftlichen Risiken zu unterscheiden:

4.8.3.1 Absicherung von Wechselkursrisiken

a) Absicherung durch ein Devisentermingeschäft

Fremdwährungsforderungen und Fremdwährungsverbindlichkeiten unterliegen regelmäßig ungewissen Kursrisiken. Um diese Kursrisiken auszuschließen, wird vielfach ein sog. »Devisentermingeschäft« abgeschlossen. Hierzu vereinbart der Kaufmann, der das Geschäft mit einem Kunden oder Lieferanten abwickelt, mit seiner Bank einen festgelegten Betrag in ausländischer Währung bis zu einem bestimmten Zeitpunkt (Fälligkeitstermin seiner Forderung oder Verbindlichkeit) und zu einem vorher festgelegten Wechselkurs abzunehmen oder zur Verfügung zu stellen. Der vereinbarte Wechselkurs gilt für diesen Zeitraum und spätere Wechselkursänderungen bleiben unberücksichtigt. Der betreffende Kaufmann erhält damit eine sichere Kalkulationsbasis.

b) Absicherung von Fremdwährungsforderungen

BEISPIEL

Kaufmann K liefert am 01. 12. 01 dem schweizerischen Abnehmer A Waren. Die Rechnung wird auf Schweizer Franken (CHF) ausgestellt und zwar über 50 000 CHF, vom Abnehmer A zu zahlen am 28. 02. 02. Zum 01. 12. 01 beträgt der Wechselkurs von 1 € = 1,4560 CHF. Der Wechselkurs ändert sich bis zum maßgebenden Bilanzstichtag 31. 12. 01 des K auf 1 € = 1,5570 CHF und bis zum Fälligkeitszeitpunkt der Forderung am 28. 02. 02 auf 1 € = 1,6230 CHF.
Zum Lieferzeitpunkt 01. 12. 01 veräußert K an seine Bank 50 000 CHF zum Tageskurs von 1 € = 1,4560 CHF (nur Abschluss eines entsprechenden Vertrags). Der Betrag ist von der Bank zum Fälligkeitszeitpunkt der Forderung am 28. 02. 02 zu diesem vereinbarten Wechselkurs bereitzustellen.
Der Jahresabschluss zum 31. 12. 01 des K wird am 30. 04. 02 erstellt (Bilanzerstellungstag).

LÖSUNG Behandlung bei K:

Ansatz der **Forderung** bei K in Höhe von 50 000 CHF gegenüber dem Abnehmer der Ware	im Rahmen der **Einzelbewertung** (außerhalb der Bewertungseinheit)	im Rahmen einer **Bewertungseinheit**
• zum Lieferzeitpunkt 01. 12. 01 (Wechselkurs 1 € = 1,4560 CHF) =	34 340,65 €	34 340,65 €
• zum Bilanzstichtag 31. 12. 01 (Wechselkurs 1 € = 1,5570 CHF) =	32 113,03 €	34 340,65 €

Im Rahmen der Behandlung der beiden Geschäfte (Grundgeschäft und Sicherungsgeschäft) als Bewertungseinheit nach § 254 Satz 2 HGB ergibt sich insgesamt keine Gewinnauswirkung. Der am Bilanzstichtag mögliche Verlust infolge des niedrigeren Werts der Forderung in Höhe von 2 227,62 € wird aufgrund des Sicherungsgeschäfts nicht eintreten. Bei der Bewertung der Forderung aus der Warenlieferung ist daher keine Abschreibung vorzunehmen. Es ist zu beachten, dass die Forderung gegen die Bank aus der Lieferung der Devisen als einem zum Bilanzstichtag schwebenden Geschäft als solche nicht bilanziert wird. Nach § 5 Abs. 1 a Satz 2 EStG ist diese handelsrechtliche Behandlung auch für die steuerliche Gewinnermittlung maßgebend.

c) Absicherung von Fremdwährungsverbindlichkeiten

BEISPIEL

Kaufmann K erhält am 01. 12. 01 vom schweizerischen Lieferanten L Waren geliefert. Die Rechnung wird in Schweizer Franken (CHF) ausgestellt und zwar über 50 000 CHF, an den Lieferanten zu zahlen am 28. 02. 02. Zum 01. 12. 01 beträgt der Wechselkurs von 1 € = 1,6230 CHF. Der Wechselkurs ändert sich bis zum maßgebenden Bilanzstichtag 31. 12. 01 des K auf 1 € = 1,5570 CHF und bis zum Fälligkeitszeitpunkt der Verbindlichkeit 28. 02. 02 auf 1 € = 1,4560 CHF.
Zum Lieferzeitpunkt 01. 12. 01 erwirbt U von seiner Bank 50 000 CHF zum Tageskurs von 1 € = 1,6230 CHF (nur Abschluss eines entsprechenden Vertrags). Der Betrag ist von der Bank zum Fälligkeitszeitpunkt der Verbindlichkeit am 28. 02. 02 zum vereinbarten Wechselkurs bereitzustellen.
Der Jahresabschluss zum 31. 12. 01 des K wird am 30. 04. 02 erstellt (Bilanzerstellungstag).

LÖSUNG Behandlung bei K:

Ansatz der **Verbindlichkeit** des K in Höhe von 50 000 CHF gegenüber dem Lieferanten der Ware	im Rahmen der **Einzelbewertung** (außerhalb der Bewertungseinheit)	im Rahmen einer **Bewertungseinheit**
• zum Erwerbszeitpunkt 01. 12. 01 (Wechselkurs 1 € = 1,6230 CHF)=	30 807,14 €	30 807,14 €
• zum Bilanzstichtag 31. 12. 01 (Wechselkurs 1 € = 1,5570 CHF)=	32 113,03 €	30 807,14 €

Im Rahmen der Behandlung der beiden Geschäfte (Grundgeschäft und Sicherungsgeschäft) als Bewertungseinheit nach § 254 Satz 2 HGB ergibt sich insgesamt keine Gewinnauswirkung. Nach § 5 Abs. 1 a Satz 2 EStG ist diese handelsrechtliche Behandlung auch für die steuerliche Gewinnermittlung maßgebend.

4.8.3.2 Einschränkung des Verbots der Drohverlustrückstellung

Die nach § 249 Abs. 1 Satz 1 HS 2 HGB handelsrechtlich zwingend zu bilanzierenden Rückstellungen für drohende Verluste aus schwebenden Geschäften (Drohverlustrückstellungen) sind nach § 5 Abs. 4 a Satz 1 EStG seit 1997 (vgl. § 52 Abs. 13 EStG) ertragsteuerlich nicht mehr zulässig. Der um diese Rückstellungsaufwendungen niedrigere handelsrechtliche Jahresüberschuss ist für Zwecke der Ertragsteuern wieder rückgängig zu machen (entweder durch Erstellung einer eigenen Steuerbilanz oder außerbilanziell durch Hinzurechnung nach § 60 Abs. 2 Satz 1 EStDV).

Nach § 5 Abs. 4 a Satz 2 EStG (ebenfalls eingefügt durch Art. 1 Nr. 2 b des Gesetzes zur Eindämmung missbräuchlicher Steuergestaltungen vom 28. 04. 2006 BStBl I 2006, 353) gilt das steuerliche Verbot für Drohverlustrückstellungen für negative kompensatorische Salden aus finanzwirtschaftlichen Bewertungseinheiten nicht (s. auch 4.8.3 Abs. 4).

Hiervon sind im Wesentlichen folgende Drohverlustrückstellungen betroffen:

a) Drohverlustrückstellungen bei Absicherung von Fremdwährungsforderungen

BEISPIEL

Kaufmann K erhält am 01. 10. 01 vom schweizerischen Abnehmer A einen Auftrag zur Lieferung von Waren. Der Verkaufspreis wird mit 50 000 Schweizer Franken (CHF) vereinbart, zur Zahlung fällig 2 Monate nach Lieferung. Die Lieferung erfolgt am 31. 12. 01. Zum 01. 10. 01 beträgt der Wechselkurs von 1 € = 1,6230 CHF. Der Wechselkurs ändert sich bis zum 31. 12. 01 (maßgebender Bilanzstichtag des K) auf 1 € = 1,5570 CHF und schließlich bis zum Fälligkeitstag der Verbindlichkeit am 28. 02. 02 auf 1 € = 1,4560 CHF.

Bei Abschluss des Auftrags mit A veräußert K an seine Bank 50 000 CHF zum Tageskurs von 1 € = 1,6230 CHF (nur Abschluss eines entsprechenden Vertrags). Der Betrag ist von der Bank (längstens bis) zum Fälligkeitstag der Verbindlichkeit am 28. 02. 02 zum vereinbarten Wechselkurs bereitzustellen.

Der Jahresabschluss zum 31. 12. 01 des K wird am 30. 04. 02 erstellt (Bilanzerstellungstag).

LÖSUNG Behandlung bei K:

Ansatz der **Forderung** bei K in Höhe von 50 000 CHF gegenüber dem Abnehmer der Ware	im Rahmen der **Einzelbewertung** (außerhalb der Bewertungseinheit)	im Rahmen einer **Bewertungseinheit**
• zum Zeitpunkt der Auftragserteilung am 01. 10. 01 • zum Bilanzstichtag 31. 12. 01 (Wechselkurs 1 € = 1,5570 CHF) =	kein Ansatz, da noch schwebendes Geschäft 32 113,03 €	kein Ansatz, da noch schwebendes Geschäft 32 113,03 €
Ansatz der **Drohverlustrückstellung** bei K		
• zum Bilanzstichtag 31. 12. 01	kein Ansatz	Wert mit Kurs 1,6230 CHF/€ = 30 807,14 € Wert mit Kurs 1,5570 CHF/€ = 32 113,03 € Somit Drohverlustrückstellung = 1 305,89 €

Durch den aufwandswirksamen Ansatz der Drohverlustrückstellung wird berücksichtigt, dass, aus Sicht zum Bilanzstichtag, der K aus der Lieferung aufgrund des Devisenverkaufs (= Sicherungsgeschäft) lediglich 30 807,14 € erhalten wird und nicht den bislang mit 32 113,03 € erfolgswirksamen Bilanzwert der Forderung.

b) Drohverlustrückstellungen bei Absicherung von Fremdwährungsverbindlichkeiten

BEISPIEL

Kaufmann K erteilt am 01. 12. 01 dem schweizerischen Lieferanten L einen Auftrag zur Lieferung von Waren. Der Verkaufspreis wird mit 50 000 Schweizer Franken (CHF) vereinbart, von K zu zahlen 2 Monate nach Lieferung. Die Lieferung erfolgt am 31. 12. 01. Zum 01. 12. 01 beträgt der Wechselkurs von 1 € = 1,4560 CHF. Der Wechselkurs ändert sich bis zum 31. 12. 01 (Bilanzstichtag des K) auf 1 € = 1,5570 CHF und bis 28. 02. 02 auf 1 € = 1,6230 CHF.

Zum Zeitpunkt der Erteilung des Lieferauftrags 01. 12. 01 erwirbt K von seiner Bank 50 000 CHF zum Tageskurs von 1 € = 1,4550 CHF (nur Abschluss eines entsprechenden Vertrags). Der Betrag ist

von der Bank (längstens bis) zum Fälligkeitszeitpunkt der Verbindlichkeit am 28. 02. 02 zum vereinbarten Wechselkurs bereitzustellen.
Der Jahresabschluss zum 31. 12. 01 des K wird am 30. 04. 02 erstellt (Bilanzerstellungstag).
LÖSUNG Behandlung bei K:

Ansatz der **Verbindlichkeit** des K in Höhe von 50 000 CHF gegenüber dem Lieferanten der Ware	im Rahmen der **Einzelbewertung** (außerhalb der Bewertungseinheit)	im Rahmen einer **Bewertungseinheit**
• zum Zeitpunkt der Auftragserteilung am 01. 12. 01 (Wechselkurs 1 € = 1,4550 CHF)	kein Ansatz, da noch schwebendes Geschäft	kein Ansatz, da noch schwebendes Geschäft
• zum Bilanzstichtag 31. 12. 01 (Wechselkurs 1 € = 1,5570 CHF) =	32 113,03 €	32 113, 03 €
Ansatz der **Drohverlustrückstellung** bei K		
• zum Bilanzstichtag 31. 12. 01	kein Ansatz	Wert mit Kurs 1,4560 CHF/€ = 34 340,65 € Wert mit Kurs 1,5570 CHF/€ = 32 113,03 € Somit Drohverlustrückstellung = 2 227,62 €

5 Konkrete handelsrechtliche und steuerliche Bilanzierungsgrundsätze (Überblick)

5.1 Bilanzierungsfähigkeit (Bilanzierungsgebote)

a) Handelsrechtliche Regelungen

Handelsrechtlich ist ein konkretes Bilanzierungsgebot (**Ansatzpflicht** bzw. Aktivierungs- oder Passivierungspflicht) nicht genau festgeschrieben. Ein gewisses Bilanzierungsgebot im Sinne einer Bilanzierungsfähigkeit lässt sich aber aus folgenden Regelungen ableiten:

aa) Im Rahmen des **Vollständigkeitsprinzips** des § 246 Abs. 1 Satz 1 HGB (vgl. 3.2) ist bestimmt, dass der Jahresabschluss sämtliche Vermögensgegenstände, Schulden und Rechnungsabgrenzungsposten (sowie alle Aufwendungen und Erträge) zu enthalten habe, soweit gesetzlich nichts anderes bestimmt ist.
Was Vermögensgegenstände und Schulden sind, ist aber nicht definiert. Sie lassen sich nur nach den GoB abgrenzen. Die Rechungsabgrenzungsposten gehören allerdings nicht zu den Vermögensgegenständen und Schulden, da sie im Wesentlichen nur der periodengerechten Gewinnermittlung dienen.

bb) Nach § 246 Abs. 1 Satz 2 HGB sind nur diejenigen **Vermögensgegenstände** bilanzierungs- bzw. aktivierungspflichtig (Aktivierungspflicht), die im zivilrechtlichen (bürgerlich-rechtlichen) Eigentum oder im wirtschaftlichen Eigentum des Kaufmanns stehen und nicht zum Privatvermögen gehören. Das handelsrechtlich verankerte wirtschaftliche Eigentum entspricht regelmäßig dem steuerlichen wirtschaftlichen Eigentum gemäß § 39 Abs. 2 Nr. 1 AO (vgl. auch D 2).

cc) Nach § 246 Abs. 1 Satz 3 HGB sind **Schulden** in der Bilanz des Schuldners aufzunehmen (Passivierungspflicht). Sie müssen jedoch betrieblich verursacht sein, d. h. es darf sich nicht um private Schulden des Kaufmanns handeln.

dd) Für **folgende Positionen** enthält das Dritte Buch des HGB **ausdrückliche Bestimmungen** zur Ansatzpflicht (Aktivierungs- bzw. Passivierungspflicht):

- In § 246 Abs. 1 Satz 4 i V. m. § 246 Abs. 1 Satz 1 HGB für den entgeltlich erworbenen **Geschäfts- oder Firmenwert**.
- In § 249 Abs. 1 HGB für die dort aufgeführten **Rückstellungen** (Passivierungspflicht).
- In § 250 Abs. 1 und 2 HGB für transitorische aktive und passive **Rechnungsabgrenzungsposten** (Aktivierungs- bzw. Passivierungspflicht).
- In § 251 HGB für bestimmte **Haftungsverhältnisse** (Vermerkpflicht).
- In § 274 Abs. 1 HGB für **passive latente Steuern** (Passivierungspflicht).

ee) Die §§ 247 Abs. 2, 250 und 271 HGB enthalten **Begriffsbestimmungen** für das Anlage- und Umlaufvermögen sowie für die Beteiligungen und Rechnungsabgrenzungsposten. Aber auch von diesen Posten ist nur für die Rechnungsabgrenzungsposten in § 250 Abs. 1 und 2 HGB genau bestimmt, was zu aktivieren oder zu passivieren ist.

ff) In § 240 Abs. 1 HGB ist festgelegt, dass der Kaufmann »seine« Vermögensgegenstände und Schulden in das Inventar (und damit auch in die Bilanz, vgl. § 247 Abs. 1 HGB) aufzunehmen hat. Damit ist die **wirtschaftliche Zugehörigkeit** zum Betrieb gemeint. Die Vermögensgegenstände müssen daher grundsätzlich dem Handelsgewerbe des Kaufmanns dienen, und die Schulden müssen mit dem Betrieb zusammenhängen. Außerdem müssen die Vermögensgegenstände und Schulden dem Kaufmann gehören (vgl. oben bb) und cc)).

gg) **Keine Aktivierungsmöglichkeit**, d. h. ein Bilanzierungsverbot besteht für die in § 248 Abs. 1 und Abs. 2 Satz 2 HGB aufgeführten Posten (vgl. 5.3).

Grundsätzlich besteht danach für alle diejenigen Vermögensgegenstände und Schulden eine Aktivierungs- und Passivierungsmöglichkeit im Sinne eines **Bilanzierungsgebots,** soweit kein Bilanzierungswahlrecht (vgl. hierzu unten 5.2) und kein Bilanzierungsverbot (vgl. hierzu auch unten 5.3) besteht, die dem Handelsgewerbe dienen und dem Kaufmann zuzurechnen sind.

b) Steuerliche Regelungen

Steuerlich sind ebenfalls nur einige wenige Bilanzierungsgebote ausdrücklich im EStG festgelegt, und zwar für

- entgeltlich erworbene immaterielle Wirtschaftsgüter des Anlagevermögens (in § 5 Abs. 2 EStG),
- aktive und passive transitorische Rechnungsabgrenzungsposten (in § 5 Abs. 5 Satz 1 EStG) und
- bestimmte Aufwendungen (für Zölle und Verbrauchsteuern, soweit sie auf am Abschlussstichtag ausgewiesene Wirtschaftsgüter des Vorratsvermögens entfallen, und für die USt auf am Abschlussstichtag ausgewiesene Anzahlungen; § 5 Abs. 5 Satz 2 EStG).

Im Übrigen gelten die Grundsätze der handelsrechtlichen GoB im Rahmen des Maßgeblichkeitsgrundsatzes des § 5 Abs. 1 Satz 1 HS 1 EStG. Steuerlich besteht außerdem ein Bilanzierungsgebot für alle Wirtschaftsgüter des **notwendigen Betriebsvermögens.** Diese sind von den Wirtschaftsgütern des Privatvermögens abzugrenzen. Vgl. hierzu die näheren Ausführungen in E 1.2, 2 und 3.

BEISPIELE

In den folgenden Fällen handelt es sich um Bilanzierungsgebote:

a) Ein Kaufmann nutzt ein ihm allein gehörendes unbebautes Grundstück als Lagerplatz.

LÖSUNG Dieses Grundstück ist sowohl handelsrechtlich als auch steuerlich zwingend (steuerlich als notwendiges Betriebsvermögen) zu aktivieren (§ 246 Abs. 1 HGB, § 5 Abs. 1 Satz 1 1. HS EStG).

b) Ein Handelsvertreter nutzt einen Pkw zu 80 % für eigenbetriebliche Zwecke und zu 20 % für Privatfahrten.

LÖSUNG Der Pkw ist sowohl in der Handelsbilanz als auch in der Steuerbilanz zu aktivieren (§ 246 Abs. 1 HGB, § 5 Abs. 1 Satz 1 1. HS EStG). Eine Aufteilung in einen betrieblichen und privaten Anteil ist bei gemischt genutzten Wirtschaftsgütern nicht zulässig. Die Wertungsentscheidung für das Vorliegen eines Wirtschaftsguts des notwendigen Betriebsvermögens wird steuerlich in R 4.2 (1) Satz 4 EStR geregelt.Für gemischt genutzte Gebäude (und den anteilig darauf entfallenden Grund und Boden) gelten steuerlich wichtige Sonderregelungen in R 4.2 Abs. 3–14 EStR, die auch handelsrechtlich anwendbar sind (vgl. hierzu E 2.2).

c) Ein Fabrikant hatte am 15. 11. 02 fest einen Kaufvertrag über die Lieferung von Rohstoffen zum Preis von 50 000 € abgeschlossen. Bis zum Bilanzstichtag sind jedoch die Preise für derartige Rohstoffe allgemein um 5 % gesunken. Die Rohstoffe wurden am 20. 01. 03 geliefert.

LÖSUNG In der Handelsbilanz zum 31. 12. 02 muss der Fabrikant nach § 249 Abs. 1 Satz 1 2. HS HGB zwingend eine Rückstellung für drohende Verluste aus schwebenden Geschäften in Höhe von 2 500 € einstellen. Steuerlich ist nach § 5 Abs. 4 a EStG eine Rückstellung für drohende Verluste aus schwebenden Geschäften grundsätzlich nicht mehr zulässig.

5.2 Bilanzierungswahlrechte

Von einem echten Bilanzierungswahlrecht kann man nur dann sprechen, wenn im Gesetz ausdrücklich ein Wahlrecht eingeräumt worden ist, dass man einen Vermögensgegenstand, eine Schuld oder einen anderen **Bilanzposten** zwar in der Bilanz **ausweisen darf,** aber **nicht muss.**

a) Handelsrechtliche Regelungen

Handelsrechtlich bestehen folgende Bilanzierungswahlrechte **(Ansatzwahlrechte):**

aa) In § 248 Abs. 2 Satz 1 HGB für selbst geschaffene immaterielle (Einzel-)Vermögensgegenstände des Anlagevermögens.

bb) In § 250 Abs. 3 HGB für das **Disagio** (Darlehensabgeld), wenn der Erfüllungsbetrag eines aufgenommenen Darlehens höher ist als der Auszahlungsbetrag. Vgl. hierzu die Ausführungen in L 2. 1. 1.

cc) In Art. 28 des EGHGB betr. Übergangsvorschriften zum Bilanzrichtliniengesetz für die Bildung von **Pensionsrückstellungen für Altzusagen** (Rechtsanspruch durch den Berechtigten vor dem 01.01.1987 erworben) und mittelbare Verpflichtungen aus Zusagen zu Pensionsleistungen.

dd) In § 58 Abs. 2 a AktG und § 29 Abs. 4 GmbHG für die Bildung einer **Wertaufholungsrücklage** bei Kapitalgesellschaften.

b) Steuerliche Regelungen

Steuerlich bestehen folgende **gesetzlich geregelten Bilanzierungswahlrechte:**

aa) In § 6 a EStG für **Pensionsverpflichtungen.** Vgl. hierzu BMF vom 12.03.2010 Abschn. I Nr. 1 Buchst. c) Rn. 9–11 (BStBl I 2010, 239) sowie die Ausführungen in L 6 dieses Buches.

bb) In § 6 b EStG die **Rücklage für Reinvestitionen,** in R 6.6 EStR die **Rücklage für Ersatzbeschaffung** und in R 6.5 Abs. 4 EStR die **Zuschussrücklage**. Vgl. hierzu die Ausführungen BMF vom 12.03.2010 Abschn. I Nr. 2 Buchst. a) Rn. 12–14 (BStBl I 2010, 239) sowie in L 9 dieses Buches.
cc) In § 6 d EStG zur Bildung einer **Euroumrechnungsrücklage** für bestimmte Gewinne und Erträge, die sich im Zuge der Umstellung von der DM auf den Euro ergaben.
dd) Bildung eines Ausgleichspostens nach § 4 g Abs. 1 EStG bei nach § 4 Abs. 1 Satz 3 EStG fingierten Entnahmen.
ee) Bildung einer den Gewinn mindernden Rücklage nach § 5 Abs. 7 Satz 5 EStG im Zusammenhang mit der Übernahme von Verbindlichkeiten, die beim ursprünglich Verpflichteten Ansatzverboten, -beschränkungen oder Bewertungsvorbehalten unterlegen haben,

Bezüglich der **handelsrechtlichen Bilanzierungswahlrechte** gilt steuerlich Folgendes (vgl. Beschluss des GrS des BFH vom 03.02.1969 BStBl II 1969, 291 und BMF vom 12.03.2010 Abschn. I Nr. 1 Buchst. a) und b) Rn. 3 und 4 BStBl I 2010, 239):

- Soweit es sich handelsrechtlich um **Aktivierungswahlrechte** handelt, muss steuerlich regelmäßig aktiviert werden (wegen der Abschnittsbesteuerung bzw. periodengerechten Gewinnermittlung).
- Soweit es sich handelsrechtlich um **Passivierungswahlrechte** handelt, darf steuerlich im Allgemeinen nichts passiviert werden.

5.3 Bilanzierungsverbote

a) Handelsrechtliche Regelungen

Handelsrechtlich dürfen nach § 248 Abs. 1 und Abs. 2 Satz 2 HGB nicht aktiviert werden (Ansatz- bzw. Aktivierungsverbote):

aa) Aufwendungen für die Gründung eines Unternehmens,
bb) Aufwendungen für die Beschaffung des Eigenkapitals,
cc) Aufwendungen für den Abschluss von Versicherungsverträgen,
dd) selbstgeschaffene Marken, Drucktitel, Verlagsrechte, Kundenlisten oder vergleichbare immaterielle Vermögensgegenstände des Anlagevermögens.

Über die Regelung des § 248 HGB hinaus ergeben sich noch folgende Bilanzierungsverbote:

aa) Andere **Rückstellungen** als die in § 249 Abs. 1 HGB aufgeführten Rückstellungen dürfen nicht gebildet werden (§ 249 Abs. 2 HGB).
bb) **Verbindlichkeiten,** die **aus dem künftigen Gewinn** zu tilgen sind, dürfen erst gebildet werden, wenn der Gewinn entstanden ist, aus dem die Verbindlichkeit zu tilgen ist.
cc) **Antizipative Rechnungsabgrenzungsposten** (Umkehrschluss aus § 250 Abs. 1 und 2 HGB). Hierbei handelt es sich jedoch begrifflich vielfach um Erträge und Aufwendungen, die wirtschaftlich zum abgelaufenen Geschäftsjahr gehören, die Zahlungen jedoch erst im nächsten oder einem späteren Geschäftsjahr geleistet werden. Regelmäßig sind in solchen Fällen für bereits entstandene, aber noch nicht erhaltene Erträge (z. B. Zinsansprüche, Mietansprüche) sonstige Forderungen und für bereits entstandene, aber noch nicht geleistete Aufwendungen (z. B. Zinsschulden, Mietschulden) sonstige Verbindlichkeiten zu bilanzieren. In den letztgenannten Fällen spricht man von antizipativen Erfolgsabgrenzungen im Unterschied zu den transitorischen Erfolgsabgrenzungen mit Hilfe der Rechnungsabgrenzungsposten nach § 250 Abs. 1 und 2 HGB.

b) Steuerliche Regelungen

Steuerlich gilt für die **handelsrechtlichen Bilanzierungsverbote** folgender **Grundsatz** (vgl. auch Schmidt/Weber-Grellet EStG § 5 Rz. 30):

»Was handelsrechtlich nicht aktiviert und nicht passiviert werden darf, darf, sofern keine steuerliche Ansatznorm greift, auch steuerlich nicht aktiviert bzw. nicht passiviert werden«. Vgl. auch BMF vom 12. 03. 2010 Abschn. I Nr. 1 Buchst. a) und b) Rn. 3 und 4 BStBl I 2010, 239.

Für die nicht entgeltlich erworbenen immateriellen Wirtschaftsgüter des Anlagevermögens (gleichgültig ob immaterielle Einzelwirtschaftsgüter oder Geschäfts- oder Firmenwert) und für die antizipativen Rechnungsabgrenzungsposten ergeben sich die Regelungen auch unmittelbar aus § 5 Abs. 2 und 5 EStG, jeweils im Umkehrschluss. Außerdem enthält das EStG folgende nur **steuerlich** geltende **Einschränkungen** bzw. Verbote von **Rückstellungen**, für die handelsrechtlich i. d. R. eine Passivierungspflicht besteht:

aa) In § 5 Abs. 2 a EStG für **Verpflichtungen**, die nur zu erfüllen sind, soweit künftig Einnahmen oder Gewinne anfallen.

bb) In § 5 Abs. 3 EStG für **Rückstellungen wegen Verletzung fremder Patent-, Urheber- oder ähnlicher Schutzrechte**. Steuerlich ist die Rückstellung nur unter bestimmten Voraussetzungen zulässig. Vgl. hierzu die Ausführungen in L 5.5.4 d).

cc) In § 5 Abs. 4 EStG für Rückstellungen für **Jubiläumszuwendungen**. Steuerlich ist die Rückstellung ebenfalls nur unter bestimmten Voraussetzungen zulässig. Vgl. hierzu die Ausführungen in L 5.5.5 b).

dd) In § 5 Abs. 4 a Satz 1 EStG für **Drohverlust**rückstellungen (Rückstellungen für drohende Verluste aus schwebenden Geschäften). Solche Rückstellungen sind steuerlich für Wirtschaftsjahre, die nach dem 31. 12. 1996 enden, nicht mehr zulässig. Zuvor gebildete Rückstellungen dieser Art sind nach Maßgabe des § 52 Abs. 13 EStG aufzulösen. Vgl. hierzu die Ausführungen in L 5. 4.

ee) In § 5 Abs. 4 b Satz 1 EStG für Rückstellungen für Aufwendungen, die **Anschaffungs- oder Herstellungskosten** für ein Wirtschaftsgut sind.

ff) In § 5 Abs. 4 b Satz 2 EStG für Rückstellungen für die Verpflichtung zur **schadlosen Verwertung radioaktiver Reststoffe** sowie ausgebauter oder abgebauter radioaktiver Anlagenteile, soweit Aufwendungen im Zusammenhang mit der Bearbeitung oder Verarbeitung von Kernbrennstoffen stehen, die aus der Aufarbeitung bestrahlter Kernbrennstoffe gewonnen worden sind und keine radioaktiven Abfälle darstellen.

5.4 Bilanzierungshilfen

a) Handelsrechtliche Regelungen

Das Handelsrecht erlaubt für Kapitalgesellschaften die Aktivierung bestimmter Aufwendungen für eine bestimmte Zeit. Da es sich bei diesen Posten aber weder um Vermögensgegenstände noch um Rechnungsabgrenzungsposten handelt, sondern um grundsätzlich sofort erfolgswirksame Aufwendungen des entsprechenden Geschäftsjahres, rechnet man sie nicht zu den Bilanzierungswahlrechten (Aktivierungswahlrechten) im engeren Sinne, sondern bezeichnet sie als Bilanzierungshilfen. Im weiteren Sinne handelt es sich bei den Bilanzierungshilfen jedoch auch um Aktivierungswahlrechte (vgl. 5.2).

Bilanzierungshilfen (und somit ein Wahlrecht für die sofortige Behandlung als Aufwand oder eine Aktivierung auf Zeit) sah bzw. sieht das HGB für folgende Fälle vor:

aa) In § 269 Satz 1 HGB a. F. für **Aufwendungen für die Ingangsetzung und Erweiterung des Geschäftsbetriebs** (nach Art. 66 Abs. 5 EG HGB letztmals anzuwenden für das vor dem 01. 01. 2010 beginnende Geschäftsjahr). Durch die Aktivierung derartiger Aufwendungen (Anlaufkosten) konnte z. B. in der Gründungs- oder Erweiterungsphase eines Unternehmens eine buchmäßige bzw. bilanzmäßige Überschuldung vermieden werden. Aktivierungsfähig waren nur die Kosten der Ingangsetzung des Geschäftsbetriebs und dessen Erweiterung. Das sind z. B. die Kosten, die erforderlich sind, um den Betrieb produktionsbereit zu machen sowie alle Aufwendungen für den Aufbau der Innen- und Außenorganisation, d. h. die Kosten der Betriebs-, Verwaltungs- und Vertriebsorganisation. Diese aktivierungsfähigen Kosten sind abzugrenzen gegenüber den Aufwendungen für die Gründung des Unternehmens und für die Beschaffung des Eigenkapitals, für die nach § 248 Abs. 1 HGB ein Aktivierungsverbot bestand. Dieses Aktivierungswahlrecht besteht nicht für Einzelunternehmen und Personengesellschaften.

Der Bilanzposten »Aufwendungen für die Ingangsetzung und Erweiterung des Geschäftsbetriebs« war als Bilanzhauptposten vor dem Anlagevermögen (vgl. § 266 Abs. 2 HGB) in der Bilanz auszuweisen. Wie die übrigen Aktiv- und Passivposten war dieser Posten auch im Anhang zur Bilanz darzustellen und zu entwickeln (§ 268 Abs. 2 HGB a. F.). Die Kapitalgesellschaft hatte diesen Bilanzposten allerdings in jedem folgenden Geschäftsjahr zu mindestens einem Viertel durch Abschreibung zu tilgen (§ 282 HGB a. F.). Eine vorzeitige Auflösung war zulässig.

In der Praxis wurde von diesem Aktivierungswahlrecht wohl nur selten Gebrauch gemacht, weil diese Bilanzierungshilfe steuerlich nicht zulässig war.

Im Falle der Aktivierung der Aufwendungen für Ingangsetzung und Erweiterung des Geschäftsbetriebs im Rahmen der Bilanzierungshilfe gem. § 269 Satz 1 HGB a. F. war außerdem nach § 274 Abs. 1 Satz 1 HGB a. F. zwingend (nur in der Handelsbilanz) eine Rückstellung für die darauf entfallenden latenten Ertragsteuern (Gewerbesteuer, Körperschaftsteuer und Solidaritätszuschlag) zu bilden. Diese Rückstellung war nach § 274 Abs. 1 Satz 2 HGB a. F. entsprechend der Abschreibung des Aktivpostens (vgl. § 282 HGB a. F.) aufzulösen.

Nach Art. 67 Abs. 5 EG HGB darf eine vor 2010 gebildete Bilanzierungshilfe für Aufwendungen für die Ingangsetzung und Erweiterung des Geschäftsbetriebs weitergeführt werden.

bb) In § 274 Abs. 1 HGB **wegen künftiger Steuerentlastungen (latente Ertragsteuern)**. Hierbei handelt es sich um Ertragsteuern (Gewerbesteuer, Körperschaftsteuer und Solidaritätszuschlag), die steuerlich höher sind als handelsrechtlich gerechtfertigt, weil der steuerliche Gewinn höher ist als der handelsrechtliche Gewinn, wobei sich dies aber in künftigen Geschäftsjahren voraussichtlich wieder ausgleicht. Dieser spätere Ausgleich führt dann handelsrechtlich zu weniger Steuern. Dieser in künftigen Geschäftsjahren zu erwartende geringere Betrag an Ertragsteuern darf (Wahlrecht) handelsrechtlich zunächst als Aktivposten (im Sinne eines Steuerguthabens) angesetzt werden.

b) Steuerliche Behandlung

Steuerlich wurde bereits früher die Bilanzierungshilfe, die nach § 153 Abs. 4 Satz 2 AktG a. F. für die **Kosten der Ingangsetzung** des Geschäftsbetriebs der Aktiengesellschaft zulässig war, nicht anerkannt (vgl. BFH vom 26. 02. 1975 BStBl II 1976, 13). Der BFH vertritt die Auffassung, dass diese aktienrechtliche Regelung kein Grundsatz ordnungsmäßiger Buchführung sei, da kein Wirtschaftsgut vorliegt (vgl. auch BFH vom 17. 02. 1998 BStBl II 1998, 505) und deshalb der Maßgeblichkeitsgrundsatz nicht anwendbar ist. An dieser Auffassung war auch für die nach dem Bilanzrichtliniengesetz (§ 269 Satz 1 a. F. und § 274 Abs. 2 a. F. HGB) eingeführten Bilanzierungshilfen festzuhalten. Selbstverständlich gilt dies auch für die Bilanzposten (latente Ertragsteuern) des § 274 Abs. 1 HGB, die damit in einer Steuerbilanz nicht erscheinen.

5.5 Tabellarische Übersicht

Bilanzierungsfähigkeit (Bilanzierungsgebote)		Bilanzierungswahlrechte		Bilanzierungsverbote		Bilanzierungshilfen	
handelsrechtliche Regelungen für:	**steuerliche Regelungen für:**	**handelsrechtliche Regelungen für:**	**steuerliche Regelungen für:**	**handelsrechtliche Regelungen für:**	**steuerliche Regelungen für:**	**handelsrechtliche Regelungen für:**	**steuerliche Regelungen für:**
im Vollständigkeitsprinzip für: • Vermögensgegenstände • Schulden • transitorische RAP (§ 246 Abs. 1 HGB) In der Begriffsbestimmung für: • Anlagevermögen • Umlaufvermögen • Beteiligungen • RAP (§§ 247 Abs. 2, 250 und 271 HGB) Im Rahmen der Regelung zur Aufnahme der: • Vermögensgegenstände • Schulden in Inventar und Bilanz (§ 240 Abs. 1 HGB) Im Rahmen der Regelung zur Passivierungspflicht für bestimmte Rückstellungen (§ 249 HGB)	Entgeltlich erworbene immaterielle Einzelwirtschaftsgüter und entgeltlich erworbener Geschäfts- oder Firmenwert (§ 5 Abs. 2 EStG) Aktive und passive transitorische RAP (§ 5 Abs. 5 Satz 1 EStG) Bestimmte Aufwendungen (Zölle, Verbrauchsteuern, USt auf Anzahlungen) (§ 5 Abs. 5 Satz 2 EStG) Alle Wirtschaftsgüter, die notwendiges Betriebsvermögen sind	selbstgeschaffene immaterielle (Einzel-) Vermögensgegenstände des Anlagevermögens (§ 248 Abs. 2 Satz 1 HGB) Disagio (§ 250 Abs. 3 HGB) Pensionsrückstellungen für Altzusagen d. h. Zusage vor dem 01.01.1987 (Art. 28 Einführungsgesetz zum HGB) Wertaufholungsrücklage bei Kapitalgesellschaften (§ 58 Abs. 2 a AktG, § 29 Abs. 4 GmbHG)	Pensionsverpflichtungen (§ 6 a EStG) Rücklage für Reinvestitionen (§ 6 b EStG) Rücklage für Ersatzbeschaffung (R 6.6 EStR) Zuschussrücklage (R 6.5 Abs. 4 EStR) Euroumrechnungsrücklage (§ 6 d EStG) Rücklage aufgrund von Zuschreibungen wegen Wertaufholungen (§ 52 Abs. 16 EStG) Rücklage nach § 5 Abs. 7 Satz 5 EStG Ausgleichsposten nach § 4f Abs. 1 EStG	Aufwendungen für die Gründung des Unternehmens und für die Beschaffung des Eigenkapitals sowie für den Abschluss von Versicherungsverträgen (§ 248 Abs. 1 HGB) selbstgeschaffene Marken, Drucktitel, Verlagsrechte, Kundenlisten oder vergleichbare immaterielle Vermögensgegenstände des Anlagevermögens (§ 248 Abs. 2 Satz 2 HGB) Andere Rückstellungen als in § 249 Abs. 1 HGB aufgeführt (§ 249 Abs. 2 HGB) Verbindlichkeiten, die aus künftigen Gewinnen zu tilgen sind Antizipative RAP (§ 250 Abs. 1 und 2 HGB, Umkehrschluss)	**Grundsatz:** Alles, was handelsrechtlich nicht aktiviert und passiviert werden darf **Im EStG ausdrücklich geregelt:** Nicht entgeltlich erworbene immaterielle Einzelwirtschaftsgüter des Anlagevermögens und nicht entgeltlich erworbener Geschäfts- oder Firmenwert (§ 5 Abs. 2 EStG, Umkehrschluss) Antizipative RAP (§ 5 Abs. 5 EStG, Umkehrschluss) Einschränkung für Rückstellungen wegen Verletzung fremder Patent-, Urheber- oder ähnlicher Schutzrechte (§ 5 Abs. 3 EStG) Einschränkung für bestimmte Verpflichtungen und Rückstellungen für Jubiläumszuwendungen (§ 5 Abs. 4 EStG) Drohverlustrückstellungen (§ 5 Abs. 4 a EStG) Rückstellungen für Aufwendungen, die Anschaffungs- oder Herstellungskosten für ein Wirtschaftsgut sind (§ 5 Abs. 4 b Satz 1 EStG) Rückstellungen für die Verpflichtung zur schadlosen Verwertung radioaktiver Reststoffe sowie ausgebauter oder abgebauter radioaktiver Anlagenteile unter bestimmten Voraussetzungen (§ 5 Abs. 4 b Satz 2 EStG)	Aufwendungen für die Ingangsetzung und Erweiterung des Geschäftsbetriebs (§ 269 Satz 1 HGB a. F.) Steuerabgrenzungsposten wegen künftiger Steuerentlastungen (latente Steuern) (§ 274 Abs. 1 HGB)	Keine

6 Konkrete handelsrechtliche und steuerliche Bewertungsgrundsätze (Bewertungsmaßstäbe)

6.1 Allgemeines

6.1.1 Einteilung des Vermögens für die Bewertung

Für die Bewertung und Anwendung der jeweiligen Bewertungsgrundsätze (Bewertungsmaßstäbe) ist das handelsrechtliche Vermögen bzw. das steuerliche Betriebsvermögen wie folgt einzuteilen:

Abnutzbares Anlagevermögen	Nicht abnutzbares Anlagevermögen	Umlaufvermögen	Verbindlichkeiten und Rückstellungen

6.1.1.1 Begriff und Umfang des abnutzbaren Anlagevermögens

Zum abnutzbaren Anlagevermögen gehören sowohl handelsrechtlich (vgl. § 247 Abs. 2 HGB) als auch steuerlich (vgl. R 6.1 Abs. 1 EStR):

- alle Vermögensgegenstände bzw. Wirtschaftsgüter, die dem Betrieb auf Dauer dienen bzw. dienen sollen (Zweckbestimmung) **und**
- deren Nutzung zeitlich begrenzt ist, aber über den Bilanzstichtag des Geschäfts- bzw. Wirtschaftsjahres der Anschaffung oder Herstellung hinausgeht.

Die Vermögensgegenstände bzw. Wirtschaftsgüter des abnutzbaren Anlagevermögens können körperliche Gegenstände oder immaterielle Vermögenswerte sein. Die körperlichen Gegenstände unterliegen regelmäßig der Abnutzung, während die immateriellen Vermögenswerte sich durch Zeitablauf verbrauchen.

BEISPIELE

für Abnutzung (körperliche Gegenstände):
- Gebäude,
- Außenanlagen,
- Maschinen und Geräte,
- Kraftfahrzeuge und
- Einrichtung;

für Zeitablauf (i. d. R. immaterielle Vermögensgegenstände bzw. Wirtschaftsgüter):
- zeitlich begrenzte Nutzungsrechte,
- Belieferungsrechte und
- befristete Wettbewerbsverbote

6.1.1.2 Begriff und Umfang des nicht abnutzbaren Anlagevermögens

Zum nicht abnutzbaren Anlagevermögen gehören sowohl handelsrechtlich als auch steuerlich (vgl. R 6.1 Abs. 1 EStR):

- alle Vermögensgegenstände bzw. Wirtschaftsgüter, die dem Betrieb auf Dauer dienen bzw. dienen sollen (Zweckbestimmung) **und**
- deren Nutzung zeitlich nicht begrenzt ist.

Das können körperliche Gegenstände (z. B. unbebaute Grundstücke, Grund und Boden von bebauten Grundstücken) und immaterielle Vermögensgegenstände bzw. Wirtschaftsgüter (z. B.

Anteile und Beteiligungen an Gesellschaften, Wertpapiere, langfristige Darlehensforderungen) sein. Der entgeltlich erworbene Geschäfts- oder Firmenwert gehört nicht dazu, da dieser handelsrechtlich als zeitlich begrenzt abnutzbarer Vermögensgegenstand gilt (§ 246 Abs. 1 Satz 4 HGB) und steuerlich ebenfalls als abnutzbares Wirtschaftsgut nach § 7 Abs. 1 Satz 3 EStG zwingend auf 15 Jahre abzuschreiben ist.

6.1.1.3 Begriff und Umfang des Umlaufvermögens

Zum Umlaufvermöge gehören sowohl handelsrechtlich als auch steuerlich (vgl. R 6.1 Abs. 2 EStR):

- alle Vermögensgegenstände bzw. Wirtschaftsgüter, die dem Betrieb nur vorübergehend dienen,
- also regelmäßig zum Verbrauch, zur Verarbeitung oder zur Veräußerung bestimmt sind.

Zum Umlaufvermögen rechnen insbesondere:

- Handelswaren,
- halbfertige und fertige Erzeugnisse,
- Roh-, Hilfs- und Betriebsstoffe,
- Warenforderungen,
- Wertpapiere, die zu Spekulationszwecken erworben wurden,
- sonstige kurzfristige Forderungen,
- Büromaterial,
- Geldbestände und Bankguthaben.

6.1.1.4 Begriff und Umfang der Verbindlichkeiten und Rückstellungen

Weder handelsrechtlich noch steuerlich sind die Verbindlichkeiten (Schulden) gesetzlich definiert. In der Gliederung der Bilanz für Kapitalgesellschaften (§ 266 Abs. 3 Abschn. C. HGB) wird jedoch eine ziemlich umfangreiche Aufzählung von Verbindlichkeiten vorgenommen. Unter Schulden im weiteren Sinne sind nicht nur die bürgerlich-rechtlichen Belastungen im Sinne von § 241 BGB zu verstehen, sondern alle gegenwärtigen und künftigen Belastungen des Unternehmens, die dem Grunde nach am Bilanzstichtag bereits bestehen oder hinreichend sicher zu erwarten sind. Ihre Höhe braucht noch nicht endgültig feststehen. Geht man von dieser Definition aus, so kann man den Begriff »Schulden« als Oberbegriff für »dem Grunde und der Höhe nach bereits endgültig feststehende Verbindlichkeiten (Schulden im engeren Sinne)« und für »Rückstellungen, insbesondere für ungewisse Verbindlichkeiten« ansehen. Dieses Verständnis der Schulden als Oberbegriff wird auch durch die Formulierungen in § 242 Abs. 1 Satz 1 und § 246 Abs. 1 Satz 1 HGB bestätigt. Es ist daher auch regelmäßig zwischen den »echten« Verbindlichkeiten und den Rückstellungen i. S. von § 249 HGB abzugrenzen. Zur Abgrenzung der Rückstellungen vgl. auch L 5 und 6.

In der Handelsbilanz und Steuerbilanz sind nur betrieblich bedingte Schulden zu passivieren, nicht dagegen private Schulden. Für Kapitalgesellschaften ergeben sich hierbei keine besonderen Probleme, da diese Personen keine private Sphäre haben. Problematisch ist die Abgrenzung der betrieblichen und privaten Schulden vor allem bei Einzelunternehmen und (vor allem steuerlich) bei Personengesellschaften; vgl. hierzu die näheren Ausführungen in E 3.2.

6.1.2 Maßgebende Bestimmungen des HGB und EStG für die Bewertung

Bei der Bewertung geht es zunächst um die Frage, mit welchen Bewertungsmaßstäben die einzelnen Vermögensgegenstände sowie Verbindlichkeiten und Rückstellungen (steuerlich als Wirtschaftsgüter bezeichnet) in der Bilanz (Handelsbilanz bzw. Steuerbilanz) anzusetzen sind. Hierbei sind Bewertungsgebote (nur ein bestimmter Wertansatz ist zulässig) und Bewertungswahlrechte (Wahlrecht zwischen mindestens zwei verschiedenen Wertansätzen) zu unterscheiden. Handelsrechtlich sind die grundsätzlichen Bestimmungen für die Wertansätze (Bewertungsvorschriften) in den §§ 253 und 254 HGB für alle Kaufleute zusammengefasst, steuerlich enthält insbesondere § 6 EStG die entsprechenden Regelungen.

6.1.2.1 Handelsrechtliche Bestimmungen

Handelsrechtlich sind die Bewertungsgrundsätze bezüglich der maßgebenden Bewertungsmaßstäbe, die für alle Kaufleute gelten, in § 253 HGB festgelegt. Danach gilt im Wesentlichen Folgendes:

a) **Vermögensgegenstände** sind höchstens mit den **Anschaffungs- oder Herstellungskosten**, ggf. gemindert um Abschreibungen, anzusetzen (§ 253 Abs. 1 Satz 1 HGB). Hierbei handelt es sich um eine **Wertobergrenze**, die uneingeschränkt für alle Kaufleute gilt.
b) **Verbindlichkeiten** sind mit dem **Erfüllungsbetrag** und Rückstellungen grundsätzlich in Höhe des nach vernünftiger kaufmännischer Beurteilung notwendigen Erfüllungsbetrags anzusetzen (§ 253 Abs. 1 Satz 2 HGB). Bestimmte **Rückstellungen** sind nach § 253 Abs. 2 HGB mit einem unter Zugrundelegung eines durchschnittlichen Marktzinssatzes abgezinsten Betrag (**Barwert**) anzusetzen.
c) **Rückstellungen** für Altersversorgungsverpflichtungen sind ggf. in bestimmten Fällen mit dem **beizulegenden Zeitwert** anzusetzen (§ 253 Abs. 1 Satz 3 HGB); das Gleiche gilt für nach § 246 Abs. 2 Satz 2 HGB zu verrechnende Vermögensgegenstände (§ 253 Abs. 1 Satz 4 HGB).
d) **Wertuntergrenzen** sind nicht ausdrücklich bestimmt, sie ergeben sich aber aus den GoB. § 253 Abs. 3 Satz 5 HGB sieht für das **Anlagevermögen** zwingend außerplanmäßige Abschreibungen auf den niedrigeren **beizulegenden Wert** vor, wenn eine voraussichtlich dauernde Wertminderung vorliegt. Liegt nur eine vorübergehende Wertminderung vor, kommt eine außerplanmäßige Abschreibung grundsätzlich nicht in Betracht. Nur für **Finanzanlagen** darf nach § 253 Abs. 3 Satz 6 HGB auch eine außerplanmäßige Abschreibung vorgenommen werden, wenn eine voraussichtlich nur vorübergehende Wertminderung vorliegt (**Wahlrecht**).
e) Für die Gegenstände des **Umlaufvermögens** gilt nach § 253 Abs. 4 HGB das **strenge Niederstwertprinzip**, d. h. sie sind zwingend mit dem niedrigeren Börsen- oder Marktpreis bzw. niedrigeren beizulegenden Wert anzusetzen, gleichgültig ob die Wertminderung von Dauer oder nur vorübergehend ist. Dieses strenge Niederstwertprinzip gilt für alle Kaufleute. Eine darüber hinausgehende außerplanmäßige Abschreibung, wie sie in § 253 Abs. 3 Satz 3 HGB a. F. vor Ergehen des BilMoG zulässig war, ist ab 2010 nicht mehr zulässig.

BEISPIEL

Die Anschaffungskosten für Gegenstände des Vorratsvermögens betrugen im Geschäftsjahr 01 = 1 000 €. Bis zum Bilanzstichtag 31. 12. 01 ist der beizulegende Wert dauerhaft um 200 € gesunken. Bis zum Tag der Bilanzerstellung Ende März 02 trat noch eine weitere Wertminderung wegen Preisverfalls in Höhe von 100 € ein.

LÖSUNG In diesem Fall ist handelsrechtlich nach § 253 Abs. 4 HGB zwingend zum 31. 12. 01 eine außerplanmäßige Abschreibung in Höhe von 200 € auf 800 € vorzunehmen. Eine weitere außerplanmäßige Abschreibung um 100 € ist wegen des Stichtagsprinzips nach § 252 Abs. 1 Nr. 3 HGB nicht zulässig.

f) § 253 Abs. 5 Satz 1 HGB enthält die sog. **Wertaufholungspflicht** für alle Kaufleute. Danach ist der Kaufmann verpflichtet, die nach § 253 Abs. 3 Satz 5 oder Satz 6 und Abs. 4 HGB vorgenommene außerplanmäßige Abschreibung in einem Folgejahr wieder rückgängig zu machen, wenn die Gründe für diese Wertminderung (außerplanmäßige Abschreibung) nicht mehr bestehen. Ein niedrigerer Wertansatz für einen entgeltlich erworbenen Geschäfts- oder Firmenwert ist jedoch beizubehalten (**Wertbeibehaltungspflicht**, § 253 Abs. 5 Satz 2 HGB).

6.1.2.2 Steuerliche Bestimmungen

Steuerlich sind entsprechende Regelungen im § 6 EStG getroffen, die sich zum Teil nicht mit den handelsrechtlichen Bestimmungen decken, was dann zur Beachtung des Bewertungsvorbehalts nach § 5 Abs. 6 i. V. m. § 6 EStG führt. Bei Steuerpflichtigen, die den Gewinn nach § 5 EStG zu ermitteln haben (Vollkaufleute und bestimmte andere Gewerbetreibende), ist grundsätzlich der Maßgeblichkeitsgrundsatz des § 5 Abs. 1 Satz 1 1. HS EStG zu beachten, es sei denn, es wird ein zu einem anderen Wert führenden steuerliches Wahlrecht ausgeübt (§ 5 Abs. 1 Satz 1 2. HS EStG); vgl. hierzu die Ausführungen in 4. Die Einzelheiten und die Unterschiede zu den handelsrechtlichen Regelungen werden nachstehend in 6.2 bis 6.6 näher dargestellt. Hier zunächst eine Aufzählung der einzelnen Regelungen des § 6 EStG:

a) § 6 Abs. 1 Nr. 1 EStG regelt den Wertansatz der **abnutzbaren** Wirtschaftsgüter des **Anlagevermögens**.
b) § 6 Abs. 1 Nr. 2 EStG regelt den Wertansatz der **nicht abnutzbaren** Wirtschaftsgüter des **Anlagevermögens** und des **Umlaufvermögens**.
c) § 6 Abs. 1 Nr. 2 a EStG regelt die Zulässigkeit der **Lifo-Methode** für die Bewertung von bestimmtem Vorratsvermögen.
d) § 6 Abs. 1 Nr. 3 EStG regelt den Wertansatz der **Verbindlichkeiten**.
e) § 6 Abs. 1 Nr. 3 a EStG regelt den Wertansatz der **Rückstellungen**.
f) § 6 Abs. 1 Nr. 4 und 5 EStG regeln den Wertansatz von **Entnahmen und Einlagen** (wofür es handelsrechtlich keine besonderen Bestimmungen gibt).
g) § 6 Abs. 1 Nr. 6 und 7 EStG regeln den Wertansatz bei **Eröffnung** und **entgeltlichem Erwerb eines Betriebs** (wofür es handelsrechtlich ebenfalls keine besonderen Bestimmungen gibt).
h) § 6 Abs. 2 und 2 a EStG enthalten spezielle Regelungen für **geringwertige Wirtschaftsgüter** des Anlagevermögens.
i) § 6 Abs. 3 bis 6 EStG enthalten besondere Regelungen für die **Übertragung von Betrieben, Teilbetrieben**, Anteilen eines Mitunternehmers und **einzelner Wirtschaftsgüter** sowie für den **Tausch**.

Aber auch andere Bestimmungen des EStG enthalten Regelungen, die sich auf den Wertansatz des Wirtschaftsguts auswirken (z. B. in § 7 Abs. 2 und 5 für die degressive Absetzung für Abnutzung – AfA –; in § 5 Abs. 1a Satz 2 bei Bewertungseinheiten und in § 6a Abs. 3 und 4 EStG für Pensionsrückstellungen).

6.1.3 Grundsätze zur steuerlichen Gewinnermittlung nach § 5 und § 4 Abs. 1 EStG

6.1.3.1 Einschränkung des Maßgeblichkeitsgrundsatzes bei Gewinnermittlung nach § 5 EStG

Bei Steuerpflichtigen, die den Gewinn nach § 5 EStG ermitteln, ist bei der steuerlichen Gewinnermittlung das Betriebsvermögen grundsätzlich nach den handelsrechtlichen GoB anzusetzen (§ 5 Abs. 1 Satz 1 HS 1 EStG); vgl. hierzu die Ausführungen in 4. 4. Dieser Maßgeblichkeitsgrundsatz wird aber zum einen durch die Regelung des § 5 Abs. 1 Satz 1 2. HS EStG durchbrochen (vgl. hierzu die Ausführungen in 4.5) und zum andern durch den Bewertungsvorbehalt des § 5 Abs. 6 i. V. m. mit den einzelnen Regelungen des § 6 EStG und vor allem durch die zum Teil abweichenden Regelungen für die Absetzung für Abnutzung oder Substanzverringerung des § 7 EStG. Das bedeutet, dass die handelsrechtlichen und steuerlichen Bewertungen der Vermögensgegenstände und Schulden (bzw. Wirtschaftsgüter) zwingend oder aufgrund von steuerlich anderes ausgeübten Bewertungswahlrechten voneinander abweichen. Da in § 6 EStG für alle Wirtschaftsgüter (Anlage- und Umlaufvermögen sowie Verbindlichkeiten und Rückstellungen) eigene Regelungen für die Bewertung vorgesehen sind, besteht insoweit ab Ergehen des BilMoG eigentlich keine Bindung der handelsrechtlichen Bewertungsgrundsätze (Bewertungsmaßstäbe) mehr für den Ansatz des steuerlichen Betriebsvermögens, außer sie führen zu gleichen Wertansätzen (und in diesen Fällen hat der Maßgeblichkeitsgrundsatz eigentlich keine praktische Bedeutung mehr!).

Die möglichen Gemeinsamkeiten oder Abweichungen zwischen handelsrechtlichen und steuerlichen Wertansätzen werden in den folgenden Ausführungen jeweils dargestellt. An dieser Stelle zunächst ein Beispiel für die Bewertung eines Gebäudes und ein Beispiel für die Bewertung von Warenvorräten.

BEISPIELE

a) Unternehmer U (Vollkaufmann, Geschäfts- bzw. Wirtschaftsjahr = Kalenderjahr) erwarb im Januar 03 ein bebautes Grundstück für eigene betriebliche Zwecke. Das aufstehende Gebäude wurde vom Veräußerer erst im Jahr 02 erstellt (Bauantrag nach dem 31. 03. 1985 gestellt) und hat eine tatsächliche Nutzungsdauer von 80 Jahren.

LÖSUNG Handelsrechtliche und steuerliche Behandlung: Handelsrechtlich hat U den erworbenen Grund und Boden und das aufstehende Gebäude getrennt nach § 253 Abs. 1 Satz 1 HGB mit den Anschaffungskosten zu aktivieren und das Gebäude nach § 253 Abs. 3 Sätze 1 und 2 HGB planmäßig auf die tatsächliche Nutzungsdauer von 80 Jahren abzuschreiben; das sind jährlich 1,25 % (eine zeitanteilige Abschreibung kommt für das Geschäftsjahr 03 nicht in Betracht, da die Anschaffung im ersten Monat des Geschäftsjahres 03 erfolgte).

Auch steuerlich handelt es sich um notwendiges Betriebsvermögen und der Grund und Boden und das Gebäude sind ebenfalls zwingend getrennt mit den Anschaffungskosten zu aktivieren (§ 6 Abs. 1 Nr. 1 Satz 1 und Nr. 2 Satz 1 EStG). Für das Gebäude ist (gemäß § 5 Abs. 6 EStG abweichend vom Handelsrecht) nach § 7 Abs. 4 Satz 1 Nr. 1 EStG zwingend eine jährliche AfA in Höhe von 3 % vorzunehmen.

Handelsrechtlich und steuerlich fallen daher i. d. R. zwangsläufig die Wertansätze für das Gebäude auseinander. Es ist daher insoweit auch eine Einheitsbilanz (Handelsbilanz = Steuerbilanz) nicht mehr möglich. U hat die Möglichkeit den Unterschied zwischen dem handelsrechtlichen und steuerlichen Ansatz nach § 60 Abs. 2 Satz 1 EStDV bei Einreichung einer Handelsbilanz außerbilanziell darzustellen oder nach § 60 Abs. 2 Satz 2 ESDV eine eigene Steuerbilanz zu erstellen.

b) Einzelhändler E ist am Bilanzstichtag 31.12.03 Eigentümer von Warenvorräten, die er im Oktober 03 für 20 000 € Anschaffungskosten erworben hat. Wegen Preisverfalls ist der Marktpreis bis zum

Bilanzstichtag 31. 12. 03 auf 18 000 € dauerhaft gesunken; dieser Wert entspricht gleichzeitig dem steuerlichen Teilwert.

LÖSUNG Handelsrechtlich sind die Warenvorräte nach § 253 Abs. 4 HGB zwingend mit dem niedrigeren Marktpreis in Höhe von 18 000 € anzusetzen (strenges Niederstwertprinzip). Dabei spielt es keine Rolle, ob eine dauerhafte oder nur vorübergehende Wertminderung vorliegt.

Steuerlich hat E nach § 6 Abs. 1 Nr. 2 Satz 2 EStG ein Wahlrecht zum Ansatz des niedrigeren Teilwerts, weil eine dauernde Wertminderung vorliegt. Nach § 5 Abs. 1 Satz 1 2. HS EStG kann E für die steuerliche Gewinnermittlung auf den Ansatz des niedrigeren Teilwerts verzichten, da hierfür ein Wahlrecht besteht (vgl. a. BMF vom 12.03.2010 Abschn. I Nr. 2 Buchst. a) Rn. 13 und 15 BStBl I 2010, 239 und die Ausführungen in 4.5 dieses Buches).

6.1.3.2 Falsche Wertansätze in der Handelsbilanz

Für die Gewinnermittlung nach § 5 EStG besteht keine Bindung des handelsrechtlichen Wertansatzes für die steuerliche Gewinnermittlung, wenn in der Handelsbilanz die Vermögensgegenstände und Schulden bzw. Wirtschaftsgüter mit nicht zutreffenden Werten angesetzt werden. In solchen Fällen wird der Maßgeblichkeitsgrundsatz ebenfalls durchbrochen und es ist für die steuerliche Gewinnermittlung der steuerlich zutreffende Wert anzusetzen. Die Handelsbilanz ist nach allgemeinen Grundsätzen zu berichtigen.

6.1.3.3 Bewertung bei Gewinnermittlung nach § 4 Abs. 1 EStG

Für Steuerpflichtige, die den Gewinn allein nach § 4 Abs. 1 EStG ermitteln, kommt der Maßgeblichkeitsgrundsatz des § 5 Abs. 1 Satz 1 EStG nicht in Betracht, da sie keine Handelsbilanz aufstellen. In diesen Fällen kommen uneingeschränkt die steuerlichen Bewertungsgrundsätze des § 6 EStG (i. V. m. mit den anderen Vorschriften des EStG, z. B. § 7 EStG) zur Anwendung.

6.2 Überblick über die maßgebenden handelsrechtlichen und steuerlichen Bewertungsmaßstäbe

Vorbemerkung: Wie bereits bei 6.1.3.1 und 3 ausgeführt, gelten die Regelungen des § 6 EStG regelmäßig für alle Steuerpflichtigen, die den Gewinn nach § 5 oder § 4 Abs. 1 EStG ermitteln, sodass die Ausführungen in der Spalte »Ansatz ... nach EStG (ertragsteuerlich)« in beiden Fällen gelten.

6.2.1 Wertansätze für das abnutzbare Anlagevermögen

Ansatz zu einem Bilanzstichtag (Abschlussstichtag)		nach HGB (handelsrechtlich)		nach EStG(ertragsteuerlich)	
Bewertungsmaßstab	**Vorschriften**	**Bewertungsmaßstab**	**Vorschriften**	**Bewertungsmaßstab**	**Vorschriften**
des Geschäfts- bzw. Wirtschaftsjahres der Anschaffung oder Herstellung oder Einlage	**Regelansatz:**	AK bzw. HK ./. planmäßig Abschreibung Wertansatz (Buchwert)	§ 253 Abs. 1 Satz 1 und Abs. 3 Sätze 1 und 2 HGB	AK bzw. HK ./. planmäßige AfA Wertansatz (Buchwert)	§ 6 Abs. 1 Nr. 1 Satz 1 und § 7 Abs. 1 bis 5 EStG
	Ausnahme:	**Außerplanmäßige Abschreibung** auf einen niedrigeren • Börsen- oder Marktpreis oder • beizulegenden Wert **Zwingend** vorzunehmen bei dauernder Wertminderung (bei nur vorübergehender Wertminderung ist grundsätzlich der Ansatz eines niedrigerer Wertansatz nicht zulässig)	§ 253 Abs. 3 Satz 5 HGB	Abschreibung auf den niedrigeren Teilwert (**Teilwertabschreibung**) Nur bei dauernder Wertminderung zulässig, aber **Wahlrecht** Der Maßgeblichkeitsgrundsatz des § 5 Abs. 1 Satz 1 1. HS EStG ist durchbrochen	§ 6 Abs. 1 Nr. 1 Satz 2 EStG § 5 Abs. 1 Satz 1 2. HS EStG
eines nachfolgenden Geschäfts- oder Wirtschaftsjahres (Folgejahr)		Grundsätzlich **Wertaufholungsgebot** zur Rückgängigmachung der ursprünglichen außerplanmäßigen Abschreibung, soweit die Gründe für den niedrigeren Wertansatz weggefallen sind (höchstens jedoch Ansatz der ursprünglichen AK oder HK gemindert um die planmäßigen Abschreibungen) **Besonderheit:** Keine Rückgängigmachung des niedrigeren Wertansatzes eines entgeltlich erworbenen Geschäfts- oder Firmenwerts (**Wertbeibehaltungspflicht**)	§ 253 Abs. 5 Satz 1 HGB § 253 Abs. 1 Satz 1 und Abs. 3 Sätze 1 und 2 HGB § 253 Abs. 5 Satz 2 HGB	Soweit die Gründe für die ursprüngliche Teilwertabschreibung weggefallen sind, muss der höhere Wert (Teilwert) angesetzt werden (**Wertaufholungsgebot**), höchstens jedoch Ansatz der ursprünglichen AK oder HK gemindert um die planmäßige AfA	§ 6 Abs. 1 Nr. 1 Satz 4 EStG § 6 Abs. 1 Nr. 1 Satz 1 und § 7 Abs. 1 bis 5 EStG

6.2.2 Wertansätze für das nicht abnutzbare Anlagevermögen

Ansatz zu einem Bilanzstichtag (Abschlussstichtag)		nach HGB (handelsrechtlich)		nach EStG (ertragsteuerlich)	
Bewertungsmaßstab	**Vorschriften**	**Bewertungsmaßstab**	**Vorschriften**	**Bewertungsmaßstab**	**Vorschriften**
des Geschäfts- bzw. Wirtschaftsjahres der Anschaffung oder Herstellung oder Einlage	**Regelansatz:**	AK bzw. HK (Buchwert)	§ 253 Abs. 1 Satz 1 und Umkehrschluss aus Abs. 3 Sätze 1 und 2 HGB	AK bzw. HK (Buchwert)	§ 6 Abs. 1 Nr. 2 Satz 1 EStG
	Ausnahme:	**Außerplanmäßige Abschreibung** auf einen niedrigeren • Börsen- oder Marktpreis oder • beizulegenden Wert	§ 253 Abs. 3 Satz 5 HGB	Abschreibung auf den niedrigeren Teilwert (**Teilwertabschreibung**) Nur bei dauernder Wertminderung zulässig, aber **Wahlrecht**	§ 6 Abs. 1 Nr. 2 Satz 2 EStG
		Zwingend vorzunehmen bei dauernder Wertminderung (bei nur vorübergehender Wertminderung ist grundsätzlich der Ansatz eines niedrigerer Wertansatz nicht zulässig)		Der Maßgeblichkeitsgrundsatz des § 5 Abs. 1 Satz 1 1. HS EStG ist durchbrochen	§ 5 Abs. 1 Satz 1 2. HS EStG
		Besonderheit: Für Finanzanlagen besteht bei vorübergehender Wertminderung ein **Wahlrecht**	§ 253 Abs. 3 Satz 6 HGB		
eines nachfolgenden Geschäfts- oder Wirtschaftsjahres (Folgejahr)		Grundsätzlich **Wertaufholungsgebot** zur Rückgängigmachung der ursprünglichen außerplanmäßigen Abschreibung, soweit die Gründe für den niedrigeren Wertansatz weggefallen sind (höchstens jedoch Ansatz der ursprünglichen AK oder HK)	§ 253 Abs. 5 Satz 1 HGB	Soweit die Gründe für die ursprüngliche Teilwertabschreibung weggefallen sind, muss der höhere Wert (Teilwert) angesetzt werden (**Wertaufholungsgebot**), höchstens jedoch Ansatz der ursprünglichen AK oder HK	§ 6 Abs. 1 Nr. 2 Satz 3 EStG

6.2.3 Wertansätze für das Umlaufvermögen

Ansatz zu einem Bilanzstichtag (Abschlussstichtag)		nach HGB (handelsrechtlich)		nach EStG (ertragsteuerlich)	
Bewertungsmaßstab	**Vorschriften**	**Bewertungsmaßstab**	**Vorschriften**	**Bewertungsmaßstab**	**Vorschriften**
des Geschäfts- bzw. Wirtschaftsjahres der Anschaffung oder Herstellung oder Einlage	**Regelansatz:**	AK bzw. HK (Buchwert)	§ 253 Abs. 1 Satz 1 HGB	AK bzw. HK (Buchwert)	§ 6 Abs. 1 Nr. 2 Satz 1 EStG
	Ausnahme:	**Außerplanmäßige Abschreibung** auf einen niedrigeren • Börsen- oder Marktpreis oder • beizulegenden Wert **Zwingend** vorzunehmen bei dauernder oder vorübergehender Wertminderung	§ 253 Abs. 4 HGB	Abschreibung auf den niedrigeren Teilwert (**Teilwertabschreibung**) Nur bei dauernder Wertminderung zulässig, aber **Wahlrecht** Der Maßgeblichkeitsgrundsatz des § 5 Abs. 1 Satz 1 1. HS EStG ist durchbrochen	§ 6 Abs. 1 Nr. 2 Satz 2 EStG § 5 Abs. 1 Satz 1 2. HS EStG
eines nachfolgenden Geschäfts- oder Wirtschaftsjahres (Folgejahr)		Grundsätzlich **Wertaufholungsgebot** zur Rückgängigmachung der ursprünglichen außerplanmäßigen Abschreibung, soweit die Gründe für den niedrigeren Wertansatz weggefallen sind (höchstens jedoch Ansatz mit den ursprünglichen AK oder HK)	§ 253 Abs. 5 Satz 1 HGB § 253 Abs. 1 Satz 1 HGB	Soweit die Gründe für die ursprüngliche Teilwertabschreibung weggefallen sind, muss der höhere Wert (Teilwert) angesetzt werden (**Wertaufholungsgebot**), höchstens jedoch Ansatz der ursprünglichen AK oder HK	§ 6 Abs. 1 Nr. 2 Satz 3 EStG § 6 Abs. 1 Nr. 2 Satz 1 EStG

6.2.4 Wertansätze für Verbindlichkeiten und Rückstellungen

Ansatz zu einem Bilanzstichtag (Abschlussstichtag)		nach HGB (handelsrechtlich)		nach EStG (ertragsteuerlich)	
Bewertungsmaßstab	**Vorschriften**	**Bewertungsmaßstab**	**Vorschriften**	**Bewertungsmaßstab**	**Vorschriften**
des Geschäfts- bzw. Wirtschaftsjahres der Entstehung der Verbindlichkeit bzw. der Bildung der Rückstellung	**Regelansatz:**	**Verbindlichkeiten** grundsätzlich mit dem Erfüllungsbetrag zum Zeitpunkt der Entstehung **Rückstellungen** in Höhe des nach vernünftiger kaufmännischer Beurteilung notwendigen Erfüllungsbetrages (bei einer Restlaufzeit von mehr als 1 Jahr abgezinster Erfüllungsbetrag)	§ 253 Abs. 1 Satz 2 HGB § 253 Abs. 1 Satz 2 und Abs. 2 HGB	**Verbindlichkeiten** grundsätzlich mit den AK = Nennbetrag = Erfüllungsbetrag (ggf. abgezinst) **Rückstellungen** mit den zu erwartenden Aufwendungen nach Maßgabe des § 6 Abs. 1 Nr. 3 a EStG	§ 6 Abs. 1 Nr. 3 i. V. m. Nr. 2 EStG § 6 Abs. 1 Nr. 3 a EStG
	Besonderheiten:	**Verbindlichkeiten:** Abhängig von der Art der Verbindlichkeit (z. B. Valutaverbindlichkeiten, ggf. mit dem bis zum Bilanzstichtag erhöhten oder niedrigerem Erfüllungsbetrag) **Rückstellungen**: keine Besonderheit (wie oben)	§ 253 Abs. 1 Satz 2 HGB § 253 Abs. 1 Satz 2 und Abs. 2 HGB; § 256a Satz 2 HGB	**Verbindlichkeiten** Erhöhung auf den höheren Teilwert (Teilwerterhöhung) Nur bei dauernder Werterhöhung zulässig, aber Wahlrecht Der Maßgeblichkeitsgrundsatz des § 5 Abs. 1 Satz 1 1. HS EStG ist durchbrochen **Rückstellungen**: grundsätzlich wie oben, aber Deckelung beachten	§ 6 Abs. 1 Nr. 3 i. V. m. Nr. 2 EStG § 5 Abs. 1 Satz 1 2. HS EStG § 6 Abs. 1 Nr. 3 a EStG R 6.11 Abs. 3 Satz 1 EStR
eines nachfolgenden Geschäfts- oder Wirtschaftsjahres (Folgejahr)		**Verbindlichkeiten**: Grundsätzlich wie im Jahr der Entstehung **Rückstellungen**: keine Besonderheit (wie oben)	§ 253 Abs. 5 Satz 1 HGB § 253 Abs. 1 Satz 2 und Abs. 2 HGB	**Verbindlichkeiten**: Wenn die Gründe für die ursprüngliche Teilwerterhöhung weggefallen sind, muss der niedrigere Wert (Teilwert) angesetzt werden (Wertaufholungsgebot i. S. einer Wertminderung), mindestens jedoch Ansatz mit den ursprünglichen AK = Nennbetrag = Erfüllungsbetrag im Zeitpunkt der Entstehung der Verbindlichkeit **Rückstellungen**: wie oben bei Besonderheiten	§ 6 Abs. 1 Nr. 2 Satz 3 EStG § 6 Abs. 1 Nr. 3 a EStG R 6.11 Abs. 3 EStR

6.2.5 Definition »voraussichtlich dauernde Wertminderung«

Für das abnutzbare und nicht abnutzbare **Anlagevermögen** kommen sowohl handelsrechtlich (nach § 253 Abs. 3 Satz 5 HGB) als auch steuerlich (nach § 6 Abs. 1 Nr. 1 Satz 2 EStG für das abnutzbare Anlagevermögen und nach § 6 Abs. 1 Nr. 2 Satz 2 EStG für das nicht abnutzbare Anlagevermögen) außerplanmäßige Abschreibungen bzw. Teilwertabschreibungen auf den niedrigeren beizulegenden Wert (handelsrechtlich) bzw. niedrigeren Teilwert (steuerlich) nur in Betracht, wenn eine voraussichtlich dauernde Wertminderung vorliegt. In diesen Fällen besteht handelsrechtlich eine Pflicht zur außerplanmäßigen Abschreibung, steuerlich jedoch ein Wahlrecht zur Teilwertabschreibung. Für **Finanzanlagen des Anlagevermögens** sieht § 253 Abs. 3 Satz 6 HGB für die Handelsbilanz auch beim Vorliegen einer nur vorübergehenden Wertminderung ein Wahlrecht für eine außerplanmäßige Abschreibung vor. Für das **Umlaufvermögen** ist steuerlich nach § 6 Abs. 1 Nr. 2 Satz 2 EStG eine Teilwertabschreibung nur zulässig, wenn eine dauernde Wertminderung vorliegt, während handelsrechtlich nach § 253 Abs. 4 HGB sowohl bei dauernder Wertminderung als auch bei nur vorübergehender Wertminderung eine außerplanmäßige Abschreibung auf den niedrigeren Börsen- oder Marktpreis bzw. beizulegenden Wert in Betracht kommt (sog. strenges Niederstwertprinzip). Vgl. hierzu auch die Darstellungen in den Übersichten zu 6.2.1 bis 6. 2. 3.

Die Frage, unter welchen Voraussetzungen eine »voraussichtlich dauernde Wertminderung« vorliegt, ist weder im HGB noch im EStG geregelt. Sie ist also nach den GoB zu entscheiden. Dabei ist zwischen **Anlagevermögen und Umlaufvermögen** zu unterscheiden. Das Merkmal »voraussichtlich« dürfte im Regelfall unproblematisch sein. Dieses Merkmal verlangt einen Blick in die Zukunft, also eine Prognose zum jeweiligen Bilanzstichtag, die aber u. U. durch eine Wertaufhellung bis zum Tag der Bilanzerstellung wieder korrigiert werden muss.

Das Begriffsmerkmal »dauernde Wertminderung« ist dem Handelsrecht entliehen (§ 253 Abs. 3 Satz 5 HGB). Handelsrechtlich wird unter voraussichtlich dauernder Wertminderung allgemein ein **nachhaltiges Absinken unter den maßgeblichen Buchwert** verstanden. Eine nur vorübergehende Wertminderung reicht somit für eine (steuerliche) Teilwertabschreibung nicht aus. Bei Wirtschaftsgütern des abnutzbaren Anlagevermögens wird es insbesondere bei neu angeschafften Gegenständen öfters vorkommen, dass der beizulegende Wert gerade zu Beginn der Nutzung niedriger ist als der unter Berücksichtigung planmäßiger Abschreibungen ermittelte Buchwert (z. B. bei einem erworbenen neuen Pkw). Eine dauernde Wertminderung wird aber nur dann angenommen werden dürfen, wenn der jeweilige beizulegende Wert an den Bilanzstichtagen während eines erheblichen Teils der weiteren Nutzungsdauer unter dem planmäßigen Buchwert liegt (vgl. u. a. Küting/Pfitzer/Weber, HdR-E, 5. Aufl., § 253 HGB Rz. 164 ff., 201 ff.). Vielfach wird hier ein Zeitraum von mehr als 50 % der Restnutzungsdauer oder mehr als fünf Jahre zugrunde gelegt. Das Handelsrecht geht bei dieser Frage außerdem davon aus, dass die planmäßigen Abschreibungen nicht allen Wertschwankungen folgen können. Diesen Grundsätzen folgt auch die Finanzverwaltung, indem sie im Schreiben des BMF vom 16. 07. 2014 BStBl I 2014, 1162, Rz. 8 ausführt, dass für Wirtschaftsgüter des abnutzbaren Anlagevermögens von einer voraussichtlich dauernden Wertminderung ausgegangen werden kann, wenn der Wert des jeweiligen Wirtschaftsguts zum Bilanzstichtag mindestens für die halbe Restnutzungsdauer unter dem planmäßigen Buchwert liegt.

Diese Grundsätze wird man auch für die **nicht abnutzbaren Wirtschaftsgüter des Anlagevermögens** sinngemäß zugrunde legen müssen. Jedoch wird in diesen Fällen ein strengerer Maßstab anzulegen sein, da für diese Wirtschaftsgüter eine planmäßige Abschreibung nicht stattfindet.

Auch für die **Wirtschaftsgüter des Umlaufvermögens** wird sinngemäß das Gleiche gelten müssen, nämlich dass nicht allen Wertschwankungen gefolgt werden kann. Die voraussichtlich dauernde Wertminderung wird jedoch nur auf den Zeitraum des Verbleibs des Umlaufvermögens im Betriebsvermögen zu beziehen sein. Da das Vorratsvermögen eine häufige Umschlagshäufigkeit hat, wird dieser Zeitraum nicht allzu lange bemessen werden können. Andererseits wird nicht jeder gesunkene Wiederbeschaffungspreis am Bilanzstichtag eine voraussichtlich dauernde Wertminderung darstellen und damit nicht (sozusagen automatisch) steuerlich zu einer Teilwertabschreibung führen dürfen. Im Schreiben des BMF vom 16.07.2014 BStBl I 2014, 1162, Rz. 22 ist daher ausgeführt, dass beim Umlaufvermögen dem Zeitpunkt der Veräußerung oder Verwendung für die Bestimmung einer voraussichtlich dauernden Wertminderung eine besondere Bedeutung zukommt. Hält die Minderung bis zum Zeitpunkt der Aufstellung der Bilanz oder der vorangegangenen Verkaufs- oder Verbrauchszeitpunkt an, so ist die Wertminderung voraussichtlich von Dauer. Zusätzliche werterhellende Erkenntnisse bis zu diesen Zeitpunkten sind in die Beurteilung einer voraussichtlich dauernden Wertminderung der Wirtschaftsgüter zum Bilanzstichtag einzubeziehen.

Ein besonderes Problem stellen die **unverzinslichen und niedrigverzinslichen Forderungen** dar, gleichgültig, ob sie zum Anlage- oder Umlaufvermögen gehören. Die Frage, ob die Unverzinslichkeit oder Niedrigverzinslichkeit eine voraussichtlich dauernde Wertminderung darstellt, wird kontrovers diskutiert. U. E. liegt, zumindest dann, wenn zu dem in Betracht kommenden Bilanzstichtag die (Rest-)Laufzeit noch mehr als ein Jahr beträgt (vgl. hierzu auch § 12 Abs. 3 BewG), eine dauernde Wertminderung vor. Dies ist schon darin begründet, dass während der Laufzeit der durch die Unverzinslichkeit bzw. Niedrigverzinslichkeit der insoweit eintretende Zinsverlust endgültig, also dauerhaft ist. Dass am Ende der Laufzeit die Forderung dann zum Nennwert vom Schuldner zu tilgen ist, ändert am endgültigen Zinsverlust nichts. Die Finanzverwaltung ist jedoch der Auffassung, dass die auf der Unverzinslichkeit einer im Anlagevermögen gehaltenen Forderung beruhende Teilwertminderung keine voraussichtlich dauernde Wertminderung ist (vgl. H 6.7 (Forderungen) EStH).

Zur Frage der »voraussichtlich dauernden Wertminderung« im Einzelnen vgl. BMF vom 16.07.2014 BStBl I 2014, 1162 (Beck'sche Steuerklasse Nr. 1 § 6/12) und die dort aufgeführten zahlreichen Beispiele.

6.3 Einzelfälle zur Bewertung

6.3.1 Bewertung der abnutzbaren Vermögensgegenstände bzw. Wirtschaftsgüter des Anlagevermögens

a) Begriff und Umfang des abnutzbaren Anlagevermögens

Vgl. die vorstehenden Ausführungen in 6. 1. 1. 1.

b) Wertansätze

Die **Bewertung** ist handelsrechtlich nach § 253 Abs. 1 Satz 1 und Abs. 3 und 5 HGB und steuerlich nach § 6 Abs. 1 Nr. 1 EStG vorzunehmen. Vgl. hierzu im Einzelnen die vorstehenden Ausführungen der Übersicht 6. 2. 1.

c) Eingeschränkter Wertzusammenhang und Wertaufholung

Handelsrechtliche Regelung nach § 253 Abs. 5 HGB

Für die Vermögensgegenstände des abnutzbaren Anlagevermögens darf nach § 253 Abs. 5 Satz 1 HGB ein zu einem früheren Bilanzstichtag angesetzter niedrigerer beizulegender Wert nicht beibehalten werden, wenn die Gründe dafür nicht mehr bestehen. Es muss also die ursprünglich vorgenommene außerplanmäßige Abschreibung durch eine Wertzuschreibung wieder rückgängig gemacht werden (**Wertaufholungsgebot**). Dabei sind jedoch die in dem Vorjahr bzw. in den Vorjahren vorgenommenen planmäßigen Abschreibungen zu belassen, die sich ohne die Vornahme der außerplanmäßigen Abschreibungen ergeben haben bzw. ergeben hätten (vgl. hierzu die nachstehenden Beispiele a und b).

Für einen aktivierten entgeltlich erworbenen Geschäfts- oder Firmenwert gilt diese Regelung nicht, denn § 253 Abs. 5 Satz 2 HGB schreibt vor, dass einer in einem Vorjahr angesetzter niedrigerer Wert beizubehalten ist (**Wertbeibehaltungspflicht**). Diese Regelungen gelten für alle Kaufleute, da es durch den Wegfall des § 280 HGB a. F. (aufgrund des BilMoG) für Kapitalgesellschaften ab 2010 insoweit keine Sonderregelung mehr gibt.

Steuerliche Regelung nach § 6 Abs. 1 Nr. 1 Satz 4 EStG

Bis 1989 galt für Steuerpflichtige, die den Gewinn nach § 4 Abs. 1 EStG ermittelten, der uneingeschränkte Wertzusammenhang des § 6 Abs. 1 Nr. 1 Satz 4 EStG 1987, wonach ein **Wertaufholungsverbot** bestand; für Steuerpflichtige, die den Gewinn nach § 5 EStG ermittelten, galten hiervon zeitweise Ausnahmen (vgl. § 6 Abs. 1 Nr. 1 Satz 4 i. V. m. § 6 Abs. 3 Sätze 2 und 3 EStG 1987).

Für die Zeit **von 1990 bis 1998** war aufgrund von Art. 1 Nr. 5 des Wohnungsbauförderungsgesetzes vom 22. 12. 1989 § 6 Abs. 1 Nr. 1 Satz 4 EStG in der Weise geändert worden, dass ein sog. Wertbeibehaltungsrecht galt. Das bedeutete, dass eine in einem früheren Jahr vorgenommene Teilwertabschreibung rückgängig gemacht werden durfte, wenn der Teilwert wieder gestiegen war. Es bestand also ein Wahlrecht zwischen der Wertaufholung (auf den inzwischen wieder gestiegenen Teilwert, höchstens bis zu den ursprünglichen Anschaffungs- oder Herstellungskosten gemindert um die planmäßige AfA) und der Wertbeibehaltung (der bisher angesetzte niedrigere Teilwert durfte trotz des Wiederanstiegs des Teilwerts beibehalten werden). Dieses **Wertbeibehaltungsrecht** bzw. die **Wertaufholungsmöglichkeit** galt sowohl für Steuerpflichtige, die den Gewinn nach § 4 Abs. 1 oder nach § 5 EStG ermittelten. Steuerpflichtige, die den Gewinn nach § 5 EStG ermittelten, hatten jedoch wegen des Maßgeblichkeitsgrundsatzes des § 5 Abs. 1 Satz 1 EStG a. F. die Möglichkeit, in der Steuerbilanz den in der Handelsbilanz angesetzten Wert zu übernehmen (evtl. durch Praktizierung der umgekehrten Maßgeblichkeit nach § 5 Abs. 1 Satz 2 EStG a. F.).

Ab 1999 ist § 6 Abs. 1 Nr. 1 Satz 4 EStG (i. V. m. § 52 Abs. 16 Satz 2 EStG) aufgrund des Steuerentlastungsgesetzes 1999/2000/2002 erneut dahingehend geändert worden, dass nunmehr eine **Pflicht zur Wertaufholung** einführt wurde (**Wertaufholungsgebot**), wenn die Gründe für die seinerzeitige Teilwertabschreibung nicht mehr bestehen, sowohl für Steuerpflichtige, die den Gewinn nach § 4 Abs. 1 EStG, als auch für Steuerpflichtige, die den Gewinn nach § 5 EStG ermitteln. Es kommt dann zwingend der Wert zum Ansatz, der sich ergeben würde, wenn die frühere Teilwertabschreibung nicht vorgenommen worden wäre. Das sind nach § 6 Abs. 1 Nr. 1 Satz 1 EStG die ehemaligen Anschaffungs- oder Herstellungskosten oder der an deren Stelle tretende Wert (z. B. der Einlagewert), gemindert um die planmäßige AfA, erhöhte Absetzungen, Sonderabschreibungen, Abzüge § 6 b EStG oder ähnliche Abzüge. Der niedrigere Teilwert darf steuerlich also nur noch beibehalten werden, wenn der Steuerpflichtige diesen niedrigeren Teilwert nachweist. Die Beweislast liegt also nunmehr beim Steuerpflichtigen. Hat sich der Wert des Wirtschaftsguts damit nach einer vorangegangenen Teilwertabschreibung wieder erhöht, so ist diese Werterhöhung bis zum Erreichen der Bewertungsobergrenze (Anschaffungs- oder Herstellungskosten bzw. Einlagewert abzüglich planmäßiger AfA und anderer zulässiger Abzüge) steuerlich zu erfassen. Zu beachten ist, dass es dabei nicht darauf ankommt, ob (nur) die konkreten Gründe für die vorherige Teilwertabschreibung weggefallen sind. Auch eine Erhöhung des Teilwerts aus anderen Gründen kann zu einer Zuschreibung führen (vgl. auch BMF vom 16.07.2014 BStBl I 2014, 1162 Rz. 26). Letztlich bedeutet dies, dass der Steuerpflichtige auf jeden Bilanzstichtag die grundsätzliche Bewertung nach § 6 Abs. 1 Nr. 1 Satz 1 und 2 EStG vorzunehmen hat und es danach nur dann zu einem Ansatz mit einem, im Vergleich zum planmäßig fortgeführten Buchwert, niedrigeren Teilwert kommt, wenn zum aktuellen Bilanzstichtag (weiterhin) eine voraussichtlich dauernde Wertminderung vorliegt. Dementsprechend ist auch der Wortlaut des § 6 Abs. 1 Nr. 1 Satz 4 EStG formuliert.

An dem steuerlichen Wertaufholungsgebot des § 6 Abs. 1 Nr. 1 Satz 4 EStG hat sich somit durch das BilMoG ab 2009 bzw. 2010 nichts geändert, während sich handelsrechtlich durch die durch das BilMoG vorgenommene Neufassung des § 253 Abs. 5 HGB gegenüber früher eine Veränderung dahingehend ergeben hat, dass nach § 253 Abs. 5 a. F. HGB bis 2009 handelsrechtlich ein Wahlrecht zur Wertaufholung bestand.

BEISPIELE

Vorbemerkung: In den nachstehenden Beispielen mit den einzelnen Varianten werden jeweils die handelsrechtliche und die steuerliche Behandlung dargestellt. Steuerlich ist dabei die Behandlung für die Steuerpflichtigen, die den Gewinn nach § 5 oder § 4 Abs. 1 EStG ermitteln, jeweils gleich (vgl. hierzu die Vorbemerkung zu 6.2).

a) **Ausgangssachverhalt:** Einzelgewerbetreibender E, Geschäfts- bzw. Wirtschaftsjahr entspricht dem Kalenderjahr, Anschaffung einer Maschine des Anlagevermögens im Januar 02 (= 2011) für Anschaffungskosten 10 000 €, tatsächliche und betriebsgewöhnliche Nutzungsdauer 5 Jahre. E wählt die lineare (steuerlich zwingend nach § 7 Abs. 2 Satz 1 EStG) Abschreibung bzw. AfA.

aa) **Variante 1:** Der handelsrechtliche beizulegende Wert bzw. der steuerliche Teilwert beträgt zum 31. 12. 02 trotz (normaler) Nutzung jeweils 9 000 €.

LÖSUNG

Handelsrechtliche Behandlung zum 31. 12. 02:

Ansatz der Maschine nach § 253 Abs. 1 Satz 1 und Abs. 3 Sätze 1 und 2 HGB mit den AK abzüglich planmäßiger linearer Abschreibung.

AK		10 000 €
./. Planmäßige lineare Abschreibung: 20 % von 10 000 €	=	2 000 €
Buchwert 31. 12. 02		8 000 €

Ein Ansatz über diesen Wert ist nicht zulässig, d. h. der höhere beizulegende Wert hat keine Bedeutung (vgl. auch § 252 Abs. 1 Nr. 4 HGB).

Steuerliche Behandlung zum 31. 12. 02:

Ansatz der Maschine nach § 6 Abs. 1 Nr. 1 Satz 1 i. V. m. § 7 Abs. 1 EStG mit den AK abzüglich planmäßiger linearer AfA.

AK		10 000 €
./. Planmäßige lineare AfA: 20 % von 10 000 €	=	2 000 €
Buchwert 31. 12. 02		8 000 €

Ein Ansatz über diesen Wert ist nicht zulässig, d. h. der höhere Teilwert hat keine Bedeutung.

Anmerkung: In diesem Fall ergeben sich handelsrechtlich und steuerlich dieselben Wertansätze, jedoch mit zum Teil unterschiedlichen Vorschriften. Der Maßgeblichkeitsgrundsatz des § 5 Abs. 1 Satz 1 1. HS EStG kommt nur hinsichtlich der AK zur Geltung, da hierfür steuerlich keine eigenen Bestimmungen bestehen. Hinsichtlich der Abschreibung bestehen jedoch eigene steuerliche Regelungen bb) **Variante 2:** Der handelsrechtliche beizulegende Wert bzw. der steuerliche Teilwert beträgt zum 31. 12. 02 wegen feststehender dauernder Wertminderung 7 000 €.

LÖSUNG

Handelsrechtliche Behandlung zum 31. 12. 02:
Zunächst Ansatz der Maschine nach § 253 Abs. 1 Satz 1 und Abs. 3 Sätze 1 und 2 HGB mit den AK abzüglich planmäßiger linearer Abschreibung und außerdem außerplanmäßige Abschreibung nach § 253 Abs. 3 Satz 5 HGB wegen dauernder Wertminderung.

AK		10 000 €
./. Planmäßige lineare Abschreibung: 20 % von 10 000 €	=	2 000 €
Zwischenwert		8 000 €
./. Außerplanmäßige Abschreibung (Unterschied zwischen planmäßigen Buchwert 8 000 € und beizulegenden Wert 7 000 €	=	1 000 €
Buchwert 31. 12. 02		7 000 €

Die außerplanmäßige Abschreibung ist zwingend vorzunehmen.
Steuerliche Behandlung zum 31. 12. 02:
Zunächst Ansatz der Maschine nach § 6 Abs. 1 Nr. 1 Satz 1 i. V. m. § 7 Abs. 1 EStG mit den AK abzüglich planmäßiger linearer AfA und außerdem Teilwertabschreibung nach § 6 Abs. 1 Nr. 1 Satz 2 EStG wegen dauernder Wertminderung (aber als Wahlrecht).

AK		10 000 €
./. Planmäßige lineare AfA: 20 % von 10 000 €	=	2 000 €
Zwischenwert		8 000 €
./. Teilwertabschreibung (Unterschied zwischen planmäßigem Buchwert 8 000 € und Teilwert 7 000 €	=	1 000 €
Buchwert 31. 12. 02		7 000 €

Für die Teilwertabschreibung besteht steuerlich ein Wahlrecht. Dieses Wahlrecht kann unabhängig vom handelsrechtlichen Zwang zur außerplanmäßigen Abschreibung ausgeübt werden (§ 5 Abs. 1 Satz 1 2. HS EStG, Abschn. I Nr. 2 Buchst. a) Rn. 12 und 13 sowie Rn. 15 in BMF vom 12.03.2010 BStBl I 2010, 239).
cc) **Variante 3:** Der handelsrechtliche beizulegende Wert bzw. der steuerliche Teilwert beträgt zum 31. 12. 02 ebenfalls 7 000 €, allerdings wegen einer nur vorübergehenden Wertminderung (z. B. wegen eines vorübergehenden Preisverfalls, der kurz nach dem Bilanzstichtag wieder wegfällt).

LÖSUNG

Handelsrechtliche Behandlung zum 31. 12. 02:
Ansatz der Maschine nach § 253 Abs. 1 Satz 1 und Abs. 3 Sätze 1 und 2 HGB mit den AK abzüglich planmäßiger linearer Abschreibung.

AK		10 000 €
./. Planmäßige lineare Abschreibung: 20 % von 10 000 €	=	2 000 €
Buchwert 31. 12. 02		8 000 €

Eine außerplanmäßige Abschreibung nach § 253 Abs. 3 Satz 5 HGB ist nicht zulässig weil die Wertminderung nur vorübergehend ist.
(**Anmerkung:** Vor Ergehen des BilMoG war handelsrechtlich auch bei einer nur vorübergehenden Wertminderung eine außerplanmäßige Abschreibung auf den niedrigeren beizulegenden Wert zulässig, § 253 Abs. 2 Satz 3 HGB a. F.).

Steuerliche Behandlung zum 31. 12. 02:
Ansatz der Maschine nach § 6 Abs. 1 Nr. 1 Satz 1 i. V. m. § 7 Abs. 1 EStG mit den AK abzüglich planmäßiger linearer AfA.

AK		10 000 €
./. Planmäßige lineare AfA: 20 % von 10 000 €	=	2 000 €
Buchwert 31. 12. 02		8 000 €

Eine Teilwertabschreibung auf 7 000 € ist steuerlich ebenfalls nicht zulässig, da nur eine vorübergehende Wertminderung vorliegt (§ 6 Abs. 1 Nr. 1 Satz 2 EStG Umkehrschluss).

b) **Sachverhalt:** Wie im Beispiel a) Variante 2 und der Einzelgewerbetreibender E hatte zum 31. 12. 02 sowohl in der Handelsbilanz als auch bei der steuerlichen Gewinnermittlung (Steuerbilanz) den niedrigeren beizulegenden Wert bzw. niedrigeren Teilwert in Höhe von 7 000 € angesetzt. Im Laufe des Geschäfts- bzw. Wirtschaftsjahres 04 ist der Grund für die Wertminderung weggefallen und der beizulegende Wert bzw. Teilwert beträgt zu diesem Zeitpunkt 5 000 €.

LÖSUNG

Handelsrechtliche Behandlung zum 31. 12. 04:
Nach § 253 Abs. 5 Satz 1 HGB ist zum Bilanzstichtag 31. 12. 04 zwingend eine Wertaufholung vorzunehmen, da die Gründe für den niedrigeren beizulegenden Wert nicht mehr bestehen.

Buchwert 31. 12. 02			7 000 €
./. planmäßige Abschreibung 03:	Verteilung des Restbuchwerts vom 31. 12. 02 auf die Restnutzungsdauer von 4 Jahren	=	1 750 €
Buchwert 31. 12. 03			5 250 €
+ Rückgängigmachung der außerplanmäßigen Abschreibung vom 31. 12. 02 in Höhe von 1 000 € unter Beachtung des auf die planmäßige Abschreibung für 1 Jahr (bezogen auf die Restnutzungsdauer am 31. 12. 02 von noch 4 Jahren) entfallenden Betrags = 250 €.Die auf die Vorjahre entfallenden planmäßigen AfA-Beträge, die sich ohne Vornahme der außerplanmäßigen Abschreibung ergeben hätten, sind zu belassen bzw. mit der Wertaufholung zu verrechnen, sodass die Wertaufholung (Zuschreibung) noch beträgt			750 €
Zwischenwert			6 000 €
./. planmäßige Abschreibung 04:	Verteilung auf die Restnutzungsdauer von 3 Jahren	=	2 000 €
Buchwert 31. 12. 04			4 000 €

Anmerkungen: Zum 31. 12. 04 muss sich ein Buchwert ergeben, der dem Buchwert entspricht, der sich ergeben hätte, wenn zum 31. 12. 02 eine außerplanmäßige Abschreibung nicht vorgenommen worden wäre. Ein Ansatz mit dem beizulegenden Wert in Höhe von 5 000 € ist nicht zulässig, da nach § 253 Abs. 1 Satz 1 i. V. m. Abs. 3 Sätze 1 und 2 HGB zwingend als sog. »Höchstwert« ein Wert anzusetzen ist, der sich aus den AK abzüglich planmäßiger Abschreibung ergibt.

Steuerliche Behandlung zum 31. 12. 04:
Auch steuerlich ist nach § 6 Abs. 1 Nr. 1 Satz 4 EStG zum 31. 12. 04 zwingend eine Wertaufholung vorzunehmen. Gemäß dieser Vorschrift ist die Maschine zum 31. 12. 04 nach § 6 Abs. 1 Nr. 1 Satz 1 EStG mit den Anschaffungskosten 10 000 € abzüglich planmäßiger linearer AfA für die Zeit bis zum 31. 12. 04, also abzüglich 6 000 €, und daher mit 4 000 € anzusetzen. Da der Teilwert zum 31. 12. 04 in Höhe von 5 000 € im Vergleich hierzu kein niedrigerer Teilwert ist, scheidet dessen Ansatz von vornherein aus. Dass auch steuerlich hierbei von einer Wertaufholung gesprochen werden kann, ist daraus ersichtlich, dass ohne die Vorschrift des § 6 Abs. 1 Nr. 1 Satz 4 EStG in Fortführung des Buchwerts vom 31. 12. 03 sich ein Bilanzansatz von 3 500 € (5 250 € abzüglich fortgeführter und damit durch die vorherige Teilwertabschreibung beeinflusster planmäßiger AfA 1 750 €) ergeben hätte. Bei genauer Betrachtung ergibt sich auch steuerlich ein Wertaufholungsbetrag von 750 € bei Vornahme einer planmäßigen (nunmehr nicht mehr von einer Teilwertabschreibung beeinflussten) AfA von 2 000 € im Jahr 04 (Bilanzansatz Vorjahr 5 250 € abzüglich planmäßige AfA 2 000 € zuzüglich Wertaufholung 750 € = 4 000 € Bilanzansatz 04). Die Wertaufholung entspricht auch hier der weggefallenen Wertminderung 1 000 € nach Verrechnung mit der aufgrund der Teilwertabschreibung geringeren planmäßigen AfA des Jahres 03 (2 000 € ./. 1 750 € = 250 €), somit Wertaufholungsbetrag 750 €, Es ergeben sich dieselben Wertansätze wie bei der handelsrechtlichen Behandlung. Auch in diesem Fall liegt kein Fall des § 5 Abs. 1 Satz 1 1. HS EStG vor, weil steuerlich eine eigenständige Regelung für die Wertaufholung besteht.

Anmerkung zu beiden Beispielen a) und b):
Sowohl die planmäßige Abschreibung bzw. AfA als auch die außerplanmäßige Abschreibung bzw. Teilwertabschreibung sind getrennt vorzunehmen und zu buchen. Das Gleiche gilt für die Wertaufholung, die als Zuschreibung zu behandeln ist (Buchung dafür: Maschine an Erträge aus Wertzuschreibung 750 €).

c) **Sachverhalt:** Der Einzelgewerbetreibender S, Geschäfts- bzw. Wirtschaftsjahr entspricht dem Kalenderjahr, hat eine Maschine im Januar 01 zu Anschaffungskosten von 100000 EUR erworben. Die Nutzungsdauer beträgt zehn Jahre. S möchte die lineare AfA (steuerlich zwingend) vornehmen. Die jährliche lineare AfA beträgt daher 10 000 €. Zum Bilanzstichtag 02 beträgt der Teilwert nur noch 30 000 € bei einer Restnutzungsdauer von acht Jahren.

LÖSUNG

Handelsrechtliche Behandlung zum 31. 12. 02:
Ansatz der Maschine nach § 253 Abs. 1 Satz 1 und Abs. 3 Sätze 1 und 2 HGB mit den AK abzüglich anmäßiger linearer Abschreibung und außerdem außerplanmäßige Abschreibung nach § 253 Abs. 3 Satz 5 HGB wegen dauernder Wertminderung, da eine Teilwertabschreibung auf 30 000 € zulässig ist. Die Minderung ist voraussichtlich von Dauer, da der Wert der Maschine zum Bilanzstichtag 31.12.02 bei planmäßiger Abschreibung erst nach fünf Jahren (Ende des Jahres 07) und damit erst nach mehr als der Hälfte der Restnutzungsdauer erreicht wird.

AK		100 000 €
./. Planmäßige lineare Abschreibung: 2 × 10 % von 100 000 €	=	20 000 €
Zwischenwert		80 000 €
./. Außerplanmäßige Abschreibung (Unterschied zwischen planmäßigen Buchwert 80 000 € und beizulegenden Wert 30 000 €	=	50 000 €
Buchwert 31. 12. 02		30 000 €

Die außerplanmäßige Abschreibung ist zwingend vorzunehmen.

Steuerliche Behandlung zum 31. 12. 02:
Ansatz der Maschine nach § 6 Abs. 1 Nr. 1 Satz 1 i. V. m. § 7 Abs. 1 EStG mit den AK abzüglich planmäßiger linearer AfA und außerdem Teilwertabschreibung nach § 6 Abs. 1 Nr. 1 Satz 2 EStG wegen dauernder Wertminderung, vgl. a. BMF vom 16.07.2014 BStBl I 2014, 1162 Rz. 8 (aber als Wahlrecht).

AK		100 000 €
./. Planmäßige lineare AfA: 2 × 10 % von 100 000 €	=	20 000 €
Zwischenwert		80 000 €
./. Teilwertabschreibung (Unterschied zwischen planmäßigem Buchwert 80 000 € und Teilwert 30 000 €	=	50 000 €
Buchwert 31. 12. 02		30 000 €

Für die Teilwertabschreibung besteht steuerlich ein Wahlrecht. Dieses Wahlrecht kann unabhängig vom handelsrechtlichen Zwang zur außerplanmäßigen Abschreibung ausgeübt werden (§ 5 Abs. 1 Satz 1 2. HS EStG, Abschn. I Nr. 2 Buchst. a) Rn. 12 und 13 sowie Rn. 15 in BMF vom 12.03.2010 BStBl I 2010, 239).

aa) **Variante zu Sachverhalt c):** Der Wertansatz der Maschine beträgt 50 000 €.

LÖSUNG

Sowohl handelsrechtlich als auch steuerlich gilt: Eine außerplanmäßige Abschreibung bzw. Teilwertabschreibung auf 50.000 € ist nicht zulässig. Die Minderung ist voraussichtlich nicht von Dauer, da der Wert des Wirtschaftsguts zum Bilanzstichtag bei planmäßiger Abschreibung schon nach drei Jahren (Ende Jahr 05 planmäßiger Buchwert 100 000 € ./. planmäßige AfA 50 000 € = 50 000 €) und damit früher als nach mehr als der Hälfte der Restnutzungsdauer (= 4 Jahre ab 31.12.02) erreicht wird. Damit ist die Maschine zum 31.12.02 mit 80 000 € zu bilanzieren.

6.3.2 Bewertung der nicht abnutzbaren Vermögensgegenstände bzw. Wirtschaftsgüter des Anlagevermögens

a) Begriff und Umfang des nicht abnutzbaren Anlagevermögens
Vgl. die vorstehenden Ausführungen in 6. 1. 1. 2.

b) Wertansätze
Die Bewertung ist handelsrechtlich nach § 253 Abs. 1 Satz 1 und Abs. 3 und 5 HGB und steuerlich nach § 6 Abs. 1 Nr. 2 EStG vorzunehmen. Vgl. hierzu im Einzelnen die Ausführungen in der Übersicht 6. 2. 2.

c) Eingeschränkter Wertzusammenhang und Wertaufholung
Handelsrechtliche Regelung nach § 253 Abs. 5 HGB
Für die Vermögensgegenstände des nicht abnutzbaren Anlagevermögens gelten handelsrechtlich die gleichen Regelungen wie für die Vermögensgegenstände des abnutzbaren Anlagevermögens (vgl. hierzu die Ausführungen in 6.3.1 zu c). Auch für das nicht abnutzbare Anlagevermögen darf nach § 253 Abs. 5 Satz 1 HGB ein zu einem früheren Bilanzstichtag angesetzter niedrigerer beizulegender Wert nicht beibehalten werden, wenn die Gründe dafür nicht mehr bestehen. Es muss also die ursprünglich vorgenommene außerplanmäßige Abschreibung durch eine Wertzuschreibung wieder rückgängig gemacht werden (**Wertaufholungsgebot**).

§ 253 Abs. 5 Satz 2 HGB ist nicht relevant, da ein entgeltlich erworbener Geschäfts- oder Firmenwert wegen der Regelung in § 246 Abs. 1 Satz 4 HGB beim nicht abnutzbaren Anlagevermögen nicht denkbar ist.

Steuerliche Regelung nach § 6 Abs. 1 Nr. 2 Satz 3 EStG
Bis 1998 durfte für die Wirtschaftsgüter des nicht abnutzbaren Anlagevermögens nach § 6 Abs. 1 Nr. 2 Satz 3 EStG a. F. eine auf einen früheren Bilanzstichtag vorgenommenen Teilwertabschreibung durch Wertaufholung rückgängig gemacht werden, wenn der Teilwert wieder gestiegen war (**Wertaufholungsmöglichkeit**), jedoch höchstens bis zu den ehemaligen Anschaffungs- oder Herstellungskosten. Da hierzu keine Pflicht bestand, konnte der früher angesetzte niedrigere Teilwert auch beibehalten werden (**Wertbeibehaltungsrecht**). Eine entsprechende Regelung sah § 253 Abs. 5 HGB a. F. auch handelsrechtlich vor.

Ab 1999 wurde mit dem Steuerentlastungsgesetz 1999/2000/2002 durch Änderung des § 6 Abs. 1 Nr. 2 Satz 3 EStG auch für die Wirtschaftsgüter des nicht abnutzbaren Anlagevermögens das gleiche **Wertaufholungsgebot** eingeführt, wie im § 6 Abs. 1 Nr. 1 Satz 4 EStG für die Wirtschaftsgüter des abnutzbaren Anlagevermögens, wenn die Gründe für die seinerzeitige Teilwertabschreibung nicht mehr bestehen. Auch für die Wirtschaftsgüter des abnutzbaren Anlagevermögens darf der niedrigere Teilwert nur beibehalten werden, wenn der Steuerpflichtige diesen niedrigeren Teilwert nachweist. Vgl. hierzu auch die entsprechenden Ausführungen in 6.3.1 zu c) für die steuerliche Regelung ab 1999. Für die Wirtschaftsgüter des nicht abnutzbaren Anlagevermögens hat dieses Wertaufholungsgebot in der Praxis jedoch eine viel größere Bedeutung, wie für die Wirtschaftsgüter des abnutzbaren Anlagevermögens, da die teilwertbedingten Wertminderungen und Werterhöhungen nicht durch planmäßige Abschreibungen (AfA) aufgebraucht werden.

Durch dieses ab 1999 geltende steuerliche Wertaufholungsgebot war schon bisher (d. h. bis zur Änderung des § 5 Abs. 1 EStG aufgrund des BilMoG) der Maßgeblichkeitsgrundsatz des § 5 Abs. 1 EStG a. F. durchbrochen. Nach § 253 Abs. 5 HGB a. F. bestand nämlich handelsrechtlich bis 2009 ein Wahlrecht zur Wertaufholung, während aufgrund des § 253 Abs. 5 HGB (i. d. F. des BilMoG) nunmehr ab 2010 grundsätzlich eine Wertaufholungspflicht besteht (vgl. obige Ausführungen zur handelsrechtlichen Regelung des § 253 Abs. 5 HGB). Wenn ein Steuerpflichtiger also bis 2009 diesem steuerlichen Wertaufholungsgebot in der Handelsbilanz nicht folgen wollte, wozu er nach § 253 Abs. 5 HGB a. F. berechtigt gewesen wäre, konnte er schon bisher insoweit keine Einheitsbilanz erstellen. An dem steuerlichen Wertaufholungsgebot des § 6 Abs. 1 Nr. 1 Satz 4 EStG hat sich durch das BilMoG ab 2009 bzw. 2010 nichts geändert, so dass nunmehr sowohl handelsrechtlich als auch steuerlich hinsichtlich einer Wertaufholung in gleicher Weise zu verfahren ist.

BEISPIELE

Vorbemerkung: In den nachstehenden Beispielen mit den einzelnen Varianten werden jeweils die handelsrechtliche und die steuerliche Behandlung dargestellt. Steuerlich ist dabei die Behandlung für die Steuerpflichtigen, die den Gewinn nach § 5 oder § 4 Abs. 1 EStG ermitteln, jeweils gleich (vgl. hierzu die Vorbemerkung zu 6.2).

a) **Ausgangssachverhalt:** Um Einfluss auf die Geschäftsführung einer AG zu bekommen, erwarb der Einzelgewerbetreibende E im Januar 02 (= Jahr 2010) Aktien für 500 000 € Anschaffungskosten. Die Aktien gehören bei E als notwendiges Betriebsvermögen zum Anlagevermögen. Entsprechendes gilt auch handelsrechtlich.

aa) **Variante 1:** Der handelsrechtliche beizulegende Wert (bzw. Börsenpreis) bzw. der steuerliche Teilwert der Aktien stieg bis zum Bilanzstichtag 31. 12. 02 auf 520 000 €.

LÖSUNG

Handelsrechtliche Behandlung zum 31. 12. 02:

Ansatz der Aktien nach § 253 Abs. 1 Satz 1 HGB mit den AK in Höhe von 500 000 €.

Ein Ansatz über diesen Wert ist nicht zulässig, d. h. der höhere beizulegende Wert hat keine Bedeutung (vgl. auch § 252 Abs. 1 Nr. 4 HGB).

Steuerliche Behandlung zum 31. 12. 02:

Ansatz der Aktien nach § 6 Abs. 1 Nr. 2 Satz 1 EStG mit den AK in Höhe von 500 000 €.

Ein Ansatz über diesen Wert ist auch steuerlich nicht zulässig, d. h. der höhere Teilwert hat keine Bedeutung.

Anmerkung: In diesem Fall ergeben sich handelsrechtlich und steuerlich dieselben Wertansätze, jedoch mit zum Teil unterschiedlichen Vorschriften. Der Maßgeblichkeitsgrundsatz des § 5 Abs. 1 Satz 1 1. HS EStG kommt nur hinsichtlich der AK zur Geltung, da hierfür steuerlich keine eigenen Bestimmungen bestehen.

bb) **Variante 2:** Der handelsrechtliche beizulegende Wert (bzw. Börsenpreis) bzw. der steuerliche Teilwert der Aktien ist wegen negativer Ertragsprognosen bis zum Bilanzstichtag 31. 12. 02 kontinuierlich auf 450 000 € gesunken.

LÖSUNG

Handelsrechtliche Behandlung zum 31. 12. 02:

Da im vorliegenden Fall die Wertminderung aufgrund negativer Ertragsprognosen eingetreten ist und zum Bilanzstichtag diesbezüglich keine neuen Erkenntnisse über eine Ertragsverbesserung vorliegen, wird man zum Bilanzstichtag 02 von einer dauernden Wertminderung ausgehen müssen (zum Abstellen auf verschlechterte Zukunftsaussichten vgl. a. BeBiKo/Schubert/Andrejewski/Roscher HGB § 253, Rz. 314). Daher muss E die Aktien nach § 253 Abs. 3 Satz 5 HGB in der Handelsbilanz zwingend mit dem niedrigeren beizulegenden Wert (bzw. Börsenpreis) in Höhe von 450 000 € ansetzen. Es ist daher eine außerplanmäßige Abschreibung in Höhe von 50 000 € vorzunehmen.

Steuerliche Behandlung zum 31. 12. 02:

Steuerlich ist für die Bewertung § 6 Abs. 1 Nr. 2 EStG maßgebend. Noch im Schreiben des BMF vom 26. 03. 2009 BStBl I 2009, 514 zur Teilwertabschreibung bei börsennotierten Aktien, die als Finanzanlagen gehalten werden, vertrat die Finanzverwaltung die Ansicht, dass von einer voraussichtlich dauernden Wertminderung nur dann ausgegangen werden kann, wenn der aktuelle Kurs am Bilanzstichtag unter eine gewisse Bandbreitenschwelle gegenüber den Anschaffungskosten gesunken ist. Dies

sollte in typisierender Weise die Frage entscheiden helfen, ob, wenn der Börsenwert zum Bilanzstichtag unter die Anschaffungskosten gesunken ist, nicht nur eine vorübergehende Wertschwankung vorliegt, die nicht zur Teilwertabschreibung berechtigt. Von einer voraussichtlich dauernden Wertminderung sei demnach nur dann auszugehen, wenn der Börsenkurs um mehr als 40 % unter die Anschaffungskosten gesunken ist oder zu dem jeweils aktuellen Bilanzstichtag und dem vorangegangenen Bilanzstichtag um mehr als 25 % unter die Anschaffungskosten gesunken ist. In seinem Urteil vom 21.09.2011BStBl II 2014, 612 verwarf der BFH jedoch diese Bandbreitentypisierung und ist der Meinung, dass bei börsennotierten Aktien im Anlagevermögen grundsätzlich dann von einer voraussichtlich dauernden Wertminderung auszugehen ist, wenn der Börsenwert zum Bilanzstichtag unter denjenigen im Zeitpunkt des Aktienerwerbs gesunken ist und der Kursverlust die Bagatellgrenze von 5 % der Notierung bei Erwerb überschreitet. Auf die Kursentwicklung nach dem Bilanzstichtag komme es hierbei nicht an. Der BFH richtet sich insoweit eng am Bilanzstichtagsprinzip aus. Hiernach sei bei börsennotierten und im Anlagevermögen gehaltenen Aktien dann von einer voraussichtlich dauernden Wertminderung auszugehen, wenn der Börsenkurs der Aktie (zuzüglich der im Falle eines Erwerbs anfallenden Nebenkosten) zum Bilanzstichtag unter ihren Buchwert gesunken ist und keine konkreten Anhaltspunkte für eine baldige Wertsteigerung vorliegen. Somit rechtfertige grundsätzlich jede Minderung des Kurswerts die Annahme einer – gegenüber dem Kurswert im Zeitpunkt des Aktienerwerbs – voraussichtlich dauernden Wertminderung i. S. von § 6 Abs. 1 Nr. 2 Satz 2 EStG, so dass die im Schreiben des BMF vom 26.03.2009 BStBl I 2009, 514 vertretenen Schwellenwerte nicht unterschritten sein müssen. Zudem stuft der BFH in dieser Entscheidung die bis zum Tag der Bilanzaufstellung eingetretenen Kursänderungen nicht als werterhellende Umstände ein, sondern es handle sich hierbei um wertbeeinflussende (wertbegründende) Umstände, die grundsätzlich die Bewertung der Aktien zum Bilanzstichtag nicht berühren. Mit Rücksicht auf die gebotene Vereinfachung des Besteuerungsverfahrens und damit im Einklang mit der für börsennotierte Aktien geltenden typisierenden Auslegung erscheine es jedoch als sachgerecht, Kursverluste innerhalb einer Bandbreite minimaler und in ihrer Höhe zu vernachlässigender Wertschwankungen außer Ansatz zu lassen (Bagatellgrenze). In Anlehnung an den bilanzrechtlichen Wesentlichkeitsgrundsatz (vgl. Schön in Kirchhof/Schmidt/Schön/Vogel [Hrsg.], Steuer- und Gesellschaftsrecht zwischen Unternehmerfreiheit und Gemeinwohl, Festschrift für Raupach 2006, 299, 320; Marx, FR 2011, 267) sei diese Schwelle geringfügiger Kursverluste auf 5 % der Notierung im Erwerbszeitpunkt zu begrenzen (vgl. auch Blümich/Ehmcke, EStG-KStG-GewStG, § 6 EStG Rz. 560 c). Im Schreiben des BMF vom 16.07.2014 BStBl I 2014, 1162, Rz. 15 schloss sich die Finanzverwaltung dieser Auffassung an. Danach ist bei börsennotierten Aktien des Anlagevermögens von einer voraussichtlich dauernden Wertminderung auszugehen, wenn der Börsenwert zum Bilanzstichtag unter denjenigen im Zeitpunkt des Aktienerwerbs gesunken ist und der Kursverlust die Bagatellgrenze von 5 % der Notierung bei Erwerb überschreitet. Bei einer vorangegangenen Teilwertabschreibung ist für die Bestimmung der Bagatellgrenze der Bilanzansatz am vorangegangenen Bilanzstichtag maßgeblich. Bei den nach dem Bilanzstichtag bis zum Tag der Bilanzaufstellung eintretenden Kursänderungen handelt es sich um wertbeeinflussende (wertbegründende) Umstände, die die Bewertung der Aktien zum Bilanzstichtag grundsätzlich nicht berühren. Da vorliegend der Börsenkurs um mehr als 5 % (was 25 000 € der ursprünglichen Anschaffungskosten entspräche) unter den Kurs im Zeitpunkt des Aktienerwerbs gesunken ist, kann auch steuerlich von einer dauernden Wertminderung ausgegangen werden. Daher darf E nach § 6 Abs. 1 Nr. 2 Satz 2 EStG eine Teilwertabschreibung von 50 000 e vornehmen und auch steuerlich die Aktien mit 450 000 € bilanzieren. Hierfür besteht steuerlich jedoch ein autonomes Wahlrecht, welches E nach § 5 Abs. 1 Satz 1 2. HS EStG unabhängig vom handelsrechtlichen Ansatz ausüben kann.
Anmerkung: Der Handelsbilanzansatz und der steuerliche Ansatz können also auseinander fallen. Der Unterschied kann in diesem Fall nach § 60 Abs. 2 Satz 1 EStDV außerbilanziell behandelt werden, d. h. der (evtl.) handelsrechtlich um 50 000 € niedrigere Jahresüberschuss (Gewinn) ist dann steuerlich um 50 000 € zu erhöhen. Der Steuerpflichtige E könnte nach § 60 Abs. 2 Satz 2 EStDV aber auch eine eigene Steuerbilanz erstellen und in dieser die Aktien mit 500 000 € ansetzen, wenn er das Wahlrecht der Teilwertabschreibung für die steuerliche Gewinnermittlung nicht in Anspruch nimmt.

cc) **Variante 3:** Der handelsrechtliche beizulegende Wert (bzw. Börsenpreis) bzw. der steuerliche Teilwert der Aktien ist bis zum Bilanzstichtag 31. 12. 02 wegen eines vorübergehenden Kursverfalls auf 480 000 € gesunken. Nach dem Bilanzstichtag 31. 12. 02 hat sich der Kurswert der Aktien wieder auf den ursprünglichen Stand erholt.

LÖSUNG

Handelsrechtliche Behandlung zum 31. 12. 02:

Im vorliegenden Fall ist nur eine vorübergehende Wertminderung eingetreten. Bei Finanzanlagen, für die ein Börsen- oder Marktpreis notiert wird, führen übliche Kursschwankungen allein handelsrechtlich nicht zu einer dauerhaften Wertminderung (vgl. a. BeBiKo/Schubert/Andrejewski/Roscher HGB § 253, Rz. 314). Nach § 253 Abs. 3 Satz 6 HGB kann bei Finanzanlagen, zu der die Aktien zählen, handelsrechtlich auch bei einer nur vorübergehenden Wertminderung eine außerplanmäßige Abschreibung auf den niedrigeren beizulegenden Wert (bzw. Börsenpreis) in Höhe von 480 000 € vorgenommen werden (Wahlrecht). E könnte die Aktien aber auch mit den AK in Höhe von 500 000 € ansetzen (§ 253 Abs. 1 Satz 1 HGB).

Steuerliche Behandlung zum 31. 12. 02:

Steuerlich ist für die Bewertung § 6 Abs. 1 Nr. 2 EStG maßgebend. Steuerlich hat die für die mögliche Vornahme einer Teilwertabschreibung nach § 6 Abs. 1 Nr. 2 Satz 2 EStG vorzunehmende Prüfung einer voraussichtlich dauernden Wertminderung nach den Vorgaben des Schreibens des BMF vom 16. 07. 2014 BStBl I 2014, 1162, Rz. 15 zu erfolgen. Die danach maßgebliche Bagatellgrenze einer Kursminderung um mindestens 5 % gegenüber dem Erwerbskurs ist nicht erfüllt, da der Kurs gegenüber dem Erwerbskurs lediglich um 4 % gesunken ist. Da nur eine vorübergehende Wertminderung vorliegt, darf nach § 6 Abs. 1 Nr. 2 Satz 2 EStG keine Teilwertabschreibung vorgenommen werden. Die Aktien sind also mit den AK in Höhe von 500 000 € anzusetzen.

Anmerkung: Der Handelsbilanzansatz und der steuerliche Ansatz können wegen des handelsrechtlichen Abschreibungswahlrechts also auseinander fallen. Der Unterschied kann in diesem Fall nach § 60 Abs. 2 Satz 1 EStDV außerbilanziell behandelt werden, d. h. der (evtl.) handelsrechtlich um 20 0 000 € niedrigere Jahresüberschuss (Gewinn) ist dann um 20 000 € zu erhöhen. Der Steuerpflichtige E könnte nach § 60 Abs. 2 Satz 2 EStDV aber auch eine eigene Steuerbilanz erstellen und in dieser die Aktien mit 500 000 € ansetzen.

b) **Sachverhalt:** Wie im Beispiel a) Variante 2 und der Einzelgewerbetreibende E hatte zum 31. 12. 02 in der Handelsbilanz die Aktien pflichtgemäß mit dem niedrigeren beizulegenden Wert in Höhe von 450 000 € angesetzt, für die steuerliche Gewinnermittlung aber auf die mögliche Teilwertabschreibung verzichtet und die Aktien mit 500 000 € berücksichtigt, d. h. der steuerliche Gewinn war für das Wirtschaftsjahr 02 um 50 000 € höher als der handelsrechtliche Jahresüberschuss (Gewinn).

Im Laufe des Geschäfts- bzw. Wirtschaftsjahres 04 ist der Grund für die Wertminderung weggefallen und der beizulegende Wert bzw. Teilwert stieg auf 520 000 €, also über die seinerzeitigen AK von 500 000 €.

LÖSUNG

Handelsrechtliche Behandlung zum 31. 12. 04:

Nach § 253 Abs. 5 Satz 1 HGB ist zum Bilanzstichtag 31. 12. 04 zwingend eine Wertaufholung vorzunehmen, da die Gründe für den niedrigeren beizulegenden Wert (bzw. Börsenpreis) nicht mehr bestehen. Diese Wertzuschreibung (Wertaufholung) ist nur bis zur Höhe der seinerzeitigen AK in Höhe von 500 000 € vorzunehmen, also in Höhe von 50 000 € und ist wie folgt zu buchen:

Wertpapiere des Anlagevermögens an Erträge aus Wertzuschreibung 50 000 €.

Steuerliche Behandlung zum 31. 12. 04:

Auch steuerlich wäre nach § 6 Abs. 1 Nr. 2 Satz 3 i. V. m. Nr. 1 Satz 4 EStG zwingend eine Wertaufholung vorzunehmen, wenn zum 31. 12. 02 eine Teilwertabschreibung in Höhe 50 000 € vorgenommen worden wäre. Da E jedoch zum 31. 12. 02 auf die mögliche Teilwertabschreibung verzichtet hatte, stellt sich das Problem der Wertaufholung zum 31. 12. 04 nicht.

Anmerkung: Der Unterschied zwischen dem handelsrechtlichen und dem steuerlichen Ansatz bzw. Gewinn ist für die steuerliche Gewinnermittlung nach § 60 Abs. 2 Satz 1 EStDV außerbilanziell zu berücksichtigen, d. h. im vorliegenden Fall ist der handelsrechtliche Gewinn für steuerliche Zwecke außerbilanziell um 50 000 € zu mindern, da dieser durch die Wertzuschreibung um diesen Betrag erhöht wurde.

6.3.3 Bewertung der Vermögensgegenstände bzw. Wirtschaftsgüter des Umlaufvermögens

a) Begriff und Umfang des Umlaufvermögens

Vgl. die vorstehenden Ausführungen in 6. 1. 1. 3.

b) Wertansätze

Die Bewertung ist handelsrechtlich nach § 253 Abs. 1 Satz 1 und Abs. 4 und 5 HGB und steuerlich nach § 6 Abs. 1 Nr. 2 EStG vorzunehmen. Vgl. hierzu im Einzelnen die Ausführungen in der Übersicht 6. 2. 3.

c) Eingeschränkter Wertzusammenhang und Wertaufholung

Handelsrechtliche Regelung nach § 253 Abs. 5 HGB

Für die Vermögensgegenstände des Umlaufvermögens gelten hinsichtlich einer Wertaufholung handelsrechtlich die gleichen Regelungen wie für die Vermögensgegenstände des abnutzbaren und des nicht abnutzbaren Anlagevermögens (vgl. hierzu die Ausführungen in 6.3.1 zu c) und 6.3.2 zu c). Auch für das Umlaufvermögen darf nach § 253 Abs. 5 Satz 1 HGB ein zu einem früheren Bilanzstichtag angesetzter niedrigerer beizulegender Wert nicht beibehalten werden, wenn die Gründe dafür nicht mehr bestehen. Es muss also die ursprünglich vorgenommene außerplanmäßige Abschreibung durch eine Wertzuschreibung wieder rückgängig gemacht werden (**Wertaufholungsgebot**).

§ 253 Abs. 5 Satz 2 HGB ist nicht relevant, da ein entgeltlich erworbener Geschäfts- oder Firmenwert wegen der Regelung in § 246 Abs. 1 Satz 4 HGB beim Umlaufvermögen nicht denkbar ist.

Steuerliche Regelung nach § 6 Abs. 1 Nr. 2 Satz 3 EStG

Vgl. hierzu die vorstehenden Ausführungen in 6.3.2 zu c) Steuerliche Regelung nach § 6 Abs. 1 Nr. 2 Satz 3 EStG, die für die Wirtschaftsgüter des Umlaufvermögens uneingeschränkt in gleicher Weise gelten.

BEISPIELE

Vorbemerkung: In den nachstehenden Beispielen mit den einzelnen Varianten werden jeweils die handelsrechtliche und die steuerliche Behandlung dargestellt. Steuerlich ist dabei die Behandlung für die Steuerpflichtigen, die den Gewinn nach § 5 oder § 4 Abs. 1 EStG ermitteln, jeweils gleich (vgl. hierzu die Vorbemerkung zu 6.2).

a) **Ausgangssachverhalt:** Sachverhalt wie im Beispiel a) von 6.3.2 zu c), jedoch handelt es sich bei den Aktien mit Anschaffungskosten 500 000 € um Umlaufvermögen, da sie nur zu Spekulationszwecken angeschafft wurden und nicht, um Einfluss auf die Geschäftsführung der AG zu nehmen.

aa) **Variante 1:** Der handelsrechtliche beizulegende Wert (bzw. Börsenpreis) bzw. der steuerliche Teilwert der Aktien stieg bis zum Bilanzstichtag 31. 12. 02 auf 520 000 €.

LÖSUNG

Handelsrechtliche Behandlung zum 31. 12. 02:

Gleiche Behandlung wie bei 6.3.2, d. h. Ansatz der Aktien nach § 253 Abs. 1 Satz 1 HGB mit den AK in Höhe von 500 000 €.

Ein Ansatz über diesen Wert ist nicht zulässig, d. h. der höhere beizulegende Wert hat keine Bedeutung (vgl. auch § 252 Abs. 1 Nr. 4 HGB).

Steuerliche Behandlung zum 31. 12. 02:

Gleiche Behandlung wie bei 6.3.2, d. h. Ansatz der Aktien nach § 6 Abs. 1 Nr. 2 Satz 1 EStG mit den AK in Höhe von 500 000 €.

Ein Ansatz über diesen Wert ist auch steuerlich nicht zulässig, d. h. der höhere Teilwert hat keine Bedeutung.

Anmerkung: In diesem Fall ergeben sich handelsrechtlich und steuerlich dieselben Wertansätze, jedoch mit zum Teil unterschiedlichen Vorschriften. Der Maßgeblichkeitsgrundsatz des § 5 Abs. 1 Satz 1 1. HS EStG kommt nur hinsichtlich der AK zur Geltung, da hierfür steuerlich keine eigenen Bestimmungen bestehen.

bb) **Variante 2:** Der handelsrechtliche beizulegende Wert (bzw. Börsenpreis) bzw. der steuerliche Teilwert der Aktien ist bis zum Bilanzstichtag 31. 12. 02 wegen einer sich verschlechternden allgemeinen Börsenstimmung auf 480 000 € gesunken. Er ist auch nach dem Bilanzstichtag 31.12.02 weiter gesunken, bis zum Tag der Bilanzerstellung auf 470 000 €.

LÖSUNG

Handelsrechtliche Behandlung zum 31. 12. 02:

Da die Aktien zum Umlaufvermögen gehören, spielt es keine Rolle, ob die Wertminderung dauerhaft oder nur vorübergehend ist. Nach § 253 Abs. 4 HGB sind die Aktien in der Handelsbilanz mit dem niedrigeren beizulegenden Wert (bzw. Börsenpreis) in Höhe von 480 000 € ansetzen. Hierzu besteht ein Zwang. Es ist daher eine außerplanmäßige Abschreibung in Höhe von 20 000 € vorzunehmen.

Steuerliche Behandlung zum 31. 12. 02:

Steuerlich ist für die Bewertung § 6 Abs. 1 Nr. 2 EStG maßgebend. Da nach der Schilderung des Sachverhalts eine dauernde Wertminderung zum 31.12.02 nicht vorliegt, weil der Kursrückgang gegenüber dem Anschaffungskurs nicht um mindestens 5 % gesunken ist (vgl. a. BMF vom 16. 07. 2014 BStBl I 2014, 1162, Tz. 15 und 25b, wonach die Bagatellgrenze auch für börsennotierte Wirtschaftsgüter des Umlaufvermögens gilt), darf E nach § 6 Abs. 1 Nr. 2 Satz 3 EStG eine Teilwertabschreibung nicht vornehmen. Kursänderungen bei börsennotierten Aktien nach dem Bilanzstichtag und bis zum Tag der Bilanzaufstellung sind als wertbegründender Umstand nicht zu berücksichtigen, vgl. BMF vom 16. 07. 2014 [a. a. O.], Rz. 22, so dass für die Feststellung der voraussichtlich dauernden Wertminderung lediglich auf den Kurs am Bilanzstichtag abzustellen ist.

Anmerkung: Der Handelsbilanzansatz und der steuerliche Ansatz fallen also auseinander. Der Unterschied kann in diesem Fall nach § 60 Abs. 2 Satz 1 EStDV außerbilanziell behandelt werden, d. h. der (evtl.) handelsrechtlich um 20 0 000 € niedrigere Jahresüberschuss (Gewinn) ist dann steuerlich um 20 000 € zu erhöhen. Der Steuerpflichtige E könnte nach § 60 Abs. 2 Satz 2 EStDV aber auch eine eigene Steuerbilanz erstellen und in dieser die Aktien mit 500 000 € ansetzen.

cc) **Variante 3:** Der handelsrechtliche beizulegende Wert (bzw. Börsenpreis) bzw. der steuerliche Teilwert der Aktien ist bis zum Bilanzstichtag 31. 12. 02 wegen eines vorübergehenden Kursverfalls auf 470 000 € gesunken. Nach dem Bilanzstichtag 31. 12. 02 hat sich der Kurswert der Aktien wieder auf den ursprünglichen Stand erholt.

LÖSUNG

Handelsrechtliche Behandlung zum 31. 12. 02:

Gleiche Behandlung wie bei vorstehender Variante 2, d. h. nach § 253 Abs. 4 HGB Ansatz des niedrigeren beizulegenden Werts (bzw. Börsenpreises) in Höhe von 470 000 €, da handelsrechtlich auch bei vorübergehender Wertminderung zwingend der niedrigere Wert zum Ansatz kommt.

Steuerliche Behandlung zum 31. 12. 02:

Steuerlich ist für die Bewertung § 6 Abs. 1 Nr. 2 EStG maßgebend. Da wegen der Überschreitung der Bagatellgrenze von 5 % aus Sicht des Bilanzstichtags 31.12.02 eine voraussichtlich dauernde Wertminderung vorliegt, da Kursentwicklungen nach dem Bilanzstichtag grundsätzlich unerheblich sind (vgl. a. BMF vom 16. 07. 2014 BStBl I 2014, 1162 Beispiel 8a Tz. 25, 25a), darf nach § 6 Abs. 1 Nr. 2 Satz 2 EStG eine Teilwertabschreibung vorgenommen werden. Die Aktien dürfen also steuerlich mit den AK in Höhe von 500 000 € oder mit dem niedriger Teilwert von 470 000 e angesetzt werden. Da es sich um autonomes steuerliches Wahlrecht zur Vornahme einer Teilwertabschreibung handelt, kann steuerlich der Bilanzansatz gemäß § 5 Abs. 1 Satz 1 2. HS EStG unabhängig von der handelsrechtlichen Bilanzierung vorgenommen werden.

Anmerkung: Der Handelsbilanzansatz und der steuerliche Ansatz können damit auseinanderfallen. Falls steuerlich auf die Teilwertabschreibung verzichtet wird, kann der Unterschied in diesem Fall nach § 60 Abs. 2 Satz 1 EStDV außerbilanziell behandelt werden, d. h. der handelsrechtlich dann um 30 0 000 € niedrigere Jahresüberschuss (Gewinn) ist für steuerliche Zwecke um 30 000 € zu erhöhen. Der Steuerpflichtige E könnte nach § 60 Abs. 2 Satz 2 EStDV aber auch eine eigene Steuerbilanz erstellen und in dieser die Aktien mit 500 000 € ansetzen.

b) **Sachverhalt:** Wie im Beispiel a) Variante 2 und der Einzelgewerbetreibende E hatte zum 31. 12. 02 in der Handelsbilanz die Aktien pflichtgemäß mit dem niedrigeren beizulegenden Wert in Höhe von 480 000 € angesetzt, in der steuerlichen Gewinnermittlung die Aktien aber mit 500 000 € berücksichtigt, d. h. der steuerliche Gewinn war für das Wirtschaftsjahr 02 um 20 000 € höher als der handelsrechtliche Jahresüberschuss (Gewinn).
Zum 31.12.03 belief sich der Börsenkurs der Aktien wiederum auf 480 000 €. Erst im Laufe des Geschäfts- bzw. Wirtschaftsjahres 04 ist der Grund für die Wertminderung weggefallen und der beizulegende Wert bzw. Teilwert stieg auf 520 000 €, also über die seinerzeitigen AK von 500 000 €.

LÖSUNG

Handelsrechtliche Behandlung zum 31. 12. 04:
Gleiche Behandlung wie in 6.3.2 im Beispiel b) Variante 2 für das nicht abnutzbare Anlagevermögen dargestellt, d. h. nach § 253 Abs. 5 Satz 1 HGB ist (auch beim Umlaufvermögen) zum Bilanzstichtag 31. 12. 04 zwingend eine Wertaufholung vorzunehmen, da die Gründe für den niedrigeren beizulegenden Wert (bzw. Börsenpreis) nicht mehr bestehen. Diese Wertzuschreibung (Wertaufholung) ist nur bis zur Höhe der seinerzeitigen AK in Höhe von 500 000 € vorzunehmen, also in Höhe von 20 000 € und ist wie folgt zu buchen:
Wertpapiere des Anlagevermögens an Erträge aus Wertzuschreibung 20 000 €.
Steuerliche Behandlung zum 31. 12. 04:
Da steuerlich zum 31.12.02 und aus den gleichen Gründen auch zum 31.12.03 keine Teilwertabschreibung vorgenommen werden durfte, stellt sich das Problem der Wertaufholung zum 31. 12. 04 nicht.
Anmerkung: Der Unterschied zwischen dem handelsrechtlichen und dem steuerlichen Ansatz bzw. Gewinn des Jahres 04 ist für die steuerliche Gewinnermittlung nach § 60 Abs. 2 Satz 1 EStDV außerbilanziell zu berücksichtigen, d. h. im vorliegenden Fall ist der handelsrechtliche Gewinn für steuerliche Zwecke um 20 000 € zu mindern, da er durch die Wertzuschreibung um diesen Betrag erhöht wurde. Hätte E für die Wirtschaftsjahre 02 bis 04 jeweils eine eigene Steuerbilanz erstellt, würde sich zum 31. 12. 04 kein anderer Wertansatz ergeben als zum 31. 12. 02 und es wäre insoweit korrekturmäßig nichts zu veranlassen.

Bei der Frage zur Teilwertabschreibung bei börsennotierten festverzinslichen Wertpapieren ist zu beachten, dass festverzinsliche Wertpapiere bei Endfälligkeit grundsätzlich zu ihrem Nominalwert, also zu 100 % eingelöst werden. Somit besteht insoweit allein wegen zwischenzeitlich gesunkener Kurse grundsätzlich kein Risiko hinsichtlich der Rückzahlung am Ende der Laufzeit, so dass nach Auffassung des BFH eine Kursminderung unter 100 % als nur vorübergehend einzustufen ist (vgl. BFH vom 08. 06. 2011 BStBl II 2012, 716). Eine Teilwertabschreibung unter den Nennwert allein wegen gesunkener Kurse sei damit regelmäßig nicht zulässig. Die Finanzverwaltung hat die Auffassung des BFH übernommen und untersagt regelmäßig eine Teilwertabschreibung unter den Nennwert allein wegen gesunkener Kurse, wenn kein Bonitäts- und Liquiditätsrisiko hinsichtlich der Rückzahlung zum Nominalwert besteht und die Wertpapiere bei Endfälligkeit zu ihrem Nennwert eingelöst werden können. Hierbei ist es gleichgültig, ob sich die festverzinslichen Wertpapiere im Anlage- oder im Umlaufvermögen befinden (BMF vom 16. 07. 2014 BStBl I 2014, 1162, Rz. 14, 23 und 24). Daher ist eine Teilwertabschreibung bei einer im übrigen voraussichtlich dauernden Wertminderung (z. b. aufgrund nachhaltiger Änderung des Zinsniveaus) allein wegen gesunkener Kurse nur bis auf maximal 100 % des Nennwerts möglich, auch wenn der aktuelle Börsenkurs am Bilanzstichtag unter 100 % des Nennwerts liegt.

6.3.4 Bewertung der Verbindlichkeiten und Rückstellungen

a) Begriff und Umfang der Verbindlichkeiten und Rückstellungen

Vgl. hierzu die Ausführungen in 6. 1. 1. 4.

b) Wertansätze

aa) Handelsrechtliche Regelung

Handelsrechtlich sind nach § 253 Abs. 1 Satz 2 HGB die Verbindlichkeiten mit ihrem Erfüllungsbetrag (= regelmäßig der Nennwert) und die Rückstellungen (grundsätzlich) in Höhe des nach vernünftiger kaufmännischer Beurteilung notwendigen Erfüllungsbetrags anzusetzen. Erfüllungsbetrag ist der Betrag, den der jeweilige Schuldner bei Fälligkeit der Verbindlichkeit an den Gläubiger aufzubringen, d. h. zu zahlen hat. Rückstellungen mit mehr als einem jahr Restlaufzeit sind nach Maßgabe des § 253 Abs. 2 HGB abzuzinsen.

Einzelheiten zur handelsrechtlichen Bewertung der Verbindlichkeiten und Rückstellungen werden vor allem in L dargestellt.

bb) Steuerliche Regelung

Steuerlich gilt für die Bewertung der **Verbindlichkeiten** § 6 Abs. 1 Nr. 3 Satz 1 EStG, wonach sinngemäß § 6 Abs. 1 Nr. 2 EStG anzuwenden ist. Das bedeutet, dass Verbindlichkeiten grundsätzlich mit den Anschaffungskosten oder dem höheren Teilwert zu bewerten sind, wenn der Teilwert dauerhaft gestiegen ist; außerdem ist dieser Wert grundsätzlich mit einem Zinssatz von 5,5 % abzuzinsen (Ansatz eines abgezinsten Gegenwartswerts bzw. Barwerts). Falls in einem späteren Wirtschaftsjahr der Teilwert der Verbindlichkeit wieder sinkt, ist eine Wertaufholung durchzuführen mit entsprechender Ertragsauswirkung. Die Vornahme einer (ersten) Abzinsung führt ebenfalls zu einem Ertrag und in den darauffolgenden Wirtschaftsjahren infolge des verkürzten verbleibenden Zeitraums der Abzinsung mit entsprechender Erhöhung der Verbindlichkeit jeweils zu einem entsprechenden Aufwand. Bei einer nur vorübergehenden Erhöhung des Teilwerts kommt der höhere Teilwert nicht zum Ansatz. Sinkt der Teilwert unter die Anschaffungskosten, so dieser Ansatz in sinngemäßer Anwendung des § 6 Abs. 1 Nr. 2 EStG nicht zulässig, da sonst ein nicht realisierter Gewinn ausgewiesen würde (§ 252 Abs. 1 Nr. 4 HGB, der über den Maßgeblichkeitsgrundsatz des § 5 Abs. 1 Satz 1 1. HS EStG auch steuerlich maßgebend ist). Außerdem ist der niedrigere Teilwert einer Verbindlichkeit in § 6 Abs. 1 Nr. 3 EStG nicht als Bewertungsmaßstab vorgesehen. Regelmäßig entsprechen die Anschaffungskosten dem Nennwert bzw. Erfüllungsbetrag der Verbindlichkeit. Die Abzinsung kommt nach § 6 Abs. 1 Nr. 3 Satz 2 EStG aber nicht in Betracht für Verbindlichkeiten, deren Laufzeit (d. h. die Restlaufzeit am jeweiligen Bilanzstichtag) nur noch weniger 12 Monate beträgt oder wenn es sich um verzinsliche Verbindlichkeiten oder um Anzahlungen und Vorausleistungen handelt.

Nähere Einzelheiten über die Bewertung von Darlehensverbindlichkeiten (mit Abgeld und Aufgeld), über die Verbindlichkeiten in ausländischer Währung (Valutaverbindlichkeiten) und über erhaltene Anzahlungen enthalten die Ausführungen in L 2, 3 und 4. Zur buchtechnischen Behandlung der Rentenverbindlichkeiten vgl. auch I 1. 2.

Für **Rückstellungen** sieht § 6 Abs. 1 Nr. 3 a EStG (zusätzlich zu § 6 Abs. 1 Nr. 3 EStG) weitere Regelungen vor, die sich im Laufe der Zeit, vor allem durch die Rechtsprechung des BFH, ergaben. Danach sind die Rückstellungen grundsätzlich mit den zu erwartenden Aufwendungen am jeweiligen Bilanzstichtag anzusetzen; diese decken sich häufig mit dem handelsrechtlichen Ansatz, nämlich mit dem nach vernünftiger kaufmännischer Beurteilung notwendigen Erfüllungsbetrag. Infolge des steuerlichen Bewertungsvorbehalts gemäß § 5 Abs. 6 EStG kann es allerdings häufig zu einem abweichenden steuerlichen Bilanzansatz der Rückstellung kommen, da der Steuergesetzgeber in § 6 Abs. 1 Nr. 3 a EStG umfangreiche steuerliche Sonderregelungen zur Bewertung geschaffen hat. In R 6.11 Abs. 3 EStR in der Fassung der Einkommensteuer-Änderungsrichtlinien 2012 (EStÄR 2012) wird entsprechend dem gesetzlichen Wortlaut geregelt, dass die Bewertung von Rückstellungen in der Steuerbilanz auf den in der Handelsbilanz zulässigen Ansatz beschränkt ist (Ausnahme: Pensionsrückstellungen), so dass die handelsrechtliche Bewertung die **Obergrenze** für den steuerlichen Rückstellungsbetrag darstellt. Dies bedeutet eine **Deckelung** steuerlicher Rückstellung auf den handelsrechtlichen Wertansatz. Damit ist der handelsrechtlichen Rückstellungsbetrag für die steuerliche Bewertung einer Rückstellung dann maßgeblich, wenn der Ausweis der Rückstellung in der Handelsbilanz niedriger ist als der sich nach § 6 Abs. 1 Nr. 3 a EStG ergebende Wert. Somit sind Rückstelllungen in der Steuerbilanz grundsätzlich mit dem niedrigeren der beiden ermittelten Werte auszuweisen. Betroffen von dieser Deckelung sind insbesondere langlaufende Sachleistungsverpflichtungen. Diese sind bei einer Restlaufzeit von mehr als einem Jahr gemäß § 253 Abs. 2 Satz 1 HGB handelsbilanziell generell abzuzinsen. Steuerlich ist gemäß § 6 Abs. 1 Nr. 3 a Buchst. e) EStG für die Abzinsung einer Sachleistungsverpflichtung der Zeitraum bis zum Beginn der Erfüllung der Verpflichtung relevant, weshalb häufig eine Abzinsung nicht vorzunehmen ist (z. B. Rückstellungen für Entsorgungs- oder Aufbewahrungsverpflichtungen). Auch kann es sein, dass handelsrechtlich die Abzinsung bis zum Zeitpunkt der vollständigen Erfüllung vorzunehmen ist. Dadurch kann der steuerlich ermittelte Rückstellungswert über dem handelsrechtlichen liegen und damit unter die Deckelung fallen. Da die EStÄR 2012 auch für frühere Veranlagungszeiträume anwendbar sind, soweit Regelungen lediglich Erläuterungen der bestehenden Rechtslage darstellen und diese Deckelungsregelung als eine solche lediglich klarstellende Regelung angesehen wird, die durch die Änderungen in Zusammenhang mit dem BilMoG nötig wurde, kann sich ein gewinnerhöhender Einmaleffekt aus der notwendigen Auflösung steuerlicher Rückstellungen ergeben, bei denen die Deckelung bislang nicht beachtet wurde. Zur Abmilderung dieses Einmaleffekts enthält R 6.11 Abs. 3 EStR eine Übergangsregelung. Danach kann für den Gewinn, der sich aus der erstmaligen Anwendung des BilMoG durch die Auflösung von Rückstellungen ergibt, die bereits in dem vor dem 01. 01. 2010 endenden Wirtschaftsjahr passiviert wurden, eine gewinnmindernde Rücklage in Höhe von 14 Fünfzehnteln gebildet werden, die in den folgenden 14 Wirtschaftsjahren gewinnerhöhend aufzulösen ist. Dadurch kann die Gewinnrealisierung durch den Deckelungseffekt auf bis zu 15 Jahre verteilt werden. Besteht eine Verpflichtung, für die eine Rücklage passiviert wurde, bereits vor Ablauf des maßgebenden Auflösungszeitraums nicht mehr, ist die insoweit noch vorhandene Rücklage zum Ende des Wirtschaftsjahres des Wegfalls der Verpflichtung in vollem Umfang gewinnerhöhend aufzulösen. Entsprechendes gilt, wenn sich der Verpflichtungsumfang innerhalb des Auflösungszeitraums verringert. Eine Ausnahme von der Deckelung steuerlicher Rückstellungen auf den handelsrechtlichen Wert gilt nach R 6.11 Abs. 3 Satz 1 EStR nur für Pensionsrückstellungen aufgrund der dafür bestehenden Sonderregelung in R 6 a Abs. 1 Satz 2 EStR.

Die Einzelheiten über die handelsrechtliche und steuerliche Bewertung der Rückstellungen sind in L 5 und 6 dargestellt.

7 Bewertungsvereinfachungsmethoden

Nach § 252 Abs. 1 Nr. 3 HGB sind die Vermögensgegenstände und die Schulden **grundsätzlich einzeln zu bewerten** (vgl. hierzu die Ausführungen in 3.6). Von diesem Grundsatz der Einzelbewertung sieht das Handelsrecht für die Aufstellung des Inventars im Rahmen der Inventur nach § 240 Abs. 3 und 4 HGB und für die Aufstellung des Jahresabschlusses in § 256 HGB **Erleichterungen** (Bewertungsvereinfachungsmethoden) vor. Im Einzelnen handelt es sich hierbei um verschiedene Bewertungsmethoden, die man alle unter dem **Oberbegriff »Sammelbewertung«** zusammenfassen kann. Nachstehend zunächst ein **Überblick** über die verschiedenen Methoden:

	Sammelbewertung (Oberbegriff)		
	Gruppenbewertung bzw. Durchschnittsbewertung	**Sammelbewertung nach Verbrauchsfolgen oder Veräußerungsfolgen**	**Festwertbewertung**
Handelsrechtlich	Nach § 256 Satz 2 i. V. m. § 240 Abs. 4 HGB	Nach § 256 Satz 1 HGB	Nach § 256 Satz 2 i. V. m. § 240 Abs. 3 HGB
zulässig für	• Gleichartige Vermögensgegenstände des Vorratsvermögens • Gleichartige oder annähernd gleichwertige bewegliche Vermögensgegenstände (insbesondere des Anlagevermögens) • Schulden	• Gleichartige Vermögensgegenstände des Vorratsvermögens • **Nicht** für das Anlagevermögen	Unter bestimmten Voraussetzungen • Roh-, Hilfs- und Betriebsstoffe des Vorratsvermögens • Vermögensgegenstände des Sachanlagevermögens
Ertragsteuerlich zulässig für	• Wirtschaftsgüter (WG) des **Vorratsvermögens:** - vertretbare WG mit schwankenden Einkaufspreisen = **(reine) Durchschnittsbewertung** (R 6.8 Abs. 3 EStR) - andere gleichartige WG mit bekanntem Durchschnittswert = **Gruppenbewertung mit Durchschnittswerten** (R 6.8 Abs. 4 EStR) • WG des **beweglichen Anlagevermögens = Gruppenbewertung** • (R 5.4 Abs. 2 Satz 3 EStR) • **Schulden**	• **Grundsätzlich** ertragsteuerlich **nicht** zulässig • Für gleichartige WG des **Vorratsvermögens** darf jedoch unterstellt werden, dass die zuletzt angeschafften oder hergestellten WG zuerst verbraucht oder veräußert werden (**Lifo-Methode**, § 6 Abs. 1 Nr. 2 a EStG; vgl. R 6.9 EStR) • Bezüglich verschiedener Methoden der Lifo-Bewertung (permanentes Lifo und Perioden-Lifo) vgl. R 6.9 Abs. 4 EStR.	• **Roh-, Hilfs- und Betriebsstoffe** (H 6.8 (Festwert) EStH) • WG des **beweglichen Anlagevermögens** (R 5.4 Abs. 3 Satz 1 EStR und H 5.4 (Festwert) EStH)

7.1 Gruppenbewertung bzw. Durchschnittsbewertung

Die für bestimmte Vermögensgegenstände des Vorratsvermögens und für bestimmte bewegliche Vermögensgegenstände (insbesondere des Anlagevermögens) sowie für Schulden in § 256 Satz 2 i. V. m. § 240 Abs. 4 HGB vorgesehene »Gruppenbewertung bzw. Durchschnittsbewertung« ist handelsrechtlich (und steuerlich nach § 140 AO) für alle Kaufleute zulässig. Für Steuerpflichtige, die nach § 141 AO buchführungspflichtig sind, gilt diese Bewertungsvereinfachungsmethode sinngemäß ebenfalls (vgl. § 141 Abs. 1 Satz 2 AO).

7.1.1 Begriff und begünstigte Vermögensgegenstände

Bei dieser Bewertungsvereinfachungsmethode handelt es sich im weiteren Sinne um eine Sammelbewertung, die je nach Art der Vermögensgegenstände als »Durchschnittsbewertung« oder als »Gruppenbewertung mit Durchschnittswerten« (vgl. vorstehenden Überblick) zur vereinfachten Ermittlung der Anschaffungs- oder Herstellungskosten dient oder bei der reinen Gruppenbewertung von Wirtschaftsgütern des abnutzbaren beweglichen Anlagevermögens zur vereinfachten Ermittlung des Durchschnittswerts. Diese handelsrechtlich nach § 256 Satz 2 i. V. m. § 240 Abs. 4 HGB ausdrücklich zugelassene vereinfachte Bewertungsmethode ist auch steuerlich seit vielen Jahren anerkannt (vgl. R 6.8 Abs. 3 und 4 sowie R 5.4 Abs. 2 Satz 3 EStR). Nach Abschn. I Nr. 1 Buchst. b) Rn. 5 und 7 BMF vom 12.03.2010 BStBl I 2010, 239 ist bei Steuerpflichtigen, die den Gewinn nach § 5 EStG ermitteln, die Anwendung der Gruppenbewertung bzw. Durchschnittsbewertung (im Sinne von § 240 Abs. 4 HGB) für die steuerliche Gewinnermittlung nur zulässig, wenn auch handelsrechtlich (in der Handelsbilanz) entsprechend verfahren wird, da eine eigene steuerliche Regelung dafür nicht besteht und somit die Anwendung dieser Bewertungsvereinfachungsmethode unter den Maßgeblichkeitsgrundsatz des § 5 Abs. 1 Satz 1 1. HS EStG fällt.

Die Bewertungsmethoden »Durchschnittsbewertung« und »Gruppenbewertung mit Durchschnittswerten« unterstellen, dass sich der Bestand zum Bilanzstichtag regelmäßig aus Teilen des Anfangsbestandes und der Zugänge im Laufe des Geschäfts- bzw. Wirtschaftsjahres zusammensetzt. Sie sind in der Praxis außerdem deshalb notwendig, weil sich für die am Bilanzstichtag vorhandenen Bestände die Anschaffungs- oder Herstellungskosten nicht mehr einzeln feststellen lassen und daher deren Ermittlung nur im Schätzungswege mit Hilfe einer Durchschnittsbewertung möglich ist.

Bei der »Gruppenbewertung« werden Gegenstände der gleichen Art für die Bewertung zu einer Gruppe zusammengefasst. Für diese Vermögensgegenstände bzw. Wirtschaftsgüter kommen bei der (reinen) Gruppenbewertung Durchschnittswerte nicht zur Anwendung. Die Erleichterung liegt hier nur in der bewertungsmäßigen Zusammenfassung gleichartiger Gegenstände zu einem Bewertungsposten.

Die genannten Bewertungsmethoden sind nur für folgende Vermögensgegenstände bzw. Wirtschaftsgüter **zulässig:**

a) Die (reine) **Durchschnittsbewertung** ist nur für vertretbare Gegenstände bzw. Wirtschaftsgüter des Vorratsvermögens zulässig, für die sich die Anschaffungs- oder Herstellungskosten wegen Schwankungen der Einstandspreise nicht mehr einwandfrei feststellen lassen. Hierbei handelt es sich um eine Schätzungsmethode, bei der steuerlich jedoch die Grundsätze, die in den handelsrechtlich zulässigen Methoden »Lifo« (»last in – first out«) und »Fifo« (»first in – first out«) zum Ausdruck kommen, grundsätzlich nicht zulässig sind.

Beispiele:
- Kraftstoffe, Öle, Fette, Säuren.
- Baustoffe wie Kies, Sand, Platten, Steine.
- Heizmaterialen wie Heizöl, Kohle, Koks.

b) Die **Gruppenbewertung mit Durchschnittswerten** ist für andere Gegenstände bzw. Wirtschaftsgüter des Vorratsvermögens, die gleichartig sind und für die ein Durchschnittswert bekannt ist, zulässig. Gleichartige Gegenstände brauchen für die Zusammenfassung zu einer Gruppe aber nicht gleichwertig zu sein (R 6.8 Abs. 4 Satz 3 EStR). Die Gegenstände müssen nur einer gleichen, nicht jedoch derselben Art angehören. Es genügt also, wenn die Gegenstände den gleichen Verwendungszweck aufweisen (Funktionsgleichheit). Da sich durch die Gruppenbewertung mit Durchschnittswerten ein richtiger Wert ergeben soll, muss der auf diese Weise ermittelte Gesamtwert der Gegenstände möglichst der Summe der Einzelwerte entsprechen. Diese Forderung stellt auch R 6.8 Abs. 4 Satz 2 EStR auf. Für diese Methode muss jedoch ein Durchschnittswert bekannt sein, der sich ohne weiteres aus Erfahrungen der betreffenden Branche feststellen lässt (R 6.8 Abs. 4 Satz 4 EStR). Macht der Steuerpflichtige glaubhaft, dass in seinem Betrieb (z. B. aufgrund der Art der Lagerung) in der Regel die zuletzt beschafften Wirtschaftsgüter zuerst verbraucht oder veräußert werden, so kann diese Tatsache bei der Ermittlung der Anschaffungs- oder Herstellungskosten berücksichtigt werden (R 6.8 Abs. 4 Sätze 6 und 7 EStR). Derartige Wirtschaftsgüter sind beispielsweise
- Bierfässer aus Holz oder Kunststoff,
- Bandeisen und Bretter verschiedener Abmessungen,
- Furniere verschiedener Holzarten,
- Herrensocken in verschiedenen Preislagen,
- Unterwäsche in verschiedenen Größen und Farben und
- Geschirr.

c) Die (reine) **Gruppenbewertung** kommt in erster Linie für Vermögensgegenstände bzw. Wirtschaftsgüter des beweglichen Anlagevermögens für die Aufnahme in das Bestandsverzeichnis (Anlagenkartei) in Betracht. Voraussetzung für diese Bewertungsvereinfachung ist jedoch, dass die Gegenstände in demselben Geschäfts- bzw. Wirtschaftsjahr angeschafft worden sind, die gleiche Nutzungsdauer und die gleichen Anschaffungskosten haben und nach der gleichen Methode abgeschrieben werden (vgl. R 5.4 Abs. 2 EStR). Diese Gruppenbewertung gilt z. B. für
- Rechen- und Schreibmaschinen, PC,
- gewöhnliche Büroschränke und
- Handwerksgeräte.

In der Praxis wird in der Regel wohl kaum in allen Feinheiten zwischen der »Durchschnittsbewertung« und der »Gruppenbewertung mit Durchschnittswerten« unterschieden werden, zumal die Wertermittlung bei beiden Methoden gleich ist (vgl. die nachstehenden Ausführungen in 7.1.2). **Besonders wertvolle Vermögensgegenstände** (z. B. Pelzwaren, Teppiche, Fernsehgeräte) sind regelmäßig einzeln zu bewerten, da für derartige Gegenstände in der jeweiligen Branche keine Durchschnittswerte verwendet werden.

7.1.2 Ermittlung des gewogenen Durchschnittswerts

Durchschnittswerte können nach verschiedenen mathematischen Methoden ermittelt werden. Eine einfache arithmetische Berechnung eines Durchschnittswerts ohne Gewichtung der jeweils unterschiedlichen Preise der einzelnen Zugänge von Vermögensgegenständen ist allerdings nicht zulässig, da der gewogene Durchschnittswert verlangt wird. In der Ermittlung des Durchschnittswerts muss sich deshalb sowohl die Menge als auch der jeweilige Preis niederschlagen. Für die Ermittlung des gewogenen Durchschnittswerts kommen daher sowohl handelsrechtlich als auch steuerlich folgende beiden Wertermittlungsmethoden in Betracht:

1. einfache Wertermittlungsmethode,
2. verfeinerte Wertermittlungsmethode mit gleitenden Werten.

Nach der **einfachen Wertermittlungsmethode** wird der Durchschnittswert aus dem Gesamtwert von Anfangsbestand und Zugängen eines Geschäfts- bzw. Wirtschaftsjahres ermittelt. Nach der **verfeinerten Wertermittlungsmethode** kann einmal die Durchschnittsbewertung in kurzen Zeitabständen (z. B. halbjährlich, vierteljährlich) erfolgen und zum anderen nach jedem Zugang ein neuer Durchschnittswert errechnet werden. Dadurch wird es aber erforderlich, auch die Abgänge in die Durchschnittsbewertung mit einzubeziehen.

Da die Durchschnittsbewertung der Wirklichkeit möglichst nahe kommen soll, dürfen gewichtige **Besonderheiten** nicht außer Acht gelassen werden. Sinkt nämlich der Bestand im Laufe eines Geschäfts- bzw. Wirtschaftsjahres auf Null, so ist dies auch bei der einfachen Wertermittlungsmethode zu berücksichtigen. Wichtig ist noch, dass es sich bei der Durchschnittsbewertung um eine Schätzung der Anschaffungs- oder Herstellungskosten für die Bewertung zum Bilanzstichtag handelt.

BEISPIELE

a) Ermittlung der durchschnittlichen Anschaffungskosten für Wegeplatten eines Baustoffhändlers nach der **einfachen** Wertermittlungsmethode. Bestand zum Bilanzstichtag 31. 12. 02 = 1 000 Platten.

	Stückzahl	Preis je Stück €	Gesamtpreis €
Anfangsbestand 01. 01. 02	500	40,00	20 000,00
Zugang am 20. 02. 02	800	42,50	34 000,00
Zugang am 15. 05. 02	2 000	45,00	90 000,00
Zugang am 10. 08. 02	1 000	38,00	38 000,00
Zugang am 30. 09. 02	200	40,00	8 000,00
	4 500		190 000,00
Durchschnittswert: 190 000 € : 4 500 Stück =			42,22
Bilanzansatz somit 1 000 Stück à 42,22 € =			42 220,00

b) wie a), jedoch ergänzt um die Abgänge durch Verkauf oder Verbrauch (**verfeinerte** Wertermittlungsmethode).

	Stückzahl	Preis je Stück €	Gesamtpreis €
Anfangsbestand 01. 01. 02	500	40,00	20 000
+ Zugang 20. 02. 02	800	42,50	34 000
Summe	1 300	41,50*)	54 000
./. Abgänge bis 15. 05. 02	1 100	41,54	45 694
Summe	200	41,53*)	8 306
+ Zugang 15. 05. 02	2 000	45,00	90 000
Summe	2 200	44,68*)	98 306
./. Abgänge bis 10. 08. 02	1 500	44,68	67 020
Summe	700	44,69*)	31 286
+ Zugang 10. 08. 02	1 000	38,00	38 000
Summe	1 700	40,76*)	69 286
./. Abgänge bis 30. 09. 02	900	40,76	36 684
Summe	800	40,75*)	32 602
+ Zugang 30. 09. 02	200	40,00	8 000
Summe	1 000	40,60*)	40 602

Der Durchschnittspreis beträgt bei dieser verfeinerten Wertermittlungsmethode 40,60 €, so dass der Bilanzansatz, der sich hier aus der Berechnung direkt ergibt, mit 40 602 € zu erfolgen hat. (Anmerkung: *) = Durchschnittspreis)

c) Wäre in den vorangegangenen zwei Beispielen der Marktpreis zum Bilanzstichtag 31. 12. 02 auf z. B. 39 € pro Platte gesunken, dann müsste handelsrechtlich zwingend der niedrigere Wert (Marktwert) und nicht der Durchschnittswert angesetzt werden (§ 253 Abs. 4 Satz 1 HGB). Steuerlich käme der niedrigere Teilwert nur zum Ansatz, wenn eine voraussichtlich dauernde Wertminderung vorläge (§ 6 Abs. 1 Nr. 2 Satz 2 EStG); dieses Wahlrecht könnte nach § 5 Abs. 1 Satz 1 2. HS EStG unabhängig vom handelsrechtlich zwingend vorgeschrieben niedrigeren Wertansatz ausgeübt werden, d. h. der Maßgeblichkeitsgrundsatz des § 5 Abs. 1 Satz 1 1. HS EStG ist durchbrochen.

Bei der Durchschnittsbewertung und Gruppenbewertung mit Durchschnittswerten sind folgende **Besonderheiten** zu beachten:

a) Außerplanmäßige Abschreibung bzw. Teilwertabschreibung auf einen niedrigeren Wert als die durchschnittlichen Anschaffungskosten:

Der sich aufgrund der Durchschnittsbewertung oder Gruppenbewertung mit Durchschnittswerten ergebende Wert der Anschaffungskosten ist ggf. nach § 253 Abs. 4 HGB auf einen niedrigeren handelsrechtlichen Wert (Börsen- oder Marktpreis oder beizulegender Wert) bzw. nach § 6 Abs. 1 Nr. 2 Satz 2 EStG (steuerliches Wahlrecht, vgl. auch § 5 Abs. 1 Satz 1 2. HS EStG) auf einen niedrigeren Teilwert abzuschreiben.

b) Sinken des Bestands während des Geschäfts- bzw. Wirtschaftsjahres auf Null-Menge:

Da die Durchschnittsbewertung der Wirklichkeit möglichst nahe kommen soll, dürfen gewichtige Besonderheiten nicht außer Acht gelassen werden. Sinkt nämlich der Bestand im Laufe eines Geschäfts- bzw. Wirtschaftsjahres auf Null, so ist dies auch bei der einfachen Methode zu berücksichtigen. Die vor diesem Zeitpunkt liegenden Anschaffungen und der Anfangsbestand sind damit bei der Berechnung des Durchschnittswerts nicht mehr mit einzubeziehen.

7.1.3 Ermittlung des Werts bei der reinen Gruppenbewertung von Vermögensgegenständen des beweglichen Anlagevermögens und Schulden

In diesen Fällen ist zunächst der Wert für einen Gegenstand bzw. einen Schuldposten (ein Wirtschaftsgut) zu ermitteln. Anschließend ist der Wert auf die gesamte Menge hochzurechnen. Hierbei ist insbesondere zu beachten, dass nur gleichartige und annähernd gleichwertige Gegenstände zu einer Gruppe zusammengefasst werden dürfen (z. B. gleichartige Büroschränke mit gleich hohen Anschaffungskosten, denselben Anschaffungszeitpunkten und Abschreibungszeiträumen sowie Abschreibungsmethoden).

7.2 Sammelbewertung nach einem Verbrauchsfolge- oder Veräußerungsfolgeverfahren

7.2.1 Begriff und begünstigte Vermögensgegenstände

§ 256 Satz 1 HGB lässt die Bewertung bestimmter Vermögensgegenstände des Vorratsvermögens nach einer bestimmten Verbrauchsfolge oder Veräußerungsfolge zu, soweit es den GoB entspricht. Hierbei handelt es sich um eine Sammelbewertung (besondere Art der Gruppenbewertung), bei der die **Verbrauchsfolge oder Veräußerungsfolge** (Reihenfolge des Verkaufs oder Verbrauchs) **der Gegenstände die entscheidende Rolle** spielt, wobei nicht unbedingt die tatsächliche Verbrauchs- oder Veräußerungsfolge beachtet werden muss (das Gesetz spricht von »... kann ... unterstellt werden«). Es werden daher regelmäßig fiktive Verbrauchs- oder Veräußerungsfolgen unterstellt. Vgl. hierzu nähere Einzelheiten in 7. 2. 2. Diese Verbrauchs- oder Veräußerungsfolgemethoden **kommen nur in Betracht**

- für gleichartige Vermögensgegenstände des Vorratsvermögens (zum Merkmal »Gleichartigkeit« vgl. die Ausführungen in 7.1.1),
- soweit sie den GoB entsprechen, d. h. der auf diese Weise ermittelte Wert muss möglichst den tatsächlichen Verhältnissen entsprechen und zu einem Wert führen, der sich auch bei einer Einzelbewertung ergäbe.

Für das Anlagevermögen sind die Verbrauchs- oder Veräußerungsfolgemethoden nicht zulässig.

7.2.2 Einzelne Methoden und ihre steuerliche Anwendbarkeit

Es gibt zahlreiche Verbrauchs- oder Veräußerungsfolgemethoden, die jedoch nicht alle handelsrechtlich angewendet werden dürfen, da nicht alle den GoB entsprechen. Es sind nur die beiden in § 256 Satz 1 HGB genannten Methoden zulässig.

7.2.2.1 Fifo-Methode (first in – first out)

Die Fifo-Methode ist **handelsrechtlich zulässig**. Sie wird in § 256 Satz 1 HGB durch die Formulierung »... kann unterstellt werden, dass die **zuerst ... angeschafften** oder hergestellten Vermögensgegenstände **zuerst ... verbraucht** oder veräußert worden sind« zum Ausdruck gebracht. Bei dieser Methode wird unterstellt, dass die am Bilanzstichtag vorhandenen Bestände an Vorräten aus der letzten bzw. den letzten Anschaffungen oder Herstellungen stammen. **Steuerlich** ist diese Methode **nicht zulässig**.

BEISPIEL

Ein Getreidehändler hat zum Bilanzstichtag 31. 12. 02 500 t Braugerste auf Lager.

	Menge in t	Preis je t in €	Gesamtpreis €
Anfangsbestand 01. 01. 02	100	1 900	190 000
Einkäufe:			
am 15. 10. 02	400	2 000	800 000
am 20. 11. 02	250	2 200	550 000
am 10. 12. 02	200	2 100	420 000

LÖSUNG Nach der Fifo-Methode ergibt sich folgender Wertansatz (nur handelsrechtlich zulässig):

200 t (Einkauf vom 10. 12. 02) à 2 100 €	=	420 000 €
250 t (Einkauf vom 20. 11. 02) à 2 200 €	=	550 000 €
50 t (Einkauf vom 15. 10. 02) à 2 000 €	=	100 000 €
Bilanzansatz = Inventurwert zum 31. 12. 02	=	1 070 000 €

7.2.2.2 Lifo-Methode (last in – first out)

Die Lifo-Methode ist ebenfalls **handelsrechtlich zulässig** und wird in § 256 Satz 1 HGB benannt durch die Formulierung »...kann unterstellt werden, dass die... **zuletzt angeschafften** oder hergestellten Vermögensgegenstände **zuerst ... verbraucht** oder veräußert werden«. Bei dieser Methode wird unterstellt, dass die am Bilanzstichtag vorhandenen Bestände an Vorräten aus dem Anfangsbestand oder den ersten Zugängen des Geschäfts- bzw. Wirtschaftsjahres stammen.

Steuerlich ist die Lifo-Methode gesetzlich **in § 6 Abs. 1 Nr. 2a EStG** festgeschrieben bzw. zugelassen.

Die Lifo-Methode darf jedoch nur angewandt werden, wenn folgende **Voraussetzungen erfüllt** sind:

a) wenn der Steuerpflichtige den Gewinn nach § 5 EStG ermittelt,
b) wenn die Verbrauchs- oder Veräußerungsfolge nach dem Lifo-Prinzip unterstellt wird (vgl. § 256 Satz 1 HGB) **und**
c) wenn dies den handelsrechtlichen GoB entspricht.

Die steuerliche Ausübung des Wahlrechts nach § 6 Abs. 1 Nr. 2 a EStG ist ebenfalls unabhängig von dem handelsrechtlich ausgeübten Wahlrecht möglich (§ 5 Abs. 1 Satz 1 2. HS EStG, Abschn. I Nr. 2 Buchst. b) Rn. 16 und 17 BMF vom 12. 03. 2010 BStBl I 2010, 239). Die Anwendung der Lifo-Methode für die Steuerbilanz setzt damit nicht voraus, dass der Steuerpflichtige die Wirtschaftsgüter auch in der Handelsbilanz nach dieser Methode bewertet. Eine Einzelbewertung der Wirtschaftsgüter in der Handelsbilanz steht der Anwendung der Lifo-Methode in der Steuerbilanz nicht entgegen (vgl. R 6.9 Abs. 1 Sätze 2 bis 4 EStR). Bei einer Abweichung von der Handelsbilanz sind die Wirtschaftsgüter gemäß § 5 Abs. 1 Satz 2 EStG allerdings in besondere, laufend zu führend Verzeichnisse aufzunehmen.

Eine Bewertung nach der Lifo-Methode entspricht nicht den handelsrechtlichen GoB und ist deshalb steuerlich nicht zulässig für Vorräte mit – absolut betrachtet – hohen Erwerbsaufwendungen, wenn die Anschaffungskosten ohne weiteres identifiziert und den einzelnen Vermögensgegenständen bzw. Wirtschaftsgütern angesichts deren individueller Merkmale ohne Schwierigkeiten zugeordnet werden können, z. B. zum Verkauf bestimmte Pkw (BFH vom 20. 06. 2000 BStBl II 2000, 636, H 6.9 (Grundsätze ordnungsmäßiger Buchführung) EStH). Die erforderliche Übereinstimmung mit den GoB bedeutet zwar nicht, dass die Lifo-Methode mit der tatsächlichen Verbrauchs- oder Veräußerungsfolge im Betrieb übereinstimmen muss; sie darf jedoch, wie z. B. bei leicht verderblichen Waren, nicht völlig unvereinbar mit dem betrieblichen Geschehensablauf sein (vgl. R 6.9 Abs. 2 Satz 2 EStR).

Für Steuerpflichtige, die den Gewinn nach § 4 Abs. 1 EStG ermitteln, darf die Lifo-Methode nicht angewendet werden. Zur Beachtung der GoB vgl. R 6.9 Abs. 2 EStR. Für die Anwendung der Lifo-Methode dürfen gleichartige Wirtschaftsgüter zu Gruppen zusammengefasst werden (R 6.9 Abs. 3 EStR).

7.2.2.2.1 Methoden der Lifo-Bewertung

Grundsätzlich und nach R 6.9 Abs. 4 EStR sind **drei Methoden** der Lifo-Bewertung (Lifo-Methoden) zugelassen:

1. einfache Perioden-Lifo-Methode,
2. permanente Lifo-Methode,
3. besondere Form der Perioden Lifo-Methode mit Ausweis von besonderen Posten (Layer).

a) Einfache Perioden-Lifo-Methode

Bei dieser Methode (einfache Form der Lifo-Bewertung) wird der Vorratsbestand lediglich zum Ende des Wirtschaftsjahres bewertet. Bei der Wertermittlung für die Mehrbestände ist vom Jahresanfangsbestand und von den Anschaffungs- oder Herstellungskosten der ersten Lagerzugänge des Wirtschaftsjahres oder von den durchschnittlichen Anschaffungs- oder Herstellungskosten aller Zugänge des Wirtschaftsjahres auszugehen.

BEISPIEL

Ein Brennstoffhändler hat zum Bilanzstichtag 31. 12. 02 5 000 Ztr. Kohle auf Lager:

	Menge in Ztr.	Preis je Ztr. €	Gesamtpreis €
Anfangsbestand 01. 01. 02	1 000	20,00	20 000
Zukauf 15. 01. 02	3 500	22,00	77 000
Zukauf am 10. 02. 02	2 000	24,00	48 000

LÖSUNG

Nach der einfachen Perioden-Lifo-Methode ergibt sich folgender Wertansatz:

1 000 Ztr. (Anfangsbestand 01. 1. 02) à 20,00 €	=	20 000 €
3 500 Ztr. (Zukauf vom 15. 01. 02) à 22,00 €	=	77 000 €
500 Ztr. (Zukauf vom 10. 02. 02) à 24,00 €	=	12 000 €
Bilanzansatz = Inventurwert zum 31. 12. 02	=	109 000 €

Der Ansatz eines handelsrechtlich niedrigeren Marktpreises bzw. beizulegenden Werts bzw. steuerlich niedrigeren Teilwerts bleibt unberührt. Beträgt nämlich der Marktpreis zum Bilanzstichtag weniger als (109 000 € : 5 000 Ztr. =) 21,80 €, so ist handelsrechtlich zwingend der niedrigere Wert (niedrigere Börsen- oder Marktpreis) anzusetzen (strenges Niederstwertprinzip, § 253 Abs. 4 HGB). Steuerlich besteht dabei nach § 6 Abs. 1 Nr. 2 Satz 2 EStG ein autonomes Wahlrecht zum Ansatz des niedrigeren Teilwerts, allerdings nur bei einer voraussichtlich dauernden Wertminderung. Der Teilwert der zu einer Gruppe zusammengefassten Wirtschaftsgüter ist dabei mit dem Wertansatz, der sich bei Anwendung der Lifo-Methode ergibt, zu vergleichen.

b) Permanente Lifo-Methode

Die permanente Lifo-Methode (gleitende Form der Lifo-Bewertung) setzt eine laufende mengen- und wertmäßige Erfassung aller Zu- und Abgänge voraus. Sie ähnelt somit sehr der verfeinerten Methode der Durchschnittsbewertung (vgl. das Beispiel b) in 7.1.2). Diese Methode ist sehr zeit- und arbeitsaufwändig, weil sie eine laufende Bestandsfortschreibung erfordert. Sie dürfte daher in der Praxis wohl seltener anzutreffen sein.

Anmerkung: Im vorstehenden Beispiel zur einfachen Perioden-Lifo-Methode könnte die permanente Lifo-Methode nur angewendet werden, wenn zwischen dem 01. 01. 02 und/oder dem ersten oder zweiten Zukauf des Jahres 02 ein Abgang stattgefunden hätte.

c) Besondere Formen der Perioden-Lifo-Methode mit Ausweis von besonderen Posten (Layer)

Der Ausweis des Mehrbestandes erfolgt als besonderer Posten (sog. »Layer«, »Schichten«). Bei dieser Berechnungsmethode werden durch Zukäufe sich ergebende Mehrmengen eines Geschäfts- bzw. Wirtschaftsjahres (Mehrbestände gegenüber dem Anfangsbestand) selbstständig bewertet und fortgeführt, so dass auf diese Weise verschiedene Bestandsposten entstehen, die unterschiedlich bewertet werden. Die Summe dieser einzelnen Posten bildet dann den gesamten Bilanzansatz. Diese Berechnungsmethode ist naturgemäß wiederum zeit- und arbeitsaufwändig. Bei dieser »Perioden-Lifo-Methode mit Layer« sind folgende drei **Fallmöglichkeiten** denkbar:

1. Der Schlussbestand des abgelaufenen Geschäfts- bzw. Wirtschaftsjahres und der Anfangsbestand dieses Wirtschaftsjahres sind gleich groß: Der Bilanzansatz vom Beginn des Wirtschaftsjahres (Anfangsbestand) ist als Schlussbestand zu übernehmen.
2. Der Schlussbestand des abgelaufenen Geschäfts- bzw. Wirtschaftsjahres ist größer als der Bilanzansatz vom Beginn des Geschäfts- bzw. Wirtschaftsjahres (Anfangsbestand): Der Bilanzansatz vom Beginn des Geschäfts- bzw. Wirtschaftsjahres (Anfangsbestand) ist zu übernehmen und der Mehrbestand ist separat nach dem Lifo-Prinzip zu bewerten.
3. Der Schlussbestand des abgelaufenen Geschäfts- bzw. Wirtschaftsjahres ist kleiner als der Bilanzansatz vom Beginn dieses Geschäfts- bzw. Wirtschaftsjahres (Anfangsbestand): In diesem Fall ist ein Teil des Bilanzansatzes vom Beginn des Geschäfts- bzw. Wirtschaftsjahres (Anfangsbestands) entsprechend dem Mengenrückgang aufzulösen.

BEISPIELE

a) Ein Baustoffhändler hat Wegeplatten, die zu seinem Vorratsvermögen gehören. Im Geschäfts- bzw. Wirtschaftsjahr 02 haben sich der Bestand und der Wert wie folgt entwickelt:

	Menge Stück	AK je Stück €	AK gesamt €
01. 01. 02 Anfangsbestand	2 000	15,00	30 000
07. 02. 02 Zugang	3 000	19,00	57 000
18. 04. 02 Abgang	4 000		
21. 08. 02 Zugang	5 000	17,00	85 000
09. 12. 02 Abgang	3 500		
31. 12. 02 Endbestand	2 500		

LÖSUNG Bei der Perioden-Lifo-Methode mit Bildung von besonderen Posten (»Layer«) ergibt sich zum 31. 12. 02 folgender Wertansatz:

Layer 01: für den Anfangsbestand 01. 01. 02: 2 000 Stück à 15,00 €	=	30 000 €
Layer 02: für die Bestandszunahme in 02: 500 Stück à 19,00 € (stammt vom ersten Zugang in 02)	=	9 500 €
Wertansatz somit zum 31. 12. 02 insgesamt		39 500 €

b) Grundsachverhalt wie im Beispiel a). Jedoch ergaben sich zu nachstehenden Bilanzstichtagen folgende Layer:

• zum 31. 12. 02:	Layer 01:	Layer vom Anfangsbestand 01. 01. 02: 2 000 Stück à 15,00 €	=	30 000 €
	Layer 02:	für die Bestandszunahme in 02 von 500 Stück; dieser Zugang stammt nach dem Lifo-Prinzip vom ersten Zugang à 19,00 €	=	9 500 €
• zum 31. 12. 03:	Layer 03:	Zugang gegenüber 02 um 400 Stück à 18,75 €	=	7 500 €
• zum 31. 12. 04:	Layer 04:	Zugang gegenüber 03 um 300 Stück à 21,33 €	=	6 400 €
• zum 31. 12. 05:	Kein neuer Layer 05, da der Endbestand (vom 31. 12. 04: 3 200 Stück) sich auf 2 600 Stück minderte.			

Zu ermitteln ist, mit welchem Wert der Endbestand am 31. 12. 05 im Rahmen der Perioden-Lifo-Methode anzusetzen ist.

LÖSUNG Zum 31. 12. 05 ergibt sich für den Bestand von 2 600 Stück folgender Wertansatz:
Da sich gegenüber dem 31. 12. 05 der Bestand um 600 Stück gemindert hat, ist nach dem Lifo-Prinzip zunächst der Layer vom 31. 12. 04 (300 Stück mit Wertansatz 6 400 €) aufzulösen und außerdem für die noch fehlenden 300 Stück ein Teil des Layer vom 31. 12. 03 mit 300/400 von 7 500 € = 5 625 €.
Es ergibt sich somit folgender Bilanzansatz zum 31. 12. 05:

Layer 01 (unverändert)	30 000 €
Layer 02 (unverändert)	9 500 €
Layer 03 (7 500 € ./. 5 625 € =)	1 875 €
Insgesamt	41 375 €

Vgl. hierzu weitere Ausführungen und Beispiele in Küting/Pfitzer/Weber, HdR-E, 5. Aufl. § 256 HGB, Rz. 48 ff.

7.2.2.2.2 Besonderheit bei Absinken des Bestandes auf Null-Menge

Bei der Anwendung der Lifo-Methoden ist zu beachten, dass durch Abgänge während des Jahres u. U. zwischendurch ein so geringer Bestand (evtl. sogar Bestand = Null) erreicht wird, so dass bei der Wertermittlung nicht vom (ggf. vollen) Anfangsbestand des Geschäfts- bzw. Wirtschaftsjahres ausgegangen werden darf, sondern dieser Umstand entsprechend berücksichtigt werden muss.

Angenommen im Beispiel zur einfachen Perioden-Lifo (s. 7.2.2.2.1 a)) wären am 10. 01. 02 vom Anfangsbestand 400 Ztr. Kohle veräußert worden, dann dürfte bei der Ermittlung des Werts des Schlussbestands zum 31. 12. 02 nur ein (verbleibender) Anfangsbestand von 600 Ztr. zugrunde gelegt werden. Wäre vor dem ersten Zukauf im Jahre 02 (also vor dem 15. 01. 02) der gesamte Anfangsbestand von 1 000 Ztr. Kohle veräußert worden, dann würde bei der Ermittlung des Schlussbestandes der Anfangsbestand sogar überhaupt keine Rolle mehr spielen. In der Praxis wird diese genaue Betrachtungsweise jedoch aus Vereinfachungsgründen vielfach vernachlässigt werden.

7.2.2.2.3 Ansatz eines niedrigeren handelsrechtlichen Werts bzw. eines niedrigeren steuerlichen Teilwerts

Für die Bewertung des Vorratsvermögens nach der Lifo-Methode bleibt der Ansatz eines handelsrechtlich niedrigeren Börsen- oder Marktpreises oder beizulegenden Werts bzw. eines steuerlich niedrigeren Teilwerts unberührt, da auch in diesem Fall handelsrechtlich das strenge Niederstwertprinzips des § 253 Abs. 4 HGB und steuerlich das autonome Wahlrecht des § 6 Abs. 1 Nr. 2 Satz 2 i. V. m. § 5 Abs. 1 Satz 1 2. HS EStG zu beachten sind. Vgl. auch R 6.9 Abs. 6 EStR, wonach bei der Bildung von Layern der Wertansatz des einzelnen Layers mit dem Teilwert zu vergleichen ist, so dass entsprechend dem Ergebnis des Vergleichs für einzelne Layer ggf. eine Teilwertabschreibung erfolgen kann, für andere Layer jedoch nicht.

7.2.2.2.4 Wechsel der Bewertungsmethode

Handelsrechtlich ist die Regelung des § 252 Abs. 1 Nr. 6 HGB zu beachten, wonach die einmal gewählte Bewertungsmethode beizubehalten ist. Ein Wechsel ist danach handelsrechtlich grundsätzlich nicht zulässig, sondern gemäß § 252 Abs. 2 HGB nur in begründeten Ausnahmefällen, vgl. hierzu die Ausführungen in 3.3 zur materiellen Bilanzenkontinuität.

Steuerlich ist ein Wechsel von der Lifo-Methode zu einer anderen Bewertungsmethode (z. B. zur Durchschnittsbewertung) nur mit Zustimmung des Finanzamts zulässig (vgl. § 6

Abs. 1 Nr. 2 a letzter Satz EStG und R 6.9 Abs. 5 EStR). Hierbei ist ebenfalls der handelsrechtliche Grundsatz der **Bewertungsstetigkeit** zu beachten, wonach nur in begründeten Ausnahmefällen die Bewertungsmethode gewechselt werden darf (vgl. a. § 252 Abs. 2 HGB). Liegt ein begründeter Ausnahmefall vor, muss das Finanzamt einem Wechsel der Bewertungsmethode zustimmen. Bei der erstmaligen Anwendung der Lifo-Methode ist jedoch die Zustimmung des Finanzamts nicht erforderlich. Ein Wechsel innerhalb der Methoden der Lifo-Bewertung (z. B. zwischen Perioden-Lifo-Methode und permanenter Lifo-Methode) bedarf ebenfalls nicht der Zustimmung des Finanzamts.

Bei erstmaliger Anwendung der Lifo-Methode in der Steuerbilanz ist der Vorratsbestand vom Schluss des Wirtschaftsjahres, das der erstmaligen Anwendung dieser Methode vorangeht, mit seinem steuerlich zulässigen Wertansatz als Ausgangswert zu übernehmen und fortzuführen (§ 6 Abs. 1 Nr. 2 a Satz 2 EStG und R 6.9 Abs. 7 EStR).

7.2.2.3 Hifo-Methode (highest in – first out)

Diese Methode durfte bis zum Ergehen des BilMoG aufgrund der Formulierung in § 256 Satz 1 HGB a. F. »... dass die ... angeschafften oder hergestellten Vermögensgegenstände ... in einer sonstigen bestimmten Folge verbraucht oder veräußert worden sind« handelsrechtlich angewendet werden. Nach § 256 Satz 1 HGB n. F. ist die Hifo-Methode ab 2010 auch **handelsrechtlich** nicht mehr zulässig. **Steuerlich** kam diese Methode schon bisher nicht in Betracht.

7.2.2.4 Andere Verbrauchsfolgemethoden

Es gibt noch andere Verbrauchsfolgemethoden, die jedoch handelsrechtlich (und auch steuerlich) nicht anwendbar sind, da sie zu Werten führen, die nicht den GoB entsprechen. Es handelt sich hierbei insbesondere um folgende Bewertungsmethoden:

a) Die **Lofo-Methode** (lowest in – first out). Diese Methode unterstellt, dass die am billigsten angeschafften oder hergestellten Vorräte zuerst verbraucht oder veräußert werden. Hier liegt in aller Regel ein Verstoß gegen das Niederstwertprinzip vor.
b) Die **Dollar-value-Methode.** Das ist eine Sammelbewertungsmethode gleichwertiger Bestände nach Art der Lifo-Methode, die nicht mehr anwendbar ist, wenn die Bestände nicht auch gleichartig sind.
c) Die **Retail-lifo-Methode.** Das ist die besondere US-amerikanische Methode mit einer retrograden Wertermittlung durch Aussonderung der Preisentwicklung mittels Indexrechnungen. Es setzt auch keine gleichartigen Vermögensgegenstände voraus und ist daher insoweit schon nicht zulässig.

7.3 Festwertbewertung

7.3.1 Begriff und begünstigte Vermögensgegenstände

Die Rechtsgrundlage für die Bewertung bestimmter Vermögensgegenstände mit einem festen Wert (Festwert) befindet sich in § 256 Satz 2 i. V. m. § 240 Abs. 3 HGB. Diese Regelung gilt ebenfalls für alle Kaufleute und somit für alle Steuerpflichtigen, die nach § 140 AO handelsrechtlich oder nach § 141 AO nur steuerlich zur Buchführung verpflichtet sind (vgl. § 141 Abs. 1 Satz 2 AO).

Beim Festwert handelt es sich um einen **gleich bleibenden Wertansatz** in der Bilanz für eine etwa in gleicher Bestandsgröße und Zusammensetzung benötigte Menge von Vermögensgegenständen bestimmter Art des Betriebs. Der Festwert wird regelmäßig zu mehreren Bilanzstichtagen in unveränderter Höhe angesetzt, wodurch die Inventur- und Abschlussarbeiten erleichtert und vereinfacht werden können. Der Festwertbewertung liegt die Fiktion zugrunde, dass die jährlichen Zugänge und der jährliche Verbrauch bzw. die Abgänge oder Wertminderungen für Abschreibungen bzw. AfA sich in etwa ausgleichen, so dass die jährlichen **Ersatzbeschaffungen** sofort in voller Höhe als **Aufwand** behandelt und außerdem die gesamten Bewertungsarbeiten (Bestandsaufnahme, Abschreibungen bzw. AfA, Abgrenzung zwischen Erhaltungs- und Herstellungsaufwand) eingespart werden können. Zudem brauchen dann die Abgänge, z. B. infolge von Veräußerungen oder Entnahmen, nicht mehr als Bestandsverminderungen gebucht zu werden. Allerdings wird dann der bei einer Veräußerung eines zur Festwertgruppe gehörenden Wirtschaftsguts erzielte Verkaufspreis (netto) bzw. der bei einer Entnahme anzusetzende Entnahmewert in voller Höhe als Ertrag erfasst.

Beim Festwertansatz handelt es sich um ein **Wahlrecht,** das aber nicht nur handelsrechtlich, sondern auch steuerlich zulässig ist (vgl. R 5.4 Abs. 3 EStR und H 5.4 (Festwert) EStH für das bewegliche Anlagevermögen und H 6.8 (Festwert) EStH) für das Vorratsvermögen). Der Grundsatz der Bewertungsstetigkeit des § 252 Abs. 1 Nr. 6 HGB (vgl. die Aufführungen in 3.3 zur materiellen Bilanzenkontinuität) verbietet jedoch einen Wechsel zwischen Festwertbewertung und Einzelbewertung. Bei Steuerpflichtigen, die den Gewinn nach § 5 EStG ermitteln, ist der Ansatz eines Festwerts in der Steuerbilanz nur zulässig, wenn auch in der Handelsbilanz entsprechend verfahren wird, da eine eigene steuerliche Regelung für die seuerliche Gewinnermittlung nicht besteht und somit diese Methode unter den Maßgeblichkeitsgrundsatz des § 5 Abs. 1 Satz 1 1. HS EStG fällt (vgl. auch Abschn. I Nr. 1 Buchst. b) Rn. 5 und 7 BMF vom 12.03.2010 BStBl I 2010, 239). Nach § 240 Abs. 3 HGB ist eine Festwertbewertung **nur zulässig** für

a) bewegliche Vermögensgegenstände des Sachanlagevermögens wie z. B. Werkzeuge, Geräte, Geschirr, Besteck, Wäsche in Hotelbetrieben, Gerüst- und Schalungsteile, Behälter, Beleuchtungsanlagen, Formen, Modelle, Kanaldielen und Rechenmaschinen.
b) Roh-, Hilfs- und Betriebsstoffe des Vorratsvermögens wie z. B. Hölzer, Roheisen, Rohöl, Nägel, Schrauben, Schmieröle und Fette.

7.3.2 Voraussetzungen

Eine Festwertbewertung ist für die dafür in Betracht kommenden Vermögensgegenstände nur unter folgenden Voraussetzungen zulässig:

a) Die Vermögensgegenstände müssen regelmäßig ersetzt werden,
b) der Gesamtwert muss für das Unternehmen von nachrangiger Bedeutung sein,
c) der Bestand der Vermögensgegenstände darf in seiner Größe, seinem Wert und seiner Zusammensetzung nur geringen Veränderungen unterliegen **und**
d) in der Regel ist alle drei Jahre eine körperliche Bestandsaufnahme durchzuführen.

Das Merkmal »die **Vermögensgegenstände müssen regelmäßig ersetzt werden**« wurde seinerzeit durch das Bilanzrichtliniengesetz neu in das Gesetz aufgenommen. Hierdurch sollte aber die Anwendung der Festwertbewertung nicht erschwert, sondern zum Ausdruck gebracht werden, dass diese Bewertungsmethode nur für Massengüter anzuwenden ist, bei denen regelmäßig jährlich ein gewisser Ab- und Zugang von einzelnen Stücken in Betracht kommt, um den betriebsnotwendigen Bestand in Umfang und Zusammensetzung zu erhalten. Diese regelmäßigen Ersatzbeschaffungen müssen dabei im Rahmen eines ordnungsmäßigen Geschäftsganges beurteilt werden.

Das weitere Merkmal »ihr **Gesamtwert** muss für das Unternehmen **von nachrangiger Bedeutung** sein« war eine echte Neuerung durch das Bilanzrichtliniengesetz. Was darunter zu verstehen ist, lässt die Bestimmung allerdings offen. Einmal ist damit der Gesamtwert aller für einen einzelnen Festwert in Betracht kommender Wirtschaftsgüter des Unternehmens gemeint. Außerdem muss dieser Wert im Verhältnis zum Wert des ganzen Unternehmens von untergeordneter Bedeutung sein. Nach BMF vom 08.03.1993 (BStBl I 1993, 276) ist zur Beurteilung der Nachrangigkeit auf die Bilanzsumme abzustellen. Der Gesamtwert der für einen einzelnen Festwert in Betracht kommenden Vermögensgegenstände bzw. Wirtschaftsgüter ist für das Unternehmen grundsätzlich von nachrangiger Bedeutung, wenn er an den dem Bilanzstichtag vorangegangenen fünf Bilanzstichtagen im Durchschnitt 10 % der Bilanzsumme nicht überstiegen hat. Außerdem wurde vom BMF ausgeführt, dass der Anhaltewert von beweglichen Vermögensgegenständen bzw. Wirtschaftsgütern des Sachanlagevermögens anhand der steuerlich zulässigen linearen oder degressiven AfA nach § 7 Abs. 1 oder 2 EStG zu ermitteln sei. Erhöhte Absetzungen und Sonderabschreibungen dürfen dagegen bei der Ermittlung des Anhaltewerts nicht berücksichtigt werden. Als Anhaltewert ist dabei der Wert zu verstehen, den die zur Festwertgruppe gehörenden Wirtschaftsgüter des beweglichen abnutzbaren Sachanlagevermögens haben, wenn der Zustand eines in Umfang und Wert annähernd gleichbleibenden Bestands erreicht ist, also sich deren aufsummierter Bilanzwert nur noch unwesentlich verändert, weil zwischen notwendigen Ersatzbeschaffungen einerseits und dem Wertverzehr und den Abgängen andererseits ein annäherndes Gleichgewicht mit geringfügiger Schwankungsbreite eingetreten ist.

Das weitere Merkmal »der **geringen Veränderungen des Bestands** hinsichtlich seiner Größe, seines Werts und seiner Zusammensetzung« kann nicht jeweils in seinen Einzelteilen, sondern muss insgesamt beurteilt werden. Unter der Größe des Bestandes ist jeweils die mit dem Festwert erfasste Menge zu verstehen. Hierbei ist zu beachten, dass für die Zusammenfassung von Gegenständen zu einem Festwert gesetzlich zwar keine Gleichartigkeit verlangt wird, jedoch dürfen nur solche Gegenstände zu einem Festwert zusammengefasst werden, die keine unterschiedlichen, sondern wirtschaftlich und technisch vergleichbare Funktionen zu erfüllen haben, z. B. keine Zusammenfassung von Bettwäsche und Geschirr in einem Hotel. Auch Gegenstände, die regelmäßig erheblichen Preisschwankungen unterliegen, sind von der Festwertbewertung ausgeschlossen. Bei Sachanlagegegenständen dürfen nur solche Gegenstände zu einem Festwert zusammengefasst werden, die in etwa gleichartig und zueinander nicht wesensfremd sind, die ungefähr die gleiche technische und wirtschaftliche Zweckbestimmung sowie betriebsgewöhnliche Nutzungsdauer haben und annähernd gleich hohe Anschaffungs- oder Herstellungskosten erforderten.

Schließlich muss »in der Regel alle **drei Jahre** eine **körperliche Bestandsaufnahme** durchgeführt« werden (vgl. § 240 Abs. 3 Satz 2 HGB und R 5.4 Abs. 3 Satz 1 EStR). Übersteigt der neu ermittelte Wert den bisherigen Festwert um mehr als 10 %, so ist der ermittelte Wert als Festwert anzusetzen. Übersteigt der neu ermittelte Wert den bisherigen Festwert um nicht mehr als 10 %, so kann der bisherige Festwert beibehalten werden. Ist der neu ermittelte Wert niedriger als der bisherige Festwert, so kann der Unternehmer beim Anlagevermögen den neuen Wert als Festwert ansetzen. Vgl. R 5.4 Abs. 3 Sätze 2 bis 5 EStR. Beim Festwert von Roh-, Hilfs- und Betriebsstoffen (Umlaufvermögen) muss wegen des strengen Niederstwertprinzips des § 253 Abs. 4 HGB handelsrechtlich auf den niedrigeren beizulegenden Wert heruntergegangen werden. Steuerlich besteht nur bei dauernder Wertminderung nach § 6 Abs. 1 Nr. 2 Satz 2 EStG ein

Wahlrecht dazu, das wiederum nach § 5 Abs. 1 Satz 1 2. HS EStG unabhängig vom handelsrechtlichen Ansatz ausgeübt werden darf. Vgl. auch die Ausführungen in 7.3. 3. 2. 2. Selbstverständlich sind für verschiedenartige Vermögensgegenstände bzw. Wirtschaftsgüter **jeweils eigene Festwerte** zu ermitteln und anzusetzen. Ein Unternehmen kann daher u. U. mehrere verschiedene Festwerte haben.

7.3.3 Ermittlung des Festwerts

7.3.3.1 Roh-, Hilfs- und Betriebsstoffe

Die Ermittlung eines erstmaligen Festwerts für Roh-, Hilfs- und Betriebsstoffe wirft keine besonderen Probleme auf. Entscheidend sind allein die **Anschaffungs- oder Herstellungskosten** (ggf. der niedrigere Börsen- oder Marktpreis oder beizulegende Wert bzw. der niedrigere Teilwert) des für die Festwertbewertung in Betracht kommenden Bestandes dieser Gegenstände zum Bilanzstichtag. Die Ermittlung des Festwerts wird in der Praxis häufig der Gruppenbewertung mit Durchschnittswerten entsprechen. Bei einer Überprüfung des Festwerts (i. d. R. alle drei Jahre) gilt das Gleiche.

7.3.3.2 Gegenstände des Sachanlagevermögens

7.3.3.2.1 Erstmalige Ermittlung

Die Probleme liegen hier bei der Berücksichtigung der Abschreibungen bzw. AfA, da berücksichtigt werden muss, dass der für die Bildung des Festwerts in Betracht kommende Bestand an Wirtschaftsgütern in der Regel altersmäßig gemischt ist, so dass als Festwert nicht die vollen Anschaffungs- oder Herstellungskosten angesetzt werden können, sondern hierfür der die Abschreibungen berücksichtigende Anhaltewert (s. 7.3.2) zu ermitteln ist. In der Praxis wird man häufig als Festwert einen Pauschalsatz der Anschaffungs- oder Herstellungskosten zugrunde legen, der abhängig ist von der betriebsgewöhnlichen Nutzungsdauer der Gegenstände. Für Gerüst- und Schalungsteile hat hierfür die Finanzverwaltung einen Durchschnittsatz von 40 % der Anschaffungs- oder Herstellungskosten der vorangegangenen fünf Jahre zugelassen (vgl. frühere ESt-Kartei Baden-Württemberg zu § 6 Abs. 2 EStG – Geringwertige Wirtschaftsgüter – Nr. 2). Nach BMF vom 08. 03. 1993 (BStBl I 1993, 276) ist der sog. **Anhaltewert** von beweglichen Wirtschaftsgütern des Sachanlagevermögens anhand der steuerlich zulässigen AfA nach § 7 Abs. 1 oder 2 EStG zu ermitteln. Erhöhte Absetzungen oder Sonderabschreibungen dürfen dagegen bei der Ermittlung des Anhaltewerts nicht berücksichtigt werden. Vgl. auch die vorstehenden Ausführungen in 7. 3. 2. Bei der erstmaligen Bildung eines Festwerts sind folgende zwei Fallgruppen zu unterscheiden:

1. Bildung bei Neugründung eines Betriebes,
2. Bildung bei einem bestehenden Betrieb.

a) Bildung bei Neugründung eines Betriebs

In diesem Falle sind die laufend angeschafften oder hergestellten Gegenstände mit den Anschaffungs- bzw. Herstellungskosten abzüglich planmäßiger Abschreibungen bzw. AfA anzusetzen, bis der Festwert erreicht ist. Zur Berücksichtigung der AfA hat die Finanzverwaltung zwei Möglichkeiten zugelassen (vgl. o. a. frühere ESt-Kartei):

1. Exakte Entwicklung des Festwerts (Regelfall),
2. Vereinfachte Methode zur Entwicklung des Festwerts.

Der Vergleich der beiden Entwicklungen (s. u. Beispiele a) und b)) zeigt, dass bei der exakten Methode der Festwert früher erreicht wird.

BEISPIEL

a) Exakte Ermittlung des Festwerts für Gerüst- und Schalungsteile eines Bauunternehmens (Regelfall):
Ein neu gegründetes Bauunternehmen wird regelmäßig Gerüst- und Schalungsteile im Neuwert von 100 000 € benötigen. Die betriebsgewöhnliche Nutzungsdauer wird mit fünf Jahren unterstellt. Es werden folgende Anschaffungen getätigt (jeweils Anschaffungskosten):
im Jahr 01 für 20 000 €
im Jahr 02 für 30 000 €
im Jahr 03 für 15 000 €
im Jahr 04 für 35 000 €
im Jahr 05 für 25 000 €
(in allen fünf Jahren gleichmäßig verteilt jeweils auf die einzelnen Monate des jeweiligen Geschäftsjahres).

LÖSUNG Nach der o. a. ESt-Kartei können pauschal 40 % des Neuwerts als Festwert angesetzt werden; das sind im vorliegenden Falle 40 % vom erforderlichen gesamten Neuwert = (40 % von 100 000 € =) 40 000 €.

	Anschaffung 01 €	Anschaffung 02 €	Anschaffung 03 €	Wertansatz €
Anschaffung 01:	20 000			
./. AfA 01: 15 %[1]	3 000			
31. 12. 01	17 000			17 000
Anschaffung 02:		30 000		
./. AfA 02: 15 %[1]		4 500		
20 %	4 000			
31. 12. 02	13 000	25 500		38 500
Anschaffung 03:			15 000	
./. AfA 03: 15 %[1]			2 250	
20 %	4 000	6 000		
31. 12. 03	9 000	19 500	12 750	41 250
./. außerplanmäßige Abschreibung (Sofortabschreibung) zum Erreichen des Festwerts				1 250
Festwert zum 31. 12. 03				40 000

Die Anschaffungskosten des Jahres 04 und 05 stellen sofort in voller Höhe Aufwand (Betriebsausgaben) dar.

[1] Anmerkung: Bei **Anschaffungen bis 31. 12. 2003** setzt sich der AfA-Satz für das Jahr der Anschaffung (unter Beachtung der Vereinfachungsregelung des R 44 Abs. 2 Satz 3 EStR 2003) wie folgt zusammen:
Anschaffung im ersten Halbjahr= 1/1 von 20 % = 20 %;
Anschaffung im zweiten Halbjahr= 1/2 von 20 % = 10 %;
ergibt einen durchschnittlichen AfA-Satz von15 %
Bei **Anschaffungen nach dem 31. 12. 2003** ist § 7 Abs. 1 Satz 4 EStG (i. d. F. des Haushaltsbegleitgesetzes 2004) zu beachten, wonach die AfA im Jahr der Anschaffung oder Herstellung monategenau zu berücksichtigen ist. Bei einer gleichmäßigen Verteilung der Anschaffungen eines Geschäfts- bzw. Wirtschaftsjahres auf alle 12 Monate des jeweiligen Geschäfts- bzw. Wirtschaftsjahres ergibt sich ein durchschnittlicher AfA-Satz in Höhe von 6,5/12 × 20 % = 10,83 %.

b) Vereinfachte Methode zur Entwicklung des Festwerts
Sachverhalt wie Beispiel a).

LÖSUNG Entwicklung des Festwerts:

	Anschaffung 01	Anschaffung 02	Anschaffung 03	Anschaffung 04	Wertansatz
	€	€	€	€	€
Anschaffung 01:	20 000				
./. AfA 01: 60 %	12 000				
31. 12. 01	8 000				8 000
Anschaffung 02:		30 000			
./. AfA 02: 60 %	–	18 000			
31. 12. 02	8 000	12 000			20 000
Anschaffung 03:			15 000		
./. AfA 03: 60 %	–	–	9 000		
31. 12. 03	8 000	12 000	6 000		26 000
Anschaffung 04:				35 000	
./. AfA 04: 60 %	–	–	–	21 000	
31. 12. 04	8 000	12 000	6 000	14 000	40 000

Die Anschaffungen des Jahres 05 stellen ebenfalls sofort in voller Höhe Aufwand (Betriebsausgaben) dar.

b) Bildung bei einem bestehenden Betrieb

Hierbei handelt es sich um den in der Praxis am häufigsten vorkommenden Fall. Ein Festwert wird meistens nicht sofort bei Aufnahme des Betriebs angesetzt, sondern erst, wenn ein nach Alter gemischter Bestand an entsprechenden Gegenständen vorhanden ist. Es sind folgende zwei Fälle zu unterscheiden:

1. **Bisheriger Buchwert ist höher** als der sich ergebende Festwert:
   In diesem Fall ist der Unterschiedsbetrag sofort in vollem Umfang als außerplanmäßige Abschreibung (Sofortabschreibung) zu behandeln und der niedrigere Wert als neuer Festwert in der Bilanz auszuweisen.
   (Andere Auffassung: Keine außerplanmäßige Abschreibung, sondern weiterhin planmäßige Abschreibungen, bis der niedrigere Festwert erreicht ist. In diesem Fall müssten wohl auch die Ersatzbeschaffungen entsprechend behandelt werden.)
2. **Bisheriger Buchwert ist niedriger** als der sich ergebende Festwert:
   In diesem Fall kann der neue höhere Festwert nicht sofort in voller Höhe in der Bilanz ausgewiesen werden, sondern er muss allmählich wie im Falle der Neugründung eines Betriebs (vgl. Ausführungen zu Buchstabe a) entwickelt werden.
   (Andere Auffassung: Ersatzbeschaffungen voll aktivieren und keine Abschreibung mehr für den Altbestand und die Ersatzbeschaffungen.)

7.3.3.2.2 Überprüfung und Änderung des Festwerts

Wie bereits oben unter 7.3.2 letzter Absatz ausgeführt, ist der bestehende Festwert i. d. R. alle drei Jahre zu überprüfen. R 5.4 Abs. 3 Satz 1 EStR schreibt für bewegliches Anlagevermögen im Regelfall an jedem dritten, spätestens aber an jedem fünften Bilanzstichtag die Überprüfung durch eine körperliche Bestandsaufnahme vor. Eine Überprüfung des bisherigen Festwerts kann zu folgenden Ergebnissen führen (vgl. auch R 5.4 Abs. 3 Sätze 2 bis 5 EStR):

- Der neue Wert ist niedriger als der bisherige Festwert:
  In diesem Fall kann der Unterschiedsbetrag sofort im Jahr der Überprüfung voll als Aufwand behandelt werden.

- Der neue Wert ist höher als der bisherige Festwert, jedoch beträgt die Abweichung nur bis zu 10 %:
  In diesem Fall darf der bisherige Festwert beibehalten werden (Wahlrecht).
- Der neue Wert ist höher als der bisherige Festwert, jedoch beträgt die Abweichung mehr als 10 %:
  In diesem Fall ist künftig der neue Wert maßgebend. Es ist wie folgt zu verfahren:
  Ab dem Jahr der Änderung ist der bisherige Wert um die Anschaffungs- oder Herstellungskosten von Ersatzbeschaffungen dieses Jahres zu erhöhen (keine Abschreibungen hierauf). Ein etwa noch fehlender Betrag ist im Folgejahr (oder später) aufzustocken.

BEISPIEL

Der bisherige Festwert für Bettwäsche in einem Hotel betrug zum 31. 12. 03 = 50 000 €. Bei der Überprüfung zum 31. 12. 06 ergibt sich ein neuer Wert von 60 000 €.
Es wurden folgende Ersatzbeschaffungen vorgenommen (jeweils Anschaffungskosten):
im Jahr 06 6 000 €
im Jahr 07 5 000 €

LÖSUNG Da der überprüfte Wert zum 31. 12. 06 um mehr als 10 % vom bisherigen Festwert abweicht, sind künftig 60 000 € als Festwert anzusetzen.
Dieser neue Festwert entwickelt sich wie folgt:

Festwert bisher	50 000 €
+ Aufstockung aufgrund von Anschaffungen im Jahr 06	6 000 €
Festwert 31. 12. 06	56 000 €
+ Aufstockung aufgrund von Anschaffungen im Jahr 07 (bis zur Höhe von 60 000 €)	4 000 €
Festwert 31. 12. 07	60 000 €

Der nicht benötigte Betrag der Anschaffung des Jahres 07 in Höhe von 1 000 € stellt sofortigen Aufwand (Betriebsausgabe) des Geschäfts- bzw. Wirtschaftsjahres 07 dar.

In **Ausnahmefällen** kann es jedoch geboten sein, den Festwert auch innerhalb des Dreijahreszeitraums zu überprüfen, wenn für den Bestand und die Zusammensetzung des Festwerts sich außergewöhnliche Veränderungen ergaben, z. B. bei Umstrukturierung des Betriebs oder bei umfangreicher Kapazitätsausweitung oder Kapazitätsverringerung eines Betriebs.

7.3.4 Behandlung der Ersatzbeschaffungen und Veräußerungen von Gegenständen aus einem Festwertbestand

Solange der Festwert betragsmäßig nicht erhöht zu werden braucht, sind sämtliche Ersatzbeschaffungen von Gegenständen, für die ein Festwert besteht, im Jahr der Anschaffung oder Herstellung in vollem Umfang Aufwand (Betriebsausgaben).

Werden aus dem Festwertbestand einzelne Gegenstände veräußert oder entnommen, so liegt in Höhe des Erlöses (netto) bzw. des Entnahmewerts ein Ertrag (Betriebseinnahme) vor.

7.3.5 Übergang vom Festwert zur Einzelbewertung

Der Übergang vom Festwert zur Einzelbewertung der im Festwert erfassten Wirtschaftsgüter (oder zu einer anderen Bewertungsvereinfachungsmethode) ist handelsrechtlich nicht zulässig (§ 252 Abs. 1 Nr. 6 HGB). Steuerlich gilt auch bei Steuerpflichtigen, die den Gewinn nach § 5 EStG ermitteln, das Gleiche, da ein Fall des § 5 Abs. 1 Satz 1 1. HS EStG vorliegt. Bei

Beendigung des Festwertverfahrens (z. B. wenn die Voraussetzungen für die Anwendung des Festwertverfahrens entfallen oder wenn der Steuerpflichtige künftig auf die Einzelbewertung umsteigen möchte) können die bis dahin vom Festwert erfassten Wirtschaftsgüter dann nicht nach den Grundsätzen der Einzelbewertung einzeln weiter behandelt werden.

Für die Gegenstände der **Roh-, Hilfs- und Betriebsstoffe** ergeben sich auch hierbei wiederum keine Besonderheiten. Bei diesen erfolgt zum nächsten Bilanzstichtag eine normale Bestandsbewertung und der bisherige Festwert fällt weg.

Für die Gegenstände des **Sachanlagevermögens** ist der Festwert auf die Restnutzungsdauer der Gegenstände abzuschreiben. Neu- und Ersatzanschaffungen solcher Gegenstände sind ganz normal einzeln zu bewerten (vgl. Schmidt/Kulosa EStG § 6, Rz. 618), d. h. planmäßig abzuschreiben; ggf. kann dann für die neu angeschafften Wirtschaftsgüter die Bewertungsfreiheit des § 6 Abs. 2 EStG in Anspruch genommen werden oder es kommt die Bildung eines Sammelpostens nach § 6 Abs. 2 a EStG in Betracht.

Teil H Bewertungsmaßstäbe

Sowohl **handelsrechtlich** als auch **steuerlich** ist für die Bewertung der Vermögensgegenstände und Schulden bzw. (steuerlich) der Wirtschaftsgüter zwischen mehreren verschiedenen Bewertungsmaßstäben zu unterscheiden. **Für** die auf der Aktivseite der Bilanzen (Handelsbilanz und Steuerbilanz) als **Besitzposten** auszweisenden Vermögensgegenstände bzw. Wirtschaftsgüter gilt grundsätzlich das **Anschaffungs- und Herstellungskostenprinzip**. Im Zeitpunkt des Zugangs (Erwerb oder Herstellung) der Vermögensgegenstände bzw. Wirtschaftsgüter sind im Rahmen der **Zugangsbewertung** somit grundsätzlich zunächst die **Anschaffungs- oder Herstellungskosten als Wertobergrenze** anzusetzen. Die Regelungen hierzu befinden sich

- handelsrechtlich in § 253 Abs. 1 Satz 1 HGB und
- steuerlich in § 6 Abs. 1 Nr. 1 Satz 1 und Nr. 2 Satz 1 EStG.

Das bedeutet, dass **im Zeitpunkt der Anschaffung oder Herstellung** des Vermögensgegenstands bzw. Wirtschaftsguts die Anschaffungs- oder Herstellungskosten zunächst **erfolgsneutral** in Erscheinung treten. Auswirkungen auf den Gewinn haben die Anschaffungs- oder Herstellungskosten erst im Zuge der Folgebewertung über die späteren Abschreibungen (i. d. R. zu den jeweilig folgenden Bilanzstichtagen).

Die Anschaffungs- oder Herstellungskosten sind zu den nachfolgenden Bilanzstichtagen im Rahmen der **Folgebewertung** ggf. **zu mindern**:

- handelsrechtlich um planmäßige oder außerplanmäßige Abschreibungen (nach Maßgabe des § 253 Abs. 3 bis 5 HGB) bzw.
- steuerlich um die AfA oder AfS (nach § 7 EStG) und ggf. um Teilwertabschreibungen (nach § 6 Abs. 1 Nr. 1 Satz 2 und Nr. 2 Satz 2 EStG).

Handelsrechtlich führen außerplanmäßige Abschreibungen zu einem **niedrigeren Börsen- oder Marktpreis oder beizulegenden Wert** und steuerlich zu einem **niedrigeren Teilwert**. Diese niedrigeren Werte stellen sog. **Wertuntergrenzen** dar und sind eigentlich keine eigenen Bewertungsmaßstäbe, sondern ergeben sich erst durch die Folgebewertung zum der Anschaffung oder Herstellung folgenden Bilanzstichtag und zu den weiter folgenden Bilanzstichtagen. In der Praxis (und vor allem auch steuerlich) werden diese ggf. niedrigeren Wertansätze aber vielfach ebenfalls als Bewertungsmaßstäbe bezeichnet. Vgl. hierzu die näheren Ausführungen in 4.1 (für die handelsrechtliche Folgebewertung) und in 4.3 (für die steuerliche Folgebewertung).

Handelsrechtlich ist hierbei noch von Bedeutung, dass neben dem beizulegenden Wert, wie er sich aus § 253 Abs. 3 Satz 5 HGB für das Anlagevermögen und aus § 253 Abs. 4 Satz 2 HGB für das Umlaufvermögen ergibt, noch **zusätzlich** als eigener Bewertungsmaßstab der sog. **beizulegende Zeitwert** zu unterscheiden ist. Der beizulegende Zeitwert wurde durch das BilMoG neuerdings auch für bestimmte Bewertungen in das HGB aufgenommen, nämlich in § 255 Abs. 4 HGB. Vgl. hierzu die weiteren Ausführungen in 4. 2.

Bei den nachfolgenden Ausführungen entspricht regelmäßig die handelsrechtliche Begriffsbezeichnung »**Vermögensgegenstand**« **zugleich** der steuerlichen Begriffsbezeichnung »**Wirtschaftsgut**« (oder umgekehrt).

1 Bedeutung der Anschaffungs- und Herstellungskosten

Die Anschaffungs- und Herstellungskosten sind sowohl im Handelsrecht als auch im Steuerrecht die **bedeutendsten zu bewertenden Größen**. Der Gesetzgeber stützt sich dabei auf die (ggf. widerlegbare) Vermutung, dass ein Vermögensgegenstand grundsätzlich das wert ist, was dafür aufgewendet wurde.

Handelsrechtlich haben nach § 253 Abs. 1 Satz 1 HGB alle Kaufleute (Einzelunternehmen, Personengesellschaften und Kapitalgesellschaften sowie Genossenschaften) die Vermögensgegenstände **höchstens** mit den **Anschaffungs- oder Herstellungskosten** (bei den Vermögensgegenständen des abnutzbaren Anlagevermögens gemindert um die planmäßigen Abschreibungen nach § 253 Abs. 3 Sätze 1 und 2 HGB, d. h. die sog. fortgeführte Anschaffungs- oder Herstellungskosten) anzusetzen.

Steuerlich gelten über die Bestimmung des § 6 Abs. 1 Nr. 1 Satz 1 und Nr. 2 Satz 1 EStG im Prinzip die gleichen Regelungsinhalte wie im Handelsrecht. Auch bei **Einlagen** können die Anschaffungs- oder Herstellungskosten in bestimmten Fällen die Obergrenze darstellen (vgl. § 6 Abs. 1 Nr. 5 Satz 1 EStG).

Die Anschaffungs- oder Herstellungskosten stellen also regelmäßig die Ausgangsbasis für die **handelsrechtlichen Abschreibungen** (für die planmäßigen Abschreibungen nach § 253 Abs. 3 Sätze 1 und 2 HGB für das abnutzbare Anlagevermögen und ggf. für die außerplanmäßige Abschreibungen nach § 253 Abs. 3 Sätze 5 und 6 HGB für das gesamte Anlagevermögen und nach § 253 Abs. 4 HGB für das Umlaufvermögen) sowie für die **steuerlichen Absetzungen für Abnutzungen** (AfA) und Substanzverringerungen (AfS) dar.

Bei **Wertaufholungen** (handelsrechtlich nach § 253 Abs. 5 HGB und steuerlich nach § 6 Abs. 1 Nr. 1 Satz 4 und Nr. 2 Satz 3 EStG) bilden die Anschaffungs- oder Herstellungskosten (bei abnutzbaren Vermögensgegenständen bzw. Wirtschaftsgütern des Anlagevermögens gemindert um die planmäßigen Abschreibungen bzw. AfA oder AfS, also die fortgeführten Anschaffungs- oder Herstellungskosten) die **Wertobergrenzen**. Dies gilt nicht (uneingeschränkt) bei land- und forstwirtschaftlichen Betrieben.

2 Anschaffungskosten

2.1 Gesetzliche Begriffsbestimmung

Das Handelsrecht enthält in § 255 Abs. 1 HGB eine allgemeine Definition des Begriffs »Anschaffungskosten«. Da das EStG für die Anschaffungskosten keine eigenständige Bestimmung vorsieht, gelten für die steuerliche Abgrenzung der Anschaffungskosten über den Maßgeblichkeitsgrundsatz des § 5 Abs. 1 Satz 1 1. HS EStG regelmäßig die handelsrechtlichen Regelungen.

Nach **§ 255 Abs. 1 Satz 1 HGB** (allgemeiner Grundsatz) sind Anschaffungskosten alle Aufwendungen, die gemacht werden,

- um einen Vermögensgegenstand zu erwerben
- und ihn in einen betriebsbereiten Zustand zu versetzen,
- soweit sie dem Vermögensgegenstand einzeln zugeordnet werden können.

Zu den Anschaffungskosten gehören auch die **Nebenkosten** der Anschaffung, soweit sie der Anschaffung einzeln zugeordnet werden können (§ 255 Abs. 1 Satz 2 HGB, H 6.2 (Nebenkosten) EStH). Nachträgliche Erhöhungen oder Minderungen sind zu berücksichtigen (§ 255 Abs. 1 Sätze 2 und 3 HGB).

Die Aufwendungen müssen mit einem **Erwerbsvorgang** zusammenhängen, d. h. der Vermögensgegenstand muss von einer fremden in die eigene Verfügungsmacht übergeführt werden. Der Vermögensgegenstand darf also nicht selbst oder aufgrund eines Auftrags von einem anderen hergestellt werden (Abgrenzung gegenüber der Herstellung von Gegenständen). Mit einer Anschaffung zusammenhängende Aufwendungen sind nur solange zu den Anschaffungskosten zu rechnen, bis der **Erwerbsvorgang abgeschlossen** ist. Nach dem Erwerbsvorgang anfallende Aufwendungen zählen grundsätzlich nicht mehr zu den Anschaffungskosten. Weitere Aufwendungen führen u. U. zu einem zusätzlichen Vermögensgegenstand bzw. Wirtschaftsgut.

BEISPIEL

Ein Unternehmer erwirbt ein Grundstück mit Gebäude, das vom Veräußerer langfristig vermietet ist. Um den Mieter zu veranlassen, vorzeitig aus dem Mietverhältnis auszuscheiden, zahlt der Erwerber dem Mieter eine Entschädigung (Abfindung).

LÖSUNG

a) Die Abfindungszahlung zählt beim Erwerber des Grundstücks nicht zu dessen Anschaffungskosten, weil diese Zahlung nichts mit dem Erwerbsvorgang zu tun hat. Es entsteht beim erwerbenden Unternehmer vielmehr ein zweites Wirtschaftsgut »Vorzeitige Nutzungsmöglichkeit des Grundstücks« als immaterielles Wirtschaftsgut. Die Aufwendungen dafür sind nach § 5 Abs. 2 EStG (handelsrechtlich nach § 246 Abs. 1 Sätze 1 und 2 HGB) zu aktivieren und auf die Restdauer des ursprünglichen Mietvertrags abzuschreiben (vgl. BFH vom 02.03.1970 BStBl II 1970, 382).

b) Anders ist die Lösung, wenn die Abfindung im Zusammenhang mit der Herstellung eines Gebäudes entsteht (vgl. H 6.4 (Ablöse- und Abstandszahlungen) EStH sowie BFH vom 09.02.1983 BStBl II 1983, 451).

Die Anschaffung endet nicht schon mit dem Erwerb des Vermögensgegenstands (Übergang des bürgerlich-rechtlichen oder wirtschaftlichen Eigentums), sondern erst, wenn der **Gegenstand bzw. das Wirtschaftsgut betriebsbereit** ist. Zu den Anschaffungskosten zählen daher nicht nur der eigentliche Kaufpreis, sondern alle Aufwendungen, die für den Gegenstand bis zu seiner Betriebsbereitschaft anfallen, auch die Anschaffungsnebenkosten. Diese Regelung entspricht dem Sinn und Zweck des Bewertungsmaßstabs »Anschaffungskosten«, wonach der Anschaffungsvorgang zunächst möglichst erfolgsneutral (reine Vermögensumschichtung) sein soll.

Die Aufwendungen müssen **Einzelkostencharakter** haben, d. h. sie müssen dem erworbenen Vermögensgegenstand direkt zugeordnet werden können. Gemeinkosten, d. h. Aufwendungen, die einem Vermögensgegenstand nur indirekt zugeordnet werden können, zählen nicht zu den Anschaffungskosten. Insofern besteht ein entscheidender Unterschied zu den Herstellungskosten.

BEISPIEL

Ein Unternehmer beauftragt seinen angestellten Einkäufer auf einer Messe verschiedene Waren einzukaufen. Diese Gegenstände werden später vom Erwerber mit eigenem Lkw beim Lieferanten abgeholt.

LÖSUNG Sowohl die Reisekosten des Einkäufers als auch die anteiligen Lkw-Kosten stellen grundsätzlich Gemeinkosten dar und dürfen daher nicht zu den Anschaffungskosten gerechnet werden. Auch eine schätzungsweise Aufteilung auf den jeweiligen Erwerbsvorgang ist nicht zulässig. Reisekosten und Transportkosten müssen jedoch als Anschaffungsnebenkosten zu den Anschaffungskosten gerechnet werden, wenn sie ausschließlich im Rahmen eines bestimmten Anschaffungsvorgangs angefallen sind und diesem daher direkt zugeordnet werden können. Ein Wahlrecht besteht insoweit nicht.

Anschaffungskosten sind nur solche **Aufwendungen, die auch Betriebsausgaben** (handelsrechtlich betrieblicher Aufwand) wären. Es muss sich also um steuerlich abzugsfähige Aufwendungen handeln. Kalkulatorische Kosten (z. B. der Unternehmerlohn, kalkulatorische Zinsen) zählen daher nicht zu den Anschaffungskosten. Die Aufwendungen müssen durch den Anschaffungsvorgang unmittelbar verursacht sein. Die Anschaffungskosten **entstehen** mit der **Verpflichtung zur Gegenleistung**, also grundsätzlich mit der Lieferung durch den Veräußerer. Auf den Zeitpunkt der Bezahlung kommt es nicht an.

2.2 Umfang

2.2.1 Zu den Anschaffungskosten gehörende Aufwendungen

2.2.1.1 Kaufpreis als Grundlage für die Ermittlung

Grundlage für die Anschaffungskosten ist der Einkaufspreis für den Vermögensgegenstand. Dafür ist zunächst der **tatsächlich gezahlte Betrag** maßgebend. Bei Geschäften unter Fremden ist die Angemessenheit der Höhe des Kaufpreises grundsätzlich nicht zu prüfen. Bei Geschäften unter Angehörigen und zwischen Gesellschaften und ihren Gesellschaftern spielt die Angemessenheit dagegen u. U. eine nicht unbedeutende Rolle. Für die **Höhe des Kaufpreises** ist der **Tag des Erwerbs** entscheidend, nicht der Bilanzstichtag (BFH vom 05.02.1969 BStBl II 1969, 334 und 337); vgl. auch H 6.2 (Ausländische Währung) EStH. Wertveränderungen nach diesem Zeitpunkt sind unbeachtlich, in Bezug auf die Anschaffungskosten.

BEISPIELE

a) Der Unternehmer erwirbt ein Grundstück gegen Zahlung einer lebenslänglichen Rente an den Veräußerer. Der Rentenbarwert zum Zeitpunkt des Erwerbs beträgt 200 000 €. Steigt später der Wert der Rente, weil z. B. die Rentenzahlungen an die allgemeinen Rentenerhöhungen anzupassen sind, so ist dies für die damaligen Anschaffungskosten ohne Bedeutung. Das Gleiche gilt, wenn eine Rentenverpflichtung vorzeitig, z. B. durch den Tod des Rentenberechtigten, wegfällt.
Beide Änderungen in der Höhe der Rentenverpflichtung haben nur etwas mit dem Wirtschaftsgut »Rentenverpflichtung«, aber nichts mit dem erworbenen Wirtschaftsgut »Grundstück« zu tun (vgl. R 6.2 EStR und H 6.2 (Rentenverpflichtung) EStH).

b) Der Unternehmer erwirbt am 20. 11. 02 einen Posten Edelhölzer für 10 000 US-Dollar. Der Kurs zum Zeitpunkt des Erwerbs beträgt 1 € = 1,3379 US-Dollar. Bis zum Bilanzstichtag hat sich der Kurs auf 1 € = 1,3050 US-Dollar und bis zur Bezahlung des Kaufpreises am 20. 01. 03 auf 1 € = 1,2885 US-Dollar verändert.
LÖSUNG Die Anschaffungskosten betragen zum 20. 11. 02 insgesamt 7 474,40 € (vgl. H 6.2 (Ausländische Währung) EStH). Die Kursschwankungen haben auf die Anschaffungskosten keine Auswirkung, da sie nichts mit dem Erwerbsvorgang zu tun haben, sondern nur die Finanzierung des Kaufpreises berühren.
Im umgekehrten Fall, d. h. wenn der Dollarkurs steigt (also an Wert zum Euro gewinnt, z. B. 1 € = 1,3565 US-Dollar), hat dies zwar keine rückwirkenden Auswirkungen auf die Anschaffungskosten, aber es kommt u. U. handelsrechtlich eine außerplanmäßige Abschreibung auf den niedrigeren Börsen- oder Marktpreis oder beizulegenden Wert in Betracht (§ 253 Abs. 4 Satz 2 HGB). Eine steuerliche Teilwertabschreibung wäre nur zulässig, wenn eine dauernde Wertminderung vorläge (§ 6 Abs. 1 Nr. 2 Satz 2 EStG).

Ein **zinslos gestundeter Kaufpreis** ist nicht mit dem Nennwert, sondern mit dem abgezinsten **Barwert** anzusetzen. Bei einer langfristigen (mehr als 1 Jahr) zinslosen Stundung besteht eine widerlegbare Vermutung dafür, dass in dem Kaufpreis verdeckte Zinsen enthalten sind. Infolgedessen ist der Kaufpreis abzuzinsen und in einem Kapitalanteil und Zinsanteil aufzuteilen. Bei der Abzinsung kann von der Regelung des § 12 Abs. 3 BewG ausgegangen werden (Zugrundelegung eines Zinssatzes von 5,5 % unter Berücksichtigung von Zinseszinsen und Zwischenzinsen; R 6.2 Satz 2 EStR und BFH vom 24. 04. 1991 BStBl II 1991, 793).

Verbindlichkeiten (Schulden), die auf dem erworbenen Vermögensgegenstand lasten und **die** vom Erwerber **übernommen werden** (z. B. eine Hypotheken- oder Grundschuld auf einem Grundstück, rückständige Grundsteuern für ein Grundstück), gehören zu den Anschaffungskosten des erworbenen Gegenstands (H 6.2 (Schuldübernahmen) EStH).

BEISPIELE

a) Kauf eines Grundstücks zum Verkehrswert von 500 000 € am 02. 01. 02. Vereinbarungsgemäß stundet der Veräußerer 300 000 € des Kaufpreises zinslos bis 31. 12. 04, während 200 000 € vom Erwerber sofort zu zahlen sind. Die Anschaffungskosten am 02. 01. 02 setzen sich wie folgt zusammen:

Barzahlung	200 000 €
Barwert des gestundeten Kaufpreises am 02. 01. 02: Bewertung nach Tabelle 1 gleich lautender Ländererlass vom 10. 10. 2010 in BStBl I 2010, 810 zu § 12 Abs. 3 BewG (Gegenwartswert bzw. Barwert; diese Tabelle 1 ist auch für Bewertungen von gestundeten Forderungen in Steuerbilanzen sowie Handelsbilanzen anwendbar):	
300 000 € × 0,852 (3 Jahre Laufzeit)	255 600 €
Aktivierungspflichtige Anschaffungskosten	455 600 €

Obwohl die restliche (gestundete) Kaufpreisschuld in Höhe des Nennwerts (eigentlicher Erfüllungsbetrag nach § 253 Abs. 1 Satz 2 HGB) bei Fälligkeit zu bezahlen ist, wird allgemein die Auffassung vertreten, dass nur der Barwert (bzw. Gegenwartswert) zu passivieren sei (vgl. hierzu auch die Ausführungen in I 1.3.1 zu b) Ziffer 1 zum Ratenkauf). Da der Barwert der gestundeten Verbindlichkeit steigt, je näher der Fälligkeitszeitpunkt der Verbindlichkeit heranrückt, muss der jeweilige Erhöhungsbetrag (Unterschiedsbetrag zwischen dem letzten Barwert und dem zum nächsten Bilanzstichtag höheren Barwert) als Aufwand gebucht werden. Es ergeben sich somit folgende Buchungen:

• am 02. 01. 02:			
Grundstück		455 600 €	
an Sonstige Verbindlichkeiten			255 600 €
an Geldkonto			200 000 €
• am 31. 12. 02:			
Sonstiger betrieblicher Aufwand oder Zinsaufwand (= Unterschied zwischen Barwert			
02. 01. 02	= 255 600 €		
31. 12. 02	= 269 400 €)	13 800 €	
an Sonstige Verbindlichkeiten			13 800 €

b) Sachverhalt wie vorheriges Beispiel, jedoch lastet auf dem Grundstück eine Grundschuld in Höhe von 50 000 €, die der Erwerber vereinbarungsgemäß übernimmt. Der sofort zu zahlende Betrag beträgt somit nur 150 000 €.

LÖSUNG Die Anschaffungskosten sind in diesem Fall gleich hoch wie im vorherigen Beispiel, da neben dem bar zu zahlenden Betrag und dem Barwert des gestundeten Kaufpreises auch die übernommene Grundschuldverbindlichkeit zu den Anschaffungskosten zählt. Handelt es sich bei der übernommenen Verbindlichkeit um eine zinslose Schuld, kann ggf. wiederum insoweit ein Ansatz mit dem Barwert (Gegenwartswert) in Betracht kommen (nach § 6 Abs. 1 Nr. 3 EStG).

2.2.1.2 Aufwendungen für die Schaffung der Betriebsbereitschaft und andere Anschaffungsnebenkosten

Zu den Anschaffungskosten gehören nach § 255 Abs. 1 Sätze 1 und 2 HGB alle Aufwendungen, die zusätzlich zum Kaufpreis durch die Versetzung des Vermögensgegenstands in einen betriebsbereiten Zustand **und** durch die Art und Weise des Erwerbsvorgangs verursacht worden sind **und** keine Gemeinkosten darstellen (auch **Erwerbsnebenkosten** genannt). Streng genommen müsste eigentlich zwischen den »Aufwendungen zur Schaffung der Betriebsbereitschaft« und den »Nebenkosten der Anschaffung« unterschieden werden. Da diese Unterscheidung aber keine praktische Bedeutung hat und sich beide Arten von Aufwendungen nicht immer einwandfrei voneinander trennen lassen, braucht hierauf nicht näher eingegangen zu werden.

Die Aufwendungen zur **Schaffung der Betriebsbereitschaft** fallen häufig bei der Anschaffung von Anlagegütern an. Hierbei handelt es sich um Aufwendungen, die getätigt wurden, um einen Zustand herbeizuführen, der es ermöglicht, den Vermögensgegenstand bzw. das Wirtschaftsgut in Benutzung zu nehmen, in Gang zu setzen und für die Erzielung von Einnahmen betrieblich nutzbar zu machen. Dazu gehören insbesondere Fundamentierungs- und Montagekosten für Maschinen und maschinelle Anlagen:

Zu den eigentlichen **Anschaffungsnebenkosten** gehören insbesondere

a) beim Erwerb von Grundstücken:
- Maklergebühren,
- Gutachtergebühren,
- Vermessungsgebühren,
- Notariats- und Grundbuchgebühren für einen Grundstückserwerb (nicht für die Aufnahme und Eintragung einer Hypotheken- oder Grundschuld ins Grundbuch; diese Kosten gehören zu den Finanzierungskosten),
- Grunderwerbsteuer;

b) beim Erwerb von Wertpapieren und Anteilen:
- Maklergebühren,
- Bankprovisionen,
- Beurkundungskosten;

nicht dazu gehören jedoch die sog. Stückzinsen und Depotgebühren;

c) bei anderen Vermögensgegenständen bzw. Wirtschaftsgütern:
- Verpackungskosten,
- Fracht- und Transportkosten,
- Versicherungskosten,
- Zölle und Verbrauchsteuern.

Auch für die Nebenkosten der Anschaffung ist Voraussetzung, dass sie **Einzelkostencharakter** haben, um zu den Anschaffungskosten gerechnet werden zu können. Eine Pauschalierung ist daher grundsätzlich ausgeschlossen. Handelsrechtlich wird jedoch beim Vorratsvermögen eine **Pauschalierung** für diese Nebenkosten für zulässig erachtet (vgl. Küting/Pfitzer/Weber, HdR-E, 5. Aufl., § 255 HGB Rn. 33 ff. sowie § 253 HGB Rn. 171 ff.). Voraussetzung dafür ist allerdings, dass die Anschaffungsnebenkosten im Verhältnis zum Wert der Vorräte **gleich bleibend** und **geringfügig** sind und ihre Ermittlung und Einzelzurechnung mit einem erheblichen Arbeitsaufwand verbunden wäre. Auch insoweit darf es sich nur um Aufwendungen handeln, die zu den Einzelkosten zählen. Durchschlagende Bedenken gegen diese Vereinfachungsregelung können kaum bestehen, weil der Gesetzgeber in § 256 Satz 2 i. V. m. § 240 Abs. 4 HGB sogar für den Ansatz der Anschaffungskosten gleichartiger Vermögensgegenstände des Vorratsvermögens die Gruppenbewertung mit Durchschnittswerten (Durchschnittsbewertung) zugelassen hat.

2.2.2 Nicht zu den Anschaffungskosten gehörende Aufwendungen

Nicht zu den Anschaffungskosten gehören folgende Aufwendungen, auch wenn sie – scheinbar – zu der Anschaffung in gewisser Beziehung stehen:

a) Aufwendungen, die regelmäßig dem jeweiligen Anschaffungsvorgang nicht direkt, sondern nur indirekt zugerechnet werden können (Aufwendungen, die **Gemeinkosten** darstellen, sog. indirekte Aufwendungen). Dazu gehören beispielsweise Personalkosten der Einkaufsabteilung (BFH vom 31.07.1967 BStBl II 1968, 22), anteilige Sachkosten, Löhne für den Transport und das Entladen und Reisekosten (BFH vom 24.02.1972 BStBl II 1972, 422). Vgl. auch BFH vom 13.04.1988 BStBl II 1988, 892 (H 6.2 (Gemeinkosten) EStH). Reisekosten müssen jedoch ausnahmsweise dann zu den Anschaffungskosten gerechnet werden, wenn es sich um eine Geschäftsreise für den Erwerb eines einzigen, bestimmten und wertvollen Vermögensgegenstands handelt und die dafür entstandenen Aufwendungen ohne Schwierigkeiten dem betreffenden Anschaffungsvorgang direkt zugeordnet werden können (z. B. Bahn- oder Flugkosten, Übernachtungs- und Verpflegungskosten).
b) **Geldbeschaffungs- und Finanzierungskosten** des Kaufpreises: Solche Aufwendungen gehören nicht zu den Anschaffungskosten des Vermögensgegenstands, da sie nicht mit dem Erwerbsvorgang wirtschaftlich zusammenhängen, sondern mit der Finanzierung des Kaufpreises oder der Erlangung eines Kredits. Diese Aufwendungen hängen mit dem Wirtschaftsgut »Verbindlichkeiten« zusammen. Zu den Geldbeschaffungskosten gehören z. B. Damnum (Abgeld oder Aufgeld), Spesen, Zinsen und Wechseldiskont und Wechselspesen.
c) **Stundungs- und Verzugszinsen**, die aufgrund einer verspäteten Zahlung oder verspätet erbrachter Leistung anfallen.

2.2.3 Kaufpreisminderungen

In § 255 Abs. 1 Satz 3 HGB ist ausdrücklich bestimmt, dass Anschaffungspreisminderungen abzusetzen sind. Hierbei handelt es sich vor allem um folgende Minderungen des Kaufpreises: Rabatte (Sofortrabatte und nachträgliche Rabatte), Skontoabzüge, Boni in Form von Mengenrabatten und andere Preisnachlässe, z. B. Preisherabsetzung wegen einer Mängelrüge.

Skonti mindern die Anschaffungskosten jedoch erst zum Zeitpunkt der Zahlung des Kaufpreises, da erst zu diesem Zeitpunkt der Anspruch auf diese Kaufpreisminderung entsteht (BFH vom 27.02.1991 BStBl II 1991, 456; H 6.2 (Skonto) EStH). Ein Skontoabzug wird vom Lieferanten regelmäßig bei umgehender Zahlung des Kaufpreises (i. d. R. innerhalb von 10 bis 14 Tagen nach Lieferung) im Rahmen der Liefer- und Zahlungsbedingungen zugelassen. **Boni** werden i. d. R. für die Abnahme einer bestimmten Warenmenge innerhalb eines Geschäfts- bzw. Wirtschaftsjahres vom Lieferanten zugesagt (sog. Mengenrabatte). Auch in diesem Falle sind die zum Bilanzstichtag noch vorhandenen Vorräte entsprechend zu mindern, ggf. im Wege der Schätzung. **Andere Minderungen** der Anschaffungskosten können z. B. in folgenden Fällen in Betracht kommen:

- Berücksichtigung von Kapitalzuschüssen nach R 6.5 EStR (vgl. hierzu die näheren Ausführungen in I 5 und L 9.3),
- Übertragung von stillen Reserven im Rahmen des R 6.6 EStR und des § 6 b EStG (vgl. hierzu die näheren Ausführungen in I 4 und L 9.1 und 9.2).

2.2.4 Behandlung der Vorsteuer

Die Einbeziehung der in den Brutto-Erwerbspreisen enthaltenen Umsatzsteuer (Eingangs-Umsatzsteuer) in die Anschaffungskosten hängt davon ab, ob diese Umsatzsteuer für den Unternehmer Kostencharakter (bzw. Aufwandscharakter) hat. Der Kostencharakter fehlt, wenn diese Eingangs-Umsatzsteuer nur eine Art durchlaufenden Posten darstellt, also als Vorsteuer abzugsfähig ist. In diesen Fällen entstehen dem Unternehmer keine Aufwendungen. Soweit die Eingangs-Umsatzsteuer jedoch nicht als Vorsteuer abzugsfähig ist, gehört sie nach § 9 b Abs. 1 EStG zu den Anschaffungskosten des betreffenden Vermögensgegenstandes bzw. Wirtschaftsguts und teilt deren weiteres Schicksal.

Hinsichtlich der Behandlung der Eingangs-Umsatzsteuer sind folgende Fallgruppen zu unterscheiden, die für den Bewertungsmaßstab »Herstellungskosten« (vgl. 3) gleichermaßen gelten:

2.2.4.1 In vollem Umfang abzugsfähige Vorsteuer

Führt ein Unternehmer nur Umsätze aus, die keinen Ausschluss vom Vorsteuerabzug nach sich ziehen oder verwendet er den für sein Unternehmen gelieferten oder eingeführten Vermögensgegenstand nur für Ausgangsumsätze, die keinen Ausschluss vom Vorsteuerabzug begründen (vorsteuer**un**schädliche Ausgangsumsätze, § 15 Abs. 2 und 3 UStG), dann gehört die nach § 15 UStG abzugsfähige Vorsteuer nicht zu den Anschaffungskosten (§ 9 b Abs. 1 EStG). Das gilt auch für die Vorsteuer, die auf den Erwerbsnebenkosten lastet.

Vorsteuer-Ansprüche können bereits zu einem Zeitpunkt berücksichtigt werden, in dem noch keine berichtigten Rechnungen vorliegen (BFH vom 12.05.1993 BStBl II 1993, 786).

BEISPIEL

Ein Unternehmer, der voll zum Vorsteuerabzug berechtigt ist, lässt sich von einem Lieferanten eine Stanzmaschine liefern und betriebsfertig montieren.
Die Rechnung des Lieferanten lautet:

Listenpreis für Stanzmaschine SZ 2 000	100 000 €
Transportkosten	1 000 €
Montage	4 000 €
	105 000 €
+ 19 % Umsatzsteuer	19 950 €
Rechnungspreis	124 950 €

Bei Zahlung des Rechnungsbetrages (noch im selben Geschäfts- bzw. Wirtschaftsjahr) zieht der Erwerber vereinbarungsgemäß 3 % Skonto vom Listenpreis ab.

LÖSUNG Die Anschaffungskosten betragen unter Berücksichtigung des Skontoabzugs:

Kaufpreis (100 000 € ./. 3 % Skonto mit 3 000 €)	97 000 €
+ Transportkosten	1 000 €
+ Montagekosten	4 000 €
Anschaffungskosten insgesamt	102 000 €

Durch den Abzug von 3 000 € Skonto mindert sich nach § 17 Abs. 1 Satz 1 Nr. 2 UStG beim erwerbenden Unternehmer die Vorsteuer um (19 % von 3 000 € =) 570 €.
Die Buchung der Anschaffung lautet beim Erwerber (unter Einbeziehung des Skontoabzugs):

Maschinen	102 000 €	
Vorsteuer	19 380 €	
an Geldkonto (Bank)		121 380 €

2.2.4.2 In vollem Umfang nicht abzugsfähige Vorsteuer

Führt ein Unternehmer nur Umsätze aus, die in vollem Umfang einen Ausschluss vom Vorsteuerabzug nach sich ziehen, oder verwendet er den für sein Unternehmen gelieferten oder eingeführten Vermögensgegenstand nur für Ausgangsumsätze, die einen Ausschluss vom Vorsteuerabzug begründen (vorsteuerschädliche Ausgangsumsätze, § 15 Abs. 2 und 3 UStG), dann gehört die nach § 15 UStG nicht abzugsfähige Vorsteuer **zu den Anschaffungskosten** des betreffenden Gegenstands bzw. Wirtschaftsguts (Umkehrschluss aus § 9 b Abs. 1 EStG). Diese nicht abzugsfähige Vorsteuer darf also nicht sofort als Aufwand behandelt werden, sondern ist zusammen mit den übrigen Anschaffungskosten zu aktivieren.

Dass die Vorsteuer in vollem Umfang nicht abzugsfähig ist, kommt bei folgenden Unternehmern in Betracht:

- bei Unternehmern, die unter § 19 Abs. 1 UStG fallen (sog. Null-Besteuerer),
- bei Unternehmern, die ausschließlich oder teilweise steuerfreie Ausgangs-Umsätze nach § 4 UStG tätigen. § 15 Abs. 3 UStG sieht jedoch in bestimmten Fällen eine Ausnahme vom Vorsteuerabzugsverbot vor,
- bei Unternehmern, die keine oder keine ordnungsgemäße Rechnung i. S. v. § 14 UStG haben.

Diese Regelung gilt für die Vermögensgegenstände bzw. Wirtschaftsgüter des Anlagevermögens und des Umlaufvermögens.

BEISPIEL

Ein Arzt, der freiwillig Bücher führt und jährlich Abschlüsse macht, tätigt nur umsatzsteuerfreie Umsätze. Er erwirbt im Januar 02 einen Medikamentenschrank für 2 000 € + 380 € Umsatzsteuer.

LÖSUNG Da der Arzt nur steuerfreie Umsätze tätigt, ist er nach § 15 Abs. 2 Nr. 1 UStG nicht zum Vorsteuerabzug berechtigt. Die auf dem erworbenen Schrank lastende Umsatzsteuer gehört daher nach § 9 b Abs. 1 EStG (Umkehrschluss) zu den Anschaffungskosten. Die zu aktivierenden Anschaffungskosten betragen daher 2 380 €.

2.2.4.3 Nur teilweise abzugsfähige Vorsteuer

Tätigt ein Unternehmer sowohl Umsätze, die zum Ausschluss des Vorsteuerabzugs führen (vorsteuerschädliche Ausgangsumsätze), als auch Umsätze, die nicht zum Ausschluss des Vorsteuerabzugs führen (vorsteuerunschädliche Ausgangsumsätze), so ist die **Vorsteuer** (Eingangs-Umsatzsteuer) der für sein Unternehmen gelieferten, eingeführten oder innergemeinschaftlich erworbenen Vermögensgegenstände und auch der für sein Unternehmen in Anspruch genommenen sonstigen Leistungen gem. § 15 Abs. 4 UStG in einen nicht abzugsfähigen und einen abzugsfähigen Teil **aufzuteilen.**

Nach **§ 15 Abs. 4 UStG** hat der Unternehmer die Vorsteuer für jeden erworbenen Gegenstand grundsätzlich genau in dem Verhältnis aufteilen, in dem der Gegenstand zur Ausführung von Umsätzen verwendet wird, die den Vorsteuerabzug ausschließen bzw. nicht ausschließen. Hierbei kann der Unternehmer die nicht abziehbaren Teilbeträge im Wege einer sachgerechten Schätzung ermitteln. Eine Ermittlung nach dem Verhältnis der Umsätze ist nur zulässig, wenn keine andere wirtschaftliche Zurechnung möglich ist. Weitere Einzelheiten zu der Frage, ob und ggf. in welcher Höhe ein Vorsteuerbetrag bei der Umsatzsteuer abgezogen werden darf, regeln die A 15.16 ff. UStAE. Auf die Besonderheiten hinsichtlich des Vorsteuerabzugs für Fahrzeuglieferer (§ 15 Abs. 4 a UStG) und für Unternehmer, die nicht im Gemeinschaftsgebiet ansässig sind (§ 15 Abs. 4 b UStG) wird an dieser Stelle nicht eingegangen.

2.2.4.4 Schema zur steuerlichen Behandlung der Vorsteuer bei Anschaffungen

Das folgende Schema bezieht sich auf 2.2.4.1 – 2.2.4.3 und gilt auch für die Ermittlung von Herstellungskosten.

Anmerkung: »Abziehbare« Vorsteuer schließt **hier** »abzugsfähig« ein.

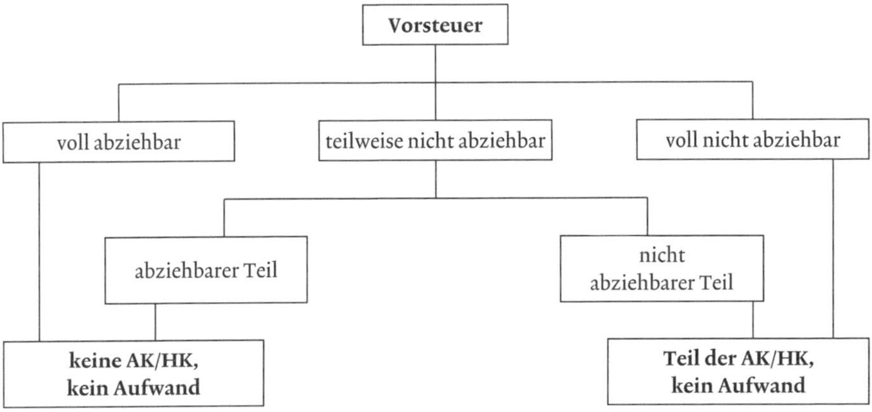

2.2.4.5 Änderung der Aufteilung der Vorsteuer mit Wirkung für die Vergangenheit im Erstjahr

Wird die umsatzsteuerliche Aufteilung des Vorsteuerbetrags im Jahr der Anschaffung oder Herstellung des betreffenden Gegenstands bzw. Wirtschaftsguts mit Wirkung für die Vergangenheit des Jahres der Anschaffung oder Herstellung geändert, so muss auch die Zurechnung des nicht abzugsfähigen Teils des Vorsteuerbetrags entsprechend korrigiert werden. Zu einer solchen Korrektur innerhalb des Geschäfts- bzw. Wirtschaftsjahres kommt es vor allem deshalb, weil zum Zeitpunkt des Erwerbs (bzw. der Fertigstellung) des Gegenstands bzw. Wirtschaftsguts dessen genaues Nutzungsverhältnis evtl. noch nicht zu erkennen ist. Auch in diesen Fällen führt jede Änderung des abzugsfähigen bzw. nicht abzugsfähigen Teils des Vorsteuerbetrags zu einer Änderung der Anschaffungs- oder Herstellungskosten im Jahr der Anschaffung oder Herstellung des Gegenstands bzw. Wirtschaftsguts.

2.2.4.6 Berichtigung des Vorsteuerabzugs nach § 15 a UStG

Wird die Umsatzsteuer nach § 15 a UStG berichtigt, so hat dies auf die seinerzeitigen Anschaffungskosten (bzw. Herstellungskosten) keine Auswirkung (§ 9 b Abs. 2 EStG). Die durch die Berichtigung der Umsatzsteuer sich ergebenden Mehrbeträge an abzugsfähiger Vorsteuer sind als Betriebseinnahmen (Erträge) und die sich ergebenden Minderbeträge an abzugsfähiger Vorsteuer als Betriebsausgaben (Aufwendungen) zu behandeln. Bei einer Minderung der Vorsteuer kann u. U. eine Teilwertabschreibung für das Wirtschaftsgut in Betracht kommen.

BEISPIEL

Ein Unternehmer erwarb im Jahr 02 ein Wirtschaftsgut, für das der volle Vorsteuerabzug in Betracht kam. Da er das Wirtschaftsgut ab dem Jahre 03 teilweise für steuerfreie Ausgangsumsätze verwendet, muss eine Berichtigung der Vorsteuer nach § 15 a UStG durchgeführt werden.

LÖSUNG Der sich dadurch ergebende nicht abzugsfähige Vorsteuerbetrag ist im Jahre 03 sofort als Betriebsausgabe zu behandeln, die folgendermaßen gebucht wird:

Sonst. betrieblicher Aufwand	… €	
an Vorsteuer		
(bzw. Umsatzsteuer)		… €

2.3 Nachträgliche Änderung der Anschaffungskosten

2.3.1 Nachträgliche Anschaffungskosten

In § 255 Abs. 1 Satz 2 HGB ist ausdrücklich bestimmt, dass nachträgliche Anschaffungskosten ebenfalls zu den Anschaffungskosten eines erworbenen Vermögensgegenstands bzw. Wirtschaftsguts gehören und **aktiviert** werden müssen. Es muss sich hierbei um Aufwendungen handeln, die zwar nach Abschluss des eigentlichen Anschaffungsvorgangs entstehen, aber trotzdem die Voraussetzungen des Begriffs der Anschaffungskosten erfüllen. Dafür können nur solche Aufwendungen in Betracht kommen, die bereits bei der Anschaffung des Vermögensgegenstands angefallen wären, wenn zu diesem Zeitpunkt bereits dieselbe Situation bestanden hätte. Diese Aufwendungen müssen daher ebenfalls dazu dienen, einen Vermögensgegenstand zu **erwerben** und ihn in einen **betriebsbereiten Zustand** zu versetzen. Dabei kann es sich nur um die erstmalige Herstellung der Betriebsbereitschaft handeln. Aufwendungen, die dadurch entstehen, den zuvor erworbenen Gegenstand an die später veränderten betrieblichen Verhältnisse anzupassen, sind keine nachträglichen Anschaffungskosten, sondern evtl. Herstellungskosten. Als nachträgliche Anschaffungskosten kommen insbesondere in Betracht:

- Nachträgliche Erhöhung der vertraglichen Leistungen des Veräußerers (z. B. Einbau eines Zusatzgeräts),
- nachträglich erhobene Zölle und Verbrauchsteuern,
- nachträglich festgesetzte Grunderwerbsteuer, weil z. B. ursprünglich von einer Steuerbefreiung ausgegangen wurde,
- Grundbuchgebühren (diese fallen regelmäßig erst nach dem Anschaffungszeitpunkt an),
- Vermessungskosten für Grundstücke und
- Straßenanliegerbeiträge und Erschließungsbeiträge nach dem Baugesetzbuch als nachträgliche Anschaffungskosten für Grund und Boden (vgl. H 6.4 (Erschließungs-, Straßenanlieger- und andere Beiträge) EStH und die dort aufgeführten BFH-Urteile).

Abstandszahlungen durch den Erwerber eines Grundstücks an einen vorzeitig weichenden Mieter sind keine nachträglichen Anschaffungskosten (vgl. hierzu die Ausführungen im Beispiel a) in 2.1). Zahlungen zur Ablösung eines dinglichen Wohnrechts stellen dagegen nachträgliche Anschaffungskosten für das erworbene Grundstück dar (BFH vom 15.12.1992 BStBl I 1993, 488). Nachträgliche **Aufwendungen zur Veränderung**, insbesondere zur Verbesserung des angeschafften Vermögensgegenstands, sind i. d. R. keine nachträglichen Anschaffungskosten, sondern entweder Erhaltungsaufwand oder Herstellungskosten. Für **Gebäude** vgl. hierzu im Einzelnen die Ausführungen in R 21.1 EStR und BMF vom 18.07.2003 BStBl I 2003, 386 bzw. H 21.1 (Anschaffungsnahe Herstellungskosten) EStH.

2.3.2 Nachträgliche Minderung der Anschaffungskosten

Es handelt sich hierbei um die gleichen Fälle, die auch im zeitnahen Zusammenhang mit dem Erwerb eines Vermögensgegenstands auftreten können (vgl. die Ausführungen in 2.2.3). Von einer nachträglichen Minderung der Anschaffungskosten im eigentlichen Sinne spricht man dann, wenn diese Minderung im Jahr nach der Anschaffung oder später eintritt. Hierfür kommen insbesondere in Betracht:

- Skontoabzüge, wenn der Erwerb und die Bezahlung des Kaufpreises in verschiedenen Geschäfts- bzw. Wirtschaftsjahren stattfinden.
- Nachträgliche Rabatte, z. B. wenn die Rabattgewährung erst nach dem Bilanzstichtag zugesagt wurde.
- Preisherabsetzung wegen eines Mangels, der sich erst später herausstellte.
- Außerdem kommen noch Minderungen nach § 6 b EStG sowie R 6.5 und 6.6 EStR in Betracht.

Mussten die Anschaffungskosten nachträglich gemindert werden (im Folgejahr oder später), dann sind im Rahmen der planmäßigen Abschreibungen bzw. AfA die geminderten Anschaffungskosten grundsätzlich auf die Restnutzungsdauer zu verteilen. Für Gebäude ändert sich die Abschreibungs- bzw. AfA-Bemessungsgrundlage. Nähere Ausführungen hierzu in J.

2.4 Aufteilung eines Gesamtkaufpreises

Wird für eine Mehrheit von Vermögensgegenständen bzw. Wirtschaftsgütern ein Gesamtkaufpreis bezahlt (z. B. beim Erwerb eines bebauten Grundstücks oder eines Gewerbebetriebs), so muss dieser Gesamtbetrag auf die einzelnen Gegenstände aufgeteilt werden. Nach ständiger Rechtsprechung des BFH hat die Aufteilung grundsätzlich nach dem Verhältnis der Teilwerte zu erfolgen (BFH vom 21.01.1971 BStBl II 1971, 682, vom 19.12.1972 BStBl II 1973, 295, vom 12.06.1978 BStBl II 1978, 620 und vom 16.12.1981 BStBl II 1982, 320). Die Finanzverwaltung hat für die Aufteilung des Gesamtkaufpreises von bebauten Grundstücken auf Grund und Boden und Gebäude ein **einheitliches amtliches Verfahren** zur Kaufpreisaufteilung entwickelt. Das Verfahren basiert auf einer Schätzung der einzelnen Kaufpreisbestandteile im Sachwertverfahren. Technisch wird diese Schätzung mittels einer Arbeitshilfe umgesetzt. Diese Arbeitshilfe ist im Internet unter www.bundesfinanzministerium.de abrufbar. Bei Eingabe im Suchfeld »Kaufpreisaufteilung« wird die Arbeitshilfe zur Kaufpreisaufteilung in der neuesten Version bereitgestellt.

BEISPIEL

Der Unternehmer erwirbt ein bebautes Grundstück zum Kaufpreis von insgesamt 300 000 €. Darüber hinaus fallen Nebenkosten für Notar- und Grundbuchgebühren, Maklergebühren und Grunderwerbsteuer in Höhe von 10 000 € an.

LÖSUNG Sowohl der Kaufpreis als auch die Anschaffungsnebenkosten sind auf Grund und Boden und Gebäude (evtl. auch auf Außenanlagen und Betriebsvorrichtungen, falls solche vorhanden und im Gesamtkaufpreis enthalten sind) nach dem Verhältnis der Teilwerte aufzuteilen. Die jeweiligen Teilwerte sind nach den tatsächlichen Verhältnissen zugrunde zu legen.

Angenommen, im vorliegenden Falle beträgt das Verhältnis Grund und Boden zu Gebäuden 1:2 und es sind keine Außenanlagen und Betriebsvorrichtungen vorhanden, dann ergibt sich folgende Aufteilung:

Grund und Boden	103 333 €
Gebäude	206 667 €

3 Herstellungskosten und ihre Ermittlung

3.1 Handelsrechtliche und steuerliche Bedeutung

Die Herstellungskosten sind der Bewertungsmaßstab für die im Betrieb selbst hergestellten oder im Rahmen eines Werkvertrages von einem Dritten hergestellten Vermögensgegenstände bzw. Wirtschaftsgüter. Hierbei kann es sich um Gegenstände handeln, die nach der Fertigstellung im Betrieb selbst genutzt werden (eigene Anlagen, die zum Anlagevermögen gehören, z. B. Gebäude, Maschinen, Werkzeuge) und solche, die zur Veräußerung oder zum Verbrauch bestimmt sind (Wirtschaftsgüter, die zum Umlaufvermögen gehören, insbesondere Waren und Verbrauchsgegenstände).

Die Herstellungskosten bei einem Produktions- und Leistungsbetrieb sind vergleichbar mit den Anschaffungskosten bei einem Handelsbetrieb. Zur grundsätzlichen Bedeutung der Herstellungskosten im Handels- und Steuerrecht vgl. die Ausführungen zu 1.

Darüber hinaus ist die richtige Abgrenzung der Herstellungskosten besonders für die periodengerechte Gewinnermittlung bedeutsam. Die zu den Herstellungskosten zählenden Aufwendungen sind sachlich und zeitlich von den übrigen Aufwendungen abzugrenzen. Die Aktivierung von Aufwendungen als Herstellungskosten führt dazu, dass sich dieser Aufwand regelmäßig erst bei einem Verkauf bzw. einer Privatentnahme gewinnmindernd auswirkt. Bei selbst erstellten eigengenutzten Vermögensgegenständen bzw. Wirtschaftsgütern des Anlagevermögens werden die Herstellungskosten über die planmäßigen Abschreibungen bzw. AfA oder andere Abschreibungen zu gewinnmindernden Aufwendungen.

3.2 Handelsrechtliche Definition

3.2.1 Gesetzliche Begriffsbestimmung

Vor 1986 war der Begriff der Herstellungskosten (abgesehen von der Teilregelung in § 153 Abs. 2 AktG a. F.) weder handelsrechtlich noch steuerlich gesetzlich definiert. Lediglich Abschn. 33 und 33 a EStR a. F. (d. h. in den Fassungen vor 1986) enthielten für die Ertragsteuern Regelungen, die jedoch nur steuerlich verbindlich waren. Durch das Bilanzrichtliniengesetz (**BiRiLiG**) wurde **ab 1987** für alle Kaufleute eine einheitliche Begriffsbestimmung geschaffen (§ 255 Abs. 2 und 3 HGB i. d. F. des BiRiLiG), die den Unternehmen teilweise einen größeren Spielraum einräumten, als dies in den EStR für die steuerliche Ermittlung der Herstellungskosten vorgesehen und dies auch früher handelsrechtlich der Fall war.

Durch das Bilanzrechtsmodernisierungsgesetz (**BilMoG**) wurde **ab 2010** die handelsrechtliche Regelung der steuerlichen Regelung angepasst. Neu ist danach, dass auch die angemessenen Teile der Materialgemeinkosten, der Fertigungsgemeinkosten und der durch die Fertigung veranlasste Wertverzehr des Anlagevermögens zu den Pflichtbestandteilen der handelsrechtlichen Herstellungskosten zählen (§ 255 Abs. 2 Satz 2 HGB i. d. F. des BilMoG).

Die handelsrechtliche Definition der Herstellungskosten nach BilMoG gelten auch für bilanzsteuerrechtliche Zwecke (§ 6 Abs. 1 Nr. 1 und Nr. 2 EStG sowie R 6.3 EStR 2012; vgl. hierzu auch die weiteren Ausführungen in 3.3). Allerdings hat die Finanzverwaltung die Aktivierungspflicht für die angemessenen Kosten der allgemeinen Verwaltung, die angemessenen Aufwendungen für soziale Einrichtungen des Betriebs, für freiwillige soziale Leistungen und für die betriebliche Altersversorgung (R 6.3 Abs. 3 EStR) – bis auf Weiteres – als Wahlrecht bestimmt (BMF vom 25. 03. 2013, BStBl I, 296). Insoweit gilt damit das Wahlrecht in R 6.3 Abs. 4 EStR 2008 weiterhin. Für bilanzsteuerrechtliche Zwecke wird der Steuerpflichtige regelmäßig von dem Wahlrecht der Nicht-Aktivierung dieser Kosten Gebrauch machen, weil er dadurch seinen steuerlichen Gewinn minimieren kann.

Die Unterschiede, die sich zwischen den handelsrechtlichen und den steuerlichen Herstellungskosten (noch oder wiederum) ergeben, werden in nachstehenden Ausführungen, insbesondere in 3.3.4, näher dargestellt und gegenüber gestellt.

Allgemein gehören nach § 255 Abs. 2 Satz 1 HGB zu den Herstellungskosten alle Aufwendungen, die durch den Verbrauch von Gütern und die Inanspruchnahme von Diensten

- für die Herstellung eines Vermögensgegenstands,
- für seine Erweiterung oder
- für seine über seinen ursprünglichen Zustand hinausgehende wesentliche Verbesserung entstehen.

Inwieweit nach § 255 Abs. 2 und 3 HGB (also handelsrechtlich) Aufwendungen zwingend zu den Herstellungskosten gerechnet werden müssen oder wahlweise einbezogen werden dürfen oder zwingend nicht dazu gerechnet werden dürfen, ergibt sich aus folgender **Übersicht**:

In die Herstellungskosten zwingend einzubeziehen (**aktvierungspflichtige** Kosten bzw. Aufwendungen – handelsrechtliche **Herstellungskostenuntergrenze**) sind nach § 255 Abs. 1 Sätze 1 und 2 HGB:

- die Material(einzel)kosten (Fertigungsmaterial, Rohstoffe),
- die Fertigungs(einzel)kosten (insbesondere Fertigungslöhne),
- die Sonder(einzel)kosten der Fertigung,
- die angemessenen Teile der Materialgemeinkosten und der Fertigungsgemeinkosten sowie der durch die Fertigung veranlasste Wertverzehr des Anlagevermögens, soweit dieser durch die Fertigung (einschließlich Materialbereich) veranlasst ist und diese Kosten auf den Zeitraum der Herstellung entfallen.

In die Herstellungskosten mit einbezogen werden dürfen (handelsrechtliches **Wahlrecht**, d. h. **aktivierbare** Kosten bzw. Aufwendungen – handelsrechtliche **Herstellungskostenobergrenze**) nach § 255 Abs. 2 Satz 3 und Abs. 3 Satz 2 HGB folgende Kosten bzw. Aufwendungen, soweit sie auf den Zeitraum der Herstellung entfallen:

- Kosten der allgemeinen Verwaltung,
- angemessene Aufwendungen für soziale Einrichtungen des Betriebs, für freiwillige soziale Leistungen und für die betriebliche Altersversorgung und
- Zinsen für Fremdkapital, das zur Finanzierung der Herstellung eines Vermögensgegenstands verwendet wird (bestimmte Fremdkapitalzinsen).

Zwingend nicht in die Herstellungskosten einbezogen werden dürfen (**nicht aktivierbare** Kosten bzw. Aufwendungen) nach § 255 Abs. 2 Satz 4 und Abs. 3 Satz 1 HGB:

- Forschungs- und Vertriebskosten,
- Zinsen für Fremdkapital, soweit es sich nicht um Zinsen für Fremdkapital handelt, das zur Finanzierung der Herstellung eines Vermögensgegenstands verwendet wird.

Zu berücksichtigen ist ferner, dass handelsrechtliche Aktivierungswahlrechte im Bereich des Bilanzsteuerrechts grundsätzlich zu einer Aktivierungspflicht führen. Ausnahmsweise gilt das handelsrechtliche Aktivierungswahlrecht für Zinsen für Fremdkapital (§ 255 Abs. 3 Satz 2 HGB) auch für bilanzsteuerrechtliche Zwecke (R 6.3 Abs. 5 EStR 2012).

Für die Ermittlung der Herstellungskosten **selbstgeschaffener immaterieller Vermögensgegenstände** des Anlagevermögens, für deren Aktivierung durch das BilMoG in § 248 Abs. 2 HGB ein Wahlrecht eingeführt wurde, sieht § 255 Abs. 2a HGB für die im Rahmen der

Herstellung anfallenden Entwicklungs- und Forschungskosten eine gewisse eigenständige Regelung vor.

3.2.2 Bestandteile

3.2.2.1 Herstellungskostenermittlung durch Kosten- und Leistungsrechnung

Handelsrechtlich (und auch steuerlich) dürfen **nur tatsächlich entstandene Aufwendungen** in die Herstellungskosten einbezogen werden. Da jedoch die Herstellungskosten einen Teil der Selbstkosten darstellen, die nach den Prinzipien der Kosten- und Leistungsrechnung (Kalkulation) zu ermitteln sind, ist zunächst zwischen den Begriffen »Ausgaben«, »Aufwand«, »Kosten« und »neutralen Aufwendungen« sowie den Begriffen »Einzelkosten«, »Gemeinkosten« und »Sonderkosten« zu unterscheiden.

Die einzelnen **Grundbegriffe** beinhalten im Wesentlichen Folgendes (insbesondere aus der Sicht der Kosten- und Leistungsrechnung):

a) Ausgaben

Dies sind alle Abflüsse in Geld oder Geldeswert bezogen auf den Zeitpunkt der Verausgabung (Grundgedanke des § 11 Abs. 2 Satz 1 EStG). Sie liegen erst vor, wenn die Zahlungsmittel oder Sachgüter den Betrieb für empfangene Güter oder für von Dritten geleistete Dienste verlassen haben. Ob die erhaltenen Güter und Dienstleistungen der Leistungserstellung (z. B. der Produktion) oder einem anderen Betriebszweck dienen, ist ohne Bedeutung.

BEISPIELE

a) Bezahlung von Löhnen, Zinsen, Mieten, Reparaturen, Steuern (unabhängig von ihrer wirtschaftlichen Zugehörigkeit oder der Leistungserstellung),

b) Bezahlung von Roh-, Hilfs- und Betriebsstoffen (unabhängig von ihrem Verbrauch für die Leistungserstellung).

b) Aufwand

Unter Aufwand versteht man den in Geld ausgedrückten betrieblich verursachten Güter- und Diensteverzehr innerhalb eines bestimmten Zeitraums (für die Gewinnermittlung auf das Geschäfts- bzw. Wirtschaftsjahr abgestellt). Soweit betrieblich getätigte Ausgaben sich nur auf ein Geschäfts- bzw. Wirtschaftsjahr beziehen, stimmen Ausgaben und Aufwendungen überein. Wegen der periodengerechten Gewinnermittlung sind Ausgaben, die bereits über das Geschäfts- bzw. Wirtschaftsjahr hinaus geleistet wurden, nach der wirtschaftlichen Zugehörigkeit abzugrenzen (aktive transitorische RAP). Aufwand liegt jedoch auch bereits vor, wenn in einem späteren Jahr fällige Ausgaben wirtschaftlich in das laufende Geschäfts- bzw. Wirtschaftsjahr gehören (Sonstige Verbindlichkeiten). Die verschiedenen Aufwendungen müssen bereits in der Finanzbuchführung nach Aufwandsarten getrennt gebucht werden.

c) Kosten

Dies ist der in Geld ausgedrückte betriebsgewöhnlich angemessene Güter- und Diensteverzehr zur Erstellung von betrieblichen Leistungen (Herstellung von Erzeugnissen, Erbringen von Handwerksleistungen). Der entscheidende Unterschied zwischen Aufwand und Kosten ist der, dass die Aufwendungen den gesamten Verzehr an Gütern und Leistungen umfassen, während die Kosten nur denjenigen Verzehr an Gütern und Leistungen beinhalten, die zur Erstellung von betrieblichen Leistungen erforderlich sind.

Soweit sich Aufwand und Kosten entsprechen, spricht man von »**Zweckaufwand**« und »**Grundkosten**«. Zu den gesamten Aufwendungen des Betriebs gehören (für die Zwecke der Gewinnermittlung) jedoch auch die sog. »**neutralen Aufwendungen**« und zu den gesamten Kosten der Leistungserstellung des Betriebs – aus der Sicht des eigentlichen Betriebszwecks – auch die sog. »**Zusatzkosten**«).

Schematisch lässt sich dies wie folgt darstellen:

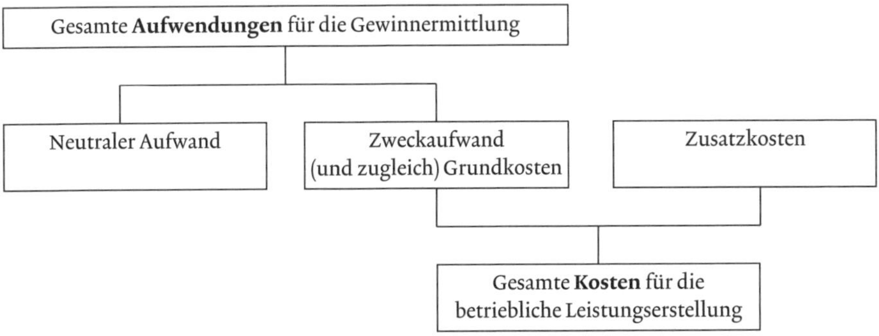

Als **Zusatzkosten** bezeichnet man den Verzehr an Gütern und Diensten, dem keine Aufwendungen gegenüberstehen. Dazu gehören insbesondere der kalkulatorische Unternehmerlohn, die kalkulatorische Miete (für eigene Betriebsgrundstücke), die kalkulatorischen Zinsen (für das im Betrieb eingesetzte Eigenkapital) und die kalkulatorischen Abschreibungen.

d) Neutrale Aufwendungen

Als neutrale Aufwendungen bezeichnet man diejenigen Aufwendungen, die nicht zugleich Kosten sind. Bei den neutralen Aufwendungen sind zu unterscheiden:

- **Betriebsfremde Aufwendungen:** Das sind Aufwendungen, die nicht dem eigentlichen Betriebszweck (Leistungserstellung) dienen (z. B. Kursverluste, Aufwendungen im Zusammenhang mit gewillkürtem Betriebsvermögen). Diese Aufwendungen dürfen nicht in die Kosten- und Leistungsrechnung (Kalkulation) einbezogen werden. Sie zählen auch nicht zu den Herstellungskosten.
- **Periodenfremde Aufwendungen:** Das sind betriebsbedingte aber nicht das abgelaufene Geschäfts- bzw. Wirtschaftsjahr betreffende Aufwendungen (z. B. Vorauszahlung von Versicherungsprämien, Mieten, Zinsen). Diese Aufwendungen können in die Kosten- und Leistungsrechnung einbezogen werden, jedoch nur über eine angemessene zeitliche Verteilung bzw. über die kalkulatorischen Kosten.
- **Außerordentliche Aufwendungen:** Das sind zwar betrieblich bedingte, aber wegen ihrer Höhe und ihres unvorhergesehenen Anfalls ungewöhnlich (z. B. Feuer- und Katastrophenschäden, unvorhergesehene Großreparaturen, außerplanmäßige Abschreibungen sowie Sonder- und Teilwertabschreibungen). Sie dürfen grundsätzlich nicht (zumindest nicht sofort) in die Kosten- und Leistungsrechnung einbezogen werden. Vielfach werden sie aber entweder über die Zweckaufwendungen oder über die kalkulatorischen Zusatzkosten Eingang finden.

e) Einzelkosten

Einzelkosten sind Kosten, die einem Produkt oder einer anderen betrieblichen Leistung **direkt** zugeordnet werden können (z. B. Rohstoffe, Fertigungslöhne). Hierzu ist allerdings erforderlich, dass entsprechende Einzelaufzeichnungen geführt werden.

f) Gemeinkosten

Gemeinkosten sind Kosten, die gemeinsam entstehen und deshalb einem Produkt oder einer anderen betrieblichen Leistung nicht direkt, sondern **nur indirekt** zugerechnet werden können (z. B. Hilfslöhne, Instandhaltungskosten, Sachversicherungen, Abschreibungen, Verwaltungskosten, bestimmte Steuern). Die Verteilung auf die einzelnen Produkte (Kostenträger) muss nach Verrechnungsschlüsseln durchgeführt werden (z. B. nach Betriebsstunden, Nutzflächen bei Gebäuden, Verbrauchseinheiten). Hierbei sind zu unterscheiden:

- **Fixe Kosten:** Das sind u. U. fertigungsunabhängige Kosten, die ggf. auch nur zur Aufrechterhaltung der Produktionsbereitschaft anfallen können;
- **Variable Kosten:** Das sind fertigungsabhängige Kosten, die je nach Umfang der Produktion in größerem oder geringerem Umfang anfallen.

g) Sonderkosten

Hierunter versteht man **besondere Einzelkosten,** die im Rahmen **der Fertigung** (z. B. Kosten für Modelle und Entwürfe, Lizenzgebühren) und **des Vertriebs** (z. B. Provision für den Handelsvertreter, Kosten für einen bestimmten Werbefeldzug) anfallen.

h) Wertermittlungsschemata

In der **Kosten- und Leistungsrechnung** wird im Rahmen der **Zuschlagskalkulation** für die Ermittlung der Herstellkosten, der Selbstkosten und des kalkulierten Verkaufspreises regelmäßig folgendes **kostenrechtliches Wertermittlungsschema** angewendet:

	Fertigungseinzelkosten (Fertigungslöhne)
Materialeinzelkosten	+ Fertigungsgemeinkosten
+ Materialgemeinkosten	+ Sondereinzelkosten der Fertigung
= Materialkosten	= Fertigungskosten

= Herstellungskosten (auch als **Herstell**kosten bezeichnet)
+ Verwaltungskosten
+ Vertriebsgemeinkosten
+ Sondereinzelkosten des Vertriebs
= Selbstkosten
+ Kalkulatorische Kosten und Gewinnzuschlag
= Netto-Verkaufspreis (ohne Umsatzsteuer).

Da für den **bilanzmäßigen Ansatz** von hergestellten Vermögensgegenständen nach § 255 Abs. 2 und 3 HGB zwischen aktivierungspflichtigen, aktivierbaren und nicht aktivierbaren Aufwendungen zu unterscheiden ist, muss unter diesen Gesichtspunkten das **handelsrechtliche Wertermittlungs-Schema für die Ermittlung der handelsrechtlichen Herstellungskosten (und der Selbstkosten)** wie folgt aussehen:

Materialeinzelkosten
\+ Fertigungseinzelkosten (Fertigungslöhne)
\+ Sondereinzelkosten der Fertigung
\+ angemessene Materialgemeinkosten
\+ angemessene Fertigungsgemeinkosten
\+ durch die Fertigung veranlasster Wertverzehr des Anlagevermögens (einschließlich Materialbereich)

= aktivierungspflichtige Herstellungskosten (**Herstellungskosten I = Herstellungskostenuntergrenze**) (§ 255 Abs. 2 Sätze 1 und 2 HGB)
\+ Kosten der allgemeinen Verwaltung sowie angemessene Aufwendungen für soziale Einrichtungen des Betriebs, für freiwillige soziale Leistungen und für betriebliche Altersversorgung (§ 255 Abs. 2 Satz 3 HGB)
\+ Zinsen für Fremdkapital, das zur Finanzierung der Herstellung eines Vermögensgegenstands verwendet wird (§ 255 Abs. 3 Satz 2 HGB)

= aktivierbare (wahlweise) Herstellungskosten (**Herstellungskosten II = Herstellungskostenobergrenze**)
\+ Forschungs- und Vertriebsgemeinkosten sowie Sondereinzelkosten des Vertriebs (§ 255 Abs. 2 Satz 4 HGB)
\+ Zinsen für Fremdkapital (§ 255 Abs. 3 Satz 1 HGB)
= Selbstkosten

Kostenrechtlich gehört zu den Materialgemeinkosten und Fertigungsgemeinkosten auch der Wertverzehr des Anlagevermögens, soweit er durch die Lagerung des Fertigungsmaterials bzw. durch die Fertigungsanlagen veranlasst ist. Im Rahmen der **handelsrechtlichen und steuerlichen Ermittlung der Herstellungskosten** werden die Material- und Fertigungsgemeinkosten und der Wertverzehr des Anlagevermögens, der durch die Fertigung (einschließlich des Materialbereichs) im HGB bzw. in den EStR ausdrücklich besonders genannt. Für alle drei Bereiche (Kosten- und Leistungsrechnung sowie die handelsrechtliche und steuerlicher Ermittlung der Herstellungskosten) werden regelmäßig (z. B. im Rahmen der Anwendung der Zuschlagskalkulation) die gesamten Materialgemeinkosten (einschließlich des Wertverzehrs des Anlagevermögens des Materialbereichs) in einem Prozentsatz der Materialeinzelkosten und die gesamten Fertigungsgemeinkosten (einschließlich des Wertverzehrs des Anlagevermögens des Fertigungsbereichs) in einem Prozentsatz der Fertigungslöhne und die gesamten Verwaltungsgemeinkosten (einschließlich der übrigen in § 255 Abs. 2 Satz 3 genannten Gemeinkosten für soziale Einrichtungen des Betriebs, für freiwillige soziale Einrichtungen und für die betriebliche Altersversorgung) in einem Prozentsatz der Herstellungskosten einschließlich der Material- und Fertigungsgemeinkosten angesetzt bzw. berücksichtigt (vgl. hierzu das Beispiel in 3.9.2).

3.2.2.2 Kostenbestandteile im Einzelnen

3.2.2.2.1 Materialeinzelkosten

Im Rahmen der Kosten- und Leistungsrechnung wird der Begriff »Materialkosten« regelmäßig für die Summe der »Materialeinzelkosten zuzüglich Materialgemeinkosten« verwendet. Für die Ermittlung der Herstellungskosten in der Handelsbilanz galt bis zum Ergehen des BiRiLiG das Gleiche. Nach der Formulierung in § 255 Abs. 2 Satz 2 HGB (auch i. d. F. des BilMoG) beinhaltet die Begriffsbezeichnung »Materialkosten« nur noch die Materialeinzelkosten.

Zu diesen Materialkosten (Materialeinzelkosten) gehören alle Werkstoffe, die unmittelbar für die Herstellung verbraucht werden und dem einzelnen Erzeugnis **direkt zugerechnet** werden können. Das sind vor allem die Rohstoffe, selbsthergestellte oder von Dritten bezogene Halb- und Fertigteile, Hilfsstoffe, Lohnveredelungen und wiederverwendbare Abfälle. Auch andere Kosten können je nach Branche zu den Materialeinzelkosten zu rechnen sein, z. B. die Kosten der Warenumschließung (z. B. die erforderliche »Innenverpackung« für Zahncreme, Getränke, Mehl und Zucker, u. Ä.). Die Kosten der Außenverpackung zählen jedoch zu den Vertriebskosten. Die Hilfsstoffe werden wegen der schwierigen Abgrenzung vielfach im Rahmen der Gemeinkosten verrechnet. Das zwingend zu den Herstellungskosten zählende (aktivierungspflichtige) **Fertigungsmaterial** ist grundsätzlich mit den seinerzeitigen tatsächlichen (historischen) **Anschaffungs- oder Herstellungskosten anzusetzen** (ohne abzugsfähige Vorsteuer). Zu den Anschaffungskosten des Fertigungsmaterials gehören auch die Nebenkosten der Anschaffung. In das Betriebsvermögen eingelegte Gegenstände sind mit dem **Einlagewert** (grundsätzlich Teilwert im Zeitpunkt der Einlage) anzusetzen.

Wurden die Anschaffungs- oder Herstellungskosten bzw. der Einlagewert inzwischen auf einen niedrigeren Börsen- oder Marktpreis oder den niedrigeren beizulegenden Wert (bzw. steuerlich den niedrigeren Teilwert) abgeschrieben, so ist dieser niedrigere Wert anzusetzen, wenn nicht eine zulässige bzw. zwingend in Betracht kommende Wertaufholung vorgenommen wurde. Ein verbrauchsbedingter Schwund gehört zu den Herstellungskosten, jedoch nicht ein Schwund, der durch Diebstahl, Unterschlagung, Zerstörung oder auf eine andere Art und Weise angefallen ist.

3.2.2.2.2 Fertigungseinzelkosten

Auch der Begriff »Fertigungskosten« wurde bis zum Ergehen des BiRiLiG für den Ansatz in der Handelsbilanz regelmäßig für die Summe der »Fertigungslöhne zuzüglich der Fertigungsgemeinkosten« verwendet. Nach der Formulierung in § 255 Abs. 2 Satz 2 HGB (auch i. d. F. nach BilMoG) beinhaltet die Begriffsbezeichnung »Fertigungskosten« nunmehr ebenfalls nur noch die Fertigungseinzelkosten.

Zu diesen zwingend in die Herstellungskosten einzubeziehenden (aktivierungspflichtigen) Fertigungskosten gehören vor allem die **Fertigungslöhne**. Das sind die Löhne für diejenigen Arbeitskräfte, die unmittelbar in der Fertigung tätig sind und die dem einzelnen Erzeugnis direkt zugerechnet werden können. In diese Fertigungslöhne sind auch einzubeziehen die Aufwendungen für Überstunden, Feiertagszuschläge, Sonderzuschläge, Leistungsprämien, bezahlte Ausfallzeiten sowie die gesetzlichen und tariflichen Sozialleistungen und die Arbeitgeberanteile zur Sozialversicherung. Ob Zeitlöhne (das sind Löhne, die durch Umrechnung nach Zeitfaktoren den einzelnen hergestellten Erzeugnissen zugerechnet werden) zu den Fertigungseinzelkosten oder den Fertigungsgemeinkosten gehören, ist in der Fachliteratur streitig (vgl. Küting/Pfitzer/Weber, HdR-E, 5. Aufl., § 255 HGB, Rn. 182). In einzelnen Branchen werden auch die Gehälter der Werkmeister, Lohnbuchhalter, Techniker und Zeichner zu den Fertigungslöhnen gerechnet, soweit sie sich ohne weiteres aufteilen lassen. Häufig handelt es sich hierbei allerdings um Fertigungsgemeinkosten. Der **kalkulatorische Unternehmerlohn** gehört jedoch nicht zu den Fertigungskosten. Die Fertigungskosten sind mit den **tatsächlich angefallenen Beträgen** anzusetzen.

3.2.2.2.3 Sondereinzelkosten

In die Herstellungskosten sind zwingend auch die Sondereinzelkosten der Fertigung einzubeziehen. Zu diesen aktivierungspflichtigen Sonderkosten der Fertigung werden **besondere Einzelkosten** gezählt (wie z. B. Kosten der Fertigung von Modellen und von Spezialwerkzeugen, Entwurfskosten, Patent- und Lizenzgebühren), soweit sie unmittelbar zur Fertigung der Erzeugnisse aufgewendet werden und nicht zu den allgemeinen Verwaltungskosten zu rechnen sind.

Die Einbeziehung der Forschungs- und Entwicklungskosten in die Herstellungskosten (als Einzelkosten oder Gemeinkosten) war bisher streitig. Nach § 255 Abs. 2 Satz 4 HGB (i. d. F. des BilMoG) wurde nunmehr ausdrücklich bestimmt, dass die **Forschungskosten nicht** in die handelsrechtlichen **Herstellungskosten** einbezogen werden dürfen; dies galt auch bisher schon so, weil die Kosten der Grundlagenforschung noch in keinem konkreten Zusammenhang mit der Herstellung bestimmter Erzeugnisse stehen bzw. weil es sich i. d. R. auch um periodenfremde Aufwendungen handelt. Es muss also **künftig zwischen** den **Forschungskosten und Entwicklungskosten unterschieden** werden. Beide Kostenformen sind in sachlicher Hinsicht keine eigenständigen Kostenarten, sondern lassen sich in den jeweiligen Einzelkosten und Gemeinkosten differenzieren. Aufgrund der in **§ 255 Abs. 2 a HGB** getroffenen Regelung für die Herstellungskosten der selbstgeschaffenen immateriellen Vermögensgegenstände des Anlagevermögens sind die Kosten für die Forschung und Entwicklung voneinander abzugrenzen. Diese beiden Kostenformen lassen sich danach wie folgt abgrenzen: **Entwicklungskosten** sind solche Kosten, die bei der Anwendung von Forschungsergebnissen oder von anderem Wissen für die Neuentwicklung von Gütern oder Verfahren mittels wesentlicher Änderungen anfallen. **Forschungskosten** sind solche Kosten, die bei der eigenständigen und planmäßigen Suche nach neuen wissenschaftlichen oder technischen Erkenntnissen oder Erfahrungen allgemeiner Art anfallen, über deren technische Verwertbarkeit und wirtschaftlichen Erfolgsaussichten aber grundsätzlich keine Aussagen gemacht werden können. Soweit die Entwicklungskosten nicht bei der Ermittlung der Herstellungskosten eines selbstständig zu bewertenden selbst geschaffenen immateriellen Vermögensgegenstands des Anlagevermögens zu erfassen sind (vgl. § 255 Abs. 2 a Satz 1 HGB), sind sie bei der Ermittlung der Herstellungskosten der hergestellten materiellen Vermögensgegenstände als Einzelkosten oder als Gemeinkosten zu erfassen (nach den Grundsätzen des § 255 Abs. 2 Sätze 1 bis 3 i. V. m. Abs. 2 a HGB). Soweit Kosten für Arbeiten zur Weiterentwicklung von Erzeugnissen anfallen, die durch unwesentliche Änderungen an dem Erzeugnis der laufenden Produktion verursacht worden sind, gehören sie zu den Herstellungskosten der erzeugten Vermögensgegenstände, und zwar regelmäßig zu den Fertigungsgemeinkosten. Derartige zu den Herstellungskosten rechnende Weiterentwicklungskosten werden in der Praxis häufig mit einem bestimmten Prozentsatz des Gesamtaufwands der Forschungs- und Entwicklungskosten angesetzt. Vgl. hierzu auch Küting/Pfitzer/Weber, HdR-E, 5. Aufl., § 255 HGB, Rn. 279 ff.

3.2.2.2.4 Materialgemeinkosten

Eine genaue **Unterscheidung** zwischen Materialgemeinkosten und **Fertigungsgemeinkosten** ist häufig nicht möglich, aber auch handelsrechtlich und steuerlich nicht notwendig, da beide Gemeinkosten gleich behandelt werden (handelsrechtlich und steuerlich für beide Arten Aktivierungspflicht). Aus betriebswirtschaftlicher Sicht und für die Ermittlung der Gemeinkostenzuschlagsätze ist es jedoch erforderlich, diese Gemeinkosten soweit als möglich auf die beiden Kostenbereiche »Material« und »Fertigung« zu verteilen.

Als Materialgemeinkosten kommen nur Aufwendungen in Betracht, die erst **nach der Einlagerung der Materialien** anfallen, da die bis zur ersten Einlagerung anfallenden Kosten entweder als Einzelkosten zu den Anschaffungskosten rechnen oder, wenn es sich um Gemeinkosten handelt, zu den Verwaltungskosten gehören. Zu den Verwaltungskosten muss man auch die Kosten der Einkaufsabteilung rechnen. Zu den **Materialgemeinkosten** gehören danach insbesondere folgende Aufwendungen:

- Kosten der Lagerung, Verwaltung und Ausgabe der Werkstoffe,
- Kosten der Versicherung des Materials,
- Kosten der Lagerbuchführung,
- Kosten der Bewachung des Materials,
- Abnahmekosten des Materials.

Für die Einbeziehung der Materialgemeinkosten (und Fertigungsgemeinkosten) in die Herstellungskosten besteht **handelsrechtlich** nach § 255 Abs. 2 Satz 2 HGB eine **Pflicht.** Danach müssen »angemessene Teile der notwendigen Materialgemeinkosten (und Fertigungsgemeinkosten)« zu den Herstellungskosten gerechnet werden. Diese Regelung muss wohl so ausgelegt werden, dass andere Materialgemeinkosten (und Fertigungsgemeinkosten), d. h. unangemessen hohe und nicht notwendige, nicht aktivierbar sind. Zur Abgrenzung dieser Gemeinkosten vgl. 3.2. 2. 2. 6.

Nach kostenrechtlichem (und auch steuerlichem) Begriffsverständnis gehört zu den Materialgemeinkosten auch der **Wertverzehr** derjenigen Anlagegüter, die im Materialbereich eingesetzt sind (z. B. Lagergebäude, Behälter, Silos, Regale, Computer- und Überwachungsanlagen, Einrichtungsgegenstände). Für den handelsrechtlichen Begriff der Herstellungskosten wird jedoch der Wertverzehr des Anlagevermögens, soweit er durch die Fertigung veranlasst ist, nunmehr in 255 Abs. 2 Satz 2 HGB besonders herausgestellt. Vgl. hierzu 3.2. 2. 2. 7.

3.2.2.2.5 Fertigungsgemeinkosten

Fertigungsgemeinkosten sind alle für die Leistungserstellung anfallenden Aufwendungen, die nicht unmittelbar als Materialeinzelkosten, Materialgemeinkosten und Fertigungslöhne oder als Sonderkosten der Fertigung verrechnet werden können und auch nicht zu den Verwaltungs- und Vertriebskosten gehören. Wegen der **Abgrenzungsschwierigkeiten** zwischen den Fertigungs- und Materialgemeinkosten einerseits sowie den Fertigungsgemeinkosten und den Fertigungslöhnen andererseits vgl. die Ausführungen in 3.2.2.2.2 und 3.2. 2. 2. 4. **Im Allgemeinen** werden folgende Aufwendungen zu den Fertigungsgemeinkosten gerechnet:

- Gehälter und Löhne für Werkstattangehörige, Zeichner, Techniker, Betriebsbuchhalter, Arbeitsvorbereiter, Materialprüfer, Betriebsingenieure, technische Leiter, Konstrukteure;
- Hilfslöhne für Transport, Kraftanlagen, Reinigung, Arbeitsvorbereitung, Abfallbeseitigung, Pförtner-, Wach- und Sicherheitsdienst;
- die Löhne für Anlernlinge sind ebenfalls hierzu zu rechnen; die Löhne für Auszubildende gehören dagegen zu den Verwaltungskosten;
- gesetzliche und freiwillige soziale Aufwendungen der vorstehend aufgeführten Gehälter, Löhne und Hilfslöhne;
- Brennstoff- und Energiekosten;
- Kosten für Hilfsstoffe, soweit sie nicht als Fertigungseinzelkosten in Betracht kommen;
- Kosten für Betriebsstoffe (z. B. Treibstoffe, Kühlstoffe, Schmierstoffe, Schweiß- und Reinigungsmittel);
- Werkzeuge;

- Pflege- und Instandhaltungskosten für Betriebsgebäude, Betriebseinrichtungen, Maschinen, Vorrichtungen, Werkzeuge usw.;
- Kosten für Sachversicherungen, Porto- und Fernmeldegebühren;
- Aufwendungen für Modelle, Schablonen, Formen, soweit sie keine Sondereinzelkosten sind.

Wichtig ist, dass die vorstehend aufgeführten Aufwendungen nur dann zu den Fertigungsgemeinkosten rechnen, soweit sie im Rahmen der Fertigung entstanden sind.

Für die Einbeziehung der Fertigungsgemeinkosten (wie der Materialgemeinkosten) in die Herstellungskosten besteht **handelsrechtlich** nach § 255 Abs. 2 Satz 2 HGB eine **Pflicht.** Danach müssen »angemessene Teile der notwendigen Fertigungsgemeinkosten (und Materialgemeinkosten)« zu den Herstellungskosten gerechnet werden. Diese Regelung muss wohl so ausgelegt werden, dass andere Fertigungsgemeinkosten (und Materialgemeinkosten), d. h. unangemessen hohe und nicht notwendige, nicht aktivierbar sind. Zur Abgrenzung dieser Gemeinkosten vgl. 3.2. 2. 2. 6. Nach kostenrechtlichem (und auch steuerlichem) Begriffsverständnis gehört zu den Fertigungsgemeinkosten auch der **Wertverzehr** derjenigen Anlagegüter, die im Fertigungsbereich eingesetzt sind (z. B. Gebäude, Maschinen, Förderbänder, Computeranlagen, Aufzüge, Einrichtungen). Für den handelsrechtlichen Begriff der Herstellungskosten wird jedoch der Wertverzehr des Anlagevermögens, soweit er durch die Fertigung veranlasst ist, besonders in § 255 Abs. 2 Satz 2 HGB herausgestellt. Vgl. hierzu 3.2. 2. 2. 7.

3.2.2.2.6 Beschränkung der notwendigen Material- und Fertigungsgemeinkosten

Nach § 255 Abs. 2 Satz 2 HGB **müssen angemessene Teile** der notwendigen Material- und Fertigungsgemeinkosten zu den Herstellungskosten gerechnet werden. Daraus ist zu schließen, dass unangemessen hohe und nicht notwendige Material- und Fertigungsgemeinkosten nicht zu den Herstellungskosten zählen, d. h. auch nicht aktivierbar sind (kein Wahlrecht).

Was unter angemessen und notwendig zu verstehen ist, regelt das Gesetz nicht. Die **Angemessenheit** dürfte in den einzelnen Branchen unterschiedlich zu beurteilen sein. Jedenfalls müssen auch hierbei die GoB beachtet werden, insbesondere das Prinzip der Vorsicht und das Verbot des Ausweises nicht realisierter Gewinne. Regelmäßig wird man unter »angemessenen« und »notwendigen« Gemeinkosten dieser Art die **normalerweise anfallenden Kosten** zu verstehen haben. Dies werden regelmäßig die auf die Produktion entfallenden Ist-Kosten sein, wozu auch die variablen Kosten zählen. Die fixen Kosten können durch Umstände beeinflusst sein, die über das normale Maß hinausgehen. Bei mangelnder Kapazitätsausnutzung wird man daher nicht die dadurch entstandenen überhöhten Kosten (z. B. Miete für Produktionsräume, obwohl im Abrechnungsabschnitt in den Räumen zeitweise nicht produziert wurde), sondern nur die bei normaler Produktion entstehenden Kosten in die Herstellungskosten einbeziehen dürfen.

Unangemessen hohe, und damit nicht aktivierbare **Gemeinkosten**, liegen bei betriebsfremden, periodenfremden und ungewöhnlich hohen Kosten vor. Ungewöhnliche hohe Kosten entstehen z. B. bei schlechter Auftragslage oder durch Rückgang der Produktivität (z. B. bei ungewöhnlich hohem Krankenstand der in der Produktion eingesetzten Arbeitskräfte). Angemessen können aber auch sog. betriebs- und branchenübliche Leerkosten sein (z. B. bei Zuckerfabriken, Saisonbetrieben).

Das Beurteilungsmerkmal »**notwendig**« dürfte in der Praxis nur sehr schwierig abzugrenzen sein (vergleichbar den notwendigen und nicht notwendigen Betriebsausgaben). Die Frage der Notwendigkeit hängt häufig vom subjektiven Standpunkt der Unternehmensleitung ab. Würde man dieses Merkmal sehr streng beurteilen, so dürften nur »optimale« Kosten als notwendig angesehen werden. Man wird insoweit dem Unternehmer einen sehr weiten Spielraum einräumen müssen.

3.2.2.2.7 Wertverzehr des Anlagevermögens

Nach § 225 Abs. 2 Satz 2 HGB müssen »angemessene Teile des Wertverzehrs des Anlagevermögens, soweit er **durch die Fertigung veranlasst** ist«, in die Herstellungskosten eingerechnet werden. Obwohl das Gesetz hier nur von »...durch die Fertigung veranlasst...« spricht, gehört dazu auch der Wertverzehr der Anlagegüter, die dem Materialbereich dienen (vgl. auch die vorstehenden Ausführungen in 3.2.2.2.4 letzter Absatz). **Handelsrechtlich** besteht für den im Material- und Fertigungsbereich anfallenden angemessenen Wertverzehr neuerdings (nach dem BilMoG) daher eine **Pflicht** zur Einbeziehung in die Herstellungskosten.

Mit Wertverzehr ist die Abschreibung zu verstehen, die bei der Bilanzierung und Bewertung des Anlagevermögens im Rahmen der Aufstellung des Jahresabschlusses in Form der Abschreibung bzw. AfA berücksichtigt worden ist. Als angemessener Wertverzehr kommt in erster Linie die **planmäßige Abschreibung** nach § 253 Abs. 3 Satz 1 HGB in Betracht. Außerplanmäßige Abschreibungen nach § 253 Abs. 3 Satz 3 HGB sind nicht zugelassen. Als Wertverzehr darf an Stelle der linearen Abschreibung bzw. AfA auch die degressive AfA oder Leistungs-AfA angesetzt werden. **Steuerlich** gilt die gleiche Regelung. Wurde jedoch bilanziell degressiv abgeschrieben, darf für die Ermittlung der Herstellungskosten die lineare AfA angesetzt werden (vgl. auch R 6.3 Abs. 4 Satz 2 EStR 2012); diese lineare Abschreibungsmethode muss jedoch dann auch für die Zeit beibehalten werden, in der (gegen Ende der Nutzung des Anlageguts) die degressive AfA niedriger ist als die lineare AfA (R 6.3 Abs. 4 Satz 3 EStR 2012). **Erhöhte Absetzungen** und Sonderabschreibungen (auch steuerliche Teilwertabschreibungen) dürfen bei der Ermittlung der Herstellungskosten nicht berücksichtigt werden (R 6.3 Abs. 4 Satz 4 EStR 2012).

3.2.2.2.8 Verwaltungskosten und soziale Kosten

Bei den in § 255 Abs. 2 Satz 3 HGB aufgeführten allgemeinen Verwaltungskosten und den **sozialen Kosten** (Aufwendungen für soziale Einrichtungen des Betriebs, für freiwillige soziale Leistungen und für die Altersversorgung) sowie den in § 255 Abs. 3 HGB bezeichneten **Zinsen für Fremdkapital** handelt es sich stets um **Gemeinkosten**. Im weiteren Sinne gehören alle diese Aufwendungen zu den Verwaltungskosten.

Die Abgrenzung zwischen den allgemeinen Verwaltungskosten und den Material- und Fertigungsgemeinkosten ist u. U. recht schwierig. Zu den **allgemeinen Verwaltungskosten** gehören insbesondere die Aufwendungen für (vgl. auch R 6.3 Abs. 3 Satz 1 EStR 2012):

- die Geschäftsleitung und die kaufmännische Leitung,
- den Betriebsrat,
- das Personalbüro,
- das Nachrichtenwesen,
- das Ausbildungswesen,
- das Rechnungswesen (Finanzbuchführung, Betriebsbuchführung, Kalkulation, Statistik, Planung),
- die betriebliche Feuerwehr und den Werkschutz,
- die Grundstücksverwaltung,
- Brennstoffe, Energie, Instandhaltung und Reinigung,
- die Reisetätigkeit,
- Versicherungen, Gebühren und Beiträge,
- die Rechts- und Steuerberatung,

- den Wertverzehr der Gebäude, Anlagen und Einrichtungen, die der Verwaltung dienen,
- Porto und Fernmeldegebühren.

Die **produktionsbedingten Verwaltungskosten** gehören jedoch **nicht** zu den allgemeinen Verwaltungskosten, sondern zu den Fertigungsgemeinkosten. Zu den **Aufwendungen für soziale Einrichtungen** gehören z. B. Aufwendungen für eine Kantine einschließlich der Essenzuschüsse sowie für die Freizeitgestaltung der Arbeitnehmer (vgl. auch R 6.3 Abs. 3 Satz 2 EStR). **Freiwillige soziale Leistungen** sind nur Aufwendungen, die nicht arbeitsvertraglich oder tarifvertraglich vereinbart worden sind; hierzu können z. B. gerechnet werden: Jubiläumsgeschenke, Wohnungs- und andere freiwillige Beihilfen, Weihnachtszuwendungen oder Aufwendungen für die Beteiligung der Arbeitnehmer am Ergebnis des Unternehmens (vgl. auch R 6.3 Abs. 3 Satz 3 EStR). Zu den **Aufwendungen für die betriebliche Altersversorgung** rechnen z. B. die Beiträge zu Direktversicherungen, Zuwendungen an Pensions- und Unterstützungskassen, Pensionsfonds sowie Zuführungen zu Pensionsrückstellungen (vgl. auch R 6.3 Abs. 3 Satz 4 EStR). Die **Finanzierungs- und Geldbeschaffungskosten** (z. B. Zinsen, Abgeld bzw. Disagio, Vermittlungsgebühren u. Ä.) gehören grundsätzlich nicht zu den Herstellungskosten (§ 255 Abs. 3 Satz 1 HGB). Das Gleiche gilt für kalkulatorische **Zinsen des Eigenkapitals**.

Zinsen für Fremdkapital, das zur Finanzierung der Herstellung eines Vermögensgegenstands verwendet wird, dürfen nach § 255 Abs. 3 Satz 2 HGB jedoch zu den Herstellungskosten gerechnet werden (Wahlrecht). Dies gilt jedoch nur für solche Fremdkapitalzinsen, die mit der Aufnahme eines Kredits zusammenhängen, der nachweislich in unmittelbarem wirtschaftlichen Zusammenhang mit der Herstellung eines Wirtschaftsguts steht. Dabei wird es sich regelmäßig um Gegenstände handeln, deren Herstellung sich über einen längeren Zeitraum erstreckt. Ein bestimmter Zeitraum, lässt sich nicht genau fixieren. Unter diese Regelung fallen jedoch nur Zinsen und nicht das Abgeld (Disagio), Vermittlungsgebühren und andere Geldbeschaffungskosten. Durch diese Wahlmöglichkeit soll es den Unternehmern ermöglicht werden, die bei großen Aufträgen (z. B. Schiffen, Straßenbau, Kraftwerken) häufig anfallenden Anlaufverluste infolge der hohen Zinsbeträge bis zur Fertigstellung des Objekts zu verlagern.

3.2.2.2.9 Vertriebskosten

Zu den Vertriebskosten gehören nur solche Aufwendungen, die nach der Fertigstellung des erzeugten Produkts anfallen. Dabei ist davon auszugehen, dass der Herstellungsvorgang dann abgeschlossen ist, wenn das Erzeugnis den Zustand erreicht hat, in dem es üblicherweise zum Verkauf oder zum Verbrauch gelangt. Ein Wahlrecht besteht dafür nicht. Außerdem darf es sich nicht um Verwaltungskosten handeln. Bei den **Vertriebskosten** unterscheidet man zwei Gruppen:

1. **Vertriebsgemeinkosten:** Dazu gehören alle mit dem Vertrieb zusammenhängenden Aufwendungen, die keinen Einzelkostencharakter haben, also nicht einer bestimmten Tätigkeit direkt zugerechnet werden können. Hierunter fallen insbesondere die Aufwendungen für:
   - die Lagerung der fertigen Erzeugnisse,
   - Werbung und Versand,
   - Verkaufslizenzen,
   - Garantieleistungen,
   - Verbrauchsteuern, z. B. Biersteuer,
   - nicht abzugsfähige Umsatzsteuer.

   Der kalkulatorische Unternehmerlohn rechnet (kosten- und leistungsrechnungsmäßig) ebenfalls zu den Vertriebsgemeinkosten.

2. **Einzelkosten des Vertriebs:** Hierzu rechnen insbesondere die Aufwendungen für:
- Handelsvertreter,
- die Werbung eines bestimmten Produkts,
- Ausgangsfrachten.

Die Vertriebskosten dürfen **nicht** in die **Herstellungskosten** einbezogen werden, weder handelsrechtlich noch steuerlich (§ 255 Abs. 2 Satz 4 HGB).

3.2.2.2.10 Forschungs- und Entwicklungskosten

Vgl. hierzu die Ausführungen in 3.2.2.2.3 Abs. 2.

3.2.2.3 Ausübung des handelsrechtlichen Wahlrechts

Handelsrechtliche Wahlrechte dürfen nur im Rahmen der Bewertungsstetigkeit und der GoB ausgeübt werden. Die verschiedenen Wahlmöglichkeiten bei der Ermittlung der Herstellungskosten dürfen daher nicht willkürlich von Geschäftsjahr zu Geschäftsjahr unterschiedlich in Anspruch genommen werden. Nach § 252 Abs. 1 Nr. 6 HGB hat der Kaufmann die einmal gewählte Bewertungsmethode beizubehalten (vgl. hierzu die Ausführungen in G 3.3); dazu gehört auch die Ermittlung der Herstellungskosten.

Aber auch die Grundsätze ordnungsmäßiger Buchführung (§ 243 Abs. 1 und § 264 Abs. 2 HGB) lassen eine willkürliche Ausübung der möglichen Wahlrechte nicht zu. Insbesondere sind die Grundsätze der vorsichtigen Bewertung und des Verbots des Ausweises nicht realisierter Gewinne (§ 252 Abs. 1 Nr. 4 HGB) zu beachten (vgl. G 3.7).

3.3 Steuerrechtliche Definition

3.3.1 Begriffsbestimmung des R 6.3 EStR 2012

Begrifflich gehören nach herrschender Meinung und ständiger Rechtsprechung des BFH (vgl. u. a. BFH vom 04.07.1990 BStBl II 1990, 830; H 6.3 (Herstellungskosten) EStH) zu den steuerlichen Herstellungskosten alle Aufwendungen, die durch den Verbrauch von Gütern und die Inanspruchnahme von Diensten für die Herstellung eines Wirtschaftsguts, seine Erweiterung oder für eine über seinen ursprünglichen Zustand hinausgehende wesentliche Verbesserung entstehen (**grundsätzliche Definition der Herstellungskosten**). Diese steuerliche Begriffsbestimmung deckt sich auch mit der grundsätzlichen handelsrechtlichen Begriffsbestimmung der Herstellungskosten in § 255 Abs. 2 Satz 1 HGB, dessen Wortlaut und Inhalt durch das BilMoG nicht verändert wurde. Wie bereits in 3.2.1 ausgeführt, wurde allerdings in § 255 Abs. 1 Satz 2 HGB (durch das BilMoG) der handelsrechtliche Umfang der Herstellungskosten ab 2010 insoweit erweitert, als nunmehr auch die die angemessenen Teile der Materialgemeinkosten und der Fertigungsgemeinkosten sowie der Wertverzehr des Anlagevermögens, soweit dieser durch die Fertigung (einschließlich Materialbereich) veranlasst ist, zwingend in die Herstellungskosten einzubeziehen sind (**erweiterte Begriffsbestimmung der Herstellungskosten**). Dadurch wurde insoweit der handelsrechtliche Umfang der Herstellungskosten an den steuerlichen Umfang der Herstellungskosten angeglichen. Das bedeutet, dass nunmehr sowohl handelsrechtlich als auch steuerlich die genannten Gemeinkosten zwingend in die Herstellungskosten der gefertigten Erzeugnisse einzubeziehen sind und damit die **gesamten Materialkosten** (einschließlich der Materialgemeinkosten) und die **gesamten Fertigungskosten** (einschließlich der Fertigungsgemeinkosten) sowie der **Wertverzehr des Anlagevermögens**, soweit er der Fertigung (einschließlich Materialbereich) gedient hat, (grundsätzlich) die **Untergrenze der Herstellungskosten** bilden. Es besteht insoweit zwischen den handelsrechtlichen und steuerlichen Herstellungskosten kein Unterschied mehr.

Für die angemessenen Teile der **Kosten der allgemeinen Verwaltung** einschließlich der angemessenen Teile der Aufwendungen für soziale Einrichtungen des Betriebs, für freiwillige soziale Leistungen und für die betriebliche Altersversorgung sieht § 255 Abs. 2 Satz 3 HGB handelsrechtlich ein **Wahlrecht** vor. Handelsrechtliche Aktivierungswahlrechte führen bilanzsteuerrechtlich grundsätzlich zu einem Aktivierungsgebot (vgl. Beschluss des GrS des BFH vom 03.02.1969 BStBl II 1969, 291; auch § 6 Abs. 1 Nr. 1 ff. EStG reflektiert auf »die« Herstellungskosten). Dessen ungeachtet hat die Finanzverwaltung das handelsrechtliche Wahlrecht durch R 6.3 Abs. 4 EStR 2008 ehemals auch **für** die **steuerlichen Herstellungskosten** gelten lassen. Im Jahr 2010 änderte die Finanzverwaltung (BMF vom 12.03.2010 in Abschn. I Nr. 1 Buchst. b Rn. 8 im dortigen Beispiel 3, BStBl I 2010, 239) ihre Auffassung und gab nunmehr vor, dass auch diese Kosten **zwingend** zu den steuerlichen **Herstellungskosten** gehören sollen. Das BMF bezieht sich dabei in seinem Schreiben vom 12.03.2010 auf das Urteil des BFH vom 21.10.1993 (BStBl II 1994, 176), das auch in H 6.3 (Bewertungswahlrecht) EStH 2008 zitiert ist. In diesem Urteil weist der BFH darauf hin, dass handelsrechtliche Aktivierungswahlrechte bilanzsteuerrechtlich nicht gelten. Vielmehr sind bilanzsteuerrechtlich alle Aufwendungen zu aktivieren, die ihrer Art nach Herstellungskosten sind. Der Ansatz nur eines Teils der Herstellungskosten ist hiernach nicht zulässig. Die Entscheidung erging zwar zu den Gemeinkosten, bezüglicher derer im Urteilsfall (Streitjahr 1987) handelsrechtlich noch ein Aktivierungswahlrecht galt. Die Grundsätze dieser Entscheidung sind aber m. E. auch in Bezug auf die angemessenen Teile der Kosten der allgemeinen Verwaltung einschließlich der angemessenen Teile der Aufwendungen für soziale Einrichtungen des Betriebs, für freiwillige soziale Leistungen und für die betriebliche Altersversorgung übertragbar. Auch bei diesen Kosten handelt es sich dem Grunde nach um Herstellungskosten. Wegen der zahlreich vorgebrachten Bedenken hat die Finanzverwaltung letztlich ihre strengere Auffassung (wenigstens zunächst) aufgegeben und ausgeführt, dass für Wirtschaftsjahre, die vor der Veröffentlichung einer geänderten Richtlinienfassung enden, noch nach R 6.3 Abs. 4 EStR 2008 verfahren werden darf (BMF vom 22.06.2010, BStBl I 2010, 597). Auch die Änderung in R 6.3 Abs. 1 EStR 2012, die wiederum eine zwingende Einbeziehung der genannten Kosten bzw. Aufwendungen in die steuerlichen Herstellungskosten vorgibt, wurde gleichzeitig in R 6.3 Abs. 9 EStR 2012 relativiert. Hiernach ist es weiterhin nicht zu beanstanden, wenn für Wirtschaftsjahre, die vor der Veröffentlichung der EStR 2012 im BStBl enden, noch die bisherige Regelung des R 6.3 Abs. 4 EStR 2008 (also das Wahlrecht für die Einbeziehung der angemessenen Teile der Kosten für die allgemeine Verwaltung einschließlich der angemessenen Teile der Aufwendungen für soziale Einrichtungen des Betriebs, für freiwillige soziale Leistungen und für die Altersversorgung) angewendet wird (**Übergangsregelung**). Außerdem hat nach dem Ergehen der EStR 2012 auch das BMF (BMF vom 25.03.2013, BStBl I 2013, 296) inzwischen das Wahlrecht für diese Kosten bzw. Aufwendungen auf unbestimmte Zeit weiter bestehen lassen (**Aufschub der steuerlichen Aktivierungspflicht**). Dies geschah auf Grund massiver Kritik aus der Wirtschaft, der Fachliteratur, den einzelnen Verbänden und vom Nationalen Normenkontrollrat. Es besteht daher zunächst weiterhin für die Einbeziehung der Kosten der allgemeinen Verwaltung einschließlich der angemessenen Teile der Aufwendungen für soziale Einrichtungen des Betriebs, für freiwillige soziale Leistungen und für die betriebliche Altersversorgung auch steuerlich ein Wahlrecht. In den nachstehenden Ausführungen und Beispielen wird daher weiterhin die bisherige Rechtsauffassung (Wahlrecht!) vertreten.

Für die **Fremdkapitalzinsen** gilt das handelsrechtliche Bewertungswahlrecht des § 255 Abs. 3 HGB auch für die steuerliche Gewinnermittlung. Nur dann, wenn handelsrechtlich Fremdkapitalzinsen in die Herstellungskosten einbezogen wurden, sind sie gemäß § 5 Abs. 1 1. HS EStG auch bei der steuerlichen Gewinnermittlung als Herstellungskosten zu behandeln (R 6.3 Abs. 5 EStR 2012). Auch insoweit setzt die Finanzverwaltung den Grundsatz des bilanzsteuerrechtlichen Aktivierungsgebots nicht konsequent um.

Nicht zu den steuerlichen **Herstellungskosten** rechnen jedoch die **Vertriebskosten** sowie die **Forschungskosten**, wie dies auch handelsrechtlich der Fall ist (vgl. dazu die Ausführungen in 3.2.2.2.3 Abs. 2). Bezüglich der **Entwicklungskosten** gilt steuerlich ebenfalls das Gleiche wie im Handelsrecht (vgl. auch hierzu die Ausführungen in 3.2.2.2.3 Abs. 2).

Grundsätzlich lässt sich daher für die Ermittlung der steuerlichen Herstellungskosten – bis auf Weiteres – folgendes **steuerliche Wertermittlungsschema** aufstellen:

Materialeinzelkosten	Fertigungseinzelkosten (Fertigungslöhne)
+ Materialgemeinkosten einschließlich Wertverzehr des Anlagevermögens im Materialbereich	+ Fertigungsgemeinkosten einschließlich Wertverzehr des Anlagevermögens im Fertigungsbereich
	+ Sondereinzelkosten der Fertigung
= Materialkosten	= Fertigungskosten

= **Herstellungskosten I** (sog. **Wertuntergrenze**, auch als »notwendige« bzw. »aktivierungspflichtige« Herstellungskosten bezeichnet)

\+ angemessene allgemeine Verwaltungskosten und die angemessenen Aufwendungen für soziale Einrichtungen des Betriebs, für freiwillige soziale Leistungen und für die betriebliche Altersversorgung

= **Herstellungskosten II** (sog. **Wertobergrenze**, auch als »gewillkürte« bzw. »aktivierbare« Herstellungskosten bezeichnet)

3.3.2 Bestandteile

Inwieweit nach R 6.3 EStR bzw. auf Grund der Übergangsregelung des BMF vom 25.03.2013 (BStBl I 2013, 296) Aufwendungen zwingend zu den Herstellungskosten gehören, wahlweise einbezogen werden dürfen oder zwingend nicht dazu gerechnet werden dürfen, ergibt sich im Einzelnen aus nachstehender **Übersicht** (grundsätzlich zitierte EStR i. d. F. der EStR 2012):

Art der Aufwendungen	**steuerliche Aktivierungspflicht (Herstellungskostenuntergrenze)**	**steuerliches Aktivierungswahlrecht (Herstellungskosten-obergrenze)**	**steuerliches Aktivierungsverbot**
Einzelkosten und bestimmte Gemeinkosten	R 6.3 Abs. 1 und 2 EStR 2012: • Material(einzelkosten) • Fertigungs(einzel)-kosten • Sondereinzelkosten der Fertigung • notwendige Materialgemeinkosten • notwendige Fertigungsgemeinkosten	R 6.3 Abs. 4 EStR 2008 und BMF vom 25.03.2013: Kosten der allgemeinen Verwaltung sowie Aufwendungen für soziale Einrichtungen des Betriebs, für freiwillige soziale Leistungen und für betriebliche Altersversorgung (Anmerkung: nach R 6.3 Abs. 1 EStR 2012 Aktivierungspflicht, aber nach BMF vom 25.03.2013 zunächst Aktivierungspflicht wieder ausgesetzt)	§ 255 Abs. 2 Satz 4 HGB: Vertriebskosten und Forschungskosten
Wertverzehr des Anlagevermögens	R 6.3 Abs. 1 und Abs. 4 Satz 1 EStR 2012: Wertverzehr des Anlagevermögens, das dem Material- und Fertigungsbereich dient (grundsätzlich lineare AfA, degressive AfA darf übernommen werden)	R 6.3 Abs. 4 Sätze 2 und 3 EStR 2012: hinsichtlich des Wertverzehrs des Anlagevermögens, das dem Material- und Fertigungsbereich dient, auch die lineare AfA, obwohl bilanziell die degressive AfA angesetzt wurde	R 6.3 Abs. 4 Sätze 4 und 5 EStR 2012: hinsichtlich Wertverzehr des Anlagevermögens, das dem Material- und Fertigungsbereich dient, keine Bewertungsfreiheiten, Sonderabschreibungen, erhöhte Absetzungen oder Teilwertabschreibungen (dann nur lineare AfA zulässig)
Steuern	R 33 Abs. 5 Satz 3 **EStR 1999**: Gewerbesteuer für das dem Material- und Fertigungsbereich dienende Gewerbekapital (bis 1997 erhoben)		R 6.3 Abs. 6 EStR: • Einkommensteuer, Körperschaftsteuer, Solidaritätszuschlag, • Gewerbesteuer • Umsatzsteuer, • Zölle und Verbrauchsteuern, die auf aktivierte Wirtschaftsgüter des Vorratsvermögens entfallen; insoweit ist nach § 5 Abs. 5 Satz 2 Nr. 1 EStG ein aktiver RAP zu bilden **Anmerkung:** Eingangszölle gehören dagegen zu den Anschaffungskosten erworbener Roh-, Hilfs- und Betriebsstoffe
Zinsen für Fremdkapital		R 6.3 Abs. 5 EStR: Fremdkapitalzinsen, wenn die Aufnahme des Kredits in unmittelbarem Zusammenhang mit der Herstellung eines Wirtschaftsguts steht und wenn in der Handelsbilanz entsprechend verfahren wird	R 6.3 Abs. 5 EStR H 6.3 (Kalkulatorische Kosten) EStH: • Zinsen für Fremdkapital, • Finanzierungs- und Geldbeschaffungskosten, • kalkulatorische Zinsen für Eigenkapital, • Unternehmerlohn

3.3.3 Besonderheiten

- Werden Produktionsanlagen wegen **Schwankungen in der Kapazitätsausnutzung**, die sich aus der Art der Produktion ergeben, nicht voll ausgenutzt (z. B. bei einer Zuckerfabrik als Folge der Abhängigkeit von natürlichen Verhältnissen), so führt dies nicht zu einer Minderung der in die Herstellungskosten einzubeziehenden Fertigungskosten (H 6.3 (Ausnutzung von Produktionsanlagen) EStH).
- Wird ein Betrieb infolge **teilweiser Stillegung** oder mangelnder Aufträge nicht voll ausgenutzt, so sind die dadurch verursachten Kosten bei Berechnung der Herstellungskosten allerdings nicht zu berücksichtigen (vgl. R 6.3 Abs. 7 EStR).
- Von den **Verpackungskosten** eines hergestellten Produkts gehört nur die sog. »Innenverpackung«, die der Verkaufsreifmachung dient, zu den Herstellungskosten (z. B. Tuben für Creme, Einwegflaschen für Getränke einschließlich der Abfüllkosten). Nicht zu den Herstellungskosten rechnen die Aufwendungen für die sog. »Außenverpackung«, die zu den Vertriebskosten gehört (z. B. Schachteln für Schuhe, Folien für Bücher, Plastikhüllen für Textilien). Vgl. BFH vom 21.01.1971 BStBl II 1971, 304, vom 26.02.1975 BStBl II 1976, 13, vom 03.03.1978 BStBl II 1978, 412 und 413 und vom 20.05.1988 BStBl 1988, 961.
- Nicht zu den Herstellungskosten gehören die **kalkulatorischen Kosten** für Miete, Zinsen, Unternehmerlohn und hinsichtlich der Abschreibung, soweit sie nicht der linearen oder zulässigen degressiven AfA entspricht. Vgl. H 6.3 (Kalkulatorische Kosten) EStH.
- Bei der bilanzsteuerlichen Bewertung kann statt der tatsächlichen Herstellungskosten u. U. ein **niedrigerer Teilwert** in Betracht kommen, wenn nachgewiesen wird, dass ein Erwerber des Betriebs weniger als den üblichen Aufwand für die Herstellung der Erzeugnisse bezahlen würde. Das Gleiche gilt, wenn bei der Herstellung überhöhte Aufwendungen anfielen, die durch eine Fehlmaßnahme entstanden sind, z. B. zunächst Verwendung eines falschen oder ungeeigneten Rohstoffs. Zur Ermittlung des Teilwerts vgl. 4. 2. 3. Es muss sich jedoch um eine dauernde Wertminderung handeln (§ 6 Abs. 1 Nr. 1 Satz 2 sowie Nr. 2 Satz 2 EStG).

3.3.4 Gegenüberstellung der handelsrechtlichen und steuerlichen Herstellungskosten

Vorbemerkung: Für die steuerlichen Herstellungskosten hinsichtlich der Behandlung der Kosten der allgemeinen Verwaltung sowie der Aufwendungen für soziale Einrichtungen des Betriebs, für freiwillige soziale Leistungen und für betriebliche Altersversorgung entsprechend der Übergangs- bzw. Aufschubregelung des BMF vom 25.03.2013 (BStBl I 2013, 296).

Art der Aufwendungen	**Ansatz in Handelsbilanz**	**Ansatz in Steuerbilanz**
Materialeinzelkosten + Fertigungseinzelkosten + Sondereinzelkosten der Fertigung	**Pflicht** (Herstellungs-kosten**untergrenze**, Mindestansatz)	**Pflicht** (Herstellungs-kosten**untergrenze**, Mindestansatz)
+ notwendige Materialgemeinkosten + notwendige Fertigungsgemeinkosten + Wertverzehr des Anlagevermögens, das dem Material- und Fertigungsbereich dient		

Art der Aufwendungen	**Ansatz in Handelsbilanz**	**Ansatz in Steuerbilanz**
+ Kosten der allgemeinen Verwaltung + Aufwendungen für soziale Einrichtungen des Betriebs + Aufwendungen für freiwillige soziale Leistungen + Aufwendungen für betriebliche Altersversorgung	Wahlrecht	Wahlrecht (Anmerkung: Nach Auffassung in R 6.3 Abs. 1 EStR 2012 Pflicht, beachte jedoch BMF vom 25.03.2013)
+ bestimmte Fremdkapitalzinsen	Wahlrecht	Wahlrecht
= Herstellungskosten**obergrenze** (Höchstansatz)		
Vertriebskosten und Forschungskosten	Verbot	Verbot

3.4 Steuerliche Herstellungskosten bei Grundstücken

Werden Grundstücke (Grund und Boden) für die land- und forstwirtschaftliche Nutzung urbar gemacht (kultiviert), so sind diese Aufwendungen Herstellungskosten des Grundstücks, da hierdurch der für den Betrieb der Land- und Forstwirtschaft erforderliche Boden erst geschaffen wird. Aufwendungen zur **Verbesserung des Bodens**, der zuvor schon land- und forstwirtschaftlich genutzt wurde, zählen nicht zu den Herstellungskosten des Grundstücks, sondern sind sofort abzugsfähige Aufwendungen bzw. Betriebsausgaben. Das gilt auch für diejenigen Fälle, in denen bisher forstwirtschaftlich genutzte Flächen durch Entfernen der Baumwurzeln (Stockrodung) für eine landwirtschaftliche Nutzung hergerichtet werden (vgl. BFH vom 26.06.1975 BStBl II 1976, 8 und vom 08.11.1979 BStBl II 1980, 147).

Straßenanliegerbeiträge und **Erschließungsbeiträge** i. S. der §§ 127 bis 135 des Baugesetzbuchs sind keine Herstellungskosten, sondern (ggf. nachträgliche) Anschaffungskosten des Grund und Bodens. Straßenumbaubeiträge, die Grundstückseigentümer für die Ersetzung oder Modernisierung bereits vorhandener Erschließungseinrichtungen entrichten müssen, sind, sofern das Grundstück in seiner Substanz und seinem Wesen unverändert geblieben ist, nicht beim Grund und Boden zu aktivieren, sondern als Aufwand bzw. Betriebsausgabe sofort abzuziehen, und zwar auch dann, wenn dadurch der Wert des Grundstücks gestiegen sein sollte (BFH vom 02.05.1990 BStBl II 1991, 448). Zur Abgrenzung weiterer Aufwendungen zwischen Herstellungskosten des Gebäudes und Anschaffungskosten des Grund und Bodens sowie sofort abzugsfähiger Betriebsausgaben vgl. den Katalog der BFH-Entscheidungen in H 6.4 EStH.

3.5 Steuerliche Herstellungskosten bei Gebäuden

3.5.1 Begriff

Grundsätzlich sind die Herstellungskosten von Gebäuden nach den gleichen Regeln zu ermitteln, wie bei den übrigen Vermögensgegenständen bzw. Wirtschaftsgütern. Allerdings treten bei Gebäuden **besondere Fragen** auf, einmal wegen der oft **langen Nutzungsdauer** der Gebäude (Abgrenzung zwischen Herstellungsaufwand und Erhaltungsaufwand) und zum anderen, weil Grund und Boden und Gebäude (einschließlich evtl. vorhandener Außenanlagen sowie fest mit dem Grund und Boden und Gebäude verbundenen Betriebsvorrichtungen) **zivil-**

rechtlich einen **einheitlichen Gegenstand** (»Grundstück«) bilden, während handelsrechtlich und ertragsteuerlich Grund und Boden, Gebäude und Außenanlagen sowie ggf. fest mit dem Grund und Boden oder dem Gebäude verbundene Betriebsvorrichtungen selbstständige Vermögensgegenstände bzw. Wirtschaftsgüter darstellen und getrennt zu aktivieren sind. Beim Erwerb eines bebauten Grundstücks ist bezüglich des Gebäudes außerdem zwischen Anschaffungskosten und Herstellungskosten zu unterscheiden, wenn neben den Aufwendungen für den Erwerb des Gebäudes noch Aufwendungen anfallen, um das Gebäude in einen betriebsbereiten Zustand zu versetzen.

Bezüglich der Zuordnung von Aufwendungen zu den **Herstellungskosten** eines Gebäudes sind verschiedene Abgrenzungsbereiche zu unterscheiden. Im Wesentlichen handelt es sich hierbei um die

- Abgrenzung der **Bestandteile der Herstellungskosten** bei Neuerrichtung eines Gebäudes oder Gebäudeteils (vgl. 3.5.2) und
- um die **Abgrenzung von Anschaffungskosten, Herstellungskosten und Erhaltungsaufwendungen** bei der Instandsetzung und Modernisierung von Gebäuden oder Gebäudeteilen (vgl. 3.5.3).

3.5.2 Herstellungskostenbestandteile bei Neuerrichtung eines Gebäudes

Herstellungskosten eines neu errichteten Gebäudes (oder selbstständigen Gebäudeteils) sind nur solche Aufwendungen, die unmittelbar dazu bestimmt und geeignet sind, das Gebäude für den ihm gedachten Zweck nutzbar zu machen. Entscheidend ist, mit welchem Gegenstand bzw. Wirtschaftsgut (Grund und Boden, Gebäude, Außenanlagen oder Betriebsvorrichtung) die Aufwendungen unmittelbar zusammen hängen (vgl. u. a. BFH vom 15. 10. 1965 BStBl III 1966, 12). H 6.4 EStH enthalten einen Katalog von BFH-Entscheidungen zu einzelnen Aufwendungen, für die größtenteils durch Rechtsprechung entschieden wurde, ob sie zu den Herstellungskosten des Gebäudes oder zu den Anschaffungskosten des Grund und Bodens gehören oder ob diese Aufwendungen einem selbstständigen Gegenstand bzw. ein selbstständiges Wirtschaftsgut darstellen oder ob sie evtl. sogar sofort als Aufwand bzw. Betriebsausgaben gewinnmindernd berücksichtigt werden können.

Die Herstellungskosten von Gebäuden kann man in folgende vier Gruppen einteilen:

1. eigentliche Bauaufwendungen,
2. Baunebenkosten,
3. Aufwendungen, die die Errichtung eines Gebäudes ermöglichen,
4. Aufwendungen, die die Nutzung eines Gebäudes ermöglichen.

3.5.2.1 Eigentliche Bauaufwendungen

Zu den eigentlichen Bauaufwendungen bzw. **reinen Baukosten** gehören alle Aufwendungen, die unmittelbar durch die Errichtung des Baukörpers und der in den Baukörper fest eingefügten Gebäudebestandteile angefallen sind, soweit es sich nicht um selbstständige Gebäudeteile handelt. Zur Abgrenzung der selbstständigen Gebäudeteile, die selbstständige Wirtschaftsgüter sind, vgl. R 4.2 Abs. 3 EStR. Eigentliche Bauaufwendungen sind beispielsweise

- Baumaterial (auch solches abgebrochener Gebäude),
- Bauleistungen der Bauunternehmer und Bauhandwerker,
- Arbeitsleistungen eigener Arbeitskräfte,
- Fahrstuhlanlagen und Rolltreppen, die der Gebäudebenutzung dienen,

- Heizungsanlagen und Klimaanlagen, die der Gebäudebeheizung dienen,
- Herde, Öfen, Küchenspülen,
- Sanitäre Anlagen,
- Einbaumöbel, die wesentliche Bestandteile des Gebäudes wurden, soweit sie nicht Betriebsvorrichtungen darstellen.

3.5.2.2 Baunebenkosten

Hierzu gehören insbesondere die Aufwendungen für die **Bauplanung**, die Architektenhonorare, die Statikkosten, die Aufwendungen für das Richtfest u. Ä. Gelangt ein ursprünglich erstellter und ggf. bereits genehmigter Bauplan nicht zur Ausführung und wird dieser Plan verändert oder sogar ein völlig neuer Bauplan erstellt, so ergibt sich die Frage, was mit den ursprünglichen Planungskosten zu geschehen hat. Nach der früheren Rechtsprechung des BFH (Urteil vom 11.03.1976 BStBl II 1976, 614) sollten solche **vergeblichen Planungskosten** dann nicht zu den Herstellungskosten des letztlich erstellten Gebäudes zu rechnen sein, wenn es sich bei dem ursprünglich geplanten und dann aufgrund der neuen Planung errichteten Gebäude um zwei völlig unterschiedliche Bauwerke handelt (z. B. ursprünglich war eine Lagerhalle geplant und aufgrund der Umplanung bzw. Neuplanung wurde ein Einfamilienhaus errichtet). In diesen Fällen sollten die Aufwendungen der ersten Planung als vergebliche Planungskosten sofort **Betriebsausgaben** sein. Nach späterer Rechtsprechung (BFH vom 29.11.1983 BStBl II 1984, 303 und 306) sollen solche ursprünglichen Planungskosten stets dann **Herstellungskosten** des verwirklichten Bauwerks sein, auch wenn nur in geringem Umfang Kenntnisse und Erfahrungen der ursprünglichen Planung in die neue Planung einfließen; vgl. auch H 6.4 (Bauplanungskosten) EStH. In solchen Fällen wird jedoch zu prüfen sein, ob diese vergeblichen Planungskosten nicht über eine **Teilwertabschreibung** (wegen dauernder Wertminderung) doch zu sofort abzugsfähigen Betriebsausgaben werden. Erforderlich für eine Teilwertabschreibung ist jedoch, dass ein gedachter Erwerber des Gebäudes für diese vergeblichen Aufwendungen nichts aufwenden würde. Müsste er bei einer entsprechenden Bauplanung ebenfalls mit derartigen Mehrkosten rechnen (um dieselben »Erfahrungen zu sammeln«), dann läge kein Grund für eine Teilwertabschreibung vor. Handelsrechtlich gilt Entsprechendes. In der Praxis dürften diese Fälle nur sehr schwer zutreffend abzugrenzen sein.

3.5.2.3 Aufwendungen, die die Errichtung des Gebäudes ermöglichen

Neben den eigentlichen Baukosten und den Baunebenkosten entstehen einem Bauherrn manchmal Aufwendungen in Form von **Abstandszahlungen** an Mieter oder Pächter um diese dazu zu bewegen, vorzeitig das Miet- oder Pachtverhältnis zu lösen oder auf ein noch eine gewisse Zeit bestehendes Nutzungsrecht zu verzichten. Diese Zahlungen wird ein Bauherr dann leisten, wenn er sofort mit dem Bau beginnen möchte, aber wegen des noch andauernden Miet- oder Pachtvertrags oder des Nutzungsrechts dazu nicht in der Lage wäre. Nach der Rechtsprechung des BFH (Urteile vom 29.07.1970 BStBl II 1970, 810, vom 01.10.1975 BStBl II 1976, 184, vom 09.02.1983 BStBl II 1983, 451 und vom 13.12.2005 BStBl II 2006, 461) zählen derartige Abstandszahlungen zu den **Herstellungskosten** des Gebäudes (oder Außenanlagen), weil sie wirtschaftlich unmittelbar mit der Errichtung des Gebäudes (oder der Außenanlage) zusammenhängen bzw. durch die Errichtung dieser Gegenstände verursacht sind. Vgl. auch H 6.4 (Ablöse- und Abstandszahlungen) EStH. Zu den **Herstellungskosten** des Gebäudes gehören auch folgende Aufwendungen:

- Beträge, die zur Ablösung der Verpflichtung zum Bau von Einstellplätzen an die Gemeinde bezahlt werden (BFH vom 08.03.1984 BStBl II 1984, 702),
- Zuschüsse, die ein Unternehmer zur Errichtung eines öffentlichen Fußgängertunnels an die Gemeinde zahlen muss, um an einer verkehrsreichen Stelle ein Kaufhaus errichten zu dürfen (BFH vom 18.09.1975 BStBl II 1975, 874).
- Kosten der Hangabtragung, wenn ein Gebäude in Hanglage eines Grundstücks errichtet wird (BFH vom 27.01.1994 BStBl II 1994, 512).

Nicht zu den **Herstellungskosten,** sondern zu den Anschaffungskosten des Grund und Bodens rechnen jedoch Beiträge zur Schaffung einer Fußgängerzone, wenn sie aufgrund gesetzlicher Vorschriften von der Gemeinde vom Grundstückseigentümer erhoben werden oder freiwillig geleistete Zuschüsse zur Schaffung einer Fußgängerzone, wenn sie grundstücksbezogen sind. Freiwillige Zuschüsse, die nicht grundstücksbezogen sind, gehören dagegen weder zu den Herstellungskosten des Gebäudes, noch zu den Anschaffungskosten des Grund und Bodens, sondern sind sofort abzugsfähige Aufwendungen bzw. Betriebsausgaben. Vgl. BFH-Urteile vom 16.11.1982 (BStBl II 1983, 1117) und vom 26.01.1984 (BStBl II 1984, 480) sowie vom 12.04.1984 (BStBl II 1984, 489). Vgl. auch die Ausführungen in H 6.4 (Erschließungs-, Straßenanlieger- und andere auf das Grundstückseigentum bezogene, kommunale Beiträge usw.) EStH sowie zu 3.4.

3.5.2.4 Aufwendungen, die die Nutzung des Gebäudes ermöglichen

Zu diesen Aufwendungen gehören insbesondere:

- Kosten des Anschlusses an das Stromversorgungsnetz, das Gasnetz und die Wasser- und Wärmeversorgung (BFH vom 15.01.1965 BStBl III 1965, 226),
- Kosten für Anlagen zur Ableitung von Abwässern (BFH vom 24.11.1967 BStBl II 1968, 178),
- Aufwendungen für den Anschluss an das Breitbandkabel der Deutschen Telekom.

Diese Aufwendungen sind **abzugrenzen** gegenüber den Beiträgen, die von der Gemeinde für die Bereitstellung öffentlicher Einrichtungen erhoben werden, unabhängig davon, ob das Grundstück bebaut wird oder diese Einrichtungen auch im Rahmen eines unbebauten Grundstücks anfallen bzw. genutzt werden können. Hierzu zählen insbesondere die Straßenanliegerbeiträge und Erschließungsbeiträge nach dem Baugesetzbuch sowie die Kanalanschlussgebühren (vgl. im Einzelnen auch hierzu den Katalog der BFH-Entscheidungen in H 6.4 EStH).

3.5.3 Abgrenzung bei Instandsetzung und Modernisierung von Gebäuden

3.5.3.1 Grundsätze nach BFH-Rechtsprechung und Verwaltungsanweisungen

Der BFH hat in jüngerer Zeit in zahlreichen Urteilen entschieden, wie die durch Instandsetzung und Modernisierung vorhandener (i. d. R. erworbener) Gebäude entstandenen Aufwendungen abzugrenzen sind zwischen Anschaffungskosten, Herstellungskosten und sofort als Betriebsausgaben abzugsfähigen Erhaltungsaufwendungen. Diese Urteilsgrundsätze wurden im Schreiben des BMF vom 18.07.2003 (BStBl I 2003, 386) zusammengestellt.

Danach sind folgende Fälle zu unterscheiden:

a) **Anschaffungskosten zur Herstellung der Betriebsbereitschaft**
   Zunächst wird auf § 255 Abs. 1 HGB Bezug genommen, wonach zu den Anschaffungskosten eines Gebäudes alle Aufwendungen gehören, die geleistet werden, um das Gebäude zu

erwerben und es in einen betriebsbereiten Zustand zu versetzen, soweit sie dem Gebäude einzeln zugeordnet werden können, ferner die Nebenkosten und die nachträglichen Anschaffungskosten. Ein Gebäude wird als **betriebsbereit** angesehen, wenn es entsprechend seiner Zweckbestimmung genutzt werden kann. Dabei ist die Betriebsbereitschaft bei einem Gebäude für jeden Teil des Gebäudes, der nach seiner Zweckbestimmung selbstständig genutzt werden soll, gesondert zu prüfen.

Nutzt der **Erwerber** das **Gebäude** ab dem Zeitpunkt der Anschaffung (d. h. Übergang des wirtschaftlichen Eigentums) zur Erzielung von Einkünften oder zu eigenen Zwecken, ist es ab diesem Zeitpunkt grundsätzlich betriebsbereit. Instandsetzungs- und Modernisierungsaufwendungen können in diesem Fall keine Anschaffungskosten i. S. v. § 255 Abs. 1 Satz 1 HGB sein. Davon sind bestimmte Ausnahmefälle zu unterscheiden. Wird das **Gebäude** im Zeitpunkt der Anschaffung **nicht genutzt,** ist zunächst offen, ob es aus der Sicht des Erwerbers betriebsbereit ist. Führt der Erwerber im Anschluss an den Erwerb und vor der erstmaligen Nutzung Baumaßnahmen durch, um das Gebäude entsprechend seiner Zweckbestimmung nutzen zu können, sind die Aufwendungen hierfür Anschaffungskosten. Zweckbestimmung bedeutet die konkrete Art und Weise, in der der Erwerber das Gebäude zur Erzielung von Einnahmen einer Einkunftsart nutzen will (z. B. ob er das Gebäude zu Bürozwecken oder anderen eigenbetrieblichen Zwecken nutzen will).

Nach Auffassung des BFH und des BMF setzt die Betriebsbereitschaft die objektive und subjektive **Funktionstüchtigkeit** des Gebäudes voraus (vgl. hierzu die Ausführungen mit Beispielen in den Rz. 5–8 des o. a. BMF-Schreibens). Zur Zweckbestimmung des Gebäudes wird auch der künftige **Standard des Gebäudes** gerechnet (sehr einfacher, mittlerer oder sehr anspruchsvoller Standard). Die Baumaßnahmen, die das Gebäude auf einen höheren Standard bringen, machen es betriebsbereit mit der Folge, dass ihre Kosten Anschaffungskosten sind. Vgl. hierzu die Ausführungen mit Beispielen in den Rz. 9–14 des o. a. BMF-Schreibens.

Bei einem **unentgeltlichen Erwerb** handelt es sich hinsichtlich der Aufwendungen für die Baumaßnahmen, die das erworbene Gebäude in einen betriebsbereiten Zustand versetzen, nicht um Anschaffungskosten, da keine Anschaffung im Sinne von § 255 Abs. 1 HGB vorliegt. Entsprechendes gilt für unentgeltlichen Teil eines teilentgeltlichen Erwerbs. In diesen Fällen ist zwischen Erhaltungsaufwand und Herstellungskosten abzugrenzen (vgl. die Ausführungen in den Rz. 15 und 16 des o. a. BMF-Schreibens).

b) **Aufwendungen, die als Herstellungskosten zu behandeln sind**

Unter Bezugnahme auf § 255 Abs. 2 Satz 1 HGB werden als Herstellungskosten eines Gebäudes alle Aufwendungen bezeichnet, die für die Herstellung eines Gebäudes sowie die Aufwendungen, die für die Erweiterung oder für die über den ursprünglichen Zustand hinausgehende wesentliche Verbesserung eines Gebäudes entstehen. Bei diesen Aufwendungen ist zu unterscheiden zwischen Aufwendungen:

- zur Herstellung eines Gebäudes,
- zur Erweiterung eines Gebäudes,
- zur über den ursprünglichen Zustand hinausgehenden wesentlichen Verbesserung eines Gebäudes.

Von einer **Herstellung** eines Gebäudes ist auch auszugehen, wenn durch Instandsetzungs- und Modernisierungsarbeiten praktisch ein neues Gebäude entsteht. Dies ist dann der Fall, wenn das Gebäude so sehr abgenutzt ist, dass es unbrauchbar geworden ist (Vollverschleiß) und durch die Instandsetzungsarbeiten unter Verwendung der übrigen noch nutzbaren Teile ein neues Gebäude hergestellt wird. Vgl. hierzu die Ausführungen in der

Rz. 18 des o. a. BMF-Schreibens. Von einer **Erweiterung** des Gebäudes ist auszugehen, wenn durch die Instandsetzungs- und Modernisierungsmaßnahmen, das Gebäude durch die Baumaßnahmen

- eine Aufstockung erfährt oder einen Anbau erhält,
- die nutzbare Fläche des Gebäudes vergrößert oder
- die Substanz des Gebäudes vermehrt wird.

Vgl. hierzu die näheren Ausführungen in den Rz. 19–24 des o. a. BMF-Schreibens.

Eine **über den ursprünglichen Zustand hinausgehende wesentliche Verbesserung** i. S. v. § 255 Abs. 2 Satz 1 HGB ist anzunehmen, wenn die Maßnahmen zur Instandsetzung und Modernisierung eines Gebäudes in ihrer Gesamtheit über eine zeitgemäße substanzerhaltende (Bestandteil-)Erneuerung hinausgehen, den Gebrauchswert des Gebäudes insgesamt deutlich erhöhen und damit für die Zukunft eine erweiterte Nutzungsmöglichkeit geschaffen wird. Von einer deutlichen Erhöhung des Gebrauchswerts ist z. B. auszugehen, wenn der Gebrauchswert des Gebäudes (das sog. Nutzungspotenzial) von einem sehr einfachen auf einen mittleren oder von einem mittleren auf einen sehr anspruchsvollen Standard gehoben wird. Vgl. hierzu die näheren Ausführungen mit Beispielen in den Rz. 25–30 des o. a. BMF-Schreibens. Diese Baumaßnahmen können sich auch über mehrere Wirtschaftsjahre erstrecken (vgl. Rz. 31 BMF-Schreiben).

c) **Zusammentreffen von Anschaffungs- oder Herstellungskosten mit Erhaltungsaufwendungen**

Sind im Rahmen von umfassenden Instandsetzungs- und Modernisierungsmaßnahmen sowohl Arbeiten zur Schaffung eines betriebsbereiten Zustandes, zur Erweiterung des Gebäudes oder Maßnahmen, die über eine zeitgemäße substanzerhaltende Erneuerung hinausgehen, als auch Erhaltungsarbeiten durchgeführt worden, so sind die angefallenen Aufwendungen auf die Bereiche Anschaffungskosten, Herstellungskosten und Erhaltungsaufwendungen (ggf. im Wege der Schätzung) aufzuteilen. Vgl. hierzu die Ausführungen und die Beispiele in den Rz. 33–35 des o. a. BMF-Schreibens.

Die **Feststellungslast** für die Tatsachen, die die Behandlung der Aufwendungen als Anschaffungs- oder Herstellungskosten begründen, hat das Finanzamt zu tragen. Soweit des Finanzamt nicht in der Lage ist, den Zustand des Gebäudes im Zeitpunkt der Anschaffung oder den ursprünglichen Zustand festzustellen, trifft den Steuerpflichtigen hierbei eine erhöhte Mitwirkungspflicht (§ 90 Abs. 1 Satz 3 AO). Vgl. hierzu sowie zu der Frage der Hebung des Standards des Gebäudes die Ausführungen in den Rz. 36–38 des o. a. BMF-Schreibens.

3.5.3.2 Gesetzlich geregelte Fiktion der Herstellungskosten bei Instandsetzung und Modernisierung von Gebäuden

Nach § 6 Abs. 1 Nr. 1 a Satz 1 EStG gehören zu den Herstellungskosten eines Gebäudes (oder eines selbstständigen Gebäudeteils) auch Aufwendungen für die Instandsetzungs- und Modernisierungsmaßnahmen, die innerhalb von drei Jahren nach der Anschaffung des Gebäudes durchgeführt werden, wenn die Aufwendungen – ohne die Umsatzsteuer – 15 % der Anschaffungskosten des Gebäudes übersteigen. Solche Aufwendungen werden als anschaffungsnahe Herstellungskosten bezeichnet. Zu diesen Aufwendungen werden jedoch nicht gerechnet die Aufwendungen für Erweiterungen im Sinne des § 255 Abs. 2 Satz 1 HGB, sowie Aufwendungen für Erhaltungsarbeiten, die jährlich üblicherweise anfallen (§ 6 Abs. 1 Nr. 1 a Satz 2 EStG). Diese durch Art. 1 des StÄndG 2003 (BStBl I 2003, 710) eingeführte Neuregelung gilt nach § 52 Abs. 16

Sätze 7 und 8 EStG für Baumaßnahmen dieser Art, die nach dem 31.12.2003 begonnen wurden bzw. werden. Sämtliche Baumaßnahmen im Sinne von § 6 Abs. 1 Nr. 1 a Satz 1 EStG an einem Objekt gelten als eine Baumaßnahme in diesem Sinne (§ 52 Abs. 16 Satz 9 EStG).

Durch das Nebeneinander von Verwaltungsanweisungen (s. vorstehende Ausführungen in 3.5.3.1 und BMF vom 18.07.2003 BStBl I 2003, 386) und die gesetzliche Neuregelung in § 6 Abs. 1 Nr. 1 a EStG (s. vorstehende Ausführungen) können sich Fragen zu deren Anwendungsbereich ergeben. In Verfügungen der OFD München und Nürnberg vom 11.06.2004 (DStR 2004, 1338), deren Inhalt auf Bund-Länder-Ebene abgestimmt wurde, sind einige Fragen aufgeworfen und beantwortet worden. Hierauf wird im Einzelnen verwiesen.

3.6 Zeitliche Abgrenzung der Herstellungskosten

Die Herstellung beginnt, wenn Handlungen vorgenommen werden, die darauf gerichtet sind, einen Gegenstand herzustellen (z. B. Architektenhonorar für die Erstellung eines Bauplans). Aufwendungen, die vor diesem Zeitpunkt anfallen, gehören nicht zu den Herstellungskosten, sondern sind sofort abzugsfähige Aufwendungen bzw. Betriebsausgaben. In der Praxis ist die Abgrenzung dann unproblematisch, wenn ein geplanter Gegenstand auch hergestellt wird und die **Aufwendungen der Vorbereitungshandlungen** auch in die späteren tatsächlichen Herstellungskosten einmünden. Die Abgrenzung ist jedoch dann schwierig, wenn der geplante Gegenstand bzw. das Wirtschaftsgut nicht oder nur in veränderter Form hergestellt wird (bezüglich der Gebäude vgl. die vorstehenden Ausführungen in 3.5.2.2). Insbesondere ist es problematisch, ob bereits Aufwendungen aktiviert werden müssen, wenn **mit der Herstellung** des Gegenstands bzw. Wirtschaftsguts noch gar **nicht begonnen** worden ist. In mehreren Entscheidungen hat der BFH hierzu unterschiedlich Stellung bezogen:

- Im Urteil vom 18.06.1975 BStBl II 1975, 809 (sog. »Redaktionskosten-Urteil«) hat es der BFH abgelehnt, die Aufwendungen für Druckvorlagen, die zur Herstellung von Zeitschriften notwendig sind (sog. Redaktionskosten), bereits als Teilherstellungskosten zuzulassen. Diese Entscheidung wurde im Urteil vom 02.06.1978 (BStBl II 1979, 235) bestätigt. Auch die Behandlung als immaterielles Wirtschaftsgut lehnte der BFH ab, da die Druckvorlagen keinen »greifbaren« Wert darstellen, insbesondere seien die Aufwendungen dafür nicht klar und eindeutig abgrenzbar.
- Im Urteil vom 23.11.1978 BStBl II 1979, 143 (bestätigt durch Urteil vom 09.02.1983 BStBl II 1983, 451, sog. »Abraumvorrats-Urteil«) vertritt der BFH dagegen die Auffassung, dass die Kosten von fertigungsbezogenen Vorbereitungsmaßnahmen, die nach dem vorgesehenen Betriebsablauf sachlich unmittelbar der Schaffung eines materiellen Wirtschaftsguts dienen, zu aktivieren sind. Dass durch diese Vorbereitungsmaßnahmen (z. B. Planungsarbeiten) noch kein körperlicher Gegenstand erkennbar ist, soll dafür kein Hinderungsgrund sein. In der Schaffung des Abraumvorrats sieht der BFH bereits den Beginn der Herstellung des noch zu gewinnenden Mineralprodukts. Vgl. BFH vom 23.11.1978 (BStBl II 1979, 143).

Unfertige bzw. halbfertige **Erzeugnisse** sind mit den sog. **Teilherstellungskosten** zu aktivieren (vgl. R 6.3 Abs. 8 EStR). Das sind alle Aufwendungen, die auch bei bereits fertiggestellten Erzeugnissen zu den Herstellungskosten gehören, allerdings nur soweit sie bis zum Abschlussstichtag (Bilanzstichtag) angefallen sind. Dabei ist es grundsätzlich unerheblich, ob die bis zum Bilanzstichtag angefallenen Aufwendungen bereits zur Entstehung eines als Einzeleinheit greifbaren Gegenstands bzw. Wirtschaftsguts geführt haben. Die einzelnen Wahlrechte bezüglich der Gemeinkosten gelten hier gleichermaßen.

3.7 Nachträgliche Herstellungskosten

Herstellungskosten können auch noch nach einer Fertigstellung eines Gegenstands entstehen. Dies sieht handelsrechtlich § 255 Abs. 2 Satz 1 HGB vor, wonach nicht nur Aufwendungen zur Herstellung eines Gegenstands Herstellungskosten sind, sondern auch Aufwendungen »für eine Erweiterung eines Gegenstands oder für eine über den ursprünglichen Zustand hinausgehende wesentliche Verbesserung eines Gegenstands«. Die Regelung gilt auch steuerlich. Die Aufwendungen sind allerdings abzugrenzen gegenüber den Erhaltungsaufwendungen (vgl. nachstehende Ausführungen in 3.8). Unter einer **Erweiterung** ist die Vermehrung der Substanz des bisherigen Gegenstands zu verstehen (z. B. Erstellung eines Anbaus, Aufstockung eines Gebäudes, Ausbau des Dachgeschosses, Verlängerung eines Förderbandes, Verlängerung eines Lastenaufzugs wegen Aufstockung des Gebäudes). Eine **wesentliche Verbesserung** ist anzunehmen, wenn ein vorhandener Gegenstand so verändert wird, dass man von einer Wesensveränderung im Sinne einer anderen Gebrauchs- oder Verwendungsmöglichkeit sprechen kann (z. B. Aufteilung eines Großraumes in mehrere kleinere Räume) oder wenn ein vorhandener Gegenstand so erheblich verbessert wird, d. h. die vorhandene Substanz so umfangreich erneuert wird, dass nach wirtschaftlicher Betrachtungsweise praktisch ein neuer Gegenstand entsteht (z. B. Einbau eines Personenfahrstuhls in ein vorhandenes Treppenhaus). Vgl. hierzu auch BMF vom 18. 07. 2003 BStBl I 2003, 386 und die Ausführungen in 3. 5. 3.

3.8 Abgrenzung zum Erhaltungsaufwand

Erhaltungsaufwand liegt dann vor, wenn für einen vorhandenen Gegenstand Aufwendungen anfallen, die zu **keiner Substanzvermehrung** und zu keiner **wesentlichen Veränderung** oder erheblichen Verbesserung dieses Gegenstands führen. Vgl. hierzu die vorstehenden Ausführungen in 3.5.3 und 3.7 und (insbesondere für Gebäude) in R 21.1 Abs. 1 EStR. Erhaltungsaufwendungen sind **sofort abzugsfähige Aufwendungen bzw. Betriebsausgaben**. Wegen der oft sehr schwierigen Abgrenzung zwischen Erhaltungsaufwand und aktivierungspflichtigem Herstellungsaufwand, hat es die Finanzverwaltung aus Vereinfachungsgründen zugelassen, bei Gebäuden Aufwendungen für die einzelne Baumaßnahme bis zu 4 000 € (jeweils ohne Umsatzsteuer) je Gebäude auf Antrag sofort als Betriebsausgaben zu behandeln (R 21.1 Abs. 2 Satz 2 EStR). Diese Vereinfachungsregelung gilt jedoch nur dann, wenn diese Aufwendungen nicht im Zuge der Herstellung eines Gebäudes entstehen. Im Übrigen vgl. die Ausführungen in R 21.1 EStR, deren allgemeine Grundsätze auch für Wirtschaftsgüter gelten, die nicht Gebäude sind und die Ausführungen in den bereits unter 3.5.3.1 zitierten Schreiben des BMF vom 18. 07. 2003 BStBl I 2003, 386 sowie die Ausführungen in 3. 5. 3. 2.

In letzter Zeit hat der BFH in mehreren Urteilen in folgenden Fällen zwischen Herstellungsaufwand und Erhaltungsaufwand zu entscheiden gehabt:

- Aufwendungen für die Beseitigung von Baumängeln (BFH vom 01. 12. 1987 BStBl II 1988, 432): Aufwendungen für die Beseitigung von Baumängeln, die bereits bei der Herstellung eines Gebäudes aufgetreten sind, aber erst nach dessen Fertigstellung behoben werden, sind ebenfalls (nachträgliche) Herstellungskosten des Gebäudes.
- Ersetzung eines Flachdaches durch ein Satteldach (BFH vom 19. 06. 1991 BStBl II 1992, 73 und BFH vom 15. 05. 2013, BStBl II 2013, 732): Wird ein – schadhaftes – Flachdach eines Wohngebäudes durch ein Satteldach in der Weise ersetzt, dass durch diese Baumaßnahme erstmals ein für Wohnzwecke ausbaufähiges Dachgeschoss entsteht, liegt (nachträglicher)

Herstellungsaufwand vor. Diese Behandlung muss u. E. auch gelten, wenn das nunmehr ausbaufähige Dachgeschoss für gewerbliche Zwecke nutzbar wird.

- Änderungen an vorhandenen Versorgungsleitungen und Versorgungseinrichtungen sowie Änderungen der Straßenführung (BFH vom 10.06.1992 BStBl II 1993, 41): Aufwendungen, die einem Versorgungsunternehmen dadurch entstehen, dass es vorhandene Versorgungsleitungen und Versorgungseinrichtungen der von der Gemeinde vorgenommenen Änderung der Straßenführung anpassen muss (sog. Folgekosten), sind i. d. R. sofort abzugsfähige Erhaltungsaufwendungen des Leitungsnetzes.
  Nimmt das Versorgungsunternehmen die Änderung der Straßenführung jedoch zum Anlass, eine alte Leitung durch eine neue mit einer höheren Leistungsfähigkeit zu ersetzen, um gegenwärtige oder künftige Kapazitätsengpässe des Leitungsnetzes zu beseitigen, sind die Aufwendungen für den Bau der Ersatzleitung weitere Herstellungskosten des Leitungsnetzes.
- Nachträglicher Einbau einer Alarmanlage in ein Wohngebäude (BFH vom 16.02.1993 BStBl II 1993, 544): Wird in ein bestehendes Wohngebäude (d. h. nach dessen Fertigstellung) nachträglich eine Alarmanlage eingebaut, so gehören die dafür angefallenen Aufwendungen zu den (nachträglichen) Herstellungskosten des Gebäudes. Diese Entscheidung muss auch für andere betrieblich genutzte Gebäude gelten, wenn es sich bei der Alarmanlage nicht um eine Betriebsvorrichtung handelt.

3.9 Technik der Ermittlung der Herstellungskosten

3.9.1 Ergebnisse der Kosten- und Leistungsrechnung als Grundlage

Als Grundlage für die Ermittlung der handelsrechtlichen und steuerlichen Herstellungskosten dienen die Ergebnisse der Kosten- und Leistungsrechnung, insbesondere die **Zuschlagsätze** für die Material- und Fertigungsgemeinkosten sowie der Zuschlagsatz für die Verwaltungskosten, soweit diese in die Herstellungskosten im Rahmen der bestehenden Wahlrechte einbezogen werden sollen. Für die Ermittlung der Herstellungskosten sind daher Grundkenntnisse der Kosten- und Leistungsrechnung erforderlich. Vgl. hierzu auch die Ausführungen in 3.2.2.

Die Kosten- und Leistungsrechnung gliedert sich bekanntlich in die

- **Kostenartenrechnung,**
- **Kostenstellenrechnung** (mit Betriebsabrechnungsbogen I – BAB I –) und
- **Kostenträgerrechnung** (mit Kostenträgerzeitrechnung und Kostenträgerstückrechnung als Betriebsabrechnungsbogen II – BAB II –) einschließlich der verschiedenen Kalkulationsmethoden.

Im Rahmen der **Kostenstellenrechnung** (BAB I) werden die einzelnen Kosten der Kostenartenrechnung auf die einzelnen Kostenbereiche bzw. Kostenstellen verrechnet. Die Kostenstellenrechnung gliedert sich regelmäßig in die Kostenbereiche:

- Allgemeiner Bereich,
- Materialbereich,
- Fertigungsbereich (mit Haupt- und Hilfskostenstellen),
- Verwaltungsbereich und
- Vertriebsbereich.

Innerhalb dieser Kostenbereiche wird bei mittleren und größeren Betrieben noch nach Kostenstellen untergliedert (z. B. bei einer Möbelfabrik die Kostenstellen »Zuschneiden«, »Furnieren«

und »Montage« als Hauptkostenstellen und die Kostenstelle »Werkstatt« als Hilfskostenstelle). Die Kostenstellenrechnung liefert die Einzel- und Gemeinkosten für die **Kostenträgerrechnung**. Im Rahmen der Kostenträgerrechnung werden ermittelt:

- durch die Kostenträger**zeit**rechnung die Herstellungskosten und Selbstkosten für die erzeugten Produkte bzw. erstellten Leistungen eines bestimmten Zeitraums (z. B. für einen Monat oder für ein Geschäftsjahr); diese Verrechnung ist abgestellt auf eine bestimmte **Kostenträgergruppe** (z. B. Fahrräder, Nähmaschinen, Büroschränke, Schreibmaschinen, PC, Fahrzeuge); die Verrechnung kann auf die in diesem Zeitraum hergestellten oder abgesetzten Erzeugnisse abgestellt werden;
- durch die Kostenträger**stück**rechnung die Herstellungskosten und Selbstkosten für das **einzelne Produkt** bzw. die einzelne Leistung.

Im Rahmen der **Kostenträgerstückrechnung** können die Herstellungskosten und Selbstkosten auf verschiedene Art und Weise ermittelt werden. Hierzu stehen insbesondere folgende verschiedene **Kalkulationsmethoden** zur Verfügung:

a) **Einfache (einstufige) Divisionskalkulation**
   Im Rahmen dieser Kalkulationsmethode werden die gesamten Selbstkosten durch die Menge der hergestellten Gegenstände dividiert; auf diese Weise erhält man die Selbstkosten pro hergestellten Gegenstand. Diese Methode ist nur bei Herstellung eines einzigen Produkts anwendbar.

b) **Einstufige Divisionskalkulation mit Äquivalenzziffern**
   Sie kommt in Betracht, wenn mehrere artverwandte Erzeugnisse bei annähernd gleichem Produktionsgang hergestellt werden, wobei sich Kostenunterschiede ergeben (z. B. eine Brauerei stellt verschiedene Biersorten her: alkoholfreies Bier, Exportbier, Pilsbier, Weizenbier, Starkbier). Die zwischen den Erzeugnissen bestehenden, aber etwa gleich bleibenden Kostenverhältnisse werden durch Äquivalenzziffern (Angleichungsziffern) ausgedrückt.
   Bei dieser Methode erhält ein Produkt den Kostenfaktor 1,0 und die übrigen Produkte entsprechende Äquivalenzziffern, die den unterschiedlichen Kostenanteil ausdrücken.
   Auch bei dieser Kalkulationsmethode ist es nur möglich, die gesamten Selbstkosten auf die einzelnen Erzeugnisse insgesamt zu verrechnen.

c) **Mehrstufige Divisionskalkulation mit Äquivalenzziffern**
   Diese Kalkulationsmethode wird angewendet, wenn sich die Produktion über mehrere Stufen vollzieht, in denen die Kostenanteile der einzelnen Produkte unterschiedlich sind (z. B. in einer Brauerei die Produktionsstufen »Sudhaus«, »Gärkeller«, »Lagerkeller« und »Abfüllerei«). In den einzelnen Produktionsstufen werden unterschiedliche Äquivalenzziffern verwendet.

d) **Zuschlagskalkulation**
   Dies ist die am häufigsten verwendete Form der Kalkulation. Bei dieser Kalkulationsmethode können die Einzel- und Gemeinkosten ganz genau auf die jeweiligen Kostenbereiche (Material-, Fertigungs-, Verwaltungs- und Vertriebsbereich) verrechnet werden. Vgl. hierzu das unter 3.2.2.1 aufgeführte kostenrechtliche Wertermittlungsschema.
   Um bei der Zuschlagskalkulation die Herstellungskosten und Selbstkosten eines bestimmten Produkts ermitteln zu können, werden anhand der Ergebnisse des BAB I die Gemeinkostenzuschlagsätze ermittelt und zwar

- für die Materialgemeinkosten in % von den Materialeinzelkosten,
- für die Fertigungsgemeinkosten in % von den Fertigungseinzelkosten (Fertigungslöhne),
- für die Verwaltungskosten in % von den Herstellkosten (Herstellungskosten) und

- die Vertriebsgemeinkosten in % von den Herstellkosten (Herstellungskosten).
  Für die Verwaltungs- und Vertriebsgemeinkosten wird der Zuschlagsatz vielfach in einem Prozentsatz ermittelt. Zu einem genaueren Ergebnis kommt man jedoch, wenn man den Zuschlagsatz für die Verwaltungskosten auf die Herstellkosten (Herstellungskosten) der insgesamt im Geschäftsjahr hergestellten Erzeugnisse bezieht und den Zuschlagsatz für die Vertriebsgemeinkosten auf Herstellkosten (Herstellungskosten) der abgesetzten Erzeugnisse.
  Die Zuschlagskalkulation kann auch in abgewandelter Form angewendet werden, z. B. indem für die Ermittlung der Fertigungskosten mit Maschinenstundensätzen gearbeitet wird.

3.9.2 Abweichungen von den Ergebnissen der Kosten- und Leistungsrechnung

Wichtig ist, dass die im Rahmen der Kostenträgerstückrechnung ermittelten Gemeinkostenzuschlagsätze nur dann unverändert übernommen werden dürfen, wenn ihnen nur Kosten zugrunde liegen, die gleichzeitig (tatsächliche) Aufwendungen sind. Außerdem ist zu beachten, dass nur solche Aufwendungen der Ermittlung der Zuschlagsätze zugrunde liegen dürfen, die auch zu den Herstellungskosten gehören oder im Rahmen eines Wahlrechts einbezogen werden sollen. Regelmäßig sind daher mindestens die **kalkulatorischen Kosten auszuscheiden**. Da auch zwischen den handelsrechtlichen und steuerlichen Herstellungskosten Unterschiede bestehen können, sind u. U. **für steuerliche Zwecke eigene Gemeinkostenzuschlagsätze** zu ermitteln. Für die Ermittlung der handelsrechtlichen und steuerlichen Herstellungskosten sind daher zunächst **bereinigte Gemeinkosten** zu ermitteln und dafür dann die Zuschlagsätze zu errechnen.

BEISPIEL

Ein Fabrikationsbetrieb stellt Maschinen her. Für die Herstellung einer Maschine werden benötigt bzw. entstehen

- Rohstoffe (Fertigungsmaterial) 2 000 €
- Fertigungslöhne 4 000 €

Zum Bilanzstichtag 31.12.02 beträgt der Bestand an fertigen Maschinen 100 Stück.
Der Betriebsabrechnungsbogen für das Geschäfts- bzw. Wirtschaftsjahr 02 zeigt folgendes Ergebnis (auszugsweise):

Kostenarten	lt. Buchführung €	Kostenstellen				
		Kantine	Material	Fertigung	Verwaltung	Vertrieb
… … Kalkulatorische Kosten (Zinsen und Unternehmerlohn)	… … 70 000	… … 10 000	… … 5 000	… … 40 000	… … 10 000	… … 5 000
Summe der Gemeinkosten Umlage Kantine	3 470 000	90 000	125 000 3/100 = 2 700	1 560 000 60/100 = 54 000	1 260 000 30/100 = 27 000	435 000 7/100 = 6 300
Summe der Gemeinkosten nach Umlage der Kantinenkosten	3 470 000	–	127 700	1 614 000	1 287 000	431 300
Rohstoffe (Materialverbrauch)	1 000 000		1 000 000			

Kostenarten	lt. Buchführung €	Kostenstellen				
		Kantine	Material	Fertigung	Verwaltung	Vertrieb
Fertigungslöhne	2 000 000			2 000 000		
Gemeinkostenzuschlag			$\left(\frac{127\,000 \times 100}{1\,000\,000}\right)$ = 12,77 % Zuschlagsatz für Materialgemeinkosten	$\left(\frac{1\,614\,000 \times 100}{2\,000\,000}\right)$ = 80,70 % Zuschlagsatz für Fertigungsgemeinkosten	$\left(\frac{1\,287\,000 \times 100}{4\,471\,700}\right)$ = 27,14 % Zuschlagsatz für Verwaltungskosten	$\left(\frac{441\,300 \times 100}{4\,741\,700}\right)$ = 9,30 % Zuschlagsatz für Vertriebsgemeinkosten

Für die Ermittlung der handelsrechtlich und ertragsteuerlich maßgebenden Gemeinkostenzuschlagsätze müssen im vorliegenden Fall die kalkulatorischen Kosten ausgeschieden werden. Der Unternehmer möchte, trotz des Wahlrechts nach R 6.3 Abs. 5 EStR 2012 bzw. BMF vom 25.03.2013, BStBl I 2013, 296 die Kantinenkosten in die Herstellungskosten einbeziehen, da es sich um eine eigene Kostenstelle des allgemeinen Bereichs handelt.

LÖSUNG Es ergeben sich folgende Zuschlagsätze:

	Materialgemeinkosten €	Fertigungsgemeinkosten €	Verwaltungskosten €
Summe Gemeinkosten (ohne kalkulatorische Kosten) vor Umlage der Kantinenkosten	120 000	1 520 000	1 250 000
Umlage der Kantinenkosten in Höhe von 80 000 € (auch ohne anteilige kalkulatorische Kosten)	(3 %) 2 400	(60 %) 48 000	(30 %) 24 000
Bereinigte Gemeinkosten	122 400	1 568 000	1 274 000
Gemeinkostenzuschläge	$\left(\frac{122\,400 \times 100}{1\,000\,000}\right)$ = 12,24 % Zuschlagsatz für Materialgemeinkosten	$\left(\frac{1\,568\,000 \times 100}{1\,000\,000}\right)$ = 78,40 % Zuschlagsatz für Fertigungsgemeinkosten	$\left(\frac{1\,274\,000 \times 100}{4\,690\,400}\right)$ = 27,16 % Zuschlagsatz für Verwaltungskosten

Angenommen, der Unternehmer macht von dem Wahlrecht Gebrauch, die Verwaltungskosten nicht in die Herstellungskosten einzubeziehen (ausgenommen die Kantinenkosten), so ergibt sich zum 31. 12. 02 folgender möglicher Ansatz für die 10 Maschinen:

Ermittlung der Herstellungskosten für 1 Maschine:

	Handelsrechtlich und steuerlich €
Fertigungsmaterial	2 000
+ 12,24 % Materialgemeinkosten	224
Materialkosten	2 224
Fertigungslöhne	4 000
+ 78,40 % Fertigungsgemeinkosten	3 136
Fertigungskosten	7 136
Herstellungskosten I (Herstellungskostenuntergrenze, Mindestansatz)[1]	9 360
+ 27,16 % Verwaltungskosten von 9 360 € =	2 542
Herstellungskosten II (Herstellungskostenobergrenze, Höchstsatz)	11 902

[1] Im vorliegenden Fall unter Einbeziehung der Kantinenkosten, für deren Ansatz bei den Herstellungskosten jedoch ein Wahlrecht besteht (vgl. R 6.3 Abs. 5 EStR 2012 bzw. BMF vom 25.03.2013, BStBl I 2013, 296).

Im Rahmen der sog. »Gruppenbewertung« (vgl. R 6.8. Abs. 4 EStR) kann daher der Bestand der Maschinen von den ermittelten Herstellungskosten für 1 Maschine auf 10 Maschinen hochgerechnet werden.

Vgl. zur Ermittlung der Herstellungskosten auch die **Übungsfälle 3 – 5** in S Komplexe Übungsfälle.

3.9.3 Buchtechnische Abwicklung bei Gesamtkostenverfahren

Nach dem Gemeinschaftskontenrahmen der Industrie (GKR) besteht im Rahmen des Gesamtkostenverfahrens die Möglichkeit, im Wege einer integrierten Finanz- und Betriebsbuchführung eines Industriebetriebs das Betriebsergebnis buchmäßig darzustellen. Auf dem Konto »Betriebsergebnis« (Konto »980 Betriebsergebnis« des GKR) werden den Verkaufserlösen der erzeugten Produkte die dafür angefallenen »Gesamtkosten« gegenübergestellt.

Beim Gesamtkostenverfahren sind zu unterscheiden:

- Gesamtkostenverfahren **ohne** Berücksichtigung von Beständen an unfertigen und fertigen Erzeugnissen,
- Gesamtkostenverfahren **mit** Berücksichtigung von Bestandsveränderungen an unfertigen und fertigen Erzeugnissen.

Die notwendigen **Buchungen** vollziehen sich in folgenden Schritten:

a) Buchung der angefallenen Kosten (nach Kostenarten);
b) Buchung der Verkaufserlöse;
c) Buchung der Bestandsveränderungen (nach Einsetzen der Endbestände) über ein Konto »890 Bestandsveränderungen«;
d) Sammlung folgender Posten auf dem Konto »980 Betriebsergebnis«:
- sämtliche Kostenarten der Klasse 4,
- Erlöse der Klasse 8,
- Saldo vom Konto »890 Bestandsveränderungen«;

e) Sammlung der neutralen Aufwendungen und Erträge auf dem Konto »987 Neutrales Ergebnis«,
f) Abschluss der Konten »Betriebsergebnis« und »Neutrales Ergebnis« über das »GuV-Konto«.

Der GKR gliedert sich regelmäßig in folgende Kontenklassen:

Kontenklassen	**Kontenarten**
0	Bestandskonten
1	Bestandskonten
2	Neutrale Aufwendungen und Erträge
3	Stoffbestände
4	Kostenarten
5	evtl. nicht belegt
6	evtl. nicht belegt
7	Kostenträger
8	Erlöskonten
9	Abschlusskonten

Vgl. dazu auch **Übungsfall 6** Gesamtkostenverfahren in S Komplexe Übungsfälle.

3.9.4 Darstellung der Herstellungskosten im Rahmen der GuV-Rechnung nach dem Gesamt- und Umsatzkostenverfahren des § 275 HGB

Nach § 275 Abs. 1 HGB haben die Kapitalgesellschaften (und auch alle anderen Kaufleute) die Möglichkeit, die in Staffelform zu erstellende GuV-Rechnung entweder nach dem **Gesamtkostenverfahren** (§ 275 Abs. 2 HGB) oder nach dem **Umsatzkostenverfahren** (§ 275 Abs. 3 HGB) zu gestalten. Das Umsatzkostenverfahren ist durch das Bilanzrichtliniengesetz neu zugelassen worden. Obwohl die Regelungen des § 275 HGB grundsätzlich nur für die Kapitalgesellschaften bindend sind, kann davon ausgegangen werden, dass größere Einzelunternehmer und Personengesellschaften entsprechend verfahren werden.

Nachstehend werden die Zahlen des Übungsfalles 6: Gesamtkostenverfahren aus S Komplexe Übungsfälle zunächst nach dem Gesamtkostenverfahren und anschließend nach dem Umsatzkostenverfahren dargestellt.

a) Darstellung nach dem Gesamtkostenverfahren (§ 275 Abs. 2 HGB)

Sachverhalt lt. »Übungsfall 6: Gesamtkostenverfahren in S Komplexe Übungsfälle« für eine Kapitalgesellschaft (s. u. Anmerkung c).

Lfd. Nr. (lt. § 275 Abs. 2 HGB)	Bezeichnung des GuV-Postens	€	€
1	Umsatzerlöse		450 000
2	./. Minderung des Bestands an unfertigen Erzeugnissen		2 000
	+ Erhöhung des Bestands an fertigen Erzeugnissen		31 000
3	+ Andere aktivierte Eigenleistungen		–
4	+ Sonstige betriebliche Erträge		–
	= Gesamte betriebliche Erträge (Anmerkung a)		479 000
5	./. Materialaufwand:		
	a) Aufwendungen für Roh-, Hilfs- und Betriebsstoffe für bezogene Waren	155 900	
	b) Aufwendungen für bezogene Leistungen	–	./. 155 900
	= Rohergebnis (Anmerkung a)		323 100
6	./. Personalaufwand:		
	a) Löhne und Gehälter	100 600	
	b) Soziale Abgaben und Aufwendungen für Altersversorgung und Unterstützung	7 000	
7	./. Abschreibungen:		
	a) auf Anlagevermögen usw.	20 000	
	b) auf Umlaufvermögen usw.	1 000	
8	./. Sonstige betriebliche Aufwendungen	13 200	./. 141 800
	= Betriebsergebnis (Anmerkung a)		181 300
9	+ Erträge aus Beteiligungen	–	
10	+ Erträge aus anderen Wertpapieren usw.	–	
11	+ Erträge aus sonstigen Zinsen und ähnliche Erträge	–	
12	./. Abschreibungen auf Finanzanlagen und auf Wertpapiere des Umlaufvermögens	–	
13	./. Zinsen und ähnliche Aufwendungen	–	
	= Finanzergebnis (Anmerkung a)		–

Lfd. Nr. (lt. § 275 Abs. 2 HGB)	Bezeichnung des GuV-Postens	€	€
14	**Ergebnis der gewöhnlichen Geschäftstätigkeit** (Anmerkung b)		181 300
15	+ Außerordentliche Erträge	–	
16	./. Außerordentliche Aufwendungen	–	
17	./. **Außerordentliches Ergebnis** (Anmerkung b)		–
18	./. Steuern vom Einkommen und vom Ertrag	–	
19	./. Sonstige Steuern	–	–
20	= **Jahresüberschuss** (Anmerkung b)		181 300
	Weitere Darstellung (vgl. § 275 Abs. 4 HGB):		
(21)	./. Verlustvortrag		–
(22)	+ Gewinnvortrag		–
(23)	./. Einstellung in Gewinnrücklagen		–
(24)	= Bilanzgewinn		181 300

Anmerkungen:

a) Diese Angaben sind nicht zwingend vorgeschrieben, sollten aber aus Gründen der klaren und übersichtlichen Darstellung vorgesehen werden.

b) Diese Zwischenergebnisse sind zwingend vorgeschrieben.

c) Kleine und mittelgroße Kapitalgesellschaften (vgl. hierzu § 267 Abs. 1 und 2 HGB) dürfen die Posten Nr. 1 bis 5 unter der Bezeichnung »Rohergebnis« zusammenfassen (§ 276 HGB).

b) Darstellung nach dem Umsatzkostenverfahren (§ 275 Abs. 3 HGB)

Sachverhalt lt. »Übungsfall 6: Gesamtkostenverfahren in S Komplexe Übungsfälle« für eine Kapitalgesellschaft (s. u. Anmerkung c).

Ergänzende Angaben zum Sachverhalt:

- Herstellungs- und Anschaffungskosten der zur Erzielung der Umsatzerlöse erbrachten Leistungen (angenommen) 231 700 €
- Sonstige betriebliche Aufwendungen, soweit sie nicht bei den Herstellungskosten der zur Erzielung der Umsatzerlöse erbrachten Leistungen erfasst sind:

Löhne	30 000 €
Mieten	4 000 €
Allgemeine Verwaltungskosten	3 000 €

Lfd. Nr. (lt. § 275 Abs. 3 HGB)	Bezeichnung des GuV-Postens	€	€
1	Umsatzerlöse		450 000
2	./. Herstellungs- und Anschaffungskosten der zur Erzielung der Umsatzerlöse erbrachten Leistungen		./. 231 700
3	= **Bruttoergebnis vom Umsatz** (Anmerkung b)		218 300
4	./. Vertriebskosten	–	
5	./. Allgemeine Verwaltungskosten	3 000	
6	+ Sonstige betriebliche Erträge	–	

Lfd. Nr. (lt. § 275 Abs. 3 HGB)	**Bezeichnung des GuV-Postens**	€	€
7	./. Sonstige betriebliche Aufwendungen	34 000	./. 37 000
	= Betriebsergebnis (Anmerkung a)		181 300
8	+ Erträge aus Beteiligungen	–	
9	+ Erträge aus anderen Wertpapieren usw.	–	
10	+ Sonstige Zinsen und ähnliche Erträge	–	
11	./. Abschreibungen auf Finanzanlagen und auf Wertpapiere des Umlaufvermögens	–	
12	./. Zinsen und ähnliche Aufwendungen	–	–
	= Finanzergebnis (Anmerkung b)		–
13	= **Ergebnis der gewöhnlichen Geschäftstätigkeit** (Anmerkung b)		181 300
14	+ Außerordentliche Erträge	–	
15	./. Außerordentliche Aufwendungen	–	
16	= **Außerordentliches Ergebnis** (Anmerkung b)		–
17	./. Steuern vom Einkommen und vom Ertrag	–	
18	./. Sonstige Steuern	–	–
19	= **Jahresüberschuss** (Anmerkung b)		181 300
	Weitere Darstellung (vgl. § 275 Abs. 4 HGB):		
(20)	./. Verlustvortrag		–
(21)	+ Gewinnvortrag		–
(22)	./. Einstellung in Gewinnrücklagen		–
(23)	= Bilanzgewinn		181 300

Anmerkungen:

a) Diese Angaben sind nicht zwingend vorgeschrieben, sollten aber aus Gründen der klaren und übersichtlichen Darstellung vorgesehen werden.

b) Diese Zwischenergebnisse sind zwingend vorgeschrieben.

c) Kleine und mittelgroße Kapitalgesellschaften (vgl. hierzu § 267 Abs. 1 und 2 HGB) dürfen die Posten Nr. 1 bis 3 und 6 unter der Bezeichnung »Rohergebnis« zusammenfassen (§ 276 HGB).

3.10 Retrograde Ermittlung

Die Herstellungskosten können auch durch Rückrechnung ermittelt werden (retrograde Ermittlung). In diesem Falle geht man vom (kalkulierten) **Verkaufspreis** aus und zieht davon den im Verkaufspreis einkalkulierten Gewinn sowie alle Aufwendungen (Kosten) ab, die nicht in die Herstellungskosten einbezogen werden dürfen (z. B. die Vertriebskosten) und nicht in die Herstellungskosten einbezogen werden brauchen (z. B. die Verwaltungskosten). Die durch **Rückrechnung** ermittelten Herstellungskosten müssen zum selben Ergebnis führen, wie bei einer Ermittlung der Herstellungskosten im Rahmen der (z. B.) Zuschlagsmethode (Zuschlagskalkulation).

3.11 Ermittlung der Wiederherstellungskosten für eine außerplanmäßige Abschreibung

Um für Gegenstände bzw. Wirtschaftsgüter, die normalerweise mit den Herstellungskosten zu aktivieren sind (hergestellte Gegenstände bzw. Wirtschaftsgüter), eine handelsrechtliche außerplanmäßige Abschreibung bzw. steuerliche Teilwertabschreibung (steuerlich nur bei dauernder Wertminderung zulässig, vgl. § 6 Abs. 1 Nr. 1 Satz 2 und Nr. 2 Satz 2 EStG) in Betracht ziehen zu können, ist handelsrechtlich der **beizulegende Wert bzw.** bilanzsteuerrechtlich der **Teilwert zu ermitteln**. Als Teilwert kommen in derartigen Fällen grundsätzlich die Wiederherstellungskosten (Reproduktionskosten) zum betreffenden Bilanzstichtag in Betracht. Die Wiederherstellungskosten decken sich i. d. R. mit den Selbstkosten (bezogen auf tatsächliche Aufwendungen), schließen also alle Aufwendungen mit ein, die bei der Ermittlung der Herstellungskosten nicht einbezogen werden müssen (Wahlrechte des R 6.3 EStR, im Wesentlichen ggf. die Verwaltungskosten) und auch nicht einbezogen werden dürfen (im Wesentlichen die Vertriebskosten). Kalkulatorische Kosten (z. B. der Unternehmerlohn) dürfen auch bei der Ermittlung der Wiederherstellungskosten nicht mit einbezogen werden.

Die Ermittlung des niedrigeren Teilwerts kann auch durch Rückrechnung vom Verkaufspreis unter Weglassung des Unternehmergewinns und evtl. kalkulatorischer Kosten vorgenommen werden (**retrograde Ermittlung des niedrigeren Teilwerts**). Vgl. hierzu die Ausführungen in 4. 3.

4 Ansatz eines niedrigeren Werts

4.1 Handelsrechtlicher Börsen- oder Marktpreis oder beizulegender Wert

Für die Vermögensgegenstände des **Umlaufvermögens** sieht § 253 Abs. 4 Satz 1 HGB grundsätzlich als niedrigeren Wert den Börsen- oder Marktpreis vor. Kann ein Börsen- oder Marktpreis nicht ermittelt werden, ist nach § 253 Abs. 4 Satz 2 HGB als niedrigerer Wert der beizulegende Wert anzusetzen. Diese Werte kommen jedoch nur zum Ansatz, wenn sie niedriger sind, als die historischen Anschaffungs- oder Herstellungskosten (strenges Niederstwertprinzip!). Unter **Börsenpreis** versteht man den an einer amtlich anerkannten Börse festgestellten Preis für die an dieser Börse zum Handel zugelassenen Wertpapiere oder Waren. Der **Marktpreis** ist derjenige Preis, der für einen bestimmten Gegenstand durchschnittlicher Art und Güte im Durchschnitt als Verkaufserlös erzielt werden kann. Der **beizulegende Wert** ist ein Wert, der aus den Wiederbeschaffungskosten (bei erworbenen Vermögensgegenständen) oder Reproduktionskosten (bei selbst hergestellten oder im Rahmen eines Werkauftrags hergestellten Vermögensgegenständen) abzuleiten ist. Er kann auch aus dem mutmaßlichen Verkaufspreis abzüglich noch anfallender Aufwendungen und abzüglich Unternehmergewinn abgeleitet werden (retrograde Ermittlung); der Abzug des anteiligen Unternehmergewinns bei der retrograden Ermittlung des beizulegenden Werts ist handelsrechtlich jedoch umstritten. Diese niedrigeren Werte sind beim Umlaufvermögen zwingend anzusetzen, unabhängig davon, ob die Wertminderung von Dauer oder nur vorübergehend ist (vgl. G 6.2.3 und 6.3.3).

Für die **Vermögensgegenstände des Anlagevermögens** sieht § 253 Abs. 3 Satz 5 HGB eine außerplanmäßige Abschreibung auf einen niedrigeren Wert vor, der ebenfalls als beizulegender Wert bezeichnet wird. Für die außerplanmäßige Abschreibung besteht ein Zwang bei dauernder Wertminderung, bei nur vorübergehender Wertminderung ist eine außerplanmäßige Abschreibung nicht zulässig (vgl. G 6.2.1 und 6.2.2 sowie in 6.3.1 und 6.3.2). Begrifflich ist dieser **beizulegende Wert** regelmäßig identisch mit den Wiederbeschaffungs- bzw. Reproduktionskosten (steuerlich Teilwert).

Schema für den Ansatz der einzelnen handelsrechtlichen Wertmaßstäbe:

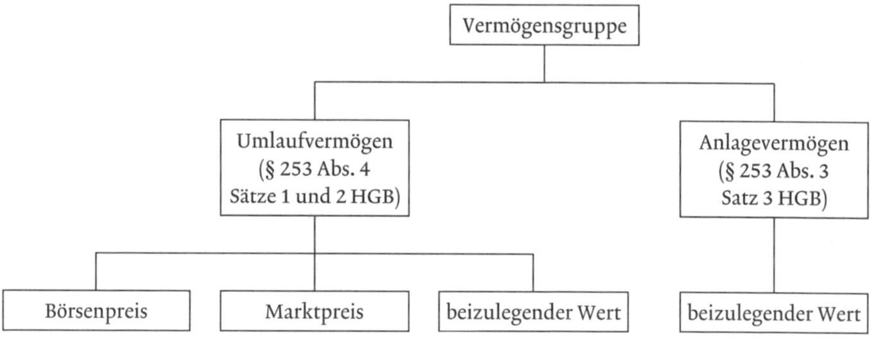

4.2 Handelsrechtlicher beizulegender Zeitwert

Neben dem Börsen- oder Marktpreis oder dem beizulegenden Wert für das Umlaufvermögen (§ 253 Abs. 4 HGB) und dem beizulegenden Wert für das Anlagevermögen (§ 253 Abs. 3 Satz 3 HGB) ist handelsrechtlich noch in bestimmten Fällen der **beizulegende Zeitwert** von Bedeutung.

Der beizulegende Zeitwert ist ein **eigenständiger handelsrechtlicher Bewertungsmaßstab** und wird **in § 255 Abs. 4 HGB** definiert. Danach entspricht der beizulegende Zeitwert dem Marktpreis. Besteht kein aktiver Markt, anhand dessen sich der Marktpreis ermitteln lässt, ist der beizulegende Zeitwert mit Hilfe allgemein anerkannter Bewertungsmethoden zu bestimmen. Lässt sich ein beizulegender Zeitwert weder aus einem Marktpreis ableiten, noch nach einer anerkannten Bewertungsmethode bestimmen, sind die gem. § 253 Abs. 4 HGB fortgeführten Anschaffungs- oder Herstellungskosten als beizulegender Zeitwert fortzuführen.

Dieser **beizulegende Zeitwert** ist **in folgenden Fällen** bedeutsam:

- **In § 246 Abs. 2 Satz 2 HGB** ist **für Vermögensgegenstände**, die dem Zugriff aller übrigen Gläubiger entzogen sind und ausschließlich der Erfüllung von Schulden aus Altersversorgungsverpflichtungen oder vergleichbaren langfristig fälligen Verpflichtungen dienen, ein **Verrechnungsgebot** mit diesen Schulden (Versorgungsverpflichtungen) vorgesehen. Diese **zu verrechnenden Vermögensgegenstände** sind nach **§ 253 Abs. 1 Satz 4 HGB** mit dem beizulegenden Zeitwert zu bewerten. Übersteigt der beizulegende Zeitwert dieser Vermögensgegenstände den Betrag der Schulden, ist nach § 246 Abs. 2 Satz 3 HGB der übersteigende Betrag unter einem gesonderten Posten zu aktivieren.
- In **§ 253 Abs. 1 Satz 3 HGB** ist **für** die Bewertung der **Rückstellungen für Altersvorsorgeverpflichtungen**, deren Höhe sich ausschließlich nach dem beizulegenden Zeitwert von Wertpapieren im Sinne des § 266 Abs. 2 A.III.5 HGB (Finanzinstrumente) bestimmt, der beizulegende Zeitwert dieser **Wertpapiere** anzusetzen, soweit er einen garantierten Mindestwert übersteigt.

Nach § 285 Nr. 18 bis 20 HGB sind **für bestimmte Finanzinstrumente**, für die eine vom beizulegenden Zeitwert abweichende Bewertung vorgenommen wurde, bestimmte **Angaben im Anhang** zu machen. **Außerdem** sind nach § 285 Nr. 25 HGB im Falle der Verrechnung von Vermögensgegenständen und Schulden gemäß § 246 Abs. 2 Satz 2 HGB u. a. der beizulegende Zeitwert der **verrechneten Vermögensgegenstände** im Anhang anzugeben.

Auf **weitere Einzelheiten** zum beizulegenden Zeitwert wird im Rahmen dieses Buches nicht eingegangen. Vgl. hierzu u. a. Küting/Pfitzer/Weber, HdR-E, 5. Aufl., § 255 HGB, Rn. 413 ff.

4.3 Steuerlicher Teilwert

4.3.1 Begriff des Teilwerts

Nach § 6 Abs. 1 Nr. 1 Satz 3 EStG ist der Teilwert der Betrag, den ein **Erwerber** des ganzen Betriebs im Rahmen des **Gesamtkaufpreises** für das **einzelne Wirtschaftsgut** ansetzen würde unter der Voraussetzung, dass der Erwerber den Betrieb **fortführt**. Diese Begriffsbestimmung ist deckungsgleich mit dem bewertungsrechtlichen Teilwertbegriff des § 10 BewG. Der einzige Unterschied besteht darin, dass das BewG auf ein »Unternehmen« abstellt, während § 6 Abs. 1 Nr. 1 Satz 3 EStG vom »Betrieb« spricht.

Der Teilwertbegriff weist folgende **Merkmale** auf:

- Anteiliger Betrag für das einzelne Wirtschaftsgut,
- den ein gedachter Erwerber eines Gewerbebetriebs (oder land- und forstwirtschaftlichen oder freiberuflichen Betriebs)
- im Rahmen eines gedachten erzielbaren Gesamtkaufpreises für den jeweiligen Betrieb ansetzen würde,
- wobei davon auszugehen ist, dass der gedachte Erwerber den Betrieb weiterführt.

Der Teilwert unterscheidet sich vom **gemeinen Wert** einmal durch seine Betriebsbezogenheit und zum andern, dass der Teilwert auf einen Gesamtkaufpreis abgestellt wird, während der gemeine Wert ein **Einzelveräußerungspreis** ist. In der Praxis wird sich der Teilwert jedoch häufig mit dem gemeinen Wert (ohne abzugsfähige Vorsteuer) decken. Der Teilwert ist jedoch im Allgemeinen aus der Sicht eines Erwerbers zu beurteilen, während der gemeine Wert mehr aus der Sicht des Veräußerers zu betrachten ist. Aber auch die Maßnahmen des Veräußerers sind nicht ganz außer Acht zu lassen. Der Teilwert ist ein objektiver Wert, der nicht auf die persönliche Auffassung des einzelnen Kaufmanns bzw. Steuerpflichtigen über die zukünftige wirtschaftliche Entwicklung, sondern auf einer allgemeinen Werteinschätzung beruht, wie sie in der **Marktlage** am Bilanzstichtag ihren Ausdruck findet (vgl. BFH vom 13.01.1991 BStBl II 1991, 627 sowie R 6.7 EStR und die Ausführungen in H 6.7 EStH). Hat der Gegenstand einen Börsen- oder Marktpreis (i. d. R. bei Handelswaren), so kommt regelmäßig dieser als Teilwert in Betracht. Insofern finden auch die Auffassungen der beteiligten Wirtschaftskreise Eingang in den Teilwert (z. B. durch den Kurs bei festverzinslichen Wertpapieren und Aktien). Ob ein möglicher Erwerber des Betriebs vorhanden ist, spielt keine Rolle. (Teilwertbegriff) EStH).

4.3.2 Bedeutung des Teilwerts

Beim Teilwert handelt es sich um den dritten möglichen ertragsteuerlichen Wertmaßstab für den Ansatz von Bilanzposten (Vermögensgegenstände bzw. Wirtschaftsgüter und Schulden). Handelsrechtlich kommt dieser Wertmaßstab nicht vor. Er entspricht jedoch regelmäßig dem beizulegenden Wert beim Anlagevermögen (vgl. § 253 Abs. 3 Satz 5 HGB) und dem Börsen- oder Marktpreis oder beizulegenden Wert beim Vorratsvermögen (vgl. § 253 Abs. 4 HGB); vgl. hierzu die Ausführungen in 4. 1. Der Teilwert hat ertragsteuerlich in folgenden Fällen Bedeutung:

- für den Ansatz eines niedrigeren Teilwerts des Anlage- und Umlaufvermögens, wenn eine dauernde Wertminderung vorliegt (§ 6 Abs. 1 Nr. 1 Satz 2 und Nr. 2 Satz 2 EStG),
- für den Ansatz eines höheren Teilwerts beim abnutzbaren und nicht abnutzbaren Anlagevermögen sowie beim Umlaufvermögen, wenn der Grund für eine Teilwertabschreibung, der zum Bilanzstichtag eines Vorjahres bestand, wieder weggefallen ist (zwingend nach § 6 Abs. 1 Nr. 1 Satz 4 und Nr. 2 Satz 3 EStG);
- bei Entnahmen und Einlagen von Wirtschaftsgütern (§ 6 Abs. 1 Nr. 4 und 5 EStG);
- bei Eröffnung eines Betriebs (§ 6 Abs. 1 Nr. 6 EStG);
- bei entgeltlichem Erwerb eines Betriebs für die Aufteilung des Gesamtkaufpreises auf die einzelnen Gegenstände und Schulden (§ 6 Abs. 1 Nr. 7 EStG);
- für die Aufteilung eines Gesamtkaufpreises, z. B. eines bebauten Grundstücks auf Grund und Boden, Gebäude und ggf. Außenanlagen sowie Betriebsvorrichtungen.

4.3.3 Ermittlung des Teilwerts

4.3.3.1 Merkmal Betriebsveräußerung, anteiliger Betrag

Die Begriffsbestimmung des Teilwerts enthält u. a. zwei Merkmale, die in der Praxis nur schwer zu beurteilen sind. Einmal ist zu unterstellen, dass ein Erwerber vorhanden ist, der den Betrieb erwirbt, und zum andern muss aus dem **gedachten Gesamtkaufpreis** des ganzen Betriebs der auf das **jeweilige Wirtschaftsgut entfallende** anteilige Betrag abgeleitet werden. Obwohl der Teilwert ein objektiver Wert sein soll, lassen sich subjektive Momente jedoch nicht ganz ausschließen. Der Teilwert ist daher regelmäßig ein **geschätzter Wert**. Hält sich der Steuerpflichtige an einen bestehenden Schätzungsrahmen, so darf seine Auffassung nicht ganz außer Acht gelassen werden, da er am ehesten die tatsächlichen Verhältnisse des Betriebs überblicken kann.

Der **Gesamtkaufpreis** des Betriebs setzt sich nicht nur aus den materiellen Sachwerten (z. B. Grundstücke, Gebäude, Maschinen, Fuhrpark, Einrichtung, Vorräte, Forderungen usw.) zusammen, sondern auch aus den immateriellen Gütern (z. B. Geschäfts- oder Firmenwert, Patente, Nutzungsrechte usw.). Hierbei kommt insbesondere dem Geschäfts- oder Firmenwert besondere Bedeutung zu. Sowohl die Ermittlung des gedachten Gesamtkaufpreises als auch deren **Zerlegung** (Aufteilung) auf das jeweilige Wirtschaftsgut kann nur durch Schätzung vorgenommen werden. Dabei bedienen sich Rechtsprechung und Verwaltung der Hilfe von Grenzwerten und Vermutungen.

4.3.3.2 Grenzwerte für den Teilwert

Der Rahmen des Teilwerts wird durch folgende Grenzwerte abgesteckt (vgl. auch R 6.7 Satz 2 EStR und H 6.7 (Schätzung) EStH):

a) Obergrenze: Wiederbeschaffungskosten oder Wiederherstellungskosten

Da ein Erwerber des ganzen Betriebs für das einzelne Wirtschaftsgut nicht mehr aufwenden würde, als er dafür am Markt zahlen müsste, kann der Teilwert höchstens bei den Wiederbeschaffungskosten liegen. Unter **Wiederbeschaffungskosten** ist der Betrag zu verstehen, den ein Erwerber aufwenden müsste, wenn er den Gegenstand in gleicher Güte und Beschaffenheit (dazu rechnet auch das Alter) zum maßgebenden Zeitpunkt anschaffen würde. Einzubeziehen sind alle Aufwendungen, die bei einer Wiederbeschaffung anfallen würden, auch evtl. Anschaffungsnebenkosten (vgl. BFH vom 29.04.1990 BStBl II 2004, 639). Die Umsatzsteuer gehört jedoch nicht dazu, soweit sie als Vorsteuer abzugsfähig wäre.

BEISPIELE

a) Ein Unternehmer führt im Betriebsvermögen 500 Aktien (Nominalwert 5 €/Aktie), die er im Jahre 02 zum Kurs von 20 € je Aktie zuzüglich insgesamt 500 € Nebenkosten (Bankgebühren, Maklergebühren) erworben hatte. Seinerzeitige Anschaffungskosten somit 10 500 €.
Zum Bilanzstichtag 31. 12. 02 sinkt der Kurswert auf 18 € je Aktie.

LÖSUNG Sinkt der Kurswert von Wertpapieren, so entspricht der Teilwert dem niedrigeren Kurswert zuzüglich der erforderlichen Anschaffungsnebenkosten, die bei einem Erwerb anfallen würden. Der niedrigere Teilwert ergibt sich in einem solchen Fall aus dem Verhältnis Kurswert zum Zeitpunkt der Anschaffung zum Kurswert am maßgebenden Bilanzstichtag (vgl. BFH vom 15.07.1966 BStBl II 1966, 643). Im vorliegenden Fall errechnet sich der Teilwert zum 31. 12. 02 wie folgt:

$$\frac{10\,500\,€ \times 18\,€}{20\,€} = \text{Teilwert } 9\,450\,€.$$

Eine Teilwertabschreibung kommt jedoch nur bei dauernder Wertermittlung in Betracht. Bei börsennotierten Aktien liegt eine dauernde Wertbindung vor, wenn der Kursverlust am Bilanzstichtag die Bagatellgrenze von 5 % der Notierung bei Erwerb überschreitet. Da der Kursverlust 10 % beträgt, liegt eine dauernde Wertminderung vor und der niedrigere Teilwert kann gem. § 6 Abs. 1 Nr. 2 EStG angesetzt werden (vgl. BMF vom 16.07.2014 BStBl I 2014 1162 Rz. 15ff).

b) Ein Unternehmer hat zum Bilanzstichtag Rohstoffe auf Lager, deren Anschaffungskosten sich seinerzeit aus dem Kaufpreis 20 000 € zuzüglich Frachtkosten 1 000 € zusammensetzten. Die Frachtkosten werden nach Gewicht berechnet und haben sich bis zum Bilanzstichtag nicht verändert.
Bis zum Bilanzstichtag sind die Preise derartiger Rohstoffe allgemein (dauerhaft) um 10 % gesunken.

LÖSUNG Der Teilwert errechnet sich in diesem Fall zum Bilanzstichtag wie folgt:

Ehemaliger Kaufpreis	20 000 €
./. Preissenkung	2 000 €
jetziger Börsen- oder Marktpreis	18 000 €
+ Frachtkosten (unabhängig vom Kaufpreis)	1 000 €
Wiederbeschaffungskosten = Teilwert	19 000 €

Für die im Betrieb **selbst hergestellten Gegenstände** entspricht der Teilwert den **Wiederherstellungskosten** zuzüglich der bis zum Bilanzstichtag angefallenen Verwaltungs- und Vertriebskosten. Hierbei handelt es sich um sog. »Reproduktionskosten« bzw. einen »Reproduktionswert«, der regelmäßig den Selbstkosten entspricht.

Die Wiederbeschaffungskosten von bereits **gebrauchten Gegenständen** des abnutzbaren Anlagevermögens errechnen sich aus dem (jetzigen) Neupreis abzüglich einer AfA für die bisherige Zeit der Nutzung. Hierbei ist regelmäßig die lineare AfA anzusetzen, auch wenn der Steuerpflichtige die degressive AfA nach § 7 Abs. 2 EStG angesetzt hat. Entspricht die degressive AfA jedoch ausnahmsweise der technischen und wirtschaftlichen Abnutzung, so ist diese maßgebend. Das Gleiche gilt auch für die Leistungs-AfA nach § 7 Abs. 1 Satz 4 EStG.

BEISPIEL

Anschaffung einer Maschine am 05. 01. 02 für 50 000 € Anschaffungskosten. Betriebsgewöhnliche Nutzungsdauer 5 Jahre. Der Unternehmer wählt die lineare AfA. Wie hoch ist der Teilwert zum 31. 12. 03?

LÖSUNG Unter der Voraussetzung, dass seit der Anschaffung keine Preisveränderungen eingetreten sind, errechnet sich der Teilwert zum 31. 12. 03 wie folgt:

Anschaffungskosten 05. 01. 02	50 000 €
./. AfA 02: 20 % von 50 000 €	10 000 €
./. AfA 03: 20 % von 50 000 €	10 000 €
Wiederbeschaffungskosten = Teilwert zum 31. 12. 03	30 000 €

b) Untergrenze: Einzelveräußerungspreis bzw. Material- oder Schrottwert abzüglich Veräußerungskosten

Beim Einzelveräußerungspreis handelt es sich regelmäßig um den **gemeinen Wert** nach § 9 BewG, jedoch ohne Umsatzsteuer, wenn der Unternehmer zum Vorsteuerabzug berechtigt ist. Hierbei wird man grundsätzlich von dem Preisniveau der gleichen Marktstufe auszugehen haben (Einzelhändler, Großhändler, Fabrikationsbetrieb). Es wird jedoch auch die Auffassung vertreten, dass der Einzelveräußerungspreis regelmäßig ein **Endverbraucherpreis sei**. Es darf hierbei jedoch nicht übersehen werden, dass einem Unternehmer (Fabrikationsbetrieb sowie Groß- und Einzelhandelsbetrieb) u. U. günstigere Konditionen eingeräumt werden, wie einem einzelnen Endverbraucher.

Der Einzelveräußerungspreis kann jedoch nur für solche Wirtschaftsgüter in Betracht kommen, die für den Betrieb **jederzeit ersetzbar** oder entbehrlich sind (z. B. ausgediente Maschinen und Kraftfahrzeuge, Einrichtungsgegenstände, kaum jedoch Grundstücke). Bei Wirtschaftsgütern, die nicht jederzeit ersetzbar und daher betriebsnotwendig sind, wird der Teilwert regelmäßig höher sein als der gemeine Wert. Bei besonders wertvollen Wirtschaftsgütern ist jedoch mindestens der **Material- oder Schrottwert** anzusetzen.

4.3.3.3 Teilwertvermutungen

Normalerweise wendet ein Kaufmann für ein Wirtschaftsgut nicht mehr auf, als es ihm **für seinen Betrieb** wert ist. Dies kann u. U. ein höherer Betrag sein, als ein fremder Dritter aufwenden würde, der keine Beziehungen zum Betrieb hat. Ein Erwerber des ganzen Betriebs würde in aller Regel die gleichen wirtschaftlichen Erwägungen anstellen und ggf. mehr zahlen, als ein Dritter. Von dieser Lebenserfahrung ausgehend wurden in ständiger Rechtsprechung folgende Teilwertvermutungen aufgestellt (vgl. hierzu auch die Auflistung in H 6.7 (Teilwertvermutungen) EStH):

a) Teilwert im Zeitpunkt der Anschaffung eines Wirtschaftsguts

Im Zeitpunkt der Anschaffung eines Wirtschaftsguts (oder kurze Zeit danach) ist grundsätzlich zu vermuten, dass der Teilwert den tatsächlichen Anschaffungskosten entspricht (vgl. u. a. BFH vom 13. 04. 1988 BStBl II 1988, 892).

b) Teilwert zu späteren Zeitpunkten

Zu späteren Zeitpunkten muss zwischen dem nicht abnutzbaren und abnutzbaren Anlagevermögen und dem Umlaufvermögen wie folgt unterschieden werden:

- Beim **nicht abnutzbaren Anlagevermögen** entspricht der Teilwert auch später den Anschaffungskosten, ggf. jedoch korrigiert um inzwischen eingetretene Preisveränderungen (fiktive niedrigere oder höhere Anschaffungskosten).

- Beim **abnutzbaren Anlagevermögen** entspricht der Teilwert den Anschaffungskosten abzüglich der planmäßigen Abschreibung (vgl. BFH vom 30.11.1988 BStBl II 1989, 183). Als planmäßige Abschreibung kommt regelmäßig die lineare AfA in Betracht. Auch beim abnutzbaren Anlagevermögen sind ggf. Preisveränderungen zu berücksichtigen, d.h. bei der Teilwertermittlung von fiktiven (höheren oder niedrigeren) Anschaffungskosten auszugehen.
  Bei **hergestellten Wirtschaftsgütern** sind die Wiederherstellungskosten (Reproduktionskosten) vom Bewertungsstichtag maßgebend. Geht man dabei von den Wiederherstellungskosten und neuwertigem Wirtschaftsgut aus, so ist ebenfalls der Wertverzehr (i.d.R. die lineare AfA) bis zum maßgebenden Bewertungsstichtag zu berücksichtigen.
- Beim **Umlaufvermögen** (insbesondere Vorratsvermögen) entspricht der Teilwert den Wiederbeschaffungskosten im Zeitpunkt der Bewertung.

4.3.3.4 Widerlegung der Teilwertvermutung

Die vorstehend in 4.3.3.3 unterstellten Teilwertvermutungen können im Einzelfall widerlegt werden. Hierfür kommen insbesondere in Betracht (vgl. R 6.7 Satz 3 ff. EStR):

- Teilwertabschreibung wegen Fehlmaßnahmen,
- Teilwertabschreibung wegen Sinkens der Wiederbeschaffungskosten,
- Teilwertabschreibung wegen Sinkens der erzielbaren Verkaufspreise bei Waren.

4.3.3.4.1 Teilwertabschreibung wegen Fehlmaßnahmen

Da jede Teilwertermittlung und jede Teilwertvermutung eine Schätzung ist, muss auch in Betracht gezogen werden, dass sich der Unternehmer bei der Anschaffung oder Herstellung des Wirtschaftsguts irrte und **zu viel aufwendete.** Vgl. auch H 6.7 (Fehlmaßnahme) EStH.

BEISPIELE

a) Ein Unternehmer erwarb am Rande einer größeren Stadt ein unbebautes Grundstück in der Annahme, dass demnächst eine Umgehungsstraße gebaut wird. Nach dem Bau der Straße wollte der Unternehmer seinen bisher an ungünstiger Stelle liegenden Tankstellenbetrieb auf das erworbene Grundstück verlegen. Einige Zeit nach dem Erwerb des Grundstücks änderte die Stadt ihre Planungen für den Bau der Umgehungsstraße und verlegte die Trasse an eine ganz andere Stelle.

LÖSUNG Dieser Umstand rechtfertigt den Ansatz eines niedrigeren Teilwerts, als die seinerzeitigen Anschaffungskosten.

b) Ein Unternehmer benötigte dringend weiteres Gelände, um seinen Betrieb zu erweitern. Er musste daher für ein an seinen Betrieb angrenzendes Grundstück 200000 € zahlen, um einen Mitkonkurrenten zu überbieten. Üblicherweise würden für Grundstücke der gleichen Art und Lage nur 180000 € bezahlt.

LÖSUNG Der Ansatz eines niedrigeren Teilwerts kommt nach Auffassung des BFH vom 04.01.1962 (BStBl III 1962, 186) nicht in Betracht, da keine Fehlmaßnahme vorliege. Ein Erwerber des Betriebs in derselben Situation würde ebenfalls mehr als den üblichen Verkehrswert für das Grundstück bezahlen. Vgl. auch BFH vom 06.12.1978 BStBl II 1979, 259 und H 6.7 (Überpreis) EStH. Ein Überpreis nimmt jedoch an einer aus anderen Gründen gerechtfertigten Teilwertabschreibung in dem Verhältnis teil, das dem gegenüber dem Anschaffungszeitpunkt gesunkenen Vergleichswert entspricht (BFH vom 07.02.2002 BStBl II 2002, 294).

Auch eine **übergroße und aufwändige Bauweise** rechtfertigt nach Auffassung des BFH für sich allein keine Teilwertabschreibung (BFH vom 17.01.1978 BStBl II 1978, 335). Wenn nämlich ein Unternehmer ein Betriebsgebäude in einer bestimmten Größe und Ausstattung plant und errichtet, spricht in aller Regel der objektive Sachverhalt dafür, dass es sich um eine überlegte und wirtschaftlich sinnvolle Maßnahme handelt. Diese Vermutung wird nicht dadurch widerlegt, dass das Gebäude nach der Errichtung nur zum Teil ausgelastet ist. Auch sog. **Schnellbaukosten** rechtfertigen für sich allein keine Teilwertabschreibung (vgl. BFH vom 26.08.1958 BStBl III 1958, 420), da ein gedachter Erwerber in derselben Situation gleich handeln würde. Auch die Zahlung eines Überpreises rechtfertigt grundsätzlich keine Teilwertabschreibung (vgl. H 6.7 (Überpreis) EStH).

Bei **bebauten Grundstücken** können sich die Teilwerte von Grund und Boden und Gebäuden sowie Außenanlagen und Betriebsvorrichtungen unterschiedlich, u. U. sogar gegenläufig, entwickeln. Wegen des Grundsatzes der Einzelbewertung sind Grund und Boden und Gebäude sowie Außenanlagen und fest mit dem Grund und Boden und Gebäude verbundene Betriebsvorrichtungen auch hinsichtlich einer möglichen Teilwertabschreibung getrennt zu beurteilen. Bei Grundstücken können folgende Umstände eine Teilwertabschreibung rechtfertigen:

- für Grund und Boden:
  - Herabzonung von Baugelände,
  - Änderung der Bebaubarkeit des Grundstücks durch Ansteigen des Grundwasserspiegels (z. B. als Folge der Errichtung einer Staustufe),
  - Änderung der Straßenverkehrsverhältnisse,
  - Eintritt von Naturkatastrophen,
  - Immissionsschäden (Abgase, Lärm, Verseuchung);
- für Gebäude:
  - nachträglicher Entzug einer Baugenehmigung für ein bereits errichtetes Gebäude (allerdings nur, wenn ernstlich mit einem Abbruch gerechnet werden muss),
  - Sinken der Baukosten allgemein,
  - Mehrkosten für Gebäude, die dem Denkmalschutz unterworfen wurden,
  - Errichtung von störenden Bauwerken in der Nachbarschaft, die den Wert des eigenen Gebäudes beeinträchtigen (z. B. die Errichtung einer Mülldeponie).

4.3.3.4.2 Teilwertabschreibung wegen Sinkens der Wiederbeschaffungskosten

Wie bereits vorstehend in 4.3.3.3 b) ausgeführt, widerlegen auch Preisveränderungen die Vermutung, dass die seinerzeitigen Anschaffungs- oder Herstellungskosten, ggf. gemindert um planmäßige Abschreibungen, dem Teilwert entsprechen. Ein gedachter Erwerber des ganzen Betriebs würde in aller Regel die neuen niedrigeren oder höheren Preise in seine Kaufpreisüberlegungen einbeziehen. Für die Wirtschaftsgüter des **Vorratsvermögens**, deren Einkaufspreis am Bilanzstichtag unter die Anschaffungskosten gesunken ist, deckt sich der Teilwert in der Regel mit den Wiederbeschaffungskosten (R 6.8 Abs. 2 Satz 1 EStR).

Bei Waren darf ein inzwischen niedrigerer Marktpreis auch dann angesetzt werden, wenn der Warenposten am **Bilanzstichtag bereits fest verkauft** ist, der Kaufvertrag aber von beiden Vertragspartnern noch nicht erfüllt wurde; dies gilt auch dann, wenn dem Unternehmer überhaupt kein Verlust entsteht (vgl. BFH vom 29.07.1965 BStBl III 1965, 648).

BEISPIEL

Kaufmann K erwarb im September 02 Waren für 30 000 €, die zum Bilanzstichtag 31. 12. 02 noch auf Lager sind. Bis zum Bilanzstichtag ist der Marktpreis um 10 % gesunken. Im Dezember 02 gelang es K, die Waren für 36 000 € fest zu verkaufen, lieferte sie jedoch erst im Januar 03 an den Abnehmer aus.

LÖSUNG Handelsrechtlich muss K die Waren zum 31. 12. 02 nach § 253 Abs. 4 Satz 1 HGB mit dem niedrigeren Wert in Höhe von 27 000 € in der Handelsbilanz ausweisen (strenges Niederstwertprinzip). Für die steuerliche Gewinnermittlung besteht nach § 6 Abs. 1 Nr. 2 Satz 2 EStG ein Wahlrecht zum Ansatz des niedrigeren Teilwerts, das nach § 5 Abs. 1 Satz 1 2. HS EStG unabhängig vom handelsrechtlichen Wertansatz ausgeübt werden kann (vgl. BMF vom 12.03.2010 Abschn. I Nr. 2 Buchst. a) Rn. 13 und 15 BStBl I 2010, 239 – Durchbrechung des Maßgeblichkeitsgrundsatzes des § 5 Abs. 1 Satz 1 1. HS EStG und R 6.8 Abs. 1 Sätze 3 und 4 EStR). Für den Ansatz des niedrigeren Teilwerts ist allerdings Voraussetzung, dass eine voraussichtlich dauernde Wertminderung vorliegt. In dem vorstehend geschilderten Fall wird man jedoch wohl kaum von einer voraussichtlich dauernden Wertminderung ausgehen können (vgl. auch BMF vom 16.07.2014 BStBl I 2014, 372, Rz. 22 ff.).

4.3.3.4.3 Teilwertabschreibung wegen Sinkens der erzielbaren Verkaufspreise bei Waren

Wie bereits vorstehend in 4.3.3.4.2 ausgeführt, deckt sich der Teilwert für Wirtschaftsgüter des **Vorratsvermögens**, deren Einkaufspreis am Bilanzstichtag unter die Anschaffungskosten gesunken ist, in der Regel mit den **Wiederbeschaffungskosten**; dies gilt auch dann, wenn mit einem entsprechenden Rückgang der Verkaufspreise nicht gerechnet zu werden braucht (R 6.8 Abs. 2 Satz 1 EStR).

Sind zum Absatz bestimmte Wirtschaftsgüter des Vorratsvermögens durch Lagerung, Änderung des modischen Geschmacks oder aus anderen Gründen im Wert gemindert, so rechtfertigen diese **Wertminderungen**, wenn sie **von Dauer** sind, eine Teilwertabschreibung. In solchen Fällen hängt der Teilwert nicht nur von den Wiederbeschaffungskosten des Wirtschaftsguts ab, sondern auch von seinem voraussichtlichen Veräußerungserlös (vgl. BFH vom 27.10.1983 BStBl II 1984, 35). Nach Auffassung des BFH (im o. a. Urteil vom 27.10.1983) und in R 6.8 Abs. 2 Sätze 3 bis 6 EStR kann der niedrigere Teilwert nach folgenden **zwei Methoden** ermittelt werden:

1. Subtraktionsmethode,
2. Formelmethode.

Die Anwendung der **Subtraktionsmethode** setzt voraus, dass aus der Betriebsabrechnung die nach dem Bilanzstichtag bei den einzelnen Kostenarten noch jeweils anfallenden Kosten ersichtlich sind. Vgl. hierzu das Beispiel in H 6.8 (Subtraktionsmethode) EStH. Die **Formelmethode** kann angewendet werden, wenn der Steuerpflichtige keine Betriebsabrechnung hat, die die für die Ermittlung des Teilwerts nach der Subtraktionsmethode notwendigen Daten liefert. Vgl. auch R 6.8 Abs. 2 Sätze 5 und 6 EStR. Vgl. hierzu das Beispiel in H 6.8 (Formelmethode) EStH.

Bei welchen Waren mit einer Preissenkung zu rechnen ist, muss der Unternehmer anhand betrieblicher Unterlagen **nachweisen**. Dem Unternehmer ist es daher zuzumuten, ausreichende und repräsentative Aufzeichnungen über die tatsächlichen Preisherabsetzungen zu führen. Vgl. hierzu die Ausführungen in dem vorstehend zitierten Urteil des BFH vom 27.10.1983 m. w. N. sowie in R 6.8 Abs. 2 Sätze 8 und 9 EStR. Besteht jedoch ein Börsen- oder Marktpreis, so darf dieser grundsätzlich nicht unterschritten werden (R 6.8 Abs. 2 Satz 10 EStR). In **Ausnahmefällen** lässt der BFH (BFH vom 13.10.1976 BStBl II 1977, 540) auch dann eine Teilwertabschreibung zu, wenn der Unternehmer seine Verkaufspreise nicht senkt; Voraussetzung ist jedoch, dass ausschließlich betriebliche Gründe für ein Festhalten an den ursprünglichen Verkaufspreisen bestehen (z. B. bei einem Juwelier, um seine Stammkundschaft nicht zu verärgern).

Handelsrechtlich wird beim Abschreibungszwang nach dem strengen Niederstwertprinzip auf den niedrigeren Börsen- oder Marktpreis oder den niedrigeren beizulegenden Wert (Stichtagswert) **unterschieden zwischen**:

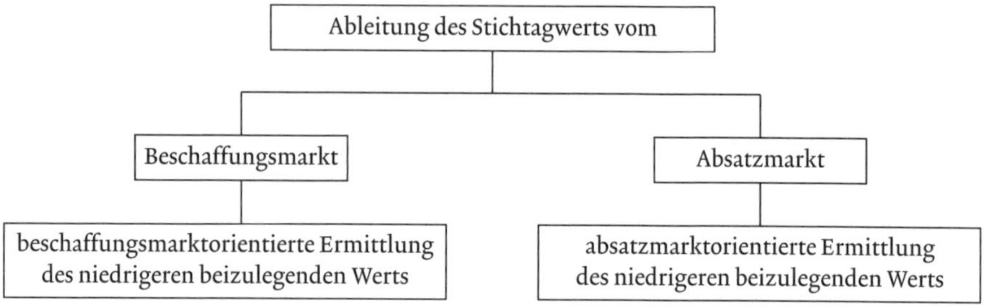

Die beschaffungsmarktorientierte Bewertung wird regelmäßig für Roh-, Hilfs- und Betriebsstoffe sowie unfertige und fertige Erzeugnisse, soweit auch Fremdbezug möglich wäre, angewandt, während die absatzmarktorientierte Bewertung für die selbst erstellten unfertigen und fertigen Erzeugnisse sowie für die Überbestände an Roh-, Hilfs- und Betriebsstoffen praktiziert wird. Für Handelswaren und Überbestände an fertigen und unfertigen Erzeugnissen wird sowohl die beschaffungsmarktorientierte als auch die absatzmarktorientierte Bewertung angewandt (sog. »doppelte Maßgeblichkeit«). Die absatzmarktorientierte Bewertung wird regelmäßig als **verlustfreie Bewertung** bezeichnet.

Bei der **beschaffungsmarktorientierten Bewertung** wird regelmäßig von den Wiederbeschaffungskosten ausgegangen und diese den historischen Anschaffungskosten gegenübergestellt. Die Wiederbeschaffungskosten werden dabei regelmäßig wie folgt ermittelt (Preise jeweils bezogen auf den Bilanzstichtag):

Anschaffungspreis (Börsen- oder Marktpreis)
./. Anschaffungspreisminderungen
\+ Anschaffungsnebenkosten
= Wiederbeschaffungspreis

Bei der **absatzmarktorientierten Bewertung** wird vom vorsichtig geschätzten Absatzpreis ausgegangen und davon werden alle noch bis zum Absatzzeitpunkt anfallenden Aufwendungen abgesetzt (retrograde Ermittlung des Stichtagswerts) und diese den historischen Anschaffungskosten gegenübergestellt. Bei den unfertigen und fertigen Erzeugnissen wird im Rahmen der verlustfreien Bewertung regelmäßig folgendes Schema angewandt:

Vorsichtig geschätzter Verkaufserlös
./. Erlösschmälerungen
./. Verpackungs- und Frachtkosten
./. sonstige Vertriebskosten
./. noch anfallende Verwaltungskosten
./. Kapitaldienstkosten
= aktueller Stichtagswert

Diese **verlustfreie Bewertung** verfolgt das **Ziel**, den Vermögensgegenstand am Bilanzstichtag mit einem Wert zu versehen, der drohende Verluste buchtechnisch im abgelaufenen Geschäftsjahr wirksam werden lässt. Nach h. M. (handelsrechtlich) darf ein »kalkulatorischer Gewinn« nicht abgezogen werden.

Bei der sog. **»doppelten Maßgeblichkeit«** wird die Bewertung sowohl nach der beschaffungsmarktorientierten als auch nach der absatzmarktorientierten Weise durchgeführt; beide Werte werden mit den historischen Anschaffungskosten verglichen und der niedrigere der drei Werte wird angesetzt:

BEISPIEL

Anschaffungskosten von Handelswaren	2 000 €
Wiederbeschaffungskosten am Bilanzstichtag (beschaffungsmarktorientiert)	1 800 €
Erwarteter Veräußerungserlös	2 060 €
./. noch anfallende Aufwendungen bis zum Veräußerungszeitpunkt	400 €
Absatzmarktorientierter Wert am Bilanzstichtag	1 640 €

Nach der doppelten Maßgeblichkeit sind die Handelswaren mit dem niedrigsten dieser drei Werte anzusetzen, also mit 1 640 € (außerplanmäßige Abschreibung nach § 253 Abs. 4 HGB).

Vgl. hierzu auch Küting/Pfitzer/Weber, HdR-E, 5. Aufl., § 253 HGB Rn. 638 ff. Der nach R 6.8 Abs. 2 Satz 3 ff. EStR ermittelte Teilwert ist regelmäßig niedriger als der handelsrechtlich nach der beschaffungsmarktorientierten und absatzmarktorientierten Weise ermittelte Stichtagswert.

4.3.4 Maßgebender Zeitpunkt für einen Teilwertansatz

Nach § 6 Abs. 1 EStG sind für den möglichen Ansatz mit einem Teilwert folgende **Fälle** zu unterscheiden:

a) Bewertung des Anlage- und Umlaufvermögens sowie der Verbindlichkeiten im Zuge der Aufstellung des Jahresabschlusses zum maßgebenden Bilanzstichtag,
b) Bewertung bei Entnahmen und Einlagen von Wirtschaftsgütern (vgl. Ausführungen zu F),
c) Bewertung bei Eröffnung eines Betriebs (vgl. Ausführungen in O 1),
d) Bewertung bei entgeltlichem Erwerb eines Betriebs (vgl. Ausführungen in O 2).

Außerdem spielt der Teilwert noch in folgenden Fällen eine wichtige Rolle:

e) bei Personengesellschaften im Rahmen der Übertragung von Wirtschaftsgütern, der Gründung von Personengesellschaften, des Eintritts und Ausscheidens eines Mitunternehmers und der Realteilung (vgl. Ausführungen in Q 2.4, 5, 6 und 7),
f) bei der Umwandlung und Verschmelzung von Gesellschaften.

An dieser Stelle wird nur auf die Fallgruppe a) eingegangen. Hinsichtlich der Fallgruppen b) bis f) vgl. die Ausführungen in den entsprechenden Teilen dieses Buches.

In den Fällen der Fallgruppe a) kommt eine mögliche **Teilwertabschreibung nur zum Bilanzstichtag** (oder bei erforderlichen Zwischenabschlüssen, z. B. für Erbschaft- und Schenkungsteuerzwecke, vgl. z. B. R B 109.2 ErbStR für die Ermittlung des Substanzwerts bei der Bewertung des Betriebsvermögens) in Betracht, niemals auf einen Zeitpunkt, der zwischen den Bilanzstichtagen liegt (vgl. auch H 6.7 (Zeitpunkt der Teilwertabschreibung) EStH sowie BFH vom 05.02.1981 BStBl II 1981, 432). Besteht für den Ansatz eines niedrigeren Teilwerts ein Wahlrecht, so kann der Unternehmer mit der Teilwertabschreibung warten, bis ihm der Zeitpunkt günstig erscheint. Ist jedoch der Grund für eine Teilwertabschreibung inzwischen wieder weggefallen, so darf die früher möglich gewesene Teilwertabschreibung später **nicht mehr nachgeholt** werden.

Die Bindung der Teilwertabschreibung an den Bilanzstichtag bedeutet auch, dass eine mögliche Übertragung aufgedeckter stiller Reserven oder gebildeter steuerfreier Rücklagen nach R 6.6 EStR oder § 6 b EStG zuerst vorzunehmen ist und erst danach die Teilwertabschreibung in Betracht kommt, soweit dafür dann noch die Voraussetzungen vorliegen (vgl. BFH vom 05.02.1981 BStBl II 1981, 432 und L 9.1.3.2 letztes Beispiel).

Für eine Teilwertabschreibung kommen nur wertmindernde Tatsachen in Betracht, die zum **Bilanzstichtag bereits vorliegen**. Umstände, mit deren Eintritt erst nach dem Bilanzstichtag zu rechnen ist, führen grundsätzlich noch nicht zu einer Teilwertabschreibung, auch wenn sie sich nach dem Bilanzstichtag tatsächlich verwirklichen (Stichtagsprinzip!).

4.3.5 Weitere Einzelfälle

4.3.5.1 Einfluss der Ertragslage auf die Höhe des Teilwerts

Eine **gute Ertragslage** darf bei der Bewertung der einzelnen Wirtschaftsgüter nicht berücksichtigt werden (vgl. BFH vom 02.03.1973 BStBl II 1973, 475). Sie drückt sich bestenfalls in einem höheren Geschäfts- oder Firmenwert aus. Ein im Betrieb entstandener (originärer) Geschäfts- oder Firmenwert darf jedoch nicht aktiviert werden (Umkehrschluss aus § 246 Abs. 1 Satz 4 HGB sowie § 5 Abs. 2 EStG).

Eine **schlechte Ertragslage** kann sich in einem niedrigeren Geschäfts- oder Firmenwert ausdrücken. Ein negativer Geschäfts- oder Firmenwert darf jedoch nicht bilanziert werden, so dass eine schlechte Ertragslage nur den Teilwert der einzelnen Wirtschaftsgüter beeinflussen kann. Eine nur vorübergehende schlechte Ertragslage führt jedoch nicht zu einer Teilwertminderung. Eine **nachhaltig** schlechte Ertragslage, die zu einer erheblichen Unrentabilität der Produktionsanlagen wegen einer rückläufigen Produktion führt, kann jedoch den Teilwert der einzelnen Wirtschaftsgüter negativ beeinflussen. Für eine Teilwertabschreibung ist aber Voraussetzung, dass das Unternehmen **objektive Maßnahmen** getroffen hat, den Betrieb oder einen Zweigbetrieb sobald wie möglich zu liquidieren bzw. stillzulegen (vgl. BFH vom 02.03.1973 BStBl II 1973, 475). Der BFH lässt auch eine Teilwertabschreibung zu, wenn die Minderung der Rentabilität durch technische oder strukturelle Veränderungen verursacht wurde (vgl. BFH vom 19.10.1972 BStBl II 1973, 54). Nach Meinung des BFH soll dies aber nur für die Betriebsanlagen, nicht jedoch für die Grundstücke und Betriebsgebäude gelten (vgl. BFH vom 22.03.1973 BStBl II 1973, 581). Vgl. auch H 6.7 (Unrentabler Betrieb) EStH. Im Falle einer Teilwertabschreibung wegen der schlechten Ertragslage des Betriebs sind jedoch **mindestens** noch der **Material- oder Schrottwert** abzüglich zu erwartender Veräußerungskosten anzusetzen.

4.3.5.2 Teilwertabschreibung bei halbfertigen (unfertigen) Erzeugnissen

Bei halbfertigen bzw. unfertigen Erzeugnissen handelt es sich um diejenigen Erzeugnisse eines Unternehmens, die zum Bilanzstichtag noch nicht ganz fertiggestellt sind (z. B. in einem Bauunternehmen um ein im Rahmen eines Werkvertrags zu erstellendes Bauwerk, mit dessen Herstellung bereits begonnen worden ist, das aber noch nicht ganz fertiggestellt wurde oder in einem anderen Produktionsbetrieb um Erzeugnisse, z. B. Büromöbel, die noch nicht absatzgerecht fertiggestellt sind). Diese Bestände gehören im Rahmen eines noch schwebenden

Geschäfts zum **Umlaufvermögen**. Sie sind grundsätzlich nach den allgemeinen Regeln des § 253 Abs. 1 Satz 1 HGB und § 6 Abs. 1 Nr. 2 Satz 1 EStG mit den Anschaffungs- bzw. Herstellungskosten zu aktivieren.

Statt der Anschaffungs- bzw. Herstellungskosten kann auch der niedrigere beizulegende Wert (handelsrechtlich, § 253 Abs. 4 HGB) bzw. **niedrigere Teilwert** (steuerlich, § 6 Abs. 1 Nr. 2 Satz 2 EStG) in Betracht kommen, steuerlich der niedrigere Teilwert jedoch nur dann, wenn die Wertminderung voraussichtlich von Dauer ist. Dieser niedrigere Wert entspricht grundsätzlich den Wiederbeschaffungs- bzw. Wiederherstellungskosten. Da ein gedachter Erwerber des Betriebs (vgl. § 6 Abs. 1 Nr. 1 Satz 3 EStG) auch die bis zum Bilanzstichtag bereits angefallenen Verwaltungs- und Vertriebskosten regelmäßig den tatsächlich angefallenen **Selbstkosten** (einschließlich angefallener Verwaltungs- und Vertriebskosten). Kalkulatorische Kosten bleiben auch bei der Ermittlung der Wiederherstellungskosten außer Ansatz.

Nach dem Urteil des BFH vom 29.04.1999 BStBl II, 691 hängt der Teilwert von zum Absatz bestimmter Waren nicht nur von ihren Wiederbeschaffungskosten, sondern auch von ihrem **voraussichtlichen Veräußerungserlös** ab. Deckt dieser Preis nicht mehr die Selbstkosten der Waren zuzüglich eines durchschnittlichen Unternehmergewinns, so sind die Anschaffungskosten um den Fehlbetrag zu mindern. Ist dies der Fall, so ist eine Teilwertabschreibung auch ohne Preisherabsetzung zulässig (vgl. auch R 6.8 Abs. 1 und 2 EStR). Unter Anwendung dieser Grundsätze vertritt die Finanzverwaltung (vgl. BMF vom 27.04.2001 DB 2001, 2018) die Auffassung, dass der (niedrigere) Teilwert der Bestände von unfertigen (und fertigen) Erzeugnissen, die der Erfüllung eines verlustbehafteten schwebenden Geschäfts dienen, sowohl auf Basis des Beschaffungsmarktes als auch Basis des Absatzmarktes zu ermitteln ist. Aufgrund des **doppelten Niedrigstwertprinzips** ist (im Rahmen des Prinzips der Einzelbewertung) der jeweils niedrigere von beiden Werten anzusetzen.

Der beizulegende Wert bzw. Teilwert kann auch durch eine Rückrechnung ausgehend vom erzielbaren Verkaufspreis ermittelt werden (**retrograde Ermittlung**). Hiernach ergibt sich der Teilwert, indem der voraussichtlich erzielbare Veräußerungserlös um den durchschnittlichen Unternehmergewinn und den nach dem Bilanzstichtag noch anfallenden betrieblichen Aufwand vermindert wird. Nach R 6.8 Abs. 2 Sätze 3 bis 6 EStR kann der niedrigere Teilwert retrograd nach der **Subtraktionsmethode** oder nach der **Formelmethode** (vgl. Beispiele in H 6.8 (Beispiele für die Bewertung von Wirtschaftsgütern des Vorratsvermögens, die …) EStH) ermittelt werden.

Eine Besonderheit besteht im Zusammenhang mit der Erstellung von Gebäuden auf fremden Grund und Boden durch Bauunternehmer. Erstellt ein Bauunternehmer auf dem Grundstück seines Auftraggebers ein Gebäude und ist dieses am Bilanzstichtag noch nicht fertiggestellt, ist das halbfertige Gebäude beim ‚Bauunternehmer als Umlaufvermögen zu aktivieren (H 6.1 (Halbfertige Bauten auf fremden Grund und Boden) EStH). Nicht abschließend geklärt ist insoweit, ob das halbfertige Bauwerk als besonders geartete Forderung (Aktivierung eines zivilrechtlichen Ausgleichsanspruchs für den Eigentumsverlust am verbauten Material – so BFH, BStBl II 1974, 508) oder als materielles Wirtschaftsgut im wirtschaftlichen Eigentum des Bauunternehmers auszuweisen ist (in diesem Sinne BFH BStBl II 2006, 298, allerdings ausdrücklich mit der Feststellung, dass diese Rechtsfrage im Urteilsfall nicht entscheidungserheblich war).

Das halbfertige Bauwerk ist (gleichgültig ob als Forderung oder als materielles Wirtschaftsgut im wirtschaftlichen Eigentum des Bauunternehmers) grundsätzlich mit den Herstellungskosten der halbfertigen Arbeiten zu bewerten (H 6.7 (Halbfertige Bauten auf fremden Grund und Boden) EStH – 1. Strich; BFH BStBl II 1974, 508; BFH, BStBl II 2006, 298).

Steht am Bilanzstichtag fest, dass der Bauunternehmer aus dem bereits teilweise ausgeführten Bauauftrag einen Verlust erleiden wird, ist dieser in vollem Umfang bei der Ermittlung des niedrigeren beizulegenden Wertes (§ 253 Abs. 4 Satz 2 HGB) bzw. Teilwertes (§ 6 Abs. 1 Nr. 2 Satz 2 EStG) zu berücksichtigen. Handelsrechtlich ist der niedrigere beizulegende Wert zwingend anzusetzen; steuerlich besteht nach § 5 Abs. 1 Satz 1 zweiter HS EStG ein autonomes steuerliches Wahlrecht. Das Verbot der Rückstellungen für drohende Verluste aus schwebenden Geschäften (§ 5 Abs. 4a Satz 1 EStG) begrenzt die Teilwertabschreibung in der Steuerbilanz nicht auf den bis zum Bilanzstichtag anteilig angefallenen Verlust (BFH BStBl II 2006, 298 und H 6.7 (Halbfertige Bauten auf fremden Grund und Boden) EStH – 2. Strich).

Die aktivische Abwertung hat Vorrang vor der (nur handelsrechtlich zulässigen) Drohverlustrückstellung (BHF BStBl II 2006, 298; H 6.7 (Teilwertabschreibung) EStH – 3. Strich).

4.3.5.3 Teilwert bei Beteiligungen

Nach § 271 Abs. 1 HGB sind **Beteiligungen** Anteile an anderen Unternehmen, die bestimmt sind, dem eigenen Geschäftsbetrieb durch Herstellung einer **dauernden Verbindung** zu jenen Unternehmen zu dienen. Diese Beteiligungen können in Form von Anteilen an einer GmbH oder in Form von Aktien an einer AG bestehen. Als Beteiligung gelten regelmäßig Anteile an einer Kapitalgesellschaft, die mehr als 20 % des Nennkapitals dieser Kapitalgesellschaft betragen (vgl. § 271 Abs. 1 Satz 3 HGB).

Die Beteiligung gilt als ein einheitlicher Vermögensgegenstand bzw. **ein Wirtschaftsgut,** auch wenn sie sich aus mehreren Anschaffungsvorgängen zusammensetzt. Selbstverständlich gilt dies auch für Aktien. Zu den Anschaffungskosten der Beteiligung gehören daher alle Aufwendungen, die durch die verschiedenen Anschaffungen verursacht wurden. Bei einer Beteiligung an einer AG ist daher nicht jede einzelne Aktie zu bewerten, sondern die **Gesamtheit der Aktien** der Beteiligung. Eine Teilwertabschreibung für die einzelne Aktie ist daher nicht zulässig (vgl. BFH vom 14.02.1973 BStBl II 1973, 397). Zur Bestimmung des Teilwerts einer Beteiligung vgl. auch die in H 6.7 (Beteiligung) EStH zitierten BFH-Entscheidungen.

BEISPIEL

Bauunternehmer E (Einzelgewerbetreibender) erwarb folgende Aktien der Baustoff-AG, mit der er ständig in Geschäftsbeziehungen steht (Lieferant der Baustoffe für sein Bauunternehmen):

- am 10. 01. 02 1 000 Aktien zum Kurs von 12,00 €/Aktie
- am 15. 04. 02 1 300 Aktien zum Kurs von 13,00 €/Aktie
- am 20. 10. 03 700 Aktien zum Kurs von 13,50 €/Aktie
- am 25. 08. 04 1 500 Aktien zum Kurs von 15,00 €/Aktie

Die Anschaffungsnebenkosten betrugen jeweils 1,2 % des Anschaffungskurses. Der Nennwert der einzelnen Aktie beträgt 5,00 €. Das Grundkapital der Baustoff-AG beträgt 100 000 €. Der Kurs der Aktien betrug zum Bilanzstichtag 31. 12. 04 14,00 €/Aktie. Darf E zum Bilanzstichtag 31. 12. 04 die im Jahre 04 erworbenen Aktien auf den niedrigeren Kurswert von 14,00 €/Aktie zuzüglich Anschaffungsnebenkosten abschreiben? Gehen Sie dabei davon aus, dass (angenommen wegen finanzieller Probleme bei der Baustoff-AG) die Wertminderung von Dauer ist.

LÖSUNG Bei dem Aktienpaket des E handelt es sich zum 31. 12. 04 um eine Beteiligung des Anlagevermögens (E besitzt am Bilanzstichtag 31. 12. 04 22,5 % der Aktien der Baustoff-AG, § 271 Abs. 1 und § 266 Abs. 2 A. Anlagevermögen, III. Finanzanlagen, 3. Beteiligungen HGB), die als ein einheitliches Wirtschaftsgut (Vermögensgegenstand) zu bewerten ist. Die Anschaffungskosten betrugen insgesamt:

1 000 Aktien à 12,00 €	=	12 000,00 €
1 300 Aktien à 13,00 €	=	16 900,00 €
700 Aktien à 13,50 €	=	9 450,00 €
1 500 Aktien à 15,00 €	=	22 500,00 €
		60 850,00 €
+ 1,2 % Anschaffungsnebenkosten	=	730,20 €
Anschaffungskosten insgesamt	=	61 580,20 €

Eine Teilwertabschreibung nach § 6 Abs. 1 Nr. 2 Satz 2 EStG (handelsrechtlich außerplanmäßige Abschreibung nach § 253 Abs. 3 Satz 3 HGB) der im Jahre 04 erworbenen 1 500 Aktien für sich allein ist nicht zulässig. Es muss geprüft werden, ob der Teilwert (bzw. beizulegende Wert) insgesamt unter die Anschaffungskosten gesunken ist, da es sich zum 31. 12. 04 um ein einziges Wirtschaftsgut (Vermögensgegenstand) »Beteiligung« handelt. Bei einem Kurswert zum Bilanzstichtag 31. 12. 04 in Höhe von 14,00 € je Aktie zuzüglich (angenommener) 1,2 % Anschaffungsnebenkosten ergibt sich folgender Teilwert (beizulegender Wert):

4 500 Aktien × 14,00 €	=	63 000,00 €
+ 1,2 % Anschaffungsnebenkosten	=	756,00 €
zusammen	=	63 756,00 €

Da der Teilwert (beizulegende Wert) höher ist als die Anschaffungskosten kommt eine Teilwertabschreibung (bzw. handelsrechtlich außerplanmäßige Abschreibung) nicht in Betracht. Würde im vorliegenden Falle nur eine vorübergehende Wertminderung vorliegen (was regelmäßig der Fall sein dürfte), dann käme steuerlich nach § 6 Abs. 1 Nr. 2 Satz 2 EStG sowieso eine Teilwertabschreibung nicht in Betracht.

Wird die Beteiligung jedoch im Rahmen einer Betriebsaufspaltung vom Besitzunternehmen gehalten, ist für die Bemessung des Teilwerts von Anteilen an der Betriebs-Kapitalgesellschaft eine Gesamtbetrachtung der Ertragsaussichten von Besitz- und Betriebsunternehmen anzustellen. Ein gedachter Erwerber des Besitzunternehmens würde für die Kapitalbeteiligung zu zahlenden Preis vorwiegend danach bestimmen, welche Ertragsaussichten für die abgestimmte Tätigkeit von Besitz- und Betriebsunternehmen bestehen. Der sich dabei ergebende Wert kann erheblich von dem Betrag abweichen, den derjenige zu zahlen bereit wäre, der lediglich die Anteile an der Betriebskapitalgesellschaft erwirbt (BFH vom 06.11.2003 BStBl II 2004, 416).

4.3.6 Buchmäßige Behandlung einer Teilwertabschreibung

Kommt bei Wirtschaftsgütern des **Anlagevermögens** eine Teilwertabschreibung in Betracht, so muss wie folgt gebucht werden:

Außerplanmäßige Abschreibung (Teilwertabschreibung)	… €	
an Anlagegegenstand		… €

Bei Wirtschaftsgütern des **Vorratsvermögens** ist aus steuerlicher Sicht eine Buchung nicht zwingend erforderlich, da sich eine Nichtbuchung in einem höheren Wareneinsatz oder Materialeinsatz auswirkt. Aus Gründen der Bilanzklarheit und wegen der zutreffenden Abgrenzung der Kosten für die Kosten- und Leistungsrechnung ist jedoch eine entsprechende Buchung geboten, soweit die Teilwertabschreibung den Rahmen des üblichen übersteigt.

Teil I Besondere Anschaffungsvorgänge

Vorbemerkung

- Die in den nachfolgenden Ausführungen verwendete steuerliche Begriffsbezeichnung »Wirtschaftsgut bzw. Wirtschaftsgüter« gilt regelmäßig gleichzeitig für die handelsrechtliche Begriffsbezeichnung »Vermögensgegenstand bzw. Vermögensgegenstände«.
- Obwohl nachstehend grundsätzlich die handelsrechtliche und steuerliche Behandlung besonderer Anschaffungsvorgänge aus der Sicht des Erwerbers dargestellt werden, wird regelmäßig auch die entsprechende Behandlung beim Veräußerer bzw. Übertragenden mit behandelt.

1 Erwerb gegen Renten- oder Ratenzahlungen

1.1 Begriff der Renten und Raten

Renten sind periodisch wiederkehrende laufende und gleichmäßige Leistungen (Bezüge) in Geld oder Geldeswert für eine bestimmte Zeit (**Zeitrenten**) oder auf Lebenszeit einer oder mehrerer Personen (**Leibrenten**), die auf einem einheitlichen Stammrecht (Rentenstammrecht) beruhen (BFH vom 29.03.1962 BStBl III 1962, 304). Die einzelne Rentenzahlung ist die Frucht aus dem Rentenstammrecht. Die jeweiligen Rentenbeträge fließen dem Rentenberechtigten, losgelöst von einer Gegenleistung, aus dem Rentenstammrecht zu. Neben den reinen Zeit- und Leibrenten unterscheidet man noch die abgekürzten Leibrenten (das sind sog. **Höchstzeitrenten**, die dem Rentenberechtigten grundsätzlich auf Lebenszeit, längstens jedoch für eine bestimmte Zeit zufließen) und die verlängerten Leibrenten (das sind sog. **Mindestzeitrenten,** die dem Rentenberechtigten ebenfalls auf Lebenszeit, mindestens jedoch für eine bestimmte Zeit, ggf. über den Tod des Rentenberechtigten hinaus seinen Erben zufließen).

Raten (Kaufpreisraten, Tilgungsraten) sind zwar ebenfalls gleichmäßig wiederkehrende Leistungen (regelmäßig in Geld), die aber keine Renten darstellen. Der entscheidende Unterschied zu den Renten besteht in Folgendem:

- Bei Raten ist die Dauer zeitlich genau begrenzt.
- Raten sind mit keinem Wagnis behaftet, im Gegensatz zu Renten. Es liegt nur eine Zahlung des gestundeten Kaufpreises in mehreren Teilbeträgen vor. Renten werden während der Laufzeit häufig an die Preisentwicklung angepasst (Wertsicherungsklausel).
- Bei Renten steht häufig der Versorgungscharakter im Vordergrund, insbesondere bei Leibrenten.
- Besonders problematisch kann die Abgrenzung zwischen Zeitrenten und Raten sein. Vereinbarte »Zeitrenten« für hingegebene Vermögensgegenstände sind regelmäßig als Kaufpreisraten zu behandeln (BFH vom 24.04.1970 BStBl II 1970, 541). Eine Zeitrente kann nur anerkannt werden, wenn die gesamte Laufzeit mindestens 10 Jahre beträgt.

Bei Renten ist u. a. zu unterscheiden zwischen **privaten** und **betrieblichen** Renten, sowie zwischen **Versorgungsrenten** und **Kaufpreisrenten** bzw. Veräußerungsrenten. Im Rahmen der nachfolgenden Ausführungen werden nur die betrieblichen Kaufpreis- bzw. Veräußerungsrenten behandelt. Nach ständiger BFH-Rechtsprechung liegt eine **betriebliche Kaufpreis- bzw. Veräußerungsrente** unter folgenden Voraussetzungen vor:

- Die Entstehung der Rentenverpflichtung muss betrieblich veranlasst sein, d. h. sie muss infolge des Erwerbs eines Betriebs, eines Teilbetriebs, eines Mitunternehmeranteils oder eines einzelnen zum Betriebsvermögens gehörenden Wirtschaftsguts als Gegenleistung vereinbart worden sein. Der Rentenleistung muss also eine Gegenleistung gegenüber stehen.
- Leistung und Gegenleistung müssen nach kaufmännischen Gesichtspunkten ausgewogen sein und einander objektiv im Wert annähernd entsprechen. Die Vertragspartner müssen danach die Vorstellung und den Willen haben, für die eigene Leistung eine etwa gleichwertige Gegenleistung zu erhalten (BFH vom 16. 07. 1969 BStBl II 1970, 56).

Steht für den Rentenberechtigten dagegen die eigene Versorgung im Vordergrund, dann handelt es sich nicht um eine Kaufpreis- bzw. Veräußerungsrente, sondern um eine Versorgungsrente. Im Allgemeinen sind Versorgungsrenten private Renten.

1.2 Zahlung einer Kaufpreis- bzw. Veräußerungsrente

1.2.1 Erwerb bzw. Veräußerung eines Betriebs oder Teilbetriebs

1.2.1.1 Behandlung beim Erwerber

Wird ein Betrieb oder Teilbetrieb (zur Abgrenzung eines Teilbetriebs vgl. die Ausführungen in R 16 Abs. 3 EStR) gegen Zahlung einer Kaufpreisrente (für den Veräußerer ist dies eine Veräußerungsrente) erworben, so ergeben sich beim Erwerber folgende Bilanzansätze und buchmäßige Behandlungen:

a) Anschaffungskosten für den erworbenen Betrieb oder Teilbetrieb

Barwert der Rentenverpflichtung zum Zeitpunkt des Erwerbs:
Hierbei handelt es sich um einen Rentenbarwert, der auf der Grundlage des Teilwerts des Betriebs (einschließlich vorhandener stiller Reserven und eines Geschäfts- oder Firmenwerts) gebildet wird, wobei für die Höhe der einzelnen Rentenzahlungen (monatlich, vierteljährlich, jährlich) die Verzinsung und die Laufzeit der Rente entscheidend sind. Nach R 6.2 Satz 1 EStR ist der Rentenbarwert grundsätzlich nach den §§ 13 bis 15 BewG zu ermitteln (Ansatz mit dem Kapitalwert); er darf aber auch nach versicherungsmathematischen Grundsätzen berechnet werden (versicherungsmathematischer Barwert).

\+ Ggf. **übernommene Verbindlichkeiten** des Betriebs (z. B. Hypotheken- und Grundschulden von Grundstücken, Warenverbindlichkeiten, Steuerschulden).

\+ **Baraufzahlung** bzw. Sofortzahlung (wenn nicht der gesamte Kaufpreis des Betriebs durch Rentenzahlung beglichen wird).

\+ **Anschaffungsnebenkosten** (z. B. Grunderwerbsteuer, Gebühren)

= **Gesamte Anschaffungskosten** aller übernommenen Besitzposten des Betriebs, einschließlich eines evtl. vorhandenen Geschäfts- oder Firmenwerts.

Dieser Gesamtbetrag ist auf die einzelnen Besitzposten **im Verhältnis der Teilwerte aufzuteilen** (vgl. § 6 Abs. 1 Nr. 7 EStG), wobei die Anschaffungsnebenkosten, die nur für bestimmte übernommene Wirtschaftsgüter angefallen sind (z. B. Notar- und Grundbuchgebühren sowie Grunderwerbsteuer für Grundstücke und deren wesentliche Bestandteile), nur diesen Wirtschaftsgütern zugerechnet werden dürfen. Ein Geschäfts- oder Firmenwert kommt nur in Betracht, wenn vom Gesamtkaufpreis ein Restbetrag verbleibt, nach dem alle übrigen Wirtschaftsgüter mit dem Teilwert angesetzt wurden.

b) Rentenverbindlichkeit als Schuldposten

Neben den übernommenen Verbindlichkeiten ist als weitere Schuld die Rentenverbindlichkeit mit dem Barwert (Rentenbarwert) zum Zeitpunkt des Erwerbs zu passivieren. Der Rentenbarwert ist grundsätzlich nach den §§ 13 bis 15 BewG zu ermitteln (Ansatz mit dem Kapitalwert); die Berechnung darf aber auch nach versicherungsmathematischen Grundsätzen erfolgen (H 6.2 (Rentenverpflichtung) EStH und R 6.2 Satz 1 EStR).

c) Behandlung der laufenden Rentenzahlungen und Auflösung des Rentenbarwerts

Der Rentenbarwert ist betragsmäßig am höchsten zum Zeitpunkt seiner Entstehung (das ist der Zeitpunkt des Übergangs des bürgerlich-rechtlichen oder wirtschaftlichen Eigentums des Betriebs oder Teilbetriebs). Er mindert sich fortlaufend durch die einzelnen Rentenzahlungen. Die jeweilige Rentenzahlung enthält einen Tilgungsanteil und einen Zins- und Kostenanteil. Die fortlaufende Minderung des Barwerts wird jedoch nur durch den Tilgungsanteil der einzelnen Rentenzahlung bewirkt. Es wäre allerdings unzweckmäßig, bei unterjähriger Zahlungsweise, nach jeder Rentenzahlung die anteilige Tilgung herauszurechnen und entsprechend zu buchen. Diese notwendige laufende Auflösung der Rentenverbindlichkeit um den Tilgungsanteil wird regelmäßig erst im Zuge des Jahresabschlusses zum Bilanzstichtag durchgeführt. Hierfür ist allerdings erforderlich, dass zu jedem Bilanzstichtag der neue Rentenbarwert ermittelt wird. In der Praxis werden zwei Methoden unterschieden:

1. **Versicherungsmathematische Methode:**
   In diesem Falle werden die laufenden (unterjährigen) Rentenzahlungen zunächst im vollen Umfang auf ein Rentenaufwandskonto gebucht.

Rentenaufwand	… €	
an Geldkonten		… €

   Im Zuge des Jahresabschlusses wird der Tilgungsanteil des abgelaufenen Jahres (das ist der Betrag, um den sich der Rentenbarwert gegenüber dem vorangegangenen Bilanzstichtag bzw. im ersten Jahr gegenüber dem Rentenbarwert zum Zeitpunkt seiner Entstehung mindert) vom Konto »Rentenaufwand« auf das Konto »Rentenverbindlichkeit« umgebucht.

Rentenverbindlichkeit	… €	
an Rentenaufwand		… €

   Nur der verbleibende Rentenaufwand (das ist der Zins- und Kostenanteil des abgelaufenen Wirtschaftsjahres) wirkt sich als Aufwand aus.
   Die versicherungsmathematische Methode ist u. E. für Steuerpflichtige, die den Gewinn nach § 5 EStG ermitteln, zwingend, da sie auch handelsrechtlich zwingend anzuwenden ist (Anwendung des Maßgeblichkeitsgrundsatzes nach § 5 Abs. 1 Satz 1 1. HS EStG).
2. **Buchhalterische Methode** (gilt u. E. nicht für Steuerpflichtige, die den Gewinn nach § 5 EStG ermitteln):
   In diesem Falle werden die laufenden Rentenzahlungen solange in vollem Umfang über das Konto »Rentenverbindlichkeit« gebucht, bis der Barwert verbraucht ist. Insoweit sind die Rentenzahlungen zunächst erfolgsneutral, weil eine Aufteilung zwischen Tilgungsanteil und Zins- und Kostenanteil nicht stattfindet. Sobald der Barwert der Rentenverbind-

lichkeit verbraucht ist, werden die Rentenzahlungen in vollem Umfang über das Konto »Rentenaufwand« gebucht. Ab diesem Zeitpunkt wirken sich die Rentenzahlungen voll als Aufwand aus.

Die buchhalterische Methode kommt nur für Steuerpflichtige in Betracht, die den Gewinn nach § 4 Abs. 1 EStG ermitteln. Sie haben hierfür ein Wahlrecht. Ein Wechsel von der einen zur anderen Methode ist jedoch nicht zulässig.

1.2.1.2 Behandlung beim Veräußerer

Beim Veräußerer entsteht durch die Veräußerung des Betriebs oder Teilbetriebs ein **Veräußerungsgewinn.** Der Veräußerungsgewinn ist unter bestimmten Voraussetzungen durch einen Freibetrag nach § 16 Abs. 4 EStG und durch einen ermäßigten Steuersatz nach § 34 EStG begünstigt. Der Veräußerungsgewinn errechnet sich nach § 16 Abs. 2 EStG wie folgt:

	Erlös für den Betrieb/Teilbetrieb (Rentenbarwert + vom Erwerber übernommene Schulden + Baraufzahlung)
./.	Veräußerungskosten (H 16 [12] (Veräußerungskosten) EStH)
./.	Buchwert des Betriebs (Aktivposten ./. Passivposten = Nettobuchwert; jedoch streitig, vgl. Schmidt, EStG, 34. Aufl., § 16 Rz. 267 und 312 ff.) zum Zeitpunkt der Veräußerung (Bewertung nach § 6 Abs. 1 Nr. 1 bis 3 EStG)
=	Veräußerungsgewinn

Die **laufenden Rentenbezüge** sind nach § 22 Nr. 1 Satz 3 Buchst. a) EStG zu versteuern.

Bei Veräußerung des ganzen Betriebs gegen eine **Leibrente** hat der Veräußerer nach R 16 Abs. 11 EStR ein Wahlrecht:

a) Sofortige Versteuerung des Veräußerungsgewinns
   In diesem Fall erhält der Steuerpflichtige den Freibetrag nach § 16 Abs. 4 EStG und den ermäßigten Steuersatz nach § 34 EStG. Die in den Rentenzahlungen enthaltenen Ertragsanteile gehören dann nach § 22 Nr. 1 Satz 3 Buchst. a) Doppelbuchstabe bb EStG zu den sonstigen Einkünften.
b) Laufende Versteuerung:
   In diesem Fall sind die laufenden Rentenzahlungen als nachträgliche Betriebseinnahmen im Sinne des § 15 i. V. m. § 24 Nr. 2 EStG zu behandeln (R 16 Abs. 11 Satz 6 EStR).
   Ein laufender Gewinn entsteht erst, wenn die Rentenzahlungen das steuerliche Kapitalkonto des Veräußerers zuzüglich etwaiger Veräußerungskosten des Veräußerers übersteigen. Ab diesem Zeitpunkt sind jedoch die vollen Rentenzahlungen nachträgliche Betriebseinnahmen. Die Vergünstigungen der §§ 16 und 34 EStG können in diesem Fall nicht gewährt werden.

Weitere Einzelheiten, insbesondere für diejenigen Fälle, in denen der Betrieb gegen einen festen Barpreis und gegen eine Leibrente veräußert wird, regelt R 16 Abs. 11 Satz 9 ff. EStR.

Vgl. dazu auch **Übungsfall 7** in S Komplexe Übungsfälle.

1.2.2 Erwerb bzw. Veräußerung einzelner Wirtschaftsgüter des Betriebsvermögens

1.2.2.1 Behandlung beim Erwerber

Für den Erwerber ergeben sich hinsichtlich der Anschaffungskosten, der buchmäßigen Behandlung der laufenden Rentenzahlungen und der Auflösung der Rentenverpflichtung um den jährlichen Tilgungsanteil **keine Besonderheiten**, d. h. es gelten die gleichen Grundsätze und Regelungen wie beim Erwerb eines ganzen Betriebs oder eines Teilbetriebs. Der grundsätzliche Unterschied besteht darin, dass sich der Rentenbarwert nur auf ein einziges oder mehrere einzelne Wirtschaftsgüter bezieht (z. B. bei einem bebauten Grundstück). Außerdem ist zu beachten, dass u. U. ein Vorsteuerabzug in Betracht kommt. Im Einzelnen wird daher auf die Ausführungen zu 1.2.1.1 verwiesen.

1.2.2.2 Behandlung beim Veräußerer

Beim Veräußerer des Wirtschaftsguts ergeben sich folgende Bilanzansätze und buchmäßige Behandlungen:

a) Ansatz einer »Sonstigen Forderung (Rentenforderung)« mit dem Rentenbarwert. Wie bei der Veräußerung eines Betriebs oder Teilbetriebs ist der Rentenbarwert grundsätzlich nach den §§ 13 bis 15 BewG zu ermitteln (Ansatz mit dem Kapitalwert); die Berechnung darf aber auch nach versicherungsmathematischen Grundsätzen erfolgen (H 6.2 (Rentenverpflichtung) EStH und R 6.2 Satz 1 EStR); s. auch 1.2.1.1 Buchst. b).
b) Buchung der laufenden Rentenbezüge zunächst im vollen Umfang als Betriebseinnahmen und zum jeweiligen Bilanzstichtag Auflösung der Rentenforderung um den jährlichen Tilgungsanteil (Unterschied zwischen dem Barwert vom Bilanzstichtag zum vorangegangenen Bilanzstichtag) nach der versicherungsmathematischen Methode.
   Ob für Steuerpflichtige, die den Gewinn nach § 4 Abs. 1 EStG ermitteln, die buchhalterische Methode sinngemäß angewendet werden darf, ist streitig.
c) Buchung des Veräußerungsgewinns im Jahr der Veräußerung des Wirtschaftsguts (grundsätzlich sofortige Versteuerung zwingend, vgl. BFH vom 20.01.1971 BStBl II 1971, 302) wie folgt:
   »Rentenforderung
   an Veräußertes Wirtschaftsgut (Buchwert)
   an Sonst. betriebliche Erträge
      (oder: Erlöse aus Anlagenverkauf)
   an Sonst. Verbindlichkeiten (Umsatzsteuer, ggf.)«.
   Wenn die Voraussetzungen vorliegen, kann für die aufgedeckten stillen Reserven R 6.6 EStR (Rücklage für Ersatzbeschaffung) oder § 6 b EStG (Rücklage für Reinvestition) angewendet werden.
d) **Sonderfall:** Handelt es sich bei dem Gegenstand, der veräußert werden soll, um ein Wirtschaftsgut des gewillkürten Betriebsvermögens, dann ist auch folgende Behandlung zulässig:

- Vor der Veräußerung Entnahme des Wirtschaftsguts in das Privatvermögen (unter Beachtung des § 6 Abs. 1 Nr. 4 EStG, Ansatz mit dem Teilwert).
- Anschließend Veräußerung des Wirtschaftsguts aus dem Privatvermögen (private Veräußerung) gegen Rentenzahlung.
- Versteuerung der dann privaten Rentenbezüge nach § 22 Nr. 1 Satz 3 Buchst. a) Doppelbuchstabe bb EStG mit dem Ertragsanteil.

Vgl. auch **Übungsfall 8** in S Komplexe Übungsfälle.

1.2.3 Auswirkung von Wertsicherungsklauseln

Unter einer Wertsicherungsklausel ist die Vereinbarung zwischen dem Rentenberechtigten (Veräußerer) und dem Rentenverpflichteten (Erwerber) zu verstehen, die ursprünglich festgelegten **Rentenzahlungen** an später eingetretene Änderungen **anzupassen**, wie z. B. an die Preis- und Lohnentwicklung, in der Vergangenheit häufig an die Entwicklung der Beamtenbezüge. Regelmäßig führt dies zu einer Erhöhung der Rentenzahlungen.

Die Erhöhung der Rentenzahlungen aufgrund einer Wertsicherungsklausel hat auf die Anschaffungskosten des ehemals erworbenen Wirtschaftsguts (bzw. der Wirtschaftsgüter) keinen Einfluss. Es tritt also **keine nachträgliche Erhöhung der Anschaffungskosten** ein (BFH vom 11.08.1967 BStBl III 1967, 699). Der ehemalige Anschaffungsvorgang und die spätere Anhebung der Rentenverbindlichkeit sind getrennt zu beurteilende Vorgänge (BFH vom 05.02.1969 BStBl II 1969, 334). Kommt eine Änderung in der Höhe der Rentenzahlungen in Betracht, so ist auch der **Rentenbarwert** (Rentenverbindlichkeit und Rentenforderung) entsprechend **anzupassen**.

Beim Rentenverpflichteten ist durch eine Erhöhung des Rentenbarwerts die Rentenverbindlichkeit entsprechend zu erhöhen durch die Buchung:

Rentenaufwand	… €	
an Rentenverbindlichkeit (Mehrbetrag)		… €

Der Erhöhungsbetrag stellt also zum Zeitpunkt der Rentenanpassung in einem solchen Fall sofort in vollem Umfang Aufwand bzw. Betriebsausgaben dar.

Beim Rentenberechtigten ist um den gleichen Mehrbetrag die Rentenforderung zu erhöhen durch die Buchung:

Rentenforderung (Mehrbetrag)	… €	
an Sonst. betriebliche Erträge		… €

Beim Rentenberechtigten entsteht daher zum selben Zeitpunkt in vollem Umfang ein Ertrag bzw. eine Betriebseinnahme. Für diesen Ertrag kommt die Vergünstigung des **§ 6 b EStG** selbstverständlich **nicht in Betracht**, da es sich nicht um einen nachträglichen Veräußerungsgewinn handelt.

1.2.4 Vorzeitiger Wegfall der Rentenlast beim Rentenverpflichteten

Bei Leibrenten fällt die Rentenverpflichtung (regelmäßig) beim Tode des Rentenberechtigten weg. Es können jedoch auch andere Fälle in Betracht kommen (z. B. der Rentenberechtigte verzichtet auf den restlichen Teil der Rentenforderung). In diesen Fällen ist der noch vorhandene Betrag der **Rentenverbindlichkeit gewinnerhöhend aufzulösen** (vgl. BFH vom 26.06.1996 BStBl II 1996, 601) durch die Buchung:

Rentenverbindlichkeit	… €	
an Sonst. betriebliche Erträge (a. o. Erträge)		… €

Auf die ehemaligen Anschaffungskosten hat der vorzeitige Wegfall der Rentenverbindlichkeit ebenfalls keinen Einfluss. Fällt eine Rentenverbindlichkeit nur zum Teil weg (z. B. wenn eine Leibrente bis zum Tode eines Ehepaares zu leisten ist und vereinbarungsgemäß beim Tode eines der beiden Ehegatten sich die Rentenzahlungen mindern), so ist der anteilige Betrag des Rentenbarwerts gewinnerhöhend aufzulösen.

1.3 Ratenzahlungen

1.3.1 Behandlung beim Erwerber

Grundsätzlich besteht kein Unterschied, ob ein Betrieb, ein Teilbetrieb, ein einzelnes Wirtschaftsgut oder mehrere einzelne Wirtschaftsgüter gegen Ratenzahlung erworben werden. Für den Erwerber ergeben sich folgende Bilanzansätze und buchmäßige Behandlungen:

a) Anschaffungskosten für die erworbenen Wirtschaftsgüter

Da es sich beim Erwerb gegen Ratenzahlungen um die Stundung des Kaufpreises und dessen Bezahlung in mehreren Teilbeträgen handelt, könnte man theoretisch folgende vier Möglichkeiten unterscheiden:

1. Es wurde eine angemessene Verzinsung der Kaufpreisschuld vereinbart und die Verzinsung ist in den einzelnen Raten enthalten.
2. Es wurde ausdrücklich Unverzinslichkeit vereinbart.
3. Es wurde über eine Verzinsung nichts vereinbart.
4. Es wurde ein niedrigerer als der allgemein übliche Zins vereinbart.

In allen vier Fällen ist als Kaufpreis der **Barwert** der Summe aller zu zahlenden Raten anzusetzen, wobei grundsätzlich ein Zinssatz von 5,5 % zugrunde zu legen ist, wenn vertraglich nichts anderes vereinbart wurde (vgl. auch H 16 [11] (Ratenzahlungen) EStH). Diese Regelung gilt nicht nur, wenn die Raten während eines mehr als zehn Jahre dauernden Zeitraums zu zahlen sind, sondern auch dann schon, wenn die Ratenzahlungen länger als ein Jahr laufen (BFH vom 21.10.1980 BStBl II 1981, 160). Der BFH geht davon aus, dass die Raten stets einen Tilgungs- und einen Zinsanteil enthalten, denn wirtschaftlich betrachtet sei, gleichgültig was vereinbart wurde, tatsächlich eine Verzinsung der Kaufpreisraten zu unterstellen, so dass der Barwert (Barpreis) niedriger sein müsse als die Summe der Raten. Vgl. auch BFH vom 20.08.1970 BStBl II 1970, 807, vom 29.10.1970 BStBl II 1971, 92 und vom 25.06.1974 BStBl II 1975, 431. Man spricht hier auch von verdeckten Zinsen

Die **Ermittlung des Barwerts** (bewertungsrechtlich auch Gegenwartswert genannt) kann nach der Tabelle 2 des gleichlautenden Ländererlasses vom 10.10.2010 in BStBl I 2010, 810 zu § 12 Abs. 3 BewG vorgenommen werden, weil dieser Bestimmung ebenfalls ein Zinssatz von 5,5 % zugrunde liegt (vgl. FG Münster vom 19.12.1972 EFG 1973, 265). Der Barwert der Summe aller Ratenzahlungen stellt die **Anschaffungskosten** für das erworbene Wirtschaftsgut dar. Im Übrigen ist in gleicher Weise zu verfahren, wie beim Erwerb gegen Rentenzahlungen einer Zeitrente.

b) Ansatz der Kaufpreisschuld bzw. Ratenverbindlichkeit

Für die Passivierung der Kaufpreisschuld kann man folgende zwei buch- und bilanztechnischen Möglichkeiten bzw. Auffassungen unterscheiden:

1. Wie bereits ausgeführt, enthalten beim Ratenkauf die zu zahlenden Raten einen Tilgungsanteil und einen Zinsanteil. Beide Teile, d. h. die Kapitalschuld und die Zinsschuld, sind voneinander zu trennen. Da die Zinsschuld erst in der Zukunft entsteht (sozusagen durch die Kapitalnutzung), liegt insoweit ein schwebendes Geschäft vor, so dass dafür noch keine Verbindlichkeit passiviert werden darf. Folgt man dieser Auffassung, dann ist es konsequent, als Erfüllungsbetrag nach § 253 Abs. 1 Satz 2 HGB nur den abgezinsten Wert (Barwert bzw. Gegenwartswert) der Ratenverbindlichkeit zu passivieren. Es verbleibt dann kein Raum für die Aktivierung des Zinsanteils, der in der Summe aller (noch) zu zahlen-

den Raten steckt. Vgl. hierzu Beck'scher Bilanzkommentar, 6. Aufl. 2006, § 253 HGB Anm. 67 (mit weiteren Hinweisen). Außerdem wird dort ausgeführt, dass das Aktivierungswahlrecht des § 250 Abs. 3 HGB aufgrund der dortigen klaren Regelung nur auf das echte Damnum beschränkt ist (hierzu werden allerdings auch andere Ansichten vertreten).

2. Wenn man jedoch davon ausgeht, dass auch für den beim Ratenkauf in der Summe der (noch) zu zahlenden Raten steckenden Zinsanteil § 250 Abs. 3 HGB angewendet werden darf, dann wäre es vertretbar, die Summe der (noch) zu zahlenden Raten mit dem Nennwert zu passivieren und den darin enthaltenen Zinsanteil auf der Aktivseite auszuweisen (als aktiven RAP). Dieser Aktivposten muss dann hinsichtlich des Zinsanteils, der in den in einem Geschäfts- bzw. Wirtschaftsjahr gezahlten Raten enthalten ist, aufgelöst werden (Ermittlung aus Summer aller in einem Geschäfts- bzw. Wirtschaftsjahr gezahlten Raten abzüglich Tilgungsanteil in dieser Zeit, der sich aus dem Unterschied zwischen dem Barwert zu Beginn und am Ende dieses Zeitraums ergibt). Zum Ansatz der Ratenverbindlichkeit mit dem Nennwert (Summe aller Raten) vgl. auch H 6.10 (Anschaffungskosten) EStH.

Anmerkung zu den beiden vorstehend aufgezeigten Möglichkeiten der Behandlung der Ratenverbindlichkeit: Beide buch- und bilanztechnischen Möglichkeiten führen zur selben Gewinnauswirkung in den einzelnen Jahren der Laufzeit der Ratenverbindlichkeit. Vgl. hierzu die Darstellung beider Möglichkeiten in dem nachstehenden Beispiel. U. E. ist der unter Ziff. 1 dargestellten Möglichkeit der Vorrang einzuräumen.

BEISPIEL

Unternehmer E erwirbt am 02. 01. 02 eine maschinelle Anlage für 120 000 € zuzüglich (19 %) 22 800 € Umsatzsteuer, Gesamtkaufpreis somit 142 800 €. Vereinbarungsgemäß hat E den Kaufpreis in 60 Monatsraten zu je 2 380 €, jeweils am Monatsende, beginnend am 30. 01. 02, zu tilgen; das entspricht einer Laufzeit von 5 Jahren. Über eine Verzinsung des Kaufpreises wurde nichts vereinbart.

LÖSUNG Umsatzsteuerlich liegt hier (trotz Ratenzahlung) eine einheitliche Leistung des leistenden Unternehmers vor, da für eine selbstständige sonstige Leistung »Kreditgewährung« die in Abschn. 3.11 Abs. 2 UStAE geforderten Voraussetzungen nicht vorliegen.

Der Barwert (Gegenwartswert) der Kaufpreisschuld errechnet sich zum Zeitpunkt des Erwerbs des Wirtschaftsguts (am 02. 01. 01) nach § 12 Abs. 3 BewG (Tabelle 2 des gleichlautenden Ländererlasses vom 10. 10. 2010 BStBl I 2010, 810) wie folgt:

monatliche Rate 2 380 € × 12 Monate = 28 560 € × 4,388 =	rd.	125 321 €
Zum 31. 12. 02 beträgt der Barwert bei noch 48 offenen Raten		
(Rest-Tilgungsdauer noch vier Jahre): 28 560 € × 3,602 =	rd.	102 873 €
Die Anschaffungskosten für die maschinelle Anlage betragen am 02. 01. 01 somit:		
Barwert der Ratenzahlungen		125 321 €
./. abzugsfähige Vorsteuer		22 800 €
Anschaffungskosten		102 521 €

Buchungen:

Erste Möglichkeit: Ansatz der Kaufpreisschuld mit dem Barwert:

– am 02. 01. 02:

Maschinelle Anlage	102 521 €	
Vorsteuer	22 800 €	
an Sonst. Verbindlichkeiten		125 321 €

– im Laufe des Jahres 02 (für 12 Ratenzahlungen à 2 320 € insgesamt 28 560 €):

Ratenaufwand	28 560 €	
an Geldkonten		28 560 €

– zum Bilanzstichtag 31. 12. 02 Auflösung der Raten-Verbindlichkeit um den Tilgungsanteil des Jahres 02:

Sonst. Verbindlichkeiten	22 448 €	
an Ratenaufwand		22 448 €

Zweite Möglichkeit: Ansatz der Kaufpreisschuld mit dem Nennwert:

– am 02. 01. 02:

Maschinelle Anlage	102 521 €	
Aktiver RAP	17 479 €	
Vorsteuer	22 800 €	
an Sonst. Verbindlichkeiten		142 800 €

– im Laufe des Jahres 02 (für 12 Ratenzahlungen à 2 380 € insgesamt 28 560 €);

Sonst. Verbindlichkeiten	28 560 €	
an Geldkonten		28 560 €

– zum Bilanzstichtag 31. 12. 02 Auflösung des akt. RAP um den auf das Jahr 02 entfallenden Zinsanteil: dieser errechnet sich wie folgt:

Barwert am 02. 01. 02	125 321 €
Barwert am 31. 12. 02	102 873 €
Minderung des Barwerts (= Tilgungsanteil)	22 448 €
Summe der Ratenzahlungen im Jahr 01	28 560 €
Zinsanteil für das Jahr 02	6 112 €

Buchung:

Zinsaufwand	6 112 €	
an Akt. RAP		6 112 €

1.3.2 Behandlung beim Veräußerer

Beim Veräußerer ist zu unterscheiden, ob ein ganzer Betrieb oder ein Teilbetrieb bzw. einzelne Wirtschaftsgüter des Betriebsvermögens veräußert werden.

1.3.2.1 Veräußerung eines Betriebs

In diesem Fall sind folgende zwei Fallgruppen zu unterscheiden:

a) Laufzeit der Ratenzahlungen mehr als zehn Jahre und Verschaffung einer Versorgung für den Veräußerer

In diesem Fall gelten nach H 16 [11] (Ratenzahlungen) EStH die Sätze 1 bis 9 des R 16 Abs. 11 EStR entsprechend mit der Maßgabe, dass an Stelle des versicherungsmathematischen Rentenbarwerts der Barwert der Ratenzahlungen als Veräußerungspreis anzusetzen ist. Der Fall ist dann genauso zu behandeln, wie bei der Veräußerung des Betriebs gegen Zahlung einer Zeitrente.

Die Ausführungen zu 1.2.1.2 gelten entsprechend. Der Veräußerer kann also zwischen der sofortigen Versteuerung des Veräußerungsgewinns mit anschließenden Einkünften aus Kapitalvermögen (Zinsanteil) oder der laufenden Versteuerung der Ratenzahlungen als nachträgliche Betriebseinnahmen wählen.

b) Laufzeit der Ratenzahlungen bis zu zehn Jahren

In diesem Fall ist der Veräußerungsvorgang entsprechend dem Anschaffungsvorgang beim Erwerber zu behandeln. Beim Veräußerer beläuft sich der Veräußerungspreis nach dem Barwert der Kaufpreisforderung, und der Veräußerungsgewinn ist sofort zu versteuern, wobei die Vergünstigungen der §§ 16 und 34 EStG zur Anwendung kommen. Auch § 6 b EStG ist anwendbar, soweit die Voraussetzungen dafür vorliegen.

1.3.2.2 Veräußerung eines Teilbetriebs oder einzelner Wirtschaftsgüter des Betriebsvermögens

Diese Fälle sind beim Veräußerer genauso zu behandeln, wie bei Veräußerung einzelner Wirtschaftsgüter des Betriebsvermögens gegen eine Veräußerungsrente (hier: Zeitrente). Die Ausführungen zu 1.2.2.2 gelten entsprechend. Der einzige Unterschied besteht darin, dass an die Stelle des versicherungsmathematischen Rentenbarwerts der Barwert der Ratenzahlungen tritt.

2 Erwerb durch Tausch

2.1 Allgemeine Grundsätze

Begrifflich handelt es sich beim Tausch um ein **wechselseitiges** Anschaffungs- und Veräußerungsgeschäft, also eigentlich um zwei Geschäftsvorgänge. Nach § 480 BGB sind für den Tausch die Vorschriften über den Kauf entsprechend anzuwenden. Aus der Sicht der beiden Vertragspartner (angenommen jeweils Unternehmer) stellt sich dies wie folgt dar:

Lieferung Wirtschaftsgut I (Unternehmer B → Unternehmer A)

für A = Anschaffungsgeschäft
(Erhalt von Wirtschaftsgut I)
für B = Veräußerungsgeschäft
(Hingabe von Wirtschaftsgut I)

Unternehmer A | Unternehmer B

Lieferung Wirtschaftsgut II (Unternehmer A → Unternehmer B)

für A = Veräußerungsgeschäft
(Hingabe von Wirtschaftsgut II)
für B = Anschaffungsgeschäft
(Erhalt von Wirtschaftsgut II)

BEISPIEL

Rohstoffhändler A erwirbt vom Büromaschinenhersteller B einen PC-Drucker und liefert dafür an B Rohstoffe.

Ertragsteuerlich (und regelmäßig auch handelsrechtlich) geht es (wenn beide Vertragspartner Unternehmer sind) um zwei Fragen:

1. Mit welchem Wert ist das erworbene (eingetauschte) Wirtschaftsgut zu aktivieren?
2. Ergibt sich für das hingegebene Wirtschaftsgut eine Gewinnrealisierung und (ggf.) in welchem Umfang?

Für den Ansatz des erworbenen Wirtschaftsguts gelten die allgemeinen Regeln des Handelsrechts (§ 253 HGB) und des Ertragsteuerrechts (§ 6 Abs. 1 Nr. 1 und 2 EStG), d. h. das eingetauschte Wirtschaftsgut ist mit den **Anschaffungskosten** (ggf. gemindert um Abschreibungen) zu bilanzieren (handelsrechtlich nach § 253 Abs. 1 Satz 1 HGB und steuerlich nach § 6 Abs. 1 Nr. 1 Satz 1 und Nr. 2 Satz 1 EStG i. V. m. § 255 Abs. 1 HGB). Da beim Tausch die Gegenleistung nicht oder nur teilweise in Geld, sondern ganz oder teilweise in Form eines Wirtschaftsguts erbracht wird, ist der Wert des hingegebenen Wirtschaftsguts zuzüglich einer evtl. zu leistenden Geldzahlung als Anschaffungskosten für das angeschaffte Wirtschaftsgut maßgebend. Nach ständiger Rechtsprechung kommt für das hingegebene Wirtschaftsgut jedoch nicht der Buchwert, sondern der **gemeine Wert** (ohne Umsatzsteuer) in Betracht BFH vom 08. 07. 1964 BStBl III 1964, 561 § 6 Abs. 6 Satz 1 EStG). Zur Ermittlung des gemeinen Werts vgl. die nachstehenden Ausführungen. Durch den Ansatz des gemeinen Werts tritt gleichzeitig eine **Gewinnrealisierung** für das hingegebene (veräußerte) Wirtschaftsgut ein, wenn stille Reserven vorhanden sind, d. h. soweit der gemeine Wert höher ist als der Buchwert. Ist der gemeine Wert niedriger als der Buchwert, wird ein Verlust realisiert.

Umsatzsteuerlich liegen beim Tausch zwei Umsätze vor (§ 3 Abs. 12 UStG). Dies ist jedoch nur dann bedeutsam, wenn beide Vertragspartner Unternehmer sind und der Geschäftsvorgang jeweils im Rahmen des Unternehmens anfällt. Umsatzsteuerliche Bemessungsgrundlage ist der **gemeine Wert** des für die Lieferung erhaltenen Wirtschaftsguts. Wird ein Geldbetrag zugezahlt, so handelt es sich um einen Tausch mit Zuzahlung (Baraufgabe). In diesen Fällen gehört zum Entgelt des Zahlungsempfängers auch der Geldbetrag; beim anderen Unternehmer ist der Wert der Sachleistung um diesen Betrag zu mindern. Vgl. hierzu Abschn. 10.5 Abs. 1 UStAE. Bei diesem gemeinen Wert (im Sinne des § 9 BewG) handelt es sich um einen Bruttobetrag, aus dem die maßgebende **Umsatzsteuer herauszurechnen ist**. Für den Vorsteuerabzug ist erforderlich, dass der die Rechnung oder Gutschrift erstellende Unternehmer die jeweilige Umsatzsteuer ordnungsgemäß in der Rechnung oder Gutschrift ausweist.

Der **gemeine Wert des Wirtschaftsguts** richtet sich jeweils nach den Preisverhältnissen der entsprechenden Handelsebene (z. B. Fabrikant, Großhändler, Einzelhändler). In der Praxis entstehen hierbei insbesondere Probleme in der Kraftfahrzeugwirtschaft bei der Lieferung von Austauschteilen eines Kraftfahrzeugs und bei der Lieferung eines neuen Kraftfahrzeugs durch die Inzahlungnahme eines reparaturbedürftigen Kraftfahrzeugteils (Altteile) oder eines gebrauchten Kraftfahrzeugs. Vgl. hierzu die näheren Ausführungen und Vereinfachungsregelungen in Abschn. 10.5 Abs. 2 bis 5 UStAE.

Wegen der steuerlich unterschiedlichen Behandlung sind folgende Fälle zu unterscheiden:

- Tausch gleichwertiger Wirtschaftsgüter,
- Tausch nicht gleichwertiger Wirtschaftsgüter mit Zuzahlung (Baraufgabe),
- Tausch nicht gleichwertiger Wirtschaftsgüter mit Zuzahlung und offenem oder verdecktem Preisnachlass und
- Sonderfälle.

2.2 Tausch gleichwertiger Wirtschaftsgüter

Beim Tausch gleichwertiger Wirtschaftsgüter (Idealfall, der in der Praxis aber relativ selten vorkommen dürfte) ist der gemeine Wert des erhaltenen und des hingegebenen Wirtschaftsguts jeweils gleich hoch, so dass bei gleichem Vorsteuerabzug auch die Anschaffungskosten bei beiden Unternehmern jeweils gleich hoch sind. Das Gleiche gilt in einem solchen Fall auch für das umsatzsteuerliche Entgelt bei beiden Unternehmern. Ausgehend von der Übersicht in 2.1 lassen sich die ertragsteuerliche bzw. handelsrechtliche und umsatzsteuerliche Behandlung schematisch wie folgt darstellen:

a) Ertragsteuerliche und handelsrechtliche Behandlung

Es liegt bei beiden Unternehmern jeweils ein Anschaffungs- und Veräußerungsgeschäft vor.

Ermittlung der Anschaffungskosten des erworbenen (eingetauschten) Wirtschaftsguts (§ 253 Abs. 1 Satz 1 und § 255 Abs. 1 HGB, § 6 Abs. 1 Nr. 1 Satz 1 und Nr. 2 Satz 1 sowie Abs. 6 Satz 1 EStG):

Unternehmer A	**Unternehmer B**
Gemeiner Wert des hingegebenen Wirtschaftsguts II (brutto)	Gemeiner Wert des hingegebenen Wirtschaftsguts I (brutto)
./. abzugsfähige Vorsteuer	./. abzugsfähige Vorsteuer
= Anschaffungskosten des erworbenen Wirtschaftsguts I.	= Anschaffungskosten des erworbenen Wirtschaftsguts II.

Gewinnrealisierung für das hingegebene (gelieferte) Wirtschaftsgut:

Unternehmer A	**Unternehmer B**
Gemeiner Wert des hingegebenen Wirtschaftsguts II (ohne Umsatzsteuer)	Gemeiner Wert des hingegebenen Wirtschaftsguts I (ohne Umsatzsteuer)
./. Buchwert dieses Wirtschaftsguts	./. Buchwert dieses Wirtschaftsguts
= Veräußerungsgewinn (aufgedeckte stille Reserven) für das hingegebene Wirtschaftsgut II.	= Veräußerungsgewinn (aufgedeckte stille Reserven) für das hingegebene Wirtschaftsgut I.

Zeitpunkt der Gewinnrealisierung für das (an Stelle von Bargeld) hingegebene Wirtschaftsgut ist der Zeitpunkt der wirtschaftlichen Vertragserfüllung durch die jeweilige Lieferung (Übergang des wirtschaftlichen Eigentums).

b) Umsatzsteuerliche Behandlung

Wenn beide Personen Unternehmer sind, werden zwei Umsätze getätigt – unter der Voraussetzung der Steuerbarkeit und der Steuerpflicht – (§ 3 Abs. 12 UStG). Umsatzsteuerliche Bemessungsgrundlage für die jeweilige Lieferung (bzw. sonstige Leistung bei einem tauschähnlichen Umsatz) ist der jeweilige gemeine Wert des erhaltenen Wirtschaftsguts (bzw. der sonstigen Leistung bei einem tauschähnlichen Umsatz), abzüglich der darin enthaltenen Umsatzsteuer (vgl. Abschn. 10.5 UStAE).

Unternehmer A	**Unternehmer B**
Bemessungsgrundlage für das hingegebene (gelieferte) Wirtschaftsgut II: Gemeiner Wert des erworbenen Wirtschaftsguts I (brutto)	Bemessungsgrundlage für das hingegebene (gelieferte) Wirtschaftsgut I: Gemeiner Wert des erworbenen Wirtschaftsguts II (brutto)
./. darin enthaltene Umsatzsteuer	./. darin enthaltene Umsatzsteuer
= Entgelt (netto) für das hingegebene (geleistete) Wirtschaftsgut II.	= Entgelt (netto) für das hingegebene (geleistete) Wirtschaftsgut I.

BEISPIEL

Wie im Beispiel zu 2.1 erwirbt der Rohstoffhändler A für eigene betriebliche Zwecke vom Büromaschinenhersteller B einen PC-Drucker zum Listenpreis von 2 000 € (zuzüglich 19 % Umsatzsteuer). Als Gegenleistung liefert A dem B Rohstoffe zum gleichen Wert. Die Anschaffungskosten der Rohstoffe betrugen bei A 1.200 €. Beide Unternehmer versteuern ihre Umsätze nach vereinbarten Entgelten.

LÖSUNG Es handelt sich um einen Tausch gleichwertiger Wirtschaftsgüter. Ansatz mit den Anschaffungskosten (§ 253 Abs. 1 Satz 1 und § 255 Abs. 1 HGB, § 6 Abs. 1 Nr. 1 Satz 1 bzw. Nr. 2 Satz 1 EStG). Als Anschaffungskosten des jeweils erworbenen Wirtschaftsguts ist nach § 6 Abs. 6 Satz 1 EStG der gemeine Wert des hingegebenen Wirtschaftsguts (ggf. gemindert um die abzugsfähige Vorsteuer) anzusetzen.

Behandlung bei Rohstoffhändler A:
Aktivierung des PC-Druckers als Anlagevermögen (§ 247 Abs. 2 HGB, R 6.1 Abs. 1 EStR).
Buchung:

Betriebs- und Geschäftsausstattung	2 000 €	
Vorsteuer	380 €	
an Warenverkauf (Erlöse aus Umsätzen)		2 000 €
an Umsatzsteuer		380 €

Gewinnauswirkung bei A für die gelieferten Rohstoffe:

Erlöse	2 000 €
./. Wareneinsatz	1 200 €
Veräußerungsgewinn	800 €

Bei Hingabe eines Wirtschaftsguts des Anlagevermögens wäre entsprechend zu buchen (ggf. über Wertdifferenzkonto für den Veräußerungsgewinn oder -verlust).

Behandlung beim Büromaschinenhersteller B:
Aktivierung der Rohstoffe als Umlaufvermögen (§ 247 Abs. 2 Umkehrschluss HGB, R 6.1 Abs. 2 EStR).
Buchung:

Rohstoffe	2 000 €	
Vorsteuer	380 €	
an Erlöse aus Fertigerzeugnissen (Warenverkauf)		2 000 €
an Umsatzsteuer		380 €

Gewinnauswirkung: Entsprechend wie bei A.

2.3 Tausch nicht gleichwertiger Wirtschaftsgüter mit Zuzahlung (Baraufgabe)

Um einen Tausch nicht gleichwertiger Wirtschaftsgüter mit Zuzahlung (bzw. Baraufgabe) handelt es sich, wenn Wertunterschiede, die zwischen den getauschten Wirtschaftsgütern bestehen, durch eine Zuzahlung (auch als Aufzahlung bezeichnet) ausgeglichen werden (vgl. auch Abschn. 10.5 Abs. 1 Satz 8 UStAE). Bei demjenigen Unternehmer, der neben dem hingegebenen Wirtschaftsgut noch eine Zuzahlung leisten muss, zählt neben dem gemeinen Wert des hingegebenen Wirtschaftsguts noch die Zuzahlung zu den Anschaffungskosten des erworbenen Wirtschaftsguts (abzüglich der abzugsfähigen Vorsteuer); beim anderen Unternehmer ist der Zuzahlungsbetrag vom gemeinen Wert des hingegebenen (veräußerten) Wirtschaftsguts abzuziehen. Umsatzsteuerlich gehört zum Entgelt des Zahlungsempfängers auch der erhaltene Geldbetrag, während beim anderen Unternehmer der Wert der Sachleistung um diesen Betrag zu mindern ist (Abschn. 10.5 Abs. 1 Sätze 8 und 9 UStAE). Für die Tauschfälle mit Zuzahlung lassen sich die ertragsteuerliche bzw. handelsrechtliche und umsatzsteuerliche Behandlung schematisch wie folgt darstellen:

a) Ertragsteuerliche und handelsrechtliche Behandlung

Es liegt bei beiden Unternehmern jeweils ein Anschaffungs- und Veräußerungsgeschäft vor.

Ermittlung der Anschaffungskosten des erworbenen (eingetauschten) Wirtschaftsguts (§ 253 Abs. 1 Satz 1 und § 255 Abs. 1 HGB, § 6 Abs. 1 Nr. 1 Satz 1 und Nr. 2 Satz 1 sowie Abs. 6 Satz 1 EStG):

Unternehmer A		Unternehmer B	
	Gemeiner Wert des hingegebenen Wirtschaftsguts II (brutto)		Gemeiner Wert des hingegebenen Wirtschaftsguts I (brutto)
+	geleistete Zuzahlung für das erworbene Wirtschaftsgut I	./.	erhaltene Zuzahlung für das veräußerte Wirtschaftsgut I
=	Bruttobetrag für das erworbene Wirtschaftsgut I	=	Bruttobetrag für das erworbene (eingetauschte) Wirtschaftsgut II
./.	abzugsfähige Vorsteuer	./.	abzugsfähige Vorsteuer
=	Anschaffungskosten des erworbenen Wirtschaftsguts I.	=	Anschaffungskosten des erworbenen (eingetauschten) Wirtschaftsguts II.

Gewinnrealisierung für das hingegebene (gelieferte) Wirtschaftsgut:

Unternehmer A		Unternehmer B	
	Gemeiner Wert des hingegebenen Wirtschaftsguts II (ohne Umsatzsteuer)		Gemeiner Wert des hingegebenen Wirtschaftsguts I (ohne Umsatzsteuer)
./.	Buchwert dieses Wirtschaftsguts	./.	Buchwert dieses Wirtschaftsguts
=	Veräußerungsgewinn (aufgedeckte stille Reserven) für das hingegebene Wirtschaftsgut II.	=	Veräußerungsgewinn (aufgedeckte stille Reserven) für das hingegebene Wirtschaftsgut I.

b) Umsatzsteuerliche Behandlung

Wenn beide Personen Unternehmer sind, werden zwei Umsätze getätigt – unter der Voraussetzung der Steuerbarkeit und der Steuerpflicht – § 3 Abs. 12 UStG. Zur umsatzsteuerlichen Bemessungsgrundlage vgl. die nachstehende Darstellung und die Ausführungen in Abschn. 10.5 UStAE.

Unternehmer A		Unternehmer B	
	Bemessungsgrundlage für das hingegebene (gelieferte) Wirtschaftsgut II: Gemeiner Wert des erworbenen Wirtschaftsguts I (brutto)		Bemessungsgrundlage für das gelieferte (hingegebene) Wirtschaftsgut I: Gemeiner Wert des erworbenen Wirtschaftsguts II (brutto)
./.	geleistete Zuzahlung	+	erhaltene Zuzahlung
=	Bruttobetrag für das hingegebene (gelieferte) Wirtschaftsgut II	=	Bruttobetrag für das gelieferte (hingegebene) Wirtschaftsgut I
./.	darin enthaltene Umsatzsteuer	./.	darin enthaltene Umsatzsteuer
=	Entgelt (netto) für das hingegebene (gelieferte) Wirtschaftsgut II.	=	Entgelt (netto) für das gelieferte (hingegebene) Wirtschaftsgut I.

BEISPIEL

Fuhrunternehmer A erwirbt am 02. 01. 02 vom Kfz-Händler B für betriebliche Zwecke einen neuen Lkw zum Listenpreis von 100 000 € + 19 000 € Umsatzsteuer. A gibt einen gebrauchten Lkw in Zahlung, der mit 23 800 € auf den neuen Lkw angerechnet wird. Der Anrechnungspreis entspricht dem gemeinen Wert. Der Buchwert des alten Lkw betrug zum Bilanzstichtag 31. 12. 01 16 000 €.
Der Kfz-Händler B rechnet mit dem Fuhrunternehmer A wie folgt ab:

Lieferung 1 Lkw „Mercedes"		100 000 €
+ 19 % Umsatzsteuer		19 000 €
Rechnungspreis		119 000 €
in Zahlung genommen:		
1 gebrauchter Lkw	20 000 €	
+ 19 % Umsatzsteuer	3 800 €	23 800 €
noch aufzuzahlen		95 200 €

LÖSUNG

Es liegt ein Tausch nicht gleichwertiger Wirtschaftsgüter mit Zuzahlung vor (ohne verdecktem Preisnachlass, Abschn. 10.5 Abs. 1 Satz 8 UStAE).

a) Behandlung beim Fuhrunternehmer A:

Da sich die Anschaffungskosten für den neuen Lkw und das Entgelt sowie die Umsatzsteuer für den in Zahlung gegebenen gebrauchten Lkw bereits zutreffend aus der Abrechnung des Kfz-Händlers ergeben, ist eine Ermittlung der jeweiligen Beträge hier nicht erforderlich. Für die Buchung ergeben sich folgende zwei Möglichkeiten:

Möglichkeit 1 (getrennte Buchung des Anschaffungs- und Veräußerungsvorgangs)

Fuhrpark (Lkw neu)	100 000 €	
Vorsteuer	19 000 €	
an Geldkonten (oder: Sonst. Verbindlichkeiten)		95 200 €
an Sonst. Verbindlichkeiten		23 800 €
Sonst. Verbindlichkeiten	23 800 €	
an Fuhrpark (Lkw alt)		16 000 €
an Sonst. betriebliche Erträge		4 000 €
an Umsatzsteuer		3 800 €

Oder Buchung in umgekehrter Reihenfolge (d. h. zuerst den Veräußerungsvorgang und anschließend den Erwerbsvorgang):

Sonst. Forderungen	23 800 €	
an Fuhrpark (Lkw alt)		16 000 €
an Sonst. betriebliche Erträge		4 000 €
an Umsatzsteuer		3 800 €
Fuhrpark (Lkw neu)	100 000 €	
Vorsteuer	19 000 €	
an Sonst. Forderungen		23 800 €
an Geldkonten (oder: Sonst. Verbindlichkeiten)		95 200 €

Möglichkeit 2 (zusammengefasste Buchung des Anschaffungs- und Veräußerungsgeschäfts)

Fuhrpark (Lkw neu)	100 000 €	
Vorsteuer	19 000 €	
an Fuhrpark (Lkw alt)		16 000 €
an Sonst. betriebliche Erträge		4 000 €
an Umsatzsteuer		3 800 €
an Geldkonten (oder: Sonst. Verbindl.)		95 200 €

Alternative Buchungen für den Verkauf des Lkw (alt):

Forderungen aus Lief. u. Leist. bzw. Sonst. Forderungen	23 800 €	
an Erlöse aus Anlagenverkauf		20 000 €
Umsatzsteuer		3 800 €
und		
Abschreibungen auf Anlagenabgang	16 000 €	
an Fuhrpark (Lkw alt)		16 000 €

Anmerkung: Auf die besondere Buchung der anteiligen AfA für den in Zahlung gegebenen alten Lkw für die Zeit vom 01.–02. 01. 02 kann verzichtet werden.

b) Behandlung beim Kfz-Händler B

Bei B ist der in Zahlung genommene gebrauchte Lkw als Umlaufvermögen (Vorratsvermögen, Umkehrschluss aus § 247 Abs. 2 HGB, R 6.1 Abs. 2 EStR) zu aktivieren.

Auch für B lassen sich alle erforderlichen Beträge aus der Abrechnung entnehmen. Für die Buchung ergeben sich ebenfalls zwei Möglichkeiten.

Möglichkeit 1 (getrennte Buchung des Veräußerungs- und Anschaffungsgeschäfts)

Forderungen	119 000 €	
an Warenverkauf		100 000 €
an Umsatzsteuer		19 000 €
Wareneinkauf (gebr. Kfz)	20 000 €	
Vorsteuer	3 800 €	
an Forderungen		23 800 €
Geldkonten	95 200 €	
an Forderungen		95 200 €

Möglichkeit 2 (zusammengefasste Buchung des Veräußerungs- und Anschaffungsgeschäfts)

Wareneinkauf (gebr. Kfz)	20 000 €	
Vorsteuer	3 800 €	
Geldkonten (oder: Forderungen)	95 200 €	
an Warenverkauf		100 000 €
an Umsatzsteuer		19 000 €

Der Veräußerungsgewinn (hier: Rohgewinn) aus der Veräußerung des neuen Lkw durch B ergibt sich aus dem Unterschied zwischen dem Netto-Verkaufspreis von 100 000 € und dem Einkaufspreis (Einstandspreis) dieses Wirtschaftsguts.

2.4 Tausch nicht gleichwertiger Wirtschaftsgüter mit Zuzahlung und Preisnachlass

Beim Tausch mit Zuzahlung werden vielfach Preisnachlässe gewährt (z. B. bei Lieferung eines neuen Fahrzeugs durch einen Kfz-Händler). Hierbei ist zwischen dem offenen Preisnachlass und dem verdeckten Preisnachlass zu unterscheiden.

Beim Tausch mit Zuzahlung und **offenem Preisnachlass** ergeben sich keine Besonderheiten, weil der eigentliche Verkaufspreis um einen bestimmten Betrag gemindert wird und dies evtl. in einer Rechnung offen zum Ausdruck gebracht wird. Der offene Preisnachlass wird insbesondere hinsichtlich der Umsatzsteuer deutlich, weil diese dann von dem um den Preisnachlass geminderten Betrag errechnet wird.

Ein Tausch mit Zuzahlung und **verdecktem Preisnachlass** liegt vor, wenn der andere Unternehmer (nach der Übersicht in 2.1 der Unternehmer B) das in Zahlung genommene Wirtschaftsgut **mit einem höheren Betrag** auf die eigene Lieferung anrechnet als es dem gemeinen Wert entspricht (vgl. Abschn. 10.5 Abs. 4 Satz 3 ff. UStAE). In Höhe des verdeckten Preisnachlasses liegt eine Minderung des umsatzsteuerlichen Entgelts für die Lieferung des anderen Unternehmers (Unternehmers B) vor. Insbesondere besteht hier das Problem in der Praxis, den zutreffenden gemeinen Wert für das eingetauschte (i. d. Regel gebrauchte) Wirtschaftsgut zu schätzen. Die Regelungen in Abschn. 10.5 Abs. 3 UStAE sehen für die Inzahlungnahme von gebrauchten Kraftfahrzeugen gewisse Vereinfachungen vor. Hat der leistende Unternehmer auch bezüglich des Betrags des verdeckten Preisnachlasses die Umsatzsteuer ausgewiesen, so schuldet er diese nach § 14 c Abs. 1 UStG, solange er seine Rechnung nicht berichtigt (Abschn. 10.5 Abs. 5 UStAE). Diese Regelung gilt auch für Gutschriften. Für das Inzahlung genommene (eingetauschte) Wirtschaftsgut darf der Unternehmer die Umsatzsteuer in Höhe der für die bezogene Leistung geschuldete Steuer als Vorsteuer abziehen (Abschn. 10.5 Abs. 3 Satz 11 UStAE).

Im Übrigen gelten sowohl ertragsteuerlich und handelsrechtlich als auch umsatzsteuerlich die gleichen Regelungen wie beim Tausch nicht gleichwertiger Wirtschaftsgüter mit Zuzahlung ohne verdecktem Preisnachlass (vgl. die vorstehend in 2.3 schematisch dargestellte ertragsteuerliche und handelsrechtliche sowie umsatzsteuerliche Behandlung hinsichtlich der Ermittlung der Anschaffungskosten, der Gewinnrealisierung und der Ermittlung der umsatzsteuerlichen Bemessungsgrundlage).

BEISPIEL

Sachverhalt wie im Beispiel 2.3, jedoch mit dem Unterschied, dass der Kfz-Händler B den gebrauchten Lkw mit einem Bruttowert von 26 180 € in Zahlung nimmt, obwohl der gemeine Wert nur 23 800 € beträgt.

Angenommen der Kfz-Händler B rechnet mit A wie folgt ab:

Lieferung 1 Lkw »Mercedes«		100 000 €
+ 19 % Umsatzsteuer		19 000 €
Rechnungspreis		119 000 €
in Zahlung genommen:		
1 gebrauchter Lkw	22 000 €	
+ 19 % Umsatzsteuer	4 180 €	26 180 €
Noch zu zahlen		92 820 €

LÖSUNG Es handelt sich um einen Tausch nicht gleichwertiger Wirtschaftsgüter mit Zuzahlung und verdecktem Preisnachlass. Als Anschaffungskosten des erworbenen Wirtschaftsguts ist bei dem jeweiligen Erwerber jeweils nach § 6 Abs. 6 Satz 1 EStG (i. Vm. mit § 253 Abs. 1 Satz 1 und § 255 Abs. 1 HGB sowie § 6 Abs. 1 Nr. 1 Satz 1 bzw. Nr. 2 Satz 1 EStG) der gemeine Wert des hingegebenen Wirtschaftsguts zuzüglich der geleisteten Zuzahlung (gemindert um die abzugsfähige Vorsteuer) bzw. abzüglich der erhaltenen Zuzahlung (gemindert um die abzugsfähige Vorsteuer) anzusetzen. Insoweit ergeben sich keine Besonderheiten gegenüber dem Beispielsfall von 2.3 (Tausch nicht gleichwertiger Wirtschaftsgüter mit Zuzahlung ohne verdecktem Preisnachlass; die gleiche Handhabung ergäbe sich bei einem Tausch mit offenem Preisnachlass).

Es ergeben sich jedoch Probleme bei der Umsatzsteuer bzw. der abzugsfähigen Vorsteuer. Diese Probleme sind in der nachstehenden Lösungsdarstellung entsprechend zum Ausdruck gebracht.

a) Behandlung beim Fuhrunternehmer A

aa) Ermittlung der Anschaffungskosten für den neuen Lkw:

	Gemeiner Wert des hingegebenen alten Lkw (brutto)	23 800 €
+	geleistete Zuzahlung für den erworbenen Lkw	92 820 €
=	Bruttobetrag für den erworbenen neuen Lkw	116 620 €
./.	abziehbare Vorsteuer nur	18 620 €

(**Anmerkung:** Die vom Kfz-Händler B in Rechnung gestellte Umsatzsteuer in Höhe von 19 000 € ist um den auf den verdeckten Preisnachlass von (brutto 2 380 € =) netto 2 000 € entfallenden Umsatzsteuer-Betrag von 380 € zu hoch.
Der Erwerber Fuhrunternehmer A darf nach Abschn. 10.5 Abs. 3 Sätze 5 und 11 UStAE jedoch nur die gesetzlich geschuldete Umsatzsteuer in Höhe von (19 % von 98 000 € =) 18 620 € als Vorsteuer abziehen.)

= Anschaffungskosten für den erworbenen neuen Lkw	98 000 €

bb) Ermittlung des umsatzsteuerlichen Entgelts für den hingegebenen alten Lkw:

	Gemeiner Wert des erworbenen neuen Lkw (brutto)	119 000 €
./.	Zuzahlung	92 820 €
=	Bruttoentgelt für den hingegebenen alten Lkw	26 180 €
./.	darin enthaltene Umsatzsteuer (19 v. H.)	4 180 €
=	Entgelt (netto) für den hingegebenen alten Lkw	22 000 €

cc) Buchung nach folgenden zwei Möglichkeiten:

Möglichkeit 1 (getrennte Buchung des Anschaffungs- und Veräußerungsgeschäfts)

Fuhrpark (Lkw neu)	98 000 €	
Vorsteuer	18 620 €	
an Geldkonten (oder: Sonst. Verbindlichkeiten)		92 820 €
an Sonst. Verbindlichkeiten		23 800 €
Sonst. Verbindlichkeiten	23 800 €	
an Fuhrpark (Lkw alt)		16 000 €
an Sonst. betriebliche Erträge		3 620 €
an Umsatzsteuer		4 180 €

Oder Buchung in umgekehrter Reihenfolge (d. h. zuerst die Veräußerung und anschließend den Erwerb):

Sonst. Forderungen	23 800 €	
an Fuhrpark (Lkw alt)		16 000 €
an Sonst. betriebliche Erträge		3 620 €
an Umsatzsteuer		4 180 €
Fuhrpark (Lkw neu)	98 000 €	
Vorsteuer	18 620 €	
an Geldkonten (oder: Sonst. Verbindlichkeiten)		92 820 €
an Sonst. Forderungen		23 800 €

Möglichkeit 2 (zusammengefasste Buchung des Anschaffungs- und Veräußerungsgeschäfts)

Fuhrpark (Lkw neu)	98 000 €	
Vorsteuer	18 620 €	
an Fuhrpark (Lkw alt)		16 000 €
an Sonst. betriebliche Erträge		3 620 €
an Umsatzsteuer		4 180 €
an Geldkonten (oder: Sonst. Verbindlichkeiten)		92 820 €

b) Behandlung beim Kfz-Händler B

aa) Ermittlung der Anschaffungskosten für den in Zahlung genommenen alten Lkw

Gemeiner Wert des gelieferten neuen Lkw (brutto)	119 000 €
./. erhaltene Zuzahlung für den gelieferten neuen Lkw	92 820 €
= Bruttobetrag für den in Zahlung genommenen alten Lkw	26 180 €
./. abziehbare Vorsteuer nur	4 180 €
= Anschaffungskosten für den in Zahlung genommenen alten Lkw	22 000 €

bb) Ermittlung des umsatzsteuerlichen Entgelts für den gelieferten neuen Lkw

Gemeiner Wert des in Zahlung genommenen alten Lkw (brutto)	23 800 €
+ erhaltene Zuzahlung	92 820 €
= Bruttoentgelt für den gelieferten neuen Lkw (unter Berücksichtigung des verdeckten Preisnachlasses von brutto 2 380 €)	116 620 €
./. darin enthaltene Umsatzsteuer (19 %)	18 620 €
= Entgelt (netto) für den gelieferten neuen Lkw (vermindert um die Entgeltsminderung durch den verdeckten Preisnachlass in Höhe von 2 000 €)	98 000 €

Anmerkung: Solange B jedoch seine Abrechnung gegenüber A nicht berichtigt, schuldet er den auf den verdeckten Preisnachlass entfallenden Umsatzsteuer-Betrag in Höhe von 380 € nach § 14 c Abs. 1 Satz 1 UStG (vgl. Abschn. 10.5 Abs. 5 UStAE).

cc) Buchung nach folgenden zwei Möglichkeiten:

Möglichkeit 1 (getrennte Buchung des Veräußerungs- und Anschaffungsgeschäfts)

Forderungen	119 000 €	
an Warenverkauf (Erlöse)		100 000 €
an Umsatzsteuer		19 000 €
Wareneinkauf (gebrauchter Lkw)	22 000 €	
Vorsteuer	4 180 €	
an Forderungen		26 180 €
Geldkonten	92 820 €	
an Forderungen		92 820 €

Möglichkeit 2 (zusammengefasste Buchung des Veräußerungs- und Anschaffungsgeschäfts

Wareneinkauf (gebrauchter Lkw)	22 000 €	
Vorsteuer	4 180 €	
Geldkonten (oder: Forderungen)	92 820 €	
an Warenverkauf (Erlöse)		100 000 €
an Umsatzsteuer		19 000 €

Anmerkung: Da der gemeine Wert (ohne Umsatzsteuer, entspricht gleichzeitig dem Teilwert) des in Zahlung genommenen alten Lkw jedoch nur 20 000 € beträgt, kann B zum nächsten Bilanzstichtag eine entsprechende außerplanmäßige Abschreibung bzw. Teilwertabschreibung vornehmen, so dass sich der Preisnachlass auch buchmäßig auswirkt. Voraussetzung dafür ist jedoch, dass sich der Wert (Teilwert) des Wirtschaftsgutes inzwischen nicht erhöht hat (z. B. durch Reparatur von Mängeln usw.) und steuerlich betrachtet eine voraussichtlich dauernde Wertminderung vorliegt.

2.5 Sonderfälle

a) Gewinnverwirklichung beim Tausch mit verzögerter Gegenleistung

Der Zeitpunkt der Gewinnverwirklichung beim Tausch (für das jeweils hingegebene, d. h. gelieferte Wirtschaftsgut) verschiebt sich in der Regel auch dann nicht, wenn die Lieferung des hingegebenen Wirtschaftsguts und der Erwerb des eingetauschten Wirtschaftsguts in verschiedenen Geschäfts- bzw. Wirtschaftsjahren erfolgen. Die Gewinnverwirklichung tritt in diesen Fällen ebenfalls **mit der wirtschaftlichen Vertragserfüllung** durch den Veräußerer ein (BFH vom 14. 12. 1982 BStBl II 1983, 303), d. h. in dem Jahr, in dem das Wirtschaftsgut geliefert (übereignet) wird. Die Gewinnrealisierung vollzieht sich buchtechnisch dadurch, dass der Buchwert des veräußerten Wirtschaftsguts auszubuchen und mit seinem gemeinen Wert eine Forderung auf Lieferung des eingetauschten (erworbenen) Wirtschaftsguts einzubuchen ist, wobei die Umsatzsteuer erfolgsneutral behandelt werden muss.

BEISPIELE

a) Einzelunternehmer E erwarb am 27. 12. 02 vom Kfz-Händler V einen neuen Lkw zum Preis von 100 000 € (einschließlich aller Nebenkosten) zuzüglich 19 000 € Umsatzsteuer. Vereinbarungsgemäß übernahm V einen gebrauchten Lkw des E für 21 420 € (unbestrittener gemeiner Wert) in Zahlung. E bekam bereits am 27. 12. 02 den neuen Lkw ausgeliefert, musste jedoch noch am selben Tag den Aufpreis in Höhe von 97 580 € an V zahlen (durch Hingabe eines Bankschecks). Da E den alten Lkw noch für Auslieferungen im Jahr 02 benötigte, war V damit einverstanden, dass er dieses Fahrzeug erst am 10. 01. 03 übereignet und ausgehändigt bekam.
V rechnete am 27. 12. 02 mit ordnungsmäßiger Rechnung bzw. Gutschrift über den gesamten Vorgang ab. Der Buchwert des alten Lkw betrug bei E zum 31. 12. 02 (nach Vornahme der AfA für das Jahr 02) noch 12 000 €.
Wie und wann müssen E und V diesen Vorgang buchmäßig behandeln (ohne Buchung der Abschreibungen)?

LÖSUNG

Es liegt ein Tausch mit verzögerter Gegenleistung vor.

Behandlung bei E:

– am 27. 12. 02:		
Fuhrpark (Lkw neu)	100 000 €	
Vorsteuer	19 000 €	
an Bank		97 580 €
an Verbindlichkeiten aus Lief. u. Leist.		21 420 €
– am 10. 01. 03:		
Verbindlichkeiten aus Lief. u. Leist.	21 420 €	
an Fuhrpark (Lkw alt)		12 000 €
an Sonst. betriebliche Erträge		6 000 €
an Umsatzsteuer (19 % aus 21 420 €)		3 420 €

Behandlung bei V:

– am 27. 12. 02:		
Bank	97 580 €	
Forderungen aus Lief. u. Leist.	21 420 €	
an Warenverkauf		100 000 €
an Umsatzsteuer		19 000 €
– am 10. 01. 03:		
Wareneinkauf (Lkw alt)	18 000 €	
Vorsteuer	3 420 €	
an Forderungen aus Lief. u. Leist.		21 420 €

b) Gleicher Sachverhalt wie Beispiel a), jedoch übereignet und übergab E den alten Lkw bereits am 27. 12. 02 dem Kfz-Händler V, zahlte auch den Aufzahlungsbetrag in Höhe von 97 580 € am selben Tag an, erhielt den neuen Lkw jedoch erst am 10. 01. 03 ausgeliefert. Der in Zahlung gegebene alte Lkw hatte bei E zum 31. 12. 01 einen Buchwert in Höhe von 27 000 €. Für das Jahr 02 möchte E dafür noch die ganze Jahres-AfA in Höhe von 15 000 € buchen. Wie ist der Vorgang bei E und V am 27. 12. 02 und am 10. 01. 03 buchmäßig zu behandeln?

LÖSUNG

Buchungen bei E:

– am 27. 12. 02:		
Forderung (auf Lieferung des neuen Lkw)	119 000 €	
an Fuhrpark (Lkw alt, nach dem bereits die AfA in Höhe von 15 000 € gebucht wurde)		12 000 €
an Sonst. betriebliche Erträge		6 000 €
an Umsatzsteuer		3 420 €
an Bank		97 580 €
– am 10. 01. 03:		
Fuhrpark (Lkw neu)	100 000 €	
Vorsteuer	19 000 €	
an Forderung (auf Lieferung des neuen Lkw)		119 000 €

Buchungen bei V:

– am 27. 12. 02:		
Bank	97 580 €	
Fuhrpark (Lkw alt)	18 000 €	
Vorsteuer	3 420 €	
Umsatzsteuer (auf Anzahlungen)	19 000 €	
an Verbindlichkeiten (Lieferungsverpflichtung)		119 000 €
an Umsatzsteuer (Mindest-Ist-Besteuerung nach § 13 Abs. 1 Nr. 1 a Satz 4 UStG)		19 000 €
– am 10. 01. 03:		
Verbindlichkeiten	119 000 €	
an Warenverkauf		100 000 €
an Umsatzsteuer (auf Anzahlungen)		19 000 €

b) Funktionsgleicher Tausch von Anteilsrechten an Kapitalgesellschaften

§ 6 Abs. 6 Satz 1 EStG wurde durch das Steuerentlastungsgesetz 1999/2000/2002 neu eingeführt. Danach sind ausnahmslos bei Tauschvorgängen die Anschaffungskosten des erworbenen Wirtschaftsguts mit dem **gemeinen Wert** des hingegebenen Wirtschaftsguts anzusetzen. Somit sind ab 1999 (vgl. § 52 Abs. 16 Satz 11 EStG) auch funktionsgleiche Tauschvorgänge von Anteilen an Kapitalgesellschaften wie die übrigen Tauschvorgänge von Wirtschaftsgütern zu behandeln. Das bedeutet, dass die evtl. in den hingegebenen (getauschten) Anteilsrechten an Kapitalgesellschaften steckenden stillen Reserven aufzudecken sind (Gewinnrealisierung). Die Sonderregelung des Tauschgutachtens des BFH vom 16. 12. 1958 (BStBl III 1959, 30) ist für Tauschvorgänge dieser Art ab 01. 01. 1999 nicht mehr anzuwenden.

c) Tausch von Mitunternehmeranteilen

Der Tausch von Mitunternehmeranteilen führt regelmäßig zur Gewinnrealisierung. Das gilt auch für den Tausch von Anteilen an gesellschafteridentischen Personengesellschaften. Vgl. hierzu BFH vom 08. 07. 1992 BStBl II 1992, 946.

d) Tausch von Güterfernverkehrsgenehmigungen

Beim Tausch von Güterfernverkehrsgenehmigungen ließ die Rechtsprechung schon bisher ebenfalls einen funktionsgleichen Tausch nicht zu. Es gelten daher die allgemeinen Grundsätze des Tausches, d. h. Aufdeckung von stillen Reserven. Vgl. hierzu BFH vom 27.05.1970 BStBl II 1970, 743, vom 18.12.1970 BStBl II 1971, 237 und vom 13.07.1971 BStBl II 1971, 731 und § 6 Abs. 6 Satz 1 EStG.

e) Tausch von Grundstücken

Auch beim Tausch von Grundstücken liegt für das hingegebene Grundstück ein zur Aufdeckung der stillen Reserven führendes Veräußerungsgeschäft vor (BFH vom 14.06.1967 BStBl III 1967, 574). Lediglich bei einem Grundstückstausch im Umlegungsverfahren kann eine Gewinnrealisierung entfallen; ggf. kommen die Vergünstigungen des R 6.6 EStR und § 6 b EStG in Betracht. Vgl. BFH vom 14.10.1970 BStBl II 1971, 90 und vom 13.09.1986 BStBl II 1986, 711.

2.6 Tauschgeschäfte im Handelsrecht

Im Handelsrecht ist die Höhe der Anschaffungskosten des erworbenen Wirtschaftsguts umstritten. Nach weitgehend einheitlicher Literaturmeinung sind im Grundsatz die Gewinnrealisierung (- wie im Steuerrecht), die Buchwertfortführung und die ergebnisneutrale Behandlung als zulässige Methoden anzusehen (vgl. Küting/Pfister/Weber, Handbuch der Rechnungslegung Einzelabschluss, 5. Auflage, § 255 HGB, Rn. 109 ff).

3 Mietkauf und Leasing

Bei solchen Geschäften geht es um die Frage der **Zurechnung** des Gegenstands bzw. Wirtschaftsguts (entweder dem Vermieter bzw. Leasinggeber oder dem Mieter bzw. Leasingnehmer) und um die Frage der **Behandlung der einzelnen Mietzahlungen** bzw. Leasingraten (beim Zahlungsempfänger entweder Mieterträge oder Veräußerungserlös und beim Zahlenden entweder Mietaufwand oder Anschaffungskosten). Für die Frage der Abgrenzung sind folgende Fälle zu unterscheiden:

- Normale Kaufverträge (keine Besonderheiten; Zurechnung des Gegenstands bzw. Wirtschaftsguts dem Erwerber)
- normale Mietverträge (keine Besonderheiten; Zurechnung des Gegenstands bzw. Wirtschaftsguts dem Vermieter); Mietzahlungen sind
  - beim Mieter Aufwendungen bzw. Betriebsausgaben,
  - beim Vermieter Erträge bzw. Betriebseinnahmen,
- Kauf nach Miete,
- Mietkaufverträge,
  - echter Mietkauf,
  - unechter Mietkauf (verdeckter Ratenkauf),
- Leasingverträge.

3.1 Kauf nach Miete

Ertragsteuerlich und handelsrechtlich sowie umsatzsteuerlich liegt ein Kauf nach Miete vor, wenn zunächst ein normaler Mietvertrag über einen Gegenstand (Wirtschaftsgut) abgeschlossen wird, die vereinbarte Miete angemessen ist und keine festen Beschränkungen in der Mietdauer vereinbart wurden und **nach einiger Zeit** der Vermieter den Gegenstand (das Wirtschaftsgut) an den Mieter zu einem Zeitwert **veräußert.** Die Höhe der Miete und der spätere

Kaufpreis (Zeitwert) dürfen sich nicht gegenseitig beeinflussen. In einem solchen Falle treten folgende Rechtsfolgen ein:

Rechtsfolgen	ertragsteuerlich (und handelsrechtlich)	umsatzsteuerlich
während der Mietzeit	beim Vermieter: • Miete = Betriebseinnahme • Berechtigung zur Abschreibung beim Mieter: • Miete = Betriebsausgaben • Keine Berechtigung zur Abschreibung	beim Vermieter: • sonstige Leistung (§ 3 Abs. 9 UStG), Dauerleistung • Mietbetrag = Entgelt nach § 10 Abs. 1 Nr. 1 UStG) beim Mieter: • Vorsteuerabzug für die vom Vermieter zu Recht in Rechnung gestellte Umsatzsteuer
bei Veräußerung	beim bisherigen Vermieter: • Veräußerung mit (evtl.) Entstehung eines Veräußerungsgewinns beim bisherigen Mieter: • Anschaffungsvorgang • Aktivierung der Anschaffungskosten und Berechtigung zur Abschreibung	beim bisherigen Vermieter: • Lieferung (§ 3 Abs. 1 UStG) beim bisherigen Mieter: • Anschaffung von Unternehmensvermögen • Vorsteuerabzug für die vom Veräußerer zu Recht in Rechnung gestellte Umsatzsteuer

BEISPIEL

V vermietet ab 02. 01. 02 mit vierteljähriger Kündigungsmöglichkeit eine neue Werkzeugmaschine (Listenpreis 150 000 € + Umsatzsteuer) für 20 000 € + Umsatzsteuer pro Jahr an den Mieter M, Zahlung der Miete jeweils zu Quartalsbeginn. Der Erwerb der Werkzeugmaschine wurde bei V zutreffend gebucht. Am 01. 07. 03 erwirbt M die Werkzeugmaschine zum Zeitwert von 110 000 € + Umsatzsteuer. Die betriebsgewöhnliche Nutzungsdauer der Werkzeugmaschine beträgt insgesamt 8 Jahre, sowohl bei V als auch bei M. Beide Unternehmen wählen die lineare Abschreibung bzw. AfA.
Wie ist die Behandlung bei V und M, wenn die Anschaffungskosten bei V 120 000 € betragen haben und er die Maschine direkt von der Herstellerfirma am 02. 01. 01 an M hat ausliefern lassen?

LÖSUNG Bei dieser Vertragsgestaltung liegt zunächst für die Zeit vom 02. 01. 02 bis 30. 06. 03 ein normaler Mietvertrag vor. Erst zum 01. 07. 03 findet eine Veräußerung an M statt. Es liegt ein »Kauf nach Miete« vor.

Buchungen bei V:

a) vom 02. 01. 02 – 30. 06. 03 jeweils zu Quartalsbeginn:

Geldkonto	5 950 €	
an Mieterträge		5 000 €
an Umsatzsteuer		950 €

b) planmäßige Abschreibungen (bei linearer Abschreibung/AfA in Höhe von 12,5 % von 120 000 € = Jahres-AfA 15 000 €); jeweils zutreffend gebucht:

– für die Jahre 01 und 02 jeweils	15 000 €
– für das Jahr 03 für 6 Monate	7 500 €

c) zum Zeitpunkt der Veräußerung am 01. 07. 03 (Umsatzsteuer 19 % von 110 000 € = 20 900 €):

Geldkonto (oder: Forderungen aus Lief. u. Leist.)	130 900 €	
an Maschinen (Anlagevermögen)		82 500 €
an Sonst. betriebliche Erträge		27 500 €
an Umsatzsteuer		20 900 €

Alternative Buchungen für den Verkauf des Anlagegegenstands:

Geldkonto (Forderungen aus Lief. u. Leist.)	130 900 €	
an Erlöse aus Anlagenverkauf		110 000 €
Umsatzsteuer		20 900 €
und		
Abschreibungen auf Anlagenabgang (Restbuchwert zum 01. 07. 03)	82 500 €	
an Maschinen		82 500 €

Buchungen bei M:

a) vom 02. 01. 02 – 30. 06. 03 jeweils zu Quartalsbeginn:

Mietaufwand	5 000 €	
Vorsteuer	950 €	
an Geldkonto		5 950 €

b) zum Zeitpunkt des Erwerbs am 01. 07. 03 (Vorsteuer 19 % von 110 000 € = 20 900 €):

Maschinen (Anlagevermögen)	110 000 €	
Vorsteuer	20 900 €	
an Sonst. Verbindlichkeiten (oder: Geldkonto)		130 900 €

c) zum Bilanzstichtag 31. 12. 03 für die Abschreibung (Restnutzungsdauer noch fünfeinhalb Jahre, bei linearer Abschreibung/AfA für das Geschäfts- bzw. Wirtschaftsjahr 03 noch für 6 Monate = 6/66 von 110 00 € = 10 000 €):

Abschreibungen/AfA	10 000 €	
an Maschinen		10 000 €

3.2 Mietkaufverträge

Von einem Mietkaufvertrag spricht man, wenn zwischen einer Lieferfirma und einem späteren Erwerber über i. d. R. bewegliche Gegenstände (Wirtschaftsgüter) zunächst ein Mietvertrag abgeschlossen wird und gleichzeitig oder kurze Zeit später die Lieferfirma dem Mieter ein Kaufrecht einräumt, bei dessen Ausübung die meist ungewöhnlich hohe Miete voll auf den Kaufpreis angerechnet wird. Nach den Urteilen des BFH vom 05. 11. 1957 (BStBl III 1957, 445) und vom 25. 10. 1963 (BStBl III 1964, 44) sind solche Mietkaufverträge unter bestimmten Voraussetzungen steuerlich (und auch handelsrechtlich) von vornherein als Kaufverträge zu behandeln mit der Folge, dass die gesamten Leistungen des Mieters (Mietzahlung und Restkaufpreis) bei ihm als Anschaffungskosten zu aktivieren und nur der Nutzungsdauer entsprechende Abschreibungen bzw. Absetzungen für Abnutzungen vorzunehmen sind, und nicht die einzelnen Mietzahlungen beim »Mieter« als Betriebsausgaben (Aufwendungen) und beim »Vermieter« als Betriebseinnahmen (Erträge) angesetzt werden dürfen. Nach Auffassung der Finanzverwaltung sind zu unterscheiden:

a) **echter Mietkauf** (zunächst Behandlung als Mietverhältnis und nach einiger Zeit Erwerb durch den Mieter, ähnlich wie beim Kauf nach Miete) und
b) **unechter Mietkauf oder verdeckter Ratenkauf** (Zurechnung des Wirtschaftsguts bzw. Gegenstands von vornherein dem »Mieter«).

Merkmale für echten Mietkauf	**Merkmale für verdeckten Ratenkauf**
Abschluss eines **Mietvertrags**, weil die Vertragsparteien zunächst ernsthaft ein Mietverhältnis beabsichtigten.	Abschluss eines »Mietvertrags«, obwohl von Anfang an an einen Verkauf bzw. Kauf gedacht ist (als **»Mietvertrag« getarnt**).
Dem Mieter wird trotz echtem Mietverhältnis das Recht eingeräumt, jederzeit den Mietgegenstand **zu erwerben** (Kaufoption liegt im Ermessen des Mieters).	Evtl. beiderseits **unkündbarer »Mietvertrag«** oder die »Mietdauer« wird so bemessen, dass bei Ablauf dieses Zeitraums das Wirtschaftsgut wirtschaftlich verbraucht ist und der »Mieter« daher praktisch keine Möglichkeit mehr hat, dem »Vermieter« das Wirtschaftsgut zurückzugeben (BFH vom 25.10.1963 BStBl III 1964, 44 »Gasflaschenurteil«).
Die vereinbarte **Miete** ist der Nutzungsüberlassung **angemessen**.	Die vereinbarte »Miete« ist bei **wirtschaftlicher Betrachtung** hinsichtlich Höhe, Dauer und Fälligkeit als »echte« Mietzahlung **ungewöhnlich**, als Kaufpreisrate besser verständlich (BFH vom 18.11.1970 BStBl II 1971, 133).
Anrechnung der bis zum Kauf gezahlten **Mietbeträge** auf den Kaufpreis (Listenpreis). Häufig wird der Kaufpreis auch erst bei Abschluss des Kaufvertrags mit einem Zeitwert festgelegt, wobei die bis zum Kauf gezahlten Mietbeträge entsprechend berücksichtigt werden.	Der **Kaufpreis entspricht** dem bei Abschluss des »Mietvertrages« geltenden **Listenpreis** und die überhöhten »Mietbeträge« werden voll auf den Kaufpreis **angerechnet** oder der spätere Kaufpreis wird bereits bei Abschluss des »Mietvertrags« **endgültig festgelegt** und bei Anrechnung der bereits bezahlten »Mietbeträge« ergibt sich ein **restlicher Kaufpreis**, der weit unter dem Zeitwert des Wirtschaftsguts liegt (Indizien).

Zur Beurteilung der Frage, ob bei einem abgeschlossenen »Mietvertrag«, ein »echter Mietvertrag« oder ein »verdeckter Kaufvertrag« vorliegt, vgl. auch BFH vom 12.09.1991 BStBl II 1992, 182.

Ertragsteuerliche (und handelsrechtliche) Rechtsfolgen bei echtem Mietkauf	**Ertragsteuerliche (und handelsrechtliche) Rechtsfolgen bei verdecktem Ratenkauf**
• Während der Mietdauer Behandlung als Mietverhältnis.	• Der Vertrag gilt von Anfang an als Kaufvertrag (verdeckter Ratenkauf).
• Erst durch den späteren Kaufvertrag ergibt sich eine Veräußerung vom Vermieter an den Mieter.	• Sofortiger Übergang des wirtschaftlichen Eigentums auf den Erwerber.
Anschaffungskosten beim Erwerber: Restlicher Kaufpreis + angerechnete Miete ./. Verbrauchte »Abschreibung« (Werteverzehr) vom Listenpreis für die Mietdauer (ab Ingebrauchnahme bis zum Erwerbszeitpunkt), höchstens angerechnete Miete = Anschaffungskosten beim Erwerber Die Anrechnung der gezahlten Miete gilt (wirtschaftlich betrachtet) als Rückgängigmachung des ursprünglichen Mietaufwands. Beim Erwerber Abschreibung auf die Restnutzungsdauer des Wirtschaftsguts.	»Mietzahlungen« gelten als Kaufpreisraten.

BEISPIELE

a) V vermietet ab 02. 01. 02 an M eine Druckmaschine für monatlich 1 000 € + Umsatzsteuer; Anschaffungskosten bei V 40 000 €. Vertraglich wurde vereinbart, dass M den Mietvertrag jederzeit zum Ende eines Monats kündigen oder die Maschine zum seinerzeitigen Listenpreis von 55 000 € + Umsatzsteuer unter voller Anrechnung der bis zu diesem Zeitpunkt geleisteten Mieten erwerben kann. Die betriebsgewöhnliche Nutzungsdauer der Maschine beträgt 5 Jahre. M erklärt zum 30. 06. 02 gegenüber V den Kauf der Maschine. Vereinbarungsgemäß muss M, da er bereits 6 000 € Miete gezahlt hatte, nur noch 49 000 € + Umsatzsteuer an V bezahlen.

LÖSUNG In diesem Fall liegt ein echter Mietkauf vor, da die Miete angemessen war (bei 1 000 € Miete pro Monat ergäbe sich in fünf Jahren insgesamt 60 000 € und damit eine Verzinsung des ursprünglichen Listenpreises in Höhe von 55 000 € von ca. 9,1 %). Vom 02. 01. - 30. 06. 02 liegt daher ein Mietverhältnis vor und zum 30. 06. 02 findet erst der Erwerb bzw. die Veräußerung statt. Auch umsatzsteuerlich liegt zunächst eine Vermietungsleistung (sonstige Leistung) und am 30. 06. 02 eine Lieferung vor.

Behandlung bei M:

- vom 02. 01. - 30. 06. 02 jeweils monatlicher Mietaufwand:

Buchung:

Mietaufwand	1 000 €	
Vorsteuer	190 €	
an Geldkonto		1 190 €

- zum 30. 06. 02:

Ermittlung der Anschaffungskosten für die Maschine bei M:

Restzahlung			49 000 €
+ angerechnete Miete vom 30. 06. 02	6 000 €		
./. »Abschreibung« (Werteverzehr) vom 30. 06. 02:			
linear 20 % für sechs Monate von 55 000 € =	5 500 €	+	500 €
Anschaffungskosten somit			49 500 €

Buchung:

Maschinen (Anlagevermögen)	49 500 €	
Vorsteuer (19 % von 49 000 €)	9 310 €	
an Geldkonten (oder: Verb. aus Lief. u. Leist.)		58 310 €
an Mietaufwand		500 €

- zum Bilanzstichtag 31. 12. 02 (Abschreibung/AfA: Verteilung auf die Restnutzungsdauer von viereinhalb Jahren = 11 000 €, für 02 nur 6 Monate, = 6/54 von 49 500 € = 5 500 €):

Buchung:

Planmäßige Abschreibung/AfA	5 500 €	
an Maschinen		5 500 €

Behandlung bei V:

- vom 02. 01. - 30. 06. 02 jeweils monatliche Mieteinnahme:

Buchung:

Geldkonto	1 190 €	
an Mieterträge		1 000 €
an Umsatzsteuer		190 €

- zum 30. 06. 02 bei Veräußerung (anteilige planmäßige Abschreibung/AfA: linear 20 % der Anschaffungskosten von 40 000 € = 4 000 €):

Abschreibung/AfA	4 000 €	
an Maschinen		4 000 €

Geldkonto (oder: Forderungen aus Lief. u. Leist.)	58 310 €	
an Maschinen (Anlagevermögen)		36 000 €
an Sonst. betrieblicher Ertrag		13 000 €
an Umsatzsteuer		9 310 €

Alternative Buchungen für den Verkauf des Anlagegenstands:

Geldkonto (Forderungen aus Lief. u. Leist.)	58 310 €	
an Erlöse aus Anlagenverkauf		49 000 €
an Umsatzsteuer		9 310 €
und		
Abschreibungen auf Anlagenabgang	36 000 €	
an Maschinen (Anlagevermögen)		36 000 €

b) Sachverhalt wie in Beispiel a), jedoch hat M ab 02. 01. 02 monatlich eine Miete von 3 000 € + Umsatzsteuer zu bezahlen und der Zeitwert der Druckmaschine beträgt zum 30. 06. 02 noch 45 000 €. Bei Kauf am 30. 06. 02 kann M (3 000 € × 6 Monate =) 18 000 € Miete auf den Kaufpreis anrechnen.

LÖSUNG In diesem Fall kann man nicht mehr von einem echten Mietkauf sprechen, sondern es liegt ein verdeckter Ratenkauf vor, weil der Restkaufpreis von (55 000 € ./. angerechnete Miete von 18 000 € =) 37 000 € weit unter dem Zeitwert liegt. Außerdem ist die vereinbarte »Miete« nicht angemessen.

Behandlung bei M:

– bereits zum 02. 01. 02 Anschaffungsvorgang (Vorsteuer beträgt 19 % von 55 000 € = 10 450 €):

Buchung:

Maschinen (Anlagevermögen)	55 000 €	
Vorsteuer (evtl. noch nicht verrechenbare)	10 450 €	
an Verbindlichkeiten aus Lief. u. Leist.		65 450 €

– bei den jeweiligen Ratenzahlungen:

Verbindlichkeiten aus Lief. u. Leist.	3 570 €	
an Geldkonto		3 570 €

(ggf noch Umbuchung von »noch nicht verrechenbare Vorsteuer« auf »Vorsteuer«, solange der Lieferer noch keine ordnungsgemäße Gesamtrechnung erstellt hat).

– Falls M und V den Vertrag bis 30. 06. 02 als Mietvertrag behandelt hätten, wären die Mietaufwendungen bei M zu berichtigen.

Behandlung bei V:

– Entsprechende Buchungen für den Veräußerungsvorgang zum 02. 01. 02 mit Ratenzahlungen.

Anmerkung: Ggf. sind die Anschaffungskosten und die Ratenverbindlichkeit bzw. die Ratenforderung mit dem (abgezinsten) Barwert anzusetzen (vgl. 1.3).

3.3 Leasingverträge

3.3.1 Erscheinungsformen

Leasing (englisch: to lease = mieten, pachten) ist eine **Sonderform der entgeltlichen Gebrauchsüberlassung** von beweglichen oder unbeweglichen Gegenständen. Es handelt sich hierbei um eine besondere Art der Miete. Nach dem wirtschaftlichen Gehalt reichen die als »Leasing« bezeichneten Verträge vom normalen Mietvertrag bis zum verdeckten Raten-Kaufvertrag. Bei der Beurteilung von »Leasing-Verträgen« geht es daher zunächst regelmäßig um die Frage, wem der Gegenstand bzw. das Wirtschaftsgut zuzurechnen ist, dem Leasing-Geber oder Leasing-Nehmer. In der Praxis werden **zahlreiche verschiedenartige Vertragstypen** gestaltet. Die wichtigsten sind in nachstehender Übersicht zusammengestellt:

Übersicht über die wichtigsten Leasing-Vertragstypen
(Grundkurs des Steuerrechts Band 10, Maier/Knies; Bürgerliches Recht und Steuerrecht, D 3.3)

Leasing

Finanzierungs-Leasing	Operations-Leasing	Hersteller-Leasing	Sale- and-lease-back	Spezial-Leasing
Der L.-Geber (i.d.R. eine L.-Gesellschaft) erwirbt Güter beim Hersteller zu Eigentum und räumt dann dem L.-Nehmer für eine feste Grundmietzeit gegen regelmäßiges Entgelt in bestimmter Höhe ein schuldrechtliches Nutzungsrecht ein (mittel- bis langfristig). Der Vertrag ist während der Grundmietzeit unkündbar. Die objektbezogenen Risiken (Gefahrtragung, Gewährleistung) trägt der L.-Nehmer. Hinsichtlich des Entgelts ist zu unterscheiden:	Der L.-Geber vermietet das Gut kurz- bis mittelfristig an den L.-Nehmer. Die objektbezogenen Risiken trägt der L.-Geber. Der Vertrag kann jederzeit gekündigt werden (typischer Mietvertrag). Der L.-Geber hat das L.-Gut zu aktivieren. Die L.-Raten sind erfolgswirksam zu behandeln.	Vermietung von Gütern (Finanzierungs- oder Operating-Leasing) durch den Hersteller (z. B. IBM-Leasing)	Verkauf von Gütern an eine Leasing-Gesellschaft und anschließende Anmietung dieser Güter	Das Gut ist speziell auf die Bedürfnisse des L.-Nehmers zugeschnitten. Es kann nach Ablauf der Mietzeit nur vom L.-Nehmer sinnvoll weiterbenutzt werden.

Vollamortisationsverträge (Full-pay-out-Verträge)

Die L.-Raten des L.-Nehmers während der unkündbaren Grundmietzeit decken
- die Anschaffungskosten des L.-Gebers
- seine sämtlichen Nebenkosten einschließlich der Finanzierungskosten
- eine Gewinnspanne des L.-Gebers.

Hier kann weiter unterschieden werden:

ohne Optionsrecht des L.-Nehmers[1]	mit Kaufoption des L.-Nehmers nach der Grundmietzeit[1]	mit Mietverlängerungsoption des L.-Nehmers nach der Grundmietzeit[1]

Teilamortisationsverträge (Non-pay-out-Verträge)

Der L.-Geber erhält während der unkündbaren Grundmietzeit nicht seine gesamten Kosten für das L.-Gut (Anschaffungskosten, Finanzierungskosten) und seinen Gewinnzuschlag voll amortisiert. Der noch nicht amortisierte Teil wird in den einzelnen Vertragstypen auf verschiedene Weise abgesichert:

mit Mehrerlösbeteiligung des L.-Nehmers[2]	mit Andienungsrecht des L.-Gebers[2]	mit Kündigungsrecht des L.-Gebers[2]

[1] Vgl. BMF vom 19.04.1971 BStBl I 1971, 264 (Mobilien-Leasing-Erlass) und BMF vom 21.03.1972 BStBl I 1972, 188 (Immobilien-Leasing-Erlass) zum Finanzierungs-Leasing.
[2] Vgl. BMF vom 22.12.1975 BB 1976, 72 (Teilamortisations-Leasing-Erlass für Mobilien). Der Erlass regelt nicht alle in der Praxis vorkommenden Vertragstypen.
Für die Fälle von Teilamortisation bei Immobilien enthält das Schreiben des BMF vom 23.12.1991 (BStBl 1992, 13) entsprechende Regelungen. Für die Fälle von Vollamortisation bei Immobilen vgl. Schreiben des BMF vom 21.03.1972 DB 1972, 651.

Im Wirtschaftsleben hat das Leasing eine erhebliche Bedeutung gewonnen, insbesondere das Finanzierungs-Leasing, weil ein Leasing-Nehmer fast ohne Eigenmittel einen Gegenstand für eine (i. d. R.) feste Mietzeit zu einem festen Mietpreis »leasen« kann. Der Leasing-Nehmer kann sich dadurch auch einen erheblichen Liquidationsvorteil schaffen. Allerdings ist Leasing regelmäßig deutlich teuerer als eine herkömmliche Miete oder Pacht. Jedoch hat ein Leasing-Nehmer die Möglichkeit, nach Ablauf der festen Mietzeit ein anderes moderneres Wirtschaftsgut (z. B. technisch weiterentwickelte Maschine, besonders interessant für PC-Anlagen) zu leasen. Im Rahmen dieses Buches wird nur das Finanzierungs-Leasing von beweglichen Wirtschaftsgütern behandelt.

3.3.2 Leasing beweglicher Wirtschaftsgüter und Vollamortisation (»Full-pay-out-Verträge«)

3.3.2.1 Definition und Abgrenzung

Bei Leasing von beweglichen Wirtschaftsgütern ist zwischen Herstellern und Leasing-Nehmern regelmäßig eine Leasing-Gesellschaft zwischengeschaltet:

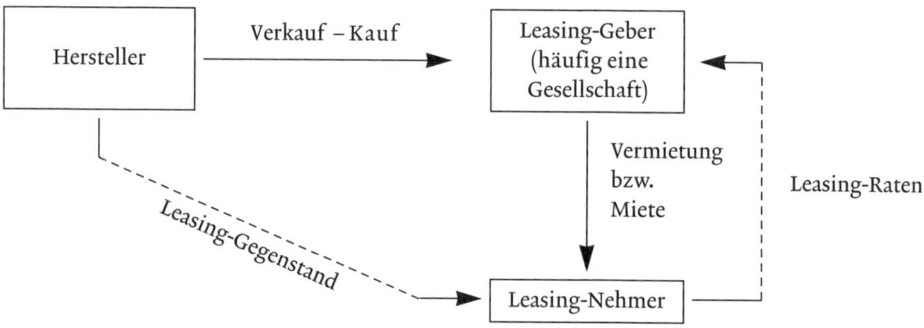

Nach der zu Leasing-Verträgen ergangenen BFH-Rechtsprechung (Grundsatzurteil vom 26. 01. 1970 BStBl II 1970, 264) hat die Finanzverwaltung in dem Schreiben des BMF vom 19. 04. 1971 (BStBl I 1971, 264) – Mobilien-Leasing-Erlass – typisierende Regelungen zum Begriff, zur Abgrenzung, zur Frage der Zurechnung des Leasing-Gegenstands und zur buch- und bilanzmäßigen Behandlung getroffen. Nach Abschn. II Nr. 1 des Mobilien-Leasing-Erlasses ist ein **Finanzierungs-Leasing** nur unter folgenden zwei Voraussetzungen anzunehmen:

1. Es muss ein Vertrag für eine ganz bestimmte Zeit (sog. **feste Grundmietzeit**) abgeschlossen sein, der weder vom Leasing-Geber noch vom Leasing-Nehmer gekündigt werden kann **und**
2. der **Leasing-Nehmer muss** während der Grundmietzeit mit den zu entrichtenden Leasing-Raten **mindestens die Anschaffungs- oder Herstellungskosten** sowie alle Nebenkosten einschließlich der Finanzierungskosten des Leasing-Gebers decken. Die Grundmietzeit ist regelmäßig kürzer als die betriebsgewöhnliche Nutzungsdauer des Wirtschaftsguts.

Nach Abschn. II Nr. 2 des Mobilien-Leasing-Erlasses werden im Rahmen des Finanzierungs-Leasing von beweglichen Wirtschaftsgütern im Allgemeinen folgende **vier Grund-Vertragstypen** unterschieden:

1. Leasing-Verträge **ohne Kauf- oder Verlängerungsoption:**
   - Die Grundmietzeit deckt sich mit der betriebsgewöhnlichen Nutzungsdauer des Leasing-Gegenstands oder
   - die Grundmietzeit ist geringer als die betriebsgewöhnliche Nutzungsdauer des Leasing-Gegenstands.

   Der Leasing-Nehmer hat nicht das Recht, nach Ablauf der Grundmietzeit den Leasing-Gegenstand zu erwerben oder den Leasing-Vertrag zu verlängern.
2. Leasing-Verträge **mit Kaufoption:** Der Leasing-Nehmer hat das Recht, nach Ablauf der Grundmietzeit den Leasing-Gegenstand zu erwerben.
3. Leasing-Verträge **mit Mietverlängerungsoption:**
   - Der Leasing-Nehmer hat das Recht, nach Ablauf der Grundmietzeit das Vertragsverhältnis auf bestimmte oder unbestimmte Zeit zu verlängern.
   - Leasing-Verträge ohne Mietverlängerung werden gleich behandelt, wenn nach Ablauf der Grundmietzeit eine Vertragsverlängerung vorgesehen ist, wenn keine der beiden Parteien das Vertragsverhältnis kündigt.
4. Verträge über **Spezial-Leasing:** Dabei handelt es sich um Verträge über Leasing-Gegenstände, die speziell auf die Verhältnisse des Leasing-Nehmers zugeschnitten sind und nach Ablauf der Grundmietzeit regelmäßig nur noch beim Leasing-Nehmer wirtschaftlich sinnvoll verwendbar sind.

3.3.2.2 Zurechnung des Leasing-Gegenstands

Nach Abschn. III des Mobilien-Leasing-Erlasses wird für die Frage, ob der Leasing-Gegenstand dem Leasing-Geber oder als wirtschaftliches Eigentum (§ 39 Abs. 2 Nr. 1 AO) dem Leasing-Nehmer zuzurechnen ist, auf folgende **Abgrenzungskriterien** abgestellt:

a) bei Leasing-Verträgen **ohne Kauf- oder Verlängerungsoption:** auf das Verhältnis der Grundmietzeit zur betriebsgewöhnlichen Nutzungsdauer des Leasing-Gegenstands;

b) bei Leasing-Verträgen **mit Kaufoption:**
   - auf das Verhältnis der Grundmietzeit zur betriebsgewöhnlichen Nutzungsdauer des Leasing-Gegenstands **und**
   - auf das Verhältnis des bei Ausübung der Kaufoption vorgesehenen (restlichen) Kaufpreises zum Buchwert oder niedrigeren gemeinen Wert des Leasing-Gegenstands zum Zeitpunkt der Veräußerung; für die Ermittlung des Buchwerts ist die lineare AfA (Wertverzehr) nach der amtlichen AfA-Tabelle maßgebend;

c) bei Leasing-Verträgen **mit Mietverlängerungsoption:**
   - auf das Verhältnis der Grundmietzeit zur betriebsgewöhnlichen Nutzungsdauer des Leasing-Gegenstands **und**
   - auf das Verhältnis der Anschlussmiete zum Wertverzehr des Leasing-Gegenstands, der sich auf der Basis des unter Berücksichtigung der linearen AfA (Wertverzehr) nach der amtlichen AfA-Tabelle ermittelten Buchwerts oder des niedrigeren gemeinen Werts und der Restnutzungsdauer lt. AfA-Tabelle zum Zeitpunkt der Mietverlängerung ergibt.

d) Verträge über **Spezial-Leasing:** In derartigen Fällen spielen Grundmietzeit und Nutzungsdauer sowie Optionsklauseln keine Rolle. Der Leasing-Gegenstand ist regelmäßig dem Leasing-Nehmer zuzurechnen.

Übersicht über die Abgrenzungskriterien des Abschn. III des Mobilien-Leasing-Erlasses:

Dauer der Grundmietzeit	Finanzierungs-Leasing		
	mit Kaufoption	mit Mietverlängerungsoption	ohne Kauf- oder Verlängerungsoption
	Leasing-Gegenstand regelmäßig zuzurechnen dem …		
> als 90 % der bgND	LN	LN	LN
< als 40 % der bgND	LN	LN	LN
zwischen 40 und 90 % der bgND	Restlicher **Kaufpreis** ist **niedriger** als der Buchwert oder gemeine Wert zum Zeitpunkt der möglichen Veräußerung LN	**Anschlussmiete** ist **niedriger** als der Buchwert oder gemeine Wert bezogen jeweils auf ein Jahr der Restnutzungsdauer des Leasing-Gegenstands LN	LG
	Restlicher **Kaufpreis** ist **mindestens so hoch** wie der Buchwert oder gemeine Wert zum Zeitpunkt der möglichen Veräußerung LG	Anschlussmiete ist **mindestens so hoch** wie der Buchwert oder gemeine Wert bezogen jeweils auf ein Jahr der Restnutzungsdauer des Leasing-Gegenstands LG	
	Der Buchwert errechnet sich wie folgt: Listenpreis des Leasing-Gegenstands ./. Lineare AfA nach amtlicher AfA-Tabelle (Wertverzehr) bis zum Zeitpunkt der Option = (Fiktiver) Buchwert zum Zeitpunkt der möglichen Option (Veräußerung oder Mietverlängerung)		
ohne Bedeutung	Spezial-Leasing ist regelmäßig dem LN zuzurechnen		

(Abkürzungen: LG = Leasing-Geber, LN = Leasing-Nehmer, bgND = betriebsgewöhnliche Nutzungsdauer)

Zu den Abgrenzungskriterien ist noch Folgendes zu bemerken:

a) Bei einer Grundmietzeit von **mehr als 90 %** der betriebsgewöhnlichen Nutzungsdauer wird unterstellt, dass das Wirtschaftsgut infolge der Abnutzung durch den Leasing-Nehmer nach Ablauf der Grundmietzeit, die sich in etwa mit der Nutzungsdauer des Wirtschaftsguts deckt, für den **Leasing-Geber keine wirtschaftliche Bedeutung** mehr hat. In diesen Fällen ist daher der Leasing-Geber praktisch während der Gesamtnutzungsdauer von der Nutzungsmöglichkeit des Wirtschaftsguts ausgeschlossen, so dass wirtschaftliches Eigentum des Leasing-Nehmers anzunehmen ist.

b) Bei einer Grundmietzeit von **weniger als 40 %** der betriebsgewöhnlichen Nutzungsdauer wird unterstellt, dass der Leasing-Nehmer von der **Option** des Kaufs oder einer Mietverlängerung (durch einseitige Willenserklärung) **regelmäßig Gebrauch** machen wird, so dass auch in diesen Fällen der Leasing-Geber praktisch während der Gesamtnutzungsdauer von der Nutzungsmöglichkeit ausgeschlossen werden kann. Hierbei ist von dem Wahrscheinlichkeitsgrad der Optionsausübung auszugehen, wobei der Leasing-Erlass allerdings nur dann wirtschaftliches Eigentum des Leasing-Nehmers annimmt, wenn der restliche Kaufpreis (bei Kaufoption) bzw. die Anschlussmiete (bei Mietverlängerungsoption) nicht mindestens so hoch ist wie der (fiktive) Buchwert oder der gemeine Wert zum Zeitpunkt der möglichen Veräußerung bzw. bezogen auf ein Jahr der Restnutzungsdauer des Wirtschaftsguts.

c) In den Fällen **ohne Kauf- oder Verlängerungsoption** und einer Grundmietzeit von **weniger als 40 %** der betriebsgewöhnlichen Nutzungsdauer unterstellt der Leasing-Erlass ebenfalls wirtschaftliches Eigentum für den Leasing-Nehmer, weil davon auszugehen ist, dass sich der Leasing-Nehmer durch Nebenabreden die weitere Nutzung des Leasing-Gegenstands gesichert haben dürfte, da er sonst für die relativ kurze (Grund-) Mietzeit einen viel zu hohen Betrag aufgewendet hätte.

d) Ist ein Leasing-Gegenstand speziell auf die Belange des Leasing-Nehmers zugeschnitten (z. B. eine Spezialmaschine), dass eine wirtschaftlich sinnvolle anderweitige Nutzung oder Verwertung nicht möglich ist (**Spezial-Leasing**), so soll das Verhältnis der Grundmietzeit und der betriebsgewöhnlichen Nutzungsdauer ohne Bedeutung sein und regelmäßig wirtschaftliches Eigentum des Leasing-Nehmers in Betracht kommen.

Die Frage, ob der Leasing-Gegenstand dem Leasing-Geber oder dem Leasing-Nehmer zuzurechnen ist, entscheidet das für den Leasing-Geber zuständige Finanzamt (vgl. ESt-Kartei der ehemaligen Oberfinanzdirektionen des Landes Baden-Württemberg zu § 6 EStG Fach 3 Nr. 1 Tz. 1.1).

BEISPIELE

a) Ein Leasing-Nehmer (LN) mietet von einer Leasing-Gesellschaft (LG) eine Maschine fest für die Zeit vom 02. 01. 02 – 31. 12. 04. Betriebsgewöhnliche Nutzungsdauer (bgND) der Maschine fünf Jahre, Listenpreis 85 000 €. Der LN muss monatlich 2 500 € + Umsatzsteuer an die LG zahlen.
Die Anschaffungskosten einschließlich aller Neben- und Finanzierungskosten betrugen für die LG 80 000 €. Kauf- oder Mietverlängerungsoption wurde nicht vereinbart.

LÖSUNG Es handelt sich um ein Finanzierungsleasing, da eine feste Grundmietzeit vereinbart wurde und der LN innerhalb der Grundmietzeit mit der Zahlung von (2 500 € × 36 Raten =) 90 000 € (ohne Umsatzsteuer) mindestens alle Kosten der LG deckt.
Es handelt sich um einen Fall ohne Kauf- oder Verlängerungsoption mit einer Grundmietzeit von 60 %. Die Maschine ist der LG zuzurechnen, da die Grundmietzeit zwischen 40 und 90 % beträgt.

b) Sachverhalt wie Beispiel a), jedoch mit dem Unterschied, dass der LN nach Ablauf der festen Mietzeit die Maschine erwerben darf. Der LN muss dann vereinbarungsgemäß noch 30 000 € + Umsatzsteuer zuzahlen (Aufpreis).

LÖSUNG Es handelt sich um einen Fall mit Kaufoption und die Grundmietzeit beträgt nur 60 % der bgND, so dass noch ein Vergleich des Aufpreises mit dem (fiktiven) Buchwert zum 31. 12. 04 erforderlich ist:

Listenpreis (bei Beginn der Mietzeit)	85 000 €
./. lineare AfA (Wertverzehr) für drei Jahre bei fünf Jahren bgND:	
60 % von 85 000 € =	51 000 €
(Fiktiver) Buchwert zum 31. 12. 04	34 000 €

Da der Aufpreis von 30 000 € niedriger ist als der (fiktive) Buchwert, ist die Maschine von Anfang an dem LN zuzurechnen und bei ihm zu aktivieren (wirtschaftliches Eigentum, § 39 Abs. 2 Nr. 1 AO, handelsrechtlich nach § 246 Abs. 1 Satz 2 2. HS HGB). Wäre der Aufpreis 34 000 € oder höher, müsste die Maschine (für die Grundmietzeit) der LG zugerechnet werden.

c) Sachverhalt wie Beispiel a), jedoch mit dem Unterschied, dass der LN nach Ablauf der festen Mietzeit die Maschine weiter mieten darf. Der LN muss dann vereinbarungsgemäß eine Anschlussmiete von monatlich 1 500 € + Umsatzsteuer zahlen.

LÖSUNG Es handelt sich um einen Fall mit Mietverlängerungsoption und die Grundmietzeit beträgt nur 60 %, so dass noch ein Vergleich der Anschlussmiete mit dem auf ein Jahr der Restnutzungsdauer bezogenen (fiktiven) Buchwert zum Ende der Grundmietzeit erforderlich ist:

(Fiktiver) Restbuchwert zum 31. 12. 04 (vgl. Beispiel b))	34 000 €
Davon 1/2, da Restnutzungsdauer noch zwei Jahre	17 000 €
Anschlussmiete für ein Jahr der Restnutzungsdauer (1 500 € × 12 =)	18 000 €

Da die Anschlussmiete höher ist als der auf ein Jahr der Restnutzungsdauer bezogene (fiktive) Restbuchwert, ist die Maschine der LG zuzurechnen und bei ihr zu aktivieren.

Wäre die Anschlussmiete niedriger als 17 000 €, müsste die Maschine von Anfang an dem LN als wirtschaftlichen Eigentümer zugerechnet werden.

3.3.2.3 Buch- und bilanzmäßige Behandlung des Leasing-Gegenstands und der Zahlungen

Ist der **Leasing-Gegenstand** dem **Leasing-Geber zuzurechnen**, so ist das Leasing-Geschäft nach Abschn. IV des Mobilien-Leasing-Erlasses wie folgt zu behandeln:

Beim Leasing-Nehmer

a) **Keine Aktivierung** des Leasing-Gegenstands.
Besonderheit: Evtl. eigene Aufwendungen des Leasing-Nehmers, die Anschaffungskosten wären, wenn ihm der Leasing-Gegenstand zuzurechnen wäre, sind zu aktivieren und auf die Grundmietzeit zu verteilen (vgl. ESt-Kartei der ehemaligen Oberfinanzdirektionen des Landes Baden-Württemberg zu § 6 EStG Fach 3 Nr. 2 Tz. 2.2).

b) Die **Leasing-Raten** sind in voller Höhe **Betriebsausgaben** (vgl. ESt-Kartei der ehemaligen Oberfinanzdirektionen des Landes Baden-Württemberg zu § 6 EStG Fach 3 Nr. 8 Tz. 8.1).
Keine Passivierung der noch zu zahlenden Leasing-Raten, da insoweit noch ein schwebendes Geschäft vorliegt.

c) **Sonderzahlungen** zu Beginn der Grundmietzeit oder vorher sind zu behandeln als aktiver RAP und fortlaufende Auflösung während der Grundmietzeit.

Beim Leasing-Geber

a) **Aktivierung** des Leasing-Gegenstands und **Abschreibung** auf die betriebsgewöhnliche Nutzungsdauer
Besonderheit: Bestimmte Nebenkosten (z. B. Frachtkosten vom Hersteller zum Leasing-Nehmer und Montagekosten) sind beim Leasing-Geber keine Anschaffungskosten, sondern sofort Betriebsausgaben, auch wenn diese Kosten dem Leasing-Nehmer nicht gesondert in Rechnung gestellt werden, sondern in den Leasing-Raten enthalten sind (vgl. ESt-Kartei der ehemaligen Oberfinanzdirektionen des Landes Baden-Württemberg zu § 6 EStG Fach 3 Nr. 2 Tz. 2.1 und 2.3).

b) Die **Leasing-Raten** sind in voller Höhe **Betriebseinnahmen** (wie bei einem normalen Mietvertrag).
Keine Aktivierung der noch ausstehenden Leasing-Raten, da insoweit ein noch schwebendes Geschäft vorliegt.

c) **Sonderzahlungen** zu Beginn der Grundmietzeit oder vorher sind zu behandeln als passiver RAP und fortlaufende Auflösung während der Grundmietzeit.

Ist der **Leasing-Gegenstand** dem **Leasing-Nehmer zuzurechnen,** so ist das Leasing-Geschäft nach Abschn. V des Mobilien-Leasing-Erlasses wie folgt zu behandeln:

Beim Leasing-Nehmer	**Beim Leasing-Geber**
a) **Aktivierung** des Leasing-Gegenstands und **Abschreibung** auf die betriebsgewöhnliche Nutzungsdauer. Die **Anschaffungskosten** setzen sich wie folgt zusammen: Anschaffungs- oder Herstellungskosten des Leasing-Gebers, die der Berechnung der Leasing-Raten zugrunde gelegt wurden (wenn dem Leasing-Nehmer nicht bekannt, dann ist der Listenpreis anzusetzen; ggf. auch fiktive Anschaffungskosten durch Abzinsung der Summe der Leasingraten, wenn kein Marktpreis bekannt ist) + Ggf. weitere Anschaffungs- oder Herstellungskosten des Leasing-Gebers, die nicht in den Leasing-Raten berücksichtigt sind (z. B. Nebenkosten, die dem Leasing-Nehmer gesondert in Rechnung gestellt werden) + Eigene Anschaffungs- und Herstellungskosten des Leasing-Nehmers (z. B. Montagekosten) = Anschaffungskosten	a) **Keine Aktivierung** des Leasing-Gegenstands.
b) **Passivierung** einer **Verbindlichkeit,** die sich aus der Summe der Leasing-Raten ergibt. Nicht zu diesen Verbindlichkeiten gehören: • Sonderzahlungen zu Beginn der Grundmietzeit (z. B. auch Nebenkosten), • Aufpreis (restlicher Kaufpreis) am Ende der Grundmietzeit bei Ausübung einer Kaufoption (diese Verbindlichkeit entsteht erst im Zeitpunkt der Kaufoption und führt dann sofort in vollem Umfang zu Betriebsausgaben).	b) **Aktivierung** einer **Forderung,** die der Verbindlichkeit des Leasing-Nehmers entspricht.
c) Aufteilung der **Leasing-Raten** in: • Zins- und Kostenanteil (sind Betriebsausgaben bzw. Aufwand, verteilt auf die Grundmietzeit) und • Tilgungsanteil (erfolgsneutral).	c) Aufteilung der **Leasing-Raten** in: Zins- und Ertragsanteil (sind Betriebseinnahmen bzw. Ertrag, verteilt auf die Grundmietzeit) und Tilgungsanteil (erfolgsneutral).

d) Bezüglich der **Aufteilung** der Leasing-Raten in einen Zins- und Kostenanteil (bzw. Zins- und Ertragsanteil) sowie Tilgungsanteil ist **Folgendes zu beachten** (gilt für den Leasing-Nehmer und Leasing-Geber gleichermaßen, da der Leasing-Geber insoweit die Ansätze des Leasing-Nehmers zu übernehmen hat; vgl. Erlass FinMin Ba-Wü vom 13.12.1973

S 2172 A–1/72 in ESt-Kartei der ehemaligen Oberfinanzdirektionen des Landes Baden-Württemberg zu § 6 EStG Fach 3 Nr. 5 Tz. 5.2):

- Der in der Summe aller Leasing-Raten enthaltene **Gesamtbetrag des Zins- und Kostenanteils** bzw. Zins- und Ertragsanteils ist beim Leasing-Nehmer als aktiver RAP und beim Leasing-Geber als passiver RAP zu bilanzieren und auf die Grundmietzeit zu verteilen.
- Die Verteilung müsste eigentlich nach der Barwertvergleichsmethode (wie bei Rentenzahlungen) durchgeführt werden. Die Finanzverwaltung (vgl. o. a. FinMin-Erlass vom 13. 12. 1973) hat jedoch aus Vereinfachungsgründen die **Verteilung nach der Zinsstaffelmethode** zugelassen. Bei dieser Methode kann der Zins- und Kostenanteil einer Leasing-Rate nach folgender Formel ermittelt werden:

$$\frac{\text{Summe der Zins- und Kostenanteile aller Leasing-Raten}}{\text{Summe der Zahlenreihe aller Raten}} \times \text{Anzahl der restlichen Raten} + 1$$

Die Summe der Zahlenreihe aller Raten wird nach der Summenformel für eine endliche arithmetische Reihe ermittelt:

$$S_n = \frac{n}{2} (g_1 + g_n)$$

n = Zahl der insgesamt zu leistenden Raten
g_1 = 1
g_n = Zahl der noch zu leistenden Raten.

- Eine lineare Verteilung des Gesamtbetrags des Zins- und Kostenanteils bzw. Zins- und Ertragsanteils ist nicht zulässig.
- Der in der Summe aller Leasing-Raten enthaltene **Gesamtbetrag des Zins- und Kostenanteils** bzw. Zins- und Ertragsanteils (Summe der Zins- und Kostenanteile aller Leasing-Raten) **ergibt sich,** wenn die Summe der Leasing-Raten, die während der Grundmietzeit zu erbringen sind, um den Betrag der Anschaffungs- oder Herstellungskosten des Leasing-Gebers, die der Berechnung der Leasing-Raten zugrunde gelegt worden sind, gemindert wird. Ersatzweise ist für die dem Leasing-Nehmer nicht bekannten Anschaffungs- und Herstellungskosten des Leasing-Gebers der Listen- oder Marktpreis anzusetzen.

e) Besonderheiten:

- Eine einmalige Zahlung (**Sonderzahlung**) zu Beginn der Grundmietzeit hat Finanzierungscharakter und ist daher ebenso wie der Zins- und Kostenanteil vom Leasing-Nehmer zu aktivieren und auf die Grundmietzeit zu verteilen. Die Verteilung ist nach den gleichen Regeln vorzunehmen, wie der Zins- und Kostenanteil, der in der Summe aller Leasing-Raten enthalten ist. Aus Vereinfachungsgründen können beide Beträge zusammengefasst werden.
  Beim Leasing-Geber ist hinsichtlich des Zins- und Ertragsanteils entsprechend zu verfahren, d. h. als passiver RAP zu bilanzieren und entsprechend der Zinsstaffelmethode auf die Grundmietzeit zu verteilen. Es bestehen u. E. keine Bedenken, eine evtl. Sonderzahlung (zu Beginn der Grundmietzeit) entsprechend zu behandeln.
- Bei Ausübung der Kaufoption ist der **Aufpreis** (restlicher Kaufpreis) als zusätzlicher Finanzierungsaufwand sofort in voller Höhe als Aufwand zu behandeln (keine Verteilung auf die Restnutzungsdauer des Leasing-Gegenstands).
- Bei Ausübung der Mietverlängerungsoption ist die **Anschlussmiete** beim Leasing-Nehmer als laufender Aufwand und beim Leasing-Geber als laufender Ertrag zu behandeln.

Vgl. auch **Übungsfall 9** Full-pay-out-Leasing in S Komplexe Übungsfälle.

3.3.3 Leasing beweglicher Wirtschaftsgüter und Teilamortisation (»Non-pay-out-Leasing«)

Damit sind Mobilien-Leasing-Verträge gemeint, bei denen

- eine unkündbare Grundmietzeit zwischen 40 und 90 % der betriebsgewöhnlichen Nutzungsdauer des Leasing-Gegenstands vereinbart wurde **und**
- die Anschaffungs- oder Herstellungskosten sowie alle Nebenkosten einschließlich der Finanzierungskosten des Leasing-Gebers während der Grundmietzeit durch die Leasing-Raten nicht voll gedeckt werden.

Im Schreiben des BMF vom 22.12.1975 (FR 1976, 115) werden folgende drei **Vertragsmodelle** unterschieden:

1. Vertragsmodell mit **Andienungsrecht** des Leasing-Gebers, jedoch ohne Optionsrecht des Leasing-Nehmers.
2. Vertragsmodell mit **Aufteilung des Mehrerlöses**, der durch eine Veräußerung des Leasing-Gegenstands nach Ablauf der Grundmietzeit entsteht.
3. Kündbarer Mietvertrag mit **Anrechnung des Veräußerungserlöses** auf die vom Leasing-Nehmer zu leistende Schlusszahlung.

In allen drei Fällen ist der Leasing-Gegenstand regelmäßig dem Leasing-Geber zuzurechnen.

Der Leasinggeber kann für die Verpflichtung, den Leasingnehmer bei Beendigung des Mietvertrags am Verwertungserlös zu beteiligen, während der Laufzeit des Mietvertrags weder eine Rückstellung noch einen passiven Rechnungsabgrenzungsposten bilden (BFH vom 08.10.1987 BStBl II 1988, 57).

3.3.4 Leasing unbeweglicher Wirtschaftsgüter (Immobilien-Leasing)

Hierzu wurden im BMF-Schreiben vom 21.03.1972 (BStBl I 1972, 188, vgl. auch ESt-Kartei der ehemaligen Oberfinanzdirektionen des Landes Baden-Württemberg zu § 6 EStG Fach 3 Nr. 4 Tz. 4.1) Abgrenzungs- und Behandlungskriterien festgelegt, die denen des Mobilien-Finanzierungs-Leasing entsprechen.

4 Übertragung stiller Reserven

4.1 Entstehung und Aufdeckung stiller Reserven

Sowohl handelsrechtlich als auch steuerlich können sich im Laufe der Zeit stille Reserven (auch stille Rücklagen genannt) ansammeln. Stille Reserven sind dann vorhanden, wenn der Bilanzansatz eines Vermögensgegenstands bzw. Wirtschaftsguts niedriger ist als dessen tatsächlicher Zeitwert bzw. Teilwert; bei Verbindlichkeiten, wenn der Bilanzansatz höher ist als der tatsächliche Wert der Verbindlichkeit. Solche Wertunterschiede können entstehen, weil bestimmte Wertansätze zwingend vorzunehmen sind (sog. gesetzliche stille Reserven) oder weil der Steuerpflichtige Bewertungswahlrechte in Anspruch nimmt (sog. freiwillige stille Reserven). Vgl. auch die Ausführungen in L 9.

In der Praxis entstehen stille Reserven vor allem durch:

- die zwingend steuerlich anzuwendenden AfA-Sätze des § 7 Abs. 4 EStG für Gebäude (diese AfA-Sätze sind in bestimmten Fällen deutlich höher als die AfA-Sätze, die sich ergäben, wenn man die tatsächliche Nutzungsdauer zugrunde legen würde),

- die Inanspruchnahme der degressiven AfA-Sätze nach § 7 Abs. 2 EStG für bewegliche Wirtschaftsgüter des Anlagevermögens und nach § 7 Abs. 5 EStG für bestimmte Gebäude und Gebäudeteile,
- die Inanspruchnahme der Bewertungsfreiheit für geringwertige Wirtschaftsgüter nach § 6 Abs. 2 EStG,
- eintretende Preissteigerungen,
- Übertragung stiller Reserven, die bei Veräußerung entstehen, auf angeschaffte oder hergestellte (Ersatz-)Wirtschaftsgüter (aufgrund des Wegfalls des § 247 Abs. 3 und § 273 HGB a. F. durch das BilMoG ab 2010 handelsrechtlich für Neufälle nicht mehr zulässig).

Diese zulässigerweise angesammelten stillen Reserven werden bei einer Veräußerung oder durch eine Entnahme **aufgedeckt** (realisiert). Dieser Veräußerungs- oder Entnahmegewinn gehört zum laufenden Gewinn des Betriebs.

BEISPIEL

Wegen des Baues einer Umgehungsstraße droht dem Einzelunternehmer U die Enteignung eines bebauten Grundstücks. Im Wirtschaftsjahr 02 veräußert daher U das Grundstück an die Stadt für 300 000 €. Von dem Gesamtkaufpreis entfallen 1/3 auf den Grund und Boden und 2/3 auf das Gebäude. Die Buchwerte zum Zeitpunkt der Veräußerung betragen für den Grund und Boden 40 000 € und für das Gebäude 120 000 €.

Durch die Veräußerung werden folgende stille Reserven aufgedeckt:

für den Grund und Boden	60 000 €
für das Gebäude	80 000 €

Die Veräußerung ist normalerweise wie folgt zu buchen:

Sonst. Forderungen (bzw. Geldkonten)	300 000 €	
an Grund und Boden		40 000 €
an Gebäude		120 000 €
an Sonst. betriebliche Erträge		140 000 €

4.2 Vermeidung der sofortigen Versteuerung der aufgedeckten stillen Reserven

In bestimmten Fällen kann unter bestimmten Voraussetzungen die sofortige Versteuerung solcher Gewinne vermieden werden. Die wichtigsten Fälle regeln:

- R 6.6 EStR (Übertragung aufgedeckter stiller Reserven bei Ersatzbeschaffung bzw. Übertragung einer zuvor gebildeten Rücklage für Ersatzbeschaffung),
- § 6 b EStG (Übertragung aufgedeckter stiller Reserven, die bei der Veräußerung bestimmter Wirtschaftsgüter anfallen bzw. Übertragung einer zuvor gebildeten Rücklage für Reinvestitionen).

Beide Regelungen sehen für die steuerliche Wertermittlung insbesondere folgende zwei Möglichkeiten vor:

1. Übertragung der aufgedeckten stillen Reserven auf die **Anschaffungs- oder Herstellungskosten** eines anderen Wirtschaftsguts (Ersatzwirtschaftsguts), wenn das neue Wirtschaftsgut **im Jahr der Realisierung** der stillen Reserven angeschafft oder hergestellt wird.
2. **Bildung einer steuerfreien Rücklage** für die aufgedeckten stillen Reserven in der Schlussbilanz des Wirtschaftsjahres, in dem das Wirtschaftsgut ausgeschieden ist bzw. veräußert wurde, und **Übertragung** auf die Anschaffungs- oder Herstellungskosten eines anderen

im Folgejahr oder **einem späteren Wirtschaftsjahr** angeschafften oder hergestellten (Ersatz-)Wirtschaftsguts.

Zur **steuerlichen bilanz- und buchtechnischen Handhabung** der sofortigen Übertragung der aufgedeckten stillen Reserven auf die Anschaffungs- oder Herstellungskosten eines erworbenen oder hergestellten begünstigten Wirtschaftsguts oder der Bildung einer steuerfreien Rücklage und der späteren Übertragung auf ein begünstigtes Wirtschaftsguts ist für die Zeit **ab 2010** Folgendes zu bemerken:

- Durch das BilMoG sind im Zuge des Wegfalls der sog. »umgekehrten Maßgeblichkeit« des § 5 Abs. 1 Satz 2 EStG a. F. ab 2009 bzw. 2010 u. a. die Vorschriften des § 247 Abs. 3 und § 273 HGB zur Möglichkeit der handelsrechtlichen Bildung von Sonderposten mit Rücklageanteil weggefallen. Das bedeutet, dass ab 2010 für neue Fälle in der Handelsbilanz ein Sonderposten mit Rücklageanteil nicht mehr zulässig ist. Damit entfallen handelsrechtlich auch sämtliche Buchungen, die bisher mit der Bildung, Übertragung und Auflösung von Sonderposten mit Rücklageanteil zusammen hingen (bzw. zusammen hängen würden).
- Da bezüglich der Übertragung aufgedeckter stiller Reserven nach § 6 b EStG und R 6.6 EStR (sowie auch hinsichtlich der Regelung des R 6.5 EStR für Kapitalzuschüsse) zwangsläufig Handelsrecht und Steuerrecht nicht mehr mit einander im Einklang stehen, stellt sich die Frage, wie solche Vorgänge bilanz- und buchtechnisch steuerlich abzubilden sind. Nach § 5 Abs. 1 Satz 2 EStG ist für die Ausübung steuerlicher Wahlrechte Voraussetzung, dass die Wirtschaftsgüter, die nicht mit dem handelsrechtlich maßgeblichen Wert in der steuerlichen Gewinnermittlung ausgewiesen werden, in besondere, laufend zu führende Verzeichnisse aufgenommen werden (vgl. hierzu R 6.5 Abs. 2 Satz 4, R 6.6 Abs. 1 Satz 2 Nr. 3 und R 6b.2 Abs. 1 Satz 1 EStR). Auch § 60 Abs. 2 EStDV sieht für die abweichende Behandlung hinsichtlich der steuerlichen Gewinnermittlung folgende **zwei Möglichkeiten** vor:

1. Nach **§ 60 Abs. 2 Satz 1 EStDV** kann der Unterschied zwischen dem handelsrechtlichen und dem steuerlichen Ansatz außerbilanziell, d. h. in einer steuerlichen Nebenrechnung dargestellt werden. In diesem Fall gibt es eigentlich keine Buchungen und auch keine eigene Bilanz (Steuerbilanz) und keine eigene steuerliche GuV-Rechnung.

2. Nach **§ 60 Abs. 2 Satz 2 EStDV** kann der Unternehmer in solchen Fällen aber auch eine den steuerlichen Vorschriften entsprechende Steuerbilanz mit einer eigenen steuerlichen GuV-Rechnung aufstellen. In diesem Fall wäre dann auch eine eigene steuerliche Buchführung erforderlich, in der dann die steuerliche Behandlung auch buchmäßig in der gewohnten Weise dargestellt werden kann. Inwieweit von dieser Möglichkeit künftig Gebrauch gemacht wird, bleibt abzuwarten. Eine eigene steuerliche Buchführung mit einem eigenen steuerlichen Jahresabschluss (Steuerbilanz und steuerliche GuV-Rechnung) ist selbstverständlich zusätzlich zeit- und kostenaufwändig.

- Für die Erarbeitung der gesamten Problematik, vor allem bezüglich der steuerlichen Gewinnauswirkung der jeweiligen Geschäftsvorfälle, wird es jedoch zweckmäßig sein, dies auch buchmäßig zu überlegen (durch Bildung von Buchungssätzen). Bei der Lösung der nachstehenden Beispiele wird demgemäß in dieser Weise verfahren, obwohl es sich hierbei nur um »**steuerliche Buchungen**« handelt.

BEISPIELE

a) Sachverhalt wie im vorstehenden Beispiel von 4. 1. Noch im selben Wirtschaftsjahr erwirbt der Einzelunternehmer U ein geeignetes Ersatzgrundstück zum Gesamtkaufpreis von 500 000 €, wovon 150 000 € auf den Grund und Boden und 350 000 € auf das Gebäude entfallen. U überträgt zulässigerweise die durch die Veräußerung aufgedeckten stillen Reserven auf das angeschaffte Ersatzgrundstück.

LÖSUNG Die nur steuerlichen Buchungen im Wirtschaftsjahr 02 lauten dann (wobei es zweckmäßig ist, den durch die Veräußerung entstandenen Gewinn zunächst auf ein Konto »Steuerfreie Rücklage« zu buchen):

1. Sonst. Forderungen (oder: Geldkonten)	300 000 €	
an Grund und Boden (alt)		40 000 €
an Gebäude (alt)		120 000 €
an Steuerfreie Rücklage (nach § 6 b EStG)		140 000 €
2. Grund und Boden (neu)	150 000 €	
Gebäude (neu)	350 000 €	
an Sonst. Verbindlichkeiten (oder: Geldkonten)		500 000 €
3. Steuerfreie Rücklage (nach § 6 b EStG)	140 000 €	
an Grund und Boden (neu)		60 000 €
an Gebäude (neu)		80 000 €

b) Sachverhalt wie im vorstehenden Beispiel von 4. 1. Ein geeignetes Ersatzgrundstück wird jedoch erst im Wirtschaftsjahr 03 angeschafft und zwar für insgesamt 500 000 €, wovon auf den Grund und Boden 150 000 € und auf das Gebäude 350 000 € entfallen. Der Einzelunternehmer U überträgt zulässigerweise die im Wirtschaftsjahr 02 gebildete »Steuerfreie Rücklage« auf das im Wirtschaftsjahr 03 angeschaffte Ersatzgrundstück.

LÖSUNG Es fallen die gleichen Buchungen wie im vorstehenden Beispiel unter a) an, jedoch zeitlich auseinander fallend, nämlich die Buchung 1. im Wirtschaftsjahr 02 und die Buchungen 2. und 3. im Wirtschaftsjahr 03.

Durch eine solche Übertragung aufgedeckter stiller Reserven wird jedoch deren **Versteuerung** nicht beseitigt, sondern nur **hinausgeschoben.** Die Versteuerung erfolgt

- bei abnutzbaren Wirtschaftsgütern des Anlagevermögens durch niedrigere AfA-Beträge für das neue Wirtschaftsgut, da sich die AfA-Bemessungsgrundlage um die übertragenen stillen Reserven minderte (vgl. R 7.3 Abs. 4 EStR und § 6 b Abs. 6 EStG);
- bei nicht abnutzbaren Wirtschaftsgütern des Anlagevermögens erst im Zeitpunkt einer späteren Veräußerung oder Entnahme; bei solchen Wirtschaftsgütern kann die Gewinnverlagerung sehr langfristig oder dauerhaft sein;
- bei Wirtschaftsgütern des Vorratsvermögens erst im Zeitpunkt der Veräußerung, des betrieblichen Verbrauchs oder einer Entnahme; in diesen Fällen ist die Gewinnverlagerung i. d. R. nur kurzfristig.

In der nur steuerlichen bilanz- und buchtechnischen Handhabung bestehen hinsichtlich der Übertragung aufgedeckter stiller Reserven sowie der Bildung einer steuerfreien Rücklage und deren Übertragung oder Auflösung zwischen R 6.6 EStR und § 6 b EStG keine Unterschiede. Es bestehen jedoch z. T. erhebliche Unterschiede bezüglich der Voraussetzungen für die Bildung, die Übertragung und dem möglichen Auflösungszeitpunkt solcher steuerfreien Rücklagen. Nähere Einzelheiten hierzu sind in L 9.1 und L 9.2 dargestellt.

Die Vergünstigungen des R 6.6 EStR und § 6 b EStG stehen vollkommen selbstständig und gleichrangig nebeneinander. Treffen in einem Fall die Voraussetzungen für beide Möglichkeiten zu, so darf nur eine der beiden Vergünstigungen in Anspruch genommen werden. Die Entscheidung darüber liegt allein beim Steuerpflichtigen.

Kann die gebildete steuerfreie Rücklage **nicht** oder nicht mehr auf ein (Ersatz-)Wirtschaftsgut **übertragen** werden oder wird die Übertragung bewusst nicht vorgenommen (dies ist bei der Rücklage nach § 6 b EStG jederzeit zulässig), so muss sie **erfolgswirksam aufgelöst** werden.

BEISPIEL

Sachverhalt wie im vorstehenden Beispiel von 4.1 und der Einzelunternehmer U bildete zum Bilanzstichtag 31. 12.02 eine steuerfreie Rücklage nach § 6 b EStG in Höhe von 140 000 €.

LÖSUNG Bis zum Ablauf der Vierjahresfrist des § 6 b Abs. 3 Satz 2 EStG wurde von U kein Wirtschaftsgut angeschafft oder hergestellt, auf das die steuerfreie Rücklage übertragen werden konnte (auch die auf sechs Jahre erweiterte Frist kann nicht in Anspruch genommen werden). In diesem Fall muss U zum Bilanzstichtag 31. 12. 06 die steuerfreie Rücklage gewinnerhöhend auflösen.

Die Buchung muss zum 31. 12. 06 lauten:

Steuerfreie Rücklage	140 000 €	
an Sonst. betriebliche Erträge		
(oder Erträge aus Auflösung steuerfreier Rücklage)		140 000 €

In diesem Fall ist der steuerliche Gewinn nach § 6 b Abs. 7 EStG um 24 % des Auflösungsbetrags, das sind hier 33 600 €, zu erhöhen. Eine (steuerliche) Buchung fällt insoweit allerdings nicht an, da hierdurch der Gewinn der Steuer-Bilanz bzw. steuerlichen GuV-Rechnung nicht berührt wird. Vgl. auch die Ausführungen in L 9. 2. 3. 4.

5 Erhalt von Zuschüssen

5.1 Definition

Allgemein wird unter einem Zuschuss die Hingabe bzw. der Erhalt von Vermögenswerten (meist in Form von Geld) verstanden, ohne dass eine direkte Gegenleistung oder eine Rückgabeverpflichtung besteht. In der Praxis wird jedoch kaum jemand einen Zuschuss gewähren, ohne dass der Zuschussgeber in irgend einer Form, sei es direkt oder indirekt, eine Gegenleistung erwartet. **Steuerlich** unterscheidet man jedoch folgende zwei Arten des Zuschusses:

1. **Kapitalzuschuss** (echter Zuschuss): Ein Kapitalzuschuss liegt vor, wenn ein Zuschussgeber jemandem einmalige oder laufende Zuwendungen zukommen lässt, **ohne** dass eine Rückzahlungsverpflichtung oder ein unmittelbarer **wirtschaftlicher Zusammenhang** mit einer **(Gegen-)Leistung** des Zuschussempfängers besteht. Zuschüsse können von der öffentlichen Hand oder von privater Seite (anderen Unternehmen) gewährt werden. Von der öffentlichen Hand werden Zuschüsse regelmäßig aus arbeitsmarktpolitischen Gründen, zur Verstärkung der Investitionstätigkeit, zur Unterstützung der Baukonjunktur und der Eigentumsbildung oder aus ähnlichen Gründen gewährt. Von privater Seite werden manchmal Zuschüsse zur Finanzierung von Anschaffungen beim Zuschussempfänger gewährt. Investitionszulagen nach dem InvZulG sind jedoch keine Zuschüsse in diesem Sinne (vgl. H 6.5 (Investitionszulagen sind keine Zuschüsse) EStH).
2. **Ertragszuschuss** (unechter Zuschuss): Ein Ertragszuschuss liegt vor, wenn ein Zuschussgeber jemandem einmalige oder laufende Zuwendungen zukommen lässt und die Gewährung des Zuschusses dient zur **Verstärkung der Ertragskraft** des Zuschussempfängers

oder die Gewährung hängt unmittelbar wirtschaftlich mit einer **(Gegen-)Leistung** des Zuschussempfängers zusammen (vgl. auch R 6.5 Abs. 1 EStR). Ein typischer Ertragszuschuss ist der Zinszuschuss.

5.2 Steuerliche Behandlung der Kapitalzuschüsse

5.2.1 Behandlung beim Zuschussempfänger

Wurde ein (Kapital-)Zuschuss zur Finanzierung der Anschaffung oder Herstellung von Wirtschaftsgütern gewährt, so hat der Steuerpflichtige nach R 6.5 Abs. 2 EStR **zwei Möglichkeiten**:

1. Er kann den Zuschuss ohne Kürzung der Anschaffungs- oder Herstellungskosten des Wirtschaftsguts als **Betriebseinnahmen** behandeln.
2. Er kann den Zuschuss aber auch von den Anschaffungs- oder Herstellungskosten des betreffenden Wirtschaftsguts abziehen und damit im Zeitpunkt des Zuflusses **erfolgsneutral** behandeln. Dadurch mindert sich bei abnutzbaren Wirtschaftsgütern des Anlagevermögens die Bemessungsgrundlage für die AfA (vgl. R 7.3 Abs. 4 Satz 1 EStR). Der Erfolg der erhaltenen Zuwendung geht jedoch nicht verloren, sondern wirkt sich über die niedrigere AfA oder bei nicht abnutzbaren Wirtschaftsgütern bei einer Veräußerung oder Entnahme erfolgswirksam aus. Nach § 5 Abs. 1 Satz 2 EStG ist für die Ausübung steuerlicher Wahlrechte Voraussetzung, dass die Wirtschaftsgüter, die nicht mit dem handelsrechtlich maßgeblichen Wert in der steuerlichen Gewinnermittlung ausgewiesen werden, in besondere, laufend zu führende Verzeichnisse aufgenommen werden (vgl. hierzu R 6.5 Abs. 2 Satz 4 EStR).

Zur Behandlung von Zuschüssen zur Finanzierung von Baumaßnahmen vgl. auch H 6.5 (Mieterzuschüsse) EStH i. V. m. R 21.5 Abs. 3 EStR.

BEISPIEL

Der Unternehmer erhält im Jahr 03 von privater Seite (d. h. von einem anderen Unternehmen) einen Kapitalzuschuss von 50 000 € zur Herstellung eines Betriebsgebäudes. Die tatsächlichen Herstellungskosten des Gebäudes betragen 600 000 €, bezugsfertig im Januar 03.

LÖSUNG Bei Inanspruchnahme der Vergünstigung muss der Zuschussempfänger bei Erhalt des Zuschusses buchen (im Ergebnis):

Geldkonto	50 000 €	
an Gebäude		50 000 €

Die AfA errechnet sich somit nur noch aus 550 000 €.
Dieses steuerliche Wahlrecht kann unabhängig von der handelsrechtlichen Behandlung ausgeübt werden (vgl. § 5 Abs. 1 Satz 1 2. HS EStG).

5.2.2 Besonderheiten der Behandlung beim Zuschussempfänger

a) Erhalt des Kapitalzuschusses in einem späteren Jahr

Erhält der Zuschussempfänger die Zuwendung erst in einem Jahr nach der Anschaffung oder Herstellung des bezuschussten Wirtschaftsguts, so darf der Zuschuss auch nachträglich von den **Anschaffungs- oder Herstellungskosten** abgesetzt werden (R 6.5 Abs. 3 EStR). Die Bemessungsgrundlage für die AfA mindert sich nachträglich um den erhaltenen Zuschuss (R 7.3 Abs. 4 Satz 2 EStR). Eine Berichtigung der AfA für das Jahr der Anschaffung oder Herstellung des Wirtschaftsguts kommt nicht in Betracht.

BEISPIELE

a) Sachverhalt wie im vorstehenden Beispiel von 5.2.1, jedoch wird der Zuschuss erst im Jahr 04 gewährt.

LÖSUNG In diesem Fall mindert sich die AfA-Bemessungsgrundlage ebenfalls auf 550 000 €, jedoch erst ab dem Jahr 04.

b) Sachverhalt wie Beispiel a), jedoch handelt es sich um ein bewegliches Wirtschaftsgut (z. B. Maschine), Anschaffung im Januar 03, betriebsgewohnliche Nutzungsdauer zehn Jahre, der Steuerpflichtige wählt die lineare AfA.

LÖSUNG

Buchungen:		
a) im Jahr 03:		
Maschinen	600 000 €	
Vorsteuer	96 000 €	
an Geldkonten		696 000 €
Abschreibungen auf Anlagevermögen (10 % von 600 000 €, weil im Januar 03 angeschafft)	60 000 €	
an Maschinen		60 000 €
b) im Jahr 04:		
Geldkonto	50 000 €	
an Maschinen		50 000 €
Abschreibung auf Anlagevermögen (Restbuchwert 540 000 € ./. Zuschuss 50 000 € = 490 000 €, davon 1/9 AfA da Restnutzungsdauer noch neun Jahre)	54 445 €	
an Maschinen		54 445 €

b) Erhalt des Kapitalzuschusses in einem früheren Jahr

Erhält der Zuschussempfänger die Zuwendung bereits in einem Jahr vor der Anschaffung oder Herstellung des bezuschussten Wirtschaftsguts, so darf der Unternehmer für den erhaltenen Zuschuss eine **steuerfreie Rücklage** bilden und diese im Jahr der Anschaffung oder Herstellung des Wirtschaftsguts von den Anschaffungs- oder Herstellungskosten abziehen (R 6.5 Abs. 4 EStR). Zur Erfüllung der Aufzeichnungspflicht nach § 5 Abs. 1 Satz 2 EStG ist bei der Bildung der steuerfreien Rücklage der Ansatz in der Steuerbilanz ausreichend (vgl. R 6.5 Abs. 4 Sätze 2 und 3 EStR).

BEISPIEL

Sachverhalt wie im vorstehenden Beispiel a), jedoch erhält der Zuschussempfänger die Zuwendung bereits im Jahr 02.

LÖSUNG In diesem Fall darf der Unternehmer in der Bilanz zum 31. 12. 02 eine steuerfreie Rücklage in Höhe von 50 000 € bilden.

Buchung im Jahr 02:		
Geldkonto	50 000 €	
an Zuschussrücklage		50 000 €
Buchung im Jahr 03 bei Anschaffung:		
Zuschussrücklage	50 000 €	
an Gebäude		50 000 €

c) Investitionszulagen nach dem Investitionszulagengesetz

Diese Investitionszulagen mindern nicht die Anschaffungs- oder Herstellungskosten der betreffenden Wirtschaftsgüter, da es sich nicht um Zuschüsse handelt und diese Erträge nicht den Ertragsteuern unterliegen (H 6.5 (Investitionszulagen sind keine Zuschüsse) EStH). Sie sind bei der Ermittlung des steuerpflichtigen Gewinns **außerhalb der Bilanz abzuziehen**.

5.2.3 Behandlung beim Zuschussgeber

Die Zuwendung eines Kapitalzuschusses stellt beim Zuschussgeber regelmäßig Aufwand dar. U. U. kann jedoch durch die Hingabe des Zuschusses ein immaterielles Wirtschaftsgut entstehen, das dann zu aktivieren wäre. Vgl. hierzu die Ausführungen in K 2.

5.3 Steuerliche Behandlung der Ertragszuschüsse

a) Behandlung beim Zuschussempfänger

In den Fällen des Ertragszuschusses liegen beim Zuschussempfänger stets **Betriebseinnahmen** vor. Erstreckt sich die Gegenleistung des Zuschussempfängers über das Jahr des Zuschusserhalts hinaus, ist der erhaltene Zuschuss auf die Dauer der Verpflichtung zur Gegenleistung zu verteilen. Der erhaltene Betrag ist als passiver RAP zu bilanzieren und linear zu verteilen (§ 5 Abs. 5 Satz 1 Nr. 2 EStG, § 250 Abs. 2 HGB).

BEISPIEL

Unternehmer V vermietet ab 02. 01. 02 – 30. 09. 12 ein unbebautes Grundstück, das er zu Recht in seinem Betriebsvermögen führt, an einen anderen Unternehmer. Der Mieter nutzt das Grundstück zu Lagerzwecken.

Auf Wunsch des Mieters errichtet V im Laufe des Jahres 02 ein Lagergebäude für 200 000 €, bezugsfertig im Oktober 02. Die Nutzungsdauer des Gebäudes beträgt 20 Jahre. Der Mieter beteiligt sich an den Herstellungskosten im Jahr 02 mit einem Zuschuss von 20 000 €.

Die darüber hinaus vom Mieter zu zahlende Miete ist angemessen.

LÖSUNG In diesem Fall stellt der vom Mieter gewährte Zuschuss ein zusätzliches Nutzungsentgelt für den Vermieter V dar (vgl. auch H 6.5 (Geld- oder Bauleistungen) EStH). Der Zuschuss ist bei V als passiver RAP zu bilanzieren und auf die restliche Mietdauer zu verteilen (hier noch zehn Jahre).

Buchungen:

a) bei Erhalt des Zuschusses im Jahr 02:		
Geldkonto	20 000 €	
an Pass. RAP		20 000 €
b) zum 31. 12. 02:		
Pass. RAP (für 02 nur 3 Monate)	500 €	
an Mieterträge		500 €
c) ab dem Jahr 03:		
Pass. RAP	2 000 €	
an Mieterträge		2 000 €

b) Behandlung beim Zuschussgeber

In den Fällen des Ertragszuschusses entsteht beim Zuschussgeber regelmäßig ein **immaterielles Wirtschaftsgut** (z. B. ein Nutzungsrecht oder ein Belieferungsrecht). Dieses entgeltlich erworbene immaterielle Einzel-Wirtschaftsgut ist zu aktivieren (§ 5 Abs. 2 EStG, § 246 Abs. 1

Satz 1 HGB) und linear (nach § 7 Abs. 1 EStG) auf die Nutzungsdauer abzuschreiben. Vgl. hierzu im Einzelnen die Ausführungen in K 2.

6 Schwund

6.1 Allgemeine Grundsätze

Der Begriff »Schwund« wird regelmäßig als Sammelbezeichnung für folgende Vorgänge verwendet:

- Verflüchtigen und Verdunsten von Flüssigkeiten,
- Zerstörung und zu Bruch gehen von leicht zerbrechlichen Gegenständen (z. B. Glas, Geschirr),
- Verderben von leicht verderblichen Waren (z. B. Obst und Gemüse),
- Verlust durch Diebstahl und Verlorengehen.

Bei Handelswaren sowie Roh-, Hilfs- und Betriebsstoffen kann dieser Schwund bei bestimmten Wirtschaftsgütern regelmäßig wie folgt eintreten:

- beim Transport vom Lieferanten zum Abnehmer,
- im Zuge des Ausladens und Einlagerns beim Erwerber,
- während der Lagerung beim Erwerber,
- bei der Verarbeitung oder der Auslieferung im Rahmen einer Veräußerung.

Es stellt sich beim Schwund die Frage, ob und ggf. in welchem Umfang die **Anschaffungskosten** eines erworbenen Gegenstands bzw. Wirtschaftsguts hiervon betroffen sind. Nach BFH vom 31.07.1967 (BStBl II 1968, 22) und vom 24.02.1972 (BStBl II 1972, 422) endet für einen Kaufmann, der Roh-, Hilfs- und Betriebsstoffe oder Handelswaren erwirbt, der Anschaffungsvorgang nicht schon, wenn die Gegenstände bei ihm angekommen sind, sondern erst, wenn sie das Lager erreicht haben und erstmals eingelagert sind. Es kann branchenüblich sein, dass während des Transports und bei der Einlagerung erfahrungsgemäß ein bestimmter Teil der angelieferten Gegenstände unterwegs oder im Zuge der Einlagerung verderben, zerstört werden, sich verflüchtigen oder aus einem anderen Grunde verlorengehen. In derartigen Fällen verteilen sich die **Anschaffungskosten** des gesamten erworbenen Postens auf diejenigen Teile, die **unversehrt in das Lager** des Erwerbers gelangen. Der durch Lagerung, spätere Verarbeitung oder bei der Veräußerung verlorengehende Teil berührt die Anschaffungskosten nicht. Die **nach der Einlagerung** verlorengehenden Teile sind entweder durch eine **Teilwertabschreibung** (handelsrechtlich außerplanmäßige Abschreibung) zu berücksichtigen oder gehen in die Herstellungskosten eines Gegenstandes ein oder sind erst später als Aufwand zu behandeln.

BEISPIEL

Ein Bauunternehmer kauft 10 000 Stück Dachziegel und lässt diese mit einem eigenen Fahrzeug bei der Lieferfirma abholen. Der Lieferant verlangt pro Dachziegel 5,00 € + Umsatzsteuer.
Es gehen folgende Dachziegel zu Bruch:

- 50 Stück während des Transports,
- 50 Stück beim Ausladen und Einlagern,
- 50 Stück während der Lagerung aus Unachtsamkeit,
- 50 Stück während der Verarbeitung.

LÖSUNG In diesem Fall gelangen nur 9 900 unversehrte Dachziegel in das Lager des Erwerbers, wofür er allerdings 50 000 € aufwenden musste.

Sollten zum Bilanzstichtag noch Dachziegel dieser Lieferung vorhanden sein, müssten diese mit (50 000 € : 9 900 Stück =) 5,05 € pro Stück angesetzt werden. Die während der Lagerung und im Zuge der Verarbeitung zerstörten Stücke haben hierauf keinen Einfluss.
Für die durch die Lagerung zerstörten Stücke kommt eine Teilwertabschreibung (handelsrechtlich außerplanmäßige Abschreibung) auf 0 € in Betracht, da die Wertminderung von Dauer ist. Ein Schwund bei der späteren Verarbeitung rechtfertigt jedoch keine Teilwertabschreibung (bzw. außerplanmäßige Abschreibung).

6.2 Besonderheiten beim Vorratsvermögen

a) Diebstahl von Waren und Vorräten

In diesen Fällen stellt der Verlust einen Aufwand dar (systematisch betrachtet eigentlich eine Teilwertabschreibung bzw. außerplanmäßige Abschreibung auf 0 €). Für die buchmäßige Behandlung gibt es zwei Möglichkeiten:

1. Ausbuchung des Verlustes zum Buchwert:
   Sonst. betrieblicher Aufwand ... €
   an Wareneinkauf bzw. Vorräte ... €

   Diese Buchung führt zu einer Gewinnminderung. Sie ist zweckmäßig, damit der Wareneinsatz bzw. Materialeinsatz nicht verfälscht wird. Diese Buchung wird in der Praxis aber wohl nur vorgenommen, wenn ein außergewöhnlicher Schwund eintrat.
2. Keine Buchung: Diese Handhabung führt zwar zum selben Ergebnis und zwar über den dann höheren Waren- bzw. Materialeinsatz, jedoch stimmt dann der Waren- bzw. Materialeinsatz insoweit nicht.

b) Innerbetrieblicher Verbrauch

Werden Waren oder Rohstoffe innerbetrieblich verbraucht, ohne dass damit Produkte hergestellt werden, entsteht ebenfalls ein **Aufwand** im Zeitpunkt des Verbrauchs (z. B. ein Warenhaus verbraucht Putzmittel zur Reinigung des Betriebsgebäudes). In diesem Fall ist es zweckmäßig, wie beim Diebstahl, den **Verbrauch der Gegenstände zu buchen**, damit der Waren- und Materialeinsatz nicht verfälscht werden. Am zweckmäßigsten dürfte es sein, den für den innerbetrieblichen Verbrauch bestimmten Bestand auf einem eigenen Bestandskonto zu führen und die Veränderungen zum jeweiligen Bilanzstichtag über das Konto »Bestandsveränderungen« zu buchen. Bei dieser Handhabung können die Zugänge solcher Gegenstände sofort als Aufwand behandelt werden.

7 Erwerb von Grundstücken im Zwangsversteigerungsverfahren

7.1 Begriffsbestimmungen

Um die Zusammensetzung und Ermittlung der Anschaffungskosten eines im Zwangsversteigerungsverfahren erworbenen Grundstücks zutreffend beurteilen zu können, ist die Kenntnis folgender Zusammenhänge und Begriffe des **Zwangsversteigerungsrechts** unerlässlich. Auf einem Grundstück können verschiedenartige **Belastungen** ruhen, die jeweils aus dem Grundbuch ersichtlich sind. Infrage kommen etwa Belastungen mit Dienstbarkeiten (z. B. Überfahrtsrechte für Nachbarn), Nutzungsrechte (z. B. Nießbrauch), aber auch Hypotheken und Grundschulden. Letztere sichern die Forderungen der Gläubiger (z. B. Banken, Bausparkassen, Handwerker).

Kommt der Schuldner seinen Zahlungspflichten nicht mehr nach, dann können die Gläubiger oder auch nur einzelne oder einer von ihnen die **Zwangsversteigerung** des Grundstücks betreiben. Die Zwangsversteigerung wird auf Antrag des oder der Gläubiger durch das Versteigerungsgericht (Amtsgericht) vorgenommen. Dabei wird wichtig, dass die Gläubiger von Hypotheken und Grundschulden (was für die uns interessierenden Fragen dasselbe ist) im Grundbuch mit festen Rangstellen eingetragen sind. So kann etwa eine Bank eine Grundschuld an 1. Rangstelle über 200 000 € besitzen, dann eine Bausparkasse eine Hypothek an 2. Rangstelle über 100 000 €, ein Bauunternehmer eine weitere Hypothek an 3. Rangstelle über 120 000 € und schließlich ein Handwerker mit noch einer Hypothek an 4. Rangstelle über 50 000 €.

Betreibt nun der Bauunternehmer die Zwangsversteigerung, so werden dadurch die **vorrangigen Hypotheken** und Grundschulden nicht berührt. Ersteigert jemand das Grundstück, so muss er die vorrangigen Belastungen mit übernehmen. Ersteigert der Bauunternehmer also das obige Grundstück für einen Betrag von 360 000 €, so muss er 60 000 € bezahlen, während er für die restlichen 300 000 € die Belastungen gegenüber Bank und Bausparkasse zu übernehmen hat. Von den 60 000 € werden die Kosten des Zwangsversteigerungsverfahrens (nehmen wir an 2 000 €) eingezogen, der Rest (58 000 €) wird an den Bauunternehmer der 3. Rangstelle ausbezahlt. Die Hypotheken der 3. und 4. Rangstelle werden gelöscht, da nur die vorrangigen Belastungen erhalten bleiben. Für den Bauunternehmer stellte also die Hypothek an der 3. Rangstelle nur noch eine teilweise, für den Handwerker seine Hypothek an der 4. Rangstelle überhaupt keine Sicherung für seine Forderungen mehr dar.

Folgende **Begriffe** sollte man kennen (am Schluss des jeweiligen Begriffs sind die vorstehend skizzierten Beispiele weiterentwickelt):

a) Zuschlag

Der Zuschlag ist ein Eigentumsübertragungs-Akt des öffentlichen Rechts, ähnlich einer Enteignung, also ein konstitutiver staatlicher Hoheitsakt, durch den **Eigentum** nicht übertragen, sondern **begründet** wird. Es handelt sich also nicht um einen Vertrag, nicht um ein Rechtsgeschäft, sondern um eine privatrechtsgestaltende prozessuale Entscheidung, also um eine Gerichtsentscheidung (Zuschlagsbeschluss). Nach § 81 Abs. 1 ZVG muss der Zuschlag dem **Meistbietenden** erteilt werden. Der Meistbietende ist derjenige, der in der Versteigerung bis zum Ende der Bieterstunde am meisten bietet. Das können auch mehrere Bieter gemeinsam tun.

b) Meistgebot

Das Meistgebot ist das höchste Gebot, das ein Bieter bis zum Ende der Bieterstunde abgibt (§§ 73, 81 Abs. 1 ZVG, im vorstehenden Beispiel 360 000 €). Es besteht aus dem baren Teil des Meistgebots (hier 60 000 €) und den bestehenbleibenden Belastungen (hier 300 000 €).

c) Geringstes Gebot

Das geringste Gebot ist der Mindestbetrag, der geboten werden muss, damit das Grundstück überhaupt zur Versteigerung gelangt (§ 44 ZVG). Werden nur Gebote unter dem geringsten Gebot abgegeben, dann kommt es nicht zum Zuschlag an einen der Bieter. Das geringste Gebot setzt sich nach § 44 Abs. 1 ZVG aus folgenden zwei Teilen zusammen:

1. dem geringsten **Bar**gebot (hier 2 000 €); das ist der bar zu zahlende Teil des geringsten Gebots **und**
2. den bestehenbleibenden Belastungen (hier 300 000 €) bzw. Rechten nach § 52 ZVG.

d) Geringstes Bargebot

Das geringste Bargebot setzt sich nach § 49 Abs. 1 ZVG aus folgenden Positionen zusammen:

- den Kosten des Zwangsversteigerungsverfahrens (hier 2 000 €),
- den Ansprüchen nach § 10 Abs. 1 Nr. 1–3 ZVG (z. B. Kosten der Verwaltung des Objekts der Zwangsversteigerung, rückständige öffentliche Lasten der letzten vier Jahre, insbesondere Grundsteuern, Zinsen, und Rentenleistungen),
- den Ansprüchen nach § 12 Nr. 1 und 2 ZVG.

Nicht zum geringsten Bargebot gehören demnach die **bestehenbleibenden Belastungen**, die der Ersteigerer übernehmen muss. Ist ein Hypothekengläubiger selbst der Betreiber der Zwangsversteigerung, so zählt seine eigene Hypothekenforderung ebenfalls nicht hierzu und damit auch nicht zum geringsten Bargebot. Das geringste Bargebot besteht daher mindestens aus den Kosten der Zwangsversteigerung. Das geringste Bargebot ist Teil des geringsten Gebots aber auch gleichzeitig Teil des Bargebots.

e) Bestehenbleibende Belastungen bzw. Rechte

Das sind Grundschulden, Hypotheken und grundschuldmäßige Rentenschulden, die der Rangklasse des betriebenen Rechts vorgehen oder gleichstehen und deren Recht im Zwangsversteigerungsverfahren nicht betrieben wird (hier 300 000 €). Bestehenbleibende Belastungen sind also Teil des geringsten Gebots und gleichzeitig Teil des Meistgebots.

f) Bargebot

Nach § 49 Abs. 1 ZVG setzt sich das Bargebot aus folgenden bar zu zahlenden Positionen zusammen:

- aus dem geringsten Bargebot (hier 2 000 €) **und**
- dem das geringste Gebot übersteigenden Betrag des Meistgebots (Mehrgebot, hier 58 000 €),

Das Bargebot ist demnach der in bar zu zahlende Teil jedes Gebots, also sowohl des Geringstgebots, des geringsten Bargebots als auch des Meistgebots (hier 60 000 €). Das ist demnach mindestens der Betrag für die Kosten des Zwangsversteigerungsverfahrens zuzüglich eines evtl. Mehrgebots, d. h. eines Betrags, der darüber hinaus mehr geboten wird.

g) Mehrgebot

Das Mehrgebot ist der das geringste Bargebot übersteigende Teil des Bargebots (hier 58 000 €). Das Mehrgebot ist daher auch Teil des Meistgebots.

h) Mindestgebot

Bleibt das abgegebene Meistgebot einschließlich der bestehenbleibenden Rechte unter 7/10 des tatsächlichen Verkehrswerts des Grundstücks, dann kann ein nachrangiger Gläubiger, dessen Ansprüche durch einen Zuschlag ausfallen würden, die Versagung des Zuschlags beantragen (§ 74 a ZVG). Wird der Zuschlag versagt, dann ist ein neuer Versteigerungstermin zu bestimmen, bei dem dann das 7/10-Mindestgebot nicht mehr gilt (§ 74 a Abs. 4 ZVG).

Macht kein Gläubiger von dem 7/10-Mindestgebot des § 74 a ZVG Gebrauch (relatives Mindestgebot), dann hat das Gericht von Amts wegen zur Verhinderung von Grundstücksverschleuderungen ein 5/10-Mindestgebot (absolutes Mindestgebot) zu beachten (§ 85 a ZVG). Es darf also unterhalb der Hälfte des Verkehrswerts keinen Zuschlag erteilen. Auch dieses Mindestgebot gilt allerdings nur im ersten Versteigerungstermin (§ 74 a Abs. 4 ZVG).

BEISPIEL

Dieses Beispiel bezieht sich auf die oben stehenden Begriffe a) – h).
Auf einem Grundstück des S (Verkehrswert 110 000 €) lasten folgende Hypotheken:

- Hypothek über 50 000 € Gläubiger A.
- Hypothek über 30 000 € Gläubiger B.

Auf Betreiben des B kommt es zur Zwangsversteigerung des Grundstücks. A tritt dem Zwangsversteigerungsverfahren nicht bei. Es fallen insgesamt 2 500 € Kosten für die Durchführung der Zwangsversteigerung an. B erhält im Versteigerungstermin aufgrund seines Bargebots von 40 000 € als Meistbietender den Zuschlag.

Es betragen in diesem Falle:

	Kosten des Zwangsversteigerungsverfahren	2 500 €
=	**geringstes Bargebot**	2 500 €
+	bestehenbleibende Belastungen (Hypothekenforderung des A)	50 000 €
=	**geringstes Gebot**	52 500 €
+	**Mehrgebot** des B (= Unterschied zwischen dem geringsten Bargebot 2 500 € und dem baren Teil des Meistgebots, d. h. dem **Bargebot** von 40 000 €)	37 500 €
=	**Meistgebot**	90 000 €

Die Hypothekenforderung des B in Höhe von 30 000 € gehört daher weder zum geringsten Bargebot, noch zum Geringstgebot oder Bargebot; sie kann durch das Bargebot des B abgedeckt sein, muss aber nicht, da B diesen zunächst gebotenen Betrag ja vom Gericht wieder ausgezahlt bekommt.
Anmerkung: Diese Tatsache gilt nur, wenn ein Hypothekengläubiger selbst die Versteigerung betreibt oder der Versteigerung beitritt und das Grundstück selbst ersteigert. Das relative Mindestgebot beträgt 77 000 €, das absolute Mindestgebot 55 000 € (= 5/10 vom Verkehrswert 110 000 €).

7.2 Zusammensetzung der Anschaffungskosten

Zu den Anschaffungskosten eines Grundstücks, das durch Zuschlag im Zwangsversteigerungsverfahren erworben wird, gehören folgende Beträge:

- das Bargebot; dazu gehören auch die vom Ersteigerer zu entrichtenden Kosten der Zwangsversteigerung,
- die bestehenbleibenden Belastungen bzw. Rechte, die vom Ersteigerer zu übernehmen sind (z. B. vorrangige Grundschulden und Hypotheken; vgl. auch BFH vom 26.04.1977 BStBl II 1977, 714),
- die vom Ersteigerer zu entrichtende Grunderwerbsteuer,
- sowie alle Verpflichtungen, die der Ersteigerer gegenüber dem Schuldner oder Dritten übernimmt, z. B. Mietvorauszahlungen, die die Mieter an den Voreigentümer gezahlt haben und die der Ersteigerer gegen sich gelten lassen muss (BFH vom 17.12.1970 BStBl II 1971, 325).

7.3 Sonderfall: Ersteigerung durch den Hypothekengläubiger

Ersteigert der Hypothekengläubiger das Grundstück selbst, dann gehört zu den Anschaffungskosten des Grundstücks auch die **eigene Hypothek.** Insoweit gibt der Ersteigerer ein dingliches Verwertungsrecht gegenüber dem bisherigen Grundstückseigentümer auf. Hinsichtlich der Eigenhypothek liegt für den Ersteigerer ein tauschähnlicher Vorgang vor.

Dabei muss der hingegebene Vermögensgegenstand, die Hypothek, mit ihrem gemeinen Wert angesetzt werden (BFH vom 11.10.1960 BStBl III 1960, 492 und vom 14.06.1967 BStBl III

1967, 574). Der gemeine Wert der Hypothek richtet sich in einem solchen Fall danach, was das Grundstück im Zeitpunkt der Ersteigerung noch wert ist (Verkehrswert des Grundstücks), nach Abzug der außerdem im Meistgebot für das Grundstück **tatsächlich** zu erbringenden Entgeltsleistung (das ist das Bargebot abzüglich der Kosten des Zwangsversteigerungsverfahrens und der Ansprüche nach § 10 Nr. 1–3 ZVG, also der Teil des Bargebots, den der Ersteigerer vom Gericht als Versteigerungserlös ausgezahlt bekommt); vgl. BFH vom 25.07.1972 BStBl II 1972, 881. Ein Ersteigerer, der nicht zugleich Hypothekengläubiger ist, würde nämlich auch nicht mehr bieten als das Grundstück am Versteigerungstermin wert ist.

Danach gehören zu den Anschaffungskosten des vom Hypothekengläubiger selbst ersteigerten Grundstücks insgesamt folgende Beträge:

- alle Beträge, die zu den Anschaffungskosten gehören, wenn das Grundstück von einem Nichthypothekengläubiger ersteigert wird (vgl. Katalog der vorstehenden Ausführungen 7.1 zu Buchstaben a) bis h)),
- zuzüglich gemeiner Wert der ausgefallenen Eigenhypothek, soweit dieser noch durch den Verkehrswert des Grundstücks gedeckt ist (vgl. BFH vom 11.11.1987 BStBl II 1988, 424).

BEISPIELE

a) Unternehmer U erhielt bei der Versteigerung eines unbebauten Grundstücks den Zuschlag aufgrund seines Bargebots in Höhe von 20 000 €. Das Grundstück war wie folgt belastet:

• I. Hypothek für Gläubiger A	40 000 €
• II. Hypothek für Gläubiger B	30 000 €
• III. Hypothek für Gläubiger C	25 000 €

Die Versteigerung hatte der Gläubiger B betrieben. Die Versteigerungskosten betrugen 2 000 €, das geringste Gebot 42 000 €. Der Gläubiger A trat dem Zwangsversteigerungsverfahren nicht bei. Wie hoch sind die Anschaffungskosten des U?

LÖSUNG Die Anschaffungskosten für das von U ersteigerte Grundstück setzen sich wie folgt zusammen:

Bargebot (einschließlich der bereits enthaltenen Kosten des Zwangsversteigerungsverfahrens)	20 000 €
+ Bestehenbleibende I. Hypothek des Gläubigers A, die U zu übernehmen hat	40 000 €
= Meistgebot	60 000 €
+ 3,5 % Grunderwerbsteuer von 60 000 € =	2 100 €
= Anschaffungskosten	62 100 €

Dazu kommen zu gegebener Zeit noch die Gebühren für die Eintragung des Eigentumswechsels im Grundbuch.

b) Wie Beispiel a), jedoch tritt der Gläubiger A dem Zwangsversteigerungsverfahren bei.

LÖSUNG Da in diesem Fall kein Recht mehr bestehen bleibt, fallen für den U nur Anschaffungskosten in Höhe des Bargebots von 20 000 € zuzüglich 3,5 % Grunderwerbsteuer mit 700 € und zuzüglich Grundbuchgebühren an. In der Praxis würde in einem solchen Fall der Gläubiger A wohl sicherlich mindestens in Höhe seiner Hypothekenforderung (hier 40 000 €) mitsteigern. Außerdem müsste das Gericht im ersten Versteigerungstermin das Mindestgebot des § 85 a ZVG beachten.

c) Wie Beispiel a), jedoch ist B nicht nur der Betreiber der Zwangsversteigerung, sondern gleichzeitig der Ersteigerer des Grundstücks.
Der Verkehrswert des Grundstücks beträgt zum Zeitpunkt der Versteigerung 55 000 €.

LÖSUNG Die Anschaffungskosten für das von B ersteigerte Grundstück setzen sich wie folgt zusammen:

Bargebot (einschließlich der darin bereits enthaltenen Kosten des Zwangsversteigerungsverfahrens von 2 000 €)		20 000 €
+ Bestehenbleibende I. Hypothek des Gläubigers A, die B zu übernehmen hat		40 000 €
= Meistgebot		60 000 €
+ Eigene Hypothek des B mit folgendem Betrag:		
Nominalwert der eigenen Hypothek	30 000 €	
./. Auszahlungsforderung an das Gericht (dieser Betrag ist in den 20 000 € des Bargebots bereits berücksichtigt)	18 000 €	
Verbleiben als gemeiner Wert der eigenen Hypothek	12 000 €	
Dieser verbleibende gemeine Wert der eigenen Hypothek darf nur dann noch als zusätzliche Anschaffungskosten zum Meistgebot hinzugerechnet werden, soweit der Grundstückswert den Betrag des Meistgebots übersteigt. Da der Verkehrswert des Grundstücks nur 55 000 € beträgt, bleibt kein Raum mehr für einen zusätzlichen Ansatz eines Teils der eigenen Hypothek.		–
= Anschaffungskosten somit nur in Höhe des Meistgebots		60 000 €

Hierzu kommen noch die weiter anfallenden Nebenkosten der Anschaffung, die von dem Zwangsversteigerungsverfahren unabhängig sind (z. B. Grunderwerbsteuer, Grundbuchgebühren).

Buchungen bei B:

• Grundstück	60 000 €	
an Hypothekenschuld A		40 000 €
an Geldkonto		20 000 €
• Sonstige Forderungen (Gericht)	18 000 €	
Forderungsverluste (Ausfall der restlichen Hypothek)	12 000 €	
an Hypothekenforderungen		30 000 €

d) Wie Beispiel c), jedoch beträgt der Verkehrswert des Grundstücks im Zeitpunkt der Versteigerung 70 000 € (entspricht BFH vom 11. 11. 1987 BStBl II 1988, 424).

LÖSUNG Die Anschaffungskosten für das von B ersteigerte Grundstück setzen sich wie folgt zusammen:

Bargebot (einschließlich der darin bereits enthaltenen Kosten des Zwangsversteigerungsverfahrens von 2 000 €)		
+ Bestehenbleibende I. Hypothek des Gläubigers A, die B zu übernehmen hat		20 000 €
= Meistgebot		40 000 €
+ Eigene Hypothek des B mit folgendem Betrag:		60 000 €
Nominalwert der eigenen Hypothek	20 000 €	
./. Auszahlungsforderung an das Gericht (dieser Betrag ist in den 20 000 € des Bargebots bereits berücksichtigt)	18 000 €	
Verbleiben als gemeiner Wert der eigenen Hypothek	12 000 €	
Davon sind 10 000 € zusätzliche Anschaffungskosten des Grundstücks. Das ist der Betrag, um den der Verkehrswert des Grundstücks das Meistgebot übersteigt und durch den gemeinen Wert der eigenen Hypothek gedeckt ist.		10 000 €
= Anschaffungskosten somit		70 000 €

Hierzu kommen noch die weiter anfallenden Nebenkosten der Anschaffung, die von dem Zwangsversteigerungsverfahren unabhängig sind (z. B. Grunderwerbsteuer42 000 €, Grundbuchgebühren). Vgl. zur Lösung auch H 6.2 (Zwangsversteigerung) EStH.

Buchungen bei B:

• Grundstück	70 000 €	
an Hypothekenschuld A		40 000 €
an Geldkonto		20 000 €
an Hypothekenforderungen (eigene)		10 000 €
• Sonstige Forderungen (Gericht)	18 000 €	
Forderungsverluste (Ausfall der restlichen Hypothek)	2 000 €	
an Hypothekenforderungen (eigene)		20 000 €

e) Wie Beispiel c), jedoch beträgt der Verkehrswert des Grundstücks im Zeitpunkt der Versteigerung 80 000 €.

LÖSUNG Die Anschaffungskosten für das von B ersteigerte Grundstück setzen sich wie folgt zusammen:

Bargebot (einschließlich der darin bereits enthaltenen Kosten des Zwangsversteigerungsverfahrens)		20 0000 €
+ Bestehenbleibende I. Hypothek des Gläubigers A, die B zu übernehmen hat		40 0000 €
= Meistgebot		60 0000 €
+ Eigene Hypothek des B mit folgendem Betrag:		
Nominalwert der eigenen Hypothek	30 0000 €	
./. Auszahlungsforderung an das Gericht	18 0000 €	
Verbleiben als gemeiner Wert der eigenen Hypothek	12 0000 €	
In diesem Fall ist der gesamte verbliebene gemeine Wert der eigenen Hypothek zusätzlich als Anschaffungskosten anzusetzen, da der Verkehrswert des Grundstücks (hier 80 000 €) den Betrag des Meistgebots (hier 60 000 €) um mehr als den gemeinen Wert der eigenen Hypothek übersteigt.		12 000 €
= Anschaffungskosten somit		72 000 €

Hierzu kommen noch die weiter anfallenden Nebenkosten der Anschaffung, die von dem Zwangsversteigerungsverfahren unabhängig sind (z. B. Grunderwerbsteuer, Grundbuchgebühren).

Buchungen bei B:

• Grundstück	72 000 €	
an Hypothekenschuld A		40 000 €
an Geldkonto		20 000 €
an Hypothekenforderungen (eigene)		12 000 €
• Sonstige Forderungen (Gericht)	18 000 €	
an Hypothekenforderungen (eigene)		18 000 €

f) Wie Beispiel c), jedoch beträgt der Verkehrswert des Grundstücks 80 000 € und der Gläubiger A (Gläubiger der I. Hypothek über 40 000 €) trat dem Zwangsversteigerungsverfahren bei. Außerdem handelt es sich um ein bebautes Grundstück (Wertverhältnis Grund und Boden 40 %, Gebäude 60 %). Bei der Versteigerung erhielt B den Zuschlag aufgrund seines Meistgebots in Höhe von 42 000 €.

LÖSUNG Die Anschaffungskosten für das von B ersteigerte Grundstück setzen sich wie folgt zusammen:

Meistgebot (einschließlich der darin bereits enthaltenen Kosten des Zwangsversteigerungsverfahrens)		42 000 €
+ Eigene Hypothek des B mit folgendem Betrag:		
Nominalwert der eigenen Hypothek	30 000 €	
./. Auszahlungsforderung an das Gericht: Eine Auszahlungsforderung besteht hier nicht, weil durch das Meistgebot nur die I. Hypothek und die Kosten des Zwangsversteigerungsverfahrens abgedeckt sind.	–	
Verbleiben als gemeiner Wert der eigenen Hypothek	30 000 €	
In diesem Fall ist der gesamte gemeine Wert der eigenen Hypothek zusätzlich als Anschaffungskosten anzusetzen, da der Verkehrswert des Grundstücks (hier 80 000 €) den Betrag des Meistgebots (hier 42 000 €) um mehr als den gemeinen Wert der eigenen Hypothek übersteigt.		30 000 €
= Anschaffungskosten somit		72 000 €

Die Anschaffungskosten in Höhe von 72 000 € sind im Verhältnis 40 % aufgrund und Boden und 60 % auf Gebäude aufzuteilen. Das Gleiche gilt für die noch anfallenden Nebenkosten der Anschaffung (z. B. Grunderwerbsteuer und Grundbuchgebühren).

Buchungen bei B:		
Grund und Boden	28 800 €	
Gebäude	43 200 €	
an Geldkonto		42 000 €
an Hypothekenforderungen (eigene)		30 000 €

8 Unentgeltlicher Erwerb (fiktive Anschaffungskosten)

8.1 Begriffsbestimmung und Abgrenzung

Wegen der handelsrechtlichen und steuerlichen **Wertansätze** müssen die Fälle der unentgeltlichen Übertragung von Gegenständen von den Fällen der entgeltlichen Übertragung abgegrenzt werden. Hierbei sind zu unterscheiden:

- voll entgeltlicher Erwerb (bzw. Übertragung),
- teilentgeltlicher Erwerb (gemischte Schenkung bzw. Übertragung),
- unentgeltlicher Erwerb (Schenkung ohne Auflage oder Schenkung mit Auflage bzw. Übertragung).

a) Ein **voll entgeltlicher Erwerb** (voll entgeltliche Übertragung) liegt vor, wenn die Beteiligten subjektiv Leistung und Gegenleistung gegeneinander abgewogen haben (vgl. BFH vom 26.01.1978 BStBl II 1978, 301 und vom 22.09.1982 BStBl II 1983, 99). Dies ist insbesondere der Fall, wenn die Beteiligten einen Kaufvertrag abschließen und darin einen Kaufpreis vereinbaren, der dem Wert des Gegenstands annähernd entspricht. Entspricht der vereinbarte Kaufpreis nicht wenigstens annähernd dem Wert des Gegenstands und liegt in Höhe eines etwaigen Differenzbetrags nicht nur eine bloße Fehleinschätzung vor, so ist zu prüfen, ob eine gemischte Schenkung oder eine Schenkung vorliegt. Vgl. auch BMF vom 13.01.1993 (BStBl I 1993, 80, Tz. 2), geändert durch BMF vom 20.06.2007 (BStBl I 2007, 269).

BEISPIEL

Der Vater V überträgt ein Grundstück auf seinen Sohn S (beide sind Gewerbetreibende und nutzten bzw. nutzen das Grundstück eigenbetrieblich). In einem Kaufvertrag wird ein Kaufpreis von 160 000 € vereinbart. Die Beteiligten sind ohne genaue Wertermittlung davon ausgegangen, dass der Kaufpreis dem Wert des Grundstücks entspricht. Der vom Finanzamt durch eine überschlägige Schätzung ermittelte Verkehrswert des Grundstücks beträgt 170 000 €.

LÖSUNG Das Finanzamt kann ohne weitere Nachprüfung von einem voll entgeltlichen Erwerb (voll entgeltliche Übertragung) ausgehen, da der nur überschlägig geschätzte Verkehrswert nur geringfügig vom vereinbarten Kaufpreis abweicht. Die Anschaffungskosten des S wie auch der Veräußerungserlös des V betragen 160 000 €.

b) Ein nur **teilweise entgeltlicher** (teilentgeltlicher) **Erwerb** (teilentgeltliche Übertragung, d. h. beim Veräußerer besser als eine gemischte Schenkung bezeichnet), liegt vor, wenn in einem Vertrag eine Gegenleistung vereinbart wurde, die unter dem Verkehrswert des übereigneten Gegenstands liegt und die Vertragsparteien dies wußten oder für möglich hielten (BFH vom 17.07.1980 BStBl II 1981, 11, vom 18.03.1980 BStBl II 1981, 794 und vom 21.10.1981 BStBl II 1982, 83). Von einem teilentgeltlichen Erwerb bzw. einer gemischten Schenkung kann daher ausgegangen werden, wenn die Beteiligten in einem Kaufvertrag (bei Grundstücken notariellem Kaufvertrag) trotz Kenntnis eines möglichen höheren Verkehrswerts den Kaufpreis des Gegenstands bewusst ermäßigt, d. h. den Kaufpreis in (teilweiser) Schenkungsabsicht niedriger festgelegt haben, also teilweise einen Kauf und teilweise eine Schenkung vereinbart haben.

c) Ein **unentgeltlicher Erwerb** (unentgeltliche Übertragung) liegt vor, wenn der Empfänger des Gegenstands weder dem bisherigen Eigentümer noch einer anderen Person dafür eine Gegenleistung zu erbringen hat (**Schenkung ohne Auflage**). Diese Fälle kommen in aller Regel nur unter nahestehenden Personen vor, denn normalerweise wird im Geschäftsleben unter Geschäftspartnern nichts ohne Gegenleistung übereignet.

BEISPIEL

Ein Vater schenkt aus seinem Gewerbebetrieb (z. B. einer Möbelhandlung) seinem Sohn, der einen Kfz-Handel betreibt, für seinen Betrieb einen Schreibtisch mit Sessel. Irgendwelche Auflagen sind mit der Schenkung nicht verbunden.

LÖSUNG In diesem Fall liegt eine Schenkung ohne Auflage vor.

Häufig werden jedoch **Schenkungen mit Auflagen** (Schenkung unter Auflage) verknüpft. Gegenstand der Auflage können Leistungen des Beschenkten in verschiedenster Form sein, z. B.:

- in der Übernahme von Versorgungsleistungen zu Gunsten des Veräußerers oder von dessen Angehörigen, wenn die Leistungen nach deren Bedürfnissen und nicht nach dem Wert des übertragenen Gegenstands bemessen werden (vgl. Beschluss des Großen Senats des BFH vom 05.07.1990 BStBl II 1990, 847, BMF vom 13.01.1993 BStBl I 1993, 80, Tz. 25),
- in der Einräumung von Nutzungsrechten an dem übertragenen Gegenstand (insbesondere bei übertragenen Grundstücken) zu Gunsten des Schenkers oder eines Dritten.

8.2 Erwerb (bzw. Übertragung) im betrieblichen Bereich

8.2.1 (Voll) entgeltlicher Erwerb (bzw. Übertragung)

Selbstverständlich ergeben sich bei vollentgeltlicher Übertragung von Gegenständen, auch unter nahen Angehörigen, **keine Besonderheiten**; es gelten die allgemeinen Grundsätze hinsichtlich der Anschaffungskosten beim Erwerber und hinsichtlich des Veräußerungsvorgangs und eines möglichen Veräußerungsgewinns beim Veräußerer. Vgl. auch Tz. 33 des BMF vom 13.01.1993 BStBl I 1993, 80 und berichtigt BStBl I 1993, 464 und BFH vom 27.08.1992 BStBl I 1992, 225).

8.2.2 Teilentgeltlicher und unentgeltlicher Erwerb (bzw. Übertragung)

Zur Frage der verschiedenen Arten von Vermögensübertragung vgl. BMF vom 13.01.1993 BStBl I 1993, 80, Tz. 24 – 32.

a) Teilentgeltlicher Erwerb bzw. teilentgeltliche Übertragung einzelner Wirtschaftsgüter

Bei einem teilentgeltlichen Erwerb bzw. einer gemischten Schenkung einzelner Wirtschaftsgüter teilt die Finanzverwaltung den Vorgang nach der sog. **Trennungstheorie** regelmäßig in einen voll entgeltlichen und einen voll unentgeltlichen Teil auf (BFH vom 17.07.1980 BStBl II 1981, 11). Beide Teile werden danach getrennt beurteilt. Vgl. auch BMF vom 13.01.1993 BStBl I 1993, 80, Tz. 34. Der BFH (BFH vom 21.06.2012, IV R 1/08 und BFH vom 19.09.2012, IV R 11/12) hat in seiner Rechtsprechung die sog. modifizierte Trennungstheorie entwickelt. Danach kommt es zu einer Gewinnrealisierung nur, soweit das Teilentgelt (z. B. übernommene Verbindlichkeiten) den gesamten Buchwert des Wirtschaftsguts übersteigt. Das BMF hatte darauf mit einem Schreiben reagiert (BMF vom 12.09.2013 BStBl I 2013, 1164), in dem es an der ursprünglichen (strengen) Trennungstheorie festhält. Nach dieser ist für die Ermittlung eines steuerpflichtigen Veräußerungsgewinns nur derjenige Teil des Buchwerts als Anschaffungskosten zu berücksichtigen, der dem Anteil des Teilentgelts am Verkehrswert des Wirtschaftsguts entspricht. Die Veröffentlichung der betreffenden BFH-Urteile im Bundessteuerblatt wurde mit Verweis auf ein weiteres, noch offenes Verfahren vor dem BFH (X R 28/12) zurückgestellt.

Der 10. Senat des BFH hat nunmehr mit Beschluss vom 27.10. 2015, X R 28/12 dem Großen Senat die Frage vorgelegt, ob bei einer teilentgeltlichen Übertragung eines Wirtschaftsguts aus einem Einzelbetriebsvermögen eines Mitunternehmers in das Gesamthandsvermögen einer Mitunternehmerschaft (§ 6 Abs. 5 Satz 3 Nr. 1 EStG) ein Veräußerungsgewinn nach der »strengen Trennungstheorie« der Finanzverwaltung oder nach der »modifizierten Trennungstheorie« zu ermitteln ist. Der vorlegende 10. Senat ist der Auffassung, dass die dogmatischen Argumente, die für die »strenge Trennungstheorie« sprechen, etwas höher zu gewichten sind. Da die teilentgeltliche Übertragung in eine unentgeltliche und entgeltliche Komponente aufzuteilen ist, muss auch der mit dem Wirtschaftsgut in Zusammenhang stehende Erwerbsaufwand (der Buchwert als frühere Anschaffungskosten) in sachgerechter Weise auf diese Komponenten aufgeteilt werden.

BEISPIEL

Vater V überträgt ein unbebautes Grundstück (Verkehrswert 200 000 €) zum Preis von 150 000 € auf seinen Sohn S (beide sind gewerbliche Unternehmer und nutzten bzw. nutzen das Grundstück eigenbetrieblich). Im Übrigen entspricht der Kaufvertrag dem zwischen fremden Personen üblichen. Den Beteiligten ist unstreitig bekannt, dass der Verkehrswert des Grundstücks deutlich mehr als 150 000 € beträgt.

LÖSUNG Es liegt eine gemischte Schenkung bzw. teilentgeltliche Übertragung vor. S hat damit das Grundstück zu 75 % entgeltlich (im betrieblichen Bereich) erworben und damit tatsächliche Anschaffungskosten in Höhe von 150 000 €. Hinsichtlich des letzten Viertels des Werts des Grundstücks liegt ein unentgeltlicher Erwerb im Privatvermögen vor, der zu einer Einlage nach § 4 Abs. 1 Satz 5 EStG führt; diese ist zu dem in § 6 Abs. 1 Nr. 5 EStG bezeichneten Wert anzusetzen (also 50 000 €).

Bei Übertragung einzelner Wirtschaftsgüter führt auch die Zahlung von Abfindungszahlungen und Gleichstellungsgeldern im Rahmen der **vorweggenommenen Erbfolge** zu einer gemischten Schenkung (vgl. BMF vom 13.01.1993 BStBl I 1993, 80, Tz. 24 i. V. m. Tz. 7 bis 9 und das Beispiel in Tz. 34). Von einer vorweggenommenen Erbfolge spricht man, wenn ein künftiger Erblasser seinen späteren Erben schon zu Lebzeiten einzelne oder sämtliche Vermögensgegenstände zuwendet und für die spätere Erbfolgeregelung eine Anrechnung dieser vorweg erhaltenen Gegenstände vorsieht. Der Große Senat des BFH behandelt in seinem Beschluss BFH vom 05.07.1990 BStBl II 1990, 847 im Rahmen einer solchen vorweggenommenen Erbfolge an den Schenker bezahlte **Abfindungszahlungen** (Abstandszahlungen) oder an Geschwister bezahlte **Gleichstellungsgelder** als Anschaffungskosten und damit als entgeltlichen Teil einer gemischten Schenkung. Liegen dagegen statt wertorientierter Abfindungs- oder Ausgleichszahlungen mehr an der Versorgung orientierte Versorgungsleistungen an Eltern oder Geschwister vor, dann geht das Wirtschaftsgut voll unentgeltlich über.

b) Unentgeltliche Übertragung einzelner Wirtschaftsgüter ohne Auflage

Bei diesen Fällen der Übertragung ohne Auflage ist zu unterscheiden, ob das Wirtschaftsgut, das beim Schenker bis zur Schenkung zu seinem Betriebsvermögen gehörte, aus betrieblichem oder privatem Anlass geschenkt wurde. Vgl. hierzu die näheren Ausführungen mit Fällen in 8.3.

c) Unentgeltliche Übertragung einzelner Wirtschaftsgüter mit Auflage

Hier ist nach Auffassung der Finanzverwaltung ein **voll unentgeltlicher** Vorgang anzunehmen. Die Auflage darf nicht als teilweise Gegenleistung angesehen werden. Es gelten somit die gleichen Regelungen wie bei einer Schenkung einzelner Wirtschaftsgüter ohne Auflagen (vgl. vorstehend Ausführungen zu b)).

d) Übertragung eines Betriebs, Teilbetriebs oder Mitunternehmeranteils

Hier ist zu unterscheiden, ob die vom Übernehmer zu erbringenden Gegenleistungen beim Übergeber (Veräußerer) zu einem Veräußerungspreis führen, der über dem steuerlichen Kapital(konto) seines Betriebs, Teilbetriebs oder Mitunternehmeranteils liegt. Zur Frage der Übertragung eines ganzen Betriebs, eines Teilbetriebs oder eines Mitunternehmeranteils vgl. R 16 Abs. 1, 3 und 4 EStR mit den dazu vorgesehenen Hinweisen in H 16 [1,3 und 4] EStH. In diesen Fällen ist nach BFH vom 10.07.1986 (BStBl II 1986, 811) nach der sog. **Einheitstheorie** bzw. Einheitsbetrachtung zu verfahren. Die beiden Fälle sind danach wie folgt zu behandeln (vgl. hierzu § 6 Abs. 3 EStG sowie BMF vom 13.01.1993 BStBl I 1993, 80, Tz. 35–38, H 16 [6] (Vorweggenommene Erbfolge) EStH):

1. Liegt die Gegenleistung des Übernehmers bzw. der Veräußerungspreis des Übergebers über dem steuerlichen Kapital(konto), so ist insgesamt von einem **entgeltlichen Erwerb** bzw. unentgeltlicher Übertragung auszugehen. Vgl. hierzu das nachstehende Beispiel b) und das Beispiel im Schreiben des BMF vom 13.01.1993 BStBl I 1993, 80, Tz. 35.
2. Wendet der Übernehmer als Gegenleistung nur einen Betrag bis zur Höhe des steuerlichen Kapitals (Kapitalkontos) des Übergebers auf (also bis zum Betrag des Kapitalkontos oder weniger), so liegt ein voll **unentgeltlicher Erwerb** bzw. voll unentgeltliche Übertragung vor. Der Übernehmer hat dann nach § 6 Abs. 3 EStG lediglich die Buchwerte des Übergebers fortzuführen. Dieser Fall ist dann grundsätzlich genauso zu behandeln wie bei einer voll unentgeltlichen Übertragung eines Betriebs, Teilbetriebs oder Mitunternehmeranteils.

Der Übernehmer (**Rechtsnachfolger**) tritt uneingeschränkt in allen Belangen in die Rechtstellung des Rechtsvorgängers ein (z. B. hinsichtlich der degressiven AfA nach § 7 Abs. 5 EStG, der Besitzzeitanrechnung nach § 6 b Abs. 4 Satz 1 Nr. 2 EStG – sog. **Fußstapfentheorie**).
Beim Übertragenden (**Rechtsvorgänger**) entsteht hinsichtlich der übertragenen Wirtschaftsgüter des Betriebs, Teilbetriebs oder Mitunternehmeranteils **weder** ein **Veräußerungsgewinn**, da keine stillen Reserven aufgedeckt werden, noch ein Veräußerungsverlust. Der Rechtsvorgänger hat jedoch den bis zum Zeitpunkt der Übertragung entstandenen laufenden Gewinn (zeitanteilig für ein Rumpfwirtschaftsjahr, wenn der Übergang während eines Geschäfts- bzw. Wirtschaftsjahres erfolgt) zu versteuern; ggf. ist es zweckmäßig, vom Rechtsvorgänger eine **Zwischenbilanz** zu erstellen. Bei der Aufstellung einer solchen Zwischenbilanz sind die Wirtschaftsgüter so anzusetzen, wie dies auch bei einem regulären Jahresabschluss der Fall wäre (z. B. hinsichtlich zeitanteiliger Abschreibungen, Auflösung von RAP, Rückstellungsbildung usw.); stille Reserven dürfen jedoch nicht aufgedeckt werden, wenn nicht ein einzelner entgeltlicher Vorgang oder Entnahmevorgang vorlag. Werden unwesentliche Teile des Betriebs oder Teilbetriebs nicht auf den Erwerber übertragen, sondern in das Privatvermögen des bisherigen Betriebsinhabers überführt, so zählt der sich insoweit ergebende Entnahmegewinn zum laufenden Gewinn des Rechtsvorgängers; er fällt nicht unter die Vergünstigung der §§ 16 und 34 EStG.
Vgl. hierzu nachstehendes Beispiel a) für eine voll unentgeltliche Übertragung und Beispiel c) für eine nicht voll unentgeltliche Übertragung, die aber grundsätzlich gleich zu behandeln ist.

BEISPIELE

a) Vater V ist Inhaber eines Betriebs mit folgenden Werten:

Buchwert aller Aktivposten	400 000 €	(gemeiner Wert 900 000 €)
Buchwert Verbindlichkeiten	250 000 €	
Eigenkapital	150 000 €	

Diesen Betrieb schenkt V seinem Sohn S.
LÖSUNG Hier liegt ohne jegliche Problematik die voll unentgeltliche Übertragung des Betriebs auf den S vor. S hat nach § 6 Abs. 3 EStG die Buchwerte des V fortzuführen, auch hinsichtlich der Verbindlichkeiten.

b) Sachverhalt wie Beispiel a), V verpflichtet jedoch den Sohn S, an seinen Bruder B (Bruder des S) ein Gleichstellungsgeld in Höhe von 325 000 € zu bezahlen.
LÖSUNG Dieser Fall ist nach Tz. 35 des BMF-Schreibens vom 13. 01. 1993 BStBl I 1993, 80 als entgeltliche Veräußerung beim Übergeber V und als entgeltlicher Erwerb beim Übernehmer S zu behandeln. S wendet allerdings unmittelbar nur die 325 000 € Gleichstellungsgeld an seinen Bruder auf. Die Verbindlichkeiten von 250 000 €, die er ebenfalls übernimmt, dagegen nicht.
V erzielt einen Veräußerungsgewinn in Höhe von 325 000 € minus 150 000 € (Eigenkapital) = 175 000 €. S muss die übernommenen Buchwerte fortführen und diese um 175 000 € aufstocken, und zwar bei den Wirtschaftsgütern, bei denen anteilige stille Reserven aufgedeckt wurden. Diese aufzustockenden Beträge können nach Tz. 37 des o. a. BMF-Schreibens aus Vereinfachungsgründen wie nachträgliche Anschaffungskosten behandelt werden, so dass die bisherigen Abschreibungen des Rechtsvorgängers fortgeführt werden können.

c) Sachverhalt wie Beispiel b). S hat an seinen Bruder B nur ein Gleichstellungsgeld in Höhe von 100 000 € zu zahlen, etwa weil der Bruder B vom Vater noch in anderen Sachwerten abgefunden wird
LÖSUNG Dieser Fall ist wie eine voll unentgeltliche Übertragung zu behandeln (vgl. hierzu Tz. 38 des o. a. BMF-Schreibens vom 13. 01. 1993). Bei dieser Gleichstellungszahlung unter dem Buchwert des übereigneten Betriebs entsteht beim Übetragenden V (Rechtsvorgänger) weder ein Veräußerungsge-

winn (selbstverständlich auch kein Veräußerungsverlust) und beim erwerbenden Empfänger S (Rechtsnachfolger) fallen keine Anschaffungskosten an, auch nicht hinsichtlich der zu übernehmenden Verbindlichkeiten (vgl. Tz. 29 des o. a. BMF-Schreibens vom 13.01.1993). Der Rechtsnachfolger S hat vielmehr die Buchwerte der übernommenen positiven und negativen Wirtschaftsgüter (Aktiv- und Passivposten) des Rechtsvorgängers V fortzuführen (§ 6 Abs. 3 EStG). Das von S zu zahlende Gleichstellungsgeld in Höhe von 100 000 € stellt somit bei ihm zwar eine betriebliche Verbindlichkeit dar, die zu passivieren ist, ergibt aber keine Änderung der Buchwerte der übernommenen Aktivposten (Gegenbuchung daher nur über Privatentnahme möglich).

8.3 Übertragung einzelner Vermögensgegenstände aus einem fremden Betriebsvermögen

Von dieser Fallgruppe werden hier nur solche Wirtschaftsgüter behandelt, die zum Zeitpunkt der unentgeltlichen Übertragung bzw. des unentgeltlichen Erwerbs zum Betriebsvermögen des Schenkers (Rechtsvorgängers) gehörten und beim Beschenkten (Rechtsnachfolger) wiederum Betriebsvermögen werden. Für die ertragsteuerliche Behandlung sind in solchen Fällen folgende zwei Fallarten zu unterscheiden.

1. Übertragung in ein Betriebsvermögen,
2. Übertragung aus privatem Anlass.

8.3.1 Übertragung in ein Betriebsvermögen außer in den Fällen der Einlage

Die unentgeltliche Übertragung von einzelnen Wirtschaftsgütern aus dem Betriebsvermögen eines Steuerpflichtigen in das Betriebsvermögen eines anderen Steuerpflichtigen ist in § 6 Abs. 4 EStG geregelt. Es ist nach § 6 Abs. 4 EStG **nicht erforderlich**, dass beim Herkunfts-Betriebsvermögen ein **betrieblicher Anlass** gegeben ist (vgl. Schmidt EStG 35. Aufl., § 6 Rz. 671). Solche Fälle liegen regelmäßig vor, wenn zwischen dem Betrieb des Schenkers und dem Betrieb des Beschenkten Geschäftsbeziehungen bestehen. Die steuerliche Behandlung beim Schenker (Übertragenden bzw. Rechtsvorgänger) und beim Beschenkten (Übernehmer bzw. Rechtsnachfolger) sind unterschiedlich.

a) Behandlung beim Schenker (Rechtsvorgänger)

Handelsrechtlich liegt in Höhe des Buchwerts des betrieblich verschenkten Vermögensgegenstands ein Aufwand vor, der den Handelsbilanzgewinn (handelsrechtlichen Jahresüberschuss) mindert.

Ertragsteuerlich ist § 4 Abs. 5 Nr. 1 EStG zu beachten, wonach bei Schenkungen von Wirtschaftsgütern, deren Anschaffungs- oder Herstellungskosten (pro Jahr und pro Empfänger) 35 € übersteigen, den steuerlichen Gewinn nicht mindern dürfen (**nicht abzugsfähige Betriebsausgaben**). Der buchmäßig gewinnmindernd behandelte Aufwand ist außerbilanziell dem Gewinn (gemäß § 60 Abs. 2 Satz 1 EStDV) wieder hinzuzurechnen. Keinesfalls handelt es sich hierbei um Privatentnahmen.

Umsatzsteuerlich ist für solche nicht abzugsfähigen Betriebsausgaben die umsatzsteuerliche Behandlung über § 15 Abs. 1 a Nr. 1 UStG geregelt. Die auf diese Gegenstände entfallende Vorsteuer ist nicht abziehbar. Eine Ausgangs-Umsatzsteuer ergibt sich nicht.

b) Behandlung beim Erwerber (Rechtsnachfolger)

Handelsrechtlich wird für unentgeltlich erworbene Vermögensgegenstände eine Aktivierungsmöglichkeit (im Sinne eines Wahlrechts) angenommen, wenn es sich um materielle Vermögensgegenstände handelt (vgl. WP-Handbuch 1981, 670).

Ertragsteuerlich ist nach § 6 Abs. 4 EStG der gemeine Wert anzusetzen. Hierbei handelt es sich u. E. um einen Bruttobetrag, da § 9 BewG bei der Begriffsbestimmung den Bruttobetrag (also einschließlich Umsatzsteuer) als gemeinen Wert versteht.

Durch die Aktivierung (Aktivierungszwang als notwendiges Betriebsvermögen) des unentgeltlich erworbenen Wirtschaftsguts entsteht ein Ertrag (Buchung: Aktivposten an Sonstige betriebliche Erträge), der sich bei abnutzbaren Wirtschaftsgütern des Anlagevermögens über die Abschreibung oder Bewertungsfreiheit des § 6 Abs. 2 EStG, bei anderen Wirtschaftsgütern erst im Zuge einer Veräußerung, eines betrieblichen Verbrauchs oder einer Entnahme als Betriebsausgaben ausgleicht (vgl. BFH vom 21. 11. 1963 BStBl III 1964, 183).

Diese Regelung gilt auch für Wirtschaftsgüter, die wegen ihrer Art oder durch Nutzung nicht Betriebsvermögen werden oder bleiben, sondern Privatvermögen werden. In solchen Fällen wird das betreffende Wirtschaftsgut zunächst (und sei es nur für eine »logische Sekunde«) Betriebsvermögen des Erwerbers; danach ist das Wirtschaftsgut als Privatvermögen mit dem Teilwert auszubuchen (vgl. BFH vom 13. 12. 1973 BStBl II 1974, 210).

BEISPIEL

Der PC-Händler S schenkt seinem langjährigen Kunden K zu dessen Geschäftsjubiläum im September 01 einen neuen PC. Über die Geschäftsbeziehungen hinaus bestehen zwischen S und K keine Verbindungen. K nutzt den erhaltenen PC ausschließlich eigenbetrieblich. Es betragen

- die Anschaffungskosten des PC bei S 1 200 € + 19 % Umsatzsteuer = zusammen 1 428 €
- der Teilwert bei S (ohne Umsatzsteuer) 1 400 €
- der Einzelveräußerungspreis bei S als gemeiner Wert (einschließlich 19 % Umsatzsteuer) 1 904 €
- der Teilwert bei K (abgeleitet aus dem Einzelveräußerungspreis des S, den K bei einem entgeltlichen Erwerb aufwenden müsste, ohne Umsatzsteuer) 1 600 €

Wie ist der Vorgang bei S und K zu behandeln?

LÖSUNG Bei **S** liegt ertragsteuerlich eine nicht abzugsfähige Betriebsausgabe nach § 4 Abs. 5 Nr. 1 EStG (zunächst in Höhe von 1 200 €) vor. Umsatzsteuerlich ist bei S die auf den Erwerb des PC entfallende Eingangs-Umsatzsteuer (Vorsteuer) in Höhe von 228 € nach § 15 a Abs. 1 a Nr. 1 UStG nicht abziehbar. Somit beläuft sich die nicht abzugsfähige Betriebsausgabe bei S auf insgesamt 1 428 €.

K muss nach § 6 Abs. 4 EStG den unentgeltlich erworbenen PC mit dem gemeinen Wert in Höhe von 1 904 € ansetzen und aktivieren (hierbei ist der gemeine Wert auf der Ebene des Erwerbers K maßgebend, nicht die Ebene des Schenkers S). Für die Abschreibung bei K gelten die allgemeinen Grundsätze des § 7 Abs. 1 und 2 EStG.

Anmerkung: R 4.10 Abs. 2 Satz 4 EStR greift in diesem Falle nicht, weil das geschenkte Wirtschaftsgut bei K nicht nur »ausschließlich betrieblich genutzt werden kann«.

Buchung bei **S**:

Nicht abzugsfähige Betriebsausgaben (einschließlich Umsatzsteuer)	1 428 €	
an Wareneinkauf (ggf. der Nettobetrag, wenn die Umsatzsteuer beim Erwerb des PC als abzugsfähige Vorsteuer gebucht wurde)		1 200 €
an Vorsteuer (falls die Eingangs-Umsatzsteuer zunächst als Vorsteuer gebucht wurde)		228 €

Buchung bei **K**:

Betriebs- und Geschäftsausstattung	1 904 €	
an Sonstige betriebliche Erträge		1 904 €

8.3.2 Übertragung aus privatem Anlass

Ein privater Anlass liegt vor, wenn die Zuwendung durch den Schenker an den Beschenkten nicht aus betrieblichen Gründen vorgenommen wurde. Das ist regelmäßig unter nahen Angehörigen der Fall und wenn zwischen den beiden Betrieben keinerlei Geschäftsbeziehungen bestehen und auch nicht aufgenommen werden sollen.

a) Behandlung beim Schenker (Rechtsvorgänger)
Da auch beim Schenker kein betrieblicher Vorgang vorliegt, kann bei ihm auch nicht § 4 Abs. 5 Nr. 1 EStG in Betracht kommen. Beim Schenker handelt es sich daher **ertragsteuerlich** um eine Entnahme (§ 4 Abs. 1 Satz 2 EStG), die mit dem Teilwert zu bewerten ist (§ 6 Abs. 1 Nr. 4 Satz 1 EStG). **Umsatzsteuerlich** handelt es sich um eine unentgeltliche Lieferung nach § 3 Abs. 1 b Satz 1 Nr. 1 UStG (Voraussetzung ist nach § 3 Abs. 1 b Satz 2 UStG aber, dass der Gegenstand oder seine Bestandteile zum vollen oder teilweisen Vorsteuer-Abzug berechtigt haben); die Bemessungsgrundlage ergibt sich aus § 10 Abs. 4 Nr. 1 UStG.

b) Behandlung beim Erwerber (Rechtsnachfolger)
Der Schenkungs- bzw. Erwerbsvorgang fällt nicht unter § 6 Abs. 4 EStG. Es liegt daher (zunächst) ein privater unentgeltlicher Erwerb vor. Nutzt der Beschenkte das erhaltene Wirtschaftsgut anschließend betrieblich, so findet durch die Nutzungsänderung eine **Einlage** statt (§ 4 Abs. 1 Satz 8 EStG), die grundsätzlich mit dem Teilwert zu bewerten ist (§ 6 Abs. 1 Nr. 5 Satz 1 1. Halbsatz EStG).

Problematisch ist in derartigen Fällen jedoch der Einlagewert deshalb, weil für eingelegte Wirtschaftsgüter, die innerhalb von drei Jahren vor dem Einlagezeitpunkt privat angeschafft oder hergestellt wurden (und das ist stets der Fall, wenn das unentgeltlich erworbene Wirtschaftsgut sofort betrieblich genutzt wird) höchstens die Anschaffungs- oder Herstellungskosten, ggf. gemindert um die AfA, in Betracht kommen und nicht der evtl. höhere Teilwert (vgl. § 6 Abs. 1 Nr. 5 Sätze 1 und 2 EStG). Der Erwerber des Wirtschaftsguts hat jedoch keine tatsächlichen Anschaffungs- oder Herstellungskosten und der Regelungsinhalt des § 6 Abs. 4 EStG kommt nicht in Betracht, da der Erwerbsvorgang beim Beschenkten nicht im betrieblichen Bereich stattfand.

Nach BFH vom 14. 07. 1993 BStBl II 1994, 15 ist das Wirtschaftsgut in solchen Fällen beim Beschenkten (unentgeltlichen Erwerber) stets **mit dem Teilwert anzusetzen**, auch wenn der Schenker das zugeführte Wirtschaftsgut innerhalb der letzten drei Jahre vor dem Zeitpunkt der Zuführung angeschafft, hergestellt oder entnommen hatte. Mit Teilwert ist der Wert gemeint, der sich aus der Sicht des Betriebs des Beschenkten (unentgeltlichen Erwerbers, d. h. Rechtsnachfolgers) ergibt. Der BFH argumentiert damit, dass die entgeltliche Anschaffung oder Herstellung oder eine Entnahme des Schenkers nicht dem Beschenkten (unentgeltlichen Erwerber) zugerechnet werden dürfe, so dass die ehemaligen Anschaffungs- oder Herstellungskosten oder der ehemalige Entnahmewert des Schenkers für den Rechtsnachfolger (Einzelrechtsnachfolger) keine Wirkung haben könne. Die Folge sei, dass auch in den Fällen, in denen ein Beschenkter (unentgeltlicher Erwerber) das erhaltene Wirtschaftsgut innerhalb von drei Jahren seit dem (unentgeltlichen) Erwerb in sein Betriebsvermögen einlegt, mit dem Teilwert zum Zeitpunkt der Einlage anzusetzen habe.

BEISPIEL

Gleicher Sachverhalt wie vorstehend in 8.3.1, jedoch mit dem Unterschied, dass die Schenkung sowohl bei S als auch bei K aus privatem Anlass erfolgte.
Wie ist der Vorgang bei S und K zu behandeln?

LÖSUNG S tätigt in diesem Fall eine Entnahme (§ 4 Abs. 1 Satz 2 EStG), die mit dem Teilwert in Höhe von 1 400 € zu bewerten ist (§ 6 Abs. 1 Nr. 4 Satz 1 EStG). Umsatzsteuerlich handelt es sich bei S um eine unentgeltliche Lieferung nach § 3 Abs. 1 b Satz 1 Nr. 1 UStG, die nach § 10 Abs. 4 Nr. 1 UStG mit den Wiederbeschaffungskosten der Umsatzsteuer unterliegt; das sind im vorliegenden Fall ebenfalls 1 400 €.

Für **K** liegt zunächst ein privater unentgeltlicher Erwerb vor. Da er den erhaltenen PC aber sofort betrieblich nutzt, liegt zeitgleich eine Einlage vor (§ 4 Abs. 1 Satz 8 EStG), die mit dem bei ihm in Betracht kommenden Teilwert in Höhe von 1 600 € zu bewerten ist (BFH vom 14.07.1993 BStBl II 1994, 15).

Buchung bei **S**:		
Entnahmen (1 400 € + 266 € Umsatzsteuer)	1 666 €	
an Wareneinkauf		1 200 €
an Sonst. betriebliche Erträge		200 €
an Umsatzsteuer		266 €
oder:		
Entnahmen	1 666 €	
an Erlöse aus unentgeltlicher Zuwendung von Waren (Entnahmen)		1 400 €
an Umsatzsteuer		266 €
Buchung bei **K**:		
Betriebs- und Geschäftsausstattung	1 600 €	
an Einlagen		1 600 €

8.4 Übertragung einzelner Vermögensgegenstände aus einem fremden Privatvermögen

Zu dieser Fallgruppe zählen nur solche Gegenstände bzw. Wirtschaftsgüter, die zum Zeitpunkt der unentgeltlichen Übertragung zum Privatvermögen des Schenkers (Rechtsvorgängers) gehörten. Für die ertragsteuerliche Behandlung sind folgende zwei Fallarten zu unterscheiden:

1. Übertragung aus dem Privatvermögen eines anderen in das Privatvermögen des Erwerbers (dafür wird regelmäßig ein privater Anlass vorliegen),
2. Übertragung aus dem Privatvermögen eines anderen in das Betriebsvermögen des Erwerbers (dafür wird regelmäßig ein betrieblicher Anlass vorliegen).

Die **erste Fallart** spielt nur bei Steuerpflichtigen eine Rolle, die Überschusseinkünfte nach § 2 Abs. 1 Nr. 4–7 EStG haben (vgl. § 2 Abs. 2 Nr. 2 EStG). Werden in solchen Fällen Anschaffungs- oder Herstellungskosten für die AfA benötigt, so sind beim Erwerber als Bemessungsgrundlage für die AfA die Anschaffungs- oder Herstellungskosten des Rechtsvorgängers oder der beim Rechtsvorgänger an deren Stelle tretender Wert zuzüglich evtl. vom Rechtsnachfolger selbst aufgewendete Herstellungskosten maßgebend (vgl. § 11 d Abs. 1 EStDV).

Für die **zweite Fallart**, die in der Praxis wohl sehr selten vorkommen dürfte, gilt weder die Regelung des § 11 d Abs. 1 EStDV noch die Regelung des § 6 Abs. 4 EStG. Da jedoch hierfür keine eigene Regelung besteht, könnte man in diesen Fällen § 6 Abs. 4 EStG analog anwenden; so im Ergebnis BFH vom 17.04.1986 BStBl II 1986, 607 für altes Zahngold aus extrahierten

Füllungen und Zähnen beim Zahnarzt. Für den Erwerber wären daher die unter 8.3 dargestellten Grundsätze entsprechend anzuwenden, d. h. ertragsteuerlich wären als Anschaffungskosten der gemeine Wert anzusetzen, so dass sich für den Beschenkten (Rechtsnachfolger) dasselbe Ergebnis ergäbe, wie im Fall von 8.3.1 b).

Es wird jedoch auch die Auffassung vertreten, dass **beim Erwerber** ein Erwerb im Privatvermögen vorliegt, für den dann zunächst § 11 d Abs. 1 EStDV in Betracht käme. Anschließend wäre eine Einlage zum Teilwert vorzunehmen, so dass sich im Ergebnis dasselbe ergäbe, wie im Fall von 8.3.2 mit der Begründung der Ausführungen zu 8.3.2 b).

Der hauptsächliche Unterschied beider Auffassungen liegt jedoch nicht in der Höhe des Werts (da Teilwert und gemeiner Wert bis auf die Umsatzsteuer sich vielfach decken werden), sondern in der Einbuchung; bei Behandlung analog § 6 Abs. 4 EStG ergibt sich durch die Einbuchung ein Ertrag, bei der zweiten Auffassung wäre die Einbuchung erfolgsneutral. In der Praxis wird daher regelmäßig der zweiten Auffassung der Vortritt gegeben werden. Ggf. müsste dieser Fall höchstrichterlich geklärt werden.

Für den Schenker entsteht jedoch in diesen Fällen kein bilanzrechtliches bzw. bilanzsteuerrechtliches Problem, da das Wirtschaftsgut vor der Schenkung bei ihm nicht zum Betriebsvermögen zählte.

Teil J Abschreibungen

1 Allgemeine Grundsätze

1.1 Definition

Aufwendungen für die Anschaffung oder Herstellung von Vermögensgegenständen bzw. Wirtschaftsgütern mit einer Nutzungsdauer von mehr als einem Jahr dürfen nicht sofort als Aufwand bzw. Betriebsausgaben behandelt werden. Derartige Aufwendungen sind, insbesondere wegen der periodengerechten Gewinnermittlung, grundsätzlich durch eine Abschreibung auf die voraussichtliche **Nutzungsdauer** angemessen zu **verteilen**. Aufgabe der Abschreibung ist es daher, die Anschaffungs- oder Herstellungskosten von abnutzbaren Wirtschaftsgütern des Anlagevermögens auf die voraussichtliche Nutzungsdauer oder auf eine gesetzlich bestimmte Abschreibungsdauer angemessen zu verteilen und die durch den Wertverzehr eingetretenen Wertminderungen buchmäßig darzustellen. Über die Abschreibung sind allerdings nur solche Aufwendungen zu verteilen, die zu einem aktivierungspflichtigen Gegenstand geführt haben. Die aktivierungspflichtigen Aufwendungen sind daher zunächst von den sofort abzugsfähigen Aufwendungen abzugrenzen. Vgl. hierzu C 2.3.6.1 und C 2. 3. 6. 2.

1.2 Rechtsgrundlagen für die Abschreibung

Handelsrechtlich sind die Bestimmungen über die Abschreibung von Anlagevermögen in § 253 Abs. 3 HGB enthalten. Im Handelsrecht wird regelmäßig die Begriffsbezeichnung Abschreibung verwendet, wobei zwischen planmäßigen und außerplanmäßigen Abschreibungen zu unterscheiden ist.

Ertragsteuerlich unterscheidet man folgende Arten der Abschreibung:

a) Absetzungen für Abnutzung – **AfA** –: für abnutzbare bewegliche, unbewegliche und immaterielle Wirtschaftsgüter des Anlagevermögens in § 7 Abs. 1 Sätze 1 bis 6 und Abs. 2 (nur bei Anschaffung oder Herstellung vor dem 01.01.2011) sowie Abs. 4 und 5 EStG,
b) Absetzungen für außergewöhnliche technische oder wirtschaftliche Abnutzung – **AfaA**: für abnutzbare bewegliche, unbewegliche und immaterielle Wirtschaftsgüter des Anlagevermögens in § 7 Abs. 1 Satz 7 sowie Abs. 4 Satz 3 EStG,
c) Absetzungen für Substanzverringerung – **AfS** –: für bestimmte Wirtschaftsgüter in § 7 Abs. 6 EStG,
d) **erhöhte Absetzungen** und **Sonderabschreibungen** z. B.:
- Erhöhte Absetzungen bei Gebäuden in Sanierungsgebieten und städtebaulichen Entwicklungsbereichen in § 7 h EStG,
- Sonderabschreibungen für bewegliche Wirtschaftsgüter kleiner und mittlerer Betriebe in § 7 g Abs. 5 und 6 EStG,

e) **Teilwertabschreibungen** für alle positiven Wirtschaftsgüter, also für das Anlage- und Umlaufvermögen nach Maßgabe des § 6 Abs. 1 Nr. 1 Satz 2 und Nr. 2 Satz 2 EStG,
f) **Sofortabschreibung für geringwertige Wirtschaftsgüter** nach Maßgabe des § 6 Abs. 2 EStG,
g) Abschreibung bzw. Auflösung des Sammelpostens für abnutzbare bewegliche Wirtschaftsgüter des Anlagevermögens nach Maßgabe des § 6 Abs. 2 a EStG.

Die steuerlichen Abschreibungsvorschriften befinden sich in den §§ 7 bis 7 k EStG. Daneben sehen die §§ 9a, 11c, 81 bis 82 i EStDV zahlreiche Sonderregelungen für Sonderabschreibungen, erhöhte Absetzungen, Bewertungsfreiheiten und die Verteilung von Erhaltungsaufwendungen vor. Im Einzelnen enthält das Einkommensteuerrecht folgende Bestimmungen zur Abschreibung:

- § 7 EStG: Absetzung für Abnutzung oder Substanzverringerung (**grundsätzliche Bestimmung** über die ertragsteuerliche Abschreibung),
- § 7 a EStG: gemeinsame Vorschriften für erhöhte Absetzungen und Sonderabschreibungen,
- § 7 b EStG: erhöhte Absetzungen für Einfamilienhäuser, Zweifamilienhäuser und Eigentumswohnungen,
  (Hinweis: Diese Regelung ist aufgrund des Wohneigentumsförderungsgesetzes vom 15. 05. 1986 für die zu eigenen Wohnzwecken genutzte Wohnung im eigenen Haus seit 1987 nicht mehr anzuwenden und durch einen entsprechenden Sonderausgabenabzug nach Maßgabe des § 10 e EStG ersetzt worden. § 10 e EStG ist wiederum durch das Eigenheimzulagengesetz (EigZulG) vom 26. 03. 1997 abgelöst worden. Die Eigenheimzulage wurde mit Wirkung vom 01. 01. 2006 abgeschafft.)
- § 7 c EStG: erhöhte Absetzungen für Baumaßnahmen an Gebäuden zur Schaffung neuer Mietwohnungen,
  (Hinweis: Diese Regelung lief Ende 1995 aus.)
- § 7 d EStG: Erhöhte Absetzungen für Wirtschaftsgüter, die dem Umweltschutz dienen,
  (Hinweis: Diese Regelung lief Ende 1990 aus.)
- § 7 f EStG: Bewertungsfreiheit für abnutzbare Wirtschaftsgüter des Anlagevermögens privater Krankenhäuser,
  (Hinweis: Diese Regelung gilt nur für Wirtschaftsgüter, die vor dem 01. 01. 1996 bestellt wurden oder mit deren Herstellung vor diesem Zeitpunkt begonnen worden ist.)
- § 7 g EStG: Sonderabschreibungen zur Förderung kleiner und mittlerer Betriebe für bewegliche Wirtschaftsgüter des Anlagevermögens,
- § 7 h EStG: erhöhte Absetzungen bei Gebäuden in Sanierungsgebieten und städtebaulichen Entwicklungsbereichen,
- § 7 i EStG: erhöhte Absetzungen bei Baudenkmalen,
- § 7 k EStG: erhöhte Absetzungen für Wohnungen mit Sozialbindung,
  (Hinweis: Diese Regelung gilt nur für Wohnungen, die vor dem 01. 01. 1996 fertig gestellt worden sind.)
- § 9a EStDV: Anschaffung, Herstellung
- § 11c EStDV: Absetzung für Abnutzung bei Gebäuden
- § 81 EStDV: Bewertungsfreiheit für bestimmte Wirtschaftsgüter des Anlagevermögens im Kohlen- und Erzbergbau,
  (Hinweis: Diese Regelung ist Ende 1990 ausgelaufen.)
- § 82 a EStDV: erhöhte Absetzungen von Herstellungskosten und Sonderbehandlung von Erhaltungsaufwand für bestimmte Anlagen und Einrichtungen bei Gebäuden,
  (Hinweis: Diese Regelung gilt nur für bis zum 31. 12. 1991 fertig gestellte Anlagen.)
- § 82 b EStDV: Behandlung größeren Erhaltungsaufwands bei Wohngebäuden,

- § 82 f EStDV: Bewertungsfreiheit für Handelsschiffe, für Schiffe, die der Seefischerei dienen, und für Luftfahrzeuge,
  (Hinweis: Zur Anwendungsdauer vgl. § 84 Abs. 5 EStDV)
- § 82 g EStDV: erhöhte Absetzungen von Herstellungskosten für bestimmte Baumaßnahmen,
  (Hinweis: Diese Regelung lief Ende 1990 aus; vgl. § 84 Abs. 6 EStDV.)
- § 82 i EStDV: erhöhte Absetzungen von Herstellungskosten bei Baudenkmälern,
  (Hinweis. Nur für Baumaßnahmen anzuwenden, die vor dem 01.01.1991 abgeschlossen worden sind, § 84 Abs. 8 EStDV.)

Soweit die vorstehenden Regelungen ausgelaufen sind, stellen sie für Altobjekte bis zu deren vollständiger Abschreibung nach wie vor die rechtliche Grundlage dar.

Soweit **steuerlich höhere** Abschreibungen zulässig sind als handelsrechtlich nach § 253 Abs. 3 HGB geboten, dürfen diese nach Wegfall der Öffnungsklausel des § 254 HGB a. F. **in der Handelsbilanz nicht mehr** vorgenommen werden. Wahlrechte zur höheren steuerlichen Abschreibung können nunmehr gem. § 5 Abs. 1 Satz 1 zweiter HS EStG unabhängig von der Handelsbilanz ausgeübt werden. Die betreffenden Wirtschaftsgüter sind dann aber bilanzsteuerrechtlich in ein besonderes Verzeichnis aufzunehmen (§ 5 Abs. 1 Satz 2 EStG).

1.3 Abschreibungsfähige Vermögensgegenstände bzw. Wirtschaftsgüter

Aus ertragsteuerlicher Sicht sind folgende zwei Bereiche der Abschreibung zu unterscheiden:

a) Wirtschaftsgüter, die **absetzungsfähig** sind. Dabei kommen für eine Absetzung durch Abnutzung, d. h. Wertverzehr durch Verschleiß oder Zeitablauf, folgende Wirtschaftsgüter des Anlagevermögens in Betracht:

- **abnutzbare bewegliche Wirtschaftsgüter**, wie z. B.
  - Maschinen,
  - Kraftfahrzeuge und
  - Einrichtung;
- **abnutzbare unbewegliche Wirtschaftsgüter**, wie z. B.
  - Gebäude,
  - selbstständige Gebäudeteile und
  - Außenanlagen;
- **abnutzbare immaterielle Einzel-Wirtschaftsgüter**, wie z. B.
  - Patente,
  - Erfindungen und
  - Nutzungsrechte;
- **Geschäfts- oder Firmenwert** und geschäftswertähnliche immaterielle Einzel-Wirtschaftsgüter, wie z. B.
  - Geschäfts- oder Firmenwert und
  - Konzessionen.

Für gesetzlich genau bestimmte abnutzbare Wirtschaftsgüter des Anlagevermögens sind an Stelle der planmäßigen Absetzung für Abnutzung erhöhte Absetzungen oder zusätzlich zur planmäßigen Absetzung für Abnutzung Sonderabschreibungen zulässig (vgl. 1.2).

b) Wirtschaftsgüter, für die wegen eines niedrigeren Teilwerts (bei voraussichtlich dauernder Wertminderung) eine **Teilwertabschreibung** in Betracht kommt. Eine Teilwertabschreibung (handelsrechtlich eine außerplanmäßige Abschreibung auf einen niedrigeren Börsen- oder Marktpreis oder niedrigeren beizulegenden Wert – sog. Zeitwert) ist grundsätzlich für alle Wirtschaftsgüter denkbar, und zwar

- nicht nur für die abnutzbaren materiellen Wirtschaftsgüter des Anlagevermögens und abnutzbare immaterielle Einzel-Wirtschaftsgüter sowie den Geschäfts- oder Firmenwert und geschäftswertähnliche immaterielle Einzel-Wirtschaftsgüter,
- sondern auch für die nicht abnutzbaren Wirtschaftsgüter des Anlagevermögens (z. B. Grund und Boden, Wertpapiere und Beteiligungen) und die Wirtschaftsgüter des Umlaufvermögens (z. B. Waren, Roh-, Hilfs- und Betriebsstoffe, Halb- und Fertigerzeugnisse, Kundenforderungen).

Bei den absetzungsfähigen Wirtschaftsgütern im Sinne des Buchstabens a) muss jedoch zuvor stets die planmäßige AfA vorgenommen werden.

1.4 Abschreibungsberechtigte Personen

Abschreibungsberechtigt ist diejenige Person, die wirtschaftlich den Wertverzehr des Vermögensgegenstands bzw. Wirtschaftsguts zu tragen hat. Regelmäßig ist dies der **bürgerlich-rechtliche Eigentümer,** es kann dies aber auch ein lediglich **wirtschaftlicher Eigentümer** sein. Zum wirtschaftlichen Eigentum vgl. die Ausführungen in D 2.

Räumt der bürgerlich-rechtliche Eigentümer **entgeltlich** ein dingliches (z. B. Nießbrauch) oder obligatorisches (z. B. Miete) Nutzungsrecht an seinem Wirtschaftsgut ein, bleibt er weiterhin zur AfA berechtigt. Dies schließt zugleich eine Abschreibung **des Wirtschaftsguts** durch den entgeltlich Nutzungsberechtigten (z. B. Nießbraucher, Mieter, Pächter oder Leasing-Nehmer, dem das Leasinggut nicht als wirtschaftliches Eigentum zugerechnet wird) aus. Das gilt auch in den Fällen, in denen im Rahmen eines Miet- bzw. Pachtvertrags der Mieter bzw. Pächter zur Substanzerhaltung des Wirtschaftsguts verpflichtet ist; zur Behandlung der Substanzerhaltungsverpflichtung vgl. Ausführungen in L 5.5.8).

Beim dinglich Nutzungsberechtigten können die Aufwendungen für den Erwerb des Nutzungsrechts allerdings Anschaffungskosten für ein immaterielles Wirtschaftsgut darstellen, das bei entsprechender Einkunftserzielung ebenfalls abschreibungsfähig ist (vgl. BMF vom 24.07.1998 BStBl I 1998, 914 Rz. 26); unentgeltlich erworbene dingliche oder obligatorische Nutzungsrechte stellen dagegen keine einlagefähigen Wirtschaftsgüter dar (vgl. H 4.3 Abs. 1 (Nutzungsrechte/Nutzungsvorteile) EStH) und sind damit auch nicht abschreibungsfähig.

1.5 Bemessungsgrundlage für die Abschreibung

Sowohl handelsrechtlich (§ 253 Abs. 3 Satz 2 HGB) als auch ertragsteuerlich (§ 7 Abs. 1 Satz 1 und Abs. 4 Satz 1 EStG) bilden regelmäßig die **tatsächlichen Anschaffungs- oder Herstellungskosten** die Bemessungsgrundlage für die Abschreibung. Hiervon sind die zahlreichen Fälle zu unterscheiden, in denen keine tatsächlichen Anschaffungs- oder Herstellungskosten vorliegen oder diese um bestimmte Beträge gemindert werden. **Andere AfA-Bemessungsgrundlagen** als die tatsächlichen Anschaffungs- oder Herstellungskosten kommen insbesondere in folgenden Fällen in Betracht:

a) bei Einlage eines Wirtschaftsguts ins Betriebsvermögen ohne vorherige Nutzung im Zusammenhang mit Überschusseinkünften der Einlagewert, d. h. der Teilwert oder bei Einlage innerhalb der 3-Jahresfrist maximal die im Privatbereich angefallenen und fortgeführten früheren Anschaffungs- oder Herstellungskosten (vgl. § 6 Abs. 1 Nr. 5 EStG);

b) bei Einlage nach vorheriger Nutzung im Zusammenhang mit Überschusseinkünften gem. § 7 Abs. 1 Satz 5 EStG grundsätzlich der Einlagewert abzüglich der vor der Einlage bei den Überschusseinkünften in Anspruch genommenen Absetzungen; zu den Ausnahmen vgl. Ausführungen unter 2.4.2;
c) bei der Überführung von Wirtschaftsgütern ins Betriebsvermögen anlässlich der Eröffnung eines Betriebs gelten die Ausführungen zu a) und b) entsprechend (vgl. § 6 Abs. 1 Nr. 6 EStG);
d) bei Personengesellschaften im Rahmen der Übertragung von Wirtschaftsgütern, der Gründung von Personengesellschaften, des Gesellschafterwechsels und des Eintritts eines Mitunternehmers der Teilwert, der gemeine Wert, der Buchwert des Wirtschaftsguts beim bisherigen bzw. einbringenden Mitunternehmer oder ein Zwischenwert (vgl. Q 2 , 5 und 6);
e) bei der Umwandlung und Verschmelzung von Gesellschaften der gemeine Wert oder der Buchwert des Rechtsvorgängers oder ein Zwischenwert (vgl. §§ 3, 4, 11, 12, 15, 20 UmwStG);
f) bei unentgeltlichem Erwerb eines Betriebs, Teilbetriebs oder eines Mitunternehmeranteils die Bemessungsgrundlagen des Rechtsvorgängers (vgl. § 6 Abs. 3 EStG);
g) bei betrieblich veranlasster unentgeltlicher Übertragung von einzelnen Wirtschaftsgütern aus dem Betriebsvermögen eines anderen Steuerpflichtigen in das Betriebsvermögen des Betriebsinhabers gilt der gemeine Wert als Anschaffungskosten (vgl. § 6 Abs. 4 EStG);
h) bei Übertragung von aufgedeckten stillen Reserven bzw. gebildeten steuerfreien Rücklagen i. S. v. R 6.6 EStR, § 6 b EStG und R 6.5 EStR die um die übertragenen stillen Reserven bzw. steuerfreien Rücklagen geminderten Anschaffungs- oder Herstellungskosten (§ 6 b Abs. 6 EStG, R 7.3 Abs. 4 EStR).

Außerdem kann sich die Bemessungsgrundlage für die Abschreibung durch **nachträgliche Anschaffungs- oder Herstellungskosten** oder nachträgliche Anschaffungspreisminderungen oder Teilwertabschreibungen ändern (vgl. hierzu die Ausführungen in 2.4.3 und 3.5, sowie H 2.3.2). Zur Bemessungsgrundlage für die AfA vgl. im Einzelnen auch R 7.3 EStR.

1.6 Buchmäßige Formen der Abschreibung

Buchtechnisch unterscheidet man zwei Formen der Abschreibung:

a) die **direkte** Abschreibung mit der Buchung:

Abschreibungen (AfA usw.)	… €	
an Anlagenkonto		… €

b) die **indirekte** Abschreibung über ein Wertberichtigungs-Konto mit der Buchung:

Abschreibungen	… €	
an Wertberichtigung Anlagenkonto		… €

Die indirekte Abschreibung ist nur bei Personenunternehmen zulässig und wird in der Praxis selten angewendet. Bei Kapitalgesellschaften kommt nur die direkte Abschreibung in Betracht, da das für diese verbindliche Bilanzgliederungsschema in § 266 Abs. 3 HGB auf der Passivseite keinen Wertberichtigungsposten vorsieht.

2 Absetzung für Abnutzung (AfA)

2.1 Begriff und Bedeutung

Handelsrechtlich werden die Anschaffungs- oder Herstellungskosten des abnutzbaren Anlagevermögens grundsätzlich über planmäßige Abschreibungen auf die voraussichtliche Nutzungsdauer des Vermögensgegenstands verteilt (§ 253 Abs. 1 Satz 1 und Abs. 3 Sätze 1 und 2 HGB).

Steuerlich geschieht dies über die Absetzung für Abnutzung (AfA). Die AfA ist eine Wertminderung durch Abnutzung (Wertverzehr durch Gebrauch des Wirtschaftsguts, i. d. R. bei materiellen Wirtschaftsgütern) oder durch Zeitablauf (i. d. R. bei immateriellen Wirtschaftsgütern). Hierbei ist nicht die technische Nutzungsdauer, sondern grundsätzlich eine betriebsgewöhnliche Nutzungsdauer zugrunde zu legen (vgl. 2.3). In der Buchführungspraxis ist es handelsrechtlich als auch steuerlich anzutreffen, dass die AfA für das Wirtschaftsgut nicht bis auf 0 € vorgenommen wurde, sondern – solange die betriebliche Nutzung fortdauert – ein Erinnerungswert von 1 € stehen gelassen wird. Im EDV-Zeitalter ist es m. E. nicht zwingend, an dem Erinnerungswert festzuhalten. Eine Abschreibung auf 0 Euro ist anzuerkennen. Das betreffende Wirtschaftsgut ist dessen ungeachtet weiterhin (bis zur tatsächlichen Ausbuchung) im Anlageverzeichnis zu führen. Da für die AfA bei Gebäuden steuerlich wichtige Besonderheiten gelten, wird die Gebäude-AfA unter 3 besonders behandelt.

2.2 Zwang zur AfA

Die planmäßige Abschreibung bzw. AfA ist zwingend vorzunehmen. Dies ergibt sich aus § 253 Abs. 3 Satz 1 HGB und § 6 Abs. 1 Nr. 1 Satz 1 EStG. Sind **AfA irrtümlich unterblieben** (Nachweisproblem!), so dürfen sie nachgeholt werden. Dies hat in der Weise zu erfolgen, dass die noch nicht abgesetzten Anschaffungs- oder Herstellungskosten (Buchwert) entsprechend der jeweils angewandten Absetzungsmethode (lineare oder degressive AfA) auf die Restnutzungsdauer verteilt werden (H 7.4 (Unterlassene oder überhöhte AfA – AfA – Allgemein) EStH). Ist jedoch für das Jahr, in dem die AfA irrtümlich unterlassen wurde, die Bilanz noch berichtigungsfähig, so ist der Fehler im Rahmen einer Bilanzberichtigung richtigzustellen (vgl. Ausführungen unter N).

Wurde vom Steuerpflichtigen die **AfA willkürlich unterlassen,** um dadurch unberechtigt Steuervorteile zu erlangen (z. B. Verlagerung von AfA-Volumen in ein späteres Wirtschaftsjahr, in dem voraussichtlich höhere Gewinne anfallen), so darf die unterlassene AfA nicht nachgeholt werden (vgl. H 7.4 (Unterlassene oder überhöhte AfA – Unberechtigte Steuervorteile) EStH). In einem solchen Fall ist unter Durchbrechung des Bilanzenzusammenhangs die Anfangsbilanz des ersten noch berichtigungsfähigen bzw. veranlagungsfähigen Wirtschaftsjahres erfolgsneutral zu korrigieren (vgl. H 4.4 (Berichtigung einer Bilanz, die einer bestandskräftigen Veranlagung zugrunde liegt – zweiter Strich) EStH sowie N 1.4.3.2.3).

Bisher unterlassene AfA kann auch dann nicht nachgeholt werden, wenn ein Wirtschaftsgut des notwendigen Betriebsvermögens im Wege der Fehlerberichtigung erstmals als Betriebsvermögen ausgewiesen wird (H 7.4 (Unterlassene oder überhöhte AfA – Betriebsvermögen) EStH). In diesem Fall bestimmt sich die fehlerberichtigende Einbuchung nach dem Wert, der sich ergeben würde, wenn das Wirtschaftsgut von Anfang an richtig bilanziert worden wäre (H 4.4 (Unterlassene Bilanzierung – erster Strich) EStH).

BEISPIEL

Der Unternehmer U erwarb im November 02 eine Maschine für netto 50 000 € mit einer betriebsgewöhnlichen Nutzungsdauer von fünf Jahren. Er buchte die Maschine mit den AK ein, unterließ aber bewusst die für das Jahr 02 vorzunehmende AfA in Höhe von 20 % für zwei Monate = 1 666 €, da für dieses Jahr der Gewinn sehr niedrig war. Er wollte damit erreichen, dass dieser AfA-Betrag im Jahr 07 den Gewinn mindert.

LÖSUNG In diesem Fall darf die unterlassene AfA später nicht nachgeholt werden. Sollte die Bilanz des Jahres 02 nicht mehr berichtigt werden können, kann die erste berichtigungsfähige Bilanz eines Folgejahres (z. B. 31.12.03) erfolgsneutral korrigiert werden. Dies hat durch Korrektur der Anfangsbilanz jenes Wirtschaftsjahres zu geschehen (Buchung: Anfangskapital an Maschine 1 666 €).
Ist die Bilanz des Jahres 02 jedoch noch berichtigungsfähig, ist der Bewertungsfehler auch zu Gunsten des Steuerpflichtigen in dieser Bilanz zu korrigieren. Vgl. hierzu die Ausführungen in N 1.

2.3 Betriebsgewöhnliche Nutzungsdauer

Nach § 7 Abs. 1 Satz 2 EStG bemisst sich die Absetzung nach der betriebsgewöhnlichen Nutzungsdauer des Wirtschaftsguts (vgl. auch R 7.4 Abs. 3 Satz 1 EStR). Die betriebsgewöhnliche Nutzungsdauer richtet sich nach der üblichen Nutzungsdauer des Wirtschaftsguts in dem Betrieb, in dem es tatsächlich genutzt wird. Diese Nutzungsdauer kann kürzer sein als die technische Lebensdauer eines Wirtschaftsguts, weil eine Nutzung bis zur restlosen Abnutzung (Schrottreife) wirtschaftlich kaum sinnvoll ist. Außergewöhnliche Umstände sind hierbei jedoch unberücksichtigt zu lassen. Beträgt die Nutzungsdauer eines Wirtschaftsguts **nicht mehr als 12 Monate** (sog. kurzlebiges Wirtschaftsgut), so sind dessen Anschaffungs- oder Herstellungskosten im Jahr der Anschaffung oder Herstellung in vollem Umfang Betriebsausgaben, auch wenn diese in der zweiten Hälfte eines Wirtschaftsjahres angefallen sind und die Nutzungsdauer über den Bilanzstichtag hinausreicht (BFH vom 26. 08. 1993 BStBl II 1994, 232).

Wird ein Wirtschaftsgut vom Privatvermögen in das Betriebsvermögen eingelegt, bestimmt sich nach der Einlage der maßgebliche AfA-Satz nach der restlichen betriebsgewöhnlichen Nutzungsdauer (**Restnutzungsdauer**) des Wirtschaftsguts.

BEISPIEL

Am 02. 01. 02 wird ein Pkw, der zuvor nicht zur Einkünfteerzielung genutzt worden war, zum Teilwert von 10 000 € in den Betrieb eingelegt. Die restliche betriebliche Nutzungsdauer beträgt noch zwei Jahre.

LÖSUNG Der Pkw ist in den Jahren 02 und 03 mit jeweils 5 000 € abzuschreiben.

Im Allgemeinen ist für die Schätzung der betriebsgewöhnlichen Nutzungsdauer die Auffassung des Unternehmers maßgebend, soweit er nicht »gegen die Regeln sorgfältiger Prüfung und ordnungsmäßiger Wirtschaft« verstößt (BFH vom 19. 06. 1956 BStBl III 1956, 224). Hierbei muss der Unternehmer jedoch objektive Erfahrungswerte des Betriebs zugrunde legen. Wichtige Anhaltspunkte für die Schätzung der betriebsgewöhnlichen Nutzungsdauer bilden die vom BMF (BStBl I 2000, 1532) aufgestellten **amtlichen AfA-Tabellen** für bestimmte Wirtschaftsgüter (zur Anwendung der AfA-Tabellen siehe auch BMF vom 06. 12. 2001, BStBl I 2001, 860). Die AfA-Tabellen haben die Vermutung der Richtigkeit für sich (BFH vom 09. 12. 1999 BStBl II 2001, 311). Sowohl die Finanzverwaltung als auch der Steuerpflichtige können jedoch in begründeten Fällen davon abweichen. Hierfür müssen aber entsprechende Gründe substantiiert vorliegen (BFH vom 14. 04. 2011, BStBl II 2011, 696) Stellt sich später heraus, dass die **ursprünglich angenommene** betriebsgewöhnliche Nutzungsdauer **falsch** war, so sind die AfA vom Zeitpunkt der besseren Erkenntnis an nach der Restnutzungsdauer zu bemessen. Eine rückwirkende Berichtigung der früheren Jahre kommt in diesen Fällen nicht in Betracht.

BEISPIEL

Für eine im Januar 02 erworbene neue Maschine, Anschaffungskosten 50 000 €, wurde eine betriebsgewöhnliche Nutzungsdauer von fünf Jahren zugrunde gelegt und die AfA linear vorgenommen. Nach 3 Jahren stellt sich heraus, dass die betriebsgewöhnliche Nutzungsdauer acht Jahre sein wird.

LÖSUNG Das nach drei Jahren noch vorhandene AfA-Volumen (Restbuchwert) in Höhe von 20 000 € ist in diesem Fall auf die dann noch vorhandene (um drei Jahre verlängerte) Restnutzungsdauer von fünf Jahren zu verteilen, d. h. AfA pro Jahr dann jeweils 4 000 €.

Auch der umgekehrte Fall ist denkbar, jedoch wird in solchen Fällen regelmäßig eine AfaA (vgl. nachstehend Tz 4) oder eine Teilwertabschreibung in Betracht kommen.

Bei entgeltlich erworbenen **immateriellen Einzelwirtschaftsgütern** (z. B. Patenten, Lizenzen, Nutzungsrechten) bemisst sich die AfA regelmäßig nach der Nutzungsdauer, welche dieses Wirtschaftsgut für das Unternehmen hat (bei Nutzungsrechten z. B. der Zeitraum für den das Nutzungsrecht vertraglich eingeräumt wurde). Die **Miet**- oder **Pachtdauer** kann die betriebsgewöhnliche Nutzungsdauer eines Wirtschaftsguts grundsätzlich nicht beeinflussen (BFH vom 15. 10. 1996, BStBl 1997 II S. 533; die gegenteilige Aussage im BMF vom 15 01. 1976, BStBl 1976 I S. 66, ist insoweit überholt, siehe auch H 7.4 »Mietereinbauten« EStH; zu den sog. Mietereinbauten bzw. Mieterumbauten wird auf die Ausführungen in K 1.4 verwiesen; zu den Gebäuden auf fremdem Grund und Boden siehe auch die Ausführungen in K 1.3 sowie BFH vom 02. 07. 2014, BStBl 2014 II S. 979).

2.4 Bemessungsgrundlage für die AfA

2.4.1 Grundsatz

Bemessungsgrundlage für die AfA sind grundsätzlich die Anschaffungs- oder Herstellungskosten des abschreibungs- bzw. absetzungsfähigen Wirtschaftsguts (§ 7 Abs. 1 Satz 1 und Abs. 4 Satz 1 EStG, R 7.3 Abs. 1 EStR). In bestimmten Fällen kommen jedoch abweichende Bemessungsgrundlagen in Betracht. Vgl. hierzu die Aufzählungen in 1.5 und die nachstehenden Ausführungen in 2. 4. 2.

2.4.2 Einlage von abnutzbaren Wirtschaftsgütern des Anlagevermögens in das Betriebsvermögen

Die Einlage von abnutzbaren Wirtschaftsgütern des Anlagevermögens erfolgt nach § 6 Abs. 1 Nr. 5 Satz 1 erster HS EStG grundsätzlich zum **Teilwert**; wird das Wirtschaftsgut aber innerhalb von drei Jahren seit Anschaffung oder Herstellung eingelegt, sind maximal (Höchstgrenze) die fortgeführten Anschaffungs- oder Herstellungskosten anzusetzen (§ 6 Abs. 1 Nr. 5 Satz 1 Buchst. a) und Satz 2 EStG). Der so bestimmte Einlagewert bildet dann die neue AfA-Bemessungsgrundlage für die Abschreibung im Betriebsvermögen, wenn das eingelegte Wirtschaftsgut nicht zuvor im privaten Bereich zur Erzielung von Überschusseinkünften verwendet worden ist.

Wenn Wirtschaftsgüter vor der Einlage allerdings zur Erzielung von Überschusseinkünften nach § 2 Abs. 1 Nr. 4 bis 7 EStG genutzt wurden, bemessen sich die weiteren AfA nach § 7 Abs. 1 Satz 5 EStG. Hierbei sind folgende Fallgruppen zu unterscheiden:

- Ist der Einlagewert höher als die ursprünglichen Anschaffungs- oder Herstellungskosten, bemessen sich die weiteren AfA nach dem Einlagewert abzüglich der vor Einlage bei den Überschusseinkünften vorgenommenen Abschreibungen (§ 7 Abs. 1 Satz 5 erster HS EStG);
- liegt die Höhe des Einlagewerts zwischen den ursprünglichen Anschaffungs- oder Herstellungskosten und den fortgeführten Anschaffungs- oder Herstellungskosten, bemessen sich die weiteren AfA nach den fortgeführten Anschaffungs- oder Herstellungskosten (§ 7 Abs. 1 Satz 5 erster HS EStG unter Berücksichtigung der dort aufgeführten Einschränkung, wonach die vor Einlage bei den Überschusseinkünften vorgenommen Abschreibungen maximal bis zu den fortgeführten Anschaffungs- oder Herstellungskosten vom Einlagewert abzuziehen sind);
- ist der Einlagewert niedriger als die fortgeführten Anschaffungs- oder Herstellungskosten, stellt für Einlagen seit dem 01.01.2011 der Einlagewert die neue AfA-Bemessungsgrundlage dar (§ 7 Abs. 1 Satz 5 zweiter HS EStG).

Durch die Regelung des § 7 Abs. 1 Satz 5 EStG soll erreicht werden, dass das eingelegte Wirtschaftsgut insgesamt (bei den Überschusseinkünften und im Betrieb) maximal bis zum Betrag der ursprünglichen Anschaffungs- bzw. Herstellungskosten oder des höheren Einlagewerts abgeschrieben werden kann. Die aktuelle Fassung dieser Vorschrift wurde durch das Jahressteuergesetz 2010 vom 08.12.2010 ins Einkommensteuergesetz aufgenommen; hierdurch wurde die vorherige Fassung an die Rechtsprechung des BFH (BStBl II 2010, 961) angepasst. Vgl. hierzu auch BMF, BStBl I 2010, 1204.

Ist der Einlagewert niedriger als die fortgeführten Anschaffungs- oder Herstellungskosten und erfolgte die Einlage vor dem 01.01.2011, bemessen sich die weiteren AfA nach den höheren fortgeführten Anschaffungs- oder Herstellungskosten (vgl. § 7 Abs. 1 Satz 5 EStG a. F. und R 7.3 Abs. 6 Satz 1 EStR 2008). In diesen Fällen sind die zulässigen betrieblichen Abschreibungen höher als der Einlagewert. Die den Einlagewert übersteigenden AfA müssen u. E. zur Ermittlung des steuerlichen Gewinns außerbilanziell abgesetzt werden (kein negativer Buchwert). Zur Ermittlung steuerlichen Gewinns müssen bei einer späteren Veräußerung oder Entnahme des Wirtschaftsguts die außerbilanziellen Abrechnungen dem Buchgewinn wieder außerbilanziell hinzugerechnet werden.

BEISPIEL

U hatte im Januar 01 eine Büroeinrichtung für 20 000 € erworben, die er bis 30. 06. 05 im Rahmen der Einkünfte aus nichtselbstständiger Arbeit linear nach § 7 Abs. 1 Sätze 1 und 2 EStG mit jährlich 10 % abschrieb. Seit 01. 07. 05 verwendete er diese Büroeinrichtung eigenbetrieblich. Der Teilwert zum Zeitpunkt der Einlage beträgt 14 000 €, der Restwert zum 30. 06. 05 noch 11 000 € (Anschaffungskosten 20 000 € abzüglich lineare AfA für vier Jahre und sechs Monate = 45 %). Die betriebsgewöhnliche Nutzungsdauer der Büroeinrichtung beträgt ab 01. 07. 05 noch (angenommen) 5 1/2 Jahre.

LÖSUNG Behandlung ab 01. 07. 05 im Betriebsvermögen:

Einlagewert zum 01. 07. 05 ist nach § 6 Abs. 1 Nr. 5 Satz 1 erster HS EStG der Teilwert in Höhe von 14 000 € (Einlage nach mehr als drei Jahren seit dem Zeitpunkt der Anschaffung). Die AfA im Betriebsvermögen bemisst sich nach § 7 Abs. 1 Satz 5 erster HS EStG nicht vom Teilwert, sondern von den fortgeführten AK (= Restwert) zum 30. 06. 05 = 11 000 €.

Kontenentwicklung für die Büroeinrichtung im Betriebsvermögen:

Einlagewert am 01. 07. 05	14 000 €
./. AfA für 05: 11.000 € : restliche betriebsgewöhnliche Nutzungsdauer von 5 1/2 Jahren = 2.000 €, davon für 05 nur zeitanteilig (§ 7 Abs. 1 Satz 4 EStG) = 6/12 × 2.000 €	= 1 000 €
Stand 31. 12. 05	13 000 €
./. AfA für 06 bis 10: jährlich je 2.000 € = zusammen	= 10 000 €
Stand 31. 12. 10	= 3 000 €

Dieser Betrag von 3 000 € bleibt so lange als Bilanzansatz für die Büroeinrichtung stehen, bis sie aus dem Betriebsvermögen ausscheidet. Erst zu diesem Zeitpunkt wird aus dem Betrag eine abzugsfähige Betriebsausgabe, sofern nicht vorher eine Teilwertabschreibung nach § 6 Abs. 1 Nr. 1 Satz 2 EStG oder eine AfaA nach § 7 Abs. 1 Satz 7 EStG in Betracht kommt.

Abwandlung 1: Bei den Büromöbeln handelt es sich um gesuchte Liebhaberstücke, die aufgrund der Insolvenz des Herstellers nicht mehr produziert werden. Der Teilwert der Büroeinrichtung zum 01.07.05 beträgt deshalb 25 000 €.

LÖSUNG Die Einlage erfolgt gem. § 6 Abs. 1 Nr. 5 Satz 1 erster HS EStG mit dem Teilwert von 25 000 €. Nach § 7 Abs. 1 Satz 5 erster HS EStG bestimmt sich die AfA-Bemessungsgrundlage nach Einlage nach dem Einlagewert (= Teilwert) von 25 000 € abzüglich der AfA bei den Einkünften aus nichtselbständiger Arbeit von 9 000 € (die AfA-Bemessungsgrundlage beträgt somit 16 000 €). Die betriebliche AfA für das Jahr 05 beträgt somit 1 455 € (16 000 € : RND 5,5 Jahre = 2 910 € x 6/12 =) und in den Jahren 06 bis 10 jeweils 2 910 € € (bis zur vollständigen Abschreibung des AfA-Volumens i. H. von 16 000 €). Nach vollständiger Abschreibung bleibt bis zum Ausscheiden der Büroeinrichtung aus dem Betriebsvermögen ein Bilanzansatz für die Büroeinrichtung von 9 000 € stehen.

Abwandlung 2: Die Büroeinrichtung wurde vor Einlage stark strapaziert und hat deshalb zum 01.07.05 (= nach dem 31. 12. 2010) nur einen Teilwert von 8 000 €.

LÖSUNG Die Einlage erfolgt gem. § 6 Abs. 1 Nr. 5 Satz 1 erster HS EStG mit den Teilwert von 8 000 €. Die AfA im Betriebsvermögen bemisst sich nach § 7 Abs. 1 Satz 5 zweiter HS EStG nach dem Einlagewert (= Teilwert) von 8 000 €. Somit ergibt sich nach der Einlage eine jährliche Abschreibung von 1 455 € (8 000 € : RND 5,5 Jahre), für das Jahr 05 nur zeitanteilig (6/12 von 1 455 € =) 728 €.

Wurde das ins Betriebsvermögen eingelegte Wirtschaftsgut (z. B. ein Gebäude) vor der Einlage sowohl zur Erzielung von Überschusseinkünften (z. B. Vermietung und Verpachtung), als auch außerhalb der Einkunftsarten (z. B. als selbstgenutzte Wohnung) verwendet, ist nach dem Wortlaut der Vorschrift des § 7 Abs. 1 Satz 5 EStG (AfA »vorgenommen«) sowie nach deren Sinn und Zweck (Vermeidung einer Doppelabschreibung) zur Ermittlung der AfA-Bemessungsgrundlage der Einlagewert nur um die im Rahmen der bei den Überschusseinkünften tatsächlich vorgenommenen Abschreibungen zu vermindern, nicht aber um fiktive Abschreibungen für die Nutzung außerhalb der steuerlichen Einkunftserzielung (anders ist die Vorgehensweise bei der Ermittlung des Einlagewerts, wenn die Einlage innerhalb von drei Jahren seit der Anschaffung bzw. Herstellung erfolgt; siehe hierzu R 6.12 Abs. 1 EStR sowie BMF vom 27. 10. 2010, BStBl I 2010, 1204, Rz 1).

2.4.3 Nachträgliche Anschaffungs- oder Herstellungskosten

Werden für ein Wirtschaftsgut nachträgliche Anschaffungs- oder Herstellungskosten aufgewendet, so ist die AfA ab dem Wirtschaftsjahr der Entstehung der nachträglichen Anschaffungs- oder Herstellungskosten grundsätzlich wie folgt vorzunehmen:

	Letzter Buchwert des Wirtschaftsguts (bzw. entsprechender Wert nach vorstehenden Ausführungen in 2.4.2)
+	nachträgliche Anschaffungs- oder Herstellungskosten
=	neue AfA-Bemessungsgrundlage.

Dieses neue AfA-Volumen ist auf die **Restnutzungsdauer** zu verteilen. Ggf. ist die Restnutzungsdauer neu zu schätzen. In den Fällen der degressiven AfA nach 7 Abs. 2 EStG (Altfälle) bestimmt sich der weitere AfA-Satz nach der (neu geschätzten) Restnutzungsdauer.

Für das Jahr der Entstehung der nachträglichen Anschaffungs- oder Herstellungskosten kann aus Vereinfachungsgründen so verfahren werden, als wären diese **zu Beginn** des Wirtschaftsjahres aufgewendet worden (d. h. volle Jahres-AfA). Nach Auffassung der Finanzverwaltung soll dies bereits für das Jahr gelten, in dem die nachträglichen Herstellungskosten angefallen sind, auch wenn die (nachträglichen) Herstellungsarbeiten erst im nächsten Jahr abgeschlossen werden.

Waren die nachträglichen Herstellungsarbeiten so umfangreich, dass ein **anderes** (neues) **Wirtschaftsgut** entstanden ist, so ist die weitere AfA nach dem Buchwert (bzw. entsprechenden Wert nach den Ausführungen unter 2.4.2) des bisherigen Wirtschaftsguts und den nachträglichen Herstellungskosten sowie der voraussichtlichen Nutzungsdauer des neuen Wirtschaftsguts zu bemessen. Vgl. hierzu auch R 7.3 Abs. 5 und R 7.4 Abs. 9 EStR sowie H 7.3 (Nachträgliche Anschaffungs- oder Herstellungskosten) und H 7.4 (AfA nach nachträglichen Anschaffungs- oder Herstellungskosten) EStH.

BEISPIEL

Ein Unternehmer erwarb im Januar 02 eine Maschine für 100 000 € mit einer betriebsgewöhnlichen Nutzungsdauer von fünf Jahren und schrieb diese seither linear ab.
Im Mai 04 erweiterte er die Maschine, wodurch nachträgliche Anschaffungskosten in Höhe von 25 000 € entstanden. Die gesamte betriebsgewöhnliche Nutzungsdauer veränderte sich dadurch nicht.

LÖSUNG

Anschaffungskosten Januar 02	100 000 €
./. AfA 02 und 03: 40 %	40 000 €
Buchwert zum 31. 12. 03	60 000 €
+ nachträgliche Anschaffungskosten in 04	25 000 €
neue AfA-Bemessungsgrundlage	85 000 €
./. AfA 04: bei Restnutzungsdauer drei Jahre = 33 1/3 %	28 334 €
Buchwert 31. 12. 04	56 666 €

Vgl. auch Beispiel 1 in H 7.4 (AfA nach nachträglichen Anschaffungs- oder Herstellungskosten) EStH.

Bei **Gebäuden** ist die AfA ab dem Wirtschaftsjahr der Entstehung der nachträglichen Anschaffungs- oder Herstellungskosten wie folgt vorzunehmen (H 7.3 (Nachträgliche Anschaffungs- oder Herstellungskosten) EStH, m. w. N.):

  Bisherige Bemessungsgrundlage
\+ nachträgliche Anschaffungs- oder Herstellungskosten
= neue AfA-Bemessungsgrundlage.

Weitere Ausführungen zur Gebäude-AfA siehe unter J 3.

2.5 Beginn und Ende der AfA

R 7.4 Abs. 1 Satz 1 EStR bestimmt, dass die AfA vorzunehmen ist, sobald ein Wirtschaftsgut angeschafft oder hergestellt ist. Ein Wirtschaftsgut ist zum Zeitpunkt seiner Lieferung angeschafft (R 7.4 Abs. 1 Satz 2 EStR) und im Zeitpunkt seiner Fertigstellung hergestellt (vgl. § 9 a EStDV). Zum Zeitpunkt der Lieferung und Fertigstellung vgl. auch H 7.4 (Fertigstellung und Lieferung) EStH. Es kommt also auf den Übergang des zivilrechtlichen oder zumindest des wirtschaftlichen Eigentums an (siehe auch § 39 AO).

Ist Gegenstand eines Kaufvertrags über ein Wirtschaftsgut auch dessen Montage durch den Verkäufer, so ist das Wirtschaftsgut erst mit der **Beendigung der Montage** geliefert (R 7.4 Abs. 1 Satz 3 EStR); dieser Zeitpunkt ist maßgebend für den Beginn der AfA. Wird die Montage durch den Steuerpflichtigen selbst oder in dessen Auftrag durch einen Dritten, also nicht vom Verkäufer durchgeführt, so ist das Wirtschaftsgut bereits bei **Übergang der wirtschaftlichen Verfügungsmacht** (Übergang des wirtschaftlichen Eigentums, für steuerliche Zwecke siehe § 39 Abs. 2 Nr. 1 AO) an den Erwerber geliefert; zu diesem Zeitpunkt beginnt dann auch die AfA (vgl. R 7.4 Abs. 1 Satz 4 EStR; danach wendet die Finanzverwaltung das zur Investitionszulage ergangene Urteil des BFH vom 02.09.1988 BStBl II 1988, 1009, nicht an). Bei der Montage eines Wirtschaftsguts aus mehreren Teilen, die nicht als Hauptsache und Nebensache zueinander stehen, handelt es sich um die Herstellung eines Wirtschaftsguts, bei der es für den AfA-Beginn nicht auf den Zeitpunkt der Lieferung der Einzelteile ankommt, sondern auf die **Beendigung der Montage**. In derartigen Fällen ist es gleichgültig, ob die Montage durch die Lieferanten der Einzelteile oder durch den Steuerpflichtigen oder durch einen Dritten erfolgt.

Zum Zeitpunkt der Anschaffung einer Windkraftanlage siehe auch FG Nds vom 20.11.2013, EFG 2014, 824 (Revision beim BFH unter dem Az.: IV R 1/14 anhängig).

2.5.1 AfA im Jahr der Anschaffung oder Herstellung

Im Jahr der Anschaffung oder Herstellung vermindert sich nach § 7 Abs. 1 Satz 4 und Abs. 2 Satz 3 EStG der Absetzungsbetrag für dieses Jahr um jeweils ein Zwölftel für jeden vollen Monat, der dem Monat der Anschaffung oder Herstellung vorangeht. Die AfA kann also im Erstjahr nur zeitanteilig (pro rata temporis) vorgenommen werden. Anders ausgedrückt ist der Steuerpflichtige ab dem Monat der Anschaffung bzw. Herstellung (§ 9a EStDV) abschreibungsbefugt. Für den Monat der Anschaffung oder Herstellung ist die AfA voll zu rechnen, auch wenn das Wirtschaftsgut erst am letzten Tag des Monats angeschafft oder hergestellt worden ist.

BEISPIEL

Ein Unternehmer eröffnet seinen Betrieb am 02. 05. 02 und wählt als Wirtschaftsjahr das Kalenderjahr. Er erwarb folgende Wirtschaftsgüter:

- am 02. 07. 02 einen Lkw für 50 000 € Anschaffungskosten,
- am 30. 10. 02 eine Maschine für 80 000 € Anschaffungskosten.

LÖSUNG Nach § 7 Abs. 1 Satz 4 EStG kann er im Jahr 02 für den Lkw nur 6/12 (für Juli bis Dezember 02) und für die Maschine nur 3/12 (für Oktober bis Dezember 02) der Jahres-AfA ansetzen.

Für in das Betriebsvermögen **eingelegte Wirtschaftsgüter** ist die AfA für das Jahr der Einlage ebenfalls nur zeitanteilig vorzunehmen (R 7.4 Abs. 2 Satz 2 EStR).

2.5.2 AfA beim Ausscheiden eines Wirtschaftsguts

Im Jahr des Ausscheidens eines Wirtschaftsguts (z. B. Veräußerung oder Entnahme) ist die AfA ebenfalls nur **zeitanteilig** vorzunehmen (R 7.4 Abs. 8 Satz 1 EStR).

BEISPIEL

Ein Unternehmer veräußerte am 30. 06. 02 einen bisher ausschließlich betrieblich genutzten Pkw, der zum 31. 12. 01 noch mit 9 000 € zu Buche stand, für 10 000 € + 1 900 € USt. Die Jahres-AfA soll 6 000 € betragen.

LÖSUNG

	AfA-Buchung
Buchwert 31. 12. 01	9 000 €
./. AfA bis 30. 06. 02 (6/12)	3 000 €
Buchwert zum 30. 6. 02 (Zeitpunkt der Veräußerung)	6 000 €
Veräußerungserlös	10 000 €
Buchgewinn	4 000 €

Folgende Buchungen kommen im Wirtschaftsjahr 02 in Betracht:
AfA an Fuhrpark 3 000 €
Finanzkonto 11 900 € an Fuhrpark 6 000 €, USt 1 900 € und Erlöskonto 4 000 €.

Gerade für eine Übertragung aufgedeckter stiller Reserven bei Ersatzbeschaffung bzw. Bildung einer entsprechenden steuerfreien Rücklage nach R 6.6 EStR oder nach § 6 b EStG wird eine zutreffende Berechnung des Buchwerts des Wirtschaftsguts beim Ausscheiden benötigt. Auch in den Fällen der Betriebsveräußerung bzw. -aufgabe ist diese Vorgehensweise erforderlich, um zutreffend den laufenden Gewinn vom Veräußerungs-/Aufgabegewinn (§ 16 EStG) zu trennen.

Beim Ausscheiden eines Wirtschaftsguts wird die **Aufrundung angefangener Monate** auf volle Monate von der Finanzverwaltung anerkannt.

2.6 Einzelne AfA-Methoden

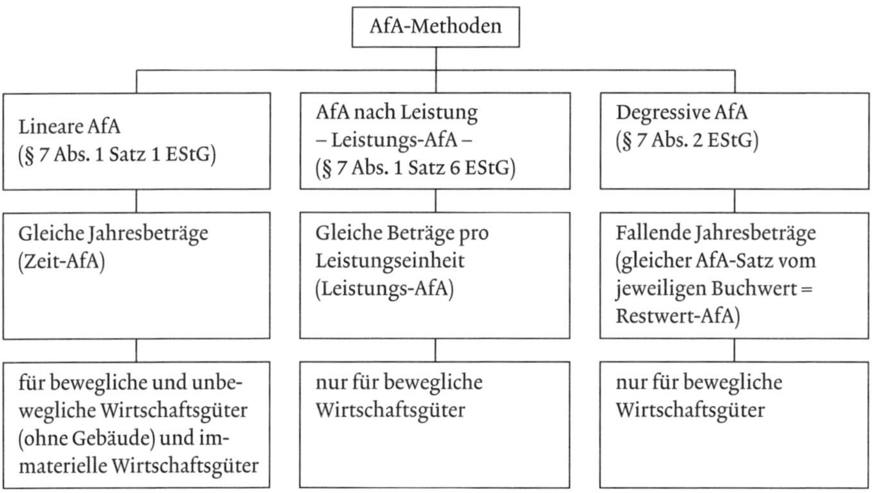

2.6.1 Lineare AfA

Durch die lineare AfA erfolgt eine Verteilung der Anschaffungs- oder Herstellungskosten (bzw. anderer Bemessungsgrundlagen) in **gleichen Jahresbeträgen** auf die betriebsgewöhnliche Nutzungsdauer (§ 7 Abs. 1 Sätze 1 und 2 EStG). Hierbei handelt es sich um die regelmäßige (grundsätzlich anzuwendende) AfA-Methode, die stets dann gilt, wenn keine andere Methode zulässig oder vorgeschrieben (vgl. Gebäude-AfA unter J 3) ist. Die lineare AfA kommt für alle abnutzbaren Wirtschaftsgüter des Anlagevermögens in Betracht, die zum Betriebsvermögen gehören. Hierbei handelt es sich um die:

a) beweglichen abnutzbaren Wirtschaftsgüter, insbesondere Betriebsvorrichtungen, Maschinen, Kraftfahrzeuge und Einrichtung; vgl. hierzu R 7.1 Abs. 2 bis 4 EStR;
b) unbeweglichen abnutzbaren Wirtschaftsgüter (außer Gebäude), insbesondere Außenanlagen; vgl. H 7.1 (Unbewegliche Wirtschaftsgüter, die keine Gebäude oder Gebäudeteile sind) EStH;
c) immateriellen abnutzbaren Wirtschaftsgüter, insbesondere Patente, Erfindungen, erworbenes Knowhow und Nutzungsrechte; vgl. R 5.5 EStR und H 5.5 EStH.
   Auch der entgeltlich erworbene Geschäfts- oder Firmenwert gehört hierzu (§ 246 Abs. 1 Satz 4 HGB); für diesen ist eine Abschreibung zwingend vorgeschrieben, und zwar handelsrechtlich auf die voraussichtliche Nutzungsdauer (§ 253 Abs. 3 Satz 2 HGB) und steuerlich auf 15 Jahre (§ 7 Abs. 1 Satz 3 EStG).

Die lineare AfA kann rechnerisch ermittelt werden:

- mit Hilfe eines Prozentsatzes (100 : betriebsgewöhnliche Nutzungsdauer = AfA-Satz),
- mit Hilfe von Bruchteilen (z. B. bei fünfjähriger Nutzungsdauer = jährlich 1/5 oder bei Restnutzungsdauer von acht Jahren = jährlich 1/8).

Neben der linearen AfA kann noch eine Absetzung für außergewöhnliche technische oder wirtschaftliche Abnutzung (§ 7 Abs. 1 Satz 7 EStG) und eine Teilwertabschreibung (§ 6 Abs. 1 Nr. 1 Satz 2 EStG) in Betracht kommen.

2.6.2 Leistungs-AfA

Bei der Leistungs-AfA wird die jährliche Absetzung für Abnutzung **nach Maßgabe der Leistung** des Wirtschaftsguts vorgenommen (§ 7 Abs. 1 Satz 6 EStG). Sie ist nur für **bewegliche Wirtschaftsgüter** des Anlagevermögens zulässig. Bei ihr tritt an die Stelle der betriebsgewöhnlichen Nutzungsdauer die jährliche Leistung des Wirtschaftsguts. Als Leistungseinheiten können z. B. Betriebsstunden oder gefahrene Kilometer in Betracht kommen. Die Anwendung dieser AfA-Methode muss **wirtschaftlich begründet** sein; dies ist der Fall, wenn die Leistung des Wirtschaftsguts von Jahr zu Jahr erheblich schwankt und dadurch ein unterschiedlicher Verschleiß des Wirtschaftsguts eintritt (R 7.4 Abs. 5 Satz 1 EStR). Der auf das einzelne Wirtschaftsjahr entfallende Umfang der Leistung muss nachgewiesen werden, z. B. durch Zählwerke, Betriebsstundenzähler, Kilometerzähler oder Ähnliches (R 7.4 Abs. 5 Sätze 2 und 3 EStR).

BEISPIEL

Eine Maschine für Spezialbohrungen, Anschaffungskosten 100 000 €, hat erfahrungsgemäß eine Gesamtleistung von 5 000 Betriebsstunden.

LÖSUNG Somit ergibt sich eine AfA von 20 € pro Betriebsstunde. Bei nachstehenden Jahresleistungen ergeben sich folgende AfA-Beträge:

Jahresleistung lt. Betriebsstundenzähler:		**AfA-Beträge:**
Jahr 01	800 Std.	16 000 €
02	1 200 Std.	24 000 €
03	900 Std.	18 000 €
04	1 300 Std.	26 000 €
05	800 Std.	16 000 €
	5 000 Std.	100 000 €

2.6.3 Degressive AfA

Bei der degressiven AfA werden die Anschaffungs- oder Herstellungskosten **in fallenden Jahresbeträgen** auf die betriebsgewöhnliche Nutzungsdauer des Wirtschaftsguts verteilt (§ 7 Abs. 2 Satz 1 EStG). Für diese AfA-Methode hat der Unternehmer ein **Wahlrecht.** Die steuerliche Inanspruchnahme der degressiven AfA-Methode setzt nicht voraus, dass sie auch in der Handelsbilanz zugrunde gelegt wird (§ 5 Abs. 1 Satz 1 zweiter HS EStG; BMF-Schreiben vom 12.03.2010 BStBl I 2010, 239 unter Rdnr. 18). Die degressive AfA kommt nur für **bewegliche Wirtschaftsgüter** des Anlagevermögens in Betracht. Sie kann also nicht für unbewegliche Wirtschaftsgüter wie Außenanlagen und auch nicht für immaterielle Wirtschaftsgüter angewendet werden. Die degressive AfA wird auch als **Buchwert-AfA** (geometrisch-degressive AfA) bezeichnet, weil ein auf die betriebsgewöhnliche Nutzungsdauer bezogener unveränderlicher Prozentsatz auf den jeweiligen Restbuchwert angewendet wird (§ 7 Abs. 2 Satz 2 EStG).

Der anzuwendende **Prozentsatz darf** nach § 7 Abs. 2 Satz 2 zweiter HS EStG eine **bestimmte Höhe nicht überschreiten**, und zwar:

für in der Zeit **vom 01.01.1961 - 31.08.1977** angeschaffte oder hergestellte Wirtschaftsgüter	für in der Zeit **vom 01.09.1977 - 29.07.1981** angeschaffte oder hergestellte Wirtschaftsgüter	für in der Zeit **vom 30.07.1981 - 31.12.2000** angeschaffte oder hergestellte Wirtschaftsgüter	für in der Zeit **vom 01.01.2001 bis 31.12.2005** angeschaffte oder hergestellte Wirtschaftsgüter	für in der Zeit **vom 01.01.2006 bis 31.12.2007** angeschaffte oder hergestellte Wirtschaftsgüter	für in der Zeit **vom 01.01.2009 bis 31.12.2010** angeschaffte oder hergestellte Wirtschaftsgüter
(§ 7 Abs. 2 Satz 2 EStG 1975)	(§ 7 Abs. 2 Satz 2 EStG 1977)	(§ 7 Abs. 2 Satz 2 EStG 1981 und § 52 Abs. 21 a Satz 2 EStG a. F.)	(§ 7 Abs. 2 Satz 2 EStG 2001 und § 52 Abs. 21 a Satz 1 EStG a. F.)	(§ 7 Abs. 2 Satz 3 EStG 2006 und § 52 Abs. 21 a Satz 3 EStG a. F.)	(§ 7 Abs. 2 Satz 2 EStG)
das 2-fache des linearen AfA-Satzes	das 2 1/2-fache des linearen AfA-Satzes	das 3-fache des linearen AfA-Satzes	das 2-fache des linearen AfA-Satzes	das 3-fache des linearen AfA-Satzes	das 2 1/2-fache des linearen AfA-Satzes
höchstens 20 %	höchstens 25 %	höchstens 30 %	höchstens 20 %	höchstens 30 %	höchstens 25 %

Für nach dem 31.12.2007 und vor dem 01.01.2009 angeschaffte oder hergestellte Wirtschaftsgüter ist eine degressive AfA nicht zulässig. Für nach dem 31.12.2010 angeschaffte oder hergestellte Wirtschaftsgüter ist die Möglichkeit zur degressiven AfA steuerlich entfallen.

BEISPIEL

Gewerbetreibender G erwarb am 10. 01. 02 (= 10.01.2010) eine Maschine für 50 000 € mit einer betriebsgewöhnlichen Nutzungsdauer von acht Jahren. G schreibt diese Maschine mit dem höchstmöglichen AfA-Satz ab.

LÖSUNG Die degressive AfA nach § 7 Abs. 2 EStG ist wie folgt vorzunehmen:

Anschaffungskosten 10. 01. 02		50 000 €
./. AfA für 02: linearer AfA-Satz 12,5 % bis zum 2,5fachen = 31,25 %, höchstens 25 %	=	12 500 €
Buchwert 31. 12. 02	=	37 500 €
./. AfA für 03: 25 % von 37 500 €	=	9 375 €
Buchwert 31. 12. 03	=	28 125 €
./. AfA für 04: 25 % von 28 125 €	=	7 031 €
Buchwert 31. 12. 04	=	21 094 €
usw.		

Bezüglich des möglichen Wechsels zur linearen AfA vgl. 2. 6. 4.

Wird die degressive AfA in Anspruch genommen, so müssen hierfür **besondere Aufzeichnungen** geführt werden (vgl. hierzu § 7 Abs. 2 Satz 3 i. V. m. § 7 a Abs. 8 EStG). Für Wirtschaftsgüter, die nach § 7 Abs. 2 EStG degressiv abgeschrieben werden, kommt eine Absetzung für außergewöhnliche technische oder wirtschaftliche Abnutzung nicht in Betracht (§ 7 Abs. 2 Satz 4 EStG).

2.6.4 Wechsel der AfA-Methode

Ein Wechsel von der linearen AfA-Methode zur degressiven AfA-Methode ist nach § 7 Abs. 3 Satz 3 EStG nicht zulässig. Nach § 7 Abs. 3 Satz 1 EStG ist jedoch ein Wechsel **von der degressiven zur linearen AfA-Methode zugelassen**. In diesem Fall ist ab dem Zeitpunkt des Übergangs gem. § 7 Abs. 3 Satz 2 die lineare AfA nach dem noch vorhandenen Restwert und der Restnutzungsdauer zu bemessen (Verteilung des Restbuchwerts auf die Restnutzungsdauer). Regelmäßig wird der Unternehmer für den Übergang das Wirtschaftsjahr wählen, für das erstmals bei degressiver AfA sich ein niedrigerer AfA-Betrag ergäbe als bei einer linearen AfA. Durch den Übergang von der degressiven zur linearen AfA wird auch vermieden, dass im letzten Jahr der betriebsgewöhnlichen Nutzungsdauer ein größerer Restbetrag übrig bleibt. Nach dem Wechsel zur linearen AfA können für ein zuvor degressiv abgeschriebenes Wirtschaftsgut fortan auch Absetzungen für außergewöhnliche technische oder wirtschaftliche Abnutzung nach § 7 Abs. 1 Satz 7 EStG in Betracht kommen.

BEISPIEL

Fortsetzung des Beispiels von 2.6.3:

Buchwert 31. 12. 04			=	21 094 €
./. AfA für 05: 25 % von 21 094 €			=	5 274 €
Buchwert 31. 12. 05			=	15 820 €
./. AfA für 06:				
a) bei degressiver AfA ergibt sich ein AfA-Betrag von 25 % von 15 820 €	=	3 955 €		
b) bei linearer AfA ergibt sich ein Betrag von 15 820 € verteilt auf vier Jahre Restnutzungsdauer	=	3 955 €	=	3 955 €
Buchwert 31. 12. 06			=	11 865 €
./. AfA für 07: linear wie in 06 11 865 € : 3 J = 3.955 € (degressiv aber nur 25 % von 11 865 € = 2 967 €; also im Jahr 07 ist ein zulässiger Wechsel zur linearen AfA für den Steuerpflichtigen günstiger, § 7 Abs. 3 Satz 1 EStG)			=	3 955 €
Buchwert 31. 12. 07			=	7 910 €
usw.				

Nicht gesetzlich geregelt und folglich auch strittig ist der Wechsel der AfA-Methode im Bezug auf die Leistungs-AfA. Hierbei wird nach h. M. ein Übergang von der Leistungs-AfA zur linearen AfA und umgekehrt jedenfalls dann für zulässig erachtet, wenn er wirtschaftlich begründet ist; die Möglichkeit des Übergangs von der Leistungs-AfA zur degressiven AfA und umgekehrt wird dagegen nach h. M. abgelehnt (vgl. Herrmann/Heuer/Raupach § 7 Anm. 234).

2.7 AfA und Teilwertabschreibung

Planmäßige Abschreibungen bzw. AfA sind auch dann vorzunehmen, wenn der Teilwert eines Wirtschaftsguts **höher** ist, als der sich nach Abzug der AfA ergebende Buchwert. Ist der Teilwert voraussichtlich dauerhaft **niedriger** als der Buchwert, so kann nach § 6 Abs. 1 Nr. 1 Satz 2 EStG neben der planmäßigen (normalen) AfA eine Teilwertabschreibung vorgenommen werden. Insoweit liegt ein steuerliches Wahlrecht vor, das nach § 5 Abs. 1 Satz 1 zweiter HS EStG unabhängig von der handelsrechtlichen Abschreibung ausgeübt werden kann (BMF-Schreiben vom 12. 03. 2010 BStBl 2010, 239 unter Rdnr. 15). Die normale AfA hat jedoch Vorrang. Zur Teilwertabschreibung vgl. die Ausführungen in G 6 und H 4. 3. Nach einer Teilwertabschreibung ist der Restwert auf die Restnutzungsdauer zu verteilen.

BEISPIEL

Anschaffung einer Maschine im Januar 02 für 100 000 € Anschaffungskosten, betriebsgewöhnliche Nutzungsdauer fünf Jahre, Unternehmer wählt lineare AfA. Zum 31. 12. 04 beträgt der Teilwert der Maschine nur noch 10 000 € (z. B. wegen technischer Weiterentwicklung, d. h. voraussichtlich dauernde Wertminderung).

LÖSUNG Kontenentwicklung für den Posten »Maschine«:

Anschaffungskosten Januar 02	100 000 €
./. AfA für 02 und 03: jeweils 20 % von 100 000 €	40 000 €
Buchwert 31. 12. 03	60 000 €
./. planmäßig AfA für 04: 20 % von 100 000 €	20 000 €
verbleiben	40 000 €
./. Teilwertabschreibung (außerplanmäßige Abschreibung) zum 31. 12. 04	30 000 €
Buchwert 31. 12. 04	10 000 €
./. AfA für 05: Verteilung auf die Restnutzungsdauer von 2 Jahren	5 000 €
Buchwert 31. 12. 05	5 000 €

3 AfA für Gebäude, Gebäudeteile und Außenanlagen

Für die Absetzung für Abnutzung bei Gebäuden bestehen abweichend von den allgemeinen Grundsätzen eigenständige Regelungen in § 7 Abs. 4 EStG für die lineare AfA und in § 7 Abs. 5 EStG für die degressive AfA. Danach sind **Gebäude grundsätzlich mit festen (typisierten) Prozentsätzen (AfA-Sätzen) abzuschreiben**. Diese Vorschriften gelten für Gebäude jeder Art, gleichgültig, welchen Zwecken sie dienen und ob sie zu einem Betriebsvermögen gehören oder nicht. Sie betreffen daher auch Steuerpflichtige, die den Gewinn nach § 5 EStG ermitteln; der Maßgeblichkeitsgrundsatz des § 5 Abs. 1 Satz 1 erster HS EStG gilt insoweit nicht (vgl. § 5 Abs. 6 EStG). Diese Regelungen gelten auch für bestimmte **selbstständige Gebäudeteile** sowie Eigentumswohnungen und Räume im Teileigentum (vgl. § 7 Abs. 5 a EStG und R 7.1 Abs. 6 EStR). Für jeden selbstständigen Gebäudeteil ist über die anzuwendende AfA-Methode eigenständig zu entscheiden. Ein Abstellen auf die tatsächliche Nutzungsdauer kommt bei Gebäuden bzw. Gebäudeteilen dann in Betracht, wenn die tatsächliche Nutzungsdauer (z. B. nachgewiesen durch ein Gutachten) weniger als die den festen AfA-Sätzen zu Grunde liegende typisierende Nutzungsdauer (33 1/3, 50 oder 40 Jahre) beträgt (§ 7 Abs. 4 Satz 2 EStG).

Für die **Außenanlagen** sind hinsichtlich der AfA keine Besonderheiten zu beachten, es kommt stets nur die lineare AfA nach § 7 Abs. 1 Sätze 1 und 2 EStG in Betracht.

3.1 Begriff des Gebäudes und der selbstständigen Gebäudeteile

Für den Begriff des Gebäudes sind die **Abgrenzungsmerkmale des Bewertungsrechts** maßgebend (R 7.1 Abs. 5 EStR). Danach ist ein Gebäude ein Bauwerk auf eigenem oder fremdem Grund und Boden, das Menschen oder Sachen durch räumliche Umschließung Schutz gegen äußere Einflüsse gewährt, den Aufenthalt von Menschen gestattet, fest mit dem Grund und Boden verbunden, von einiger Beständigkeit und standfest ist.

Da die **Betriebsvorrichtungen** (vgl. § 68 Abs. 2 Nr. 2 BewG), auch wenn sie (als wesentliche Bestandteile) fest mit dem Grund und Boden oder dem Gebäude verbunden sind, als **selbstständige bewegliche Wirtschaftsgüter** zu bilanzieren und zu bewerten sind, müssen die Gebäude bzw. Gebäudeteile von den Betriebsvorrichtungen abgegrenzt werden (vgl. hierzu R 7.1 Abs. 3 EStR sowie Band 13, Horschitz/Groß/Schnur; Bewertungsrecht, Erbschaftsteuer, Grundsteuer unter Kapitel 2 Teil E 1.3.3). Gleiches gilt für **Scheinbestandteile;** hierbei handelt es sich um Wirtschaftsgüter, die nur zu einem vorübergehenden Zweck mit dem Grund und Boden verbunden bzw. in ein Gebäude eingefügt sind (§ 95 BGB). Für Betriebsvorrichtungen und Scheinbestandteile gilt § 7 Abs. 4 und 5 EStG nicht; sie stellen bewegliche Wirtschaftsgüter dar (vgl. R 7.1 Abs. 2 bis 4 EStR) und sind daher nach § 7 Abs. 1 oder 2 EStG abzuschreiben.

Als **selbstständige Gebäudeteile,** für die nach § 7 Abs. 5 a EStG die Gebäudeabschreibungsvorschriften des § 7 Abs. 4 und 5 EStG gelten, kommen in Betracht (vgl. R 7.1 Abs. 6 EStR):

- Ladeneinbauten und ähnliche Einbauten (R 4.2 Abs. 3 Satz 3 Nr. 3 EStR); für die Abschreibung kann insoweit nach § 7 Abs. 4 Satz 2 EStG von einer Nutzungsdauer von sieben Jahren (AfA-Satz 14 %) ausgegangen werden (vgl. BMF vom 30. 05. 1996 BStBl I 1996, 643);
- Mietereinbauten und Mieterumbauten, die keine Scheinbestandteile oder Betriebsvorrichtungen sind (R 4.2 Abs. 3 Satz 3 Nr. 4 EStR); vgl. K 1.4;
- Sonstige selbstständige Gebäudeteile (R 4.2 Abs. 3 Satz 3 Nr. 5 und Abs. 4 EStR); vgl. E 2. 2.

Unselbstständige Gebäudeteile sind zusammen mit dem Gebäude bzw. einem selbstständigen Gebäudeteil abzuschreiben (z. B. Personenfahrstuhl, Heizungsanlagen, Be- und Entlüftungsanlagen, Beleuchtungsanlagen; vgl. R 4.2 Abs. 5 EStR und H 4.2 Abs. 5 EStH).

3.2 Lineare AfA nach § 7 Abs. 4 EStG

Bei der linearen Gebäude-AfA ist wie folgt zu unterscheiden:

3.2.1 Höhere AfA für Wirtschaftsgebäude im Betriebsvermögen

Für Gebäude oder sonstige selbstständige Gebäudeteile,

- soweit sie zum Betriebsvermögen gehören **und**
- soweit sie nicht Wohnzwecken (zum Begriff Wohnzwecke vgl. R 7.2 Abs. 1 bis 3 EStR) dienen **und**

- für die der Bauantrag nach dem 31. 03. 1985 gestellt worden ist,

ist gem. **§ 7 Abs. 4 Satz 1 Nr. 1 EStG** eine AfA von jährlich **3 %** anzusetzen, wodurch gesetzlich grundsätzlich eine Abschreibungsdauer von 33 1/3 Jahre besteht.

Für diese Wirtschaftsgebäude im Betriebsvermögen wurde durch das Steuersenkungsgesetz vom 23. 10. 2000 (BStBl I 2000, 1428) mit Wirkung ab 01. 01. 2001 der lineare AfA-Satz des § 7 Abs. 4 Satz 1 Nr. 1 EStG von 4 % auf 3 % gesenkt. Zur Anwendung der jeweiligen Regelungen vgl. § 52 Abs. 15 Satz 2 EStG. Für die vorstehend genannten Gebäude und Gebäudeteile beträgt der jährliche AfA-Satz **4 %**, wenn der Steuerpflichtige im Fall der Herstellung vor dem 01. 01. 2001 mit der Herstellung des Gebäudes (bzw. Gebäudeteils) begonnen hat oder im Fall der Anschaffung das Objekt aufgrund eines vor dem 01. 01. 2001 rechtswirksam abgeschlossenen obligatorischen Vertrags oder gleichstehenden Rechtsakts angeschafft hat (§ 52 Abs. 15 Satz 2 EStG); in diesen Fällen ergibt sich grundsätzlich eine 25-jährige Abschreibungsdauer. Die tatsächliche Nutzungsdauer des Gebäudes ist nur in Ausnahmefällen (siehe nachstehende Ausführungen in 3.2.3) maßgebend. Zum Begriff des Bauantrags vgl. R 7.2 Abs. 4 EStR und H 7.2 (Bauantrag) EStH.

Ob es sich bei dem zum Betriebsvermögen gehörenden Gebäude oder Gebäudeteil um **notwendiges oder gewillkürtes Betriebsvermögen** handelt, ist ohne Bedeutung. Diese Regelung trifft daher sowohl für eigenbetrieblich als auch für fremdbetrieblich genutzte Gebäude und Gebäudeteile im Betriebsvermögen zu. Der höhere AfA-Satz kommt jedoch nicht für Gebäude und Gebäudeteile in Betracht, die Wohnzwecken dienen, also auch nicht für Wohnungen und Wohnräume, die als Arbeitnehmerwohnungen eigenbetrieblich genutzt werden und damit zum notwendigen Betriebsvermögen gehören (vgl. R 4.2 Abs. 4 und 7 EStR, H 4.2 Abs. 7 (Vermietung an Arbeitnehmer) EStH, sowie R 7.2 Abs. 1 Satz 2 EStR).

3.2.2 AfA für andere Gebäude

Für alle Gebäude oder Gebäudeteile, die nicht unter § 7 Abs. 4 Satz 1 Nr. 1 EStG fallen, gelten gem. **§ 7 Abs. 4 Satz 1 Nr. 2 EStG zwingend** grundsätzlich folgende AfA-Sätze:

- für seit dem 01. 01. 1925 fertiggestellte Gebäude und selbstständige Gebäudeteile **2 %**,
- für bis zum 31. 12. 1924 fertiggestellte Gebäude und selbstständige Gebäudeteile **2,5 %**.

Hierdurch ergibt sich gesetzlich eine 50- bzw. 40-jährige Abschreibungsdauer. Dafür kommen folgende Gebäude bzw. Gebäudeteile in Betracht:

- alle Gebäude und Gebäudeteile, die Wohnzwecken dienen, auch wenn sie im Betriebsvermögen geführt werden,
- alle Gebäude und Gebäudeteile im Betriebsvermögen, die eigenen oder fremden betrieblichen Zwecken dienen und für die der Bauantrag vor dem 01. 04. 1985 gestellt worden ist,
- alle Gebäude und Gebäudeteile, die fremdbetrieblich genutzt und nicht als gewillkürtes Betriebsvermögen bilanziert werden, auch wenn der Bauantrag nach dem 31. 03. 1985 gestellt worden ist.

Auch bei diesen Gebäuden und Gebäudeteilen kommt die tatsächliche Nutzungsdauer nur ausnahmsweise in Betracht (vgl. nachstehende Ausführungen in 3.2.3).

3.2.3 AfA nach der tatsächlichen Nutzungsdauer

Ist die **tatsächliche Nutzungsdauer** eines Gebäudes geringer als die gesetzlich bestimmte Abschreibungsdauer, d. h.

a) bei Wirtschaftsgebäuden im Betriebsvermögen, die unter § 7 Abs. 4 Satz 1 Nr. 1 EStG fallen, **weniger als 25 Jahre bzw. 33 Jahre** und
b) bei den anderen Gebäuden, die unter § 7 Abs. 4 Satz 1 Nr. 2 EStG fallen, **weniger als 50 bzw. 40 Jahre**,

so darf der Unternehmer (Wahlrecht) das Gebäude bzw. die Gebäudeteile nach der tatsächlichen Nutzungsdauer abschreiben **(§ 7 Abs. 4 Satz 2 EStG)**. Der jährliche AfA-Satz ist dann nach der tatsächlichen geringeren Nutzungsdauer zu bemessen (z. B. eine tatsächliche Nutzungsdauer von 20 Jahren ergibt einen AfA-Satz von 5 %). Die kürzere tatsächliche Nutzungsdauer ist vom Steuerpflichtigen nachzuweisen (vgl. hierzu BFH, BStBl II 1972, 176 und Littmann/Bitz/Pust § 7 Rdnr. 371 bis 373 mit Beispielen aus der Rechtsprechung). Unter den Voraussetzungen des § 7 Abs. 4 Satz 2 EStG besteht steuerlich ein Wahlrecht (»... können an Stelle ...«) zwischen der Abschreibung nach § 7 Abs. 4 Satz 1 oder Satz 2 EStG. Handelsrechtlich ist nach § 253 Abs. 3 Satz 2 HGB jedoch zwingend innerhalb der voraussichtlich kürzeren tatsächlichen Nutzungsdauer abzuschreiben. Allein die Absicht, ein Gebäude vorzeitig abreißen oder veräußern zu wollen, rechtfertigt keine kürzere Nutzungsdauer (vgl. H 7.4 »Nutzungsdauer« EStH). Die tatsächliche Nutzungsdauer entspricht der betriebsgewöhnlichen Nutzungsdauer des Gebäudes (BFH vom 02.07.2014, BStBl II 2014, 979). Auf eine subjektiv vom Steuerpflichtigen vorgesehene Nutzungsdauer im Betrieb kommt es nicht an.

Durch die Erhöhung des AfA-Satzes für Wirtschaftsgebäude im Betriebsvermögen, für die der Bauantrag **nach dem 31.03.1985** gestellt worden ist, könnte man auf den Gedanken kommen, für derartige Gebäude, die vor diesem Zeitpunkt errichtet worden sind (Alt-Wirtschaftsgebäude) eine **außergewöhnliche Absetzung** oder eine **Teilwertabschreibung** in Betracht zu ziehen. Diese Möglichkeit hat der Gesetzgeber in § 7 Abs. 4 Satz 4 EStG jedoch **ausdrücklich ausgeschlossen**. Allein aus dem Grunde, dass neue Wirtschaftsgebäude oder entsprechende Gebäudeteile, die im Betriebsvermögen geführt werden, nunmehr gesetzlich in einer kürzeren Zeit abzuschreiben sind, rechtfertigt sich für früher errichtete derartige Gebäude und Gebäudeteile keine außergewöhnliche Absetzung oder Teilwertabschreibung.

3.2.4 Lineare AfA im Jahr der Anschaffung, Herstellung oder Einlage und im Jahr des Ausscheidens aus dem Betriebsvermögen

Im Jahr der Anschaffung oder Herstellung sowie im Jahr der Einlage in das Betriebsvermögen darf die lineare AfA **nur zeitanteilig** vorgenommen werden. § 7 Abs. 1 Satz 4 EStG gilt als allgemeiner Rechtsgrundsatz auch für die lineare Gebäude-AfA, obwohl § 7 Abs. 4 EStG nicht ausdrücklich hierauf verweist. Nach R 7.4 Abs. 1 Satz 1 EStR ist die AfA vorzunehmen, sobald das Gebäude oder der Gebäudeteil angeschafft oder hergestellt ist. Das Gebäude ist in dem Zeitpunkt angeschafft, in dem der Erwerber zumindest das wirtschaftliche Eigentum (für steuerliche Zwecke § 39 Abs. 2 Nr. 1 AO, auch handelsrechtlich ist hierauf abzustellen) erlangt hat; das ist regelmäßig der Zeitpunkt, zu dem Besitz, Nutzungen, Lasten und Gefahr auf ihn übergehen. Ein Gebäude oder Gebäudeteil ist hergestellt, sobald es fertiggestellt ist, d. h. seiner Zweckbestimmung entsprechend objektiv genutzt werden kann. Es muss also ein Bebauungszustand erreicht sein, der die **bestimmungsgemäße Nutzung des Gebäudes** bzw. Gebäudeteils zulässt (vgl. H 7.4 [Fertigstellung] EStH). Zur Frage der Anschaffung und Fertigstellung vgl.

auch die Ausführungen in 2. 5. Beim Ausscheiden eines Gebäudes oder Gebäudeteils aus dem Betriebsvermögen gilt Entsprechendes (vgl. R 7.4 Abs. 8 Satz 1 EStR). Angefangene Monate können jedoch voll gerechnet werden. Zur Frage der AfA bei Errichtung eines Gebäudes in Bauabschnitten (abschnittsweiser Innenausbau) vgl. BFH vom 09. 08. 1989 BStBl II 1991, 132.

BEISPIELE

a) Unternehmer U erwarb am 02. 04. 04 (= Übergang von Besitz, Nutzen und Lasten) ein Grundstück mit einem dreigeschossigen Gebäude, das der Veräußerer im November 02 fertiggestellt hatte und für das der Bauantrag im Jahre 01 gestellt worden war. U nutzt das Erdgeschoss zu Lagerzwecken für den eigenen Betrieb, das I. Obergeschoss ist an den Pförtner seines Betriebs (notwendiges Betriebsvermögen) und das II. Obergeschoss an einen Architekten zu Bürozwecken vermietet.
U aktivierte die gesamten Anschaffungskosten von 500 000 € (Anteil Grund und Boden 200 000 €). Von den anteiligen Anschaffungskosten des Gebäudes entfallen je 1/3 auf die drei Geschosse.
LÖSUNG Das zu Recht ganz aktivierte Grundstück (an den Architekten vermieteter Teil als gewillkürtes Betriebsvermögen, R 4.2 Abs. 9 EStR) ist hinsichtlich des Gebäudes wie folgt linear nach § 7 Abs. 4 Satz 1 EStG abzuschreiben:

– Erdgeschoss und II. Obergeschoss:		
für 04: 3 % von 200 000 € für neun Monate (9/12)	=	4 500 €
ab 05: 3 % für das ganze Jahr	=	6 000 €
– I. Obergeschoss, da Wohnzwecken dienend:		
für 04: 2 % von 100 000 € für neun Monate (9/12)	=	1 500 €
ab 05: 2 % für das ganze Jahr	=	2 000 €

b) Unternehmer E erwarb am 20. 11. 04 (= Übergang von Besitz, Nutzen und Lasten) ein Grundstück mit Lagerhalle, Anschaffungskosten für Grund und Boden 50 000 € und Gebäude 100 000 €. Die betriebsgewöhnliche Nutzungsdauer beträgt im Zeitpunkt des Erwerbs noch 20 Jahre, E nutzt das Gebäude eigenbetrieblich.
LÖSUNG E kann das Gebäude nach § 7 Abs. 4 Satz 2 EStG nach der tatsächlichen kürzeren Nutzungsdauer von 20 Jahren mit dem AfA-Satz von 5 % abschreiben.

AfA somit:		
für 04: 5 % von 100 000 € für zwei Monate	=	834 €
ab 05: 5 % von 100 000 €	=	5 000 €

Er kann aber bilanzsteuerlich auch AfA nach § 7 Abs. 4 Nr. 1 EStG vornehmen, sofern die übrigen Voraussetzungen vorliegen.

3.3 Degressive AfA nach § 7 Abs. 5 EStG

Die degressive AfA bei Gebäuden wurde durch das Gesetz zur Neuregelung der Absetzungen für Abnutzung bei Gebäuden vom 16. 06. 1964 BStBl I 1964, 384 erstmals eingeführt. In der Folgezeit wurden die degressiven Abschreibungsmöglichkeiten aus baupolitischen Gründen zunächst mehrfach verbessert, später aber aus fiskalischen Gründen schrittweise wieder eingeschränkt. Durch das Gesetz zum Einstieg in ein steuerliches Sofortprogramm vom 22. 12. 2005 BGBl I 2005, 3682 wurde schließlich die degressive AfA für neue Gebäude, d. h. für Gebäude die auf Grund eines nach dem 31. 12. 2005 gestellten Bauantrags hergestellt oder auf Grund eines nach dem 31. 12. 2005 rechtswirksam abgeschlossenen obligatorischen Vertrags angeschafft worden sind, gänzlich abgeschafft. Hat der Steuerpflichtige für diese Altgebäude die degressive AfA gewählt, hat er grundsätzlich auch weiterhin die degressive Gebäude-AfA nach den jeweils maßgeblichen Staffelsätzen des § 7 Abs. 5 Satz 1 EStG bis zur vollständigen Abschreibung fortzuführen (siehe auch R 7.4 Abs. 7 EStR sowie H 7.4 (Wechsel …) EStH).

3.3.1 Allgemeine Voraussetzungen für die Anwendung

Für die Anwendung der degressiven AfA bestand für Altgebäude ein **Wahlrecht** (als Alternative zur linearen AfA nach § 7 Abs. 4 EStG). Diese AfA-Methode konnte nur unter folgenden grundsätzlichen **Voraussetzungen** in Anspruch genommen werden (§ 7 Abs. 5 Satz 1 EStG):

a) Das Gebäude musste in einem Mitgliedstaat der Europäischen Union oder einem anderen Staat belegen sein, auf den das Abkommen über den Europäischen Wirtschaftsraum (EWR-Abkommen) angewendet wird.
b) Das Gebäude oder der Gebäudeteil musste vom Steuerpflichtigen hergestellt worden sein (der **Steuerpflichtige ist** der **Bauherr**) oder
c) das Gebäude oder der Gebäudeteil wurde im Jahr der Fertigstellung vom Steuerpflichtigen angeschafft (**Erwerb im Jahr der Fertigstellung**), d. h. der Bauherr ist eine andere Person und er veräußerte das Gebäude (den Gebäudeteil) noch im Jahr der Fertigstellung. In diesem Fall durfte der Erwerber die degressive AfA im Herstellungsjahr gemäß § 7 Abs. 5 Satz 2 EStG jedoch nur dann in Anspruch nehmen, wenn der Hersteller für das veräußerte Gebäude weder die degressive AfA nach § 7 Abs. 5 Satz 1 EStG noch eine andere erhöhte Absetzung oder Sonderabschreibung in Anspruch genommen hatte, also allenfalls linear nach § 7 Abs. 4 EStG abgeschrieben hatte. Hatte der Hersteller das veräußerte Gebäude im Jahr der Fertigstellung selbst nach § 7 Abs. 5 EStG abgeschrieben, konnte der Erwerber für dieses Jahr nur nach § 7 Abs. 4 EStG linear abschreiben. Er konnte allerdings im Folgejahr zur degressiven AfA nach § 7 Abs. 5 EStG übergehen (BFH vom 03.04.2001 BStBl I 2001, 599; H 7.4 (Degressive AfA nach § 7 Abs. 5 EStG in Erwerbsfällen) EStH).

Nach dem Urteil des BFH vom 31.03.1992 BStBl II 1992, 808 muss es sich bei dem hergestellten Gebäude oder Gebäudeteil um einen **Neubau** handeln. Ein Neubau liegt nicht allein schon dann vor, wenn sich durch die Umgestaltung die Zweckbestimmung des Gebäudes ändert; entscheidend ist, ob das Gebäude in bautechnischer Hinsicht neu ist.

Im Falle des Vorliegens der Voraussetzungen für die degressive AfA konnte der Unternehmer **bei unterschiedlicher Nutzung** für die einzelnen selbstständigen Gebäudeteile die AfA unterschiedlich wählen (z. B. für den eigenbetrieblich genutzten Gebäudeteil die degressive AfA und für einen vermieteten Gebäudeteil die lineare AfA oder umgekehrt; vgl. § 7 Abs. 5 a EStG, R 7.4 Abs. 6 Satz 2 EStR).

Die degressive AfA nach § 7 Abs. 5 EStG ist nur mit den in dieser Vorschrift bestimmten Staffelsätzen zulässig; höhere oder niedrigere AfA-Sätze sind ausgeschlossen (R 7.4 Abs. 6 Satz 1 EStR).

Für die Anwendung der degressiven AfA sind folgende **Fallgruppen** zu unterscheiden:

3.3.2 Wirtschaftsgebäude im Betriebsvermögen (§ 7 Abs. 5 Satz 1 Nr. 1 EStG)

Bei Wirtschaftsgebäuden bzw. entsprechenden Gebäudeteilen, die unter § 7 Abs. 4 Satz 1 Nr. 1 EStG fallen (d. h. die zum Betriebsvermögen gehören, nicht Wohnzwecken dienen und für die der Bauantrag nach dem 31.03.1985 gestellt worden ist) und für die der Bauantrag vor dem 01.01.1994 gestellt wurde oder die aufgrund eines vor dem 01.01.1994 rechtswirksam abgeschlossenen obligatorischen Vertrags angeschafft worden sind, betragen die AfA-Sätze:

- im Jahre der Fertigstellung oder Anschaffung und in den folgenden drei Jahren, also in den ersten vier Jahren, jeweils **10 %**,
- in den darauf folgenden drei Jahren jeweils **5 %** und
- in den darauf folgenden 18 Jahren jeweils **2,5 %**

Somit liegt dieser AfA eine 25-jährige Abschreibungsdauer zugrunde.

Liegen die Stellung des Bauantrags bzw. der Abschluss des obligatorischen Vertrags (i. d. R. notarieller Kaufvertrag) nach dem 31. 12. 1993, kommt eine degressive AfA für Gebäude und Gebäudeteile i. S. von § 7 Abs. 4 Satz 1 Nr. 1 EStG nicht (mehr) in Betracht.

3.3.3 Andere Gebäude (§ 7 Abs. 5 Satz 1 Nr. 2 EStG)

Bei Gebäuden im Sinne von § 7 Abs. 4 Satz 1 Nr. 2 EStG (also Gebäude und Gebäudeteile, die Wohnzwecken dienen, auch wenn sie im Betriebsvermögen geführt werden, oder die zwar eigenen oder fremden betrieblichen Zwecken dienen, für die aber der Bauantrag vor dem 01. 04. 1985 gestellt worden ist), die vom Steuerpflichtigen aufgrund eines vor dem 01. 01. 1995 gestellten Bauantrags hergestellt oder aufgrund eines vor diesem Zeitpunkt rechtswirksam abgeschlossenen obligatorischen Vertrags angeschafft worden sind, betragen die AfA-Sätze:

- im Jahr der Fertigstellung oder Anschaffung und in den folgenden sieben Jahren, also in den ersten acht Jahren, jeweils **5 %**,
- in den darauf folgenden sechs Jahren jeweils **2,5 %** und
- in den darauf folgenden 36 Jahren jeweils **1,25 %**.

Somit liegt dieser AfA eine 50-jährige Abschreibungsdauer zugrunde.
Die Staffelsätze des § 7 Abs. 5 Satz 1 Nr. 2 EStG gelten für Gebäude und Gebäudeteile, für die der Bauantrag bzw. der Abschluss des obligatorischen Vertrags nach dem 29. 07. 1981 erfolgte. Zuvor galten niedrigere Staffelsätze (12 × 3,5 %, 20 × 2 % und 18 × 1 %) und auch die Voraussetzungen waren anders geregelt; vgl. hierzu Abschn. 44 Abs. 6 Satz 5 EStR 1990 und die Übersicht in Anlage 4 der EStR 1990.

Liegen die Stellung des Bauantrags bzw. der Abschluss des obligatorischen Vertrags nach dem 31. 12. 1994, kommt eine degressive AfA nach § 7 Abs. 5 Satz 1 Nr. 2 EStG ebenfalls nicht (mehr) in Betracht.

3.3.4 Gebäude und Gebäudeteile, die Wohnzwecken dienen (§ 7 Abs. 5 Satz 1 Nr. 3 Buchst. a, b und c EStG)

a) Rechtslage bis 1995 (§ 7 Abs. 5 Satz 1 Nr. 3 Buchst. a EStG)

Für Veranlagungszeiträume ab 1989 (vgl. § 52 Abs. 9 a Satz 1 EStG a. F.) ist unter bestimmten Voraussetzungen eine besondere, höhere degressive AfA für Gebäude bzw. Gebäudeteile, die Wohnzwecken dienen, zulässig (Wahlrecht; vgl. § 7 Abs. 5 Satz 1 Nr. 3 Buchst. a EStG). Diese höhere degressive AfA darf nur bei Vorliegen folgender Voraussetzungen angewendet werden:

- Das Gebäude bzw. der Gebäudeteil muss zu Wohnzwecken vermietet sein.
- Der Bauantrag muss nach dem 28. 02. 1989 und vor dem 01. 01. 1996 gestellt worden sein (Herstellungsfälle) oder
- der Erwerb muss nach dem 28. 02. 1989 aufgrund eines nach dem 28. 02. 1989 und vor dem 01. 01. 1996 rechtswirksam abgeschlossenen obligatorischen Vertrags erfolgt sein (Erwerbsfälle).

Diese höhere degressive AfA kommt auch für derartige Gebäude und Gebäudeteile in Betracht, die als gewillkürtes Betriebsvermögen bilanziert sind.

Die höheren AfA Sätze betragen:

- in den ersten vier Jahren jeweils 7 %,
- in den darauf folgenden sechs Jahren jeweils 5 %,
- in den darauf folgenden sechs Jahren jeweils 2 % und
- in den darauf folgenden 24 Jahren jeweils 1,25 %

der Anschaffungs- oder Herstellungskosten. Diese Regelung entspricht einer 40-jährigen Abschreibungsdauer.

b) Rechtslage von 1996 bis 2003 (§ 7 Abs. 5 Satz 1 Nr. 3 Buchst. b EStG)

Wurde für derartige Gebäude der Bauantrag erst nach dem 31.12.1995 und vor dem 01.01.2004 gestellt oder der obligatorische Vertrag nach dem 31.12.1995 und vor dem 01.01.2004 abgeschlossen, ist nur noch eine niedrigere degressive AfA zulässig. Die AfA-Sätze betragen

- in den ersten acht Jahren jeweils 5 %,
- in den darauf folgenden sechs Jahren jeweils 2,5 % und
- in den darauf folgenden 36 Jahren jeweils 1,25 %

der Anschaffungs- und Herstellungskosten. Diese Regelung entspricht einer 50-jährigen Abschreibungsdauer.

c) Rechtslage für 2004 und 2005 (§ 7 Abs. 5 Satz 1 Nr. 3 Buchst. c EStG)

Durch Art. 9 Nr. 7 d Haushaltsbegleitgesetz 2004 vom 29.12.2003 (BStBl I 2004, 120) wurden die degressiven AfA-Sätze für Wohngebäude weiter reduziert. Wurden solche Gebäude aufgrund eines nach dem 31.12.2003 und vor dem 01.01.2006 gestellten Bauantrags hergestellt oder aufgrund eines nach dem 31.12.2003 und vor dem 01.01.2006 rechtswirksam abgeschlossenen obligatorischen Vertrags angeschafft, betragen die AfA-Sätze

- in den ersten zehn Jahren jeweils 4 %,
- in den darauffolgenden acht Jahren jeweils 2,5 % und
- in den darauffolgenden 32 Jahren jeweils 1,25 %

der Anschaffungs- oder Herstellungskosten. Auch diese Neuregelung entspricht einer 50-jährigen Abschreibungsdauer.

d) Rechtslage ab 2006

Durch das Gesetz zum Einstieg in ein steuerliches Sofortprogramm vom 22.12.2005 (BGBl I 2005, 3682) wurde die Möglichkeit zur degressiven Abschreibung von Wohngebäuden, die auf Grund eines nach dem 31.12.2005 gestellten Bauantrags hergestellt oder auf Grund eines nach dem 31.12.2005 rechtswirksam abgeschlossenen obligatorischen Vertrags angeschafft worden sind bzw. angeschafft werden, beseitigt. Somit ist derzeit für neue Gebäude oder Gebäudeteile eine degressive Abschreibung nicht mehr möglich. Die Anschaffungs- und Herstellungskosten dieser Gebäude bzw. Gebäudeteile sind somit bilanzsteuerrechtlich linear abzuschreiben (§ 7 Abs. 4 EStG).

3.3.5 Wahl und Wechsel der AfA-Methode bei Gebäuden

Ein **Wahlrecht** zwischen der linearen AfA-Methode und der degressiven AfA-Methode bestand für Altgebäude nur im Jahr des Erwerbs bzw. der Herstellung. Ein späterer **Wechsel** zwischen den Absetzungsverfahren nach § 7 Abs. 5 sowie ein Wechsel zwischen den Absetzungsverfahren nach § 7 Abs. 4 und § 7 Abs. 5 EStG ist grundsätzlich nicht zulässig (BFH vom 10.03.1987 BStBl II 1987, 618; H 7.4 »Wechsel der AfA Methode bei Gebäuden« EStH); zur Ausnahme vgl. aber H 7.4 (Degressive AfA nach § 7 Abs. 5 in Erwerbsfällen) EStH. Zudem ist auch in bestimmten Fällen **bei Einlage oder Nutzungsänderung** ein Wechsel der AfA-Methode vorzunehmen (vgl. R 7.4 Abs. 7 EStR und die Ausführungen unter 3.4).

3.3.6 Degressive AfA im Jahr der Fertigstellung oder des Erwerbs und bei Ausscheiden

Gemäß § 7 Abs. 5 Satz 3 EStG ist § 7 Abs. 1 Satz 4 EStG bei der degressiven Gebäude-AfA nicht anzuwenden, d. h. im Jahr der Fertigstellung konnte der volle Jahresbetrag der AfA abgesetzt werden. Nach Auffassung der Finanzverwaltung (vgl. H 7.4 (Teil des auf ein Jahr entfallenden AfA-Betrags) EStH), die sich auf das Urteil des BFH vom 19.02.1974 BStBl II 1974, 704 stützt), **musste** im Jahr der **Fertigstellung** des Gebäudes oder Gebäudeteils die degressive AfA mit dem **vollen Jahresbetrag** angesetzt werden, es sei denn, dass das Gebäude in diesem Jahr nicht ausschließlich zur Erzielung von Einkünften verwendet wurde. Im Jahr des **Ausscheidens** eines Gebäudes oder Gebäudeteils aus dem Betriebsvermögen darf die degressive AfA jedoch, wie auch die lineare AfA, nur **zeitanteilig** vorgenommen werden (R 7.4 Abs. 8 EStR und H 7.4 (Teil des auf ein Jahr entfallenden AfA-Betrages) EStH).

3.4 Gebäude-AfA nach Einlage oder Nutzungsänderung

Wird ein Gebäude oder Gebäudeteil nach Nutzungsänderung (z. B. vermietete Büroräume waren bisher nicht bilanziert und werden künftig eigenbetrieblich genutzt) oder ohne Nutzungsänderung (z. B. vermietete Büroräume werden künftig als gewillkürtes Betriebsvermögen behandelt) ins Betriebsvermögen eingelegt, hat dies **Auswirkungen auf die AfA-Bemessungsgrundlage.** Zudem kann u. U. nach einer Einlage (mit oder ohne Nutzungsänderung) bzw. nach einer Nutzungsänderung ohne damit verbundene Einlage infolge Wegfalls der tatbestandlichen Voraussetzungen der bisher angewendeten Abschreibungsart zwingend ein **Wechsel der AfA-Methode** in Betracht kommen.

3.4.1 Änderung der AfA-Bemessungsgrundlage

Wurde ein Gebäude oder Gebäudeteil **vor der Einlage zur Erzielung von Einkünften aus Vermietung und Verpachtung genutzt** (fremdbetriebliche Nutzung oder Nutzung zu fremden Wohnzwecken), bemessen sich die weiteren AfA nach § 7 Abs. 4 Satz 1 zweiter HS i. V. m. § 7 Abs. 1 Satz 5 EStG.

Hierbei sind folgende Fallgruppen zu unterscheiden (vgl. auch 2.4.2):

- Ist der Einlagewert höher als die ursprünglichen Anschaffungs- oder Herstellungskosten, bemisst sich die weitere AfA nach dem Einlagewert abzüglich der vorgenommen Abschreibungen bei den Einkünften aus Vermietung und Verpachtung vor der Einlage;

- liegt die Höhe des Einlagewerts zwischen den ursprünglichen Anschaffungs- oder Herstellungskosten und den fortgeführten Anschaffungs- oder Herstellungskosten, bemisst sich die weitere AfA nach den fortgeführten Anschaffungs- oder Herstellungskosten;
- ist der Einlagewert niedriger als die fortgeführten Anschaffungs- oder Herstellungskosten, stellt für Einlagen ab dem 01.01.2011 der Einlagewert die neue AfA-Bemessungsgrundlage dar; für Einlagen vor diesem Zeitpunkt bestimmt sich die weitere AfA nach den fortgeführten ursprünglichen Anschaffungs- oder Herstellungskosten.

BEISPIEL

Es wird ein Mietwohngebäude, dessen Anschaffungskosten 1 000 000 € betrugen, als gewillkürtes Betriebsvermögen eingelegt. Vor der Einlage wurden die Mieteinnahmen als Einkünfte aus Vermietung und Verpachtung versteuert; hierbei wurden AfA in Höhe von insgesamt 200 000 € als Werbungskosten abgezogen.

LÖSUNG

	Teilwert = Einlagewert	AfA-Bemessungsgrundlage
a)	1 100 000 €	900 000 €
b)	850 000 €	800 000 €
c)	700 000 €	700 000 €

Lag **vor der Einlage eine Nutzung zu eigenen Wohnzwecken** vor, findet § 7 Abs. 1 Satz 5 EStG keine Anwendung; in diesem Fall bemessen sich die AfA nach dem Einlagewert i. S. v. § 6 Abs. 1 Nr. 5 EStG (grundsätzlich Teilwert).

Wird durch die Nutzungsänderung die seitherige **Zuordnung zum Betriebsvermögen nicht tangiert** (z. B. fremdvermietete und als gewillkürtes Betriebsvermögen behandelte Wohnung wird künftig eigenbetrieblich als Büro genutzt), bleiben die bisherigen Anschaffungs- oder Herstellungskosten maßgeblich.

3.4.2 Auswirkungen auf die AfA-Methode

Sind infolge einer Einlage oder Nutzungsänderung die tatbestandlichen Voraussetzungen der bisher angewendeten Abschreibungsart nicht mehr gegeben, führt dies zwangsläufig zu einer **Änderung der AfA-Methode**.

Nach Einlage kann nach Verwaltungsauffassung eine **degressive Gebäude-AfA generell nicht mehr fortgeführt werden,** da die Einlage anschaffungsähnlichen Charakter hat und somit ein Herstellungsfall i. S. v. § 7 Abs. 5 EStG nicht mehr vorliegt (vgl. R 7.4 Abs. 10 Satz 1 Nr. 1 EStR; strittig, zum Meinungsstand vgl. Blümich/Brandis, § 7 EStG Rz. 569).

Tritt bei einem Gebäude im Betriebsvermögen eine **Nutzungsänderung** ein, nach der die Voraussetzungen einer bisherigen degressiven AfA nach § 7 Abs. 5 EStG nicht mehr vorliegen (z. B. eine bisher zu Wohnzwecken vermietete, als gewillkürtes Betriebsvermögen bilanzierte und nach § 7 Abs. 5 Satz 1 Nr. 3 a EStG abgeschriebene Wohnung wird künftig eigenbetrieblich als Büro genutzt), sind u. E. die Grundsätze des BFH-Urteils vom 15.02.2005 BStBl II 2006, 51 zu beachten. In diesem Urteil hat der BFH entschieden, dass bei **Einkünften aus Vermietung und Verpachtung** ein zunächst zu fremden Wohnzwecken genutztes und nach § 7 Abs. 5 Satz 1 Nr. 3 Buchst. a EStG degressiv abgeschriebenes Gebäude nach einer Nutzungsänderung zu fremdbetrieblichen Zwecken nunmehr nach § 7 Abs. 5 Satz 1 Nr. 2 EStG, also weiterhin degressiv abgeschrieben werden kann; denn beide Nutzungsarten unterliegen dem Förderungskatalog des § 7 Abs. 5 EStG. Liegen bei einem bisher degressiv (z. B. nach § 7 Abs. 5 Satz 1 Nr. 3 a EStG) abgeschriebenen Gebäude **im Betriebsvermögen** nach einer Nutzungsänderung die Voraussetzungen einer anderen degressiven AfA nach § 7 Abs. 5 Satz 1 EStG vor (z. B. nach § 7 Abs. 5 Satz 1 Nr. 1 EStG), kann u. E. entsprechend dem Förderungszweck des § 7 Abs. 5 EStG ebenfalls zu dieser anderen degressiven AfA-Methode gewechselt werden. Wahlweise kann aber auch nach Wegfall der Voraussetzungen für eine bestimmte degressive Abschreibung zur linearen Gebäude-Abschreibung nach § 7 Abs. 4 EStG (grundsätzliche AfA-Methode für Gebäude) übergegangen werden.

Sind bei einem bisher nach § 7 Abs. 4 Satz 1 Nr. 2 EStG abgeschriebenen Gebäude nach einer Einlage oder Nutzungsänderung die **Voraussetzungen des § 7 Abs. 4 Satz 1 Nr. 1 EStG** (Wirtschaftsgebäude) **erstmalig erfüllt** (z. B. ein fremdbetrieblich genutztes Gebäude wird eingelegt oder eine bisher zu Wohnzwecken vermietete und als gewillkürtes Betriebsvermögen bilanzierte Wohnung wird künftig fremdbetrieblich als Büro vermietet), hat die weitere AfA nach § 7 Abs. 4 Satz 1 Nr. 1 EStG zu erfolgen (R 7.4 Abs. 7 Satz 1 Nr. 1 und Satz 2 EStR). Für die Anwendung des **maßgeblichen AfA-Satzes für Wirtschaftsgebäude** (3 % oder 4 %) kommt es nicht auf den Einlagezeitpunkt bzw. Zeitpunkt der Nutzungsänderung an, sondern auf den Herstellungsbeginn (weiter 4 %, falls dieser vor dem 01. 01. 2001 liegt) bzw. auf den Zeitpunkt, zu dem das Objekt (im Privatvermögen) durch rechtswirksam abgeschlossenen obligatorischen Vertrag oder gleichstehenden Rechtsakt angeschafft wurde (weiter 4 %, falls dieser Zeitpunkt vor dem 01. 01. 2001 liegt); vgl. § 52 Abs. 15 Satz 2 EStG.

Liegen nach einer Nutzungsänderung die **Voraussetzungen des § 7 Abs. 4 Satz 1 Nr. 1 EStG** (Wirtschaftsgebäude) **nicht mehr vor** (z. B. bislang eigenbetrieblich genutzte Büroräume werden künftig als Wohnung vermietet), bestimmt sich die weitere AfA nach § 7 Abs. 4 Satz 1 Nr. 2 EStG (R 7.4 Abs. 7 Satz 1 Nr. 2 und Satz 2 EStR).

Ist ein Gebäude oder Gebäudeteil **nach Einlage ins Betriebsvermögen erstmalig abzuschreiben** (eine bislang zu eigenen Wohnzwecken genutzte Wohnung wird beispielsweise künftig eigenbetrieblich als Büro genutzt), erfolgt die AfA nach § 7 Abs. 4 Satz 1 Nr. 1 oder 2 EStG; ggf. kommt auch eine Abschreibung nach § 7 Abs. 4 Satz 2 EStG in Betracht. R 7.4 Abs. 10 Nr. 2 Sätze 3 und 4 EStG finden auf diesen Fall keine Anwendung, da die Einlage nach Auffassung der Finanzverwaltung und der Rechtsprechung (BFH vom 29. 04. 1992 BStBl II 1992, 969) in Bezug auf die AfA einen anschaffungsähnlichen Vorgang darstellt und somit nach der Einlage eine völlig neue Abschreibung beginnt.

Hinweis: Zur AfA von Gebäuden und anderen Wirtschaftsgütern im Rahmen von Überschusseinkünften **nach Entnahme** aus dem Betriebsvermögen vgl. R 7.4 Abs. 10 Satz 1 Nr. 1 i. V. m. R 7.3 Abs. 6 Satz 1 EStR.

BEISPIELE

a) Unternehmer U hat zum 01. 07. 1999 ein Grundstück mit Lagerhalle (Bauantrag und Baujahr 1990) für umgerechnet 500 000 € einschließlich Anschaffungsnebenkosten (Anteil Grund und Boden 100 000 €) erworben und seither an einen anderen Unternehmer vermietet. Die Mieteinkünfte wurden nach § 21 EStG versteuert und das Gebäude nach § 7 Abs. 4 Satz 1 Nr. 2 Buchst. a EStG abgeschrieben.

Zum 30. 06. 2015 wurde das Mietverhältnis gekündigt. Seit 01. 07. 2015 nutzt U die Halle für eigenbetriebliche Zwecke. Die Teilwerte zum 01. 07. 2015 betrugen für den Grund und Boden 150 000 € und für die Lagerhalle 350 000 €.

LÖSUNG Der Grund und Boden sowie die Lagerhalle sind infolge der eigenbetrieblichen Nutzung (notwendiges Betriebsvermögen) zum 01. 07. 2015 nach § 6 Abs. 1 Nr. 5 EStG mit dem jeweiligen Teilwert einzulegen. Die Abschreibung der Lagerhalle erfolgt nach Einlage nach § 7 Abs. 4 Satz 1 Nr. 1 EStG mit dem maßgeblichen AfA-Satz von 4 % (§ 52 Abs. 15 Satz 2 EStG). AfA-Bemessungsgrundlage sind gemäß § 7 Abs. 4 Satz 1 2. HS i. V. m. § 7 Abs. 1 Satz 5 EStG die fortgeführten Anschaffungskosten im Einlagezeitpunkt.

Demnach berechnet sich die AfA für die Lagerhalle nach Einlage wie folgt:

Anschaffungskosten 1999	400 000 €
AfA nach § 7 Abs. 4 Satz 1 Nr. 2 Buchst. a EStG	
400 000 € × 2 % für 16 Jahre	= 128 000 €
AfA-Bemessungsgrundlage nach Einlage	272 000 €
AfA 2015 nach Einlage: 272 000 € × 4 % × 6/12	= 5 440 €
AfA ab 2016:	10 880 €
Bilanzansatz der Lagerhalle zum 31. 12. 2015: 344 560 €	
(Einlagewert 350 000 € abzüglich AfA 5 440 €)	

Nach 25 Jahren verbleibt ein nicht weiter abschreibbarer Restwert von 78 000 € (= Einlagewert 350 000 € abzüglich AfA-Volumen im Betriebsvermögen 272 000 €).

b) Einzelunternehmer E hatte im Jahr 1994 ein dreigeschossiges Gebäude auf einem betrieblichen Grundstück errichtet (Bauantrag am 10. 04. 1993 gestellt, bezugsfertig am 20. 08. 1994, Herstellungskosten umgerechnet 600 000 €). Alle drei Geschosse sind gleich groß und gleichwertig. E nutzte das Gebäude ab Bezugsfertigkeit zunächst wie folgt:

- Erdgeschoss: eigenbetrieblich,
- I. Obergeschoss: vermietet zu gewerblichen Zwecken,
- II. Obergeschoss: vermietet zu Wohnzwecken.

E bilanzierte das gesamte Gebäude und wählte die höchstmögliche degressive AfA. Nach Kündigung der Mietverträge nutzt er seit 01. 10. 2016 das Gebäude in vollem Umfang eigenbetrieblich.

LÖSUNG Für das Erdgeschoss (notwendiges Betriebsvermögen) wählte E die degressive AfA nach § 7 Abs. 5 Satz 1 Nr. 1 EStG.
Hiernach ergibt sich folgende Abschreibung (teils in Euro umgerechnet):

1994 bis 1997:	jährlich 10 %	von 200 000 € =	20 000 €
1998 bis 2000:	jährlich 5 %	von 200 000 € =	10 000 €
2001 bis 2018:	jährlich 2,5 %	von 200 000 € =	5 000 €.

Für das I. Obergeschoss (bisher gewillkürtes Betriebsvermögen) ergibt sich die gleiche Abschreibung wie für das Erdgeschoss. Die Nutzungsänderung zum 01. 10. 2016 hat keinen Einfluss auf die Abschreibung, da die Voraussetzungen des § 7 Abs. 5 Satz 1 Nr. 1 EStG nach wie vor erfüllt sind.
Für das II. Obergeschoss (bisher gewillkürtes Betriebsvermögen) erfolgte die AfA bis zur Nutzungsänderung nach § 7 Abs. 5 Satz 1 Nr. 3 Buchst. a EStG (höhere Staffelsätze im Vergleich zur ebenfalls möglichen AfA nach § 7 Abs. 5 Satz 1 Nr. 2 EStG). Hiernach ergeben sich bis zur Nutzungsänderung folgende Abschreibungsbeträge (teils in Euro umgerechnet):

1994 bis 1997:	jährlich 7 %	von 200 000 € =	14 000 €
1998 bis 2003:	jährlich 5 %	von 200 000 € =	10 000 €
2004 bis 2009:	jährlich 2 %	von 200 000 € =	4 000 €
2010 bis 2015:	jährlich 1,25 %	von 200 000 € =	2 500 €
2016:	1,25 % × 9/12	von 200 000 € =	1 875 €.

Nach Nutzungsänderung zum 01. 10. 2016 liegen die Voraussetzungen für die bisherige AfA-Methode nicht mehr vor. Da nunmehr aber für das II. Obergeschoss die Voraussetzungen der degressiven AfA nach § 7 Abs. 5 Satz 1 Nr. 1 EStG gegeben sind, kann dieses m. E. (weil die Voraussetzungen erfüllt sind) wie das Erdgeschoss und das I. Obergeschoss jährlich mit 5 000 € (AfA-Satz 2,5 %) abgeschrieben werden, 2016 allerdings nur noch zeitanteilig für 3 Monate (1 250 €). Ansonsten kann die Abschreibung nach Nutzungsänderung nach § 7 Abs. 4 Satz 1 Nr. 1 EStG mit 4 % jährlich (§ 52 Abs. 15 Satz 2 EStG) erfolgen (R 7.4 Abs. 7 EStR). Nach dieser AfA-Methode ergibt sich ein jährlicher AfA-Betrag von 8 000 €, für 2016 aber nur noch zeitanteilig für 3 Monate (2 000 €). Durch die Nutzungsänderung verkürzt sich der ursprüngliche Abschreibungszeitraum.

c) Wie Beispiel b), jedoch wurden das I. und das II. Obergeschoss sowie der der zugehörige Anteil des Grund und Bodens bis zur Nutzungsänderung als Privatvermögen behandelt. Die Teilwerte am 01. 10. 2016 betragen:

- je Geschoss 150 000 €
- für den anteiligen Grund und Boden jeweils 100 000 €.

Die tatsächliche Restnutzungsdauer für das Gebäude beträgt im Zeitpunkt der Nutzungsänderung noch mindestens 50 Jahre.

LÖSUNG Das I. und das II. Obergeschoss sind aufgrund der eigenbetrieblichen Nutzung zum 01. 10. 2016 als notwendiges Betriebsvermögen einzulegen. Einlagewert der Gebäudeteile ist nach § 6 Abs. 1 Nr. 5 EStG der Teilwert von insgesamt 300 000 €. Der zugehörige Grund und Boden ist ebenfalls zum Teilwert von 200 000 € einzulegen. Nach Einlage sind beide Geschosse nach § 7 Abs. 4 Satz 1 Nr. 1 EStG abzuschreiben (R 7.4 Abs. 10 Satz 1 Nr. 1 EStR). AfA-Bemessungsgrundlage sind gemäß § 7 Abs. 4 Satz 1 zweiter HS i. V. m. § 7 Abs. 1 Satz 5 EStG die fortgeführten Herstellungskosten zum 01. 10. 2016. Der Bilanzansatz für das Gebäude entwickelt sich wie folgt:

Herstellungskosten Erdgeschoss am 20. 08. 1994				200 000 €
AfA nach § 7 Abs. 5 Satz 1 Nr. 1 EStG				
1994 bis 1997: 4 × 10 %	von 200 000 €		=	80 000 €
1998 bis 2000: 3 × 5 %	von 200 000 €		=	30 000 €
2001 bis 2015: 15 × 2,5 %	von 200 000 €		=	75 000 €
Buchwert 31. 12. 2012				15 000 €
Zugang durch Einlage am 01. 10. 2016				300 000 €
				315 000 €
AfA 2016				5 000 €
Für das Erdgeschoss (wie Beispiel b)				
Für das I. Obergeschoss				
Herstellungskosten		200 000 €		
AfA bis zur Einlage nach § 7 Abs. 5 Satz 1 Nr. 2 EStG				
1994 bis 2001: 8 × 5 %	von 200 000 €	= 80 000 €		
2002 bis 2007: 6 × 2,5 %	von 200 000 €	= 30 000 €		
2008 bis 9/2016:				
1,25 % × 105/12	von 200 000 €	= 21 875 €		
		68 125 €		
		× 4 % × 3/12	=	681 €
Für das II. Obergeschoss				
Herstellungskosten		200 000 €		
AfA bis zur Einlage nach § 7 Abs. 5 Satz 1 Nr. 3 Buchst. a EStG				
1994 bis 1997: 4 × 7 %	von 200 000 €	= 56 000 €		
1998 bis 2003: 6 × 5 %	von 200 000 €	= 60 000 €		
2004 bis 2009: 6 × 2 %	von 200 000 €	= 24 000 €		
2010 bis 9/2016:				
1,25 % × 81/12	von 200 000 €	= 16 875 €		
		43 125 €		
		× 4 % × 3/12	=	431 €
Buchwert 31. 12. 2016				308 888 €
AfA 2017				
Für das Erdgeschoss:	wie bisher			5 000 €
Für das I. Obergeschoss:	68 125 € × 4 %		=	2 725 €
Für das II. Obergeschoss:	43 125 € × 4 %		=	1 725 €
Buchwert 31. 12. 2017				299 438 €

3.5 Nachträgliche Herstellungsarbeiten

Werden an einem bestehenden Gebäude nachträglich bauliche Maßnahmen durchgeführt, ist zunächst zu unterscheiden, ob die Aufwendungen Erhaltungsaufwand darstellen oder ob es sich um Herstellungsaufwand handelt. Liegt Erhaltungsaufwand vor, ist dieser sofort als Betriebsausgabe abzugsfähig. Zur **Abgrenzung zwischen Herstellungsaufwand und Erhaltungsaufwand** vgl. auch die umfangreichen Ausführungen in H 3.8 sowie in R 21.1 EStR und in BMF vom 18.07.2003 BStBl I 2003, 386.

Liegt **Herstellungsaufwand** vor, muss außerdem unterschieden werden, ob es sich um **nachträgliche** Herstellungskosten oder um Herstellungskosten für **ein neues Gebäude** bzw. einen neuen Gebäudeteil handelt. Diese weitere Unterscheidung ist für die AfA bedeutsam. Liegen nachträgliche Herstellungskosten vor, ändert sich lediglich die ursprüngliche AfA-Bemessungsgrundlage (vgl. nachstehende Ausführungen in 3.5.1). Handelt es sich bei dem Herstellungsaufwand um Herstellungskosten eines neuen selbstständigen Gebäudes oder Gebäudeteils, sind AfA-Methode und AfA-Sätze neu zu bestimmen (vgl. nachstehende Ausführungen in 3.5.2). Nach Auffassung der Finanzverwaltung und der Rechtsprechung entsteht durch nachträgliche Baumaßnahmen insbesondere in folgenden Fällen ein neues Gebäude oder ein neuer Gebäudeteil (vgl. auch R 7.3 Abs. 5 EStR und H 7.3 (Keine nachträglichen HK) EStH):

- wenn ein Gebäude durch einen **grundlegenden Umbau** in seinem Zustand so wesentlich verändert wird, dass es bei objektiver Betrachtung als neues Wirtschaftsgut erscheint (BFH vom 10.10.1974 BStBl II 1975, 424 und vom 26.01.1978 BStBl II 1978, 280 und 363);
- wenn ein **Anbau** mit dem bestehenden Gebäude verschachtelt wird und die Neubauteile dem Gesamtgebäude das Gepräge geben (BFH vom 09.08.1974 BStBl II 1975, 342 und vom 18.08.1977 BStBl II 1978, 46);
- wenn durch einen Anbau oder eine Aufstockung ein selbstständiges Wirtschaftsgut i. S. v. R 4.2 Abs. 4 EStR geschaffen wird.

BEISPIEL

Ein grundlegender Umbau liegt vor, wenn eine bisher zu Lagerzwecken verwendete eingeschossige Halle zu einem Bürogebäude umgebaut wird, wobei neue Zwischenwände eingezogen und sanitäre Räume geschaffen werden.
Von einem neuen Gebäude kann aus Vereinfachungsgründen ausgegangen werden, wenn der nachträgliche Bauaufwand zuzüglich des Werts der Eigenleistungen den Verkehrswert des bisherigen Gebäudes übersteigt (R 7.3 Abs. 5 Satz 2 EStR).

3.5.1 Änderung der AfA-Bemessungsgrundlage

Handelt es sich bei den Aufwendungen um nachträgliche Herstellungskosten, z. B. Ausbau eines Gebäudes oder Gebäudeteils, dann kommt dafür eine gesonderte AfA nicht in Betracht, da kein neues Wirtschaftsgut vorliegt (vgl. R 7.4 Abs. 9 EStR und H 7.4 (AfA nach nachträglichen AK oder HK) EStH). Die nachträglichen Herstellungskosten und auch nachträgliche Anschaffungskosten von Gebäuden und Gebäudeteilen sind wie folgt zu behandeln (vgl. R 7.4 Abs. 9 EStR, H 7.4 (Nachträgliche Anschaffungs- oder Herstellungskosten) EStH):

a) In den Fällen der linearen AfA nach § 7 Abs. 4 Satz 1 EStG bei gesetzlich bestimmter Abschreibungsdauer von 33 bzw. 25 oder 50 bzw. 40 Jahren (bzw. gesetzlich bestimmten AfA-Sätzen von 3 bzw. 4 % oder 2 % bzw. 2,5 %):

Ursprüngliche Anschaffungs- oder Herstellungskosten
\+ nachträgliche Anschaffungs- oder Herstellungskosten
= neue AfA-Bemessungsgrundlage

AfA-Satz unverändert wie bisher. Hierdurch verlängert sich die tatsächliche Abschreibungsdauer auf einen längeren Zeitraum als die gesetzlich bestimmte Abschreibungsdauer.

b) In den Fällen der linearen AfA nach § 7 Abs. 4 Satz 2 EStG bei Inanspruchnahme der AfA nach der tatsächlichen geringeren Nutzungsdauer des Gebäudes:

aa) Grundsätzlich:

Restbuchwert
\+ nachträgliche Anschaffungs- oder Herstellungskosten
= neue AfA-Bemessungsgrundlage.

Verteilung der neuen AfA-Bemessungsgrundlage auf die Restnutzungsdauer; ggf. ist die Restnutzungsdauer neu zu schätzen (längstens jedoch auf die gesetzlich festgelegte Höchstdauer von 33 bzw. 25 oder 40 bzw. 50 Jahren).

bb) Vereinfachungsregelung:

Restbuchwert
\+ nachträgliche Anschaffungs- oder Herstellungskosten
= neue AfA-Bemessungsgrundlage.
AfA-Satz unverändert wie bisher.

c) In den Fällen der degressiven AfA nach § 7 Abs. 5 EStG:

Ursprüngliche Anschaffungs- oder Herstellungskosten
\+ nachträgliche Anschaffungs- oder Herstellungskosten
= neue AfA-Bemessungsgrundlage.
AfA-Satz (Staffelsatz) wie bisher.

Der nach Ablauf des Abschreibungszeitraums noch verbleibende Teil der AfA-Bemessungsgrundlage ist nach § 7 Abs. 4 Satz 1 EStG abzusetzen oder nach § 7 Abs. 4 Satz 2 EStG auf die durch Schätzung zu ermittelnde tatsächliche Restnutzungsdauer des Gebäudes zu verteilen (vgl. BFH vom 20.01.1987 BStBl II 1987, 491; Schmidt EStG § 7 Rz. 85).

Im Jahr der Entstehung der nachträglichen Anschaffungs- oder Herstellungskosten sind diese so berücksichtigen, als wären sie zu Beginn des Jahres aufgewendet worden (volle Jahres-AfA; vgl. R 7.4 Abs. 9 Satz 3 EStR). Erstrecken sich die Herstellungsarbeiten zeitlich über den Bilanzstichtag hinaus, können die im jeweiligen Wirtschaftsjahr angefallenen Herstellungskosten sofort in die AfA-Berechnung einbezogen werden. Es ist insoweit nicht auf das Ende der Herstellungsarbeiten abzustellen, da durch diese kein neues Wirtschaftsgut geschaffen wird, sondern sich nur die AfA-Bemessungsgrundlage für das bisherige Wirtschaftsgut erhöht.

3.5.2 AfA bei Entstehung eines neuen Gebäudes oder selbstständigen Gebäudeteils

Entsteht durch die nachträglichen Herstellungsarbeiten ein neues Gebäude oder ein neuer selbstständiger Gebäudeteil, setzt sich die AfA-Bemessungsgrundlage für das neue Wirtschaftsgut zusammen aus dem Buchwert oder Restwert des bisherigen Wirtschaftsguts und den nachträglichen Herstellungskosten (R 7.3 Abs. 5 Satz 1 EStR). Handelt es sich bei dem neuen Wirtschaftsgut um einen Anbau oder eine Aufstockung, sind nur die entsprechenden Herstellungskosten maßgebend.

Die AfA ist in diesen Fällen grundsätzlich nach § 7 Abs. 4 Satz 1 EStG zu bestimmen oder bei einer voraussichtlich geringeren tatsächlichen Nutzungsdauer nach § 7 Abs. 4 Satz 2 EStG (R 7.4 Abs. 9 Satz 4 EStR). Die degressive AfA nach § 7 Abs. 5 EStG kam in Altfällen nur in Betracht, wenn das entstandene Wirtschaftsgut ein Neubau war (R 7.4 Abs. 9 Satz 5 EStR). Ein solcher liegt vor, wenn die eingefügten Neubauteile dem Gesamtgebäude bzw. Gebäudeteil das Gepräge geben, sodass es bzw. er in bautechnischer Hinsicht neu ist. Von einem Neubau ist auch auszugehen, wenn durch einen Anbau oder eine Aufstockung ein selbstständiger Gebäudeteil i. S. v. R 4.2 Abs. 4 EStR geschaffen wird (vgl. H 7.4 (Neubau) EStH).

BEISPIELE

a) Ein bisher zweigeschossiges Gebäude (Erdgeschoss eigenbetrieblich genutzt, als notwendiges Betriebsvermögen bilanziert und degressiv nach § 7 Abs. 5 Satz 1 Nr. 1 EStG abgeschrieben; Obergeschoss zu Wohnzwecken vermietet, als gewillkürtes Betriebsvermögen bilanziert und nach § 7 Abs. 5 Satz 1 Nr. 3 Buchst. a EStG abgeschrieben), wurde im Jahr 2016 um ein weiteres Geschoss aufgestockt, das fremdbetrieblich genutzt und als gewillkürtes Betriebsvermögen bilanziert wird.

LÖSUNG Durch die Aufstockung entstand ein neuer selbstständiger Gebäudeteil i. S. v. R 4.2 Abs. 4 EStR, der nach § 7 Abs. 4 Satz 1 Nr. 1 EStG mit 3 % jährlich (im Herstellungsjahr nur zeitanteilig) abzuschreiben ist.

b) Unternehmer U hatte im Jahr 1996 (Bauantrag 1993) ein zweigeschossiges Gebäude auf einem betrieblichen Grundstück für umgerechnet 600 000 € errichtet. Beide Geschosse sind gleich groß und gleichwertig. Das Erdgeschoss wird seit Fertigstellung eigenbetrieblich genutzt und nach § 7 Abs. 5 Satz 1 Nr. 1 EStG abgeschrieben. Das Obergeschoss wird seither zu gewerblichen Zwecken vermietet, als gewillkürtes Betriebsvermögen bilanziert und ebenfalls nach § 7 Abs. 5 Satz 1 Nr. 1 EStG abgeschrieben. In der Zeit von November 2015 bis Januar 2016 gestaltete U das Erdgeschoss, in dem sich bisher nur Lagerräume befanden, zu Büroräumen um, die er anschließend eigenbetrieblich nutzte. Der erforderliche Bauantrag wurde im August 2015 gestellt. Durch die Umgestaltung wurde kein neues Wirtschaftsgut im Sinne von R 7.3 Abs. 5 EStR geschaffen. Die nachträglichen Herstellungskosten belaufen sich auf 80 000 €, wovon 50 000 € bereits im Jahr 2015 angefallen sind.
Wie ist das Gebäude in den Jahren 2015 und 2016 abzuschreiben?

LÖSUNG Erdgeschoss und Obergeschoss sind aufgrund unterschiedlicher Nutzung verschiedene Wirtschaftsgüter. Das Obergeschoss wird durch die Baumaßnahmen nicht tangiert und ist somit in 2015 und 2016 jeweils mit 7 500 € (300 000 € × 2,5 %) abzuschreiben (§ 7 Abs. 5 Nr. 1 EStG).
Für das Erdgeschoss ist die AfA wie folgt zu berechnen:

AfA für 2015:		
Herstellungskosten 1996	300 000 €	(umgerechnet)
Nachträgliche Herstellungskosten 2015	50 000 €	
Neue AfA-Bemessungsgrundlage	350 000 €	
× 2,5 % (seit 2003) =		8 750 €
AfA für 2016:		
Herstellungskosten 1996	300 000 €	(umgerechnet)
Nachträgliche Herstellungskosten 2015	50 000 €	
Nachträgliche Herstellungskosten 2016	30 000 €	
Neue AfA-Bemessungsgrundlage	380 000 €	
× 2,5 % =		9 500 €.

c) Wie Beispiel b), die Kosten für die umfangreichen Umbaumaßnahmen belaufen sich aber auf 200 000 €, wovon 150 000 € bereits im Jahr 2015 angefallen sind; es entsteht hierdurch ein anderes Wirtschaftsgut i. S. v. R 7.3 Abs. 5 EStR.

LÖSUNG Das Erdgeschoss ist im Jahr 2015 mit 11 250 € (450 000 € × 2,5 %) abzuschreiben. Ab 2016 berechnet sich die AfA für diesen neuen Gebäudeteil wie folgt (vgl. R 7.3 Abs. 5 Satz 1 und R 7.4 Abs. 9 Satz 4 EStR):

Herstellungskosten Erdgeschoss 1996			300 000 €	(umgrechnet)
AfA 1996 bis 1999: 4 × 10 %	von 300 000 €	=	120 000 €	
AfA 2000 bis 2002: 3 × 5 %	von 300 000 €	=	45 000 €	
AfA 2003 bis 2014: 12 × 2,5 %	von 300 000 €	=	90 000 €	
AfA 2015			11 250 €	
Restbuchwert			33 750 €	
Nachträgliche Herstellungskosten			200 000 €	
AfA-Bemessungsgrundlage			233 750 €	
AfA nach § 7 Abs. 4 Satz 1 Nr. 1 EStG mit 3 %			=	7 013 €

Aus Vereinfachungsgründen erscheint es jedoch auch vertretbar, dass der nachträgliche Herstellungsaufwand von 200 000 € erst nach Abschluss der Umbauarbeiten in die AfA-Bemessungsgrundlage einbezogen wird (vgl. Wahlrecht nach R 7.3 Abs. 2 EStR bei ähnlicher Konstellation). Hiernach würde sich für 2015 eine AfA von 7 500 € (300 000 € × 2,5 %) und ab 2016 eine AfA von 7 125 € (3 % aus der Summe des erhöhten Restbuchwerts von 37 500 € und der nachträglichen Herstellungskosten von 200 000 €) ergeben.

3.6 Gebäude-AfA nach einer Teilwertabschreibung

Wurde für ein Gebäude oder einen selbstständigen Gebäudeteil im Betriebsvermögen eine Teilwertabschreibung vorgenommen, so bemisst sich für das auf die Teilwertabschreibung **folgende** Wirtschaftsjahr die AfA nach den Anschaffungs- oder Herstellungskosten abzüglich des Betrags der Teilwertabschreibung (§ 11 c Abs. 2 Sätze 1 und 2 EStDV).

Werden für ein Gebäude oder einen Gebäudeteil nach Vornahme einer Teilwertabschreibung nachträgliche Herstellungskosten aufgewendet, so bemessen sich die weiteren AfA für das Gebäude oder den Gebäudeteil nach den ursprünglichen Anschaffungs- oder Herstellungskosten abzüglich des Betrags der Teilwertabschreibung zuzüglich des Betrags der nachträglich aufgewendeten Herstellungskosten.

BEISPIELE

a) Der gewerbliche Unternehmer U hatte im April 01 ein bebautes Grundstück angeschafft (Anschaffungskosten einschließlich Nebenkosten für den Grund und Boden 100 000 € und für das Gebäude 200 000 €, Bauantrag vor dem 01. 04. 1985 gestellt) und seither eigenbetrieblich genutzt. Der Teilwert des Gebäudes ist zum 31. 12. 06 aufgrund einer voraussichtlich dauernden Wertminderung auf 80 000 € gesunken. Wie hoch ist die AfA in den Jahren 06 und 07 ?

LÖSUNG Der Buchwert für das Gebäude entwickelt sich wie folgt:

Anschaffungskosten im April 01			200 000 €
AfA nach § 7 Abs. 4 Satz 1 Nr. 2 Buchst. a EStG			
für 01: 2 % × 9/12	von 200 000 €	=	3 000 €
für 02 bis 05: 4 × 2 %	von 200 000 €	=	16 000 €
Buchwert 31. 12. 05			181 000 €
Planmäßige AfA für 06: 2 %	von 200 000 €	=	4 000 €
Verbleiben			177 000 €
Teilwertabschreibung nach § 6 Abs. 1 Nr. 1 Satz 2 EStG			97 000 €
Buchwert 31. 12. 06			80 000 €

AfA für 07 (§ 11 c Abs. 2 Sätze 1 und 2 EStDV)			
Anschaffungskosten 01	200 000 €		
Teilwertabschreibung 06	97 000 €		
	103 000 €	× 2 % =	2 060 €
Buchwert 31. 12. 07			77 940 €

b) Wie Beispiel a), jedoch fallen im Jahr 08 nachträgliche Herstellungskosten für den Umbau des Erdgeschosses in Höhe von 50 000 € an.

LÖSUNG Zum 31. 12. 08 ergibt sich folgender Buchwert:

Buchwert 31. 12. 07 (wie bisher)			77 940 €
Nachträgliche Herstellungskosten in 08			+ 50 000 €
			127 940 €
AfA für 08			
Anschaffungskosten 01	200 000 €		
Teilwertabschreibung 06	./. 97 000 €		
	103 000 €		
Nachträgliche Herstellungskosten 08	+ 50 000 €		
	153 000 €	× 2 % =	3 060 €
Buchwert 31. 12. 08			124 880 €

4 Absetzung für außergewöhnliche technische oder wirtschaftliche Abnutzung (AfaA)

4.1 Begriff

Eine außergewöhnliche Abnutzung ist anzunehmen, wenn ein **besonderes Ereignis eingetreten** ist, das die technische oder wirtschaftliche Nutzbarkeit sinken lässt (vgl. BFH vom 08. 07. 1980 BStBl II 1980, 743). In solchen Fällen kommt zusätzlich zur planmäßigen AfA eine AfaA nach **§ 7 Abs. 1 Satz 7 EStG** (und bei Gebäuden nach § 7 Abs. 4 Satz 3 EStG) in Betracht. Hierbei sind zu unterscheiden:

a) Außergewöhnliche **technische** Abnutzung. Sie kann z. B. eintreten durch:
- oder Zerstörung infolge eines Brandes, eines Hochwassers oder aufgrund mangelhafter Pflege oder unsachgemäßer Behandlung,
- einen Abbruch oder Teilabbruch eines Gebäudes oder einer Betriebsvorrichtung,
- verstärkte Nutzung einer Maschine durch vorübergehenden Einsatz im Mehrschichtbetrieb.

b) Außergewöhnliche **wirtschaftliche** Abnutzung. Sie kann z. B. eintreten, wenn ein Wirtschaftsgut zwar technisch noch brauchbar, aber aufgrund von Neuerfindungen, Mode- oder Geschmackswandel u. ä. inzwischen veraltet ist (zu Gebäuden siehe BFH vom 24. 01. 2008, BStBl II 2009, 449; wegen geminderten Mieterlösen siehe BFH vom 08. 04. 2014, BFH/NV 2014, 1202).

In den Fällen der außergewöhnlichen technischen oder wirtschaftlichen Abnutzung wird regelmäßig eine Verkürzung der Nutzungsdauer gegeben sein; eine solche Verkürzung ist aber nach h. M. nicht Voraussetzung für die Vornahme einer AfaA (vgl. Brandis in Blümich, § 7 EStG Rz. 389).

BEISPIEL

Ein Unternehmer erwarb ein Patent mit einer zunächst angenommenen Nutzungsdauer von acht Jahren. Nach vier Jahren wird durch eine Neuentwicklung das erworbene Patent wertlos.

Die AfaA ist für folgende Wirtschaftsgüter und bei folgenden AfA-Methoden **anwendbar:**

a) für alle abnutzbaren beweglichen Wirtschaftsgüter des Anlagevermögens, bei denen planmäßig die lineare AfA oder Leistungs-AfA zugrunde gelegt wird (§ 7 Abs. 1 Satz 7 EStG),

b) für Gebäude oder Gebäudeteile, die nach § 7 Abs. 4 EStG linear abgeschrieben werden (§ 7 Abs. 4 Satz 3 EStG);
für Gebäude oder Gebäudeteile, die nach § 7 Abs. 5 EStG degressiv abgeschrieben werden, ist die AfaA zwar gesetzlich nicht ausdrücklich vorgesehen, die Finanzverwaltung lässt jedoch auch in diesen Fällen die AfaA zu (vgl. R 7.4 Abs. 11 EStR);

c) für alle übrigen abnutzbaren Wirtschaftsgüter des Anlagevermögens (z. B. Außenanlagen und abnutzbare immaterielle Einzelwirtschaftsgüter), die planmäßig linear abgeschrieben werden (§ 7 Abs. 1 Satz 7 EStG).

Die AfaA ist **nicht zulässig** für abnutzbare bewegliche Wirtschaftsgüter des Anlagevermögens, die nach § 7 Abs. 2 degressiv abgeschrieben werden (§ 7 Abs. 2 Satz 4 EStG). Nach einem Wechsel von der degressiven zur linearen AfA (§ 7 Abs. 3 Sätze 1 und 2 EStG) kommt jedoch eine AfaA in Betracht.

4.2 Vornahme der AfaA

Handelsrechtlich müssen außerplanmäßige Abschreibungen vorgenommen werden, wenn der Grund für die außergewöhnliche Abnutzung (Wertminderung) voraussichtlich von Dauer ist (§ 253 Abs. 3 Satz 3 HGB).

Steuerlich sind AfaA nach dem Gesetzeswortlaut **zulässig,** d. h. es besteht grundsätzlich ein **Wahlrecht** hinsichtlich der Vornahme einer AfaA neben der Regel-AfA. Dieses Wahlrecht wird durch die Entscheidungen des BFH vom 01.12.1992 (BStBl II 1994, 11 und 12) nicht in Frage gestellt. Beide Entscheidungen lehnen lediglich ein Wahlrecht in Bezug auf den Zeitpunkt einer AfaA ab, sie treffen allerdings keine Aussage darüber, ob eine AfaA überhaupt vorzunehmen ist. Das steuerliche Wahlrecht kann nach § 5 Abs. 1 Satz 1 zweiter HS EStG unabhängig von der Handelsbilanz ausgeübt werden. Es ist allerdings im Sinne einer Absetzungspflicht **eingeschränkt,** wenn das Wirtschaftsgut vollständig nutzlos zur Einkunftserzielung geworden ist, insgesamt untergeht oder aus dem Betriebsvermögen ausscheidet (z. B. durch Totalschaden, Brand oder Abbruch); vgl. Schmidt, EStG, § 7 Rdnr. 126.

Soll eine AfaA vorgenommen werden, hat dies grundsätzlich im Wirtschaftsjahr zu geschehen, in dem der gesetzliche Tatbestand (z. B. durch Eintritt eines Schadens) erfüllt ist, spätestens aber im Wirtschaftsjahr, in dem die außergewöhnliche Abnutzung entdeckt wird; der Zeitpunkt der Zusage oder des Zuflusses einer eventuellen Versicherungsentschädigung ist insoweit unerheblich (BFH vom 01.12.1992 BStBl II 1994, 11 und 12).

4.3 Abgrenzung zur Teilwertabschreibung

Die Abgrenzung zwischen AfaA, insbesondere wegen außergewöhnlicher wirtschaftlicher Abnutzung, und Teilwertabschreibung kann im Einzelfall schwierig sein. Von der Systematik her geht die AfaA der Teilwertabschreibung vor. Für eine **AfaA** spricht z. B. die Verringerung der Nutzungsdauer durch außergewöhnliche technische oder wirtschaftliche Abnutzung (vgl.

die Beispiele in 4.1), während für die **Teilwertabschreibung** eine Nutzungsbeeinträchtigung unerheblich ist (z. B. beim Sinken der Wiederbeschaffungs- oder Wiederherstellungskosten).

Die AfaA ist nur für bestimmte Wirtschaftsgüter und bei Anwendung bestimmter AfA-Methoden zulässig (vgl. 4.1), während die Teilwertabschreibung für alle Wirtschaftsgüter, auch für die nicht abnutzbaren Wirtschaftsgüter des Anlagevermögens, Anlagen im Bau und das Umlaufvermögen, in Betracht kommt. Andererseits ist die Teilwertabschreibung nur bei den Gewinneinkünften, die durch Bestandsvergleich ermittelt werden, zulässig, nicht dagegen bei einer Gewinnermittlung durch Überschussrechnung nach § 4 Abs. 3 EStG und nicht bei den Überschusseinkünften, während die AfaA auch in diesen Fällen in Betracht kommen kann.

Im Gegensatz zur Teilwertabschreibung ist eine AfaA nur neben einer regulären Abschreibung zulässig. Sie setzt also voraus, dass das Wirtschaftsgut bereits fertig gestellt ist. Daher rechtfertigen beispielsweise Baumängel vor Fertigstellung eines Gebäudes keine AfaA (vgl. H 7.4 (AfaA) EStH).

4.4 Anwendung der AfaA

Für die Anwendung der AfaA kann man zwei **Methoden** praktizieren:

1. Ansatz eines bestimmten Betrags nach einem geschätzten Prozentsatz des Restbuchwerts bzw. der Anschaffungs- oder Herstellungskosten (Handhabung wie bei der Teilwertabschreibung).
2. Verkürzung der betriebsgewöhnlichen Nutzungsdauer und somit Verteilung des Restbuchwerts auf die Restnutzungsdauer. Diese Handhabung bietet sich vor allem für bewegliche Wirtschaftsgüter in Mehrschichtbetrieben an.

Die **weitere planmäßige AfA** nach einer AfaA ist bei Gebäuden und anderen Wirtschaftsgütern unterschiedlich durchzuführen:

a) **Gebäude und Gebäudeteile:** In diesen Fällen bemessen sich die planmäßigen AfA ab dem Wirtschaftsjahr **nach** der vorgenommenen AfaA nach den Anschaffungs- oder Herstellungskosten abzüglich des Betrags der AfaA und dem nach § 7 Abs. 4 oder 5 EStG maßgebenden AfA-Satz (§ 11 c Abs. 2 Satz 1 EStDV).

b) **Bewegliche und andere abnutzbare Wirtschaftsgüter:** Nach herrschender Meinung ist der nach vorgenommener AfaA verbliebene Restbuchwert auf die ggf. verkürzte Restnutzungsdauer zu verteilen.

Fällt der Grund für die Vornahme einer AfaA in späteren Wirtschaftsjahren wieder weg, ist in den Fällen der Gewinnermittlung durch Bestandsvergleich nach § 4 Abs. 1 oder § 5 EStG gem. § 7 Abs. 1 Satz 7 zweiter HS EStG eine **Zuschreibung** vorzunehmen. Die Zuschreibung führt in dem entsprechenden Wirtschaftsjahr zu einer **Gewinnerhöhung**. Für diese Zuschreibung gelten im Prinzip dieselben Regeln wie bei § 6 Abs. 1 Nr. 1 Satz 4 EStG für die Wertaufholung wegen Wegfalls der Gründe für eine zu einem früheren Bilanzstichtag vorgenommene Teilwertabschreibung. Vgl. hierzu die Ausführungen in G 6.2 und 6.3, die entsprechend gelten.

BEISPIELE

a) Unternehmer U hat im Januar 02 ein Grundstück mit einem 2 1/2-geschossigen Gebäude erworben, das er bisher ausschließlich eigenbetrieblich nutzte und nach § 7 Abs. 4 Satz 1 Nr. 2 Buchst. a EStG abgeschrieben hat (Baujahr vor 1985). Die Anschaffungskosten betrugen einschließlich Nebenkosten für den Grund und Boden 100 000 € und für das Gebäude 200 000 €.

Im Dezember 04 wurde das II. Obergeschoss, das bisher schräge Wände hatte, abgebrochen und dafür ein Vollgeschoss errichtet. Die Herstellungskosten betragen 150 000 €. Der Abbruch des II. Obergeschosses rechtfertigt eine AfaA von 20 % bezogen auf den Buchwert des ganzen Gebäudes.

Das neu erstellte II. Obergeschoss (Baubeginn im Januar 05) wird seit Bezugsfertigkeit am 01. 07. 05 zu gewerblichen Zwecken vermietet und als gewillkürtes Betriebsvermögen bilanziert.

LÖSUNG Durch den Abbruch des II. Obergeschosses kommt eine AfaA nach § 7 Abs. 4 Satz 3 i. V. m. Abs. 1 Satz 7 EStG in Betracht. Außerdem ist für 04 noch die planmäßige AfA vorzunehmen. Durch die Errichtung eines neuen Vollgeschosses und dessen Vermietung zu gewerblichen Zwecken entsteht ein neuer selbstständiger Gebäudeteil, der nach § 7 Abs. 4 Satz 1 Nr. 1 EStG abzuschreiben ist. Für das Gebäude ergibt sich folgende Kontenentwicklung:

Altbauteile

Anschaffungskosten im Januar 02			200 000 €
AfA nach § 7 Abs. 4 Satz 1 Nr. 2 a EStG			
für 02 bis 04: 3 × 2 %		von 200 000 €	= 12 000 €
Buchwert vor Teilabbruch			188 000 €
AfaA: 20 %		von 188 000 €	= 37 600 €
Buchwert 31. 12. 04			150 400 €
Eigenbetrieblicher Gebäudeteil:			
AfA 05:			
Anschaffungskosten	200 000 €		
AfaA (§ 11 c Abs. 2 Satz 1 EStDV)	37 600 €		
	162 400 € × 2 %	= 3 248 €	
Buchwert 31. 12. 05			147 152 €
Fremdvermieteter Gebäudeteil (Neubauteil)			
Herstellungskosten in 05		150 000 €	
AfA 05: 3 % × 6/12	von 150 000 €	= 2 250 €	
Buchwert 31. 12. 05			147 750 €
Buchwert zum 31. 12. 05 insgesamt			294 902 €

b) Fabrikant F hat eine Maschine im Betriebsvermögen, Anschaffungskosten im Januar 02 = 100 000 €, betriebsgewöhnliche Nutzungsdauer zehn Jahre. F wählte die lineare AfA.
Im Jahre 04 wurde die Maschine außergewöhnlich stark genutzt (dreischichtige Benutzung), wodurch sich die Nutzungsdauer um zwei Jahre verkürzte. Außerdem ist der Teilwert der Maschine infolge technischer Fortentwicklung Ende 04 voraussichtlich dauerhaft auf 20 000 € gesunken. Die dreischichtige Nutzung der Maschine fand nur im Jahr 04 statt. Mit welchen Werten ist die Maschine zum 31. 12. 04 und 31. 12. 05 in der Bilanz anzusetzen?

LÖSUNG Wegen der außergewöhnlichen technischen Abnutzung im Jahr 04 kann zum 31. 12. 04 neben der planmäßigen AfA eine AfaA vorgenommen werden. Ergibt sich danach ein Buchwert, der höher ist als der Teilwert, kommt noch eine Teilwertabschreibung in Betracht, da es sich bei dem Steuerpflichtigen um einen Gewerbetreibenden handelt, der den Gewinn nach § 5 EStG ermittelt und eine voraussichtlich dauernde Wertminderung vorliegt.

Kontenentwicklung für die Maschine:	
Anschaffungskosten Januar 02	100 000 €
./. planmäßige AfA nach § 7 Abs. 1 Satz 1 EStG:	
für 02 und 03 jeweils 10 % von 100 000 €	= 20 000 €
Buchwert 31. 12. 03	80 000 €
./. planmäßige AfA für 04: 10 % von 100 000 €	= 10 000 €
./. außerplanmäßige Abschreibung (AfaA) für 04: 20 % von 100 000 €	= 20 000 €
verbleiben	50 000 €
./. Teilwertabschreibung nach § 6 Abs. 1 Nr. 1 Satz 2 EStG auf den niedrigeren Teilwert von 20 000 €	= 30 000 €
Buchwert 31. 12. 04	20 000 €
./. planmäßige AfA für 05: Verteilung auf die um zwei Jahre verringerte Restnutzungsdauer von noch fünf Jahren: 1/5 von 20 000 €	= 4 000 €
Buchwert 31. 12. 05	16 000 €

Steuerlich besteht ein Wahlrecht zur Vornahme der AfaA und der Teilwertabschreibung, welches gem. § 5 Abs. 1 Satz 1 zweiter HS EStG jeweils unabhängig von der Handelsbilanz ausgeübt werden kann. Handelsrechtlich muss dagegen nach § 253 Abs. 3 Satz 3 HGB zum 31. 12. 04 zwingend eine Abschreibung auf den niedrigeren beizulegenden Wert von 20 000 € erfolgen.

5 Absetzung für Substanzverringerung (AfS)

Nach **§ 7 Abs. 6 EStG** sind bei Bergbauunternehmen, Steinbrüchen und anderen Betrieben, die einen Verbrauch der Substanz mit sich bringen, die AfA grundsätzlich linear nach § 7 Abs. 1 EStG vorzunehmen. In diesen Fällen ist jedoch auch die Absetzung nach Maßgabe des Substanzverzehrs zulässig (Wahlrecht). Ein **Substanzverzehr** tritt z. B. ein durch den Abbau von Kohle, Sand und Kies sowie Erdöl; nicht dagegen bei Quellen.

Nach Sinn und Zweck soll durch die Vorschrift des § 7 Abs. 6 EStG nicht ein Wertverlust ausgeglichen werden, der beim Abbau von Bodenschätzen beim Grundstück entsteht, sondern es soll der Aufwand für den Erwerb eines Wirtschaftsguts auf den Zeitraum seiner Nutzung verteilt werden (BFH vom 13.09.1988 BStBl II 1989, 37). Daraus ergibt sich, dass AfS nur zulässig sind, wenn **Anschaffungskosten** für ein **Wirtschaftsgut »Bodenschatz«** angefallen sind.

Ein unter der Erde ruhender Bodenschatz ist grundsätzlich kein besonderes Wirtschaftsgut, sondern unselbstständiger Bestandteil des Grund und Bodens. Die Eigenschaft eines **selbstständigen Wirtschaftsguts** erlangt der Bodenschatz erst, wenn er zur nachhaltigen Nutzung in den Verkehr gebracht wird, d. h. wenn mit seinem Abbau begonnen wird oder mit einem alsbaldigen Abbau zu rechnen ist (BFH vom 07. 12. 1989 BStBl II 1990, 317). Der Bodenschatz entsteht als **materielles Wirtschaftsgut** (BFH vom 04. 12. 2006 BStBl II 2007, 508).

Anschaffungskosten für das Wirtschaftsgut »Bodenschatz« liegen vor, wenn für dessen Erwerb Aufwendungen geleistet wurden. Dies ist indes nicht der Fall, wenn bei der Anschaffung eines betrieblichen Grundstücks das Vorhandensein eines Bodenschatzes oder dessen Werthaltigkeit nicht bekannt war. Hier entsteht das Wirtschaftsgut »Bodenschatz« originär im Betrieb, wenn dessen Wert erkannt und mit der Ausbeutung begonnen wird. Mangels Anschaffungskosten sind AfS nicht möglich. Waren beim Erwerb eines Grundstücks die enthaltenen Bodenschätze dagegen bekannt und wurden sie als werthaltig angesehen, ist ein einheitlicher Kaufpreis nach dem Verhältnis der Teilwerte aufzuteilen auf die Wirtschaftsgüter »Grund und Boden« sowie »Bodenschatz«.

Wird ein Wirtschaftsgut »Bodenschatz« aus betrieblichen Gründen unentgeltlich aus dem Betriebsvermögen eines anderen Steuerpflichtigen erworben (seltener Ausnahmefall), gilt dessen gemeiner Wert nach § 6 Abs. 4 EStG als **fiktive Anschaffungskosten,** sodass beim Erwerber AfS möglich sind.

Wird der Bodenschatz auf einem Grundstück des Privatvermögens entdeckt, sind nach § 11 d Abs. 2 EStDV AfS nicht zulässig (nur Klarstellung, da keine Anschaffungskosten vorliegen). Erfolgt später eine **Zuführung in das Betriebsvermögen,** ist der Bodenschatz nach § 6 Abs. 1 Nr. 5 EStG mit dem Teilwert einzulegen. Absetzungen für Substanzverringerung dürfen allerdings nach der Einlage nicht aufwandswirksam vorgenommen werden, da hierdurch der im Betrieb durch den Abbau des Bodenschatzes erwirtschaftete Gewinn der Besteuerung entzogen würde (BFH vom 04. 12. 2006 BStBl II 2007, 508; H 6.12 (Bodenschatz) EStH). Bilanzielle Abschreibungen sind in diesem Fall deshalb zur Ermittlung des steuerlichen Gewinns außerbilanziell wieder hinzuzurechnen.

AfS sind vorzunehmen, sobald mit dem Abbau des Bodenschatzes begonnen wird (R 7.5 Satz 2 EStR). Ihre Höhe ist nach folgender Formel zu berechnen (vgl. R 7.5 Satz 3 EStR):

$$\text{AfS} = \frac{\text{Anschaffungskosten} \times \text{im Wirtschaftsjahr geförderte Menge}}{\text{ursprünglich geschätzte Abbaumenge}}$$

BEISPIEL

Ein Bauunternehmer erwarb im Jahr 02 ein Grundstück mit Kiesvorkommen für 1 100 000 €. In den Anschaffungskosten ist der Wert des Kiesvorkommens mit 1 000 000 € enthalten. Die geschätzte Abbaumenge beträgt 4 000 000 cbm. Im Wirtschaftsjahr 02 wurden 400 000 cbm Kies abgebaut.

LÖSUNG Die AfS für das Wirtschaftsjahr 02 betragen

$$100\,000\ € = \frac{1\,000\,000\ € \times 400\,000\ \text{cbm}}{4\,000\,000\ \text{cbm}}$$

6 Erhöhte Absetzungen und Sonderabschreibungen

6.1 Gemeinsame Vorschriften nach § 7 a EStG

a) Anwendungsbereich

§ 7 a EStG enthält gemeinsame Vorschriften für alle im EStG oder in der EStDV sowie in anderen Gesetzen, z. B. SchutzbauG, FördG, geregelten **erhöhten Absetzungen** (Absetzungen, die an die Stelle der normalen AfA treten) und **Sonderabschreibungen** (Abschreibungen, die neben der normalen AfA vorgenommen werden können), soweit in der jeweiligen Vorschrift nicht ausdrücklich etwas anderes bestimmt ist (R 7 a Abs. 1 Sätze 1 und 2 EStR). Erhöhte Absetzungen und Sonderabschreibungen sind regelmäßig auf einen in der jeweiligen Begünstigungsvorschrift festgelegten Begünstigungszeitraum, d. h. auf eine bestimmte Anzahl von Jahren beschränkt. Vgl. hierzu auch die Ausführungen in R 7 a Abs. 2 EStR.

b) Nachträgliche Änderung der Anschaffungs- oder Herstellungskosten

Nach § 7 a Abs. 1 Sätze 1 und 2 EStG sind **nachträgliche Anschaffungs- oder Herstellungskosten** von Wirtschaftsgütern, für die eine erhöhte Absetzung oder Sonderabschreibung in Anspruch genommen wird, und die während des Begünstigungszeitraums anfallen, in der Weise zu berücksichtigen, dass sie im Jahr ihrer Entstehung der bisherigen Bemessungsgrundlage hinzuzurechnen und so zu behandeln sind, **als wären sie zu Beginn** dieses Jahres entstanden (R 7 a Abs. 3 Satz 1 EStR). § 7 a Abs. 1 EStG ist jedoch nicht anzuwenden, wenn nachträgliche Herstellungskosten selbstständig abgeschrieben werden können (vgl. R 7 a Abs. 3 Satz 2 EStR), z. B. nach

- §§ 7 h oder 7 i EStG und
- § 4 Abs. 3 FördG.

Vom Jahr der Entstehung der nachträglichen Anschaffungs- oder Herstellungskosten an bis zum Ende des Begünstigungszeitraums bemisst sich die erhöhte Absetzung oder Sonderabschreibung sowie die planmäßige AfA wie folgt:

	ehemalige Anschaffungs- oder Herstellungskosten
+	nachträgliche Anschaffungs- oder Herstellungskosten
=	neue Bemessungsgrundlage

Darauf ist der maßgebende Abschreibungssatz anzuwenden. Vgl. hierzu das Beispiel 1 in H 7 a (Beispiele) EStH. Nach § 7 a Abs. 1 Satz 3 EStG sind **nachträgliche Minderungen** der Anschaffungs- oder Herstellungskosten so zu berücksichtigen, dass sich vom Jahr der Minderung an bis zum Ende des Begünstigungszeitraums die AfA sowie die erhöhten Absetzungen und Sonderabschreibungen nach den geminderten Anschaffungs- oder Herstellungskosten bemessen. Vgl. hierzu die Ausführungen in R 7 a Abs. 4 EStR und die Beispiele 2 und 3 in H 7 a (Beispiele) EStH.

c) Anzahlungen auf Anschaffungskosten und Teilherstellungskosten

Werden nach einer Begünstigungsvorschrift erhöhte Absetzungen oder Sonderabschreibungen bereits für Anzahlungen auf Anschaffungskosten oder für Teilherstellungskosten zugelassen, dann gilt diese Begünstigung bereits zum Zeitpunkt der Anzahlungsleistung für die Anschaffung bzw. zum Zeitpunkt der Entstehung der Teilherstellungskosten (§ 7 a Abs. 2 Satz 1 EStG).

Für **Anzahlungen** kommt ein vorzeitiger Ansatz erhöhter Absetzungen oder Sonderabschreibungen nur in Betracht, wenn die Anzahlung im Zusammenhang mit einem Anschaffungsgeschäft begünstigter Wirtschaftsgüter steht. Die Anzahlungen auf Herstellungskosten sind nicht begünstigt. Für den Zeitpunkt der Anzahlungsleistung auf Anschaffungen gilt folgendes:

- Bei Hingabe von **Wechseln** gilt die Zahlung als in dem Zeitpunkt geleistet, zu dem dem Lieferanten durch Diskontierung oder Einlösung des Wechsels das Geld tatsächlich zufließt (§ 7 a Abs. 2 Satz 4 EStG).
- Bei Hingabe von **Schecks** gilt entsprechendes (§ 7 a Abs. 2 Satz 5 EStG).

Vgl. auch die weiteren Ausführungen in R 7 a Abs. 5 EStR sowie in H 7 a (Anzahlungen auf AK) EStH.

Bei vorzeitig begünstigten **Teilherstellungskosten** kommt es dagegen nicht darauf an, ob bereits Anzahlungen geleistet worden sind, sondern nur darauf, dass bereits Teilherstellungskosten entstanden sind. Bei der Ermittlung von Teilherstellungskosten sind daher nicht die geleisteten Zahlungen, sondern die **Aufwendungen** zu berücksichtigen, die bis zum Ende des Wirtschaftsjahrs durch den Verbrauch von Gütern und die Inanspruchnahme von Diensten für die Herstellung eines Wirtschaftsguts tatsächlich entstanden sind. Anzahlungen auf Baumaterial zählen noch nicht zu den Teilherstellungskosten und sind daher nicht vorzeitig begünstigt. Vgl. auch die weiteren Ausführungen in R 7 a Abs. 6 EStR sowie in H 7 a (Teilherstellungskosten) EStH.

Wird bereits für Anzahlungen auf Anschaffungskosten oder für Teilherstellungskosten eine **erhöhte Absetzung oder Sonderabschreibung** in Anspruch genommen, dann müssen die vorzeitig beanspruchten Abschreibungsbeträge später, d. h. nach Lieferung bzw. Fertigstellung des begünstigten Wirtschaftsguts bei der endgültigen Inanspruchnahme der erhöhten Absetzung oder Sonderabschreibung, angerechnet werden (§ 7 a Abs. 2 Satz 2 EStG).

d) Mindestabsetzungen bei Inanspruchnahme erhöhter Absetzungen

Werden für ein Wirtschaftsgut erhöhte Absetzungen in Anspruch genommen, z. B. nach § 7 h EStG bei Gebäuden in Sanierungsgebieten, dann **müssen** in jedem Jahr des Begünstigungszeitraums mindestens die linearen AfA nach § 7 Abs. 1 EStG (für bewegliche und andere Wirtschaftsgüter, die unter § 7 Abs. 1 EStG fallen) oder nach § 7 Abs. 4 EStG für Gebäude angesetzt werden (§ 7 a Abs. 3 EStG).

e) Lineare AfA bei Inanspruchnahme von Sonderabschreibungen

Die Sonderabschreibung ist eine Abschreibung, die neben der planmäßigen AfA zum Ansatz kommt. In derartigen Fällen kommt nach § 7 a Abs. 4 EStG als planmäßige AfA grundsätzlich **nur die lineare** AfA nach § 7 Abs. 1 oder Abs. 4 EStG in Betracht. Von diesem Grundsatz gibt es jedoch **Ausnahmen**. Für die Sonderabschreibung beweglicher Wirtschaftsgüter des Anlagevermögens kleiner und mittlerer Betriebe gilt nämlich dieser Grundsatz nicht, da in § 7 g Abs. 5 EStG als planmäßige AfA auch die degressive AfA nach § 7 Abs. 2 EStG ausdrücklich zugelassen ist. Vgl. hierzu auch die Ausführungen in 6. 2.

f) Kumulationsverbot

Es kann vorkommen, dass für ein- und dasselbe Wirtschaftsgut gleichzeitig die Voraussetzungen für verschiedene erhöhte Absetzungen und Sonderabschreibungen vorliegen. In derartigen Fällen darf der Steuerpflichtige nach § 7 a Abs. 5 EStG grundsätzlich **nur eine** der verschiedenen Abschreibungsbegünstigungen in Anspruch nehmen. Das Wahlrecht liegt beim Steuerpflichtigen. Das einmal im Erstjahr ausgeübte Wahlrecht gilt auch für die Folgejahre. Das Kumulationsverbot gilt jedoch nicht, wenn nachträgliche Anschaffungs- oder Herstellungskosten Gegenstand einer eigenen Abschreibungsvergünstigung sind (vgl. R 7 a Abs. 7 EStR); in diesen Fällen kommt eine Abschreibungsvergünstigung für das ursprüngliche Wirtschaftsgut und für die nachträglichen Anschaffungs- oder Herstellungskosten in Betracht.

g) Grenzen für die steuerliche Buchführungspflicht

Nach § 7 a Abs. 6 EStG sind die erhöhten Absetzungen und Sonderabschreibungen bei der **Prüfung der Grenzen** für die steuerliche Buchführungspflicht nach § 141 Abs. 1 Nr. 4 und 5 AO (Gewinn aus Gewerbebetrieb und aus Land- und Forstwirtschaft) nicht zu berücksichtigen. Spielt in solchen Fällen der Gewinn für den Beginn oder das Weiterbestehen der steuerlichen Buchführungspflicht eine Rolle, so sind für die Prüfung der Buchführungspflicht die für das jeweilige Wirtschaftsjahr vorgenommenen erhöhten Absetzungen oder Sonderabschreibungen, soweit sie die AfA nach § 7 Abs. 1 oder 4 übersteigen, dem Gewinn wieder hinzuzurechnen.

h) Mehrere Beteiligte

Sind begünstigte Wirtschaftsgüter mehreren Beteiligten zuzurechnen, so kann es vorkommen, dass die Voraussetzungen für die erhöhten Absetzungen oder Sonderabschreibungen nur bei **einzelnen Beteiligten** oder bei **mehreren, aber nicht allen Beteiligten** vorliegen. In diesen Fällen dürfen nach § 7 a Abs. 7 Satz 1 EStG die erhöhten Absetzungen oder Sonderabschreibungen **nur anteilig** für diejenigen Beteiligten vorgenommen werden, bei denen die Voraussetzungen dafür vorliegen.

Liegen bei mehreren oder allen Beteiligten die Voraussetzungen für eine erhöhte Absetzung oder Sonderabschreibung vor, so darf die jeweilige Abschreibungsbegünstigung **nur einheitlich** in Anspruch genommen werden, und zwar einheitlich dem Grunde und der Höhe nach (§ 7 a Abs. 7 Satz 2 EStG). Hierzu sind gemeinsame Anträge der beteiligten Steuerpflichtigen erforderlich. Vgl. hierzu auch H 7 a (Mehrere Beteiligte) EStH.

i) Formelle Voraussetzungen

Nach § 7 a Abs. 8 EStG sind erhöhte Absetzungen oder Sonderabschreibungen bei Wirtschaftsgütern, die zu einem Betriebsvermögen gehören, nur zulässig, wenn sie in ein besonderes, laufend zu führendes **Verzeichnis** aufgenommen werden, das folgende Angaben enthält:

- Tag der Anschaffung oder Herstellung,

- Höhe der Anschaffungs- oder Herstellungskosten,
- die betriebsgewöhnliche Nutzungsdauer und
- die Höhe der jährlichen planmäßigen AfA, der erhöhten Absetzungen und der Sonderabschreibungen.

Dieses Verzeichnis braucht erst im Zeitpunkt der Inanspruchnahme der erhöhten Absetzungen oder Sonderabschreibungen erstellt zu werden. Ergeben sich diese Daten aus der laufenden Buchführung, so braucht dieses Verzeichnis nicht geführt zu werden. Vgl. auch H 7 a (Verzeichnis) EStH.

j) AfA nach Ablauf des Begünstigungszeitraums

Wurden für ein Wirtschaftsgut **Sonderabschreibungen** vorgenommen, richtet sich die weitere AfA **nach Ablauf des Begünstigungszeitraums** (nicht schon im Wirtschaftsjahr nach Vornahme einer Sonderabschreibung) nach den Bestimmungen des § 7 a Abs. 9 EStG. Danach gilt Folgendes:

a) Bei **Gebäuden und selbstständigen Gebäudeteilen:** Lineare Abschreibung des Restbuchwerts unter Anwendung des maßgeblichen AfA-Satzes nach § 7 Abs. 4 Satz 1 EStG, der sich unter Berücksichtigung der Restnutzungsdauer ergibt. Die weitere Abschreibung erfolgt somit nach einem **neuen Prozentsatz,** der sich aus der typisierten Gesamtnutzungsdauer i. S. v. § 7 Abs. 4 Satz 1 EStG abzüglich des Begünstigungszeitraums errechnet (BFH vom 20.06.1990 BStBl II 1992, 622). Vgl. hierzu auch R 7 a Abs. 9 EStR und H 7 a (Beispiel 4) EStH.
b) Bei **anderen Wirtschaftsgütern:** Lineare Verteilung des Restbuchwerts auf die Restnutzungsdauer. Hierbei ist die Restnutzungsdauer des Wirtschaftsguts bei Beginn der Restwertabschreibung neu zu schätzen, wobei es die Finanzverwaltung nicht beanstandet, wenn für die weitere Bemessung der AfA die um den Begünstigungszeitraum verminderte ursprüngliche Nutzungsdauer zugrunde gelegt wird (vgl. R 7 a Abs. 10 EStR). Eine degressive Restwertabschreibung ist möglich, wenn neben der Sonderabschreibung die planmäßige AfA zulässigerweise (z. B. bei § 7 g Abs. 5 und 6 EStG) degressiv nach § 7 Abs. 2 EStG erfolgte (vgl. R 7a Abs. 10 Satz 3 EStR).

6.2 Förderung kleiner und mittlerer Betriebe nach § 7 g EStG

6.2.1 Investitionsabzugsbetrag

Nach § 7 g Abs. 1 EStG können kleinere und mittlere Betriebe im Vorgriff auf künftige Investitionen ihren Gewinn durch Abzug eines Investitionsabzugsbetrags mindern. Hierdurch kann praktisch ein erheblicher Teil der späteren AfA steuerwirksam vorgezogen werden. Der Investitionsabzugsbetrag wird durch einen **außerbilanziellen** Abzug vorgenommen.

6.2.1.1 Voraussetzungen des Investitionsabzugsbetrags nach § 7 g Abs. 1 EStG

Das Wahlrecht zur Vornahme eines Investitionsabzugsbetrags nach § 7 g Abs. 1 EStG ist an die nachfolgend dargestellten Voraussetzungen geknüpft.

6.2.1.1.1 Berechtigter Personenkreis

Die Begünstigungsvorschrift des § 7 g EStG ist nur im Rahmen der **Gewinneinkünfte** (Gewerbebetrieb, Land- und Forstwirtschaft, selbstständige Tätigkeit) anwendbar, da nur diese Einkunftsarten **Anlagevermögen** kennen. Hierbei ist es unerheblich, ob die Gewinnermittlung durch Betriebsvermögensvergleich oder durch Überschussrechnung nach § 4 Abs. 3 EStG erfolgt. Ebenso ist es belanglos, in welcher Rechtsform (Einzelunternehmen, Personengesellschaft oder Kapitalgesellschaft) der Betrieb geführt wird. Bei Personengesellschaften gilt für die Begünstigungsvorschrift des § 7 g EStG nicht der Mitunternehmer als Steuerpflichtiger, sondern die Gesellschaft (§ 7 g Abs. 7 EStG).

6.2.1.1.2 Begünstigte Betriebe

Der Investitionsabzugsbetrag nach § 7 g Abs. 1 EStG kommt nur in Betracht, wenn die **betriebsbezogenen Voraussetzungen** des § 7 g Abs. 1 Satz 2 Nr. 1 EStG erfüllt sind. Demnach darf der Betrieb am Schluss des Wirtschaftsjahres, in dem der Abzug vorgenommen wird, die folgenden Größenmerkmale nicht überschreiten:

a) bei **Gewerbebetrieben oder der selbstständigen Arbeit dienenden Betrieben**, die ihren Gewinn nach **§ 4 Abs. 1 oder § 5 EStG durch Bestandsvergleich** ermitteln ein Betriebsvermögen (= steuerliches Eigenkapital) von 235 000 € (nach § 52 Abs. 16 Satz 1 EStG in Wirtschaftsjahren, die nach dem 31. 12. 2008 und vor dem 01. 01. 2011 enden: 335 000 €);
b) bei **Betrieben der Land- und Forstwirtschaft** einen Wirtschaftswert nach § 46 BewG oder einen Ersatzwirtschaftswert nach § 125 BewG von 125 000 € (nach § 52 Abs. 16 Satz 1 EStG in Wirtschaftsjahren, die nach dem 31. 12. 2008 und vor dem 01. 01. 2011 enden: 175 000 €);
c) bei Gewerbebetrieben, der selbständigen Arbeit dienenden Betrieben und Betrieben der Land- und Forstwirtschaft, die ihren **Gewinn nach § 4 Abs. 3 EStG ermitteln**, ohne Berücksichtigung des Investitionsabzugsbetrags einen Gewinn von 100 000 € (nach § 52 Abs. 16 Satz 1 EStG in Wirtschaftsjahren, die nach dem 31. 12. 2008 und vor dem 01. 01. 2011 enden: 200 000 €).

Ist ein Steuerpflichtiger Inhaber mehrerer Betriebe, sind die betriebsbezogenen Voraussetzungen des § 7 g Abs. 1 Satz 2 Nr. 1 EStG für jeden einzelnen Betrieb gesondert zu prüfen. Bei Personengesellschaften sind bei der Prüfung Gesamthandsvermögen und Sonderbetriebsvermögen zusammenzurechnen, ggf. unter Berücksichtigung von Korrekturposten in Ergänzungsbilanzen. Bei einer Betriebsaufspaltung ist für das Besitzunternehmen und für das Betriebsunternehmen jeweils gesondert zu entscheiden, ob die maßgeblichen Höchstgrenzen überschritten sind. Entsprechendes gilt bei Organschaften für Organträger und Organgesellschaft. Vgl. hierzu Schreiben des BMF vom 20. 11. 2013 BStBl I 2013, 1493.

6.2.1.1.3 Begünstigte Wirtschaftsgüter

Der Investitionsabzugsbetrag kommt nur unter folgenden weiteren auf das angeschaffte oder hergestellte Wirtschaftsgut bezogene Voraussetzungen in Betracht (§ 7 g Abs. 1 Satz 1 EStG):

a) Begünstigt sind nur **bewegliche** Wirtschaftsgüter (vgl. R 7.1 Abs. 2 bis 4 EStR) des Anlagevermögens (neu oder gebraucht), nicht aber Wirtschaftsgüter des Umlaufvermögens, immaterielle Wirtschaftsgüter und unbewegliche Wirtschaftsgüter wie Gebäude, Außenanlagen, Hof- und Platzbefestigungen. Auch die geplante Anschaffung oder Herstellung von geringwertigen Wirtschaftsgütern im Sinne von § 6 Abs. 2 und Abs. 2 a EStG berechtigt zur Inanspruchnahme eines Investitionsabzugsbetrags (BMF BStBl I 2013, 1493 unter Rz. 3).

b) Das Wirtschaftsgut muss **angeschafft oder** selbst **hergestellt** werden. Für aus dem Privatvermögen in den Gewerbebetrieb eingelegte Wirtschaftsgüter kommt die Begünstigung nicht in Betracht.

6.2.1.1.4 Investitionsabsicht

Nach § 7 g Abs. 1 Satz 2 Nr. 2 Buchstabe a EStG kann der Investitionsabzugsbetrag nur für begünstigte Wirtschaftsgüter in Anspruch genommen werden, die der Steuerpflichtige in den dem Abzugsjahr folgenden drei Wirtschaftsjahren (= Investitionszeitraum) voraussichtlich anzuschaffen oder herzustellen beabsichtigt. Maßgeblich hierfür ist eine Prognoseentscheidung des Unternehmers über sein künftiges Investitionsverhalten; die Vorlage eines Investitionsplans oder eine feste Bestellung des begünstigten Wirtschaftsguts ist nicht erforderlich. Zu Sonderproblemen im Zusammenhang mit der Investitionsabsicht (z. B. bei nachträglicher Inanspruchnahme des Investitionsabzugsbetrags nach einer steuerlichen Außenprüfung oder bei Inanspruchnahme in Jahren vor Abschluss der Betriebseröffnung) siehe BMF, BStBl I 2013, 1493, Rdnr. 17 bis 35).

6.2.1.1.5 Qualifizierte Nutzungsabsicht

Weitere Voraussetzung für den Abzug eines Investitionsabzugsbetrags ist nach § 7 g Abs. 1 Satz 2 Nr. 2 Buchstabe b EStG, dass der Steuerpflichtige beabsichtigt, das begünstigte Wirtschaftsgut voraussichtlich mindestens bis zum Ende des dem Wirtschaftsjahr der Anschaffung oder Herstellung folgenden Wirtschaftsjahres in einer inländischen Betriebsstätte des Betriebs ausschließlich oder fast ausschließlich betrieblich zu nutzen. Dies ist anhand einer Prognoseentscheidung am Ende des Wirtschaftsjahres der beabsichtigten Geltendmachung des Investitionsabzugsbetrags zu beurteilen. Ein Wirtschaftsgut wird fast ausschließlich betrieblich genutzt, wenn es zu nicht mehr als 10 % privat genutzt wird. Bei einem Pkw können hierbei Fahrten zwischen Wohnung und Betrieb der betrieblichen Nutzung zugerechnet werden. Siehe insoweit auch BMF, BStBl I 2013, 1493 unter Rdnr. 36 bis 42.

6.2.1.1.6 Benennungspflicht

Nach § 7 g Abs. 1 Satz 2 Nr. 3 EStG ist für die Geltendmachung eines Investitionsabzugsbetrags zudem erforderlich, dass der Steuerpflichtige das begünstigte Wirtschaftsgut dem Finanzamt seiner Funktion nach benennt und die Höhe der voraussichtlichen Anschaffungs- oder Herstellungskosten angibt. Hierbei ist es ausreichend, wenn die Funktionsbezeichnung stichwortartig erfolgt (z. B. Bürotechnikgegenstand für Computer, Drucker, Faxgerät, Telefon oder Kopierer). Vgl. insoweit auch BMF BStBl I 2013, S. 1493 unter Rdnr. 34 und 35. Die notwendigen Angaben zur Funktion des begünstigten Wirtschaftsguts und zur Höhe der voraussichtlichen Anschaffungs- oder Herstellungskosten müssen sich nach Auffassung der Finanzverwaltung (BMF BStBl I 2013, S. 1493 unter Rdnr. 62) aus den gemäß § 60 EStDV der Steuererklärung beizufügenden Unterlagen ergeben (z. B. in Form einer Anlage zur steuerlichen Gewinnermittlung).

6.2.1.2 Höhe des Investitionsabzugsbetrags

Nach § 7 g Abs. 1 Satz 1 EStG können bis zu 40 % der voraussichtlichen Anschaffungs- oder Herstellungskosten begünstigter Wirtschaftsgüter gewinnmindernd abgezogen werden (**relativer Höchstbetrag**). Der Höchstbetrag muss nicht ausgeschöpft werden. Eine Aufstockung ist in den folgenden Wirtschaftsjahren möglich (BFH vom 15.07.2014 BFH/NV 2015, 403; gl.A. Schmidt, EStG § 7 g, Rz. 23; a. A. noch BMF BStBl I 2013, 1493, Rz. 6).

Zudem normiert § 7 g Abs. 1 Satz 4 EStG einen **absoluten Höchstbetrag**. Hiernach darf die Summe aller im laufenden und in den drei vorangegangenen Wirtschaftsjahren vorgenommenen Investitionsabzugsbeträge je Betrieb eines Steuerpflichtigen 200 000 € nicht überschreiten. Abzugsbeträge, die zwischenzeitlich nach § 7 g Abs. 2 EStG wieder hinzugerechnet oder nach § 7 g Abs. 3 oder 4 EStG rückgängig gemacht wurden, sind hierbei allerdings nicht zu berücksichtigen.

In § 7 g Abs. 1 Satz 3 EStG hat der Gesetzgeber klargestellt, dass Investitionsabzugsbeträge auch dann vollumfänglich in Anspruch genommen werden können, wenn dadurch ein Verlust entsteht oder sich erhöht.

6.2.1.3 Hinzurechnung im Jahr der begünstigten Investition

Im Wirtschaftsjahr der Anschaffung oder Herstellung des begünstigten Wirtschaftsguts ist gem. § 7 g Abs. 2 Satz 1 EStG der hierfür in Anspruch genommene Investitionsabzugsbetrag in Höhe von 40 % der tatsächlichen Anschaffungs- oder Herstellungskosten **außerbilanziell** gewinnerhöhend hinzuzurechnen. Übersteigt dieser Betrag den zuvor geltend gemachten Investitionsabzugsbetrag, ist maximal dieser hinzuzurechnen. Soweit der für das begünstigte Wirtschaftsgut beanspruchte Investitionsabzugsbetrag 40 % der tatsächlichen Anschaffungs- oder Herstellungskosten übersteigt, kann der Restbetrag für innerhalb des verbleibenden Investitionszeitraums nachträglich anfallende Anschaffungs- oder Herstellungskosten verwendet werden (BMF BStBl I 2013, 1493, Rz. 46).

6.2.1.4 Minderung der Anschaffungs- oder Herstellungskosten

Im Wirtschaftsjahr der Anschaffung oder Herstellung können die Anschaffungs- oder Herstellungskosten des begünstigten Wirtschaftsguts gem. § 7 g Abs. 2 Satz 2 EStG um bis zu 40 %, höchstens jedoch um den Hinzurechnungsbetrag nach § 7 g Abs. 2 Satz 1 EStG, gewinnmindernd herabgesetzt werden (steuerliche Buchung: a. o. Aufwand an Wirtschaftsgut). Insoweit handelt es sich um ein steuerliches Wahlrecht im Sinne von § 5 Abs. 1 Satz 1 2. HS EStG, das unabhängig von der Handelsbilanz ausgeübt werden kann. Handelsrechtlich ist diese Minderung der Anschaffungs- oder Herstellungskosten nach der Neufassung von § 254 HGB durch das BilMoG nicht mehr möglich. Wird keine eigenständige Steuerbilanz erstellt, ist Voraussetzung für den Abzug nach § 7 g Abs. 2 Satz 2 EStG, dass das begünstigte Wirtschaftsgut mit dem steuerlichen Wert nach Maßgabe von § 5 Abs. 1 Sätze 2 und 3 in ein besonderes, laufend zu führendes Verzeichnis aufgenommen wird. Ein Abzug nach § 7 g Abs. 2 Satz 2 mindert die Bemessungsgrundlage für die AfA, erhöhten Absetzungen und Sonderabschreibungen sowie die Anschaffungs- oder Herstellungskosten i. S. v. § 6 Abs. 2 und 2 a EStG.

BEISPIEL

Kaufmann K hat im Wirtschaftsjahr 01 einen Investitionsabzugsbetrag in Höhe von 1 200 € für die im Wirtschaftsjahr 02 geplante Anschaffung von 5 Schreibtischen zu je 600 € zuzüglich USt geltend gemacht. Im März 02 wurden die Schreibtische geliefert und werden seither von den Büroangestellten des K genutzt.

LÖSUNG Der in 01 in Anspruch genommene Investitionsabzugsbetrag von 1 200 € ist im Wirtschaftsjahr 02 gem. § 7 g Abs. 2 Satz 1 EStG außerbilanziell zur Ermittlung des steuerlichen Gewinns hinzuzurechnen. K kann allerdings den Hinzurechnungsbetrag nach § 7 g Abs. 2 Satz 2 EStG gewinnmindernd von den Anschaffungskosten absetzen. Da die verbleibenden Anschaffungskosten je Schreibtisch nur noch 360 € betragen, können diese gem. § 6 Abs. 2 EStG in 02 in voller Höhe als Betriebsausgabe abgezogen werden (GWG-Aufwand).

6.2.1.5 Rückgängigmachung des Investitionsabzugsbetrags

Soweit der in Anspruch genommene Investitionsabzugsbetrag nicht infolge einer Investition bis zum Ende des dritten auf das Abzugsjahr folgenden Wirtschaftsjahres nach § 7 g Abs. 2 Satz 1 EStG hinzugerechnet wird, ist er nach § 7 g Abs. 3 Satz 1 EStG rückgängig zu machen. Gründe für die Rückgängigmachung können neben dem Unterbleiben der Investition auch die Anschaffung eines nicht funktionsgleichen Wirtschaftsguts oder ein gegenüber den tatsächlichen Anschaffungs- oder Herstellungskosten überhöhter Abzug sein, welcher nicht durch nachträgliche Anschaffungs- oder Herstellungskosten kompensiert wird (vgl. 6.2.1.3). Die Finanzverwaltung lässt auch zu, dass Steuerpflichtige Investitionsabzugsbeträge innerhalb des Investitionszeitraums freiwillig ganz oder teilweise rückgängig machen (BMF BStBl I 2013, 1493, Rdnr. 55). Für die Änderung der Steuer- oder Feststellungsbescheide des Abzugsjahres enthält § 7 g Abs. 3 Satz 2 EStG eine spezielle Korrekturvorschrift, welche in § 7 g Abs. 3 Satz 3 EStG noch um eine Ablaufhemmung für die Festsetzungsfrist des Abzugsjahres ergänzt wird. Die durch die Rückgängigmachung sich ergebende Steuernachzahlung für das Abzugsjahr ist nach Maßgabe von 233 a AO mit 6 % jährlich zu verzinsen.

6.2.1.6 Nichteinhaltung der Verbleibens- und Nutzungsfristen im Sinne von § 7 g Abs. 1 Satz 2 Nr. 2 Buchstabe b EStG

Erfolgt zwar eine Investition nach § 7 g Abs. 2 Satz 1 EStG, wird das Wirtschaftsgut aber nicht bis zum Ende des dem Wirtschaftsjahr der Anschaffung oder Herstellung folgenden Wirtschaftsjahres in einer inländischen Betriebsstätte des Betriebs ausschließlich oder fast ausschließlich (d. h. zu mindestens 90 %) betrieblich genutzt, sind gem. § 7 g Abs. 4 Satz 1 EStG

- der Investitionsabzug nach § 7 g Abs. 1 EStG,
- die Hinzurechnung nach § 7 g Abs. 2 Satz 1 EStG
- sowie die Herabsetzung der Anschaffungs- oder Herstellungskosten und die Verringerung der Bemessungsgrundlage nach § 7 g Abs. 2 Satz 2 EStG

rückgängig zu machen. Hat die Herabsetzung nach § 7 g Abs. 2 Satz 2 EStG zur Anwendung von § 6 Abs. 2 oder 2 a EStG geführt, muss die Einhaltung der Verbleibens- und Nutzungsvoraussetzungen im Sinne des § 7 g Abs. 4 Satz 1 EStG aus Vereinfachungsgründen nicht geprüft werden (BMF BStBl I 2013, 1493, Rdnr. 57). Für die Änderung der betroffenen Steuer- und Feststellungsbescheide enthält § 7 g Abs. 4 Satz 2 EStG eine spezielle Korrekturvorschrift, welche in § 7 g Abs. 4 Satz 3 EStG noch um eine Ablaufhemmung für die Festsetzungsfrist ergänzt wird.

6.2.2 Sonderabschreibung nach § 7 g Abs. 5 und 6 EStG

Neben dem Investitionsabzugsbetrag können kleine und mittlere Betriebe zur steuerlichen Förderung nach Maßgabe des § 7 g Abs. 5 und 6 EStG auch Sonderabschreibungen vornehmen. Insoweit handelt es sich um ein steuerliches Wahlrecht im Sinne von § 5 Abs. 1 Satz 1 zweiter HS EStG, das unabhängig von der Handelsbilanz ausgeübt werden kann. Handelsrechtlich sind steuerliche Sonderabschreibungen nach der Neufassung von § 254 HGB durch das

BilMoG nicht mehr möglich. Wird keine eigenständige Steuerbilanz erstellt, ist Voraussetzung für steuerliche Sonderabschreibungen, dass das begünstigte Wirtschaftsgut mit dem steuerlichen Wert nach Maßgabe von § 5 Abs. 1 Sätze 2 und 3 EStG in ein besonderes, laufend zu führendes Verzeichnis aufgenommen wird, welches Bestandteil der Buchführung ist (BMF BStBl I 2010, 239, Rz. 19).

6.2.2.1 Voraussetzungen der Sonderabschreibung

Das Wahlrecht zur Vornahme der Sonderabschreibung nach § 7 g Abs. 5 und 6 EStG ist an die nachfolgend dargestellten Voraussetzungen geknüpft.

6.2.2.1.1 Begünstigte Wirtschaftsgüter

Nach § 7 g Abs. 5 EStG kann für abnutzbare bewegliche Wirtschaftsgüter des Anlagevermögens eine Sonderabschreibung vorgenommen werden. Dies deckt sich mit den Anforderungen für den Abzug eines Investitionsabzugsbetrags; insoweit wird auf die Ausführungen unter 6.2.1.1.3 verwiesen. Die vorherige Inanspruchnahme eines Investitionsabzugsbetrags ist nicht Voraussetzung für die Sonderabschreibung.

6.2.2.1.2 Betriebsgrößenabhängige Voraussetzungen

Gem. § 7 g Abs. 6 Nr. 1 EStG müssen die betriebsgrößenabhängigen Voraussetzungen für einen Investitionsabzugsbetrag nach § 7 g Abs. 1 Satz 2 Nr. 1 EStG auch für die Sonderabschreibung vorliegen, insoweit wird auf die Ausführungen unter 6.2.1.1.2 verwiesen. Für die Sonderabschreibung dürfen diese Größenmerkmale aber schon zum Schluss des Wirtschaftsjahres, das der Anschaffung oder Herstellung **vorangeht**, nicht überschritten werden. Anders als beim Investitionsabzugsbetrag kommt es nicht auf die Betriebsgröße zum Schluss des Wirtschaftsjahres der Sonderabschreibung an. Da es bei der **Neugründung** eines Betriebs an einem Betriebsvermögen oder Gewinn zum Schluss des vorangegangenen Wirtschaftsjahres fehlt, sind neugegründete Betriebe immer begünstigt (vgl. Schmidt, EStG § 7 g unter Rdnr. 42).

6.2.2.1.3 Nutzungsvoraussetzungen

Nach § 7 g Abs. 6 Nr. 2 EStG kann die Sonderabschreibung nur in Anspruch genommen werden, wenn das begünstigte Wirtschaftsgut im Jahr der Anschaffung oder Herstellung und im darauf folgenden Wirtschaftsjahr in einer inländischen Betriebsstätte des Betriebs des Steuerpflichtigen ausschließlich oder fast ausschließlich (d. h. zu mindestens 90 %) betrieblich genutzt wird. Wird die Sonderabschreibung erst später vorgenommen, müssen diese Nutzungsvoraussetzungen im Jahr der Inanspruchnahme nicht mehr erfüllt sein. Werden die Nutzungsvoraussetzungen nicht erfüllt, ist eine bereits erfolgte Sonderabschreibung rückwirkend zu versagen; § 7 g Abs. 4 EStG und die Ausführungen unter 6.2.1.6 gelten entsprechend.

6.2.2.2 Höhe und Vornahme der Sonderabschreibung

Die Sonderabschreibung kann nach § 7 g Abs. 5 EStG im Jahr der Anschaffung oder Herstellung und in den vier folgenden Jahren neben der AfA nach § 7 Abs. 1 oder 2 EStG bis zu insgesamt 20 % der Anschaffungs- oder Herstellungskosten in Anspruch genommen werden. Der Steuerpflichtige kann den Höchstbetrag bereits im Jahr der Anschaffung oder Herstellung voll in Anspruch nehmen oder beliebig auf den Begünstigungszeitraum von fünf Jahren verteilen. Im Gegensatz zum Investitionsabzugsbetrag (vgl. § 7 g Abs. 1 Satz 4 EStG) hat der Gesetzgeber für die Sonderabschreibung keine absolute Höchstgrenze normiert. Für die AfA nach Ablauf des fünfjährigen Begünstigungszeitraums ist § 7 a Abs. 9 EStG zu beachten; insoweit wird auf die Ausführungen unter 6.1 Buchstabe j verwiesen.

BEISPIEL

Ende Dezember 02 wurde bei Kaufmann K eine neue Fertigungsmaschine (betriebsgewöhnliche Nutzungsdauer 15 Jahre) angeliefert. Die Anschaffungskosten betragen 90 000 €. Die Maschine wurde erst im Januar 03 in Betrieb genommen. Für diese Maschine hat K zulässigerweise im Wirtschaftsjahr 01 einen Investitionsabzugsbetrag in Höhe von 40 000 € in Anspruch genommen. Er möchte die Maschine linear abschreiben. Eine eigenständige Steuerbilanz wird nicht erstellt.

LÖSUNG Die Maschine ist in der Bilanz zum 31. 12. 02 mit den Anschaffungskosten von 90 000 € abzüglich AfA auszuweisen (§§ 253 Abs. 1 Satz 1, 255 Abs. 1 HGB, § 6 Abs. 1 Nr. 1 Satz 1 EStG). Eine Abschreibung ist bereits für Dezember 02 vorzunehmen; denn maßgeblich für den Beginn der AfA ist der Zeitpunkt der Anschaffung (= Lieferung) und nicht die Ingebrauchnahme (R 7.4 Abs. 1 EStR). Die lineare Abschreibung nach § 7 Abs. 1 Satz 1 und Satz 4 EStG für 02 beträgt 500 € (90 000 € × 1/15 × 1/12). Dies stellt auch eine planmäßige Abschreibung im Sinne von § 253 Abs. 3 Sätze 1 und 2 HGB dar.

Nach § 7 g Abs. 2 Satz 1 EStG ist der in Anspruch genommene Investitionsabzugsbetrag im Anschaffungsjahr 02 in Höhe von 40 % der Anschaffungskosten, also 36 000 €, zur Ermittlung des steuerlichen Gewinns außerbilanziell wieder hinzuzurechnen. Der verbleibende Restbetrag von 4 000 € kann bis Ende 04 für nachträgliche Anschaffungs- oder Herstellungskosten der Maschine verwendet werden (BMF, BStBl I 2013, 1493, Rz. 46). Eine Rückgängigmachung nach § 7 g Abs. 3 EStG ist deshalb im Wirtschaftsjahr 02 noch nicht erforderlich.

Zur Minimierung des steuerlichen Gewinns kann K nach § 7 g Abs. 2 Satz 2 erster HS EStG den Hinzurechnungsbetrag wieder gewinnmindernd von den Anschaffungskosten der Maschine absetzen. Hierdurch vermindert sich allerdings gem. § 7 g Abs. 2 Satz 2 zweiter HS EStG steuerlich die AfA-Bemessungsgrundlage.

Steuerlich beträgt die lineare AfA hiernach nur 300 € (54 000 € × 1/15 × 1/12). Die Differenz von 200 € zur handelsrechtlichen AfA ist gem. § 60 Abs. 2 EStDV zur Ermittlung des steuerlichen Gewinns außerbilanziell hinzuzurechnen.

Zudem kann K nach § 7 g Abs. 5 und 6 i. V. m. Abs. 2 Satz 2 zweiter HS EStG seinen steuerlichen Gewinn noch durch eine Sonderabschreibung von 10 800 € (54 000 € × 20 %) mindern.

Der Abzugsbetrag nach § 7 g Abs. 2 Satz 2 erster HS EStG und die Sonderabschreibung nach § 7 g Abs. 5 und 6 EStG stellen rein steuerliche Abschreibungen dar, welche nach Änderung von § 254 HGB durch das BilMoG in der Handelsbilanz nicht mehr nachvollzogen werden können; dies war vor BilMoG nach § 254 HGB a. F. noch möglich.

Diese beiden steuerlichen Wahlrechte können jedoch gem. § 5 Abs. 1 Satz 1 zweiter HS EStG unabhängig vom handelsrechtlichen Ansatz der Maschine ausgeübt werden. Voraussetzung hierfür ist allerdings, dass die Maschine mit ihrem steuerlichen Wert von 42 900 € (90 000 € – 36 000 € – 300 € – 10 800 €) nach Maßgabe von § 5 Abs. 1 Sätze 2 und 3 EStG in ein besonderes, laufend zu führendes Verzeichnis aufgenommen wird. Die Erstellung einer eigenständigen Steuerbilanz ist dann nicht erforderlich.

Es ergeben sich folgende außerbilanziellen Korrekturen zur Ermittlung des steuerlichen Gewinns (§ 60 Abs. 2 EStDV):

• lineare AfA	+	200 €
• Hinzurechnung nach § 7 g Abs. 2 Satz 1 EStG	+	36 000 €
• Abzug nach § 7 g Abs. 2 Satz 2 erster HS EStG	./.	36 000 €
• Sonderabschreibung nach § 7 g Abs. 5 und 6 EStG	./.	10 800 €

7 Geringwertige Wirtschaftsgüter (GWG)

7.1 Sofortabschreibung nach § 6 Abs. 2 EStG

7.1.1 Allgemeines

Aufwendungen für Gegenstände, die dem Betrieb auf Dauer dienen und der Abnutzung unterliegen (abnutzbares Anlagevermögen) dürfen grundsätzlich nur über die planmäßigen Abschreibungen (AfA) oder außerplanmäßigen Abschreibungen (z. B. Sonderabschreibung nach § 7 g Abs. 5 und 6 EStG oder Teilwertabschreibung) zu gewinnmindernden Betriebsausgaben führen. Dieses Verfahren müsste daher eigentlich auch für die zahlreichen in einem Betrieb vorhandenen Wirtschaftsgüter praktiziert werden, die nur einen geringen Wert haben. Um die Jahresabschlussarbeiten für steuerliche Zwecke insoweit erheblich zu erleichtern und zu vereinfachen, wurde in **§ 6 Abs. 2 EStG** das steuerliche Institut der »Bewertungsfreiheit« für Wirtschaftsgüter mit Anschaffungs- oder Herstellungskosten bzw. Einlagewerten bis zu 410 € geschaffen. Unter bestimmten Voraussetzungen können Anschaffungen, Herstellungen und Einlagen im Wert von nicht mehr als 410 € sofort als Betriebsausgaben behandelt werden.

Neben der erheblichen Vereinfachung für die Buchführung kann diese Bewertungsfreiheit auch als vorteilhafte Finanzierungshilfe und Gewinngestaltungshilfe verwendet werden.

Hinsichtlich der Bewertungsfreiheit nach § 6 Abs. 2 EStG hat der Unternehmer für jedes einzelne Wirtschaftsgut ein eigenständiges **Wahlrecht**. Er ist daran durch den Grundsatz der Bewertungsstetigkeit (vgl. G 3.3) nicht gehindert. Auch handelsrechtlich besteht ein Wahlrecht zur Sofortabschreibung geringwertiger Wirtschaftsgüter (vgl. Beck'scher Bilanzkommentar, § 253 Rz. 275), wobei allerdings die Wertobergrenze nicht gesetzlich festgelegt und daher nach den GoB zu bestimmen ist und jedenfalls nicht unter der steuerlichen Obergrenze von 410 € liegt. Das steuerliche Wahlrecht zur Sofortabschreibung kann nach § 5 Abs. 1 Satz 1 zweiter HS EStG unabhängig von der Handelsbilanz ausgeübt werden. Da es sich bei dieser Bewertungsfreiheit rechtssystematisch betrachtet eigentlich nicht um eine Bewertungsvorschrift, sondern um eine Alternative zur Aufwandsverteilung nach § 7 EStG handelt (vgl. BFH vom 19.01.1984 BStBl II 1984, 312), bietet es sich an, diesen Problembereich an dieser Stelle zu behandeln.

7.1.2 Berechtigter Personenkreis

Die Bewertungsfreiheit des § 6 Abs. 2 EStG dürfen nicht nur buchführende Land- und Forstwirte, Gewerbetreibende und selbstständig Tätige in Anspruch nehmen, sondern auch Steuerpflichtige, die den Gewinn durch Überschussrechnung nach § 4 Abs. 3 EStG ermitteln (§ 4 Abs. 3 Satz 3 EStG). Für die Überschusseinkünfte (§ 2 Abs. 1 Nr. 4–7 EStG) ist die Bewertungsfreiheit des § 6 Abs. 2 EStG entsprechend anzuwenden (§ 9 Abs. 1 Nr. 7 EStG).

7.1.3 Materiellrechtliche Voraussetzungen

Die Bewertungsfreiheit für die in Betracht kommenden Wirtschaftsgüter ist in folgenden Fällen möglich:

a) bei deren **Anschaffung** oder **Herstellung,**
b) bei deren **Einlage** aus dem Privatvermögen in ein Betriebsvermögen,
c) bei der **Eröffnung** eines Betriebs.

Es kann sich dabei um **neue oder gebrauchte** Wirtschaftsgüter handeln.

Für die Inanspruchnahme der Bewertungsfreiheit müssen folgende **Voraussetzungen** erfüllt sein:

a) Es muss sich um ein **abnutzbares bewegliches** Wirtschaftsgut des Anlagevermögens handeln (vgl. R 7.1 Abs. 2 bis 4 EStR). Zu den beweglichen Wirtschaftsgütern gehören **nicht** immaterielle Wirtschaftsgüter.

b) Die Anschaffungs- oder Herstellungskosten oder der Einlagewert im Sinne von § 6 Abs. 1 Nr. 5 oder 6 EStG dürfen für das jeweilige Wirtschaftsgut **nicht mehr als 410 €** betragen. Hierbei ist stets von den Anschaffungs- oder Herstellungskosten abzüglich des darin enthaltenen Vorsteuerbetrags auszugehen. Ob der Vorsteuerbetrag umsatzsteuerlich abziehbar ist oder nicht, soll nach R 9 b Abs. 2 Sätze 1 und 2 EStR keine Rolle spielen. Wurden die Anschaffungs- oder Herstellungskosten eines Wirtschaftsguts gem. § 6 Abs. 2 EStG im Jahr der Anschaffung oder Herstellung in voller Höhe als Betriebsausgabe abgesetzt, sind in späteren Wirtschaftsjahren eventuell anfallende nachträgliche Anschaffungs- oder Herstellungskosten im Jahr ihrer Entstehung ebenfalls in voller Höhe als Betriebsausgaben zu behandeln. Dies gilt auch dann, wenn sie zusammen mit den ursprünglichen Anschaffungs- oder Herstellungskosten die Höchstgrenze für GWG von 410 € überschreiten (vgl. R 6.13 Abs. 4 EStR).

c) Es muss sich um ein **selbstständig nutzungsfähiges** Wirtschaftsgut handeln. Der Begriff der selbstständigen Nutzungsfähigkeit ist im Gesetz nur negativ abgegrenzt (vgl. § 6 Abs. 2 Sätze 2 und 3 EStG). Danach ist ein Wirtschaftsgut einer selbstständigen Nutzung nicht fähig, wenn es nach seiner betrieblichen Zweckbestimmung nur zusammen mit anderen Wirtschaftsgütern, also nicht für sich allein, genutzt werden kann und die in den Nutzungszusammenhang eingefügten Wirtschaftsgüter technisch aufeinander abgestimmt sind (z. B. der Bohrer einer Bohrmaschine, der Motor einer Maschine, Leuchtstoffröhren in Lichtbändern einer Beleuchtungsanlage). In diesen Fällen ist die selbstständige Nutzungsfähigkeit auch dann nicht gegeben, wenn das Wirtschaftsgut aus dem bisherigen betrieblichen Zusammenhang gelöst und in einen anderen betrieblichen Zusammenhang eingefügt werden kann (z. B. der Bohrer einer Bohrmaschine und andere Werkzeuge von Werkzeugmaschinen). Wirtschaftsgüter, die nicht technisch aufeinander abgestimmt sind, sind dagegen selbstständig nutzungsfähig und daher selbstständige Wirtschaftsgüter (z. B. Flachpaletten zur Lagerung und zum Transport von Waren, Bestecke, Drucker mit Kopier- und Scan-Funktion, externe Datenspeicher). Vgl. hierzu im Einzelnen auch die Ausführungen in R 6.13 Abs. 1 EStR und die Beispielsfälle in H 6.13 (ABC) EStH.

d) Die Bewertungsfreiheit muss **im Jahr der Anschaffung, Herstellung oder Einlage** des Wirtschaftsguts **oder der Eröffnung** des Betriebs in Anspruch genommen werden. Eine Verlagerung in ein späteres Wirtschaftsjahr ist nicht zulässig. Außerdem kommt die Bewertungsfreiheit **nur in vollem Umfang** in Betracht oder überhaupt nicht.

7.1.4 Formelle Voraussetzungen

Wirtschaftsgüter, für die die Bewertungsfreiheit gewählt wird und deren Wert 150 € übersteigt, müssen in einem besonderen Verzeichnis aufgeführt werden, das folgende Angaben enthält (§ 6 Abs. 2 Satz 4 EStG):

- Tag der Anschaffung, Herstellung oder Einlage des Wirtschaftsguts bzw. Eröffnung des Betriebs,
- Anschaffungskosten, Herstellungskosten oder Einlagewert.

Diese Aufzeichnungen brauchen in folgenden Fällen nicht geführt zu werden:

- wenn die erforderlichen Angaben aus der Buchführung ersichtlich sind (§ 6 Abs. 2 Satz 5 EStG), z. B. aus einem Konto »Aufwand für geringwertige Wirtschaftsgüter (GWG)« mit Hinweis auf die Beleg-Nr., oder
- wenn die erforderlichen Angaben sich aus dem nach R 5.4 Abs. 1 EStR zu erstellenden Bestandsverzeichnis ergeben.

7.1.5 Buchmäßige Behandlung

Die Wirtschaftsgüter, für die die Bewertungsfreiheit des § 6 Abs. 2 EStG in Anspruch genommen wird, sind zweckmäßigerweise über ein eigenes Konto »Aufwand für geringwertige Wirtschaftsgüter« zu buchen. Dies kann bereits im Lauf des Wirtschaftsjahres oder erst im Zuge des Jahresabschlusses geschehen. Die Buchungen lauten:

Aufwand für geringwertige Wirtschaftsgüter	... €	
Vorsteuer (ggf.)	... €	
an Geldkonten		... €
oder		
Anlagekonto	... €	
Vorsteuer (ggf.)	... €	
an Geldkonten		... €
Aufwand für geringwertige Wirtschaftsgüter	... €	
an Anlagekonto		... €

7.1.6 Besonderheiten

Die Bewertungsfreiheit gilt auch für **teilweise privat genutzte Wirtschaftsgüter** (vgl. R 4.2 Abs. 1 Sätze 4 und 6 EStR). In derartigen Fällen muss jedoch der Teil der Anschaffungs- oder Herstellungskosten bzw. des Einlagewerts, der auf die private Nutzung entfällt, in den einzelnen Jahren der privaten Nutzung insoweit dem Gewinn wieder hinzugerechnet bzw. als Nutzungsentnahme gebucht werden. Vgl. H 6.13 (Private Mitbenutzung) EStH. Außerdem liegt in diesen Fällen umsatzsteuerlich regelmäßig eine sonstige Leistung nach § 3 Abs. 9 a Nr. 1 UStG vor.

Werden von den Anschaffungs- oder Herstellungskosten eines Wirtschaftsguts Beträge nach R 6.5 EStR, R 6.6 EStR, § 6 b EStG oder § 7 g Abs. 2 Satz 2 EStG abgezogen, ist bei Beurteilung des Grenzbetrags von 410 € von den **gekürzten** Anschaffungs- oder Herstellungskosten auszugehen (vgl. R 6.13 Abs. 2 EStR).

Preisminderungen (z. B. Skontoabzüge oder Rabatte) sind in dem Jahr zu berücksichtigen, in dem sie anfallen. Beim Skontoabzug hängt dies vom Zeitpunkt der Zahlung ab, so dass die Zahlung ggf. über die Möglichkeit der Inanspruchnahme der Bewertungsfreiheit nach § 6 Abs. 2 EStG entscheidet.

Für **Anzahlungen** kommt die Bewertungsfreiheit des § 6 Abs. 2 EStG noch nicht in Betracht. Fallen Anzahlung und Lieferung in verschiedene Wirtschaftsjahre, so ist die Anzahlung zunächst erfolgsneutral zu buchen, auch wenn im Folgejahr die Bewertungsfreiheit zu Recht in Anspruch genommen wird. Maßgebend für die Inanspruchnahme der Bewertungsfreiheit sind auch in diesen Fällen das Jahr der Lieferung oder Herstellung (vgl. § 9 a EStDV) und die Anschaffungs- oder Herstellungskosten insgesamt.

BEISPIELE

a) Im Januar 01 wurde ein Bürogerät für 400 € zuzüglich 76 € USt angeschafft und nach § 6 Abs. 2 EStG sofort als Aufwand behandelt. Die betriebsgewöhnliche Nutzungsdauer beträgt fünf Jahre. Die USt wurde als Vorsteuer abgezogen. Der Unternehmer nutzt das Bürogerät regelmäßig zu 25 % für private Zwecke.

LÖSUNG In den Jahren 01 bis 05 liegt jeweils ertragsteuerlich nach § 4 Abs. 1 Satz 2 i. V. m. § 6 Abs. 1 Nr. 4 EStG eine Nutzungsentnahme in Höhe von 20 € (400 € × 20 % × 25 %) und umsatzsteuerlich eine steuerbare und steuerpflichtige sonstige Leistung nach § 3 Abs. 9 a Nr. 1 UStG vor. Die USt bemisst sich gem. § 10 Abs. 4 Nr. 2 UStG nach den anteiligen Anschaffungskosten von 20 €. Sie ist nach § 12 Nr. 3 EStG nicht als Betriebsausgabe abzugsfähig und erhöht deshalb den Entnahmewert. Es ist wie folgt zu buchen:

Privatentnahme	23,80 €	
an Erträge aus privater Nutzung		20,00 €
an USt (19 %)		3,80 €

b) Ein Unternehmer erwirbt im Jahr 02 einen Lkw für netto 100 000 €. Darauf überträgt er eine im Vorjahr gebildete Rücklage nach R 6.6 EStR in Höhe von 99 590 €.

LÖSUNG Da somit nur noch Anschaffungskosten in Höhe von 410 € verbleiben, darf der Unternehmer für diesen Restbetrag die Bewertungsfreiheit nach § 6 Abs. 2 EStG in Anspruch nehmen.

c) Ein Unternehmer erwirbt am 20. 12. 02 (Lieferzeitpunkt) einen Büroschrank für 420 € + 79,80 € USt. Bei Zahlung innerhalb von 14 Tagen dürfen 3 % Skonto abgezogen werden.

LÖSUNG Zahlt der Unternehmer noch innerhalb des Wirtschaftsjahres 02, so mindern sich die Anschaffungskosten von 420 € auf 407,40 €. In diesem Fall darf die Bewertungsfreiheit nach § 6 Abs. 2 EStG in Anspruch genommen werden.

Wird der Kaufpreis erst im Jahr 03 bezahlt, kommt die Bewertungsfreiheit nicht in Betracht, da sich die Anschaffungskosten erst im Jahr 03 mindern und § 6 Abs. 2 EStG in diesem Jahr keine Anwendung mehr findet.

7.2 Sammelposten nach § 6 Abs. 2 a EStG

7.2.1 Allgemeines

Für abnutzbare bewegliche Wirtschaftsgüter des Anlagevermögens, die einer selbständigen Nutzung fähig sind, kann im Wirtschaftsjahr der Anschaffung, Herstellung oder Einlage des Wirtschaftsguts oder der Eröffnung des Betriebs gem. § 6 Abs. 2 a Satz 1 EStG ein Sammelposten gebildet werden, wenn die Anschaffungs- oder Herstellungskosten, vermindert um einen darin enthaltenen Vorsteuerbetrag oder der nach § 6 Abs. 1 Nr. 5 bis 6 EStG an deren Stelle tretende Wert für das einzelne Wirtschaftsgut 150 €, aber nicht 1 000 € übersteigen. Insoweit bestehen, abgesehen vom Höchstbetrag, die gleichen materiell-rechtlichen Voraussetzungen wie für die Sofortabschreibung nach § 6 Abs. 2 EStG, sodass insoweit auf die Ausführungen unter 7.1.3 verwiesen werden kann. Dieses steuerliche Wahlrecht zur Bildung eines Sammelpostens kann gem. § 5 Abs. 1 Satz 1 2. HS EStG unabhängig von der Handelsbilanz ausgeübt werden. Ob der Sammelposten in der Handelsbilanz überhaupt ausgewiesen werden kann, ist strittig; zum Meinungsstand vgl. Schmidt, EStG § 6 unter Rz. 608. Über die Bildung eines Sammelpostens kann steuerlich von Wirtschaftsjahr zu Wirtschaftsjahr neu entschieden werden.

Soweit die Anschaffungs- oder Herstellungskosten bzw. der an deren Stelle tretende Wert für das einzelne Wirtschaftsgut 150 €, aber nicht 410 € übersteigen, sind sowohl die Voraussetzungen für eine Sofortabschreibung nach § 6 Abs. 2 EStG, als auch die Voraussetzungen für die Bildung eines Sammelpostens nach § 6 Abs. 2 a EStG erfüllt. Insoweit kann zwischen der

Sofortabschreibung, der Bildung eines Sammelpostens und der regelmäßigen Abschreibung nach § 7 Abs. 1 EStG gewählt werden. Entscheidet sich der Steuerpflichtige für die Bildung eines Sammelpostens, sind allerdings nach § 6 Abs. 2 a Satz 5 EStG sämtliche in einem Wirtschaftsjahr angeschafften, hergestellten oder eingelegten abnutzbaren beweglichen Wirtschaftsgüter des Anlagevermögens, die einer selbständigen Nutzung fähig sind und deren Anschaffungs- oder Herstellungskosten oder an deren Stelle tretender Wert mehr als 150 €, aber nicht mehr als 1 000 € betragen, in den Sammelposten einzubeziehen. Für geringwertige Wirtschaftsgüter bis einschließlich 150 € kann dann nach § 6 Abs. 2 a Satz 4 EStG zwischen der Sofortabschreibung und der regelmäßigen Abschreibung nach § 7 Abs. 1 EStG gewählt werden.

Für die Frage, ob die Anschaffungs- oder Herstellungskosten für das einzelne Wirtschaftsgut die Grenze von 150 € bzw. 1 000 € überschreiten, sind Abzüge nach R 6.5 EStR, R 6.6 EStR, § 6 b EStG und § 7 g Abs. 2 Satz 2 EStG zu berücksichtigen (R 6.13 Abs. 2 EStG).

Für Wirtschaftgüter im Sinne von § 6 Abs. 2 a EStG, die in den Kalenderjahren 2008 und 2009 angeschafft, hergestellt oder eingelegt wurden, bestand ehemals eine Verpflichtung zur Bildung eines Sammelpostens.

7.2.2 Bildung des Sammelpostens

Wird ein Sammelposten gebildet, sind in diesen alle in einem Wirtschaftsjahr angeschafften, hergestellten oder eingelegten Wirtschaftsgüter im Sinne von § 6 Abs. 2 a Satz 1 EStG aufzunehmen. Für jedes Wirtschaftsjahr ist ein **gesonderter Sammelposten** zu bilden. Bei dem Sammelposten handelt es sich nicht um ein Wirtschaftsgut. Es handelt sich nur um eine Rechengröße. Nachträgliche Anschaffungs- oder Herstellungskosten für in einem Sammelposten enthaltene Wirtschaftsgüter erhöhen nach Auffassung der Finanzverwaltung den Sammelposten des Wirtschaftsjahres, in dem die Aufwendungen entstehen. Dies gilt unabhängig davon, ob sie zusammen mit den ursprünglichen Anschaffungs- oder Herstellungskosten den Höchstbetrag von 1 000 € übersteigen. Falls der Steuerpflichtige im Jahr des Anfalls von nachträglichen Anschaffungs- oder Herstellungskosten vom Wahlrecht nach § 6 Abs. 2 a EStG keinen Gebrauch macht, beschränkt sich der Sammelposten auf die nachträglichen Anschaffungs- oder Herstellungskosten der betroffenen Wirtschaftsgüter. Vgl. R 6.13 Abs. 5 EStR.

7.2.3 Auflösung des Sammelpostens

Der Sammelposten ist gem. § 6 Abs. 2 a Satz 2 EStG im Wirtschaftsjahr der Bildung und in den folgenden vier Wirtschaftsjahren mit jeweils 20 % gewinnmindernd aufzulösen. Auf die tatsächliche Nutzungsdauer der im Sammelposten enthaltenen Wirtschaftsgüter kommt es nicht an. Dies bedeutet, dass enthaltene Wirtschaftsgüter mit einer betriebsgewöhnlichen Nutzungsdauer von mehr als 5 Jahren kürzer als bei regulärer AfA »abgeschrieben« werden. Bei enthaltenen Wirtschaftsgütern mit einer betriebsgewöhnlichen Nutzungsdauer unter 5 Jahren ergibt sich andererseits eine längere »Abschreibung«. Scheidet ein im Sammelposten enthaltenes Wirtschaftsgut aus dem Betriebsvermögen aus (z. B. durch Veräußerung, Entnahme oder Zerstörung), wird dieser gem. § 6 Abs. 2 a Satz 3 EStG hierdurch nicht vermindert. Nach Auffassung der Finanzverwaltung (R 6.13 Abs. 6 Satz 3 EStR) soll dies auch dann gelten, wenn einzelne im Sammelposten enthaltene Wirtschaftsgüter nach § 6 Abs. 3 EStG zusammen mit einem Teilbetrieb unentgeltlich übertragen, nach § 6 Abs. 5 EStG in ein anderes Betriebsvermögen überführt oder nach den §§ 20, 24 UmwStG zusammen mit einem Teilbetrieb in eine Kapital- oder Personengesellschaft eingebracht werden (strittig, a. A. Schmidt, EStG § 6 unter Rdnr. 607: teilweise Auflösung des Sammelpostens). Wird der ganze Betrieb nach § 6 Abs. 3 EStG unentgeltlich übertragen, hat der Erwerber einen Sammelposten des Übertragenden fortzuführen (BMF BStBl I 2010, 755 unter Rz. 19).

Der Sammelposten ist im Jahr der Bildung stets mit 20 % aufzulösen; es ist insoweit ohne Bedeutung, in welchem Monat des Wirtschaftsjahres die einzelnen Wirtschaftsgüter angeschafft wurden.

Denn der Sammelposten stellt kein Wirtschaftsgut, sondern nur eine Rechengröße dar. Deshalb kommt für einen Sammelposten keine Teilwertabschreibung in Betracht (R 6.13 Abs. 6 Satz 1 EStR). Gleiches gilt für eine AfaA.

Sind im Sammelposten auch Wirtschaftsgüter enthalten, die teilweise privat genutzt werden, ist m. E. der anteilige Auflösungsbetrag sowohl in die Nutzungsentnahme nach § 4 Abs. 1 Satz 2 i. V. m. § 6 Abs. 1 Nr. 4 EStG als auch in die Bemessungsgrundlage für sonstige Leistung nach § 3 Abs. 9 a Nr. 1 UStG einzubeziehen.

BEISPIEL

Kaufmann K hat im Wirtschaftsjahr 01 folgende abnutzbare bewegliche Wirtschaftsgüter des Anlagevermögens angeschafft, die allesamt einer selbständigen Nutzung fähig sind:

Anschaffungskosten bis 150 €	für insgesamt 3 000 €
Anschaffungskosten über 150 € bis 410 €	für insgesamt 4 000 €
Anschaffungskosten über 410 € bis 1 000 €	für insgesamt 5 000 €
Anschaffungskosten über 1 000 €	für insgesamt 8 000 €

LÖSUNG Für die bilanzielle Behandlung der im Wirtschaftsjahr 01 angeschafften Wirtschaftsgüter bestehen folgende Möglichkeiten:

- K kann alle Wirtschaftsgüter entsprechend ihrer betriebsgewöhnlichen Nutzungsdauer gem. § 7 Abs. 1 EStG linear abschreiben. Diese Abschreibung ist nach § 253 Abs. 3 Sätze 1 und 2 HGB auch handelsrechtlich zulässig.
- K kann die Wirtschaftsgüter mit Anschaffungskosten bis zu 410 € gem. § 6 Abs. 2 EStG in voller Höhe (bis zu insgesamt 7 000 €) sofort als Betriebsausgabe abziehen. Er kann insoweit für jedes einzelne Wirtschaftsgut entscheiden, ob er die Sofortabschreibung in Anspruch nimmt oder regulär über die betriebsgewöhnliche Nutzungsdauer nach § 7 EStG abschreibt. Das Wahlrecht zur Sofortabschreibung besteht auch handelsrechtlich. Es kann gem. § 5 Abs. 1 Satz 1 2. HS EStG in der Handelsbilanz und in der Steuerbilanz unterschiedlich ausgeübt werden. Die Wirtschaftsgüter mit Anschaffungskosten über 410 € sind dann nach § 7 EStG abzuschreiben, was auch handelsrechtlich zulässig ist.
- K kann für die Wirtschaftsgüter mit Anschaffungskosten über 150 € bis zu 1 000 € gem. § 6 Abs. 2 a EStG steuerlich einen Sammelposten bilden. In diesen sind gem. § 6 Abs. 2 a Satz 5 EStG alle Wirtschaftsgüter mit Anschaffungskosten innerhalb dieser Wertgrenzen aufzunehmen. Der Sammelposten ist in Höhe von 9 000 € zu bilden und bereits im Wirtschaftsjahr 01 mit 20 % (= 1 800 €) gewinnmindernd aufzulösen; Bilanzansatz zum 31. 12. 01: 7 200 €. Das steuerliche Wahlrecht zur Bildung des Sammelpostens kann gem. § 5 Abs. 1 Satz 1 2. HS EStG unabhängig von der Handelsbilanz ausgeübt werden. Ob der Sammelposten in der Handelsbilanz überhaupt gebildet werden kann, ist strittig. Solange die Rechtslage insoweit noch nicht geklärt ist, kann u. E. der Sammelposten auch in der Handelsbilanz ausgewiesen werden, wenn dies im Anhang entsprechend erläutert wird. Die Wirtschaftsgüter mit Anschaffungskosten bis 150 € können in diesem Fall nach § 6 Abs. 2 a Satz 4 EStG sofort als Betriebsausgabe abgezogen (bis zu insgesamt 3 000 €) oder nach § 7 EStG regulär auf die betriebsgewöhnliche Nutzungsdauer abgeschrieben werden. Das Wahlrecht kann insoweit für jedes einzelne Wirtschaftsgut separat ausgeübt werden und besteht gem. § 5 Abs. 1 Satz 1 2. HS EStG unabhängig von der Handelsbilanz. Die Wirtschaftsgüter mit Anschaffungskosten über 1 000 € sind nach § 7 EStG abzuschreiben, was auch handelsrechtlich zulässig ist.

Es besteht somit ein weitreichender Gestaltungsspielraum, der zur Optimierung des steuerlichen Ergebnisses genutzt werden kann.

Teil K Bilanzierung bestimmter Aktivposten

1 Grundstücke

Auf die wichtigste bilanzsteuerliche Besonderheit, nämlich die Behandlung von einzelnen Gebäudeteilen als selbstständige Wirtschaftsgüter, wurde bereits in dem Abschnitt über die Abgrenzung des Betriebsvermögens vom Privatvermögen ausführlich eingegangen (vgl. E 2). Hier sollen einige weitere Besonderheiten dargestellt werden:

1.1 Grund und Boden, Gebäude

Grund und Boden einerseits und Gebäude andererseits sind **zwei verschiedene Wirtschaftsgüter**. Dass das **Gebäude** gemäß R 4.2 Abs. 4 EStR je nach Art der Nutzung in bis zu vier verschiedene Wirtschaftsgüter und bei Einbau von Scheinbestandteilen, Betriebsvorrichtungen oder sonstigen Mietereinbauten in eine noch erheblich größere Zahl von Wirtschaftsgütern **atomisiert** werden kann, dass daneben noch Außenanlagen wie Wege- oder Platzbefestigungen als selbstständige Wirtschaftsgüter zu aktivieren sein können, soll an dieser Stelle nicht weiter vertieft werden. Es soll nur auf die grundsätzliche Schwierigkeit hingewiesen werden, die daraus entsteht, dass der Grund und Boden zu den nicht abnutzbaren Wirtschaftsgütern zählt, während das Gebäude zu den abnutzbaren Wirtschaftsgütern zu rechnen ist. Hieraus wird immer der natürliche Wunsch des Steuerpflichtigen entstehen, die Anschaffungs- oder Herstellungskosten des Gebäudes möglichst hoch, die Anschaffungskosten des Grund und Bodens möglichst gering zu veranschlagen.

1.1.1 Kaufpreisaufteilung bei Erwerb von bebauten Grundstücken

Da der Steuerpflichtige beim Erwerb bebauter Grundstücke möglichst viel **AfA-Volumen** erwerben will, wird er den Verkäufer des bebauten Grundstücks vielfach zu bestimmen versuchen, eine Aufteilung des Gesamtkaufpreises in einer Weise vorzunehmen, dass möglichst viel auf das Gebäude entfällt. Da dem Veräußerer die Aufteilung in der Regel gleichgültig sein kann, fehlt es an dem sonst für das Wirtschaftsleben typischen Interessenausgleich.

Aus diesem Grunde misst die Finanzverwaltung der in dem Kaufvertrag enthaltenen Aufteilung des Gesamtkaufpreises meist keine Bedeutung zu. Entsprechend der Rechtsprechung teilt sie die Gesamtkaufpreise von Betriebsgrundstücken vielmehr nach dem **Verhältnis der Teilwerte**, im Privatbereich nach dem Verhältnis der Verkehrswerte, auf (vgl. BFH vom 19.12.1972 BStBl II 1973, 295, vom 12.06.1978 BStBl II 1978, 620, vom 15.01.1985 BStBl II 1985, 252 und vom 10.10.2000 FR 2001, 357 H 7.3 Kaufpreisaufteilung EStH).

Zur Ermittlung dieser Werte verfügen die Finanzämter, aber zumeist auch die Gemeinden über **Bodenrichtwertkarten**, Richtwertübersichten oder ähnliche Karteien, aus denen sich die Teilwerte (die in aller Regel auch mit den gemeinen Werten, sprich Verkehrswerten, übereinstimmen werden) des **Grund und Bodens** ergeben. Dabei ist zu beachten, dass ein bebautes Grundstück einen geringeren Wert hat als ein unbebautes Grundstück. Je älter dabei das aufstehende Gebäude ist, desto größer ist der Bebauungsabschlag. Dabei dürfte je nach Baujahr ein Abschlag bis zu 30 % in Betracht kommen – eine Größe, die die OFD Stuttgart aus einer Auswertung einer großen Anzahl von Grunderwerbakten von Wohngrundstücken herausgefunden hat (Vfg. OFD Stuttgart vom 10.07.1985 S 3101 A-7-St 43, aktualisiert am 11.04.1991, bestätigt durch BFH vom 10.10.2000, FR 2001, 357). Der Abschlag dürfte bei gewerblich genutzten Grundstücken aber auch gerechtfertigt sein. Weiter ist zu unterscheiden, ob Teile des Grundstücks noch bebaut werden können oder zu Park-, Lager- oder sonstigen betrieblichen Zwecken genutzt oder nicht mehr genutzt werden können.

Der Teilwert der **Gebäude** ist aus den jeweiligen Sachwerten, entwickelt aus den Herstellungskosten mit Hilfe eines Preisindex zu ermitteln. Dabei sind Ausstattung und Alter ebenfalls mit zu berücksichtigen.

Im Verhältnis der Teilwerte ist hernach der Gesamtkaufpreis auf das Wirtschaftsgut Grund und Boden einerseits und das Wirtschaftsgut Gebäude andererseits (ggf. noch auf weitere Wirtschaftsgüter wie etwa Hof- und Platzbefestigungen, Hofbeleuchtung u. Ä.) zu verteilen.

1.1.2 Teilwertabschreibungen von Grundstücken

Grund und Boden einerseits und Gebäude andererseits sind auch bei Teilwertabschreibungen verschiedene Wirtschaftsgüter, die je für sich zu bewerten und ggf. abzuschreiben sind. Ein geringerer Teilwert eines Gebäudes kann nicht durch einen höheren Teilwert des Grund und Bodens kompensiert werden und umgekehrt (BFH vom 16.07.1968 BStBl II 1969, 108). Eine Teilwertabschreibung kommt im Zusammenhang mit der **Anschaffung eines Gebäudes** nur dann in Betracht, wenn eine kaufmännische Fehlmaßnahme vorliegt (BFH vom 06.12.1978 BStBl II 1979, 259 und vom 17.01.1978 BStBl II 1978, 335).

Bei der **Herstellung eines Gebäudes** hat der BFH jedoch differenziert: In dem Urteil vom 26.08.1958, BStBl III 1958, 420, ließ ein Warenhauskonzern ein Warenhaus, um noch rechtzeitig für das Weihnachtsgeschäft fertigzuwerden, rund um die Uhr im 24-Stunden-Rhythmus errichten (sog. **Schnellbauweise**). Dadurch verteuerte sich die Herstellung gegenüber einer herkömmlichen Erstellung um annähernd 3 Millionen € (bei einer Gesamtsumme von 48 Mio €). Der BFH stellt darauf ab, ob die Errichtung in Schnellbauweise für Warenhäuser nicht überhaupt die typische Herstellungsweise ist; dann ist eine Teilwertabschreibung um die Schnellbaumehrkosten nicht gerechtfertigt. Wenn jedoch die Schnellbauweise nicht typisch ist, dann erschöpft sich der Vorteil der frühzeitigen Fertigstellung bereits nach dem Fertigstellungsjahr, d. h. danach ist eine Teilwertabschreibung zulässig.

1.1.3 Abgrenzung Teilwertabschreibung und AfaA

Die **Teilwertabschreibung** zielt auf den Wert des Grundstücks, und zwar jeweils getrennt auf den Grund und Boden und das Gebäude. Dabei ist jeweils der Wert am Bilanzstichtag maßgebend, Wertschwankungen während des Wirtschaftsjahres sind nicht zu berücksichtigen. **Absetzungen für außerordentliche Abnutzung** (AfaA) dagegen kommen bei einer Beeinträchtigung der wirtschaftlichen Nutzbarkeit durch außergewöhnliche Umstände in Betracht, wie z. B. durch Beschädigungen, Brand, Teil- oder Vollabbruch (vgl. H 7.4 »AfaA« EStH, BFH vom 01.12.1992 BFH/NV 1993, 472 sowie BStBl II 1994, 11 und 12).

Eine Teilwertabschreibung setzt eine Wertermittlung durch **Bestandsvergleich** voraus, sie kommt also nur bei Gewinnermittlung nach §§ 4 Abs. 1, 5 EStG infrage. Außerordentliche Abnutzung ist dagegen bei jeder Art von Gewinnermittlung möglich. Die Absetzung für außerordentliche Abnutzung setzt ein abnutzbares Wirtschaftsgut voraus, so dass beim Grund und Boden ausschließlich eine Teilwertabschreibung in Betracht kommen kann. Die Absetzung für außerordentliche Abnutzung kann bei allen Gebäuden, unabhängig von der AfA-Methode vorgenommen werden (vgl. R 7.4 Abs. 11 Satz 2 EStR).

Sowohl eine Teilwertabschreibung als auch eine Absetzung für außerordentliche Abnutzung ist vom Folgejahr an in der Bemessungsgrundlage für die Gebäudeabschreibung zu berücksichtigen (§ 11 c Abs. 2 EStDV). Ein Beispiel für den Fall der AfaA findet sich in den Übungsfällen 9 und 10 in Teil T Komplexe Übungsfälle.

BEISPIEL

Die Herstellungskosten eines am 02. 01. 01 fertiggestellten Gebäudes betragen 100 000 €, der Steuerpflichtige schreibt linear mit 2 % ab. Auf den 31. 12. 12 wird ein Teilwert von 60 000 € ermittelt, das Gebäude wird im Betrieb genutzt.

LÖSUNG Auch für 12 ist zunächst die lineare Abschreibung anzusetzen, so dass sich auf den 31. 12. 12 ein Restbuchwert von 86 000 € ergibt. Daher ist eine Teilwertabschreibung von 26 000 € auf den Teilwert von 60 000 € vorzunehmen. Gemäß § 11 c Abs. 2 Satz 2 EStDV beträgt die Bemessungsgrundlage für die AfA ab 01. 01. 13 nur noch 74 000 €.

1.2 Abbruch von Gebäuden und Außenanlagen

Im Grunde genommen dürfte nach der ausführlichen Regelung, die dieses Thema in H 6.4 (Abbruchkosten) EStH gefunden hat, keine Frage mehr offen sein; dennoch handelt es sich bei diesem Klausurthema um einen »steuerlichen Evergreen.« Dabei ist zu unterscheiden zwischen Gebäuden, die der Steuerpflichtige schon lange in seinem Betriebsvermögen hat und Gebäuden, die er erst relativ kurz vor dem Abbruch erworben hat.

a) Gebäude, die schon geraume Zeit Betriebsvermögen sind

Hier handelt es sich um Gebäude, die sich schon länger als drei Jahre im Betriebsvermögen des Steuerpflichtigen befinden. Bei diesen Gebäuden ist eindeutig, dass ihr Abbruch zu einer **Abschreibung wegen außergewöhnlicher** (technischer und wirtschaftlicher) **Abnutzung** führt. Der Restbuchwert ist also über die außerordentliche Abschreibung in vollem Umfang als Aufwand auszubuchen. Wird dabei **Abbruchmaterial** bei der Herstellung eines Neubaus wiederverwendet, so darf eine Abschreibung des alten Gebäudes nur bis zur Grenze des Buchwertes des Abbruchmaterials erfolgen; das Abbruchmaterial gehört zu den Herstellungskosten des Neubaus (BFH vom 05. 12. 1963 BStBl III 1964, 299). Die **Abbruchkosten** sind Betriebsausgaben. Siehe hierzu auch **Übungsfälle 10 und 11 in Teil S** Komplexe Übungsfälle.

b) Gebäude, die erst kurzfristig im Betriebsvermögen sind

Bei erworbenen Gebäuden kommt es darauf an, ob der Steuerpflichtige sie in Abbruchabsicht erworben hat oder nicht. Hat er sie nachweislich in Abbruchabsicht erworben, so ist der Zeitpunkt des Erwerbs belanglos. Hat er sie nachweislich ohne Abbruchabsicht erworben, so ist der Zeitpunkt des Erwerbs ebenfalls belanglos. In Fällen, in denen jedoch die Absichten des Steuerpflichtigen nicht eindeutig sind, geht die Finanzverwaltung von der widerlegbaren Vermutung aus, dass der Steuerpflichtige den Erwerb in Abbruchabsicht tätigte, wenn er innerhalb von drei Jahren seit dem Erwerb das Gebäude abreißt (H 6.4 (Abbruchkosten) EStH). Es ist dann Sache des Steuerpflichtigen Tatsachen vorzutragen und glaubhaft zu machen, aus denen sich seine von vornherein fehlende Abbruchabsicht ergibt. Hat der Steuerpflichtige das Gebäude **ohne Abbruchabsicht** erworben, dann stellen die **Abbruchkosten** sofort absetzbare Betriebsausgaben dar, vgl. BFH vom 15. 10. 1996 BStBl II 1997, 325. Auch der nach einer ursprünglichen Abschreibung noch verbleibende **Restbuchwert** ist über eine Absetzung für außerordentliche Abnutzung als Aufwand zu behandeln.

Hat der Steuerpflichtige dagegen das Gebäude **mit Abbruchabsicht** erworben, dann gehören die **Abbruchkosten** zu den Herstellungskosten, wenn der Abbruch in einem engen wirtschaftlichen Zusammenhang mit der Herstellung eines neuen Wirtschaftsgutes (Gebäude, Parkplatz) steht, sonst zu den Anschaffungskosten des Grund und Bodens. Für **das erworbene Gebäude** kommt es darauf an, ob es beim Erwerb **objektiv wertlos** war oder noch einen Wert verkörperte. Bei Gebäuden, die objektiv wertlos waren, sind die gesamten Anschaffungskosten dem Grund und Boden zuzurechnen, das Problem eines Restbuchwertes für das abgebrochene Gebäude stellt sich nicht. Verkörpert das Gebäude noch einen Wert, so gehört der Restbuchwert bei Abbruch zur Herstellung eines neuen Wirtschaftsgutes zu dessen Herstellungskosten, ansonsten ebenfalls zu den Anschaffungskosten des Grund und Bodens.

Legt der Steuerpflichtige ein bebautes Grundstück ein, um darauf nach Entfernung eines aufstehenden Gebäudes ein neues Betriebsgebäude zu errichten, so ist der Grund und Boden und das Gebäude mit dem Wert einzulegen, der sich aus § 6 Abs. 1 Nr. 5 EStG ergibt, regelmäßig also mit dem Teilwert. Dabei ist die Abbruchabsicht noch nicht im Teilwert mitzuberücksichtigen (H 6.4 (Abbruchkosten) EStH). Der Buchwert des Gebäudes und die Abbruchkosten gehören aber in diesen Fällen mit zu den Herstellungskosten des neuen Betriebsgebäudes.

Wie sind folgende Fälle zu beurteilen?

Sachverhalt	**Rest-Bw und Abbruchkosten = sofort abzugsfähige BA (AfaA)**	**Rest-Bw und Abbruchkosten gehören zu den …**		
		HK Neubau (Gebäude)	**AK Grund und Boden**	**HK von bes. Anlagen (Außenanlagen)**
1. Vom Unternehmer (U) vor Jahren errichtetes Betriebsgebäude wird abgebrochen	(AfaA gem. § 7 Abs. 1 Satz 7 i. V. m. Abs. 4 Satz 3 EStG)			
a) um Neubau zu erstellen	×			
b) um die Grund- und Bodenfläche als Lagerplatz zu nutzen (keine besondere Platzbefestigung)	×			
c) um Parkplätze anzulegen (besondere Bodenbefestigung erforderlich)	×			
2. U erwirbt im Jahr 01 ein Grundstück mit Betriebsgebäude ohne Abbruchabsicht, beginnt jedoch Anfang 02 mit dem Abbruch um (wie im Fall 1)				
a) Neubau zu erstellen		×		
b) die Fläche als Lagerplatz zu nutzen			×	
c) Parkplätze zu erstellen				×
3. U erwirbt im Jahr 01 ein Grundstück mit Betriebsgebäude mit Abbruchabsicht. U bricht das Gebäude noch im Jahr 01 ab um die Bodenfläche wie folgt zu nutzen (wie im Fall 1):				
a) Gebäude ist weder technisch noch wirtschaftlich verbraucht:				
• um Neubau zu erstellen		×		
• die Fläche als Lagerplatz zu nutzen			×	
• Parkplätze zu erstellen				×
b) Gebäude ist objektiv wertlos:				
• um Neubau zu erstellen		für Abbruchkosten ×	für Rest-Bw	
• die Fläche als Lagerplatz zu nutzen			für Rest-Bw u. Abbruchkosten ×	
• Parkplätze zu erstellen			für Rest-Bw ×	für Abbruchkosten ×

Sachverhalt	Rest-Bw und Abbruchkosten = sofort abzugsfähige BA (AfaA)	Rest-Bw und Abbruchkosten gehören zu den …		
		HK Neubau (Gebäude)	AK Grund und Boden	HK von bes. Anlagen (Außenanlagen)
4. Im Fall 1 wird das bisher ausgebaute Dachgeschoss (schräge Wände) des Gebäudes abgerissen um ein weiteres Vollgeschoss aufzustocken.	(AfaA gem. § 7 Abs. 1 Satz 7 i. V. m. Abs. 4 Satz 3 EStG) × (H 7.4 »AfaA« EStH)			
5. U legt ein bisher zum Privatvermögen gehörendes Grundstück mit Gebäude ein, um nach Abbruch des Gebäudes auf dem Grundstück ein Betriebsgebäude zu errichten.		×		

BEISPIELE

a) Um seinen Betrieb zu erweitern, erwarb S am 01. 04. 01 ein Lagerhausgrundstück für 300 000 € (darin ist ein Anteil für den Grund und Boden von 180 000 € enthalten). Da die Pläne zur Betriebserweiterung nicht sofort realisierbar waren, vermietete S das Grundstück zunächst an einen anderen Gewerbetreibenden. Zum 28. 2. 03 kündigte S das Mietverhältnis und begann noch am selben Tag mit dem Abbruch des Gebäudes.
Anschließend wurde sofort mit der Erstellung der Fabrikhalle begonnen, die im Juni 03 fertiggestellt war. Der Abbruch des Lagerhauses wurde von einem dazu beauftragten Spezialunternehmen durchgeführt, das auch den Verkauf des noch brauchbaren Baumaterials für S übernahm. Das Unternehmen stellte dem S folgende Rechnung:

Abbruch Lagerhaus lt. Kostenvoranschlag		40 000 €
19 % Umsatzsteuer		7 600 €
		47 600 €
abzüglich Erlös veräußertes Baumaterial	10 000 €	
und 19 % Umsatzsteuer	1 900 €	
	11 900 €	11 900 €
zu zahlen		35 700 €

LÖSUNG Für die Jahre 01 bis zum Abbruch 03 kann S die normale AfA nach § 7 Abs. 4 Nr. 1 EStG geltend machen, wobei die Abbruchabsicht keine kürzere als die gewöhnliche Nutzungsdauer rechtfertigt (BFH vom 15. 12. 1981 BStBl II 1982, 385). S schreibt das Gebäude mit 3 % ab, im Erwerbs- und im Abbruchjahr nur zeitanteilig. Der Restbuchwert ist dann mit 113 100 € zu ermitteln. Das beim Abbruch gewonnene Material ist nach einer Verwaltungsanweisung in der BP-Kartei des Landes NRW (Konto: Abbruchkosten Nr. II. 8) mit den Abbruchkosten und dem Restbuchwert des Gebäudes zu verrechnen (ist das Abbruchmaterial dagegen beim Neubau verwendet worden, so gehört es nach BFH vom 05. 12. 1963 BStBl III 1964, 299 zu den Herstellungskosten des Neubaus).

Buchungssätze im Jahre 03 also:

AfA Lagerhaus	600 €	
an Lagerhaus		600 €
Neubau Fabrikhalle	30 000 €	
Vorsteuer	7 600 €	
an Sonstige Verbindlichkeiten		35 700 €
an Umsatzsteuer		1 900 €
Neubau Fabrikhalle	113 100 €	
an Lagergebäude		113 100 €

b) Um seinen Betrieb zu erweitern, erwarb S am 01. 04. 01 ein Lagerhausgrundstück für 300 000 €. Das Gebäude war objektiv wertlos, die noch brauchbaren Baumaterialien im Werte von 10 000 € wurden für den Neubau einer Fabrikhalle verwendet. G lässt den Abbruch des alten Lagergebäudes durch eigene Arbeitskräfte durchführen. An Löhnen und Maschinenstunden muss er hierfür 15 000 € aufwenden. Abbruch und Neubau fanden 03 statt.

LÖSUNG Der Kaufpreis entfällt bis auf einen Rest von 10 000 € auf den Grund und Boden. Da jedoch wahrscheinlich beim Erwerb in 01 noch nicht feststand, ob und wie viel von dem Altbau für den Neubau verwendet werden konnte, kann S auch den gesamten Kaufpreis zunächst auf den Grund und Boden verbuchen und ihn dann in Höhe von 10 000 € im Jahr 03 auf Herstellungskosten Gebäude umbuchen. Die im Betrieb angefallenen Kosten für den Abbruch gehören zu den Herstellungskosten, das Gegenkonto ist entweder eine Stornierung der entsprechenden Aufwandskonten oder Erträge aus selbst hergestellten Wirtschaftsgütern.

Buchungssätze also 01:		
Grund und Boden	300 000 €	
an Bank		300 000 €
Buchungssätze 03:		
Neubau Fabrikhalle	25 000 €	
an Grund und Boden		10 000 €
an Sonst. betriebl. Ertrag		15 000 €

1.3 Gebäude auf fremdem Grund und Boden

1.3.1 Handelsrechtliche Behandlung

Handelsrechtlich ist in § 266 Abs. 2 HGB bestimmt, dass »Grundstücke, grundstücksgleiche Rechte und Bauten einschließlich der Bauten auf fremden Grundstücken« in der vorgeschriebenen Reihenfolge unter der Ziffer A II Nr. 1 zu bilanzieren seien. Dabei ergibt sich aus § 266 Abs. 1 HGB ganz eindeutig, dass die Vorschrift ausschließlich als eine **Gliederungsvorschrift** zu verstehen ist, keinesfalls als eine Vorschrift mit materiellem Inhalt. Mit anderen Worten: Aus dem obigen Zitat ist nur herzuleiten, dass ein Gebäude auf einem fremden Grundstück in der Reihenfolge der Bilanz an einer ganz bestimmten Stelle aufzuführen ist, **wenn** es zu den aktivierungspflichtigen Wirtschaftsgütern gehört. **Ob** es zu den aktivierungspflichtigen Wirtschaftsgütern gehört, ist nicht aus § 266 HGB zu entnehmen, sondern aus den allgemeinen Vorschriften, etwa den §§ 242, 246, 247 Abs. 2 HGB. Dies war auch bereits vor der Änderung des Handelsgesetzbuchs durch das Bilanzrichtliniengesetz so geregelt. Die Vorgängervorschrift des § 266 HGB, die Vorschrift des § 151 AktG a. F. wies ebenfalls nur als Gliederungsvorschrift den »Gebäuden auf fremden Grundstücken« in der Reihenfolge der Bilanz den Platz II A Nr. 4 zu.

1.3.2 Steuerliche Behandlung

Dennoch leitete der BFH aus dieser Gliederungsvorschrift ein ganzes kunstvolles Gebäude an Bilanzierungsregeln ab, die nur zu verstehen sind, wenn man die Vorschriften der §§ 151 AktG a. F.; 266 HGB als materiellrechtliche Vorschriften versteht, die für alle Arten von Gebäuden auf fremdem Grund und Boden eine Aktivierungspflicht vorschreibt. Der Streit über die Behandlung dürfte jedoch seit dem Urteil des BFH vom 14. 05. 2002 BStBl II 2002, 741 überwunden sein.

1.3.3 Gebäude im bürgerlich-rechtlichen Eigentum des Mieters oder Pächters

Gebäude auf fremdem Grund und Boden können bürgerlich-rechtlich Eigentum des Mieters oder Pächters sein. Dies ist gem. § 946 BGB immer dann der Fall, wenn sie nicht **wesentliche Bestandteile** des Grund und Bodens werden und damit nicht automatisch in das Eigentum des Grundstückseigentümers übergehen (BFH vom 09. 04. 1997 BStBl II 1997, 452). Nach § 95 Abs. 1 BGB werden Gebäude oder sonstige Bauten nicht wesentlicher Bestandteil des Grund und Bodens, wenn sie

- nur zu einem vorübergehenden Zweck mit dem Grund und Boden verbunden sind oder wenn sie
- in Ausübung eines (dinglichen) Rechtes an dem Grundstück mit dem Grund und Boden verbunden sind. Als solche Rechte kommen in Betracht: Erbbaurecht, Nießbrauch, Grunddienstbarkeit, Überbaurecht nach § 912 BGB oder ähnliche öffentlich-rechtliche Rechte (vgl. Roquette, BB 1967, 1177).

Solche so genannten **Scheinbestandteile** verbleiben also im Eigentum des Herstellers (Mieter oder Pächter) und sind daher von ihm zu bilanzieren. Stellen sie Gebäude dar, wofür die Abgrenzung nach den Regeln des Bewertungsrechts maßgebend ist (vgl. den gemeinsamen Ländererlass vom 05. 06. 2013 BStBl I 2013, 734), so hat sie der Mieter oder Pächter nach den Vorschriften des § 7 Abs. 4 u. 5 EStG abzuschreiben. Dem steht nicht entgegen, dass Gebäude, die Scheinbestandteile sind, bürgerlich-rechtlich bewegliche Sachen im Sinne des § 929 BGB darstellen (BGH vom 31. 10. 1986 NJW 1987, 774). Die Gebäudeeigenschaft hängt auch hinsichtlich der Beständigkeit des Bauwerks nur von dessen baulicher Beschaffenheit ab, vgl. Rz. 2.6 des Abgrenzungserlasses vom 05. 06. 2013.

BEISPIELE

a) Der Mieter M hat ein Grundstück auf zehn Jahre gemietet. Eigentümer E hat ihm gestattet, auf dem Grundstück eine Lagerhalle zu errichten. M muss diese Lagerhalle bei Ende der nicht verlängerbaren Mietzeit wieder entfernen.

b) Nießbraucher M hat an dem Grundstück des E einen Nießbrauch. In Ausübung des Nießbrauchs errichtet er eine Lagerhalle.

LÖSUNG In beiden Fällen ist nur ein Scheinbestandteil entstanden, d. h. die Gebäude sind nicht in das Eigentum des E übergegangen. M hat beide Gebäude zu bilanzieren und entsprechend § 7 Abs. 4 bzw. 5 EStG abzuschreiben. In Fall a) kann das Gebäude auf zehn Jahre abgeschrieben werden, selbst wenn es seiner Bauart nach eine längere Lebensdauer haben könnte; tatsächlich steht aber von vornherein fest, dass die Nutzungsdauer auf zehn Jahre begrenzt ist (so auch Ziff. 10 des Mietereinbautenerlasses vom 15. 01. 1976 BStBl I 1976, 66 und R 7.4 Abs. 3 Satz 3). Ist der Mietvertrag auf unbestimmte Zeit geschlossen oder verlängerbar, so richtet sich die AfA dagegen nach der Regelzeit des § 7 Abs. 4 EStG; die Abschreibung erfolgt dann entsprechend den Mindest-AfA-Sätzen.

Interessant ist, dass nach einem Urteil des BGH vom 31. 10. 1986 NJW 1987, 774 bei Errichtung eines Gebäudes durch einen Pächter oder Mieter eine widerlegbare Vermutung dafür sprechen soll, dass dies nur in seinem Interesse für die Dauer des Vertragsverhältnisses und damit zu vorübergehendem Zweck geschieht. Der Mieter oder Pächter ist also im Regelfalle bürgerlich-rechtlicher Eigentümer eines von ihm errichteten Gebäudes. Anders nur und erst dann, wenn sich Grundstückseigentümer und Mieter oder Pächter über die unbegrenzte Dauer und Verrechnung von vornherein einigen oder ohne eine solche vorherige Einigung später ein Rechtsgeschäft über die Eigentumsübertragung an dem Gebäude schließen; diese Eigentumsübertragung erfolgt nach den Regeln der § 929 ff. BGB.

1.3.4 Gebäude im wirtschaftlichen Eigentum des Mieters oder Pächters

Sind die Gebäude keine Scheinbestandteile, so sind sie zivilrechtlich Eigentum des Grundstückseigentümers. Gleichwohl können sie entsprechend der Vorschrift des § 39 Abs. 2 Nr. 1 AO beim Mieter oder Pächter zu bilanzieren sein, wenn sog. **wirtschaftliches Eigentum** bei diesem vorliegt.

Dies wird steuerlich zunächst einmal immer dann angenommen, wenn das Bauwerk eine **Betriebsvorrichtung** darstellt. Ist dies der Fall, dann ist diese beim Mieter oder Pächter zu bilanzieren und entsprechend § 7 Abs. 1 oder 2 EStG abzuschreiben (vgl. R 7.1 Abs. 3, H 7.1 (Betriebsvorrichtungen) EStH). Voraussetzung ist natürlich, dass der Mieter oder Pächter die Betriebsvorrichtung auf seine Rechnung errichtet hat und keine Verrechnung in Form von Mieteverrechnungen o. Ä. mit dem Vermieter vereinbart ist.

BEISPIEL

M errichtet auf dem Grundstück des V eine Kammertrockenanlage wie in Zeichnung 3 des Abgrenzungserlasses vom 05.06.2013 dargestellt (BStBl I 2013, 734).

LÖSUNG Es handelt sich um eine Betriebsvorrichtung, die M zu bilanzieren und entsprechend § 7 Abs. 1 oder 2 EStG abzuschreiben hat.

Ansonsten liegt wirtschaftliches Eigentum beim Mieter oder Pächter vor, wenn er den Eigentümer »für die gewöhnliche Nutzungsdauer von der Einwirkung auf das Wirtschaftsgut wirtschaftlich ausschließen kann« (§ 39 Abs. 2 Nr. 1 AO). Dies ist nicht nur dann anzunehmen, wenn der Mieter oder Pächter ein Gebäude aufgrund eines unkündbaren Nutzungsvertrages während der gesamten Nutzungsdauer des Gebäudes nutzen und damit die **Substanz** des Gebäudes **aufbrauchen** kann, sondern auch dann, wenn ihm der Eigentümer bei vorzeitiger Kündigung ein **Entgelt** in Höhe des dann noch bestehenden wirtschaftlichen Wertes zu erstatten hat (so für Mietereinbauten auch der Mietereinbautenerlass vom 15.01.1976 BStBl I 1976, 66 in Ziffer 6; für die Gebäude auf fremdem Grund und Boden BFH vom 14.05.2002 BStBl II 2002, 741). An dieser Stelle wird nun wichtig, dass der Grundstückseigentümer, der infolge der Errichtung des Gebäudes als wesentlicher Bestandteil gemäß § 946 BGB auch Eigentümer des Gebäudes wird, dem Mieter oder Pächter den Wert dieses Gebäudes nicht nur dann zu ersetzen hat, wenn dies gesondert vereinbart ist, sondern über § 951 BGB immer schon dann, wenn er den Mieter oder Pächter vor Ende der Nutzungsdauer aus der Nutzung herausdrängt.

BEISPIEL

Mieter M errichtet auf dem Grundstück des V ein Gebäude, das durch den Einbau zum Eigentum des V wird (§ 946 BGB).

LÖSUNG V hat dem M die Herstellungskosten zu ersetzen; solange allerdings M zur Nutzung berechtigt ist, kann der V dies dem Zahlungsanspruch des M entgegensetzen; erst wenn M das Grundstück vor Ablauf der Nutzungsdauer des Gebäudes räumen muss, hat M gegen V einen Zahlungsanspruch, der sich nach dem Wert des Gebäudes im Zeitpunkt der Räumung richtet (str. wie hier BMF-Schreiben vom 05.11.1996 BStBl I 1996, 1257; BFH vom 14.05.2002 BStBl II 2002, 741; a. A. insbesondere über die Höhe des Werts Ebbing in Erman Rz. 14 zu § 951 (der Wertersatz soll sich nach dem konkreten Nutzen richten, den der Eigentümer hat)).

Da M wirtschaftlicher Eigentümer ist, hat er das Gebäude zu aktivieren und entsprechend § 7 Abs. 4 oder 5 EStG abzuschreiben.

Dies führt dazu, dass bei der Errichtung eines Gebäudes auf fremdem Grund und Boden durch einen Mieter oder Pächter wenn schon nicht nach dem o.a. Urteil des BGH vom

31.10.1986 BGH/NJW 1987, 774 die Annahme bürgerlich-rechtlichen, so doch die Annahme wirtschaftlichen Eigentums **der Regelfall** sein wird. Etwas anderes könnte nur dann gelten, wenn der Anspruch des § 951 BGB ausgeschlossen würde. Jedenfalls ist nach Ansicht des BFH vom 14.05.2002 BStBl II 2002, 741 nicht davon auszugehen, dass Ehegatten auf den Anspruch aus § 951 BGB in der Regel verzichteten.

Fällt die Nutzungsmöglichkeit (etwa durch Kündigung) weg, so ist an Stelle des Gebäudes der **Ersatzanspruch nach § 951 BGB** umzubuchen. Da der Ersatzanspruch des § 951 BGB sich an dem Wert des Gebäudes zu orientieren hat, werden bei der Umbuchung die stillen Reserven, die in dem Gebäude stecken, aufgedeckt (Buchungssatz: Ersatzanspruch an Gebäude auf fremdem Grund und Boden und an sonstige betr. Erträge). Dieser Anspruch kann nun selbstverständlich nicht mehr abgeschrieben werden.

BEISPIEL

M errichtet auf dem Grundstück seiner Ehefrau F ein Gebäude für 600 000 €, das er in vollem Umfang in seinem Betrieb nutzt.

LÖSUNG M hat die Herstellungskosten in vollem Umfang getragen. Da er für den Fall einer Kündigung durch F einen Erstattungsanspruch nach § 951 BGB hat, ist der Herausgabeanspruch, den die F gem. §§ 946, 985 BGB dann hat, wirtschaftlich wertlos. M ist somit wirtschaftlicher Eigentümer des Gebäudes.

Da die Gebäude auf fremdem Grund und Boden nach Gebäudegrundsätzen zu behandeln sind, ist bei ihrer Veräußerung auch eine Rücklage nach § 6 b EStG möglich, umgekehrt kommen solche Gebäude auf fremdem Grund und Boden auch wieder als Reinvestitionsgut infrage, auf die eine Rücklage des § 6 b EStG übertragen werden kann, vgl. BFH vom 10.04.1997 BStBl II 1997, 718.

BEISPIELE

a) U hat auf dem ihm und seiner Ehefrau F je zur Hälfte gehörenden Grundstück (AK 400 000 €) für 1 000 000 € ein Gebäude errichtet.

LÖSUNG U bilanziert seine Grundstückshälfte mit 200 000 € AK, seine Gebäudehälfte als Gebäude mit 500 000 € und die Gebäudehälfte, die zivilrechtlich der F gehört, als wirtschaftlicher Eigentümer mit 500 000 €.

b) Wie a). Nachdem S vier Jahre lang je 3 % AfA abgesetzt hat (§ 7 Abs. 4 EStG), verlegt er seinen Betrieb auf ein anderes Grundstück. Seinen Grundstücks- und Gebäudeteil entnimmt er zum Teilwert ins Privatvermögen, den der F gehörenden Gebäudeteil möchte er auf 0 € abschreiben.

LÖSUNG Nach BFH vom 22.04.1998 BFH NV 1998, 1481 wird das wirtschaftliche Eigentum ebenfalls ins PV entnommen. Hätte die F ihm die Nutzung durch Kündigung entzogen, dann wäre das wirtschaftliche Eigentum am Gebäude ersetzt durch den Ersatzanspruch des § 951 BGB, dessen Wert dem Verkehrswert der Gebäudehälfte entspricht, so dass es in aller Regel zur Versteuerung von stillen Reserven kommen wird. Bei der Entnahme ist der Teilwert anzusetzen, sodass stille Reserven ebenfalls aufzudecken sind.

1.3.5 Gebäude, die weder im zivilrechtlichen noch im wirtschaftlichen Eigentum des Mieters oder Pächters stehen, bei denen dieser aber gleichwohl die Herstellungskosten getragen hat

Es sind auch Fälle denkbar, bei denen der Mieter oder Pächter nicht zivilrechtlicher Eigentümer wird, da das von ihm auf seine Kosten errichtete Gebäude keinen Scheinbestandteil im Sinne des § 95 BGB darstellt. Er wird aber auch nicht wirtschaftlicher Eigentümer, da er für den

Fall der vorzeitigen Beendigung der Nutzungsbefugnis vertraglich jeglichen Entschädigungsanspruch ausgeschlossen hat. Hat er aber dennoch die Herstellungskosten des Gebäudes getragen, so ist ihm das Gebäude nach der Rechtsprechung des BFH »wie ein materielles Wirtschaftsgut« zuzurechnen, BFH vom 28.04.2008 BStBl II 2008,749; vom 19.12.2012 BStBl II 2013,387. Der Mieter oder Pächter aktiviert das »wie ein materielles Wirtschaftsgut zu behandelnde Gebäude« mit den von ihm getragenen Herstellungskosten und schreibt es mit der GebäudeAfA ab, H 4.7 (Eigenaufwand für ein fremdes Wirtschaftsgut) 2. Spiegelstrich EStH, BFH vom 25.02.2010 BStBl II 2010, 670. Da es sich aber nicht um ein reales Wirtschaftsgut handelt, ist es weder aktiv noch passiv 6b-fähig. Endet die Nutzung des Gebäudes, dann ist das wie ein materielles Wirtschaftsgut zu behandelnde Gebäude erfolgsneutral auszubuchen, es liegt keine Privatentnahme vor (die Buchung erfolgt gleichwohl rein technisch über das Entnahmekonto, allerdings zum Buchwert). Gemäß H 4.7 (Eigenaufwand für ein fremdes Wirtschaftsgut) 2. Spiegelstrich EStH und BFH vom 19.12.2012 BStBl II 2013, 387 ist der noch nicht abgeschriebene Restwert dem Eigentümer des Gebäudes als Anschaffungs- oder Herstellungskosten zuzurechnen.

BEISPIEL

Die Ehefrau F des Betriebsinhabers S hat von ihrem Vater ein unbebautes Grundstück geerbt. S und seine Frau F kamen überein, dass S das Grundstück mit einer Lagerhalle überbauen dürfe. Beide vereinbarten ausdrücklich, dass S bei einer Nutzungsbeendigung keinerlei Entschädigung von F erhalten solle, insbesondere der Anspruch aus § 951 BGB wurde ausdrücklich ausgeschlossen. Andererseits wurde vereinbart, dass S das Gebäude mietfrei nutzen dürfe. Reiche jedoch einer der Ehegatten die Scheidung ein, stehe der F ein vorzeitiges außerordentliches Kündigungsrecht zu. S erstellt eine Lagerhalle für 200 000 € und schreibt diese mit 3 % ab. Als die F nach drei Jahren von einem außerehelichen Verhältnis des S erfährt, reicht sie die Scheidung ein und kündigt das Nutzungsverhältnis zum Jahresende. S und F leben im Güterstand der Gütertrennung.

LÖSUNG Lebten die Ehegatten im Güterstand der Zugewinngemeinschaft, wäre zu erwägen, ob für den S nicht doch wirtschaftliches Eigentum vorläge, da der Wert des Gebäudes nunmehr Zugewinn bei der F darstellt und den S mithin beim Zugewinnausgleich entlastet (in seiner Entscheidung BFH vom 19.12.2012 BStBl II 2013, 387 (389) ließ der BFH die Frage ausdrücklich offen). Da hier aber der Güterstand der Gütertrennung gegeben ist, kann die Frage auch hier offen bleiben. S ist jedenfalls nicht zivilrechtlicher Eigentümer, da es sich bei der Lagerhalle nicht um einen Scheinbestandteil im Sinne des § 95 BGB handelt. Er ist aber auch nicht wirtschaftlicher Eigentümer, da Ersatzansprüche ausdrücklich ausgeschlossen wurden. Der Ersatzanspruch des § 951 BGB entsteht zwar bei Fehlen jeglicher Vereinbarung automatisch kraft Gesetzes, BFH vom 14.05.2002 BStBl II 2002,741. Er kann jedoch vertraglich abbedungen werden, was im vorliegenden Fall geschehen ist. S war auch nicht gesichert, die Substanz des Gebäudes innerhalb der Mietdauer bzw. Überlassungsdauer zu verbrauchen. Die Verbuchung »wie ein materielles Wirtschaftsgut« und die Abschreibung mit 3 % war korrekt. Das Gebäude ist aber im Zeitpunkt der Nutzungsbeendigung mit dem Buchwert auszubuchen. Die noch nicht abgeschriebenen Herstellungskosten werden jetzt der Ehefrau als Herstellungskosten zugerechnet.

1.3.6 Bauaufwendungen wurden nicht vom Mieter oder Pächter getragen (Drittaufwand)

Die unmittelbare Aktivierung des Gebäudes bei Errichtung auf fremdem Grund und Boden entfällt, wenn der **Mieter oder Pächter** durch die Bauaufwendungen **nicht belastet** ist, sei es, dass er sie von vornherein gar nicht getragen hat, sei es, dass er sie zwar getragen hat, sie aber dem Grundstückseigentümer (meist dem Ehegatten) schenkweise zugewendet hat. Eine solche Fallgestaltung ist in folgenden Fällen denkbar (dargestellt anhand der Fallgestaltung Ehefrau = Grundstückseigentümer, Ehemann = Betriebsinhaber):

a) der Grundstückseigentümer (Ehefrau) hat die Herstellungskosten getragen;
b) der Grundstückseigentümer hat dem Mieter die Herstellungskosten ersetzt (möglicherweise sogar mit Mitteln, die ihm der Mieter (bzw. Ehemann) zuvor geschenkt hat);
c) der Grundstückseigentümer (Ehefrau) trägt durch Eingehung einer Darlehensverbindlichkeit und durch Tragung von Zins und Tilgung zur Finanzierung des Gebäudes bei.

In all diesen Fällen (in Fall c anteilig, soweit der Grundstückseigentümer die Herstellungskosten trägt) scheidet die Bilanzierung von wirtschaftlichem Eigentum am Gebäude, aber auch die Bilanzierung eines selbst hergestellten Nutzungsrechtes aus.

BEISPIEL

Auf dem Grundstück der Ehefrau F errichtet diese aus eigenen Mitteln ein Gebäude, das sie ihrem Ehemann M zur betrieblichen Nutzung überlässt. Die Herstellungskosten betragen 500 000 €.

LÖSUNG M kann kein Gebäude bilanzieren. Er hat sich auch kein Nutzungsrecht selbst geschaffen.

Für solche Fälle gibt es nun folgende Gestaltungsmöglichkeiten:
a) Die F **vermietet** das Grundstück und das Gebäude an M. Dann hat die F Einkünfte aus Vermietung und Verpachtung und kann die AfA nach § 7 Abs. 4 oder 5 EStG geltendmachen. M hat in Höhe der Mietzahlungen Betriebsausgaben.
b) Die F überlässt das Gebäude dem M aufgrund einer Nutzungsvereinbarung unentgeltlich, jedoch auf eine gewisse Zeit unkündbar, so dass M auf eine gewisse Zeit eine **unentziehbare Rechtsposition** hat.

Nunmehr hat die F keine Einnahmen aus Vermietung und Verpachtung. Da sie ihr Gebäude nicht zur Einnahmeerzielung nutzt, kann sie auch keine AfA für das Gebäude geltendmachen (ständige Rechtsprechung und Verwaltungsmeinung).

M hat im Privatvermögen ein **Nutzungsrecht** erworben, das er für seinen Betrieb nutzt. Dennoch kann er dieses Nutzungsrecht nach der Rechtsprechung des BFH nicht in sein Betriebsvermögen einlegen und abschreiben. BFH vom 10.04.1990 BStBl II 1990, 741 hierzu ausdrücklich: »Die unentgeltlich eingeräumte Möglichkeit, betriebliche Nutzung aus einem Gegenstand zu ziehen, ist kein einlagefähiges Wirtschaftsgut mit der Folge, dass AfA nicht vorgenommen werden können.« Bei einem unentgeltlich zugewendeten Nutzungsrecht kann als Einlage nur eigener Aufwand des Steuerpflichtigen berücksichtigt werden, BFH vom 24.04.1990 BStBl II 1990, 888 und vom 20.09.1990 BStBl II 1991, 82, sowie BMF vom 05.11.1996 BStBl I 1996, 1257, Rz. 5.

Räumt die F dem M keine unentziehbare Rechtsposition ein, so gestattet sie ihm doch **fortlaufend unentgeltlich die Nutzung** ihres Gebäudes. Fraglich ist also, ob man in einem solchen Fall eine **Nutzungseinlage** (Buchungssatz: Aufwand an Einlage) in Höhe der ersparten Mietaufwendungen oder wenigstens der nicht geltendgemachten AfA zulassen kann. Eine solche laufende Nutzungseinlage eines sog. Drittaufwands wird von der Rechtsprechung und der Verwaltung jedoch abgelehnt, vgl. BFH vom 20.09.1990 BStBl II 1991, 82 (vgl. auch den verunglückten Vorlagebeschluss des IV. Senats vom 09.07.1992 BStBl II 1992, 948; dazu Großer Senat BFH vom 30.01.1995 BStBl II 1995, 281; BFH vom 09.11.1995 BStBl II 1996, 192 und vom 23.11.1995 BStBl II 1996, 193, Rz. 5 des BMF vom 05.11.1996 BStBl I 1996, 1257). Somit bleibt als einzige Möglichkeit, die AfA zu retten, der Abschluss eines Mietvertrages.

1.4 Mietereinbauten und Mieterumbauten

1.4.1 Begriff

Auch im Bereich der Mieterein- und Umbauten konnte die Verwaltung auf einer Rechtsprechung des BFH aufbauen, und zwar auf den Urteilen vom 26.02.1975 BStBl II 1975, 443 (zwei Urteile). Aus den dort enthaltenen Grundsätzen entwickelte die Verwaltung den sog. **Mietereinbautenerlass** vom 15.01.1976 (BStBl I 1976, 66). Danach gilt folgendes:

Von Mietereinbauten und Mieterumbauten kann nur gesprochen werden, wenn sie auf **Rechnung des Mieters** errichtet werden. Werden sie etwa nachfolgend mit der Miete verrechnet, dann stellen sie Mietvorauszahlungen dar, für die ein Aktiver Rechnungsabgrenzungsposten anzusetzen ist. Weiter ist Voraussetzung, dass mit den Maßnahmen Wirtschaftsgüter hergestellt werden und nicht nur bloßer Erhaltungsaufwand, der zu sofortigen Betriebsausgaben führt (vgl. BFH vom 21.02.1978 BStBl II 1978, 345). Die Abgrenzung zwischen Herstellungs- und Erhaltungsaufwand ist R 21.1 EStR zu entnehmen.

1.4.2 Scheinbestandteile

Solche Mietereinbauten und Mieterumbauten in einem Gebäude des Vermieters können wie bei den Gebäuden auf fremdem Grund und Boden bürgerlich-rechtlich im Eigentum des Mieters verbleiben, wenn sie mit dem Gebäude des Vermieters nicht als wesentlicher Bestandteil verbunden werden. Dies ist nach § 95 Abs. 2 BGB der Fall, wenn sie nur zu einem vorübergehenden Zweck mit dem Gebäude verbunden werden (sog. **Scheinbestandteile**).

Die weiter gehende Forderung, dass »die Nutzungsdauer der eingefügten Sachen länger sein müsse als die Mietdauer, dass die eingefügten Sachen auch nach ihrem Ausbau nicht mehr nur einen Schrottwert, sondern noch einen beachtlichen Wiederverwendungswert haben« müssen (so die Ziff. 2 des Mietereinbautenerlasses unter Berufung auf BFH vom 24.11.1970 BStBl II 1971, 157 und vom 04.12.1970 BStBl II 1971, 165 und H 7.1 (Scheinbestandteile) EStH) lässt sich nicht auf § 95 Abs. 2 BGB stützen; sie ist auch überflüssig und sollte daher nicht weiter erhoben werden.

Diese Scheinbestandteile sind dem Mieter zuzurechnen und entsprechend der Mietdauer (oder einer kürzeren betriebsgewöhnlichen Nutzungsdauer) nach § 7 Abs. 1 oder Abs. 2 EStG abzuschreiben. Falls der spätere Wiederausbau Kosten verursachen wird, kann eine Rückstellung vorgenommen werden (vgl. J 2.5.4).

1.4.3 Betriebsvorrichtungen

Solche Mietereinbauten können aber auch **Betriebsvorrichtungen** entsprechend R 7.1 Abs. 3 EStR i. V. m. dem Abgrenzungserlass vom 05.06.2013 BStBl I 2013, 734 sein. Sie sind dann ebenfalls dem Mieter zuzurechnen, in der Regel jedoch nicht als bürgerlich-rechtlichem, sondern als wirtschaftlichem Eigentümer. Auch Betriebsvorrichtungen sind als bewegliche Wirtschaftsgüter anzusehen (R 7.1 Abs. 2 und 3 EStR, Ziff. 10 Mietereinbautenerlass) und nach § 7 Abs. 1 oder Abs. 2 EStG abzuschreiben.

1.4.4 Sonstige Mietereinbauten im wirtschaftlichen Eigentum des Mieters

Alles was nicht Scheinbestandteil oder Betriebsvorrichtung ist, gilt als sog. **sonstiger Mietereinbau oder Mieterumbau**. Dieser ist zunächst wieder dem Mieter zuzurechnen, wenn der Mieter **wirtschaftlicher Eigentümer** wird. Dies ist nach Ziff. 6 des Mietereinbautenerlasses immer dann der Fall, wenn der Herausgabeanspruch, den der Vermieter bei Mietende gegen den Mieter hat und der auch den Mietereinbau mitumfasst, bezüglich des Mietereinbaus wirtschaftlich wertlos ist. Dies soll regelmäßig der Fall sein, wenn

- entweder die eingebauten Sachen während der voraussichtlichen Mietdauer technisch oder wirtschaftlich verbraucht werden (solch ein Fall lag dem Urteil des BFH vom 15.10.1996 DB 1997, 1311 zu Grunde)
- oder wenn der Mieter bei Beendigung des Mietvertrages von dem Vermieter mindestens die Erstattung des dann noch verbliebenen Zeitwertes des Einbaus oder Umbaus ersetzt verlangen kann, vgl. BFH vom 28.07.1993 BStBl II 1994, 164, vom 11.06.1997 BStBl II 1997, 774.

Dabei ist bei der ersten Alternative (Mieter verbraucht die Substanz des Einbaus) von der voraussichtlichen Mietdauer auszugehen, wobei bei verlängerbaren Mietverhältnissen eine (widerlegbare) Vermutung dafür spricht, dass der Mieter, der Einbauten vorgenommen hat, den Mietvertrag bis zumindest zum Ende der Nutzungsdauer des Einbaus verlängern wird.

Bei der zweiten Alternative (Ersatzanspruch) ist streitig, ob dieser Anspruch zu wirtschaftlichem Eigentum führt. Folgt man der Verwaltung und der BFH-Rechtsprechung, wofür neben dem Sinngehalt des § 39 Abs. 2 Nr. 1 AO insbesondere die Praktikabilität und das wirtschaftlich sinnvolle Ergebnis sprechen, dann hat der Mieter einen unbeweglichen Gebäudebestandteil zu aktivieren, den er nach § 7 Abs. 5 a i. V. m. § 7 Abs. 4 oder Abs. 5 EStG abzuschreiben hat, vgl. dazu BFH vom 15.10.1996 BStBl II 1997, 523, H 7.4 (Mietereinbauten) EStH.

Dabei gilt als Nutzungsdauer entgegen Ziff. 10 des Mietereinbautenerlasses (Mietdauer) die betriebsgewöhnliche Nutzungsdauer des Gebäudes, vgl. H 7.4 (Mietereinbauten) EStH.

BEISPIELE

a) A hat in das Gebäude des E eine Rolltreppe eingebaut, die eine betriebsgewöhnliche Nutzungsdauer von sieben Jahren hat. Der Mietvertrag zwischen E und A ist auf zehn Jahre unkündbar.

b) Der Mietvertrag ist auf fünf Jahre unkündbar, jedoch kann er von beiden Seiten durch einseitige Erklärung auf weitere fünf Jahre verlängert werden (Optionsmöglichkeit).

c) Der Mietvertrag ist auf fünf Jahre unkündbar. Wird er nicht zum Ablauf der fünf Jahre gekündigt, dann verlängert er sich automatisch um weitere fünf Jahre.

d) Der Mietvertrag ist auf unbestimmte Zeit geschlossen. Er ist jederzeit mit einer Frist von sechs Monaten kündbar. Wird er in den ersten fünf Jahren gekündigt, dann hat E dem A für den Einbau der Rolltreppen eine angemessene Entschädigung zu bezahlen.

LÖSUNG In den ersten beiden Fällen liegt es allein an A, ob er die Substanz der Rolltreppe voll nutzen kann. Wer höhere Investitionen als Mieter vornimmt, von dem kann allgemein unterstellt werden, dass er den Mietvertrag verlängern wird, bis sich die Investitionen rentiert haben. In Fall a und b also wirtschaftliches Eigentum bei A.

In Fall c und d liegt es jedoch nicht nur an A, ob er über die fünf Jahre hinaus, die er in Fall c absolut, in Fall d relativ sicher ist, noch Mieter sein wird. Hier kommt es also auf die Umstände des Einzelfalles an, ob die Mietdauer »voraussichtlich« zum vollen Verbrauch der Substanz führen wird. Wirtschaftliches Eigentum wegen voraussichtlichen Substanzverbrauchs kann jedenfalls nicht ohne weiteres unterstellt werden. – In Fall c jedoch hätte A bei Beendigung des Mietvertrages nach fünf Jahren den Ersatzanspruch des § 951 BGB, so dass ihm aus diesem Grunde das wirtschaftliche Eigentum an dem Einbau zugerechnet werden kann. – In Fall d dagegen ist ausdrücklich vereinbart, dass eine Entschädigung nur bei Kündigung innerhalb von fünf Jahren zu leisten ist. Da hier die volle Substanznutzung nicht gesichert und zumindest bei Kündigung nach fünf Jahren kein Ersatz mehr zu leisten ist, wäre es vertretbar, kein wirtschaftliches Eigentum anzunehmen. Jedoch ist die Lösung wegen der folgenden Ziffer praktisch dieselbe wie bei wirtschaftlichem Eigentum.

1.4.5 Besonderer betrieblicher Nutzungs- und Funktionszusammenhang

Erstellt der Mieter einen Einbau oder einen Umbau, bei dem er weder bürgerlich-rechtlicher Eigentümer wird (wie beim Scheinbestandteil), noch wirtschaftlicher Eigentümer (wie bei der Betriebsvorrichtung oder bei den sonstigen Mietereinbauten, bei denen die Voraussetzungen für wirtschaftliches Eigentum gegeben sind), dann ist damit noch nicht gesagt, dass der Mieter sich nur einen Nutzungsvorteil und damit nur ein immaterielles Wirtschaftsgut erstellt hat. Nach dem Urteil des BFH vom 26.02.1975 (BStBl II 1975, 443) und dem Mietereinbautenerlass soll es noch eine Möglichkeit geben, bei dem Mieter ein tatsächlich nur als **immaterielles Wirtschaftsgut »Nutzungsvorteil« geschaffenes Wirtschaftsgut wie ein materielles Wirtschaftsgut** zu aktivieren. Dies soll dann der Fall sein, wenn der vorgenommene Mietereinbau »den besonderen betrieblichen oder beruflichen Zwecken des Mieters dient und mit dem Gebäude nicht in einem einheitlichen Nutzungs- und Funktionszusammenhang steht«.

Solche Fälle zu konstruieren ist äußerst schwierig: Einerseits müssen die Wirtschaftsgüter dieser Gruppe in einem besonderen betrieblichen Nutzungs- und Funktionszusammenhang stehen, der vor dem allgemeinen Nutzungs- und Funktionszusammenhang der Gebäudenutzung steht und diesen verdrängt, andererseits darf der betriebliche Nutzungs- und Funktionszusammenhang nicht so stark im Vordergrund stehen, dass es sich von vornherein um eine Betriebsvorrichtung handelt. Infrage werden also nur Wirtschaftsgüter kommen, die entweder betrieblich veranlasste Gebäudeteile sind, ohne die das Gebäude unvollständig wäre und die deshalb bewertungsrechtlich dem Gebäude zuzuordnen sind, wie z. B. Schaufenster, Drehtüren, Rolltreppen, verschiebbare Innenwände. Oder es handelt sich um Umbauarbeiten, die als Wirtschaftsgüter für sich nicht bewertbar sind, wie z. B. das Herausnehmen von Zwischenwänden zur Schaffung von Großraumbüros oder größerer Werkhallen, das Entfernen von Zwischendecken zum Aufstellen größerer Maschinen usw. Bei der erstgenannten Gruppe wird jedoch häufig wirtschaftliches Eigentum beim Mieter vorliegen, da er in aller Regel den Entschädigungsanspruch des § 951 BGB haben wird (nur in Einzelfällen wird ein solcher Anspruch ausdrücklich oder nach Lage der Dinge ausgeschlossen sein); in diesen Fällen bleibt aber bei Einbauten immer noch das ebenfalls wirtschaftliches Eigentum vermittelnde Wegnahmerecht des § 539 BGB; hat der Mieter auf beides (die Wegnahme und die Entschädigung) verzichtet, dann wollte er den Einbau unentgeltlich dem Vermieter zuwenden – eine Aktivierung kommt dann nicht in Betracht. In der letztgenannten Gruppe (Entfernen von Zwischenwänden, Decken usw.) wird ein Entschädigungsanspruch des Mieters grundsätzlich ausgeschlossen sein. Gleichwohl soll sich der Mieter hier nicht nur eine verbesserte Nutzungsmöglichkeit geschaffen haben, sondern ein aktivierungspflichtiges Wirtschaftsgut »Umbauaufwand« (wodurch gleichsam die fehlende Wand oder das Loch als Wirtschaftsgut anerkannt wird). Begründet wird diese kaum mehr zu verstehende Behandlung mit der Gliederungsvorschrift des § 151 AktG a. F. (heute § 266 HGB), aus der sich angeblich ergeben soll, dass solche selbst geschaffenen Nutzungsvorteile (dort: das Gebäude auf fremdem Grund und Boden) als materielle Wirtschaftsgüter behandelt werden können (zur Kritik vgl. bes. Knapp, BB 1975, 1103 (»schwerwiegende Täuschung«); Piltz, DB 1975, 2054).

BEISPIELE

a) Mieter M ersetzt in dem Gebäude des V eine vorhandene Treppe durch eine Rolltreppe.

b) M schafft durch Entfernen von Zwischenwänden ein Großraumbüro.

LÖSUNGEN Beide Fälle werden als typische Beispiele dieser Fallgruppe von selbstgeschaffenen Nutzungsmöglichkeiten, die wie ein materielles Wirtschaftsgut zu bilanzieren sind, in Ziffer 8 des Mietereinbautenerlasses vom 15. 02. 1976 genannt.

a) Allerdings könnte man sich bereits darüber streiten, ob nicht etwa Erhaltungsaufwand vorliegt. Dies kann nicht ohne weiteres von der Hand gewiesen werden, da an die Stelle einer vorher vorhandenen Treppe eine technisch bessere, aber doch wieder eine Treppe gesetzt wird. Nach der neueren Rechtsprechung des BFH, der auch die Verwaltung folgt (vgl. Schreiben des BMF vom 16. 12. 1996 BStBl I 1996, 1442, BFH vom 19. 07. 1985 BFH/NV 1986, 24; BFH vom 27. 09. 2001 BFH/NV 2002, 627), kann Herstellungsaufwand in Fällen solcher Art nur angenommen werden, wenn das Gesamtgebäude durch den Einbau der Rolltreppen eine erweiterte Nutzungsmöglichkeit und dadurch eine erhebliche Wertsteigerung erfährt. Andererseits darf es sich um keine Betriebsvorrichtungen handeln; die Rechtsprechung und die Verwaltung hat Rolltreppen jedoch seit jeher als Gebäudebestandteile angesehen, selbst wenn sie zusätzlich zu noch vorhandenen anderen Treppen errichtet werden (vgl. Abgrenzungserlass vom 05. 06. 2013 Abschn. 3.5 und BFH vom 12. 01. 1983 BStBl II 1983, 223). Schließlich muss sich aus den Umständen des Einzelfalles ergeben, dass der M im konkreten Fall keinen Ersatzanspruch gemäß § 951 BGB hat, der dem M in aller Regel als Folge des Rechtsverlustes nach § 946 BGB zustehen wird (was bedingt, dass M nach Ziff. 6 b des Mietereinbautenerlasses wirtschaftlicher Eigentümer wird). Außerdem darf nicht vereinbart sein, dass M bei Vertragsende den alten Zustand wiederherzustellen hat (sonst Scheinbestandteil), noch dass der Einbau auf die Miete angerechnet wird (sonst Akt. RAP). – Unter all diesen Voraussetzungen liegt ein Nutzungsrecht vor, das nach Meinung von Rechtsprechung und Verwaltung wie ein materielles Wirtschaftsgut aktiviert werden soll (mit den Herstellungskosten) und das nach § 7 Abs. 5 a EStG wie ein Gebäudebestandteil nach § 7 Abs. 4 oder Abs. 5 EStG abzuschreiben ist.

b) Hier leuchtet schon eher ein, dass kein Scheinbestandteil und keine Betriebsvorrichtung entstanden ist, und der M auch keinen Ersatzanspruch nach § 951 BGB, also kein wirtschaftliches Eigentum hat. Die Frage, ob überhaupt ein Wirtschaftsgut entstanden ist, wird in aller Regel nicht gestellt. Der Umbauaufwand ermöglicht dem M eine verbesserte betriebliche Nutzung, die einen mehrjährigen Vorteil darstellt und daher als immaterielles Wirtschaftsgut angesehen wird, das nach Ansicht von Rechtsprechung und Verwaltung wie ein materielles Wirtschaftsgut zu bilanzieren und nach § 7 Abs. 5 a i. V. m. § 7 Abs. 4 oder Abs. 5 EStG abzuschreiben ist.

1.4.6 Nutzungs- und Funktionszusammenhang zum Gebäude

Kann der Einbau oder Umbau des Mieters diesem nicht als Scheinbestandteil oder Betriebsvorrichtung, aber auch nicht als wirtschaftlichem Eigentümer oder als materielles Wirtschaftsgut wegen des besonderen betrieblichen Nutzungs- oder Funktionszusammenhanges zugerechnet werden, steht der Einbau oder Umbau vielmehr in einem **Nutzungs- und Funktionszusammenhang zu der allgemeinen Gebäudenutzung**, dann hat sich der Mieter nur einen allgemeinen Nutzungsvorteil geschaffen, der nur eine verbesserte und erweiterte Gebäudenutzung erbringt. Dies soll immer dann der Fall sein, wenn das Gebäude ohne den Ein- oder Umbau ein unfertiges Ganzes wäre, oder wie der Mietereinbautenerlass sagt, wenn »es sich um Baumaßnahmen handelt, die auch unabhängig von der vom Mieter vorgesehenen Nutzung hätten vorgenommen werden müssen«. Als Beispiel nennt der Mietereinbautenerlass einen Fall, in dem von Anfang an der Einbau einer Zentralheizung vorgesehen war, in dem aber nun an Stelle des Vermieters der Mieter die Heizung einbaut. – Wird in einem solchen Fall nicht mit den Mieten verrechnet (dann wieder bloße Mietvorauszahlung des M, die er als Aktiven RAP zu bilanzieren hat), dann hat sich der Mieter einen Nutzungsvorteil selbst geschaffen, für den er entsprechend § 5 Abs. 2 EStG keinen Aktivposten bilden darf. Der Mieter muss die Aufwendungen für den Einbau oder Umbau also sofort als Aufwand behandeln.

BEISPIEL

A, B und C betreiben in der Rechtsform der GbR eine Anwaltspraxis. Die Praxis wird in einem Gebäude ausgeübt, das die Ehefrauen der drei Gesellschafter auf einem den Frauen gemeinsam gehörenden Grundstück errichtet haben. Lediglich Aufwendungen der Fertigstellung der Praxisräume (Türen, Beleuchtungsanlagen, Teppichböden) tragen die Anwälte. Sie sind der Ansicht, dass diese Fertigstellungskosten auch die Gebäudehersteller hätten aufwenden müssen, so dass sie die Kosten als selbst hergestellte immaterielle WG sofort abziehen können.

LÖSUNG Der BFH entschied mit seinem Urteil vom 28.07.1993 BStBl II 1994, 154, dass den Ehemännern ein Aufwendungsersatzanspruch (wohl nach § 951 BGB, wird im Urteil nicht erwähnt) zustehe, so dass sie als wirtschaftliche Eigentümer der Einbauten anzusehen seien. Diese seien somit zu aktivieren und auf die Nutzungsdauer des Gebäudes abzuschreiben, vgl. H 7.4 (Mietereinbauten) EStH.

1.5 Erbbaurecht

1.5.1 Begriff

Das Erbbaurecht ist das zeitlich begrenzte veräußerliche und vererbliche dingliche Recht, auf oder unter der Oberfläche eines Grundstücks ein Bauwerk zu haben (§ 1 Abs. 1 ErbbauRG). Das aufgrund der Erbbaurechts errichtete Bauwerk gilt nach § 12 ErbbauRG als wesentlicher Bestandteil des Erbbaurechts und gehört damit zum zivilrechtlichen Eigentum des Erbbauberechtigten (vgl. auch § 95 Abs. 1 Satz 2 BGB). Bauwerk und Erbbaurecht stellen bilanzrechtlich jeweils selbständige Wirtschaftsgüter dar.

Auf das Erbbaurecht finden die Vorschriften für Grundstücke, also §§ 873 ff. BGB, entsprechende Anwendung (§ 11 ErbbauRG). Es kann unentgeltlich, gegen Einmalzahlung oder wie in den allermeisten Fällen gegen wiederkehrende Leistungen (Erbbauzins) vom Grundstückseigentümer eingeräumt werden (vgl. § 9 ErbbauRG). Nach Erlöschen des Erbbaurechts durch Zeitablauf geht das Bauwerk in das Eigentum des Grundstückseigentümers über. Dieser ist allerdings grundsätzlich verpflichtet, dem Erbbauberechtigten eine Entschädigung zu zahlen, die jedoch durch Vereinbarung ausgeschlossen werden kann (§ 27 Abs. 1 ErbbauRG).

1.5.2 Bilanzielle Behandlung des Erbbaurechts

1.5.2.1 Grundsätze

Die entgeltliche Bestellung eines Erbbaurechts führt bilanzrechtlich zum Erwerb einer Dauernutzungsbefugnis, die inhaltlich mit einem Miet- oder Pachtverhältnis vergleichbar und somit als schwebendes Geschäft zu werten ist (BFH BStBl II 1998, 665). Wegen des Verbots der Bilanzierung schwebender Geschäfte (ständige Rechtsprechung des BFH, z. B. BStBl II 1995, 312) darf der Erbbauberechtigte ein zum Betriebsvermögen gehörendes Erbbaurecht nicht mit der kapitalisierten Erbbauzinsverpflichtung aktivieren, sondern nur mit den außerhalb des schwebenden Geschäfts anfallenden einmaligen Bestellungskosten, wie z. B. Makler-, Vermessungs-, Grundbuch- und Notarkosten sowie Grunderwerbsteuer (BFH BStBl II 1992, 70; H 6.2 (Erbbaurecht – 1. Strich) EStH).

Das Erbbaurecht stellt seiner Rechtsnatur nach zwar ein immaterielles Wirtschaftsgut dar; es wird aber als grundstücksgleiches Recht bilanziell zu den Sachanlagen gerechnet (vgl. § 266 Abs. 2 A II 1 HGB). Die Abschreibung erfolgt nach § 7 Abs. 1 Sätze 1 und 2 EStG linear auf die Laufzeit. Ein aufgrund des Erbbaurechts errichtetes Gebäude ist dagegen nach § 7 Abs. 4 oder 5 (in Altfällen) EStG abzuschreiben.

Ein Grundstück, das mit einem entgeltlichen Erbbaurecht belastet ist, kann beim Grundstückseigentümer – ebenso wie bei Vermietung oder Verpachtung – als gewillkürtes Betriebsvermögen bilanziert werden. Eine Aktivierung des Anspruchs auf den vereinbarten Erbbauzins sowie eine Passivierung der Erbbauverpflichtung kommen wegen des Schwebezustandes beim Grundstückseigentümer nicht in Betracht.

1.5.2.2 Besonderheiten

1.5.2.2.1 Übernommene Erschließungskosten

Übernimmt der Erbbauberechtigte Erschließungskosten für das Grundstück, liegt insoweit ein zusätzliches vorausbezahltes Nutzungsentgelt vor, das nach § 250 Abs. 1 Satz 1 HGB und § 5 Abs. 5 Satz 1 Nr. 1 EStG aktiv auf die Restlaufzeit des Erbbaurechts abzugrenzen ist (BFH BStBl II 1994, 109; H 5.6 (Bestimmte Zeit nach dem Abschlussstichtag liegt vor – 2. Strich) EStH).

Buchung:	ARAP	an Geldkonto

Behandelt der Erbbauverpflichtete das belastete Grundstück als gewillkürtes Betriebsvermögen, liegen bei ihm entsprechend Grundstückserträge vor, die passiv auf die Restlaufzeit des Erbbaurechts abzugrenzen sind (BFH/NV 1998, 569). Es ist insoweit ein abgekürzter Zahlungsweg anzunehmen (Erbbauberechtigter → Grundstückseigentümer → erschließende Gemeinde), so dass sich beim Grundstückseigentümer die Anschaffungskosten für den Grund und Boden erhöhen.

Buchung:	Grund und Boden	an PRAP

ARAP und PRAP sind jeweils linear über die Restlaufzeit des Erbbaurechts aufzulösen.

1.5.2.2.2 Unentgeltliche Einräumung eines Erbbaurechts

Räumt der Grundstückseigentümer an einem betrieblichen Grundstück unentgeltlich ein Erbbaurecht ein, führt dies grundsätzlich zu einer Entnahme des Grundstücks, da ein objektiver Zusammenhang mit dem Betrieb im Sinne von R 4.2 Abs. 9 Satz 1 EStR regelmäßig nicht mehr gegeben ist. Wird das Erbbaurecht ausnahmsweise aus betrieblichen Gründen unentgeltlich bestellt, kann eine Teilwertabschreibung des belasteten Grundstücks wegen dauernder Wertminderung in Betracht kommen.

1.5.2.2.3 Veräußerung eines Erbbaurechts mit aufstehendem Gebäude

Veräußert der Erbbauberechtigte sein Erbbaurecht mit aufstehendem Gebäude, ist der Kaufpreis grundsätzlich aufzuteilen auf das Gebäude und das Erbbaurecht. Bei der Aufteilung ist regelmäßig von der vertraglichen Vereinbarung zwischen Veräußerer und Erwerber auszugehen. Werden vom Veräußerer getragene Erschließungskosten dem Erwerber weiterberechnet, hat dieser insoweit Anschaffungskosten für das Erbbaurecht (BFH BStBl II 1994, 934).

Wurde keine Vereinbarung zur Aufteilung getroffen oder ist die getroffene Aufteilung offensichtlich unzutreffend, ist das Verhältnis der Teilwerte des Gebäudes und des Erbbaurechts maßgebend.

Die gesamten Anschaffungskosten entfallen auf das Gebäude, wenn der Erwerber dem bisherigen Erbbauberechtigten nachweislich ein Entgelt nur für den Gebäudeanteil bezahlt hat, während er gegenüber dem Erbbauverpflichteten (Grundstückseigentümer) die Verpflichtung zur Zahlung der laufenden Erbbauzinsen übernommen hat (BFH BStBl II 1995, 374; H 6.2 (Erbbaurecht – 2. Strich) EStH).

1.5.2.2.4 Zahlung zur Ablösung eines Erbbaurechts

Leistet ein erbbauverpflichteter Grundstückseigentümer eine Zahlung zur Ablösung des Erbbaurechts, um nach Abriss der vorhandenen Bebauung ein neues Gebäude zu errichten, zählt diese Zahlung zu den Herstellungskosten des neuen Gebäudes (BFH BStBl II 2006, 461).

Ein komplexer Übungsfall zum Erbbaurecht findet sich in Teil S Übungsfall 12.

2 Immaterielle Wirtschaftsgüter

2.1 Begriff

Weder das Handelsrecht noch das Steuerrecht enthalten eine **Definition** des immateriellen Wirtschaftsgutes. In Anlehnung an den Beschluss des Großen Senats des BFH vom 03.02.1969 (BStBl II 1969, 291) lässt sich das immaterielle Wirtschaftsgut wie folgt definieren:

- Rechte, Möglichkeiten, **besondere** Vorteile für den Betrieb,
- zu deren Erlangung Aufwendungen gemacht wurden,
- die dem Betrieb über den Bilanzstichtag hinaus zugutekommen,
- die einer besonderen Abgrenzung und Bewertung fähig sind und
- für die der Erwerber des Betriebes ein besonderes Entgelt ansetzen würde.

Der Bewertungssenat des BFH greift den »besonderen Vorteil« in seinem Urteil vom 28.03.1990 (BStBl II 1990, 569) wieder auf und bezeichnet ihn als »eine greifbare Einzelheit«.

BEISPIELE

a) A zahlt an den Hersteller einer Tiefgarage 50 000 €,
aa) da er sich hiervon bessere Parkmöglichkeiten für seine Kunden verspricht,
bb) dafür erhält er zehn für seine Kunden reservierte Parkplätze eingeräumt.

LÖSUNG In Fall aa) ist kein immaterielles Wirtschaftsgut entstanden, da es an einem **besonderen** Vorteil, an einer greifbaren Einzelheit für den Betrieb fehlt, in Fall bb) ist dagegen ein besonderer Vorteil, an einer greifbaren Einzelheit für den Betrieb erworben worden, ein immaterielles Wirtschaftsgut liegt vor.

b) B hat mit dem Künstler K eine Honorarvereinbarung getroffen, die den K zu einer Musikdarbietung verpflichtet, verbunden mit der Duldung der Aufnahme auf einen Tonträger und der Vervielfältigung dieses Tonträgers. Am Bilanzstichtag ist die Darbietung erfolgt, und sie ist auf einen Tonträger aufgenommen; weitere Maßnahmen sind noch nicht erfolgt.

LÖSUNG Nach BFH vom 28.05.1979 (BStBl II 1979, 734) mangelt es an einem selbstständig bewertungsfähigen Wirtschaftsgut. Daher liegt nach Ansicht des BFH kein immaterielles Wirtschaftsgut vor. Am Ende seines Urteils stellt der BFH jedoch klar, dass die Anfertigung einer »Musterschallplatte« als ein immaterielles Wirtschaftsgut hätte angesehen werden können; vgl. zum selben Thema auch das Urteil des BFH vom 18.01.1975 BStBl II 1975, 809 – Druckvorlagen, Klischeekosten, Redaktionskosten, ferner die zum Bewertungsrecht ergangenen Urteile des BFH vom 11.11.1983 BStBl II 1984, 107 (Musikverlagsrechte) und vom 09.12.1983 BStBl II 1984, 190 (Tonträger).

Als immaterielle Wirtschaftsgüter kommen insbesondere in Betracht: Patente, Schutzrechte, Konzessionen, Belieferungsrechte, Nutzungsrechte, Kundenstamm, Wettbewerbsverbote, Know-how, Rezepte, Software von Computersystemen (Computerprogramme), Warenzeichen, Verlagsrechte, Optionsrechte, Vorkaufsrechte. Auch die durch eine Transferzahlung an einen anderen Verein entgeltlich erworbene Spielerlaubnis eines Lizenzfußballers hat der BFH für den erwerbenden Verein als ein immaterielles WG angesehen (BFH vom 26.08.1992 BStBl II 1992, 977). Auch die Kosten für eine wirtschaftliche, rechtliche und steuerliche Konzeption, mit der ein Betrieb werbend an den Markt tritt, können ein immaterielles WG sein, wenn ein solches Konzept fertig von einem Dritten erworben wird, nicht dagegen, wenn die Beratungsleistungen einzeln eingeholt und erst im Betrieb des Stpfl. zu einer einheitlichen Konzeption zusammengefasst werden (BFH vom 10.12.1992 BStBl II 1993, 538; vgl. auch H 5.5 (immaterielle Wirtschaftsgüter) EStH). Auch Fernsehfilme sind immaterielle WG; sie gehören zum Anlagevermögen, wenn der Produzent sich die Verwertungsrechte wenigstens teilweise vorbehält, sie gehören zum Umlaufvermögen, wenn der Produzent die Filme vollständig an andere zur Nutzung verkauft, vgl. BFH vom 20.09.1995 BStBl II 1997, 320.

2.2 Entgeltlicher Erwerb immaterieller Wirtschaftsgüter

Aktiviert werden dürfen die immateriellen Wirtschaftsgüter des Anlagevermögens sowohl im Handelsrecht (§ 248 Abs. 2 HGB) als auch im Steuerrecht (§ 5 Abs. 2 EStG) nur, wenn sie **entgeltlich erworben** wurden (sog. derivative immaterielle Wirtschaftsgüter). Selbst hergestellte (sog. originäre) immaterielle Wirtschaftsgüter dürfen also nicht bilanziert werden (Ausnahme: im Handelsrecht besteht seit Inkrafttreten des BilMoG ein Ansatzwahlrecht für selbst geschaffene immaterielle WG, § 248 Abs. 2 Satz 1 HGB, allerdings nicht für selbst geschaffene Marken, Drucktitel, Verlagsrechte, Kundenlisten oder vergleichbare WG, § 248 Abs. 2 Satt 2 HGB). Entscheidend ist also nicht, dass überhaupt Aufwendungen auf das immaterielle Wirtschaftsgut gemacht wurden, sondern dass sie zum Erwerb des immateriellen Wirtschaftsguts gemacht wurden. Dabei besteht für den Fall entgeltlichen Erwerbs im Handelsrecht und im Steuerrecht **Bilanzierungspflicht**. Für das Handelsrecht ergibt sich dies aus dem in **§ 246 Abs. 1 HGB** normierten **Vollständigkeitsgebot**, für das Steuerrecht ergibt es sich unmittelbar aus **§ 5 Abs. 2 EStG.**

BEISPIELE

a) **Kostenbeteiligung an städtischer Kläranlage:** In einer Lederfabrik einer Kleinstadt fallen erhebliche Abwassermengen an. Aus diesem Grund ist die Stadt genötigt, ihre Kläranlage zu vergrößern. Zu diesen Baukosten zahlt die Lederfabrik einen Beitrag.

LÖSUNG Die Lederfabrik hat mit dem Beitrag kein immaterielles Wirtschaftsgut erworben, da es an einem **besonderen** Vorteil für den Betrieb fehlt: jede Fabrik der Stadt kann ihre Abwässer in die städtische Kanalisation einleiten. – In seinem Urteil entschied der BFH vom 25.08.1982 BStBl II 1983, 39 ebenso, begründete diese Entscheidung jedoch anders: die Lederfabrik habe durch ihre Zahlung einen wirtschaftlichen Vorteil erlangt, dieses immaterielle Wirtschaftsgut jedoch nicht entgeltlich erworben, da es sich um einen Beitrag einer lediglich mitbenutzten Einrichtung handelte, so auch H 5.5 (kein entgeltlicher Erwerb) EStH. Auch in einem Urteil des BFH vom 25.05.1984 BStBl II 1984, 616 zum Bewertungsrecht des BFH wird davon ausgegangen, dass die Fabrik ein immaterielles Wirtschaftsgut »Nutzungsvorteil« geschaffen hat.

b) **Kostenbeitrag zu öffentlicher Straße:** Ein Bauunternehmer hat mehrere Lkw, die täglich zu seinem Betriebsgrundstück fahren. Wegen des hohen Verkehrsaufkommens mit schweren Fahrzeugen sah sich die Stadt genötigt, die Zufahrtsstraße zu dem Unternehmen zu verbreitern und den Untergrund zu verbessern. U leistet zu den Bauarbeiten einen Zuschuss. Die Straße steht weiterhin jedem Verkehrsteilnehmer offen.

LÖSUNG Auch in diesem Fall sind wir der Ansicht, dass gar kein immaterielles Wirtschaftsgut entstanden sei, da es an einem besonderen Vorteil für den Betrieb fehlt (anders wenn die Straße ausschließlich für Angehörige und Besucher des Unternehmens errichtet worden wäre). – Im Urteil des BFH vom 26.02.1980 BStBl II 1980, 687 wird wiederum davon ausgegangen, dass ein immaterielles Wirtschaftsgut »Nutzungsvorteil« entstanden sei, da dieses jedoch nur in einer Mitbenutzung bestehe, sei es nicht entgeltlich erworben worden, sondern selbst geschaffen worden, ebenso H 5.5 (kein entgeltlicher Erwerb) EStH. Diese Unterscheidung vermag nicht zu überzeugen. Weshalb soll ein abgeleiteter entgeltlicher Erwerb vorliegen, wenn U zur alleinigen Benutzung befugt ist, dagegen ein selbst geschaffenes Wirtschaftsgut, wenn U nur zur allgemeinen Mitbenutzung befugt ist. – Tatsächlich fehlt es an einem Wirtschaftsgut für den Betrieb überhaupt, denn es fehlt der besondere abgrenzbare Vorteil für den Betrieb. In seinem Urteil vom 28.03.1990 BStBl II 1990, 569, in dem es ebenfalls um Zuschüsse eines Steinbruchunternehmens zum Bau öffentlicher Straßen ging, räumt der 2. Senat denn auch ein, dass es an »einer greifbaren Einzelheit« fehlt und daher kein immaterielles Wirtschaftsgut vorliege.

c) **Bierlieferungsrecht:** Eine Brauerei gibt einem Gastwirt zum Ausbau seiner Gastwirtschaft einen »Zuschuss«; dafür verpflichtet sich der Gastwirt, nur Bier der Brauerei abzunehmen.
LÖSUNG Es handelt sich um keinen Zuschuss, da die Brauerei mit dem Gastwirt eine Gegenleistung vereinbarte (vgl. R 5.5 Abs. 2 Satz 4 EStR). Vielmehr hat die **Brauerei** ein immaterielles Wirtschaftsgut »Bierlieferungsrecht« zu aktivieren, da hier ein besonderer betrieblicher Vorteil vorliegt, den die Brauerei entgeltlich erworben hat, so auch BFH vom 26.02.1975 BStBl II 1976, 13. Bei dem **Gastwirt** stellt der erhaltene Zuschuss einen Passiven Rechnungsabgrenzungsposten dar, der auf die Laufzeit des Bierlieferungsrechtes aufzulösen ist. Die Zahlung stellt umsatzsteuerlich Entgelt dar, vgl. Abschn. 10.2 Abs. 2 UStAE.
Weitere Beispiele finden sich in den Urteilen des BFH vom 14.02.1973 (BStBl II 1973, 580 – Wettbewerbsverbot – immaterielles Wirtschaftsgut und entgeltlichen Erwerb bejaht), vom 02.03.1970 (BStBl II 1970, 382 – Abstandszahlungen an einen Pächter, um ihn zur vorzeitigen Räumung eines Grundstücks zu bewegen und so das Grundstück selbst entsprechend früher nutzen zu können – immaterielles Wirtschaftsgut und entgeltlicher Erwerb wurden vom GrS des BFH bejaht; anders dagegen wenn der Unternehmer die Abstandszahlung bezahlt, um entsprechend früher das Gebäude abbrechen und einen Neubau erstellen zu können; in diesem Fall zählt die Abstandszahlung zu den Herstellungskosten des Gebäudes, vgl. BFH vom 29.07.1970 BStBl II 1970, 810), vom 13.12.1984 (BStBl II 1985, 289 – Anschlusskosten an die Stromversorgung eines Elektrizitätswerkes – kein immaterielles Wirtschaftsgut); vom 07.11.1985 (BStBl II 1986, 176 zur Abgrenzung von selbstständigen immateriellen Einzelwirtschaftsgütern zu unselbstständigen geschäftswertbildenden Faktoren); vom 15.12.1993 BFH/NV 1994, 543 zum entgeltlichen Erwerb einer Buslinienkonzession (als nicht abnutzbares firmenwertähnliches WG behandelt) und von zeitlich begrenzten Beförderungsverträgen (als selbstständige abnutzbare WG behandelt).

d) **Computer-Software:** S erwirbt für seinen Betrieb Computer-Geräte (Hardware) und Computer-Programme (Software). Bei den Programmen handelt es sich teilweise um Standardprogramme (Löhne und Gehälter etc.), teilweise um Individualprogramme, die speziell für S entwickelt wurden.
LÖSUNG Hatte der BFH in seinem Urteil vom 03.12.1982 BStBl II 1983, 647 die Frage, ob S ein materielles oder ein immaterielles Wirtschaftsgut erworben habe, noch vom Vertrag abhängig gemacht (Standardprogramm = Kaufvertrag = Erwerb eines materiellen Wirtschaftsgutes; Individualprogramm = Nutzungsvertrag = Erwerb eines immateriellen Wirtschaftsgutes), so wendet er sich von dem Kriterium des angewandten zivilrechtlichen Vertragsrechts in seinen Urteilen vom 03.07.1987 BStBl II 1987, 728 und 787 sowie BFH/NV 1988, 121 wieder ab. Auch anderen vorgeschlagenen Kriterien wie Maßgeblichkeit des Vertriebsweges, der Auflagenhöhe, des Verhältnisses der Entwicklungskosten zum Kaufpreis mochte der BFH nicht folgen. Maßgebend sei einzig und allein, dass bei dem Programm ein »Werk mit geistigem Inhalt« im Vordergrund stehe und es dem Erwerber bei dem meist hohen Kaufpreis gerade auf diesen Inhalt und nicht auf das meist nur wenige Cent teure Material ankommt. Das gelte in gleichem Maße für die Individual- wie für Standardprogramme, so dass beide als immaterielle Wirtschaftsgüter anzusehen seien. Offen gelassen wurde nur die Frage, ob

nicht Trivialprogramme als materielle Wirtschaftsgüter zu behandeln seien, s. auch H 5.5 (keine immateriellen Wirtschaftsgüter) EStH. Diese Frage bejaht die Finanzverwaltung inzwischen, vgl. BMF vom 20.01.1992 und gleich lautenden Ländererlass FR 1992, 305. Dabei gelten alle Programme bis zu 410 € AK als Trivialprogramme, so dass auf sie § 6 Abs. 2 EStG anwendbar ist, vgl. R 5.5 Abs. 1 Satz 2 f. EStR.
Kritisch ist hierzu anzumerken, dass auch bei Schallplatten, Kassetten und auch diesem Lehrbuch nur der geistige Inhalt den maßvoll hohen Preis rechtfertigt, gleichwohl werden Bücher, Platten und Kassetten seit jeher als materielle Wirtschaftsgüter angesehen. Positiv ist, dass dem Praktiker die schwierige Abgrenzungsfrage, ob ein Standard- oder ein Individualprogramm vorliegt, erspart bleibt.

e) **Fernsehfilm:** Produzent P dreht einen Fernsehfilm, der am Bilanzstichtag zu 75 % fertig ist und bislang Produktionskosten von 400 000 € verschlungen hat.
aa) P will den Film selbst verwerten.
bb) P hat den Film zur einmaligen Verwertung an eine Fernsehanstalt verkauft. Die weitere Nutzung hat er sich vorbehalten.
cc) P hat den Film einer Fernsehanstalt vollständig und endgültig überlassen.
LÖSUNG aa) und bb) Der Film gehört zum Anlagevermögen. Wegen § 5 Abs. 2 EStG darf eine Aktivierung nicht erfolgen. Die 400 000 € sind Betriebsausgaben.
cc) Der Film gehört zum Umlaufvermögen. Auf dieses ist § 5 Abs. 2 EStG nicht anwendbar. Die bislang angefallenen Herstellungskosten sind gemäß R 6.3 EStR zu aktivieren, BFH vom 20.09.1995 BStBl II 1997, 320.

f) **Fußgängerzone:**
aa) Die Gemeinde A baut eine Fußgängerzone. Sie erlässt eine Satzung, derzufolge alle Grundstückseigentümer, die in dem betreffenden Gebiet Grundstücke haben, zu Zahlungen herangezogen werden.
Die Gemeinde fordert von den Grundstückseigentümern X und Y Beiträge. X ist Gewerbetreibender, Y ist Privatmann, er hat jedoch sein Grundstück an den Gewerbetreibenden Z vermietet und nach dem Mietvertrag muss im Innenverhältnis der Z den Beitrag bezahlen.
LÖSUNG Bei den Beiträgen zur Schaffung einer Fußgängerzone handelt es sich nicht um immaterielle Wirtschaftsgüter, da keine besonderen betrieblichen Vorteile geschaffen werden. Auch die Rechtsprechung des BFH, die sich mehrfach mit solchen Beiträgen zu Fußgängerzonen befasst hat, hat den entgeltlichen Erwerb von immateriellen Wirtschaftsgütern nicht bejaht, ja in den veröffentlichten Teilen der Entscheidungen noch nicht einmal geprüft. Vielmehr handelt es sich um Betriebsausgaben bzw. Werbungskosten, vgl. BFH vom 22.03.1994 DB 1994, 2113. Damit gab der BFH seine gegenteilige frühere Rechtsprechung (AK Grund und Boden, BStBl II 1983, 111 und II 1984, 480) ausdrücklich auf.
bb) Die Gemeinde B errichtet ebenfalls eine Fußgängerzone. Nach ihrer Satzung werden jedoch nur die Gewerbetreibenden zu Beiträgen herangezogen, Bemessungsgrundlage ist auch nicht die Grundstücksfläche oder die anliegende Grundstücksbreite, sondern die Nutzfläche der Ladenlokale. S ist als Grundstückseigentümer auch gleichzeitig Gewerbetreibender, T wird als Pächter und Gewerbetreibender herangezogen.
LÖSUNG Wiederum wird kein immaterielles Wirtschaftsgut erworben, da es an einem besonderen Vorteil fehlt. Die Beiträge sind vielmehr bei beiden Steuerpflichtigen sofort abzugsfähige Betriebsausgaben (vgl. BFH vom 12.04.1984 BStBl II 1984, 489).

2.3 Einlagen immaterieller Wirtschaftsgüter

Entgegen dem Wortlaut des Gesetzes, das eine Aktivierung von immateriellen Wirtschaftsgütern nur bei entgeltlichem Erwerb kennt, fordern Rechtsprechung und Verwaltung eine Aktivierung auch bei einer **Einlage** eines im Privatvermögen selbst geschaffenen oder angeschafften immateriellen Wirtschaftsguts (R 5.5 Abs. 3 Sätze 3 ff. EStR, BFH vom 22.01.1980

BStBl II 1980, 244). Begründet wird dies in dem Urteil des BFH mit der Bemerkung, die Vorschriften der Trennung des Betriebsvermögens vom Privatvermögen gingen dem Aktivierungsverbot des § 5 Abs. 2 EStG vor (zustimmend zu dieser Rechtsprechung Herrmann/Heuer/Raupach, KStG, § 6 EStG Anm. 1214 Weber-Grellet in Schmidt, EStG, § 5 Rz. 164). Folgt man der Verwaltungs- und BFH-Meinung, dann hat die Einlage mit dem sich aus § 6 Abs. 1 Nr. 5 EStG ergebenden Wert zu erfolgen. Dabei dürfte die Ermittlung eines Teilwertes bzw. bei in den letzten drei Jahren hergestellten Wirtschaftsgütern die Ermittlung der Herstellungskosten sicher nicht einfacher sein als bei den im Betriebsvermögen selbst hergestellten Wirtschaftsgütern; bei diesen wird aber gerade die schwierige Wertfeststellung stets als ausreichender Grund für das Aktivierungsverbot der selbstgeschaffenen immateriellen Wirtschaftsgüter angesehen.

2.4 Abschreibung immaterieller Wirtschaftsgüter

Ob die immateriellen Wirtschaftsgüter abzuschreiben sind, richtet sich danach, ob sie einem laufenden **Wertverzehr** unterliegen. Als AfA-Vorschrift kommt dabei nur § 7 Abs. 1 EStG, nicht dagegen § 7 Abs. 2 EStG infrage, da § 7 Abs. 2 EStG körperliche (materielle) Wirtschaftsgüter voraussetzt.

BEISPIELE

a) K erwirbt den Betrieb des V. Er vereinbart mit V ein lebenslanges Wettbewerbsverbot und zahlt dem V dafür 100 000 €.

b) S hat sich auf dem Grundstück des N ein dingliches Vorkaufsrecht eintragen lassen und dem N dafür 20 000 € bezahlt.

LÖSUNG In beiden Fällen hat der Erwerber ein immaterielles Wirtschaftsgut (Wettbewerbsverbot, Vorkaufsrecht) entgeltlich erworben. In a) ist der betriebliche Vorteil auf die Lebenszeit des V beschränkt, K kann das Wettbewerbsverbot also entsprechend der statistischen Restlebenserwartung des V (vgl. die Sterbetafeln der Tab. 6 zu BMF vom 15. 09. 1997 BStBl I, 833) linear abschreiben. – In b) ist dagegen nicht erkennbar, wann dieses Vorkaufsrecht zum Tragen kommen könnte. Ein Wertverzehr und eine Abschreibung ist daher nicht möglich. Übt S eines Tages das Vorkaufsrecht aus, so hat er dies auf die Erwerbskosten umzubuchen (Buchungssatz: Grund und Boden und Gebäude an Vorkaufsrecht 20 000 €; eine sofortige Teilwertabschreibung auf die tatsächlichen Anschaffungskosten ist nach der ständigen Rechtsprechung des BFH nicht möglich (vgl. BFH vom 17. 01. 1978 BStBl II 1978, 335, wonach in solchen Fällen eine Teilwertabschreibung nur bei kaufmännischen Fehlmaßnahmen möglich sein soll). Erlischt das Vorkaufsrecht eines Tages, da S es in einem Verkaufsfall nicht ausübt, dann ist es aufzulösen (Buchungssatz: Sonst. betrieblicher Aufwand oder Teilwertabschreibung an Vorkaufsrecht 20 000 €).

2.5 Besonderheiten beim Firmenwert (Geschäftswert)

Unter Firmenwert oder Geschäftswert versteht man den guten Ruf des Unternehmens, der auf vielen geschäftswertbildenden Faktoren beruhen kann: auf der Erfahrung von Management und Belegschaft, auf der Organisationsstruktur, Absatzverfahren, Kundenstruktur, Standort und vielen anderen Faktoren.

Im **Handelsrecht** wird der Firmenwert nunmehr ebenfalls als Vermögensgegenstand angesehen; für den entgeltlich erworbenen Firmenwert besteht eine Bilanzierungs- und Abschreibungspflicht (§ 246 Abs. 1 Sätze 1 und 4 HGB).

Im **Steuerrecht** wird der Firmenwert schon seit je als **Wirtschaftsgut** angesehen. Hier darf nur der entgeltlich erworbene und nicht der selbst hergestellte Firmenwert aktiviert werden;

allerdings besteht im Steuerrecht für den entgeltlich erworbenen Firmenwert eine **Aktivierungspflicht** (§ 5 Abs. 2 EStG). Bezüglich der **Abschreibungsmöglichkeit** ist für die Wirtschaftsjahre bis 31.12.1986 und ab 01.01.1987 zu unterscheiden. **Bis 31.12.1986** gehörte der Firmenwert kraft der ausdrücklichen gesetzlichen Vorschrift des § 6 Abs. 1 Nr. 2 EStG a. F. zu den nichtabnutzbaren Wirtschaftsgütern des Anlagevermögens. Bis zu diesem Zeitpunkt war also allenfalls eine Teilwertabschreibung möglich, wobei nach der ständigen Rechtsprechung des BFH der Firmenwert als Einheit anzusehen war: verflüchtigt sich also der entgeltlich erworbene (derivative) Firmenwert, wird er aber in vollem Umfang wertmäßig durch einen selbstgeschaffenen (originären) Firmenwert ersetzt, so ist eine Teilwertabschreibung nicht möglich (vgl. zuletzt BFH vom 21.07.1982 BStBl II 1982, 758).

Seit 01.01.1987 gehört der Firmenwert zu den **abnutzbaren Wirtschaftsgütern** des Anlagevermögens. Dies wurde durch eine einfache Streichung des Firmenwertes aus dem Klammerzusatz, der in § 6 Abs. 1 Nr. 2 EStG den nicht abnutzbaren Wirtschaftsgütern beigefügt ist und durch Aufnahme des Firmenwertes in die Vorschrift des § 7 EStG erreicht. Die **Abschreibungsdauer** wurde durch § 7 Abs. 1 EStG auf **15 Jahre** festgelegt; eine andere Abschreibungsdauer ist nicht zulässig. Selbstverständlich bleibt die Möglichkeit, bei kaufmännischen Fehlmaßnahmen eine Teilwertabschreibung durchzuführen, davon unberührt, wobei vorerst davon ausgegangen werden muss, dass der BFH für Teilwertabschreibungen seine Einheitstheorie beibehalten wird (wobei man den Begriff »Einheitstheorie« stets vor Verwendung definieren muss: Im Urteil des BFH vom 22.04.1998 BFH/NV 1998, 1481 gibt der BFH eine Einheitstheorie auf, meint aber dort die Einheit von Firmenwert und einzelnen abtrennbaren firmenwertbildenden Komponenten, die evtl. auf eine kürzere als die 15-jährige Nutzungsdauer abgeschrieben werden können). Handelsrechtlich gilt für die AfA auf den Firmenwert § 253 Abs. 3 HGB, wonach jede planmäßige AfA zulässig ist.

Die **Höhe des Firmenwertes** ist für die Bilanzierung zunächst nicht sonderlich schwierig zu ermitteln: Wie § 246 Abs. 1 Satz 4 HGB ausdrücklich feststellt, besteht der Firmenwert in der Differenz der Summe der Teilwerte der einzelnen übernommenen Wirtschaftsgüter (abzüglich der übernommenen Schulden) zu dem vereinbarten Kaufpreis. Bereits beim Erwerb besteht aber eine Schwierigkeit darin, einzelne Wirtschaftsgüter vom Firmenwert abzuspalten und für sich zu aktivieren. In späteren Wirtschaftsjahren besteht eine Schwierigkeit darin, den richtigen Teilwert für den Firmenwert zu finden. Für die Praxis besteht bereits beim Verkaufsfall die Schwierigkeit, den Firmenwert einigermaßen zuverlässig zu bestimmen:

Vom **Firmenwert abtrennbare Wirtschaftsgüter** sind dann von Interesse, wenn sie unter Umständen einem kürzeren Wertverzehr als dem für den Firmenwert gesetzlich vorgeschriebenen 15-jährigen unterliegen. Voraussetzung für die gesonderte Erfassung ist, dass die vorgesehenen Einzelwirtschaftsgüter alle Merkmale der Definition eines immateriellen Wirtschaftsgutes erfüllen (Rechte, Möglichkeiten, besondere Vorteile, besondere Abgrenzungs- und Bewertungsfähigkeit, die sich nach der Verkehrsanschauung richtet) und dass die Vertragspartner sie auch bei der Bestimmung des Kaufpreises als Einzelwirtschaftsgüter angesetzt und bewertet haben (so auch BFH vom 07.11.1985 BStBl II 1986, 176). Als solche Einzelwirtschaftsgüter kommen in Betracht: Lieferungsrechte, Kundenstamm, Know-how, Gewinnchancen aus einem Auftragsbestand bereits fest abgeschlossener Aufträge, Linienkonzessionen, Beförderungsverträge (zu letzteren vgl. BFH vom 15.12.1993 BFH/NV 1994, 543 und vom 22.04.1998, BFH/NV 1998, 1481, BFH vom 26.11.2009 DB 2010, 367).

Ist der Kaufpreis niedriger als die ermittelte Summe der Teilwerte der einzelnen Wirtschaftsgüter abzüglich der übernommenen Schulden, so ist es **nicht möglich, einen negativen**

Firmenwert anzusetzen. Vielmehr sind die Aktivposten zu reduzieren oder es ist ein negativer Ausgleichsposten anzusetzen, BFH vom 26.04.2006 BFH/NV 2006, 1566.

Zur Beratung von Veräußerer oder Erwerber über den angemessenen Kaufpreis, aber auch zur späteren Ermittlung eines Teilwertes ist es notwendig, einige anerkannte **Methoden zur Ermittlung des Firmenwertes** zu kennen. Allerdings sollte man sich hüten, bei dem Versuch, einen Unternehmenswert errechnen zu wollen, allzu dogmatisch vorzugehen, schrieb doch das FG Baden-Württemberg einmal in seinem nicht veröffentlichten Urteil vom 10.12.1992 10 K 71/90:

»Geschäfts- oder Firmenwerte lassen sich, bei Licht besehen, nicht hinreichend genau ‚berechnen', sondern nur nach ganz unterschiedlichen Methoden grob schätzen. In der Vielzahl der Methoden, die zur Bestimmung des Geschäfts- oder Firmenwerts entworfen worden sind – es soll etwa 50 Berechnungsverfahren geben, von denen also ein jedes durch etwa 49 andere infrage gestellt oder gar widerlegt wird – spiegelt sich der untaugliche Versuch wider, die Dynamik wirtschaftlicher Prozesse einzufangen und statisch fixiert darzustellen. In Wirklichkeit sind die Berechnungsmethoden nicht wesentlich mehr als Argumentationshilfen bei Verkaufsverhandlungen, die der Verkäuferseite dazu dienen sollen, einen möglichst hohen Preis zu erzielen, und die die Käuferseite vorbringt, um den Preis möglichst niedrig zu halten. Wenn sich die Vertragspartner schließlich auf einen Kaufpreis für das Unternehmen im Ganzen geeinigt haben, geschieht das nicht, weil die eine Seite die andere von der Richtigkeit ihrer Argumente überzeugt hätte, sondern weil beide Seiten ein Interesse am Zustandekommen des Kaufvertrags haben und des Feilschens müde geworden sind.«

Dazu haben sich in erster Linie zwei vom BFH anerkannte Methoden durchgesetzt, die sog. **indirekte Methode und die direkte Methode**. Beide sollen anhand eines einheitlichen Ausgangsbeispieles dargestellt werden.

BEISPIEL

Teilwert der einzelnen übernommenen Wirtschaftsgüter	300 000 €
durchschnittlich erzielbarer Jahresertrag	108 000 €
angemessener Unternehmerlohn	48 000 €
durchschnittlich erzielbarer Zins bei Fremdinvestition	10 %

LÖSUNG

a) **Indirekte Methode (BFH** vom 08.12.1976 BStBl II 1977, 409 und vom 19.03.1987 BFH/NV 1987, 580):

Jahresertrag	108 000 €
./. Unternehmerlohn	48 000 €
	60 000 €
Dieser Ertrag entspricht bei einer üblichen Verzinsung von 10 %	
einem Ertragswert von	600 000 €
./. Substanzwert	300 000 €
innerer Wert des Unternehmens	300 000 €
./. Abschlag für Fehlerquellen 50 %	150 000 €
Firmenwert	150 000 €

b) **Direkte Methode (BFH** vom 28.10.1976 BStBl II 1977, 73):

Substanzwert 300 000 €; daraus Verzinsung	30 000 €
+ angemessener Unternehmerlohn	48 000 €
mit Arbeit und Kapital erwirtschaftbar	78 000 €
tatsächlich erzielbar	108 000 €
»Mehrgewinn«	30 000 €

Dieser »Mehrgewinn« entspricht bei einer Verzinsung von 10 % einem Kapitalwert von 300 000 €. Zur Abgeltung möglicher Fehlerquellen muss auch hier ein Abschlag von 50 % eingerechnet werden (von dem der BFH zwar in dem Urteil vom 08. 12. 1976, nicht aber in dem vom 28. 10. 1976 spricht), also Firmenwert auch hier 150 000 €

Würde man dagegen dem Urteil des BFH vom 28. 10. 1976 BStBl II 1977, 73 folgen, dann wäre kein Abschlag vorzunehmen, der Firmenwert betrüge folglich nach dieser Methode 300 000 €.

c) **Mittelwertmethode:** Nach dieser sehr häufig verwendeten Methode (ausführlich Peemöller, Praxishandbuch der Unternehmensbewertung S. 82 ff.) wird der Firmenwert dadurch ermittelt, dass Substanz- und Ertragswert addiert werden, die Summe halbiert wird und hiervon wird der Substanzwert wieder subtrahiert:

Ertragswert (berechnet nach der indirekten Methode)	600 000 €
+ Substanzwert	300 000 €
	900 000 €
geteilt durch 2 ergibt einen Unternehmenswert von	450 000 €
./. Substanzwert	300 000 €
Firmenwert	150 000 €

Schwierig zu bestimmen ist besonders der Satz der üblichen Verzinsung, da er von besonderer Auswirkung auf den Firmenwert ist (wählt man im vorigen Beispiel die übliche Verzinsung mit 8 %, so ergibt sich bereits ein Firmenwert von 225 000 €).

Anders als beim Firmen- oder Geschäftswert sprachen Verwaltung und Rechtsprechung schon immer beim **Praxiswert des Freiberuflers** von einem abnutzbaren Wirtschaftsgut (R 4.5 Abs. 3 Satz 2 EStR). Dabei wurde davon ausgegangen, dass ein solcher entgeltlich erworbener Praxiswert sich innerhalb eines Zeitraumes von durchschnittlich drei bis fünf Jahren verflüchtige.

Da § 7 Abs. 1 EStG die Abschreibungsdauer nur für Gewerbebetriebe und Landwirte auf 15 Jahre festgelegt, wird der Praxiswert des Freiberuflers weiterhin nach einer Nutzungsdauer von drei bis fünf Jahren abgeschrieben werden können. Arbeitet der veräußernde Freiberufler nach wie vor mit, so wird die AfA entsprechend einer Nutzungsdauer von sechs bis zehn Jahren zum Ansatz gebracht, so BFH vom 24. 02. 1994 BStBl II 1994, 590 und Schreiben des BMF vom 15. 01. 1995 BStBl I 1995, 14. Berät der bisherige Praxisinhaber in der Praxis des Nachfolgers nach einer Veräußerung noch eine Weile im Namen und für Rechnung des neuen Inhabers, so soll dies auf die Steuervergünstigung der §§ 18 Abs. 3, 34 EStG für den Veräußerer keinen Einfluss haben, BFH vom 18. 05. 1994 DB 1994, 2374.

2.6 Besonderheiten bei Nutzungsrechten, insbesondere beim Nießbrauch

Dass Nutzungsrechte als immaterielle Wirtschaftsgüter anzusehen sind, wurde bereits mehrfach dargestellt. Anhand einiger Fallbeispiele des **Vorbehalts- und des Zuwendungsnießbrauchs** soll ihre Problematik im Folgenden näher dargestellt werden:

BEISPIELE

a) **Vorbehaltsnießbrauch:** A ist Eigentümer eines Gewerbebetriebes. Diesen überträgt er unentgeltlich auf seinen Sohn B. Das Betriebsgrundstück überträgt er mit auf B, jedoch behält er sich daran den Nießbrauch vor. In Ausübung des Nießbrauchsrechtes vermietet er das Betriebsgrundstück zu angemessenen Bedingungen an B.

LÖSUNG Vgl. BFH vom 05.07.1984 in BFH/NV 1986, 199:
Der Mietvertrag ist anzuerkennen, der Nießbrauchsvorbehalt und die anschließende Vermietung an den Eigentümer stellt keine Umgehung nach § 42 AO dar. Die Mietzahlung ist also bei B Betriebsausgabe. Da er Grundstückseigentümer ist, hat er auch den Grund und Boden und das Gebäude zu aktivieren. Da es sich um eine unentgeltliche Betriebsübertragung handelt, setzt B Grund und Boden und Gebäude mit den bisherigen Buchwerten an (§ 6 Abs. 3 EStG). Da die AfA beim Vorbehaltsnießbrauch dem Nießbraucher verbleibt (vgl. BFH vom 23.07.1981 BStBl II 1982, 380; Nießbrauchserlass vom 30.01.2013 BStBl I 2013, 1184, dort siehe Tz. 42), muss B den Wertverzehr, dem das Gebäude unterliegt, erfolgsneutral verbuchen, etwa mit dem Buchungssatz »Entnahme an Gebäude«; als Wert ist der Betrag anzusetzen, den B ohne die gewählte Gestaltung als AfA absetzen könnte. Die übrigen auf das Grundstück getätigten Aufwendungen sind Betriebsausgaben, wobei jedoch zu untersuchen ist, ob die Summe der Aufwendungen (Miete und Aufwand) noch in einem angemessenen Verhältnis steht; ist dies nicht der Fall, dann liegen in Höhe des Mehrwertes Entnahmen des B vor. Allerdings ist dabei zu beachten, dass B als Eigentümer zur Vornahme der außergewöhnlichen Aufwendungen verpflichtet ist (A hat nur die Aufwendungen der §§ 1041,1045, 1047 BGB zu tragen). Die Höhe der AfA, die A absetzen kann, bestimmt sich nach R 7.4 Abs. 10 Nr. 2 EStR. Das Grundstück ist nicht entnommen worden, also schreibt A nach der bisherigen AfA-Methode und der bisherigen Bemessungsgrundlage weiter ab. Da das Gebäude jedoch bei A nicht mehr zu einem Betriebsvermögen gehört, kommt für ihn eine AfA, wie sie für Wirtschaftsgebäude gilt, nicht mehr in Betracht, sondern nur noch die ermäßigte AfA; nur diese wird auch bei B als erfolgsneutraler Wertverzehr angesetzt.

b) **Vorbehaltsnießbrauch**, vgl. BFH vom 16.12.1988 BStBl II 1989, 763 und vom 20.09.1989 BStBl II 1990, 368:
A ist Inhaber eines Betriebes. Im Wege der vorweggenommenen Erbfolge schenkt er das Grundstück seinem Sohn B, behält sich jedoch daran den Nießbrauch vor. In Ausübung des Nießbrauchs nutzt er das Grundstück weiterhin in seinem Betrieb.
LÖSUNG A hat das Grundstück unter Aufdeckung der stillen Reserven zum Teilwert zu entnehmen (H 4.3 Abs. 2 bis 4 (Vorbehaltsnießbrauch) EStH). Eine anschließende Einlage des Nießbrauchsrechtes schließt der BFH aus, lässt jedoch die Aufwendungen als BA zu. Auch eine AfA lässt er zu, wobei er als Bemessungsgrundlage ausdrücklich den Entnahmewert bestimmt (vgl. Leitsatz 3 des BFH vom 20.09.1989; ebenso H 4.7 (Unentgeltliche Übertragung; s. dort den letzten Satz) EStH). Für die Aufwendungen und die AfA ist zu buchen Grundstücksaufwand an Einlage. Da kein besonderer Bilanzposten angesetzt ist, kommt bei Nutzungsbeendigung auch keine erfolgswirksame Ausbuchung in Betracht (Leitsatz 3 des BFH vom 16.12.1988 BStBl 1989, 763).

c) **Zuwendungsnießbrauch:** A ist Eigentümer eines Grundstücks, sein Sohn B betreibt einen Gewerbebetrieb. A räumt dem B unentgeltlich den Nießbrauch an dem Grundstück ein, B nutzt seither das Grundstück in seinem Betrieb.
LÖSUNG B hat unentgeltlich ein Nutzungsrecht erworben. Eine Bilanzierung kommt nach den Urteilen des BFH vom 16.12.1988 BStBl II 1989, 763 und vom 20.09.1989 BStBl II 1990, 368 nicht in Betracht. Als BA sind die laufenden Aufwendungen des B abziehbar, jedoch keine AfA.

d) **Zuwendungsnießbrauch:** A ist Inhaber eines Gewerbebetriebes. Er wendet seinem Sohn B unentgeltlich den Nießbrauch an dem Betriebsgrundstück zu; B vermietet das Grundstück wieder zurück an A, der es aufgrund des Mietvertrages in seinem Betrieb nutzt.
LÖSUNG Hier soll nach Tz 15 Nießbrauchserlass (BMF vom 15.11.1984 BStBl I 1984, 561) zunächst geprüft werden, ob nicht das Geschäft nach § 42 AO unbeachtlich ist. Dies ist richtig, denn im Gegensatz zu dem als Beispiel a) geschilderten, vom BFH entschiedenen Fall, ändert sich in vorstehendem Sachverhalt wirtschaftlich betrachtet nichts.

3 Wertpapiere und Beteiligungen

3.1 Wertpapiere

Wertpapiere sind allgemein **Urkunden über Vermögensrechte**, die an den Besitz dieser Urkunden gebunden sind. Diese Abhandlung beschäftigt sich jedoch nur mit Wertpapieren im Sinne von vertretbaren Wertpapieren. Darunter fallen die festverzinslichen Wertpapiere - auch: Rentenpapiere - (Schuldverschreibungen, Obligationen, Pfandbriefe, Anleihen) und die Dividendenpapiere (Aktien). Sie werden oft auch als Effekten bezeichnet, wenn sie an der Börse handelbar sind. Außerdem gehören dazu die Investment-Zertifikate, das sind Anteile am Anlagevermögen der Kapitalanlagegesellschaften (Gesetz über Kapitalanlagegesellschaften vom 14.01.1970 BGBl I 1970, 127).

Die **Nennwerte** der Wertpapiere werden seit 01.01.1999 in Euro angegeben (bei Neuemissionen). Bei Aktien wird zunehmend auf einen Nennwert verzichtet. Die - nennwertlosen - Stückaktien werden sich wohl durchsetzen. An der Börse werden Wertpapiere seit 01.01.1999 nur noch in Euro notiert.

3.1.1 Zugehörigkeit zum Betriebsvermögen

Wertpapiere sind in der Regel **neutrales Vermögen** (vgl. E 1.2.2). Dies gilt insbesondere für festverzinsliche Wertpapiere. **Notwendiges Betriebsvermögen** kann gegeben sein, wenn Wertpapiere unmittelbar dem Unternehmenszweck dienen, z. B. als Umlaufvermögen bei Banken oder bei Aktien als Beteiligung. Steuerlich liegt notwendiges (Sonder)Betriebsvermögen auch vor bei Aktien einer AG & Co. KG (selten) oder im Rahmen einer Betriebsaufspaltung.

Oft werden Wertpapiere als **gewillkürtes Betriebsvermögen** behandelt. Bei Gewinnermittlung nach § 5 EStG ist eine Bilanzierung fast uneingeschränkt möglich. Ausnahme: wenn im Zeitpunkt der Zuführung ersichtlich ist, dass die Papiere keinen Nutzen, sondern nur Verluste bringen (BFH vom 08.02.1985 BFH/NV 1985, 80 und BFH vom 19.02.1997 BStBl II 1997, 399). Sie sind dann nicht geeignet, einen Betrieb in irgendeiner Weise zu fördern; R 4.2 Abs. 1 Satz 3 EStR. Vgl. auch H 4.2 [1] (Wertpapiere) EStH.

Bei Gewinnermittlung nach § 4 Abs. 1 EStG sind die Voraussetzungen für gewillkürtes Betriebsvermögen etwas strenger, da insbesondere für einen freien Beruf ein objektiver Zusammenhang der Wertpapiere mit dem Betrieb nicht ohne weiteres bejaht werden kann. So könnte z. B. ein Steuerberater Aktien einer Aktiengesellschaft, deren Betrieb der Steuerberatungspraxis fremd ist, auch dann nicht als gewillkürtes Betriebsvermögen behandeln, wenn sie in der Absicht erworben wurden, das steuerliche Mandat der AG zu erlangen (vgl. BFH vom 22.01.1981 BStBl II 1981, 564 betreffend GmbH-Anteil). Andererseits kann Betriebsvermögen dann vorliegen, wenn ein Freiberufler z. B. als finanzielle Reserven notwendige Geldmittel höherverzinslich in Wertpapieren anlegt (BFH vom 14.11.1972 BStBl II 1973, 289).

Wertpapiere werden meist zum **Anlagevermögen** gehören (§ 247 Abs. 2 HGB). Das gilt vor allem für die Fälle, bei denen Wertpapiere aus Betriebsmitteln erworben und im Betriebsvermögen (als Kapitalanlage) belassen werden oder bei denen Wertpapiere zur Verstärkung des Betriebskapitals eingelegt wurden. Sie stellen dagegen Umlaufvermögen dar, wenn sie in spekulativer Absicht erworben wurden, oder, wie bei Kreditinstituten üblich, als Handelsobjekte dienen sollen. Eine nur kurzfristige Kapitalanlage ist wegen der entstehenden Anschaffungsnebenkosten und Veräußerungskosten wenig wahrscheinlich.

3.1.2 Anschaffungskosten

Wertpapiere werden üblicherweise an der Börse gehandelt. Ein Erwerb erfolgt meist unter Einschaltung eines Kreditinstituts. Die Anschaffungskosten (§ 255 Abs. 1 HGB) ergeben sich im Wesentlichen aus dem Börsenpreis (bei festverzinslichen Wertpapieren: Nennwert × Börsenkurs, bei Aktien: Kurswert). Dazu kommen an Nebenkosten der Anschaffung Maklergebühr (Courtage), Vermittlungsprovision der Bank und Bankspesen.

Dies gilt sowohl für festverzinsliche Wertpapiere als auch für Dividendenpapiere, wobei bei festverzinslichen die Nebenkosten etwas niedriger sind. Bei den Festverzinslichen werden neben den üblichen Nebenkosten auch noch Stückzinsen in Rechnung gestellt. Dabei handelt es sich um die Zinsen, die vom letzten Zinstermin bis zum Erwerb angefallen sind und daher eigentlich dem bisherigen Wertpapierbesitzer zustehen. Der Erwerber erhält ja am nächsten Zinstermin die vollen Zinsen für den abgelaufenen Zinszeitraum. Diese Stückzinsen gehören nicht zu den Anschaffungskosten der Wertpapiere. Mit ihnen ist vielmehr ein Zinsanspruch erworben worden. (Vgl. dazu M 5.1). Bei Dividendenpapieren ist der Anspruch auf Dividende im Kurswert berücksichtigt. Er kann nicht von den Anschaffungskosten der Aktien getrennt werden.

3.1.3 Teilwert

Wertpapiere, die zum Anlagevermögen gehören, **dürfen** mit einem unter den Anschaffungskosten liegenden Wert in der **Handelsbilanz** angesetzt werden, wenn ihr Börsenkurs (Kurswert) gesunken ist. Es besteht nach § 253 Abs. 3 Satz 4 HGB ein **Bewertungswahlrecht.** Das HGB bestimmt jedoch weiter gehend, dass bei einer **voraussichtlich dauernden Wertminderung** auf den niedrigeren Wert abgeschrieben werden **muss.** Bei voraussichtlich nur vorübergehender Wertminderung besteht in der Steuerbilanz ein Verbot zur Abschreibung auf den niedrigeren Teilwert (Umkehrschluss aus § 6 Abs. 1 Nr. 2 Satz 2 EStG).

In der **Steuerbilanz** geht die Verwaltung seit dem BMF-Erlass vom 12.03.2010 BStBl I 2010, 239 Rz. 15 davon aus, dass § 6 Abs. 1 Nr. 2 EStG für voraussichtlich dauernde Wertminderungen ein Wahlrecht eröffne, das nicht unter den Maßgeblichkeitsgrundsatz des § 5 Abs. 1 EStG falle.

Bei börsennotierten Aktien, die als Finanzanlage gehalten werden, ist von einer **voraussichtlich dauernden Wertminderung** auszugehen, wenn der Börsenwert zum Bilanzstichtag um **mehr als 40 % unter die Anschaffungskosten** gesunken ist und zum Zeitpunkt der Bilanzerstellung keine konkreten Anhaltspunkte für eine alsbaldige Wertaufholung vorliegen (BMF vom 26.03.2009 BStBl I 2009, 514). Die ständige Rechtsprechung des BFH sieht dagegen allenfalls eine Bagatellgrenze von 5 % als unbeachtliche Wertminderung an, vgl. BFH vom 21.09.2011 DStR 2012, 21 unter ausdrücklicher Ablehnung der Verwaltungsauffassung

Gehören Wertpapiere zum **Umlaufvermögen**, so gibt es bei sinkenden Börsenkursen handelsrechtlich kein Wahlrecht. Es ist nach § 253 Abs. 4 Satz 1 HGB zwingend der niedrigere Wert anzusetzen, der sich aus dem Börsenpreis am Abschlussstichtag ergibt. Der Börsenpreis stimmt nicht voll mit dem steuerlich maßgebenden Teilwert überein. Beim Teilwert sind nämlich nach BFH vom 15.07.1966 BStBl III 1966, 643 die anteiligen Nebenkosten zu berücksichtigen. Der für die Teilwertbestimmung gedachte Erwerber (vgl. § 6 Abs. 1 Nr. 1 Satz 3 EStG) müsste die Nebenkosten ebenfalls aufbringen. Damit liegt der Teilwert über dem gemeinen Wert der Wertpapiere. Der beizulegende Wert i. S. d. § 253 Abs. 3 Satz 2 HGB stimmt ebenfalls nicht mit dem Börsenpreis überein. Auch er wird i. d. R. die anteiligen Nebenkosten enthalten (vgl. Beck'scher

Bilanzkommentar, § 253 Anm. 513.) Nach Adler/Düring/Schmaltz, Rechnungslegung und Prüfung der Unternehmen, 6. Aufl., § 253 Rz. 501/502 ist aber der Börsenkurs abzüglich Verkaufsspesen anzusetzen, wenn eine alsbaldige Veräußerung der Wertpapiere unumgänglich ist. Bei Wertpapieren, die vorerst im Unternehmen verbleiben, sei ein Ansatz mit den Wiederbeschaffungskosten vorstellbar. Für die Steuerbilanz kommt dagegen auch beim Umlaufvermögen eine **Teilwertabschreibung nur bei voraussichtlich dauernder Wertminderung** in Betracht (Wahlrecht, § 6 Abs. 1 Nr. 2 Satz 2 EStG).

BEISPIEL

W hat Pfandbriefe im Nennwert von 20 000 € bei einem Kurs von 98 % als Anlagevermögen erworben. Nebenkosten 120 €. Am Bilanzstichtag ist der Börsenkurs auf 95 % gesunken.

LÖSUNG Die Anschaffungskosten betragen 19 600 € + 120 € = 19 720 €.

Der Teilwert vom Bilanzstichtag errechnet sich wie folgt:

$$\frac{\text{(Anschaffungskosten) } 19\,720\text{ €} \times \text{(Kurs am Stichtag) } 95}{\text{(Kurs bei Anschaffung) } 98} = \text{rd. } 19\,116\text{ €}$$

W kann in der Handelsbilanz also eine außerplanmäßige Abschreibung von 604 € vornehmen, § 253 Abs. 3 Satz 4 HGB. Die Voraussetzung für eine Teilwertabschreibung in der Steuerbilanz dürfte i. d. R. nicht vorliegen, weil am Ende der Laufzeit der Nennwert ausgezahlt wird und somit keine voraussichtlich dauernde Wertminderung gegeben ist, vgl. BMF vom 25. 02. 2000 BStBl I 2000, 372 Rz. 17 und BFH vom 08. 06. 2011 DStR 2011, 1556.

Bei Investment-Zertifikaten kann der **Teilwert bei der Entnahme** abweichend von anderen Wertpapieren dem Rücknahmepreis entsprechen, wenn die Anteile für den Betrieb entbehrlich i. S. von überflüssig sind (BFH vom 05. 10. 1972 BStBl II 1973, 207). Allerdings können diese Anteile nicht in zeitlichem Zusammenhang mit ihrer Anschaffung bereits als entbehrlich angesehen werden. Wurde bei Wertpapieren des Anlagevermögens oder des Umlaufvermögens an einem Bilanzstichtag ein niedrigerer Teilwert angesetzt, ist der Teilwert bis zum nächsten Bilanzstichtag aber wieder gestiegen, so darf nach § 253 Abs. 5 HGB der niedrigere Ansatz nicht beibehalten werden; es muss der höhere Teilwert angesetzt werden, soweit er die Anschaffungskosten nicht übersteigt. **Steuerlich** gilt gemäß § 6 Abs. 1 Nr. 2 Satz 3 i. V. m. Nr. 1 Satz 4 EStG ebenfalls ein **Wertaufholungsgebot**.

BEISPIEL

Zum gewillkürten Betriebsvermögen des Unternehmers U gehörten am 31. 12. 04 Aktien im Nennwert von 10 000 €, die U im Oktober 04 für 65 000 € angeschafft und eingebucht hatte. Wegen Kursrückgangs betrug der Teilwert der Aktien am 31. 12. 04 nur noch 52 000 €. U hat dies in seiner Bilanz zum 31. 12. 04 durch eine Teilwertabschreibung in Höhe von 13 000 € berücksichtigt. Am 31. 12. 05 ist der Teilwert der Aktien auf 68 000 € gestiegen.

LÖSUNG U muss in seiner Handelsbilanz auf 31. 12. 05 die Aktien auf (höchstens) 65 000 € aufstocken, z. B. durch die Buchung

Wertpapiere	13 000 €	
an Ertrag aus Zuschreibungen		13 000 €

Vergleiche dazu § 253 Abs. 5 HGB.

In der **Steuerbilanz** auf den 31. 12. 04 darf die Teilwertabschreibung nur erfolgen, wenn die Wertminderung voraussichtlich von Dauer ist, was nach dem Erlass vom 26. 03. 2009 BStBl I 2009, 514 bei der geringen Abweichung nicht angenommen werden kann, wohl aber nach der Rechtsprechung des BFH vom 21. 09. 2011, DStR 2012, 21.

3.1.4 Einzelbewertung

Auch für Wertpapiere gilt der Grundsatz der Einzelbewertung (§ 252 Abs. 1 Nr. 3 HGB). Es kommt also für die Bewertung immer auf die **Anschaffungskosten** und den **Teilwert** des einzelnen Wertpapieres an. So kann z. B. selbst bei Wertpapieren derselben Gattung, die zwar denselben Teilwert haben, aber zu unterschiedlichen Zeitpunkten und damit zu unterschiedlichen Börsenpreisen angeschafft worden sind, für den einen Teil eine Teilwertabschreibung in Betracht kommen, für den anderen dagegen nicht. Beschränkungen hinsichtlich der Einzelbewertung können sich bei Aktien ergeben, die zu einer Beteiligung gehören oder die im Girosammeldepot gehalten werden.

BEISPIEL

Kaufmann E hat im Januar 01 10 ABC-Aktien zum Kurs von 280 €/St. + 30 € Nebenkosten (insgesamt) erworben und mit 2 830 € als Anlagevermögen aktiviert. Im Oktober 01 erwarb er weitere 20 ABC-Aktien bei einem Kurs von 260 €/Stück + 55 € Nebenkosten und buchte den Zugang mit 5 255 €. Am Bilanzstichtag 31. 12. 01 beträgt der Kurs 270 €/St.

LÖSUNG Für die im Januar erworbenen Aktien könnte in der Handelsbilanz eine außerplanmäßige Abschreibung auf 2 729 € (2 830 € : 280 × 270) vorgenommen werden, bei den im Oktober angeschafften verbleibt es dagegen bei den Anschaffungskosten von 5 255 €. Steuerlich käme dagegen die Teilwertabschreibung nur in Betracht, wenn die ABC-Aktien voraussichtlich auf lange Sicht den Kurs von 280 € nicht mehr erreichen würden.

3.1.5 Wertpapiere im Girosammeldepot

Die Einzelbewertung stößt auf Schwierigkeiten, wenn sich Wertpapiere in einem Girosammeldepot befinden. Die Girosammelverwahrung – in einem Girosammeldepot – ist für die Kreditinstitute rationell und für die Bankkunden kostengünstig. Die Girosammelverwahrung besteht darin, dass alle Wertpapiere derselben Gattung, deren Eigentümer die Sammelverwahrung wünschen, zu einem **Sammelbestand** zusammengefasst und bei einer für diesen Zweck gegründeten Bank (Wertpapiersammelbank) aufbewahrt werden. Der Wertpapiersparer wird an diesem Sammelbestand durch eine **Gutschrift beteiligt**, die ihm seine Bank auf sein Sammeldepotkonto erteilt. Er ist nicht (mehr) Eigentümer des einzelnen Wertpapiers, sondern Miteigentümer nach Bruchteilen an den im Sammelbestand der betreffenden Wertpapierart vereinigten Papiere (nach Hans H. Müncks, Die Bundesanleihen). Vgl. auch § 6 Depotgesetz (BGBl I 1995, 35).

Während Wertpapiere allgemein aufgrund ihrer Stücknummern regelmäßig leicht zu identifizieren sind, trifft dies auf Wertpapiere in einem Girosammeldepot naturgemäß nicht zu. Trotzdem gilt der Grundsatz der **Einzelbewertung** auch für sie. Handelsrechtlich mag man sich dabei an die Lifo- oder Fifo-Methode halten (vgl. G 7.2.2).

Steuerlich sind dagegen nach Urteil des BFH vom 15.02.1966 BStBl III 1966, 274 die **durchschnittlichen Anschaffungskosten** der für den Unternehmer in einem Girosammeldepot befindlichen Wertpapiere derselben Gattung anzusetzen. S. dazu auch BMF vom 20.06.1968 BStBl I 1968, 986 und BFH vom 24.11.1993 BStBl II 1994, 591 (zu § 23 EStG).

BEISPIEL

Im Girosammeldepot des Kaufmanns N befinden sich folgende Wertpapiere:

Stück	Gattung	Anschaffung		Nebenkosten	Anschaffungskosten
		im Wj	zum Kurs		
120	ABC-Aktien	01	230 €/St.	280 €	27 880 €
150	XYZ-Aktien	02	180 €/St.	300 €	27 300 €
80	ABC-Aktien	03	260 €/St.	220 €	21 020 €
					76 200 €

Die Wertpapiere wurden bisher in den Bilanzen seit 31. 12. 01 stets mit den Anschaffungskosten ausgewiesen. Im Jahr 08 veräußert N 50 ABC-Aktien zum Kurs von 280 €/St. Die Bank schrieb ihm nach Abzug von 120 € Veräußerungskosten 13 880 € gut.

LÖSUNG Für die veräußerten ABC-Aktien ist der durchschnittliche Buchwert (die durchschnittlichen Anschaffungskosten) festzustellen. N besaß 200 ABC-Aktien mit einem Buchwert von insgesamt (27 880 € + 21 020 € =) 48 900 €. Davon entfallen auf eine Aktie 244,50 €, auf die verkauften 50 Aktien also 12 225 € insgesamt. Buchung:

Bank	13 880 €	
an Wertpapiere		12 225 €
an so. betr. Ertrag		1 655 €

Eine Buchung der Veräußerungskosten über »Finanzkosten« bei einem dann um 120 € höheren Ertrag ist zwar durchaus zutreffend, kann aber zu einem irreführenden Ergebnis verleiten, wenn es auf den genauen Buchgewinn aus der Veräußerung ankommt, wie z. B. bei der Anwendung des § 6 b Abs. 10 EStG.

In dem vorstehenden Beispiel ist von Bedeutung, dass N Anteile an Kapitalgesellschaften veräußert hat. Soweit die Aktien im Wj 01 angeschafft worden sind, ist die 6-Jahres-Frist des § 6 b Abs. 10 Satz 4 i. V. m. Abs. 4 Nr. 2 EStG eingehalten. Dabei wird unterstellt, dass die Aktien zum Anlagevermögen gehört haben, vgl. auch R 6 b.3 Abs. 1 Satz 2 EStR.

3.1.6 Berichtigungsaktien

Die Hauptversammlung einer Aktiengesellschaft kann eine Erhöhung des Grundkapitals durch **Umwandlung** von **offenen Rücklagen** beschließen (§ 207 f. AktG). Buchung:

Kapitalrücklage bzw. Gewinnrücklage
an gezeichnetes Kapital

Da das Grundkapital der AG in Aktien zerlegt ist (§ 1 Abs. 2 AktG), erhöht sich mit dem Grundkapital auch die Zahl der Aktien. Die neuen Aktien stehen den Aktionären im Verhältnis ihrer Anteile am bisherigen Grundkapital zu (§ 212 AktG). Weil sich durch diese Art der **Kapitalerhöhung** das Eigenkapital der AG insgesamt nicht ändert, sondern lediglich die einzelnen Kapitalbestandteile geändert werden, nennt man diese neuen Aktien Berichtigungsaktien oder Zusatzaktien. Gebräuchlicher – wenn auch etwas irreführend – ist aber die Bezeichnung »Gratisaktien« oder »Freiaktien«. Tatsächlich erhält jedoch der Aktionär nichts gratis, denn wegen der Ausgabe der Berichtigungsaktien verringert sich der Kurswert der Altaktien durch die »Neuverteilung des Vermögens der AG«. Im Kurszettel der Börse wird dies mit dem Hinweis »ex BA« erläutert.

Die steuerliche Behandlung der Berichtigungsaktien ergibt sich aus den §§ 1 und 3 des Gesetzes über steuerrechtliche Maßnahmen bei Erhöhung des Nennkapitals aus Gesellschaftsmitteln. Nach § 1 gehört der Wert der neuen Anteilsrechte nicht zu den Einkünften i. S. des § 2 Abs. 1 EStG. Es sind demnach auch keine Erträge zu buchen. Nach § 3 ist für die Berichtigungsaktien ein Teil der Anschaffungskosten (bzw. des Buchwerts) der alten Aktien abzuspalten. Maßstab für die Abspaltung sind die jeweiligen Anteile der Altaktien und der neuen Anteilsrechte am Grundkapital. Vgl. auch § 220 AktG.

BEISPIEL

Kaufmann K hatte im Wj 02 20 SZ-Aktien zum Kurs von 420 € je Stück zuzüglich 100 € Nebenkosten erworben und seither mit den Anschaffungskosten von 8 500 € bilanziert. Im Wj 06 hat die SZ-AG ihr Grundkapital aus Gesellschaftsmitteln im Verhältnis 4:1 erhöht. K erhält also zu seinen 20 Aktien fünf neue Aktien (Gratisaktien) ohne Zuzahlung.

LÖSUNG K besitzt nunmehr 25 SZ-Aktien. Die Anschaffungskosten von 8 500 € sind auf diese 25 Aktien gleichmäßig zu verteilen und betragen demnach 340 € je Stück.

Eine Buchung ist unnötig (gedanklich: neue Aktien an Altaktien 1 700 €). Die alten Aktien verlieren also einen Teil ihres Buchwerts. Das bedeutet jedoch keine Teilwertabschreibung, so dass bei einem am Bilanzstichtag wieder gestiegenen Kurswert keine Wertaufholung in Betracht kommt.

Ein **Bezugsrechtshandel**, wie bei der Ausgabe junger Aktien (vgl. nachstehend 3.1.7) ist bei Berichtigungsaktien **ausgeschlossen**. Es können jedoch Teilrechte entstehen, die durch Zukauf oder Verkauf auf den vollen Nennwert auf- oder abgerundet werden können. Solche Teilrechte entstehen, wenn z. B. bei einem Besitz von 20 Aktien das Bezugsverhältnis 6:1 ist.

Für die Berichtigungsaktien besteht eine so genannte **Besitzzeitanrechnung** (R 6 b.3 Abs. 6 Satz 1 EStR), d. h. die neuen Aktien gelten als zusammen mit den Altaktien angeschafft. Der Steuerpflichtige kann daher (für die Zeit vor dem 01.01.1999 und nach dem 31.12.2001) unabhängig vom Zeitpunkt ihrer Ausgabe bei der Veräußerung von Berichtigungsaktien die Vergünstigung des § 6 b EStG in Anspruch nehmen, wenn die Altaktien mindestens sechs Jahre zu seinem Anlagevermögen gehört haben, R 6 b.3 Abs. 6 Satz 1 EStR.

3.1.7 Junge Aktien

Eine wichtige Kapitalbeschaffungsmaßnahme für Aktiengesellschaften ist die **Kapitalerhöhung** gegen Einlagen. Diese Kapitalerhöhung kann nur durch Ausgabe neuer Aktien – der so genannten jungen Aktien – ausgeführt werden (§ 182 f. AktG). Dabei muss jedem Aktionär auf sein Verlangen ein seinem Anteil an dem bisherigen Grundkapital entsprechender Teil der neuen Aktien zugeteilt werden (§ 186 Abs. 1 AktG). Die jungen Aktien werden normalerweise zu einem gegenüber dem Kurs der Altaktien mehr oder weniger günstigeren **Bezugspreis** ausgegeben. Die Zahl der zum Erwerb einer jungen Aktie erforderlichen Bezugsrechte, verkörpert in einem bestimmten Gewinnanteilschein, ergibt sich aus dem Bezugsverhältnis. Für die Ausübung des Bezugsrechts ist eine Frist von mindestens zwei Wochen zu bestimmen (Bezugsfrist). Während der Bezugsfrist werden die Bezugsrechte an der Börse gehandelt; sie haben einen eigenen Börsenkurs. Damit sind sie selbstständige Wirtschaftsgüter, die gekauft, verkauft, aber auch entnommen werden können. Mit Beginn der Bezugsfrist und der erstmaligen Notierung der Bezugsrechte sinkt regelmäßig der Börsenkurs der Altaktien. Dies wird im Kurszettel der Börsen mit dem Hinweis »ex B« (= ausschließlich Bezugsrecht) erläutert.

Da das Bezugsrecht während der Bezugsfrist ein eigenes Wirtschaftsgut ist, stellt sich im Falle einer Veräußerung oder Entnahme die Frage, ob Bezugsrechte auch einen Buchwert haben können. Die Antwort ergibt sich aus der Tatsache, dass Bezugsrechte ebenso wie Berichtigungsaktien von den Altaktien abgespalten werden. Dazu hat der BFH am 06. 12. 1968 (BStBl II 1969, 105) entschieden, dass die Anschaffungskosten eines Bezugsrechts auf eine junge Aktie aus einem nach der Gesamtwertmethode zu errechnenden und abzuspaltenden Teil der Anschaffungskosten der für das Bezugsrecht notwendigen Altaktien bestehen. Die anzuwendende Formel lautet:

$$\text{Buchwert des Bezugsrechts} = \frac{\text{Anschaffungskosten Altaktie} \times \text{Kurs Bezugsrecht}}{\text{Kurs Altaktien vor Kapitalerhöhung}}$$

Wurden die Aktien inzwischen auf einen niedrigeren Teilwert abgeschrieben, so tritt für die Berechnung des Buchwertanteils der Teilwert (Buchwert) an die Stelle der Anschaffungskosten.

Die **Anschaffungskosten** einer jungen Aktie setzen sich zusammen aus dem Bezugspreis und dem Buchwertanteil der benötigten Bezugsrechte. Der Buchwert für die Altaktien vermindert sich um den Buchwertanteil des Bezugsrechts. Auch hierbei handelt es sich um eine Buchwertabspaltung und nicht um eine Teilwertabschreibung.

BEISPIELE

a) K hat im Juni 01 100 D-Aktien zum Kurs von 335 €/St. erworben. Zusammen mit den Nebenkosten betrugen die Anschaffungskosten 34 200 € (seitheriger Buchwert).
Im Mai 08 erhöhte die D-AG ihr Kapital im Verhältnis 6:1 durch Ausgabe junger Aktien zum Ausgabepreis von 240 €. Kurs der D-Aktien vor Kapitalerhöhung 380 €/St., ex Bezugsrecht 360 €/St. Kurs eines Bezugsrechts 20 €.

LÖSUNG Vom Buchwert der Altaktien ist der Buchwertanteil der Bezugsrechte abzuspalten. Dabei ist es zweckmäßig, die Werte jeweils auf eine Aktie bzw. ein Bezugsrecht zu beziehen. Buchwert einer Altaktie 342 €.

Buchwertanteil Bezugsrecht: $\frac{342 \times 20}{380} = 18$ €

Damit verbleibt für eine Altaktie noch ein Buchwert von 342 € ./. 18 € = 324 €.
Die Anschaffungskosten einer jungen Aktie belaufen sich auf 240 € (Bezugspreis) + 6 × 18 € (Buchwertanteil der erforderlichen Bezugsrechte) = 348 €, zuzüglich eventueller Nebenkosten.

b) Wie a). K erwirbt 16 junge Aktien und veräußert die überzähligen 4 Bezugsrechte.

Buchungen:	
Wertpapiere an Bank	3 840 €
Bank	80 €
an Wertpapiere	72 €
an so. betr. Ertrag	8 €

Die Buchung der Buchwertabspaltung (Wertpapiere an Wertpapiere 1 728 €) ist entbehrlich.

Bestand am 31. 12. 08:	
100 Altaktien mit Buchwert je 324 € =	32 400 €
16 junge Aktien mit je 348 € Anschaffungskosten	5 568 €
Buchwert insgesamt	37 968 €

Kontoentwicklung	
Buchwert 31. 12. 07	34 200 €
+ Erwerb junge Aktien (16)	3 840 €
./. Veräußerung Bezugsrechte (4)	72 €
Buchwert 31. 12. 08	37 968 €

Bei dieser Kontoentwicklung wurde beim Zugang der jungen Aktien der ebenfalls zu den Anschaffungskosten zählende Buchwertanteil der erforderlichen Bezugsrechte (16 × 6 × 18 € = 1 728 €) nicht berücksichtigt, weil schon im Buchwert 31. 12. 07 enthalten.
Die Frage eines eventuellen Teilwertabschlags ist für Altaktien und junge Aktien gesondert zu prüfen. Bei einem einheitlichen Börsenkurs von z. B. 330 €/St. am Bilanzstichtag käme für die jungen

Aktien in der HB ein Teilwertabschlag in Betracht, nicht jedoch für die Altaktien. Für die Steuerbilanz ist § 6 Abs. 1 Nr. 2 Satz 2 EStG zu beachten. Eine Teilwertabschreibung ist danach steuerlich nicht zulässig, weil die Wertminderung voraussichtlich nur vorübergehend ist.

c) Wie a). K erwirbt nach Zukauf von zwei Bezugsrechten 17 junge Aktien als private Vermögensanlage. Für den Erwerb werden nur private Geldmittel eingesetzt.
K hat demnach für die Anschaffung der jungen Aktien alle 100 Bezugsrechte dem Betriebsvermögen entnommen (vgl. BFH vom 21.10.1976 BStBl II 1977, 148). Die Entnahme ist mit dem Teilwert anzusetzen.

Buchung		
Privatentnahmen	2 000 €	
an Wertpapiere		1 800 €
an so. betr. Ertrag		200 €

Wegen einer Anwendung des § 6 b EStG wird auf R 6 b.3 Abs. 6 Sätze 2 bis 4 EStR verwiesen. Danach erfolgt bei der Veräußerung von Bezugsrechten (nicht bei Entnahme!) eine Besitzzeitanrechnung. Bei jungen Aktien beginnt dagegen die 6-Jahres-Frist des § 6 b Abs. 10 Satz 4 i. V. m. Abs. 4 Nr. 2 EStG in vollem Umfang neu, und zwar auch insoweit, als in den Anschaffungskosten Buchwertanteile der Bezugsrechte enthalten sind.

Anmerkung: Der Kurswert eines Bezugsrechts (BezR) bestimmt sich rechnerisch nach der Formel

$$\text{BezR} = \frac{\text{Kurs alte Aktien ./. Bezugspreis junge Aktien}}{\text{Bezugsverhältnis } + 1}$$

Er wird jedoch stark durch Angebot und Nachfrage an der Börse beeinflusst. Die Erfahrung zeigt, dass in **Prüfungsarbeiten** u. dergl. der Kurswert eines Bezugsrechts oft **nicht** diesen Grundsätzen entspricht, sondern mehr oder weniger willkürlich (z. B. um »runde« Zahlen zu erreichen) bestimmt wird. Lassen Sie sich dadurch also nicht verwirren und gehen Sie bei der weiteren Berechnung vom vorgegeben Kurswert eines Bezugsrechts aus.

3.2 Beteiligungen

3.2.1 Begriff

Beteiligungen sind nach § 271 Abs. 1 HGB **Anteile an anderen Unternehmen**, die bestimmt sind, dem eigenen Geschäftsbetrieb durch Herstellung einer dauernden Verbindung zu jenen Unternehmen zu dienen. Dabei ist es unerheblich, ob die Anteile in Wertpapieren (Aktien) verbrieft sind oder nicht. Sofern sich eine Beteiligungsabsicht nicht zweifelsfrei aus dem Sachverhalt ergibt oder ebenso zweifelsfrei ausgeschlossen werden kann, wird eine Beteiligung unterstellt, wenn die Anteile an einer Kapitalgesellschaft 20 % des Nennkapitals dieser Gesellschaft übersteigen. Beteiligungen können bestehen an Kapitalgesellschaften (AG, GmbH, KGaA), aber auch an Personengesellschaften (OHG, KG, GmbH & Co. KG, GdbR), nicht jedoch an Genossenschaften (§ 271 Abs. 1 letzter Satz HGB).

BEISPIELE

a) Acht Bauhandwerksunternehmer (Maurer, Dachdecker, Maler usw.) gründen in S eine GmbH, welche die Ausführung von Sanierungsarbeiten an Altbauten zum Zweck hat. Das Stammkapital der GmbH beträgt 80 000 €, die Gesellschafter leisten Stammeinlagen von je 10 000 €. Die GmbH vergibt ihre Aufträge an die beteiligten Unternehmer.

Der Anteil am Stammkapital beträgt zwar jeweils nur 12,5 %, also nicht mehr als 20 %, trotzdem besteht über die Beteiligungsabsicht kein Zweifel. Vgl. auch BFH vom 08. 12. 1993 BStBl II 1994, 296.

b) X hat seit 01 Aktien der Z-AG im Nennwert von 300 000 € als Wertpapiere des Anlagevermögens (zu Recht) ausgewiesen. Das Grundkapital der Z-AG beträgt 2 000 000 €. Als im Jahr 08 der Kurs der Z-Aktien außergewöhnlich niedrig war, erwarb X weitere Z-Aktien (Nennwert 200 000 €). Er ist überzeugt, dass sich der Kurs der Aktien spätestens in zwei Jahren erholt und will dann die zugekauften Aktien wieder veräußern.

LÖSUNG Obwohl die Anteile des X am Grundkapital der Z-AG 20 % übersteigen, ist in diesem Falle die Beteiligungsabsicht nicht gegeben.

3.2.2 Bewertung

Beteiligungen an Kapitalgesellschaften sind als **Anlagevermögen** nach § 253 Absätze 1 und 2 HGB zu bewerten. Steuerlich gilt § 6 Abs. 1 Nr. 2 EStG. Der Ansatz in der Bilanz erfolgt somit mit den **Anschaffungskosten** oder dem **niedrigeren Teilwert**; bei einer voraussichtlich vorübergehenden Wertminderung darf aber nur in der Handelsbilanz der niedrigere Wert angesetzt werden, § 253 Abs. 3 Satz 4 HGB. Die Anschaffungskosten einer Beteiligung sind verhältnismäßig unproblematisch. Sie schließen die üblichen Nebenkosten ein.

Für die **Ermittlung des Teilwerts** gelten die allgemeinen Grundsätze. Bei Beteiligungen an Aktiengesellschaften kann dabei auch der Börsenkurs der Aktien eine gewisse Rolle spielen. Im Urteil des BFH vom 15. 02. 1973 BStBl II 1973, 397 wurde in der Begründung Folgendes ausgeführt: »Eine Beteiligung kann – unter Außerachtlassung aller für eine Entscheidung im einen wie im anderen Sinne bedeutsamen weiteren Kriterien – solange nicht auf den niedrigeren Teilwert abgeschrieben werden, als der aus der Summe aller Aufwendungen für die Anschaffung der die Beteiligung bildenden Aktien für die einzelne Aktie errechnete Durchschnittspreis niedriger ist, als ihr Börsenkurswert am Bilanzstichtag.«

Das Urteil erging in einem Fall, in dem ein Steuerpflichtiger weitere Anteile einer AG erworben hatte, an der er bisher schon beteiligt war. Der BFH sah diesen Erwerb – durch widerlegbare Vermutung – als Aufstockung der Beteiligung an. Aus dem zitierten Urteil kann aber nicht geschlossen werden, dass ein über dem Börsenkurswert liegender Durchschnittspreis automatisch zu einer Teilwertabschreibung führen muss. Hier sind die vom BFH erwähnten weiteren Kriterien zu beachten (vgl. auch H 4.2.5.3 und BFH vom 07. 11. 1990 BStBl II 1991, 342).

BEISPIEL

Kaufmann K hatte 600 JK-Aktien im Wj 01 für 120 000 € erworben. Buchwert = Anschaffungskosten. Im Wj 05 erwarb K weitere 100 JK-Aktien zu 30 000 € Anschaffungskosten.
Am 31. 12. 05 hatten die JK-Aktien einen Kurswert von 250 €/St. Es soll eine Beteiligung i. S. v. § 271 Abs. 1 HGB vorliegen.

LÖSUNG

Anschaffung Wj 01 600 Stück zu	120 000 €
Anschaffung Wj 05 100 Stück zu	30 000 €
Summe der Anschaffungskosten für 700 Stück	150 000 €

Die durchschnittlichen Anschaffungskosten einer Aktie betragen rd. 214 €. Dieser Durchschnittspreis liegt unter dem Börsenkurswert. Eine Teilwertabschreibung kommt deshalb nicht in Betracht.

Handelsrechtlich gelten für die **Beteiligung an einer Personengesellschaft** die gleichen Bewertungsvorschriften wie für Kapitalgesellschaften. **Steuerlich** dagegen ist die Beteiligung an einer Personengesellschaft überhaupt keiner eigenen Bewertung fähig. Maßgebend für die steuerliche Bewertung ist das in der (steuerlichen) Bilanz der Personengesellschaft für den Gesellschafter ausgewiesene Kapital. Ein davon abweichender Teilwert ist unerheblich. Zum Problem der Bewertung von Beteiligungen an Personengesellschaften in Handelsbilanz und Steuerbilanz vgl. BFH vom 23.07.1975 BStBl II 1976, 73 und vom 22.01.1981 BStBl II 1981, 427.

BEISPIEL

Schreinermeister S ist Gesellschafter der Möbel-S OHG, die den Einzelhandel mit von S hergestellten Möbeln betreibt. In der Bilanz der OHG auf 31. 12. 02 ist das »Festkapital S« mit 250 000 €, das »Verrechnungskonto S« (Kapital II) mit 149 000 € ausgewiesen. Im Wj. 03 entnahm S bei der OHG insgesamt 18 300 €. Sein Gewinnanteil für das Wj. 03 beträgt laut Gesellschaftsvertrag 84 700 €.

In der Bilanz der OHG auf 31. 12. 03 sind u. a. ausgewiesen:

Festkapital S		250 000 €
Verrechnungskonto S 31. 12. 02	149 000 €	
./. Entnahmen 03	18 300 €	
	130 700 €	
+ Gewinnanteil 03	84 700 €	
Stand 31. 12. 03	215 400 €	
…		215 400 €
		…

LÖSUNG Die Beteiligung an der OHG dient dem Schreinereibetrieb des S unmittelbar. Sie ist daher handelsrechtlich notwendiges Betriebsvermögen des Einzelunternehmers S.
Wird die Beteiligung in der Steuerbilanz aktiviert, ist sie – entsprechend den für S bei der OHG geführten Kapitalkonten – mit (250 000 € + 215 400 € =) 465 400 € anzusetzen. Eine Aktivierung der OHG-Beteiligung in der Steuerbilanz ist jedoch nicht zwingend erforderlich, da der Gewinnanteil unabhängig von einer Bilanzierung immer nach den Grundsätzen des § 15 Abs. 1 Satz 1 Nr. 2 EStG zu erfassen ist.

4 Forderungen

Forderungen sind **typisches Umlaufvermögen**, soweit es sich nicht um langfristige Ausleihungen handelt. Das gilt insbesondere für Forderungen aus Lieferungen und Leistungen. Die Bewertung erfolgt demnach handelsrechtlich gemäß § 253 Abs. 1 Satz 1 HGB grundsätzlich mit den Anschaffungskosten. Ist der beizulegende Wert am Abschlussstichtag niedriger, ist die Forderung jedoch gemäß § 253 Abs. 4 HGB zwingend mit diesem Wert auszuweisen. Langfristige Ausleihungen sind dagegen regelmäßig den Finanzanlagen zuzurechnen; ist deren beizulegender Wert am Abschlussstichtag geringer als die Anschaffungskosten, muss dieser bei voraussichtlich dauernder Wertminderung nach § 253 Abs. 3 Satz 5 HGB zwingend angesetzt werden; ist die Wertminderung voraussichtlich nicht dauerhaft, besteht nach § 253 Abs. 3 Satz 6 HGB ein Wahlrecht zum Ansatz des niedrigeren beizulegenden Werts. § 6 Abs. 1 Nr. 2 Satz 1 EStG bestimmt für die Steuerbilanz ebenfalls den Ansatz mit den Anschaffungskosten. Ein niedrigerer Teilwert kann nach § 6 Abs. 1 Nr. 2 Satz 2 EStG bei Forderungen des Umlaufvermögens und des Anlagevermögens aber nur angesetzt werden, wenn die Wertminderung voraussichtlich von Dauer ist. Insoweit liegt nach BMF vom 12.03.2010 BStBl I 2010, 239 unter Rdnr. 15 ein steuerliches Wahlrecht vor, das gemäß § 5 Abs. 1 Satz 1 2. HS EStG unabhängig von der Handelsbilanz ausgeübt werden kann; strittig, a. A. mit guten Gründen z. B. Weber-Grellet in Der Betrieb 2009, 2402 unter Nr. 7. Als Anschaffungskosten einer Forderung kommt der Nennwert in Betracht, vgl. z. B. BFH vom 20.08.2003 BStBl II 2003, 941. Ein niedrigerer Teilwert bzw. beizulegender Wert ist insbesondere gegeben, wenn eine Forderung uneinbringlich (s. 4.1), zweifelhaft (s. 4.2) oder unverzinslich (s. 4.3) ist.

4.1 Uneinbringliche Forderungen

Die Uneinbringlichkeit einer Forderung wird in erster Linie durch die **Zahlungsunfähigkeit** des Schuldners verursacht. Sie kann sich z. B. aber auch dadurch ergeben, dass der Schuldner unbekannt verzogen ist und seine neue Anschrift nicht mehr ermittelt werden kann; oder der Schuldner ist verstorben und hat keine Vermögenswerte hinterlassen. Eine Uneinbringlichkeit kann auch dann vorliegen, wenn der Restbetrag einer Rechnung wegen bestimmter Vorbehalte des Kunden nur mit Kosten und Risiken beizutreiben ist, die in keinem Verhältnis zum Forderungsbetrag stehen, oder wenn die Forderung verjährt ist (§§ 194 ff. BGB). Von vornherein bestrittene Forderungen sind erst anzusetzen, wenn sie durch eine rechtskräftige gerichtliche Entscheidung bestätigt sind; zuvor verbietet das Vorsichts- bzw. Realisationsprinzip nach § 252 Abs. 1 Nr. 4 HGB i. V. m. § 5 Abs. 1 Satz 1 1. HS EStG einen bilanziellen Ausweis (BFH BStBl II 1991, 213).

BEISPIEL

Bauunternehmer U hat gegen den Bauherrn H insgesamt eine Forderung von 256 310 €. Im Wege von Abschlagszahlungen hat H davon bereits 256 000 € entrichtet. Er weigert sich, die restlichen 310 € zu zahlen, da er einige kleinere Baumängel festgestellt habe.

LÖSUNG Die Restforderung von 310 € ist im Zweifel uneinbringlich und somit handelsrechtlich gemäß § 253 Abs. 4 Satz 2 HGB zwingend auf 0 € abzuschreiben. Steuerlich besteht nach Auffassung der Finanzverwaltung gemäß § 6 Abs. 1 Nr. 2 Satz 2 EStG ein Wahlrecht zur Teilwertabschreibung, welches nach § 5 Abs. 1 Satz 1 2. HS EStG unabhängig von der Handelsbilanz ausgeübt werden kann.

4.1.1 Zeitpunkt der Uneinbringlichkeit und Wertaufhellung

Die Abschreibung der uneinbringlichen Forderung kann erfolgen, wenn die **Tatsache** der Uneinbringlichkeit **feststeht**. Die Frage der Abschreibung stellt sich meist im Zusammenhang mit der Vorbereitung des Jahresabschlusses und lautet dann: ist die Forderung **am Bilanzstichtag** uneinbringlich? Bei der Antwort auf diese Frage sind alle Erkenntnisse bis zur Bilanzaufstellung zu verwerten, die zu einer Klarstellung beitragen können (**Wertaufhellung**, § 252 Abs. 1 Nr. 4 HGB).

Einfach zu lösen sind die Fälle, bei denen bereits am Bilanzstichtag die Eröffnung eines Insolvenzverfahrens mangels Masse abgelehnt worden war. Hier ist die Zahlungsunfähigkeit am Bilanzstichtag unbestritten. Aber wie ist die Lage, wenn das Insolvenzverfahren noch nicht abgeschlossen oder gar erst im neuen Wirtschaftsjahr beantragt oder eröffnet wurde? Hier spielt die »**bessere Erkenntnis**« bis zur Bilanzaufstellung eine erhebliche Rolle. Im Allgemeinen kann davon ausgegangen werden, dass der Schuldner bereits vor der Eröffnung des Verfahrens zahlungsunfähig war. Fälle, in denen nicht bevorrechtigte Gläubiger noch Anteile an der Insolvenzmasse erhalten, sind sehr selten. Je kürzer der Abstand zwischen Bilanzstichtag und Antrag auf Eröffnung des Insolvenzverfahrens ist, umso größer ist die Wahrscheinlichkeit, dass der Schuldner schon am Stichtag zahlungsunfähig war. Stellt sich dagegen bis zur Bilanzaufstellung heraus, dass die »uneinbringliche« Forderung **doch eingegangen** ist, so kann eine Abschreibung nur erfolgen, wenn die unerwartete Zahlung auf außergewöhnliche Tatsachen zurückzuführen ist, die nach dem Bilanzstichtag eingetreten sind, z. B. auf eine Erbschaft oder einen Lottogewinn.

4.1.2 Umsatzsteuer

Nach § 17 Abs. 2 Nr. 1 UStG hat ein Unternehmer, der einen steuerpflichtigen Umsatz ausgeführt hat, dafür geschuldete **Umsatzsteuer zu berichtigen**, wenn das vereinbarte Entgelt uneinbringlich geworden ist. Ebenso hat der Schuldner (Abnehmer) seine Vorsteuer zu berichtigen. Gleiches gilt, wenn der Schuldner das Bestehen einer Forderung ernsthaft bestreitet (BFH BStBl II 2003, 206). Für den Gläubiger hat dies die Folge, dass er »nur« den Ausfall des Nettobetrags seiner Forderung wirtschaftlich zu tragen hat. In Höhe der Umsatzsteuer trifft der Forderungsausfall den Fiskus.

4.1.3 Buchmäßige Behandlung des Forderungsausfalls

Bei der Buchung eines Forderungsausfalls sind regelmäßig drei Konten beteiligt, die Bestandskonten »Forderungen« und »Umsatzsteuer« und das Aufwandskonto »Forderungsverluste« (gelegentlich auch »Abschreibungen auf Forderungen«, ein Konto, das eigentlich bei der Bewertung der zweifelhaften Forderungen von Bedeutung ist).

Bei einer Änderung des Umsatzsteuersatzes (wie z. B. zum 01.01.2007 von 16 % auf 19 %) ist darauf zu achten, dass die Kürzung der Umsatzsteuer mit dem gleichen Prozentsatz erfolgt, der bei Versteuerung der Lieferung oder sonstigen Leistung angewandt wurde.

BEISPIELE

a) U hat gegen den Kunden K eine Forderung von 1 785 € aus der Lieferung eines Büroschranks im April 02 (USt 19 %). Mehrfache Mahnungen blieben erfolglos. Gegen den Kunden wurde am 15. 01. 03 das Insolvenzverfahren eröffnet. Nach den Erkenntnissen bis zur Bilanzaufstellung gehen die nicht bevorrechtigten Gläubiger leer aus.

LÖSUNG

Buchung zum 31. 12. 02:

Forderungsverluste	1 500 €	
Umsatzsteuer	285 €	
an Forderungen		1 785 €

Nach Auffassung der Finanzverwaltung soll es steuerlich auch zulässig sein, auf eine Teilwertabschreibung zu verzichten (u. E. sehr zweifelhaft). Eine Umsatzsteuerberichtigung ist u. E. jedoch auch dann vorzunehmen (Buchung: Umsatzsteuer an Forderungen 285 €).

b) Verlag V hatte im Februar 01 an Buchhändler B Bücher im Wert von 10 000 € + 700 € USt geliefert. Mehrfache Mahnungen blieben erfolglos. Am 20. 12. 01 ging eine Überweisung des B über 5 000 € auf dem Bankkonto des V ein und wurde gebucht »Bank an Forderungen 5 000 €«. Im Januar 02 erfuhr V, dass B noch im Dezember 01 einen Antrag auf Eröffnung des Insolvenzverfahrens gestellt hat.

LÖSUNG Ausgefallen sind also (10 700 € ./. 5 000 € =) 5 700 €. Dies ist das ausgefallene Bruttoentgelt. Davon entfällt auf die Umsatzsteuer ein Anteil von 7/107 (entsprechend dem Steuersatz von 7 %), d. s. 372,90 €.

Buchung zum 31. 12. 01:

Forderungsverluste	5 327,10 €	
Umsatzsteuer	372,90 €	
an Forderungen		5 700,00 €

Auch hier soll es nach Auffassung der Finanzverwaltung wohl zulässig sein, auf eine steuerliche Teilwertabschreibung zu verzichten, da die Forderung rechtlich weiterhin besteht. Dies ist aber sehr zweifelhaft, da die Restforderung nach wirtschaftlicher Betrachtung weggefallen ist. Die Umsatzsteuer ist allemal zu berichtigen.

4.1.4 Nachträglicher Eingang einer abgeschriebenen Forderung

Geht bei einer voraussichtlich uneinbringlichen Forderung eine Zahlung erst nach der Bilanzaufstellung, womöglich sogar in einem späteren Wirtschaftsjahr ein, so kann dies bei der Bilanzaufstellung für das abgelaufene Wj. nicht mehr berücksichtigt werden. Die Forderung ist zulässigerweise abgeschrieben. Der Zahlungseingang kann deshalb nicht mehr (erfolgsneutral) über Forderungen gebucht werden. Er stellt einen **Ertrag** dar, Konto »Erträge aus abgeschriebenen Forderungen«, oft auch »a. o. Ertrag« bzw. »so. betr. Ertrag«. Dabei ist die **Umsatzsteuer** gemäß § 17 Abs. 2 Nr. 1 Satz 2 UStG **erneut zu berichtigen**. Das heißt, die alte Umsatzsteuer lebt wieder auf, und zwar mit dem Steuersatz, der zum Zeitpunkt der ursprünglichen Lieferung oder Leistung anzuwenden war.

BEISPIEL

Der Unternehmer U hatte im Jahr 01 eine dem Steuersatz von 16 % unterliegende Leistung an A erbracht. A wurde 02 zahlungsunfähig. U schrieb deshalb die Forderung ab.
Im Oktober 12 ging bei U eine Zahlung des A ein, der inzwischen wieder zu Vermögen gekommen war, und zwar ein Betrag von 3 500 €, der knapp die Hälfte der abgeschriebenen Forderung ausmacht. Der im Jahr 12 gültige Umsatzsteuersatz beträgt 19 %.

LÖSUNG

Buchung im Oktober 12:

Bank	3 500,00 €	
an Erträge aus abgeschriebenen Forderungen		3 017,24 €
an Umsatzsteuer (16/116 von 3 500 €)		482,76 €

Wenn aufgrund des Vermögens, das A zwischenzeitlich erworben hat, vermutet werden kann, dass die Restforderung wieder werthaltig ist, muss diese in der Handelsbilanz wieder angesetzt werden (Wertaufholung nach § 253 Abs. 5 Satz 1 HGB). Auch für die Steuerbilanz gilt das Wertaufholungsgebot (§ 6 Abs. 1 Nr. 2 Satz 3 i. V. m. Nr. 1 Satz 4 EStG). Sollte die Restforderung bis zum Bilanzstichtag noch nicht eingegangen sein, ist sie mit dem Nettobetrag erfolgswirksam zu aktivieren. Die Umsatzsteuer ist erst bei tatsächlichem Zahlungseingang wieder zu berichtigen (§ 17 Abs. 2 Nr. 1 Satz 2 UStG; Abschn. 17.1 Abs. 5 Satz 12 UStAE).

4.2 Zweifelhafte Forderungen

Zweifelhafte oder dubiose Forderungen sind Forderungen, bei denen der **Eingang gefährdet** erscheint. Mit einer solchen Gefährdung ist beispielsweise zu rechnen, wenn mehrfache Mahnungen unbeachtet blieben, wenn Mahnbescheide erfolglos erlassen wurden oder Wechsel zu Protest gingen, ohne dass bereits von Zahlungsunfähigkeit ausgegangen werden muss. Das sind also die Forderungen, bei denen ein Verlust droht, der aber noch nicht realisiert ist. Bei zweifelhaften Forderungen liegt der beizulegende Wert bzw. der Teilwert unter dem Nennwert der Forderung. Dieser tatsächliche Wert kann nur durch **Schätzung** ermittelt werden. Vgl. auch BFH vom 20.08.2003 BStBl II 2003, 941. Dabei kommt es wesentlich darauf an, von welchem Ausfallrisiko ausgegangen werden muss.

4.3 Weitere Wertminderungen

Neben einem Ausfallrisiko gibt es noch andere Sachverhalte, die den Wert einer Forderung beeinflussen können. Auch eine noch so sichere Forderung ist gegenüber ihrem Nennwert weniger wert, wenn sie **unverzinslich** ist. Insoweit hat allerdings der BFH mit Urteil vom 24.10.2012 (BStBl II 2013, 162) entschieden, dass allein die auf der Unverzinslichkeit einer im Anlagevermögen gehaltenen Forderung beruhende Teilwertminderung keine voraussichtlich dauernde Wertminderung darstellt, weil der Forderungsinhaber die gesicherte Aussicht hat, zum Fälligkeitszeitpunkt den Nominalwert der Forderung zu erhalten. Dieser Rechtsgedanke greift u. E. nicht nur für den entschiedenen Fall einer unverzinslichen Forderung im Anlagevermögen, sondern auch für unverzinsliche Forderungen im Umlaufvermögen. So hat sich der BFH in den Entscheidungsgründen unter II.5 b auch ausdrücklich auf sein Urteil vom 08.06.2011 (Az. I R 98/10; BStBl II 2012, 716) bezogen, wonach bei festverzinslichen Wertpapieren, die eine Forderung in Höhe des Nominalwerts der Forderung verbriefen, eine Teilwertabschreibung unter ihren Nennwert allein wegen gesunkener Kurse mangels voraussichtlicher Dauerhaftigkeit der Wertminderung regelmäßig nicht zulässig ist, auch wenn die Wertpapiere zum Umlaufvermögen gehören.

Demnach sind unverzinsliche Forderungen des Umlaufvermögens handelsrechtlich gem. § 253 Abs. 4 Satz 2 HGB zwingend mit ihrem niedrigen beizulegenden Wert anzusetzen, da es insoweit nicht darauf ankommt, ob die Wertminderung voraussichtlich dauerhaft ist. Der niedrigere beizulegende Wert entspricht dem Barwert; die Abzinsung ist insoweit mit dem Marktzins vorzunehmen. Bei unverzinslichen Forderungen des Anlagevermögens (= Finanzanlagen) besteht nach § 253 Abs. 3 Satz 6 in der Handelsbilanz ein Wahlrecht zum Ansatz des niedrigeren beizulegenden Werts. Steuerlich ist eine Teilwertabschreibung gem. § 6 Abs. 1 Nr. 2 Satz 2 EStG allein wegen der Unverzinslichkeit einer Forderung indes mangels einer voraussichtlich dauernden Wertminderung immer ausgeschlossen, gleichgültig ob die Forderung zum Anlagevermögen oder zum Umlaufvermögen gehört. Für **niedrig verzinsliche Forderungen** gelten diese Rechtsgrundsätze entsprechend.

Auch einen mit Sicherheit zu erwartenden **Skontoabzug** würde der für die Teilwertbestimmung »gedachte Erwerber« im Sinne von § 6 Abs. 1 Nr. 1 Satz 3 EStG bei der Bewertung einer Forderung berücksichtigen. Außerdem ist bei zweifelhaften Forderungen an die Belastung durch Mahn-, Gerichts- und **Vollstreckungskosten** zu denken. Insoweit liegen voraussichtlich dauernde Wertminderungen vor, sodass handelsrechtlich gem. § 253 Abs. 3 Satz 5 und Abs. 4 Satz 2 HGB der Ansatz des niedrigeren beizulegenden Werts geboten ist. Steuerlich besteht nach Auffassung der Finanzverwaltung (BMF vom 12.03.2010 BStBl I 2010, 239, Rz. 15) gemäß § 6 Abs. 1 Nr. 2 Satz 2 EStG ein Wahlrecht zur Teilwertabschreibung, welches nach § 5 Abs. 1 Satz 1 zweiter HS EStG unabhängig von der Handelsbilanz ausgeübt werden kann.

4.4 Wertberichtigung von Forderungen

Die Abschreibungen auf Forderungen werden in der Praxis regelmäßig auf einem Konto »Wertberichtigungen« oder »Delkredere« gesammelt (Buchung: Abschreibung auf Forderungen an Delkredere). Der Schlussbestand dieses Kontos wird dann regelmäßig mit der Bilanzposition Forderungen verrechnet (Buchung: Delkredere an Forderungen). Neben dieser **direkten Wertberichtigung** von Forderungen, kommt bei Personenunternehmen auch eine **indirekte Wertberichtigung** in Betracht. Danach werden die Forderungen in der Bilanz mit dem Nennwert ausgewiesen; zum Ausgleich erscheint dann der Schlussbestand des Delkrederekontos als

Passivposten in der Bilanz. Die indirekte Wertberichtigung kommt in der Praxis nur noch selten vor. Für Kapitalgesellschaften ist sie nach allgemeiner Auffassung nicht zulässig, da das Bilanzgliederungsschema in § 266 HGB einen entsprechenden Passivposten nicht vorsieht.

4.4.1 Einzelwertberichtigung

Der Grundsatz der Einzelbewertung (§ 252 Abs. 1 Nr. 3 HGB) gilt auch für die Bewertung der Forderungen. Das bedeutet, dass grundsätzlich **jede Forderung** bezüglich Ausfallrisiko und anderer Wertminderungen einzeln zu beurteilen und gegebenenfalls zu bewerten ist. In der Praxis lässt sich dies i. d. R. nur für die Forderungen durchführen, die in der Zeit bis zur Bilanzaufstellung auffällig geworden sind, z. B. durch Mahnverfahren, Auskünfte u. dergl. Der häufigste Grund für eine Einzelwertberichtigung dürfte ein bestehendes **Ausfallrisiko** sein. Dabei muss beachtet werden, dass ein tatsächlicher Forderungsausfall immer zu einer Umsatzsteuerkürzung nach § 17 Abs. 2 Nr. 1 UStG führt (vgl. vorstehend 4.1.2). Das Ausfallrisiko betrifft den Unternehmer also nur in Höhe der Nettoforderung. Damit ist auch die Wertberichtigung für das Ausfallrisiko stets aus dem **Netto**betrag zu berechnen. Zudem ist die Umsatzsteuer gem. § 17 Abs. 2 Nr. 1 Satz 1 UStG erst zu berichtigen, wenn das vereinbarte Entgelt tatsächlich uneinbringlich geworden ist, d. h. wenn die Entgeltsforderung ganz oder teilweise jedenfalls auf absehbare Zeit rechtlich oder tatsächlich nicht durchgesetzt werden kann (Abschn. 17.1 Abs. 5 Satz 4 UStAE).

BEISPIEL

Bei einer Forderung von 32 368 € (einschl. 19 % USt) an den Kunden F muss nach den Verhältnissen vom Bilanzstichtag mit einem Ausfall von 40 % gerechnet werden.

LÖSUNG

Bruttoforderung		32 368 €
darin enthaltene USt 19/119	./.	5 168 €
Nettoforderung		27 200 €
daraus Einzelwertberichtigung 40 %		10 880 €

Die Forderung ist demnach gemäß § 253 Abs. 4 Satz 2 HGB in der Handelsbilanz zwingend 21 488 € (32 368 € ./. 10 880 €) auszuweisen. Steuerlich ist dieser Ansatz gemäß § 6 Abs. 1 Nr. 2 Satz 2 EStG ebenfalls zulässig; wahlweise könnte die Forderung jedoch auch mit dem Nennwert von 32 368 € angesetzt werden.

Auch bei einer Wertberichtigung wegen eines zu erwartenden Skontoabzugs (i. d. R. 2 % oder 3 %) ist vom Nettobetrag der Forderung auszugehen, weil auch in diesen Fällen die Umsatzsteuer erst bei tatsächlichem Skontoabzug (= Änderung des Entgelts als umsatzsteuerlicher Bemessungsgrundlage) berichtigt wird (§ 17 Abs. 1 UStG).

Sind **mehrere Gründe für eine Wertberichtigung** gegeben, so wird dies in der Praxis regelmäßig durch einen einheitlichen Wertberichtigungssatz berücksichtigt. Man wird bei einem bestehenden Ausfallrisiko nicht zusätzlich eine Wertberichtigung für Mahnkosten bilden, sondern dies eben in der Höhe der Wertberichtigung für das Ausfallrisiko mit berücksichtigen. Dass dann die gesamte Wertberichtigung aus den Nettoforderungen berechnet wird, obgleich eventuell anfallende Mahnkosten keine Auswirkung auf die Umsatzsteuer haben, kann vereinfachungshalber hingenommen werden.

Wenn bis zur Bilanzaufstellung die Forderung vollständig beglichen ist, darf eine Wertberichtigung wegen der besseren Erkenntnis nicht mehr erfolgen, es sei denn, die Zahlung wäre auf außergewöhnliche Ereignisse nach dem Bilanzstichtag zurückzuführen, z. B. auf einen

Spielbankgewinn des Schuldners. Der Wertberichtigung von Forderungen steht nicht entgegen, dass sie **nach** dem Tage der Bilanzerstellung ganz oder teilweise erfüllt worden sind und der Gläubiger den Schuldner weiterhin beliefert hat (BFH vom 20.08.2003 BStBl II 2003, 491).

BEISPIEL

Kunde A ist bei der Firma F Großabnehmer und hat bisher stets mit Skontoabzug von 2 % gezahlt. Am 31. 12. 01 besteht gegen A eine Forderung in Höhe von 216 400 €, die wider Erwarten erst Ende Januar 02 und ohne Skontoabzug überwiesen wird. Bilanzaufstellung im Mai 02.

LÖSUNG Eine Wertberichtigung auf die Forderung A zum 31. 12. 01 ist nicht zulässig.

Zur Wertaufhellung vgl. auch BFH vom 19.12.1972 BStBl II 1973, 218, vom 04.04.1973 BStBl II 1973, 485 und vom 30.01.2002 BStBl II 2002, 688.

Ist nach Vornahme einer Einzelwertberichtigung der Teilwert bzw. beizulegende Wert der Forderung zum nachfolgenden Abschlussstichtag wieder gestiegen, besteht handelsrechtlich und steuerlich die Pflicht zur Wertaufholung (§ 253 Abs. 5 Satz 1 HGB, § 6 Abs. 1 Nr. 2 Satz 3 i. V. m. Nr. 1 Satz 4 EStG).

4.4.2 Pauschalwertberichtigungen

Pauschalwertberichtigungen stehen scheinbar in Widerspruch zum Grundsatz der Einzelbewertung. Unbestritten ist jedoch, dass auch bei Forderungen, die bis zum Bilanzstichtag bzw. bis zur Bilanzaufstellung noch nicht auffällig geworden sind, ein **latentes Ausfallrisiko** besteht. Erst mit der Zahlung – oder dem Ausfall – besteht endgültig Klarheit. Weil nun nach den Grundsätzen ordnungsmäßiger Buchführung beim Abschluss alle vorhersehbaren Risiken berücksichtigt werden müssen (§ 252 Abs. 1 Nr. 4 HGB), besteht eine Notwendigkeit zu einer pauschalen Wertberichtigung. Dies ist allgemein anerkannt, z. B. BFH vom 16.07.1981 BStBl II 1981, 766. Pauschalwertberichtigungen dürfen aber nur von Forderungen vorgenommen werden, für die keine Einzelwertberichtigung in Betracht kommt.

BEISPIEL

Kaufmann P hat am 31. 12. 01 Forderungen in Höhe von 93 296 € (USt 19 %). Davon ist zweifelhaft eine Forderung von 22 015 €, Ausfallrisiko 75 %, Pauschalwertberichtigung wegen Ausfallrisiko 1 %.

LÖSUNG

Berechnung der Wertberichtigung			
Forderungen insgesamt:	brutto 93 296 €		netto 78 400 €
davon zweifelhaft:	brutto 22 015 €		netto 18 500 €
Bemessungsgrundlage für pauschale Wertberichtigung			59 900 €
Pauschalwertberichtigung	1 % von 59 900 €	=	599 €
Einzelwertberichtigung	75 % von 18 500 €	=	13 875 €
Wertberichtigung insgesamt			14 474 €

In der Praxis wird gegen eine angemessene Rundung der Wertberichtigung nichts eingewendet. Bei der Berechnung der Wertberichtigung ist grundsätzlich von den **Erfahrungswerten** der abgelaufenen Wirtschaftsjahre auszugehen. Irgendwelche ungewissen Zukunftserwartungen können nicht Berechnungsgrundlage sein, wohl aber bessere Erkenntnisse bis zur Bilanzaufstellung.

Für die Berechnung der Vomhundertsätze der Pauschalwertberichtigung hat das Finanzgericht Baden-Württemberg, Außensenate Stuttgart, im Urteil vom 23.11.1977 (EFG 1978, 316 f.) wertvolle Anregungen gegeben.

4.4.2.1 Ausfallrisiko

Hinsichtlich des Ausfallwagnisses schlagen sich die Erfahrungen der Vergangenheit in den tatsächlichen Forderungsausfällen der letzten Jahre nieder. Der Prozentsatz der Wertberichtigung für Ausfallrisiko ergibt sich aus folgender Berechnung:

$$\frac{\text{Forderungsausfälle} \times 100}{\text{Sollumsatz netto}}$$

Hierbei werden die Forderungsausfälle eines größeren Zeitraums (etwa fünf Jahre) den Sollumsätzen (ohne USt) des gleichen Zeitraums gegenübergestellt. Bei der Berechnung des Sollumsatzes ist nur von den Kreditgeschäften auszugehen. Bargeschäfte scheiden aus. Der ermittelte Prozentsatz ist auf den **Netto**betrag der Forderungen anzuwenden, für die keine Einzelwertberichtigung vorgenommen wird. So auch BFH vom 16. 07. 1981 BStBl II 1981, 766.

4.4.2.2 Skonti und sonstige Erlösschmälerungen

Im Unterschied zu den Forderungsausfällen werden bei Skonti u. dergl. die Verhältnisse in den einzelnen Wirtschaftsjahren **annähernd gleich** bleiben, so dass für die Berechnung i. d. R. auf die Zahlen des abgelaufenen Wj zurückgegriffen werden kann. Bei den zu erfassenden regelmäßigen Preisnachlässen handelt es sich in erster Linie um die gewährten Skonti. Nicht zu berücksichtigen sind dagegen Boni (Mengenrabatte, die nachträglich gewährt werden). Diese haben keinen Bezug zur einzelnen Forderung. Sie werden vielmehr für den Gesamtumsatz eines Zeitraums (meist Kalenderjahr) abgerechnet. Für nachträglich zu gewährende Boni ist keine Wertberichtigung, sondern eine Verbindlichkeit bzw. Rückstellung zu bilden (BFH vom 13. 03. 1963 HFR 1963, 361). Der Prozentsatz für Preisnachlässe, insbesondere Skonti, ist wie folgt zu berechnen:

$$\frac{\text{Preisnachlässe} \times 100}{\text{Sollumsatz netto}}$$

Da Skonti in der Regel auch bei Bargeschäften gewährt werden, sind die Bargeschäfte hier in den Sollumsatz einzubeziehen, sofern im Einzelfall die Verhältnisse nicht anders liegen. Der Prozentsatz ist auf die **Nettoforderungen** anzuwenden.

4.4.2.3 Zinsverlust

Eine Wertberichtigung für die dem Kaufmann bis zum Forderungseingang kalkulatorisch entgehenden Zinsen, kommt mangels voraussichtlich dauernder Wertminderung steuerlich nicht in Betracht (vgl. Kulosa in Schmidt, EStG § 6 Rz. 305 und Ausführungen unter 4.3).

4.4.2.4 Einziehungsrisiko

In der Wertberichtigung für das Einziehungsrisiko werden alle über die allgemeinen Aufwendungen für die Verwaltung der Forderungen hinausgehenden Kosten berücksichtigt. Dazu gehören die Kosten für Mahnung, gerichtliche Verfolgung, Zwangsvollstreckung, Inkasso u. dergl., soweit diese nicht weiterberechnet werden. Der Prozentsatz wird folgendermaßen berechnet:

$$\frac{\text{Einzugskosten} \times 100}{\text{Sollumsatz brutto}}$$

Der Prozentsatz ist auf die Bruttoforderungen anzuwenden.

4.5 Wertberichtigung und Umsatzsteuer

Wertberichtigungen wegen Ausfallrisikos werden gebildet, wenn die **Uneinbringlichkeit** droht, die Forderungen aber noch nicht uneinbringlich sind. Es fehlt daher an der Voraussetzung für die Anwendung des § 17 Abs. 2 Nr. 1 Satz 1 UStG. Im Zusammenhang mit einer Wertberichtigung auf Forderungen kann also die Umsatzsteuer noch nicht berichtigt werden. Vgl. auch Abschn. 17.1 Abs. 5 Satz 7 UStAE.

Bei tatsächlich eingetretener Uneinbringlichkeit sind Umsatzsteuer und Vorsteuer dagegen zu berichtigen (s. 4.1.2). Auch eine teilweise Wertberichtigung kann zu einer Umsatzsteuerberichtigung führen, wenn sie der Ausfallquote im Rahmen eines gerichtlichen oder außergerichtlichen Vergleichs entspricht, da insoweit von einer teilweisen Uneinbringlichkeit auszugehen ist.

4.6 Buchungsprobleme

4.6.1 Zweifelhafte Forderungen

Forderungen, die erkennbar zweifelhaft, also mit einem nicht nur latenten Ausfallrisiko behaftet sind, können zur Klarstellung auf das Konto »zweifelhafte Forderungen« umgebucht werden. In der Bilanzgliederungsvorschrift des § 266 Abs. 2 HGB ist dieses Konto allerdings nicht vorgesehen. Es kann als Unterkonto zu »Forderungen aus Lieferungen und Leistungen« (§ 266 Abs. 2 B II Nr. 1 HGB) betrachtet werden. Mit der Umbuchung ist jedoch die tatsächliche Wertminderung durch das Ausfallrisiko keinesfalls berücksichtigt. Es muss auf alle Fälle noch eine entsprechende Bewertung der zweifelhaften Forderung, eine Einzelwertberichtigung, erfolgen. Zweifelhafte Forderungen werden gelegentlich auch noch als »dubiose Forderungen« bzw. »Dubiose« bezeichnet.

4.6.2 Wertberichtigung

Das Schwergewicht der Wertberichtigung liegt in Arbeiten, die man der Inventur zuordnen kann, nämlich in der Eingruppierung der Forderungen in uneinbringliche, zweifelhafte und »normale« Forderungen, in der Schätzung des Ausfallrisikos und der anderen wertmindernden Umstände und schließlich in der Berechnung der Wertberichtigungsbeträge.

Die Wertberichtigung kann nun im Wege der direkten Abschreibung von den (zweifelhaften) Forderungen abgesetzt werden. Die Buchung lautet:

Abschreibung auf Forderungen an Forderungen (zweifelhafte)

Diese Behandlung führt aber zu Problemen, wenn bereits am vorhergehenden Bilanzstichtag wertberichtigte Forderungen vorlagen oder bei Zahlungen auf wertberichtigte Forderungen, weil Nennwert und Buchwert voneinander abweichen. Problemlos ist dagegen die Buchung der Wertberichtigung durch indirekte Abschreibung auf einem besonderen Wertberichtigungs**konto**, das entweder als Unterkonto zu Forderungen (Normalfall) oder als eigenständiges Passivkonto (Ausnahmefall) behandelt werden kann. Bei Kapitalgesellschaften ist jedoch ein Wertberichtigungs**posten** in der Bilanz nicht zulässig (vgl. 4.4).

a) Ruhendes Wertberichtigungskonto (Delkrederekonto)

Es ist üblich, dass auf dem Wertberichtigungskonto Buchungen nur zur Kontoeröffnung und zum Jahresabschluss erfolgen. Bei der Vorbereitung des Jahresabschlusses wird der

Anfangsbestand mit dem Schlussbestand verglichen und je nach dem Unterschied eine gewinnmindernde Zuführung (Aufstockung) oder eine gewinnerhöhende Auflösung vorgenommen.

BEISPIELE

a) Wertberichtigung laut Bilanz 31. 12. 01	8 400 €	
Wertberichtigung laut Inventur 31. 12. 02	9 500 €	
Buchung zum 31. 12. 02:		
Abschreibung auf Forderungen an Wertberichtigung (Delkredere)		1 100 €
b) Wertberichtigung laut Bilanz 31. 12. 02	9 500 €	
Wertberichtigung laut Inventur 31. 12. 03	8 900 €	
Buchung zum 31. 12. 03:		
Wertberichtigung (Delkredere) an so. betr. Erträge		600 €

Bei der Kontoeröffnung (Saldovortrag) zu Beginn des neuen Wirtschaftsjahrs ist zu beachten, dass mit den Forderungen verrechnete Wertberichtigungen wieder auszuscheiden und auf das Wertberichtigungskonto zu übertragen sind. Die Forderungen stehen dann wieder mit dem Nennwert zu Buch. Vgl. Beispiel zu b).

b) Laufendes Delkrederekonto

Gelegentlich wird das Wertberichtigungskonto auch als laufendes Konto geführt, auf dem neben den Beständen auch die Forderungsausfälle und die nachträglich eingegangenen Forderungen gebucht werden.

BEISPIEL

Wertberichtigung laut Bilanz 31. 12. 01 7 300 €

- am 23. 08. 02 wird eine Forderung von brutto 15 113 € (einschl. 19 % USt) uneinbringlich;
- am 09. 09. 02 geht eine im Wj 01 ausgebuchte Forderung mit 5 950 € auf dem Bankkonto ein;
- die Inventur auf 31. 12. 02 ergibt eine Wertberichtigung von 8 500 €

LÖSUNG

Buchungen		
zum 23. 08. 02:		
Delkredere (15 113 € : 1,19)	12 700 €	
Umsatzsteuer	2 413 €	
an Forderungen		15 113 €
zum 09. 09. 02:		
Bank	5 950 €	
an Delkredere		5 000 €
an Umsatzsteuer		950 €
zum 31. 12. 02:		
Delkredere	8 500 €	
an Forderungen		8 500 €
Abschreibung auf Forderungen (GuV)	8 900 €	
an Delkredere		8 900 €

S	Delkrederekonto		H
23. 08. Forderungen	12 700	01. 01. Saldovortrag	7 300
31. 12. Forderungen (bzw. SB)	8 500	09. 09. Bank	5 000
		31. 12. GuV-Konto	8 900
	21 200		21 200

BEISPIEL

Bilanzansatz 31. 12. 01 Forderungen
Nennwert 471 380 € ./. Einzelwertberichtigungen 12 500 €
./. Pauschalwertberichtigung 11 700 € = 447 180 €

Aus einer Lieferung vom 12. 10. 01 (Rechnungsbetrag 15 600 € + 2 964 € USt) geht am 18. 06. 02 ein Teilbetrag von 5 950 € ein. Der Restbetrag geht durch Insolvenz verloren.

Am 21. 09. 02 wurde auf dem Bankkonto ein Betrag von 4 000 € gutgeschrieben. Die Nachforschungen ergaben, dass es sich dabei um den Teilbetrag einer bereits vor Jahren abgeschriebenen Forderung (ursprünglich 15 000 € + 16 % USt = 17 400 €) handelt, überwiesen aus dem Nachlass des inzwischen verstorbenen Schuldners.

Nennwert der Forderungen laut Inventur 31. 12. 02	551 327 €[1]
davon zweifelhaft	31 297 €
das Ausfallrisiko wird auf 60 % geschätzt	
Pauschale Wertberichtigung für Ausfallrisiko	2,5 %

Der Prozentsatz für die Pauschalwertberichtigung wurde bei der letzten Betriebsprüfung als angemessen anerkannt. Die Firma führt ein ruhendes Wertberichtigungskonto, das beim Abschluss mit den Forderungen verrechnet wird.

LÖSUNG

Buchungen

am 01. 01. 02:		
Forderungen an Saldovortrag		471 380 €
Saldovortrag an Wertberichtigungen		24 200 €
am 18. 06. 02:		
Bank an Forderungen		5 950 €
am 21. 09. 02:		
Bank	4 000 €	
an Umsatzsteuer (16/116 v. 4 000 €)		552 €
an so. betr. Erträge		3 448 €
am 31. 12. 02:		
Forderungsverluste (12 614:1,19)	10 600 €	
Umsatzsteuer	2 014 €	
an Forderungen		12 614 €

Die Umsatzsteuer wurde hier aus Vereinfachungsgründen auf volle € gerundet.
Berechnung der Wertberichtigung zum 31. 12. 02:

	brutto €	netto €	%	Wertberichtigung €
Forderungen insgesamt	551 327	463 300		
davon ausgefallen	12 614	10 600		
davon zweifelhaft	31 297	26 300	60,0	15 780
verbleiben	507 416	426 400		
davon für Ausfallrisiko		426 400	2,5	10 660
Wertberichtigung insgesamt				26 440
bisher (Stand 31. 12. 01)				24 200
erforderliche Aufstockung				2 240

1 Vor Ausbuchung der durch Insolvenz ausgefallenen Restforderung von 18 564 € ./. 5 950 € = 12 614 €.

weitere Buchungen zum 31. 12. 02

Abschreibungen auf Forderungen an Wertberichtigung	2 240 €
Wertberichtigung an Forderungen	26 440 €
Schlussbilanzkonto an Forderungen	512 273 €[1)]

[1)] (Nennwert 551 327 € ./. Ausbuchung 12 614 € ./. Wertberichtigung 26 440 €).

Buchungen zum 01. 01. 03:

Forderungen an Saldovortrag	538 713 €
Saldovortrag an Wertberichtigung	26 440 €

4.7 Forderungen in ausländischer Währung

Forderungen in ausländischer Währung sind in der Bilanz in Euro auszuweisen (§ 244 HGB) und unterliegen daher wertmäßigen Schwankungen. Im Zeitpunkt ihrer wirtschaftlichen Entstehung sind sie mit dem zum Devisenkassamittelkurs in Euro umgerechneten Betrag einzubuchen (vgl. Beck'scher Bilanzkommentar § 255 Rz. 258).

In der Handelsbilanz sind solche Forderungen gemäß § 256 a Satz 1 HGB grundsätzlich mit dem Devisenkassamittelkurs am Abschlussstichtag zu bewerten. Bei einer Restlaufzeit von mehr als einem Jahr sind allerdings das Anschaffungskostenprinzip des § 253 Abs. 1 Satz 1 HGB und das Realisationsprinzip des § 252 Abs. 1 Nr. 4 2. HS HGB zu beachten. Demnach darf der Wertansatz bei buchmäßiger Entstehung der Forderung, nicht überschritten werden. Bei einer Restlaufzeit bis zu einem Jahr sind das Anschaffungskostenprinzip und das Realisationsprinzip indes nicht anzuwenden (§ 256 a Satz 2 HGB).

Steuerlich ist für die Bewertung von Forderungen in ausländischer Währung jedoch unabhängig von der Restlaufzeit am Bilanzstichtag gemäß § 6 Abs. 1 Nr. 2 Satz 1 EStG stets das Anschaffungskostenprinzip zu beachten. Demnach scheidet ein Ansatz über den Anschaffungskosten (= zum Devisenkassamittelkurs in Euro umgerechneter Wert der Forderung bei buchmäßiger Entstehung) aus.

Der Ansatz eines niedrigeren Teilwerts zum Bilanzstichtag kommt in der Steuerbilanz nur bei voraussichtlich dauernder Wertminderung in Betracht (§ 6 Abs. 1 Nr. 2 Satz 2 EStG). Kann diese bejaht werden, besteht ein Wahlrecht zum Teilwertansatz, welches nach § 5 Abs. 1 Satz 1 2. HS EStG nach Auffassung der Finanzverwaltung unabhängig von der Handelsbilanz ausgeübt werden kann (BMF vom 12. 03. 2010 BStBl I 2010, 239 unter Rdnr. 15; R 6.8 Abs. 1 Satz 3 EStR).

Bei Forderungen des Umlaufvermögens kommt der Kursentwicklung bis zur Bilanzerstellung oder bis zum vorhergehenden Zahlungstag für die Bestimmung einer voraussichtlich dauerhaften Wertminderung besondere Bedeutung zu. Tritt bis dahin keine Erholung des Umrechnungskurses ein, ist davon auszugehen, dass die Wertminderung voraussichtlich von Dauer ist (vgl. BMF vom 16. 07. 2014 BStBl I 2014, 1162 unter Rdnr. 22). Bei anderen Forderungen in ausländischer Währung (z. B. langfristige Ausleihungen) berechtigen übliche Kursschwankungen nicht zum Ansatz mit dem niedrigeren Teilwert.

BEISPIEL

Kaufmann K hat im November 01 einem amerikanischen Kunden Waren für 20 000 US-$ geliefert. Der Rechnungsbetrag ist am 01. 02. 02 (vor Bilanzerstellung) zur Zahlung fällig. Die Devisenkassamittelkurse betragen

bei Lieferung: 1 US-$ = 0,72 €

am Bilanzstichtag 31. 12. 01: 1 US-$ = 0,70 €

LÖSUNG

Die Forderung ist mit dem Devisenkassamittelkurs am Liefertag von 14 400 € (20 000 US-$ × 0,72 €/US-$) gegen Umsatzerlöse einzubuchen. In der Handelsbilanz ist sie gemäß § 256 a Satz 1 HGB mit dem Devisenkassamittelkurs am Abschlussstichtag von 14 000 € (20 000 US-$ × 0,70 €/US-$) auszuweisen. Hierdurch entsteht ein Kursverlust in Höhe von 400 €.

Steuerlich ist die Forderung gemäß § 6 Abs. 1 Nr. 2 Satz 1 EStG grundsätzlich mit den Anschaffungskosten von 14 400 € zu bewerten. Überschreitet der Umrechnungskurs bis zur Bezahlung nicht den Betrag von 0,70 € für 1 US-$ kann von einer voraussichtlich dauernden Wertminderung ausgegangen werden, sodass die Forderung gemäß § 6 Abs. 1 Nr. 2 Satz 2 EStG wahlweise auch steuerlich mit dem Teilwert am Bilanzstichtag von 14 000 € angesetzt werden kann.

Würde der Umrechnungskurs bis zur Bezahlung nicht den Betrag von 0,71 € für 1 US-$ überschreiten, wäre eine voraussichtlich dauernde Wertminderung nur insoweit gegeben. Steuerlich könnte nur eine Teilwertabschreibung auf 14 200 € vorgenommen werden.

Würde der Devisenkassamittelkurs am Bilanzstichtag 1 US-$ = 0,75 € betragen, wäre die Forderung in der Handelsbilanz nach § 256 a Satz 1 HGB zwingend mit 15 000 € (20 000 US-$ × 0,75 €/US-$) auszuweisen, was zu einem Kursgewinn in Höhe von 600 € führen würde. Das Anschaffungskosten- und das Realisationsprinzip wären bei einer Restlaufzeit von einem Monat gemäß § 256 a Satz 2 HGB nicht anzuwenden. Steuerlich müsste die Forderung jedoch gemäß § 6 Abs. 1 Nr. 2 Satz 1 EStG mit den Anschaffungskosten von 14 400 angesetzt werden; ein höherer Wertansatz wäre nicht zulässig.

5 Aktive Rechnungsabgrenzungsposten

5.1 Begriff Rechnungsabgrenzung

Bei der Gewinnermittlung durch Bestandsvergleich (§§ 4 Abs. 1, 5 EStG) kommt es für die Gewinnauswirkung von Erträgen und Aufwendungen nicht auf den Zeitpunkt der Vereinnahmung oder Verausgabung an – im Unterschied zur Gewinnermittlung nach § 4 Abs. 3 EStG. Der Gewinn ist vielmehr **periodengerecht zu** ermitteln (§ 252 Abs. 1 Nr. 5 HGB). Daher sind Einnahmen oder Ausgaben, die wirtschaftlich nicht oder nicht nur das Wirtschaftsjahr der Vereinnahmung oder Verausgabung betreffen, abzugrenzen. Dies geschieht durch die Bildung von Rechnungsabgrenzungsposten (RAP).

a) Gesetzliche Grundlagen

Bezüglich der aktiven Rechnungsabgrenzungsposten bestimmt § 250 Abs. 1 HGB:

»Als Rechnungsabgrenzungsposten **sind** auf der Aktivseite Ausgaben vor dem Abschlussstichtag **auszuweisen**, soweit sie Aufwand für eine bestimmte Zeit nach diesem Tag darstellen.«

Das handelsrechtliche Gebot zur Bildung von aktiven RAP stimmt mit der Regelung des § 5 Abs. 5 Satz 1 Nr. 1 EStG überein. Obwohl der Begriff des RAP im HGB und in § 5 EStG geregelt ist, sind RAP auch bei Gewinnermittlung nach § 4 Abs. 1 EStG zu bilden. Dies entspricht allgemeinen Grundsätzen ordnungsmäßiger Buchführung. Vgl. BFH vom 20.11.1980 BStBl II 1981, 398, § 141 Abs. 1 Satz 2 AO und H 5.6 (Gewinnermittlung nach § 4 Abs. 1 EStG) EStH. Passive RAP sind unter L.7 dargestellt.

b) Transitorische und antizipative Abgrenzung

Nach der eindeutigen gesetzlichen Regelung ist es für die Bildung eines aktiven RAP notwendig, dass eine Ausgabe vor dem Bilanzstichtag erfolgt ist. Dies sind die Fälle der **transitorischen** Abgrenzung. Eine Abgrenzung ist oft aber auch erforderlich, wenn ein Erfolg wirtschaftlich die Zeit **vor** dem Bilanzstichtag betrifft, die Zahlung aber erst **nach** diesem Zeitpunkt erfolgt.

BEISPIEL

Der Kaufmann D hat einem Kunden ein Darlehen im Betrag von 20 000 € gewährt. Die Zinsen von halbjährlich 600 € werden am 31. 01. 02 fällig. Sie betreffen die Zeit vom 01. 08. 01 bis 31. 01. 02.

Aus diesem Beispiel ergibt sich, dass von den im Jahr 02 zu zahlenden Zinsen 500 € das Jahr 01 betreffen, also Ertrag dieses Wirtschaftsjahres darstellen. Die Bildung eines RAP ist aber nicht möglich, da keine Zahlung vor dem Stichtag erfolgt. So genannte **antizipative** RAP sind nicht zulässig. Am Bilanzstichtag 31. 12. 01 besteht aber bereits ein Zinsanspruch in Höhe von 500 €. Daher ist eine **sonstige Forderung** in dieser Höhe auszuweisen. Auf Fälligkeit oder gar Zufluss kommt es dabei nicht an. Zinsen entstehen als Vergütung für die Kapitalüberlassung fortlaufend.

Bei der antizipativen Abgrenzung kann demnach zwar kein aktiver RAP gebildet werden, jedoch ist i. d. R. eine sonstige Forderung auszuweisen. Das wirtschaftliche Ergebnis ist dasselbe. Vgl. R 5.6 Abs. 3 Satz 2 EStR.

c) Abgrenzung zu immateriellen Wirtschaftsgütern

Schwierigkeiten bereitet nicht selten die Abgrenzung zwischen aktiven RAP und immateriellen WG. Hier ist zunächst zu prüfen, ob überhaupt ein immaterielles WG vorliegt, insbesondere ob sich ein besonderer Nutzungsvorteil für den Unternehmer ergibt. Vgl. dazu 2. 1. Liegt ein immaterielles Wirtschaftsgut vor, so entfällt insoweit die Bildung eines aktiven RAP. Zu prüfen ist dann jedoch noch, ob dieses Wirtschaftsgut entgeltlich erworben oder selbst geschaffen wurde und ob es abnutzbar oder nicht abnutzbar ist.

5.2 Ausgaben vor dem Bilanzstichtag

Die Bezeichnung »Ausgabe« in HGB und EStG könnte den Eindruck erwecken, es käme auf die Verausgabung i. S. v. § 11 Abs. 2 EStG, also auf einen Geldabfluss an. In der Regel ist natürlich die Verausgabung vor dem Bilanzstichtag entscheidend. Gleichzusetzen ist aber eine wegen Entstehens einer (sonstigen) Verbindlichkeit notwendige Aufwandsbuchung (so z. B. Adler/Düring/Schmalz, Rechnungslegung und Prüfung der Unternehmen, § 250 Rz. 25, Beck'scher Bilanzkommentar, § 250 Anm. 18, BFH vom 31. 05. 1967 BStBl III 1967, 607). Auch eine geldwerte Sachleistung stellt eine Ausgabe i. S. v. § 250 Abs. 1 HGB und § 5 Abs. 5 Satz 1 Nr. 1 EStG dar (BFH vom 07. 04. 2010 BStBl II 2010, 739 und vom 15. 05. 2013 BStBl II 2013, 730); deshalb müssen Mobilfunkdienstleistungsunternehmen, die bei Abschluss eines längerfristigen Mobilfunkdienstleistungsvertrags (in der Regel 24 Monate) den Erwerb eines Mobiltelefons subventionieren, die vor dem Bilanzstichtag abgeflossene Subvention (= Anschaffungskosten für das Mobiltelefon abzüglich verbilligter Kaufpreis des Kunden) durch Bildung eines aktiven RAP auf die Laufzeit des Mobilfunkdienstleistungsvertrags verteilen.

BEISPIEL

Ein Fuhrunternehmer hat die am 01. 12. 01 fällige Prämie zur Kfz-Haftpflichtversicherung für die Zeit vom 01. 12. 01 bis 30. 11. 02 mit 24 000 € versehentlich erst am 15. 01. 02 entrichtet.

LÖSUNG Am 31. 12. 01 besteht eindeutig eine Verbindlichkeit gegenüber der Versicherungsgesellschaft in Höhe von 24 000 €. Von den sich dadurch ergebenden 24 000 € Kfz-Kosten 01 sind aber zum 31. 12. 01 11/12 = 22 000 € aktiv abzugrenzen, so dass für 01 insoweit nur ein Aufwand von 2 000 € verbleibt.

Die Vermögensverhältnisse wären falsch dargestellt, wenn hier kein aktiver RAP, sondern nur eine Verbindlichkeit in Höhe von 2 000 € ausgewiesen würde (auch wenn die Gewinnauswirkung gleich ist) oder wenn ohne RAP eine Verbindlichkeit von 24 000 € angesetzt würde.

5.3 Aufwand für eine bestimmte Zeit nach dem Bilanzstichtag

Für die Bildung eines aktiven RAP reicht es nicht aus, dass die Ausgabe ganz allgemein die Zeit nach dem Bilanzstichtag wirtschaftlich betrifft. Führt z. B. ein Verlag im Dezember 01 mit hohen Kosten einen Werbefeldzug für eine im Januar 02 erscheinende neue Zeitschrift durch, so dürfte es nicht zweifelhaft sein, dass dieser Aufwand wirtschaftlich eigentlich nicht das Wirtschaftsjahr 01 berührt. Für einen aktiven RAP fehlt es aber an der **bestimmten** Zeit; der Werbeaufwand ist deshalb schon im Wj. 01 als Betriebsausgabe zu erfassen. Das gesetzliche Bestimmtheitsgebot setzt i. d. R. voraus, dass eine bestimmte Zeit nach dem Kalender festgelegt ist, also in Tagen, Wochen, Monaten usw. angegeben werden kann. Die abzugrenzenden Ausgaben müssen ihrer Art nach zeitbezogen sein. Im Rahmen eines gegenseitigen Vertrages muss einer Vorleistung des einen Vertragspartners eine noch nicht erbrachte zeitbezogene Gegenleistung des anderen Vertragspartners gegenüberstehen und der Zeitraum, auf den sich die Vorleistung bezieht, muss bestimmt sein; vgl. H 5.6 (Zeitbezogene Gegenleistung) EStH.

BEISPIEL

Kaufmann K hat von V auf die Dauer von zunächst zehn Jahren Ladenräume gemietet und dazu am 01. 07. 01 eine »Kaution« von 10 000 € geleistet, die mit jeweils 200 € monatlich auf die Miete angerechnet wird.

LÖSUNG Im Ergebnis liegt nach wirtschaftlicher Betrachtung eine Mietvorauszahlung für 50 Monate vor, von denen bis zum Bilanzstichtag 31. 12. 01 bereits sechs abgelaufen sind. Es ist ein aktiver RAP von 44 × 200 € = 8 800 € zu bilden, 1 200 € sind Mietaufwand des Jahres 01.

Bei Betrieben mit vom Kalenderjahr abweichenden Wirtschaftsjahr kann es vorkommen, dass Urlaubsgeld für das gesamte Urlaubsjahr (= Kalenderjahr) schon vor dem Bilanzstichtag gezahlt wird. Ein aktiver RAP ist in solchen Fällen nur zu bilden, wenn bei vorzeitigem Ausscheiden des Arbeitnehmers eine Verpflichtung zur – teilweisen – Rückzahlung besteht; ansonsten stellt das gezahlte Urlaubsgeld keine teilweise Vorleistung dar (vgl. BFH vom 06.04.1993 BStBl II 1993, 709). Anders sind die Fälle zu entscheiden, in denen sowohl Vorleistung als auch Gegenleistung jeweils **nicht zeitbezogen** sind.

BEISPIEL

Kaufmann L hat an seinen Handelsvertreter H im Jahr 01 für die von H vermittelten Vertragsabschlüsse 14 000 € an Provisionen gezahlt. Die Verträge haben eine durchschnittliche Laufzeit von drei Jahren.

LÖSUNG Es ist nicht möglich, die gezahlten Provisionen auf die Laufzeit der Verträge mittels eines aktiven RAP zu verteilen, da die Leistungen des H – und die entsprechende Gegenleistung des L – nicht zeitbezogen sind.

Es gibt keinen Grundsatz ordnungsmäßiger Buchführung, nach dem **allgemein** Ausgaben im Wege der aktiven Rechnungsabgrenzung in das Wirtschaftsjahr zu verlegen sind, in dem die entsprechenden Einnahmen zufließen (BFH vom 29.10.1969 BStBl II 1970, 178), sofern nicht die gesetzlichen Voraussetzungen für einen RAP vorliegen, insbesondere die Voraussetzung der »bestimmten Zeit«. »Bestimmte Zeit« bedeutet allerdings nicht immer eine nach dem Kalender bestimmbare Zeit. Dies zeigt sich besonders deutlich bei den – einem Pachtvertrag ähnlichen – Ausbeuteverträgen. Bei ihnen bestimmt sich die Dauer des Rechtsverhältnisses nach der vorhandenen Menge der abbaufähigen Bodenschätze und der Intensität des Abbaus. Die abgebaute Menge lässt sich am Ende eines Jahres genau bestimmen. Damit lässt sich die »bestimmte Zeit« über die jeweilige jährliche Fördermenge definieren. Vgl. BFH vom 25. 10. 1994 BStBl II 1995, 312 (mit eingehender Begründung).

Wegen weiterer Fragen zum Bestimmtheitsgebot vgl. R 5.6 Abs. 2 EStR sowie H 5.6 (Bestimmte Zeit nach dem Abschlussstichtag) EStH und bei passiven RAP L 7. 2. Zu den Besonderheiten im Zusammenhang mit der Aufnahme von Darlehensschulden u. dergl. (Disagio, Damnum) vgl. nachfolgend L 2. 1. 1.

5.4 Abgrenzung für Zölle und Verbrauchsteuern

Die Ursache für die gesetzliche Regelung des § 5 Abs. 5 Satz 2 Nr. 1 EStG, wonach ein aktiver RAP für als Aufwand berücksichtigte Zölle und Verbrauchsteuern zu bilden ist, soweit sie auf am Abschlussstichtag auszuweisende Wirtschaftsgüter des Vorratsvermögens entfallen, liegt in der Rechtsprechung des BFH. Mit Urteil des BFH vom 26. 02. 1975 BStBl II 1976, 13 wurde entschieden, dass bei einer Brauerei die Biersteuer nicht zu den Herstellungskosten des Bieres gehört, weil sie erst mit Entfernung des bereits fertiggestellten Bieres aus der Brauerei entsteht. Sie dürfe auch nicht als RAP aktiviert werden, falls sie bereits vor dem Bilanzstichtag entstanden sei, weil das Bier in ein Außenlager der Brauerei verbracht worden ist; denn es läge dann kein Aufwand für eine »bestimmte Zeit« nach dem Bilanzstichtag vor; die Biersteuer wäre demnach als Aufwand zu behandeln. Der Gesetzgeber änderte daraufhin § 5 Abs. 3, jetzt Abs. 5 EStG. Das HGB hat die steuerliche Regelung zunächst in § 250 Abs. 1 Satz 2 Nr. 1 HGB a. F. übernommen, dabei dem Kaufmann allerdings ein Wahlrecht gelassen. Durch das BilMoG wurde diese Vorschrift jedoch aus dem HGB gestrichen. Das heißt, in der Handelsbilanz liegen mit Entstehung der Zölle und Verbrauchsteuern Betriebsausgaben vor, in der Steuerbilanz **muss** dagegen ein aktiver RAP angesetzt werden. Eine einheitliche Handels- und Steuerbilanz ist damit insoweit nicht mehr möglich.

Voraussetzung für diesen RAP ist, dass am Bilanzstichtag mit Zöllen oder Verbrauchsteuern belastetes Vorratsvermögen (Waren, Erzeugnisse) auszuweisen ist, und dass die Zölle bzw. Verbrauchsteuern nicht als Anschaffungsnebenkosten des Fertigungsmaterials eindeutig den Herstellungskosten zuzurechnen sind, vgl. BFH vom 05. 05. 1983 BStBl II 1983, 559.

BEISPIELE

a) Die Brauerei B hat im Wj 01/02 insgesamt 500 000 Hektoliter Bier erzeugt und dafür 3 000 000 € Biersteuer gezahlt, die als »Verbrauchsteueraufwand« gebucht ist. Am Bilanzstichtag 30. 09. 02 sind noch 1 500 Hektoliter Bier in einem Außenlager.

LÖSUNG Die Biersteuer gehört laut BFH vom 26. 02. 1975 BStBl II 1976, 13 nicht zu den Herstellungskosten des Biers und ist daher im Wertansatz des Vorratsvermögens nicht zu berücksichtigen. Soweit sie jedoch auf die Vorräte entfällt (9 000 €), **muss** nach § 5 Abs. 5 Satz 2 Nr. 1 EStG steuerlich ein aktiver RAP ausgewiesen werden. Handelsrechtlich liegen auch insoweit Betriebsausgaben vor.

b) Der Spirituosenhersteller L hat für erworbenen Branntwein 280 000 € Branntweinsteuer gezahlt. Der Branntwein wird zur Herstellung von Likör und Magenbitter verwendet.

LÖSUNG Die Branntweinsteuer geht als Teil der Materialkosten in die Herstellungskosten der Erzeugnisse ein (BFH vom 05. 05. 1983 BStBl II 1983, 559). Ein aktiver RAP nach § 5 Abs. 5 Satz 2 Nr. 1 EStG kommt nicht in Betracht.

5.5 Abgrenzung für Umsatzsteuer auf Anzahlungen

Auch die gesetzliche Bestimmung des § 5 Abs. 5 Satz 2 Nr. 2 EStG, wonach als Aufwand berücksichtigte Umsatzsteuer auf am Abschlussstichtag auszuweisende Anzahlungen in einen aktiven RAP eingestellt werden muss, ist auf die BFH-Rechtsprechung zurückzuführen. Im Regelfall gilt bei der Umsatzsteuer die **Sollbesteuerung**, d. h. die Besteuerung nach vereinbarten Entgelten. Dabei entsteht die Umsatzsteuer im Zeitpunkt der Lieferung oder sonstigen Leistung. Abgrenzungsprobleme entstehen hier nicht.

Anders ist die Rechtslage bei den Fällen der Besteuerung nach **vereinnahmten Entgelten** (Istbesteuerung) gemäß § 20 UStG und bei der so genannten Mindest-Istversteuerung gemäß § 13 Abs. 1 Nr. 1 Buchst. a) Satz 4 UStG. Hier entsteht Umsatzsteuer bereits aus Anzahlungen auf noch zu erbringende Leistungen. Nach BFH vom 26.06.1979 BStBl II 1979, 625 war diese Umsatzsteuer als Aufwand zu behandeln. Dieses Urteil führte zur Änderung des § 5 Abs. 3, jetzt Abs. 5 EStG. Im Übrigen vgl. L 4.

5.6 Buchmäßige Behandlung der aktiven RAP

In der Regel werden Ausgaben zunächst dem entsprechenden Aufwandskonto belastet. Beim Jahresabschluss wird zu Gunsten des Aufwandskontos ein aktiver RAP gebildet. Im neuen Wirtschaftsjahr ist dieser RAP ganz oder teilweise aufzulösen. Die Auflösung führt zu einem Aufwand im neuen Wirtschaftsjahr.

BEISPIEL

Kaufmann M hat im November 02 eine Mietvorauszahlung für die Monate Dezember 02 bis November 04 in Höhe von 12 000 € geleistet.

LÖSUNG

Buchung im Nov. 02:	
Mietaufwand an Bank	12 000 €
Buchung zum 31. 12. 02:	
aktive RAP an Mietaufwand	11 500 €
Buchung im Wj 03, spätestens zum 31. 12. 03:	
Mietaufwand an aktive RAP	6 000 €
Buchung im Wj 04, spätestens zum 31. 12. 04:	
Mietaufwand an aktive RAP	5 500 €

Aus der Mietvorauszahlung ergibt sich demnach folgende Gewinnminderung:
500 € im Wirtschaftsjahr 02,
6 000 € im Wirtschaftsjahr 03 und
5 500 € im Wirtschaftsjahr 04.

In der Bilanz steht der aktive RAP nach dem Umlaufvermögen (vgl. § 266 Abs. 2 HGB).

6 Geleistete Anzahlungen

Leistet ein Kaufmann Vorauszahlungen auf eine vom anderen Vertragsteil nach dem Bilanzstichtag noch zu erbringende Lieferung oder sonstige Leistung, sind diese als »geleistete Anzahlungen« (vgl. § 266 Abs. 2 A. I.4, A.II.4 und B. I.4 HGB) zu aktivieren. Da es sich insoweit noch um ein schwebendes Geschäft handelt, hat die Aktivierung erfolgsneutral mit dem Nennwert zu erfolgen. Dies gilt nach der Rechtsprechung des BFH BStBl II 1995, 312 auch dann, wenn die Erfüllung des Gegenanspruchs nicht zu einem aktivierungsfähigen Wirtschaftsgut führt, sondern beispielsweise zu sofort abzugsfähigem Erhaltungsaufwand. In diesem Fall erfolgt die Aktivierung als »sonstiger Vermögensgegenstand« (vgl. § 266 Abs. 2 B.II.4 HGB).

BEISPIEL

Einzelhändler E hat am 10. 12. 01 beim Großhändler G Ware bestellt und gleichzeitig per Banküberweisung eine Anzahlung von 8 000 € geleistet. G hat die Ware am 05. 01. 02 geliefert und eine ordnungsgemäße Rechnung über 20 000 € zuzüglich 3 800 € USt erteilt.

LÖSUNG

Buchung bei E in 01:		
Geleistete Anzahlungen	8 000 €	
an Bank		8 000 €
Buchung bei E in 02:		
Wareneinkauf	20 000 €	
Vorsteuer	3 800 €	
an Geldkonto (Verbindlichkeiten)		15 800 €
an Geleistete Anzahlungen		8 000 €

Zur Behandlung beim Empfänger von Anzahlungen vgl. L 4.

Teil L Bilanzierung bestimmter Passivposten

1 Grundsätze zur Bewertung von Verbindlichkeiten

Die Bewertung der Verbindlichkeiten ist handelsrechtlich in § 253 Abs. 1 Satz 2 HGB geregelt. Danach sind Verbindlichkeiten mit dem Erfüllungsbetrag anzusetzen. Nach § 6 Abs. 1 Nr. 3 EStG sind Verbindlichkeiten steuerlich in sinngemäßer Anwendung der Nr. 2 grundsätzlich mit den Anschaffungskosten anzusetzen. Als Anschaffungskosten gilt der Nennwert einer Verbindlichkeit (BFH vom 04.03.1976 BStBl II 1977, 380 für eine Darlehensverbindlichkeit), wobei Nennwert und Erfüllungsbetrag einer Verbindlichkeit i. d. R. übereinstimmen dürften. Vergleiche auch H 6.10 (Anschaffungskosten) EStH.

Verbindlichkeiten, die dem Grunde und der Höhe nach feststehen, sind grundsätzlich bis zu ihrer Erfüllung in der Bilanz auszuweisen. Dies ist ausnahmsweise dann anders, wenn mit einer an Sicherheit grenzenden Wahrscheinlichkeit eine **Inanspruchnahme des Schuldners nicht mehr zu erwarten** ist. In diesem Fall besteht für diesen keine wirtschaftliche Last mehr. So ist z. B. eine Verbindlichkeit erfolgswirksam (gewinnerhöhend) auszubuchen, wenn anzunehmen ist, dass sich der Schuldner auf deren Verjährung berufen wird. Vgl. BFH vom 09.02.1993 BStBl II 1993, 543; H 6.10 (Verjährung) EStH.

Für den **steuerlichen** Ansatz von Verbindlichkeiten bestimmt § 6 Abs. 1 Nr. 3 EStG zudem, dass eine Abzinsung mit 5,5 % vorzunehmen ist. Diese Abzinsung entfällt nur, wenn die Verbindlichkeit verzinslich ist (z. B. bei Darlehensschulden), auf einer Anzahlung oder Vorausleistung beruht (z. B. Verbindlichkeiten aus Anzahlungen) oder deren Restlaufzeit – bezogen auf den Bilanzstichtag – weniger als 12 Monate beträgt. Vgl. auch BMF vom 26.05.2005 BStBl I 2005, 699, Rz. 11 bis 20.

Zum Problem der Aufdeckung stiller Lasten in Verbindlichkeiten und Rückstellungen bei einer Betriebsveräußerung vgl. BMF, BStBl I 2011, 627 und BFH vom 14.12.2011 I R 72/10.

2 Darlehensverbindlichkeiten

2.1 Normalverzinsliche Darlehensverbindlichkeiten

Darlehen sind normalverzinslich, wenn der vereinbarte Zinssatz dem marktüblichen Zins ganz oder annähernd entspricht. Die Bewertung dieser Darlehen ist problemlos, da hier der Rückzahlungsbetrag dem Nennwert bzw. dem Erfüllungsbetrag entspricht. Besonderheiten ergeben sich jedoch in den Fällen, in denen im Zusammenhang mit der Darlehensgewährung Aufwendungen entstehen. Dies gilt insbesondere beim Disagio und sonstigen Finanzierungskosten.

2.1.1 Disagio und andere Finanzierungskosten

a) Aktivierungspflicht

Bei der Aufnahme eines Darlehens werden regelmäßig bestimmte Beträge einbehalten oder besonders in Rechnung gestellt, die als Disagio, Damnum, Agio, Abschlussgebühren oder ähnlich bezeichnet werden. § 250 Abs. 3 HGB lässt handelsrechtlich die Bildung eines aktiven

Rechnungsabgrenzungspostens zu (Aktivierungswahlrecht), wenn der Ausgabebetrag des Darlehens unter dem Erfüllungsbetrag liegt. Alternativ können diese Aufwendungen handelsrechtlich auch sofort als Betriebsausgabe abgezogen werden. Nach der Rechtsprechung des BFH (BStBl II 1978, 262) **müssen** diese Aufwendungen in der Steuerbilanz als Rechnungsabgrenzungsposten **aktiviert** werden. Das gilt auch, wenn sie nicht von der Darlehenssumme abgezogen, sondern gesondert in Rechnung gestellt werden. Grund dafür ist, dass diese Ausgaben die gesamte Laufzeit des Darlehens betreffen (zinsähnliche Aufwendungen) und daher abgegrenzt werden müssen. Auch wenn diese Aufwendungen bei Auszahlung des Darlehens von der Darlehenssumme abgezogen werden, liegt die nach § 5 Abs. 5 Satz 1 Nr. 1 EStG erforderliche Ausgabe vor dem Abschlussstichtag vor, da von einem abgekürzten Zahlungsweg auszugehen ist – Auszahlung der vollen Darlehenssumme und sofortige Zahlung des zinsähnlichen Aufwands. Vgl. auch H 6.10 (Damnum) EStH.

Für eine bei Abschluss eines Darlehensvertrags einbehaltene Bearbeitungsgebühr (bzw. Abschluss- oder Verwaltungsgebühr) kommt allerdings eine Rechnungsabgrenzung dann nicht in Betracht, wenn der Darlehensvertrag frei – also nicht nur aus wichtigem Grund – gekündigt werden kann und in diesem Falle die Bearbeitungsgebühr nicht anteilig zurückzuerstatten ist (BFH vom 22.06.2011 BStBl II 2011, 870); dann ist diese nicht laufzeitabhängig und stellt daher sofort eine Betriebsausgabe dar.

b) Planmäßige Abschreibungen

Das aktivierte Disagio (bzw. die aktivierten Abschlussgebühren u. Ä.) ist (sind) auf die Laufzeit des Darlehens zu verteilen. Dies ergibt sich aus § 250 Abs. 3 HGB und H 6.10 (Damnum) EStH. Für den Fall, dass ein von der Laufzeit abweichender – kürzerer – Zinsfestschreibungszeitraum besteht, tritt für die Verteilung an Stelle der Laufzeit der Zinsfestschreibungszeitraum; vgl. BFH vom 21.04.1988 BStBl II 1989, 722, Leitsatz 2 und H 6.10 (Zinsfestschreibung) EStH. Bei Darlehen, die einen festen Rückzahlungstermin haben, ist eine gleichmäßige Verteilung auf die Laufzeit geboten. Bei Tilgungsdarlehen ist der aktive RAP degressiv nach der Zinsstaffelmethode aufzulösen (H 5.6 (Auflösung von Rechnungsabgrenzungsposten im Zusammenhang mit Zinsaufwand) EStH). Eine Verteilung nach der Zinsstaffelmethode entspricht bei gleichen Tilgungsraten der digitalen Abschreibung. Dabei ist folgende Formel von Bedeutung:

$$s = \frac{n \times (n+1)}{2}$$

»n« ist die Zahl der Tilgungsraten, »s« der Nenner des anzuwendenden Bruches. Auf die erste Rate entfällt ein Abschreibungsbetrag von $\frac{n}{s}$ des Abgrenzungsbetrags, bei der zweiten ist der Anteil, $\frac{n-s}{s}$ usw.

BEISPIELE

a) K nimmt am 01. 07. 01 ein Darlehen im Nennwert von 50 000 € auf, das am 30. 06. 11 in einem Betrag zurückzuzahlen ist. Es wird ein Disagio in Höhe von 5 % = 2 500 € einbehalten.

LÖSUNG

Buchung bei Darlehensgewährung am 01. 07. 01		
Bank	47 500 €	
aktiviertes Disagio (RAP)	2 500 €	
an Darlehensverbindlichkeit		50 000 €

Buchung zum Bilanzstichtag 31. 12. 01		
Zinsen und ähnliche Aufwendungen	125 €	
an aktiviertes Disagio (RAP)		125 €

Buchung am Bilanzstichtag 31. 12. 02		
Zinsen und ähnliche Aufwendungen	250 €	
an aktiviertes Disagio (RAP)		250 €
usw.		

Da Rechnungsabgrenzungsposten grundsätzlich erst im Rahmen des Abschlusses gebildet werden, wäre folgende Buchung ebenfalls richtig:
Buchung bei Darlehensgewährung am 01. 07. 2001

Bank	47 500 €		
Zinsen und ähnliche Aufwendungen	2 500 €	an Darlehensverbindlichkeit	50 000 €
Buchung am Bilanzstichtag 31. 12. 2001			
Aktiviertes Disagio (RAP)	2 375 €	an Zinsen und ähnliche Aufwendungen	2 375 €

b) K nimmt am 01. 07. 01 ein Darlehen im Nennwert von 70 000 € auf, das mit vierteljährlichen Raten von jeweils 3 500 € zu tilgen ist, erstmals zum 30. 09. 01. Bei der Auszahlung wurde ein Agio von 4 200 € gesondert in Rechnung gestellt.

LÖSUNG

Buchung bei Darlehensgewährung am 01. 07. 01		
Bank	70 000 €	
an Darlehensverbindlichkeit		70 000 €
aktiviertes Agio (RAP)	4 200 €	
an Bank		4 200 €
Buchung bei vierteljährlicher Tilgung (erstmals 30. 09. 01)		
Darlehensverbindlichkeit	3 500 €	
an Bank		3 500 €
Buchung zum Bilanzstichtag 31. 12. 01		
Zinsen und ähnliche Aufwendungen	780 €	
an aktiviertes Agio (RAP)		780 €

Die Auflösung für den aktiven RAP wie folgt berechnet:
Bei einer Darlehenssumme von 70 000 € und Tilgungsbeträgen von je 3 500 € ergeben sich 20 Raten (Laufzeit fünf Jahre). Demnach beträgt der Nenner für die bruchteilsmäßige Verteilung

$$s = \frac{n \times (n + 1)}{2} = \frac{20 \times 21}{2} = 210$$

Für die Raten vom 30. 09. 01 und 31. 12. 01 sind anzusetzen insgesamt $\frac{20 + 19}{210}$ von 4 200 €, das sind 780 €.

Für die Laufzeit insgesamt ergeben sich folgende Anteile:

01: $\frac{20 + 19}{210}$ von 4 200 € = 780 €

02: $\frac{18 + 17 + 16 + 15}{210}$ von 4 200 € = 1 320 €

03: $\frac{14 + 13 + 12 + 11}{210}$ von 4 200 € = 1 000 €

04: $\frac{10 + 9 + 8 + 7}{210}$ von 4 200 € = 680 €

05: $\frac{6 + 5 + 4 + 3}{210}$ von 4 200 € = 360 €

06: $\frac{2 + 1}{210}$ von 4 200 € = 60 €

c) Außerplanmäßige Abschreibungen

Das aktivierte Disagio (bzw. die aktivierten Finanzierungskosten) ist (sind) außerplanmäßig abzuschreiben, wenn das Darlehen vorzeitig getilgt wird. Das heißt, der noch nicht durch laufende, planmäßige Abschreibungen getilgte Teil des Abgrenzungspostens wird bei restloser Tilgung des Darlehens voll als Aufwand behandelt. Bei nur teilweiser Tilgung des Darlehens ist auch die außerplanmäßige Abschreibung des Abgrenzungspostens nur anteilig vorzunehmen.

BEISPIEL

Im Beispiel a) unter 2.1.1 Buchst. b wird am 02. 01. 03 ein Teilbetrag von 10 000 € vorzeitig getilgt, das ist ein Fünftel der Darlehensverbindlichkeit. Damit ist auch ein Fünftel des Abgrenzungspostens (Stand 31. 12. 02: 2 125 €), also 425 € außerplanmäßig abzuschreiben. Die planmäßige Abschreibung beträgt ab 03 nur noch 200 € jährlich.

Wird ein Darlehen anlässlich der Betriebsaufgabe **vorfristig zurückgezahlt**, so ist das aktivierte Disagio zu Lasten des laufenden Gewinns auszubuchen. Der Aufgabegewinn wird dadurch nicht gemindert. Vgl. auch BFH vom 12. 07. 1984 BStBl II 1984, 713. Eine außerplanmäßige Abschreibung ist nicht nur bei einer Tilgung des Darlehens vorzunehmen. So ist das alte Disagio im Fall einer Umschuldung ebenfalls außerplanmäßig abzuschreiben, soweit es nicht bei wirtschaftlicher Betrachtung als zusätzliche Gegenleistung für das neue oder veränderte Darlehen anzusehen ist. Vgl. BFH vom 13. 03. 1974 BStBl II 1974, 359 und H 6.10 (Umschuldung) EStH.

BEISPIEL

Bei der Umschuldung wird für das neue Darlehen in Höhe von 50 000 € anstatt eines allgemein üblichen Disagios von 5 % mit Rücksicht auf das beim ersten Darlehen einbehaltene Disagio nur noch ein Betrag von 3 % = 1 500 € einbehalten. Das alte Disagio war bei der Umschuldung noch mit 2 200 € angesetzt.

LÖSUNG In diesem Fall hat das alte Disagio noch einen wirtschaftlichen Wert von (5 % ./. 3 % =) 2 % von 50 000 €, d. s. 1 000 €. Damit sind nur 1 200 € abzuschreiben, der Rest von 1 000 € wird dem neuen Disagio zugerechnet und mit ihm auf die Laufzeit des neuen Darlehens verteilt.

Keine außerplanmäßige Abschreibung kommt in Betracht, wenn sich die allgemeinen Kreditbedingungen bessern und z. B. bei sonst gleichem Zinssatz ein niedrigeres Disagio bzw. niedrigere Gebühren berechnet würden. Hier wurde vonseiten der Steuerzahler argumentiert, der Teilwert des Disagios sei gesunken und daher eine (außerplanmäßige) Teilwertabschreibung vorzunehmen. Der BFH ist dem nicht gefolgt. Er begründete seine Entscheidung (BFH vom 20. 11. 1969 BStBl II 1970, 209) damit, dass ein Rechnungsabgrenzungsposten kein Wirtschaftsgut sei und daher auch keinen Teilwert haben könne. Es werde lediglich ein Aufwandsposten auf die Laufzeit des Darlehens verteilt, mit dem er wirtschaftlich zusammenhänge. Vgl. auch H 6.10 (Kreditbedingungen) EStH.

2.1.2 Sofort abziehbare Finanzierungskosten

Keine Aktivierung und Verteilung auf die Laufzeit kommt für Finanzierungskosten in Betracht, die nicht wirtschaftlich mit der **Laufzeit des Darlehens** zusammenhängen. Das trifft z. B. für eine an einen Kreditvermittler gezahlte Vermittlungsprovision zu. Die Leistung dieses Dritten ist mit der Vermittlung abgeschlossen. Vgl. hierzu BFH vom 04. 03. 1976 BStBl II 1977, 380) und H 6.10 (Vermittlungsprovision) EStH. Dasselbe gilt für Kosten der Eintragungen im Grundbuch zur Kreditsicherung (Grundschuld, Hypothek) und ähnliche Aufwendungen.

Davon zu unterscheiden sind jedoch die Fälle, in denen wegen Übernahme einer Bürgschaft für ein Darlehen oder eine andere Schuld einmalige Aufwendungen anfallen. Diese Aufwendungen stehen in zeitlichem Zusammenhang mit der Dauer der Bürgschaft und sind daher wie ein Disagio aktiv abzugrenzen. Vgl. BFH vom 19.01.1978 BStBl II 1978, 262 und H 6.10 (Bearbeitungsgebühren) EStH.

2.2 Niedrig- und unverzinsliche Darlehensverbindlichkeiten

Bei unverzinslichen Darlehen ist der durch Abzinsung zu ermittelnde Teilwert immer niedriger als der Nennwert dieser Schuld. Dies gilt auch für Darlehen, bei denen der Zinssatz niedriger als marktüblich ist. Eine Auswirkung auf die handelsrechtliche Bilanzierung ergibt sich daraus jedoch nicht, da ein Bilanzansatz unter dem Nennwert nicht zulässig ist (Verbot des Ausweises nicht realisierter Gewinne, § 252 Abs. 1 Nr. 4 HGB) und das Abzinsungsgebot des § 253 Abs. 2 HGB nur Rückstellungen betrifft. In der **Steuerbilanz** sind dagegen unverzinsliche Darlehen mit einem Zinssatz von 5,5 % abzuzinsen, wenn die Laufzeit mindestens 12 Monate beträgt (§ 6 Abs. 1 Nr. 3 EStG). Vgl. dazu auch BMF vom 26.05.2005 BStBl I 2005, 699 unter Rz. 3 bis 10. Damit ist eine einheitliche Handels- und Steuerbilanz insoweit nicht möglich.

BEISPIEL

Unternehmer A hat im Dezember 01 von einem Geschäftsfreund ein unverzinsliches Darlehen in Höhe von 50 000 € erhalten, das am Bilanzstichtag eine Laufzeit von vier Jahren hat.

LÖSUNG Nach der Abzinsung mit 5,5 % ergibt sich für die Steuerbilanz zum 31. 12. 01 ein Ansatz von 40 350 €, für die Steuerbilanz zum 31. 12. 02 ein Ansatz von 42 600 €. (Für die Berechnung der Barwerte kann Tabelle 2 zu BMF vom 26.05.2005 BStBl I 2005, 699 verwendet werden).

In Höhe des Unterschiedsbetrags zwischen Nennwert und Barwert ergibt sich für das Jahr 01 ein – steuerlicher – Ertrag von 9 650 €. Für das Jahr 02 dagegen führt die Erhöhung des Barwerts der Verbindlichkeit zu einem – steuerlichen – Aufwand von 2 250 €.

3 Valutaverbindlichkeiten

Valutaverbindlichkeiten sind **Schulden in ausländischer Währung**. Diese sind in der Bilanz in Euro auszuweisen (§ 244 HGB) und unterliegen daher wertmäßigen Schwankungen.

In der Handelsbilanz sind solche Verbindlichkeiten gem. § 256 a Satz 1 HGB grundsätzlich mit dem Devisenkassamittelkurs am Bilanzstichtag zu bewerten. Bei einer Restlaufzeit von mehr als einem Jahr ist allerdings das Realisationsprinzip (§ 252 Abs. 1 Nr. 4 2. HS HGB) zu beachten. Demnach darf der Wertansatz bei buchmäßiger Entstehung der Verbindlichkeit, welcher sich nach dem Umrechnungskurs zu diesem Zeitpunkt bestimmt, nicht unterschritten werden. Bei einer Restlaufzeit bis zu einem Jahr ist das Realisationsprinzip indes nicht zu anzuwenden (§ 256 a Satz 2 HGB).

Steuerlich ist für die Bewertung von Verbindlichkeiten in ausländischer Währung unabhängig von der Restlaufzeit am Bilanzstichtag gem. § 6 Abs. 1 Nr. 3 Satz 1 i. V. m. Nr. 2 EStG jedoch stets das Anschaffungskostenprinzip zu beachten. Demnach scheidet ein Ansatz unter den Anschaffungskosten (= in Euro umgerechneter Wert der Verbindlichkeit bei bilanzieller Entstehung) aus.

Der Ansatz eines höheren Teilwerts zum Bilanzstichtag kommt in der Steuerbilanz nur bei voraussichtlich dauernder Werterhöhung in Betracht (§ 6 Abs. 1 Nr. 3 S. 1 i. V. m. Nr. 2 S. 2

EStG). Kann diese bejaht werden, besteht ein Wahlrecht zum Teilwertansatz, welches nach § 5 Abs. 1 Satz 1 2. HS EStG nach Auffassung der Finanzverwaltung unabhängig von der Handelsbilanz ausgeübt werden kann (BMF vom 12.03.2010 BStBl I 2010, 239 unter Rdnr. 15).

Bei Verbindlichkeiten des laufenden Geschäftsverkehrs kommt dem Zeitpunkt der Tilgung oder Entnahme der Verbindlichkeit für die Bestimmung einer voraussichtlich dauernden Wertminderung eine besondere Bedeutung zu. Hält die Wechselkurserhöhung im Zusammenhang mit einer solchen Verbindlichkeit bis zum Zeitpunkt der Bilanzerstellung oder dem vorangehenden Tilgungs- oder Entnahmezeitpunkt an, ist davon auszugehen, dass die Werterhöhung voraussichtlich von Dauer ist (BMF vom 12.08.2002 BStBl I 2002, 793, Rz 33–35).

Bei anderen Verbindlichkeiten in ausländischer Währung (z. B. Darlehensschulden) berechtigen übliche Wertschwankungen nicht zum Ansatz mit einem höheren Teilwert (BMF vom 16.07.2014 BStBl I 2014, 1162, Rz 32). Nach einer Entscheidung des BFH vom 23.04.2009 BStBl II 2009, 778 hängt es maßgeblich von der Laufzeit der Fremdwährungsverbindlichkeit ab, ob eine Veränderung des Währungskurses zum Bilanzstichtag eine voraussichtlich dauernde Teilwerterhöhung darstellt. Eine voraussichtliche Dauerhaftigkeit der Werterhöhung wurde im Entscheidungsfall bei einer Restlaufzeit von ca. 10 Jahren verneint, da sich in diesem Zeitraum Währungsschwankungen in der Regel wieder ausgleichen (vgl. auch insoweit BMF vom 16.07.2014 (a. a. O.), Rz 31). Bis zu welcher Restlaufzeit von einem Ausgleich von Wertschwankungen regelmäßig ausgegangen werden kann und inwieweit bei kürzeren Restlaufzeiten auch der Umfang Werterhöhung bei der Beurteilung der voraussichtlichen Dauerhaftigkeit in Rolle spielt, ist weiterhin ungeklärt (vgl. Littmann, Bitz, Pust, Einkommensteuerrecht § 6, Rz 677). In Baden-Württemberg wird eine voraussichtlich dauerhafte Werterhöhung bei Darlehensverbindlichkeiten in ausländischer Währung allerdings nur dann für möglich erachtet, wenn die Restlaufzeit des Darlehens am Bilanzstichtag nicht mehr als ein Jahr beträgt; andernfalls könne nicht hinreichend zuverlässig prognostiziert werden, ob und inwieweit sich der Kurs bis zum Fälligkeitstag wieder erholen wird (Niederschrift ESt Land I/2012 TOP 2).

BEISPIEL

Kaufmann K hat zur Verstärkung seiner betrieblichen Liquidität am 01. 10. 01 bei einer Bank aus Liechtenstein ein Darlehen über 400 000 CHF (Schweizer Franken) aufgenommen, das mit 5 % jährlich verzinslich und in vierteljährlichen Tilgungsraten von 20 000 CHF rückzahlbar ist, erstmalig zum 31. 12. 01. Der Darlehensvertrag kann nur aus wichtigem Grund gekündigt werden.

Das Darlehen wurde durch einen Kreditmakler vermittelt, der für seine Dienste von K einen Scheck über 4 000 € erhalten hat. Die Liechtensteiner Bank hat bei Auszahlung der Darlehenssumme eine Bearbeitungsgebühr von 8 000 CHF einbehalten. Die Auszahlung des Darlehens wurde über die Hausbank des K abgewickelt, die hierüber folgende Abrechnung erstellte:

Darlehenssumme 400 000 CHF zum Kurs von 1 € = 1,45 CHF	275 862 €
Abzgl. Bearbeitungsgebühr Bank Liechtenstein	
8 000 CHF zum Kurs von 1 € = 1,45 CHF	5 517 €
Abzgl. Provision und Transferkosten Hausbank	2 000 €
Gutschrift	268 345 €

Zum 31. 12. 01 wurde das betriebliche Bankkonto wie folgt belastet:

Für Zins (400 000 CHF × 5 % × 3/12 × 1€ / 1,50 CHF)	3 333 €
Für Tilgung (20 000 CHF × 1 € / 1,50 CHF)	13 333 €
Summe	16 666 €

Die Umrechnung der Beträge in Euro erfolgte jeweils zum Devisenkassamittelkurs.

LÖSUNG Die Darlehensverbindlichkeit ist handelsrechtlich gem. § 253 Abs. 1 Satz 2 HGB mit ihrem Erfüllungsbetrag, d. h. mit dem Rückzahlungsbetrag, zu bewerten. Sie ist nach § 244 HGB in Euro auszuweisen. Die Umrechnung muss gem. § 256 a Satz 1 HGB grundsätzlich zum Devisenkassamittelkurs am Bilanzstichtag erfolgen. Bei einer Restlaufzeit von mehr als einem Jahr ist allerdings das Realisationsprinzip nach § 252 Abs. 1 Nr. 4 2. HS HGB zu beachten (§ 256 a Satz 2 HGB). Demnach ist die Darlehensschuld zum 31. 12. 01 handelsrechtlich wie folgt anzusetzen:

Darlehenssumme	400 000 CHF		
Tilgung zum 31. 12. 01	20 000 CHF		
Restschuld zum 31. 12. 01	380 000 CHF		
hiervon fällig innerhalb eines Jahres	80 000 CHF:	1,50 CHF/€ =	53 333 €
fällig erst nach mehr als einem Jahr	300 000 CHF:	1,45 CHF/€ =	206 897 €
			260 230 €

Steuerlich ist die Darlehensschuld gem. § 6 Abs. 1 Nr. 3 Satz 1 i. V. m. Nr. 2 Satz 1 EStG einheitlich mit den »Anschaffungskosten«, d. h. zum Kurswert bei wirtschaftlicher Entstehung zu bewerten. Der Ausweis zum 31. 12. 01 erfolgt somit mit 262 069 € (380 000 CHF : 1,45 CHF/€). Der niedrigere Teilwert von 253 333 € (380 000 CHF : 1,50 CHF/€) darf nicht angesetzt werden; denn nach § 6 Abs. 1 Nr. 3 Satz 1 i. V. m. Nr. 2 Satz 2 EStG könnte bei voraussichtlich dauerhafter Wertänderung nur ein höherer Teilwert angesetzt werden.

Durch die Belastung des Bankkontos für die erste Tilgungsrate mit lediglich 13 333 € entsteht in Höhe der Differenz zu den anteiligen »Anschaffungskosten« von 13 793 € (275 862 € × 1/20) ein Kurgewinn. Dieser beträgt 460 €.

Die Bearbeitungsgebühr der Liechtensteiner Bank von umgerechnet 5 517 € kann handelsrechtlich gem. § 250 Abs. 3 HGB in einen aktiven RAP eingestellt oder sofort als Betriebsausgabe abgezogen werden.

Steuerlich ist insoweit dagegen zwingend ein aktiver RAP auszuweisen, da nach ständiger Rechtsprechung des BFH handelsrechtliche Bilanzierungswahlrechte steuerlich zu einem Aktivierungsgebot führen (z. B. BFH BStBl II 1969, 291). Zudem liegen auch die tatbestandlichen Voraussetzungen des § 5 Abs. 5 Satz 1 Nr. 1 EStG vor; die dort geforderte Ausgabe vor dem Abschlussstichtag ergibt sich nämlich aus dem Einbehalt der Bank, was wirtschaftlich einer vollen Auszahlung mit sofortiger Rückzahlung der Bearbeitungsgebühr gleichsteht.

Der aktive RAP ist auf die 5 Jahre Laufzeit zu verteilen, wobei die jährlichen Auflösungsbeträge degressiv nach gleichmäßig fallenden Bruchteilen berechnet werden müssen (H 5.6 (Auflösung von Rechnungsabgrenzungsposten im Zusammenhang mit Zinsaufwand) EStH). Danach ergibt sich für 01 ein Auflösungsbetrag von 525 € (5 517 € × 20/210), so dass der aktive RAP steuerlich zum 31. 12. 01 noch mit 4 992 € auszuweisen ist (zur Berechnung vgl. 2.1.1 b). Dieser Ansatz kann auch handelsrechtlich gewählt werden.

Die Veränderung des Umrechnungskurses zum Bilanzstichtag hat auf die Höhe des aktiven RAP keine Auswirkung; denn die entsprechenden Ausgaben sind bereits im Zeitpunkt der Darlehensauszahlung in Euro umzurechnen und auf die Laufzeit des Darlehens zu verteilen. Währungsschwankungen können sich deshalb insoweit nicht mehr erfolgswirksam auswirken.

Die Zahlungen an den Kreditmakler sowie an die Hausbank für die Provision und Transferkosten stellen Betriebsausgaben des Wirtschaftsjahres 01 dar, da sie wirtschaftlich nicht mit der Laufzeit des Darlehens zusammenhängen, sondern Entgelt für bereits vollständig erbrachte Leistungen Dritter sind (vgl. H 6.10 (Vermittlungsprovision) EStH).

Buchungen:

bei Zahlung an den Kreditmakler:		
Kreditkosten an Bank		4 000 €
bei Gutschrift des Darlehens:		
Bank	268 345 €	
Kreditkosten	7 517 €	
an Darlehensverbindlichkeiten		275 862 €

bei Lastschrift für Zins und Tilgung			
Zinsaufwand	3 333 €		
Darlehensverbindlichkeiten	13 793 €		
an Bank		16 666 €	
an Kursgewinne		460 €	
bei den Abschlussarbeiten:			
ARAP an Kreditkosten		4 992 €	(diese Buchung erfolgt steuerlich zwingend, handelsrechtlich wahlweise)
Darlehensverbindlichkeiten an Kursgewinne		1 839 €	(diese Buchung erfolgt nur handelsrechtlich)

4 Erhaltene Anzahlungen

Anzahlungen auf Ansprüche aus noch zu erbringenden Lieferungen oder Leistungen führen noch nicht zu einer Gewinnverwirklichung. Ein schwebendes Geschäft wird durch eine solche Anzahlung nicht beendet. Der erhaltene Betrag muss in der Buchführung als **Schuld** behandelt werden (vgl. § 266 Abs. 3 HGB unter Buchst C Nr. 3). Probleme ergeben sich dabei, wenn die Anzahlung nach § 13 Abs. 1 Nr. 1 Buchst. a Satz 4 oder Buchst. b UStG zum Entstehen der Umsatzsteuerschuld führt. Nach BFH vom 26.06.1979 (BStBl II 1979, 625) ist auch in diesen Fällen die Anzahlung in voller Höhe zu passivieren. Die anfallende Umsatzsteuer müsste dann als Aufwand behandelt werden. Der Gesetzgeber hat jedoch bestimmt, dass solche Umsatzsteuer – soweit die Anzahlung am Bilanzstichtag noch besteht – als aktiver Rechnungsabgrenzungsposten auszuweisen ist (§ 5 Abs. 5 Satz 2 Nr. 2 EStG). Handelsrechtlich ist dies nach der Streichung des § 250 Abs. 1 Satz 2 Nr. 2 HGB a. F. durch das BilMoG nicht mehr möglich.

BEISPIEL

Ein Unternehmer hat am 15. 12. 01 eine Anzahlung von 20 000 € auf eine im Jahr 02 zu erbringende Lieferung erhalten. Die Lieferung erfolgt am 10. 01. 02, Rechnungsbetrag 30 000 € + 19 % Umsatzsteuer. Bei der Anforderung des Abschlags wurde keine Umsatzsteuer in Rechnung gestellt.

LÖSUNG

Buchungen (**nur steuerlich**):		
am 15. 12. 01		
Bank an erhaltene Anzahlungen		20 000 €
aktiver RAP (USt auf Anzahlg.) an Umsatzsteuer (19/119)		3 193 €
am 10. 01. 02		
Forderungen	35 700 €	
an Verkaufserlöse		30 000 €
an Umsatzsteuer		5 700 €
erhaltene Anzahlungen an Forderungen		20 000 €
Umsatzsteuer an aktiver RAP (USt auf Anzahlg.)		3 193 €

In der Praxis wird jedoch immer seltener nach dem BFH-Urteil verfahren. Es sind z. B. auch folgende Buchungen zu obigem Beispiel denkbar (**handelsrechtlich und steuerlich**):

am 15. 12. 01		
Bank	20 000 €	
an erhaltene Anzahlungen		16 807 €
an Umsatzsteuer		3 193 €
am 10. 01. 02		
Forderungen	35 700 €	
an Verkaufserlöse		30 000 €
an Umsatzsteuer		5 700 €
erhaltene Anzahlungen	16 807 €	
Umsatzsteuer	3 193 €	
an Forderungen		20 000 €

Bei dieser Behandlung ist eine Aktivierung von Umsatzsteuer als Rechnungsabgrenzungsposten gegenstandslos, weil sie nicht als Aufwand berücksichtigt wird, sondern erfolgsneutral über eine Kürzung der erhaltenen Anzahlung. In der Gewinnauswirkung führen beide Varianten zum gleichen Ergebnis.

5 Rückstellungen

5.1 Rückstellungen in der Handelsbilanz

Die Grundlage für die Bildung von Rückstellungen ist der **Grundsatz der Vorsicht**, wie er sich insbesondere aus § 252 Abs. 1 Nr. 4 HGB ergibt. Dazu bestimmt das HGB in § 249 Abs. 1, dass Rückstellungen zu bilden sind für

- ungewisse Verbindlichkeiten,
- drohende Verluste aus schwebenden Geschäften,
- im Geschäftsjahr unterlassene Aufwendungen für Instandhaltung, die im folgenden Geschäftsjahr innerhalb von drei Monaten nachgeholt werden,
- im Geschäftsjahr unterlassene Aufwendungen für Abraumbeseitigung, die im folgenden Geschäftsjahr nachgeholt werden,
- Gewährleistungen, die ohne rechtliche Verpflichtung erbracht werden (Kulanzleistungen).

Bei Vorliegen dieser Tatbestände **muss** nach Handelsrecht eine Rückstellung gebildet werden. Ein Wahlrecht für den Kaufmann besteht insoweit nicht.

Das Wahlrecht für die Bildung von Rückstellungen für unterlassene Aufwendungen für Instandhaltung, die zwar nicht innerhalb von drei Monaten, aber in der danach verbleibenden Zeit des folgenden Geschäftsjahrs nachgeholt werden (§ 249 Abs. 1 Satz 3 HGB a. F.), und für so genannte Aufwandsrückstellungen (§ 249 Abs. 2 HGB a. F.) wurde durch das BilMoG beseitigt.

Andere Rückstellungen dürfen in der Handelsbilanz nicht gebildet werden, § 249 Abs. 2 Satz 1 HGB. Das Hauptmerkmal, das eine Rückstellung von einem anderen Schuldposten unterscheidet, ist die bei einer Rückstellung vorliegende **Ungewissheit**. Die Ungewissheit kann sich dabei auf die **Höhe** der Schuld, aber auch auf die **tatsächliche Inanspruchnahme** beziehen, wie z. B. bei aufschiebend bedingten Lasten. Als Beispiel für eine Rückstellung wegen ungewisser Höhe sei auf die Gewerbesteuerrückstellung verwiesen. Ungewissheit bezüglich der tatsächlichen Inanspruchnahme liegt z. B. bei einem Prozess- oder Prozesskostenrisiko vor.

Die Rückstellung für Verbindlichkeiten hat ihre Grundlage im Vorsichtsprinzip und soll im Interesse eines periodengerechten Gewinnausweises gewährleisten, dass am Bilanzstichtag verursachte gewinnmindernde Faktoren in der Bilanz berücksichtigt werden (BFH vom 29.11.2000 BStBl II 2002, 655, 657).

5.2 Rückstellungen in der Steuerbilanz

Das EStG enthält keine grundlegenden Vorschriften zu Rückstellungen. Damit gilt die Maßgeblichkeit der Handelsbilanz für die Steuerbilanz (§ 5 Abs. 1 Satz 1 erster HS EStG). Die handelsrechtlichen Grundsätze über Rückstellungen gelten gem. § 141 Abs. 1 Satz 2 AO sinngemäß auch bei Gewinnermittlung nach § 4 Abs. 1 EStG.

Das EStG enthält aber einige einschränkende Vorschriften über die Zulässigkeit einzelner Rückstellungen. Insoweit ist der Maßgeblichkeitsgrundsatz eingeschränkt.

Diese Einschränkungen sind im einzelnen:

- Rückstellungen für Verpflichtungen, die nur zu erfüllen sind, soweit künftig Einnahmen oder Gewinne anfallen (§ 5 Abs. 2 a EStG); z. B. Gesellschafterdarlehen mit Rangrücktrittsvereinbarung, die nur aus künftigen Gewinnen oder Einnahmen, nicht aber aus sonstigem freien Vermögen zu tilgen sind (vgl. BMF vom 08.09.2006 BStBl I 2006, 497, BFH vom 15.04.2015 BStBl II 2015, 769)
- Rückstellungen wegen Verletzung fremder Patent-, Urheber- oder ähnlicher Schutzrechte (§ 5 Abs. 3 EStG)
- Jubiläumsrückstellungen (§ 5 Abs. 4 EStG)
- Rückstellungen für drohende Verluste aus schwebenden Geschäften (§ 5 Abs. 4a Satz 1 EStG)
- Rückstellungen für Aufwendungen, die zu Anschaffungs- oder Herstellungskosten führen, sowie bestimmte Rückstellungen im Zusammenhang mit dem Betrieb von Kernkraftwerken (§ 5 Abs. 4b EStG)
- Pensionsrückstellungen (§ 6a EStG)

5.3 Rückstellungen für ungewisse Verbindlichkeiten

5.3.1 Voraussetzungen für die Bildung

Eine Rückstellung für ungewisse Verbindlichkeiten ist in der Handelsbilanz und in der Steuerbilanz (gem. R 5.7 Abs. 2 EStR) nur zu bilden, wenn

- es sich um eine Verbindlichkeit gegenüber einem anderen oder eine öffentlich-rechtliche Verpflichtung handelt,
- die Verpflichtung vor dem Bilanzstichtag wirtschaftlich verursacht ist,
- mit einer Inanspruchnahme aus einer nach ihrer Entstehung oder Höhe ungewissen Verbindlichkeit ernsthaft zu rechnen ist
- die Aufwendungen in künftigen Wirtschaftsjahren nicht zu Anschaffungs- oder Herstellungskosten für ein Wirtschaftsgut führen (§ 5 Abs. 4b Satz 1 EStG).

Handelsrechtlich wird jedoch nach h. M. (vgl. Literaturhinweise in BFH vom 19.08.1998 BStBl II 1999, 18) die Bildung einer Rückstellung als zulässig erachtet, wenn die Aufwendungen zur Anschaffung bzw. Herstellung eines wertlosen Wirtschaftsguts führen (z. B. Aufwendungen für den künftigen Einbau eines Bodenfilters, um eine Verunreinigung des Grundwassers durch eventuell austretende Flüssigkeiten gänzlich auszuschließen).

Rückstellungen sind nach BFH vom 09.06.1999 BStBl II 1999, 656) steuerlich nicht zulässig, wenn ein steuerliches Abzugsverbot besteht – z. B. für ein zu erwartendes Bußgeld nach § 4 Abs. 5 Nr. 8 EStG. Hierbei erfolgt allerdings keine Korrektur der handelsrechtlich zulässigen Rückstellung in der Steuerbilanz, sondern eine außerbilanzielle Hinzurechnung des Zuführungsbetrags (so BFH vom 09.06.1999 BStBl II 1999, 656).

Die Verpflichtung muss den Kaufmann wirtschaftlich wesentlich belasten. Die Frage der Wesentlichkeit ist hierbei nicht nach dem Aufwand für das einzelne Vertragsverhältnis, sondern nach der Bedeutung der Verpflichtung für das Unternehmen zu beurteilen (R 5.7 Abs. 3 EStR und H 5.7 Abs. 3 (Wesentlichkeit) EStH – 1. Strich). Handelsrechtlich besteht bei unwesentlichen Verpflichtungen nach allgemeiner Auffassung ein Passivierungswahlrecht.

Zur Abgrenzung von Aufwandsrückstellungen ist bei öffentlich-rechtlichen Verpflichtungen Voraussetzung, dass die Verpflichtung hinreichend konkretisiert ist, d. h. es muss regelmäßig ein inhaltlich bestimmtes Handeln durch Gesetz oder Verwaltungsakt innerhalb eines bestimmbaren Zeitraums vorgeschrieben und an die Verletzung der Verpflichtung müssen Sanktionen geknüpft sein (R 5.7 Abs. 4 EStR).

Beispielhaft können aufgeführt werden:

- Für die **Abrechnungsverpflichtung** gem. § 14 VOB/B gegenüber dem Besteller ist eine Rückstellung zu bilden, soweit die Bauleistungen am Bilanzstichtag bereits abgenommen, aber noch nicht abgerechnet sind (BFH vom 25.02.1986 BStBl II 1986, 788). Entsprechendes gilt für die Verpflichtung zur Erstellung einer Jahresabrechnung nach den allgemeinen Bedingungen für die Gas- und Elektrizitätsversorgung (BFH vom 18.01.1995 BStBl II 1995, 742; H 5.7 Abs. 3 (Abrechnungsverpflichtung) EStH).
- Allgemeine öffentliche Leitsätze, z. B. die Verpflichtung der Wohnungsbauunternehmen, die Wohnungen zu erhalten, rechtfertigen keine Rückstellung (BFH vom 26.05.1976 BStBl II 1976, 622; H 5.7 Abs. 4 (Öffentliche Leitsätze) EStH).
- Für noch nicht gebuchte laufende Geschäftsvorfälle des Vorjahres sind Rückstellungen zu bilden (BFH vom 25.03.1992 BStBl II 1992, 1010; H 5.7 Abs. 4 (Rückstellungen für öffentlich-rechtliche Verpflichtungen sind u. a. zulässig für EStH – 2. Strich).
- Keine Rückstellung darf für künftige Betriebsprüfungskosten gebildet werden, solange es an einer Prüfungsanordnung fehlt (BFH vom 24.08.1972 BStBl II 1973, 55; H 5.7 Abs. 4 (Rückstellungen für öffentlich-rechtliche Verpflichtungen sind u. a. nicht zulässig für EStH – 2. Strich); insoweit hat allerdings der BFH entschieden, dass bei Großbetrieben wegen der zu erwartenden Anschlussprüfung eine Rückstellung auch ohne Prüfungsanordnung in Betracht kommt (BMF vom 07. 03. 2013 BStBl I 2013, 274).
- Für Provisionen, Gratifikationen und Tantiemen darf eine Rückstellung nur gebildet werden, wenn am Bilanzstichtag eine Zusage vorliegt (BFH vom 07.07.1983 BStBl II 1983, 753).
- Eine Rückstellung für die öffentlich-rechtliche Verpflichtung zur Beseitigung von Umweltschäden darf erst gebildet werden, wenn die die Verpflichtung begründenden Tatsachen der zuständigen Fachbehörde bekannt geworden sind oder dies unmittelbar bevorsteht. Erst dann ist die Verbindlichkeit hinreichend konkretisiert (BFH vom 19.10.1993 BStBl II 1993, 891). Für die Verpflichtung zur Beseitigung von Altlasten nach dem Bundesbodenschutzgesetz soll allerdings nach dem Schreiben des BMF vom 11.05.2010 BStBl I, 495 vom 11. 05. 2010 eine Rückstellung erst in Betracht kommen, wenn bis zum Bilanzstichtag bereits ein vollziehbarer Verwaltungsakt zur Sanierungsverpflichtung ergangen ist. Sei dies noch nicht der Fall, komme unter den Voraussetzungen von § 6 Abs. 1 Nr. 2 Satz 2

EStG nur eine Teilwertabschreibung für das Grundstück in Betracht (H 5.7 Abs. 4 – Sanierungsverpflichtungen).

- Für die zukünftigen Kosten der Aufbewahrung von Geschäftsunterlagen, zu der das Unternehmen gemäß § 257 HGB und § 147 AO verpflichtet ist, muss eine Rückstellung gebildet werden (BFH vom 19.08.2002 BStBl II 2003, 131; H 5.7 Abs. 4 (Rückstellungen für öffentlich-rechtliche Verpflichtungen) EStH).

Die Rückstellungen für ungewisse Verbindlichkeiten sind erstmals im Jahresabschluss des Wirtschaftsjahrs zu bilden, in dem sie **wirtschaftlich** verursacht sind. Dies setzt voraus, dass der Tatbestand, an den das Gesetz oder der Vertrag die Verpflichtung knüpft, **im Wesentlichen** verwirklicht ist. Die Erfüllung der Verpflichtung darf nicht nur an Vergangenes anknüpfen, sondern muss auch Vergangenes abgelten (R 5.7 Abs. 5 EStR).

Hierzu ergeben sich folgende Beispiele:

- Für den Ausgleichsanspruch eines Handelsvertreters nach § 89b HGB ist eine Rückstellung vor Beendigung des Vertragsverhältnisses nicht zulässig, da wesentliche Voraussetzung für einen solchen Ausgleich ist, dass dem Unternehmer aus der früheren Tätigkeit des Handelsvertreters mit hoher Wahrscheinlichkeit noch nach Beendigung des Vertragsverhältnisses erhebliche Vorteile erwachsen. Dies hängt aber von der künftigen Tätigkeit ab und kann erst im Zeitpunkt der Beendigung des Vertragsverhältnisses beurteilt werden (BFH vom 20.01.1983 BStBl II 1983, 375; H 5.7 Abs. 5 (Ausgleichsanspruch eines Handelsvertreters) EStH – 1. Strich; BeBiKo § 249, Rz. 100 »Handelsvertreter«).
  Für eine vertragliche Verpflichtung zur Provisionsfortzahlung an einen Handelsvertreter, die unabhängig von eventuellen Vorteilen des vertretenen Unternehmers ist, kommt dagegen die Bildung einer Verbindlichkeit bzw. Rückstellung in Betracht (vgl. H 5.7 Abs. 3 (Provisionsfortzahlungen an einen Handelsvertreter) EStH).
- Bei am Bilanzstichtag noch nicht anhängigen Verfahren/Instanzen fehlt es grundsätzlich an der wirtschaftlichen Verursachung der Prozesskosten (BFH vom 06.12.1995 BStBl. II 1996, 406; H 5.7 Abs. 5 (Prozesskosten) EStH; BeBiKo § 249 Rz. 100 »Prozesskosten«).
- Für vertragliche Nachbetreuungsleistungen von Hörhilfen hat der BFH vom 05.06.2002 BStBl II 2005, 736) jedoch entschieden, dass die Bildung einer Rückstellung in Betracht kommt, wenn die Leistungen nicht nur in technischer, sondern auch in medizinischer Hinsicht erforderlich sind und somit nicht von einer unsachgemäßen Behandlung oder einem Verschulden des Benutzers abhängen; vgl. H 5.7 Abs. 5 (Nachbetreuungsleistungen bei Hörgeräte-Akustikern) EStH. Aufwendungen für künftige Reparaturen aufgrund eines unsachgemäßen Gebrauchs durch den Kunden sind dagegen nicht rückstellungsfähig.
- Für die Verpflichtung, Pensionären und aktiven Mitarbeitern während der Zeit ihres Ruhestandes in Krankheits-, Geburts- und Todesfällen Beihilfen zu gewähren, ist eine Rückstellung zu bilden (BFH vom 30.01.2002 BStBl II 2003, 279; H 5.7 Abs. 5 (Beihilfen an Pensionäre) EStH).

Rückstellungen für ungewisse Verbindlichkeiten setzen in tatsächlicher Hinsicht voraus, dass die Verbindlichkeiten, die den Rückstellungen zu Grunde liegen, bis zum Bilanzstichtag entstanden sind oder aus Sicht am Bilanzstichtag mit einiger Wahrscheinlichkeit entstehen werden und der Unternehmer spätestens bei Bilanzaufstellung ernsthaft damit rechnen muss, hieraus in Anspruch genommen zu werden. Die **Wahrscheinlichkeit der Inanspruchnahme** ist auf Grund objektiver, am Bilanzstichtag vorliegender und spätestens bei Bilanzaufstellung erkennbarer Tatsachen aus der Sicht eines sorgfältigen und gewissenhaften Kaufmanns zu beurteilen. Es darf im Hinblick auf die Inanspruchnahme nicht die pessimistischste Alternative gewählt werden; es müssen mehr Gründe für als gegen die Inanspruchnahme sprechen (R 5.7 Abs. 6 EStR und H 5.7 Abs. 6 (Allgemeines) EStH).

Hierzu ergeben sich folgende Fälle:

- Hinterzogene Lohnsteuer ist vom Arbeitgeber in dem Zeitpunkt zurückzustellen, in dem er mit seiner Haftungsinanspruchnahme rechnen muss (BFH vom 16.02.1996 BStBl II 1996, 592, H 5.7 Abs. 6 (Hinterzogene Steuern) EStH).
- Wegen der Verpflichtung zur Rückerstattung des Kaufpreises darf der Verkäufer keine Rückstellung bilden, wenn er am Bilanzstichtag mit einem Rücktritt vom Kaufvertrag nicht rechnen muss. Das gilt auch dann, wenn der Rücktritt noch vor Aufstellung der Bilanz erklärt wird (BFH vom 28.03.2000 BStBl II 2002, 227).
  Ist bereits am Bilanzstichtag eine Vertragsauflösung durch Rücktritt wahrscheinlich, ist eine Rückstellung für ungewisse Verbindlichkeiten in Höhe der Differenz zwischen dem zurückzugewährenden Kaufpreis und dem Buchwert des veräußerten Wirtschaftsguts zu bilden (BMF vom 21.2.2002 BStBl I 2002, 335; H 5.7 Abs. 1 (Rückabwicklung) EStH).
- Die Inanspruchnahme wegen privatrechtlichen Schadensersatzverpflichtungen ist erst dann wahrscheinlich, wenn der Gläubiger die seinen Ersatzanspruch begründenden Umstände kennt oder die Kenntniserlangung zumindest unmittelbar bevorsteht (BFH vom 25.04.2006 BStBl II 2006, 749; H 5.7 Abs. 6 (Schadenersatz) EStH – 2. Strich).
- Steht ein Getränkehändler in laufenden Geschäftsbeziehungen zu einem Getränkehersteller (Abfüller) und ist er verpflichtet diesem das Leergut zurückzugeben bzw. fehlendes Leergut zu ersetzen (ggf. unter Anrechnung bezahlter Pfandgelder), kann er diesbezüglich nur dann eine Rückstellung bilden, wenn mit der vorzeitigen Inanspruchnahme aus der Rückgabeverpflichtung gerechnet werden muss (z. B. wenn die Geschäftsbeziehungen beendet werden oder eine Aufforderung unmittelbar bevorsteht, das gesamte Leergut zu einem bestimmten Termin zurückzugeben); vgl. H 5.7 Abs. 6 (Pfandrückstellungen) EStH.

5.3.2 Sonderfall des Erfüllungsrückstandes

Solange die Sach- oder Dienstleistungsverpflichtung aus einem auf gegenseitigen Leistungsaustausch gerichteten Vertrag noch nicht vollständig erfüllt ist, liegt ein sogenanntes schwebendes Geschäft vor (BFH vom 27.06.2001 BStBl II 2001, 758). Die fehlende Erfüllung unwesentlicher Nebenpflichten verlängert den Schwebezustand allerdings nicht.

Für schwebende Geschäfte gilt die Vermutung, dass sich Ansprüche und Verpflichtungen aus dem Vertrag gleichwertig gegenüber stehen. Ein bilanzieller Ausweis der einzelnen Ansprüche und Verbindlichkeiten aus dem schwebenden Vertrag scheidet daher nach allgemeiner Auffassung grundsätzlich aus. Berücksichtigungsfähig sind neben drohenden Verlusten (§ 249 Abs. 1 Satz 1 HGB) nur Verpflichtungen, die auf korrespondierenden Vorleistungen des Vertragspartners beruhen (sog. Erfüllungsrückstände, die als ungewisse Verbindlichkeit auszuweisen sind). Ein Erfüllungsrückstand liegt insbesondere vor, wenn ein Kaufmann einer Leistungsverpflichtung nicht nachgekommen ist, die er im abgelaufenen Wirtschaftsjahr hätte erfüllen müssen und die der Kunde bereits vor dem Bilanzstichtag bezahlt hat. Eine Fälligkeit der vertraglich noch geschuldeten Leistung zum Bilanzstichtag ist nicht erforderlich. Vgl. R 5.7 Abs. 7 und 8 EStR.

Beispiele:

- Nach dem Sachverhalt einer Entscheidung des BFH vom 05.04.2006 BStBl II 2006, 593) hatte eine Firma für 10 Jahre Geschäftsräume angemietet, wobei vereinbarungsgemäß für das erste Jahr keine Miete zu entrichten war. Die anschließend zu zahlende Miete entsprach den ortüblichen Verhältnissen. Der BFH hat die Bildung einer Rückstellung für ungewisse Verbindlichkeiten am Ende des ersten Jahres nicht zugelassen, da kein Erfüllungsrückstand in Form eines Zahlungsrückstandes gegeben ist. Da die ab dem zweiten Jahr zu zahlende Miete den ortüblichen Verhältnissen entspricht, kann insoweit keine Nachentrichtung für das erste Jahr vorliegen. Somit fehlt es an der erforderlichen synallagmatischen Verknüpfung zwischen Vorleistung (= Nutzungsüberlassung für das erste Jahr) und Gegenleistung (= Mietzahlung ab dem zweiten Jahr); vgl. auch H 5.7 Abs. 8 (Erfüllungsrückstand) 1. Strich EStH.
- Erhält ein Versicherungsvertreter vom Versicherungsunternehmen die Abschlussprovision nicht nur für die Vermittlung der Versicherung, sondern auch für die weitere Betreuung des Versicherungsvertrags, so hat er für die Verpflichtung zu künftiger Vertragsbetreuung eine Rückstellung wegen Erfüllungsrückstandes zu bilden (BFH vom 28.07.2004 BStBl II 2006, 866). Der BFH betrachtete im Entscheidungsfall die weitere Betreuung eines Lebensversicherungsvertrages als wesentliche Nebenleistung zum Vermittlungsgeschäft und ging daher vom Vorliegen eines schwebenden Geschäfts aus. Einen Erfüllungsrückstand des Versicherungsvertreters hat er angenommen, weil der Provisionsanspruch unabhängig von der Verpflichtung zur Nachbetreuung vor dem Bilanzstichtag bereits im vollen Umfang entstanden war.
- Die Finanzverwaltung hat diese Entscheidung jedoch über den entschiedenen Einzelfall hinaus nicht angewandt, da die Nachbetreuung von Lebensversicherungsverträgen den Versicherungsvertreter wirtschaftlich nicht wesentlich belaste; denn nach dem Abschluss einer Lebensversicherung würden die fälligen Beiträge regelmäßig per Lastschrift bis zur Auszahlung des Vertrages eingezogen, sodass weitere Betreuungsleistungen des Versicherungsvertreters nur in Ausnahmefällen zu erwarten seien. Erst aufgrund weiterer Entscheidungen des BFH (insbesondere BFH vom 19.07.2011 BStBl II 2012, 856) lässt nunmehr die Finanzverwaltung Rückstellungen für Nachbetreuungsleistungen sowohl von Sach- als auch von Lebensversicherungsverträgen zu, sofern die Voraussetzungen hierfür erfüllt sind (BMF vom 20.12.2012 BStBl I 2012, 1100).

5.4 Rückstellungen für drohende Verluste aus schwebenden Geschäften

Rückstellungen für drohende Verluste aus schwebenden Geschäften sind gem. § 249 Abs. 1 Satz 1 HGB in der Handelsbilanz zu bilden (Passivierungspflicht).

Steuerlich besteht jedoch nach § 5 Abs. 4a Satz 1 EStG ein Passivierungsverbot. Dieses gilt allerdings nicht für negative Ergebnisse aus gebildeten Bewertungseinheiten zur Absicherung finanzwirtschaftlicher Risiken (§ 5 Abs. 4a Satz 2 i. V. m. Abs. 1a EStG).

Ein schwebendes Geschäft ist ein gegenseitiger auf Leistungsaustausch gerichteter Vertrag, der von dem Sach- oder Dienstleistungsverpflichteten noch nicht vollständig erfüllt ist.

Ein Verlust droht, wenn der Wert der künftigen Verpflichtung den Wert der künftig zu fordernden Gegenleistung übersteigt, also ein Verpflichtungsüberschuss gegeben ist (BFH vom 27.06.2001 BStBl II 2001, 758).

Ein solcher Verpflichtungsüberschuss kann sich bei Beschaffungsgeschäften z. B. ergeben, wenn die Wiederbeschaffungskosten bis zum Bilanzstichtag gesunken sind.

BEISPIEL

Der Importeur J hat im November 01 mit einer ausländischen Lieferfirma einen Vertrag über die Lieferung einer bestimmten Menge Rohstoffe im Wert von 50 000 € abgeschlossen. Am 31. 12. 01 ist die Hälfte der Rohstoffe bereits geliefert und bei J auf Lager. Die andere Hälfte soll im Januar 02 geliefert werden. Am 31. 12. 01 ist der Marktpreis dieser Rohstoffe voraussichtlich dauerhaft um 6 % gefallen. J hat keine Anschaffungsnebenkosten zu tragen.

LÖSUNG Die am 31. 12. 01 bereits gelieferten Rohstoffe sind nach § 253 Abs. 4 Satz 1 HGB in der Handelsbilanz zwingend mit dem niedrigeren Marktpreis von 23 500 € anzusetzen. Steuerlich besteht nach § 6 Abs. 1 Nr. 2 Satz 2 EStG ein Wahlrecht zur Teilwertabschreibung, das gem. § 5 Abs. 1 Satz 1 2. HS EStG unabhängig von der Handelsbilanz ausgeübt werden kann (vgl. BMF vom 12.03.2010 BStBl I 2010, 239, Rz. 15; R 6.8 Abs. 1 Satz 3 EStR).

Für die noch nicht gelieferten Rohstoffe ist von einer unveränderten Zahlungsverpflichtung in Höhe von 25 000 € auszugehen, der Wert des Lieferanspruchs beträgt dagegen nur noch 23 500 €. Damit ergibt sich ein Verpflichtungsüberschuss = drohender Verlust von 1 500 €. Eine gleichhohe Rückstellung ist gem. § 249 Abs. 1 Satz 1 HGB nur in der **Handelsbilanz** auszuweisen, steuerlich besteht nach § 5 Abs. 4 a Satz 1 EStG ein Passivierungsverbot.

Buchung zum 31. 12. 01:	
sonst. betr. Aufwand an Rückstellungen	1 500 €
Buchung im Wj 02:	
Rückstellungen an Wareneinkauf	1 500 €
(bzw. sonst. betr. Ertrag)	

Eine Rückstellung wegen drohenden Verlustes aus einem Einkaufsgeschäft kann in der Handelsbilanz auch dann gebildet werden, wenn beim Verkauf der Waren ein Verlust tatsächlich nicht auftritt, weil z. B. die Verkaufspreise auf der Grundlage der alten (höheren) Anschaffungskosten kalkuliert wurden und auch noch erzielt werden können. In Ausnahmefällen können auch gesunkene Verkaufspreise zu einem drohenden Verlust aus einem Einkaufsgeschäft führen (BFH vom 21.10.1981 BStBl II 1982, 12).

Bei Absatzgeschäften kommt eine Drohverlustrückstellung beispielsweise in Betracht, wenn die Selbstkosten für ein Produkt höher sind als der zu erzielende Verkaufspreis. Befindet sich das verkaufte Produkt am Bilanzstichtag schon im Betriebsvermögen (ggf. auch als halbfertiges Erzeugnis) ist der drohende Verlust aus dem Absatzgeschäft allerdings durch Ansatz des retrograd ermittelten niedrigeren Teilwertes bzw. beizulegenden Wertes vorrangig bei der Bewertung zu berücksichtigen (BFH vom 07.09.2005 BStBl II 2006, 298; H 6.7 (Teilwertabschreibung) EStH – 2. Strich).

BEISPIEL

Fabrikant F hat sich gegenüber dem Kunden K am 20.11.01 vertraglich verpflichtet, eine Spezialmaschine zum Preis von 100.000 € zuzüglich USt zu fertigen und diese bis Ende Januar 02 auszuliefern. Für die halbfertige Maschine sind bis zum 31.12.01 (Bilanzstichtag) aktivierungspflichtige Herstellungskosten in Höhe von 15.000 € sowie allgemeine Verwaltungskosten und Sozialgemeinkosten von 3.000 € angefallen. Zu diesem Zeitpunkt steht bereits fest, dass F den Preis für die Maschine falsch kalkuliert hat und für deren Herstellung und Auslieferung voraussichtlich Selbstkosten in Höhe von 120.000 € anfallen werden.

LÖSUNG Da die Maschine am Bilanzstichtag noch nicht fertiggestellt und abgenommen ist, liegt ein schwebendes Geschäft vor. Aus diesem droht ein Verlust von 20.000 €, da die voraussichtlichen Selbstkosten (120.000 €) den vereinbarten Preis (100.000 €) übersteigen.

Dieser Verlust ist vorrangig bei der Bewertung der halbfertigen Maschine zu berücksichtigen (vgl. H 6.7 »Teilwertabschreibung – 2. Strich« EStH). Der Teilwert bzw. beizulegende Wert dieser halbfertigen Maschine beträgt zum 31.12.01 0 €; denn nach BFH, BStBl. 2006 II S. 298 (vgl. auch H 6.7 »Halbfertige Bauten auf fremdem Grund und Boden – 2. Strich« EStH) ist eine Teilwertabschreibung hinsichtlich des gesamten Verlusts aus dem noch nicht abgewickelten Auftrag bis zur Höhe der angefallenen Herstellungskosten zulässig und nicht auf den dem jeweiligen Fertigungsstand entsprechenden Anteil begrenzt.

Handelsrechtlich ist die halbfertige Maschine deshalb gem. § 253 Abs. 4 Satz 2 HGB zum 31.12.01 zwingend mit dem gegenüber den Herstellungskosten niedrigeren beizulegenden Wert von 0 € auszuweisen. Der übrige Verlust von 2.000 € (20.000 € ./. 18.000 €) ist gem. § 249 Abs. 1 Satz 1 HGB über die Passivierung einer entsprechenden Drohverlustrückstellung zu berücksichtigen. Ein entgangener Gewinn kann nach BFH vom 19.07.1983 BStBl II 1984, 56 hierbei nicht berücksichtigt werden.

Steuerlich besteht nach § 6 Abs. 1 Nr. 2 Satz 2 EStG ein Wahlrecht zum Teilwertansatz, da aufgrund der Falschkalkulation von einer voraussichtlich dauernden Wertminderung ausgegangen werden kann. Dieses Wahlrecht kann nach § 5 Abs. 1 Satz 1 zweiter HS EStG unabhängig von der Handelsbilanz ausgeübt werden (vgl. BMF vom 12. 03. 2010 BStBl I 2010, 239). Damit kann über eine Teilwertabschreibung der drohende Verlust aus dem schwebenden Geschäft in Höhe von 15.000 € neben den in 01 bereits angefallenen allgemeinen Verwaltungskosten und Sozialgemeinkosten von 3.000 € auch steuerlich berücksichtigt werden. Darüber hinaus kommt steuerlich eine Drohverlustrückstellung gem. § 5 Abs. 4a Satz 1 EStG nicht in Betracht.

Wäre bis zum Bilanzstichtag mit der Produktion der Maschine noch nicht begonnen worden und somit in 01 noch keine Aufwendungen entstanden, könnte der drohende Verlust noch nicht bei der Bewertung eines Erzeugnisses einfließen und wäre deshalb in der Handelsbilanz zwingend durch den Ansatz einer Drohverlustrückstellung in Höhe von 20.000 € zu berücksichtigen, was steuerlich jedoch gem. § 5 Abs. 4a Satz 1 EStG verboten ist.

Bei Dauerschuldverhältnissen (z. B. Miete) ist zur Beurteilung eines drohenden Verlustes auf die gesamte Laufzeit des Vertrages abzustellen und nicht nur auf einzelne Geschäftsjahre (BFH vom 19.07.1983 BStBl II 1984, 56).

BEISPIEL

Der Filialunternehmer F hatte in Stuttgart vom Vermieter V Ladenräume für monatlich 2 000 € gemietet; der Mietvertrag läuft noch bis 31. 12. 06. F hat seine Filiale in Stuttgart im Jahr 01 wegen Unrentabilität aufgegeben. V war jedoch mit einer vorzeitigen Aufhebung des Mietvertrages nicht einverstanden, gab aber seine Zustimmung zu einer Untervermietung durch F. F vermietete die Räume ab 01. 11. 01 bis 31. 12. 06 an den Kaufmann K gegen eine Monatsmiete von 1 600 €. Eine höhere Miete war nicht zu erzielen.

LÖSUNG Nach den Verhältnissen vom 31. 12. 01 hatte F noch eine Mietverpflichtung gegenüber V von $5 \times 12 \times 2\,000$ € = 120 000 €. Sein Mietanspruch an K beläuft sich dagegen auf nur $5 \times 12 \times 1\,600$ € = 96 000 €. Insgesamt ergibt sich ein Verlust von 24 000 €. Die erstmalige Zuführung zur Rückstellung zum 31. 12. 01 mit 24 000 € stellt Aufwand im Jahr 01 dar, die jährlichen Auflösungsbeträge sind Erträge bzw. Aufwandsminderungen des jeweiligen Auflösungsjahrs. Auch Drohverlustrückstellungen aus Dauerschuldverhältnissen sollen nach Kozikowski/Schubert in Beck'scher Bilanzkommentar, § 253 Anm. 179 und 180 der Abzinzung nach § 253 Abs. 2 HGB unterliegen. Hierbei muss man u. E. auf die Fälligkeit der einzelnen Mietzinszahlungen abstellen; nur soweit für den jeweiligen Fälligkeitstermin am Abschlussstichtag eine Restlaufzeit von mehr als 12 Monaten besteht, hat eine Abzinsung zu erfolgen.

Auch hier gilt, dass die Drohverlustrückstellung **nur in der Handelsbilanz**, nicht aber in der Steuerbilanz angesetzt werden darf.

5.5 Aufwandsrückstellungen

Aufwandsrückstellungen liegt keine Verpflichtung gegenüber einem Dritten (keine Außenverpflichtung) zugrunde. Sie sind in der Handelsbilanz und gem. § 5 Abs. 1 Satz 1 erster Halbsatz EStG auch in der Steuerbilanz nur in den Fällen des § 249 Abs. 1 Satz 2 Nr. 1 HGB (Passivierungspflicht) zulässig, also bei unterlassenen Aufwendungen für Instandhaltung und Abraumbeseitigung.

5.5.1 Unterlassene Instandhaltung

Unterlassene Instandhaltung liegt vor, wenn Erhaltungsarbeiten bis zum Bilanzstichtag erforderlich gewesen wären, aber erst nach dem Bilanzstichtag durchgeführt werden (R 5.7 Abs. 11 Satz 3 EStR). Eine Rückstellung ist insoweit jedoch nur zulässig, wenn die unterlassenen Instandhaltungsarbeiten im folgenden Geschäftsjahr innerhalb von 3 Monaten nachgeholt werden.

Bei Erhaltungsarbeiten, die erfahrungsgemäß in ungefähr gleichem Umfang und in gleichen Zeitabständen anfallen und turnusgemäß durchgeführt werden (z. B. Schönheitsreparaturen), liegt in der Regel keine unterlassene Instandhaltung vor (H 5.7 Abs. 11 (Turnusmäßige Erhaltungsarbeiten) EStH).

BEISPIEL:

Durch kurz vor dem Bilanzstichtag (31.12.01) erfolgte Umzugsarbeiten mussten im Treppenhaus eine Glaswand ersetzt und die Wände neu gestrichen werden. Der Austausch der Glaswand erfolgte Anfang Januar 02 für 8.000 € zuzüglich USt. Die Malerarbeiten wurden vor Bilanzerstellung im April 02 für 5.000 € zuzüglich USt durchgeführt.

LÖSUNG Für den Austausch der Glaswand ist zum 31.12.01 gem. § 249 Abs. 1 Satz 2 Nr. 1 HGB i. V. m. § 5 Abs. 1 Satz 1 erster HS EStG in der Handelsbilanz und in der Steuerbilanz eine Rückstellung in Höhe von 8.000 € zu bilden. Die zu zahlende USt kann als Vorsteuer wieder verrechnet werden und stellt daher keinen rückstellungsfähigen Aufwand dar.

Für die unterlassenen Malerarbeiten kommt eine Rückstellung nicht in Betracht, da diese erst nach Ablauf der 3-Monatsfrist nachgeholt wurden.

5.5.2 Abraumbeseitigung

Rückstellungen für unterlassene Abraumbeseitigung kommen insbesondere bei Unternehmen vor, die Bodenschätze abbauen. Abraum ist die über den Bodenschätzen lagernde Deckschicht.

In der Handelsbilanz und in der Steuerbilanz besteht gem. § 249 Abs. 1 Satz 2 Nr. 1 HGB i. V. m. § 5 Abs. 1 Satz 1 erster HS EStG eine Passivierungspflicht, wenn die Abraumbeseitigung innerhalb des nächsten Geschäftsjahres nachgeholt wird.

Bei einer Rechtspflicht zur Abraumbeseitigung ist nach § 249 Abs. 1 Satz 1 HGB eine Rückstellung für ungewisse Verbindlichkeiten zu bilden (R 5.7 Abs. 11 Satz 5 EStR). In diesem Fall ist die Jahresfrist zur Nachholung ohne Bedeutung. Entsprechendes gilt bei einer Rechtspflicht zur Instandhaltung, z. B. gegenüber einem Mieter.

5.5.3 Sonstige Aufwendungen

Für sonstige Aufwendungen ist nach Streichung von § 249 Abs. 1 Satz 3 und Abs. 2 HGB a. F. keine Aufwandsrückstellung mehr zulässig.

5.6 Auflösung von Rückstellungen

Eine in früheren Wirtschaftsjahren zu Recht gebildete Rückstellung ist erst aufzulösen, wenn nach den Verhältnissen am Bilanzstichtag – so wie sie sich bei Aufstellung der Bilanz darstellen – die Voraussetzungen für ihre Bildung und demgemäß auch Beibehaltung nicht mehr bestehen (§ 249 Abs. 2 Satz 2 HGB).

5.7 Wertbegründung und Wertaufhellung

Wie bereits festgestellt, müssen die Tatsachen, die für eine ungewisse Verbindlichkeit sprechen, bereits am Bilanzstichtag vorliegen, das heißt, die Ursachen für die Rückstellung müssen im abgelaufenen Geschäftsjahr begründet worden sein. Allerdings müssen die Tatsachen am Bilanzstichtag dem Unternehmer noch nicht bekannt sein. Es genügt, wenn er sie bis zur Bilanzaufstellung erkennt. Diese bessere Erkenntnis ist bei der Bilanzierung zu beachten, vgl. § 252 Abs. 1 Nr. 4 HGB.

BEISPIEL

War der Bezogene eines Wechsels (der Wechselschuldner) am Bilanzstichtag bereits zahlungsunfähig, hat der Wechselaussteller dies aber erst – vor Aufstellung seiner Bilanz – erfahren, als der Wechsel zu Protest ging, muss er für die zu erwartende Inanspruchnahme durch Wechselregress eine Rückstellung bilden (Wertaufhellung). Ist jedoch die Zahlungsunfähigkeit erst nach dem Bilanzstichtag eingetreten, so hat die drohende Inanspruchnahme ihre Ursache nicht im abgelaufenen Wirtschaftsjahr (Wertbeeinflussung). Eine Rückstellung ist daher nicht zulässig (evtl. jedoch eine Pauschalrückstellung für Wechselobligo, vgl.5.9.7).

Zum Unterschied zwischen wertaufhellenden und wertbeeinflussenden Tatsachen vgl. auch BFH vom 04.04.1973 BStBl II 1973, 485 und vom 02.10.1992 BStBl II 1993, 153. Als »wertaufhellend« sind nur die Umstände zu berücksichtigen, die zum Bilanzstichtag bereits objektiv vorlagen und nach dem Bilanzstichtag, aber vor dem Tag der Bilanzerstellung lediglich bekannt oder erkennbar wurden. Der zu beurteilende Kenntnisstand zum Zeitpunkt der Bilanzerstellung ist daher auf die am Bilanzstichtag – objektiv – bestehenden Verhältnisse zu beziehen (so zuletzt BFH vom 30.01.2002 BStBl II 2002, 688). Sobald Gewissheit über Bestehen und Höhe der Schuld besteht, ist die Rückstellung durch den Ausweis der Verbindlichkeit zu ersetzen.

5.8 Bewertung von Rückstellungen

5.8.1 Bewertung in der Handelsbilanz

In der Handelsbilanz sind Rückstellungen nach § 253 Abs. 1 Satz 2 HGB in Höhe des nach **vernünftiger kaufmännischer Beurteilung notwendigen Erfüllungsbetrages** anzusetzen. Dieser entspricht bei Sachleistungsverpflichtungen den Vollkosten. Somit sind in der Handelsbilanz bei der Rückstellungsbewertung – unter Einschränkung des Stichtagprinzips nach § 252 Abs. 1 Nr. 3 HGB – nach dem Bilanzstichtag **zu erwartende Preis- und Kostensteigerungen** bereits zu berücksichtigen. Hierfür ist allerdings erforderlich, dass am Abschlussstichtag bereits ausreichende objektive Hinweise für den Eintritt künftiger Preis- und Kostensteigerungen vorliegen.

Zudem sind Rückstellungen mit einer **Restlaufzeit von mehr als einem Jahr** nach des § 253 Abs. 2 HGB zwingend mit dem ihrer Restlaufzeit entsprechenden durchschnittlichen Marktzins der vergangenen sieben Geschäftsjahre **abzuzinsen**. Die Abzinsung von Rückstellungen für **Altersversorgungsverpflichtungen** und vergleichbaren langfristigen Verpflichtungen kann wahlweise auch pauschal mit dem durchschnittlichen Marktzins bei einer angenommenen Restlaufzeit von 15 Jahren erfolgen. Der anzuwendende Abzinsungssatz wird von der Deutschen Bundesbank nach Maßgabe einer Rechtsverordnung ermittelt und monatlich bekannt gegeben. Der maßgebliche Vervielfältiger für die Abzinsung ergibt sich nach folgender Formel: Vervielfältiger = $1 : (1 + Z)^n$. Hierbei stehen Z für den anzuwendenden Zinssatz und n für die Restlaufzeit am Bilanzstichtag.

BEISPIEL

Der nach vernünftiger kaufmännischer Beurteilung notwendige Erfüllungsbetrag für eine Rückstellung beträgt 100 000 €. Die Rückstellung hat am Bilanzstichtag noch eine Restlaufzeit von drei Jahren. Der durchschnittliche Marktzins der vergangenen sieben Geschäftsjahre für dreijährige Laufzeiten beträgt 4,3 %.

LÖSUNG Der maßgebliche Vervielfältiger beträgt $1 : (1 + 0{,}043)^3 = 0{,}88135$. Die Rückstellung ist demnach in der Handelsbilanz mit 88 135 € (100 000 € × 0,88135) auszuweisen.

5.8.2 Bewertung in der Steuerbilanz

Die handelsrechtlichen Bewertungsvorschriften gelten nach § 5 Abs. 1 Satz 1 1. HS EStG zwar grundsätzlich auch für die Steuerbilanz, wegen § 5 Abs. 6 EStG jedoch nur insoweit, als das Steuerrecht keine selbstständigen Bewertungsvorschriften enthält. Die Bewertung der Rückstellungen ist in § 6 Abs. 1 Nr. 3 a EStG separat geregelt. Mit dieser speziellen steuerrechtlichen Vorschrift soll die Bewertung der Rückstellungen aber keinesfalls abschließend geregelt werden. Vielmehr soll nur die handelsbilanzielle Rückstellungsbewertung für steuerbilanzielle Zwecke der Höhe nach begrenzt werden. Dies ergibt sich aus der Formulierung in dem Eingangssatz von § 6 Abs. 1 Nr. 3 a EStG: »höchstens insbesondere unter Berücksichtigung folgender Grundsätze«. Die Höhe der Rückstellung in der Steuerbilanz darf somit den handelsrechtlichen Wertansatz nicht übersteigen (R 6.11 Abs. 3 Satz 1 EStR).

5.8.2.1 Die Regelung des § 6 Abs. 1 Nr. 3 a Buchstabe a EStG

Hiernach ist bei Rückstellungen für gleichartige Verpflichtungen auf der Grundlage der Erfahrungen in der Vergangenheit aus der Abwicklung solcher Verpflichtungen die Wahrscheinlichkeit zu berücksichtigen, dass der Steuerpflichtige nur zu einem Teil der Summe dieser Verpflichtungen in Anspruch genommen wird. Diese Regelung gilt für alle steuerlich anerkannten Rückstellungen nach § 249 HGB. Als gleichartige Verpflichtungen sind solche Verpflichtungen anzusehen, die auf artverwandte bzw. ähnliche Rückstellungsanlässe zurückgehen. Diese Vorschrift ist bei Einzel- und Pauschalrückstellungen zu beachten. Sie zielt im Wesentlichen auf die Versicherungswirtschaft ab, ist darüber hinaus aber insbesondere auch bei den Pauschalrückstellungen für Garantieleistungen, für Wechselobligo und für Bürgschaftsverpflichtungen zu beachten.

Bei der Rückstellung für Gratifikationen ist z. B. die Fluktuation mindernd zu berücksichtigen (BFH vom 07.07.1983 BStBl II 1983, 753; H 6.11 (Gratifikationen) EStH).

Der Regelungsinhalt von § 6 Abs. 1 Nr. 3 a Buchstabe a) EStG gilt als ungeschriebener Grundsatz ordnungsmäßiger Buchführung auch für die Handelsbilanz.

5.8.2.2 Die Vorschrift des § 6 Abs. 1 Nr. 3 a Buchstabe b EStG

Rückstellungen für **Sachleistungsverpflichtungen** sind in der Steuerbilanz höchstens mit den Einzelkosten und den angemessenen Teilen der notwendigen Gemeinkosten zu bewerten. Sachleistungsverpflichtungen sind alle Verpflichtungen, die keine Geldleistungsverpflichtungen sind, also auch Dienstleistungs- und Werkleistungsverpflichtungen.

In der Steuerbilanz entspricht der Wertansatz bei Rückstellungen für Sachleistungsverpflichtungen der handelsrechtlichen und steuerlichen Untergrenze der Herstellungskosten (vgl. Schmidt, EStG § 6, Rz. 475 i. V. m. Rz. 194 ff). Somit sind zu erfassen (vgl. R 6.3 EStR i. V. m. BMF-Schreiben vom 25.03.2013, BStBl I 2013, 296):

- die **Materialeinzelkosten,**
- die **Fertigungseinzelkosten,**
- die notwendigen **Materialgemeinkosten,**
- die notwendigen **Fertigungsgemeinkosten** sowie
- der **Wertverzehr des Anlagevermögens**, soweit er durch die Fertigung veranlasst ist.

Nicht zu erfassen sind dagegen bei der Bewertung der Rückstellungen

- **Verwaltungskosten,**
- **Vertriebskosten** und
- **Aufwendungen für soziale Einrichtungen** und **andere Sozialgemeinkosten,**

weil sich der Begriff »**notwendig**« **nicht** auf die **Höhe**, sondern auf die **Art** der Aufwendungen bezieht, d. h. darauf, ob sie ihrer Art nach notwendig zum Fertigungsprozess gerechnet werden müssen.

Unter **angemessenen** Teilen sind die Gemeinkosten zu verstehen, die nach vernünftigen betriebswirtschaftlichen Kriterien der Sachleistungsverpflichtung zugerechnet werden müssen, z. B. auch angemessene Teile der notwendigen Fixkosten. Ungewöhnlich hohe Kosten (wie z. B. Leerkosten), neutrale Aufwendungen (außerordentliche, betriebsfremde und periodenfremde Aufwendungen) sowie rein kalkulatorische Kosten (kalkulatorische Zusatzkosten) sind nicht zu berücksichtigen. Vgl. auch H 3.2 und H 3. 3.

5.8.2.3 Die Regelung des § 6 Abs. 1 Nr. 3 a Buchstabe c EStG

Vorteile, die mit der Erfüllung der Verpflichtung voraussichtlich verbunden sein werden, sind bei der Rückstellungsberechnung gegenzurechnen (z. B. Kippentgelte bei einer Rückstellung wegen einer Rekultivierungsverpflichtung). Die bloße Möglichkeit, dass künftig wirtschaftliche Vorteile eintreten könnten, genügt für die Gegenrechnung nicht. Es müssen mehr Gründe für als gegen den Eintritt des Vorteils sprechen (vgl. R 6.11 Abs. 1 EStR). Allerdings ist für die Berücksichtigung der künftigen Vorteile ein Abschluss schuldrechtlicher Verträge nicht erforderlich. Die Rückstellung ist bereits dann zu mindern, wenn der Vorteilseintritt überwiegend wahrscheinlich ist (Beschluss des BFH vom 21.08.2013, I B 60/12 BFH/NV 2014, 28). **Rückgriffsansprüche** sind bei der Bewertung zu berücksichtigen, wenn sie nicht als eigenständige Forderung zu aktivieren sind und derart in einem unmittelbaren Zusammenhang mit der drohenden Inanspruchnahme stehen, dass sie dieser wenigstens teilweise spiegelbildlich entsprechen, sie in rechtlich verbindlicher Weise der Entstehung oder Erfüllung der Verbindlichkeit zwangsläufig nachfolgen und sie **vollwertig**, d. h. nicht bestritten, sind (BFH, BStBl II 1993, 437 und II 1994, 444; H 6.11 (Rückgriffsansprüche) EStH).

5.8.2.4 Die Vorschrift des § 6 Abs. 1 Nr. 3 a Buchstabe d EStG

Ist der laufende Betrieb des Unternehmens im wirtschaftlichen Sinne ursächlich für die Entstehung der Verpflichtung, ist der Rückstellungsbetrag durch jährlich gleiche Zuführungsraten anzusammeln (§ 6 Abs. 1 Nr. 3 a Buchst. d Satz 1 EStG; R 6.11 Abs. 2 Satz 1 EStR). Dabei ist die Summe der in früheren Wirtschaftsjahren angesammelten Rückstellungsraten am Bilanzstichtag auf das Preisniveau dieses Stichtags anzuheben (R 6.11 Abs. 2 Satz 5 EStR). Der Aufstockungsbetrag ist der Rückstellung in einem Einmalbetrag zuzuführen; eine gleichmäßige Verteilung auf die einzelnen Jahre bis zur Erfüllung der Verbindlichkeit kommt insoweit nicht in Betracht (R 6.11 Abs. 2 Satz 6 EStR). Der so ermittelte Betrag muss nach § 6 Abs. 1 Nr. 3 a Buchst. e EStG mit 5,5 % abgezinst werden.

Hinsichtlich der Verteilung der künftigen Gesamtverpflichtungen auf die einzelnen Wirtschaftsjahre sind aber bei Ansammlungsrückstellungen zwei Fallgruppen zu unterscheiden:

1. In der Vergangenheit entstandene Verbindlichkeiten, deren Verpflichtungsumfang **nicht weiter anwächst**, die jedoch mit zukünftigen Erträgen wirtschaftlich zusammenhängen; darunter fallen insbesondere die **Abbruchverpflichtung** (BFH, BStBl II 1975, 480) und die **Verpflichtung zur Erneuerung** von (gemieteten oder gepachteten) Anlagen (R 6.11 Abs. 2 Satz 2 EStR). Nur für diese Verpflichtungen ist § 6 Abs. 1 Nr. 3 a Buchst. d Satz 1 EStG anzuwenden. Die Ansammlung erfolgt **in gleichen Raten.** Wird das der Beseitigungsverpflichtung zu Grunde liegende Vertragsverhältnis wirtschaftlich fortgesetzt, etwa durch Vertragsverlängerung oder durch Abschluss eines neuen Vertragsverhältnisses, ist laut BFH Urteil vom 02.07.2014 I R 46/12 dieser verlängerter Nutzungszeitraum für die Rückstellungsberechnung heranzuziehen. Ein bereits gebildeter Rückstellungsbetrag ist dann entsprechend zu mindern.
2. Verpflichtungen, deren Umfang **sukzessive zunimmt**; hierunter fallen insbesondere Verpflichtungen zur Rekultivierung und Verpflichtungen zum Auffüllen abgebauter Hohlräume sowie Jubiläumsverpflichtungen und Verpflichtungen für Maßnahmen für die Stilllegung, Rekultivierung und Nachsorge von Deponien (Schreiben des BMF vom 25.07.2005 BStBl I 2005, 826. Diese Verpflichtungen sind **nicht** nach § 6 Abs. 1 Nr. 3 a Buchst. d Satz 1 EStG **in gleichen Raten** anzusammeln. Vielmehr sind sie jeweils in Höhe des am Bilanzstichtag tatsächlich entstandenen Verpflichtungsumfangs zu passivieren (R 6.11 Abs. 2 Sätze 3 und 4 EStR).

Die Übergangsregelung des § 6 Abs. 1 Nr. 3 a Buchstabe d Satz 2 EStG betrifft alle Erzeugnisse, die vor Inkrafttreten entsprechender gesetzlicher Rücknahme- und Verwertungsverpflichtungen in Verkehr gebracht worden sind. Derzeit bestehen solche Rücknahme- und Verwertungsverpflichten nur für Altfahrzeuge, Elektro- und Elektronikgeräte, wobei die Übergangsregelung jeweils schon seit Jahren ausgelaufen ist und somit aktuell keinen Anwendungsbereich hat. Die Verpflichtung zur Rücknahme von Fahrzeugen, Elektro- und Elektronikgeräten führt deshalb derzeit zu Rückstellungen für ungewisse Verbindlichkeiten nach § 249 Abs. 1 Satz 1 HGB i. V. m. § 5 Abs. 1 Satz 1 1. HS EStG, die in der Handelsbilanz gem.§ 253 Abs. 2 HGB und in der Steuerbilanz nach § 6 Abs. 1 Nr. 3 a Buchst. e EStG abzuzinsen sind.

5.8.2.5 Die Vorschrift des § 6 Abs. 1 Nr. 3 a Buchstabe e EStG

Die Abzinsungspflicht von 5,5 % betrifft Geldleistungsverpflichtungen und Sachleistungsverpflichtungen. Ausgenommen von der Abzinsungsverpflichtung sind Verbindlichkeiten, deren Laufzeit am Bilanzstichtag weniger als 12 Monate beträgt, die auf einer Anzahlung oder

Vorausleistung beruhen sowie verzinsliche Verbindlichkeiten. Abzinsungszeitraum ist bei Geldleistungsverpflichtungen der Zeitraum bis zur Fälligkeit dieser Verpflichtung, bei Sachleistungsverpflichtungen der Zeitraum bis zum Beginn der Erfüllung. Bei Verbindlichkeitsrückstellungen ohne feste Laufzeit ist nach BFH vom 27.01.2010 BStBl II 2010, 478 eine Abzinsung gem. § 6 Abs. 1 Nr. 3a Buchstabe e EStG vorzunehmen, wenn sie aus der Sicht am Bilanzstichtag voraussichtlich noch mindestens 12 Monate Bestand haben werden.

Die Abzinsung kann nach versicherungsmathematischen Grundsätzen oder vereinfachungshalber mittels Tabelle 2 zum BMF vom 26.05.2005 BStBl I 2005, 699) vorgenommen werden. Zu Einzelfragen im Zusammenhang mit der Abzinsung von Rückstellungen vgl. Rz. 24 bis 34 dieses BMF-Schreibens.

5.8.2.6 Die Vorschrift des § 6 Abs. 1 Nr. 3 a Buchstabe f EStG

Für die steuerliche Bewertung von Rückstellungen sind die Verhältnisse am Bilanzstichtag maßgebend; künftige Preis- und Kostensteigerungen dürfen nicht berücksichtigt werden. Hierdurch wird klargestellt, dass diesbezüglich die Änderung von § 253 Abs. 1 Satz 2 HGB (vgl. 5.4.1) steuerlich keine Auswirkungen hat.

BEISPIEL

Ein Unternehmer erstellt auf einem gepachteten unbebauten Grundstück eine Hofbefestigung (Fertigstellung 01. 01. 01). Vertraglich wird vereinbart, dass bei Beendigung des Pachtvertrags der ursprüngliche Zustand wieder herzustellen ist. Der Pachtvertrag endet am 31. 12. 10. Die voraussichtlichen Kosten betragen nach den Wertverhältnissen vom 31. 12. 01 70 000 €, vom 31. 12. 04 80 000 € und vom 31. 12. 08 90 000 €.

LÖSUNG Für die Verpflichtung, nach Beendigung des Pachtvertrags die Hofbefestigung zu beseitigen und den ursprünglichen Zustand wieder herzustellen, ist nach § 249 Abs. 1 Satz 1 HGB i. V. m. § 5 Abs. 1 Satz 1 1. HS EStG in der Handelsbilanz und in der Steuerbilanz eine Rückstellung für ungewisse Verbindlichkeiten zu bilden. Diese ist mit den voraussichtlichen Kosten anzusetzen (§ 253 Abs. 1 Satz 2 HGB i. V. m. § 5 Abs. 1 Satz 1 1. HS EStG). Preis- und Kostensteigerungen dürfen gem. § 6 Abs. 1 Nr. 3 a Buchstabe f EStG steuerlich nur berücksichtigt werden, soweit sie am Bilanzstichtag bereits eingetreten sind. Die Rückstellung ist nach § 6 Abs. 1 Nr. 3 a Buchst. d Satz 1 EStG in gleichen Raten anzusammeln. Dabei ist die Summe der in früheren Jahren angesammelten Rückstellungsraten am Bilanzstichtag auf das Preisniveau dieses Stichtags anzuheben. Der Aufstockungsbetrag ist der Rückstellung in einem Einmalbetrag zuzuführen; eine gleichmäßige Verteilung auf die einzelnen Jahre bis zur Erfüllung der Verbindlichkeit kommt insoweit nicht in Betracht (R 6.11 Abs. 2 Sätze 5 und 6 EStR). Zusätzlich sind solche Rückstellungen nach § 6 Abs. 1 Nr. 3 a Buchst. e EStG mit dem Zinssatz von 5,5 % abzuzinsen. Diese Abzinsung kann mittels Tabelle 2 zu BMF vom 26.05.2005 BStB l 2005, 699 vorgenommen werden.

Nach dieser Tabelle ist die Rückstellung wie folgt zu bewerten:

31. 12. 01	10 % von **70 000 €** =	7 000 € × 0,618 =	4 326 €
31. 12. 02	20 % von 70 000 € =	14 000 € × 0,652 =	9 128 €
31. 12. 03	30 % von 70 000 € =	21 000 € × 0 687 =	14 427 €
31. 12. 04	40 % von **80 000 €** =	32 000 € × 0,725 =	23 200 €
31. 12. 05	50 % von 80 000 € =	40 000 € × 0,765 =	30 600 €
31. 12. 06	60 % von 80 000 € =	48 000 € × 0,807 =	38 736 €
31. 12. 07	70 % von 80 000 € =	56 000 € × 0,852 =	47 712 €
31. 12. 08	80 % von **90 000 €** =	72 000 € × 0,898 =	64 656 €
31. 12. 09	90 % von 90 000 € =	81 000 € × 0,948 =	76 788 €
31. 12. 10	100 % von 90 000 € =	90 000 € × 1,000 =	90 000 €

In der Handelsbilanz ist die Rückstellung ebenfalls in jährlich gleichen Raten anzusammeln (vgl. Beck'scher Bilanzkommentar § 249 Rz. 100 »Abbruchkosten«); allerdings sind nach § 253 Abs. 1

Satz 2 HGB künftig zu erwartende Preis- und Kostensteigerungen bei der Bewertung bereits einzurechnen. Die Abzinsung erfolgt nach § 253 Abs. 2 HGB mit dem der jeweiligen Restlaufzeit entsprechenden durchschnittlichen Marktzins der vergangenen sieben Geschäftsjahre.

5.9 Einzelfälle

5.9.1 Gewerbesteuerrückstellung

Das typische Beispiel für eine Verbindlichkeit, bei der **Ungewissheit** nur bezüglich der Höhe besteht, ist die **Gewerbesteuerabschlusszahlung** für das abgelaufene Wirtschaftsjahr (Geschäftsjahr). Die Gewerbesteuer entsteht mit Ablauf des Erhebungszeitraums, für den die Festsetzung vorgenommen wird (§ 18 GewStG). Wenn das Wirtschaftsjahr mit dem Kalenderjahr übereinstimmt, entsteht die Gewerbesteuer, soweit sie nicht bereits durch Vorauszahlungen gedeckt ist, mit Ablauf des Bilanzstichtags. Eine Gewerbesteuerschuld z. B. für den Erhebungszeitraum 03 (= Kalenderjahr 03, vgl. § 14 Satz 2 GewStG) ist in der Schlussbilanz zum 31. 12. 03 auszuweisen.

Durch das Unternehmenssteuerreformgesetz 2008 wurde in § 4 Abs. 5 b EStG geregelt, dass die Gewerbsteuer und darauf entfallende Nebenleistungen (vgl. § 3 Abs. 4 AO) für Erhebungszeiträume ab 2008 steuerlich keine Betriebsausgaben mehr darstellen. Handelsrechtlich handelt es sich insoweit aber weiterhin um Betriebsausgaben.

Für die zu erwartende Gewerbesteuerabschlusszahlung ist nach § 249 Abs. 1 Satz 1 HGB i. V. m. § 5 Abs. 1 Satz 1 1. HS EStG in der Handelsbilanz und in der Steuerbilanz zwingend eine Rückstellung für ungewisse Verbindlichkeiten zu passivieren. Infolge des Abzugsverbots gem. § 4 Abs. 5 b EStG muss allerdings der den handelsrechtlichen Gewinn mindernde Zuführungsbetrag zur Ermittlung des steuerlichen Gewinns außerbilanziell wieder hinzugerechnet werden (R 5.7 Abs. 1 Satz 2 EStR). Gleiches gilt auch für gewinnmindernd gebuchte Gewerbesteuervorauszahlungen. Durch die Bildung der GewSt-Rückstellung verringert sich das steuerliche Betriebsvermögen, dessen Höhe insbesondere nach § 7 g Abs. 1 Satz 2 Nr. 1 a EStG für die Zulässigkeit von Investitionsabzugsbeträgen und Sonderabschreibungen zur Förderung kleiner und mittlerer Betriebe von Bedeutung ist.

BEISPIEL

(Kapitalgesellschaft)		€
Gewinn vor GewSt-Rückstellung		145 200
GewSt-Vorauszahlungen 4 × 2 000 € =	+	8 000
		153 200
Hinzurechnungen nach § 8 GewStG	+	5 000
		158 200
Kürzungen nach § 9 GewStG	./.	3 600
Gewerbeertrag, einstweilig		154 600
daraus Steuermessbetrag 3,5 %		5 411
GewSt bei Hebesatz 400 %		21 644
abzüglich GewSt-Vorauszahlungen		8 000
GewSt-Rückstellung		13 644

Eine Rundung der Rückstellung, z. B. auf volle hundert Euro, ist üblich. Außerbilanziell hinzuzurechnen sind die GewSt-Vorauszahlungen (8 000 €) und die Zuführung zur GewSt-Rückstellung (13 644 €).

Für den Fall, dass die berechnete Gewerbesteuer niedriger ist, als die für das Wirtschaftsjahr geleisteten Vorauszahlungen, kommt eine Rückstellung selbstverständlich nicht in Betracht. Es ist jedoch zu beachten, dass dann bereits am Bilanzstichtag ein Erstattungsanspruch aus Steuerüberzahlung besteht und daher eine entsprechende (sonstige) Forderung auszuweisen ist. Hierdurch vermindert sich der durch die geleisteten Vorauszahlungen verbuchte Gewerbesteueraufwand, wodurch sich auch der außerbilanzielle Hinzurechnungsbetrag nach § 4 Abs. 5 b EStG verringert.

Für hinterzogene Gewerbesteuer und andere hinterzogene betriebliche Steuern wie die Umsatzsteuer kann eine Rückstellung erst zu dem Bilanzstichtag gebildet werden, zu dem der Steuerpflichtige mit der Aufdeckung der Steuerhinterziehung rechnen muss (BFH, BStBl II 2013, 76).

5.9.2 Garantierückstellungen

Garantierückstellungen sind gem. § 249 Abs. 1 Satz 1 HGB i. V. m. § 5 Abs. 1 Satz 1 1. HS EStG als ungewisse Verbindlichkeiten für wirtschaftliche Lasten zu bilden, die sich aus gesetzlichen oder vertraglichen Gewährleistungen ergeben (z. B. nach §§ 437 oder 634 BGB); aber auch für Gewährleistungen, die ohne rechtliche Verpflichtung erbracht werden (Kulanz), müssen nach § 249 Abs. 1 Satz 2 Nr. 2 HGB i. V. m. § 5 Abs. 1 Satz 1 1. HS EStG Rückstellungen passiviert werden (vgl. auch R 5.7 Abs. 12 EStR und H 5.7 Abs. 12 EStH). Garantierückstellungen spielen insbesondere beim Baugewerbe eine bedeutende Rolle. Sie treten regelmäßig als Einzelrückstellungen und als Pauschalrückstellungen auf (vgl. H 5.7 Abs. 5 (Garantierückstellungen) EStH):

1. Sind im Einzelfall konkrete, bis zum Bilanzstichtag verursachte Garantieverpflichtungen bis spätestens zur Bilanzaufstellung erkennbar, so wird eine **Einzelrückstellung** in der erforderlichen Höhe gebildet, das heißt gem. § 253 Abs. 1 Satz 2 HGB in Höhe des für die Gewährleistung nach vernünftiger kaufmännischer Beurteilung notwendigen Erfüllungsbetrags, in der Steuerbilanz begrenzt durch § 6 Abs. 1 Nr. 3 a Buchst. b EStG.
2. Daneben kann es geboten sein, für Garantieleistungen, die am Bilanzstichtag zwar verursacht, aber bis zur Bilanzaufstellung noch nicht bekannt sind, **Pauschalrückstellungen** zu bilden, wenn nach den Erfahrungen der Vorjahre mit solchen Leistungen ernsthaft zu rechnen ist; vgl. dazu auch § 6 Abs. 1 Nr. 3 a Buchst. a EStG. Dies ist nicht als Verstoß gegen den Grundsatz der Einzelbewertung anzusehen, sondern ergibt sich aus dem Grundsatz der vorsichtigen Bewertung (§ 252 Abs. 1 Nr. 4 HGB). Die Pauschalrückstellung wird durch Anwendung eines Prozentsatzes auf den garantiebehafteten Sollumsatz bemessen. Aus diesem Sollumsatz sind die Teile auszuscheiden, für die eine Einzelrückstellung gebildet wird. Der Prozentsatz ergibt sich aus den tatsächlichen Garantieleistungen der Vorjahre im Verhältnis zu den (garantiebehafteten) Sollumsätzen.
   Formel zur Berechnung der Pauschalrückstellung:
   Noch **garantieverpflichteter** Sollumsatz am Bilanzstichtag

./.	Sollumsatz, für den Einzelrückstellungen gebildet wurden
./.	Noch garantieverpflichteter Sollumsatz, für den **Rückgriffsrechte** gegen Vorlieferer (Subunternehmer) bestehen
=	Bemessungsgrundlage

Bei mehrjähriger Garantiefrist kommt ein unterschiedlicher, mit der Laufzeit sich verringernder Rückstellungssatz in Betracht (BFH vom 07.10.1982 BStBl II 1983, 104). Eine direkte Verrechnung des Garantieaufwands mit der Pauschalrückstellung lehnt der BFH ab.

BEISPIEL

Firma Z gewährt für ihre Leistungen zwei Jahre Garantie. Die Gewährleistungen verteilen sich gleichmäßig auf die Garantiezeit. Die Garantieaufwendungen betragen erfahrungsgemäß 3 % des Sollumsatzes.

Wirtschaftsjahr	garantiebehaftete Sollumsätze	Rückstellungssatz	Rückstellung
01	1 360 000 €	25 % von 3 %	10 200 €
02	1 450 000 €	75 % von 3 %	32 625 €
Rückstellung am 31. 12. 02			42 825 €

Die Begrenzung des Rückstellungssatzes für 01 auf 25 % ergibt sich, weil zum 31. 12. 02 bei gleichmäßiger Verteilung der Gewährleistungen auf die Garantiezeit bereits 75 % der Garantiefälle abgewickelt sind (25 % in 01 und 50 % in 02). Für 02 ist der Rückstellungssatz entsprechend um 25 % zu kürzen. Nach Verwaltungsauffassung ist aus Vereinfachungsgründen bei Pauschalrückstellungen keine Abzinsung vorzunehmen (BMF vom 26.05.2005 BStBl I 2005, 699 Rz. 27).

Von den Garantieleistungen zu unterscheiden sind die **kostenlosen Kundendienstleistungen**, zu denen Händler gelegentlich aufgrund von Verträgen mit Herstellerfirmen verpflichtet sind (Freiinspektionen). Der BFH hat entschieden, dass diese Leistungen nicht mit bestimmten Geschäftsvorfällen vor dem Bilanzstichtag wirtschaftlich zusammenhängen, sondern vielmehr nach Art eines Werbeaufwands erst das neue Wirtschaftsjahr belasten. Eine Rückstellung wird daher abgelehnt (BFH vom 11.09.1968 BStBl II 1969, 194, auch BFH vom 10.12.1992 BStBl II 1994, 158). Ebenso kommen **Pauschal**rückstellungen für Haftpflichtverbindlichkeiten nicht in Betracht (BFH vom 30.06.1983 BStBl II 1984, 263).

Stehen Schadenersatzverpflichtungen des Unternehmers **Regressansprüche** an Subunternehmer oder Lieferer gegenüber, so wird es sich dabei i. d. R. um **rückstellungsbegrenzende Merkmale** handeln, die zu einer Minderung der Rückstellung oder gar deren Wegfall führen. Dazu müssen die Regressansprüche allerdings in einem unmittelbaren Zusammenhang mit der drohenden Inanspruchnahme stehen, in rechtlich verbindlicher Weise der Verpflichtung zwangsläufig nachfolgen und im Übrigen vollwertig sein, d. h. weder bestritten noch wegen mangelnder Zahlungsfähigkeit zweifelhaft. Diese Rückstellungsbegrenzung verstößt nach Auffassung des BFH nicht gegen das Saldierungsverbot des HGB, sondern entspricht dem Grundsatz, dass Rückstellungen in Höhe des nach vernünftiger kaufmännischer Beurteilung notwendigen Erfüllungsbetrags anzusetzen sind. Vgl. BFH vom 17.02.1993 BStBl II 1993, 437, vom 03.08.1993 BStBl II 1994, 444 (Leitsatz 2) und vom 08.02.1995 BStBl II 1995, 412 sowie H 6.11 (Rückgriffsansprüche) EStH und § 6 Abs. 3 a Buchst. c EStG.

5.9.3 Jahresabschlusskosten

Nach BFH vom 20.03.1980 BStBl II 1980, 297 sind im Jahresabschluss bereits Rückstellungen für ungewisse Verbindlichkeiten für die **Aufstellung dieses Jahresabschlusses** zu bilden. Aus weiteren BFH-Urteilen ergibt sich die Zulässigkeit von Rückstellungen für die **gesetzliche Prüfung** und **Veröffentlichung bzw. Offenlegung der Bilanz** bei bestimmten Kapitalgesellschaften, für den Geschäftsbericht und für die **Betriebssteuererklärungen** (Gewerbesteuer, Umsatzsteuer, bei Kapitalgesellschaften auch für Körperschaftsteuer). Hier liegt am Bilanzstichtag zwar keine Verpflichtung gegenüber einem anderen vor, jedoch besteht eine öffentlich-rechtliche Verpflichtung; vgl. R 5.7 Abs. 2 EStR und H 5.7 Abs. 4 (Rückstellungen für öffentlich-rechtliche Verpflichtungen sind u. a. zulässig für) EStH.

Eine eigenständige Rückstellung ergibt sich aus der **Pflicht zur Buchung** laufender Geschäftsvorfälle des Vorjahres (BFH vom 25. 03. 1992 BStBl II 1992, 1010). Dies betrifft z. B. vor dem Bilanzstichtag erfolgte Lieferungen und Leistungen, die erst im neuen Geschäftsjahr abgerechnet bzw. gebucht werden können (im sog. 13. Monat).

Abgelehnt wurden dagegen Rückstellungen für das Abhalten der Hauptversammlung, für freiwillige Bilanzprüfung, für das Erstellen der Einkommensteuererklärung und der Erklärung zur Gewinnfeststellung. In diesen Fällen fehlt es entweder an einer öffentlich-rechtlichen Verpflichtung, die sich speziell auf das abgelaufene Wirtschaftsjahr bezieht, oder diese Verpflichtung ist nicht betrieblich, sondern privat veranlasst, vgl. H 5.7 Abs. 4 (Rückstellungen für öffentlich-rechtliche Verpflichtungen sind nicht zulässig für) EStH.

Die **Höhe der Rückstellung** ergibt sich aus den zu erwartenden Aufwendungen, insbesondere den Beraterhonoraren. Es können aber auch im Betrieb selbst entstehende Aufwendungen berücksichtigt werden, steuerlich nach § 6 Abs. 1 Nr. 3 a Buchst. b EStG, allerdings nur die so genannten Einzelkosten, nämlich Personalkosten und Kosten für das Material (insbesondere Vordrucke) und angemessene Teile der notwendigen Gemeinkosten.

Auch künftige Aufwendungen im Zusammenhang mit der Verpflichtung zur **Aufbewahrung von Geschäftsunterlagen** (§ 257 HGB und § 147 AO) sind nach § 249 Abs. 1 Satz 1 HGB i. V. m. § 5 Abs. 1 Satz 1 1. HS EStG in der Handelsbilanz und in der Steuerbilanz zwingend als Rückstellung für ungewisse Verbindlichkeiten zu passivieren (BFH BStBl II 2003, 131; H 5.7 Abs. 4 (Rückstellungen für öffentlich-rechtliche Verpflichtungen sind u. a. zulässig für – 4. Strich) EStH).

BEISPIEL

Eine GmbH bewahrt ihre Geschäftsunterlagen seit ihrer Gründung vor 20 Jahren in einem Kellerraum ihres Betriebsgebäudes auf. Im Geschäftsjahr 01 sind im Zusammenhang mit der Aufbewahrung folgende Aufwendungen entstanden:

- Anteilige AfA und Unterhaltskosten für den Kellerraum300 €
- AfA für Ausstattungsgegenstände des Kellerraums250 €
- Anteilige Personal- und Verwaltungskosten
  (Soft- und Hardwarekosten zur Lesbarmachung der Datenbestände)200 €
- Kosten der Datensicherung100 €

LÖSUNG Die GmbH muss aufgrund ihrer öffentlich-rechtlichen Verpflichtung zur Aufbewahrung der Geschäftsunterlagen (§ 257 HGB und § 147 AO) sowohl handelsrechtlich als auch steuerlich eine Rückstellung für ungewisse Verbindlichkeiten bilden (§ 249 Abs. 1 Satz 1 HGB i. V. m. § 5 Abs. 1 Satz 1 1. HS EStG).

Diese Rückstellung ist nach § 253 Abs. 1 Satz 2 HGB in Höhe des nach vernünftiger kaufmännischer Beurteilung notwendigen Erfüllungsbetrags anzusetzen. Die Einschränkungen des § 6 Abs. 1 Nr. 3 a Buchst. b EStG sollen nach Auffassung der Finanzverwaltung in diesem Fall für die Steuerbilanz wohl nicht zu beachten sein; vgl. H 6.11 (Aufbewahrung von Geschäftsunterlagen) EStH, wonach wie im Handelsrecht der Erfüllungsbetrag anzusetzen ist. Es ist allerdings zu berücksichtigen, dass die (verbleibende) Aufbewahrungsfrist der am Bilanzstichtag vorhandenen Unterlagen von einem bis zu zehn Jahren dauert (§ 257 Abs. 4 HGB und § 147 Abs. 3 AO). Hieraus ergibt sich ein Mittelwert von 5,5 Jahren. Die Aufwendungen der Datensicherung fallen indes nur einmalig an. Hiernach ist die Rückstellung zum 31. 12. 01 wie folgt zu berechnen:

Anteilige AfA und Unterhaltskosten für den Kellerraum	300 €
AfA für Ausstattungsgegenstände des Kellerraums	250 €
Anteilige Personal- und Verwaltungskosten	200 €
Jährlich anfallende Aufwendungen	750 €
Bezogen auf die mittlere restliche Aufbewahrungsdauer (750 € × 5,5 Jahre)	4 125 €
Kosten der Datensicherung (einmalig)	100 €
Rückstellungsbetrag	4 225 €

Eine Abzinsung scheidet aus, da die Aufbewahrungspflicht mit dem Entstehen der Geschäftsunterlagen beginnt und daher am Bilanzstichtag bereits läuft (§ 6 Abs. 1 Nr. 3 a Buchst. e Satz 2 EStG). Ob dies auch handelsrechtlich so gesehen werden kann, erscheint allerdings fraglich, da § 253 Abs. 2 HGB keine entsprechende Regelung enthält; für eine Abzinsungspflicht Kozikowski/Schubert in Beck'scher Bilanzkommentar, § 249 Anm. 100 »Aufbewahrung von Geschäftsunterlagen«.
Kosten, die nach Ablauf der Aufbewahrungsfrist voraussichtlich für die Entsorgung der Unterlagen anfallen, sind nicht rückstellungsfähig, da es insoweit an einer Außenverpflichtung des Kaufmanns fehlt.

5.9.4 Prozessrisiko, Prozesskostenrisiko und Prozesszinsrisiko

a) Rückstellung für Prozessrisiko

Eine typische Verbindlichkeit, bei der die tatsächliche Inanspruchnahme i. d. R. ungewiss ist, stellt die Rückstellung für Prozessrisiko bzw. Schadensersatzrisiko dar. Ihre Bildung steht nicht im Belieben des Kaufmanns. Ist nach den Verhältnissen vom Bilanzstichtag damit zu rechnen, dass ein Dritter (z. B. der Kunde) gegen ihn Schadenersatzansprüche oder dergl. geltend machen wird, so **muss** er eine Rückstellung bilden, es sei denn, die einem eventuellen Anspruch zugrunde liegenden Tatsachen sind bis zur Bilanzaufstellung noch nicht bekannt geworden. Ist also vor dem Bilanzstichtag bereits ein Schaden aufgetreten, für den der Unternehmer haftbar gemacht werden kann, so kommt es nicht darauf an, ob der Betroffene seinen Anspruch noch vor diesem Stichtag geltend macht. Nur wenn bis zur Bilanzaufstellung feststeht, dass kein Anspruch begründet werden wird, darf auch keine Rückstellung gebildet werden.

BEISPIEL

Im Lagergebäude des A brach im November 01 ein Brand aus. A sah die Ursache für den Brand in einer seiner Meinung nach mangelhaften Elektroinstallation und verlangte von Elektromeister X Schadensersatz in Höhe von 100 000 €. X lehnte den Schadensersatzanspruch ab, da er einwandfreie Arbeit geleistet habe. A will daraufhin gegen X klagen.

LÖSUNG X muss in seiner Bilanz zum 31. 12. 01 gem. § 249 Abs. 1 Satz 1 HGB i. V. m. § 5 Abs. 1 Satz 1 1. HS EStG eine Rückstellung wegen Prozessrisiko bzw. Schadensersatzverpflichtung bilden, wenn nicht objektiv festgestellt werden kann, dass der Anspruch des A offensichtlich unbegründet ist. Die ungewisse Verbindlichkeit ist schon 01 verursacht, weil der Schaden bereits vor dem Bilanzstichtag eingetreten ist. Der Zeitpunkt der eventuellen Klage ist dabei ohne Bedeutung. A kann seinen Schadensersatzanspruch dagegen erst aktivieren, wenn dieser von X anerkannt oder durch eine rechtskräftige gerichtliche Entscheidung festgestellt worden ist; erst dann ist der Schadensersatzanspruch nach § 252 Abs. 1 Nr. 4 HGB realisiert.

b) Rückstellung für Prozesskostenrisiko

Diese Rückstellung kann sowohl beim Beklagten als auch beim Kläger in Betracht kommen. Je nach Ausgang des Rechtsstreits müssen die Gerichts- und Anwaltskosten von einem Beteiligten allein oder auch gemeinsam getragen werden. Entscheidend für die Bildung dieser Rückstellung ist, ob der Fall am Bilanzstichtag bereits rechtshängig war; vgl. H 5.7 Abs. 5 (Prozesskosten) EStH. Hat in dem Beispiel zum Prozessrisiko (s. o.) A erst im Jahr 02 Klage erhoben, so kann und muss gem. § 249 Abs. 1 Satz 1 HGB i. V. m. § 5 Abs. 1 Satz 1 1. HS EStG eine Rückstellung für Prozesskostenrisiko (von X und von A) erstmals zum 31. 12. 02 gebildet werden. Die Kosten künftiger Instanzen dürfen dabei noch nicht berücksichtigt werden, selbst wenn die Beteiligten schon jetzt entschlossen sind, bis zur letzten Instanz zu gehen. Die Kosten werden nämlich erst mit der Klage, Berufung oder Revision wirtschaftlich verursacht, vgl. BFH vom

06.12.1995 BStBl II 1996, 406. Allerdings soll nach diesem Urteil eine Rückstellung für die nächste Instanz bereits in Betracht kommen, wenn am Bilanzstichtag eine das anhängige Verfahren abschließende Entscheidung vorliegt und das Rechtsmittel tatsächlich bis zur Bilanzaufstellung eingelegt wurde. Insoweit soll die tatsächliche Rechtsmitteleinlegung einen werterhellenden Faktor darstellen. Diese Auffassung dürfte u. E. allerdings durch das Urteil des gleichen Senats des BFH vom 30.01.2002 BStBl II 2002, 688 überholt sein. In dieser Entscheidung wird ein Rechtsmittelverzicht des Prozessgegners nach dem Bilanzstichtag und vor der Bilanzaufstellung als wertbegründend und nicht werterhellend angesehen. Nichts anderes kann u. E. für die Einlegung des Rechtsmittels selbst gelten. Bei einer bestehenden Rechtsschutzversicherung ist eine Rückstellung für Prozesskosten unzulässig, soweit die Versicherung eine entsprechende Deckungszusage erteilt hat; vgl. BFH vom 17.02.1993 BStBl II 1993, 437 und § 6 Abs. 1 Nr. 3 a Buchst. c EStG.

Allerdings kann auch ein Kläger bzw. Beklagter nicht verpflichtet werden, eine Rückstellung für eine ungewisse Verbindlichkeit wegen eines gegen ihn geführten Klageverfahrens zu bilden, wenn nach einem von fachkundiger dritter Seite erstellten Gutachten sein Unterliegen im Prozess am Bilanzstichtag nicht überwiegend wahrscheinlich ist (BFH vom 16.12.2014 BStBl II 2015, 759).

Soweit der Kläger bis zum Bilanzstichtag die Gerichtsgebühren schon entrichtet hat oder der Kläger und der Beklagte schon Vorschüsse an ihre Rechtsanwälte geleistet haben, mindern sich die jeweiligen Rückstellungsbeträge, da insoweit die ungewissen Verbindlichkeiten schon teilweise beglichen sind.

c) Rückstellung für Prozesszinsrisiko

Im Falle des Unterliegens ist der Beklagte als Schuldner einer Geldschuld nach § 291 BGB verpflichtet dem Kläger Prozesszinsen zu bezahlen. Hierfür kommt beim Beklagten eine Rückstellung für ungewisse Verbindlichkeiten nach § 249 Abs. 1 Satz 1 HGB i. V. m. § 5 Abs. 1 Satz 1 1. HS EStG in Betracht, allerdings nur insoweit als durch die ungewisse Zinszahlungsverpflichtung eine Zeitspanne vor dem Bilanzstichtag abgegolten wird (H 5.7 Abs. 5 (Zinszahlung) EStH). Der Ansatz einer entsprechenden Zinsforderung beim Kläger ist erst möglich und erforderlich, wenn über den Rechtsstreit und damit auch über die Prozesszinsen rechtskräftig entschieden ist; erst dann ist der Anspruch auf Prozesszinsen nach § 252 Abs. 1 Nr. 4 HGB realisiert.

d) Rückstellung für Verletzung von Schutzrechten

Wer fremde **Patentrechte** verletzt, muss damit rechnen, vom Patentinhaber wegen **Schadenersatz**, evtl. auch wegen ungerechtfertigter Bereicherung, in Anspruch genommen zu werden. Das gilt auch für andere Schutzrechte, wie z. B. Urheberrechte.

Nach § 5 Abs. 3 EStG dürfen solche Rückstellungen erst gebildet werden, wenn

1. entweder der Rechtsinhaber Ansprüche wegen der Rechtsverletzung bereits geltend gemacht hat oder
2. wenn mit einer Inanspruchnahme wegen der Rechtsverletzung ernsthaft gerechnet werden muss.

Beim zweiten Fall ist es nicht erforderlich, dass der Patentinhaber von der Rechtsverletzung bereits Kenntnis erlangt hat (BFH vom 09.02.2006 BStBl II 2006, 517; H 5.7 Abs. 10 (Patentverletzung – 1. Strich) EStH). Wenn eine Rückstellung wegen Schutzrechtverletzung gebildet wurde, ohne dass der Rechtsinhaber schon Ansprüche geltend gemacht hat, muss die Rückstellung spätestens in der Bilanz des dritten auf ihre erstmalige Bildung folgenden Wirtschaftsjahrs gewinnerhöhend aufgelöst werden, es sei denn, die Ansprüche werden zwischenzeitlich geltend gemacht (§ 5 Abs. 3 Satz 2 EStG). Vgl. auch R 5.7 Abs. 10 EStR. Wird ein und dasselbe Schutzrecht in mehreren Jahren verletzt, bestimmt sich der Ablauf der dreijährigen Auflösungsfrist nach der erstmaligen Rechtsverletzung (BFH vom 09.02.2006 BStBl II 2006, 517; H 5.7 Abs. 10 (Patentverletzung – 2. Strich) EStH).

In der **Handelsbilanz** ist die Rückstellung jedoch nach Fristablauf **weiterhin** auszuweisen.

Eine **Abzinsung** gem. § 6 Abs. 1 Nr. 3a Buchstabe e) EStG ist in der Steuerbilanz **nicht** vorzunehmen, da jederzeit mit einer Inanspruchnahme gerechnet werden muss. Aus gleichem Grund scheidet wohl auch handelsrechtlich eine Abzinsung nach § 253 Abs. 2 Satz 1 HGB aus.

BEISPIEL

Fabrikant B muss wegen Verletzung fremder Patentrechte mit Schadenersatz in Höhe von 100 000 € jährlich rechnen. Er bildet erstmals in der Bilanz zum 31. 12. 01 eine Rückstellung in Höhe von 100 000 €, die er an den folgenden Bilanzstichtagen um jeweils weitere 100 000 € aufstockt. Der Patentinhaber hat bis 31. 12. 04 keine Ansprüche geltend gemacht.

LÖSUNG In der Steuerbilanz zum 31. 12. 04 darf die Rückstellung gem. § 5 Abs. 3 Satz 2 EStG nicht mehr ausgewiesen werden. Die bis 31. 12. 03 zurückgestellten 300 000 € sind aufzulösen und erhöhen den steuerlichen Gewinn des Wirtschaftsjahres 04. Dagegen ist die Rückstellung in der Handelsbilanz gemäß § 249 Abs. 1 Satz 1 HGB weiterhin zwingend zu passivieren.

§ 5 Abs. 3 EStG stellt eine steuerrechtliche Spezialvorschrift dar, die handelsrechtlich nicht beachtlich ist. Der Maßgeblichkeitsgrundsatz des § 5 Abs. 1 Satz 1 1. HS EStG ist insoweit durchbrochen. Vgl. Beck'scher Bilanzkommentar, § 249 Anm. 100 (Patentverletzung). Nach Weber-Grellet in Schmidt, EStG, § 5 Rz. 391, enthält die Vorschrift eine Konkretisierung des Merkmals »Wahrscheinlichkeit der Inanspruchnahme«.

5.9.5 Aufwendungen aus Arbeitsverhältnissen

Im Zusammenhang mit Dienstverhältnissen ergibt sich eine ganze Reihe von Problemen bei der Bildung von Rückstellungen für ungewisse Verbindlichkeiten nach § 249 Abs. 1 Satz 1 HGB i. V. m. § 5 Abs. 1 Satz 1 1. HS EStG.

a) Rückstellung für Gratifikationen und Tantiemen

Leitende Angestellte erhalten häufig neben ihrem laufenden Gehalt nach Ablauf des Geschäftsjahrs **Tantiemen**, d. h. prozentuale Beteiligungen am Gewinn des Unternehmens. Es liegt in der Natur der Sache, dass am Bilanzstichtag die genaue Höhe der Tantiemen noch nicht bekannt sein kann. Es steht meist nur ein bestimmter Rahmen fest (Prozentsatz, evtl. Mindest- oder Höchstbetrag). Die Tantieme ist eindeutig im abgelaufenen Jahr verursacht worden. Sie muss daher durch eine **Rückstellung zum Bilanzstichtag** berücksichtigt werden, wenn der Arbeitnehmer zu diesem Zeitpunkt bereits dem Grunde nach einen Anspruch auf diese Vergütung hat, z. B. durch Arbeitsvertrag oder durch tatsächliche Übung.

Ähnlich verhält es sich auch mit den **Gratifikationen**, den einmaligen oder regelmäßigen Sonderzuwendungen an Arbeitnehmer, z. B. aus Anlass eines Jubiläums oder als Weihnachtsgratifikation. Bei vom Kalenderjahr abweichenden Wirtschaftsjahren haben Rückstellungen für solche Gratifikationen besondere Bedeutung. Dazu hat der BFH im Urteil vom 26.06.1980 BStBl II 1980, 506 ausgeführt, dass eine Rückstellung für Weihnachtsgratifikationen nur in einer Höhe in Betracht kommt, die bei einer zeitproportionalen Aufteilung der Vergütung auf die Zeit vor dem Bilanzstichtag entfällt (vgl. auch H 6.11 (Weihnachtsgeld) EStH). Dies gilt auch beim Urlaubsgeld.

Auch für am Bilanzstichtag dem Arbeitnehmer zustehenden **Urlaub**, der noch nicht in Anspruch genommen wurde, ist eine Rückstellung zu bilden. Zur Höhe dieser Rückstellung vgl. BFH vom 08.07.1992 BStBl II 1992, 910 und BFH vom 06.12.1995 BStBl II 1996, 406, aber auch BFH vom 08.02.1995 BStBl II 1995, 412, nach dem Ansprüche an Ausgleichskassen bei der Bewertung der Rückstellung zu berücksichtigen sind, sowie H 6.11 (Urlaubsverpflichtung) EStH.

Werden Gratifikationen erst nach mehreren Jahren und unter der Voraussetzung weiterer Betriebszugehörigkeit ausbezahlt, so wird eine Rückstellung dadurch nicht ausgeschlossen. Es muss aber ein Abschlag für Fluktuation gemacht und eine Abzinsung vorgenommen werden (BFH vom 07.07.1983 BStBl II 1983, 753, H 6.11 (Gratifikationen) EStH). Bei **Erfolgsprämien**, die Arbeitnehmern zugesagt, aber erst nach langer Zeit zu zahlen sind und auch dann nur nach Maßgabe der späteren Ertrags- und Liquiditätslage des Unternehmens, fehlt es an einer Verbindlichkeit am Bilanzstichtag, weil keine gegenwärtige Belastung gegeben ist (BFH vom 18.06.1980 BStBl II 1980, 741). Eine Rückstellung ist daher nicht zulässig.

BEISPIEL

Firma J hat ihren Arbeitnehmern aus Anlass ihres Firmenjubiläums eine Gratifikation von insgesamt 200 000 € zugesagt. Diese soll jedoch erst nach zehn Jahren an die Arbeitnehmer ausgezahlt werden. Sie ist bis dahin unverzinslich. Der Anspruch auf die Gratifikation entfällt lediglich bei Ausscheiden aus dem Dienstverhältnis. Es ist damit zu rechnen, dass etwa ein Zehntel der Arbeitnehmer innerhalb dieser zehn Jahre ausscheiden wird.

LÖSUNG

zugesagte Gratifikation	200 000 €
Abschlag wegen Fluktuation 1/10	20 000 €
bleiben	180 000 €
abgezinster Gegenwartswert bei einem Zinsfuß von 5,5 %	105 300 €
(Tabelle 2 zu BMF vom 26.05.2005 BStBl I 2005, 699)	

Handelsrechtlich muss die Abzinsung gem. § 253 Abs. 2 HGB mit dem durchschnittlichen Marktzins der vergangenen sieben Jahre für 10-jährige Laufzeiten erfolgen.

b) Rückstellungen für Jubiläumszuwendungen

Den Ansatz und die Bewertung der Rückstellungen für Zuwendungen anlässlich eines **Dienstjubiläums** hat der Gesetzgeber in § 5 Abs. 4 EStG für die steuerliche Gewinnermittlung besonders geregelt. Ergänzt wird die gesetzliche Vorschrift durch BMF vom 08.12.2008 BStBl I 2008, 1013. Daraus ergibt sich, dass mit steuerlicher Wirkung Rückstellungen für Jubiläumszuwendungen nur gebildet werden dürfen,

- wenn das Dienstverhältnis schon mindestens zehn Jahre bestanden hat,
- das Dienstjubiläum das Bestehen eines Dienstverhältnisses von mindestens 15 Jahren voraussetzt und
- die Zusage der Jubiläumszuwendung schriftlich erteilt ist.

Außerdem sind für die Berechnung der Rückstellung Anwartschaften, soweit sie vor dem 1. Januar 1993 entstanden sind, außer Ansatz zu lassen. Das Bundesverfassungsgericht hat die Regelung des § 5 Abs. 4 EStG durch Beschluss vom 12.05.2009 (Az. BVerfG 2 BvL 1/00) für verfassungsgemäß erklärt.

BEISPIEL

Arbeitnehmer A hat eine schriftliche Zusage für eine Zuwendung von einmalig 5 000 € zum 40-jährigen Dienstjubiläum erhalten. Das Dienstverhältnis hat am 01. 03. 1990 begonnen.

LÖSUNG Eine Rückstellung für Jubiläumszuwendungen war erstmals auf den 31. 12. 2000 möglich, weil erst an diesem Bilanzstichtag das Dienstverhältnis mindestens 10 Jahre bestanden hat (§ 5 Abs. 4 EStG).

Rückstellungswert zum 31. 12. 2013	
für 24 Dienstjahre (gerundet) 155[1] × 5 =	775 €
abzüglich Rückstellungswert zum 31. 12. 1992	
für 3 Dienstjahre (gerundet) 6 × 5 =	30 €
Rückstellung zum 31. 12. 2013	745 €

Rückstellungswert zum 31. 12. 2014	
für 25 Dienstjahre (gerundet) 171 × 5 =	855 €
abzüglich Rückstellungswert zum 31. 12. 1992 wie oben	30 €
Rückstellung zum 31. 12. 2014	825 €
Zuführung für das Jahr 2014 (825 € ./. 745 € =)	80 €

Den Berechnungen wurde das **Pauschalwertverfahren** zugrunde gelegt. Eine genaue Teilwertberechnung nach versicherungsmathematischen Grundsätzen ist selbstverständlich ebenfalls möglich. Unberührt davon bleibt die Berechnung der Rückstellung für die Handelsbilanz, bei der die Einschränkungen des § 5 Abs. 4 EStG nicht gelten, vgl. Beck'scher Bilanzkommentar, § 249 Anm. 100 (Jubiläumszuwendungen). Dabei ist es aus Vereinfachungsgründen durchaus zulässig, die Vervielfältiger aus BMF vom 08. 12. 2008 BStBl I 2008, 1013 anzuwenden. Handelsrechtlich sind jedoch die bis zum 31. 12. 1992 erdienten Anwartschaften nicht auszuscheiden, sodass sich im obigen Beispiel für die Handelsbilanz zum 31. 12. 2013 ein Ansatz von 775 € und zum 31. 12. 2014 von 855 € ergibt.

Nicht unter die Einschränkungen des § 5 Abs. 4 EStG fallen Rückstellungen für Jubiläumszuwendungen aus Anlass eines **Geschäfts- oder Firmenjubiläums.** Voraussetzung dafür ist, dass die Zuwendungen rechtsverbindlich zugesagt sind und sich nach der Dauer der Betriebszugehörigkeit der einzelnen Mitarbeiter bemessen. In diesen Fällen muss eine Rückstellung gebildet werden, die sich danach bemisst, in welcher Höhe die Anspruchsvoraussetzungen durch die vergangene Betriebszugehörigkeit des jeweiligen Mitarbeiters erfüllt sind. Vgl. BFH vom 29. 11. 2000 BStBl 2004, 41 und H 5.7 Abs. 5 (Zuwendungen aus Anlass eines Geschäfts- oder Firmenjubiläums) EStH.

BEISPIEL

Im Oktober 04 feiert die X-GmbH ihr 25-jähriges Geschäftsjubiläum. Anlässlich dieses Jubiläums sind verschiedene Veranstaltungen geplant, die voraussichtlich jeden Arbeitnehmer mit ca. 20 Überstunden belasten werden. Bei einer Betriebsversammlung im Dezember 03 wurde den Arbeitnehmern, falls Sie im Oktober 04 noch im Betrieb beschäftigt sind, verbindlich eine Jubiläumszuwendung zugesagt, die unter anderem diese Überstunden abgelten soll. Die Zuwendung soll im Oktober 04 ausbezahlt werden und ist nach der Dauer der Betriebszugehörigkeit zum Stichtag 31.12.03 wie folgt gestaffelt:

Betriebszugehörigkeit unter 5 Jahren	500 €
von 5 bis 9 Jahren	600 €
von 10 bis 14 Jahren	700 €
von 15 bis 19 Jahren	800 €
von 20 Jahren und mehr	900 €

1 Die Vervielfältiger sind der Anlage zu BMF vom 08.12.2008 BStBl I 2008, 1013 entnommen und beziehen sich jeweils auf eine Zuwendung in Höhe von 1 000 €

Aufgrund des Arbeitnehmerbestandes zum 31.12.03 ist mit dem Anfall folgender Jubiläumszuwendungen zu rechnen:

4 Arbeitnehmer × 500 €	=	2 000 €
2 Arbeitnehmer × 600 €	=	1 200 €
1 Arbeitnehmer × 700 €	=	700 €
4 Arbeitnehmer × 800 €	=	3 200 €
1 Arbeitnehmer × 900 €	=	900 €
insgesamt:		8 000 €

LÖSUNG Zum 31.12.03 ist sowohl in der Handelsbilanz als auch in der Steuerbilanz für die zugesagten Jubiläumszuwendungen eine Rückstellung für ungewisse Verbindlichkeiten nach § 249 Abs. 1 Satz 1 HGB i. V. m. § 5 Abs. 1 Satz 1 1. HS EStG zu bilden.
Die Einschränkungen des § 5 Abs. 4 EStG sind für die Steuerbilanz nicht zu beachten, da diese Vorschrift Zuwendungen anlässlich eines Dienstjubiläums erfordert, also eines Jubiläums des Arbeitnehmers. Vorliegend handelt es sich indes um ein Jubiläum der Firma. Zwar richtet sich die Höhe der Jubiläumszuwendungen nach der Dauer der Betriebszugehörigkeit des jeweiligen Arbeitnehmers; insoweit handelt es sich jedoch nur um die Bestimmung der Bemessungsgrundlage (BFH vom 29. 11. 2000 BStBl II 2004, 41). Andere Einschränkungen des Maßgeblichkeitsgrundsatzes nach § 5 Abs. 1 Satz 1 1. HS EStG sind nicht ersichtlich.
Die Bildung einer Rückstellung für ungewisse Verbindlichkeit setzt voraus, dass
1. es sich um eine Verbindlichkeit gegenüber einem Dritten oder eine öffentlich-rechtliche Verpflichtung handelt,
2. die Verpflichtung vor dem Bilanzstichtag verursacht ist und
3. mit der Inanspruchnahme aus einer nach ihrer Entstehung oder Höhe ungewissen Verbindlichkeit ernsthaft zu rechnen ist (vgl. R 5.7 Abs. 2 Nr. 1 bis 3 EStR).

Vorliegend ist lediglich die Verursachung der Jubiläumszuwendungen vor dem Bilanzstichtag problematisch. Diese Voraussetzung ist erfüllt, soweit die Zuwendungen eine Gegenleistung der X-GmbH für bereits in den zurückliegenden Jahren erbrachte Leistungen der Arbeitnehmer darstellen.
Soweit die zugesagten Jubiläumszuwendungen über den Sockelbetrag von 500 € (= Betrag, den jeder Arbeitnehmer mindestens erhält) hinausgehen, knüpfen sie an die Dauer der Betriebszugehörigkeit an und gelten damit in der Vergangenheit erbrachte Arbeitsleistungen ab. Insoweit ist eine Rückstellung zu bilden (BFH vom 29. 11. 2000 BStBl II 2004, 41).
Die Rückstellung ist nach § 253 Abs. 1 Satz 2 HGB in Höhe des nach vernünftiger kaufmännischer Beurteilung notwendigen Erfüllungsbetrages anzusetzen. Der handelsrechtliche Wertansatz gilt nach § 5 Abs. 1 Satz 1 1. HS EStG auch für die steuerliche Bewertung, da keine Sondervorschrift nach § 6 Abs. 1 Nr. 3 a EStG einschlägig ist.
Der rückstellungsfähige Teil der Jubiläumszuwendungen berechnet sich wie folgt:

Voraussichtliche Zuwendungen insgesamt:		8 000 €
Sockelbetrag für 12 Arbeitnehmer (500 € × 12):	./.	6 000 €
Rückstellungsfähige Zuwendungen:		2 000 €.

c) Rückstellungen für die Verpflichtung zur Weiterzahlung laufender Vergütungen in der Freistellungsphase des sogenannten »Blockmodells« nach dem Altersteilzeitgesetz

Mit Urteil vom 30. 11. 2005 BStBl II 2007, 251 hat der BFH entschieden, dass für Verpflichtungen, im Rahmen einer Vereinbarung über Altersteilzeit nach dem Altersteilzeitgesetz in der Freistellungsphase einen bestimmten Prozentsatz des bisherigen Arbeitsentgelts zu zahlen, bereits in der Beschäftigungsphase eine Rückstellung für ungewisse Verbindlichkeiten nach § 249 Abs. 1 Satz 1 HGB i. V. m. § 5 Abs. 1 Satz 1 1. HS EStG zu bilden ist.

Bei der Bewertung dieser Rückstellungen sind insbesondere folgende Aspekte zu berücksichtigen (vgl. BMF vom 28.03.2007 BStBl I 2007, 297):

- Für die Bemessung ist von den gesamten in der Freistellungsphase zu gewährenden Vergütungen einschließlich Nebenleistungen wie Urlaubsgeld, Weihnachtsgeld und Arbeitgeberanteile zur Sozialversicherung auszugehen.
- Wahrscheinliche Erstattungsansprüche nach dem Altersteilzeitgesetz wegen Wiederbesetzung des durch die Altersteilzeit freigewordenen Arbeitsplatzes sind gegenzurechnen.
- Die Rückstellungen sind entsprechend der ratierlichen wirtschaftlichen Verursachung in der Beschäftigungsphase zeitanteilig in gleichen Raten anzusammeln.
- Die Rückstellungen sind in der Handelsbilanz und in der Steuerbilanz grundsätzlich abzuzinsen.
- Die biometrische Wahrscheinlichkeit des vorzeitigen Ausscheidens des Altersteilzeitberechtigten (z. B. durch Tod) ist zu berücksichtigen.

Die konkrete Höhe der Rückstellung für Altersteilzeitverpflichtungen kann im jeweiligen Betrieb **einheitlich** entweder unter Beachtung dieser Grundsätze **versicherungsmathematisch** berechnet oder durch Anwendung eines **Pauschalwertverfahrens** unter Verwendung von Tabelle 1 des oben genannten BMF-Schreibens ermittelt werden. Zum Pauschalwertverfahren vergleiche das Beispiel unter Rdnr. 14 des oben genannten BMF-Schreibens.

Vielfach verpflichtet sich der Arbeitgeber im Rahmen einer Altersteilzeitvereinbarung auch zur Zahlung eines Ausgleichs für die Minderung der Ansprüche des Arbeitnehmers aus der gesetzlichen Rentenversicherung (sogenannter **Nachteilsausgleich**). Ist dieser Nachteilsausgleich in der Freistellungsphase oder nach Ende der Altersteilzeit auszuzahlen, muss auch insoweit bis zum Ende der Beschäftigungsphase eine ratierlich anzusammelnde Rückstellung für ungewisse Verbindlichkeiten gebildet werden. Die Höhe der Rückstellung zum Bilanzstichtag kann versicherungsmathematisch oder unter Verwendung von Tabelle 2 zu BMF vom 28.03.2007 BStBl I 2007, 297 berechnet werden. Zur pauschalen Berechnung vergleiche das Beispiel unter Rdnr. 17 des vorgenannten BMF-Schreibens.

d) Belastung durch laufende Dienstverträge

In einer Entscheidung vom 25.01.1984 BStBl II 1984, 344 hat sich der BFH mit der Frage befasst, ob die Belastungen durch laufende Ausbildungsverträge rückstellungsfähig sind. Er kam dabei zu einer **Ausgewogenheit** der beiderseitigen Verpflichtungen während der Gesamtzeitdauer des Ausbildungsvertrages und hat deshalb eine Rückstellung für drohende Verluste aus schwebenden Geschäften nach § 249 Abs. 1 Satz 1 HGB abgelehnt; vgl. auch BFH vom 03.02.1993 BStBl II 1993, 441 (bei »Überbestand«) und BFH vom 02.10.1997 BStBl II 1998, 205 (Mutterschutz). Eine Rückstellung wurde ebenfalls nicht anerkannt für eine tarifvertragliche **Verdienstsicherung** für ältere Arbeitnehmer im Falle einer Umsetzung (BFH vom 25.02.1986 BStBl II 1986, 465). Im Urteil des BFH vom 16.12.1987 BStBl II 1988, 338 begründet dies der BFH u. a. damit, dass der Wert der Arbeit nicht objektiv ermittelt werden kann und sich somit einer gerichtlichen Nachprüfung entzieht. Allerdings sind Ausnahmefälle vorstellbar, z. B. wenn ein Arbeitnehmer mangels betrieblicher Beschäftigungsmöglichkeiten von der Arbeit völlig freigestellt wird, jedoch aufgrund der Verdienstsicherung weiter Lohn bezieht. Auch für die Verpflichtung zur Lohnfortzahlung im Krankheitsfall kann keine Rückstellung gebildet werden (BFH vom 27.06.2001 BStBl II 2001, 758).

Neben den allgemein bekannten Beiträgen zur gesetzlichen Sozialversicherung (Krankenversicherung, Rentenversicherung, Arbeitslosenversicherung, Pflegeversicherung) müssen Arbeitgeber auch Beiträge für die Unfallversicherung ihrer Arbeitnehmer an die Berufsgenossenschaften zahlen. Diese Beiträge werden durch Umlageverfahren erhoben. Die Frage, ob insoweit eine ungewisse Verbindlichkeit anzunehmen ist, wurde mit Urteil des BFH vom 24.04.1968 BStBl II 1968, 544 verneint. Für künftig zu leistende Beiträge zur Berufsgenossenschaft können also keine Rückstellungen gebildet werden. Dasselbe gilt für die Beiträge zum Pensionssicherungsverein (BFH vom 13.11.1991 BStBl II 1992, 336 und vom 06.12.1995 BStBl II 1996, 406).

e) Rückstellungen für Leistungen aufgrund eines Sozialplanes

Wegen künftiger Leistungen aufgrund eines Sozialplanes sind unter bestimmten Voraussetzungen entsprechende Rückstellungen zu bilden. Einzelheiten dazu siehe R 5.7 Abs. 9 EStR.

5.9.6 Rückstellung für Pachtanlagenerneuerung (Pachterneuerungsrückstellung)

Die Rückstellung für Pachtanlagenerneuerung ist nach § 249 Abs. 1 Satz 1 HGB (ungewisse Verbindlichkeit) i. V. m. § 5 Abs. 1 Satz 1 1. HS EStG zwingend in der Handelsbilanz und Steuerbilanz zu bilden, wenn ein Pächter verpflichtet ist, die **gepachteten Gegenstände** nicht nur zu unterhalten, sondern auch auf eigene Kosten zu ersetzen (Vgl. BFH vom 02.11.1965 BStBl III 1966, 61, vom 21.12.1965 BStBl III 1966, 147 und vom 23.06.1966 BStBl III 1966, 589). Dabei ist die Rückstellung ratierlich aufzubauen (§ 6 Abs. 1 Nr. 3 a Buchst. d Satz 1 EStG, Beck'scher Bilanzkommentar § 249 Rz. 100 »Substanzerhaltung«). Pachtverträge mit Erneuerungsverpflichtung kommen heute nur noch selten vor. Vgl. aber BFH vom 03.12.1991 BStBl II 1993, 89 und BMF vom 21.02.2002 BStBl I 2002, 262.

Nach BFH vom 17.02.1998 BStBl II 1998, 505 hat der Verpächter eines Unternehmens in seiner Handels- und Steuerbilanz den Anspruch auf Erhaltung und Erneuerung der Pachtgegenstände – Pachterneuerungsanspruch – in Höhe des jährlich zuwachsenden Teilanspruchs zu aktivieren.

Nach § 6 Abs. 3 a Buchst. e EStG sind die Rückstellungen **in der Steuerbilanz** mit 5,5 % abzuzinsen (vgl. Tabelle 2 zu BMF vom 26.05.2005 BStBl I 2005, 699). Als Laufzeit ist dabei die Zeit bis zur voraussichtlichen Ersatzbeschaffung anzusehen. **In der Handelsbilanz** hat die Abzinsung gem. § 253 Abs. 2 Satz 1 HGB mit dem der Restlaufzeit entsprechenden Marktzins der vergangenen sieben Geschäftsjahre zu erfolgen.

BEISPIELE

a) Firma P hat vom Verpächter V eine Maschine gepachtet. Neben – relativ niedrigen – Pachtzahlungen musste sich P verpflichten, die Maschine auf eigene Kosten zu unterhalten, nach Ablauf der betriebsgewöhnlichen Nutzungsdauer jeweils zu ersetzen und bei Beendigung des Pachtverhältnisses eine Maschine im gleichen Nutzungsgrad (Wertigkeit) wie bei Pachtbeginn zurückzugeben oder einen entsprechenden Wertausgleich zu leisten.

Die Maschine war zu Pachtbeginn am 01. 01. 01 neuwertig. Anschaffungskosten = Wiederbeschaffungskosten 80 000 €. Betriebsgewöhnliche Nutzungsdauer fünf Jahre. Die Ersatzbeschaffung der verbrauchten Maschine durch P erfolgt im Januar 06.

LÖSUNG

	31.12.01	**31.12.02**	**31.12.03**	**31.12.04**	**31.12.05**	**31.12.06**
Wiederbeschaffungskosten	80 000	80 000	80 000	80 000	80 000	80 000
bis zur Ersatzbeschaffung erforderliche Rückstellung	16 000	32 000	48 000	64 000	80 000	–
Ersatzbeschaffung:						
Neuwert						80 000
Wertverzehr						16 000
Substanzwert						64 000
anzusetzende Rückstellung	16 000	32 000	48 000	64 000	80 000	16 000

Buchungen: 01 bis 05 jeweils	Pachtaufwand an Rückstellungen	16 000 €
im Wj 06	Rückstellungen an Bank	80 000 €[2]
	Pachtaufwand an Rückstellungen	16 000 €

Bei V ist ein entsprechender Pachtertrag und eine Substanzerhaltungsforderung anzusetzen. Zudem ist die Pachterneuerungsrückstellung nach § 253 Abs. 2 Satz 1 HGB bzw. § 6 Abs. 1 Nr. 3 a Buchstabe e EStG abzuzinsen. Auf die Darstellung der Abzinsung wird hier vereinfachungshalber verzichtet.

b) Wie Beispiel a), nur war die gepachtete Maschine bei Pachtbeginn schon zwei Jahre genutzt (= Wertigkeit 60 %, wobei die Wertigkeit die Rückgabeverpflichtung bestimmt). Die Ersatzbeschaffung erfolgte im Januar 04. Die Wiederbeschaffungskosten betrugen am 01. 01. 01 80 000 €, am 31. 12. 02 88 000 € und am 31. 12. 05 92 000 €. Die Preissteigerungen waren nicht voraussehbar. Der Pachtvertrag sieht auch einen Ausgleichsanspruch des P vor, wenn bei Pachtende eine Maschine höherer Wertigkeit zurückgegeben wird.

LÖSUNG

	31.12.01	**31.12.02**	**31.12.03**	**31.12.04**	**31.12.05**	**31.12.06**
Wiederbeschaffungskosten	80 000	88 000	88 000	88 000	92 000	92 000
Wertigkeit 60 %	48 000	52 800	52 800	52 800	55 200	55 200
bis zur Ersatzbeschaffung erforderliche Rückstellung	16 000	35 200	52 800			
Ersatzbeschaffung						
Neuwert				88 000	92 000	92 000
Wertverzehr				17 600	36 800	55 200
Substanzwert				70 400	55 200	36 800
anzusetzende Rückstellung	16 000	35 200	52 800	–	–	18 400
Ausgleichsanspruch	–	–	–	17 600	–	–

Buchungen:	im Wj 01	Pachtaufwand an Rückstellungen		16 000 €
	02	Pachtaufwand an Rückstellungen		19 200 €
	03	Pachtaufwand an Rückstellungen		17 600 €
	04	Rückstellungen	52 800 €	
		Ausgleichsanspruch	17 600 €	
		Pachtaufwand	17 600 €	
		an Bank		88 000 €[2]
	05	Pachtaufwand an Ausgleichsanspruch	17 600 €	
	06	Pachtaufwand an Rückstellungen	18 400 €	

Beachte: Der Substanzwert der Ersatzbeschaffung folgt den Wiederbeschaffungskosten. Der Wertverzehr entspricht im Ergebnis einer linearen AfA, bezogen jeweils auf den Neuwert. Auch hier wird auf die Darstellung der erforderlichen Abzinsung aus Vereinfachungsgründen verzichtet. Wären die Preissteigerungen von Anfang an absehbar gewesen, hätte die Rückstellung nach § 253 Abs. 1 Satz 2 HGB handelsrechtlich schon ab dem 31. 12. 01 auf des Basis von Wiederbeschaffungskosten in Höhe

2 Vorsteuer zur Vereinfachung nicht berücksichtigt.

von 92 000 € berechnet werden müssen. Steuerlich bleiben jedoch gem. § 6 Abs. 1 Nr. 3 a Buchstabe f EStG die Preisverhältnisse zu jeweiligen Bilanzstichtag maßgeblich.

Anmerkung: In seinem Urteil hat der BFH vom 12.02.2015 BFH/NV 2015, 895 eine Aktivierung eines Instandhaltungsanspruchs beim Verpächter im Rahmen einer Betriebsaufspaltung abgelehnt, da ihm für diesen Anspruch gar keine Aufwendungen entstanden sind – und ohne Anschaffungskosten gibt es keine Aktivierung. Die Finanzverwaltung wendet dieses Urteil zunächst nicht allgemein an.

5.9.7 Haftungsrisiken (Eventualverbindlichkeiten)

Auch für Haftungsrisiken gelten die allgemeinen Grundsätze über Rückstellungen. Am Bilanzstichtag muss also dem Grunde nach eine Verbindlichkeit bestehen, z. B. durch Bürgschaftsverpflichtung, und es muss mit einer tatsächlichen Inanspruchnahme gerechnet werden, z. B. wegen Zahlungsunfähigkeit des Hauptschuldners. Zu beachten ist aber, dass **in allen Fällen möglicher Haftung** (z. B. aus Bürgschaften, Wechselobligo, Gewährleistungen), auch wenn eine Inanspruchnahme unwahrscheinlich ist, diese Eventualverbindlichkeiten nach § 251 HGB **unter** der Bilanz (»unter dem Strich«) zu **vermerken** sind.

a) Bürgschaften

Eine Rückstellung für Bürgschaftsverpflichtungen ist beim Bürgen zu bilden, wenn am Bilanzstichtag wegen Liquiditätsschwierigkeiten oder gar Zahlungsunfähigkeit des Hauptschuldners **mit einer Inanspruchnahme zu rechnen** ist. Andererseits ist die nach § 774 BGB entstehende (übergehende) Forderung gegen den Hauptschuldner zu aktivieren. Allerdings dürfte diese Aktivierung meist nur von theoretischer Natur sein, da sie ja bei Zahlungsunfähigkeit des Hauptschuldners sofort wieder abgeschrieben werden muss (§ 253 Abs. 4 Satz 2 HGB) bzw. steuerlich abgeschrieben werden kann (§ 6 Abs. 1 Nr. 2 Satz 2 EStG). Zumindest kommt eine Wertberichtigung in Betracht.

Bei **Ausfallbürgschaften** (meist von der öffentlichen Hand gegeben) wird der Bürge nur in Anspruch genommen, wenn der Schuldner tatsächlich nicht mehr zahlen kann. Von Kreditinstituten wird dagegen als Sicherheit meist eine selbstschuldnerische Bürgschaft verlangt. Hier kann der Bürge schon in Anspruch genommen werden, wenn ein Ausfall möglich oder auch nur der Einzug schwierig erscheint.

BEISPIEL

Unternehmer U hat sich zu Gunsten seines Geschäftsfreunds G gegenüber der B-Bank für eine Darlehensschuld des G in Höhe von 50 000 € verbürgt. Am Bilanzstichtag 31. 12. 03 ist G in wirtschaftliche Schwierigkeiten geraten. U muss mit einer Inanspruchnahme aus der Bürgschaft rechnen. Das Ausfallrisiko seiner Rückgriffsforderung an G bewertet U zurecht mit 75 %.

LÖSUNG

Buchungen zum 31. 12. 03:

Bürgschaftsforderungen	50 000 €	
an Bürgschaftsverbindlichkeiten		50 000 €
Abschreibung auf Forderungen	37 500 €	
an Bürgschaftsforderungen		37 500 €

Statt Bürgschaftsforderungen wird z. T. auch die Bezeichnung Avaldebitoren, statt Bürgschaftsverbindlichkeiten die Bezeichnung Avalkreditoren verwendet.

Diese Buchungen sind sinnvoll, wenn Ansprüche aus der Bürgschaft schon erhoben worden sind, die Leistung des Bürgen aber noch aussteht.

Sonst genügt es, eine Rückstellung in Höhe des Bürgschaftsrisikos (Rückstellung für Avale) zu bilden, also zu buchen

sonst. betriebl. Aufwendungen	37 500 €	
an Rückstellungen		37 500 €

Vergleiche hierzu auch BFH-Urteil vom 10.04.1987 BFH/NV 1988, 22.

b) Wechselobligo

Nach Art. 47 des Wechselgesetzes haften alle, die einen Wechsel ausgestellt, angenommen, indossiert oder mit einer Bürgschaftserklärung versehen haben, dem **Wechselinhaber als Gesamtschuldner**. Das bedeutet, dass im Falle eines Wechselprotestes (bei Nichteinlösen des Wechsels durch den Wechselschuldner) insbesondere der Aussteller des Wechsels mit einer Inanspruchnahme rechnen muss. Seine Regressforderung an den Wechselschuldner (Bezogener) ist i. d. R. wertlos. Muss nach den Verhältnissen am Bilanzstichtag damit gerechnet werden, dass ein vom Aussteller weitergegebener, aber noch nicht fälliger Wechsel vom Bezogenen nicht eingelöst werden kann, so muss vom Aussteller eine Rückstellung für Wechselobligo gebildet werden. Dabei ist jedoch die bessere Erkenntnis bis zur Bilanzaufstellung (Wertaufhellung) zu beachten. Wurde der Wechsel vom Bezogenen wider Erwarten doch eingelöst, so darf die Rückstellung nicht gebildet werden. Etwas anderes gilt nur, wenn die Einlösung auf Tatsachen beruht, die erst nach dem Bilanzstichtag eingetreten sind (Beispiel: der Bezogene machte im Januar einen Lottogewinn).

Im Normalfall sind Rückstellungen für Wechselobligo **Einzelrückstellungen**, d. h. sie beziehen sich auf erkennbare Einzelfälle. Bei umfangreichem Wechselverkehr (seltener Fall in der Praxis) können jedoch auch Pauschalrückstellungen geboten sein. Der für die Pauschalrückstellung maßgebliche Prozentsatz ist in der Regel nach den betrieblichen Erfahrungen der vorausgegangenen Wirtschaftsjahre zu ermitteln, vgl. § 6 Abs. 1 Nr. 3 a Buchstabe a EStG.

Die Höhe der **Pauschalrückstellung** ergibt sich aus der Anwendung dieses Prozentsatzes auf den Nennbetrag der bis zum Bilanzstichtag weitergegebenen, aber noch nicht eingelösten Kundenwechsel, für die das Pauschalverfahren angewendet wird. Sind bis zur **Bilanzaufstellung** jedoch alle derartigen Kundenwechsel eingelöst, darf keine Rückstellung gebildet werden. Sind die Wechsel im Zeitpunkt der Bilanzaufstellung nur zum Teil eingelöst, so darf die Rückstellung die Gesamtsumme der zu diesem Zeitpunkt noch nicht eingelösten Wechsel nicht übersteigen (vgl. Urteil des BFH vom 19.12.1972 BStBl II 1973, 218).

BEISPIEL

Gesamt-Wechselsumme der am Bilanzstichtag weitergegebenen Wechsel, für die das Pauschalverfahren angewendet wird	850 000 €
maßgeblicher Prozentsatz: 2 %	

LÖSUNG

Pauschalrückstellung rechnerisch: 2 % von 850 000 € =	17 000 €
a) bei Bilanzaufstellung noch nicht eingelöste Wechsel, Gesamtsumme	12 500 €
zulässige Pauschalrückstellung für Wechselobligo	12 500 €
b) bei Bilanzaufstellung noch nicht eingelöste Wechsel, Gesamtsumme	18 300 €
zulässige Pauschalrückstellung für Wechselobligo	17 000 €

Die Wechselsumme der bei Bilanzaufstellung noch nicht eingelösten Wechsel bildet also **keine neue Bemessungsgrundlage**, sie stellt nur eine **Obergrenze** für die Rückstellung dar. Unbestritten ist, dass der Ausfall einer Wechselforderung zu einer Berichtigung der Umsatzsteuer nach § 17 Abs. 2 UStG führen kann. Trotzdem wird für die Pauschalrückstellung für Wechselobligo nicht verlangt, dass aus der Wechselsumme die Umsatzsteuer heraus gerechnet wird, wie dies bei den Wertberichtigungen auf Forderungen vorgeschrieben wird (z. B. BFH vom 16.07.1981 BStBl II 1981, 766). Dies dürfte aus Gründen der Vereinfachung und wegen Geringfügigkeit zu vertreten sein. Bei Einzelrückstellungen dagegen muss die Umsatzsteuerminderung beachtet werden, allerdings sind auch die Regresskosten in die Rückstellung einzubeziehen.

c) Steuerschulden

Eine **Haftung** für Steuerschulden kann für einen Unternehmer insbesondere nach § 75 AO oder nach § 25 HGB in Betracht kommen. Soweit diese Schulden bereits bei der Bemessung des Übernahmepreises (Kaufpreis) für den Betrieb berücksichtigt wurden, ist eine Passivierung als Verbindlichkeit schon nach allgemeinen Grundsätzen unzweifelhaft. Anders verhält es sich, wenn Haftungsansprüche erst später erhoben werden und ein Rückgriff auf den Steuerpflichtigen, den Veräußerer, keine Aussicht auf Erfolg hat. Dazu hat der BFH am 02.05.1984 (BStBl II 1984, 695) entschieden, dass ein Betriebsübernehmer in der Schlussbilanz des ersten Geschäftsjahrs eine den Gewinn mindernde Rückstellung für ungewisse Verbindlichkeiten bilden kann, wenn der Betrieb ohne die betrieblichen Steuerschulden übernommen wurde und eine Haftungsinanspruchnahme durch das Finanzamt ernsthaft zu erwarten ist. Eine entsprechende Verbindlichkeit ist auszuweisen, wenn das Finanzamt bereits einen Haftungsbescheid erlassen hat. Die Bildung der Rückstellung im ersten Geschäftsjahr kann u. U. auch noch im Wege einer Bilanzberichtigung erfolgen.

5.9.8 Verbindlichkeiten gegenüber Handelsvertretern

Verbindlichkeiten eines Unternehmers gegenüber Handelsvertretern können sich insbesondere durch Provisionsansprüche (§ 87 HGB) und durch einen Ausgleichsanspruch nach § 89 b HGB ergeben.

a) Provisionsansprüche

Im Regelfall entsteht der Provisionsanspruch des Handelsvertreters gegen den Unternehmer mit Abschluss der Geschäfte durch den Handelsvertreter (§ 87 HGB). Die Provisionsabrechnung erfolgt jedoch später (§ 87 c HGB), so dass die Verbindlichkeiten zunächst der Höhe nach ungewiss sind. Für solche am Bilanzstichtag noch nicht abgerechneten Provisionsansprüche ist deshalb vom Unternehmer eine Rückstellung zu bilden. Ist allerdings die Provisionsverpflichtung bezüglich der Ausführung des Geschäfts durch den Unternehmer aufschiebend bedingt, so darf vor Eintritt der Bedingung keine Rückstellung gebildet werden (BFH vom 19.10.1972 BStBl II 1973, 212 und vom 22.02.1973 BStBl II 1973, 481). Zu Provisionsfortzahlungen an einen Handelsvertreter vgl. H 5.7 [3] EStH.

b) Ausgleichsanspruch nach § 89 b HGB

Ein Handelsvertreter hat nach § 89 b HGB dem Unternehmer gegenüber nach Beendigung des Vertragsverhältnisses einen Ausgleichsanspruch, der berücksichtigen soll, dass der Unternehmer auch später die Vorteile der früheren Vertragsabschlüsse durch den Handelsvertreter hat, dieser aber keine Provisionen mehr erhält. Fraglich ist nun, wann dieser Ausgleichsanspruch verursacht ist, schon mit laufenden Geschäftsabschlüssen oder erst mit Vertragsbeendigung. Der BGH hatte am 11.07.1966 (BB 1966, 915) entschieden, dass handelsrechtlich eine

Rückstellung für den künftigen Ausgleichsanspruch zulässig sei. Der BFH sieht darin ein **Passivierungswahlrecht** und hat daher in ständiger Rechtsprechung die steuerliche Berücksichtigung dieser Rückstellung abgelehnt (zuletzt im Urteil des BFH vom 20.01.1983 BStBl II 1983, 375). Es sei unbestritten, dass der Ausgleichsanspruch des Handelsvertreters rechtlich erst mit der **Beendigung des Vertragsverhältnisses** entstehe. Denn § 89 b HGB macht den Ausgleichsanspruch davon abhängig, dass dem Unternehmer auch danach erhebliche Vorteile aus der Geschäftsverbindung mit den vom Handelsvertreter geworbenen Kunden zustehen. Die Verpflichtung des Unternehmers sei wirtschaftlich eng mit den Vorteilen nach Vertragsbeendigung verknüpft und deshalb nicht – oder wenigstens nicht wesentlich – in der Vergangenheit verursacht. Die Rechtslage sei eindeutig anders als bei Pensionsverpflichtungen, die übrigens mit steuerlicher Wirkung auch Handelsvertretern gegenüber eingegangen werden können. Im Ergebnis ist also festzuhalten, dass Rückstellungen für Ausgleichsansprüche allenfalls in der **Handelsbilanz**, nicht jedoch in der Steuerbilanz gebildet werden dürfen, solange das Vertragsverhältnis zwischen Handelsvertreter und Unternehmer noch besteht; vgl. auch H 5.7 Abs. 5 (Ausgleichsanspruch eines Handelsvertreters) EStH.

Der BFH betrachtet die Rechtslage als gefestigt und sprach einer Revision in dieser Frage die erforderliche grundsätzliche Bedeutung ab (BFH vom 04.02.1999 BFH/NV 1999, 1076). Er verweist noch darauf, dass durch die künftige Zahlung Vorteile abgegolten werden, die der Unternehmer **nach** Vertragsbeendigung aus den vom Handelsvertreter abgeschlossenen Geschäftsbeziehungen erwarten kann. Vgl. auch Weber-Grellet in Schmidt, EStG, § 5, Rz. 550, Stichwort »Ausgleichsverpflichtung«.

5.10 Buchmäßige Behandlung der Rückstellungen

Die Bildung von Rückstellungen ist eine Maßnahme, die zu den **Abschlussvorbereitungen** zählt. Vor jeder Buchung steht dabei die Klärung der Frage, ob überhaupt Rückstellungen zu bilden sind und wenn ja, für welche Tatbestände und in welcher Höhe. Die Höhe der Rückstellung wird meist nur durch Schätzung ermittelt werden können.

a) Erstmalige Bildung und Aufstockung

Die erstmalige Bildung einer Rückstellung führt grundsätzlich zu einer Gewinnminderung durch Aufwand. Dasselbe gilt für die Erhöhung einer bereits gebildeten Rückstellung (Aufstockung).

BEISPIEL

Zum 31. 12. 01 ist eine Prozesskostenrückstellung von 3 800 € erforderlich. Am 31. 12. 02 läuft der Prozess in der nächsten Instanz. Prozesskostenrisiko nun insgesamt 9 500 €.

LÖSUNG

Buchung zum 31. 12. 01:		
Rechtskosten	3 800 €	
an Rückstellungen		3 800 €
Buchung zum 31. 12. 02:		
Rechtskosten	5 700 €	
an Rückstellungen		5 700 €

b) Verbrauch und Auflösung von Rückstellungen

Ist der Aufwand, dessen periodengerechte Berücksichtigung zu einer Rückstellung geführt hat, tatsächlich angefallen, so ist er mit der Rückstellung zu verrechnen. Wurde mehr zurückgestellt, so ist der verbleibende Betrag aufzulösen. Ist dagegen zu wenig zurückgestellt worden, ist der nicht durch Rückstellung gedeckte Betrag als Aufwand zu buchen.

BEISPIELE

Gewerbesteuerrückstellung für 01 am 31. 12. 01 ausgewiesen mit 11 700 €

a) Abschlusszahlung laut Steuerbescheid 10 500 €
Buchung:

Gewerbesteuerrückstellung	11 700 €	
an Bank		10 500 €
an Betriebssteuern bzw. so. betr. Ertrag		1 200 €

Außerbilanzielle Kürzung zur Ermittlung des steuerlichen Gewinns gem. § 4 Abs. 5 b EStG: 1 200 €

b) Abschlusszahlung laut Steuerbescheid 12 000 €
Buchung:

Gewerbesteuerrückstellung	11 700 €	
Betriebssteuern bzw. so. betr. Aufwand	300 €	
an Bank		12 000 €

Außerbilanzielle Hinzurechnung zur Ermittlung des steuerlichen Gewinns gem. § 4 Abs. 5 b EStG: 300 €

Betriebssteuererstattungen oder -nachholungen sind früher häufig als periodenfremder, d. h. außerordentlicher Ertrag bzw. Aufwand behandelt worden. Das HGB kennt in seiner jetzigen Fassung keinen periodenfremden Aufwand mehr. Kapitalgesellschaften müssen also künftig über »Steuern vom Einkommen und vom Ertrag« oder »sonstige betriebliche Erträge bzw. sonstige betriebliche Aufwendungen« buchen.

Häufig weiß der Buchhalter beim Eingang einer Rechnung, z. B. für eine Reparatur, nicht, dass eine Rückstellung gebildet worden war und bucht daher den Betrag als Aufwand. In solchen Fällen erfolgt die Verrechnung im Zuge der Abschlussarbeiten. Im Übrigen ist die Auflösung einer Rückstellung nur zulässig, soweit der Grund hierfür entfallen ist (§ 249 Abs. 2 Satz 2 HGB).

BEISPIEL

Rückstellung für unterlassene Instandhaltung am 31. 12. 01 in Höhe von 8 100 € ausgewiesen. Die am 20. 03. 02 eingegangene Rechnung über netto 8 400 € wurde gebucht:

Reparaturaufwand	8 400 €	
Vorsteuer	1 596 €	
an Verbindlichkeiten		9 996 €
Buchung zum Abschluss 31. 12. 02		
Rückstellungen	8 100 €	
an Reparaturaufwand		8 100 €

Für 02 verbleibt so ein Reparaturaufwand von 300 €.

c) Rückstellungen als ruhendes Konto

Heutzutage ist es üblich, das Konto »Rückstellungen« als ruhendes Konto zu führen, also Buchungen nur zur Kontoeröffnung (Saldovortrag) und zum Abschluss vorzunehmen.

BEISPIEL

Bilanzstichtag	Garantierückstellung
31. 12. 01	26 500 €
31. 12. 02	24 700 €
31. 12. 03	25 900 €

LÖSUNG

- Buchung zum 31. 12. 02:

Garantierückstellung	1 800 €	
an Garantieaufwand		1 800 €

- Buchung zum 31. 12. 03:

Garantieaufwand	1 200 €	
an Garantierückstellung		1 200 €

Der laufende Garantieaufwand ist häufig auf keinem besonderen Konto gebucht, sondern in den Materialkosten, Personalkosten usw. enthalten. Ein Nachweis über entstandene Aufwendungen, wie er zur Ermittlung eines Prozentsatzes für die Pauschalrückstellung verlangt wird, ist dann nur über besondere Aufzeichnungen möglich.

5.11 Nachholung von Rückstellungen

Ist eine passivierungspflichtige Rückstellung in der Bilanz nicht ausgewiesen, so ist die **Bilanz** falsch und muss grundsätzlich **berichtigt** werden (§ 4 Abs. 2 Satz 1 1. HS EStG, R 4.4 Abs. 1 EStR). Wenn die Bilanz, in der die Rückstellung erstmals hätte gebildet werden müssen, wegen Bestandskraft der Steuerfestsetzung gem. § 4 Abs. 2 Satz 1 2. HS EStG jedoch nicht mehr berichtigt werden kann, ist die Bildung im ersten noch offenen Jahr gewinnmindernd nachzuholen (R 4.4 Abs. 1 Satz 9 EStR, H 4.4 (Verbindlichkeiten – 2. Strich) EStH). Wurde die Passivierung einer Rückstellung allerdings zur Erlangung ungerechtfertigter Steuervorteile bewusst unterlassen und kann die Veranlagung des Fehlerjahres nicht mehr geändert werden, so ist die Rückstellung, sofern die Voraussetzungen für die Bildung noch vorliegen, im ersten noch offenen Jahr unter Durchbrechung des Bilanzenzusammenhangs erfolgsneutral einzubuchen (Kapital an Rückstellungen); vgl. H 4.4 (Berichtigung einer Bilanz, die einer bestandskräftigen Veranlagung zugrunde liegt – 2. Strich) EStH.

5.12 Pensionsrückstellungen

5.12.1 Allgemeines

Pensionszusagen haben auch in der Privatwirtschaft eine erhebliche Bedeutung. Vor allem größere Unternehmen machen ihren Arbeitnehmern in Tarifverträgen oder auch in Einzelverträgen die Zusage einer einmaligen oder laufenden Zahlung bei Erreichen einer bestimmten Altersgrenze (Betriebsrente), bei Invalidität oder im Todesfall. Solche Zusagen können jedoch auch an Personen gemacht werden, die zum Unternehmen in einem anderen Rechtsverhältnis als einem Dienstverhältnis stehen (§ 6 a Abs. 5 EStG), z. B. einem Handelsvertreter. Durch die

Pensionszusagen ergeben sich für den Unternehmer wirtschaftliche Lasten, bei denen aber die tatsächliche Inanspruchnahme, insbesondere aber die Höhe der künftigen Belastung ungewiss ist. Dabei ist auch die so genannte **Unverfallbarkeit** von Bedeutung, d. h. die Tatsache, dass selbst beim Ausscheiden des Arbeitnehmers aus dem Dienstverhältnis unter Umständen der Pensionsanspruch nach den Vorschriften des Betriebsrentengesetzes nicht verloren geht.

Pensionszusagen führen zu ungewissen Verbindlichkeiten i. S. des § 249 Abs. 1 Satz 1 HGB. Für Zusagen, die vor dem 01. 01. 1987 gemacht wurden (**Altzusagen**), hat der Kaufmann allerdings nach Art. 28 Abs. 1 Satz 1 EGHGB ein Passivierungswahlrecht. Dies bedeutet, dass jährlich neu entschieden werden kann, ob in der Handelsbilanz Zuführungen ganz (auch Nachholung), teilweise oder gar nicht vorgenommen werden (vgl. Ellrott/Rhiel in Beck'scher Bilanzkommentar § 249 Rz. 192) Dieses Wahlrecht wird von der Finanzverwaltung unter den weiteren Voraussetzungen des § 6 a EStG auch steuerlich anerkannt (R 6 a Abs. 1 Satz 3 EStR). Für nach dem 31. 12. 1986 entstandene bzw. entstehende Pensionsanwartschaften (**Neuzusagen**) besteht handelsrechtlich eine **Passivierungspflicht**; dies gilt wegen § 5 Abs. 1 Satz 1 1. HS EStG auch steuerlich, sofern die den Maßgeblichkeitsgrundsatz einschränkenden Voraussetzungen von § 6 a EStG erfüllt sind.

In der **Handelsbilanz** sind Pensionsverpflichtungen gem. § 253 Abs. 1 Satz 2 HGB in Höhe des nach vernünftiger kaufmännischer Beurteilung notwendigen Erfüllungsbetrags anzusetzen. Dadurch soll klargestellt werden, dass zu erwartende Preis- und Kostensteigerungen bei der Bewertung zu berücksichtigen sind. Zudem sind Pensionsrückstellungen – wie andere Rückstellungen mit einer Restlaufzeit von mehr als einem Jahr auch – gem. § 253 Abs. 2 Satz 1 HGB mit dem ihrer voraussichtlichen Restlaufzeit entsprechenden Marktzins der vergangenen sieben Geschäftsjahre abzuzinsen. Wahlweise können Pensionsrückstellungen aber auch – unter Außerachtlassung des Grundsatzes der Einzelbewertung – gem. § 253 Abs. 2 Satz 2 HGB pauschal mit dem durchschnittlichen Marktzins abgezinst werden, der sich bei einer angenommenen Restlaufzeit von 15 Jahren ergibt. Hierbei kommt es nicht darauf an, ob für die Pensionszusage noch eine Gegenleistung zu erwarten ist oder nicht (§ 253 Abs. 2 Satz 3 HGB). Soweit sich die Höhe von Pensionsverpflichtungen ausschließlich nach dem beizulegenden Zeitwert von Wertpapieren des Anlagevermögens bestimmt (**wertpapiergebundene Pensionszusagen**), ist die Rückstellung indes mit dem beizulegenden Zeitwert dieser Wertpapiere anzusetzen, soweit dieser einen garantierten Mindestbetrag übersteigt (§ 253 Abs. 1 Satz 3 HGB). Für die Bewertung der Wertpapiere des Anlagevermögens selbst ist jedoch nach § 253 Abs. 1 Satz 1 HGB das Anschaffungskostenprinzip zu beachten.

5.12.2 Steuerliche Voraussetzungen

Steuerlich sind für die Bildung einer Pensionsrückstellung die den Maßgeblichkeitsgrundsatz einschränkenden Anforderungen des § 6 a EStG zu beachten. Nach Absatz 1 dieser Vorschrift ist Voraussetzung für die Bildung einer Pensionsrückstellung, dass der Pensionsberechtigte aufgrund einer **schriftlichen Zusage** einen **Rechtsanspruch** auf einmalige oder laufende Pensionsleistungen hat. Die Zusage darf nicht durch einen schädlichen Vorbehalt eingeschränkt sein und muss eindeutige Angaben zu Art, Form, Voraussetzungen und Höhe der in Aussicht gestellten Leistungen enthalten. Zudem dürfen die Pensionsleistungen auch nicht nach künftigen gewinnabhängigen Bezügen bemessen werden. Vgl. hierzu auch R 6 a Abs. 2 bis 7 EStR

5.12.3 Zeitpunkt der Bildung

Die Pensionsrückstellung ist erstmals in der Schlussbilanz des Jahres auszuweisen, in dem die Pensionszusage erfolgt ist. Eine Einschränkung ergibt sich für die Steuerbilanz durch die Regelung des § 6 a Abs. 2 Nr. 1 EStG. Danach kann die Rückstellung erstmals zum Ende des Wirtschaftsjahrs angesetzt werden, bis zu dessen Mitte der Pensionsberechtigte das 27. Lebensjahr vollendet hat oder in dessen Verlauf die Anwartschaft unverfallbar wird (§ 6 a Abs. 2 Nr. 1 EStG).

BEISPIEL

Der Arbeitnehmer X hat am 20. 12. 01 eine schriftliche Pensionszusage seines Arbeitgebers U erhalten. X vollendet das 27. Lebensjahr am 18. 08. 04.

LÖSUNG U kann eine Pensionsrückstellung für X erstmals in der Bilanz zum 31. 12. 05 **steuerlich wirksam** ausweisen. In die Handelsbilanz ist die Rückstellung dagegen schon ab 31. 12. 01 einzustellen. Damit weichen Handelsbilanz und Steuerbilanz für die Wirtschaftsjahre 01 bis 04 voneinander ab.

Tritt der Versorgungsfall schon vor Vollendung des 27. Lebensjahres ein, darf auch in der Steuerbilanz die Pensionsrückstellung sofort gebildet werden, § 6 a Abs. 2 Nr. 2 EStG.

5.12.4 Höhe der Rückstellung

a) Teilwert

§ 6 a Abs. 3 Satz 1 EStG bestimmt, dass Pensionsrückstellungen höchstens mit dem Teilwert der Pensionsverpflichtung anzusetzen sind. Die Höhe der Pensionsrückstellung in der Steuerbilanz darf nach § 5 Abs. 1 Satz 1 1. HS EStG den zulässigen Ansatz in der Handelsbilanz nicht übersteigen. Der Teilwert wird nach § 6 a Abs. 3 Satz 2 EStG ermittelt. Für die Berechnung sind Kenntnisse auf dem Gebiet der Versicherungs-Mathematik erforderlich. Dabei sind zahlreiche Faktoren zu berücksichtigen, insbesondere die zugesagten Leistungen, Lebensalter und Abzinsungssatz. Der Abzinsungssatz ist in § 6 a Abs. 3 Satz 3 EStG mit 6 % vorgegeben. Nach Auffassung der Finanzverwaltung (R 6 a Abs. 1 Satz 2 EStR und BMF vom 12.03.2010 BStBl I 2010, 239 unter Rdnr. 10) soll indes der Teilwert im Sinne von § 6 a Abs. 3 Satz 2 EStG keine Höchstgrenze mehr darstellen, sondern für die steuerliche Bewertung generell anzusetzen sein, was u. E. jedoch mit dem eindeutigen Wortlaut von § 6 a Abs. 3 Satz 1 EStG (höchstens) nicht vereinbar ist. Weshalb die Finanzverwaltung diesbezüglich ihre bisherige Rechtsauffassung geändert hat, bleibt schleierhaft, zumal die allgemeinen steuerlichen Bewertungsvorschriften für Rückstellungen in § 6 Abs. 1 Nr. 3 a EStG bei ähnlichem Gesetzeswortlaut als steuerliche Höchstgrenzen (im Vergleich zum Ansatz in der Handelsbilanz) angesehen werden (vgl. R 6.11 Abs. 3 Satz 1 EStR). Eine praktische Auswirkung hat diese geänderte Verwaltungsauffassung derzeit jedoch nicht, da aufgrund des aktuellen Marktzinsniveaus und der handelsrechtlichen Pflicht zur Einrechnung von voraussichtlichen Preis- und Kostensteigerungen der handelsrechtliche Wertansatz für Pensionsverpflichtungen den steuerlichen erheblich übersteigt.

Für **Altzusagen** (Zusagen vor 01.01.1987) ist der Teilwert unbestritten nur ein Höchstwert. Er kann in voller Höhe, nur teilweise oder gar nicht angesetzt werden. Das für diese Zusagen nach Handelsrecht bestehende Wahlrecht gilt hier auch steuerlich.

b) Zuführung und Nachholverbot

Zuführungen zu Pensionsrückstellungen führen stets zu einer Minderung des Gewinns im Zuführungsjahr. Sie werden meist als »freiwillige soziale Aufwendungen« verbucht. Eine Zuführung ist steuerlich nur zulässig bis zur Höhe des Unterschiedsbetrags zwischen dem Teilwert am Ende des Wirtschaftsjahrs und dem Teilwert am Ende des Vorjahrs (§ 6 a Abs. 4 Satz 1 EStG). Daraus ergibt sich im Ergebnis ein Nachholverbot für früher mögliche, aber nicht vorgenommene Zuführungen. Praktisch hat das Nachholverbot insbesondere für Altzusagen Bedeutung. Eine Nachholung ist aber auch dann nicht möglich, wenn die Pensionsrückstellung in einem vorangegangen Wirtschaftsjahr aufgrund einer zulässigen Methode niedriger als möglich berechnet war (BFH vom 10.07.2002 BStBl II 2003, 936). Nach BMF vom 11.12.2003 BStBl I 2003, 746 soll das Nachholverbot ganz allgemein auch dann gelten, wenn der – fehlende oder falsche – Ansatz auf einem Rechtsirrtum oder Berechnungsfehler beruht (vgl. auch H 6 a Abs. 20 (Nachholverbot) EStH). Auf eine mögliche willkürliche Gewinnverlagerung kommt es dabei nicht an. Diese Verwaltungsauffassung wurde durch den BFH vom 14.01.2009 BStBl II 2009, 457 bestätigt.

BEISPIEL

Der Teilwert einer Pensionsverpflichtung (Altzusage) betrug am 31. 12. 02 36 500 €, als Rückstellung passiviert waren jedoch nur 20 000 €. Am 31. 12. 03 beträgt der Teilwert 41 800 €.

LÖSUNG Der Unternehmer darf der Pensionsrückstellung steuerlich höchstens 5 300 € (41 800 € ./. 36 500 €) zuführen.

Buchung zum 31. 12. 03:		
freiwillige soziale Aufwendungen	5 300 €	
an Pensionsrückstellungen		5 300 €
Bilanzansatz 31. 12. 03:		25 300 €

Der Unterschiedsbetrag von 16 500 € fällt unter das Nachholverbot. In der Handelsbilanz ist dagegen die Nachholung bis zu einem Wert von 41 800 € zulässig.

c) Ausnahmen vom Nachholverbot

§ 6 a Abs. 4 EStG kennt allerdings auch Ausnahmen von diesem Nachholverbot. So ist eine volle Zuführung bis zur Höhe des Teilwerts am Ende des Wirtschaftsjahrs zulässig, wenn eine Rückstellung bisher steuerlich nicht möglich war, weil der Pensionsberechtigte das 27. Lebensjahr noch nicht vollendet hatte (§ 6 a Abs. 4 Satz 3 EStG). Aber auch beim Eintritt des Versorgungsfalls gilt das Nachholverbot nicht mehr (§ 6 a Abs. 4 Satz 5 EStG). Als weiteren Ausnahmefall nennt das Gesetz das Ausscheiden des Pensionsberechtigten aus dem Dienstverhältnis unter Aufrechterhaltung seiner Pensionsanwartschaft (bei »Unverfallbarkeit«), § 6 a Abs. 4 Satz 5 EStG. In allen diesen Fällen kann also der Rückstellung ein bisheriger Fehlbetrag (im obigen Beispiel 16 500 €) auf einmal zugeführt werden.

d) Verteilung von Zuführungsbeträgen

Bei einer Erstzuführung oder bei zulässigen Nachholungen können sich u. U. recht erhebliche Beträge gewinnmindernd auswirken. § 6 a Abs. 4 Satz 3 und Satz 5 EStG erlauben in diesen Fällen die gleichmäßige Verteilung auf drei Jahre (Erstjahr und die beiden folgenden Wirtschaftsjahre). Eine Verteilung auf drei Jahre ist auch möglich, wenn sich der Barwert (nicht: Teilwert!) der künftigen Pensionsleistungen gegenuber dem vorausgegangenen Wirtschaftsjahr um mehr als 25 % erhöht (§ 6 a Abs. 4 Satz 4 EStG).

BEISPIEL

Der Arbeitnehmer hat – bei einer Pensionszusage im Jahr 01 – am 15. 03. 03 das 27. Lebensjahr vollendet. Der Teilwert der Pensionsverpflichtung am 31. 12. 03 beträgt 36 000 €.

LÖSUNG Der Unternehmer kann der Rückstellung je 12 000 € verteilt auf die Jahre 03, 04 und 05 zuzuführen, wobei in den Jahren 04 und 05 noch die regulären Zuführungen zu beachten sind. Er kann aber auch im Jahr 03 den vollen Betrag von 36 000 € zuführen.

§ 6 a Abs. 4 EStG Satz 2 schreibt vor, dass bei Unterschiedsbeträgen, die sich durch die erstmalige Anwendung neuer oder geänderter biometrischer Rechnungsgrundlagen (z. B. »Richttafeln 2005 G« von Prof. Klaus Heubeck) ergeben, nur eine **gleichmäßig auf mindestens drei Wirtschaftsjahre** verteilte Zuführung in Betracht kommt. In diesen Fällen ergibt sich zwangsläufig ein Auseinanderfallen von Handelsbilanz und Steuerbilanz.

e) Einzelbewertung

Der Bilanzposten »Pensionsrückstellungen« stellt i. d. R. die Summe der Rückstellungsbeträge für die einzelnen Pensionszusagen dar. Vgl. auch R 6 a Abs. 18 EStR. Die Bewertung bezieht sich auf die **einzelnen** Pensionsverpflichtungen. Demnach gelten das Nachholverbot, die Nachhol- und Verteilungsmöglichkeiten auch nicht für den Bilanzposten insgesamt, sondern für die einzelne Pensionszusage.

f) Maßgeblichkeit der Handelsbilanz

Für Altzusagen ist zu beachten, dass die Pensionsrückstellungen steuerlich nur anerkannt werden können, soweit sie auch in der Handelsbilanz ausgewiesen sind; denn u. E. besteht für Altzusagen kein autonomes steuerliches Passivierungswahlrecht im Sinne von § 5 Abs. 1 Satz 1 2. HS EStG, sondern die Finanzverwaltung gestattet lediglich in R 6 a Abs. 1 Satz 3 EStR unter den weiteren Voraussetzungen von § 6 a EStG die Übernahme des handelsrechtlichen Wahlrechts für steuerliche Zwecke. Der handelsrechtliche Ansatz ist demnach gem. § 5 Abs. 1 Satz 1 1. HS EStG grundsätzlich auch steuerlich maßgeblich (strittig, a. A. z. B. Ellrott/Rhiel in Beck'scher Bilanzkommentar § 249 Rz. 161, unklar BMF, BStBl I 2010, 239 unter Rz. 11). In der Steuerbilanz können also Pensionsrückstellungen für Altzusagen nicht höher ausgewiesen sein als in der Handelsbilanz. Ein niedrigerer Ansatz ist nur möglich, wenn der Handelsbilanzansatz nicht der Vorschrift des § 6 a EStG entspricht, z. B. weil ein niedrigerer Rechnungszinsfuß angewendet wurde, das Nachholverbot nicht beachtet wurde oder steuerlich die gleichmäßige Verteilung einer Zuführung nach § 6 a Abs. 4 Satz 2 EStG vorgeschrieben ist.

Nicht ausgeschlossen ist es aber, dass die Zuführung (d. h. Gewinnminderung) in einem Jahr in der Steuerbilanz höher sein kann als in der Handelsbilanz, wenn der Handelsbilanzansatz der Rückstellung bisher gegenüber § 6 a Abs. 3 oder 4 EStG überhöht war oder z. B. wegen der Regelung des § 6 a Abs. 2 Nr. 1 EStG steuerlich nicht anerkannt wurde.

BEISPIEL

Kaufmann K hat zum 31. 12. 01 in seiner Handelsbilanz eine Pensionsrückstellung für eine Altzusage in Höhe von 80 000 € passiviert (Wert nach § 253 Abs. 1 Satz 2 und Abs. 2 HGB: 100 000 €). In der Steuerbilanz ist diese Rückstellung zum 31. 12. 01 mit 75 000 € ausgewiesen (Teilwert nach § 6 a Abs. 3 EStG: 90 000 €). Zum 31. 12.02 betragen der handelsrechtliche Wert 105 500 € und der steuerliche Teilwert 95 000 €.

LÖSUNG Aufgrund des Passivierungswahlrechts für Altzusagen nach Art. 28 Abs. 1 Satz 1 EGHGB kann K im Wirtschaftsjahr 02 in seiner Handelsbilanz auf eine Zuführung verzichten. In diesem Fall beträgt die steuerliche Zuführung zwingend 5 000 €, da für die steuerliche Bewertung der handels-

rechtliche Ansatz von 80 000 € gem. § 5 Abs. 1 Satz 1 erster HS EStG grundsätzlich maßgeblich ist und § 6 a Abs. 4 Satz 1 EStG eine Zuführung in Höhe des Teilwertzuwachses (5 000 €) zulässt.
K kann handelsrechtlich aber auch der Pensionsrückstellung bis zu 25 500 € zuführen; da die steuerliche Zuführung aber aufgrund des Nachholverbots auf 5 000 € begrenz ist, bleibt es unabhängig vom handelsrechtlichen Zuführungsbetrag beim steuerlichen Wertansatz von 80 000 €.

5.12.5 Auflösung der Rückstellung

Eine Auflösung von Pensionsrückstellungen ist gem. § 249 Abs. 2 Satz 2 HGB nur zulässig, wenn der Rückstellungsgrund wegfällt (z. B. wenn der Pensionsberechtigte aus dem Dienstverhältnis ausscheidet, ohne dass der Pensionsanspruch erhalten bleibt) oder der Teilwert der Verbindlichkeit durch Versorgungsleistungen oder andere Gründe gemindert wird. Wenn auch die Bildung einer Pensionsrückstellung bei Altzusagen im Belieben des Kaufmanns steht, gilt dies nicht für eine Auflösung der Rückstellung (R 6 a Abs. 21 Satz 1 EStR). Nach Eintritt des Versorgungsfalls sind die Rückstellungen nach der versicherungsmathematischen Methode aufzulösen.

Hierbei werden die laufenden Pensionszahlungen in voller Höhe als Aufwand verbucht. Beim Jahresabschluss wird dann die Minderung des Teilwerts der Pensionsverpflichtung als Aufwandsminderung (bzw. Ertrag) gebucht. Das gilt aber nur, wenn die Rückstellung nicht unter dem Teilwert angesetzt worden war (R 6 a Abs. 22 Satz 3 EStR).

BEISPIEL

Teilwert der Pensionsverpflichtung	am 31. 12. 02	43 700 €
	am 31. 12. 03	40 900 €
Pensionsrückstellung am 31. 12. 02		42 000 €
Pensionszahlungen monatlich 1 200 €		

LÖSUNG

Buchungen		
Januar bis Dezember 03 zusammengefasst:		
freiwillige soziale Aufwendungen	14 400 €	
an Bank		14 400 €
zum 31. 12. 03:		
Pensionsrückstellungen	1 100 €[3]	
an freiwill. soz. Aufwendungen		1 100 €

5.12.6 Sonderfälle

a) Pensionszusagen an Gesellschafter-Geschäftsführer von Personengesellschaften

Ansprüche des Gesellschafter-Geschäftsführers einer Personengesellschaft aus einer Pensionszusage sind als Vergütung für die Tätigkeit im Dienste der Gesellschaft nach § 15 Abs. 1 Satz 1 Nr. 2 und Satz 2 EStG anzusehen und dürfen daher den steuerlichen Gewinn der Personengesellschaft nicht mindern (BFH, BStBl II 1993, 792). Die Verpflichtung aus der Pensionszusage ist nach § 249 Abs. 1 Satz 1 HGB in der Handelsbilanz zwingend als Rückstellung zu passivieren (bei Altzusagen Wahlrecht nach Art. 28 Abs. 1 Satz 1 EGHGB). Über den Maßgeblichkeitsgrundsatz des § 5 Abs. 1 Satz 1 1. HS EStG ergibt sich in der Steuerbilanz unter den Voraussetzungen von § 6 a EStG ebenfalls eine Passivierungspflicht. Diese Rückstellung ist aller-

3 bisherige Rückstellung 42 000 € ./. neuer Teilwert 40 900 e.

dings nach der Rechtsprechung des BFH BStBl II 1993, 792 durch Ansatz eines gleich hohen Aktivpostens (Forderung) in der steuerlichen Sonderbilanz des Gesellschafters auszugleichen (additive Gewinnermittlung mit korrespondierender Bilanzierung für Sondervergütungen). Der steuerliche Gesamtgewinn der Personengesellschaft wird damit durch die Pensionszusage nicht verändert.

Die lange Zeit strittige Frage, ob der Aktivposten allein in der Sonderbilanz des begünstigten Gesellschafters oder anteilig in den Sonderbilanzen aller Gesellschafter anzusetzen ist, wurde durch die BFH vom 14.02.2006 BStBl II 2008, 182 und vom 30.06.2006 BStBl II 2008, 171 entschieden. Danach ist der Anspruch nur in der Sonderbilanz des begünstigten Gesellschafters zu aktivieren. Demnach mindert die Rückstellung in der Handelsbilanz den handelsrechtlichen Gewinnanteil **aller Gesellschafter**, die Gewinnerhöhung aus der aktivierten Forderung in der Sonderbilanz wird aber bei der steuerlichen Gewinnermittlung **nur dem begünstigten Gesellschafter** zugerechnet.

Scheidet der begünstigte Gesellschafter später aus der Personengesellschaft aus und bleibt seine Versorgungsanwartschaft bestehen, ist die steuerliche Sonderbilanz für ihn fortzuführen. Der hierin aktivierte Pensionsanspruch wird dann durch die späteren Pensionszahlungen gemindert. Verfällt die Anwartschaft beim Ausscheiden, ist der Pensionsanspruch in der Sonderbilanz gewinnmindernd auszubuchen und die Pensionsrückstellung in der Handelsbilanz gewinnerhöhend aufzulösen.

Wird ein Arbeitnehmer durch Eintritt in die Personengesellschaft zum Mitunternehmer, bleibt die bisher in Handels- und Steuerbilanz rechtmäßig gebildete Pensionsrückstellung bestehen. Die Aktivierung einer entsprechenden Forderung in einer Sonderbilanz für den neuen Mitunternehmer scheidet aus, da die Pensionszusage insoweit keine Vergütung nach § 15 Abs. 1 Satz 1 Nr. 2 EStG darstellt. Soweit die Pensionsanwartschaft allerdings erst nach dem Eintritt in die Personengesellschaft erdient wird, ist nach den vorstehend dargestellten Grundsätzen zu verfahren.

Vgl. hierzu auch BMF vom 29.01.2008 BStBl I 2008, 317.

b) Pensionszusagen an Gesellschafter-Geschäftsführer von Kapitalgesellschaften

Gesellschafter einer Kapitalgesellschaft können in einem auch **steuerrechtlich anerkannten Dienstverhältnis** zu der Gesellschaft stehen – im Gegensatz zu den Gesellschaftern einer Personengesellschaft. Damit ist auch die Möglichkeit einer steuerlich anzuerkennenden Pensionszusage gegeben. Das gilt selbst bei beherrschenden Gesellschaftern, also solchen, die eine Beteiligung von mehr als 50 % halten. Die Altersgrenze für ein Altersruhegeld darf aber, von Ausnahmefällen abgesehen, nicht unter dem 67. Lebensjahr für Geburtsjahrgänge ab 1962 (siehe auch Übergangsregelung in R 6a Abs. 8 EStR) liegen, vgl. BFH vom 11.04.1990 BFH/NV 1991, 659. Außerdem ist für die steuerliche Anerkennung der Pensionsrückstellung auch von Bedeutung, ob der Versorgungsanspruch in der Zeit von der Zusage bis zum Beginn der Versorgung vom begünstigten Gesellschafter überhaupt noch »erdient« werden kann (s. dazu BFH vom 24.04.2002 BStBl II 2003, 416 und vom 23.07.2003 BStBl II 2003, 926 sowie BMF vom 13.05.2003 BStBl I 2003, 300). Für das Dienstverhältnis dürfen insgesamt die Grenzen der Angemessenheit nicht überschritten sein. Vgl. auch BFH vom 05.04.1995 BStBl II 1995, 478, vom 17.05.1995 BStBl II 1996, 423, vom 24.01.1996 BStBl II 1997, 440 und vom 29.10.1997 BStBl II 1999, 318. Die zivilrechtlichen Vorschriften (insbes. Selbstkontrahierungsverbot nach § 181 BGB) sowie die Regelungen des Gesellschaftsvertrags sind ebenfalls zu beachten. Auf R 6 a Abs. 8 EStR, R 38 KStR und H 38 KStH wird verwiesen. Das Nichtbeachten der genannten Grundsätze führt zu einer **verdeckten Gewinnausschüttung**.

c) Pensionszusagen an Arbeitnehmer-Ehegatten

Pensionszusagen zwischen Ehegatten, die im Rahmen von steuerlich anzuerkennenden Arbeitsverhältnissen erteilt werden, sind auch steuerlich zu beachten und berechtigen zur Bildung von Pensionsrückstellungen (BVerfG vom 22. 7. 1970 BStBl 1970 II S. 652). **Ausgenommen** sind jedoch Zusagen auf Witwen- bzw. Witwerversorgung, weil hier bei Eintritt des Versorgungsfalls Anspruch und Verpflichtung in einer Person (dem Arbeitgeber-Ehegatten) zusammenfallen würden und eine Belastung aus diesem Grunde gar nicht besteht. Auch ist die Ernsthaftigkeit solcher Pensionszusagen zu prüfen, denn nicht immer sind betriebliche Gründe der Anlass für Pensionszusagen zwischen Ehegatten. Wegen Einzelheiten siehe H 6 a [9] EStH sowie BFH vom 23.02.1984 BStBl II 1984, 551, vom 29.05.1984 BStBl II 1984, 661, vom 21.08.1984 BStBl II 1985, 124, vom 14.07.1989 BStBl II 1989, 969 und vom 10.03.1993 BStBl II 1993, 604.

5.12.7 Rückdeckungsversicherung

Wenn auch die Bildung der Pensionsrückstellungen zu einer steuerlichen Entlastung führt, so bedeutet doch der Eintritt des Versorgungsfalls für den Unternehmer eine z. T. erhebliche finanzielle Belastung. Diese Belastung lässt sich durch den Abschluss einer Rückdeckungsversicherung ganz oder teilweise auf eine Versicherungsgesellschaft abwälzen. Vgl. auch H 6 a [23] (Begriff der Rückdeckungsversicherung) EStH. Diese Rückdeckungsversicherung ist nicht zu verwechseln mit einer Direktversicherung, bei der der Arbeitnehmer selbst oder seine Hinterbliebenen bezugsberechtigt sind, vgl. § 4 b EStG und R 4 b EStR.

Die Prämien auf Rückdeckungsversicherungen sind **Betriebsausgaben**, jedoch muss der Rückdeckungsanspruch mit dem Deckungskapital aktiviert werden (H 6 a [23] (Rückdeckungsanspruch) EStH). Dies gilt auch dann, wenn für entsprechende Pensionszusagen keine Pensionsrückstellungen gebildet wurden, was aber nur noch für Zusagen vor dem 01.01.1987 rechtens ist; H 6 a [23] (Getrennte Bilanzierung) EStH.

BEISPIEL

Kaufmann M hat für eine Rückdeckungsversicherung ab 01. 01. 01 monatliche Prämien von 2 500 € zu erbringen. Das geschäftsplanmäßige Deckungskapital der Versicherungsgesellschaft beträgt zum 31. 12. 01 für diese Versicherung 20 000 €.

LÖSUNG

• Buchung jeweils bei Prämienzahlung:		
Versicherungsaufwand	2 500 €	
an Bank		2 500 €
• Buchung am 31. 12. 01:		
sonst. Forderungen (Rückdeckungsanspruch)	20 000 €	
an Versicherungsaufwand		20 000 €

Von den insgesamt gezahlten 12 × 2 500 € = 30 000 € bleiben danach nur noch 10 000 € als Aufwand übrig.

Wurde dem Gesellschafter-Geschäftsführer einer Personengesellschaft eine Pensionszusage gemacht (vgl. 6.6 a), so sind die Prämien auf eine etwaige Rückdeckungsversicherung dagegen keine Betriebsausgaben und auch der Rückdeckungsanspruch ist nicht zu aktivieren. Sie sind vielmehr als Privatentnahmen zu behandeln, und zwar nicht nur für den begünstigten Gesellschafter-Geschäftsführer. Sie müssen nach BFH vom 28.06.2001 BStBl II 2002, 724 auf alle Gesellschafter nach Maßgabe ihrer Beteiligung verteilt werden.

Falls die Ansprüche aus der Rückdeckungsversicherung dem Zugriff aller übrigen Gläubiger entzogen sind (Normalfall), müssen diese in der Handelsbilanz nach § 246 Abs. 2 Satz 2 HGB zwingend mit der Pensionsrückstellung verrechnet werden. Die Verrechnung erfolgt hierbei gem. § 253 Abs. 1 Satz 4 HGB mit dem beizulegenden Zeitwert der Ansprüche aus der Rückdeckungsversicherung. Übersteigen die Ansprüche die Pensionsverpflichtungen, ist der übersteigende Betrag gem. § 246 Abs. 2 Satz 3 HGB unter einem gesonderten Posten zu aktivieren. Steuerlich bleibt es dagegen bei der getrennten Bilanzierung (§ 5 Abs. 1 a Satz 1 EStG).

5.12.8 Mittelbare Verpflichtungen aus Pensionszusagen

Mittelbare Verpflichtungen aus Pensionszusagen sind solche, die sich für den Kaufmann bei Einschaltung eines externen, selbständigen Trägers der Altersversorgung (z. B. Pensionskasse oder Unterstützungskasse) gegenüber dem Versorgungsträger oder dem begünstigten Arbeitnehmer im Wege einer Einstandspflicht oder Durchgriffshaftung ergeben können.

Für solche Verpflichtungen besteht nach Art. 28 Abs. 1 Satz 2 EGHGB handelsrechtlich ein Passivierungswahlrecht, allerdings nur insoweit als die tatbestandlichen Voraussetzungen für die Bildung von Rückstellungen für ungewisse Verbindlichkeiten im Sinne von R 5.7 Abs. 2 EStR – insbesondere eine hinreichende Wahrscheinlichkeit der Inanspruchnahme – erfüllt sind.

Mittelbare Verpflichtungen aus Pensionszusagen fallen nicht unter die Regelung des § 6 a EStG, da diese voraussetzt, dass der Kaufmann die Pensionsleistungen selbst an den Pensionsberechtigten zu erbringen hat (vgl. Littmann, Einkommensteuerrecht § 6 a, Rdnr. 249). Somit führt das handelsrechtliche Passivierungswahlrecht steuerlich zu einem Passivierungsverbot (BFH vom 05. 04. 2006 BStBl II 2006, 688; H 5.7 Abs. 1 (Handelsrechtliches Passivierungswahlrecht) EStH).

6 Übernommene Verbindlichkeiten und Rückstellungen

6.1 Grundsätze

Durch das Gesetz zur Anpassung des Investmentsteuergesetzes und anderer Gesetze an das AIFM-Umsetzungsgesetz vom 18. 12. 2013 wurde in das EStG **§ 4f EStG** (für die übertragende Person) und **§ 5 Abs. 7 EStG** (für die übernehmende Person) eingeführt. Diese regeln die steuerliche Behandlung sog. »angeschaffter« Rückstellungen oder »stiller Lasten«. Dabei geht es um gesetzliche (vgl. z. B. § 613a BGB) oder vertragliche Verpflichtungsübernahmen (vgl. § 414 BGB), Erfüllungsübernahmen (vgl. § 329 BGB) bzw. Schuldbeitritte (vgl. § 421 BGB), bei denen die zugrunde liegenden Verpflichtungen beim Übertragenden einem Ansatzverbot oder einer anderen Beschränkung unterlagen. Hier kommen insbesondere die nachfolgenden Regelungen in Betracht:

§ 5 Abs. 2a EStG – Für Verpflichtungen, die nur zu erfüllen sind, soweit künftig Ein-nahmen oder Gewinne anfallen, sind Verbindlichkeiten oder Rückstellungen erst an-zusetzen, wenn die Einnahmen oder Gewinne angefallen sind.

- § 5 Abs. 3 EStG – Rückstellungen wegen Verletzung fremder Patent-, Urheber- oder ähnlicher Schutzrechte
- § 5 Abs. 4 EStG – Rückstellungen für die Verpflichtung zu einer Zuwendung anlässlich eines Dienstjubiläums

- § 5 Abs. 4a EStG – Rückstellungen für drohende Verluste aus schwebenden Geschäften dürfen nicht gebildet werden
- § 5 Abs. 4b EStG – Rückstellungen für Aufwendungen, die in künftigen Wirtschafts-jahren als Anschaffungskosten oder Herstellungskosten eines Wirtschaftsguts zu aktivieren sind, dürfen nicht gebildet werden
- § 5 Abs. 5 Satz 1 Nr. 2 EStG – Einschränkung für die Bildung von Rechnungsabgrenzungsposten
- § 6 Abs. 1 Nr. 3 EStG – Bewertung der Verbindlichkeiten
- § 6 Abs. 1 Nr. 3a EStG – Bewertung der Rückstellungen
- § 6a EStG – Bildung und Bewertung der Pensionsrückstellungen

Der BFH entschied in mehreren Urteilen (BFH vom 14.12.2011 BFH/NV 2012, 452, BFH vom 12.12.2012 BFH/NV 2013, 884), dass bei einer entgeltlichen Übertragung dieser stillen Lasten (gegen Zuzahlung oder Minderung des Kaufpreises) einerseits die bisher verpflichtete Person die stillen Lasten steuermindernd realisieren kann und andererseits die übernehmende Person der Verpflichtungen eine bisher bei der übertragenden Person bestehende Passivierungsbegrenzung nicht beachten muss.

Im Schreiben des BMF vom 24.06.2011 BStBl I 2011, 627) erließ die Finanzverwaltung zunächst eine Übergangsregelung, die dann durch die gesetzliche Neuregelung ersetzt wurde.

6.2 Steuerliche Regelungen für die übertragende Person (§ 4f EStG)

§ 4f Abs. 1 Satz 1 EStG regelt für die übertragende Person grundsätzlich, dass der sich aus der Schuldübernahme ergebende Aufwand nicht sofort abzugsfähig, sondern auf 15 Jahre gleichmäßig zu verteilen ist. Dies erfolgt durch eine gleichmäßige außerbilanzielle Verteilung des Aufwands aus der Realisierung der stillen Lasten. § 4f Abs. 1 Satz 2 EStG regelt den Fall, dass für die Verpflichtungen zwar ein Passivposten gebildet wurde, dieser aber der Höhe nach nicht ausreicht, die Verpflichtung abzudecken. Hinsichtlich des nicht abgedeckten Teils gilt § 4f Abs. 1 Satz 1 EStG entsprechend.

§ 4f Abs. 1 Satz 3 EStG regelt, dass § 4f Abs. 1 Satz 1 und 2 EStG nicht anzuwenden sind, wenn

- die Schuldübernahme im Rahmen einer Veräußerung oder Aufgabe des ganzen Betriebs oder gesamten Mitunternehmeranteils erfolgt,
- ein Arbeitnehmer unter Mitnahme seiner erworbenen Pensionsansprüche zu einem neuen Arbeitgeber wechselt und
- der Betrieb am Schluss des vergangenen Wirtschaftsjahrs die Größenmerkmale des § 7 g Abs. 1 Satz 2 Nr. 1 Buchst. a bis c EStG nicht überschreitet.

§ 4f Abs. 1 Sätze 4 bis 6 EStG regeln den Sonderfall der Teilbetriebsaufgabe.

Nach § 4f Abs. 1 Satz 7 EStG ist der jeweilige Rechtsnachfolger des ursprünglich Verpflichteten an die Aufwandsverteilung nach den Sätzen 1 bis 6 gebunden.

Die Regelungen in § 4f EStG sind nach § 52 Abs. 12c EStG erstmals für Wj. anzuwenden, die nach dem 28.11.2013 enden.

6.3 Steuerliche Regelungen für die übernehmende Person (§ 5 Abs. 7 EStG)

§ 5 Abs. 7 EStG gilt für alle Fallgruppen des § 4f EStG unabhängig davon, ob auf der Seite der übertragenden Person § 4f EStG tatsächlich zur Anwendung kommt.

§ 5 Abs. 7 Satz 1 EStG regelt, dass für den Übernehmer und seinen Rechtsnachfolger die ursprünglichen Passivierungsbeschränkungen, die für die übertragende Person galten, in der Steuerbilanz, die auf das Ende des Wirtschaftsjahrs aufzustellen ist, in das die Übertragung der stillen Last fällt, weitergelten.

Nach § 5 Abs. 7 Satz 2 EStG gilt dies in Fällen des Schuldbeitritts oder der Erfüllungsübernahme mit vollständiger oder teilweiser Schuldfreistellung für die sich aus diesem Rechtsgeschäft ergebenden Verpflichtungen sinngemäß; und nach Satz 3 entsprechend für den Erwerb eines Mitunternehmeranteils.

§ 5 Abs. 7 Satz 4 EStG enthält eine Sonderregelung für den Ansatz übernommener Pensionsverpflichtungen.

Für einen Gewinn, der sich aus der Anwendung von § 5 Abs. 7 Sätze 1 bis 3 EStG ergibt, kann (Wahlrecht) nach Satz 5 jeweils in Höhe von 14/15 eine gewinnmindernde Rücklage gebildet werden, die in folgenden 14 Wirtschaftsjahren jeweils mit mindestens 1/14 gewinnerhöhend aufzulösen ist.

Sofern die Verpflichtung, für welche die Rücklage gebildet wurde, entfällt, ist nach Satz 6 die noch nicht aufgelöste Rücklage vollständig gewinnerhöhend aufzulösen.

Diese Regelungen sind nach § 52 Abs. 14a Satz 1 EStG erstmals für Wirtschaftsjahre anzuwenden, die nach dem 28.11.2013 enden. Auf Antrag kann § 5 Abs. 7 EStG auch für frühere Wirtschaftsjahre angewendet werden. Hinsichtlich Schuldübertragungen, Schuld-beitritten und Erfüllungsübernahmen, die vor dem 14.12.2011 vereinbart wurden, ist § 5 Abs. 7 Satz 5 EStG mit der Maßgabe anzuwenden, dass für einen Gewinn, der sich aus der Anwendung von § 5 Abs. 7 Satz 1 bis 3 EStG ergibt, jeweils i. H. von 19/20 eine gewinnmindernde Rücklage gebildet werden kann, die in den folgenden 19 Wj. mit mindestens 1/19 gewinnerhöhend aufzulösen ist.

BEISPIEL

Unternehmer A hat seinem Arbeitnehmer B eine Pensionszusage erteilt. Die nach § 6a Abs. 3 EStG zutreffend bewertete Rückstellung in seiner Steuerbilanz zum 31.12.01 beträgt 90.000 €. Der tatsächliche Teilwert beträgt 150.000 €. A überträgt die Pensionsverpflichtung zum 01.01.02 auf C. Es erfolgt eine echte Schuldübernahme. A zahlt an C dafür 150.000 €. Der Wert nach § 6a EStG beträgt am 31.12.02 99.000 €.

LÖSUNG Der Vorgang führt bei A saldiert zu einer Gewinnminderung von 60.000 €. Diesen Betrag muss er nach § 4f Abs. 1 Satz 1 und 2 EStG auf das Entstehungsjahr 02 und die folgenden 14 Jahre verteilen. Der für das Wirtschaftsjahr 02 ermittelte Gewinn des A ist außerbilanziell um 14/15 von 60.000 € = 56.000 € zu erhöhen und in den folgenden 14 Jahren außerbilanziell um jeweils 4.000 € zu mindern. C passiviert zum Übernahmezeitpunkt gewinnneutral eine Pensionsrückstellung in Höhe der Anschaffungskosten von 150.000 €. Nach § 5 Abs. 7 Satz 1 EStG ist C verpflichtet, in seiner Steuerbilanz zum 31.12.02 die Pensionsrückstellung mit 90.000 € zuzüglich der Barwerterhöhung von 9.000 € = 99.000 € zu passivieren. In Höhe der Differenz zu der bei der Übernahme gebuchten Rückstellung von (150.000 € ./. 99.000 € =) 51.000 € entsteht ein sogenannter »Erwerbsfolgegewinn«. Für diesen kann C gem. § 5 Abs. 7 Satz 5 EStG in Höhe von 14/15 = 47.600 € eine gewinnmindernde Rücklage bilden, die in den folgenden 14 Jahren jährlich mit mindestens 1/14 = 3.400 € gewinnerhöhend aufzulösen ist.

7 Passive Rechnungsabgrenzungsposten

Nach § 250 Abs. 2 HGB sind als passive Rechnungsabgrenzungsposten (RAP) **Einnahmen vor dem Bilanzstichtag** auszuweisen, soweit sie **Ertrag** für eine bestimmte Zeit **nach dem Bilanzstichtag** darstellen. Diese Regelung stimmt mit § 5 Abs. 5 Satz 1 Nr. 2 EStG überein.

7.1 Einnahmen vor dem Bilanzstichtag

Erste Voraussetzung für die Bildung eines passiven RAP ist, dass vor dem Bilanzstichtag Einnahmen erzielt wurden. Eine passive Rechnungsabgrenzung kommt also nicht in Betracht, wenn Zahlungen nach dem Bilanzstichtag zu leisten sind, die aber wirtschaftlich Aufwand bis zum Bilanzstichtag darstellen. Hierfür sind gegebenenfalls (sonstige) Verbindlichkeiten auszuweisen. Wegen der Abgrenzung transitorische – antizipative RAP s. K 5.1 b). »Einnahmen« bedeutet nicht, dass bereits Zahlungen erfolgt sein müssen. Es reicht auch aus, dass aufgrund eines bereits entstandenen Anspruchs eine Forderung auszuweisen ist. Vergleiche dazu auch K 5.2 und BFH vom 17. 09. 1987 BStBl II 1988, 327.

7.2 Ertrag für eine bestimmte Zeit nach dem Bilanzstichtag

Sinn des § 250 Abs. 2 HGB ebenso wie des § 5 Abs. 5 Satz 1 Nr. 2 EStG ist es, durch die Bildung des passiven RAP und seine periodengerechte Auflösung Einnahmen erfolgsmäßig dem Jahr zuzuordnen, zu dem sie wirtschaftlich gehören. Der Anwendungsbereich der Rechnungsabgrenzung betrifft in erster Linie **gegenseitige Verträge**, bei denen für eine bestimmte Zeit Leistungen zu erbringen sind, aber Leistung und Gegenleistung zeitlich auseinander fallen. Die gegenseitige Verpflichtung kann ihre Grundlage auch im öffentlichen Recht haben. Vergleiche BFH vom 17. 09. 1987 BStBl II 1988, 327.

Es reicht nicht aus, dass der Ertrag ganz allgemein die Zeit nach dem Bilanzstichtag betrifft. Es muss eine bestimmte, eine **bestimmbare Zeit** gegeben sein, eine Zeit, die gewissermaßen mit dem Kalender gemessen werden kann. Auf das zu den aktiven RAP Gesagte wird verwiesen. Durch die Rechtsprechung des BFH wurde jedoch der Begriff »bestimmte Zeit« erheblich ausgeweitet. Eine bestimmte Zeit kann demnach auch vorliegen, wenn der Zeitraum zwar nicht nach dem Kalender bestimmt, aber **berechenbar** ist, z. B. bei Entschädigung für eine »Unterlassenslast«: Entschädigung geteilt durch jährlichen Mehraufwand = bestimmte Zeit (BFH vom 17. 07. 1980 BStBl II 1981, 669). Der BFH lässt auch eine Mindestzeit gelten (Urteil vom 05. 04. 1984 BStBl II 1984, 552). Wenn die Zeitdauer allerdings nur noch mehr oder weniger vage geschätzt werden kann, fehlt es an einer bestimmten Zeit. Zur Frage der Zeitbezogenheit vergleiche R 5.6 Abs. 2 EStR und H 5.6 (Bestimmte Zeit nach dem Abschlussstichtag) EStH.

BEISPIEL

U hat am 10. 10. 01 eine Mietzahlung für die Zeit vom 01. 10. 01 – 31. 03. 02 in Höhe von 6 000 € erhalten und als Mietertrag gebucht.

LÖSUNG

Vorbereitende Abschlussbuchung zum 31. 12. 01

Mietertrag	3 000 €	
an passive RAP		3 000 €

Interessant ist in diesem Zusammenhang das Urteil des BFH vom 22.01.1992 BStBl II 1992, 488. Darin wird ausgeführt, dass ein lediglich **durch Schätzung bestimmbarer Zeitraum** nicht »bestimmt« ist. Damit wird eine passive Abgrenzung eines Investitionszuschusses auf die Nutzungsdauer des Wirtschaftsguts abgelehnt. Lediglich für den Teil des Zuschusses, der die Anschaffungskosten des Wirtschaftsguts überstieg, kam eine passive Rechnungsabgrenzung in Betracht. Der Unternehmer hatte sich verpflichtet, den mit der Investition geschaffenen Arbeitsplatz für die Dauer von zehn Jahren mit einem Schwerbehinderten zu besetzen. Die Bindungsdauer von zehn Jahren ist eine bestimmte Zeit.

Eine **Schätzung aufgrund allgemeingültiger Maßstäbe** kann dagegen durchaus zur Annahme einer »bestimmten Zeit« führen (vgl. BFH vom 23.02.1977 BStBl II 1977, 392). Ein passiver RAP ist – zur Wahrung des Realisationsprinzips – zu bilden, falls sich rechnerisch ein Mindestzeitraum für eine zeitlich nicht begrenzte Dauerleistung ergibt (BFH vom 09.12.1993 BStBl II 1995, 202). In dem zitierten Urteil setzt sich der BFH ausführlich mit dem Tatbestandsmerkmal »bestimmte Zeit« auseinander und geht dabei auch auf die Entstehungsgeschichte des § 250 HGB ein. Durch das Erfordernis einer »bestimmten Zeit« soll verhindert werden, dass Gewinne aufgrund nicht nachprüfbarer Annahmen manipuliert werden. Lassen sich dagegen aus einem Rechtsvorgang eindeutige Anhaltspunkte für die Berechnung eines **Mindestzeitraums** gewinnen, so besteht die Gefahr einer Manipulation nicht mehr. Das Realisationsprinzip des § 252 Abs. 1 Nr. 4 HGB und das Periodenprinzip des § 252 Abs. 1 Nr. 5 HGB erfordern damit die Bildung eines passiven RAP. Vgl. auch BFH vom 24.03.1982 BStBl II 1982, 643 und vom 05.04.1984 BStBl II 1984, 552. Die Finanzverwaltung folgt der Rechtsauffassung des BFH zur Frage des Mindestzeitraums (BMF vom 15.03.1995 BStBl I 1995, 183). Im Übrigen bleibt festzuhalten, dass die Auslegung des Merkmals »bestimmte Zeit« nicht zu unterschiedlichen Ergebnissen bei aktiven und passiven Rechnungsabgrenzungsposten führen darf, soweit sie nicht durch das Imparitätsprinzip vorgegeben sind. Vgl. BFH vom 09.12.1993 BStBl II 1995, 202, 203 und vom 25.10.1994 BStBl II 1995, 312, 314.

Nach ständiger Rechtsprechung des BFH bemisst sich die Höhe eines passiven Rechnungsabgrenzungspostens nach dem zeitlichen Verhältnis der noch ausstehenden Gegenleistung zur gesamten Leistung (zuletzt BFH vom 24.07.1996 BStBl II 1997, 122). Bleibt die Leistungsverpflichtung nach Art und Umfang gleich, so führt dies zu einer dem Zeitablauf entsprechenden **linearen Auflösung** des passiven Rechnungsabgrenzungspostens.

8 Rücklagen

Rücklagen dürfen auf keinen Fall mit Rückstellungen verwechselt werden. Beides sind zwar Passivposten und haben mit unternehmerischer Vorsicht zu tun. In ihrer Auswirkung auf das Betriebsvermögen und den Gewinn sind sie jedoch ausgesprochen gegensätzlich. Rückstellungen sind grundsätzlich aufwandswirksam für ungewisse Verbindlichkeiten, drohende Verluste aus schwebenden Geschäften und bestimmte Aufwendungen zu bilden; Rücklagen dagegen gehören zum **Eigenkapital**.

a) Offene Rücklagen

Offene Rücklagen sind in den Bilanzen der Kapitalgesellschaften und der Genossenschaften zu finden. Sie werden z. T. aufgrund gesetzlicher Vorschriften z. B. § 150 AktG, aber auch auf gesellschaftsvertraglicher oder freiwilliger Basis gebildet, und können dann selbst bei bestimmten Personengesellschaften vorkommen, vgl. § 264 c Abs. 2 Satz 8 HGB. Diese Rücklagen werden auf der Passivseite der Bilanz offen ausgewiesen als Kapitalrücklagen und Gewinnrücklagen (gesetzliche Rücklagen, Rücklagen für Anteile an einem herrschenden oder mehrheitlich beteiligten Unternehemen, satzungsgemäße Rücklagen, andere Gewinnrücklagen, auch z. T. als sog. »freie Rücklagen« bezeichnet); vgl. § 266 Abs. 3 Abschnitt A. II. und III. sowie § 272 HGB. Wegen Einzelheiten vgl. R.

b) Stille Rücklagen (Reserven)

Stille Rücklagen oder stille Reserven werden in der Bilanz nicht formell ausgewiesen. Sie sind jedoch in vielen Fällen vorhanden, nämlich immer dann, wenn der Teilwert eines Aktivpostens höher ist als der Bilanzansatz oder bei einem Passivposten unter dem Bilanzansatz liegt. Durch die handelsrechtlichen und steuerlichen Bilanzierungs- und Bewertungsvorschriften sind solche **stillen Reserven** oft unvermeidlich, insbesondere durch das Verbot, einen nicht verwirklichten Gewinn auszuweisen oder durch die Regelungen zur AfA sowie zu den erhöhten Absetzungen und Sonderabschreibungen.

9 Steuerfreie Rücklagen

Als steuerfreie Rücklagen werden häufig die Rücklagen bezeichnet, durch die ein sonst entstehender Buchgewinn neutralisiert und auf spätere Wirtschaftsjahre übertragen werden kann. Sie können als (noch) nicht versteuertes Eigenkapital betrachtet werden, stellen aber bilanziell kein Eigenkapital dar. Der Begriff der **steuerfreien** Rücklage ist insofern missdeutig, weil gerade keine enggültige Steuerfreiheit bewerkstelligt werden soll, sondern lediglich eine Verzögerung bzw. Verlagerung der Besteuerung des realisierten Gewinns in die Zukunft.

BEISPIELE

Steuerfreie Rücklagen:
- Rücklage für Ersatzbeschaffung (R 6.6 EStR), s. 9.1,
- Reinvestitionsrücklage (§ 6 b EStG), s. 9.2,
- Zuschussrücklage (R 6.5 Abs. 4 EStR), s. I 5.2.2 b.
- Rücklage nach § 5 Abs. 7 EStG bei Verpflichtungsübernahmen

Anmerkung: Der in § 4 g EStG in den Entstrickungsfällen der fingierten Entnahme auf der Passivseite zu bildende Ausgleichsposten wird nicht als steuerfreie Rücklage betrachtet, sondern als Merkposten zwecks zeitlicher Verteilung des fingierten Entnahmegewinns (vgl. a. Schmidt/Heinicke EStG § 4 g Rz 6 und Hoffmann, in Littmann/Bitz/Pust, Das Einkommensteuerrecht, § 4 g EStG, Rz.30).

In einem Wirtschaftsgut enthaltene stille Reserven sind als Erträge nach § 252 (1) Nr. 4 HGB dann zu erfassen und zu versteuern, wenn sie realisiert werden. Die sofortige Versteuerung aufgedeckter stiller Reserven im Zeitpunkt ihrer Realisierung wird dann verhindert, wenn die aufgedeckten stillen Reserven ausnahmsweise auf ein anderes Wirtschaftsgut übertragen werden können. Die Übertragung von realisierten stillen Reserven auf ein anderes Wirtschaftsgut ist grundsätzlich mit den Grundsätzen ordnungsgemäßer Buchführung schwer zu vereinbaren, da § 252 Abs. 1 Nr. 4 HGB die Darstellung realisierter Gewinne vorsieht und in den Bewertungsvorschriften des § 253 HGB ein Abzug durch Übertragung stiller Reserven nicht vorgesehen ist. Hingegen lässt das Steuerrecht aus steuerpolitischen Gründen in Ausnahmefällen durch sondergesetzliche Regelungen die Übertragung aufgedeckter stiller Reserven zu. Vor Geltung des Bilanzrechtsmodernisierungsgesetzes (BilMoG) wurde durch sogenannte Öffnungsklauseln (§§ 247 (3); 254; 273; 281 HGB a. F.) auch für die handelsrechtliche Bilanzierung die Möglichkeit der Vornahme solcher, durch steuerliche Normen geregelte und auf der Übertragung stiller Reserven basierende Abschreibungen zugelassen. Falls die Aufdeckung und Übertragung nicht im selben Wj. erfolgen sollte, sondern die Übertragung in einem späteren Wj., erfolgte die Übertragung mit Hilfe der Passivierung eines Sonderpostens mit Rücklageanteil nach § 247 (3) HGB a. F. Diese Vorschriften wurden durch das BilMoG ersatzlos aufgehoben, so dass in der Handelsbilanz solche steuerfreien Rücklagen nicht mehr gebildet werden können. Steuerfreie Rücklagen können aber nach § 5 Abs. 1 Satz 1 2. HS EStG in der Steuerbilanz unabhängig von der Handelsbilanz ausgewiesen werden. Wird eine Steuerbilanz nicht erstellt, sind die steuerfreien Rücklagen nach Maßgabe von § 5 Abs. 1 Sätze 2 und 3 EStG in ein besonderes, laufend zu führendes Verzeichnis aufzunehmen, welches Bestandteil der Buchführung ist (vgl. BMF vom 12.03.2010 BStBl I 2010, 239, Rz. 19 bis 23).

Das Steuerrecht lässt damit unter bestimmten Voraussetzungen die Übertragung stiller Reserven eines Wirtschaftsgutes auf ein anderes Wirtschaftsgut zu. Dies geschieht durch Abzug der zu übertragenden stillen Reserve von den AK/HK des aufnehmenden Wirtschaftsgutes im Wege einer den Gewinn mindernden Abschreibung. Falls die Aufdeckung der stillen Reserve und ihre Übertragung auf ein anderes Wirtschaftsgut im selben Wj. vorgenommen werden, erfolgt die Übertragung direkt durch einen Abzug von den Anschaffungs- oder Herstellungskosten des aufnehmenden Wirtschaftsgutes. Dies wirkt wie eine Abschreibung und ist daher auch als Abschreibung zu buchen. Erfolgt die Übertragung in einem Jahr, das auf das Jahr der Realisierung der zu übertragenden stillen Reserve folgt, geschieht die Übertragung mittels Bildung einer Rücklage als Passivposten in der Bilanz (**steuerfreie Rücklage**), durch deren Bildung der Gewinn gemindert wird und damit der zunächst bei der Aufdeckung der stillen Reserve gebuchte Ertrag wieder neutralisiert wird. Die Übertragung der stillen Reserve auf ein anderes Wirtschaftsgut findet ebenfalls so statt, dass der Rücklagenbetrag (zumindest teilweise) von den Anschaffungskosten/Herstellungskosten dieses Wirtschaftsgutes abgezogen wird. Die Rücklage wird dadurch insoweit aufgelöst. Die Übertragung der stillen Reserve bewirkt, dass bei abnutzbaren Wirtschaftsgütern des Anlagevermögens künftig die AfA niedriger ausfällt und bei nicht abnutzbaren und abnutzbaren Wirtschaftsgütern sich ein künftiger Veräußerungsgewinn erhöht. Da die sofortige Besteuerung einer aufgedeckten stillen Reserve bereits aus Gründen der steuerlichen Gleichbehandlung bei der Ertragsbesteuerung gemäß der wirtschaftlichen Leistungsfähigkeit auch aus steuerlicher Sicht der Regelfall ist und die Verzögerung der Besteuerung die Ausnahme, sehen die einschlägigen steuerlichen Regelungen in aller Regel ein Wahlrecht auf Ausübung dieser Möglichkeit vor.

9.1 Rücklage für Ersatzbeschaffung nach R 6.6 EStR

9.1.1 Allgemeines

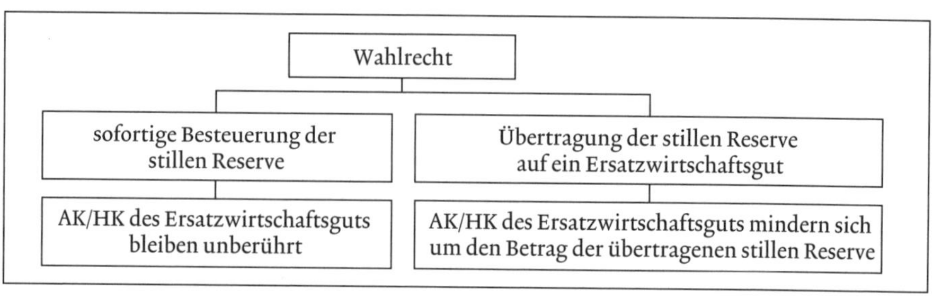

Die Wahlmöglichkeit, unter bestimmten Voraussetzungen zwangsläufig aufgedeckte stille Reserven auf Ersatzwirtschaftsgüter übertragen zu dürfen, ist nicht gesetzlich geregelt, sondern wurde durch die Rechtsprechung des RFH und BFH entwickelt. Danach soll es buchführenden Land- und Forstwirten, Gewerbetreibenden und selbstständig Tätigen, deren Gewinn durch Bestandsvergleich ermittelt wird, ermöglicht werden, in bestimmten Fällen und unter bestimmten Voraussetzungen zwangsläufig realisierte stille Reserven auf angeschaffte oder hergestellte **Ersatzwirtschaftsgüter** zu übertragen, um damit die sofortige Versteuerung des entstandenen Gewinns zu vermeiden. Die gleiche Möglichkeit wurde auch den Steuerpflichtigen eingeräumt, die den Gewinn durch Überschussrechnung nach § 4 Abs. 3 EStG ermitteln (vgl. R 6.6 Abs. 5 EStR und 9.1.6). Laut BFH beruht das »gewohnheitsrechtlich verfestigte« Rechtsinstitut des R 6.6 EStR auf der Erwägung, dass die durch das Ausscheiden eines Wirtschaftsguts aus dem Betriebsvermögen erlangten Beträge ungeschmälert zur Ersatzbeschaffung sollen verwendet werden können, was nicht möglich wäre, wenn sie zum Teil versteuert würden; so zuletzt BFH vom 28.10.1998 BStBl II 1999, 217, unter II.1. Gegen die Verfassungsmäßigkeit bestehen keine Bedenken, BVerfG vom 20.05.1988, BB 1988, 1716.

9.1.2 Voraussetzungen für die Inanspruchnahme

Um die zwangsläufig aufgedeckten stillen Reserven auf Ersatzwirtschaftsgüter übertragen zu können, müssen nach R 6.6 Abs. 1 EStR die nachfolgend erläuterten **Voraussetzungen** erfüllt sein:

- zwangsweises Ausscheiden eines Wirtschaftsgutes aus dem Betriebsvermögen,
- von dritter Seite muss eine Entschädigung für das ausgeschiedene Wirtschafsgut geleistet werden, wodurch eine stille Reserve aufgedeckt wird,
- der Unternehmer muss ein Ersatzwirtschaftsgut anschaffen oder herstellen (keine Einlage),
- die Entschädigung wird für das Ersatzwirtschaftsgut verwendet,
- Einhalten von Fristen.

9.1.2.1 Ausscheiden eines Wirtschaftsguts aus dem Betriebsvermögen

Das Wirtschaftsgut muss aus den nachstehend genannten Gründen aus dem Betriebsvermögen des Steuerpflichtigen ausscheiden. Es können Wirtschaftsgüter des Anlage- und Umlaufvermögens sein. Zum Ausscheiden in diesem Sinne zählt jedoch **nicht die Entnahme**. Vgl. auch H 6.6 [1] (Entnahme) EStH.

9.1.2.2 Ausscheidensgründe

Es muss einer der folgenden Ausscheidensgründe vorliegen (R 6.6 Abs. 1 Satz 2 Nr. 1 und Abs. 2 EStR):

a) Ausscheiden durch **höhere Gewalt**: Höhere Gewalt ist nach der Rechtsprechung des BGH ein betriebsfremdes, von außen durch elementare Naturkräfte (Erdbeben, Überschwemmung, Sturm, Brand) oder durch Handlungen dritter Personen (Unruhen, Krieg, Diebstahl) einwirkendes Ereignis, das nach menschlicher Einsicht und Erfahrung unvorhersehbar ist, mit wirtschaftlich erträglichen Mitteln auch durch äußerste, nach der Sachlage vernünftigerweise zu erwartenden Sorgfalt nicht verhütet oder unschädlich gemacht werden kann und auch nicht wegen seiner Häufigkeit vom Geschädigten in Kauf zu nehmen ist. Dieser zivilrechtlichen Definition des Begriffs »höhere Gewalt« folgt auch der BFH. Bei

unverschuldeten Verkehrsunfällen kann ebenfalls von höherer Gewalt in diesem Sinne ausgegangen werden (R 6.6 Abs. 2 Satz 1 EStR). Dabei ist eine zivilrechtliche Mithaftung aufgrund der allgemeinen Betriebsgefahr unschädlich. Auch der BFH ist der Auffassung, dass die erfolgsneutrale Übertragung stiller Reserven zulässig ist, wenn ein betrieblich genutztes Fahrzeug infolge eines vom Steuerpflichtigen nicht verschuldeten Verkehrsunfalls aus dem Betriebsvermögen ausscheidet (BFH vom 14.10.1999 BStBl II 2001, 130).
Gleiches gilt, wenn ein Gebäude wegen erheblicher, kurze Zeit nach der Fertigstellung auftretender Baumängel abgerissen werden muss (BFH vom 18.09.1987 BStBl II 1988, 330).
Ein eigenes Verschulden des Steuerpflichtigen, Zufallsschäden, typische Schadensfälle und allgemeine Betriebsrisiken schließen höhere Gewalt aus (z. B. Konstruktions- oder Materialfehler, die eine Reparatur des Wirtschaftsguts nicht mehr lohnen, vgl. BFH vom 15.05.1975 BStBl II 1975, 692). Vgl. auch H 6.6 Abs. 2 (Höhere Gewalt) EStH.

b) Ausscheiden **infolge eines behördlichen Eingriffs:** Hierunter fällt insbesondere die Enteignung, vor allem bei Grundstücken. In einem solchen Fall ist der Betroffene kraft öffentlich-rechtlichen Zwangs gehalten, seine privatwirtschaftliche Entschließungsfreiheit aufzugeben (BFH vom 14.11.1990 BStBl II 1991, 222).
Die Geltendmachung eines vereinbarten Wiederkaufsrechts durch eine Behörde stellt jedoch keinen behördlichen Eingriff dar, vgl. BFH vom 21.02.1978 BStBl II 1978, 428, H 6.6 [2] (Behördlicher Eingriff) EStH.

c) Ausscheiden zur **Vermeidung eines behördlichen Eingriffs**: Auch die Veräußerung eines Wirtschaftsguts wegen einer drohenden Enteignung ist begünstigt. Eine **wirtschaftliche** Zwangslage kann aber einem behördlichen Eingriff nicht gleichgesetzt werden (vgl. BFH vom 20.08.1964 BStBl III 1964, 504).

BEISPIEL

Wegen des Baus einer Umgehungsstraße ist eine Tankstelle unrentabel geworden und der Tankstellenbetreiber daher gezwungen, seinen Betrieb zu verlegen. Er veräußert daher sein bisheriges Grundstück und erzielt dabei einen Buchgewinn.

LÖSUNG In diesem Fall liegen die Voraussetzungen für die Übertragung der aufgedeckten stillen Reserven auf ein Ersatzgrundstück nach R 6.6 EStR nicht vor.

Besonderheiten: Müsste wegen einer drohenden Enteignung nur ein Teil eines Grundstücks veräußert werden, so kann bei einer Veräußerung des ganzen Grundstücks die Vergünstigung für den gesamten Buchgewinn in Anspruch genommen werden (BFH vom 08.10.1975 BStBl II 1976, 186).

Wenn allerdings beim Erwerb eines Grundstücks bereits mit hoher Wahrscheinlichkeit der drohende behördliche Eingriff zu erwarten war (z. B. geplanter Bau einer Straße), dann ist der zwingende Wiederverkauf mehr eine Folge des eigenen wirtschaftlichen Fehlverhaltens, und die Vergünstigung nach R 6.6 EStR kommt nicht in Betracht (BFH vom 14.05.1969 BStBl II 1969, 488). Zum **Tausch von Grundstücken** in bestimmten Fällen vgl. die Ausführungen in BFH vom 29.03.1979 BStBl II 1979, 412 und vom 13.03.1986 BStBl II 1986, 711.

9.1.2.3 Leistung einer Entschädigung von dritter Seite

Die Entschädigung kann bestehen aus:

- Schadensersatz (z. B. nach § 249 BGB),
- Leistungen nach Art. 14 Abs. 3 Satz 2 GG, d. h. gesetzlich festgelegte Entschädigungen,
- Entgelt aufgrund einer Veräußerung wegen des drohenden behördlichen Eingriffs,

- Leistungen aufgrund einer Sachversicherung,
- Sachwertentschädigung.

Die Entschädigung muss **für das ausgeschiedene Wirtschaftsgut** geleistet worden sein. Entschädigungen, die aus anderen Gründen geleistet werden (z. B. für entgangene Erträge, für entstandene Umzugskosten, Nutzungsentschädigung), fallen nicht unter die Vergünstigung, sondern sind sofort zu versteuern. Versicherungsleistungen für die Mehrkosten wegen einer beschleunigten Wiederbeschaffung, sind jedoch Entschädigungen im Sinne von R 6.6 EStR. Vgl. auch H 6.6 [1] (Entschädigung) EStH. Die **Entschädigung** muss **höher** sein **als der Buchwert** des ausgeschiedenen Wirtschaftsguts. Für die Ermittlung des Gewinns ist der Buchwert zum Zeitpunkt des Ausscheidens des Wirtschaftsguts maßgebend; ggf. muss noch die erforderliche Abschreibung bis zum Ausscheidenszeitpunkt vorgenommen werden, vgl. H 6.6 [3] (Buchwert) EStH i. V. mit R 6 b.1 Abs. 2 EStR. Auch etwaige erhöhte Absetzungen, Sonderabschreibungen oder Teilwertabschreibungen sind zu berücksichtigen.

Übertragungsfähiger Betrag: maßgebliche Entschädigung ./. Buchwert im Zeitpunkt des Ausscheidens

Zur maßgeblichen Entschädigung vgl. H 6.6 [1] (Entschädigung) EStH und zum Buchwert im Zeitpunkt des Ausscheidens vgl. H 6.6 (1) (Buchwert) EStH und R 6b.1 (2) EStR.

BEISPIELE

a) Durch einen Brand im Betrieb am 30. 09. 05 wird u. a. eine Maschine total zerstört. Der Buchwert der Maschine betrug zum Bilanzstichtag 31. 12. 04 noch 60 000 €. Der Unternehmer schrieb die Maschine bisher degressiv mit 20 % ab. Für diesen Schadensfall erhält der Unternehmer von der Versicherungsgesellschaft eine Entschädigung in Höhe von 100 000 €. In diesem Betrag ist ein Entschädigungsanteil für entgangenen Gewinn von 10 000 € enthalten.
Der Unternehmer bestellte umgehend eine neue Maschine, die die gleiche Funktion übernehmen soll. Wegen langer Lieferfristen erhält der Steuerpflichtige die Ersatzmaschine erst Ende Januar 06 geliefert (Kaufpreis 150 000 € + USt).

LÖSUNG Die Voraussetzungen für die Bildung einer Rücklage für Ersatzbeschaffung und deren Übertragung auf das Ersatzwirtschaftsgut nach R 6.6 liegen vor. Auf die Ersatzmaschine kann folgender Betrag übertragen werden:

Entschädigung der Versicherungsgesellschaft (ohne Entschädigung für entgangenen Gewinn)		90 000 €
Berechnung Buchwert der ausgeschiedenen Maschine zum 30. 09. 05:		
Buchwert zum 31. 12. 04	60 000 €	
./. AfA bis 30. 09. 05: 20 % von 60 000 € für neun Monate	= 9 000 €	51 000 €
aufgedeckte stille Reserven		39 000 €

Steuerliche Buchungen zum 30. 09. 05:		
1. Abschreibungen auf Sachanlagen	9 000 €	
an Maschinen		9 000 €
2. Sonst. Forderungen	100 000 €	
an Maschinen		51 000 €
an Steuerfreie Rücklage nach R 6.6 EStR		39 000 €
an Sonst. betriebliche Erträge		10 000 €
3. Buchung der Übertragung auf die Ersatzmaschine im Januar 06 (nachdem der Erwerb der Ersatzmaschine mit den tatsächlichen Anschaffungskosten in Höhe von 150 000 € zutreffend gebucht worden war):		
Steuerfreie Rücklage nach R 6.6 EStR	39 000 €	
an Maschinen		39 000 €

b) Gleicher Sachverhalt wie in a), jedoch beträgt der Teilwert der ausgeschiedenen Maschine zum Zeitpunkt der Zerstörung 20 000 € (angenommen dauernde Wertminderung wegen technischer Überalterung).

LÖSUNG In diesem Fall errechnen sich die aufgedeckten stillen Reserven wie folgt:

Entschädigung der Versicherungsgesellschaft			90 000 €
Buchwert der ausgeschiedenen Maschine zum 30. 09. 05:			
Buchwert zum 31. 12. 04		60 000 €	
./. planmäßige AfA bis 30. 09. 05	./.	9 000 €	
./. Teilwertabschreibung (Wahlrecht)	./.	31 000 €	20 000 €
aufgedeckte stille Reserven			70 000 €

Für die Übertragung der stillen Reserven ist es unerheblich, dass die Entschädigung höher ist als der Teilwert (H 6.6 [3] (Übertragung aufgedeckter stiller Reserven) EStH. Entsprechende Buchungen wie im Beispiel a).

9.1.2.4 Anschaffung oder Herstellung eines Ersatzwirtschaftsguts

Das angeschaffte oder hergestellte Ersatzwirtschaftsgut muss wirtschaftlich dieselbe oder eine entsprechende Aufgabe erfüllen wie das ausgeschiedene Wirtschaftsgut (R 6.6 Abs. 1 Satz 2 Nr. 2 EStR und H 6.6 [1] (Ersatzwirtschaftsgut) EStH). Es muss also **Funktionsgleichheit** zwischen beiden Wirtschaftsgütern bestehen; Gleichartigkeit und Gleichwertigkeit sind allerdings nicht unbedingt erforderlich. Es ist daher nicht schädlich, wenn das Ersatzwirtschaftsgut inzwischen an den neuesten technischen und wirtschaftlichen Standard angepasst ist. Eine **Einlage aus dem Privatvermögen** ist jedoch **keine Ersatzbeschaffung** in diesem Sinne, da betrieblich keine Anschaffungs- oder Herstellungskosten anfallen (BFH vom 11.12.1984 BStBl II 1985, 250, H 6.6 [1] (Einlage) EStH).

BEISPIEL

Infolge eines Brandes in den Fuhrparkhallen wird ein Sattelschlepper völlig zerstört. Als Ersatz dafür werden zwei 10 t Lkw angeschafft.

LÖSUNG Wenn die beiden Ersatzfahrzeuge die gleiche Funktion erfüllen können (was bei einem Wechsel des Transportmittels grundsätzlich angenommen werden kann), ist eine Übertragung der aufgedeckten stillen Reserven möglich.

9.1.3 Wahlmöglichkeiten bei Vorliegen der Voraussetzungen

Liegen die Voraussetzungen für die Inanspruchnahme der Vergünstigung nach R 6.6 EStR vor (s. vorstehend 9.1.2), so hat der Steuerpflichtige die nachfolgend erläuterten Wahlmöglichkeiten:

- sofortige Versteuerung der aufgedeckten stillen Reserven,
- Übertragung der stillen Reserven auf ein im selben Wj. angeschafftes oder hergestelltes Ersatzwirtschaftsgut,
- Bildung einer Rücklage für Ersatzbeschaffung für die aufgedeckten stillen Reserven und Übertragung im Folgejahr oder einem späteren Wj.

Da R 6.6 EStR die Ausübung eines autonomen steuerlichen Wahlrechts einräumt, sind gemäß § 5 Abs. 1 Satz 2 EStG die erforderlichen Aufzeichnungspflichten zu beachten. Hierfür genügt bei Bildung der Rücklage der Ausweis der Rücklage in der Steuerbilanz (vgl. R 6.6 Abs. 4 Satz 7

EStR. Entsprechend R 6b.2 Abs. 2 EStR ist die Aufnahme des Ersatzwirtschaftsguts in das besondere Verzeichnis erst bei Übertragung der Rücklage erforderlich.

9.1.3.1 Sofortige Versteuerung der aufgedeckten stillen Reserven

Die durch das Ausscheiden des Wirtschaftsguts aufgedeckten stillen Reserven kann der Unternehmer sofort als laufenden Gewinn versteuern, wie bei einer normalen Veräußerung.

BEISPIEL

Sachverhalt wie Beispiel a) zu 9. 1. 2. 3.
In diesem Fall ist wie folgt zu buchen:

1. Abschreibungen auf Sachanlagen	9 000 €	
an Maschinen		9 000 €
2. Sonstige Forderungen	100 000 €	
an Maschinen		51 000 €
an Sonst. betriebliche Erträge		49 000 €

9.1.3.2 Übertragung der stillen Reserven auf ein Ersatzwirtschaftsgut

Wird im **selben** Wj., in dem ein Wirtschaftsgut aus den in 9.1.2.2 geschilderten Gründen aus dem Betriebsvermögen ausscheidet, ein Ersatzwirtschaftsgut angeschafft, so darf der Steuerpflichtige die aufgedeckten stillen Reserven hierauf übertragen (R 6.6 Abs. 1 Nr. 2 EStR). Wurde das »Ersatzwirtschaftsgut« **vor dem Ausscheiden** des bisherigen Wirtschaftsguts angeschafft oder hergestellt, ist grundsätzlich eine Übertragung der aufgedeckten stillen Reserven nicht zulässig. Im Falle einer drohenden Enteignung gilt das allerdings nicht, wenn das angeschaffte Wirtschaftsgut (i. d. R. ein Grundstück) von vornherein als Ersatz für das ausscheidende Wirtschaftsgut bestimmt war (kein »Vorratsgelände«); vgl. H 6.6 [3] (vorherige Anschaffung) EStH und das dort zitierte Urteil des BFH vom 12. 06. 2001 BStBl II 2001, 830.

Durch die Übertragung mindern sich die Anschaffungs- oder Herstellungskosten des Ersatzwirtschaftsguts um die übertragenen stillen Reserven. Der danach verbleibende Restbetrag stellt die Bemessungsgrundlage für die AfA oder andere Abschreibungen dar (R 7.3 Abs. 4 Satz 1 EStR). Erfolgte die Anschaffung des Ersatzwirtschaftsguts ausnahmsweise schon im Wj. vor dem Ausscheiden des begünstigten Wirtschaftsguts und handelt es sich beim Ersatzwirtschaftsgut nicht um ein Gebäude, das nach § 7 Abs. 4 Satz 1 EStG abgeschrieben wird, bemisst sich die weitere Afa nach dem um den Abzugsbetrag geminderten Buchwert (R 7.3 Abs. 4 Satz 2 EStR). Durch die Übertragung der stillen Reserven und der dadurch bewirkten Verminderung der verbleibenden AK/HK kann es zu einer Einordnung des Ersatzwirtschaftsguts als geringwertiges Wirtschaftsgut kommen, sodass die Möglichkeiten einer Abschreibung als geringwertiges Wirtschaftsgut nach § 6 Abs. 2 EStG oder der Bildung eines Sammelpostens nach § 6 Abs. 2a EStG in Frage kommen können, vgl. R 6.13 Abs. 2 Nr. 4 EStR.

BEISPIEL

Sachverhalt wie im Beispiel a) zu 9.1.2.3, jedoch mit dem Unterschied, dass die Ersatzmaschine am 01. 12. 05 geliefert wird; der Unternehmer schreibt diese entsprechend der betriebsgewöhnlichen Nutzungsdauer von 10 Jahren linear mit 10 % ab.

LÖSUNG In diesem Fall ergibt sich für die Ersatzmaschine zum 31. 12. 05 folgender Bilanzansatz:

Anschaffungskosten 01. 12. 05 (keine Anschaffungsnebenkosten unterstellt)	150 000 €
./. übertragene stille Reserven	39 000 €
verbleiben als Bemessungsgrundlage für die AfA	111 000 €
./. AfA 05: 10 % von 111 000 € für einen Monat (§ 7 Abs. 1 Satz 4 EStG)	925 €
Buchwert 31. 12. 05	110 075 €

Weitere Buchungen im Wj. 05:

1. Maschinen	150 000 €	
VorSt	28 500 €	
an Sonst. Verbindlichkeiten (oder: Geldkonten)		178 500 €
2. Steuerfreie Rücklage nach R 6.6 EStR	39 000 €	
an Maschinen		39 000 €
3. Abschreibungen auf Sachanlagen	925 €	
an Maschinen		925 €

Handelsrechtlich kommt nach der Neufassung von § 254 HGB durch das BilMoG ein Abzug der stillen Reserven von den Anschaffungskosten für die Ersatzmaschine nicht mehr in Betracht. Die aufgedeckten stillen Reserven sind unter den sonstigen betrieblichen Erträgen zu verbuchen und die AfA für Ersatzmaschine bemisst sich nach den Anschaffungskosten von 150 000 €. Handelsrechtlich ist die Maschine nach einer Abschreibung in Höhe von 1 250 € (150 000 € × 10 % × 1/12) zum 31. 12. 05 mit 148 750 € auszuweisen. Die Ersatzmaschine ist nach Maßgabe von § 5 Abs. 1 Sätze 2 und 3 EStG mit ihrem von der Handelsbilanz abweichenden steuerlichen Wert von 110 075 € in ein besonderes, laufend zu führendes Verzeichnis aufzunehmen (R 6.6 Abs. 1 Satz 2 Nr. 3 EStR).

Bei Ersatzbeschaffung im Jahr des Ausscheidens eines Wirtschaftsguts kann auf das Konto »Steuerfreie Rücklage« verzichtet werden, wenn zunächst der **gesamte Buchgewinn** – wie bei 9.1.3.1 – unter »Sonst. betriebliche Erträge« gebucht wird und später (z. B. beim Jahresabschluss) diese Erträge um die übertragenen stillen Reserven gekürzt werden.

BEISPIEL

Anpassung der Buchungssätze aus dem vorigen Beispiel

1. unverändert		
2. Sonst. Abschreibung	39 000 €	
an Maschinen		39 000 €
3. unverändert		

Ist für das Ersatzwirtschaftsgut der Teilwert niedriger als die Anschaffungs- oder Herstellungskosten des Ersatzwirtschaftsguts, so kommt eine Teilwertabschreibung nur in Betracht, wenn der nach der Übertragung der stillen Reserven verbleibende Betrag höher ist als der Teilwert (BFH vom 05. 02. 1981 BStBl II 1981, 432; H 6.6 Abs. 3 (Teilwertabschreibung) EStH); das gilt auch, wenn die Teilwertminderung schon bei Fertigstellung des Ersatzwirtschaftsguts vorlag.

BEISPIEL

Gleicher Sachverhalt wie im vorstehenden Beispiel, jedoch beträgt der Teilwert der Maschine zum 31. 12. 05 nur 135 000 €, weil derartige Maschinen wegen einer inzwischen fortgeschrittenen technischen Neuentwicklung bereits veraltet sind und daher allgemein billiger angeboten werden, der Unternehmer aber noch den bei Abschluss des Vertrags festvereinbarten Preis von 150 000 € zu zahlen hat.

LÖSUNG Da der Teilwert der Ersatzmaschine mit 135 000 € über dem steuerlichen Buchwert von 110 075 € liegt, kommt unabhängig davon, ob eine voraussichtlich dauernde Wertminderung vorliegt, eine Teilwertabschreibung nach § 6 Abs. 1 Nr. 1 Satz 2 EStG nicht in Betracht.

9.1.3.3 Bildung einer Rücklage für Ersatzbeschaffung

Die Bildung einer Rücklage ist zugelassen, wenn im Jahr der Aufdeckung der stillen Reserven eine Ersatzbeschaffung noch nicht erfolgt ist. Es ist jedoch Voraussetzung, dass am Schluss des Wj., in dem das Wirtschaftsgut aus dem Betriebsvermögen ausgeschieden ist, die Anschaffung oder Herstellung eines Ersatzwirtschaftsguts **ernsthaft geplant** und zu erwarten ist (R 6.6 Abs. 4 Satz 1 EStR). Wurde in diesem Wj. keine Rücklage gebildet, kann dies in einem späteren Wj. nicht nachgeholt werden (R 6.6 Abs. 4 Satz 2 EStR). Eine ernsthafte Planung der Ersatzbeschaffung ist insbesondere anzunehmen, wenn bereits ein Kaufvertrag abgeschlossen wurde oder wenn ernsthafte Vertragsverhandlungen geführt werden. Im Zeitpunkt der Ersatzbeschaffung ist die Rücklage nach R 6.6 Abs. 4 Satz 8 EStR durch Übertragung auf die Anschaffungs- oder Herstellungskosten des Ersatzwirtschaftsguts aufzulösen.

BEISPIEL

In der Bilanz zum 31. 12. 05 ist eine Rücklage für Ersatzbeschaffung von 39 000 € ausgewiesen; s. vorstehend 9. 1. 2. 3. Bei Lieferung der Ersatzmaschine im Januar 06 ist wie folgt zu buchen:

1. Maschinen	150 000 €	
VorSt	28 500 €	
an Sonst. Verbindlichkeiten (oder: Geldkonten)		178 500 €
2. Steuerfreie Rücklage nach R 6.6 EStR	39 000 €	
an Maschinen		39 000 €

Im Rahmen des Jahresabschlusses zum 31. 12. 06 Buchung der vollen Jahres-AfA (10 % von 111 000 € = 11 100 €):

Abschreibungen	11 100 €	
an Maschinen		11 100 €

9.1.4 Fristen für die Ersatzbeschaffung

Voraussetzung für die Übertragung der aufgedeckten stillen Reserven in einem späteren Wj. ist, dass das Ersatzwirtschaftsgut innerhalb bestimmter Fristen angeschafft oder hergestellt wird, im Regelfall innerhalb des der Bildung der Rücklage folgenden Wj., bei Wirtschaftsgütern im Sinne des § 6 b Abs. 1 Satz 1 EStG, also insbesondere bei Grund und Boden und bei angeschafften Gebäuden innerhalb von vier Jahren, bei neu hergestellten Gebäuden innerhalb von sechs Jahren (vgl. R 6.6 Abs. 1 Nr. 2 und Abs. 4 Sätze 3 und 4 EStR). Werden diese Fristen nicht eingehalten oder wird der Plan, ein Ersatzwirtschaftsgut anzuschaffen oder herzustellen, aufgegeben, so ist die Rücklage für Ersatzbeschaffung erfolgswirksam aufzulösen. Hierbei besteht die widerlegbare Vermutung, dass eine bei Bildung der Rücklage nachgewiesene Investitionsabsicht bis zum Fristablauf fortbesteht (BFH, DB 2012, S. 1126).

Die Frist von einem Jahr kann im Einzelfall angemessen auf bis zu vier Jahre verlängert werden, wenn der Steuerpflichtige glaubhaft macht, dass die Ersatzbeschaffung noch ernsthaft geplant und zu erwarten ist, aber aus besonderen Gründen noch nicht durchgeführt werden konnte (R 6.6 Abs. 4 Satz 5 EStR). Eine Verlängerung auf bis zu sechs Jahre ist möglich, wenn die Ersatzbeschaffung von Grund und Boden im Zusammenhang mit der Neuherstellung eines Gebäudes erfolgt (R 6.6 Abs. 4 Satz 6 EStR). Die Auflösung ist zum Schluss desjenigen Wj. vorzunehmen, in dem die Voraussetzungen für eine erfolgsneutrale Übertragung nicht mehr vorliegen.

BEISPIEL

In der Bilanz zum 31. 12. 05 ist eine Rücklage für Ersatzbeschaffung von 39 000 € ausgewiesen, s. 9.1.2.3, jedoch kommt die für Ende Januar 06 vorgesehene Auslieferung der Ersatzmaschine nicht zustande, weil über das Vermögen der Lieferfirma im Januar 06 das Insolvenzverfahren eröffnet worden ist. Daraufhin mietet der Unternehmer eine entsprechende Maschine bei einer Vermietungsfirma. An den Erwerb einer Ersatzmaschine ist nicht mehr gedacht.

LÖSUNG In diesem Fall ist die im Jahr 05 (zu Recht) gebildete steuerfreie Rücklage zum Bilanzstichtag 31. 12. 06 erfolgswirksam aufzulösen mit der Buchung:

Steuerfreie Rücklage nach R 6.6 EStR	39 000 €	
an Sonst. betriebliche Erträge		39 000 €

Eine Bilanzberichtigung zum 31. 12. 05 kommt nicht in Betracht, da die Bildung der steuerfreien Rücklage zu Recht vorgenommen worden war (von der Planung, eine Ersatzmaschine zu erwerben, wurde erst durch das Insolvenzverfahren bei der Lieferfirma im Januar 06 und die Anmietung einer Ersatzmaschine Abstand genommen).

9.1.5 Besonderheiten

a) Anteilige Übertragung auf ein Ersatzwirtschaftsgut

Nach H 6.6 [3] (Mehrentschädigung) EStH (vgl. BFH vom 03. 09. 1957 BStBl III 1957, 386) dürfen die aufgedeckten stillen Reserven bzw. die Rücklage für Ersatzbeschaffung nur anteilig auf das Ersatzwirtschaftsgut übertragen werden,

- wenn die für das Ausscheiden eines Wirtschaftsguts erhaltene Entschädigung nicht in voller Höhe zur Beschaffung eines Ersatzwirtschaftsguts verwendet wird oder
- wenn ein Wirtschaftsgut gegen Barzahlung und gegen Erhalt eines Ersatzwirtschaftsguts aus dem Betriebsvermögen ausscheidet.

Formel zur Ermittlung des übertragbaren Teils der aufgedeckten stillen Reserven:

$$\frac{R \times A}{E} = \text{Ü}$$

Es bedeuten:

R = aufgedeckte stille Reserven bzw. Rücklage für Ersatzbeschaffung
A = Anschaffungs- oder Herstellungskosten des Ersatzwirtschaftsguts
E = Entschädigung für das ausgeschiedene Wirtschaftsgut bzw. Wert des Ersatzwirtschaftsguts plus erhaltene Zuzahlung
Ü = auf Ersatzwirtschaftsgut übertragbarer Teil

Der nicht übertragbare Teil der aufgedeckten stillen Reserven bzw. der Rücklage für Ersatzbeschaffung ist gewinnerhöhend aufzulösen.

BEISPIEL

Ein zum 31. 12. 05 mit 50 000 € Buchwert bilanzierter Lkw wird am 30. 06. 06 durch Brand völlig zerstört. Die planmäßige AfA für das Wj. 06 wäre 20 000 €. Die Versicherungsgesellschaft entschädigt den Unternehmer mit 60 000 €.
Noch im Jahr 06 erwirbt der Unternehmer einen Ersatz-Lkw:
im Falle a) für 60 000 € Anschaffungskosten
im Falle b) für 54 000 € Anschaffungskosten.

LÖSUNG Es können folgende stille Reserven auf den jeweiligen Ersatz-Lkw übertragen werden:

		Fall a)	Fall b)
Buchwert des Lkw zum Zeitpunkt des Ausscheidens am 30. 06. 06:			
Buchwert 31. 12. 05:	50 000 €		
./. AfA bis 30. 06. 06	10 000 €	40 000 €	40 000 €
Entschädigung		60 000 €	60 000 €
Aufgedeckte stille Reserven		20 000 €	20 000 €
Von der Entschädigung zur Ersatzbeschaffung verwendet		60 000 €	54 000 €
Nicht zur Ersatzbeschaffung verwendet		– €	6 000 €
Daher von den aufgedeckten stillen Reserven auf den Ersatz-Lkw übertragbar:			
Fall a)		20 000 €	
Fall b) $\frac{20\,000 \times 54\,000}{60\,000} =$			18 000 €
Gewinnerhöhend zu behandeln (aufzulösen)		– €	2 000 €

b) Ausnahmeregelung bei bebauten Grundstücken

Auch für die Übertragung aufgedeckter stiller Reserven auf Ersatzwirtschaftsgüter gelten bei bebauten Grundstücken der Grund und Boden sowie das Gebäude grundsätzlich als **zwei selbstständige Wirtschaftsgüter**. Nach R 6.6 Abs. 3 Sätze 1 bis 3 EStR ist jedoch zugelassen, aufgedeckte stille Reserven des Grund und Bodens, soweit sie nicht auf die Anschaffungskosten des erworbenen Grund und Bodens übertragen werden können, auf die Anschaffungs- oder Herstellungskosten des gleichzeitig angeschafften oder hergestellten Gebäudes zu übertragen (oder umgekehrt). Eine willkürliche Übertragung ist allerdings nicht zulässig.

BEISPIEL

Eine drohende Enteignung zwingt einen Unternehmer, sein bebautes Grundstück im Innenstadtbereich an die Gemeinde zu veräußern. Noch im selben Wj. erwirbt der Unternehmer ein anderes bebautes Grundstück im Gewerbegebiet, das die Funktion des veräußerten Grundstücks übernehmen soll.

Es betragen:	maßgebende Buchwerte der veräußerten Wirtschaftsgüter	Erlöse für die veräußerten Wirtschaftsgüter	Anschaffungskosten für die Ersatzwirtschaftsgüter
für Grund und Boden	100 000 €	300 000 €	180 000 €
für Gebäude	150 000 €	250 000 €	400 000 €
Damit ergeben sich stille Reserven für:			
Grund und Boden		200 000 €	
Gebäude		100 000 €	

Es können übertragen werden:		
• auf Grund und Boden	179 999 €	Restbuchwert (als Erinnerungswert) 1 €
• auf das erworbene Gebäude:		
a) zunächst die aufgedeckten stillen Reserven des veräußerten Gebäudes mit	100 000 €	
b) und der nicht übertragbare Teil der aufgedeckten stillen Reserven des veräußerten Grund und Bodens mit	20 001 €	Restbuchwert als Bemessungsgrundlage für die AfA = 279 999 €

c) Beschädigung eines Wirtschaftsguts

Eine steuerfreie Rücklage kann nach R 6.6 Abs. 7 Satz 1 EStR auch gebildet werden, wenn ein Wirtschaftsgut infolge höherer Gewalt oder eines behördlichen Eingriffs beschädigt wird, der Steuerpflichtige hierfür vor dem Abschlussstichtag eine Entschädigung erhält, das Wirtschaftsgut aber erst nach dem Abschlussstichtag repariert wird. Die Rücklage kann in Höhe der gewährten Entschädigung ausgewiesen werden und ist im Zeitpunkt der Reparatur wieder aufzulösen. Die Rücklage ist auch aufzulösen, wenn die Reparatur bei beweglichen Gegenständen am Ende des ersten und bei Wirtschaftsgütern im Sinne des § 6 b Abs. 1 Satz 1 EStG, also insbesondere bei Gebäuden, am Ende des vierten auf die Bildung der Rücklage folgenden Wj. noch nicht durchgeführt ist (R 6.6 Abs. 7 Satz 3 EStR). Bei beweglichen Wirtschaftsgütern kann die Frist von einem Jahr im Einzelfall angemessen auf bis zu vier Jahre verlängert werden, wenn der Steuerpflichtige glaubhaft macht, dass die Reparatur noch ernsthaft geplant und zu erwarten ist, aber aus besonderen Gründen noch nicht durchgeführt werden konnte (R 6.6 Abs. 7 Satz 4 i. V. m. Abs. 4 Satz 5 EStR).

BEISPIEL

Wegen eines Hochwasserschadens im November 01 muss eine Maschine repariert werden (Austausch von Lagerteilen u. ä., Durchführung der Reparatur im Januar 02). Der Buchwert der Maschine zum Zeitpunkt des Schadens beträgt 40 000 €. Die Reparaturkosten betragen 3 000 € + 570 € USt. Die Versicherungsgesellschaft zahlt noch im Dezember 01 eine Entschädigung in Höhe von 4 000 €.

LÖSUNG Der Mehrbetrag der Versicherungsentschädigung beträgt 1 000 €. Zum 31. 12. 01 darf eine steuerfreie Rücklage in Höhe von 4 000 € gebildet werden.

Es ergeben sich somit steuerlich folgende Buchungen:

- im Dezember 01:

Geldkonto (Sonst. Forderungen)	4 000 €	
an Steuerfreie Rücklage nach R 6.6 EStR		4 000 €

- Januar 02:

Reparaturaufwand	3 000 €	
VorSt	570 €	
an Geldkonten		3 570 €
Steuerfreie Rücklage nach R 6.6 EStR	4 000 €	
an Reparaturaufwand		3 000 €
an Sonst. betriebliche Erträge		1 000 €
oder:		
Steuerfreie Rücklage nach R 6.6 EStR)	4 000 €	
an Erträge aus Auflösung steuerfreier Rücklage nach R 6.6 EStR		4 000 €

d) Rücklage für Ersatzbeschaffung und Betriebsveräußerung oder Betriebsaufgabe

Im Falle einer Betriebsveräußerung oder Betriebsaufgabe erhöht die aufzulösende steuerfreie Rücklage nicht den laufenden Gewinn des letzten Wj., sondern den nach §§ 16 und 34 EStG begünstigten Veräußerungsgewinn (vgl. H 6.6 [4] (Betriebsaufgabe/Betriebsveräußerung) EStH i. V. mit H 16 [9] (Rücklage) EStH).

e) Übertragung auf einen anderen Betrieb desselben Unternehmers

Die Übertragung einer Rücklage für Ersatzbeschaffung auf einen anderen Betrieb desselben Unternehmers ist grundsätzlich nicht möglich, da das Merkmal der Funktionsgleichheit in diesem Fall nicht erfüllt ist. Ausnahmsweise ist die Übertragung auf einen anderen Betrieb des Unternehmers allerdings zulässig, wenn die Zwangslage durch Enteignung oder höhere Gewalt zugleich den Fortbestand des bisherigen Betriebs selbst gefährdet oder beeinträchtigt hat. Vgl. BFH vom 22.01.2004 BStBl II 2004, 421 und H 6.6 [1] (Ersatzwirtschaftsgut – 2. Strich) EStH.

f) Einbeziehung von Zinsen in die Rücklage für Ersatzbeschaffung

In eine Rücklage für Ersatzbeschaffung können ausnahmsweise auch Zinsen einbezogen werden, die dem Steuerpflichtigen aus der vorübergehenden Anlage der vorzeitig ausgezahlten Entschädigungssumme zugeflossen sind. Voraussetzung ist allerdings, dass diese Zinsen vereinbarungsgemäß als **zusätzliche Entschädigung** für die in der Zeit zwischen der Einigung über die Veräußerung eines Wirtschaftsguts zwecks Vermeidung eines behördlichen Eingriffs und der Übertragung des wirtschaftlichen Eigentums an diesem Wirtschaftsgut durch die allgemeine Preissteigerung weiter anwachsenden stillen Reserven gedacht sind (BFH vom 29.04.1982 BStBl II 1982, 568).

9.1.6 Gewinnermittlung nach § 4 Abs. 3 EStG

Für diese Steuerpflichtigen wird die Übertragung aufgedeckter stiller Reserven ebenfalls im Rahmen von R 6.6 EStR zugelassen. Vgl. hierzu R 6.6 Abs. 5 EStR.

9.2 Rücklage für Reinvestitionen nach § 6 b EStG

9.2.1 Allgemeines

Die Regelung des § 6 b EStG sieht vor, dass in bestimmten Fällen die durch Veräußerung aufgedeckten stillen Reserven (ähnlich wie bei R 6.6 EStR, s. 9.1) unter bestimmten Voraussetzungen auf bestimmte andere Wirtschaftsgüter übertragen werden können, um die sofortige Versteuerung der realisierten stillen Reserven zu vermeiden. Diese Wahlmöglichkeit wurde gesetzlich geschaffen, um die Erlöse aus der Veräußerung von Wirtschaftsgütern, die langfristig dem Betrieb dienen, möglichst unbelastet von Ertragsteuern für **Reinvestitionen** des Betriebs zu erhalten. Diese steuerliche Vergünstigung hat damit eine große betriebswirtschaftliche und volkswirtschaftliche Bedeutung. Der Steuerpflichtige hat hierbei einen weiteren Spielraum als bei R 6.6 EStR.

Es ist durchaus möglich, dass bei einer Veräußerung eines Wirtschaftsguts sowohl die Voraussetzungen für die Anwendung des R 6.6 EStR als auch für die Anwendung des § 6 b EStG vorliegen. In einem solchen Fall muss sich der Steuerpflichtige entscheiden, welche der beiden Vergünstigungen er (wenn überhaupt) in Anspruch nehmen will. Die Inanspruchnahme der einen Vergünstigung schließt jedoch die andere aus.

Die Voraussetzungen und Rechtsfolgen des § 6b EStG sind sehr differenziert und über die gesamte Vorschrift verstreut geregelt. Es empfiehlt sich, genau anhand des Gesetzeswortlauts vorzugehen. Es wird eine Unterteilung getroffen in eine Übertragung nach § 6b (1) EStG im Jahr der Realisierung der stillen Reserve ohne Bildung einer Rücklagenposition und in eine Übertragung nach § 6b (3) EStG in einem späteren Jahr mit Hilfe einer Rücklagenbildung. Die Struktur der Vorschrift kann wie folgt zusammengefasst werden:

- Die grundsätzlichen Voraussetzungen für die Übertragung der stillen Reserve sind in § 6b Abs. 1 und Abs. 4 EStG geregelt. In § 6b Abs. 3 EStG ist die Übertragung unter Einsatz einer Rücklage geregelt, wobei auch hierfür die Voraussetzungen von § 6b Abs. 1 und 4 EStG gelten.

- In § 6b Abs. 10 EStG ist die Übertragung von stillen Reserven geregelt, die bei der Veräußerung von Anteilen an einer Kapitalgesellschaft aufgedeckt worden sind. § 6b (10) EStG regelt dabei sowohl den Fall der Übertragung ohne als auch unter Einsatz einer Rücklagenbildung.
- In § 6b Abs. 2 EStG ist geregelt, wie die aufgedeckte und übertragbare stille Reserve berechnet wird. Die Ermittlung des maßgebenden Restbuchwerts erfolgt dabei gegebenenfalls unter Berücksichtigung von Abschreibungen bis zum Veräußerungszeitpunkt einschließlich einer möglichen, noch nicht vorgenommenen Teilwertschreibung oder Wertaufholung (R 6b.1 (2) EStR).
- In § 6b Abs. 5 EStG ist der Fall geregelt, dass die stille Reserve auf ein Wirtschaftsgut übertragen wird, das bereits im Wj. vor der Veräußerung angeschafft oder hergestellt worden ist. Es wird klargestellt, dass dann der Abzug vom Buchwert zum vorherigen Bilanzstichtag vorzunehmen ist und nicht etwa rückwirkend von den ursprünglichen AK/HK. Dies hat insbesondere Bedeutung für abnutzbare Wirtschaftsgüter, weil dann nicht nachträglich die AfA für das Jahr ihrer Anschaffung oder Herstellung geändert werden muss, sondern eine Änderung der AfA-Bemessungsgrundlage erst ab dem Jahr der Übertragung erfolgt.
- § 6b Abs. 6 EStG stellt klar, dass bei abnutzbaren Wirtschaftsgütern sich die Bemessungsgrundlage für die AfA durch Abzug der stillen Reserve vermindert, so dass die AfA nicht von den ursprünglichen AK/HK berechnet werden kann. Ebenso ist die Erfüllung der Wertgrenzen für die Einstufung eines Wirtschaftsguts als geringwertiges Wirtschaftsgut nach § 6 Abs. 2 und Abs. 2a EStG durch den Abzugsbetrag beeinflussbar.
- § 6b Abs. 7 EStG regelt einen Gewinnzuschlag für den Fall, dass die Bildung einer Rücklage nach § 6b Abs. 3 EStG erfolgt war, aber die darin enthaltene stille Reserve nicht innerhalb der in § 6b Abs. 3 EStG aufgeführten Übertragungsfristen auf ein aufnahmefähiges Wirtschaftsgut übertragen wurde. Dieser Gewinnzuschlag hat dann außerhalb der Bilanz zu erfolgen. Falls es um die Auflösung von Rücklagen nach § 6b Abs. 10 EStG geht, ist für die Berechnung des Gewinnzuschlags allerdings § 6b Abs. 10 Satz 9 EStG einschlägig.
- § 6b (8) und (9) EStG regeln Fristverlängerungen in den dort erwähnten Sonderfällen städtebaulicher Sanierungs- und Entwicklungsmaßnahmen.

Im Übrigen handelt es sich bei der Regelung des § 6b EStG um eine **personenbezogene Vergünstigung**. Dies hat insbesondere Auswirkungen für die Übertragung von stillen Reserven im Rahmen von steuerlichen Mitunternehmerschaften im Sinne von § 15 Abs. 1 Satz 1 Nr. 2 EStG. Dies kann dazu führen, dass manche Gesellschafter nach § 6b EStG vorgehen können, andere wiederum nicht (gesellschafterbezogene Anwendung des § 6b EStG).

9.2.2 Voraussetzungen für die Inanspruchnahme

Folgende Voraussetzungen müssen vorliegen, wenn bei der Veräußerung von Wirtschaftsgütern aufgedeckte stille Reserven übertragen werden sollen:

- das Wirtschaftsgut muss **veräußert** werden,
- nur bei Veräußerung **bestimmter** Wirtschaftsgüter können die Buchgewinne in die Rücklage eingestellt bzw. übertragen werden.
- die Wirtschaftsgüter müssen für eine bestimmte **Zeit zum Betriebsvermögen** gehört haben,
- die Übertragung der stillen Reserven ist nur auf **bestimmte Wirtschaftsgüter** zulässig,
- bei Veräußerung von Anteilen an Kapitalgesellschaften gelten besondere Regelungen,
- an die buchtechnische Behandlung werden bestimmte Anforderungen gestellt.

9.2.2.1 Veräußerung von Wirtschaftsgütern

Anders als R 6.6 EStR setzt § 6 b EStG für die Übertragung aufgedeckter stiller Reserven kein zwangsweises Ausscheiden des Wirtschaftsguts aus dem Betriebsvermögen voraus, sondern eine **Veräußerung.** Es muss also eine entgeltliche Übertragung des Eigentums vorliegen. Hierbei kommt es nicht auf den bürgerlich-rechtlichen Eigentumsübergang an, sondern auf den **Übergang des wirtschaftlichen Eigentums**. Das wirtschaftliche Eigentum an einem Wirtschaftsgut geht zu dem Zeitpunkt über, zu dem die Verfügungsmacht (Sachherrschaft, Nutzen und Lasten) auf den Erwerber übergeht (s. hierzu die Ausführungen in D 2). Auch ein Tausch von Wirtschaftsgütern ist eine Veräußerung, selbst wenn das eingetauschte Wirtschaftsgut in das Privatvermögen überführt wird (BFH vom 29.06.1996 BStBl II 1996, 60). Da in der Einbringung eines Wirtschaftsguts in das Gesamthandsvermögen einer Personengesellschaft gegen Gewährung von Gesellschaftsrechten ebenfalls ein entgeltlicher Vorgang vorliegt, ist in den Fällen des rückwirkenden Teilwertansatzes nach § 6 Abs. 5 Satz 4 EStG bei Vorliegen der übrigen Voraussetzungen ebenfalls eine Übertragung der dadurch aufgedeckten stillen Reserven nach § 6b EStG zulässig, vgl. R 6b.1 (1) Satz 5 EStR,

Der Grund für die Veräußerung des Wirtschaftsguts ist ohne Bedeutung. Die Veräußerung kann freiwillig oder unter Zwang (z. B. zur Vermeidung einer drohenden Enteignung, im Wege der Enteignung oder Zwangsversteigerung), auch aus wirtschaftlichem Zwang, erfolgt sein.

In folgenden Fällen liegt jedoch eine Veräußerung **nicht** vor:

- Bei Überführung von Wirtschaftsgütern aus dem einen Betrieb in einen anderen Betrieb desselben Steuerpflichtigen,
- bei **Entnahme** von Wirtschaftsgütern für private oder andere außerbetriebliche Zwecke,
- bei Ausscheiden eines Wirtschaftsguts infolge höherer Gewalt,
- bei Untergang der Anteile im Falle der Auflösung und Abwicklung einer Kapitalgesellschaft (BFH vom 06.12.1972 BStBl II 1973, 291).

Vgl. hierzu auch R 6 b.1 Abs. 1 EStR.

BEISPIEL

Durch Brand wird ein Betriebsgebäude völlig zerstört. Der Schaden wird von der Gebäudebrandversicherung angemessen ersetzt, so dass stille Reserven aufgedeckt werden.

LÖSUNG Für die aufgedeckten stillen Reserven kann die Vergünstigung des § 6 b EStG nicht in Anspruch genommen werden, da im vorliegenden Fall ein Ausscheiden durch höhere Gewalt, nicht aber durch Veräußerung vorliegt.

Wird ein Ersatzgebäude hergestellt oder angeschafft, kann aber die Vergünstigung nach R 6.6 EStR in Anspruch genommen werden.

9.2.2.2 Begünstigte Wirtschaftsgüter und Dauer der Zugehörigkeit zum inländischen Betriebsvermögen

Für eine Übertragung kommen nur die **bei folgenden Wirtschaftsgütern** durch Veräußerung aufgedeckten stillen Reserven in Betracht (§ 6 b Abs. 1 Satz 1 und Abs. 10 Satz 1 EStG):

- Grund und Boden,
- Aufwuchs auf Grund und Boden mit dem dazugehörigen Grund und Boden, wenn der Aufwuchs zu einem **land- und forstwirtschaftlichen** Betriebsvermögen gehört,
- Gebäude,

- Binnenschiffe,
- Anteile an Kapitalgesellschaften (unter den Voraussetzungen des § 6 b Abs. 10 EStG, vgl. 9.2.2.5).

Die veräußerten Wirtschaftsgüter müssen zum Zeitpunkt der Veräußerung (nicht Bilanzstichtag!) **mindestens sechs Jahre ununterbrochen zum Anlagevermögen** einer inländischen Betriebsstätte gehört haben (§ 6 b Abs. 4 Nr. 2 EStG, R 6 b.3 EStR). Im Rahmen von städtebaulichen Sanierungs- oder Entwicklungsmaßnahmen kann sich diese Frist auf zwei Jahre verkürzen (§ 6 b Abs. 8 Satz 1 Nr. 2 EStG).

Für die **Zugehörigkeit zum Anlagevermögen** ist grundsätzlich die **Zweckbestimmung** des Wirtschaftsguts maßgebend, wobei regelmäßig davon ausgegangen werden kann, dass Wirtschaftsgüter zum Anlagevermögen zu rechnen sind, wenn sie sechs Jahre oder länger zum Betriebsvermögen des Steuerpflichtigen gehört haben (R 6 b.3 Abs. 1 Satz 2 EStR).

Entsteht durch eine Generalüberholung oder durch nachträgliche Herstellungskosten ein neues Wirtschaftsgut, so beginnt ein neuer Sechsjahreszeitraum zu laufen, vgl. R 6 b.3 Abs. 2 und 3 Satz 3 EStR.

BEISPIELE

a) Ein im Betriebsvermögen geführtes mehrgeschossiges Wohngebäude (gewillkürtes Betriebsvermögen) wird im Jahre 02 in Eigentumswohnungen umgewandelt. In 03 werden die einzelnen Eigentumswohnungen veräußert, ohne dass im Zusammenhang damit qualifizierende wertsteigernde Maßnahmen erfolgen (zur seltenen Möglichkeit der vor der erfolgten Veräußerung aufgrund weitreichender Umgestaltungsmaßnahmen eintretenden Umqualifizierung eines Wirtschaftsguts des Anlagevermögens in ein Wirtschaftsgut des Umlaufvermögens, so dass die Veräußerung dann nicht mehr nach § 6b EStG begünstigt ist, vgl. Kirschbaum, Wertsteigernde Maßnahmen an einem zu veräußernden Grundstück des Anlagevermögens und deren Auswirkungen auf die Vergünstigung nach § 6b EStG, in Festschrift für Walter Maier, Stuttgart 2012.

LÖSUNG Das zu Eigentumswohnungen umgewandelte Grundstück gehört trotz anschließender Veräußerung der Eigentumswohnungen bis zum Zeitpunkt der Veräußerung noch zum Anlagevermögen, da sich die Art der Nutzung bis zu diesem Zeitpunkt nicht geändert hatte (vgl. R 6.1 Abs. 1 Satz 8 EStR sowie BMF vom 29. 10. 1979 BStBl I 1979, 639). Vgl. aber BFH vom 25. 10. 2001 BStBl II 2002, 289, zur Parzellierung von Grundstücken. Durch die Umwandlung in Eigentumswohnungen beginnt der Sechsjahreszeitraum nicht neu zu laufen.

b) Im Jahre 01 erwarb ein Unternehmer ein unbebautes Grundstück, das er zunächst im eigenen Betrieb als Lagerplatz nutzte. Im Laufe des Jahres 07 errichtete der Unternehmer auf diesem Grundstück eine Lagerhalle. Im Jahre 10 veräußerte er das gesamte Grundstück, wodurch stille Reserven aufgedeckt wurden.

LÖSUNG Da es sich bei dem Grund und Boden und dem Gebäude des veräußerten bebauten Grundstücks auch für die Anwendung des § 6 b EStG um zwei selbstständige Wirtschaftsgüter handelt, muss auch die sechsjährige Zugehörigkeit zum Anlagevermögen des Betriebs getrennt beurteilt werden. Danach kann für die beim Grund und Boden aufgedeckten stillen Reserven die Vergünstigung des § 6 b EStG in Anspruch genommen werden, für das Gebäude jedoch nicht, da es im Veräußerungsjahr 10 noch nicht mindestens sechs Jahre zum Anlagevermögen des Betriebs gehörte.

c) Ein Kaufmann erwarb im Jahre 01 ein bebautes Grundstück, das er eigenbetrieblich nutzte. Im Jahr 05 ließ er Ladeneinbauten vornehmen, die unter R 4.2 Abs. 3 Satz 3 Nr. 3 EStR fallen (selbstständiger Gebäudeteil). 09 veräußerte er das Grundstück.

LÖSUNG Auch in solchen Fällen ist der Sechsjahreszeitraum für das Gebäude und die Ladeneinbauten getrennt zu beurteilen. Für das Gebäude kann die Vergünstigung des § 6 b EStG in Anspruch genommen werden, für die Ladeneinbauten dagegen nicht, da dieser Gebäudeteil im Veräußerungsjahr 09 noch nicht mindestens sechs Jahre zum Anlagevermögen des Betriebs gehört hatte (vgl. R 6 b.3 Abs. 3 Satz 3 EStR).

Der Sechsjahreszeitraum ist auch dann gewahrt, wenn das **Wirtschaftsgut** innerhalb der letzten sechs Jahre **zum Betriebsvermögen verschiedener inländischer Betriebe oder Betriebsstätten** des Steuerpflichtigen gehörte, selbst wenn die Einkünfte hieraus unterschiedlichen Einkunftsarten unterlegen sind (R 6 b.3 Abs. 1 Satz 3 EStR). Bei Übergang eines Betriebs oder Teilbetriebs nach § 6 Abs. 3 EStG zählt die Besitzzeit des Rechtsvorgängers mit (R 6 b.3 Abs. 5 EStR).

Bei der nach § 6 b Abs. 10 EStG begünstigten Veräußerung von Anteilen an Kapitalgesellschaften gibt es einige Besonderheiten (s. auch 9.2.2.5).

Führt eine Kapitalgesellschaft eine Kapitalerhöhung aus Gesellschaftsmitteln durch, so werden die neuen Anteilsrechte (Freianteile, Gratisaktien, **Berichtigungsaktien**) unentgeltlich an die (bisherigen) Anteilseigner ausgegeben (s. hierzu die Ausführungen in K 3.1.6). In diesem Fall gilt die Besitzzeit der alten Anteilsrechte auch für die neuen Anteilsrechte (vgl. R 6 b.3 Abs. 6 Satz 1 EStR). Dies gilt jedoch nicht für Anteilsrechte (junge Aktien), die aus einer Kapitalerhöhung gegen Einlage erworben wurden, da es sich insoweit um echte Neuanschaffungen handelt, wohl aber für evtl. veräußerte Bezugsrechte (R 6 b.3 Abs. 6 Sätze 2 bis 4 EStR).

Für veräußerte **Aktien,** die **in einem Girosammeldepot** aufbewahrt werden, kann aus Vereinfachungsgründen wie folgt verfahren werden: Werden Teile eines Aktienbestandes derselben Art veräußert, der sich sowohl aus älteren – länger als sechs Jahre zurückliegenden – als auch aus jüngeren Anschaffungen zusammensetzt, dann gilt der Sechsjahreszeitraum als erfüllt, soweit der Nominalwert der veräußerten Teile den Nominalwert des Altbestandes, der mindestens vor sechs Jahren angeschafft worden war, nicht übersteigt (vgl. FinMin Ba-Wü vom 14. 03. 1967 in ESt-Kartei Ba-Wü zu § 6 b EStG Nr. 2 sowie K 3.1.5).

BEISPIEL

Ein Unternehmer hält folgende Maschinenbau-AG-Aktien in einem Girosammeldepot (als gewillkürtes Betriebsvermögen bilanziert):

	Anschaffung am	Anschaffungskosten
50 Stück	10. 05. 01	9 000 €
100 Stück	15. 06. 02	19 000 €
70 Stück	20. 11. 05	12 950 €

Am 30. 08. 08 veräußert der Unternehmer davon 120 Aktien zum Kurs von 200 € das Stück.

LÖSUNG Da 150 Aktien des Girosammeldepot-Bestandes mindestens sechs Jahre zum Anlagevermögen des Betriebs gehört hatten, kann der Unternehmer für die durch die Veräußerung aufgedeckten stillen Reserven die Vergünstigung des § 6 b EStG in Anspruch nehmen.

Anmerkung: die bilanzmäßige Behandlung von im Girosammeldepot aufbewahrten Aktien ist in K 3.1.5 näher dargestellt.

Bei der Veräußerung von Ersatzwirtschaftsgütern im Sinne von R 6.6 EStR ist die Sechs-Jahres-Frist erfüllt, wenn das zwangsweise ausgeschiedene Wirtschaftsgut und das Ersatzwirtschaftsgut zusammen sechs Jahre zum Anlagevermögen des Steuerpflichtigen gehört haben (R 6 b.3 Abs. 4 EStR).

9.2.2.3 Ermittlung der übertragungsfähigen stillen Reserven

Nach § 6 b Abs. 1 Satz 1 EStG dürfen die bei einer Veräußerung aufgedeckten stillen Reserven in vollem Umfang auf andere angeschaffte oder hergestellte Wirtschaftsgüter übertragen werden. Bei Veräußerung von Anteilen an Kapitalgesellschaften s. 9. 2. 2. 5.

Für die Ermittlung des bei der Veräußerung erzielten Gewinns ist der **Buchwert zum Zeitpunkt der Veräußerung** maßgebend (§ 6 b Abs. 2 Satz 1 EStG, R 6 b.1 Abs. 2 EStR). Bis zu diesem Zeitpunkt sind für abnutzbare Wirtschaftsgüter noch planmäßige Abschreibungen vorzunehmen. Auch erhöhte Abschreibungen, Sonderabschreibungen und Teilwertabschreibungen sind möglich. Letztere können auch für nichtabnutzbare Wirtschaftsgüter in Betracht kommen. Ggf. sind auch erforderliche Wertaufholungen nach § 6 Abs. 1 Nr. 1 Satz 4 oder § 7 Abs. 1 Satz 7 2. HS EStG zu berücksichtigen. Der Gewinn aus der Wertaufholung ist dann nicht übertragungsfähig.

Veräußerungsgewinn i. S. des § 6 b EStG ist der Betrag (Buchgewinn), um den der Veräußerungspreis nach Abzug der Veräußerungskosten den Buchwert zum Veräußerungszeitpunkt übersteigt (§ 6 b Abs. 2 Satz 1 EStG). Veräußerungskosten sind alle Kosten, die mit dem Veräußerungsvorgang unmittelbar zusammenhängen und vom Veräußerer getragen werden (z. B. Maklergebühren, Notar- und Grundbuchgebühren, Beratungsgebühren, Kosten für einen Gutachter, Transportkosten). Wird bei gleichzeitiger Veräußerung mehrerer Wirtschaftsgüter ein Gesamtveräußerungsgewinn erzielt, dann ist dieser Gesamtgewinn auf die jeweiligen Wirtschaftsgüter nach dem Verhältnis der Teilwerte aufzuteilen. Eine gleichzeitig gezahlte Entschädigung aus anderen Gründen (z. B. Erstattung von Umzugskosten), fällt nicht unter die Vergünstigung des § 6 b EStG. **Übertragungsfähig** sind nur solche aufgedeckten stillen Reserven, die bei der Ermittlung des steuerpflichtigen Gewinns nicht außer Ansatz bleiben, also **nur steuerpflichtige Veräußerungsgewinne** (§ 6 b Abs. 4 Nr. 4 EStG).

9.2.2.4 Übertragung der aufgedeckten stillen Reserven nur auf bestimmte Wirtschaftsgüter zulässig

Die erfolgsneutrale Übertragung aufgedeckter stiller Reserven setzt die **Anschaffung oder Herstellung** (Reinvestition) eines oder mehrerer **begünstigter Wirtschaftsgüter** voraus. Die dafür in Betracht kommenden Wirtschaftsgüter sind in § 6 b Abs. 1 Satz 2 bzw. Abs. 10 Satz 1 EStG aufgeführt. Diejenigen Wirtschaftsgüter, auf die die aufgedeckten stillen Reserven übertragen werden sollen, brauchen **nicht** die gleiche Funktion erfüllen, wie die veräußerten Wirtschaftsgüter (Funktionsgleichheit nicht erforderlich; anders als bei Inanspruchnahme der Vergünstigung nach R 6.6 EStR, s. 9.1.2.4). Die Wirtschaftsgüter, deren Veräußerung begünstigt ist (vgl. oben 9.2.2.2), und die Wirtschaftsgüter, auf die die aufgedeckten stillen Reserven übertragen werden können, ergeben sich aus den nachstehenden **Übersicht**.

Stille Reserven, aufgedeckt bei der Veräußerung von …	Begünstigter Gewinn (s. 9.2.2.3), nach § 6 Abs. 1 Sätze 1 und 2 EStG zu 100 % übertragbar im Wj. der Veräußerung oder in den folgenden vier bzw. sechs[c)] Wj. auf folgende angeschaffte oder hergestellte Wirtschaftsgüter:			
	Grund und Boden	**Gebäude**[a)]	**Aufwuchs**[b)]	**Binnenschiffe**
Grund und Boden	ja	ja	ja	nein
Gebäude	nein	ja	nein	nein
Aufwuchs[b)]	nein	ja	ja	nein
Binnenschiffe	nein	nein	nein	ja
Anteile an Kapitalgesellschaften	s. 9.2.2.5			

a) Der Anschaffung oder Herstellung von Gebäuden steht ihre Erweiterung, ihr Anbau oder ihr Umbau gleich.
b) Aufwuchs auf Grund und Boden mit dem dazugehörigen Grund und Boden, wenn der Aufwuchs zu einem land- und forstwirtschaftlichen Betriebsvermögen gehört; vgl auch H 6 b.1 (Aufwuchs auf Grund und Boden) EStH.
c) Die Frist zur Übertragung der stillen Reserven beträgt normalerweise maximal vier Jahre (§ 6 b Abs. 3 Satz 2 EStG). Soll auf Gebäude übertragen werden, bei denen am Ende des vierten Wj. schon mit der Bebauung begonnen worden ist, so verlängert sich diese Frist auf sechs Jahre (§ 6 b Abs. 3 Satz 3 EStG). Im Rahmen von städtebaulichen Sanierungs- und Entwicklungsmaßnahmen ergibt sich sogar eine Fristverlängerung auf sieben bzw. neun Jahre (§ 6 b Abs. 8 Satz 1 Nr. 1 EStG).

BEISPIELE

a) Wegen einer drohenden Enteignung veräußert ein Unternehmer ein vor 20 Jahren angeschafftes bebautes Grundstück am 10. 01. 02 an die Gemeinde. Hierdurch werden für den Grund und Boden 150 000 € und für das Gebäude 100 000 € stille Reserven aufgedeckt. Noch im selben Jahr erwirbt er an einer anderen Stelle der Gemeinde ein Ersatzgrundstück, das die gleiche Funktion wie das veräußerte Grundstück erfüllt.

LÖSUNG **Nach § 6 b Abs. 1 Satz 2 EStG** können übertragen werden:

- die beim veräußerten Grund und Boden aufgedeckten stillen Reserven von 150 000 € auf den erworbenen Grund und Boden oder das erworbene Gebäude,
- die beim veräußerten Gebäude aufgedeckten stillen Reserven von 100 000 € nur auf das erworbene Gebäude.

R 6.6 EStR (Abs. 3 Sätze 2 und 3) erlaubt dagegen auch für die beim veräußerten Gebäude aufgedeckten stillen Reserven eine Übertragung auf Grund und Boden, soweit eine Übertragung auf das Ersatzgebäude nicht möglich ist (oder umgekehrt).

b) Gleicher Sachverhalt wie im vorstehenden Beispiel a), jedoch wird nicht ein funktionsgleiches bebautes Grundstück, sondern unbebautes Vorratsgelände (Anlagevermögen) erworben.

LÖSUNG In diesem Fall sind **nach § 6 b Abs. 1 Satz 2 EStG** nur die beim Grund und Boden aufgedeckten stillen Reserven von 150 000 € auf den erworbenen Grund und Boden übertragbar. Für die gleichzeitig hinsichtlich des veräußerten Gebäudes aufgedeckten stillen Reserven von 100 000 € besteht keine Übertragungsmöglichkeit, wenn nicht noch ein Gebäude erworben oder hergestellt wird.

Im Rahmen von R 6.6 EStR besteht überhaupt keine Übertragungsmöglichkeit, weil kein funktionsgleiches Ersatzgrundstück angeschafft wurde (Vorratsgelände hat nicht die gleiche Funktion wie ein bebautes Grundstück).

Die **angeschafften oder hergestellten Wirtschaftsgüter**, auf die die aufgedeckten stillen Reserven übertragen werden sollen (Reinvestitionsgegenstände), müssen ebenfalls zum **Anlagevermögen einer inländischen Betriebsstätte** gehören (§ 6 b Abs. 4 Nr. 3 EStG). Diese Voraussetzung, nach der das die stille Reserve aufnehmende neu angeschaffte oder hergestellte Wirtschaftsgut zum Anlagevermögen einer inländischen Betriebsstätte gehören muss, es also in einer **inländischen** Betriebsstätte des Steuerpflichtigen genutzt werden muss (wirtschaftlich-funktionale Zugehörigkeit), wurde bereits seit geraumer Zeit in der finanzgerichtlichen Rechtsprechung als nicht vereinbar mit zu berücksichtigendem vorrangigem Gemeinschaftsrecht der EU angezweifelt (vgl. FG Niedersachsen vom 01. 12. 2011 EFG 2012, 1031 und FG München vom 07. 07. 2014 EFG 2014, 1775). Der zwingende Inlandsbezug der Reinvestition verstieße gegen die in Art. 49 AEUV vorgesehene Niederlassungsfreiheit, weil der durch diese Vorschrift hervorgerufene Steuerstundungseffekt nicht gewährt würde, wenn die Güter zum Anlagevermögen einer Betriebsstätte des Steuerpflichtigen gehören, die sich in einem anderen Mitgliedstaat der Europäischen Union (oder einem anderen Vertragsstaat des EWR-Abkommens) befindet. Diese Ungleichbehandlung sei geeignet, Unternehmer von der Gründung ausländischer Zweigniederlassungen oder anderer Betriebsstätten im übrigen Unionsgebiet abzuhalten. Nachdem die EU-Kommission am 29.12.2012 im Rahmen eines Vertragsverletzungsverfahrens gegen Deutschland wegen § 6b EStG eine Klage vor dem EuGH eingereicht hatte, entschied der EuGH mit Urteil vom 16.04.2015 – Rs. C-591/13, dass § 6b EStG, indem er nur Reinvestitionen in Wirtschaftsgüter inländischer Betriebsstätten über einen Steuerstundungseffekt begünstigt, gegen die Niederlassungsfreiheit nach Art. 49 AEUV und Art. 31 EWR-Abkommen verstößt. Durch den Erlass und die Beibehaltung dieser Vorschrift habe Deutschland daher gegen ihre Verpflichtungen aus Art. 49 AEUV und Art. 31 EWR-Abkommen verstoßen. Nach Auffassung des EuGH würde der durch diese Vorschrift hervorgerufene vorteilhafte **Steuerstundungseffekt**, da er nur für Investitionen in Wirtschaftsgüter inländischer Betriebsstätten gilt, Investitionen in anderen Ländern der EU oder des EWR weniger attraktiv machen und Unternehmer dieses Liquiditätsnachteils wegen davon abhalten, Tätigkeiten in einer Betriebsstätte in einem anderen Mitgliedstaat auszuüben. Rechtfertigungsgründe für diese Beeinträchtigung der Niederlassungsfreiheit durch den streitigen Inlandsbezug hat der EuGH nicht anerkannt. Weder sieht er zwingende Gründe des Allgemeininteresses für diese inlandsbezogene Bevorteilung noch die Notwendigkeit des Inlandsbezug zur Wahrung der Kohärenz des nationalen Steuersystems. Für letzteres sieht der EuGH keinen unmittelbaren Zusammenhang zwischen dem durch den Steuerstundungseffekt hervorgerufenen Vorteil und einer diesen Vorteil ausgleichenden steuerlichen Belastung.

Als Reaktion auf dieses Urteil des EuGH wurde mit dem Steueränderungsgesetz 2015 vom 02.11.2015 BGBl I 2015, 1834 nach § 6b Abs. 2 EStG folgender Absatz 2a eingefügt:

(2a) Werden im Wj. der Veräußerung der in Absatz 1 Satz 1 bezeichneten Wirtschaftsgüter oder in den folgenden vier Wj. in Absatz 1 Satz 2 bezeichnete Wirtschaftsgüter angeschafft oder hergestellt oder sind sie in dem der Veräußerung vorangegangenen Wj. angeschafft oder hergestellt worden, die einem Betriebsvermögen des Steuerpflichtigen in einem anderen Mitgliedstaat der Europäischen Union oder des Europäischen Wirtschaftsraums zuzuordnen sind, kann auf Antrag des Steuerpflichtigen die festgesetzte Steuer, die auf den Gewinn im Sinne des Absatzes 2 entfällt, in fünf gleichen Jahresraten entrichtet werden; die Frist von vier Jahren verlängert sich bei neu hergestellten Gebäuden auf sechs Jahre, wenn mit ihrer Herstellung vor dem Schluss des vierten auf die Veräußerung folgenden Wj. begonnen worden ist. Der Antrag kann nur im Wj. der Veräußerung der in Absatz 1 Satz 1 bezeichneten Wirtschaftsgüter gestellt werden. § 36 Absatz 5 Satz 2 bis 5 ist sinngemäß anzuwenden.«

Die erstmalige Anwendung dieser Änderung wird in § 52 Abs. 14 Satz 1 EStG geregelt, wonach § 6b Abs. 2a EStG rückwirkend auch auf Gewinne im Sinne des § 6b Abs. 2 EStG anzuwenden ist, die vor dem Tag der Verkündung der Gesetzesänderung entstanden sind.

Damit findet im Rahmen des § 6b EStG künftig eine, gegenüber einer Inlandsreinvestition modifizierten, Begünstigung auch dann statt, wenn eine Investition im EU-/EWR-Raum beabsichtigt ist. In diesen Fällen wird dem Steuerpflichtigen dabei ein Wahlrecht eingeräumt, den Gewinn aus der Veräußerung eines begünstigten Wirtschaftsguts sofort zu versteuern, oder die Zahlung der auf den Veräußerungsgewinn entfallenden Steuer auf Antrag über einen Zeitraum von fünf Jahren zu verteilen. Die Änderung ist infolge der durch § 52 Abs. 14 Satz 1 EStG geregelten Rückwirkung für alle noch offenen Fälle anwendbar. Die für Reinvestitionen im Inland nach § 6b EStG vorgesehenen Begünstigungen bleiben in der bisherigen Form weiterhin bestehen.

9.2.2.5 Veräußerung von Anteilen an Kapitalgesellschaften

Das Gesetz zur Fortentwicklung des Unternehmenssteuerrechts (UntStFG) hat mit der Neufassung des § 6 b Absatz 10 EStG unter bestimmten Voraussetzungen die bei einer Veräußerung von Anteilen an Kapitalgesellschaften entstehenden Buchgewinne wieder begünstigt. Anlass dafür war die Tatsache, dass nach § 8 b KStG bei Kapitalgesellschaften die Gewinne aus der Veräußerung von Anteilen an einer anderen Kapitalgesellschaft u. U. (Ausnahme Streubesitz i. S. v. § 8b Abs. 4 Satz 1 KStG) völlig außer Ansatz bleiben. Durch die Neuregelung soll die mögliche Benachteiligung von Einzelunternehmen und Personengesellschaften (wenigstens teilweise) beseitigt werden. Aus dieser Vorgabe ist zu verstehen, dass die Vergünstigung des § 6 b Abs. 10 EStG **nur von Einzelunternehmen und Personengesellschaften** in Anspruch genommen werden kann, nicht jedoch von Körperschaften, Personenvereinigungen oder Vermögensmassen, die unter das KStG fallen.

Im Übrigen stimmen die Voraussetzungen für die Anwendung des § 6 b Abs. 10 EStG weit gehend mit denen für die übrigen Vergünstigungen nach § 6 b EStG überein (Gewinnermittlung nach § 4 Abs. 1 oder § 5 EStG, Sechsjahresfrist, buchmäßiger Nachweis), vgl. § 6 b Abs. 10 Satz 4 EStG. Allerdings ist die Vorschrift bei Personengesellschaften (und Gemeinschaften) nur insoweit anzuwenden, als an ihnen keine Körperschaftsteuersubjekte beteiligt sind (§ 6 b Abs. 10 Satz 10 EStG).

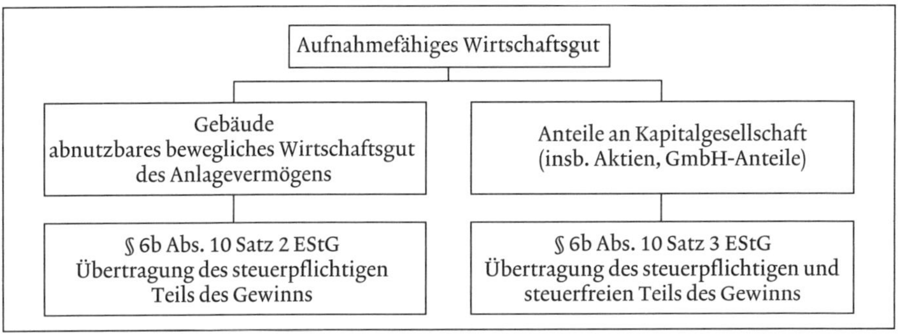

Die Übertragung des begünstigten Gewinns ist nach § 6 b Abs. 10 Satz 1 EStG möglich auf angeschaffte (oder hergestellte)

- Anteile an Kapitalgesellschaften,
- Gebäude,
- abnutzbare bewegliche Wirtschaftsgüter.

Begünstigt ist der **Gewinn** aus der Veräußerung von Anteilen an Kapitalgesellschaften (Aktien, GmbH-Anteile), jedoch **nur bis zur Höhe von 500 000 €** im Wj. Hierbei handelt es sich um einen personenbezogenen Höchstbetrag, der sich auf den Gesamtgewinn aus allen im Wj. veräußerten Anteilen an Kapitalgesellschaften vor Anwendung des Teileinkünfteverfahrens bezieht. Werden Anteile aus dem Gesamthandsvermögen einer Personengesellschaft veräußert, steht jedem Gesellschafter der volle Höchstbetrag zu (vgl. Loschelder in Schmidt, EStG § 6 b, Rz. 98; R 6 b.2 Abs. 12 Satz 1 EStR). Ob der Gewinn in voller Höhe übertragen werden kann, hängt davon ab, auf welche Wirtschaftsgüter er übertragen werden soll. Bei einer Übertragung auf neu erworbene **Anteile an Kapitalgesellschaften** kann der **volle** Buchgewinn – einschließlich des nach § 3 Nr. 40 Satz 1 Buchst. a und b i. V. m. § 3 c Abs. 2 EStG steuerbefreiten Teils – abgezogen werden. Soll der Buchgewinn dagegen auf **Gebäude** oder **abnutzbare bewegliche**

Wirtschaftsgüter übertragen werden, so ist der steuerbefreite Teil nicht begünstigt (§ 6 b Abs. 10 Sätze 2 und 3 EStG).

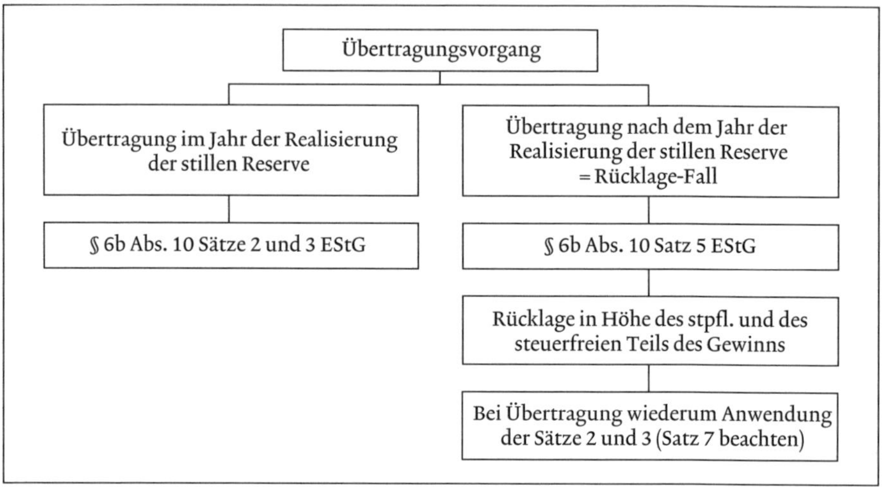

Der begünstigte Buchgewinn kann im Jahr der Veräußerung auf die Reinvestitionsgüter **übertragen** werden. Wegen der Technik s. 9. 2. 3. 2. Aber auch in den Fällen, in denen im Wj. der Veräußerung keine Reinvestition erfolgt, ist eine Übertragung nicht ausgeschlossen. Sie ist vielmehr auch noch in den **zwei** folgenden Wj. (für Anteile an Kapitalgesellschaften und abnutzbare bewegliche Wirtschaftsgüter) bzw. in den folgenden **vier** Wj. (für Gebäude) möglich (§ 6 b Abs. 10 Satz 1 EStG). Anders als bei der Veräußerung von Grund und Boden, Gebäuden und Aufwuchs auf Grund und Boden sieht aber § 6 b Abs. 10 EStG eine Übertragung auf Wirtschaftsgüter, die im Wj. vor der Veräußerung angeschafft (oder hergestellt) wurden, nicht vor (vgl. auch R 6 b.2 Abs. 13 EStR).

Wenn eine Übertragung im **Wj. der Veräußerung** von Anteilen an einer Kapitalgesellschaft nicht möglich oder gewollt ist, so kann eine **steuerfreie Rücklage** nach § 6 b Abs. 10 Satz 5 EStG gebildet werden, und zwar einschließlich des nach § 3 Nr. 40 Satz 1 Buchst. a und b i. V. m. § 3 c Abs. 2 EStG steuerfreien Betrags. Wird die Rücklage später – innerhalb des Übertragungszeitraums – auf Gebäude oder abnutzbare bewegliche Wirtschaftsgüter übertragen (nur zu 60 % möglich), so ist sie auch in Höhe des steuerfreien Betrags (= 40 %) Gewinn erhöhend aufzulösen (§ 6 b Abs. 10 Satz 7 EStG – nach dem Gesetzeswortlaut soll die Auflösung nach § 6 b Abs. 10 Satz 7 EStG allerdings »in gleicher Höhe« erfolgen; hier hat es der Gesetzgeber offensichtlich versäumt, nach dem Übergang vom Halbeinkünfte- auf das Teileinkünfteverfahren die Vorschrift entsprechend anzupassen). Wegen Bildung, Übertragung und Auflösung der Rücklage sowie Gewinnzuschlag s. 9.2.3.3 ff.

BEISPIEL

Unternehmer X veräußert am 14. 05. 01 Anteile an der Y-GmbH zum Preis von 120 000 €, die mit 50 000 € zu Buch standen. Die Veräußerungskosten haben 800 € betragen.

LÖSUNG Bei der Veräußerung der Anteile an Kapitalgesellschaften ist – nach Abzug der Veräußerungskosten – ein Buchgewinn von 69 200 € entstanden, der nach § 6 b Abs. 10 EStG begünstigt ist. X hat folgende Möglichkeiten:

a) Er kann gemäß § 6b Abs. 10 Satz 3 EStG (höchstens) 69 200 € auf im Jahr 01 angeschaffte andere Anteile an Kapitalgesellschaften oder gemäß § 6b Abs. 10 Satz 2 EStG 41 520 € (69 200 € × 60 %) auf im Jahr 01 angeschaffte oder hergestellte Gebäude bzw. abnutzbare bewegliche Wirtschaftsgüter übertragen, oder

b) er kann zum 31. 12. 01 eine voll den Gewinn mindernde Rücklage nach § 6 b Abs. 10 Satz 5 EStG in Höhe von 69 200 € bilden und somit die stillen Reserven auf in den Jahren 02 und 03 angeschaffte Anteile an Kapitalgesellschaften oder in diesen Jahren angeschaffte oder hergestellte abnutzbare bewegliche Wirtschaftsgüter oder auch auf in den Jahren 02 bis 05 angeschaffte oder hergestellte Gebäude übertragen. Auf angeschaffte Anteile an Kapitalgesellschaften können die vollen 69 200 € (§ 6 b Abs. 10 Satz 6 i. V. m. Satz 3 EStG), auf Gebäude und abnutzbare bewegliche Wirtschaftsgüter dagegen nur 41 520 € (§ 6 b Abs. 10 Satz 6 i. V. m. Satz 2 EStG) übertragen werden; dann ist der Rest der Rücklage (27 680 €) Gewinn erhöhend (insoweit nach wie vor steuerfrei) aufzulösen (§ 6 b Abs. 10 Satz 7 EStG).

9.2.2.6 Buchtechnische Behandlung

Es dürfen nur solche Steuerpflichtige die Vergünstigung des § 6 b EStG in Anspruch nehmen, die den Gewinn nach § 4 Abs. 1 oder § 5 EStG durch **Bestandsvergleich** ermitteln (§ 6 b Abs. 4 Nr. 1 EStG). Steuerpflichtige, die den Gewinn durch Überschussrechnung nach § 4 Abs. 3 EStG oder nach Durchschnittsätzen ermitteln, können den Gewinn aus Veräußerung von Grund und Boden, Gebäuden, Aufwuchs auf Grund und Boden sowie Binnenschiffen ebenfalls, allerdings nach Maßgabe des § 6 c EStG, auf bestimmte Wirtschaftsgüter übertragen (vgl. R 6 c EStR und H 6 c (Berechnungsbeispiel) EStH). Auch § 6 b Abs. 10 EStG ist entsprechend anzuwenden (R 6 c Abs. 3 EStR). Zur Übertragung stiller Reserven bei zwischenzeitlichem Wechsel der Gewinnermittlungsart (von § 4 Abs. 1 bzw. § 5 EStG zu § 4 Abs. 3 EStG oder umgekehrt) vgl. R 6 b.2 Abs. 11 EStR.

Für die **Behandlung in der Buchführung** gilt, dass die Übertragung aufgedeckter stiller Reserven im Jahr ihrer Entstehung, die Bildung der steuerfreien Rücklage und die anschließende Übertragung sowie die Auflösung der Rücklage in der Buchführung verfolgt werden können müssen (§ 6 b Abs. 4 Nr. 5 EStG). Vgl. auch R 6 b.2 Abs. 2 und 3 EStR. Handelsrechtlich können diese Vorgänge nach Streichung des § 247 Abs. 3 HGB a. F. und Neufassung des § 254 HGB durch das BilMoG allerdings nicht mehr dargestellt werden. Den Anforderungen des § 6 b Abs. 4 Nr. 5 EStG kann nachgekommen werden, indem diese Vorgänge in einem Verzeichnis im Sinne von § 5 Abs. 1 Sätze 2 und 3 EStG dokumentiert werden (vgl. BMF vom 12.03.2010 BStBl I 2010, 239 unter Rn. 22; R 6 b.2 Abs. 1 Satz 1 und Abs. 2 EStR). Dieses Verzeichnis ist Bestandteil der Buchführung. Bei der Bildung der steuerfreien Rücklage ist deren Ansatz in einer Steuerbilanz ausreichend (R 6 b.2 Abs. 2 Satz 1 EStR).

9.2.3 Wahlmöglichkeiten bei Vorliegen der Voraussetzungen

Liegen die Voraussetzungen für die Inanspruchnahme der Vergünstigung des § 6 b EStG vor (s. vorstehend 9.2.2), so hat der Steuerpflichtige für die Behandlung der aufgedeckten stillen Reserven (Veräußerungsgewinn) folgende Wahlmöglichkeiten:

- sofortige Versteuerung der stillen Reserven,
- Übertragung der stillen Reserven auf ein im selben oder – soweit nicht Anteile an Kapitalgesellschaften veräußert wurden – im vorangegangenen Wj. angeschafftes oder hergestelltes Wirtschaftsgut,
- Bildung einer Rücklage nach § 6 b EStG und Übertragung in den folgenden Wj.

9.2.3.1 Sofortige Versteuerung der aufgedeckten stillen Reserven

Die durch die Veräußerung des Wirtschaftsguts aufgedeckten stillen Reserven kann der Unternehmer sofort als laufenden Gewinn versteuern.

BEISPIEL

Der Unternehmer veräußert am 30. 09.07 ein bebautes Grundstück, das seit mehr als sechs Jahren zum Anlagevermögen seines Betriebs gehörte. Es betragen:

	Buchwert zum 31. 12. 06	Verkaufserlös
Grund und Boden	60 000 €	210 000 €
Gebäude	246 000 €	340 000 €

Jahres-AfA für das Gebäude 8 000 €, davon 9/12 = 6 000 € für 07. Alle Veräußerungskosten trägt der Erwerber.
Die durch die Veräußerung aufgedeckten stillen Reserven (Buchgewinne) betragen:

beim Grund Boden	150 000 €
beim Gebäude	100 000 €

Trotz Vorliegens der Voraussetzungen des § 6 b EStG nimmt der Unternehmer diese Vergünstigung nicht in Anspruch.

LÖSUNG

Zum 30. 09. 07 sind zu buchen:
– die anteilige AfA bis 30. 09. 07:

Abschreibung auf Sachanlagen	6 000 €	
an Gebäude		6 000 €

– die Veräußerung:

Sonst. Forderung (oder: Geldkonten)	550 000 €	
an Grund und Boden		60 000 €
an Gebäude		240 000 €
an Sonst. betriebliche Erträge (oder: Erträge aus Anlageverkauf)		250 000 €

9.2.3.2 Übertragung auf ein im selben oder im vorangegangenen Wirtschaftsjahr angeschafftes Wirtschaftsgut

Die durch Veräußerung begünstigter Wirtschaftsgüter aufgedeckten stillen Reserven können im Jahr ihrer Entstehung (d. h. im Veräußerungsjahr der nach § 6 b Abs. 1 Satz 1 EStG begünstigten Wirtschaftsgüter) übertragen werden:

- auf nach § 6 b Abs. 1 Satz 2 EStG begünstigte Wirtschaftsgüter, die im selben Wj. angeschafft oder hergestellt werden (Normalfall) oder
- auf nach § 6 b Abs. 1 Satz 2 EStG begünstigte Wirtschaftsgüter, die im Wj. **vor** der Entstehung des Veräußerungsgewinns angeschafft oder hergestellt worden sind (Sonderfall).

In beiden Fällen ist ein Abzug nur in dem Wj. zulässig, in dem der begünstigte Gewinn entstanden ist (Veräußerungsjahr, vgl. R 6 b.2 Abs. 1 Satz 2 EStR). Eine nachholende Übertragung in einem späteren Jahr ist nicht möglich. Ist das Wirtschaftsgut, auf das übertragen werden soll, im Veräußerungsjahr angeschafft oder hergestellt worden, so ist der Abzug von den gesamten in diesem Wj. angefallenen Anschaffungs- oder Herstellungskosten vorzunehmen. Dies gilt unabhängig davon, ob in diesem Fall das Wirtschaftsgut vor oder nach der Veräußerung angeschafft oder hergestellt worden ist. Ist das Wirtschaftsgut in dem Wj. angeschafft oder hergestellt worden, das dem Veräußerungsjahr vorangegangen ist, so ist der Abzug von dem Buchwert nach Maßgabe des § 6 b Abs. 5 EStG vorzunehmen. Sind im Veräußerungsjahr noch nachträgliche Anschaffungs- oder Herstellungskosten angefallen, so ist der Abzug von dem um diese Kosten erhöhten Buchwert vorzunehmen. Vgl. hierzu die Ausführungen in R 6 b.2 Abs. 1 EStR.

BEISPIELE

a) Sachverhalt wie im Beispiel zu 9. 2. 3. 1. Noch im selben Jahr, nämlich am 15. 11. 07, erwirbt der Unternehmer ein anderes, für ihn günstigeres, bebautes Grundstück für 800 000 € (Anteil Grund und Boden 240 000 € und Gebäude 560 000 €).

LÖSUNG Der Unternehmer kann die durch die Veräußerung aufgedeckten stillen Reserven wie folgt auf den erworbenen Grund und Boden und das erworbene Gebäude übertragen:

	Grund und Boden	Gebäude
Anschaffungskosten	240 000 €	560 000 €
./. übertragene stille Reserven	150 000 €	100 000 €
verbleiben (beim Gebäude als Bemessungsgrundlage für Abschreibungen)	90 000 €	460 000 €

In diesem Falle muss steuerlich wie folgt gebucht werden:

– Zum Zeitpunkt des Verkaufs (30. 09. 07):

Abschreibung auf Sachanlagen	6 000 €	
an Gebäude		6 000 €
Sonst. Forderungen (oder: Geldkonten)	550 000 €	
an Grund und Boden		60 000 €
an Gebäude		240 000 €
an Steuerfreie Rücklage nach § 6b EStG		250 000 €

– beim Erwerb des anderen Grundstücks (15. 11. 07):

Grund und Boden	240 000 €	
Gebäude	560 000 €	
an Sonst. Verbindlichkeiten (oder: Geldkonten)		800 000 €
Steuerfreie Rücklage nach § 6b EStG	250 000 €	
an Grund und Boden		150 000 €
an Gebäude		100 000 €

Alternativ kann wie folgt gebucht werden:

am 30.09.07:

Abschreibung auf Sachanlagen	6 000 €	
an Gebäude		6 000 €
Sonst. Forderungen (oder Geldkonten)	550 000 €	
an Grund und Boden		60 000 €
an Gebäude		240 000 €
an Sonst. betriebl. Erträge		250 000 €

am 15.11.07:

Grund und Boden	240 000 €	
Gebäude	560 000 €	
an Sonst. Verbindlichkeiten (oder Geldkonten)		800 000 €
sonstige Abschreibung nach § 6b Abs. 1 EStG	250 000 €	
an Grund und Boden		150 000 €
an Gebäude		100 000 €

Nach § 6b Abs. 4 Nr. 5 EStG muss der Abzug von stillen Reserven (und die Bildung und Auflösung von steuerfreien Rücklagen) verfolgt werden können. Deshalb wird auch in Fällen wie im Beispiel, in denen die Übertragung der stillen Reserven noch im selben Jahr ihrer Realisierung erfolgt, die Einschiebung eines Kontos »steuerfreie Rücklage« als zweckmäßig angesehen, obwohl § 6b Abs. 3 EStG die Bildung einer steuerfreien Rücklage nur dann vorsieht, wenn ein Abzug nach § 6b Abs. 1 EStG im Jahr der Realsierung der stillen Reserve nicht vorgenommen wurde.

Anstelle einer »Buchung« der Übertragung der stillen Reserven, ist es auch möglich – und handelsrechtlich sogar zwingend – den Veräußerungsgewinn von 250 000 € als »Sonstigen betrieblichen Ertrag« und das erworbene Grundstück mit den vollen Anschaffungskosten auszuweisen und die Übertragung lediglich in einem Verzeichnis im Sinne von § 5 Abs. 1 Sätze 2 und 3 EStG zu dokumentieren, welches dann für die steuerliche Gewinnermittlung zu berücksichtigen ist. Durch den Ansatz der niedrigeren steuerlichen Werte für Grund und Boden sowie für Gebäude ergibt sich ein entsprechend niedrigerer steuerlicher Gewinn. § 60 Abs. 2 Satz 1 EStDV lässt dieses Vorgehen zu.

b) Gleicher Sachverhalt wie im Beispiel a), jedoch wird das (neue) Grundstück bereits am 05. 08. 07 erworben, also vor der Veräußerung des (alten) Grundstücks.

LÖSUNG Gleiche Lösung, wie im Beispiel a), jedoch ist die Reihenfolge der Buchungen anders (vgl. R 6 b.2 Abs. 1 Sätze 3 und 4 EStR).

c) Wegen einer drohenden Enteignung veräußerte der Unternehmer im Februar 07 ein unbebautes Grundstück (Anschaffung bereits vor 25 Jahren für umgerechnet 50 000 €) für 200 000 € an die Gemeinde. Da er diesen Zwang schon seit geraumer Zeit auf sich zukommen sah, hatte er bereits im Oktober 06 ein entsprechendes Ersatzgrundstück für 300 000 € erworben.

In diesem Fall können die durch Veräußerung im Jahr 07 aufgedeckten stillen Reserven auf das im Jahr 06 erworbene Ersatzgrundstück übertragen werden. Die Übertragung hat jedoch im Jahr 07 von dem Buchwert zu erfolgen, der sich zum 31. 12. 06 ergeben hatte.

Im Übrigen könnte hier – mit gleichem Ergebnis – statt § 6 b EStG auch R 6.6 EStR angewendet werden (vgl. H 6.6 Abs. 3 (Vorherige Anschaffung) EStH).

Auch eine nur **teilweise Übertragung** der aufgedeckten stillen Reserven ist zulässig. Dies kann zweckmäßig sein, um für das angeschaffte oder hergestellte Wirtschaftsgut gleichzeitig eine andere Steuervergünstigung auszuschöpfen, um einen Teilbetrag auf ein anderes Wirtschaftsgut zu übertragen oder um zunächst eine Rücklage zu bilden (s. nachstehend 9.2.3.3), die dann im Folgejahr übertragen wird.

Der nach Abzug der übertragenen stillen Reserven **verbleibende Restbetrag** der Anschaffungs- oder Herstellungskosten des Wirtschaftsguts stellt die Bemessungsgrundlage für die AfA oder AfS bzw. den maßgeblichen Wert für geringwertige Wirtschaftsgüter im Sinne von § 6 Abs. 2 oder 2 a EStG dar (§ 6 b Abs. 6 EStG). Fraglich ist, ob über den Gesetzeswortlaut des § 6 b Abs. 6 EStG hinaus auch die Bemessungsgrundlage für Sonderabschreibungen (z. B. § 7 g EStG) durch die übertragenen stillen Reserven vermindert wird; so Schlenker in Blümich, EStG § 6 b, Rz. 267; u. E. sehr zweifelhaft.

9.2.3.3 Bildung einer Rücklage nach § 6 b EStG

Soweit der Steuerpflichtige die aufgedeckten stillen Reserven nicht bereits im Jahr ihrer Entstehung auf ein übertragungsfähiges Wirtschaftsgut übertragen konnte oder wollte, kann er die Übertragung **in den folgenden vier Wj.** auf angeschaffte oder hergestellte begünstigte Wirtschaftsgüter vornehmen (§ 6 b Abs. 3 Sätze 1 und 2 EStG). Die Frist von vier Jahren verlängert sich bei neu hergestellten Gebäuden auf sechs Jahre, wenn mit ihrer Herstellung vom Steuerpflichtigen (keine verlängerte Reinvestitionsfrist nach § 6b Abs. 3 Satz 3 EStG bei nicht vom Steuerpflichtigen neu hergestellten Gebäude, vgl. FG München vom 26. 11. 2014 – 9 K 2594/13) vor dem Schluss des vierten auf die Bildung der Rücklage folgenden Wj. begonnen worden ist (§ 6 b Abs. 3 Satz 3 EStG). In diesen Fällen des § 6b Abs. 3 EStG ist die Übertragung der Rücklage **nur im Jahr der Anschaffung oder Herstellung** des Wirtschaftsguts zulässig. Eine Nachholung in einem auf die Anschaffung/Herstellung folgenden Wj. ist nicht möglich. Die Bildung der steuerfreien Rücklage ist auch dann zulässig, wenn im Jahr der Aufdeckung der stillen Reserven die Übertragung auf ein Wirtschaftsgut möglich gewesen wäre, jedoch unterlassen wurde, und zwar selbst dann, wenn überhaupt keine Absicht besteht, ein übertragungsfähiges Wirtschaftsgut in absehbarer Zeit anzuschaffen oder herzustellen. Die Bildung der steuerfreien Rücklage ist daher sogar möglich, wenn nur die Buchgewinne innerhalb der Fristen des § 6 b Abs. 3 Sätze 2 und 3 EStG verlagert werden sollen (vgl. BFH vom 17.09.1987 BStBl II 1988, 55), allerdings mit der Folge eines Gewinnzuschlags nach § 6 b Abs. 7 EStG (vgl. auch nachfolgend 9.2.3.4).

BEISPIELE

a) Ein Unternehmer veräußert im Jahr 07 ein unbebautes Grundstück, das über zehn Jahre lang zum Anlagevermögen seines Betriebs gehörte (Buchwert 50 000 €, Veräußerungserlös 200 000 €).

LÖSUNG Da die Voraussetzungen des § 6 b Abs. 1 Satz 1 EStG vorliegen, kann der Unternehmer zum Bilanzstichtag 31. 12. 07 eine steuerfreie Rücklage bilden.

Buchung:

Sonst. Forderungen (oder: Geldkonten)	200 000 €	
an Grund und Boden		50 000 €
an Steuerfreie Rücklage (Sonderposten mit Rücklageanteil)		150 000 €

Handelsrechtlich ist anstelle der steuerfreien Rücklage zwingend ein »Sonstiger betrieblicher Ertrag« auszuweisen. Wird die steuerfreie Rücklage nicht in einer eigenständigen Steuerbilanz passiviert, kann sie auch in einem besonderen Verzeichnis im Sinne von § 5 Abs. 1 Sätze 2 und 3 EStG gebildet werden (vgl. BMF vom 12.03.2010 BStBl I 2010, 239 unter Rz. 22; R 6 b.2 Abs. 2 Satz 1 EStR).

b) Gleicher Sachverhalt wie im Beispiel a). Im Jahr 08 erwirbt der Unternehmer ein bebautes Grundstück für 240 000 € (Anteil Grund und Boden 80 000 € und Gebäude 160 000 €).

LÖSUNG Der Unternehmer kann von der im Vorjahr gebildeten steuerfreien Rücklage 80 000 € auf den erworbenen Grund und Boden und 70 000 € auf das erworbene Gebäude übertragen. Er könnte aber z. B. auch nur 80 000 € auf den Grund und Boden übertragen und den Restbetrag von 70 000 € als steuerfreie Rücklage stehen lassen. Die Übertragung ist nur steuerlich, nicht aber handelsrechtlich zulässig. Der steuerliche Abzug von den Anschaffungskosten ist in einem Verzeichnis im Sinne von § 5 Abs. 1 Sätze 2 und 3 EStG zu dokumentieren (vgl. BMF vom 12.03.2010 BStBl I 2010, 239 unter Rz. 22). Der bloße Ausweis des steuerlichen Werts des Grundstücks in einer separaten Steuerbilanz ist nach Auffassung der Finanzverwaltung wohl nicht ausreichend (vgl. R 6 b.2 Abs. 1 Satz 1 und Abs. 2 Satz 2 EStR).

9.2.3.4 Auflösung der steuerfreien Rücklage ohne Übertragung

Der Steuerpflichtige hat die Möglichkeit (**Wahlrecht**), die gebildete steuerfreie Rücklage in einem der Folgejahre gewinnerhöhend aufzulösen, ohne dass er von einer möglichen Übertragung auf ein angeschafftes oder hergestelltes Wirtschaftsgut Gebrauch macht. Kommt es jedoch innerhalb der Fristen des § 6 b Abs. 3 Sätze 2 und 3 EStG (z. B. mangels Anschaffung eines entsprechenden Wirtschaftsguts) zu keiner Übertragung der stillen Reserven, so besteht ein **Zwang zur Auflösung** der steuerfreien Rücklage (§ 6 b Abs. 3 Satz 5 EStG). Diese Fristen können nicht verlängert werden. In beiden Fällen führt die Auflösung der Rücklage zu einer **nachträglichen Versteuerung** der bei der Veräußerung des begünstigten Wirtschaftsguts aufgedeckten stillen Reserven (laufender Gewinn). Die steuerliche Buchung dafür lautet:

Steuerfreie Rücklage (Sonderposten mit Rücklageanteil)	... €	
an Sonst. betriebliche Erträge (Erträge aus Auflösung steuerfreier Rücklagen)		... €

Im Falle der zwangsweisen Auflösung der Rücklage (am Schluss des vierten bzw. sechsten des auf die Bildung folgenden Wj.) ist der Gewinn für jedes volle Wj., in dem die Rücklage bestanden hat, um 6 % des aufzulösenden Rücklagenbetrags (Gewinnzuschlag) **zu erhöhen** (§ 6 b Abs. 7 EStG, R 6 b.2 Abs. 5 EStR); hierbei handelt es sich um eine Art »Verzinsung« des Vorteils der späteren Versteuerung der seinerzeit aufgedeckten stillen Reserven. Dieser Erhöhungsbetrag ist dem laufenden Gewinn des Auflösungsjahres **außerhalb der Bilanz** zuzuschlagen. Eine Buchung in den Sachkonten kommt nicht in Betracht, da es sich hier nur um einen Zuschlag zum steuerlichen Gewinn handelt und nicht um einen Geschäftsvorgang des Betriebs.

Ein Gewinnzuschlag ist auch vorzunehmen, soweit die Auflösung einer Rücklage freiwillig **vor** Ablauf der in § 6 b Abs. 3 EStG genannten Fristen erfolgt (vorzeitige Auflösung der Rücklage in den dazwischen liegenden Jahren eins bis drei bzw. fünf). Vgl. hierzu auch die Ausführungen in R 6 b.2 Abs. 5 Satz 2 EStR und das Beispiel zur Berechnung des Gewinnzuschlags in H 6 b.2 EStH. Die Auflösung ist jedoch nur zu einem Bilanzstichtag, d. h. zum Schluss eines Wj. möglich, vgl. BFH vom 26. 10. 1989 BStBl II 1990, 290.

BEISPIEL

Sachverhalt wie im Beispiel a) in 9. 2. 3. 3.
Bis zum Ende des Wj. 11 hat der Steuerpflichtige weder ein übertragungsfähiges Wirtschaftsgut angeschafft noch hergestellt und auch nicht mit der Herstellung eines betrieblichen Gebäudes begonnen.

LÖSUNG In diesem Fall muss die zum 31. 12. 07 in Höhe von 150 000 € gebildete steuerfreie Rücklage zum 31. 12. 11 gewinnerhöhend aufgelöst werden.

Steuerliche Buchung:

Steuerfreie Rücklage (Sonderposten mit Rücklageanteil)	150 000 €	
an Sonst. betriebliche Erträge		150 000 €

Wurde die Rücklage nicht in einer eigenständigen Steuerbilanz, sondern in einem Verzeichnis im Sinne von § 5 Abs. 1 Sätze 2 und 3 EStG ausgewiesen, ist sie dort gewinnerhöhend aufzulösen.
Der für das Jahr 11 maßgebende steuerliche Gewinn ist **außerhalb der Bilanz** um (4 × 6 % =) 24 % von 150 000 € = 36 000 € zu erhöhen.

9.2.4 Abschreibung nach Übertragung der Rücklage

Sind auf ein begünstigtes Wirtschaftsgut aufgedeckte stille Reserven nach § 6 b Abs. 1 oder 3 EStG übertragen worden, so tritt für die Absetzung für Abnutzung oder Substanzverringerung (§ 7 EStG) oder in den Fällen des § 6 Abs. 2 und 2 a EStG im Wj. des Abzugs der verbleibende Betrag (Restbuchwert) an die Stelle der tatsächlichen Anschaffungs- oder Herstellungskosten (§ 6 b Abs. 6 Satz 1 EStG). Dies gilt insbesondere für Gebäude, die nach § 7 Abs. 4 Satz 2 EStG abgeschrieben werden und im Wj. vor Übertragung der stillen Reserven angeschafft worden sind. Bei angeschafften oder hergestellten Gebäuden, die nach § 7 Abs. 4 Satz 1 EStG abgeschrieben werden, sind die Anschaffungs- oder Herstellungskosten als AfA-Bemessungsgrundlage um den Abzugsbetrag zu vermindern (§ 6 b Abs. 6 Satz 2 EStG).

BEISPIELE

a) Auf ein Anfang Dezember 07 angeschafftes Grundstück mit Lagergebäude (beim Rechtsvorgänger Bauantrag vor 1985 gestellt) werden nach § 6 b Abs. 3 EStG im Vorjahr gebildete steuerfreie Rücklagen in Höhe von 250 000 € übertragen; davon 100 000 € auf Grund und Boden und 150 000 € auf Gebäude. Die tatsächlichen Anschaffungskosten des in 07 erworbenen Grundstücks betragen für Grund und Boden 300 000 € und für das Gebäude 500 000 €. Das Grundstück ist beim Erwerber notwendiges Betriebsvermögen; die Nutzungsdauer beträgt noch 60 Jahre.

LÖSUNG Für das erworbene Gebäude ergibt sich beim Erwerber folgende AfA-Bemessungsgrundlage und AfA für das Jahr 07:

Tatsächliche Anschaffungskosten im Dezember 07	500 000 €
./. Übertragene steuerfreie Rücklage nach § 6 b Abs. 3 EStG	150 000 €
AfA-Bemessungsgrundlage	350 000 €
./. AfA für 07: 2 % linear nach § 7 Abs. 4 Satz 1 Nr. 2 a EStG für einen Monat	584 €
Stand 31. 12. 07	349 416 €

b) Im Januar 05 wurde ein Grundstück mit Lagerhalle für 500 000 € (Gebäudeanteil 400 000 €) angeschafft. Die Halle wurde entsprechend ihrer betriebsgewöhnlichen Nutzungsdauer von 25 Jahren gem. § 7 Abs. 4 Satz 2 EStG im Wj. 05 mit 16 000 € (400 000 € × 4 %) abgeschrieben. Im Oktober 06 wurde ein unbebautes Grundstück, welches sich seit 20 Jahren im Anlagevermögen befunden hatte, veräußert. Der Buchgewinn in Höhe von 150 000 € wird auf das in 05 angeschaffte Lagergrundstück übertragen, 99 999 € auf den Grund und Boden sowie 50 001 € auf die Lagerhalle.

LÖSUNG Die Afa für die Lagerhalle im Wj. 06 berechnet sich wie folgt:

Buchwert der Halle zum 31. 12. 05	384 000 €
Abzug nach § 6 b Abs. 1 Satz 1 und Satz 2 Nr. 3 EStG	50 001 €
Neue AfA-Bemessungsgrundlage	333 999 €
AfA 06 (1/24 von 333 999 €)	13 917 €

9.2.5 Übertragungsmöglichkeiten auf verschiedene Betriebe

§ 6 b EStG ist keine betriebsbezogene, sondern eine personenbezogene Steuervergünstigung (vgl. Wortlaut des § 6 b Abs. 1 Satz 1 EStG: »Steuerpflichtige, die ...«). Hieraus ergeben sich für begünstigte Gewinne zahlreiche Übertragungsmöglichkeiten, die in R 6 b.2 Abs. 6 und 7 EStR zusammengestellt sind: Die einzelnen Möglichkeiten ergeben sich aus folgender **Übersicht**:

Entstehung eines begünstigten Gewinns in einem/einer ...	**Übertragbar auf Wirtschaftsgüter ...**
Einzelunternehmen (R 6 b.2 Abs. 6 Satz 1 EStR)	1. desselben Einzelunternehmens, 2. eines anderen Einzelunternehmens des selben Steuerpflichtigen, 3. die zum steuerlichen Betriebsvermögen einer Personengesellschaft, an der der Steuerpflichtige als Mitunternehmer beteiligt ist, zählen, a) wenn sie zum Sonderbetriebsvermögen des Steuerpflichtigen gehören oder b) wenn sie dem Steuerpflichtigen und einem oder allen übrigen Mitunternehmern gemeinsam gehören, soweit sie anteilig dem Steuerpflichtigen zuzurechnen sind oder c) wenn sie zum Gesamthandsvermögen der Personengesellschaft gehören, soweit sie dem Steuerpflichtigen zuzurechnen sind
Personengesellschaft, wenn das veräußerte Wirtschaftsgut dem Steuerpflichtigen allein oder zu Bruchteilen gehörte und bis zur Veräußerung der Personengesellschaft diente (Sonderbetriebsvermögen) (R 6 b.2 Abs. 6 Satz 2 EStR)	1. eines Einzelunternehmens des Steuerpflichtigen, 2. der gleichen oder einer anderen Personengesellschaft, an der der Steuerpflichtige als Mitunternehmer beteiligt ist, a) wenn sie zum Sonderbetriebsvermögen des Mitunternehmers gehören b) wenn sie zum Gesamthandsvermögen gehören, soweit sie dem Steuerpflichtigen anteilig zuzurechnen sind

Entstehung eines begünstigten Gewinns in einem/einer …	Übertragbar auf Wirtschaftsgüter …
Personengesellschaft, wenn das veräußerte Wirtschaftsgut zum Gesamthandsvermögen der Personengesellschaft gehörte (R 6 b.2 Abs. 7 EStR)	1. die zum Gesamthandsvermögen derselben Personengesellschaft gehören, 2. die zum Sonderbetriebsvermögen eines Mitunternehmers der Personengesellschaft gehören, 3. eines Einzelunternehmens des Mitunternehmers, 4. die zum Gesamthandsvermögen einer anderen Personengesellschaft oder zum Sonderbetriebsvermögen des Mitunternehmers bei einer anderen Personengesellschaft gehören, soweit diese Wirtschaftsgüter dem Mitunternehmer der Gesellschaft, aus deren Betriebsvermögen das veräußerte Wirtschaftsgut ausgeschieden ist, zuzurechnen sind Zu 2.–4.: Übertragbar nur, soweit der begünstigte Gewinn anteilig auf diesen Mitunternehmer entfällt.

Zur Übertragung von begünstigten Gewinnen zwischen **Mitunternehmern** und ihrer Personengesellschaft vgl. auch die Ausführungen und Beispiele in Q 2. 7.

Eine Übertragung von begünstigten Gewinnen, die bei der Veräußerung von Wirtschaftsgütern eines Gewerbebetriebs entstanden sind, auf Wirtschaftsgüter eines **land- und forstwirtschaftlichen Betriebes** oder eines **Betriebs i. S. v. § 18 EStG** ist **nicht zulässig** (§ 6 b Abs. 4 Satz 2 EStG). Dieses Verbot besteht deshalb, weil bei einer solchen Übertragung die Versteuerung von stillen Reserven für die Gewerbesteuer entfallen würde. In umgekehrter Weise sind jedoch Übertragungen zulässig. Buchtechnisch erfolgt der Ausgleich bei den verschiedenen Betrieben erfolgsneutral über die Kapitalkonten (R 6 b.2 Abs. 8 EStR).

BEISPIEL

Unternehmer A veräußert in 01 ein unbebautes Grundstück aus seinem Betrieb 1, Buchwert 50 000 €, Veräußerungserlös 90 000 €. Der Buchgewinn von 40 000 € soll auf ein im Betrieb 2 in 01 für 100 000 € angeschafftes Grundstück übertragen werden. Die Voraussetzungen nach § 6 b EStG liegen vor.

LÖSUNG

Buchungen Betrieb 1:		
Geldkonto	90 000 €	
an Grundstücke		50 000 €
an sonst. betriebl. Erträge		40 000 €
sonst. betriebl. Erträge	40 000 €	
an Kapital		40 000 €
Buchungen Betrieb 2:		
Grundstücke	100 000 €	
an Geldkonto		100 000 €
Kapital	40 000 €	
an Grundstücke		40 000 €

Die Übertragung der stillen Reserven ist nur steuerlich, nicht aber handelsrechtlich zulässig. Sie ist in einem Verzeichnis im Sinne von § 5 Abs. 1 Sätze 2 und 3 EStG zu dokumentieren.

Eine nach § 6b Abs. 3 oder Abs. 10 EStG gebildete Rücklage kann auf einen anderen Betrieb jedoch erst in dem Wj. übertragen werden, in dem der Abzug von den Anschaffungs- oder Herstellungskosten bei Wirtschaftsgütern des anderen Betriebs vorgenommen wird (R6 b.2 Abs. 8 Satz 3 EStR).

BEISPIEL

Wie vorheriges Beispiel, allerdings erfolgt die Anschaffung des Grundstücks im Betrieb 2 erst im Wj. 03.

LÖSUNG

Buchungen im Betrieb 1 im Jahr 01:

Geldkonto	90 000 €	
an Grundstücke		50 000 €
an Steuerfreie Rücklage nach § 6b EStG		40 000 €
– im Jahr 03:		
Steuerfreie Rücklage nach § 6b EStG	40 000 €	
an Kapital		40 000 €

Buchungen im Betrieb 2 im Jahr 03:

Grundstücke	100 000 €	
an Geldkonto		100 000 €
Kapital	40 000 €	
an Steuerfreie Rücklage nach § 6b EStG		40 000
Steuerfreie Rücklage nach § 6b EStG	40 000 €	
an Grundstücke		40 000 €

Auch hier ist die nur steuerlich zulässige Übertragung der stillen Reserven wie dargestellt in Verzeichnissen im Sinne von § 5 Abs. 1 Sätze 2 und 3 EStG zu dokumentieren.

9.2.6 Besonderheiten

9.2.6.1 Übertragungsmöglichkeiten bei Erweiterung, Ausbau und Umbau von Gebäuden

Werden Gebäude erweitert, ausgebaut oder umgebaut, so werden diese Baumaßnahmen der Anschaffung oder Herstellung eines Gebäudes gleichgestellt (§ 6 b Abs. 1 Satz 3 EStG). Der **Abzug** von aufgedeckten stillen Reserven bzw. der Übertrag einer steuerfreien Rücklage ist jedoch **nur von den Aufwendungen** für die Erweiterung, den Ausbau oder den Umbau der Gebäude zulässig (§ 6 b Abs. 1 Satz 4 EStG).

BEISPIEL

Ein Unternehmer veräußert im Jahr 07 ein bebautes Grundstück, wodurch nach § 6 b EStG begünstigte stille Reserven aufgedeckt werden. Im Jahr 08 erwirbt er ein anderes bebautes Grundstück, das er im Jahr 09 baulich erweitert (z. B. aufstockt).

LÖSUNG In diesem Fall kann der Unternehmer die aufgedeckten stillen Reserven, für die er zunächst zum 31. 12. 07 eine steuerfreie Rücklage gebildet hat, im Jahr 08 auf die Anschaffungskosten des erworbenen Grund und Bodens bzw. Gebäudes oder im Jahr 09 auf die Herstellungskosten der Gebäudeerweiterung übertragen. Er kann die im Jahr 07 aufgedeckten stillen Reserven, entsprechend dem ihm eingeräumten Wahlrecht, auch auf den Erwerb des Jahres 08 und die Gebäudeerweiterung des Jahres 09 verteilen.

9.2.6.2 Bildung einer steuerfreien Rücklage bei einer Betriebsveräußerung

Bei einer Betriebsveräußerung sind folgende zwei Fälle zu unterscheiden:

1. Rücklage i. S. v. § 6 b Abs. 3 EStG, die **vor** der Betriebsveräußerung gebildet worden war und deshalb zum Betriebsvermögen des veräußerten Betriebs gehört,
2. Rücklage, die **anlässlich** der Betriebsveräußerung aufgrund aufgedeckter stiller Reserven in begünstigten Wirtschaftsgütern gebildet wird.

In beiden Fällen kann die Rücklage noch für die Zeit weitergeführt werden, für die sie ohne Veräußerung des Betriebs zulässig gewesen wäre (R 6 b.2 Abs. 10 Satz 1 EStR).

Die Übertragung der weitergeführten Rücklage ist möglich auf Wirtschaftsgüter eines anderen Einzelbetriebs des Steuerpflichtigen oder auf Wirtschaftsgüter einer Personengesellschaft, an der der Steuerpflichtige beteiligt ist, soweit ihm die Wirtschaftsgüter zuzurechnen sind (R 6 b.2 Abs. 6 EStR), s. auch 9. 2. 5.

Liegen die Voraussetzungen für die Weiterführung der Rücklage nicht oder nicht mehr vor, so ist sie **gewinnerhöhend aufzulösen**. Wird eine Rücklage im Rahmen der Betriebsveräußerung aufgelöst, so gehört der dadurch entstehende Gewinn zum (begünstigten) Veräußerungsgewinn (R 6 b.2 Abs. 10 Satz 5 und H 16 [9] (Rücklage) EStH); das gilt auch für eine Rücklage für Ersatzbeschaffung nach R 6.6 EStR).

Wird eine Rücklage anlässlich der Betriebsveräußerung erst gebildet oder wird eine vorhandene Rücklage über die Betriebsveräußerung hinaus fortgeführt, dann gilt:

a) Wird eine Rücklage nach § 6 b EStG fortgeführt, dann hängt die Frage, ob auf die übrigen bei der Betriebsveräußerung aufgedeckten stillen Reserven die Vergünstigungen der §§ 16 Abs. 4 und 34 EStG anzuwenden sind, davon ab, bei welcher Art Wirtschaftsgüter die Rücklage gebildet worden ist: Stammt sie aus der Veräußerung ehemals wesentlicher Betriebsgrundlagen, so sind die jetzt durch die Betriebsveräußerung aufgedeckten stillen Reserven nicht nach §§ 16, 34 EStG begünstigt (R 6 b.2 Abs. 10 Satz 3 EStG). In einem solchen Fall können also die Vergünstigungen nach §§ 16, 34 EStG nur zur Anwendung kommen, wenn bei der Betriebsveräußerung auch die Rücklage aufgelöst wird.
b) Wird eine Rücklage nach § 6 b EStG fortgeführt, die nicht aus der Veräußerung wesentlicher Betriebsgrundlagen stammt, dann kann für die anlässlich der Betriebsveräußerung aufgedeckten stillen Reserven die Vergünstigung nach §§ 16 und 34 EStG in Anspruch genommen werden. Sollte allerdings später die Rücklage nicht übertragen, sondern aufgelöst werden, so wäre dieser Betrag nicht mehr begünstigt, weder nach § 16 EStG noch nach § 34 EStG.
c) Wird schließlich eine Rücklage nach § 6 b EStG erst anlässlich der Betriebsveräußerung gebildet, so ist auf die übrigen stillen Reserven, die bei der Betriebsveräußerung aufgedeckt werden, zwar die Vergünstigung nach § 16 Abs. 4 EStG, nicht aber die nach § 34 EStG anwendbar (vgl. § 34 Abs. 1 Satz 4 und Abs. 3 Satz 6 EStG). Bei der Frage, ob bei § 16 Abs. 4 EStG der Veräußerungsgewinn den Grenzbetrag von 136 000 € übersteigt, ist der gesamte Veräußerungsgewinn zu berücksichtigen, auch der Teil, der in eine Rücklage nach § 6 b EStG eingestellt wird (Wacker in Schmidt, EStG § 16 Rz. 587). Wird die anlässlich der Betriebsveräußerung gebildete Rücklage nach § 6b EStG in einem späteren Wj. aufgelöst, zählt der dabei entstehende Ertrag jedoch nicht mehr als Veräußerungsgewinn und ist daher weder nach § 16 EStG noch nach § 34 EStG begünstigt (H 16 [9] (Rücklage) EStH.

BEISPIEL

S veräußert wegen dauernder Berufsunfähigkeit seinen Betrieb (Kapital 50 000 €). Da er stille Reserven im Grundstück (75 000 €) und im Firmenwert (80 000 €) enthält, beträgt der Kaufpreis 205 000 €. Für die stillen Reserven aus dem Grundstück i. H. v. 75 000 € nimmt S § 6 b EStG in Anspruch.

LÖSUNG Vom Veräußerungsgewinn müssen 80 000 € stille Reserven (Firmenwert) aufgedeckt werden. Der Freibetrag von 45 000 € ist um 19 000 € zu kürzen, weil der Veräußerungsgewinn von insgesamt 155 000 € um 19 000 € über dem Grenzbetrag von 136 000 € liegt. S muss also 54 000 € versteuern. Die Anwendung des § 34 EStG auf diese 54 000 € ist ausgeschlossen, vgl. § 34 Abs. 1 Satz 4 und Abs. 3 Satz 6 EStG.

Löst S später die 6b-Rücklage von 75 000 € auf, so kann auf den dabei entstehenden Ertrag weder § 16 noch § 34 EStG angewandt werden.

9.2.7 Übersicht zu den Unterschieden zwischen R 6.6 EStR und § 6 b EStG

Merkmal	R 6.6 EStR	§ 6 b EStG
Personenkreis	Bei Gewinnermittlung nach § 4 Abs. 1 oder § 5 sowie § 4 Abs. 3 EStG	Bei Gewinnermittlung nach § 4 Abs. 1 oder § 5 EStG (s. aber § 6 c EStG)
Zugehörigkeit der ausgeschiedenen Wirtschaftsgüter zum Betriebsvermögen	Alle Wirtschaftsgüter des Anlage- und Umlaufvermögens. Dauer der Zugehörigkeit ohne Bedeutung	Nur Wirtschaftsgüter des Anlagevermögens mit mindestens sechs Jahren Zugehörigkeit
Begünstigte ausgeschiedene Wirtschaftsgüter	Alle betrieblichen Wirtschaftsgüter	Nur bestimmte Wirtschaftsgüter (§ 6 b Abs. 1 Satz 1 und Abs. 10 EStG)
Ausscheidungsgründe	Ausscheiden nur unter Zwang (höhere Gewalt, behördlicher Eingriff, Vermeidung eines behördlichen Eingriffs)	Veräußerung
Übertragung der aufgedeckten stillen Reserven	Nur Ersatzwirtschaftsgüter	Nur bestimmte Wirtschaftsgüter (§ 6 b Abs. 1 Satz 2 und Abs. 10 Satz 1 EStG)
Begrenzung der Übertragung	Wenn Entschädigung höher als der Aufwand für das Ersatzwirtschaftsgut (H 6.6 Abs. 3 (Mehrentschädigung) EStH	Bei Veräußerung von Grund und Boden, Gebäuden, Aufwuchs auf Grund und Boden sowie Binnenschiffen volle Übertragung, bei Veräußerung von Anteilen an Kapitalgesellschaften voll oder zu 60 %
Ersatzbeschaffung	Absicht zwingend erforderlich	Nicht erforderlich

Merkmal	R 6.6 EStR	§ 6 b EStG
Jahr der Übertragungsmöglichkeit	• Im Jahr der Anschaffung oder Herstellung des Ersatzwirtschaftsguts. • Im Jahr des Ausscheidens, wenn Anschaffung oder Herstellung des Ersatzwirtschaftsguts in einem früheren Jahr erfolgt ist (nur in Fällen eines behördlichen Eingriffs).	• Im Jahr der Anschaffung oder Herstellung des neuen Wirtschaftsguts. • Im Wj. der Veräußerung auf ein im Vorjahr angeschafftes oder hergestelltes Wirtschaftsgut (nicht bei Anteilen an Kapitalgesellschaften).
Auflösung einer gebildeten Rücklage	Die Rücklage muss spätestens im Zeitpunkt der Aufgabe der Ersatzbeschaffungsabsicht aufgelöst werden, grundsätzlich aber schon nach Ablauf der Investitionsfrist gem. R 6.6 Abs. 4 Sätze 3 und 4 EStR; Verlängerungsmöglichkeit im Rahmen von R 6.6 Abs. 4 Sätze 5 und 6 EStR.	Die Rücklage kann zu jeder Zeit ganz oder teilweise aufgelöst werden, unabhängig davon, ob eine evtl. Reinvestitionsabsicht aufgegeben wurde oder überhaupt bestand. Sie ist jedoch spätestens im vierten bzw. sechsten des auf die Bildung folgenden Jahres aufzulösen (§ 6 b Abs. 3 Sätze 2 und 3 EStG).
Bemessungsgrundlage für Abschreibungen	Die AfA ist grundsätzlich von den um die übertragenen stillen Reserven (Rücklage) geminderten Anschaffungs- oder Herstellungskosten vorzunehmen (R 7.3 Abs. 4 Satz 1 EStR). Erfolgte die Anschaffung des Ersatzwirtschaftsguts schon im Wj. vor dem Ausscheiden des begünstigten Wirtschaftsguts und handelt es sich beim Ersatzwirtschaftsgut nicht um ein Gebäude, das nach § 7 Abs. 4 Satz 1 EStG abgeschrieben wird, bemisst sich die weitere AfA nach dem um den Abzugsbetrag geminderten Buchwert (R 7.3 Abs. 4 Satz 2 EStR).	Der um die Rücklage geminderte Betrag der Anschaffungs- oder Herstellungskosten gilt nach § 6 b Abs. 6 Satz 2 EStG bei Gebäuden, die nach § 7 Abs. 4 Satz 1 EStG abgeschrieben werden, als Bemessungsgrundlage für die AfA; bei anderen Wirtschaftsgütern – insbesondere bei Gebäuden, die nach § 7 Abs. 4 Satz 2 EStG abgeschrieben werden – bemisst sich die AfA nach dem um den Abzugsbetrag geminderten Buchwert (§ 6 b Abs. 6 Satz 1 EStG).
Gewinnzuschlag, soweit Auflösung der Rücklage ohne Übertragung der stillen Reserven auf ein Ersatzwirtschaftsgut erfolgt	Kein Gewinnzuschlag	Gewinnzuschlag nach § 6 b Abs. 7 EStG

9.3 Zuschussrücklage

S. hierzu die Ausführungen in I 5.2.2 b.

Teil M Besonderheiten bei bestimmten Gewinn- und Verlust-Posten

1 Umsatzerlöse und aktivierte Eigenleistungen

Die Umsatzerlöse stehen nach den Gliederungsvorschriften für die Gewinn- und Verlustrechnung in § 275 Abs. 2 und Abs. 3 HGB jeweils an erster Stelle. Sie umfassen sowohl die Erlöse aus dem Verkauf von Waren oder Erzeugnissen als auch Erlöse für Leistungen, jeweils nach Abzug von Erlösschmälerungen und der Umsatzsteuer (vgl. § 277 Abs. 1 HGB). Aktivierte Eigenleistungen sind in den Nr. 2 und 3 von § 275 Abs. 2 HGB aufgeführt.

1.1 Umsatzerlöse

Der Abschluss eines Kaufvertrags (§ 433 BGB) oder eines anderen Vertrags, der auf eine Leistung des Unternehmers gerichtet ist (z. B. ein Werkvertrag nach § 631 BGB), führt noch nicht zum Ausweis eines Umsatzerlöses. Erst durch die Erfüllung des Vertrags wird ein Gewinn verwirklicht. Vor diesem Zeitpunkt liegt ein schwebendes Geschäft vor und es erfolgt grundsätzlich keine Buchung. Lediglich für **drohende Verluste aus schwebenden Geschäften** und **Erfüllungsrückstände** gibt es Ausnahmen (s. L 5.4 und L 5.3.2). Leistet der Vertragspartner (z. B. der Käufer) Vorauszahlungen oder Abschlagszahlungen, so handelt es sich dabei nicht um Umsatzerlöse. Diese Zahlungen sind vielmehr – erfolgsneutral – unter »erhaltene Anzahlungen« zu verbuchen (s. L 4). Wegen der damit verbundenen Umsatzsteuerprobleme s. K 5. 5.

1.2 Gewinnverwirklichung bei Umsatzerlösen

1.2.1 Kaufverträge

Beim Verkauf einer beweglichen Sache ist davon auszugehen, dass der Verkäufer im Regelfall den Kaufvertrag wirtschaftlich erfüllt und damit den Gewinn realisiert hat, wenn er die verkaufte Sache mit den Rechtsfolgen des § 446 Satz 1 BGB übergeben und wenn er zugleich dem Käufer die verkaufte Sache auch übereignet hat – zumindest aufschiebend bedingt, wie beim Verkauf unter Eigentumsvorbehalt. Vgl. BFH vom 27.02.1986 BStBl II 1986, 552. Die Sache ist von diesem Zeitpunkt an nicht mehr vom Veräußerer, sondern vom Käufer als – zumindest wirtschaftlichem – Eigentümer zu bilanzieren.

Die **Rechtsfolgen** des § 446 Satz 1 BGB bestehen darin, dass mit der Übergabe der verkauften Sache die Gefahr des zufälligen Untergangs und einer zufälligen Verschlechterung auf den Käufer übergeht. Diesem stehen ab Übergabe die Nutzungen zu, und er hat die Lasten zu tragen. Im Falle der Versendung geht die Gefahr i. d. R. mit der Übergabe an den Spediteur, die Bahn oder eine andere beauftragte Person auf den Käufer über (§ 447 BGB).

Der für die **Gewinnverwirklichung** und damit für die Buchung des Verkaufserlöses maßgebende Zeitpunkt stimmt mit dem Zeitpunkt der Lieferung im Sinne des UStG weit gehend überein (vgl. auch A 13.1 Abs. 2 Sätze 1 und 2 UStAE).

BEISPIEL

Die Kaufleute L und K schlossen am 20. 12. 01 einen Kaufvertrag, nach dem L an K Waren im Wert von 8 000 € + 19 % USt zu liefern hatte. Anschaffungskosten dieser Waren bei L 6 000 €. K leistete am 22. 12. 01 eine Anzahlung von 5 000 €. Die Lieferung der Waren und die Rechnungsstellung erfolgen am 03. 01. 02.

LÖSUNG

Buchungen bei L

am 20. 12. 01:	keine Buchung;		
am 22. 12. 01:	Bank	5 000 €	
	an erhaltene Anzahlungen		4 202 €
	an USt		798 €
am 03. 01. 02:	Forderungen	9 520 €	
	an Warenverkauf		8 000 €
	an Umsatzsteuer		1 520 €
	erhaltene Anzahlungen	4 202 €	
	USt	798 €	
	an Forderungen		5 000 €

Zum 31. 12. 01 hat L die Waren mit den Anschaffungskosten von 6 000 € zu bilanzieren.

Buchungen bei K

am 20. 12. 01:	keine Buchung;		
am 22. 12. 01:	geleistete Anzahlungen	5 000 €	
	an Bank		5 000 €
am 03. 01. 02:	Wareneinkauf	8 000 €	
	Vorsteuer	1 520 €	
	an Verbindlichkeiten		9 520 €
	Verbindlichkeiten	5 000 €	
	an geleistete Anzahlungen		5 000 €

K darf die Waren in seiner Bilanz 31. 12. 01 noch nicht erfassen und hat mangels Rechnung in 01 keinen Vorsteuerabzug.

Vgl. auch K 6 und L 4.

1.2.2 Leistungen

Sonstige Leistungen, insbesondere Werkleistungen, sind grundsätzlich im Zeitpunkt ihrer Vollendung ausgeführt (A 13.1 Abs. 3 UStAE). Nach § 644 Abs. 1 BGB geht bei Werkverträgen die Gefahr mit der Abnahme des Werks auf den Besteller (Abnehmer) über. Damit ist der Gewinn realisiert. »Abnahme« bedeutet grundsätzlich die körperliche Entgegennahme, verbunden mit der Anerkennung des Werks als in der Hauptsache vertragsgemäße Leistung. Diese Billigung kann auch durch schlüssiges Handeln erfolgen, muss aber für den Unternehmer erkennbar zum Ausdruck gebracht werden (BGH NJW 1993, 1972, vgl. auch Münchener Kommentar zum BGB, 6. Aufl. § 640, Rz. 17). Das kann z. B. durch Nutzung des fertiggestellten Werks geschehen. Nimmt der Besteller das fertige Werk nicht innerhalb einer ihm vom Werkunternehmer gesetzten angemessenen Frist ab, obwohl er dazu verpflichtet ist, so gilt das Werk nach § 640 Abs. 1 Satz 3 BGB als abgenommen (fingierte Abnahme) mit der steuerlichen Folge der Gewinnrealisierung. Die Abnahme durch den Besteller ist im Übrigen nicht zu verwechseln mit der baurechtlichen Abnahme durch die Bauaufsichtsbehörde, die mit der Frage der Gewinnverwirklichung überhaupt nichts zu tun hat.

Hat der Kaufmann nach § 632 a BGB einen Anspruch auf Abschlagszahlungen, ist der Gewinn insoweit allerdings schon mit Entstehung des Anspruchs auf eine Abschlagszahlung realisiert (BFH vom 14.05.2014 BStBl II 2014, 968; BMF-Schreiben vom 29.06.2015 BStBl I 2015, 542). Mit der Abnahme des Werks wird dann nur noch der restliche Gewinn realisiert. Abschlagszahlungen dürfen allerdings nicht mit Anzahlungen verwechselt werden; bei diesen handelt es sich um Vorauszahlungen des Kunden, deren Höhe sich nicht daran orientiert, wie weit die Erstellung des Werkes fortgeschritten ist und ob der Besteller bereits einen Wertzuwachs erfahren hat. Zur Behandlung von Anzahlungen siehe K 6 und L 4.

BEISPIEL

Kaufmann K hat im Oktober 01 mit einem Kunden einen Vertrag über die Errichtung eines Werkes für 100 000 € zuzüglich 19 000 € USt geschlossen. Entsprechend den bereits fertig gestellten Teilen des Werkes hat K zum 31. 12. 01 nach § 632 a BGB einen Anspruch auf eine Abschlagzahlung in Höhe von 40 000 € zuzüglich 7 600 € USt. Der Kunde überweist die Abschlagszahlung am 10. 01. 02. Das fertige Werk wird am 25. 03. 02 durch den Kunden abgenommen. Am gleichen Tag ergeht die Schlussrechnung.

LÖSUNG

Der Abschluss des Werkvertrags im Oktober 01 führt noch nicht zu einer Buchung, da zunächst ein schwebendes Geschäft vorliegt (vgl. R 5.7 Abs. 7 EStR). Mit Entstehung des Anspruchs auf die Abschlagszahlung ist der Gewinn insoweit realisiert; es ist zum 31. 12. 01 zu buchen:

Forderungen	47 600 €	
an Umsatzerlöse		40 000 €
an USt		7 600 €

Bei Überweisung der Abschlagzahlung am 10. 01. 02 ist zu buchen:

Bank	47 600 €	
an Forderungen		47 600 €

Bei Abnahme des Werks durch den Kunden am 25. 03. 02 ergibt sich die Buchung:

Forderungen	71 400 €	
an Umsatzerlöse		60 000 €
an USt		11 400 €

Das halbfertige Werk darf in diesem Fall zum 31. 12. 01 nicht unter den unfertigen Leistungen mit den angefallenen Herstellungskosten aktiviert werden; da insoweit der Gewinn schon realisiert ist, muss der Ausweis der Forderung auf die Abschlagzahlung erfolgen, welche den anteiligen Gewinn enthält.

1.2.3 Besonderheiten in der Bauwirtschaft

a) Unfertige Bauten/Halbfertige Bauten auf fremdem Grund und Boden

Erstellt ein Bauunternehmer ein Gebäude auf dem Grundstück des Bauherrn (Auftraggeber), so gehen die von ihm verwendeten Materialien (Baustoffe) nach § 946 BGB in das Eigentum des Grundstückseigentümers über. Der Bauunternehmer hat an dem unfertigen Bauwerk kein zivilrechtliches Eigentum. Er hat allerdings eine Forderung nach §§ 951, 812 ff. BGB gegen den Bauherrn, die mit den Herstellungskosten der halbfertigen Bauten zu aktivieren ist (so BFH vom 17.05.1974 BStBl II 1974, 508). Im Urteil vom 07.09.2005 hat der BFH (BStBl II 2006, 298) in den Urteilsgründen allerdings ausgeführt, dass das unfertige Bauwerk wohl eher als materielles Wirtschaftsgut im wirtschaftlichen Eigentum des Bauunternehmers bei diesem mit den Herstellungskosten zu aktivieren sei. Diese Rechtsfrage wurde jedoch nicht abschließend geklärt, da die bilanziellen Folgen (= Aktivierung bei den Vorräten mit den Herstellungskosten der halbfertigen Bauten) nach beiden Auffassungen identisch sind. Vgl. auch H 6.1 und H 6.7 (Halbfertige Bauten auf fremdem Grund und Boden) EStH.

Unfertige Bauten bringen i. d. R. keine laufenden Buchungen auf den Sachkonten. Sie sind im Rahmen der Inventur zu erfassen und zu bewerten. Das Konto »unfertige Bauten« selbst ist ein ruhendes Konto, bei dem nur zur Kontoeröffnung am Anfang des Wirtschaftsjahres und zum Jahresabschluss Buchungen erfolgen. Der Unterschied zwischen Anfangsbestand und Schlussbestand ist erfolgswirksam und wird über das Konto »Bestandsveränderungen« gebucht. Eine Bestandserhöhung bedeutet einen Ertrag, eine Bestandsverminderung ist Aufwand. S. auch 1.3 a).

Auch wenn man die »unfertigen Bauten« dem Grunde nach als Forderungen ansieht, gehören sie nicht zur Bemessungsgrundlage einer Wertberichtigung auf Forderungen. Jedoch ist ein Ansatz mit dem niedrigeren Teilwert nicht ausgeschlossen, wenn die Wertminderung voraussichtlich von Dauer ist. Bei der Bestimmung des Teilwerts ist ein eventueller Verlust aus dem noch nicht abgewickelten Bauauftrag in vollem Umfang zu berücksichtigen (BFH vom 07.09.2005 BStBl II 2006, 298; H 6.7 (Halbfertige Bauten auf fremdem Grund und Boden) EStH).

b) Noch nicht abgerechnete Bauten

Das Erstellen der Rechnungen ist gerade bei Bauleistungen eine oft sehr zeitaufwendige Arbeit. Die »Endabrechnung« steht nicht selten noch Monate nach der Abnahme durch den Bauherrn aus. Für den Bauunternehmer ist die Abrechnung i. d. R. auch nicht vordringlich, da er durch Abschlagszahlungen entsprechend dem Baufortschritt den größten Teil der ihm zustehenden Forderung bereits erhalten haben dürfte.

Wie vorstehend in 1.2.2 schon ausgeführt, ist die Leistung des Bauunternehmers bereits mit der Vollendung und Abnahme erbracht und damit der Gewinn verwirklicht und die Umsatzsteuer entstanden (vgl. auch BFH vom 25.02.1986 BStBl II 1986, 788). Dies muss auch in der Buchführung zum Ausdruck kommen. Zur Unterscheidung von den bereits abgerechneten Bauten, die auf dem Konto »Forderungen« gebucht werden, erfolgt die Buchung auf dem Konto »Forderungen aus noch nicht abgerechnete(n) Bauten« mit dem voraussichtlichen Rechnungsbetrag (beim Abschluss Wertaufhellung zu beachten). Gegenkonten: »Umsatzerlöse (Erlöse aus Bauleistungen)« und »Umsatzsteuer«. Bereits erhaltene Abschlagszahlungen (s. 1.2.2) und die hierauf entfallende Umsatzsteuer sind bei der Ermittlung des voraussichtlichen (Schluss-)Rechnungsbetrags abzuziehen.

Die Forderungen aus noch nicht abgerechneten Bauten gehören zur Bemessungsgrundlage für eine Wertberichtigung aus Forderungen. Wegen der Kostenbelastung durch die Verpflichtung zur Abrechnung muss eine Rückstellung für ungewisse Verbindlichkeiten gebildet werden, vgl. BFH vom 25.02.1986 BStBl II 1986, 788; H 5.7 Abs. 3 (Abrechnungsverpflichtung) EStH.

c) Steuerabzug bei Bauleistungen

Durch das Gesetz zur Eindämmung illegaler Betätigung im Baugewerbe vom 30.08.2001 BStBl I 2001, 602 wurde mit Wirkung vom 01.01.2002 der Steuerabzug bei Bauleistungen in Höhe von 15 % eingeführt, vgl. § 48 EStG. Dabei sind Bauleistungen alle Leistungen, die der Herstellung, Instandsetzung, Instandhaltung, Änderung oder Beseitigung von Bauwerken dienen. Der Steuerabzug entfällt, wenn die vom Leistungsempfänger zu erbringende Gegenleistung (das Bruttoentgelt) im laufenden Jahr voraussichtlich 5 000 € (bei Leistungsempfängern mit ausschließlich nach § 4 Nr. 12 Satz 1 UStG steuerfreien Umsätzen 15 000 €) nicht übersteigt. In den meisten Fällen wird es jedoch zu keinem Steuerabzug kommen, weil der Bauunternehmer oder -handwerker eine Freistellungsbescheinigung des Finanzamts gemäß § 48 b EStG vorlegt.

Besondere buchtechnische Probleme oder Bilanzierungsfragen ergeben sich durch einen eventuellen Steuerabzug aber nicht. Beim Leistungsempfänger mindert der an das Finanzamt gezahlte Steuerabzugsbetrag die Verbindlichkeiten, beim Bauunternehmer wird aus der Forderung aus Lieferungen und Leistungen in Höhe des Steuerabzugsbetrags eine sonstige Forderung an das Finanzamt, die insbesondere mit abzuführender Lohnsteuer, aber auch mit Einkommensteuer oder Körperschaftsteuer verrechnet werden kann (§ 48 c EStG).

1.2.4 Provisionsansprüche von Handelsvertretern

Bei Handelsvertretern ist zunächst zu unterscheiden, ob der Provisionsanspruch nach den vertraglichen Abmachungen abhängig von der Durchführung des Grundgeschäfts ist oder nicht. Nach § 87 a Abs. 1 Satz 1 HGB hat der Handelsvertreter Anspruch auf Provision, sobald und soweit der Unternehmer das Geschäft ausgeführt hat. Dann ist auch der Provisionsertrag (Umsatzerlös) zu buchen. Auf den häufig zufälligen Zeitpunkt der Abrechnung durch den Geschäftsherrn kommt es nicht an (BFH vom 29.11.1956 BStBl III 1957, 234). Das eventuelle Risiko, das mit dem tatsächlichen Eingang der Provisionsforderung verbunden ist, kann durch eine (Einzel-)Wertberichtigung berücksichtigt werden.

Besteht jedoch eine von § 87 a Abs. 1 Satz 1 HGB abweichende Vereinbarung der Art, dass der Provisionsanspruch unabhängig von der Durchführung des Geschäfts entsteht, so ist der Provisionsertrag bereits mit **Abschluss des vermittelten Vertrags** zu aktivieren, d. h. zu buchen (BFH vom 03.05.1967 BStBl III 1967, 464 und vom 27.01.1968 BStBl III 1969, 296). Mögliche Risiken bezüglich des Eingangs sind auch in diesen Fällen durch eine Wertberichtigung zu berücksichtigen.

Kann der Handelsvertreter **Ersatz seiner Aufwendungen** nach § 87 d HGB verlangen, so sind die entsprechenden Forderungen an den Geschäftsherrn unabhängig vom Zeitpunkt der Vertragsvermittlungen zu aktivieren.

1.3 Aktivierte Eigenleistungen

Zu den aktivierten Eigenleistungen gehören die Bestandsveränderungen bei eigenen Erzeugnissen und die anderen aktivierten Eigenleistungen. Die Bezeichnung »aktivierte Eigenleistungen« ist etwas irreführend. Sie deutet auf einen Aktivposten hin, also auf ein Bestandskonto. Tatsächlich liegt aber ein GuV-Posten vor (§ 275 Abs. 2 Nr. 3 HGB).

a) Bestandsveränderungen bei eigenen Erzeugnissen

Bei dem in der Praxis bisher überwiegend angewendeten Gesamtkostenverfahren sind die Konten »fertige Erzeugnisse« und »unfertige Erzeugnisse« (gelegentlich auch als »Halberzeugnisse« bezeichnet) so genannte ruhende Konten. Buchungen erfolgen daher nur bei Kontoeröffnung zum Beginn des Wirtschaftsjahrs und beim Jahresabschluss, wie bei allen ruhenden – und zugleich gemischten – Konten. Der Unterschiedsbetrag zwischen Anfangs- und Schlussbestand wird über das Konto »Bestandsveränderungen« gebucht (laut § 275 Abs. 2 Nr. 2 HGB: »Erhöhung oder Verminderung des Bestands an fertigen und unfertigen Erzeugnissen«).

Die Bestandserhöhung wirkt als Ertrag, die Bestandsverminderung als Aufwand. Vergleiche auch § 277 Abs. 2 HGB.

b) Bestandsveränderungen bei Handelswaren

Neben dem Wareneinkaufskonto und dem Warenverkaufskonto (Umsatzerlöse!) wird häufig auch ein Warenbestandskonto als ruhendes Konto geführt. Im Grundsatz gilt für dieses Konto das zu vorstehend 1.3 a) Gesagte. Die Bestandsveränderung kommt hier jedoch regelmäßig nicht auf ein eigenes Erfolgskonto, sondern geht in den Wareneinsatz (den Aufwand für bezogene Waren) ein, s. 2.2.1 Lösung b).

c) Andere aktivierte Eigenleistungen

Das Konto »andere aktivierte Eigenleistungen« stellt ein Gegenkonto dar, das im Zusammenhang mit der Aktivierung selbst hergestellter Wirtschaftsgüter des Anlagevermögens gebraucht wird. Es ist nämlich nahezu unmöglich, zumindest aber unwirtschaftlich und unübersichtlich, die anteiligen Herstellungskosten von den jeweiligen Aufwandskonten abzubuchen. Dies gilt ganz besonders für die Gemeinkosten.

BEISPIEL

Bauunternehmer B errichtet auf eigenem Grundstück eine Lagerhalle für den eigenen Bedarf. Die Herstellungskosten nach § 255 Abs. 2 HGB (R 6.3 EStR) haben 245 000 € betragen.

LÖSUNG Buchung:

Lagerhalle	245 000 €	
an andere aktivierte Eigenleistungen		245 000 €

Die Materialkosten, Personalkosten usw. bleiben unverändert.
Das Konto »andere aktivierte Eigenleistungen« ist ein Ertragskonto.

2 Aufwendungen für Roh-, Hilfs- und Betriebsstoffe und für bezogene Waren

2.1 Aufwendungen für Roh-, Hilfs- und Betriebsstoffe

Die verbrauchten Roh-, Hilfs- und Betriebsstoffe bilden einen wichtigen Teil der Herstellungskosten (s. auch H 3). Rohstoffe sind das für die Erzeugnisse benötigte eigentliche Material. Hilfsstoffe können dagegen als Zutaten bezeichnet werden (z. B. Farben, Klebstoff, Nägel und Schrauben). Sie werden während der Be- oder Verarbeitung verbraucht. Betriebsstoffe stehen nicht in unmittelbarem Zusammenhang mit dem Erzeugnis. Sie werden durch den Betrieb als solchen verbraucht (z. B. Schmier- und Reinigungsmittel, Säuren, Treibstoffe und Brennstoffe). Beim Einkauf der Roh-, Hilfs- und Betriebsstoffe erfolgt die **Buchung des Zugangs** auf dem Konto »Roh-, Hilfs- und Betriebsstoffe« im Soll, vergleichbar dem Wareneingang. Beim Abgang durch Verbrauch wird gebucht:

Stoffkosten
an Roh-, Hilfs- und Betriebsstoffe

Als Beleg für diese Buchungen dienen i. d. R. so genannte **Materialentnahmescheine**, die bei der Materialausgabe vom Lager an die Fabrikation ausgestellt werden. Im Übrigen lassen sich die Stoffkosten auch nach Art des Wareneinsatzes **buchmäßig** ermitteln (s. nachstehend 2.2.1).

Das Konto »Stoffkosten« zeigt beim Jahresabschluss die in der GuV auszuweisenden Aufwendungen für Roh-, Hilfs- und Betriebsstoffe. Es ist zweckmäßig, in der Buchführung die einzelnen Stoffbestände und -kosten nach Arten zu trennen. Damit wird insbesondere die Kalkulation erleichtert.

2.2 Aufwendungen für bezogene Waren (Wareneinsatz)

Das Konto »Aufwendungen für bezogene Waren« weist die **Anschaffungskosten** der im Wirtschaftsjahr **verkauften Waren** aus, den so genannten Wareneinsatz. Es liefert eine für die Gewinnermittlung des Kaufmanns wichtige Größe. Für die Ermittlung des Wareneinsatzes gilt folgende Formel (vgl. BMF vom 11.11.1974 BStBl I 1974, 994 und vom 14.07.2015 BStBl I 2015, 521 – Richtsatzsammlung für das Kalenderjahr 2014):

	Warenbestand zu Beginn des Wirtschaftsjahres
+	Zugang laut Wareneinkaufskonto
+	Nebenkosten der Anschaffung (Eingangsfrachten u. dergl.)
./.	Rücksendungen an Lieferer
./.	Entnahmen
./.	Entgeltsminderungen (erhaltene Boni, Skonti und andere Preisnachlässe)
./.	Unentgeltliche Wertabgaben an das Personal
./.	Warenverbrauch für unberechnete Leistungen (z. B. Garantie-, Kulanz- oder Schadensersatzleistungen)
./.	Warenverbrauch für eigenbetriebliche Zwecke
./.	Warenverluste durch Verderb, Bruch u. Ä.
./.	Warenbestand zum Schluss des Wirtschaftsjahres
=	Wareneinsatz

Wie aus dieser Formel zu ersehen ist, wird der Wareneinsatz sowohl durch laufende Buchungen als auch durch Bestandsveränderungen beeinflusst. Dies ist bei der Frage nach der Gewinnauswirkung von Vorgängen, die Waren betreffen, stets zu beachten.

2.2.1 Buchmäßige Behandlung der Waren

Für die buchmäßige Behandlung der Warengeschäfte gibt es zahlreiche Alternativen, deren erschöpfende Darstellung den Rahmen dieses Buches sprengen würde. Die verschiedenen Möglichkeiten sollen daher in zwei beispielhaften Lösungen aufgezeigt werden.

BEISPIEL

Warenanfangsbestand	85 700 €
Wareneinkauf, Rechnungsbeträge netto	981 500 €
Eingangsfrachten	13 400 €
Bonierträge	9 200 €
Skontierträge	7 300 €
Warenendbestand	88 100 €

Es wird davon ausgegangen, dass das Unternehmen keine Kapitalgesellschaft ist, also die Gewinn- und Verlustrechnung nicht in Staffelform nach § 275 HGB erstellen muss.

LÖSUNG

a) Sämtliche oben genannten Posten werden im Wareneinkaufskonto gebucht bzw. von zuvor bestehenden Unterkonten auf dieses Konto übertragen. Das abgeschlossene Konto hat folgendes Aussehen:

S	Wareneinkauf		H
Anfangsbestand	85 700 €	Bonierträge	9 200 €
Zugänge	981 500 €	Skontierträge	7 300 €
Eingangsfrachten	13 400 €	Schlussbestand	88 100 €
		Wareneinsatz – GuV	976 000 €
	1 080 600 €		1 080 600 €

b) Es wird nur der eigentliche Wareneinkauf auf dem Wareneinkaufskonto gebucht. Für die Warenbestände, die Eingangsfrachten und die Entgeltsminderungen werden eigene Konten geführt.

S	Warenbestand		H
Anfangsbestand	85 700 €	Schlussbestand	88 100 €
Bestandserhöhung	2 400 €		
	88 100 €		88 100 €

S	Gewinn- und Verlustrechnung (Auszug)			H
Wareneinkauf	981 500 €			.
Bestandserhöhung	./. 2 400 €	979 100 €		.
Eingangsfrachten		13 400 €	Bonierträge	9 200 €
		.	Skontierträge	7 300 €
		.		.
		.		.

Bei dieser Lösung ist der Wareneinsatz nicht auf einen Blick in der GuV ersichtlich. Die Klarheit der GuV ist jedoch nicht beeinträchtigt. Falls die genaue Höhe des Wareneinsatzes benötigt wird (z. B. für die Ermittlung der Kennzahlen »Rohgewinnsatz« bzw. »Handelsspanne«), können die maßgebenden Werte ohne Schwierigkeiten der GuV entnommen werden.

Merke: Für die **Bewertung** der Waren und damit für den Bilanzansatz ist es völlig gleichgültig, auf welchen Konten im Einzelnen gebucht wurde.

2.2.2 Auswirkungen von Fehlbuchungen bei Waren

Fehlerhafte Buchungen im Zusammenhang mit Warengeschäften und eine falsche Bewertung von Warenvorräten haben nahezu immer Auswirkung auf den Gewinn. Ein Fehler, der bei der **laufenden Buchung** des Wareneingangs gemacht wird, hat – zumindest unmittelbar – nur Auswirkung für das laufende Wirtschaftsjahr.

Ein **fehlerhafter Bilanzansatz** der Warenvorräte beeinflusst dagegen sowohl den Gewinn des Wirtschaftsjahres, in dem der Fehler gemacht wurde, als auch den Gewinn des Folgejahres. Buchungsfehler und Bilanzierungsfehler können sich jedoch ganz oder teilweise **ausgleichen**. Wenn man die **Auswirkung von Fehlern** auf den Wareneinsatz und den Gewinn untersuchen will, ist es hilfreich, die vorstehend in 2.2 dargestellte Formel über die Ermittlung des Wareneinsatzes heranzuziehen und durch die in Betracht kommenden Zahlen zu ergänzen.

BEISPIELE

a) Bei Kaufmann F wird eine Wareneingangsrechnung vom 12. 10. 01 über 6 500 € + 1 235 € USt irrtümlich doppelt in den Sachkonten gebucht.

LÖSUNG Durch diesen Fehler wird der Wareneinsatz 01 um 6 500 € zu hoch ausgewiesen. Der Gewinn 01 ist um diesen Betrag zu niedrig. Erforderliche Gewinnkorrektur für 01: + 6 500 €. Auf den Gewinn 02 wirkt sich der Fehler nicht aus.

b) Bei der Bewertung der Warenvorräte für die Bilanz zum 31. 12. 03 wurden die Anschaffungsnebenkosten versehentlich nicht berücksichtigt. Der Bilanzansatz ist deshalb um 18 950 € zu niedrig.

LÖSUNG Dieser Fehler führt zu einem um 18 950 € zu hohen Wareneinsatz für das Wj 03, dessen Gewinn damit um diesen Betrag zu niedrig ist. Andererseits bringt der zu niedrige Anfangsbestand für das Wj 04 einen zu geringen Wareneinsatz und damit einen zu hohen Gewinn. Insgesamt liegt eine unzulässige Gewinnverlagerung vom Wj 03 ins Wj 04 um 18 950 € vor. Erforderliche Gewinnkorrektur für 03: + 18 950 €; für 04: ./. 18 950 €.

c) Für eine am 28. 12. 05 eingegangene Warenlieferung im Rechnungsbetrag von 22 700 € zuzüglich 4 313 € USt wurde nur die Eingangsfracht (netto 780 €) richtig gebucht. Der Wareneingang selbst ist noch nicht gebucht, da die Rechnung der am 31. 12. 05 noch nicht ausgepackten Ware beigelegen hat. Die Ware wurde auch in der Inventur nicht erfasst.

LÖSUNG Die fälschlich unterlassene Eingangsbuchung führt einerseits zu einem um 22 700 € verminderten Wareneinsatz. Andererseits wirkt sich der im Bilanzansatz fehlende Bestand, der mit 22 700 € + 780 € = 23 480 € Anschaffungskosten zu bewerten ist, ebenfalls auf den Wareneinsatz aus. Dieser ist durch den Inventurfehler um 23 480 € zu hoch. Zusammengefasst beträgt für das Wj 05 die (unrichtige) Gewinnauswirkung ./. 780 €. Erforderliche Gewinnkorrektur für 05: + 780 €.
Für das Wj 06 ergibt sich unter der Voraussetzung, dass der Wareneingang im Januar 06 gebucht wird, eine (ebenfalls unrichtige) Gewinnauswirkung von + 780 €. Erforderliche Gewinnkorrektur für 06: ./. 780 €.

2.2.3 Auswirkung von Anschaffungspreisminderungen

Nach § 255 Abs. 1 Satz 3 HGB sind Anschaffungspreisminderungen von den Anschaffungskosten abzusetzen. Niedrigere Anschaffungskosten führen aber auch zu einem niedrigeren Wareneinsatz. Dabei ist jedoch noch zu fragen, **wann** sich die Minderung der Anschaffungskosten auswirkt.

Im Bereich der Wareneinkäufe gehören die **Skonti** und **Boni** zu den regelmäßig vorkommenden Anschaffungspreisminderungen. Ihre zeitliche Auswirkung ist jedoch unterschiedlich. Skonti mindern die Anschaffungskosten erst im Zeitpunkt der Zahlung unter Skontoabzug. Der Skontoabzug ist jedenfalls für die Anschaffungskosten als Wertbeeinflussung, nicht als Wertaufhellung anzusehen (BFH vom 03.12.1970 BStBl II 1971, 323). Vergleiche auch BFH vom 27.02.1991 BStBl II 1991, 456.

Beim Bonus (auch: Umsatzprämie, Warenrückvergütung) liegen die Voraussetzungen für die Minderung der Anschaffungskosten in der vorangegangenen Zeit. Der Bonus richtet sich in der Regel nach dem Warenbezug in einem bereits abgelaufenen Zeitraum. Wird ein Bonus von einem Lieferer für die Warenkäufe im abgelaufenen Wirtschaftsjahr gewährt, so ist der Anspruch bereits zum Bilanzstichtag entstanden. Dies gilt selbst dann, wenn der Bonus auf freiwilliger Basis gewährt wird, der Unternehmer aber aufgrund langjähriger Übung fest mit der Gutschrift rechnen durfte (BFH vom 09.02.1978 BStBl II 1978, 370), oder wenn bei einer Genossenschaft die satzungsmäßige Warenrückvergütung erst noch formell beschlossen werden muss (BFH vom 12.04.1984 BStBl II 1984, 554).

BEISPIEL

Einzelhändler E erhielt am 30. 12. 02 eine Warenlieferung vom Großhändler G im Rechnungsbetrag von 20 000 € + 3 800 € USt. E überwies am 05. 01. 03 nach Abzug von 3 % Skonto 23 086 € an G. Am 15. 01. 03 erhielt E eine Gutschrift des G über einen vereinbarten Bonus von 2 % für die im Wj 02 bezogene Waren (450 000 €) in Höhe von 9 000 € + 1 710 € USt.

LÖSUNG Buchungen:

am 30. 12. 02:		
Wareneinkauf	20 000 €	
Vorsteuer	3 800 €	
an Verbindlichkeiten		23 800 €
am 31. 12. 02:		
Forderungen an Lieferer	10 710 €	
an erhaltene Boni		9 000 €
an Vorsteuer (Berichtigung erst in 03)		1 710 €
am 05. 01. 03:		
Verbindlichkeiten	23 800 €	
an Bank		23 086 €
an erhaltene Skonti		600 €
an Vorsteuer		114 €

Die zum 15. 01. 03 erfolgte Gutschrift ist bereits unter dem 31. 12. 02 zu verbuchen, weil der Anspruch bereits mit Ablauf des Wj 02 entstanden ist.

Der Bonus führt beim Abnehmer zu einer Vorsteuerberichtigung und beim Lieferanten zu einer Umsatzsteuerberichtigung (§ 17 Abs. 1 UStG), allerdings erst im Zeitpunkt der tatsächlichen Rückzahlung bzw. Verrechnung (A 17.1 Abs. 2 Satz 3 UStAE).

Falls die von G am 30. 12. 02 gelieferte Ware am 31. 12. 02 noch nicht verkauft (weitergeliefert) ist, muss sie in der Bilanz zum 31. 12. 02 nach § 253 Abs. 1 Satz 1 HGB i. V. m. § 6 Abs. 1 Nr. 2 Satz 1 EStG mit den Anschaffungskosten von 19 600 € (Kaufpreis netto abzüglich 2 % Bonus) angesetzt werden.

Auf den Wareneinsatz 02 wirken sich aus: der Wareneinkauf von 20 000 €, der erhaltene Bonus von 9 000 € und der Warenbestand von 19 600 € (falls noch vorhanden). Insgesamt bedeutet das eine Minderung des Wareneinsatzes um 8 600 €. Allerdings ist dabei evtl. am Bilanzstichtag noch zu erfassende Ware von G aus früheren Lieferungen nicht berücksichtigt, bei der die Anschaffungskosten ebenfalls um 2 % Bonus zu kürzen wären.

3 Löhne und Gehälter

Löhne und Gehälter stellen bei den meisten Unternehmen einen bedeutenden Kostenfaktor dar. Bei der Lohnzahlung ist auch das Steuerrecht und das Sozialversicherungsrecht mit teilweise recht komplizierten Regelungen zu beachten, ganz zu schweigen von tarifvertraglichen und ähnlichen Bestimmungen.

Der dem **Arbeitnehmer** zustehende Bruttolohn wird ihm nur gekürzt um die Abzüge ausbezahlt. Zu den Abzügen gehören die Lohnsteuer (auch Solidaritätszuschlag), evtl. die Kirchenlohnsteuer sowie die Arbeitnehmeranteile zur Sozialversicherung (Krankenversicherung, Rentenversicherung, Arbeitslosenversicherung, Pflegeversicherung).

Für den **Arbeitgeber** fallen neben dem Bruttolohn noch weitere Aufwendungen an: Arbeitgeberanteile zur Sozialversicherung und Beiträge an die Berufsgenossenschaft zur Unfallversicherung der Arbeitnehmer, gegebenenfalls auch Beiträge zum Pensionssicherungsverein.

Die vom Bruttogehalt einzubehaltende und an das Finanzamt abzuführende Lohnsteuer richtet sich nach den §§ 38 ff. EStG. Für die Bemessung von Bedeutung sind dabei insbesondere der Bruttolohn und die Steuerklasse.

In der gesetzlichen **Sozialversicherung** ist Maßstab das beitragspflichtige Arbeitsentgelt, das meist dem steuerlichen Bruttolohn entspricht, wenn man von Beitragsbemessungsgrenzen[1] einmal absieht. Die Prozentsätze betragen (Stand 2016)

- für die Beiträge zur Arbeiterrenten- und Angestelltenversicherung 18,7 %,
- für die Beiträge zur Bundesagentur für Arbeit (Arbeitslosenversicherung) 3,0 %,
- für die Krankenversicherung 14,6 %,
- für die Pflegeversicherung 2,35 %,
  für Kinderlose Zuschlagssatz von 0,25 %

Diese Beiträge werden vom Arbeitgeber und vom Arbeitnehmer je zur Hälfte getragen und an den Sozialversicherungsträger abgeführt. Bei der Krankenversicherung können die Krankenkassen zur Kostendeckung für die Arbeitnehmer des Weiteren einkommensabhängige Zusatzbeiträge festlegen (im Jahr 2015 durchschnittlich 1,1 %). Der Zuschlagssatz für Kinderlose in der Pflegeversicherung belastet in vollem Umfang den Arbeitnehmer. Für Geringverdiener gelten besondere Regelungen, z. B. § 40a Abs. 2 und 2 a EStG.

Die Beiträge zur **Unfallversicherung** trägt nur der Arbeitgeber. Sie werden von den für die Unternehmen je nach Branche zuständigen Berufsgenossenschaften im Umlageverfahren erhoben. Für die Umlage von Bedeutung ist die Summe der vom Unternehmen gezahlten Löhne und die Unfallwahrscheinlichkeit bestimmter Arbeiten (Gefahrenklasse).

3.1 Lohnbuchhaltung – Finanzbuchhaltung

Die schwierigste Arbeit im Zusammenhang mit den Lohnzahlungen ist von den Lohnbuchhaltungen zu leisten. Neben der Berechnung von Bruttolohn und Abzügen sowie dem Erstellen der Auszahlungsbelege werden hier auch die **Lohnkonten** geführt. Diese Lohnkonten sind in § 41 Abs. 1 EStG gesetzlich vorgeschrieben und in § 4 LStDV näher definiert. Sie haben mit dem »normalen« Konto der Buchführung und seinen Soll- und Haben-Seiten keine Ähnlichkeit. Für jeden einzelnen Arbeitnehmer muss ein solches Konto geführt werden.

Die Zahlen dieser Lohnkonten werden bei jeder Lohnzahlung von der Lohnbuchhaltung zu Lohnlisten bzw. einem Lohnjournal zusammengefasst, die nun den Beleg für die Buchung in der Finanzbuchhaltung bilden, also zur Buchung auf den Sachkonten.

3.2 Buchung von Lohnzahlungen

3.2.1 Lohnzahlung ohne Besonderheiten

Der Bruttolohn ist als Aufwand zu buchen, ebenso die Arbeitgeberanteile der gesetzlichen Sozialversicherung. Die Abzüge (Lohnsteuer, Kirchenlohnsteuer, Solidaritätszuschlag, Arbeitnehmeranteile zur Sozialversicherung) werden bis zur Abführung an Finanzamt bzw. Sozialversichrungsträger als sonstige Verbindlichkeiten behandelt, meist auf besonderen Konten, z. B.

1 Beitragsbemessungsgrenzen (Stand Kalenderjahr 2016)
für Kranken- und Pflegeversicherung 4 237,50 €/Monat,
für Renten- und Arbeitslosenversicherung 6 200 € (5 400 €)/Monat.
– In Klammern Angabe für die neuen Bundesländer. –

»Verbindlichkeiten LSt/KiLSt« oder »noch abzuführende Steuern« bzw. »Verbindlichkeiten Sozialversicherung«.

Auch die – bei der Lohnabrechnung nicht in Erscheinung tretenden – Beiträge zur Unfallversicherung und zum Pensionssicherungsverein sind über »soziale Abgaben« zu buchen.

BEISPIEL

Bruttolöhne der Arbeitnehmer lt. Lohnliste Mai		245 000 €
Abzüge:		
Lohnsteuer	23 600 €	
Solidaritätszuschlag (5,5 %)	1 298 €	
Kirchenlohnsteuer	1 888 €	
Arbeitnehmeranteile Sozialversicherung (einschließlich Zuschläge für Kinderlose in der Pflegeversicherung)	50 225 €	77 011 €
Nettolöhne = Summe der Überweisungen		167 989 €
Arbeitgeberanteil Sozialversicherung		47 346 €

LÖSUNG

a) Buchungen bei Lohnzahlung:		
Löhne und Gehälter	245 000 €	
an Bank		167 989 €
an Verbindlichkeiten LSt/KiLSt (23 600 + 1 298 + 1 888)		26 786 €
an Verbindlichkeiten Sozialversicherung		50 225 €
Soziale Abgaben	47 346 €	
an Verbindlichkeiten Sozialversicherung		47 346 €
b) Buchungen bei Überweisung der Abzugsbeiträge		
Verbindlichkeiten LSt/KiLSt	26 786 €	
an Bank		26 786 €
Verbindlichkeiten Sozialversicherung	97 571 €	
an Bank		97 571 €

LSt, KiLSt und Solidaritätszuschlag hat der Arbeitgeber nach § 41 a Abs. 1 EStG spätestens am zehnten Tag nach Ablauf des Lohnsteuer-Anmeldungszeitraums (grundsätzlich der Kalendermonat) dem Finanzamt anzumelden und an dieses abzuführen. Die Sozialversicherungsbeiträge sind bereits am drittletzten Bankarbeitstag des laufenden Monats fällig.

Bei **EDV-Buchführung** wird regelmäßig ein besonderes Verrechnungskonto zwischengeschaltet, weil durch die Abrechnung zwei Buchungskreise berührt werden, nämlich »Bank« und »sonstige Belege«. Die Buchungen bei Lohnzahlung hätten dann folgendes Aussehen:

Löhne und Gehälter	an	Lohn- und Gehaltsverrechnung	167 989 €
Löhne und Gehälter	an	Verbindlichkeiten LSt/KiLSt	26 786 €
Löhne und Gehälter	an	Verbindlichkeiten Sozialversicherung	50 225 €
soziale Abgaben	an	Verbindlichkeiten Sozialversicherung	47 346 €
Lohn- und Gehaltsverrechnung	an	Bank	167 989 €

Die Buchungen für die Überweisung der Abzugsbeträge ändern sich nicht.

3.2.2 Vermögenswirksame Leistungen

Die Vermögensbildung der Arbeitnehmer wird durch Tarifverträge und gesetzliche Regelungen gefördert. Von besonderer Bedeutung ist dabei das Fünfte Vermögensbildungsgesetz (BGBl I 1994, 406, BStBl I 1994, 238). Nach diesem Gesetz sind verschiedene vermögenswirksame Leistungen **steuerlich begünstigt** (§ 2 des 5. VermBG). Vermögenswirksame Leistungen können vom Arbeitgeber aufgrund eines Einzelvertrags, eines Tarifvertrags oder einer Betriebsvereinbarung zusätzlich zum »normalen« Lohn gezahlt werden (§ 10 des 5. VermBG). Es können aber auch auf Verlangen des Arbeitnehmers bestimmte Teile seines Arbeitslohns als vermögenswirksame Leistungen behandelt werden (§ 11 des 5. VermBG).

Vermögenswirksame Leistungen sind vom Arbeitgeber nicht mit dem Lohn auszuzahlen, sondern an das vom Arbeitnehmer bestimmte Unternehmen oder Institut abzuführen, z. B. an eine Bausparkasse oder an ein Kreditinstitut. Bis zur Abführung besteht hier, wie bei Lohnsteuer und Sozialversicherung, eine sonstige Verbindlichkeit. Die **steuerliche Begünstigung** der vermögenswirksamen Leistung besteht für den Arbeitnehmer darin, dass er unter den Voraussetzungen des § 13 des 5. VermBG eine Arbeitnehmer-Sparzulage erhält. Diese Arbeitnehmer-Sparzulage wird vom Finanzamt ausgezahlt. Der Arbeitgeber ist insoweit nicht betroffen. Es empfiehlt sich, die »zusätzlichen« vermögenswirksamen Leistungen auf einem **besonderen Konto** zu buchen, um einen Überblick über diese zusätzlichen Sozialleistungen aus der Buchführung zu erhalten.

BEISPIEL

Kaufmann C beschäftigt eine Angestellte, die neben einem Monatsgehalt von 2 100 € eine vermögenswirksame Leistung von 25 € (Bausparkassenbeitrag) erhält.

Lohnabrechnung für Monat März 01:		
Bruttolohn		2 100,00 €
vermögenswirksame Leistung		25,00 €
steuerpflichtiger Arbeitslohn		2 125,00 €
Abzüge:		
Lohnsteuer	236,16 €	
Solidaritätszuschlag	12,99 €	
ev. Kirchenlohnsteuer	18,89 €	
Arbeitnehmeranteil Sozialversicherung	435,62 €	
vermögenswirksame Leistung	25,00 €	728,66 €
Überweisung		1 396,34 €
Der Arbeitgeberanteil zur Sozialversicherung beträgt		410,65 €

LÖSUNG

Buchungen bei Lohnzahlung:		
Gehälter	2 100,00 €	
vermögenswirks. Leistungen	25,00 €	
an Bank		1 396,34 €
an Verbindlichkeit LSt/KiLSt (236,16 + 12,99 + 18,89)		268,04 €
an Verbindlichkeit Sozialversicherung		435,62 €
an Verbindlichkeit Einbehalt		25,00 €
Soziale Abgaben	410,65 €	
an Verbindlichkeit Sozialversicherung		410,65 €

Bei Abführung der Abzugsbeträge ergeben sich keine Besonderheiten. Der Gesamtaufwand aus dieser Lohnzahlung beträgt 2 100,00 € + 25,00 € + 410,65 € = 2 535,65 €.

3.2.3 Abschlagszahlungen

Falls der Arbeitgeber Lohnabrechnungen für einen längeren Zeitraum vornimmt und zwischenzeitlich nur Abschlagszahlungen leistet, kann nach § 39 b Abs. 5 EStG der Lohnabrechnungszeitraum als Lohnzahlungszeitraum behandelt werden. Abweichend von § 38 Abs. 3 EStG ist dann für die Abschlagszahlungen noch keine Lohnsteuer einzubehalten.

BEISPIEL

Handwerksmeister H zahlt seinen Arbeitnehmern zum 10. 06. und 20. 06. Abschlagszahlungen von zusammen je 4 000 €.

Lohnabrechnung Juni laut Lohnliste:		
Bruttolöhne		18 000 €
Abzüge: Lohnsteuer	2 320 €	
Solidaritätszuschlag	128 €	
Sozialversicherung	3 622 €	6 070 €
Nettolöhne		11 930 €
Abschlagszahlungen 2 × 4 000 €		8 000 €
Auszahlung 30. 06.		3 930 €
Arbeitgeberanteil zur Sozialversicherung		3 478 €

LÖSUNG

Buchungen am 10. 06. und 20. 06. jeweils		
Abschlagszahlungen	4 000 €	
an Bank		4 000 €
Buchungen zum 30. 06.:		
Löhne und Gehälter	18 000 €	
an Bank		3 930 €
an Verbindlichkeit LSt/KiLSt		2 448 €
an Verbindlichkeit Sozialversicherung		3 622 €
an Abschlagszahlungen		8 000 €
Soziale Abgaben	3 460 €	
an Verbindlichkeit Sozialversicherung		3 460 €

Anmerkung: Statt über das Konto »Abschlagszahlungen« hätte auch sofort auf »Löhne und Gehälter« gebucht werden können. Allerdings hätte dadurch die Übersichtlichkeit der Buchungen etwas gelitten.

3.2.4 Vorschüsse – Arbeitgeberdarlehen

Wird einem Arbeitnehmer ein **kurzfristiger Vorschuss** auf den künftigen Lohn gewährt, so kann er ähnlich wie eine Abschlagszahlung behandelt werden. **Längerfristige Vorschüsse** werden dagegen meist als eine Forderung des Arbeitgebers an den Arbeitnehmer anzusehen sein. Sie können – ohne dass dies ausdrücklich vereinbart ist – Darlehenscharakter haben. Solche Forderungen sind zu aktivieren und nach Maßgabe der Tilgung aufzulösen. Wegen der lohnsteuerlichen Besonderheiten von unverzinslichen oder zinsverbilligten Arbeitgeberdarlehen vergleiche auch BMF vom 19. 05. 2015 BStBl I 2015, 484.

BEISPIEL

Kaufmann L hat einem Arbeitnehmer zur Anschaffung von Hausrat einen Vorschuss von 1 000 € gegeben, der mit monatlich 50 € durch Verrechnung mit dem Arbeitslohn zu tilgen ist.
Der Bruttolohn beträgt 1 850 € monatlich, die Abzüge 641 €.

LÖSUNG

Buchung bei Gewährung des Vorschusses:		
Vorschüsse	1 000 €	
an Bank		1 000 €
Buchung bei Verrechnung (vereinfacht):		
Löhne und Gehälter	1 850 €	
an Vorschüsse		50 €
an sonstige Verbindlichkeiten		641 €
an Bank		1 159 €

Bei der **Bilanzierung** von **unverzinslichen** (oder zinsverbilligten) **Arbeitgeberdarlehen** sind die BFH-Urteile vom 30.11.1988 BStBl II 1990, 117 und vom 24.01.1990 BStBl II 1990, 639, zu beachten. Danach sind unverzinsliche oder niedrig verzinsliche Darlehen an Betriebsangehörige auch dann mit dem Nennbetrag zu bilanzieren, wenn ihnen keine bestimmten Gegenleistungen der Darlehensempfänger gegenüberstehen. Dabei geht der BFH davon aus, dass zum Zeitpunkt der Darlehenshingabe Anschaffungskosten und Teilwert übereinstimmen.

Der BFH begründet seine Entscheidung insbesondere mit der üblichen **Teilwertvermutung**, nach der sich im Zeitpunkt der Anschaffung eines Wirtschaftsguts dessen Anschaffungskosten mit dem Teilwert decken, sofern keine Fehlmaßnahme vorliegt. Von einer solchen Fehlmaßnahme kann aber in aller Regel nicht ausgegangen werden, wenn die Unverzinslichkeit oder eine geringere Verzinslichkeit von Anfang an klar gewollt und vereinbart waren.

Zudem hat der BFH mit Urteil vom 24.10.2012 BStBl II 2013, 162, entschieden, dass der auf der Unverzinslichkeit einer im Anlagevermögen gehaltenen Forderung beruhende (gegenüber dem Nennwert) niedrigere Wert nicht voraussichtlich dauerhaft ist und somit allein wegen der Unverzinslichkeit keine Teilwertabschreibung nach § 6 Abs. 1 Nr. 2 Satz 2 EStG in Betracht kommt.

In späteren Jahren wird sich die Möglichkeit einer **Abschreibung auf einen niedrigeren Teilwert** nur dann ergeben, wenn sich die bei Darlehensgewährung maßgebenden Verhältnisse verändert hätten, beispielsweise durch die Konkretisierung eines Ausfallrisikos.

Ob der Ansatz mit dem Nennwert auch für die **Handelsbilanz** gilt, hat der BFH nicht entschieden. U. E. sind die Überlegungen des BFH zur Höhe des Teilwerts unverzinslicher oder niedrig verzinslicher Arbeitgeberdarlehen auf den handelsrechtlichen Bewertungsmaßstab des beizulegenden Wertes nach § 253 HGB übertragbar, so dass auch in der Handelsbilanz grundsätzlich der den Anschaffungskosten entsprechende Nennwert anzusetzen ist.

BEISPIEL

Arbeitgeber B gibt dem Angestellten V am 20. 12. 01 ein unverzinsliches Darlehen von 12 000 € zur Anschaffung eines Pkw. Das Darlehen wird mit Monatsbeträgen von je 250 € getilgt, die vom Gehalt abgezogen werden, erstmals vom Gehalt für den Monat Januar 02, das zum 31. 01. 02 ausgezahlt wird. Der Gegenwartswert dieses Darlehens beträgt zum 31. 12. 01 10 781 €, zum 31. 12. 02 8 298 €.

LÖSUNG

Buchung am 20. 12. 01		
AN-Darlehen	12 000 €	
an Bank		12 000 €

Im Jahr 02 und den folgenden Wj werden bei jeder Lohnzahlung 250 € dem Konto AN-Darlehen gutgeschrieben. Dieses Konto entwickelt sich im Jahr 02 wie folgt:

Anfangsbestand		12 000 €
Tilgung 12 × 250 €	./.	3 000 €
Bilanzansatz 31. 12. 02		9 000 €

Die Zinsersparnis ist lohnsteuerpflichtig, wenn die Freigrenze von monatlich 44 € (§ 8 Abs. 2 Satz 11 EStG) überschritten wird; vgl. auch BMF vom 19. 05. 2015 BStBl I 2015, 484.

3.2.5 Sachbezüge

Bei Sachbezügen ergeben sich für die Verbuchung Schwierigkeiten insbesondere dadurch, dass zunächst **kein eindeutig bestimmbarer Geldbetrag** vorliegt, vielmehr nach § 8 Abs. 2 Satz 1 EStG die um übliche Preisnachlässe geminderten üblichen Endpreise am Abgabeort anzusetzen sind. Dabei können lohnsteuerlich ganz andere Werte bedeutend sein, als es der Gewinnauswirkung der Sachbezüge tatsächlich entspricht. Außerdem können Sachbezüge der Umsatzsteuer unterliegen (§ 1 Abs. 1 Nr. 1 Satz 1 UStG, A 1.8 UStAE).

BEISPIEL

Hotelbesitzer H hat für das Jahr 2016 mit seinem Arbeitnehmer A einen monatlichen Barlohn von 1 300 € + freie Unterkunft und Verpflegung vereinbart. Nach § 8 Abs. 2 Satz 6 EStG i. V. m. § 2 SozialversicherungsentgeltVO (BGBl I 2006, 3385, zuletzt geändert durch die 8. Verordnung zur Änderung der SozialversicherungsentgeltVO vom 18. 11. 2015 BStBl I 2015, 1056) beträgt der Wert der freien Unterkunft monatlich 223 €, der Wert der freien Verpflegung monatlich 236 €.
Der Wert der freien Unterkunft ist nach § 4 Nr. 12 a UStG grundsätzlich steuerfrei (vgl. A 1.8 Abs. 9 Satz 2 UStAE). Der Umsatzsteuer unterliegen demnach 236 €. Dies ist ein Bruttowert, aus dem die Umsatzsteuer mit 19/119 herauszurechnen ist (A 1.8 Abs. 9 Satz 3 UStAE). Die Umsatzsteuer beträgt also 37,68 €.
Die Abzüge betragen 153,58 € Lohnsteuer, 8,45 € Solidaritätszuschlag und 360,60 € Sozialversicherungsbeiträge (Arbeitgeberanteil 339,93 €).

LÖSUNG

Buchungsvorschlag:

Löhne und Gehälter	459,00 €	
an Erlöse aus Sachbezügen		198,32 €
an Mieterträge		223,00 €
an Umsatzsteuer		37,68 €
Löhne und Gehälter	1 300,00 €	
an Bank (oder Kasse)		777,37 €
an Verbindlichkeit LSt		162,03 €
an Verbindlichkeit Sozialversicherung		360,60 €
Soziale Abgaben	339,93 €	
an Verbindlichkeit Sozialversicherung		339,93 €

Hinweis: Die Werte der SozialversicherungsentgeltVO beziehen sich auf das Jahr 2016 und werden jährlich der Preisentwicklung angepasst.
In diesem Beispiel verbleibt aus der Verbuchung des Sachbezugs (erster Buchungssatz) lediglich ein Aufwand von 37,68 €. Das entspricht der Umsatzsteuer. Im Übrigen gleichen sich Aufwand und Erträge aus. Die **tatsächliche Gewinnauswirkung** des Sachbezugs ergibt sich aber aus dem Waren- bzw. Materialeinkauf an Lebensmitteln und aus den Kosten für die Essenszubereitung einerseits und aus den anteiligen Grundstücksaufwendungen einschl. AfA andererseits, falls der Arbeitnehmer in einem Gebäude oder Gebäudeteil wohnt, das bzw. der nach R 4.2 Abs. 4 Satz 2 EStR zum Betriebsvermögen des H gehört.

BEISPIEL

Unternehmer F unterhält für seine Arbeitnehmer eine eigene Werkskantine, in der Mittagessen unentgeltlich ausgegeben werden. Getränke usw. sind dagegen zu bezahlen. Im Monat April 2016 haben 100 Arbeitnehmer an 22 Tagen ein kostenloses Mittagessen erhalten.

LÖSUNG

	1 Mahlzeit **1 Tag**	100 Mahlzeiten **22 Tage**
Wert laut SozialversicherungsentgeltVO = geldwerter Vorteil	3,10 €	6 820,00 €
davon USt 19/119		1 088,91 €
Bemessungsgrundlage der USt		5 731,09 €

Vergleiche dazu 8. Verordnung zur Änderung der SozialversicherungsentgeltVO, BStBl I 2015, 1056 sowie R 8.1 Abs. 7 LStR und A 1.8 Abs. 11 UStAE.

Buchungsvorschlag:

freiwill. soziale Aufwendungen	6 820,00 €	
an Erlöse aus Sachbezügen		5 731,09 €
an Umsatzsteuer		1 088,91 €

Daneben sind die Kosten der Werkskantine (Lebensmittel, Personalkosten, Energie, AfA usw.) auf den entsprechenden Aufwandskonten zu buchen. Die obenstehende Buchung wirkt sich nur mit 1 088,91 € (der USt auf die Sachbezüge) gewinnmindernd aus.

Wird die Lohnsteuer bei unentgeltlichen oder verbilligten Mahlzeiten nach § 40 Abs. 2 Nr. 1 EStG pauschal erhoben, so entsteht in Höhe der Pauschsteuer zusätzlicher Personalaufwand. In obigem Beispiel würde sich eine Pauschsteuer von 25 % aus 6 820,00 € = 1 705,00 € (+ 93,78 € Solidaritätszuschlag) ergeben.

Eine Pauschalierung nach § 37 b EStG kommt bei Sachbezügen im Sinne der SozialversicherungsentgeltVO nicht in Betracht (§ 37 b Abs. 2 Satz 2 i. V. m. § 8 Abs. 2 Satz 6 EStG).

4 Provisionsaufwand und -ertrag durch Kommissionsgeschäfte

4.1 Allgemeines

Kommissionsgeschäfte spielen im wirtschaftlichen Alltag eine wichtige Rolle, die allerdings von Außenstehenden meist nicht erkannt wird. Dies liegt in der Natur dieser Geschäfte. Nach §§ 383 HGB ist Kommissionär, wer es gewerbsmäßig übernimmt, Waren oder Wertpapiere für Rechnung eines anderen (des Kommittenten) in eigenem Namen zu kaufen oder zu verkaufen. Seine Stellung ist also zwischen der eines Eigenhändlers und der eines Handelsvertreters bzw. Maklers. Nach § 406 HGB sind die Vorschriften über die Kommission auch auf ähnliche Geschäfte anwendbar.

Eigenhändler	Kommissionär	Handelsvertreter, Makler
	handelt	
in eigenem Namen auf eigene Rechnung	in eigenem Namen auf fremde Rechnung	in fremdem Namen auf fremde Rechnung

Je nach Art der Geschäfte spricht man von Einkaufskommission oder Verkaufskommission. Dabei ergeben sich in der Besteuerung und der Buchführungspraxis für die beiden Kommissionsarten recht unterschiedliche Probleme. Dies gilt nicht zuletzt wegen des § 3 Abs. 3 UStG.

4.2 Einkaufskommission

Bei der Einkaufskommission wird der Kommissionär vom Kommittenten beauftragt, im eigenen Namen aber auf Rechnung des Kommittenten Waren (oder Wertpapiere) zu kaufen. Meist nennt der Auftraggeber dem Kommissionär dabei einen Limitpreis, den dieser beim Kauf nicht überschreiten darf (§ 386 HGB). Der – fremde – Lieferer, mit dem der Kommissionär den Kaufvertrag abschließt, weiß nichts vom Bestehen eines Kommissionsverhältnisses. Er überträgt das Eigentum bzw. die Verfügungsmacht über die Ware an den Kommissionär, der verpflichtet ist, diese Ware dem Kommittenten herauszugeben (§ 384 Abs. 2 HGB). Insoweit stimmt der Geschäftsablauf mit § 3 Abs. 3 UStG überein. Für die Ausführung des Geschäfts steht dem Kommissionär eine **Provision** zu (§ 396 Abs. 1 HGB). Daneben kann der Kommissionär vom Kommittenten auch Auslagenersatz verlangen (§ 396 Abs. 2 HGB).

Obwohl der Kommissionär mit der Lieferung an ihn regelmäßig zivilrechtlicher Eigentümer wird, ist die Kommissionsware bei ihm nach ganz herrschender Meinung nicht zu bilanzieren, da er aufgrund der Herausgabeverpflichtung nach § 384 Abs. 2 HGB nicht wirtschaftlicher Eigentümer wird (Beck'scher Bilanzkommentar, § 246 HGB Rz. 23, Adler/Düring/Schmaltz, Rechnungslegung und Prüfung der Unternehmen § 246 HGB Rz. 309, Schmidt, EStG § 5 Rz. 154). Die Kommissionsware ist daher beim Kommittenten als wirtschaftlichem Eigentümer einzubuchen bzw. zu bilanzieren, sobald die Verfügungsmacht auf den Kommissionär übergeht. Falls der Kommittent diesen Zeitpunkt nicht kennt, kommt bei ihm eine Aktivierung der Kommissionsware aber erst dann in Betracht, wenn die Herausgabe bzw. die Abrechnung durch den Kommissionär erfolgt. Beim Kommissionär sind lediglich die Verpflichtung gegenüber seinem Verkäufer und die Kommissionsforderung gegenüber dem Kommittenten zu erfassen.

BEISPIEL

Kommissionär S wird vom Kommittenten T beauftragt, für T eine bestimmte Menge Papierwaren zum Höchstpreis von 25 000 € netto zu erwerben. S darf dafür eine Provision von 6 % verrechnen.
Am 21. 03. 03 erwirbt S diese Waren für 25 000 € + 19 % USt. Außerdem hat er für Frachtkosten 500 € + 19 % USt zu zahlen.
Für eigene Beförderungsleistungen kann S 300 € netto verrechnen.

S gibt am 24. 03. 03 an T folgende Abrechnung:

Papierwaren im Betrag von netto	25 000 €
verauslagte Frachtkosten	500 €
eigene Beförderungskosten	300 €
Provision 6 % aus 25 000 €	1 500 €
	27 300 €
+ 19 % Mehrwertsteuer	5 187 €
Meine Forderung	32 487 €

LÖSUNG

Buchungen bei S:

Eingangsfrachten	500 €	
Vorsteuer	95 €	
an Bank (oder Kasse oder Verbindlichkeiten)		595 €
Kommissionsforderungen (T)	32 487 €	
Vorsteuer	4 750 €	
an Verbindlichkeiten		29 750 €
an Umsatzsteuer		5 187 €
an Eingangsfrachten		500 €
an Beförderungserlöse (oder dergl.)		300 €
an Provisionsertrag		1 500 €

Vielfach werden der Einkauf der Kommissionsware und deren Weitergabe an den Kommittenten aber auch über das Konto »Kommissionsware« gebucht. Dann ergeben sich bei S folgende Buchungen:

a) beim Einkauf:

Kommissionsware	25 000 €	
Vorsteuer	4 750 €	
an Verbindlichkeiten		29 750 €
Eingangsfrachten	500 €	
Vorsteuer	95 €	
an Bank (oder Kasse)		595 €

b) nach Weitergabe an T:

Kommissionsforderung (T)	32 487 €	
an Kommissionsware		25 000 €
an Umsatzsteuer		5 187 €
an Eingangsfrachten		500 €
an Beförderungserlöse (oder dergl.)		300 €
an Provisionsertrag		1 500 €

Das Konto »Kommissionsware« ist hier ein reines Bestandskonto. Falls dieses zum Bilanzstichtag einen Bestand aufweist, ist dieser auszubuchen und die Kommissionsforderung einzubuchen; die Buchung b) muss also bereits zum Bilanzstichtag erfolgen, da S nicht wirtschaftlicher Eigentümer der Kommissionsware ist, aber andererseits seine Kommissionsforderung gegenüber T schon entstanden ist.

Buchungen bei T:

Wareneinkauf	25 000 €	
Eingangsfrachten	800 €	
Provisionsaufwand	1 500 €	
Vorsteuer	5 187 €	
an Kommissionsverbindlichkeiten (S)		32 487 €

Alternative:

Wareneinkauf	27 300 €	
Vorsteuer	5 187 €	
an Verbindlichkeiten		32 487 €

Die Alternativbuchung führt zwar zum richtigen Ergebnis; wegen ihrer eingeschränkten Aussagekraft ist sie jedoch nicht zu empfehlen. Dem Unternehmer würden wichtige Informationen für die Beurteilung der Rentabilität des Kommissionsgeschäftes verloren gehen.

Die Anschaffungskosten der Papierwaren betragen 27 300 €

Hat der Einkaufskommissionär sein **Preislimit überschritten**, so kann der Kommittent das Geschäft als nicht für seine Rechnung abgeschlossen zurückweisen (§ 386 Abs. 1 HGB). Allerdings muss er dies unverzüglich nach Erhalt der Anzeige über die Ausführung des Geschäfts erklären, sonst gilt die Abweichung als von ihm genehmigt. Hat der Einkaufskommissionär das Einkaufspreislimit unterschritten, so kommt dies dem Kommittenten zustatten (§ 387 HGB). Die Provision wird aber im einen wie im anderen Falle aus dem vereinbarten Preis (Limitpreis) zu berechnen sein, wenn nichts anderes im Kommissionsvertrag festgelegt wurde.

BEISPIEL

Kommittent K beauftragt am 12. 08. 04 den Kommissionär R, elektronische Geräte zum Limitpreis von 50 000 € netto zu kaufen, vereinbarte Provision 5 %. R schließt am 20. 08. 04 mit der Firma A einen Kaufvertrag über einen Rechnungsbetrag von 45 000 € + 8 550 € USt. A versendet die Ware am 25. 08. 04 auf Wunsch von R per Bahn unmittelbar an K. K hat bei Auslieferung 800 € + 152 € USt Frachtkosten mit Scheck bezahlt.

Nach Eingang der Rechnung der Firma A bei R rechnet dieser mit K wie folgt ab:

Einkaufspreis Ware	45 000 €
+ 5 % Provision von 50 000 €	2 500 €
	47 500 €
+ 19 % Umsatzsteuer	9 025 €
Meine Forderung	56 525 €

LÖSUNG Zum 12. 08. und 20. 08. 04 erfolgen weder bei K noch bei R Buchungen. Es liegen bis dahin nur schwebende Geschäfte vor, die grundsätzlich buchmäßig noch nicht zu erfassen sind (vgl. L 5.3.2).

Buchung der Lieferung

bei R:		
Kommissionsforderungen (K)	56 525 €	
Vorsteuer	8 550 €	
an Verbindlichkeiten		53 550 €
an Umsatzsteuer		9 025 €
an Provisionsertrag		2 500 €
bei K:		
Eingangsfrachten	800 €	
Vorsteuer	152 €	
an Bank		952 €
Wareneinkauf	45 000 €	
Provisionsaufwand	2 500 €	
Vorsteuer	9 025 €	
an Kommissionsverbindlichkeiten (R)		56 525 €

Die Anschaffungskosten der Ware betragen 48 300 €.

4.3 Verkaufskommission

Bei der Verkaufskommission wird der **Kommissionär vom Kommittenten beauftragt**, im eigenen Namen auf Rechnung des Kommittenten Waren (oder Wertpapiere) zu verkaufen. Auch bei diesen Geschäften sind Preisbegrenzungen nach § 386 HGB möglich. Der Limitpreis ist dann als Mindestpreis zu verstehen.

Wie beim Einkaufskommissionsgeschäft weiß auch hier der fremde Dritte nichts vom Kommissionsverhältnis, er ist »nur« Abnehmer. Das Eigentum an der Kommissionsware geht zivilrechtlich direkt vom Kommittenten auf den Abnehmer über. Die zur Übertragung des Eigentums nach § 929 BGB erforderliche Einigung erfolgt durch den Kommissionär, der hierzu vom Kommittenten nach § 185 BGB vorab ermächtigt wird. Der Kommissionär ist letzten Endes nur Mittelsperson. Er erhält auch kein wirtschaftliches Eigentum an der Ware und darf sie daher nicht bilanzieren, auch wenn sie sich am Bilanzstichtag in seinen Lagerräumen befindet.

Anders ist die Rechtslage bezüglich der **Umsatzsteuer**. Abweichend vom Zivilrecht geht § 3 Abs. 3 UStG von zwei Lieferungen aus. Die erste Lieferung geht vom Kommittenten an den Kommissionär, die zweite vom Kommissionär an den Abnehmer (Kunden). Mit Urteil des BFH vom 25. 11. 1986 BStBl II 1987, 278 wurde entschieden, dass eine Lieferung des Kommittenten an den Kommissionär erst im Zeitpunkt der Lieferung des Kommissionsguts an den Abnehmer vorliegt. Die fingierte Lieferung an den Kommissionär habe nur Bedeutung im Zusammenhang mit der Lieferung des Kommissionsguts an den Abnehmer. Kommt das Ausführungsgeschäft nicht zustande, so hat der Kommissionär das Kommissionsgut wieder an den Kommittenten herauszugeben (§ 985 BGB). Die Finanzverwaltung hat die BFH-Rechtsprechung in A 3.1 Abs. 3 Satz 7 UStAE übernommen.

Die »**Abrechnungslast**« liegt in der Regel beim Kommissionär. Er hat nach § 384 Abs. 2 HGB dem Kommittenten über das Geschäft Rechenschaft abzulegen, also abzurechnen. Der umsatzsteuerliche Beleg, der zum Vorsteuerabzug berechtigt, ist daher nicht eine Rechnung (des Kommittenten), sondern eine Gutschrift (durch den Kommissionär), vgl. § 14 Abs. 2 Satz 2 UStG.

BEISPIEL

Kommittent T übergibt am 10. 12. 01 an Kommissionär S Waren mit Anschaffungskosten von 15 000 €, die S für mindestens 24 000 € netto verkaufen soll. S steht dafür eine Provision in Höhe von 10 % zu. S verkauft die Ware am 05. 01. 02 an D für 25 000 € + 4 750 USt und rechnet umgehend mit T ab:

Verkaufserlös netto	25 000 €
./. 10 % Provision	2 500 €
	22 500 €
+ 19 % Umsatzsteuer	4 275 €
Ihr Guthaben	26 775 €

LÖSUNG

Buchungen am 10. 12. 01
bei T: keine Buchung erforderlich, empfehlenswert ist jedoch eine klarstellende Umbuchung, z. B.

Kommissions-Wareneinkauf	15 000 €	
an Wareneinkauf		15 000 €

bei S: keine Buchung erforderlich. Eine Buchung über ein Konto »Kommissionsware« ist kritisch. Es müsste sichergestellt sein, dass Sollbuchung auf »Kommissionsware« und Habenbuchung auf »Kommissionsverbindlichkeiten« auf jeden Fall in gleicher Höhe erfolgen, und dass in der Bilanz weder »Ware« noch »Verbindlichkeit« erscheinen, dass die beiden Konten also vorher miteinander verrechnet werden. Es ist zweifellos besser, wenn die Kommissionsware nur in einem Hilfsbuch (z. B. Lagerkartei) aufgezeichnet wird.

Bilanzansatz 31. 12. 01		
bei T: Kommissionsware		
(auch: Konsignationslager o. dergl.)		15 000 €
bei S: kein Bilanzansatz.		
Buchungen am 05. 01. 02		
bei S: Forderungen	29 750 €	
an Kommissionsverbindlichkeit T		25 000 €
an Umsatzsteuer		4 750 €
Kommissionsverbindl. T	2 500 €	
an Provisionsertrag		2 500 €
Vorsteuer	4 275 €	
an Kommissionsverbindl. T		4 275 €

Das Konto »Kommissionsverbindlichkeit T« weist danach einen Saldo von 26 775 € aus.

bei T: Kommissionsforderung S	26 775 €	
Provisionsaufwand	2 500 €	
an Umsatzsteuer		4 275 €
an Kommissionswarenverkauf		25 000 €

Der Warenverkauf hätte auch gleich um den Provisionsaufwand gekürzt gebucht werden können. Dabei würde aber eine wichtige Information verloren gehen, nämlich die Information über den aus den Kommissionsgeschäften anfallenden Provisionsaufwand.

Nach § 400 HGB hat der Kommissionär für Kommissionsware, die einen Börsen- oder Marktpreis hat, auch das Recht zum **Selbsteintritt**, soweit dies nicht vertraglich ausgeschlossen wurde. Ein Verkaufskommissionär kann also Kommissionsgut, das er verkaufen soll, selbst als Käufer übernehmen. Der Kommissionär ist dabei zu der üblichen Provision berechtigt und kann auch die sonst regelmäßig vorkommenden Kosten berechnen (§ 403 HGB). Dies hat auch Einfluss auf die Anschaffungskosten der vom Kommissionär selbst übernommenen Waren.

BEISPIEL

Kommittent V übergibt dem Kommissionär M Büromöbel im Wert (Anschaffungskosten) von 12 500 € als Kommissionsware, die zum Limitpreis von 16 000 € verkauft werden soll. M behält Möbel mit einem anteiligen Limitpreis von 2 000 € zur Ergänzung seiner Geschäftsausstattung. Den Rest verkauft er zum Limitpreis (14 000 €) + 19 % USt an X. M rechnet wie folgt ab:

Verkaufserlös		14 000 €
Selbsteintritt	+	2 000 €
zusammen		16 000 €
davon ab: 5 % Provision	./.	800 €
verauslagte Frachtkosten	./.	400 €[a)]
bleiben		14 800 €
zuzüglich 19 % Umsatzsteuer		2 812 €
Ihre Forderung		17 612 €

[a)] Bei den verauslagten Frachtkosten von 400 € handelt es sich um Kosten für den Transport der Kommissionsware von V an M, die als Eingangsfracht gebucht wurde.

LÖSUNG

Buchungsvorschlag:
für Verkauf der Kommissionsware:

Forderungen	16 660 €	
an Kommissionsverbindlichkeit V		14 000 €
an Umsatzsteuer		2 660 €
Kommissionsverbindlichkeit V	1 050 €	[a]
an Provisionserträge		700 €
an Eingangsfrachten		350 €

für den Selbsteintritt:

Geschäftsausstattung	1 900 €	
an Kommissionsverbindlichkeit V		1 850 €
an Eingangsfrachten		50 €

für den Vorsteueranspruch:

Vorsteuer	2 812 €	
an Kommissionsverbindlichkeit V		2 812 €

Damit ergibt sich insgesamt eine Kommissionsverbindlichkeit V in Höhe von 17 612 €. Das entspricht obiger Abrechnung.

[a] Hierbei handelt es sich um die auf den Verkauf der Kommissionsware entfallende Provision (5 % von 14 000 €) und auf die anteiligen Eingangsfrachten (14/16 von 400 €).

Die Anschaffungskosten mindern sich um die einbehaltene Provision (5 % von 2 000 €). Die Eingangsfracht wirkt sich nicht auf die Anschaffungskosten aus, da sie von M zwar bezahlt (verauslagt) war, aber vereinbarungsgemäß von V übernommen wurde.

Kommt das Kommissionsgeschäft **nicht zur Ausführung**, so kann der Kommissionär eine Provision nur fordern, wenn dies ortsüblich bzw. vertraglich vereinbart ist oder wenn die Ausführung des vom Kommissionär bereits abgeschlossenen Geschäfts aus einem in der Person des Kommittenten liegenden Grunde unterblieben ist (§ 396 Abs. 1 Satz 2 HGB). **Umsatzsteuer** fällt in diesem Zusammenhang **nicht** an, selbst wenn eine Provision gezahlt wurde, weil nach § 3 Abs. 3 UStG ja nicht eine Vermittlungsleistung des Kommissionärs, sondern die fiktive Lieferung des Kommittenten besteuert wird, die aber wie das Kommissionsgeschäft selbst nicht erfolgt.

BEISPIEL

Kommittent T hat an Kommissionär S Waren übergeben, die S für mindestens 22 400 € verkaufen soll. Die Anschaffungskosten dieser Waren haben bei T 14 200 € betragen. Beim Verkauf kann S eine Provision von 6 % beanspruchen.

Vor Verkauf der Ware durch S wurde sie durch einen Lagerhausbrand vollständig vernichtet. S hatte die Ware auf Weisung des T versichert, die Versicherungsprämien hat S als »Versicherungsaufwand« gebucht. Die Versicherung zahlte für den Schaden 20 000 €.

S rechnet mit T wie folgt ab:

Versicherungsleistung	20 000 €
abzüglich verauslagte Prämie	200 €
Ihr Guthaben	19 800 €

LÖSUNG

Buchungen bei S:

Bank	20 000 €	
an Kommissionsverbindlichkeit T		20 000 €
Kommissionsverbindlichkeit T	200 €	
an Versicherungsaufwand		200 €

Buchungen bei T:

Kommissionsforderung S	19 800 €	
an Kommissionswareneinkauf		14 200 €
an so. betr. Erträge		5 600 €

Zu diesem Beispiel wird auf den Beschluss des BFH vom 16.09.1976 BStBl II 1977, 188 verwiesen, der einen ähnlichen Fall betroffen hat.

Auch bei Kommissionsgeschäften kann es vorkommen, dass die Forderung gegenüber dem Abnehmer uneinbringlich wird. Entscheidend für die weitere Behandlung ist dabei, wer das **Ausfallrisiko** trägt. In der Regel wird dies der Kommittent sein. Es kann jedoch auch vertraglich vereinbart (oder ortsüblich) sein, dass der Kommissionär für die Erfüllung der Verbindlichkeit durch den Dritten einzustehen hat (§ 394 HGB). In solchen Fällen wird der Kommissionär regelmäßig eine Delkredereprovision beanspruchen, die sein Risiko honoriert. Für die buchmäßige (und steuerliche) Behandlung dieser Delkredereprovision ergeben sich jedoch keine Besonderheiten. Bei einem **Forderungsausfall** wird auch das umsatzsteuerliche Entgelt berührt (§ 17 Abs. 2 UStG). Damit ist die USt zu berichtigen. Dies gilt auch für die fiktive Lieferung des Kommittenten an den Kommissionär, da umsatzsteuerlich das Entgelt des Kommittenten vom Entgelt des Kommissionärs abhängig ist (auch hierzu vgl. BFH vom 16.09.1976 BStBl II 1977, 188).

BEISPIEL

Kommittent V übergibt dem Kommissionär M fünf Maschinen zum Verkaufspreis von je 5 000 € als Kommissionsware. M verkauft davon zwei Maschinen an K und drei Maschinen an L, jeweils zu 5 000 € zuzüglich 19 % USt. M ist berechtigt, eine Provision von 5 % einzubehalten und erhält entstehende Kosten ersetzt. Bei der Auslieferung der Kommissionsware sind M durch Benutzung des eigenen Lkw Kosten in Höhe von 510 € entstanden (vgl. § 396 Abs. 2 HGB).

LÖSUNG

Die Abrechnung des M gegenüber V lautet:

Verkaufserlöse (an K und L) 5 × 5 000 € =		25 000 €
Provision 5 %	./.	1 250 €
Kostenersatz	./.	510 €
bleiben		23 240 €
19 % Umsatzsteuer (gerundet)	+	4 416 €
Ihr Guthaben		27 656 €

Die Forderung an K wurde uneinbringlich. M hat keine Delkrederehaftung übernommen. Seine Provision und die Kostenerstattung werden durch den Forderungsausfall vereinbarungsgemäß nicht beeinflusst.

LÖSUNG Buchungen bei M:

1. Beim Verkauf

Forderungen	29 750 €	
Vorsteuer	4 416 €	
an Kommissionsverbindlichkeit V		27 656 €
an Umsatzsteuer		4 750 €
an Provisionserträge		1 250 €
an verrechnete Kosten		510 €

2. Beim Forderungsausfall

Kommissionsverbindlichkeit V	10 000 €	
Umsatzsteuer	1 900 €	
an Forderungen		11 900 €
Kommissionsverbindlichkeit V	1 766 €	
an Vorsteuer[a]		1 766 €

Buchungen bei V:

1. Beim Verkauf durch M

Kommissionsforderung M	27 656 €	
Provisionsaufwand	1 250 €	
Transportkosten	510 €	
an Umsatzsteuer		4 416 €
an (Komm.) Warenverkauf		25 000 €

2. Beim Forderungsausfall

Forderungsverluste	10 000 €	
Umsatzsteuer[a]	1 766 €	
an Kommissionsforderung M		11 766 €

[a] Die bei V zu berichtigende USt (ebenso wie bei M die zu berichtigende Vorsteuer) entspricht nicht dem gebuchten Forderungsverlust. Es ist dabei vielmehr von dem Entgelt für die fiktive Lieferung der 2 Maschinen von V an M auszugehen, das nur netto (10 000 ./. 500 ./. 204 =) 9 296 € betragen hat; 19 % davon sind rund 1 766 €. Dieser Betrag entspricht auch 2/5 des in der Abrechnung ausgewiesenen Umsatzsteuerbetrags.

5 Erträge aus Wertpapieren und Beteiligungen

5.1 Erträge aus festverzinslichen Wertpapieren (Rentenpapieren)

Erträge aus festverzinslichen Wertpapieren sind **Zinsen**. Sie fallen regelmäßig halbjährlich oder jährlich zu den vorbestimmten Zinsterminen an. Zu beachten ist, dass die bis zum Bilanzstichtag aufgelaufenen, aber noch nicht fälligen Stückzinsen als **sonstige Forderungen** in der Bilanz auszuweisen sind. Diese »Abgrenzung« der Zinsen führt zu keinem RAP!

Alle Zinsen aus »sonstigen Kapitalforderungen jeder Art« unterliegen einer Kapitalertragsteuer in Höhe von 25 %, vgl. § 43 a Abs. 1 Satz 1 Nr. 1 i. V. m. § 43 Abs. 1 Satz 1 Nr. 7 und § 20 Abs. 1 Nr. 7 EStG. Dazu gehören auch die Zinsen aus festverzinslichen Wertpapieren. Die Möglichkeit einer Freistellung nach § 44 a Abs. 1 EStG besteht bei betrieblichen Zinserträgen nicht. Zudem hat die Kapitalertragsteuer bei betrieblichen Kapitalerträgen keine abgeltende Wirkung (§ 43 Abs. 5 Satz 2 EStG). Sie ist auf die Einkommensteuer anzurechnen (§ 36 Abs. 2 Nr. 2 EStG) und deshalb wie diese unter **Privatentnahmen** zu buchen (§ 12 Nr. 3 EStG). Sie darf zu keiner

Minderung der Zinserträge führen (s. auch 5.2). Das gilt auch für den Solidaritätszuschlag in Höhe von 5,5 % der Kapitalertragsteuer (§ 3 Abs. 1 Nr. 5 Solidaritätszuschlagsgesetz 1995).

BEISPIEL

S hat am 01. 06. 01 6 %ige Pfandbriefe im Nennwert von 50 000 € zum Kurs von 92,5 % mit laufendem Zinsschein erworben, Zinstermine A/O (= 01. April/01. Oktober). Die Bank rechnet wie folgt ab:

nominell 50 000 € Pfandbriefe zum Kurs von 92,5 % =	46 250 €
+ Stückzinsen für 60 Tage	500 €
+ Nebenkosten (Maklergebühr, Provision, Spesen)	350 €
Lastschrift	47 100 €

LÖSUNG Die Anschaffungskosten der Pfandbriefe setzen sich zusammen aus dem Börsenpreis (46 250 €) und den Nebenkosten (350 €). Die Stückzinsen gehören nicht dazu. S. K 3. 1. 2.

Buchung zum 01. 06. 01:		
Wertpapiere (des Anlagevermögens)	46 600 €	
sonstige Forderungen	500 €	
an Bank		47 100 €
Buchung zum 01. 10. 01:		
Bank	1 104 €	
Privatentnahmen	396 €[a)]	
an sonstige Forderungen		500 €
an Zinserträge		1 000 €
Buchung zum 31. 12. 01:		
sonstige Forderungen	750 €	
an Zinserträge		750 €
Alternative:		
Buchung zum 01. 06. 01:		
Wertpapiere (wie oben)	46 600 €	
Zinserträge (oder Zinsaufwand)	500 €	
an Bank		47 100 €
Buchung zum 01. 10. 01:		
Bank	1 104 €	
Privatentnahmen	396 €[a)]	
an Zinserträge		1 500 €
zum 31. 12. 01 wie oben.		

Die Gewinnauswirkung insgesamt ist bei beiden Buchungsalternativen dieselbe.

[a)] 25 % Kapitalertragsteuer von 1 500 € = 375 €, + 5,5 % Solidaritätszuschlag (rd. 21 €). Eine teilweise Verrechnung mit den gezahlten Stückzinsen nach § 43a Abs. 3 Satz 2 EStG kommt nicht in Betracht, da sich die Pfandbriefe im Betriebsvermögen befinden (BMF-Schreiben vom 09. 10. 2012 BStBl I 2012, 953 unter Rz. 214 und 215).

Erfolgt der Erwerb ohne laufenden Zinsschein, so erhält der neue Wertpapierbesitzer am nächsten Zinstermin noch keine Zinsen. Ihm werden deshalb beim Erwerb **Stückzinsen** nicht belastet, sondern gutgeschrieben. Er hat dann schon im Zusammenhang mit der Anschaffung einen Zinsertrag. Solche Fälle kommen bei einem Erwerb kurz vor oder nach einem Zinstermin vor. Bei der **Veräußerung** von festverzinslichen Wertpapieren sind wiederum Stückzinsen zu berücksichtigen. Auch diese Stückzinsen unterliegen der Kapitalertragsteuer, vgl. §§ 20 Abs. 2 Satz 1 Nr. 7, 43 Abs. 1 Satz 1 Nr. 10 und 43 a Abs. 1 Satz 1 Nr. 1 EStG.

BEISPIEL

T veräußert zum 01. 06. 03 8prozentige Industrieobligationen im Nennwert von 20 000 € – die schon mehrere Jahre zu seinem Betriebsvermögen gehören – zum Kurs von 98 %. Zinstermine M/S (= 01. März/01. September). Bisheriger Buchwert 19 550 €. Die Bankabrechnung lautet:

nominell 20 000 € Ind. Obl. zum Kurs von 98 % =		19 600 €
+ Stückzinsen für 90 Tage	400 €	
./. Kapitalertragsteuer 25 % =	100 €	
./. Solidaritätszuschlag 5,5 % = rd.	6 €	294 €
		19 894 €
./. Veräußerungskosten		100 €
Gutschrift		19 794 €

LÖSUNG Es ist zu buchen

Bank	19 794 €	
so. betr. Aufwand (bzw. Verlust aus Anlagenverkauf)	50 €	
Privatentnahmen	106 €	
an Wertpapiere		19 550 €
an Zinserträge		400 €

Der Buchverlust von 50 € ergibt sich durch die Berechnung: Veräußerungserlös ./. Veräußerungskosten ./. Buchwert.

Denkbar wäre auch folgende Buchung:

Bank	19 794 €	
Finanzkosten	100 €	
Privatentnahmen	106 €	
an Wertpapiere		19 550 €
an so. betr. Erträge (Kursgewinne)		50 €
an Zinserträge		400 €

Diese Buchung kann aber zu Fehlschlüssen führen, wenn es auf die genaue Höhe des Buchgewinns (Buchverlustes) ankommt.

Eine Besonderheit stellen die so genannten **Zerobonds** (auch Null-Kupon-Anleihen) dar. Für diese Anleihen sind keine laufenden Zinszahlungen vereinbart. Vielmehr wird am Ende der Laufzeit ein gegenüber dem Ausgabepreis wesentlich höherer Einlösungspreis gezahlt. Statt des üblichen Zinses ist der Unterschied zwischen dem Ausgabepreis und dem Einlösungspreis das Entgelt für die Kapitalüberlassung. Dabei spielt es keine Rolle, ob diese Anleihe aufgezinst oder abgezinst wurde. Der Erwerber eines Zerobonds hat den **Ausgabepreis** zu **aktivieren**. Am Ende der Laufzeit ist jedoch der Einlösungsbetrag auszuweisen. Nach BMF vom 05. 03. 1987 BStBl I 1987, 394 ist dazu der Unterschiedsbetrag zu den jeweiligen Bilanzstichtagen mit dem Teil aktivisch zu erfassen, der bei Zinseszinsberechnung rechnerisch auf die abgelaufene Laufzeit entfällt. Die Kapitalertragsteuer wird erst bei Einlösung bzw. vorzeitiger Veräußerung einbehalten.

BEISPIEL

U erwarb Anfang Januar 01 Zerobonds zum Ausgabepreis von 1 000 €, Laufzeit fünf Jahre, Einlösungspreis 1 338,22 €, entsprechend 6 % Jahreszins.

LÖSUNG Die Zerobonds sind zu aktivieren

am 31. 12. 01 mit	1 060,00 €
am 31. 12. 02 mit	1 123,60 €
am 31. 12. 03 mit	1 191,00 €
am 31. 12. 04 mit	1 262,48 €
am 31. 12. 05 mit	1 338,22 €

Die jährlichen Zuschreibungen erfolgen zu Gunsten des Kontos »Zinserträge«.

Bei Änderungen auf dem Geldmarkt kann handelsrechtlich nach § 253 Abs. 3 Satz 6 HGB eine außerplanmäßige Abschreibung auf den niedrigeren beizulegenden Wert in Betracht kommen (Wahlrecht). Steuerlich ist eine Abschreibung auf den niedrigeren Teilwert indes ausgeschlossen, weil nicht von einer voraussichtlich dauernden Wertminderung ausgegangen werden kann, vgl. § 6 Abs. 1 Nr. 2 Satz 2 EStG.

5.2 Erträge aus Dividendenpapieren

Aktionäre haben nach § 58 Abs. 4 AktG grundsätzlich einen Anspruch auf den Bilanzgewinn einer Aktiengesellschaft. Dieser Anspruch entsteht aber nicht automatisch durch Zeitablauf wie bei festverzinslichen Wertpapieren oder mit Ablauf des Abschlussstichtags wie bei Personengesellschaften. Über die Gewinnverwendung wird durch die **Hauptversammlung** nach § 174 AktG beschlossen. Erst mit diesem Beschluss ist der Gewinnanspruch, der Anspruch auf eine **Dividende** entstanden. Dieser Termin ist auch für die Buchung des Dividendenertrags maßgebend. Auf das Wirtschaftsjahr, für das die Dividende gezahlt wird, und auf den Zeitpunkt des Zuflusses kommt es bei Gewinnermittlung durch Bestandsvergleich nicht an.

Dividenden unterliegen nach § 43 Abs. 1 Satz 1 Nr. 1 i. V. m. § 43 a Abs. 1 Satz 1 Nr. 1 EStG mit einem Steuersatz von 25 % der **Kapitalertragsteuer**, und zwar einschließlich des nach § 3 Nr. 40 d EStG steuerfreien Teils (§ 43 Abs. 1 Satz 3 EStG). Diese hat bei betrieblichen Kapitalerträgen keine abgeltende Wirkung (§ 43 Abs. 5 Satz 2 EStG) und kann auf die Einkommensteuer angerechnet werden (§ 36 Abs. 2 Nr. 2 EStG). Die Dividendenerträge des Aktionärs verringern sich durch die abgezogene Kapitalertragsteuer indessen nicht. Diese darf als Teil der Einkommensteuer nach § 12 Nr. 3 EStG den Gewinn nicht mindern und muss daher als Privatentnahme gebucht werden. Das Gleiche gilt für den auf die Kapitalertragsteuer erhobenen Solidaritätszuschlag.

BEISPIELE

Dividendengutschrift				
140 St. V-AG Aktien, Dividende 10,00 € p. St, Zahlungstag 20. 05. 02				
Bruttobetrag 1 400,00 €	Kapitalertragsteuer 350,00 €	Solidaritätszuschlag 19,25 €	Gutschriftbetrag 1 030,75 €	Wertstellung 20. 05. 02
Stuttgart, den 20. 05. 02				

LÖSUNG Buchung:

Bank	1 030,75 €	
Privatentnahmen (Privatsteuern)	369,25 €	
an Wertpapiererträge		1 400,00 €

Von diesem Ertrag sind nach § 3 Nr. 40 d EStG 40 % einkommensteuerfrei. Ist Empfänger der Dividende eine Kapitalgesellschaft, so ist nach § 8 b Abs. 1 Satz 1 KStG der gesamte Betrag körperschaftsteuerfrei. 5 vom Hundert der Dividende gelten allerdings nach § 8 b Abs. 5 Satz 1 KStG als nicht abzugsfähige Betriebsausgabe. Zum Jahresabschluss erscheint eine Umbuchung von 560,00 € (1 400 € × 40 %) auf ein Konto »steuerfreie Wertpapiererträge« zweckmäßig; dieser Betrag ist dann zur Ermittlung des steuerlichen Gewinns außerbilanziell abzuziehen. Bei Kapitalgesellschaften kann gleich i. H. v. 1 400,00 € auf ein solches Konto gebucht werden. Außerbilanziell dürfen jedoch bei Kapitalgesellschaften nur 95 % der steuerfreien Dividendenerträge bei der Ermittlung des steuerlichen Gewinns abgezogen werden.

Im Allgemeinen ist es nicht zu beanstanden, wenn die Buchung des Wertpapierertrags erst zum Zeitpunkt der Bankgutschrift vorgenommen wird (vgl. dazu R 5.2 Abs. 1 Satz 3 EStR bezüglich Waren- und Kostenrechnungen). Das gilt aber dann nicht, wenn zwischen dem Beschluss der Hauptversammlung zur Dividendenausschüttung und der Gutschrift auf dem Bankkonto der Bilanzstichtag liegt. Hier muss sichergestellt werden, dass der Ertrag noch in voller Höhe im Wirtschaftsjahr der Beschlussfassung berücksichtigt wird. Dabei ist eine sonstige Forderung anzusetzen.

BEISPIEL

Die Hauptversammlung der X-AG beschließt am 28. 06. 03, für das Wj. 02 eine Dividende von 12 € je Aktie auszuschütten. Zum Betriebsvermögen des E gehören 420 X-Aktien. Das Wj. 02/03 des E endet am 30. 06. 03.

E erhält am 04. 07. 03 eine Bankgutschrift über 3 710,70 € (nach Abzug von 25 % KapSt = 1 260,00 € zuzügl. 5,5 % SolZ = 69,30 €, zus. 1 329,30 €).

LÖSUNG

Buchung:		
zum 28. 06. 03:		
sonstige Forderungen	5 040,00 €	
an Wertpapiererträge		5 040,00 €
zum 04. 07. 03:		
Bank	3 710,70 €	
Privatentnahmen (Privatsteuern)	1 329,30 €	
an sonstige Forderungen		5 040,00 €

Zum Jahresabschluss auf den 30. 06. 03 wäre noch eine Umbuchung von 2 016 € (5 040 € × 40 %) auf das Konto »steuerfreie Wertpapiererträge« zweckmäßig. Kapitalertragsteuer und Solidaritätszuschlag können am 28.06.03 noch nicht als Privatentnahme gebucht werden, da diese erst mit Zufluss am 04.07.03 entstehen (§ 44 Abs. 1 Satz 2 EStG).

Beim Erwerb bzw. bei der Veräußerung von Aktien werden noch nicht beschlossene Dividenden nicht nach Art der Stückzinsen in Rechnung gestellt, auch wenn sie mit Sicherheit zu erwarten sind. Dividendenerwartungen schlagen sich im Börsenkurs der Aktien nieder und beeinflussen damit die Anschaffungskosten bzw. den Veräußerungserlös dieser Aktien. Sie lassen sich nicht von diesen trennen. Vgl. BFH vom 21. 05. 1986 BStBl II 1986, 794, 815 bezüglich der Anschaffung von GmbH-Anteilen.

5.3 Beteiligungserträge

Erträge aus der Beteiligung (§ 271 HGB) an Aktiengesellschaften sind i. d. R. wie Erträge aus Dividendenpapieren zu behandeln, auch wenn sie auf einem besonderen Ertragskonto

»Beteiligungserträge« bzw. »Erträge aus Beteiligungen« (vgl. § 275 Abs. 2 Nr. 9 HGB) zu buchen sind. Das Gleiche gilt sinngemäß für Beteiligungen an einer GmbH.

Bei Beteiligungen an einer so genannten **Tochtergesellschaft** könnte unter Umständen für das Entstehen des Anspruchs ein anderer Zeitpunkt in Betracht kommen. Laut BGH vom 03. 11. 1975 DB 1975, 38, BGHZ 65, 230 kann eine Konzern- oder Holdinggesellschaft, die mit Mehrheit an einer anderen Kapitalgesellschaft beteiligt ist, den bei der Tochtergesellschaft erzielten und zur Ausschüttung vorgesehenen Gewinn noch **für das gleiche Geschäftsjahr** in ihrer Bilanz unter »Forderungen an verbundene Unternehmen« und in der Gewinn- und Verlustrechnung unter »Erträge aus Beteiligungen« ausweisen, wenn der Jahresabschluss der Tochtergesellschaft noch vor Abschluss der Prüfung bei der Muttergesellschaft festgestellt worden ist und mindestens ein entsprechender Gewinnverwendungsvorschlag vorliegt (phasengleiche Aktivierung von Divendendenansprüchen). Die Finanzverwaltung hatte aufgrund dieses handelsrechtlichen Aktivierungswahlrechts unter Hinweis auf BFH vom 03. 02. 1969 BStBl II 1969, 291 ein steuerliches Aktivierungsgebot angenommen (BMF vom 03. 12. 1976 BStBl I 1976, 679). Das sollte auch dann gelten, wenn die Muttergesellschaft eine Personengesellschaft ist und bei beherrschenden Einzelunternehmern (BFH vom 08. 03. 1989 BStBl II 1989, 714).

Dieser Behandlung hat der GrS des BFH die Grundlage entzogen (BFH vom 07. 08. 2000 BStBl II 2000, 632). Er sieht in dem vom BGH gebilligten Aktivierungswahlrecht eine handelsrechtlich zulässige, bloße Bilanzierungshilfe. Ein für eine Aktivierung in der Steuerbilanz erforderliches Wirtschaftsgut sei aber bei einem am Bilanzstichtag noch nicht beschlossenen Dividendenanspruch nicht gegeben. Ein bis zur Bilanzerstellung der Muttergesellschaft erfolgter Gewinnverwendungsbeschluss stelle keine Wertaufhellung, sondern eine Wertbeeinflussung dar, die nicht berücksichtigt werden dürfe. Nur in **seltenen Ausnahmefällen** käme eine phasengleiche Aktivierung in Betracht, wenn nämlich zum Bilanzstichtag ein Bilanzgewinn der Tochtergesellschaft auszuweisen ist, der mindestens ausschüttungsfähige Bilanzgewinn den Gesellschaften bekannt ist und für diesen Zeitpunkt (also dem Bilanzstichtag) anhand **objektiver** Anhaltspunkte **nachgewiesen** ist, dass die Gesellschafter **endgültig** entschlossen sind, eine bestimmte Gewinnverwendung künftig zu beschließen. Die Finanzverwaltung folgt dieser Entscheidung (BMF vom 01. 11. 2000 BStBl I 2000, 1510).

Diese Grundsätze gelten auch, wenn es sich bei den Gesellschaftern der Kapitalgesellschaft um bilanzierende Einzelunternehmer oder um Personengesellschaften handelt und auch in den Fällen, in denen bei einer Betriebsaufspaltung die Anteile an der Betriebskapitalgesellschaft zum Sonderbetriebsvermögen II eines Gesellschafters der Besitzpersonengesellschaft gehören (BFH vom 31. 10. 2000 BStBl II 2001, 185).

Bei **Beteiligungen an Personengesellschaften** richtet sich der Beteiligungsertrag steuerlich nach der einheitlich und gesonderten Gewinnfeststellung für diese Gesellschaft. Der dadurch festgestellte Gewinnanteil ist **steuerlich verbindlich**. Sollte bei der Bilanzaufstellung der Gewinnanteil noch unbekannt sein, weil die Bilanz der Personengesellschaft noch aussteht, so müsste für die Steuerbilanz der Anteil geschätzt werden.

Im Übrigen ist der Gewinnanteil beim Gesellschafter in dem Wirtschaftsjahr zu erfassen, in das der Bilanzstichtag der Gesellschaft fällt.

BEISPIELE

a) Kaufmann A ist an der A & B OHG beteiligt. Sowohl A als auch die OHG haben als Wj das Kalenderjahr. Der Anteil am Gewinn 03 der OHG ist von A in seinem Abschluss auf 31. 12. 03 zu erfassen.

b) Kaufmann X ist an der X-KG beteiligt. Sein Wj endet jeweils am 30. 06. Die KG schließt zum 31. 12. ab. Der Anteil am Gewinn 03 der KG ist von X in seiner Bilanz zum 30. 06. 04 auszuweisen. Vgl. auch zweites Beispiel zu K 3. 2. 2.

6 Diskontaufwand und -ertrag sowie Finanzkosten bei Wechselgeschäften

Im Geschäftsverkehr, besonders unter Kaufleuten, wird der Wechsel gelegentlich als Zahlungsmittel verwendet. Beim Ausstellen eines Wechsels erreicht der Schuldner einen meist wesentlichen Zahlungsaufschub, andererseits kann der Gläubiger den Wechsel zeitnah verwerten; s. 6. 2. 1. In diesem Zusammenhang entstehen Diskontaufwendungen und andere Wechselkosten.

6.1 Allgemeines

Der **Wechsel** ist eine schriftliche, unbedingte, aber befristete Zahlungsverpflichtung, dessen Form im Wechselgesetz (WG) vorgeschrieben ist. Es ist zwischen gezogenen Wechseln (Erster Teil WG) und eigenen Wechseln (Zweiter Teil) zu unterscheiden. Gezogene Wechsel heißen auch Tratte oder Akzept, eigene Wechsel bezeichnet man als Solawechsel. Für den Solawechsel gelten folgende Ausführungen sinngemäß.

6.2 Gezogener Wechsel

Die Bestandteile des gezogenen Wechsels ergeben sich aus folgendem **Muster:**

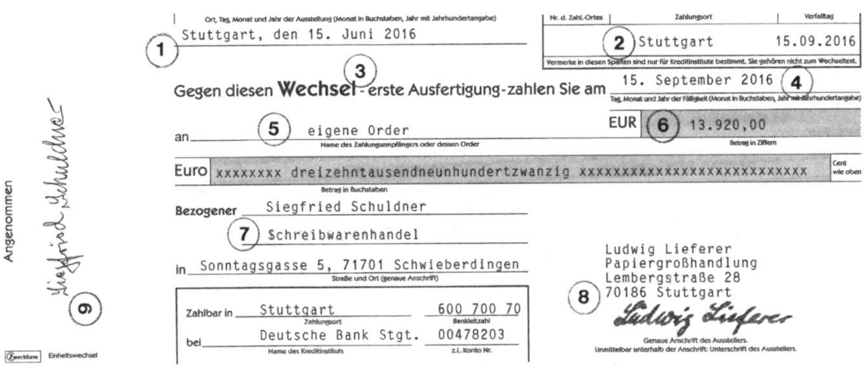
Ort, Tag, Monat und Jahr der Ausstellung (Monat in Buchstaben, Jahr mit Jahrhundertangabe)
(1) Stuttgart, den 15. Juni 2016
Nr. d. Zahl.-Ortes | Zahlungsort | Verfalltag
(2) Stuttgart 15.09.2016
Vermerke in diesen Spalten sind nur für Kreditinstitute bestimmt. Sie gehören nicht zum Wechseltext.
Gegen diesen Wechsel (3) - erste Ausfertigung - zahlen Sie am 15. September 2016 (4)
Tag, Monat und Jahr der Fälligkeit (Monat in Buchstaben, Jahr mit Jahrhundertangabe)
an (5) eigene Order
Name des Zahlungsempfängers oder dessen Order
EUR (6) 13.920,00
Betrag in Ziffern
Euro xxxxxxxx dreizehntausendneunhundertzwanzig xxxxxxxxxxxxxxxxxxxxxxxxxxx Cent wie oben
Betrag in Buchstaben
Bezogener Siegfried Schuldner
(7) Schreibwarenhandel
in Sonntagsgasse 5, 71701 Schwieberdingen
Straße und Ort (genaue Anschrift)
Zahlbar in Stuttgart 600 700 70
Zahlungsort Bankleitzahl
bei Deutsche Bank Stgt. 00478203
Name des Kreditinstituts z.L. Konto Nr.
(8) Ludwig Lieferer
Papiergroßhandlung
Lembergstraße 28
70186 Stuttgart
Ludwig Lieferer
Genaue Anschrift des Ausstellers.
Unmittelbar unterhalb der Anschrift: Unterschrift des Ausstellers.
Angenommen
Siegfried Schuldner (9)
Zweckform Einheitswechsel

Es bedeuten:
1 Ausstellungsort und -tag
2 Zahlungsort
3 Bezeichnung »Wechsel«
4 Verfalldatum oder Fälligkeitstag
5 Wechselgläubiger, Wechselnehmer
6 Wechselsumme
7 Bezogener, Wechselschuldner
8 Aussteller des Wechsels und dessen Unterschrift
9 Unterschrift des Bezogenen, Akzept
Siehe auch Art. 1 und Art. 25 WG. Die übrigen Angaben haben Bedeutung, wenn der Wechsel bei einer Bank diskontiert werden soll.

6.2.1 Verwertungsmöglichkeiten

Der Wechselgläubiger, der meist gleichzeitig der Aussteller ist, hat folgende Verwertungsmöglichkeiten:

a) Er kann den Wechsel bis zum Verfalltag aufbewahren und ihn dann dem Bezogenen zur Zahlung vorlegen. Dieser Fall wird nur selten vorkommen, da er für den Gläubiger im Ergebnis zu einem Zinsausfall führt. Er gibt praktisch dem Schuldner einen unverzinslichen Kredit.

b) Er kann den Wechsel durch Indossament weitergeben, also als Zahlungsmittel benützen. Das Indossament wird üblicherweise auf die Rückseite des Wechsels gesetzt und lautet beispielsweise
»Für mich an die Order der Firma XYZ in Stuttgart.
Hamburg, den 17. Juli 01
Unterschrift.«
Damit überträgt der bisherige Wechselgläubiger als Indossant seine Wechselforderung auf den neuen Wechselinhaber, den Indossatar (im Beispiel die Firma XYZ). Vergleiche Art. 11 f. WG.

c) Er kann den Wechsel bei der Bank diskontieren lassen. Auch dies geschieht formell durch ein Indossament zu Gunsten der Bank. Die Bank schreibt dann jedoch die Wechselsumme dem Konto des bisherigen Wechselinhabers gut, allerdings nach Abzug von Wechseldiskont und Wechselspesen. Der Wechseldiskont bemisst sich nach Wechselsumme, Diskontsatz und Laufzeit bis Verfalltag, stellt also Zinsaufwand dar. Die Wechselspesen werden dagegen nicht zeitbezogen berechnet. Die bei der Diskontierung entstehenden Wechselkosten werden häufig dem Wechselschuldner besonders in Rechnung gestellt.

6.2.2 Wechsel und Umsatzsteuer

Nach A 10.3 Abs. 6 UStAE mindert der **Wechseldiskont**, die so genannten Wechselvorzinsen, das Entgelt und führt demnach zu einer **Berichtigung der Umsatzsteuer** (§ 17 Abs. 1 UStG). Die **Wechselspesen** sind dagegen als Kosten des Zahlungseinzugs anzusehen, die keinen Einfluss auf die Höhe des Entgelts haben. Meist hat der Unternehmer in der Rechnung, für die der Wechsel in Zahlung genommen wird, die Umsatzsteuer gesondert ausgewiesen, welche vom Abnehmer unter den Voraussetzungen des § 15 UStG als Vorsteuer abgezogen werden kann. Der Unternehmer kann in diesem Fall seine Umsatzsteuerschuld nur kürzen, wenn er seinem Abnehmer die Entgeltsminderung und die darauf entfallende Umsatzsteuer mitteilt. Unterlässt er dies, was in der Praxis oftmals der Fall ist, so schuldet er die auf den Wechseldiskont entfallende Umsatzsteuer nach § 14 c Abs. 1 UStG.

Auch die Weiterberechnung der Wechselkosten löst umsatzsteuerliche Probleme aus. Stellt der weiterberechnete Betrag zusätzliches Entgelt dar oder ist er Entgelt für eine gesonderte Leistung, nämlich eine Kreditgewährung? In der Regel dürften sich die Leistungen leicht trennen lassen, einerseits in die (ursprüngliche) Lieferung oder sonstige Leistung und andererseits in die Kreditgewährung mittels Wechsel. Das hat zur Folge, dass die weiterberechneten Wechselkosten nach § 4 Nr. 8 Buchst. a UStG steuerfrei sind. Vgl. auch A 3.11 UStAE, insbes. Abs. 2 u. Abs. 6.

In der Praxis zeigt sich jedoch, dass die Steuerfreiheit in vielen Fällen nicht gewollt ist, denn sie führt über § 15 Abs. 2 Nr. 1 UStG zu einer Einschränkung des Vorsteuerabzugs. Der Unternehmer wird daher im Normalfall auf die Steuerbefreiung verzichten (§ 9 UStG) und die weiterberechneten Wechselkosten der Umsatzsteuer unterwerfen.

BEISPIELE

a) Unternehmer L liefert an Kunden S Waren im Wert von 12 000 € + 2 280 € Umsatzsteuer. Nach Erhalt der Rechnung bittet S um Zahlungsaufschub. L stellt daraufhin einen Wechsel über 14 280 € aus, den S akzeptiert.

LÖSUNG

Buchungen bei L:

Forderungen	14 280,00 €	
an Umsatzsteuer		2 280,00 €
an Warenverkauf		12 000,00 €
Besitzwechsel	14 280,00 €	
an Forderungen		14 280,00 €

Buchungen bei S:

Wareneinkauf	12 000,00 €	
Vorsteuer	2 280,00 €	
an Verbindlichkeiten		14 280,00 €
Verbindlichkeiten	14 280,00 €	
an Schuldwechsel		14 280,00 €

aa) L legt den Wechsel am Verfalltag dem S zur Zahlung vor. S zahlt per Scheck über 14 280,00 €.

LÖSUNG

Buchung bei L:

Bank (oder Schecks)	14 280,00 €	
an Besitzwechsel		14 280,00 €

Buchung bei S:

Schuldwechsel	14 280,00 €	
an Bank		14 280,00 €

bb) L gibt den Wechsel durch Indossament an Kaufmann D weiter, der gegen ihn eine Warenforderung im Betrag von 15 000 € hat.

LÖSUNG

Buchung bei L:

Verbindlichkeiten	14 280,00 €	
an Besitzwechsel		14 280,00 €

Buchung bei D:

Besitzwechsel	14 280,00 €	
an Forderungen		14 280,00 €

Bei S erfolgt keine Buchung bis zur Einlösung des Wechsels.

cc) L lässt den Wechsel bei der Bank diskontieren. Die Bank berechnet ihm 205,00 € Diskont und 10,00 € Spesen und schreibt danach 14 065 € seinem Konto gut. L benachrichtigt S von der Diskontierung nicht.

LÖSUNG

Buchung bei L:

Bank	14 065,00 €	
Zinsaufwand (W'Diskont)	205,00 €	
Finanzkosten	10,00 €	
an Besitzwechsel		14 280,00 €

Bei S erfolgt keine Buchung bis zur Einlösung des Wechsels.

b) L berechnet S wegen der Wechselausstellung an Kosten insgesamt 250 €, einschließlich innerbetriebliche Kosten für die Bearbeitung, zuzüglich 47,50 € USt, da er auf die Steuerbefreiung des § 4 Nr. 8 Buchst. a UStG verzichtet.

LÖSUNG

Buchung bei L:		
Forderungen	297,50 €	
an Umsatzsteuer		47,50 €
an weiterberechnete Wechselkosten		250,00 €
Buchung bei S:		
Finanzkosten (Wechselkosten)	250,00 €	
Vorsteuer	47,50 €	
an Verbindlichkeiten		297,50 €

c) L hat an Privatperson P Leistungen für 8 500 € brutto ohne gesonderten Ausweis der Umsatzsteuer erbracht. P akzeptiert einen Wechsel über diese Summe, der von L der Bank zur Diskontierung übergeben wird. Die Bank berechnet 128 € Diskont und 12 € Spesen, Gutschrift 8 360 €. Es werden keine Wechselkosten an P weiterberechnet.

LÖSUNG

Buchungen bei L:		
Besitzwechsel	8 500,00 €	
an Warenverkauf		7 142,86 €
an Umsatzsteuer		1 357,14 €
Bank	8360,00 €	
Zinsaufwand	128,00 €	
Finanzkosten	12,00 €	
an Besitzwechsel		8 500,00 €
Umsatzsteuer	20,44 €	
an Zinsaufwand (19/119 von 128 €)		20,44 €

Unabhängig davon, ob L den P über die Diskontierung benachrichtigt, kann er die Umsatzsteuer aufgrund der Entgeltsminderung berichtigen, da P keine Vorsteuer abziehen konnte.

6.2.3 Rechnungsabgrenzung bei Wechseldiskontierung

Geht die Laufzeit eines Wechsels über den Bilanzstichtag hinaus, so dürfen die Wechselkosten (Diskont und Spesen) für das abgelaufene Wirtschaftsjahr nur anteilig als Aufwand behandelt werden. Der übersteigende Betrag wird durch einen aktiven RAP ins nächste Wirtschaftsjahr übertragen (BFH vom 31.07.1967 BStBl II 1968, 7). Bei Erträgen aus weiterberechneten Wechselkosten dürfte nichts anderes gelten. Für sie ist gegebenenfalls ein passiver RAP zu bilden.

6.2.4 Wechselprolongation

Der Wechselschuldner muss mit Sicherheit damit rechnen, dass ihm der Wechsel am Verfalltag (oder spätestens an einem der beiden folgenden Werktage – siehe Art. 38 WG) zur Zahlung vorgelegt wird. Eine Verweigerung der Zahlung würde zum Wechselprotest führen (s. nachfolgend 6.2.5). Kann der Bezogene nicht zahlen, so wird er zweckmäßigerweise vor Fälligkeit mit dem Aussteller – evtl. auch einem Dritten – Verbindung aufnehmen, um einen »Zahlungsaufschub« im Wege der Prolongation zu erreichen. Für die Prolongation gibt es zwei Möglichkeiten.

a) Der Wechsel wurde vom Aussteller **noch nicht weitergegeben**. Dies ist der einfachste, aber nicht häufige Fall. Hier kann der alte Wechsel ganz einfach durch einen neuen ersetzt werden, den Prolongationswechsel, natürlich nur in gegenseitigem Einverständnis. Eine Buchung erübrigt sich. Sie müsste »Besitzwechsel an Besitzwechsel« bzw. »Schuldwechsel an Schuldwechsel« lauten. Lediglich in einem Hilfsbuch der Buchführung, dem so genannten Wechselkopierbuch – in dem alle wichtigen Daten eines Besitzwechsels aufgezeichnet werden – wird eine Eintragung erforderlich sein.

b) In den meisten Fällen ist der Wechsel **bereits weitergegeben**, i. d. R. an ein Kreditinstitut zur Diskontierung. Dann lässt sich zur Vermeidung des Wechselprotestes eine Zahlung nicht umgehen. Hier kann sich der Bezogene unter Umständen das zur Einlösung nötige Geld vom Aussteller – oder einem Dritten – gegen Ausstellung eines Prolongationswechsels beschaffen. Der Aussteller hat dabei neben dem Bezogenen selbst das größte Interesse an der Vermeidung eines Wechselprotests (s. nachfolgend 6.2.5).

BEISPIEL

B hat einen von A ausgestellten Wechsel über 10 000 € akzeptiert, der am 30. 06. 01 fällig ist. A ließ den Wechsel bei der Bank diskontieren. Am 25. 06. 01 tritt B an A heran, mit der Bitte um Wechselprolongation. A übergibt B einen Verrechnungsscheck über 10 000 €, mit dem B den fälligen Wechsel einlöst. Dafür wird unter Einbeziehung einer pauschalen Vergütung von 200 € ein Prolongationswechsel über 10 200 € ausgestellt und von B akzeptiert.

LÖSUNG

Buchung von Prolongation und Wechseleinlösung:

Buchung bei A:

Besitzwechsel	10 200,00 €	
an Bank		10 000,00 €
an so. betr. Erträge (o. weiterber. Wechselkosten)		200,00 €

Die Vergütung für die Prolongation ist u. E. gemäß § 4 Nr. 8 Buchst. a UStG umsatzsteuerfrei. Die Kreditgewährung durch Prolongation lässt sich leicht von der ursprünglichen Lieferung oder sonstigen Leistung trennen (vgl. Abschn. 3.10 und 3.11 UStAE). Allerdings wäre ein Verzicht auf die Steuerbefreiung nach § 9 UStG möglich.

Buchung bei B:

Bank	10 000,00 €	
Finanzkosten	200,00 €	
an Schuldwechsel		10 200,00 €
Schuldwechsel	10 000,00 €	
an Bank		10 000,00 €

Falls auf die Umsatzsteuerfreiheit nach § 9 UStG verzichtet und die USt mit 38 € ausgewiesen wird, ergeben sich folgende Buchungen:

Buchung bei A:

Besitzwechsel	10 238,00 €	
an Bank		10 000,00 €
an Umsatzsteuer		38,00 €
an so. betr. Erträge		200,00 €

Buchungen bei B:

Bank	10 000,00 €	
Vorsteuer	38,00 €	
Finanzkosten	200,00 €	
an Schuldwechsel		10 238,00 €
Schuldwechsel	10 000,00 €	
an Bank		10 000,00 €

In der Praxis werden Wechselprolongationen oft schon von vornherein zwischen den Vertragsparteien vereinbart, und zwar dann, wenn die Finanzierung einer Anschaffung mittels Wechsel über einen längeren Zeitraum laufen soll. Die Laufzeit eines Wechsels soll nämlich wegen der Diskontfähigkeit 90 Tage nicht überschreiten.

6.2.5 Wechselprotest

Kann der Wechselschuldner am Verfalltag den Wechsel nicht einlösen, so kommt es i. d. R. zum Wechselprotest (Art. 44 WG). Protesturkunden werden nur von einem Notar oder Gerichtsvollzieher ausgefertigt, nachdem diese sich von der Zahlungsunfähigkeit oder -unwilligkeit des Bezogenen überzeugt haben. Üblicherweise befindet sich die Protesturkunde auf der Rückseite des »geplatzten« Wechsels.

Nach dem Wechselprotest muss der letzte Inhaber des Wechsels seinen unmittelbaren Vorgänger und den Aussteller benachrichtigen (Art. 45 WG). Er hat dann die Möglichkeit des Rückgriffs (Regress), d. h. er kann von seinen Vorgängern bis hin zum Aussteller die Wechselsumme und dazu Zinsen, Kosten und Vergütung verlangen (Art. 43 und 48 WG). Diese Zuschläge sind als Schadensersatz zu behandeln (A 1.3 Abs. 6 Satz 5 UStAE). Sie unterliegen also nicht der Umsatzsteuer.

Letzter in der Kette der Regresspflichtigen ist der Aussteller. Zwar lebt nun seine ursprüngliche Forderung gegenüber dem Bezogenen gewissermaßen wieder auf; der Wechsel wurde ja nur zahlungshalber und nicht an Zahlungs Statt gegeben. Im Zweifel wird diese Forderung allerdings uneinbringlich sein, ebenso wie der Anspruch auf Erstattung der Regresskosten. Dies führt zu einer Berichtigung der Umsatzsteuer nach § 17 Abs. 2 Nr. 1 UStG.

BEISPIEL

Ein Wechsel über 11 900 €, dem eine Warenlieferung im Wert von netto 10 000 € + 19 % USt zugrunde lag, wird am Verfalltag vom Wechselinhaber I dem Bezogenen B zur Zahlung vorgelegt. Da B zahlungsunfähig ist, kommt es zum Wechselprotest. Protestkosten 31 €.
Daraufhin richtet I an den Aussteller A folgende Rückgriffsforderung:

Wechselsumme	11 900 €
Zinsen, 6 % für fünf Tage	10 €
Protestkosten, Porto, Auslagen	47 €
Vergütung 0,33 %	39 €
zusammen	11 996 €

LÖSUNG

Buchung bei I:		
Rechts- und Beratungskosten	31,00 €	
an Kasse		31,00 €
(Regress-)Forderungen	11 996,00 €	
an Besitzwechsel		11 900,00 €
an Rechts- und Beratungskosten		31,00 €
an so. betr. Ertrag		65,00 €

Buchungen bei A:		
Forderungen	11 900,00 €	
so. betr. Aufwand (auch Finanzkosten o. ähnl.)	96,00 €	
an Verbindlichkeiten		11 996,00 €
Forderungsverluste (Abschr. a. Ford.)	10 000,00 €	
Umsatzsteuer	1 900,00 €	
an Forderungen		11 900,00 €

Wegen der Möglichkeit einer Inanspruchnahme aus weitergegebenen Wechseln durch einen Wechselregress können in der Bilanz Einzel- oder Pauschalrückstellungen für Wechselobligo gebildet werden (vgl. dazu L 5.9.7 unter b).

Teil N Bilanzberichtigung und Bilanzänderung sowie Berichtigungstechnik und Mehr- und Wenigerrechnung

Vorbemerkung

Die Vorschrift des § 4 Abs. 2 EStG zur Bilanzberichtigung und Bilanzänderung dient grundsätzlich der Korrektur von Steuerbilanzen und des steuerlichen Gewinns. Die Regelungsinhalte sind jedoch regelmäßig auch für die Korrektur von Handelsbilanzen anzuwenden. Die nachstehend verwendeten steuerlichen Begriffsbezeichnungen gelten daher auch für die entsprechenden handelsrechtlichen Begriffsbezeichnungen (z. B. Wirtschaftsjahr für Geschäftsjahr, Wirtschaftsgut für Vermögensgegenstand). Außerdem wird die Bezeichnung »Jahr« auch regelmäßig für die Bezeichnung des Wirtschaftsjahres bzw. Geschäftsjahres verwendet.

Für die Steuerbilanz sind sowohl die Bilanzberichtigung als auch die Bilanzänderung im engeren Sinne geregelt in § 4 Abs. 2 EStG, wobei das Gesetz in beiden Fällen den Begriff der »Änderung der Vermögensübersicht (Bilanz)« verwendet.

1 Grundsätze der Bilanzberichtigung

Die Rechtsgrundlage für die steuerliche Bilanzberichtigung befindet sich in **§ 4 Abs. 2 Satz 1 EStG**.

1.1 Begriff

Von einer Bilanzberichtigung ist zu sprechen, wenn eine bereits erstellte und vom Kaufmann bzw. bei Personengesellschaften und juristischen Personen (insbesondere Kapitalgesellschaften und Genossenschaften) von deren gesetzlichen Vertretern unterzeichnete Bilanz (vgl. § 245 HGB) nachträglich korrigiert wird, weil sie unrichtig, d. h. falsch, ist. Ein falscher Ansatz muss durch einen richtigen Ansatz ersetzt werden. Ein Ansatz ist unrichtig, wenn er unzulässig ist, d. h. wenn er gegen folgende Vorschriften bzw. Grundsätze verstößt (R 4.4 Abs. 1 Satz 2 EStR):

a) Verstoß gegen Vorschriften des Handelsrechts,
b) Verstoß gegen die einkommensteuerlich zu beachtenden handelsrechtlichen Grundsätze ordnungsmäßiger Buchführung,
c) Verstoß gegen zwingende Vorschriften des Einkommensteuerrechts.

BEISPIELE

a) Ein Vollkaufmann hatte am 15. 12. 01 mit einem Kunden einen Kaufvertrag über die Lieferung eines Postens Ware zum Verkaufspreis von 10 000 € (zuzüglich Umsatzsteuer) abgeschlossen. Obwohl die Lieferung erst am 10. 01. 02 erfolgte, buchte der Kaufmann den Vorgang bereits im Jahr 01.

LÖSUNG Indem die Forderung aus dem Kaufvertrag (und die Umsatzsteuerschuld) bereits vor Durchführung der Lieferung erfasst worden sind, wurde gegen den Grundsatz verstoßen, dass noch nicht realisierte Gewinne nicht ausgewiesen werden dürfen (Verstoß gegen das Realisations- und Imparitätsprinzip des § 252 Abs. 1 Nr. 4 HGB). Die Bilanz zum 31. 12. 01 ist daher fehlerhaft und muss berichtigt werden.

b) Ein Großhändler setzte in seiner Bilanz einen Posten Waren, den er im abgelaufenen Jahr für 10 000 € angeschafft hatte, mit den Anschaffungskosten an, obwohl zum Bilanzstichtag der Börsen- und Marktpreis bzw. der Teilwert inzwischen dauerhaft auf 9 000 € gesunken war.

LÖSUNG Handelsrechtlich sind Vermögensgegenstände des Umlaufvermögens gemäß § 254 Abs. 4 Satz 1 HGB zwingend auf den niedrigeren Börsen- oder Marktpreis bzw. den niedrigeren beizulegenden Wert abzuschreiben sind (sog. strenges Niederstwertprinzip).
Steuerlich gilt nach § 6 Abs. 1 Nr. 2 Satz 2 EStG ein autonomes Wahlrecht auf Ansatz des niedrigeren Teilwerts. Damit kann vom Steuerpflichtigen nach § 5 Abs. 1 Satz 1 2. HS EStG das steuerliche Wahlrecht einer Abschreibung auf den niedrigeren Teilwert unabhängig vom handelsrechtlichen Wertansatz ausgeübt werden. Die Ausübung des steuerlichen Wahlrechts wird insoweit nicht nach § 5 Abs. 1 Satz 1 1. HS EStG durch die Maßgeblichkeit der handelsrechtlichen Grundsätze ordnungsmäßiger Buchführung beschränkt. Vgl. hierzu auch Rn. 13 und das Beispiel 2 in Rn. 15 des BMF-Schreibens vom 12. 03. 2010 (BStBl I 2010, 239). Das bedeutet im vorliegenden Fall, dass handelsrechtlich der Bilanzansatz falsch ist, weil nicht auf den niedrigeren Wert außerplanmäßig abgeschrieben worden ist. Steuerlich dürfte jedoch auf die mögliche Teilwertabschreibung nach § 5 Abs. 1 Satz 1 2. HS EStG »verzichtet« werden. Der Unterschied könnte vom Steuerpflichtigen in einer eigenständigen Steuerbilanz (§ 60 Abs. 2 Satz 2 EStDV) oder außerbilanziell (nach § 60 Abs. 2 Satz 1 EStDV) dargestellt werden (s. auch § 5 Abs. 1 Satz 2 EStG). Eine Bilanzberichtigung nach § 4 Abs. 2 Satz 1 EStG kommt in diesem Fall nicht in Betracht, da steuerlich der Bilanzansatz nicht fehlerhaft ist.

c) In einer von einem Kaufmann als sog. Einheitsbilanz aufgestellten einheitlichen Handels- und Steuerbilanz hat er ein Wirtschaftsgebäude auf die tatsächliche Nutzungsdauer von 60 Jahren abgeschrieben, obwohl nach § 7 Abs. 4 Satz 1 Nr. 1 EStG dafür zwingend ein AfA-Satz von 3 % mit einer gesetzlichen Abschreibungsdauer von 33 Jahren geboten ist.

LÖSUNG Handelsrechtlich ist nach § 253 Abs. 1 Satz 1 i. V. m. Abs. 3 Sätze 1 und 2 HGB die planmäßige Abschreibung des Wirtschaftsgebäudes auf die tatsächliche Nutzungsdauer von 60 Jahren (jährlicher linearer Abschreibungssatz 1,66 %) zutreffend. Diese Behandlung ist nach Ergehen des BilMoG handelsrechtlich zwingend, da durch den Wegfall des § 254 HGB a. F. eine Übernahme des höheren steuerlichen AfA-Satzes von 3 % nicht mehr zulässig ist. Da auch steuerlich der AfA-Satz in Höhe von 3 % nach § 7 Abs. 4 Satz 1 Nr. 1 EStG zwingend ist, fallen die handelsrechtliche Abschreibung und die steuerliche AfA zwangsläufig auseinander. Daher ist insoweit auch eine Einheitsbilanz nicht mehr möglich.
Der Steuerpflichtige könnte neben der Handelsbilanz eine eigenständige Steuerbilanz aufstellen (§ 60 Abs. 2 Satz 2 EStDV). Es ist jedoch auch möglich, den Unterschied zwischen dem handelsrechtlichen Ansatz (niedrigere Abschreibung) und dem steuerlichen Ansatz (höhere AfA) nach § 60 Abs. 2 Satz 1 EStDV außerbilanziell darzustellen. Vgl. auch § 5 Abs. 1 Satz 2 EStG. Die vom Kaufmann eingereichte »Einheitsbilanz« enthält somit aus Sicht des Steuerrechts einen fehlerhaften Bilanzansatz, so

dass der Fall einer Bilanzberichtigung nach § 4 Abs. 2 Satz 1 EStG vorliegt. Eine Bilanzberichtigung darf jedoch nur der Steuerpflichtige selbst vornehmen. Das Finanzamt darf diese allein eingereichte »Einheitsbilanz« der Besteuerung nicht zugrunde legen, sondern muss eine eigene Gewinnermittlung durch Betriebsvermögensvergleich mit ggf. auf der Grundlage der Bilanz abgeänderten Werten vornehmen (H 4.4 (Bilanzberichtigung) EStH).

Eine Bilanzberichtigung bezieht sich auf den unrichtigen Ansatz von Wirtschaftsgütern (aktive und passive Wirtschaftsgüter einschließlich Rückstellungen) sowie Rechnungsabgrenzungsposten dem Grunde und der Höhe nach. Eine Änderung des steuerlichen Gewinns ohne Auswirkung auf den Ansatz eines Wirtschaftsguts oder eines Rechnungsabgrenzungspostens ist daher keine Bilanzberichtigung (vgl. BMF vom 18.05.2000 BStBl 2000 I, 587). Aus steuerlicher Sicht ist eine Bilanzberichtigung außerdem nur möglich, wenn sie verfahrensrechtlich, d. h. nach den Vorschriften der AO, noch zulässig oder geboten ist (vgl. 1.4).

1.1.1 Abgrenzung Handelsbilanz und Steuerbilanz

Grundsätzlich sind für die Frage einer Bilanzberichtigung die Handelsbilanz und die Steuerbilanz eines Steuerpflichtigen **getrennt zu beurteilen**. Da in der Praxis möglichst einheitliche Handels- und Steuerbilanzen (Einheitsbilanzen) aufgestellt werden, ist in diesen Fällen die Frage einer eventuellen Bilanzberichtigung auch regelmäßig einheitlich zu beurteilen. Bestehen jedoch handelsrechtlich und steuerlich **Bilanzierungsunterschiede** (z. B. handelsrechtlich wird aufgrund des § 248 Abs. 2 Satz 1 HGB ein selbstgeschaffener Vermögensgegenstand des Anlagevermögens als Aktivposten in die Bilanz aufgenommen – beispielsweise eine im Betrieb selbst entwickelte und auch im Rahmen des Betriebs verwendete Software –, weil dafür ein Aktivierungs-(Bilanzierungs-)Wahlrecht besteht, steuerlich darf dieses Wirtschaftsgut jedoch nach § 5 Abs. 2 EStG nicht aktiviert werden, weil es nicht entgeltlich erworben wurde) oder **Bewertungsunterschiede** (z. B. handelsrechtlich wird ein Betriebsgebäude nach § 253 Abs. 3 Sätze 1 und 2 HGB auf die tatsächliche Nutzungsdauer von 60 Jahren abgeschrieben, während hierzu steuerlich nach § 7 Abs. 4 Satz 1 Nr. 1 Buchst. a) und Nr. 2 EStG gesetzlich festgelegte AfA-Sätze von 3 bzw. 4 % bzw. 2 % bestehen, die einer Abschreibungsdauer von 33 bzw. 25 bzw. 50 Jahren entsprechen), so muss eine ggf. handelsrechtlich richtige Einheitsbilanz **nur für steuerliche Zwecke** berichtigt werden (nur Berichtigung der Steuerbilanz).

1.1.2 Nachträglich fehlerhafte Steuerbilanz aufgrund Änderung der Rechtsprechung

Werden Gesetze, Verordnungen, Richtlinien oder Rechtsauffassungen vom Bundesverfassungsgericht oder einem obersten Gerichtshof des Bundes für nichtig oder verfassungswidrig erachtet bzw. als mit dem geltenden Recht nicht in Einklang stehend beurteilt, so dürfen Bilanzberichtigungen **nicht rückwirkend zu Ungunsten** der Steuerpflichtigen vorgenommen werden (vgl. hierzu § 176 AO). Wirkt sich eine derartige Rechtsprechung jedoch **zu Gunsten** der Steuerpflichtigen aus, so dürfen Bilanzberichtigungen auch rückwirkend durchgeführt werden, soweit sie **verfahrensrechtlich noch zulässig** sind. Zur verfahrensrechtlichen Zulässigkeit vgl. unten 1.4. Regelmäßig werden in derartigen Fällen von der Finanzverwaltung Übergangsregelungen getroffen, die den Steuerpflichtigen zur Anpassung an die neue Rechtsauffassung Wahlrechte einräumen. Dadurch kann sich der Steuerpflichtige im Allgemeinen für eine gewisse Übergangszeit entscheiden, ob er die bisherige Bilanzierung für die Jahre, für die noch eine

Bilanzberichtigung möglich wäre, beibehalten will oder ob er den entsprechenden Bilanzposten im Rahmen einer verfahrensrechtlich zulässigen Bilanzberichtigung an die neue Rechtsauffassung anpassen möchte.

Ein Bilanzansatz ist grundsätzlich nicht fehlerhaft, wenn er der im Zeitpunkt der Bilanzaufstellung vorliegenden höchstrichterlichen Rechtsprechung entspricht. Kommt es später zu einer Änderung der höchstrichterlichen Rechtsprechung, so wird die bereits eingereichte Bilanz dadurch jedoch fehlerhaft, auch wenn der Steuerpflichtige bei Erstellung der Bilanz von der Richtigkeit des in Übereinstimmung mit der damaligen, nunmehr überholten Rechtsprechung erfolgten Bilanzansatzes ausgehen konnte. Ein Ansatz in der Bilanz ist fehlerhaft, wenn er gegen zwingende Vorschriften des Einkommensteuerrechts oder des Handelsrechts oder gegen die einkommensteuerlich zu beachtenden handelsrechtlicher Grundsätze ordnungsgemäßer Buchführung verstößt. Unterlässt der Steuerpflichtige die zur Beseitigung des Fehlers vorzunehmende Bilanzberichtigung, darf das Finanzamt diese fehlerhafte Bilanz der Besteuerung nicht zugrunde legen, sondern es hat dann eine eigene Gewinnermittlung mit ggf. auf der Grundlage der Bilanz abgeänderten Werten vorzunehmen (R 4.4 Abs. 1 Satz 2 EStR und H 4.4 (Bilanzberichtigung) EStH). Das Finanzamt ist auch dann nicht an die **rechtliche Beurteilung** gebunden, die der vom Steuerpflichtigen aufgestellten Bilanz und deren einzelnen Ansätzen zugrunde liegt, wenn diese Beurteilung aus der Sicht eines ordentlichen und gewissenhaften Kaufmanns im Zeitpunkt der Bilanzaufstellung vertretbar war. Das gilt auch für eine in diesem Zeitpunkt von der Verwaltung und Rechtsprechung praktizierte, später aber geänderte Rechtsauffassung (vgl. BFH vom 31.01.2013 BStBl II 2013, 317). Mit diesem Beschluss vom 31.01.2013 hat sich der BFH und sich ihm anschließend die Finanzverwaltung für die Aufgabe des sogenannten subjektiven Fehlerbegriffs bei bilanziellen **Rechtsfragen** entschieden. Vor diesem Beschluss hatte die Rechtsprechung und ihr folgend die Finanzverwaltung zunehmend Bilanzierungsfehler nur noch angenommen, wenn der Steuerpflichtige die Fehlerhaftigkeit nach den im Zeitpunkt der Bilanzerstellung bestehenden subjektiven Erkenntnismöglichkeiten der zum Bilanzstichtag gegebenen objektiven Verhältnisse bei pflichtgemäßer und gewissenhafter Prüfung erkennen konnte (vgl. Schmidt/Heinicke EStG § 4, Rz. 681). Dieses bezog sich sowohl auf die Beurteilung tatsächlicher Verhältnisse als auch auf die Beurteilung von Rechtsfragen. Dieser Beurteilungsmaßstab wurde mit »**subjektiver Fehlerbegriff**« bezeichnet. Bei der Prüfung, ob ein Bilanzansatz falsch ist, war somit neben dem objektiven Fehler auch ein subjektiver Fehler zu prüfen. Wenn sich z. B. ein Steuerpflichtiger bei der Bilanzerstellung an die Regelungen eines ordentlichen und gewissenhaften Kaufmanns gehalten hat, d. h. mit angemessenem Aufwand sein Wissen bei der Bilanzerstellung verwertete, so handelte er nicht fehlerhaft. Dafür genügte auch, dass der Bilanzansatz im Zeitpunkt der Bilanzerstellung höchstrichterlicher Rechtsprechung entsprach. Änderte sich die Rechtsprechung, so wurde der Bilanzansatz erst fehlerhaft in der Bilanz, in der die neue Rechtsauffassung hätte berücksichtigt werden können. War dem Steuerpflichtigen demnach kein Fehlverhalten vorzuwerfen, war eine objektiv falsche, aber subjektiv richtige Bilanz **nicht** nach § 4 Abs. 2 EStG zu berichtigen.

Von dieser Auffassung ist der BFH, wie oben ausgeführt, in seinem Beschluss vom 31.01.2013 hinsichtlich der Beurteilung von Rechtsfragen abgewichen. Danach ist für die Frage der objektiv fehlerhaften Bilanz ausschließlich die **objektiv geltende Rechtslage maßgebend**. Die Besteuerung knüpft an den tatsächlich verwirklichten Sachverhalt an (§ 38 AO), nicht aber an Rechtsansichten des Steuerpflichtigen und erfolgt materiell-rechtlich ohne Rücksicht auf deren Vertretbarkeit oder ein Verschulden des Steuerpflichtigen. Konnte also unter Geltung des subjektiven Fehlerbegriffs eine durch BFH-Rechtsprechung geänderte Verwaltungsauffassung zu einer bestimmten Rechtsfrage frühestens in der ersten nach dem Datum der Entscheidung des BFH aufzustellenden Bilanz berücksichtigt werden, so ist nunmehr eine Bilanzberichtigung bei (der geänderten Rechtsprechung folgenden) Änderung der Verwaltungsauffassung grundsätzlich ab der ersten nach den AO-Vorschriften **noch änderbaren Bilanz** möglich. Das Finanzamt hat einen Bilanzierungsfehler des Steuerpflichtigen grundsätzlich bei der Steuerfestsetzung oder Gewinnfeststellung für den Veranlagungszeitraum zu berichtigen, in dem der Fehler erstmals aufgetreten ist und steuerliche Auswirkungen hat. Das gilt auch dann, wenn die Bilanzierung auf einer später geänderten Rechtsprechung beruht. Liegt die fehlerhafte Bilanz einem Steuer- oder Feststellungsbescheid zugrunde, der aus verfahrensrechtlichen Gründen nicht mehr geändert werden kann, so ist nach dem Grundsatz des formellen Bilanzzusammenhangs der unrichtige Bilanzansatz grundsätzlich bei der ersten Steuerfestsetzung oder Gewinnfeststellung richtigzustellen, in der dies unter Beachtung der für den Eintritt der Bestandskraft und der Verjährung maßgeblichen Vorschriften möglich ist.

Der BFH stellte jedoch klar, dass sich die Aufgabe des subjektiven Fehlerbegriffs lediglich auf die Beurteilung bilanzieller Rechtsfragen bezieht. Soweit von unzutreffenden Tatsachen auszugehen ist, entzog sich der BFH in diesem Beschluss mangels Entscheidungserheblichkeit einer Stellungnahme, so dass bei der Beurteilung tatsächlicher Umstände (Tatsachen/Prognosen/Schätzungen), also bei Tatsachenfragen, weiterhin der subjektive Fehlerbegriff gilt (vgl. a. OFD Niedersachsen vom 29.07.2014 DStR 2014 S. 2294), und es damit insoweit weiterhin auf die für den Steuerpflichtigen bei der Bilanzaufstellung objektiv bestehenden Erkenntnismöglichkeiten ankommt (vgl. a. Schmidt/Heinicke EStG § 4 Rz 681), die er pflichtgemäß und gewissenhaft zu prüfen hat. Legt der Steuerpflichtige dabei kein schuldhaftes Fehlverhalten an den Tag, verstößt er dabei also nicht gegen ihm obliegende Sorgfaltspflichten, ist der (ggf. objektiv fehlerhafte) Bilanzansatz subjektiv richtig und damit nicht zu berichtigen (vgl. BFH vom 12.11.1992 BStBl II 1993, 392 und vom 17.07.2008 BStBl II 2008, 924). Im Übrigen gilt auch insoweit die Berücksichtigung werterhellender Umstände, die bis zum Tag der Bilanzerstellung eintreten und einen Rückschluss auf die am Bilanzstichtag vorliegenden tatsächlichen Umstände zulassen.

1.2 Abgrenzung verschiedenartiger Fehler

Hinsichtlich einer möglichen Bilanzberichtigung kann aus systematischen Gründen unterschieden werden zwischen

a) objektiven und subjektiven Fehlern sowie
b) Bilanzierungs- und Bewertungsfehlern.

a) Objektive und subjektive Fehler

Objektive Fehler liegen vor, wenn sich erst nach der Aufstellung der Bilanz herausstellt, dass bestimmte tatsächliche oder rechtliche Verhältnisse zum Bilanzstichtag objektiv anders zu beurteilen gewesen wären, als sie der Steuerpflichtige im Zeitpunkt der Erstellung der Bilanz (Tag der Bilanzerstellung) erkennen konnte.

Ein **subjektiver Fehler** liegt vor, wenn Umstände, die bereits bis zum Bilanzstichtag eingetreten waren (verursacht waren) trotz deren Kenntnis bis zum Tag der Bilanzerstellung bei der Aufstellung der Bilanz nicht berücksichtigt wurden.

BEISPIELE

a) Der Unternehmer bewertete am Tag der Bilanzerstellung 10. 03. 02 (für den Bilanzstichtag 31. 12. 01) eine Kundenforderung mit dem Nennwert, weil er davon ausging, dass der Kunde, dem er ein

Zahlungsziel von vier Monaten gewährt hatte, nach Ablauf dieser Zeit zahlungsfähig sein wird und auch die für diese Zeit vereinbarten Zinsen zahlen würde.
Am Fälligkeitstag der Forderung 15. 04. 02, also nach dem Zeitpunkt der Bilanzerstellung, stellte sich heraus, dass der Kunde bereits zum Bilanzstichtag 31. 12. 01 in seiner Zahlungsfähigkeit erheblich eingeschränkt war und daher mit einem (zumindest teilweisen) Ausfall der Forderung zu rechnen gewesen wäre, wenn dieser Umstand rechtzeitig bekanntgeworden wäre.

LÖSUNG Da in diesem Fall dem Unternehmer kein fehlerhaftes Verhalten anzulasten ist, kommt eine Bilanzberichtigung zum 31. 12. 01 nicht in Betracht. Vgl. hierzu BFH vom 11. 10. 1960 BStBl III 1961, 3 und vom 14. 08. 1975 BStBl II 1976, 88. Für Tatsachenfragen gilt weiterhin der subjektive Fehlerbegriff (s. 1.1.2).

b) Wäre im Fall des vorstehenden Beispiels der Umstand der Zahlungsunfähigkeit (bzw. teilweisen Zahlungsunfähigkeit) bereits bis zum Tag der Bilanzerstellung am 10. 03. 02 dem Unternehmer bekannt gewesen, dann hätte dieser Umstand auch bereits bei der Bewertung der Kundenforderung zum 31. 12. 01 berücksichtigt werden müssen (Fall der Wertaufhellung bzw. der besseren Erkenntnis). Hätte dies der Unternehmer trotzdem nicht getan, läge ein Bewertungsfehler vor, für den eine Bilanzberichtigung in Betracht käme.

b) Bilanzierungsfehler

Hinsichtlich eines möglichen Bilanzierungsfehlers sind insbesondere folgende Fallgruppen zu unterscheiden:

- **Bilanzierung** eines **fremden Wirtschaftsguts**, d. h. ein Wirtschaftsgut wurde in der Bilanz ausgewiesen, das dem Steuerpflichtigen nicht zuzurechnen ist, weder als bürgerlich-rechtlichem noch als wirtschaftlichem Eigentümer (§ 246 Abs. 1 Satz 2 2. HS HGB, § 39 Abs. 2 Nr. 1 AO), und für das auch sonst keine Bilanzierungsmöglichkeit bestand (z. B. auch nicht für ein Nutzungsrecht).
- **Bilanzierung eines** zum **notwendigen Privatvermögen** gehörenden Wirtschaftsguts. Wirtschaftsgüter, die der Steuerpflichtige als gewillkürtes Betriebsvermögen behandeln darf, fallen nicht hierunter. Vgl. auch H 4.4 (Zu Unrecht bilanziertes Wirtschaftsgut des Privatvermögens) EStH.
- **Nichtbilanzierung** eines Wirtschaftsguts **des notwendigen Betriebsvermögens.** Eine Bilanzberichtigung führt in derartigen Fällen natürlich nicht zu einer späteren Einlage, wenn eine Aufnahme in die Bilanz nicht im Rahmen einer Bilanzberichtigung zum Bilanzstichtag des Jahres in Betracht kommen kann, in dem der Fehler gemacht worden ist. Vgl. auch H 4.4 (Unterlassene Bilanzierung) EStH.
- Die **Entnahme** eines Wirtschaftsguts bzw. eine Nutzungsentnahme oder Leistungsentnahme (Aufwandsentnahme) wurde **nicht gebucht**. Vgl. auch H 4.4 (Unterlassene Erfassung einer Entnahme) EStH.
- Die **Einlage** eines Wirtschaftsguts bzw. eine Nutzungseinlage oder Leistungseinlage (Aufwandseinlage) wurde **nicht gebucht**.

c) Bewertungsfehler

Hierbei kann es sich um **jede Art eines falschen Wertansatzes** handeln, sei es, dass z. B. ein Aktiv- oder Passivposten mit einem falschen Wert ausgewiesen wurde oder dass z. B. ein Geschäftsvorgang falsch gebucht worden ist. Im Rahmen der Korrektur von Bewertungsfehlern ist häufig das Prinzip der Wertaufhellung (bessere Erkenntnis) zu beachten.

1.3 Grundsatz des Bilanzenzusammenhangs und Bilanzberichtigung

Der Grundsatz des Bilanzenzusammenhangs (handelsrechtlich Bilanzenidentität genannt) bedeutet, dass die Schlussbilanz des abgelaufenen Wirtschaftsjahres zugleich die Anfangsbilanz des unmittelbar folgenden Wirtschaftsjahres darstellen muss (vgl. hierzu die Ausführungen in G 3.3). Dieser Bilanzenzusammenhang darf grundsätzlich **nicht durchbrochen** werden. Damit soll einmal die fortlaufende, und zum andern vor allem auch die lückenlose Erfassung des Gewinns eines Betriebs gewährleistet werden. Rein betriebliche Vorgänge, die im Rahmen der Bilanzierung und Bewertung fehlerhaft behandelt wurden, gleichen sich regelmäßig im Folgejahr oder in den Folgejahren wieder aus, so dass der Totalgewinn des Betriebs hierdurch zwar nicht beeinträchtigt wird, aber Gewinnverlagerungen eintreten. Für erfolgswirksame Entnahmen und Einlagen trifft dies allerdings nicht zu. Der BFH hat daher in seiner Grundsatzentscheidung vom 29. 11. 1965 (BStBl III 1966, 142) die materiellrechtliche Wirkung des Bilanzenzusammenhangs anerkannt.

BEISPIEL

Ausgleich eines Fehlers in einem Folgejahr:
Im Jahr 01 wurden Eingangsfrachten von Wareneinkäufen in Höhe von 5 000 € nicht als Anschaffungskosten aktiviert, obwohl diese Waren am Bilanzstichtag 31. 12. 01 noch vorhanden waren. Hierdurch ergab sich für das Jahr 01 ein zu hoher Aufwand von 5 000 € und damit ein in gleicher Höhe zu niedriger Gewinn. Beim Verkauf der Ware (z. B. im Folgejahr 02) würde sich als Folge des Bilanzenzusammenhangs ein um diesen Betrag zu hoher Gewinn ergeben, weil der Wareneinsatz um 5 000 € niedriger wäre.

LÖSUNG Insgesamt auf die beiden Jahre 01 und 02 bezogen gleicht sich der ursprüngliche Fehler wieder aus und führt damit zum zutreffendem Totalgewinn für diesen Vorgang. Im Hinblick auf die periodengerechte Gewinnermittlung muss dieser Fehler (Bewertungsfehler) jedoch berichtigt werden, wenn auf den 31. 12. 01 noch eine Bilanzberichtigung möglich ist.
Wäre zum 31. 12. 01 eine Bilanzberichtigung aus verfahrensrechtlichen Gründen nicht mehr möglich, dann muss wegen des Bilanzenzusammenhangs der im Jahr 01 gemachte Fehler im Jahr 02 folgerichtig weiter geführt werden. Die Anfangsbilanz 02 darf daher nicht korrigiert werden. Damit ergibt sich zwar im Jahr 02 ein, aus Sicht der periodenrichtigen Gewinnermittlung, um 5 000 € zu hoher Gewinn, jedoch ermöglicht dies die Erfassung des, aus diesem Vorgang sich ergebenden, richtigen Totalgewinns.

Ein in einer früheren Bilanz gemachter Bilanzierungs- und Bewertungsfehler muss grundsätzlich bis zum Fehlerjahr zurück berichtigt werden (»Rückwärtsberichtigung«), vgl. hierzu BFH vom 30. 11. 1967 BStBl II 1968, 144. Ist dies aus verfahrensrechtlichen Gründen nicht mehr zulässig, so muss der Fehler grundsätzlich zum Bilanzstichtag des ersten noch änderbaren Jahres berichtigt werden (vgl. R 4.4 Abs. 1 Satz 9 EStR und H 4.4 (Richtigstellung eines unrichtigen Bilanzansatzes) EStH). Das kommt jedoch nur dann in Betracht, wenn der früher gemachte Fehler sich inzwischen nicht bereits wieder ausgeglichen hat, z. B. dadurch, dass das Wirtschaftsgut nicht mehr vorhanden ist. Nähere Einzelheiten hierzu vgl. nachstehend in 1. 4.

Zum formellen Bilanzierungszusammenhang vgl. auch BFH vom 28. 04. 1998 (BStBl II 1998, 443).

1.4 Verfahrensrechtliche Grundsätze für eine Bilanzberichtigung

1.4.1 Pflicht zur Bilanzberichtigung

Erkennt ein Steuerpflichtiger, dass seine Bilanz fehlerhaft ist, so ist er von sich aus verpflichtet, diese falsche Bilanz zu berichtigen und dies zusammen mit einer berichtigten Steuererklärung dem Finanzamt anzuzeigen (vgl. hierzu § 153 Abs. 1 AO). In der Praxis werden Bilanzierungs- und Bewertungsfehler jedoch regelmäßig erst im Rahmen einer Außenprüfung, seltener durch Überprüfung der Steuererklärung im Rahmen der innerdienstlichen Veranlagungsarbeiten, erkannt bzw. festgestellt und berichtigt.

1.4.2 Steuerfestsetzungen sind noch nicht durchgeführt

Ist eine Steuerfestsetzung noch nicht durchgeführt, stellen aufgedeckte Fehler überhaupt kein Problem dar. Dasselbe gilt auch, wenn die Steuerfestsetzungen **noch nicht bestandskräftig** sind. Der falsche Bilanzansatz ist zu dem Bilanzstichtag zu berichtigen, zu dem der Fehler gemacht wurde. Verfahrensrechtliche Hindernisse bestehen nicht. Soweit eine Steuer unter dem Vorbehalt der Nachprüfung (§ 164 AO) festgesetzt wurde und die Vorbehaltsfestsetzung besteht, kann die Steuerfestsetzung (Steuerveranlagung) und damit auch eine fehlerhafte Bilanz jederzeit berichtigt werden. Das Gleiche trifft auch insoweit zu, als eine Steuerfestsetzung nach § 165 AO vorläufig durchgeführt wurde, oder wenn eine Steuerfestsetzung infolge Einlegens eines Rechtsbehelfs nicht bestandskräftig geworden ist. Eine Bilanzberichtigung kann zwar nur vom Steuerpflichtigen selbst vorgenommen werden. Erfolgt diese jedoch nicht, muss das Finanzamt eine eigene Gewinnermittlung durch Betriebsvermögensvergleich mit ggf. auf der Grundlage der Bilanz abgeänderten Werten vornehmen (H 4.4 (Bilanzberichtigung) EStH. Übernimmt der Steuerpflichtige dann die vom FA ermittelten Werte, führt er selbst eine Bilanzberichtigung durch (vgl. BFH vom 04. 11. 1999 BStBl II 2000, 129).

1.4.3 Bilanzberichtigung bereits bestandskräftiger Steuerfestsetzungen

1.4.3.1 Steuerfestsetzung kann nach der AO noch geändert werden

Steuerfestsetzungen, die bereits bestandskräftig sind, dürfen nur dann berichtigt bzw. geändert werden, wenn hierfür eine Korrekturmöglichkeit nach der AO besteht, z. B. nach den §§ 172 bis 174 AO. In diesen Fällen ist die fehlerhafte Bilanz ebenfalls im Rahmen dieser Korrekturbestimmungen berichtigungsfähig. Besondere Probleme ergeben sich genausowenig wie in den vorstehenden Fällen 1. 4. 2.

1.4.3.2 Steuerfestsetzung kann nach der AO nicht mehr geändert werden

In solchen Fällen entstehen zahlreiche Probleme, die je nach Art des Fehlers unterschiedlich zu beurteilen sind und für die sich u. U. auch unterschiedliche Berichtigungszeitpunkte und Auswirkungen ergeben. Für die Behandlung von Fehlern in Bilanzen, die einer bestandskräftigen und nach den Vorschriften der AO nicht mehr änderbaren Steuerfestsetzung zugrunde liegen, hat der BFH in ständiger Rechtsprechung allgemeine Grundsätze entwickelt, wonach man folgende drei Fehlergruppen unterscheiden kann:

1. **Der Fehler hat sich bisher steuerlich noch nicht ausgewirkt:** Hat sich der Fehler bisher steuerlich nicht ausgewirkt und würde sich die Fehlerbeseitigung in der Bilanz des Fehlerjahres nicht auf die Höhe der bisher veranlagten Steuern auswirken, ist bis zum Fehlerjahr (bis zur Fehlerquelle) zurück zu berichtigen.
2. **Der Fehler hat sich bisher steuerlich ausgewirkt:** Wäre eine steuerliche Auswirkung bei Berichtigung der Bilanz des Fehlerjahres gegeben, ist die Schlussbilanz des ersten Jahres, dessen Steuerfestsetzung noch geändert werden kann, grundsätzlich erfolgswirksam zu berichtigen.
3. **Berichtigung der Anfangsbilanz eines noch änderbaren Veranlagungszeitraums unter Durchbrechung des Bilanzenzusammenhangs:** Unter bestimmten Voraussetzungen ist der Bilanzenzusammenhang zu durchbrechen und die Anfangsbilanz des ersten Jahres, für das die Steuerfestsetzung noch geändert werden kann, zu berichtigen; dies kommt in Betracht, wenn der Steuerpflichtige gegen Treu und Glauben verstoßen hat, sich also durch bewusst falsche Bilanzansätze steuerliche Vorteile verschafft hat, und sich die Berichtigung der Anfangsbilanz des noch änderbaren Wirtschaftsjahres zu einem steuerlichen Nachteil auswirkt.

Einzelheiten zu den 3 Fehlergruppen:

1.4.3.2.1 Fehlergruppe 1: Ein Fehler hat sich steuerlich noch nicht ausgewirkt

Hat sich ein Fehler zu einem Bilanzstichtag, für dessen Wirtschaftsjahr die Steuerfestsetzung nicht mehr änderbar ist, in dem Fehlerjahr und in den nicht mehr änderbaren Folgejahren **bisher steuerlich nicht ausgewirkt**, so darf bis zum Jahr des Fehlers zurückberichtigt werden (nicht die Bilanz bzw. der Bilanzposten wird bestandskräftig, sondern der jeweilige Steuerbetrag, vgl. § 155 AO, sodass insoweit auch keine verfahrensrechtlichen Aspekte gegen diese Vorgehensweise sprechen); vgl. auch H 4.4 (Berichtigung einer Bilanz, die einer bestandskräftigen Veranlagung zugrunde liegt) EStH und BFH vom 27. 03. 1962 BStBl III 1962, 273. Diese Voraussetzung wird regelmäßig bei nicht abnutzbaren Wirtschaftsgütern des Anlagevermögens vorliegen (z. B. Grund und Boden), soweit bisher keine Teilwertabschreibungen (handelsrechtlich außerplanmäßige Abschreibungen auf den niedrigeren beizulegenden Wert) vorgenommen wurden und auch nicht erforderlich gewesen wären. Steuerliche Auswirkungen in einem Wirtschaftsjahr, dessen Steuerfestsetzung noch änderbar ist, sind insoweit unerheblich. Nach dem Urteil des BFH vom 01. 04. 1952 BStBl III 1952, 144 ist dabei grundsätzlich auf die Auswirkungen bei sämtlichen Steuern abzustellen, die von dem betreffenden Bilanzansatz berührt wurden.

BEISPIEL

Ein Einzelunternehmer erwarb am 01. 04. 01 mit privaten Geldern ein unbebautes Grundstück zum Preis von 100 000 €, das er von Anbeginn für eigenbetriebliche Lagerzwecke nutzt, aber seither in der Bilanz nicht ausgewiesen hatte.

Die Steuerfestsetzungen der Jahre 01 bis 04 sind nach der AO nicht mehr änderbar. Die Steuern für die Jahre 05 bis 07 wurden nach § 164 AO unter dem Vorbehalt der Nachprüfung festgesetzt. Im Jahre 08 fand eine Außenprüfung statt, die den Fehler aufdeckte.

LÖSUNG Dieser **Bilanzierungsfehler** (das Grundstück hätte von Anfang als notwendiges Betriebsvermögen bilanziert werden müssen) hat sich bisher auf die nicht mehr änderbaren Veranlagungen 01 bis 04 steuerlich nicht ausgewirkt. Daher darf der Fehler bis zum Bilanzstichtag 31. 12. 01 zurückberichtigt werden. Zur Technik der Bilanzberichtigung in solchen Fällen vgl. nachstehende Ausführungen.

Berichtigungstechnisch können solche Fehler auf zweifache Weise richtiggestellt werden, und zwar wie folgt:

1. **Berichtigung der Anfangsbilanz des ersten noch änderbaren Jahres** (»scheinbare« Durchbrechung des Bilanzenzusammenhangs): Da es in diesen Fehlerfällen nicht notwendig ist, auch die Bilanzen der veranlagungsmäßig nicht mehr änderbaren Jahre zu berichtigen, sondern es ausreichend ist, die Bilanzen der noch änderungsfähigen Jahre richtigzustellen, genügt es, wenn die Anfangsbilanz des ersten noch änderbaren Jahres entsprechend erfolgsneutral berichtigt wird. Man spricht hier von der »scheinbaren Durchbrechung« des Bilanzenzusammenhangs, »scheinbar« deshalb, weil der bisherige Fehler auf die Steuerfestsetzungen der nicht mehr änderbaren Veranlagungszeiträume keine Auswirkung hat. Gleichzeitig sind die Schlussbilanz des ersten änderungsfähigen Jahres und die Schlussbilanzen der Folgejahre entsprechend zu berichtigen.
2. **Berichtigung der Schlussbilanz des ersten noch änderbaren Jahres** (eigentlich der Normalfall): Zu demselben Ergebnis gelangt man, wenn diese Bilanzberichtigung zum Bilanzstichtag des ersten änderungsfähigen Jahres entsprechend erfolgsneutral (mittels Buchung einer »Quasi«-Einlage bzw. »Quasi«-Entnahme) berichtigt wird. Wegen der besseren Darstellung der Gewinnauswirkung ist jedoch die erste Berichtigungsweise zu empfehlen.

BEISPIEL

Fortsetzung des vorstehenden Beispiels.

LÖSUNG Im vorliegenden Fall kann der Fehler danach wie folgt richtiggestellt werden:

a) Berichtigung der Anfangsbilanz 05 (scheinbare Durchbrechung des Bilanzenzusammenhangs):

Unbebaute Grundstücke	+ 100 000 €
Anfangskapital 1. 1. 05	+ 100 000 €

Außerdem ist in den Schlussbilanzen 05, 06 und 07 der Posten »unbebaute Grundstücke« um je + 100 000 € zu berichtigen.

b) Berichtigung der Schlussbilanz 05 (eigentlich der Normalfall):

Unbebaute Grundstücke	+ 100 000 €
(»Quasi«-)Einlage	+ 100 000 €

Außerdem ist in den Schlussbilanzen 06 und 07 der Posten »unbebaute Grundstücke« um je + 100 000 € zu berichtigen.

Beide technische Formen der Bilanzberichtigung führen zu demselben Ergebnis und »wirken« somit gleichermaßen »als Berichtigung bis zum Jahr des Fehlers« zurück. Sie stellen eine **abgekürzte Form der Berichtigung der Vorjahre** und damit eine fehlerbereinigte »richtige« Übernahme des Endvermögens des vorangegangenen Wirtschaftsjahres, d. h. des letzten nicht mehr änderbaren Jahres, dar.

BEISPIELE

a) Ein Unternehmer erwarb am 01. 04. 01 mit privaten Geldern ein Gemälde eines anerkannten Meisters zum Preis von 10 000 €, mit dem er seine eigene Wohnung ausstattete. Obwohl das Gemälde zum (notwendigen) Privatvermögen gehört, bilanzierte er es seit der Anschaffung im Jahr 01 ununterbrochen unter dem Posten »Geschäftseinrichtung«.

Die Steuerfestsetzungen der Jahre 01 bis 04 sind nach der AO nicht mehr änderbar. Die Jahre 05 bis 07 wurden nach § 164 AO unter dem Vorbehalt der Nachprüfung veranlagt. Im Jahre 08 fand eine Außenprüfung statt, die den Fehler aufdeckte.

LÖSUNG Hier liegt ein **Bilanzierungsfehler** vor, weil ein Wirtschaftsgut in die Bilanz aufgenommen wurde, das nicht zum Betriebsvermögen gehört.
Da in diesem Fall die Fehlerbeseitigung erfolgsneutral wäre (es liegt keine Entnahme vor, da das Gemälde von Anfang an Privatvermögen ist), darf ebenfalls bis zum Fehlerjahr 01 zurückberichtigt werden. Somit gleiche Berichtigungsmöglichkeiten wie in den ersten beiden vorstehenden Beispielen.

b) Ein Unternehmer erstellte im Jahr 01 ein Betriebsgebäude teilweise mit eigenen Arbeitskräften, aktivierte nur die Fremdleistungen, nicht aber die Eigenleistungen (z. B. die Fertigungslöhne und Fertigungsgemeinkosten sowie andere aktivierungspflichtige Gemeinkosten). Die veranlagte Einkommensteuer und Gewerbesteuer für das Jahr 01 betrug 0 Euro, da sich ein hoher gewerblicher Verlust ergab. Das Finanzamt erließ für 01 einen Freistellungsbescheid nach § 155 Abs. 1 Satz 3 AO.
LÖSUNG Eine Nachaktivierung in der Schlussbilanz 01 hätte zwar Auswirkung auf die Höhe des Verlustes, nicht jedoch auf die Höhe der Einkommensteuer und Gewerbesteuer, wenn davon ausgegangen wird, dass trotz der Bilanzberichtigung ein Verlust verbleibt. In diesem Fall genügt es ebenfalls, die Anfangsbilanz des Jahres 02 mit den zutreffenden Herstellungskosten abzüglich der für 01 in Betracht gekommenen AfA entsprechend zu berichtigen (vgl. a. H 4.4 (Bilanzberichtigung) EStH und BFH vom 29. 10. 1991 BStBl II 1992, 512; darin wird zwar von einer Kürzung der Herstellungskosten durch die tatsächlich vorgenommene AfA ausgegangen, was vorliegend jedoch wegen eines auch dann weiterhin verbleibenden Verlusts zum gleichen Ergebnis führt), sowie die sich anschließenden Folgebilanzen (zum 31. 12. 02 und den folgenden Jahren).
Die Höhe eines möglichen Verlustrücktrags oder Verlustvortrags nach § 10 d EStG bzw. Verlustvortrags nach § 10 a GewStG wirkt sich erst aus im Rahmen des Veranlagungsjahres, in dem sich der Verlustrücktrag bzw. Verlustvortrag auswirkt, vgl. a. R 10 d Abs. 7 Sätze 2 und 3 EStR.
Im vorliegenden Fall kommt es aber ausschließlich auf die steuerliche Auswirkung in dem Veranlagungszeitraum an, für den die Bilanzberichtigung vorgenommen wird.
Anmerkung: Zur Möglichkeit unterschiedlicher Berichtigungszeitpunkte vgl. BFH vom 06. 09. 2000 (BStBl II 2001, 106).

1.4.3.2.2 Fehlergruppe 2: Ein Fehler hat sich steuerlich ausgewirkt

Hat sich der falsche Bilanzansatz in der Vergangenheit, d. h. in den verfahrensrechtlich nicht mehr änderbaren Jahren, steuerlich auf den Gewinn ausgewirkt, so verbietet der Grundsatz des Bilanzenzusammenhangs in der Regel eine Rückwärtsberichtigung bis zum Fehlerjahr (§ 4 Abs. 2 Satz 1 2. HS EStG). In diesen Fällen ist der falsche Bilanzansatz grundsätzlich in der Schlussbilanz des ersten noch änderbaren Jahres erfolgswirksam richtigzustellen (vgl. R 4.4 Abs. 1 Satz 9 EStR und H 4.4 (Richtigstellung eines unrichtigen Bilanzansatzes) EStH sowie BFH vom 29. 11. 1965 BStBl III 1966, 142). Von der Rechtsprechung wurden jedoch nicht in allen derartigen Fällen (mit demselben ursprünglichen Fehlerbetrag) erfolgwirksame Richtigstellungen zugelassen, z. B. nicht, wenn sich der seinerzeitige Fehler in den folgenden (nicht mehr änderbaren) Jahren im Zuge des Bilanzenzusammenhangs inzwischen bereits ausgeglichen hat (vgl. BFH vom 11. 02. 1998 BStBl II 1998, 503), und auch nicht, wenn der Geschäftsvorgang, der seinerzeit zum falschen Bilanzansatz führte, ein privater Vorgang war (vgl. BFH vom 21. 10. 1976 BStBl II 1977, 148 und vom 26. 02. 1976 BStBl II 1976, 378). In seinem Urteil vom 04. 05. 1993 BStBl II 1993, 661 vertritt der BFH die Auffassung, dass eine in früheren – nicht mehr änderbaren – Jahren überhöht vorgenommene Gebäude-AfA **nicht** in der ersten noch offenen (d. h. noch änderbaren) Schlussbilanz – gewinnwirksam – korrigiert werden darf (Anschlussentscheidung an das Urteil des BFH vom 11. 12. 1987 BStBl II 1988, 335). Bemessungsgrundlage der AfA für die Restnutzungsdauer bleiben die – ungekürzten – Anschaffungs- oder Herstellungskosten. Die früher zu viel vorgenommene AfA gleiche sich im Rahmen des Bilanzenzusammenhangs während der restlichen Abschreibungsdauer aus.

Für die Beurteilung der Fragen, ob zum Bilanzstichtag des ersten noch änderbaren Jahres eine erfolgswirksame oder erfolgsneutrale Bilanzberichtigung in Betracht kommt, sind zweckmäßigerweise folgende **zwei Fehlerarten** zu unterscheiden:

1. Bilanzfehler als Bilanzierungs- und Bewertungsfehler bei Wirtschaftsgütern des Betriebsvermögens,
2. Bilanzfehler als Bilanzierungsfehler bei Wirtschaftsgütern ohne Betriebsvermögenseigenschaft bzw. bei privaten Entnahmevorgängen.

Dabei ist jeweils zu beachten, dass sich aufgrund des Bilanzzusammenhangs die Erfolgsauswirkung eines Fehlers grundsätzlich automatisch in einem Folgejahr (mit umgekehrten Vorzeichen) wieder ausgleichen würde. Dies entspricht der Erfassung des richtigen Totalgewinns aufgrund des Bilanzzusammenhangs. Verfahrensrechtliche Gründe stehen dieser Nachholung der Erfolgsauswirkung nicht entgegen (vgl. BFH vom 29.11.1965 BStBl III 1966, 142; vom 08.12.1988 BStBl II 1989, 407; vom 28.04.1998 BStBl II 1998, 443; BVerFG vom 18.02.1993 HFR 1993 S. 408; Schmidt/Heinicke EStG § 4 Rz 703), Demnach kann man folgende Grundüberlegung anstellen:

Falls der Bilanzenzusammenhang beim vorliegenden Fehler einen späteren erfolgswirksamen Fehlerausgleich herbeiführen würde, ist eine spätere **erfolgswirksame** (nachholende) Fehlerberichtigung möglich. Diese ist dann in der Schlussbilanz des ersten Jahres, dessen Veranlagung noch geändert werden kann, vorzunehmen. Eine erfolgswirksame Berichtigung ist jedoch nur insoweit möglich, als nicht bereits ein automatischer Fehlerausgleich in der Vergangenheit stattgefunden hat, z. B. bei abnutzbarem Anlagevermögen wegen infolge des Fehlers unrichtiger AfA in vergangenen, ebenfalls nicht mehr änderbaren Wj. Falls aber der Fehler sich auch mit Hilfe des Grundsatzes des Bilanzenzusammenhangs nicht automatisch ausgleichen würde, ist auch eine erfolgswirksame Fehlerberichtigung im ersten noch änderbaren Jahr nicht möglich. Die Erfolgswirkung des Fehlers hat sich dann infolge der materiellen Bestandskraft des Fehlerjahres erledigt. In diesem Fall hat dann im ersten noch änderbaren Jahr eine **erfolgsneutrale** Fehlerberichtigung stattzufinden. Dies erfolgt buchtechnisch grundsätzlich über eine Berichtigung der betroffenen Bilanzposition bereits in der Anfangsbilanz des ersten noch änderbaren Jahres. Die darauf folgenden Jahre werden dann entsprechend berichtigt.

a) Ansatz- und Bewertungsfehler bei Betriebsvermögen

Bei Wirtschaftsgütern des Betriebsvermögens kann der Bilanzfehler darin bestehen, dass

a) ein Wirtschaftsgut des notwendigen Betriebsvermögens überhaupt nicht in der Bilanz ausgewiesen wurde (Verstoß gegen das **Bilanzierung**sgebot) oder
b) ein Wirtschaftsgut mit einem falschen Wert angesetzt wurde (Verstoß gegen ein zwingendes **Bewertung**sgebot).

BEISPIELE

In allen nachstehenden Beispielen ist davon auszugehen, dass die Jahre 01 und 02 bestandskräftig sind und nach der AO nicht mehr geändert werden können, die Steuerfestsetzungen für die Jahre 03 bis 05 unter dem Vorbehalt der Nachprüfung durchgeführt worden sind (§ 164 AO) und für den Betrieb im Jahre 06 eine Außenprüfung stattfand, während der die jeweiligen Fehler aufgedeckt wurden.

a) Ein Unternehmer gewährte im Jahr 01 einem seiner Arbeitnehmer ein Darlehen mit einer Laufzeit bis Ende 08 (Fälligkeitsdarlehen) und buchte »Löhne und Gehälter an Bank 10 000 €«.

LÖSUNG Es liegt ein **Bilanzierungsfehler** vor, da das Darlehen nicht als Betriebsausgaben hätte gebucht werden dürfen, sondern erfolgsneutral als Darlehensforderung. Da das Jahr 01 nicht mehr änderungsfähig ist, muss der Fehler zum ersten änderungsfähigen Bilanzstichtag 31. 12. 03 erfolgswirksam berichtigt werden (Darlehensforderung + 10 000 €). Da die Darlehensforderung auch noch zu den Bilanzstichtagen 04 und 05 besteht, sind zu diesem Stichtag die gleichen Berichtigungen vorzunehmen.
Durch die Bilanzberichtigung zum 31. 12. 03 ergibt sich für das Jahr 03 auch eine Gewinnberichtigung von + 10 000 €. Die Gewinne der Folgejahre 04 und 05 bleiben hiervon jedoch unberührt (Wirkung des Bilanzenzusammenhangs).
In der noch nicht abgeschlossenen Buchführung des Jahres 06 ist folgende Anpassungsbuchung (Angleichungsbuchung, vgl. die Ausführungen in 1.5) durchzuführen:

Darlehensforderung	10 000 €	
an Anfangskapital 06		10 000 €

b) Im Betrieb des Unternehmers wurde im Jahr 01 eine Maschine zerstört, die jedoch nicht ausgebucht, sondern in den Folgejahren weiter in der Bilanz geführt wurde (planmäßige Abschreibungen bzw. AfA in den Jahren 01 bis 04 jeweils jährlich 10 000 €, bis die Maschine zum 31. 12. 04 voll abgeschrieben war).
LÖSUNG Auch hier liegt im Jahr 01 ein **Bilanzierungsfehler** vor, da das nicht mehr vorhandene Wirtschaftsgut nicht mehr hätte bilanziert werden dürfen. Zum Bilanzstichtag 31. 12. 03 muss der zu diesem Zeitpunkt noch vorhandene Restbuchwert erfolgswirksam »ausgebucht« werden.

Bilanzberichtigung zum	31. 12. 03	31. 12. 04
Maschinen	./. 10 000 € (Eigentlich 20 000 €, aber 10 000 € wurden vom Steuerpflichtigen bereits als Abschreibung bzw. AfA behandelt.)	± 0 € (Durch die vom Steuerpflichtigen gebuchte Abschreibung bzw. AfA von 10 000 € ergab sich bereits ein Schlussbestand von 0 €.)

Durch die Bilanzberichtigung zum 31.12.03 ergibt sich für das Wirtschaftsjahr 03 eine Gewinnberichtigung von ./. 10 000 €, so dass sich nunmehr zum Ende des Wirtschaftsjahres 03 der bei Zerstörung der Maschine im Jahr 01 vorhandene Restbuchwert von 40 000 € vollständig als Aufwand ausgewirkt hat. Ein weiterer Aufwand hieraus im Jahr 04 ist somit nicht mehr gerechtfertigt. Die im Jahr 04 gebuchte AfA ist somit fehlerhaft. Über den Bilanzzusammenhang erhöht sich nunmehr auch der Gewinn des Jahres 04 um 10 000 € (um 10 000 € niedrigeres Anfangskapital), was der Korrektur der im Jahr 04 zu Unrecht gebuchten AfA entspricht.
Das Jahr 02 bleibt unverändert, da die Bilanz zum 31. 12. 02 nicht mehr berichtigt werden darf. In diesem Fall kommt eine Anpassungsbuchung im Jahr 06 nicht mehr in Betracht.

c) Ein Unternehmer hatte im Januar 01 eine Maschine für 20 000 € erworben, dabei aber die Anschaffungskosten (Fracht, Versicherung) mit 1 000 € nicht mitaktiviert, sondern sofort als Betriebsausgaben behandelt. Die Maschine wurde auf fünf Jahre linear abgeschrieben.
LÖSUNG Es liegt ein **Bewertungsfehler** vor, der zum 31. 12. 03 richtigzustellen ist, und zwar mit den zutreffend fortgeführten Anschaffungskosten, die sich wie folgt entwickeln:

Kontenentwicklung:	bisheriger falscher Ansatz €	richtiger Ansatz €	Bilanzberichtigung €
Anschaffungskosten 01	20 000	21 000	
./. AfA 01 und 02: je 20 %	8 000	8 400	
Buchwert 31. 12. 02	12 000	12 600	
./. AfA 03: 20 %	4 000	4 200	
Buchwert 31. 12. 03	8 000	8 400	+ 400
./. AfA 04: 20 %	4 000	4 200	
Buchwert 31. 12. 04	4 000	4 200	+ 200
./. AfA 05: 20 %	4 000	4 200	
Buchwert 31. 12. 05	0	0	0

Die Bilanzberichtigung zum 31.12.03 führt zu einer Gewinnerhöhung von 400 €, was in der Zusammenschau mit der in den Jahren 01 bis 03 vom Steuerpflichten um jeweils 200 € zu niedrig vorgenommenen AfA zur vollständigen Erfolgsberichtigung des im Jahr 01 um 1 000 € zu hohen Aufwand führt.
Es wird auch die Auffassung vertreten, dass in diesem Fall der Fehler zum 31. 12. 03 in vollem Umfang erfolgswirksam korrigiert werden kann, also zum 31. 12. 03 in vollem Umfang Aktivierung von 1 000 € und Abschreibung auf die Restnutzungsdauer. Diese Behandlung ist jedoch u. E. sehr bedenklich. Auch in diesem Fall erübrigt sich eine Anpassungsbuchung im Jahr 06.

d) Ein Unternehmer hat für ein im Januar 02 angeschafftes betriebliches Wirtschaftsgut im Jahr 02 versehentlich die AfA unterlassen (Anschaffungskosten 10 000 €, lineare AfA 2 000 € pro Jahr).
LÖSUNG Hier liegt ein **Bewertungsfehler** vor, da die Abschreibung bzw. AfA zwingend vorzunehmen sind (vgl. § 253 Abs. 1 Satz 1 HGB, § 6 Abs. 1 Nr. 1 Satz 1 EStG). Irrtümlich unterlassene AfA dürfen jedoch in späteren Jahren nachgeholt werden (vgl. H 7.4 EStH (Unterlassene oder überhöhte AfA) EStH). Dies hat dadurch zu geschehen, dass der Restbuchwert auf die verbleibende Restnutzungsdauer zu verteilen ist (linear oder mit degressivem AfA-Satz; BFH vom 21.02.1967 BStBl III 1967, 386 und H 7.4 (Unterlassene oder überhöhte AfA) EStH). Der Fehlerausgleich erfolgt in diesen Fällen nicht sofort in voller Höhe, sondern verteilt sich ebenfalls auf die Zeit der Restnutzungsdauer des Wirtschaftsguts. (Anmerkung: Bei Gebäuden und Gebäudeteilen sind jedoch die festen AfA-Sätze des § 7 Abs. 4 und Abs. 5 EStG zu beachten.)
Somit folgende Bilanzberichtigungen:

zum 31. 12. 03	./.	500 €
zum 31. 12. 04	./.	1 000 €
zum 31. 12. 05	./.	1 500 €

Im Jahr 06 muss folgende Anpassungsbuchung vorgenommen werden:

Anfangskapital 06	1 500 €	
an Anlagegut (z. B. Maschinen)		1 500 €

Anmerkung: Zur Frage der Berichtigung einer überhöhten Gebäude-AfA vgl. BFH vom 11. 12. 1987 BStBl II 1988, 335 und vom 04. 05. 1993 BStBl II 1993, 661.

e) Wie Beispiel d) mit folgender Abwandlung: Das Wirtschaftgut wurde bisher in der Bilanz überhaupt nicht ausgewiesen. Den Kaufpreis hatte der Unternehmer aus privaten Mitteln bezahlt.
LÖSUNG Hier liegt ein **Bilanzierungsfehler** vor, der sich in dem nicht mehr änderungsfähigen Jahr 02 steuerlich ausgewirkt hat. Der BFH hat hierzu in seinem Urteil vom 12. 10. 1977 (BStBl 1978 II S. 191) entschieden, dass das bisher nicht bilanzierte Wirtschaftsgut zum ersten änderungsfähigen Jahr mit dem Wert »einzubuchen« ist, mit dem es bei von Anfang an richtiger Bilanzierung zu Buche stehen würde (vgl. auch H 4.4 (Unterlassene Bilanzierung) EStH. In diesen Fällen einer unterlassenen Aktivierung eines Wirtschaftguts des notwendigen Betriebsvermögens ist damit für die Ermittlung des Einbuchungswerts eine »Schattenrechnung« (Absetzung der bisher unterlassenen AfA-Beträge von den Anschaffungs- oder Herstellungskosten) vorzunehmen (vgl. BFH vom 24. 10. 2001 BStBl II 2002, 75).
Die auf die Zeit der Nichtbilanzierung und nicht mehr änderbaren Jahre entfallende AfA ist damit endgültig verloren, da insoweit in den Folgejahren ein Ausgleich nicht mehr stattfinden kann (im vorliegenden Fall ist das die AfA des Jahres 02; vgl. H 7.4 (Unterlassene oder überhöhte AfA – Betriebsvermögen) EStH). Dies entspricht auch der Überlegung, dass es infolge des Unterlassens einer Bilanzierung auch zu keiner, mangels Bilanzzusammenhangs hinsichtlich des nicht aktivierten Wirtschaftsguts, automatischen Fehlerkorrektur gekommen wäre, wenn der Fehler nicht bemerkt worden wäre. Da in einem solchen Fall der Steuerpflichtige wohl nur die lineare AfA als verloren betrachten wird, kann ab dem Zeitpunkt der Bilanzberichtigung auch nur die lineare AfA in Betracht kommen.

Somit sind für den Aktivposten folgende Bilanzberichtigungen durchzuführen:

zum 31. 12. 03	+ 6 000 €
zum 31. 12. 04	+ 4 000 €
zum 31. 12. 05	+ 2 000 €

Anpassungsbuchung im Jahr 06:

Anlagegut	2 000 €	
an Anfangskapital 06		2 000 €

Allerdings ist zu beachten, dass lediglich die AfA des Jahres 02 verloren ist. In diesen Fällen ist es erforderlich, dass auch schon in der Anfangsbilanz des Berichtigungsjahres 03 das bislang nicht bilanzierte Wirtschaftsgut mit dem Wert einzubuchen ist, mit dem es bei von Beginn an richtiger Bilanzierung zu Buche stehen würde, im Beispiel daher mit 8 000 €. Die Einbuchung in die Anfangsbilanz erfolgt dabei gewinnneutral (vgl. a. H 4.4 (Unterlassene Bilanzierung) EStH und BFH vom 26. 11. 2008 BStBl II 2009, 407 für die insofern gleichwertigen Fälle einer in der Vergangenheit fälschlicherweise noch nicht aufgestellten Bilanz).

f) Ein Unternehmer hatte vor zehn Jahren ein Mietwohngrundstück erworben, Anschaffungskosten seinerzeit 500 000 € (Anteil Grund und Boden 2/5 und Anteil Gebäude 3/5). Seit 02. 01. 01 ist das Grundstück aus betrieblichen Gründen nur noch an Arbeitnehmer seines Betriebs vermietet (das Mietverhältnis ist an das Arbeitsverhältnis geknüpft). Das Grundstück wurde trotzdem bisher in den Bilanzen 01 bis 05 nicht ausgewiesen. Die Gebäude-AfA wurde bisher bei den Einkünften aus Vermietung und Verpachtung geltend gemacht.

LÖSUNG Es liegt ein **Bilanzierungsfehler** vor, da es sich bei dem Mietwohngrundstück ab 02. 01. 01 um notwendiges Betriebsvermögen handelt (vgl. R 4.2 Abs. 4 Satz 2 EStR sowie H 4.2 [7] (Vermietung an Arbeitnehmer) EStH), das zu diesem Zeitpunkt hätte mit dem Teilwert eingelegt werden müssen (§ 6 Abs. 1 Nr. 5 Satz 1 EStG). Da eine Bilanzberichtigung für 01 und 02 nicht mehr möglich ist, muss das Gebäude mit dem Teilwert im Zeitpunkt der Einlage abzüglich der AfA bis zum Zeitpunkt der Bilanzberichtigung, die der bei den Einkünften aus Vermietung und Verpachtung tatsächlich angesetzten oder der richtigen AfA entspricht (BFH vom 21. 08. 1984 BFH/NV 1985, 34; vgl. auch H 4.4 (Unterlassene Bilanzierung) EStH), »eingebucht« werden. Ein Fehlerausgleich für die nicht mehr änderungsfähigen Jahre 01 und 02 scheidet aus.
Für den Grund und Boden kann jedoch eine Bilanzberichtigung bis zum Fehlerjahr 01 zurück vorgenommen werden, wobei zweckmäßigerweise die Anfangs- bzw. Schlussbilanz 03 korrigiert wird (vgl. hierzu oben 1.4.3.2.1).
Bilanzberichtigungen zum 31. 12. 03 bis 05 sowie Anpassungsbuchung im Jahr 06 sind entsprechend wie bei Beispiel e) durchzuführen.

In den Beispielen a) – d) wurde der bei erstmaligen Bilanzierung bzw. erstmaligen Buchung gemachte Fehler in den späteren Jahren wieder ausgeglichen, sei es durch die Automatik des Bilanzenzusammenhangs innerhalb der nicht mehr änderbaren Jahre oder durch eine Bilanzberichtigung in einem noch änderbaren Jahr. Insoweit wurde um den Preis einer unzutreffenden Abschnittsbesteuerung wenigstens sichergestellt, dass das Gesamtgewinnergebnis über die einzelnen Perioden hinaus stimmt. In den Beispielen e) und f) greift diese Automatik jedoch nicht. Der Grund dafür liegt daran, dass in den letzten beiden Fällen, teilweise ein privater Vorgang vorliegt (beim Beispiel e) hätte, da die Bezahlung des angeschafften Wirtschaftsguts mit privaten Mitteln erfolgte, seinerzeit gebucht werden müssen »Aktivposten an Einlage« und beim Beispiel f) ebenfalls zum Zeitpunkt der Nutzungsänderung). Diese Einlagen von Wirtschaftsgütern aus dem Privatvermögen sind zwar zum Zeitpunkt der Einlage erfolgsneutral, erhöhen aber das Betriebsvermögen. Dem Fehler (Nichteinbuchung der Geldmittel oder des Wirtschaftsguts, das aus dem Privatvermögen in das Betriebsvermögen gelangte) fehlt die **Zweischneidigkeit** der Bilanzen, auf der der Grundsatz des Bilanzenzusammenhangs basiert. Ist die erforderliche Einlagebuchung unterblieben und wird die Bilanzberichtigung erst zu einem späteren Bilanzstichtag nachgeholt, weil in dem Fehlerjahr die Bilanzberichtigung nicht mehr zulässig ist, so kann es für die nicht mehr änderbaren Jahre in den Folgejahren keinen Fehlerausgleich geben. Bei den Beispielen e) und f) liegt »im Ergebnis« eine Rückwärtsberichtigung bis zum Fehlerjahr vor, die möglich gewesenen Gewinnauswirkungen der nicht mehr änderbaren Jahre sind jedoch verloren. Vgl. hierzu auch Wuttke in DStR 1982, Heft 21, S. 607, Abschn. B II. Nr. 1 mit weiteren Beispielen.

b) Ansatz- und Bewertungsfehler außerhalb von Betriebsvermögen

Bilanzfehler können auch in folgenden Fällen eingetreten sein:

a) wenn ein Wirtschaftsgut bilanziert ist, das bereits aus dem Betriebsvermögen ausgeschieden war (z. B. durch Nutzungsänderung notwendiges Privatvermögen geworden ist) oder
b) ein Wirtschaftsgut bilanziert wurde, das zu keinem Zeitpunkt Betriebsvermögen war und auch nicht gewillkürtes Betriebsvermögen sein konnte (notwendiges Privatvermögen).

BEISPIELE

In allen nachstehenden Beispielen ist davon auszugehen, dass die Jahre 01 und 02 bestandskräftig sind und nach der AO nicht mehr geändert werden können, die Steuerfestsetzungen für die Jahre 03 bis 05 unter dem Vorbehalt der Nachprüfung durchgeführt worden sind (§ 164 AO) und für den Betrieb im Jahre 06 eine Außenprüfung stattfand, während der die jeweiligen Fehler aufgedeckt wurden.

a) Der Unternehmer hatte im Jahr 01 ein unbebautes Grundstück aus dem Betriebsvermögen entnommen, um darauf ein selbst genutztes Einfamilienhaus zu erstellen. Der Vorgang wurde in der Buchführung des Jahres 01 nicht erfasst. Der Buchwert des Grundstücks betrug im Zeitpunkt der Entnahme 01 50 000 €, der Teilwert 120 000 €. Das Grundstück wurde weiterhin in den Bilanzen 01 bis 05 mit 50 000 € ausgewiesen. Der Teilwert zum 31. 12. 03 betrug inzwischen 140 000 €.

LÖSUNG Hier liegt ein **Bilanzierungsfehler** vor, weil das Grundstück durch die Bebauung mit einem selbst genutzten Einfamilienhaus zum notwendigen Privatvermögen wurde. Es hätte im Jahre 01 mit dem Teilwert von 120 000 € ausgebucht werden müssen, wodurch ein Entnahmegewinn von 70 000 € realisiert worden wäre. Da die Bilanz zum 31. 12. 01 nicht mehr berichtigt werden kann, stellt sich die Frage, ob die unterlassene Entnahme des Jahres 01 im ersten änderungsfähigen Jahr 03 noch erfolgswirksam nachgeholt werden darf. Zunächst hatte der BFH im Urteil vom 21.06.1972 BStBl II 1972, 874 entschieden, dass eine Berichtigung bis zum Fehlerjahr ausscheidet und die Korrektur in der Schlussbilanz des ersten änderungsfähigen Jahres in Form der »Ausbuchung des unrichtigen Bilanzansatzes« durchzuführen ist. Im Urteil des BFH vom 21. 10. 1976 BStBl II 1977, 148 wurde entschieden, dass in derartigen Fällen der unrichtige Bilanzansatz im ersten änderungsfähigen Jahr erfolgsneutral »auszubuchen« ist (vgl. auch H 4.4 (Unterlassene Erfassung einer Entnahme) EStH). Dies hat zur Folge, dass die Bilanzberichtigung zum 31. 12. 03 (und den folgenden Bilanzstichtagen) mit dem Buchwert vorzunehmen ist und dadurch die seinerzeit unterlassene Gewinnrealisierung nicht nachgeholt werden darf. Die stillen Reserven gehen daher in diesem Fall für die Besteuerung verloren. Der Fall könnte aber auch umgekehrt liegen (Verlustrealisierung geht verloren).

Der BFH begründet seine Entscheidung im Wesentlichen damit, dass im Jahr der Bilanzberichtigung keine »Entnahme« vorliege und daher der Bewertungsmaßstab für Entnahmen (nämlich der Teilwert) nicht in Betracht kommen dürfe. Da das EStG für solche Fälle aber keinen eigenen Bewertungsmaßstab vorsehe, müsse die Bilanzberichtigung zum Buchwert, also erfolgsneutral, erfolgen. Im Ergebnis hat auch hier der BFH eine Rückwärtsberichtigung bis zum Fehlerjahr bejaht, jedoch einen Fehlerausgleich ausgeschlossen.

Bilanzberichtigungen für den Posten »Unbebaute Grundstücke«:

zum 31. 12. 03	./. 50 000 €
zum 31. 12. 04	./. 50 000 €
zum 31. 12. 05	./. 50 000 €

Damit im Jahr 03 die Berichtigung erfolgsneutral erfolgt, ist es nötig, im Rahmen des steuerlichen Betriebsvermögensvergleichs für das Jahr 03 eine »Quasi-Entnahme« in Höhe von 50 000 € anzusetzen (s. a. 1.4.3.2.1).
Anpassungsbuchung im Jahr 06:

Anfangskapital 06	50 000 €	
an Unbebaute Grundstücke		50 000 €

b) Sachverhalt wie Beispiel a) mit folgender Abweichung: Der Unternehmer hat das Grundstück im Jahr 01 für 120 000 € veräußert und das Geld privat vereinnahmt. Das Grundstück wurde trotzdem weiterhin in den Bilanzen 01 bis 05 mit 50 000 € ausgewiesen.
LÖSUNG Auch hier liegt ein **Bilanzierungsfehler** vor, der wiederum zum 31. 12. 03 (und zu den folgenden Bilanzstichtagen) erfolgsneutral korrigiert werden muss, d. h. Bilanzberichtigung zum Buchwert mit 50 000 €, da der Veräußerungsvorgang in einem nicht mehr änderbaren Jahr stattfand und eine Nachholung des Veräußerungsgewinns durch Fingierung einer entsprechenden erfolgswirksamen Entnahme zum 31. 12. 03 nicht zulässig ist.
Vgl. hierzu auch Wuttke in DStR 1982, Heft 21, 607 ff. Abschn. B II. Nr. 2 mit weiteren Beispielen.

1.4.3.2.3 Fehlergruppe 3: Durchbrechung des Bilanzenzusammenhangs

Hat ein Steuerpflichtiger bewusst einen Bilanzposten falsch angesetzt, um dadurch ungerechtfertigt Steuervorteile zu erlangen, dann kann er sich bei einer Bilanzberichtigung nicht auf den Grundsatz des Bilanzenzusammenhangs berufen, da hier ein **Verstoß gegen Treu und Glauben** vorliegt. In derartigen Fällen ist die **Anfangsbilanz** des **ersten noch änderungsfähigen Jahres** in der Weise richtigzustellen, dass für den bisher falschen Bilanzposten dieser Posten mit dem richtigen Wert angesetzt wird (vgl. BFH vom 03. 07. 1956 BStBl III 1956, 250 sowie H 4.4 (Berichtigung einer Bilanz, die einer bestandskräftigen Veranlagung zugrunde liegt) EStH). Der BFH hat diese Berichtigung im Fall einer willkürlich unterlassenen AfA bejaht (vgl. auch Urteil vom 03. 07. 1980 BStBl II 1981, 255 und vom 20. 01. 1987 BStBl II 1987, 491 sowie H 7.4 (Unterlassene oder überhöhte AfA – Unberechtigte Steuervorteile) EStH).

BEISPIEL

Der Unternehmer erwarb am 05. 07. 02 eine Maschine für 100 000 €, betriebsgewöhnliche Nutzungsdauer fünf Jahre. Für 02 unterließ er die AfA in Höhe von (20 % von 100 000 € für sechs Monate =) 10 000 €, da er in diesem Jahr sowieso ein sehr niedriges Betriebsergebnis erzielt hatte.
LÖSUNG Hier liegt ein **Bewertungsfehler** vor, der nach der genannten BFH-Rechtsprechung in den späteren Jahren nicht ausgeglichen werden darf, wenn das Fehlerjahr 02 nicht mehr änderungsfähig ist. Ist das Jahr 02 nicht mehr änderungsfähig, muss die Anfangsbilanz 03 hinsichtlich des Postens Maschinen um die für das Jahr 02 nicht vorgenommene AfA von 10 000 € berichtigt werden (Maschinen und Anfangskapital jeweils ./. 10 000 €). Hierbei handelt es sich um einen der seltenen Fälle der Durchbrechung des Bilanzenzusammenhangs. Die unterlassene AfA von 10 000 € geht dem Steuerpflichtigen damit endgültig verloren. Auch die Schlussbilanzen der Folgejahre sind entsprechend zu berichtigen (Maschinen jeweils ./. 10 000 €).

Anpassungsbuchung im Jahr 06:

Anfangskapital 06	10 000 €	
an Maschinen		10 000 €

Eine Durchbrechung des Bilanzenzusammenhangs wird ebenfalls als notwendig erachtet, wenn bei Eröffnung eines Betriebs ein **abnutzbares Wirtschaftsgut** des Anlagevermögens zunächst **nicht in die Eröffnungsbilanz** eingestellt und damit auch die AfA unterlassen wird, um das Wirtschaftsgut später einzulegen und abzuschreiben (vgl. hierzu BFH vom 24. 10. 2001 BStBl II 2002, 75).

Wurde eine derartige Maßnahme ausschließlich aus außersteuerlichen Gründen vorgenommen (z. B. im vorstehenden Beispiel die AfA im Jahr 02 unterlassen, um wegen der Aufnahme eines Kredits bei einer Bank kreditwürdiger zu erscheinen), so nimmt der BFH keinen Verstoß gegen Treu und Glauben an und lässt die Nachholung der unterlassenen AfA zu (vgl. auch hierzu das Urteil des BFH vom 03. 07. 1980 BStBl II 1981, 255).

1.5 Anpassung der laufenden Buchführung an die in einem Vorjahr vorgenommene Bilanzberichtigung

Im Jahr einer Bilanzberichtigung kann nicht mehr gebucht werden, da die Buchführung bereits abgeschlossen ist und nicht mehr (wieder)eröffnet werden darf. Die erforderlichen **Anpassungsbuchungen** (Kapital-Angleichungsbuchungen) sind daher erst in dem Jahr möglich, für das die Buchführung noch nicht abgeschlossen ist. Das wird regelmäßig das Jahr sein, in dem der Fehler aufgedeckt wurde (bei durchgeführten Außenprüfungen das Jahr, in dem die Außenprüfung stattfindet, spätestens jedoch in dem Jahr, in dem die Außenprüfung steuerlich ausgewertet wurde).

Wenn in Rechtsprechung, Verwaltungsregelungen und im Schrifttum im Zuge von Bilanzberichtigungen von »**Berichtigungsbuchungen**« gesprochen wird, handelt es sich jeweils nur um »Quasi-Berichtigungsbuchungen« zu den jeweiligen Berichtigungszeitpunkten und um keine »echten« Buchungen. Um echte Buchungen handelt es sich nur bei den Anpassungsbuchungen. Im Jahr der buchtechnischen Anpassung sind die Bilanzberichtigungen des Vorjahres wie folgt vorzunehmen:

a) für die Erhöhung eines Aktivpostens:
   Aktivposten
   an (Anfangs-)Kapital,
b) für die Minderung eines Aktivpostens:
   (Anfangs-)Kapital
   an Aktivposten,
c) für die Erhöhung eines Passivpostens:
   (Anfangs-)Kapital
   an Passivposten,
d) für die Minderung eines Passivpostens:
   Passivposten
   an (Anfangs-)Kapital.

Diese Anpassungen können auch jeweils als »Quasi-Entnahmen« oder »Quasi-Einlagen« über entsprechende Privatkonten gebucht werden.

Alle vorstehend genannten **Anpassungsbuchungen sind erfolgsneutral**, da immer auch das Anfangskapital angesprochen wird. Falls alternativ die Anpassungsbuchungen mittels »Quasi-Entnahmen« bzw. »Quasi-Einlagen« vorgenommen werden, ist die Erfolgsneutralität ebenfalls gegeben. Die erforderliche Erfolgsneutralität der Anpassungsbuchungen folgt allein schon daraus, dass die Erfolgswirkungen der Berichtigungen in dem Wirtschaftsjahr eingetreten sind, in dem die Berichtigungen vorgenommen wurden. Dort i. d. R. über eine erfolgswirksame Berichtigung der Schlussbilanz (vgl R 4.4 Abs. 1 Satz 9 EStR). Es können sich jedoch Folgewirkungen ergeben (z. B. durch höhere AfA, durch Auswirkungen auf den Wareneinsatz usw.). Die Anpassungsbuchungen dienen dazu, die laufende Buchführung an die in den Vorjahren vorgenommenen Bilanzberichtigungen anzugleichen und sind zur Vermeidung der Durchbrechung des Bilanzenzusammenhangs erforderlich.

2 Grundsätze der Bilanzänderung

Die Grundsätze der Bilanzänderung ergeben sich aus **§ 4 Abs. 2 Satz 2 EStG**.

2.1 Begriff und allgemeine Voraussetzungen

Von einer Bilanzänderung spricht man, wenn eine bereits beim Finanzamt eingereichte Bilanz in der Weise geändert werden darf, dass steuerlich (in den Fällen des § 5 EStG ggf. auch handelsrechtlich) ein bisheriger richtiger Bilanzansatz durch einen anderen ebenfalls richtigen Bilanzansatz ersetzt wird, d. h. ein bestehendes **Wahlrecht** nachträglich anders ausgeübt wird. Der entscheidende Unterschied zur Bilanzberichtigung besteht darin, dass **weder** ein **Bilanzierungsfehler noch** ein **Bewertungsfehler** vorliegen darf. Die Bilanz muss vor und nach einer Bilanzänderung hinsichtlich des geänderten Bilanzpostens richtig sein. Eine Bilanzänderung liegt jedoch nicht vor, wenn sich einem Steuerpflichtigen erst nach Einreichung der Bilanz die Möglichkeit eröffnet, **erstmalig** ein Wahlrecht auszuüben (R 4.4 Abs. 2 Satz 3 EStR). Ein Steuerpflichtiger ist daher, beispielsweise aufgrund eines sich im Rahmen einer Betriebsprüfung erstmalig ergebenden Gewinns aus der Veräußerung eines nach § 6b EStG begünstigten Wirtschaftsutes, regelmäßig nicht gehindert, eine Reinvestitionsbegünstigung nach § 6b EStG in Anspruch zu nehmen, da § 4 Abs. 2 Satz 2 keine Anwendung findet (bgl. BFH vom 27.09.2006 BStBl II 2008, 600 unter II. Buchst. b). Eine Bilanzänderung kommt danach nur in Betracht, wenn ein

- Bilanzierungswahlrecht (Ansatzwahlrecht) oder
- Bewertungswahlrecht (mindestens zwei unterschiedliche Wertansätze)

besteht. Vgl. R 4.4 Abs. 2 Sätze 1 und 2 EStR.

BEISPIELE

a) **Bilanzierungswahlrechte:**

- Bildung einer Rückstellung für Pensionsverpflichtung nach § 6 a EStG.

Anmerkung: Dieses Bilanzierungswahlrecht bestand bis Ende 1986 sowohl handelsrechtlich, vgl. § 152 Abs. 7 letzter Satz AktG a. F., als auch steuerlich. Durch das Bilanzrichtliniengesetz, § 249 Abs. 1 Satz 1 HGB, ist handelsrechtlich für Kaufleute der Ansatz von Pensionsrückstellungen (für Neuzusagen) zur Pflicht geworden, so dass ab 1987 für die Steuerpflichtigen, die den Gewinn nach § 5 EStG ermitteln, insoweit kein Wahlrecht mehr bestand. Vgl. auch Art. 28 EGHGB. Steuerlich ist ab 2009 durch die Änderung des § 5 Abs. 1 Satz 1 – insbesondere 2. HS – EStG eine gewisse Änderung eingetreten. Vgl. hierzu A I Nr. 1 Buchstabe c) BMF vom 12.03.2010 (BStBl I 2010, 239) sowie Teil L 5 dieses Buches.

- Bildung von steuerfreien Rücklagen nach § 6 b EStG und R 6.6 EStR.

b) **Bewertungswahlrechte:**

- Bewertungsfreiheit des § 6 Abs. 2 EStG für GWG.
- Inanspruchnahme der degressiven AfA nach § 7 Abs. 2 und 5 EStG.
- Die Übertragung aufgedeckter stiller Reserven nach § 6 b EStG und R 6.6 EStR auf begünstigte Wirtschaftsgüter.

Hierbei ist jedoch der Grundsatz der Bewertungsstetigkeit zu beachten (vgl. G 3.3).

Trotz der Möglichkeit, im Rahmen einer Bilanzänderung nachträglich ein anderes Wahlrecht auszuüben, dürfen Geschäftsvorgänge niemals rückwirkend gebucht oder rückgängig gemacht werden (z. B. darf die Entnahme eines Wirtschaftsguts des gewillkürten Betriebsvermögens nicht zurückdatiert werden, obwohl eine jederzeitige Entnahmemöglichkeit besteht bzw. bereits früher bestanden hatte). Nach einer Bilanzerstellung gewonnene bessere Erkenntnisse (Wertaufhellung) stellen ebenfalls keinen Fall für eine Bilanzänderung dar. Eine Bilanzänderung kommt nicht in Betracht, wenn sich einem Steuerpflichtigen erst nach Einreichung der Bilanz die Möglichkeit eröffnet, erstmalig sein Wahlrecht auszuüben (R 4.4 Abs. 2 Satz 3 EStR).

2.2 Steuerrechtliche Voraussetzungen

Nach § 4 Abs. 2 Satz 2 EStG ist die Bilanzänderung nur in **eingeschränktem Umfang** zulässig. Danach ist eine Bilanzänderung nur möglich.

- wenn sie in einem engen zeitlichen und sachlichen Zusammenhang mit einer Bilanzberichtigung nach des § 4 Abs. 2 Satz 1 EStG steht **und**
- soweit die Auswirkung dieser Bilanzberichtigung auf den Gewinn reicht (vgl. R 4.4 Abs. 2 Sätze 4 und 5 EStR).

Diese durch das Steuerbereinigungsgesetz vom 22.12.1999 ab 1999 eingeführte Neuregelung der Bilanzänderung erscheint im gewissen Maße der Rechtssystematik der Änderungsbestimmungen der §§ 172 ff. AO nachgebildet zu sein, insbesondere der Regelung des § 177 AO. Zu beachten ist allerdings, dass dieses System nur hinsichtlich einer betragsmäßigen Kompensation vergleichbar ist, denn die Bilanzänderung des § 4 Abs. 2 Satz 2 EStG ist soweit zulässig, als die Gewinnauswirkung der Bilanzberichtigung nach des § 4 Abs. 2 Satz 1 EStG reicht. Außerdem betrifft die Bilanzänderung keine Bilanzierungs- und Bewertungsfehler, sondern die nachträglich andere Ausübung von Bilanzierungs- und Bewertungswahlrechten.

Die Bilanzänderungsmöglichkeiten unterliegen damit zwei entscheidenden Einschränkungen:

1. Zum einen ist eine Bilanzänderung nur möglich, wenn ohnehin ein unrichtiger Bilanzansatz (Bilanzierungs- und/oder Bewertungsfehler) zu korrigieren ist und
2. zum andern darf die Bilanzänderung nur insoweit Auswirkung auf den Gewinn entfalten, als die Berichtigung des unrichtigen Bilanzansatzes (Bilanzberichtigung) eine Gewinnberichtigung (Gewinnänderung) bewirkt hat.

Eine Zustimmung zur Bilanzänderung ist jedoch nicht erforderlich. Sobald die Voraussetzungen dafür vorliegen, **muss das Finanzamt** die beantragte Bilanzänderung dem Grund und der Höhe nach **anerkennen**.

Die Neuregelung zur Bilanzänderung eröffnet daher innerhalb der beschriebenen Grenzen die Möglichkeit, angefallene Mehrgewinne aus Bilanzberichtigungen (§ 4 Abs. 2 Satz 1 EStG), die z. B. im Rahmen von Außenprüfungen aufgedeckt werden, durch die nachträgliche andere Ausübung von Bilanzansatz- bzw. Bewertungswahlrechten wieder auszugleichen. Insofern kommt der genauen Unterscheidung und Abgrenzung zwischen Bilanzberichtigungen (i. S. v. § 4 Abs. 2 Satz 1 EStG) und Bilanzänderungen (i. S. v. § 4 Abs. 2 Satz 2 EStG) noch größere Bedeutung zu, als früher. Es sollte daher im Sprachgebrauch bei Korrekturen und Bilanzansätzen i. S. v. § 4 Abs. 2 Satz 1 EStG nicht von Änderungen, sondern von Berichtigungen gesprochen werden (in R 4.4 Abs. 1 und 2 EStR wird diese unterschiedliche Formulierung ebenfalls praktiziert).

Eine für eine Bilanzänderung erforderliche Bilanzberichtigung bezieht sich zum einen auf den unrichtigen Ansatz von Wirtschaftsgütern (aktive und passive Wirtschaftsgüter einschließlich Rückstellungen) sowie Rechnungsabgrenzungsposten dem Grunde oder der Höhe nach. Der Zusammenhang einer Bilanzänderung mit einer Bilanzberichtigung liegt jedoch auch dann vor, wenn sich die Gewinnänderung im Rahmen der Bilanzberichtigung aus dem Nicht- oder fehlerhaften Verbuchung von Entnahmen und Einlagen ergibt (H 4.4 (Bilanzänderung) EStH). Denn auch in letzteren Fällen wird eine sich aus § 4 Abs. 1 Satz 1 EStG ergebende und der

Ermittlung des Gewinns dienende Position des Eigenkapitals verändert. Die damit einhergehende Veränderung des Gewinns i. S. des § 4 Abs. 1 Satz 1 EStG rechtfertigt deshalb die Annahme, dass auch die per Saldo ergebnisneutrale Änderung der Höhe des Eigenkapitalpostens (die Veränderung bei den Einlagen und Entnahmen wirkt sich wegen der damit gleichzeitig verbundenen Gewinnerhöhung oder -minderung per Saldo nicht auf die Höhe des Eigenkapitals aus) eine Berichtigung i. S. des § 4 Abs. 2 Satz 1 EStG darstellt (vgl. BFH vom 31. 05. 2007 BStBl II 2008, 665). Änderungen des steuerlichen Gewinns aufgrund der Berücksichtigung außerbilanzieller Hinzu- oder Abrechnungen berühren dagegen keinen Bilanzansatz und ermöglichen deshalb keine Bilanzänderung (BMF vom 13. 08. 2008 BStBl I 2008, 845). Der enge zeitliche und sachliche Zusammenhang zwischen Bilanzberichtigung und Bilanzänderung setzt voraus, dass sich beide Maßnahmen auf dieselbe Bilanz beziehen. Die Änderung der Bilanz eines bestimmten Wirtschaftsjahres ist danach unabhängig von der Frage, auf welche Wirtschaftsgüter oder Rechnungsabgrenzungsposten sich die Berichtigung dieser Bilanz bezieht, bis zur Höhe des gesamten Berichtigungsbetrages zulässig (Gewinnänderungen aufgrund fehlerhafter Verbuchungen von Entnahmen und Einlagen erweitern den Änderungsrahmen). Ein zeitlicher Zusammenhang liegt darüber hinaus nur vor, wenn die Bilanz unverzüglich nach einer Bilanzberichtigung geändert wird (BMF vom 18. 05. 2000 BStBl I 2000, 587).

Ein **enger sachlicher Zusammenhang** zwischen einer Bilanzberichtigung und Bilanzänderung dürfte stets dann anzunehmen sein, wenn die Bilanzänderung unmittelbare Folge der Bilanzberichtigung ist. Das gilt z. B. für die Umqualifizierung von Erhaltungsaufwendungen zu Herstellungskosten sowie von nicht abziehbaren Vorsteuerbeträgen zu Anschaffungskosten eines abnutzbaren Wirtschaftsguts.

Für die **betragsmäßige Begrenzung** im Rahmen einer Bilanzänderung kommt es nur auf die Gewinnauswirkung an, nicht auf die ertragsteuerliche Auswirkung. Für die betragsmäßige Begrenzung sind die Gewinnauswirkungen aus mehreren Bilanzberichtigungen mit den Gewinnauswirkungen aus mehreren Bilanzänderungen zusammenzufassen.

BEISPIELE

a) Gewerbetreibender G hatte im Januar 01 ein bisher zutreffend bilanziertes unbebautes Grundstück für 100 000 € veräußert und nach Abzug des Buchwerts in Höhe von 80 000 € und den von ihm getragenen Veräußerungskosten in Höhe von 1 000 € einen Veräußerungsgewinn in Höhe von 19 000 € erzielt. Obwohl die Voraussetzungen des § 6 b EStG vorlagen, hatte er den Veräußerungsgewinn beim Jahresabschluss zum 31. 12. 01 als laufenden Gewinn behandelt.
Im Oktober 01 erwarb G an anderer Stelle ebenfalls ein unbebautes Grundstück für betriebliche Zwecke zum Kaufpreis von 200 000 €, wovon er den sofort angezahlten Betrag in Höhe von 150 000 € aktivierte. Da der restliche Betrag in Höhe von 50 000 € vom Veräußerer bis Ende November 02 gestundet wurde, hatte G diesen Betrag zunächst nicht aktiviert. Die Notariats- und Grundbuchgebühren in Höhe von 1 500 € und die Grunderwerbsteuer in Höhe von 7 000 € bezahlte G im Jahre 01 aus privaten Mitteln. G buchte weder die Notariats- und Grundbuchgebühren, noch die Grunderwerbsteuer als Anschaffungskosten oder Betriebsausgaben und auch nicht als Einlagen.
Im Rahmen einer Außenprüfung des Finanzsamts für das Jahr 01 wurde der Sachverhalt aufgedeckt und von G der Antrag auf Bilanzänderung nach § 4 Abs. 2 Satz 2 EStG zur Übertragung des Veräußerungsgewinns nach § 6 b Abs. 1 EStG auf das im Oktober 01 angeschaffte unbebaute Grundstück gestellt. Für das Jahr 01 wurden die Steuerfestsetzungen nach § 164 AO unter dem Vorbehalt der Nachprüfung durchgeführt.

LÖSUNG Die Berichtigung der Anschaffungskosten für das im Oktober 01 erworbene Grundstück um die Anschaffungsnebenkosten für die Notariats- und Grundbuchgebühren sowie für die Grunderwerbsteuer von zusammen 8 500 € einschließlich der noch zu tilgenden Restkaufpreisschuld von 50 000 € auf zusammen 208 500 € führt zum 31. 12. 01 zwar zu einer Bilanzberichtigung für das unbebaute Grundstück von + 58 000 €, für das Jahr 01 jedoch zu keiner Gewinnberichtigung, da die fal-

sche Behandlung nicht zu Gewinnminderungen geführt hatte und die entsprechende Berichtigung des Aktivpostens »Unbebautes Grundstück« und des »Einlagen« ebenfalls (per Saldo) zu keiner Gewinnberichtigung für 01 führt.
Im vorliegenden Falle ist daher die Bilanz zum 31. 12. 01 hinsichtlich des Aktivpostens »Unbebautes Grundstück« um + 58 500 € zu berichtigen (Bilanzberichtigung). Eine gleichzeitige Bilanzänderung zum 31. 12. 01 hinsichtlich der infolge Veräußerung des bisherigen unbebauten Grundstücks aufgedeckten stillen Reserven nach § 6 b Abs. 1 EStG ist jedoch nicht zulässig, da die Berichtigung des Aktivpostens »Unbebautes Grundstück« zu keiner Gewinnberichtigung führt. Eine Bilanzänderung wäre jedoch dann möglich, wenn dadurch andere Gewinnberichtigungen (Mehrgewinne aufgrund der Außenprüfung) ausgeglichen werden könnten.

b) Im Jahr 01 entstandene Aufwendungen für ein Betriebsgebäude wurden vom Steuerpflichtigen bisher als Betriebsausgaben gewinnmindernd gebucht. Im Rahmen einer Außenprüfung wurde festgestellt, dass es sich hierbei um Herstellungskosten des Betriebsgebäudes handelt. Außerdem wurde für ein bewegliches Wirtschaftsgut des Anlagevermögens die Sonderabschreibung nach § 7 g Abs. 5 EStG nicht vorgenommen, obwohl dies möglich gewesen wäre.
LÖSUNG Im Rahmen einer Außenprüfung kann der Mehrgewinn, der sich durch die Bilanzberichtigung nach § 4 Abs. 2 Satz 1 EStG für das Betriebsgebäude ergibt, durch Wenigergewinn im Rahmen einer Bilanzänderung nach § 4 Abs. 2 Satz 2 EStG für die Ausübung des Wahlrechts nach § 7 g Abs. 5 EStG für das bewegliche Wirtschaftsgut des Anlagevermögens ausgeglichen werden.

2.3 Bindung der Steuerbilanz an die Handelsbilanz

Steuerpflichtige, die den Gewinn nach § 5 EStG ermitteln, müssen auch für eine Bilanzänderung den Maßgeblichkeitsgrundsatz des § 5 Abs. 1 Satz 1 1. HS EStG beachten. Das bedeutet, dass in diesen Fällen zunächst die Handelsbilanz entsprechend zu ändern ist um auch die Steuerbilanz in der gewünschten Weise ändern zu können. Es ist nicht zulässig, erst die Handelsbilanz des folgenden Jahres entsprechend anzugleichen. Hierbei sind für Kapitalgesellschaften die Formvorschriften des § 266 HGB zu beachten. Soweit es sich um Sachverhalte handelt, die unter § 5 Abs. 1 Satz 1 2. HS EStG fallen, besteht ab 2009 keine Bindung mehr zwischen Steuerbilanz und Handelsbilanz.

2.4 Anpassung der laufenden Buchführung an die in einem Vorjahr vorgenommene Bilanzänderung

Es gelten in diesem Fall die gleichen Grundsätze und Buchungsregeln wie für die buchmäßige Anpassung von Bilanzberichtigungen. Vgl. hierzu im Einzelnen die Ausführungen in 1. 5.

3 Technik der Bilanzberichtigung und Bilanzänderung

Wichtiger Hinweis: In den nachfolgenden Ausführungen werden die Formulierungen »Berichtigung« bzw. »berichtigt« nicht nur als Bezeichnung für die »Berichtigung« bzw. »berichtigt« im Sinne der Bilanzberichtigung nach § 4 Abs. 2 Satz 1 EStG, sondern auch als Bezeichnung für die »Änderung« bzw. »geändert« im Sinne der Bilanzänderung nach § 4 Abs. 2 Satz 2 EStG verwendet.

a) Zusammenfassung der berichtigten und der nicht berichtigten Bilanzposten in einer berichtigten Bilanz (Prüferbilanz aufgrund einer Außenprüfung)

Werden Bilanzposten im Zuge einer Außenprüfung berichtigt (bzw. geändert), so wird regelmäßig eine berichtigte Bilanz (Prüferbilanz) erstellt. In diese Prüferbilanz werden die nicht beanstandeten und nicht berichtigten sowie die berichtigten Bilanzposten übernommen. Ergeben sich bei einem Bilanzposten mehrere Berichtigungen (z. B. bei Maschinen, Waren, Umsatzsteuer), so sind diese Berichtigungen zweckmäßigerweise in einer »Berichtigungsspalte« oder einer Nebenrechnung einzeln darzustellen.

b) Berichtigung des Kapitals durch Saldierung der »Aktivposten lt. Prüferbilanz minus Passivposten lt. Prüferbilanz«

Im Rahmen der Aufstellung der berichtigten Bilanz (Prüferbilanz) werden die Auswirkungen auf das Kapital nicht einzeln dargestellt, sondern insgesamt am Schluss durch Saldierung. Wird nur für das letzte Jahr des Prüfungszeitraums eine Prüferbilanz erstellt, dann wird für die übrigen Jahre eine Kapital-Kontenentwicklung gefertigt. In diesem Falle erübrigt sich eine Kontrolle nach c).

c) Ermittlung des Gewinns durch Betriebsvermögensvergleich aufgrund der berichtigten Ergebnisse

Aus Kontrollgründen ist es zweckmäßig mit Hilfe der berichtigten Ergebnisse den berichtigten Gewinn auch noch einmal im Wege des Betriebsvermögensvergleichs zu errechnen:

	Berichtigtes Betriebsvermögen am Ende des Wirtschaftsjahres
./.	(Berichtigtes) Betriebsvermögen am Ende des vorangegangenen Wirtschaftsjahres
=	Betriebsvermögens-Zunahme bzw. -Abnahme
+	Berichtigte Entnahmen
./.	Berichtigte Einlagen
=	Berichtigter Gewinn bzw. berichtigter Verlust

d) Auswirkungen der Berichtigung bzw. Änderung von Bilanzposten auf das Kapital und den Gewinn

Nach den Regeln der Gewinnermittlung durch Betriebsvermögensvergleich (§ 4 Abs. 1 Satz 1 bzw. § 5 EStG) gehören zu den Bilanzposten auch die Entnahmen und Einlagen. Bei jeder Berichtigung bzw. Änderung eines Bilanzpostens (Aktivposten, Passivposten, Entnahmen oder Einlagen) muss die Auswirkung auf das Kapital und auf den Gewinn des laufenden (Wirtschafts-)Jahres, d. h. des Jahres der Bilanzberichtigung bzw. Bilanzänderung, und des folgenden Jahres beurteilt werden. Hierbei gelten folgende **Grundregeln:**

- **Für das Jahr der Bilanzberichtigung bzw. Bilanzänderung:**

– Erhöhung eines Aktivpostens	= Mehrkapital	= Mehrgewinn,
– Erhöhung eines Passivpostens	= Wenigerkapital	= Wenigergewinn,
– Verminderung eines Aktivpostens	= Wenigerkapital	= Wenigergewinn,
– Verminderung eines Passivpostens	= Mehrkapital	= Mehrgewinn.

- **Für das Folgejahr:** Wegen des Bilanzenzusammenhangs ergeben sich hinsichtlich der Gewinnauswirkung genau die umgekehrten Folgegewinnauswirkungen für das Folgejahr (man spricht hier von der »Folgewirkung« bzw. »Reflexwirkung«).
- **Wichtige Besonderheit für Entnahmen und Einlagen:** Werden Entnahmen und Einlagen berichtigt, so hat dies nur Auswirkungen auf den Gewinn des Berichtigungsjahres, nicht auf den Gewinn des Folgejahres.

4 Gewinnberichtigung im Rahmen der Mehr- und Wenigerrechnung (MWR)

4.1 Begriff

Nachfolgend wird die Formulierung »Gewinnberichtigung« gleichzeitig für die Gewinnauswirkung aufgrund einer Bilanzberichtigung und Bilanzänderung verwendet.

Die MWR ist eine **kurzgefasste Übersicht über die Gewinnauswirkungen** aufgrund von Bilanzberichtigungen und Bilanzänderungen bzw. aufgrund von Berichtigungen und Änderungen einzelner Posten der GuV-Rechnung. Die MWR wird manchmal auch als »**Plus-Minus-Rechnung**« oder »**Ergebnisrechnung**« bezeichnet. Sie dient insbesondere bei Außenprüfungen als **Hilfsmittel**, die Gewinnberichtigungen darzustellen, ohne dass eine berichtigte GuV-Rechnung erstellt zu werden braucht. Manche Unternehmen erstellen auch MWR, um die Unterschiede zwischen der Steuerbilanz und der Handelsbilanz aufzuzeigen.

Die **wichtigste Aufgabe** der MWR ist ihre **Kontrollfunktion**, die normalerweise die GuV-Rechnung übernimmt. So wie das Zahlenwerk der doppelten Buchführung einmal den Jahresgewinn nach den Regeln des Betriebsvermögensvergleichs und ein zweites Mal nach den Regeln der Erfolgsrechnung (GuV-Rechnung) aufzeigt, so kann auch ein berichtigter Gewinn, z. B. aufgrund einer Außenprüfung, auf diese zweifache Weise im Rahmen von entsprechenden Mehr- und Wenigerrechnungen dargestellt werden (zu den verschiedenen Methoden der MWR vgl. 4.2 bis 4.4).

Eine **weitere Aufgabe** der MWR ist es, die **Gewinnauswirkung** der einzelnen Bilanzberichtigungen und Bilanzänderungen **in tabellarischer Form aufzuzeigen**. Den Beteiligten wird damit ein rascher und lückenloser Überblick über die Mehr- oder Wenigerergebnisse einer Außenprüfung – oder einer Abweichung der Steuerbilanz von der Handelsbilanz – ermöglicht. Im Rahmen einer Außenprüfung wird die MWR regelmäßig auf einem amtlichen Vordruck erstellt (vgl. 4.3.4).

4.2 Verschiedene Methoden der MWR

Für die Darstellung der Gewinnberichtigungen aufgrund von Bilanzberichtigungen und Bilanzänderungen unterscheidet man folgende zwei Methoden der MWR:

1. Gewinnberichtigung nach der Bilanzmethode,
2. Gewinnberichtigung nach der GuV-Methode.

a) Bilanz-Methode

Dieser Methode liegen die Regeln des Betriebsvermögensvergleichs zugrunde, d. h. die Bilanz-Methode geht davon aus, dass die Berichtigung oder Änderung eines Bilanzpostens isoliert betrachtet stets eine Auswirkung auf den Gewinn hat. Jede Berichtigung oder Änderung eines Bilanzpostens hat nämlich isoliert betrachtet eine Auswirkung auf die Höhe des Eigenkapitals, was im Rahmen des Betriebsvermögensvergleichs folglich zu einer Veränderung des Gewinns führt. Dabei muss allerdings beachtet werden, dass eine solche Abweichung vom ursprünglichen Bilanzansatz nicht nur das Endkapital des laufenden (Wirtschafts-)Jahres (d. h. das Jahr der Berichtigung oder Änderung), und damit den ursprünglichen Gewinn verändert, sondern immer auch Einfluss auf den Gewinn des folgenden Jahres hat (**Folgewirkung (genauer: Folgegewinnauswirkung) oder Reflexwirkung**). Diese Folgewirkung bzw. Reflexwirkung hat dann ein umgekehrtes Vorzeichen hinsichtlich der Gewinnauswirkung. Dies ist die unabänderliche Folge des Bilanzenzusammenhangs. Außerdem ist zu beachten, dass beim Betriebsvermögensvergleich nicht nur das Kapital (Betriebsvermögen) des laufenden Jahres mit dem Kapital des Vorjahres verglichen wird, sondern dass die Vermögensveränderung noch durch Zurechnung der Entnahmen und Kürzung der Einlagen zu korrigieren ist (da die Entnahmen und Einlagen das Endkapital des laufenden Jahres verändert haben, aber sich nicht auf den Gewinn des Betriebs auswirken dürfen). Es ist daher notwendig, auch die Entnahmen und Einlagen in die MWR nach der Bilanz-Methode einzubeziehen und sie wie Bilanzposten zu behandeln, obwohl es sich hierbei um keine Bilanzposten im eigentlichen Sinne handelt. Die Berichtigung von Entnahmen und Einlagen führt jedoch zu keiner Folgegewinnauswirkung ins nächste Wirtschaftsjahr. Dies ist einfach zu erkennen anhand der Formel des Betriebsvermögensvergleichs (Teil C 1.2), da dort lediglich das berichtigte Betriebsvermögen am Schluss des Wirtschaftsjahres in den Betriebsvermögensvergleich des Folgejahres als neues Betriebsvermögen am Schluss des vorangegangenen Wirtschaftsjahres eingeht, die Entnahmen und Einlagen jedoch lediglich in dem Jahr eine Auswirkung auf den Gewinn haben, in dem sie sich abspielen.

Die Bilanz-Methode wird auch als »Bilanzpostenkontrolle« oder als »Bilanzpostenprobe« bezeichnet, da sie in der Praxis häufig neben der MWR nach der GuV-Methode als Kontrollrechnung verwendet wird.

b) GuV-Methode

Dieser Methode liegen die Regeln der Erfolgskonten (Aufwands- und Ertragskonten) zugrunde, d. h. es muss bei einer steuerlich anderen Beurteilung eines Vorgangs die entsprechende Auswirkung auf den jeweiligen Aufwands- oder Ertragsposten und damit auf den Gewinn untersucht und dargestellt werden. Hierbei muss also überlegt werden, welche Auswirkung die Korrektur eines Aufwands- oder Ertragspostens auf die GuV-Rechnung hätte, wenn man sie berichtigen würde.

4.3 Technik der MWR

In der Praxis werden zahlreiche unterschiedliche Darstellungsformen für die beiden Methoden der MWR angewandt, die jedoch stets zu demselben Ergebnis führen müssen. Im Rahmen dieses Buches werden für jede der beiden MWR-Methoden **zwei unterschiedliche Darstellungsformen** aufgezeigt.

4.3.1 Technik der Bilanz-Methode

Bei den beiden nachstehenden Darstellungsformen der MWR nach der Bilanz-Methode sind die Bilanzberichtigung und die Gewinnauswirkung unterschiedlich eng darstellungsmäßig miteinander verbunden. Am zweckmäßigsten lassen sich beide Formen mit einem praktischen Beispiel darstellen:

BEISPIEL

Ein Unternehmer hatte am 10. 07. 03 eine Maschine für 50 000 € zuzüglich (19 % =) 9 500 € Umsatzsteuer erworben und entsprechend der betriebsgewöhnlichen Nutzungsdauer von fünf Jahren linear mit 20 % abgeschrieben, wobei für das Jahr 03 die volle Jahres-AfA angesetzt wurde. Außerdem wurden Transportkosten in Höhe von 2 000 € (netto) sofort als Aufwand gebucht. Die in Rechnung gestellten Umsatzsteuern wurden zu Recht als abziehbare Vorsteuern gebucht.

LÖSUNG Vom Unternehmer wurden danach folgende zwei **Bewertungsfehler** gemacht,
- die Transportkosten gehören (nach § 255 Abs. 1 Satz 2 HGB, § 5 Abs. 1 Satz 1 1. HS EStG) zu den Anschaffungskosten der Maschine und sind daher zu aktivieren und zusammen mit den übrigen Anschaffungskosten planmäßig abzuschreiben,
- für das Jahr 03 darf nur die AfA für sechs Monate in Anspruch genommen werden (§ 7 Abs. 1 Satz 4 EStG).

Im Jahr 06 fand für die Jahre 03 bis 05, für die die Steuerfestsetzungen (Veranlagungen) bisher unter dem Vorbehalt der Nachprüfung (§ 164 AO) durchgeführt wurden, eine Außenprüfung statt, bei der u. a. diese beiden Fehler aufgedeckt wurden.
Der Prüfer erstellte für dem Posten »Maschine« folgende **Kontenentwicklung**:

	lt. HB/StB €	lt. PB €	Unterschied €
Zugang 10. 07. 03	50 000	52 000	
./. AfA 03: 20 % bzw. richtig AfA für sechs Monate mit 10 %	10 000	5 200	
Buchwert 31. 12. 03	40 000	46 800	+ 6 800
./. AfA 04: 20 %	10 000	10 400	
Buchwert 31. 12. 04	30 000	36 400	+ 6 400
./. AfA 05: 20 %	10 000	10 400	
Buchwert 31. 12. 05	20 000	26 000	+ 6 000

4.3.1.1 Getrennte Darstellung der Bilanzberichtigung und Gewinnberichtigung

Stellt man die Bilanzberichtigung und die Gewinnberichtigung nach der Bilanz-Methode getrennt dar, dann sollte die Darstellung der Gewinnberichtigung unmittelbar der Darstellung der Bilanzberichtigung bzw. Bilanzänderung angeschlossen werden, da die Gewinnberichtigungen nach der Bilanz-Methode aus den Zahlen der Bilanzberichtigung abgeleitet werden.

BEISPIELE

a) Fortsetzung des Beispiels von 4.3.1:

	Jahr 03 €	Jahr 04 €	Jahr 05 €
• **Bilanzberichtigung:**			
Bilanzposten:			
Maschinen	+ 6 800	+ 6 400	+ 6 000
• **Gewinnberichtigung** nach Bilanz-Methode:			
Für die Darstellung der Gewinnberichtigung gibt es zwei Möglichkeiten:			
– **Unsaldierte** Bilanzposten-Unterschiede: (Maschinen)			
Gewinnauswirkung	+ 6 800	+ 6 400	+ 6 800
Folgewirkung (Reflexwirkung)	entf.	./. 6 800	./. 6 400
Gewinnberichtigung[a)]	+ 6 800	./. 400	./. 400

[a)] Das Gesamtergebnis der Gewinnauswirkung sollte als »Gewinnberichtigung« bezeichnet werden (gilt für alle nachstehenden Darstellungen).

	Jahr 03 €	Jahr 04 €	Jahr 05 €
– **Saldierte** Bilanzposten-Unterschiede: (Maschinen)			
Gewinnberichtigung	+ 6 800	./. 400	./. 400

Anmerkung: Bei der Darstellung der unsaldierten Bilanzposten-Unterschiede werden die Gedankengänge »Aktivposten Maschinen + 6 800 ergibt ein Mehrkapital von 6 800 und damit eine Gewinnberichtigung von + 6 800« aufgeschrieben, bei der saldierten Darstellung dagegen nur das Ergebnis, nämlich die eigentliche Gewinnberichtigung. Bei beiden Formen setzt man die Bezeichnung des

Bilanzpostens zweckmäßigerweise in Klammern; hier »(Maschinen)« um den Unterschied zur davor stehenden Bilanzberichtigung (bzw. Bilanzänderung) »optisch« deutlicher werden zu lassen. Für die Folgejahre (hier die Jahre 04 und 05) ist entsprechend zu verfahren, wobei zu beachten ist, dass sich die Korrektur des Vorjahres umgekehrt auf den Gewinn auswirkt (Folgewirkung).

b) Angenommen, die Anschaffung einer betrieblichen Maschine (betriebsgewöhnliche Nutzungsdauer fünf Jahre, lineare AfA) am 01. 07. 03 wäre wie folgt gebucht worden:

GWG-Aufwand	10 000 €	
Entnahmen (für Umsatzsteuer 19 %)	1 900 €	
an Einlagen		11 900 €

und die Bezahlung am 10. 01. 04 aus privaten Mitteln wie folgt:

GWG-Aufwand	11 900 €	
an Einlagen		11 900 €

dann ergäben sich folgende Bilanzberichtigungen:

LÖSUNG

	Jahr 03 €	Jahr 04 €	Jahr 05 €
• **Bilanzberichtigung:**			
Maschinen	+ 9 000	+ 7 000	+ 5 000
Verbindlichkeiten	+ 11 900		
Umsatzsteuer	./. 1 900	./. 1 900	./. 1 900
Entnahmen	./. 1 900		
Einlagen	./. 11 900		

	Jahr 03 €	Jahr 04 €	Jahr 05 €
• **Gewinnberichtigung** nach Bilanz-Methode:			
– **Unsaldierte** Bilanzposten-Unterschiede:			
(Maschinen)	+ 9 000	+ 7 000	+ 5 000
(Verbindlichkeiten)	./. 11 900		
(Umsatzsteuer)	+ 1 900	+ 1 900	+ 1 900
	./. 1 000	+ 8 900	+ 6 900
Folgewirkung	entf.	+ 1 000	./. 8 900
Zwischensumme	./. 1 000	+ 9 900	./. 2 000
(Entnahmen)	./. 1 900		
(Einlagen)	+ 11 900		
Gewinnberichtigung	+ 9 000	+ 9 900	./. 2 000
– **Saldierte** Bilanzposten-Unterschiede:			
(Maschinen)	+ 9 000	./. 2 000	./. 2 000
(Verbindlichkeiten)	./. 11 900	+ 11 900	
(Umsatzsteuer)	+ 1 900		
(Entnahmen)	./. 1 900		
(Einlagen)	+ 11 900		
Gewinnberichtigung	+ 9 000	+ 9 900	./. 2 000

4.3.1.2 Integrierte Darstellung der Bilanzberichtigung und Gewinnberichtigung

Bei dieser Form werden die Berichtigung des jeweiligen Bilanzpostens und dessen Auswirkung auf den Gewinn (Gewinnauswirkung bzw. Gewinnberichtigung) in einer Zeile nebeneinander dargestellt. Bei dieser Darstellungsform ist in den Fällen mit mehreren berichtigten bzw. geänderten Bilanzposten und bei Berichtigung von Entnahmen und Einlagen wie folgt zu verfahren (vgl. nachstehende Beispiele):

BEISPIELE

a) Fortsetzung von 4.3.1 bzw. Beispiel a) von 4.3.1.1

Bilanzposten	Jahr 03		Jahr 04		Jahr 05	
	Berichtigung	GA	Berichtigung	GA	Berichtigung	GA
Maschinen	+ 6 800	+ 6 800	+ 6 400	+ 6 400	+ 6 000	+ 6 000
Folgewirkung (Reflexwirkung)		enf.		./. 6 800		./. 6 400
Gewinnberichtigung		+ 6 800		./. 400		./. 400

GA = Gewinnauswirkung

b) Sachverhalt wie Beispiel b) in 4. 3. 1. 1.
In diesem Fall ergibt sich folgende Darstellung:

	Jahr 03 €	Jahr 04 €	Jahr 05 €
Bilanzberichtigung:			
Maschinen	+ 9 000	+ 7 000	+ 5 000
Verbindlichkeiten	+ 11 900		
Umsatzsteuer	./. 1 900	./. 1 900	./. 1 900
Entnahmen	./. 1 900		
Einlagen	./. 11 900		

Integrierte Bilanzberichtigung und Gewinnberichtigung:

Bilanzposten	Jahr 03		Jahr 04		Jahr 05	
	Berichtigung	GA	Berichtigung	GA	Berichtigung	GA
Maschinen	+ 9 000	+ 9 000	+ 7 000	+ 7 000	+ 5 000	+ 5 000
Verbindlichkeiten	+ 11 900	./. 11 900				
Umsatzsteuer	./. 1 900	+ 1 900	./. 1 900	+ 1 900	./. 1 900	+ 1 900
Zwischensumme		./. 1 000		+ 8 900		+ 6 900
Folgewirkung (Reflexwirkung)		entf.		+ 1 000		./. 8 900
Zwischensumme		./. 1 000		+ 9 900		./. 2 000
Entnahmen	./. 1 900	./. 1 900				
Einlagen	./. 11 900	+ 11 900				
Gewinnberichtigung		+ 9 000		+ 9 900		./. 2 000

4.3.2 Technik der GuV-Methode

Die beiden nachstehenden Darstellungsformen unterscheiden sich sehr stark voneinander. Bei der ersten Form wird die Gewinnberichtigung völlig unabhängig von einer (wenn auch nur gedachten) Berichtigung der GuV-Rechnung durch Gegenüberstellung der bisherigen und richtigen Gewinnauswirkung dargestellt, während die zweite Form (zumindest hinsichtlich der berichtigten Aufwands- und Ertragsposten) von einer Berichtigung der GuV-Rechnung ausgeht und die Berichtigung der GuV-Posten und deren Gewinnauswirkung in einer Zeile nebeneinander aufzeigt. Für die Darstellung der beiden Formen wird von den Zahlen der Beispiele a) und b) unter 4.3.1.1 ausgegangen.

4.3.2.1 Gegenüberstellung der bisherigen und richtigen Gewinnauswirkung

Bei dieser Darstellungsform werden für den jeweiligen GuV-Posten die »bisherige Gewinnauswirkung« und die »richtige Gewinnauswirkung« gegenübergestellt und daraus die Gewinnberichtigung insgesamt abgeleitet. Hierbei ist es zweckmäßig, die Bezeichnung des jeweiligen GuV-Postens in Klammern zu setzen (z. B. »AfA«), um damit optisch zum Ausdruck zu bringen, dass es sich dabei nicht um eine GuV-Berichtigung handelt, sondern um die Gewinnauswirkung des berichtigten GuV-Postens.

BEISPIELE

a) Sachverhalt wie Beispiel a) in 4. 3. 1. 1.

LÖSUNG Bei diesem fehlerhaft behandelten Vorgang sind folgende GuV-Posten betroffen, deren falsche Buchung und Richtigstellung zu folgenden Gewinnauswirkungen führen:

	Jahr 03 €	Jahr 04 €	Jahr 05 €
Bisherige Gewinnauswirkung:			
(AfA Maschinen)	./. 10 000	./. 10 000	./. 10 000
(Transport-Aufwand)	./. 2 000		
Richtige Gewinnauswirkung:			
(AfA Maschinen)	./. 5 200	./. 10 400	./. 10 400
(Transport-Aufwand = entbehrlich)	–	–	–
Gewinnberichtigung	+ 6 800	./. 400	./. 400

b) Sachverhalt wie Beispiel b) in 4. 3. 1. 1.

LÖSUNG Bei diesem fehlerhaft behandelten Vorgang sind folgende GuV-Posten betroffen, deren falsche Buchung und Richtigstellung zu folgenden Gewinnauswirkungen führen:

	Jahr 03 €	Jahr 04 €	Jahr 05 €
Bisherige Gewinnauswirkung:			
(GWG-Aufwand)	./. 10 000	./. 11 900	
Richtige Gewinnauswirkung:			
(AfA Maschinen)	./. 1 000	./. 2 000	./. 2 000
Gewinnberichtigung	+ 9 000	+ 9 900	./. 2 000

4.3.2.2 Integrierte GuV-Posten-Berichtigung und Gewinnberichtigung

Bei dieser Form wird aus der Berichtigung des GuV-Postens heraus die Gewinnauswirkung dargestellt und in einer Zeile aufgezeigt.

BEISPIELE

a) Sachverhalt wie Beispiel a) in 4.3.2.1

	Berichtigung	GA	Berichtigung	GA	Berichtigung	GA
AfA Maschinen	./. 4 800	+ 4 800	+ 400	./. 400	+ 400	./. 400
Transport-Aufwand	./. 2 000	+ 2 000				
Gewinnberichtigung		+ 6 800		./. 400		./. 400

b) Sachverhalt wie Beispiel b) in 4.3.2.1

GuV-Posten	Jahr 03		Jahr 04		Jahr 05	
	Berichtigung	GA	Berichtigung	GA	Berichtigung	GA
GWG-Aufwand	./. 10 000	+ 10 000	./. 11 900	+ 11 900		
AfA Maschinen	+ 1 000	./. 1 000	+ 2 000	./. 2 000	+ 2 000	./. 2 000
Gewinnberichtigung		+ 9 000		+ 9 900		./. 2 000

4.3.3 Parallele Anwendung beider Methoden?

Jede der beiden MWR-Methoden (und seine unterschiedlichen Darstellungsformen) hat ihre Vor- und Nachteile. Der Praktiker wird vielfach auf »seine« Methode schwören, die er beherrscht. Im Allgemeinen dürfte es sich empfehlen, grundsätzlich nach der GuV-Methode zu verfahren und die Bilanzmethode zur Kontrolle (als Bilanzpostenkontrolle bzw. Bilanzpostenprobe) zu verwenden. Vor allem derjenige, der sich erstmals mit der MWR über mehrere Jahre zu beschäftigen hat, wird sich am Anfang oft schwer tun, bis er eine ausreichende Fertigkeit entwickelt hat. Hierzu ist allerdings ein regelmäßiges **Üben** Voraussetzung. In der Anfangszeit empfiehlt es sich, regelmäßig beide Methoden anzuwenden, um eine möglichst sichere Gewähr für eine richtige Ermittlung des berichtigten Gewinns zu erhalten.

4.3.4 Verwendung eines amtlichen Vordrucks

Die Ergebnisse der einzelnen Sachverhalte können in einem amtlichen Vordruck zusammengestellt werden, um die Gesamtauswirkungen und den berichtigten Gewinn insgesamt auf einem Blick zu haben.

BEISPIEL

Sachverhalt wie Beispiel a) und b) in 4.3.1.1 und 4.3.1.2 bzw. 4.3.2.1 und 4.3.2.2, jedoch mit der Abweichung, dass die Berichtigungen sowohl von Beispiel a) als auch von Beispiel b) sich für denselben Betrieb eines Steuerpflichtigen ergaben.
Dabei ist von folgenden Gewinnen der HB/StB auszugehen:
Jahr 03 = 60 000 €
Jahr 04 = 50 000 €
Jahr 05 = 65 000 €.

Mehr- und Weniger-Rechnung nach Bilanz-Methode

Posten	Tz	XX 03 +	XX 03 ./.	XX 04 +	XX 04 ./.	XX 05 +	XX 05 ./.	+	./.
Maschinen	1	6800			400		400		
Maschinen	2	9000			2000		2000		
Verbindlichkeiten	2		11900	11900					
Umsatzsteuer	2	1900							
Entnahmen	2		1900						
Einlagen	2	11900							
Summe der Änderungen ~~/Übertrag~~	—	29600	13800	11900	2400		2400		
Saldierte Änderungen (höhere Summe abz. niedrigere Summe) + oder ./.	—	15800		9500			2400		
Gewinn/~~Verlust~~ nach HB/StB	—	60000		50000		65000			
Gewinn/~~Verlust~~ nach PB	—	75800		59500		62600			

S 1 — 425 f

889. 5 M OFD KA

Mehr- und Weniger-Rechnung nach GuV-Methode

Posten	Tz	xx 03 +	xx 03 ./.	xx 04 +	xx 04 ./.	xx 05 +	xx 05 ./.	+	./.
AfA Maschinen	1	4800			400		400		
Transport-Aufwand	1	2000							
GWG-Aufwand	2	10000		11900					
AfA Maschinen	2		1000		2000		2000		
Summe der Änderungen /XXXXXX	—	16800	1000	11900	2400		2400		
Saldierte Änderungen (höhere Summe abz. niedrigere Summe) + oder ./.	—	15800		9500			2400		
Gewinn/XXXX nach HB/StB bzw. GuV-Rechnung lt. Steuererklärung	—	60000		50000		65000			
Gewinn/XXXX nach PB bzw. berichtigter GuV-Rechnung	—	75800		59500		62600			

S 1 — 425 f

8.89 5 M OFD KA

4.4 Hinweise zur Bearbeitung von Klausuren und Prüfungsarbeiten

Bei der Bearbeitung von Klausuren und Prüfungsarbeiten empfiehlt es sich, nach folgendem Schema vorzugehen:

a) **Rechtliche Beurteilung** des Sachverhalts:
- Stellungnahme mit Erläuterungen,
- Begründung der Entscheidung unter Hinweis auf die in Betracht kommenden Vorschriften,
- Kontenentwicklungen (falls erforderlich).

b) **Technische Durchführung:**
- **Zunächst** aufgrund der rechtlichen Beurteilung nur **gedanklich** überlegen:
  1. Wie wurde seinerzeit vom Steuerpflichtigen gebucht?
  2. Wie hätte seinerzeit der Steuerpflichtige richtig buchen müssen?
  3. Daraus die Berichtigungen ableiten (ggf. »Quasi-Berichtigungsbuchungen« überlegen).
- **Anschließend** daraus ableiten und **darstellen**:
  1. Bilanzberichtigung bzw. Bilanzänderung
  2. MWR (Gewinnberichtigung) nach Bilanz-Methode (ggf. integriert mit Bilanzberichtigung bzw. Bilanzänderung),
  3. MWR (Gewinnberichtigung) nach GuV-Methode (ggf. integriert mit Berichtigung der betroffenen GuV-Posten).
  4. Zusammenstellung der Einzelergebnisse im amtlichen Vordruck »Mehr- und Weniger-Rechnung« (i. d. R. nach der GuV-Methode).

Vgl. dazu auch die **Übungsfälle 12 bis 17** in S Komplexe Übungsfälle.

Teil O Betriebseröffnung, Betriebserwerb, Betriebsübertragung, Betriebsaufgabe

1 Betriebseröffnung

Im Falle einer Betriebseröffnung widmet der Steuerpflichtige bisher zu seinem Privatvermögen gehörende Wirtschaftsgüter dem (notwendigen oder gewillkürten) Betriebsvermögen. Der Fall ist einer Privateinlage in einen laufenden Betrieb nicht unähnlich. Aus diesem Grunde ist es konsequent, wenn das Gesetz in § 6 Abs. 1 Nr. 6 EStG auf die **Einlagevorschriften** verweist. Danach sind die Wirtschaftsgüter, mit denen der Steuerpflichtige den Betrieb eröffnet und die er daher in seiner Eröffnungsbilanz zu erfassen hat, mit den Werten des § 6 Abs. 1 Nr. 6 EStG in Verbindung mit § 6 Abs. 1 Nr. 5 EStG anzusetzen. Wirtschaftsgüter, die der Steuerpflichtige nach der Betriebseröffnung zu einem späteren Zeitpunkt dem Betrieb zuführt, sind dagegen als Privateinlagen direkt mit den Werten des § 6 Abs. 1 Nr. 5 EStG zu erfassen.

Hat der Steuerpflichtige schon im Hinblick auf den zu eröffnenden Betrieb Wirtschaftsgüter privat angeschafft, die preisgünstig waren, dann hat er bei Betriebseröffnung die **fortgeführten Anschaffungskosten** dieser preiswert angeschafften Wirtschaftsgüter anzusetzen. Hat er dagegen privat zu teuer erworben, dann hat er nicht die fortgeführten Anschaffungskosten dieser überteuerten Wirtschaftsgüter anzusetzen, sondern den **niedrigeren Teilwert**. Der Teilwert soll nach BFH vom 10.07.1991 BStBl II 1991, 840 im Falle der Betriebseröffnung dem gemeinen Wert (Marktpreis) entsprechen.

2 Betriebserwerb

2.1 Entgeltlicher Betriebserwerb

Erwirbt der Steuerpflichtige einen Betrieb entgeltlich, so hat er den gesamten **Kaufpreis** auf die übernommenen Wirtschaftsgüter **aufzuteilen**, wobei grundsätzlich jeweils der Teilwert anzusetzen ist (§ 6 Abs. 1 Nr. 7 EStG). Ist die Summe der Teilwerte höher als der Gesamtkaufpreis, so sind die einzelnen Wirtschaftsgüter höchstens mit den anteiligen Anschaffungskosten anzusetzen. Diese sind so zu ermitteln, dass die Geldkonten (Bank, Kasse) mit den tatsächlichen Beständen, die Verbindlichkeiten mit den Nennwerten und der Rest mit den anteilig reduzierten Teilwerten anzusetzen ist. Der Ansatz eines negativen Firmenwertes kommt nicht in Betracht. Ist dagegen der Kaufpreis höher als die Summe der Teilwerte, so ist die Differenz als **Firmenwert** auszuweisen (vgl. § 246 Abs. 1 Satz 4 HGB).

2.2 Unentgeltlicher Betriebserwerb

Im Falle eines unentgeltlichen Betriebserwerbs hat der Rechtsnachfolger die **Buchwerte** des Rechtsvorgängers **fortzuführen** (§ 6 Abs. 3 EStG). Dabei ist er hinsichtlich der AfA-Bemessungsgrundlagen an die des Rechtsvorgängers gebunden, hinsichtlich der AfA-Methoden ebenfalls. Der unentgeltliche Rechtsnachfolger tritt auch ansonsten in die Rechtsstellung des Rechtsvorgängers ein (**Fußstapfentheorie**), also auch hinsichtlich der bei § 6 b EStG notwendigen Besitzdauer von sechs Jahren.

2.3 Teilentgeltlicher Betriebserwerb

Von einem solchen teilentgeltlichen Betriebserwerb kann nur gesprochen werden, wenn die Parteien sich genaue Vorstellungen vom Wert des Betriebes gemacht haben und als Kaufpreis bewusst nur einen Teil als Entgelt angesetzt haben, während sie einen Teil unentgeltlich übergehen lassen wollten (**gemischte Schenkung**). Hat dagegen der Veräußerer auf einen Teil verzichtet, weil er den Betrieb zu den ermittelten Werten nicht abstoßen konnte, dann liegt ein vollentgeltlicher Erwerb vor. Wurde auf eine Ermittlung des Wertes überhaupt verzichtet, wie häufig unter **nahen Angehörigen**, so kann dennoch eine vollentgeltliche oder teilentgeltliche Übertragung vorliegen. Die Verwaltung hat ihre frühere Rechtsmeinung, in solchen Fällen liege eine vollunentgeltliche Schenkung unter Auflage vor, aufgegeben (vgl. BMF vom 13.01.1993 BStBl I 1993, 80 und vom 26.02.2007 BStBl I 2007, 269). Die obige Unterscheidung trifft auch der Große Senat in seinem Beschluss vom 05.07.1990 BStBl II 1990, 847, wenn er bei Gleichstellungsgeldern und Abstandszahlungen von entgeltlichen, bei Versorgungsleistungen jedoch von unentgeltlichen Anschaffungsvorgängen ausgeht.

In Fällen von Gleichstellungsgeldern und Abstandszahlungen vertritt der BFH bei der Übertragung ganzer Betriebe im Wege der vorweggenommenen Erbfolge die sog. **Einheitstheorie** (insb. BFH vom 10.07.1986 BStBl II 1986, 811 und vom 11.09.1991 BFH/NV 1992, 169 sowie BMF vom 13.01.1993 BStBl I 1993, 80, Rz. 35 ff.). Bei dieser wird der Wert der Gleichstellungsgelder voll mit dem Kapitalkonto verrechnet, eine Aufteilung in einen entgeltlichen und einen unentgeltlichen Teil wie bei der **Trennungstheorie** findet nicht statt. Bei der Erbauseinandersetzung ist dagegen die Trennungstheorie anzusetzen (BFH vom 25.07.1991 BFH/NV 1992, 231 und BMF vom 14.03.2006 BStBl I 2006, 253, Rz. 14).

BEISPIELE

a) V überträgt seinen Gewerbebetrieb (Wert 500 000 €, Buchwert 100 000 €) auf S, S muss aber an T 250 000 € Gleichstellungsgeld zahlen.

LÖSUNG Nach der Einheitstheorie hat V 250 000 € ./. 100 000 € = 150 000 € Veräußerungsgewinn im Sinne des § 16 EStG, S muss die Buchwerte um 150 000 € aufstocken, vgl. BMF vom 13.01.1993 BStBl I 1993, 85, Rz. 35.

Bei der Veräußerung einzelner Wirtschaftsgüter gegen Gleichstellungsgelder oder Abstandszahlungen wird dagegen die Trennungstheorie vertreten, vgl. Groh DB 1990, 2190, BMF vom 13.01.1993 BStBl I 1993, 80, Rz. 34.

b) V überträgt ein bisher zu seinem BV gehörendes vermietetes Grundstück an S (Wert 500 000 €, Buchwert 100 000 €), S muss an T 250 000 € Gleichstellungsgeld bezahlen.

LÖSUNG Da bezüglich dieses Grundstücks die stillen Reserven bei S nicht fortgeführt werden, entsteht bei V ein laufender Veräußerungsgewinn von 250 000 € ./. 50 000 € = 200 000 € und ein Entnahmegewinn von nochmals 250 000 € ./. 50 000 € = 200 000 €. Wird das Grundstück bei S wieder Betriebsvermögen, hat er seine AfA aus 250 000 € AK und aus 250 000 € Entnahmewert des V zu bemessen, insgesamt also aus 500 000 €.

c) Für ein Unternehmen liegen folgende Bilanzen vor:

Aktiva	Steuerliche Schlussbilanz		Passiva
Grund und Boden	300 000 €	Kapital	500 000 €
Gebäude	400 000 €	Verbindlichkeiten	650 000 €
Warenvorräte	200 000 €		
Forderungen	100 000 €		
Bank	150 000 €		
	1 150 000 €		1 150 000 €

Aktiva	Teilwertebilanz		Passiva
Grund und Boden	450 000 €	Kapital	500 000 €
Gebäude	420 000 €	Verbindlichkeiten	650 000 €
Warenvorräte	220 000 €	Stille Reserven	350 000 €
Forderungen	100 000 €		
Bank	150 000 €		
Firmenwert	160 000 €		
	1 500 000 €		1 500 000 €

Der Erwerber zahlt unter Übernahme aller Aktiva und Passiva 850 000 €.

LÖSUNG Vollentgeltlicher Erwerb. Die Eröffnungsbilanz beim Erwerber sieht aus wie die Teilwertebilanz:

Aktiva	Eröffnungsbilanz		Passiva
Aktiva	1 500 000 €	Übernommene Verbindlichkeiten	650 000 €
		Kaufpreisschuld	850 000 €

d) Sachverhalt wie in Beispiel c)
Der Erwerber erbt den Betrieb.

LÖSUNG Obwohl er 650 000 € Verbindlichkeiten übernehmen muss, liegt kein teilentgeltliches Geschäft vor, da es an einer gegenseitigen Bewertung von Wert und Gegenwert fehlt. Der Erbe setzt die Buchwerte aus der steuerlichen Schlussbilanz fort. Dies gilt allerdings nicht, wenn er jetzt anderen Miterben noch Gleichstellungsgelder zahlen muss. In diesem Fall liegen nach BFH vom 05.07.1990 BStBl II 1990, 837 insoweit Anschaffungskosten vor. Übernimmt ein Miterbe dagegen den Betrieb und werden die anderen Miterben mit anderen Nachlassgegenständen abgefunden, dann soll nach dem obigen BFH-Beschluss von einer Realteilung und damit wieder von einer voll unentgeltlichen Fortführung ausgegangen werden (vgl. E 3.2.3).

e) V überträgt seinen Betrieb aus dem Ausgangsbeispiel c) im Wege der vorweggenommenen Erbfolge auf K. Dieser soll an seine Schwester ein Gleichstellungsgeld in Höhe von 425 000 € bezahlen.

LÖSUNG Nach der Einheitstheorie kommt es nur zu einem Veräußerungsgewinn bei V und zu einer Aufstockung bei K, wenn das Kapitalkonto durch die Zahlung überschritten wird (Märkle/Franz, BB Beilage 5/1991 S. 18; Wacker in Schmidt, EStG, § 16, Rz. 58 und BMF vom 13.01.1993 in Tz. 38). Dies ist hier nicht der Fall. Es kommt dadurch aber auch nicht etwa zu einer Abstockung. Keine Änderung der Bilanz. Da die 425 000 € jedoch eine betriebliche Verbindlichkeit darstellen, muss noch umgebucht werden Kapital an Verbindlichkeiten 425 000 €.
Entstanden dem K für den Eigentumsübergang Notar- oder Grundbuchkosten, so stellen diese in vollem Umfang Anschaffungskosten dar (BFH vom 20.12.1990 BFH/NV 1991, 383, vom 10.10.1991 BStBl II 1992, 239 und Tz. 13 des Erlasses vom 13.01.1993.

f) In dem Fall mit den Bilanzen des Beispiels c) sind V und K Miterben. Im Nachlass befindet sich nur der in Beispiel c) dargestellte Betrieb des Erblassers. V überlässt K seine Hälfte, für die er

250 000 € für das halbe Kapital und 175 000 € für die Hälfte der stillen Reserven, insgesamt also 425 000 € von K erhalten soll.

LÖSUNG Nach der bei der Erbauseinandersetzung vertretenen Trennungstheorie soll V für einen Betrieb, der 850 000 € wert ist, 425 000 € erhalten. Er hat damit 50 % entgeltlich veräußert. Dem Entgelt von 425 000 € ist daher 50 % des Kapitals (250 000 €) gegenüberzustellen. Der V hat daher 175 000 € Veräußerungsgewinn im Sinne des § 16 Abs. 1 Nr. 2 EStG. K stockt seine Buchwerte um 175 000 € stille Reserven auf. Er bilanziert danach:

Aktiva			Passiva
Grund und Boden	375 000 €	Kapital	250 000 €
Gebäude	410 000 €	Verbindlichkeiten	650 000 €
Warenvorräte	210 000 €	Ausgleichsschuld	425 000 €
Forderungen	100 000 €		
Bank	150 000 €		
Firmenwert	80 000 €		

Wäre der Nachlass umfangreicher, würde er insbesondere auch noch privates Vermögen umfassen, dann könnte sich dieses Ergebnis eines Veräußerungsgewinns und der Anschaffungskosten durch die Anwendung der Realteilungsgrundsätze vermeiden lassen (vgl. BMF vom 14.03.2006 BStBl I 2006, 253, Rz. 13 – 25).

Fraglich ist, ob sich dieses gewünschte Ergebnis durch die Aufnahme von Darlehen erreichen lässt: Im vorliegenden Fall nimmt die Erbengemeinschaft V und K vor der Erbauseinandersetzung noch ein Darlehen über 425 000 € auf, was nach § 2038 BGB zulässig ist. Jetzt weist der Nachlass auf: Besitzposten aus dem Betrieb Wert 1 500 000 €, Geld aus dem Bankdarlehen 425 000 €; Schuldposten aus dem Betrieb 650 000 €, aus dem Bankdarlehen 425 000 €, Saldo also + 850 000 €, jedem stehen 425 000 € zu. Der Nachlass wird nun real geteilt: V erhält den Betrieb mit allen Besitz- und Schuldposten, zusätzlich übernimmt er die Darlehensschuld gegenüber der Bank (insgesamt erhält er also + 425 000 €), K erhält das Geld, das bei der Bank aufgenommen wurde. Das Ergebnis wäre eine Realteilung des Nachlasses, bei V entstünde kein Veräußerungsgewinn, bei K allerdings auch keine Anschaffungskosten. Die Verwaltung sieht in solchen Fällen einen Missbrauch nach § 42 AO (vgl. BMF vom 14.03.2006 BStBl I, 253, Rz. 25, 33). Allerdings soll dies auch nach der Verwaltungsmeinung nur bei einem »engen zeitlichen Zusammenhang« zwischen Darlehensaufnahme und Tilgung des Nachlasses der Fall sein.

g) S und T erben einen Betrieb (Teilwert 1 Mio €, Buchwert 200 000 €) und ein Grundstück (Verkehrswert 700 000 €). S übernimmt den Betrieb, T das Grundstück, als Wertausgleich zahlt S an T noch 150 000 €.

LÖSUNG Nach BMF vom 14.03.2006 BStBl I, 62, Tz. 17 ist die Abfindungszahlung dem Teil des Kapitalkontos gegenüberzustellen, der dem Verhältnis von Abfindungszahlung (150 000 €) zum Wert des übernommenen Betriebsvermögens (1 Mio €) entspricht. Somit hat S 15 % des Betriebs entgeltlich erworben. Bei T entsteht somit ein nicht nach den §§ 16, 34 EStG begünstigter laufender Gewinn (da die T nicht ihren gesamten Mitunternehmeranteil entgeltlich veräußert hat) von 150 000 € ./. 30 000 € = 120 000 € (anteiliger Buchwert also 15 % von 200 000 €, nicht etwa 50 %). In Höhe von 120 000 € wird S auch die Buchwerte aufstocken, vgl. Schreiben des BMF vom 14.03.2006 BStBl I 2006, 253, Tz. 36.

Buchungssätze also:

– für den entgeltlichen Teil:

Kapital T	30 000 €	
Anlagevermögen	120 000 €	
an Verbindlichkeiten		150 000 €

– für den unentgeltlichen Teil:

Kapital T	70 000 €	
an Kapitel S		70 000 €

Schon beim Erbfall war gebucht worden:

Kapital Erblasser	200 000 €	
an Kapital S		100 000 €
Kapital T		100 000 €

3 Betriebsübertragung und Betriebsaufgabe

Bei der Betriebsübertragung ist zunächst darauf hinzuweisen, dass der Veräußerer zur Ermittlung des angemessenen Kaufpreises sich stets eine **Teilwertebilanz** erstellen wird. Aus dieser sind dann die **stillen Reserven** zu ersehen, die in dem Betrieb enthalten sind. Lässt er sich die stillen Reserven, soweit das am Markt durchzusetzen ist, vergüten, dann liegt eine entgeltliche Betriebsübertragung vor. Lässt er sie sich prozentual anteilig bezahlen, dann kann eine teilentgeltliche Betriebsübertragung vorliegen. Verzichtet er auf die Feststellung der Werte oder auf die Erstattung der stillen Reserven, dann ist zu unterscheiden, wie groß die Verbindlichkeiten und die stillen Reserven sind. Bei hohen Verbindlichkeiten und geringen stillen Reserven kann auch in der Übernahme der Verbindlichkeiten bereits ein vollentgeltliches Veräußerungsgeschäft gesehen werden (vgl. BFH vom 31.05.1972 BStBl II 1972, 696).

Mit der Erstellung der Teilwertebilanz ist die Aufgabe der Buchführung erschöpft. Der weitere Bereich, ob also der Veräußerer den Betrieb entgeltlich veräußert oder unentgeltlich überträgt, ob er den Betrieb verpachtet oder in einen anderen Betrieb einbringt, ist nicht mehr Sache der Buchführung oder des Bilanzsteuerrechts, sondern des Einkommensteuerrechts. Es soll daher nur kurz auf diese weiteren Folgen verwiesen werden.

3.1 Entgeltliche Betriebsübertragung

Eine entgeltliche Betriebsübertragung liegt dann vor, wenn der Veräußerer alle wesentlichen Betriebsgrundlagen gegen ein Entgelt auf einen Erwerber überträgt (R 16 Abs. 1 EStR). Was **wesentliche Betriebsgrundlagen** sind, hängt von den Verhältnissen des Einzelfalles ab. Die Wesentlichkeit kann sich aus der **Funktion** der Wirtschaftsgüter in dem Betrieb ergeben (so in dem Urteil des BFH vom 19.01.1983 BStBl II 1983, 312 – Maschinenbestand einer Fabrik, der keinerlei stille Reserven enthielt, vom 30.04.1985 BFH/NV 1986, 21 – Betriebsausstattung, Werkzeuge und Geschäftswagen in einem Schlosserei- und Metallbaubetrieb, vom 27.03.1987, BFH/NV 1987, 578 – Maschinen und technische Geschäftsausstattung einer Druckerei; vom 01.02.2006 BFH/NV 2006, 1455 – »Gebäude ist eine wesentliche Betriebsgrundlage im funktionalen Sinne, wenn es für die Betriebsführung von nicht nur geringer Bedeutung ist.« Siehe auch BFH vom 10.11.2005 BStBl II 2006, 176: »Die Grundsätze, die die neuere Rechtsprechung des BFH zum Begriff der wesentlichen Betriebsgrundlage im Rahmen der Betriebsaufspaltung entwickelt hat, gelten auch im Bereich der Betriebsveräußerung und -aufgabe.«), aber sie kann sich auch aus den hohen stillen Reserven ergeben, die in einzelnen Wirtschaftsgütern enthalten sind (BFH vom 19.05.1971 BStBl II 1971, 688; vgl. BFH vom 19.07.1984 BFH/NV 1986, 147: »Wesentliche Betriebsgrundlagen eines (Teil-)Betriebs sind die ihm dienenden Wirtschaftsgüter, die zur Erreichung des Betriebszwecks erforderlich und von besonderem Gewicht für die Geschäftsführung sind oder in denen erhebliche stille Reserven ruhen«. Vgl. die Hinweise in H 16 Abs. 8 EStH). Die neuere Rechtsprechung geht davon aus, dass jedenfalls bei Groß- und Einzelhandelsgeschäften (im Gegensatz zum produzierenden Gewerbe) und bei Hotel- und

Gaststättenbetrieben die gewerblich genutzten Räume die wesentliche Betriebsgrundlage bilden, BFH vom 28.08.2003 BFH NV 2003, 1495.

Bei der entgeltlichen Betriebsveräußerung hat der Veräußerer den **Veräußerungsgewinn** nach § 16 Abs. 2 EStG (Veräußerungserlös ./. Veräußerungskosten ./. Eigenkapital) zu ermitteln. Dieser Veräußerungsgewinn ist nach § 16 Abs. 4 EStG durch einen **Freibetrag** begünstigt, der verbleibende Veräußerungsgewinn ist nach § 34 EStG einem **ermäßigten Steuersatz** zu unterwerfen. Veräußert der Steuerpflichtige sein überschuldetes Unternehmen, das ein negatives Eigenkapital aufweist, so an einen Dritten, dass dieser den Betrieb mit allen Passiven übernimmt, ohne etwas zu bezahlen, dann entspricht der Veräußerungsgewinn der Höhe des negativen Kapitalkontos; es liegt nicht etwa ein Fall des § 6 Abs. 3 EStG vor (so auch BFH vom 16.12.1992 BStBl II 1993, 436 und vom 21.04.1994 BStBl II 1994, 745).

BEISPIEL

In Beispiel c) in 2.3 beträgt der Veräußerungsgewinn 350 000 €.

LÖSUNG Der Veräußerungsgewinn übersteigt die Freigrenze von 154 000 € um mehr als 45 000 €, ein Freibetrag nach § 16 Abs. 4 EStG kommt also nicht in Betracht; die Vergünstigung des § 34 EStG ist auf den gesamten Veräußerungsgewinn von 350 000 € gleichwohl anzuwenden.

Zu beachten sind die Beschlüsse des Großen Senats des BFH vom 19.07.1993 BStBl II 1993, 894, 897 und das Urteil des BFH vom 21.12.1993 BFH/NV 1994, 626 zur **rückwirkenden Änderung der Höhe des Veräußerungsgewinns**, wenn später Teile des Kaufpreises uneinbringlich werden bzw. der Veräußerer später trotz Freistellung aus Sicherheiten, die er gegeben hat, in Anspruch genommen wird.

3.2 Unentgeltliche Betriebsübertragung

Überträgt der Steuerpflichtige **alle wesentlichen Betriebsgrundlagen** in einem Akt auf einen Erwerber unentgeltlich, so liegt ein Fall des § 6 Abs. 3 EStG vor, d. h. der Erwerber **führt die Buchwerte** des bisherigen Inhabers **fort**, der bisherige Inhaber braucht nichts zu versteuern (R 16 Abs. 6 EStR). Wird der Betrieb in einem Akt mit allen Aktiven und Passiven unentgeltlich übertragen, dann stellt auch die Übernahme von Verbindlichkeiten kein Entgelt dar (Großer Senat des BFH vom 07.05.1990 BStBl II 1990, 847).

3.3 Betriebsaufgabe

Ein Fall der Betriebsaufgabe liegt vor, wenn der Steuerpflichtige **alle wesentlichen Betriebsgrundlagen**

- entweder in sein Privatvermögen überführt
- oder teilweise in sein Privatvermögen überführt, teilweise auf Dritte überträgt, wobei es gleichgültig ist, ob dies entgeltlich oder unentgeltlich geschieht
- oder an verschiedene Erwerber veräußert (R 16 Abs. 2 EStR).

Im Falle einer Betriebsaufgabe hört der Betrieb als geschäftlicher Organismus auf zu bestehen (BFH vom 24.06.1976 BStBl II 1976, 670). Auch im Falle der Betriebsaufgabe ist der Aufgabegewinn zu ermitteln, wobei die veräußerten Wirtschaftsgüter mit den Veräußerungserlösen, die ins Privatvermögen überführten Wirtschaftsgüter dagegen mit den **gemeinen Werten** anzusetzen sind (§ 16 Abs. 3 EStG). Auch der **Aufgabegewinn** ist mit dem Freibetrag des § 16 Abs. 4 EStG und der Progressionsvorschrift des § 34 EStG begünstigt.

Allerdings liegt eine steuerbegünstigte Betriebsaufgabe nur vor, wenn sie sich innerhalb eines verhältnismäßig **kurzen Zeitraumes** abspielt (vgl. R 16 Abs. 2 Satz 1 ff. EStR). Welcher Zeitraum ein kurzer ist, ist dabei wohl abhängig von dem Umfang des aufzugebenden Betriebsvermögens. In der Literatur wird ein Zeitraum von einem Jahr zwischen Beginn und Ende vorgeschlagen (Herzig BB 1985, 743), die Rechtsprechung ließ Zeiträume bis zu 14 Monaten bereits genügen (BFH vom 25.06.1970 BStBl II 1970, 719: für sechs Monate bejaht; vom 16.09.1966 BStBl III 1967, 70: bei umfangreichem landwirtschaftlichem Streubesitz und vielen Weinbergen eines Weingutes, für 14 Monate bejaht; für Freiberufler sechs Monate als Regeldauer BFH vom 25.11.1993 BFH/NV 1994, 540). Die Aufgabe beginnt mit den ersten Aufgabehandlungen (vgl. BFH vom 05.07.1984 BStBl II 1984, 711). Erstreckt sich die Aufgabe über 2 Veranlagungszeiträume, ist der Freibetrag des § 16 EStG insgesamt nur ein Mal zu gewähren und ist im Verhältnis der auf die beiden Veranlagungszeiträume entfallenden Gewinne je anteilig abzuziehen, vgl. BMF-Schreiben vom 20.12.2005 BStBl I 2006, 7.

Wichtig ist es, in diesem Zusammenhang die laufenden Gewinne, die dem vollen Steuersatz unterliegen, von den begünstigten Aufgabegewinnen abzugrenzen. Dies ist insbesondere bei **Schlussverkäufen** notwendig. Hier gilt: Veräußerungen im Rahmen eines Schlussverkaufs an den bisherigen Kundenkreis rechnen zum laufenden Gewinn; nur Verkäufe auf derselben Handelsstufe oder gar auf eine höhere Handelsstufe rechnen zum Aufgabegewinn, vgl. BFH vom 29.11.1988 BStBl II 1989, 602 und vom 01.12.1988 BStBl II 1989, 368. Veräußert also ein Einzelhändler an Endabnehmer, so rechnen seine Gewinne zu den laufenden Gewinnen, veräußert er dagegen an andere Einzelhändler oder gar zurück an Großhändler, so rechnen die Gewinne zu den Aufgabegewinnen. Für die Abgrenzung beim gewerblichen Grundstückhandel vgl. BFH vom 18.08.1992 BFH/NV 1994, 299 und vom 09.09.1993 BStBl II 1994, 105 (i. d. R. laufender Gewinn) BFH vom 05.07.2005 BStBl II 2006, 160: »Die Veräußerung des zum Umlaufvermögen gehörenden Grundstücks ist auch dann nicht nach den §§ 16, 34 EStG tarifbegünstigt, wenn sie mit der Betriebsaufgabe zusammentrifft.« Für Goldgeschäfte beim Zahnarzt vgl. BFH vom 25.11.1993 BFH/NV 1994, 540 (i. d. R. Aufgabegewinn).

Ebenso wichtig ist auch, **laufende Betriebsausgaben**, die sich voll gewinnmindernd auswirken können, von **Aufgabekosten**, die nur die dem ermäßigten Steuersatz unterliegenden Aufgabegewinne mindern, zu unterscheiden. Macht der Veräußerer Aufwendungen zur Beendigung von Schuldverhältnissen, die bisher dem laufenden Betrieb dienten, so handelt es sich um Aufwendungen zu Lasten des laufenden Gewinnes (so Herrmann/Heuer/Raupach, Anm. 152 zu § 16 EStG für Abfindungsentschädigungen an ausscheidende Arbeitnehmer; BFH vom 06.05.1982 BStBl II 1982, 691 für Abfindungszahlungen für vorzeitige Räumung eines Pächters).

Erträge, die aus der **Auflösung von Rücklagen** entstehen, erhöhen in aller Regel den Veräußerungs- oder Aufgabegewinn (vgl. R 6 b.2 Abs. 10 S. 5 EStR), wenn sie anlässlich der Betriebsveräußerung oder -aufgabe aufgelöst werden. Werden Rücklagen nach § 6 b EStG über eine Betriebsveräußerung oder -aufgabe hinaus weitergeführt, was unter bestimmten Voraussetzungen möglich ist (R 6 b.2 Abs. 10 Satz 4 EStR), so soll es für die Vergünstigung der §§ 16, 34 EStG für den Restgewinn darauf ankommen, ob die Rücklagen aus der Veräußerung einst wesentlicher Betriebsgrundlagen stammen (dann keine Anwendung von § 16 Abs. 4, § 34 EStG auf den Restgewinn) oder aus der Veräußerung einst nicht wesentlicher Betriebsgrundlagen (dann Anwendung von §§ 16 Abs. 4, 34 EStG; vgl. R 6 b.2 Abs. 10 Sätze 4 f. EStR). Die spätere Auflösung der Rücklage ist auf keinen Fall mehr begünstigt. Wird anlässlich einer Betriebsveräußerung oder -aufgabe eine Rücklage nach § 6 b EStG überhaupt erst begründet, so ist auf den Restgewinn zwar die Vergünstigung des § 16 Abs. 4 EStG anwendbar, wobei die Verwaltung in die Prüfung, ob die Freigrenze überschritten ist, auch die durch die Anwendung des § 6 b EStG der Besteuerung entzogenen stillen Reserven miteinbezieht, jedoch ist die Anwendung des § 34 EStG auf den Restgewinn ausgeschlossen (vgl. § 34 Abs. 1 Satz 4 EStG).

Wie aufgezeigt hat der Steuerpflichtige stets darauf zu achten, was in seinem Betrieb wesentliche Betriebsgrundlage ist. Irrt er sich über die Eigenschaft einzelner Wirtschaftsgüter als wesentliche Betriebsgrundlage, so kann dies erhebliche Folgen haben. Es ist daher in jedem Fall ratsam, geplante Gestaltungen mit dem Finanzamt abzusprechen.

BEISPIELE

a) V betreibt ein Café in einem eigenen Grundstück und Gebäude. Er schenkt seinem Sohn das gesamte Inventar. Das Grundstück und Gebäude behält er zurück und vermietet es an seinen Sohn.

LÖSUNG Wichtig ist die Beantwortung der Frage, was für ein Café in eigenen Räumen wesentliche Betriebsgrundlage ist.

aa) Ist wesentliche Betriebsgrundlage das Grundstück und das Gebäude, so liegt ein Fall der Betriebsverpachtung vor. Wählt der V dabei die sofortige Versteuerung der stillen Reserven nach § 16 EStG, so können die dem S überlassenen Wirtschaftsgüter ebenfalls mit ihrem gemeinen Wert in den Aufgabegewinn miteinbezogen werden. Wählt V die Betriebsfortführung, so sind die dem S geschenkten Wirtschaftsgüter mit dem Teilwert entnommen. Sie sind dann mit dem normalen Steuersatz zu versteuern.

bb) Ist wesentliche Betriebsgrundlage nur das Inventar, dann liegt eine unentgeltliche Betriebsübertragung nach § 6 Abs. 3 EStG vor. Allerdings hat V den Grund und Boden und das Gebäude zum Teilwert zu entnehmen und mit dem normalen Steuersatz zu versteuern (H 16 Abs. 6 (zurückbehaltene Wirtschaftsgüter) EStH).

cc) Sind sowohl das Inventar als auch das bebaute Grundstück als wesentliche Betriebsgrundlagen anzusehen, so liegt eine Betriebsaufgabe vor. V hat alle stillen Reserven aufzudecken (gemeiner Wert!) und zu versteuern. §§ 16, 34 EStG sind anwendbar.

Für S liegt in den Fällen aa) und cc) eine Schenkung von Wirtschaftsgütern vor, mit deren Hilfe er einen Betrieb eröffnet. Er hat die übernommenen Wirtschaftsgüter entsprechend § 6 Abs. 1 Nr. 6 EStG mit dem Teilwert anzusetzen. In Fall bb) dagegen hat er die Buchwerte des V fortzuführen.

Im vorliegenden Fall dürfte die Lösung aa) die richtige sein, da bei einem Café in eigenen Räumen sowohl der Grund und Boden als auch das Gebäude wie auch der mit der Lage zusammenhängende Geschäftswert die einzigen wesentlichen Betriebsgrundlagen sind, während man das Inventar jederzeit wieder neubeschaffen kann (ähnlich das rkr. Urteil des FG Rheinland-Pfalz vom 12.06.1985 EFG 1986, 10).

b) S betreibt in A seinen Hauptbetrieb als Sportartikelhändler und in B eine selbstständige Filiale mit eigenem Einkauf und eigener Preisgestaltung. S gibt den Filialbetrieb in B auf, veräußert das Grundstück und das Gebäude an einen Dritten, veranstaltet noch einen Schlussverkauf und übernimmt die dabei nicht veräußerten Waren in seinen Hauptbetrieb.

LÖSUNG Bei der Filiale handelt es sich um einen Teilbetrieb (H 16 [3] (Filialen und Zweigniederlassungen) EStH). Fraglich ist, ob die in den Hauptbetrieb überführten Waren wesentliche Betriebsgrundlage der Filiale waren.

aa) Ist dies zu bejahen, so hat S nicht alle wesentlichen Betriebsgrundlagen an verschiedene Erwerber veräußert, noch hat er an einzelne Erwerber veräußert und Teile in das Privatvermögen überführt. Es läge dann ein nicht begünstigter laufender Gewinn vor (so in dem Urteil des BFH vom 19.01.1983 BStBl II 1983, 312).

bb) Stellen die in den Hauptbetrieb überführten Waren keine wesentliche Betriebsgrundlage für die Filiale dar, so liegt eine steuerbegünstigte Teilbetriebsaufgabe vor, bei der der Freibetrag des § 16 Abs. 4 EStG zu gewähren und § 34 EStG anwendbar ist.

Im vorliegenden Fall hängt die Lösung wohl vom Umfang des Warenlagers ab, jedoch wird man die nach einem Schlussverkauf verbliebenen Waren wohl nicht mehr als wesentliche Betriebsgrundlage ansehen können. Daher ist die Lösung b) zutreffend (vgl. BFH vom 24.06.1976 BStBl II 1976, 672).

3.4 Betriebsverpachtung und Betriebsunterbrechung

Der Steuerpflichtige hat aber auch die Möglichkeit, den Betrieb **mit allen wesentlichen Betriebsgrundlagen** zu verpachten. Dann eröffnen ihm Rechtsprechung und Verwaltung ein **Wahlrecht**, ob er jetzt alle stillen Reserven versteuern und dann nur noch Einkünfte aus Vermietung und Verpachtung erzielen oder ob er weiterhin Einkünfte aus Gewerbebetrieb erzielen will (die dann allerdings nicht mehr der Gewerbesteuer unterliegen; vgl. R 16 Abs. 5 EStR). Der Grund liegt darin, dass ein Unternehmer, der vorübergehend oder auch für längere Zeit nicht in der Lage ist, seinen Betrieb zu führen, oder der ihn für seinen in Ausbildung befindlichen Rechtsnachfolger bewahren will, nicht gezwungen werden soll, die Fortführung durch den Zwang der Aufdeckung und Versteuerung der stillen Reserven zu gefährden. Steht aber fest, dass der Steuerpflichtige den Betrieb nicht mehr fortführen kann (weil er infolge Umbauarbeiten gar nicht mehr fortführbar ist) oder will, so liegt eine Betriebsaufgabe vor (BFH vom 27.02.1985 BStBl II 1985, 456, vom 19.01.1983 BStBl II 1983, 412, vom 27.03.1987 BFH/NV 1987, 578 H 16 (5) [Abgrenzung Betriebsverpachtung/Betriebsaufgabe] EStH, sowie vom 03.06.1997 BStBl II 1998, 373, vom 14.04.1997 BStBl II 1998, 388 und vom 16.12.1997 BStBl II 1998, 379).

Nach der neueren Rechtsprechung ist die Betriebsverpachtung ein Unterfall der **Betriebsunterbrechung**, BFH vom 28.08.2003 BFH NV 2003, 1495. Eine Betriebsaufgabe liegt deshalb mangels Aufgabeerklärung nicht vor, wenn der Unternehmer den Betrieb verpachtet oder ruhen lässt und die Fortsetzung des Betriebs zu einem späteren Zeitpunkt durch den Inhaber oder einen Rechtsnachfolger möglich ist. Eine Betriebsaufgabe liegt also vor,

- wenn der Betrieb zerschlagen wird, d. h. ein Teil der wesentlichen Betriebsgrundlagen verkauft und ein Teil ins Privatvermögen übernommen oder an mehrere verschiedene Erwerber veräußert wird,
- wenn der Betrieb bei Verpachtung so umgestaltet wird, dass eine Wiederaufnahme nicht oder nur mit hohen Rückbaukosten möglich ist (Umbau einer Bäckerei in eine Diskothek, BFH vom 19.01.1983 BStBl II 1983, 412),
- oder wenn die Betriebsaufgabe ausdrücklich erklärt wird und die stillen Reserven aufgedeckt und versteuert werden.

Ansonsten liegt eine Betriebsverpachtung oder -unterbrechung vor, die die Betriebsvermögenseigenschaft der wesentlichen Betriebsgrundlagen nicht berührt, vgl. BFH vom 28.08.2003 BFH/NV 2003, 1495, BFH vom 14.03.2006 BFH/NV 2006, 1552.

Für Fälle der Betriebsverpachtung und Betriebsunterbrechung, die nach dem 04.11.2011 stattfinden, liegt eine Betriebsaufgabe nur noch vor, wenn diese entweder ausdrücklich gegenüber dem Finanzamt erklärt wird oder diesem Tatsachen bekannt werden, aus denen die Voraussetzungen für eine Betriebsaufgabe eindeutig ersichtlich sind, §§ 16 Abs. 3 b, 52 Abs. 34 Satz 9 EStG, Fuhrmann in Kösdi 2015, 19444.

3.5 Weitere Fälle der Betriebsübertragung

Weiter sind zu unterscheiden die Fälle der **Betriebseinbringung** in einen anderen Betrieb, sei es, dass dadurch eine Personengesellschaft entsteht, sei es, dass in eine bereits bestehende Personengesellschaft eingebracht wird, sei es auch, dass in eine Kapitalgesellschaft eingebracht wird. In allen Fällen handelt es sich um **Umwandlungsfälle**, die dem Umwandlungssteuergesetz unterliegen. In diesen Fällen besteht die Möglichkeit, auf die Versteuerung der stillen Reserven zu verzichten (vgl. §§ 20, 24 UmwStG). Ebenfalls abzugrenzen sind Fälle bloßer

Betriebsverlegungen, bei denen keine Betriebsveräußerungen oder -aufgaben vorliegen (vgl. BFH vom 03.10.1984 BStBl II 1985, 131; vom 24.06.1976 BStBl II 1976, 672). Schließlich soll noch auf Fälle hingewiesen werden, in denen ein **Freiberufler** seine **Praxis veräußert**, jedoch noch einen wesentlichen Teil seiner Mandantschaft behält und weiterbetreut. In solchen Fällen, die bei jedem Steuerberater, Rechtsanwalt, Arzt usw. von Bedeutung sind, liegt **keine** steuerbegünstigte Betriebsveräußerung oder -aufgabe vor; es liegt auch keine ebenso begünstigte Teilbetriebsveräußerung oder -aufgabe vor (zum Teilbetrieb vgl. R 16 Abs. 3 EStR und BFH vom 03.10.1984 BStBl II 1985, 245; vom 19.01.1983 BStBl II 1983, 312; vom 15.03.1984 BStBl II 1984, 486; vom 20.06.1989 BFH/NV 1989, 634; vom 24.08.1989 BStBl II 1990, 55). Vielmehr hat der Steuerpflichtige den Veräußerungserlös voll zu versteuern (vgl. BFH vom 06.02.1986 BFH/NV 1986, 336). Anders ist die Rechtslage nach dieser Rechtsprechung nur, wenn der Steuerpflichtige nur unwesentliche Teile des bisherigen Umsatzes beibehält (BFH vom 07.11.1991 BStBl II 1992, 457, vom 18.05.1994 DB 1994, 2374 und vom 08.06.2000 BFH/NV 2000, 1341, H 18.3 (Veräußerung) EStH: unter 10 %) oder wenn er die entsprechende Tätigkeit mit einer zeitlichen Unterbrechung in einem anderen örtlichen Wirkungsbereich mit einem neuen Mandantenstamm ausübt (der sich aber in gebührender Entfernung befinden muss, Arzt, Zahnarzt, Steuerberater: 100 km, Rechtsanwalt: anderer OLG-Bezirk). Eine andere Möglichkeit liegt darin, dass der Freiberufler seine Tätigkeit noch eine Zeitlang bis zur Vollbeendigung in einer Sozietät mit dem jungen Kollegen ausübt, da er dann die Möglichkeiten der Buchwertfortführung nach dem Umwandlungssteuergesetz hat (§ 24 UmwStG) und die stillen Reserven erst bei Vollbeendigung versteuern muss. Ansonsten erhält der Freiberufler ebenfalls den Freibetrag des § 16 Abs. 4 EStG (vgl. § 18 Abs. 3 EStG) und die Vergünstigung des § 34 EStG. Dies soll nach BFH vom 18.05.1994 DB 1994, 2374 auch gelten, wenn der alte Praxisinhaber nach Veräußerung zwar in den alten Räumen, aber auf Rechnung des neuen Inhabers weiterhin berät. Im Streitfall hatte ein freiberuflich tätiger Steuerberater seine Praxis an eine Steuerberatungs-GmbH veräußert, deren Geschäftsführer er wurde. Als solcher erhielt er kein Entgelt. Jedoch schloß die GmbH zusätzlich mit ihm einen Vertrag als freier Mitarbeiter ab, demzufolge er für ein Festhonorar von monatlich 5 000 € sowie eine zusätzliche Gewinn- und Umsatzkostentantieme Mandanten der GmbH in deren Namen und auf deren Rechnung beriet. Der BFH behandelte diesen Vorgang als tarifbegünstigte Veräußerung.

Schließlich sind die Fälle der Betriebsaufgabe auch von den Fällen des **Ruhens der betrieblichen Tätigkeit** zu unterscheiden. Besteht die Möglichkeit einer solchen Wertung, dann liegt eine Aufgabe nur vor, wenn eine eindeutige Erklärung dieses Inhalts gegenüber dem Finanzamt abgegeben wird, § 16 Abs. 3b EStG, BFH vom 28.09.1995 BStBl II 1996, 276, vom 16.12.1997 BStBl II 1998, 379 und vom 28.08.2003 BFH/NV 2003, 1495.

3.6 Forderungen und Schulden nach Betriebsveräußerung und -aufgabe

Fraglich ist, ob ein Steuerpflichtiger auch **nach der Veräußerung oder Aufgabe** seines Betriebes noch betriebliche Schulden haben kann mit der Folge, dass Schuldzinsen zu nachträglichen Verlusten aus Gewerbebetrieb führen bzw. ob er nach der Veräußerung oder Aufgabe des Betriebs noch betriebliche Forderungen haben kann mit der Folge, dass Forderungsausfälle ebenfalls zu nachträglichen Verlusten aus Gewerbebetrieb führen (§ 24 Nr. 2 EStG).

Hierzu vertritt die Rechtsprechung die Meinung, dass **Schulden**, die mit Hilfe des Veräußerungserlöses nicht abgedeckt werden konnten, nach wie vor durch die betriebliche Tätigkeit verursacht sind und daher als betriebliche Schulden angesehen werden können. Soweit der Veräußerungserlös jedoch zu anderen Zwecken verwendet wurde und die Schulden aus diesem

Grunde nach wie vor offenstehen, handelt es sich nicht mehr um betrieblich veranlasste Schulden (BFH vom 11.12.1980 BStBl II 1981, 460; vom 19.01.1982 BStBl II 1982, 321; vom 28.03.2007 BStBl II 2007, 642; sehr lesenswert). Bei der Aufgabe des Betriebes tritt an die Stelle des Veräußerungserlöses der gemeine Wert der ins Privatvermögen überführten Wirtschaftsgüter. Zusammenfassend lässt sich also sagen, dass ehemalige Betriebsschulden nach Beendigung der gewerblichen Tätigkeit insoweit noch als Betriebsvermögen angesehen werden können, als die Schulden den erzielten Veräußerungserlös und den gemeinen Wert der ins Privatvermögen überführten Wirtschaftsgüter übersteigen. Die Schuldzinsen stellen dann noch nachträglich Betriebsausgaben dar, nicht dagegen die Tilgungsbeträge. Stehen allerdings die Schulden in unmittelbarem Zusammenhang mit Wirtschaftsgütern, die ins Privatvermögen übernommen worden sind, so werden diese Schulden mit der Übernahme des Wirtschaftsgutes ins Privatvermögen automatisch ebenfalls Privatvermögen.

Hat der Steuerpflichtige seinen Betrieb veräußert und war ihm zugesagt worden, dass er aus **Grundpfandrechten**, die er zur Sicherheit für betriebliche Schulden gegeben hat, nicht in Anspruch genommen werde, so gilt, wenn er doch in Anspruch genommen wird, Folgendes: Die Schuldsumme verringert gem. § 175 Abs. 1 Nr. 2 AO mit Rückwirkung den Veräußerungsgewinn, laufende Zinszahlungen sind dagegen nachträgliche Betriebsausgaben (BFH vom 21.12.1993 BFH/NV 1994, 626).

Interessant ist, dass die Rechtsprechung die Abzugsfähigkeit von Zinsen für Betriebsschulden nun mehr auch auf die Überschusseinkünfte aus Vermietung und Verpachtung überträgt; vgl. BFH vom 20.06.2012 BStBl II 2013, 275 und BMF vom 20.07.2015 DStR 2015, 1753.

Ob umgekehrt der Steuerpflichtige auch noch **Aktivvermögen** im Betriebsvermögen zurückbehalten kann, ist streitig. Man wird dies insoweit bejahen können, als der Steuerpflichtige noch betriebliche Schulden (etwa Steuerschulden) hat, die er mit Hilfe der Aktivwerte tilgen möchte. Zu diesem Zweck gibt die Weiterbehandlung von Teilen des Warenlagers oder insbesondere auch von Forderungen als Betriebsvermögen einen Sinn (so für Forderungen auch BFH vom 25.07.1972 BStBl II 1972, 936). Zusammenfassend lässt sich also sagen, dass ehemalige Wirtschaftsgüter des Aktivvermögens, wie insbesondere ehemalige betriebliche Forderungen, nach Beendigung der gewerblichen Tätigkeit noch als Betriebsvermögen angesehen werden können. Werden auf solche betrieblichen Verbindlichkeiten Zinsen bezahlt, handelt es sich um nachträgliche Betriebsausgaben, ändert sich dagegen nachträglich etwas am Bestand der betrieblichen Forderungen oder Schulden, so ist dies eine Tatsache, die rückwirkend die Höhe des Veräußerungs- oder Aufgabegewinns beeinflusst, § 175 Abs. 1 Nr. 2 AO, vgl. BFH vom 10.02.1994 BStBl II 1994, 564. In diesem Urteilsfall bestand zum Zeitpunkt der Betriebsaufgabe noch eine Forderung gegen eine Versicherung, die von dieser bestritten wurde. Die Forderung konnte nicht aktiviert, ihr Wert nicht in den Aufgabegewinn einbezogen werden. Als später durch Urteil der Zivilgerichte das Bestehen der Forderung rechtskräftig festgestellt wurde, erhöhte sich dadurch rückwirkend zum Zeitpunkt der Aufgabe der Aufgabegewinn, § 175 Abs. 1 Nr. 2 Satz 1 AO.

Teil P Verträge unter Verwandten

Rechtsprechung und Verwaltung verlangen für die steuerliche Anerkennung von vertraglichen Gestaltungen unter nahen Angehörigen (vgl. § 15 AO) stets drei Kriterien:

1. Die Verträge müssen **bürgerlich-rechtlich wirksam** sein;
2. sie müssen steuerlich so durchgeführt sein, wie dies auch unter **fremden Dritten üblich** ist (steuerlicher Fremdvergleich) und
3. vereinbarte Vergütungen müssen **angemessen** sein.

Verstöße zu 1. und 2. führen zur steuerlichen Nichtanerkennung der Vereinbarung, Verstöße zu 3. führen zu einer grundsätzlichen Anerkennung, aber zu einer Reduzierung auf das angemessene Maß. Schließlich wird regelmäßig nur das anerkannt, was vorher vereinbart wurde. Verträgen unter nahen Angehörigen wird also grundsätzlich die **rückwirkende Anerkennung versagt**.

1 Arbeitsverträge mit Ehegatten

1.1 Bürgerlich-rechtlich wirksame Vereinbarung

Dieses Erfordernis ist bei Verträgen mit fremden Dritten im Steuerrecht nicht erforderlich, da gemäß § 41 AO grundsätzlich nur an die wirtschaftliche Durchführung eines Sachverhaltes angeknüpft wird und nicht an die zivilrechtliche Wirksamkeit. Unter **nahen Angehörigen** dagegen werden Rechtsgeschäfte, die **bürgerlich-rechtlich unwirksam** sind, insbesondere der notwendigen Form ermangeln, **steuerlich nicht anerkannt**. Diese Verwaltungspraxis verstößt nicht gegen Art. 6 GG, BVerfG vom 20.11.1984 HFR 1985, 283.

Da ein Arbeitsvertrag nach § 2 NachweisG der Schriftform bedarf, bedürfen auch Arbeitsverträge mit Ehegatten der Schriftform. Ein bloß faktisches Arbeitsverhältnis könnte steuerlich nicht anerkannt werden.

1.2 Durchführung wie unter fremden Dritten (steuerlicher Fremdvergleich)

Fehlt es an diesem Erfordernis, dann sind die Folgen besonders unangenehm: Da der Vertrag bürgerlich-rechtlich wirksam ist, ist der Steuerpflichtige zur Leistung verpflichtet, ohne jedoch den damit beabsichtigten steuerlichen Erfolg herbeigeführt zu haben. Auf das Ehegatten-Arbeitsverhältnis übertragen bedeutet dies, dass der Unternehmer-Ehegatte zwar zur Zahlung der vereinbarten Vergütung verpflichtet ist, seine Zahlungen aber **nicht als Betriebsausgaben** anerkannt werden, sondern wie Privatentnahmen behandelt werden. Dies gilt nicht nur für den eigentlichen Lohn, sondern auch für die gesamten Sozialversicherungsbeiträge (BFH vom 08.02.1983 BStBl II 1983, 496).

Die hauptsächlichen Erfordernisse, die an ein Ehegattenarbeitsverhältnis geknüpft werden, sind in R 4.8 EStR niedergelegt. Besonders hingewiesen werden soll auf folgende Punkte:

Die vereinbarten **Leistungen** müssen grundsätzlich **erbracht** werden. Der zur Arbeit verpflichtete Ehegatte muss also arbeiten, der zur Lohnzahlung Verpflichtete muss zahlen. Dabei wird verlangt, dass die Zahlungen in den Einkommens- und Vermögensbereich des Arbeitnehmer-Ehegatten gelangen, der vom Einkommens- und Vermögensbereich des Arbeitgeber-Ehegatten eindeutig getrennt ist (BFH vom 17.07.1984 BStBl II 1986, 48). Folgende Fälle sind zu unterscheiden:

- Die Überweisung auf ein **Konto des Arbeitnehmers** genügt immer, auch wenn der Arbeitgeber über dieses Konto ebenfalls verfügungsbefugt ist (H 4.8 (Arbeitsverhältnisse zwischen Ehegatten) EStH).
- Die Überweisung auf ein **gemeinschaftliches Konto**, über das sowohl der Arbeitgeber- als auch der Arbeitnehmer-Ehegatte allein verfügen kann (**sog. Oder-Konto**) genügte bei einem Einzelunternehmer-Arbeitgeber nach der früheren Rechtsprechung des BFH nicht (BFH vom 27.11.1989 BStBl II 1990, 160). Das BVerfG hat jedoch die Überweisung auf ein Oderkonto als unschädlich betrachtet. BVerfG vom 07.11.1995 DB 1995, 2572, BB 1995, 2624, H 4.8 (»Der steuerrechtlichen Anerkennung eines Arbeitsverhältnisses steht nicht entgegen«) EStH.
- Die Überweisung auf ein **Konto des Arbeitgebers** wird in der Regel nicht als ausreichend angesehen, auch dann nicht, wenn der Arbeitnehmer-Ehegatte über dieses Konto Verfügungsbefugnis hat (BFH vom 15.01.1980 BStBl II 1980, 350; H 4.8 (Arbeitsverhältnisse zwischen Ehegatten) EStH. Die Überweisung ist nur als Indiz zu werten, weitere Umstände sind zur Beurteilung heranzuziehen.

Ist also erforderlich, dass die Vergütung in die Verfügungsbefugnis des Arbeitnehmer-Ehegatten übergeht, so genügt eine Umbuchung auf ein für den Arbeitnehmer geführtes **Darlehenskonto** wiederum nicht. Jedoch hat der BFH einen Fall anerkannt, in dem zwar kein Geld floß, aber jeweils zwei Belege gefertigt wurden: Zunächst wurde ein Beleg gefertigt, in dem das Bruttogehalt, die Abzüge und das Nettogehalt ausgewiesen waren und in dem der Arbeitnehmer-Ehegatte die Richtigkeit der Abrechnung und den Erhalt des Betrages quittierte. In einem zweiten Beleg wurde **gleichzeitig ein Darlehen** vereinbart. Der Arbeitgeber-Ehegatte bucht jeweils Lohnaufwand, einen Kassenausgang, einen Kasseneingang und eine Darlehensverbindlichkeit. Bei dieser Gestaltung sah der BFH das Gehalt als in die Verfügungsmacht des Arbeitnehmer-Ehegatten übergangen an, das Arbeitsverhältnis wurde anerkannt (BFH vom 17.07.1984 BStBl II 1986, 48); der Grund liegt für den BFH darin, dass der Arbeitnehmer-Ehegatte jedesmal auf einer Auszahlung des Betrages hätte bestehen können, also jedesmal bei Unterzeichnen des zweiten (Darlehens-)Beleges einen neuen Entschluss fasste. Diese Gestaltung wird auch von der Verwaltung anerkannt, H 4.8 (Arbeitsverhältnisse zwischen Ehegatten) EStH. Die **Rückgewähr von Arbeitslohn**, der in der Verfügungsmacht des Arbeitnehmer-Ehegatten war, soll nach der neueren Rechtsprechung die Anerkennung eines sonst anzuerkennenden Arbeitsverhältnisses nicht mehr beeinträchtigen können, auch wenn in dem Darlehensvertrag keine genaueren Modalitäten über Zins und Tilgung vereinbart wurden (BFH vom 17.07.1984 BStBl II 1986, 48 unter ausdrücklicher Aufgabe der früheren Rechtsprechung; so auch H 4.8 (Arbeitsverhältnisse zwischen Ehegatten) EStH). Weitere Gründe, die einer Anerkennung des Arbeitsverhältnisses zwischen Ehegatten entgegenstehen: Wenn die **Zahlungen nicht monatlich** geleistet werden (BFH vom 17.01.1985 BFH/NV 1986, 148, vom 14.10.1981 BStBl II 1982, 119, vom 25.07.1991 BStBl II 1991, 843 und vom 24.01.1990 BFH/NV 1990, 695). **Nicht einbehaltene Lohnsteuer** und Sozialversicherungsbeiträge sind ein Indiz für die Nichternstlichkeit (BFH vom 28.07.1983 BStBl II 1984, 60, R 4.8 Abs. 1 EStR).

1.3 Angemessenheit der Vergütungen

Die Gegenleistung muss insgesamt, aber auch in den einzelnen Bezugsteilen angemessen sein. Einzelne Bezugsteile sind Lohn und Gehalt, Gratifikationen, Gewinnbeteiligungen, insbesondere aber auch Versorgungsleistungen wie **Lebensversicherungen, Direktversicherungen, Pensionszusagen**. Die Angemessenheit ist insbesondere durch einen **betriebsinternen Vergleich** mit anderen vergleichbaren Arbeitnehmern desselben Betriebes zu ermitteln. Dazu gehört bei Versorgungszusagen, dass diese den vergleichbaren Arbeitnehmern in derselben Form angeboten worden sind (also nicht dem Ehegatten zusätzlich zum Lohn, den übrigen Arbeitnehmern an Stelle einer Lohnerhöhung; BFH vom 24.11.1982 BStBl II 1983, 406, vom 30.03.1983 BStBl II 1983, 500, vom 30.03.1983 BStBl II 1983, 664). Gibt es keine vergleichbaren Arbeitnehmer, so kann **nicht** auf einen **betriebsexternen Vergleich** mit anderen Betrieben derselben Branche zurückgegriffen werden (BFH vom 10.11.1982 BStBl II 1983, 173; ebenso für den Fall der Vereinbarung einer Tantieme BFH vom 18.12.2001 BFH/NV 2002, 710). In diesen Fällen ist vielmehr zu prüfen, ob die Gesamtheit von Gehalt und Versorgung noch angemessen sind und ob sie in einem angemessenen Verhältnis zueinander stehen. Letzteres wird der Fall sein, wenn die Beiträge zu einer Direktversicherung nicht mehr als 30 % des Jahreslohnes ausmachen, vgl. BFH vom 08.10.1986 BStBl II 1987, 205, vom 05.02.1987 BStBl II 1987, 557, und vom 18.12.2001 BFH/NV 2002, 710. Diese Grenze wendet BFH vom 23.11.1988 in BFH/NV 1989, 628 auch auf Pensionszusagen nach § 6 a EStG an. Die Ehegatten können daher wohl nicht mit einer Gestaltung Erfolg haben, in der ein sehr niedriges Gehalt mit sehr hohen Direktversicherungen kompensiert wird (so auch BFH vom 28.07.1983 BStBl II 1984, 62 und vom 05.02.1987 BStBl II 1987, 557; anders dagegen BFH vom 18.05.1983 BStBl II 1983, 562 für den mitarbeitenden Vater des Steuerpflichtigen, jedoch können die Grundsätze über Ehegatten-Arbeitsverhältnisse nicht in allen Fragen auf andere Angehörige übertragen werden, vgl. auch BFH vom 10.11.1982 BStBl II 1983, 173 und vom 17.01.1985 BFH/NV 1986, 148, sowie vom 05.12.1985 BFH/NV 1986, 452). Ergibt ein betriebsinterner Vergleich, dass eine Direktversicherung anderen vergleichbaren Arbeitnehmern nicht angeboten worden ist, so sind die Aufwendungen für die Direktversicherung nicht als Betriebsausgaben abzugsfähig, sondern als Privatentnahmen des Unternehmers zu behandeln. Ansonsten sind unangemessene hohe Vergütungen im angemessenen Rahmen als Betriebsausgaben abzugsfähig, der Rest dagegen als Privatentnahmen zu behandeln.

2 Arbeitsverträge mit Kindern

Zwar soll nach H 4.8 (Arbeitsverhältnisse mit Kindern) EStH für Arbeitsverhältnisse mit Kindern das zu den Arbeitsverhältnissen mit dem Ehegatten Gesagte entsprechend gelten, jedoch sollten die bisherige Verwaltungspraxis und Rechtsprechung den Praktiker eher vorsichtig an dieses Thema herangehen lassen, insbesondere wenn die Kinder minderjährig sind. Verwaltung und Rechtsprechung sind nämlich häufig geneigt, die Tätigkeiten der im Haushalt der Eltern lebenden Kinder als Dienstleistung anzusehen, die im Rahmen der familienrechtlichen Verpflichtung des § 1619 BGB erbracht wird. So haben insbesondere die Instanzgerichte folgende Fälle entschieden:

- Arbeitsverträge mit den **eigenen minderjährigen Kindern** bedürfen der Mitwirkung eines Ergänzungspflegers (FG SchlHol vom 11.03.1986 EFG 1986, 386; FG Ba-Wü vom 12.03.1987 XK 26/85 nicht veröffentlicht; a. A. FG RhPf vom 20.12.1972 EFG 1973, 257 und FG Kln vom 19.03.1981 EFG 1982, 124 jetzt auch R 4.8 Abs. 3 Satz 1 EStR: kein Pfleger erforderlich).

- Arbeitsverträge mit **minderjährigen Kindern** können nur anerkannt werden, wenn die Kinder wenigstens 15 Jahre alt sind (BFH vom 18.04.1958 BStBl III 1958, 294; so auch R 4.8 Abs. 3 Satz 2 EStR).
- **Häusliche Leistungen** geringen Umfanges wie z. B. Abwaschen, Wohnung reinigen, Einkaufen werden im Allgemeinen im Rahmen des § 1619 BGB erbracht; sie sind daher auch dann nicht im Rahmen eines Arbeitsverhältnisses erbracht, wenn ein Arbeitsvertrag abgeschlossen wurde (FG Berlin vom 05.08.1975 EFG 1976, 7; FG Nürnberg vom 15.10.1980 EFG 1981, 282; FG Baden-Württemberg vom 12.03.1987 X-K 26/85 nicht veröffentlicht; BFH vom 27.10.1978 BStBl II 1979, 80). Auch **im Betrieb** wird regelmäßig verlangt, dass die Kinder mit ihren Tätigkeiten eine fremde Arbeitskraft ersetzen, H 4.8 (gelegentliche Hilfeleistungen) EStH, da sonst angenommen wird, dass die Kinder nur (familienrechtlich begründetes) Taschengeld erhalten. Sind allerdings die Kinder in dem vom Haushalt getrennt betriebenen elterlichen Betrieb voll wie ein fremder Dritter integriert, werden alle lohnsteuerlichen und sozialversicherungsrechtlichen Zahlungen geleistet und fließt der Lohn auf ein Konto des Kindes bzw. wird er bar ausbezahlt, so steht einer Anerkennung in aller Regel nichts im Wege. Macht das Kind eine Ausbildung im elterlichen Betrieb, verlangt der BFH vom 14.12.1990 BStBl II 1991, 305 eine Bindungsfrist mit Rückzahlungsklausel, sonst handle es sich nur um die normale Tragung der Ausbildungskosten.

3 Andere Verträge unter nahen Angehörigen

Solche Verträge, auf die die zu Beginn dieses Abschnitts dargestellten Grundsätze anzuwenden sind, sind:

- Gesellschaftsverträge,
- Pachtverträge,
- Schenkungs- und Darlehensverträge,
- Nutzungsüberlassungsverträge.

3.1 Gesellschaftsverträge

Insbesondere bei Minderjährigen sind die bürgerlich-rechtlichen Wirksamkeitsvoraussetzungen sehr vielfältig, so bedürfen Schenkungsversprechensverträge und Verfügungen über Grundstücke der **notariellen Beurkundung** (kein Vollzug der Schenkung, der den Formmangel des Schenkungsversprechensvertrages heilen würde, liegt bei einer stillen Beteiligung in einer bloßen Umbuchung, vgl. BFH vom 19.09.1974 BStBl II 1975, 141, allerdings wird bei Kommanditanteilen in der Umbuchung der Vollzug der Schenkung anerkannt), die Vertragsabschlüsse bedürfen einer **Mitwirkung von Ergänzungspflegern** (bei mehreren minderjährigen Kindern benötigt jedes Einzelne einen verschiedenen Pfleger bei Einräumung einer Kommanditbeteiligung, während bei Einräumung einer stillen Beteiligung alle Minderjährigen durch denselben Pfleger vertreten sein können); sie bedürfen weiter der **Zustimmung** durch das **Vormundschaftsgericht** (§§ 1822 Nr. 3, 1643 Abs. 1 BGB), auf die allerdings bei Schenkung einer stillen Beteiligung ohne Verlustbeteiligung verzichtet werden kann. Eine weitere ausführliche Darstellung findet sich in H 15.9 (Allgemeines) EStH.

3.2 Pachtverträge

Vgl. zu diesem Problemkreis H 4.8 (Sonstige Rechtsverhältnisse zwischen Angehörigen) EStH, wonach die Grundsätze über die Ehegatten-Arbeitsverhältnisse entsprechend anzuwenden sind. Vgl. des Weiteren BFH vom 25.05.1976 BStBl II 1976, 561, in dem jedoch so sehr atypische Vereinbarungen getroffen wurden, dass nicht nur die Höhe reduziert wurde, sondern aufgrund der Ungewöhnlichkeit der Gesamtvereinbarung bereits der Fremdvergleich nicht bestanden wurde mit der Folge der gesamten Nichtanerkennung.

Die neuere Rechtsprechung lässt folgende Tendenz erkennen: Werden Hauptpflichten des Miet- oder Pachtvertrages (Mietzahlung) nicht geregelt oder nicht entsprechend der vertraglichen Regelung durchgeführt, dann hält der Vertrag dem **Fremdvergleich** nicht stand. Sind dagegen **Nebenpflichten** (Vereinbarung über die Nebenkosten) nicht geregelt oder nicht entsprechend der vertraglichen Regelung durchgeführt, dann kann daran allein die Anerkennung nicht scheitern, vielmehr ist eine umfassende Würdigung des Gesamtvertrages und dessen Durchführung vorzunehmen, vgl. BFH vom 17.02.1998 BStBl II 1998, 349.

3.3 Schenkungs- und Darlehensverträge

Beliebt sind Konstruktionen, in denen sich Vermögensteile, die zu Einnahmen führen, auf die nächste Generation übertragen lassen, da diese dann nur entsprechend ihrem geringen Steuersatz besteuert werden und dies auch nur nach Abzug sämtlicher persönlicher Freibeträge.

BEISPIEL

Unternehmer V schenkt seiner Tochter zur Geburt 100 000 € (eingedenk des Erbschafts- und Schenkungssteuer-Freibetrags von 400 000 €). Allerdings hat er bald darauf einen betrieblichen Kapitalbedarf, er nimmt also von seiner Tochter, die dabei von einem Pfleger vertreten wird, ein Darlehen in Höhe von 100 000 € auf. Das Darlehen wird durch eine Grundschuld abgesichert. Es wird ein (angemessener) Zinssatz in Höhe von 10 % vereinbart.

LÖSUNG Das Darlehen ist steuerlich anzuerkennen. Zu den Voraussetzungen vgl. das ausführliche Verwaltungsschreiben des BFH vom 23.12.2010 BStBl I 2011, 37 und die Zinsen sind bei V Betriebsausgaben. Die Tochter hat Einnahmen aus Kapitalvermögen, die jedoch in Höhe des Sparerpauschbetrages steuerfrei sind, daneben erhält sie den Sonderausgaben-Pauschbetrag nach § 10 c Satz 1 EStG, der Rest fällt unter den Grundfreibetrag des § 32 a EStG.

Diese Fälle werden zwar im Grundsatz anerkannt, jedoch hat der BFH sehr strenge Voraussetzungen aufgestellt, an denen bislang die Anerkennung häufig scheiterte. In BFH vom 10.04.1984 BStBl II 1984, 705 hatte der (8. Senat des) BFH folgenden Fall zu entscheiden: Der Steuerpflichtige hat in notarieller Urkunde seinen durch einen Pfleger vertretenen minderjährigen Kindern einen Betrag geschenkt und ihn sich in derselben Urkunde darlehensweise wieder zur Verfügung stellen lassen; der Vollzug der Schenkung sollte auf folgende Weise bewirkt werden: Der Vater gab dem Ergänzungspfleger einen Scheck über den geschenkten Betrag, der dem Konto des Ergänzungspflegers gutgeschrieben wurde. Zwei Tage später überwies der Ergänzungspfleger denselben Betrag an den Steuerpflichtigen als Darlehen zurück. – Diese Konstruktion erkannte der BFH nicht an: da der Steuerpflichtige seinen Kindern »mit der einen Hand gab, was er ihnen mit der anderen Hand sofort wieder nahm«, sah der BFH die Schenkung noch nicht als vollzogen an; es bestand mithin erst noch ein Schenkungsversprechen, auf das Zinsen noch nicht bezahlt werden konnten; wurden sie dennoch bezahlt, dann stellten sie keine Betriebsausgaben, sondern Privatentnahmen dar. Die Schenkung sei erst vollzogen, wenn die

Töchter das Geld endgültig zur freien Verfügung erhielten, so auch wieder BFH vom 12.02.1992 BStBl II 1992, 468. – Ob danach eine längere »Schamfrist« ausreichend wäre, ob ein Umweg über eine Geldentnahme, Schenkung an die Großmutter, Weiterschenkung an die Kinder und dann Überlassung an den Steuerpflichtigen, ob unterschiedlich hohe Beträge, ob schließlich zwei getrennte Verträge (Schenkungsvertrag und Darlehensvertrag nicht – wie hier – in einer Urkunde) zur Anerkennung ausgereicht hätten, lässt der BFH unentschieden. Noch in dem Urteil des BFH vom 14.04.1983 BStBl II 1983, 555 sah der (4. Senat des) BFH in einem ähnlich gelagerten Fall (jedoch zwei verschiedene Verträge, wenn auch am selben Tag) die Schenkung als vollzogen an; er erkannte das Darlehen aber im Fremdvergleich deshalb nicht an, da die Darlehensgeber es versäumt hatten, sich bei neun- bis 25-jähriger Darlehenslaufzeit ausreichend für die Rückzahlung zu sichern. Hätten sie sich eine problemlose Rückzahlung gesichert, wäre die Konstruktion vom 4. Senat anerkannt worden.

Im Urteil des BFH vom 22.05.1984 BStBl II 1985, 243 wurde folgender Fall anerkannt: Der Steuerpflichtige war an einer Personengesellschaft beteiligt. Er überließ ihr ein Darlehen (das steuerlich selbstverständlich wie Eigenkapital behandelt wurde). Diese Darlehensforderung trat er seinen minderjährigen Kindern (die dabei ordnungsgemäß vertreten waren) schenkungsweise ab. – Diese Konstruktion wurde anerkannt, die bezahlten Darlehenszinsen wurden bei der Personengesellschaft als Betriebsausgaben (bei den Kindern als Einkünfte aus Kapitalvermögen) behandelt (siehe aber auch Nichtanwendungserlass des BMF vom 11.04.1985 BStBl I 1985, 180). Eine ähnliche Konstruktion wurde auch in BFH vom 18.12.1990 BStBl II 1991, 883 anerkannt.

Des Weiteren wurde durch das Urteil des BFH vom 20.03.1987 BStBl II 1988, 603 folgender Fall entschieden: Vater V schenkte seinen drei Kindern je 33 000 € in bar. In einem schriftlichen Vertrag vom selben Tag gewährten die Kinder, je vertreten durch einen Pfleger, dem Vater das erhaltene Geld darlehensweise zurück. Kündigungsfristen nach einjähriger Mindestlaufzeit, sowie angemessene Verzinsung waren vereinbart, das Vormundschaftsgericht hatte die Verträge genehmigt. – Der BFH wies den Fall zur weiteren Sachverhaltsaufklärung an das FG zurück. Grundsätzlich erkannte der BFH die Darlehenskonstruktion an, jedoch sei in den Fremdvergleich auch die Frage nach einer ausreichenden Sicherheit einzubeziehen (ebenso BFH vom 07.05.1987 BFH/NV 1987, 765). Da das FG hierzu keine Feststellungen getroffen hatte, waren diese nachzuholen. Dass beide Verträge (Schenkung und Darlehensvertrag) am selben Tag geschlossen worden waren, sah der 3. Senat als unerheblich an, da sie jedenfalls nicht in derselben Urkunde vereinbart worden waren. So jedenfalls habe (in Anlehnung an den Beschluss des Bay ObLG vom 12.02.1974 NJW 1974, 1142) eine vollzogene Schenkung unter Auflage der darlehensmäßigen Rückgewähr vorgelegen – dies selbst dann, wenn das Geld am Schenk- und Darlehenstag nicht ausdrücklich hin- und herbewegt worden sei. Waren also die Darlehensansprüche der Kinder ausreichend abgesichert, so wird diese Konstruktion vom BFH anerkannt mit der Folge, dass die Zinszahlungen bei V Betriebsausgaben sind. Ohne ausreichende Sicherheiten scheitert die Anerkennung dagegen in jedem Falle am nicht bestandenen Fremdvergleich, so BFH vom 07.05.1987 in BFH/NV 1987, 765, mehrere Urteile vom 18.12.1990 BStBl II 1991, 391, 883, 911 vom 12.02.1992 BStBl II 1992, 468 und vom 22.01.1991 BFH/NV 1991, 667 sowie H 4.8 (Sicherung des Darlehensanspruchs) EStH.

Schließlich hat der BFH seine Rechtsprechung zur Anerkennung der Darlehen bei dinglicher Sicherung auch in seinem Urteil BFH vom 31.05.1989 BStBl II 1990, 10 indirekt noch einmal bestätigt und entschieden, dass eine Bestellung von Sicherheiten bei Einräumung einer Stellung als typische stille Gesellschafter nicht notwendig sei, wenn die Rechtsstellung der Kinder im Übrigen dem Regelstatut der §§ 230 ff. HGB entspreche, hierzu BFH vom 21.09.1989 BFH/NV 1990, 692.

Nach alledem kann man ganz sicher von einer **ständigen Rechtsprechung** des BFH sprechen, wonach solche Darlehenvereinbarungen zumindest dann anzuerkennen sind, wenn sie **zivilrechtlich wirksam** abgeschlossen wurden, hinsichtlich der Vereinbarungen einem **Fremdvergleich standhalten** und die Darlehengläubiger (Kinder) **dinglich** so **abgesichert** sind, dass im Ernstfall eine Realisierung der Hypotheken- oder Grundschuld möglich erscheint. Ob auch andere Sicherheiten als ausreichend anzusehen sind, hat der BFH bislang noch nicht ausdrücklich bejaht, es dürften jedoch keine Bedenken bestehen, beispielsweise Besitzpfandrechte, Sicherungsabtretungen, -übereignungen oder Bürgschaften Dritter ebenfalls anzuerkennen. Die Verwaltung hat sich zunächst jahrelang mit Nichtanwendungserlassen beholfen, inzwischen hat sie die Rechtsprechung mit BMF vom 23.12.2010 BStBl I 2011, 37 und vom 29.04.2014 BStBl I 2014, 809 akzeptiert. Sie erkennt die obigen Konstruktionen an, wenn folgende Umstände vorliegen:

- bürgerlich-wirksamer Vertragsabschluss (Pfleger!),
- Fremdvergleich (Vereinbarungen über Laufzeit, Zins und Tilgung, Sicherheiten!),
- Durchführung entsprechend den Vereinbarungen,
- freie Verfügung über die geschenkten Geldmittel (keine Verpflichtung zur Rückgewähr als Darlehen, hierzu stellt die Verwaltung in dem Schreiben Vertragsmodelle dar, die die Vermutung in sich tragen, dass die Kinder nicht frei verfügen konnten).

Sind die Kinder erwachsen und erhalten sie ihrerseits Darlehen von den Eltern (etwa zum Bau oder Erwerb einer Wohnung), dann sind keine solch strengen Anforderungen zu stellen, insbesondere kann auf die Stellung von Sicherheiten und eine pünktliche Tilgung verzichtet werden, BFH vom 04.06.1991 BStBl II 1991, 838; diese Rechtsprechung wird von der Verwaltung angewandt, vgl. BMF vom 23.12.2010 Rz. 8 BStBl I 2011, 37 und die Ergänzung durch BMF vom 29.04.2014 BStBl I 2014, 809, s. auch H 4.8 (Sicherung des Darlehensanspruchs) EStH.

Dasselbe gilt, wenn der Nichtunternehmerehegatte dem Unternehmerehegatten ein Darlehen für betriebliche Zwecke gibt. Dies gilt auch bei fehlender Besicherung und selbst dann, wenn das Darlehen unverzinslich ist, vgl. FG München vom 26.06.2014 EFG 2015, 1084. Allerdings ist das Darlehen im Falle der Unverzinslichkeit nach § 6 Abs. 1 Nr. 3 Satz 1 EStG mit 5,5 % abzuzinsen, was zu einem Ertrag führt (Bank an Darlehen und so. betr. Ertrag), der sich allerdings in den kommenden Jahren durch Aufzinsung wieder ausgleicht (so. betr. Aufwand an Darlehen).

3.4 Nutzungsüberlassungsverträge

Hierzu vergleiche die Ausführungen über die Gebäude auf fremdem Grund und Boden (K 1.3). Nutzungsrechte, besonders den betrieblichen Nießbrauch (K 2.6).

Teil Q Besonderheiten bei Personengesellschaften

1 Begriff der Mitunternehmerschaft

1.1 Handelsrecht und Steuerrecht

Ebensowenig wie der handelsrechtliche Kaufmann mit dem steuerlichen Gewerbetreibenden identisch ist, gibt es eine volle Identität von **handelsrechtlichem Gesellschafter** und **steuerlichem Mitunternehmer.** Die Gesellschafter einer Personengesellschaft haben sich zusammengeschlossen, um zusammen mit anderen Mitgesellschaftern ein gemeinsames Ziel zu verwirklichen. Dabei ist zu unterscheiden in Außengesellschaften (oHG, KG, aber auch die BGB-Gesellschaft kann hierher gehören) und Innengesellschaften (stille Gesellschaft, Unterbeteiligung, teilweise auch BGB-Gesellschaft).

Die Mitunternehmerschaft ist dagegen ein rein **steuerlicher Begriff,** der sich aus § 15 Abs. 1 Nr. 2 EStG ergibt. Er wird von Rechtsprechung, Lehre und Verwaltung kennzeichnend umschrieben: Mitunternehmer ist danach, wer nach dem **Gesamtbild der Verhältnisse** in einer Personenvereinigung als Gesellschafter (ausnahmsweise auch in einer vergleichbaren Stellung) mit anderen Personen zusammen **Unternehmerinitiative** entwickelt und ein **Unternehmerrisiko** trägt (H 15.8 [1] »Allgemeines« EStH, grundlegend auch der Beschluss des GrS des BFH vom 25.06.1984 BStBl II 1984, 751, 769).

1.2 Mitunternehmerinitiative und Mitunternehmerrisiko

Danach ist unter **Mitunternehmerinitiative** »Teilhabe an unternehmerischen Entscheidungen (zu verstehen), wie sie z. B. Gesellschaftern oder diesen vergleichbaren Personen als Geschäftsführern, Prokuristen oder anderen leitenden Angestellten obliegen; ausreichend ist die Möglichkeit zur Ausübung von Gesellschafterrechten, die wenigstens den Stimm-, Kontroll- und Widerspruchsrechten angenähert sind, die einem Kommanditisten nach dem HGB zustehen (§§ 164, 166 HGB) oder die den gesellschaftsrechtlichen Kontrollrechten nach § 716 Abs. 1 BGB entsprechen.« (BFH vom 25.06.1984 BStBl II 1984, 769, H 15.8 [1] (Mitunternehmerinitiative) EStH). **Mitunternehmerrisiko** bedeutet gesellschaftsrechtliche oder eine dieser wirtschaftlich vergleichbare Teilhabe am Erfolg oder Misserfolg eines gewerblichen Unternehmens. Dieses Risiko wird regelmäßig durch Beteiligung am Gewinn und Verlust sowie an den stillen Reserven des Anlagevermögens einschließlich eines Geschäftswerts vermittelt; ein Kommanditist trägt ein solches Risiko, indem er einerseits am laufenden Gewinn, im Falle seines Ausscheidens und der Liquidation auch an den stillen Reserven (§§ 168, 161 Abs. 2, 138, 155 HGB, §§ 738 ff. BGB), andererseits nach Maßgabe des § 167 Abs. 3 HGB am Verlust beteiligt ist.« (BFH vom 25.06.1984 BStBl II 1984, 769, BFH vom 28.01.1986 BStBl II 1986, 599, H 15.8 [1] (Mitunternehmerrisiko) EStH). Die beiden Begriffsmerkmale Initiative und Risiko können im Einzelfall einmal mehr oder weniger Gewicht besitzen, sie müssen jedoch regelmäßig immer beide vorliegen. Dabei kann ein Weniger an Risiko durch ein Mehr an Initiative aufgewogen werden und umgekehrt.

1.3 Keine Identität Gesellschafter und Mitunternehmer

Nicht in jedem Falle ist ein Gesellschafter einer Personengesellschaft auch gleichzeitig Mitunternehmer. Die jeweilige Darstellung der Begriffe Initiative und Risiko am Beispiel des Kommanditisten ist in dem obigen BFH-Zitat nicht nur darauf zurückzuführen, dass der Große Senat in dem Beschluss vom 25. 06. 1984 über die Geprägerechtsprechung im Falle der GmbH & Co KG, mithin also über eine Kommanditgesellschaft zu entscheiden hatte; die im Gesetz geregelte Ausstattung des Kommanditisten mit Initiative – die er ja im Grunde nicht hat – und Risiko – das er ja im Grunde nicht trägt – ist die allerunterste Grenze, bis zu der Mitunternehmerschaft noch angenommen werden kann. Sind die (abdingbaren) Kontroll- und Widerspruchsrechte vertraglich abbedungen, dann haben wir zwar immer noch handelsrechtlich einen Kommanditisten und damit einen Gesellschafter einer Personenhandelsgesellschaft vor uns, aber steuerlich keinen Mitunternehmer mehr, vgl. BFH vom 11. 10. 1988 BStBl II 1989, 762; H 15.8 [1] (Gesellschafter) EStH.

Umgekehrt soll es keinen Mitunternehmer geben, der nicht auch zivilrechtlich Gesellschafter einer Personengesellschaft ist oder – in Ausnahmefällen – eine diesem wirtschaftlich vergleichbare Stellung innehat (BFH vom 25. 06. 1984 BStBl II 1984, 751, 768, seither ständige Rechtsprechung); allerdings hat der BFH dies in der Zwischenzeit dahin präzisiert, dass als wirtschaftlich vergleichbare Gemeinschaftsverhältnisse etwa Erbengemeinschaften, Gütergemeinschaften und Bruchteilgemeinschaften infrage kommen und darüber hinaus in Vollzug gesetzte fehlerhafte Gesellschaften (BFH vom 22. 01. 1985 BStBl II 1985, 363). Dagegen sollen keine einem Gesellschafter wirtschaftlich vergleichbare Stellung Personen innehaben, die, ohne Gesellschafter zu sein, als Angestellte, Darlehensgläubiger, Vermieter oder Verpächter einer Personengesellschaft ihre Dienste, Kapital oder Wirtschaftsgüter zur Verfügung stellen und dafür Vergütungen beziehen, die dem Wert der Leistungen entsprechen (ebenfalls BFH vom 22. 01. 1985 BStBl II 1985, 363 und vom 13. 07. 1993 BStBl II 1994, 282). Aber diese vermeintliche Klarstellung wird dadurch wieder ins Zwielicht gezogen, dass der BFH ausführt, dass eine »Person, die Mitunternehmer ist, weil die Merkmale der Mitunternehmerinitiative und des Mitunternehmerrisikos erfüllt sind, regelmäßig auch zivilrechtlich Gesellschafter mindestens einer Innengesellschaft ist« (BFH vom 31. 01. 1985 BFH/NV 1986, 17). Damit zieht sich der BFH letzten Endes in vollem Umfang auf die steuerlichen Begriffe Initiative und Risiko zurück und benutzt die zivilrechtliche Gesellschafterstellung nur, um allenfalls einmal einen Ausnahmefall mit Hilfe dieses Begriffs entscheiden zu können. In dem entschiedenen Fall hatten die Kläger als leitende Angestellte und Verpächter hohe, aber gewinnunabhängige Vergütungen erhalten; der BFH sah darin keine Mitunternehmerrisiken und verneinte die Mitunternehmerstellung, obwohl die Kläger die Gesellschaft (eine GmbH & Co KG) über ihre Beteiligung an der Komplementär-GmbH faktisch beherrschten. Mit demselben Ergebnis, jedoch in der Begründung wieder deutlich auf die zivilrechtliche Ausgangslage zurückkehrend, entschied der BFH vom 22. 10. 1987 BStBl II 1988, 62: Der Geschäftsführer einer GmbH, der zuvor den Betrieb als Einzelunternehmer betrieben hatte, verpachtete der GmbH (Alleingesellschafterin war die Ehefrau) das Grundstück gegen eine Umsatzbeteiligung, außerdem erhielt er als Geschäftsführer eine Gewinnbeteiligung – beide Vergütungen waren angemessen. Der BFH legte seiner Entscheidung die Frage zugrunde, ob der Steuerpflichtige zivilrechtlich Austauschverträge mit (üblicher) Erfolgsbeteiligung oder Gesellschaftsverträge (etwa als stiller Gesellschafter) mit der GmbH abgeschlossen hatte. Der BFH wertet die abgeschlossenen Verträge als Austauschverträge (Mietvertrag, Arbeitsvertrag) und nicht als Gesellschaftsvertrag. Da somit ein zivilrechtlicher Gesellschaftsvertrag fehlte, lag auch keine Mitunternehmerschaft vor. – Ebenso BFH vom

06.12.1988 BStBl II 1989, 705. Die Ehefrauen A und B waren die einzigen Kommandistinnen und die beiden Anteilseignerinnen der Komplementär-GmbH einer GmbH & Co. KG. Die Ehemänner A und B waren Geschäftsführer mit angemessenen Festgehältern, außerdem hatten die Ehemänner der GmbH & Co. KG zu Festmieten Grundbesitz vermietet, ihr Darlehen erteilt und sich für Bankdarlehen der GmbH & Co. KG verbürgt. Dennoch sah der BFH hierin kein Gesellschaftsverhältnis zwischen den Ehemännern und der KG, obwohl der BFH erneut klarstellte, dass er grundsätzlich ein **Verdecktes Gesellschaftsverhältnis** für möglich halte. Im Urteil des BFH vom 21.09.1995 BStBl II 1996, 66 sah der BFH ein verdecktes Gesellschafterverhältnis als gegeben an; es handelte sich um einen Fall einer GmbH & Co. KG, die aus einem Einzelunternehmen des S hervorging. S war einziger Gesellschafter der Komplementär-GmbH, seine Frau war (mit 4 % Anteil) einzige Kommanditistin. Der BFH leitete seine Mitunternehmerstellung daraus ab, dass S für seine Geschäftsführung unangemessene gewinnabhängige Bezüge (56 % des Reingewinns vor Steuern) erhielt und sich wie bisher als Herr des Unternehmens gerierte. Ein weiterer Fall eines verdeckten Gesellschaftsverhältnisses lag in dem Urteil des BFH vom 16.12.1997 BStBl II 1998, 480 vor, in dem der alleinige Gesellschafter-Geschäftsführer der Komplementär-GmbH einer GmbH & Co. KG, deren Kommanditisten Familienmitglieder waren, gewinnabhängige Bezüge erhielt, Entnahmen und Einlagen bei der KG tätigte und bei dem die mit der KG geschlossenen Austauschverträge (Darlehen) ganz oder teilweise tatsächlich nicht durchgeführt wurden.

1.4 Mitunternehmerschaft nur am Gewerbebetrieb möglich

Die Mitunternehmerschaft setzt ferner voraus, dass die **Gesellschaft** überhaupt **gewerblich** tätig ist. Der Begriff des Gewerbebetriebs ist dem § 15 Abs. 2 EStG zu entnehmen. Eine Personengesellschaft, die einen Gewerbebetrieb betreibt (§ 15 Abs. 3 Nr. 1 EStG), und eine gewerblich geprägte Personengesellschaft (§ 15 Abs. 3 Nr. 2 EStG) erzielen Einkünfte aus Gewerbebetrieb. Für den einzelnen Gesellschafter ist dagegen nicht Voraussetzung, dass auch er alle Merkmale einer gewerblichen Tätigkeit in seiner Person erfüllt (BFH vom 25.06.1984 BStBl II 1984, 751, 770), für ihn kommt es nur darauf an, dass er die Begriffe Initiative und Risiko erfüllt.

Erfüllt ein Gesellschafter die **Voraussetzungen** einer **Mitunternehmerschaft nicht**, so ist streitig, ob in Höhe seines Anteils Privatvermögen vorliegt oder ob das Gesamthandsvermögen Betriebsvermögen darstellt, auch soweit es dem Nichtunternehmer gehört (für Privatvermögen Schulze zur Wiesche DB 1984, 1542, 1546, für Betriebsvermögen im Hinblick auf die zivilrechtliche Rechtszuständigkeit Wacker in Schmidt, EStG, § 15, Rz. 274; richtig wohl Schulze zur Wiesche: Wer nicht Mitunternehmer ist, kann steuerlich kein Betriebsvermögen haben).

1.5 Einzelne Gesellschaftsformen

1.5.1 Offene Handelsgesellschaft (OHG)

Die Gesellschafter einer OHG haften nach außen unbeschränkt und unbeschränkbar mit ihrem gesamten Privatvermögen für Schulden der Gesellschaft (§ 128 HGB). Sie tragen daher nach außen ein erhebliches Unternehmerrisiko. Dieses hohe Risiko würde den Gesellschafter einer OHG selbst dann noch zum Mitunternehmer machen, wenn seine Initiativrechte auf ein Mindestmaß beschränkt wären.

1.5.2 Kommanditgesellschaft (KG)

Der **Komplementär** trägt ebenfalls das hohe persönliche Mitunternehmerrisiko, so dass auch er stets Mitunternehmer ist; BFH vom 11.06.1985 BStBl II 1987, 33 hat dies sogar in einem Fall so entschieden, in dem der persönlich haftende Gesellschafter nach dem Gesellschaftsvertrag intern von jeder Haftung freizustellen war, weiter hatte er keine Einlage zu leisten, war weder am Gewinn noch am Verlust beteiligt, durfte keine Entnahme tätigen, erhielt feste der Lohnsteuer unterworfene Bezüge; trotz all dieser Beschränkungen sah der BFH den Komplementär wegen des nach außen bestehenden Risikos und wegen der nach außen unentziehbaren Vertretungsmacht (BGH vom 09.12.1968 BGHZ 51, 198) als ausreichend mit Risiko und Initiativbefugnis versehen an, um Mitunternehmerschaft bejahen zu können (allerdings dürften ihm in dem Urteilsfall Verluste wegen der besonderen vertraglichen Verhältnisse nur im Rahmen des § 15 a EStG zugerechnet werden). Ebenso BFH vom 25.04.2006 BFH/NV 2006, 1564: Der Komplementär war weder am Gewinn und Verlust noch am Vermögen der KG beteiligt und wurde gleichwohl als Mitunternehmer angesehen. Der **Kommanditist** ist dagegen nach den Ausführungen des GrS des BFH vom 25.06.1984 (BStBl II 1984, 751) nur dann Mitunternehmer, wenn er wenigstens die gesetzlichen (abdingbaren) Mindestrechte an Stimm-, Kontroll- und Widerspruchsrechten noch besitzt. Dies gilt auch für den Fall, dass ein Kommanditist, dessen Rechte nicht beschnitten wurden, betriebsintern als Arbeitnehmer geführt wird (BFH vom 24.01.1980 BStBl II 1980, 271 und vom 27.05.1981 BStBl II 1982, 192).

1.5.3 Gewerblich tätige BGB-Gesellschaft (GbR)

Typischer Fall ist der Zusammenschluss von Handwerkern oder von Minderkaufleuten, Arbeitsgemeinschaft mehrerer gewerblich tätiger Unternehmer zur Durchführung eines länger als drei Jahre andauernden Werkvertrages oder zur Durchführung von mehreren Werkverträgen (oder in beiden Fällen Werklieferungsverträgen). Erschöpft sich die Tätigkeit der Arbeitsgemeinschaft auf einen einzigen Werkvertrag oder Werklieferungsvertrag, dann liegt keine gewerblich tätige Arbeitsgemeinschaft vor (§ 2 a GewStG). Die Gesellschafter haften persönlich unbeschränkt und haben in der Regel auch Vertretungsmacht und Geschäftsführungsbefugnis. Bleibt ihre Stellung nicht wesentlich hinter diesem typischen Bild zurück, so sind sie Mitunternehmer. Ebenso BFH vom 25.04.2006 BFH/NV 2006, 1564.

1.5.4 Atypisch stille Gesellschaft

Handelsrechtlich spricht man von einer atypischen stillen Gesellschaft, wenn das Bild der stillen Gesellschaft sich in wesentlichen Punkten von dem gesetzlichen Bild der §§ 230 ff. HGB entfernt. Diese Abweichungen können auf einem Mehr an vermögensmäßiger Beteiligung beruhen, aber auch auf einem Mehr an Einflussmöglichkeiten auf die Geschäftsführung. **Steuerlich** sprechen wir von einer atypischen stillen Gesellschaft nur, wenn der stille Gesellschafter so viel Risiko und Initiative ausüben kann, dass er atypischerweise zum Mitunternehmer wird. Wird er dies nicht, so ist er nur typischer stiller Gesellschafter, der nach § 20 Abs. 1 Nr. 4 EStG Einkünfte aus Kapitalvermögen bezieht oder wenn er sich im Rahmen eines Gewerbebetriebes typisch still beteiligt hat, dann bezieht er wegen § 20 Abs. 8 EStG laufende Einkünfte aus Gewerbebetrieb in seinem Unternehmen, nicht jedoch bereits originär in seiner Beteiligung.

Das typische Bild der **typischen stillen Gesellschaft** ist das eines Gesellschafters, der einem Unternehmer, gleich in welcher Rechtsform dieser sein Unternehmen betreibt, zur Erreichung eines gemeinsamen Zwecks Kapital oder andere Wirtschaftsgüter überlässt und dafür am Gewinn (unter Umständen auch am Verlust, was aber wirtschaftlich sinnlos wäre) beteiligt wird. Die Beteiligung am Gewinn und Verlust bezieht sich jedoch in den Fällen der typischen stillen Gesellschaft nur auf den **laufenden Gewinn**, nicht dagegen auf den Gewinn aus der Veräußerung von Anlagevermögen, da es für den typischen stillen Gesellschafter wesenstypisch ist, dass er an den stillen Reserven des Unternehmens nicht beteiligt ist. Aus diesen Gründen ist der typisch stille Gesellschafter auch an einem Liquidationserlös nicht beteiligt.

Weicht der Gesellschaftsvertrag von diesem Bild des typischen stillen Gesellschafters in Richtung Mitunternehmerschaft so stark ab, dass infolge der Beteiligung an Risiko und Initiative Mitunternehmerschaft angenommen werden muss, so sprechen wir von einer **atypischen stillen Gesellschaft.** Diese wird insbesondere dort angenommen, wo der stille Gesellschafter **an den stillen Reserven** des Unternehmens beteiligt wird, da er auch an den Gewinnen aus der Veräußerung von Anlagevermögen und einem eventuellen Liquidationserlös teilhaben soll. In diesen Fällen ist der stille Gesellschafter bereits so stark mit den Risiken des Betriebs des Hauptunternehmers verbunden, dass auf seine Initiativrechte verzichtet werden soll (H 15.8 Abs. 1 (Stiller Gesellschafter) EStH). Einen solchen stillen Gesellschafter zum Mitunternehmer zu machen, ist angesichts der Rechtsprechung, nach der Mitunternehmerschaft immer einer, wenn auch unterschiedlich ausgeprägten, Beteiligung sowohl am Risiko wie auch an den Initiativbefugnissen bedarf, nicht recht verständlich. Es wird noch unverständlicher, wenn man sich vor Augen hält, dass ein Kommanditist, der nicht wenigstens die ihm gesetzlich zustehenden Initiativbefugnisse (Widerspruchs- und Kontrollrecht) besitzt, nicht Mitunternehmer sein soll. So wird man auch bei der Mitunternehmerschaft eines stillen Gesellschafters auf ein Mindestmaß an Initiativbefugnissen, die über das Informationsrecht des § 233 HGB hinausgehen, nicht verzichten können. Hat der stille Gesellschafter diese nicht, so sollte man ihn trotz der Beteiligung an den stillen Reserven nicht zum Mitunternehmer machen; so wohl auch BFH vom 12. 11. 1985 BStBl II 1986, 311, 314, nach dem jedoch ein (über § 233 HGB hinausgehendes) Kontrollrecht genügt. Umgekehrt hat der BFH einen leitenden Angestellten, der seinem Unternehmen Geld gegen Gewinnbeteiligung **ohne Beteiligung an den stillen Reserven** überlassen hat, wegen des Mehr an Initiativrechten, die er als leitender Angestellter hatte, als atypischen stillen Gesellschafter und damit als Mitunternehmer angesehen (BFH vom 28. 01. 1982 BStBl II 1982, 389 mit zustimmender Anmerkung von Söffing in FR 1982, 333 und H 15.8 (1) »Stiller Gesellschafter« EStH; jedoch wieder einschränkend BFH vom 22. 10. 1987 BStBl II 1988, 62: es müsse in jedem Einzelfall geprüft werden, ob ein Austauschverhältnis (Arbeits- und Darlehensvertrag) oder ein Gesellschaftsverhältnis zur gemeinsamen Zweckverfolgung abgeschlossen sei).

Eine **fehlende Verlustbeteiligung** spricht gegen ein Mitunternehmerrisiko, dies kann jedoch durch besonders ausgeprägte Initiativ- und Mitspracherechte wieder wettgemacht werden (BFH vom 05. 07. 1978 BStBl II 1978, 644).

Nach der Rechtsprechung hat die atypische stille Gesellschaft anders als andere Gesellschaften **kein Gesamthandsvermögen**, vielmehr entspricht das Betriebsvermögen des Hauptunternehmers dem Gesamthandsvermögen bei sonstigen Personengesellschaften (BFH vom 12. 11. 1985 BStBl II 1986, 311). Für die atypische stille Gesellschaft wird daher auch kein Betriebsvermögensvergleich durchgeführt, dieser wird vielmehr von dem Hauptunternehmer durchgeführt; dabei ist allerdings die Einlage des stillen Gesellschafters nicht (wie bei der typischen stillen Gesellschaft) als Verbindlichkeit, sondern als **Eigenkapital** des stillen Gesellschafters auszuweisen; ebenso sind die Gewinnbeteiligung des stillen Gesellschafters nicht als Betriebsausgabe zu verbuchen, sondern sind **Anteile am Gesamtgewinn** des Hauptunternehmens, die bei der Gewinnverteilung dem stillen Gesellschafter zuzuweisen sind.

Da Hauptunternehmer jede Form von Gesellschaften sein können, können sich auch die Gesellschafter einer GmbH typisch oder atypisch still an ihrer GmbH beteiligen. Es wird dann von einer **GmbH & Still** gesprochen. Die Rechtsfolgen sind die gleichen wie für die stille Gesellschaft. Zur Vereinbarung zu hoher Gewinnanteile (verdeckte Gewinnausschüttung) und zu niedriger Gewinnbeteiligung (verdeckte Einlage) Wacker in Schmidt, EStG, § 15, Rz. 355 ff.

1.5.5 Atypisch stille Unterbeteiligung

Stellt jemand seine Einlage nicht einem Hauptunternehmer gegen eine Beteiligung am Gewinn zur Verfügung, womit er stiller Gesellschafter wird, sondern einem Gesellschafter einer Personengesellschaft, so sprechen wir von einer (stillen) Unterbeteiligung. **Zivilrechtlich** stellt dieses Verhältnis zwischen Gesellschafter und Unterbeteiligtem eine BGB-Gesellschaft dar. Dabei kann eine Beteiligung am laufenden Gewinn (und Verlust, was jedoch wiederum keinen wirtschaftlichen Sinn ergibt) vereinbart sein, was zu einer typischen Unterbeteiligung und zu Einkünften aus Kapitalvermögen beim Unterbeteiligten und Sonderbetriebsausgaben beim Gesellschafter führt. Es kann aber auch vereinbart sein, dass der Unterbeteiligte auch an den Erlösen mitbeteiligt wird, die der Gesellschafter aus der Veräußerung des Anlagevermögens und aus einem Liquidationserlös anteilig bezieht; in diesen Fällen sprechen wir von atypischer Unterbeteiligung mit der Folge, dass der Gewinnanteil des Gesellschafters auf diesen und den Unterbeteiligten verteilt wird. Der Unterbeteiligte bezieht dann aus seiner Einlage Einkünfte aus Gewerbebetrieb, die Einlage selbst stellt steuerliches Kapital dar. In solchen Fällen haben wir also zwei Gesellschaften: die Personengesellschaft, an der der Gesellschafter beteiligt ist, und die Unterbeteiligung, bestehend aus dem Gesellschafter und dem Unterbeteiligten. Für beide Gesellschaften werden die Einkünfte gesondert festgestellt, es sei denn, alle Beteiligten seien mit einer Feststellung in einem gemeinsamen Verfahren einverstanden (§ 179 Abs. 2 Satz 3 AO).

1.5.6 Gütergemeinschaft

Während bei Gütertrennung und Zugewinngemeinschaft, die während des Bestehens der Ehe ja auch Gütertrennung bedeutet, ein Gesellschaftsverhältnis zwischen Ehegatten nur bei vertraglicher Vereinbarung angenommen werden kann, ist dies bei der Gütergemeinschaft anders: Gehört ein Gewerbebetrieb nicht in das Vorbehaltsgut oder Sondergut, so ist er **Gesamtgut** und damit gemeinschaftliches Eigentum der Ehegatten. Daraus folgt grundsätzlich eine **Mitunternehmerschaft beider Ehegatten**, wenn beide Risiko tragen und Initiative entfalten können; dies dürfte bei kapitalintensiven Mitunternehmen und bei Betrieben der L + F (BFH vom 18. 08. 2005 BStBl II 2006, 165) regelmäßig der Fall sein. Dies soll allerdings nicht gelten für Freiberufler und die Gewerbetreibenden, bei denen die persönliche Arbeitsleistung im Vordergrund steht, wie z. B. bei Handwerksbetrieben und Handelsvertretern; vgl. BFH vom 22. 06. 1977 BStBl II 1977, 836 – Klempnerei – und vom 20. 03. 1980 BStBl II 1980, 634 – Handelsvertreter. Den Urteilen kann zugestimmt werden, da in diesen Fällen die Mitunternehmerinitiative des nicht mitarbeitenden Ehegatten sehr gering ist und die bestehenden Kontrollrechte wirtschaftlich keine Bedeutung haben. Ist dagegen eine Ehegatte an einer Personengesellschaft als **persönlich haftender Gesellschafter** beteiligt, dann gehört dieser Anteil zum **Sondergut** (§ 1417 BGB), so dass der nichtbeteiligte Ehegatte durch die Vereinbarung der Gütergemeinschaft nicht ebenfalls Mitunternehmer wird (vgl. BGH LM § 260 Nr. 1 für oHG; BGH 57, 128 für Komplementär einer KG; zu letzterem auch BFH vom 07. 03. 1961 BStBl III 1961, 253).

1.5.7 Erbengemeinschaft

Wird ein **Einzelunternehmer** von mehreren Erben beerbt, so erzielt die Erbengemeinschaft zunächst einmal Einkünfte aus Gewerbebetrieb, die allen Miterben entsprechend ihrem Anteil am Nachlass zuzurechnen sind. Zu Fragen der Erbauseinandersetzung vgl. BMF vom 14.03.2006 BStBl I 2006, 253.

Wird ein **Anteil an einer Personengesellschaft** eines **persönlich haftenden Mitunternehmers** vererbt, ist nach dem Gesellschaftsvertrag zu unterscheiden, ob die Erben überhaupt in die Personengesellschaft eintreten dürfen oder nicht. Ist dies nicht der Fall, wird nach dem Gesellschaftsvertrag vielmehr die Gesellschaft unter den Altgesellschaftern fortgesetzt (**Fortsetzungsklausel**), so werden die Erben nicht Mitunternehmer. Der Anteil des Verstorbenen wächst vielmehr den Altgesellschaftern an, in der Person des Verstorbenen entsteht ein Abfindungsanspruch, den die Erben erben (§ 738 BGB). So zuletzt auch BFH vom 15.04.1993 BStBl II 1994, 227. – Haben dagegen die Erben das Recht einzutreten (oder auch nur einer oder einzelne Erben), dann werden der oder die Erben, die in die Gesellschaft eintreten, Mitunternehmer (**Nachfolgeklausel**). Enthält der Gesellschaftsvertrag **keine Regelung**, so gilt nach § 131 Abs. 2 HGB n. F. automatisch die Fortsetzungsklausel, d. h. die Erben werden nicht Mitunternehmer, sondern sie erben nur einen Abfindungsanspruch. Stirbt dagegen ein Kommanditist, so treten die Erben des Kommanditisten bei Fehlen einer Regelung im Gesellschaftsvertrag in die Rechtsstellung des Verstorbenen ein, § 177 HGB. Die Vorschrift des § 131 Abs. 2 HGB gilt nur dort, wo das HGB Anwendung findet, also bei den Personenhandelsgesellschaften und im Falle der Partnerschaftsgesellschaft (§ 9 PartGG); im Falle der GbR (Regelfall für die Freiberufler-Sozietät) führt der Tod eines Gesellschafters dagegen bei fehlender Regelung im Gesellschaftsvertrag nach wie vor zur Auflösung der GbR, § 727 BGB. Zu weiteren Einzelheiten vgl. BMF vom 14.03.2006 BStBl I 2006, 253, besonders die Rz. 69 – 74.

1.5.8 Betriebsaufspaltung

Die Betriebsaufspaltung ist keine Form des Zivilrechts, sondern eine reine Konstruktion des Steuerrechts (vgl. H 15.7 (4) – Allgemeines EStH). In ihrer typischen Konstruktion hat die Betriebsaufspaltung zwei Unternehmer bzw. Gesellschaften:

- Besitzpersonengesellschaft und Betriebskapitalgesellschaft oder
- Besitzeinzelunternehmer und Betriebskapitalgesellschaft.

Die Konstruktion bedarf zweier Voraussetzungen:

1. Als **sachliche Voraussetzung** wird verlangt, dass ein einzelner oder eine Mehrheit von Personen irgendwelche (nicht notwendigerweise alle) wesentlichen Betriebsgrundlagen an eine Kapitalgesellschaft verpachtet. Zu der Frage, was wesentliche Betriebsgrundlage ist, vgl. BFH vom 12.11.1985 BStBl II 1986, 299, vom 05.09.1991 BStBl II 1992, 349, vom 29.10.1991 BStBl II 1992, 334, vom 12.09.1991 BStBl II 1992, 347, vom 26.08.1993 BFH/NV 1994, 265, vom 03.06.2003 BFH/NV 2003, 1321 und H 15.7 Abs. 4 (Allgemeines) EStH.
2. Als **persönliche Voraussetzung** wird verlangt, dass der oder die Verpächter in der Lage sind, ihren Willen auch in der pachtenden Kapitalgesellschaft durchzusetzen; das ist zumindest dann der Fall, wenn die Personengruppe, die mehrheitlich an dem Besitzunternehmen beteiligt ist, an dem Betriebsunternehmen zu mehr als 50 % beteiligt ist (BFH vom 02.08.1972 BStBl II 1972, 796 und vom 28.11.1979 BStBl II 1980, 162) und keine Besonderheiten bezüglich des Stimmrechts bestehen; solche Fälle behandeln BFH vom 21.01.1999 BStBl II 2002, 771, vom 11.05.1999 BStBl II 2002, 722 und vom 15.03.2000

BStBl II 2002, 774: Danach kann mit ganz einfachen Mitteln einer Vertragsgestaltung eine Betriebsaufspaltung ausgeschlossen werden: Ist im Gesellschaftsvertrag der Besitzgesellschaft für Beschlussfassungen **Einstimmigkeit** vereinbart oder ergibt sich dieses Erfordernis (wie bei Personengesellschaften über § 709 BGB immer) aus dem Gesetz, dann sind bei Personenmehrheit in der Besitzgesellschaft die Voraussetzungen einer Betriebsaufspaltung niemals gegeben; diese Rechtsprechung wird auch von der Verwaltung akzeptiert, vgl. BMF vom 07.10.2002 BStBl I 2002, 1028. Daneben soll es auch eine faktische Beherrschung geben; eine solche faktische Beherrschung will die Rechtsprechung des BFH zwar nicht ganz ausschließen, sie hält sie jedoch nur in extremen Ausnahmefällen für möglich. Ein solcher Ausnahmefall wurde im Urteil des BFH vom 29.07.1976 BStBl II 1976, 750 einmal bejaht, als die Gesellschafter der Besitzpersonengesellschaft (zwei Ehemänner) die von ihren Ehefrauen gehaltene Betriebskapitalgesellschaft aus fachlichen Gründen dominierten. In neueren Urteilen hat der BFH jedoch seine Rechtsprechung zur faktischen Beherrschung extrem verschärft: Im Urteil des BFH vom 26.10.1988 BStBl II 1989, 156 verpachtete der Ehemann einer seiner Ehefrau gehörenden GmbH wesentliche Betriebsgrundlagen; trotz seiner Geschäftsführertätigkeit in der GmbH, führte der BFH aus, sei der Ehemann nicht in der Lage, die GmbH zu beherrschen, da er als Geschäftsführer eine weisungsgebundene Stellung habe (in einer Anmerkung zu diesem Urteil führt Ludwig Schmidt in FR 1989, 82 aus: »Auf dieser festen Grundlage muss es wohl als Kunstfehler bezeichnet werden, wenn ein ertragreiches Familienunternehmen noch in anderer Weise als in der Form des Wiesbadener Modells betrieben wird«. Zur Erläuterung: Vom **Wiesbadener Modell** spricht man, wenn der Unternehmerehegatte (Ehemann oder selbstverständlich auch Ehefrau) seinen Gewerbebetrieb an eine (neu gegründete) GmbH verpachtet, deren alleiniger Anteilseigner der Nichtunternehmer-Ehegatte (Ehefrau oder selbstverständlich auch Ehemann) und deren Geschäftsführer der Unternehmer-Ehegatte ist. In seinem Urteil vom 12.10.1988 BStBl II 1989, 152 weist der BFH darauf hin, dass eine faktische Beherrschung nur dann möglich sei, wenn die Inhaber der Betriebsgesellschaft in technischen und kaufmännischen Dingen völlig unerfahren seien. Eine dahingehende Vermutung wollte der BFH nicht gelten lassen, im Gegenteil führt er aus: »Im Hinblick auf die rechtliche und im Laufe der gesellschaftlichen Entwicklung weiter fortgeschrittene Gleichstellung der Frau (der Ehefrau) kann eine Lage, wie sie der 4. Senat (BFH vom 29.07.1976 BStBl II 1976, 750) beschrieben hat, nur in extrem gelagerten Ausnahmefällen angenommen werden. Beteiligt sich eine (Ehe-)Frau am Wirtschaftsleben, ist davon auszugehen, dass dies selbstständig und eigenverantwortlich geschieht.« Vgl. noch den Fall BFH vom 01.07.2003 BFH/NV 2003, 1266, in dem zwei Gesellschaftern A und B die Betriebs-GmbH gehörte, diese aber nur neben zwei anderen (Minderheits-)Gesellschaftern C und D an der Besitz-GbR beteiligt waren. Die Gesellschafter der GbR beriefen sich auf das Einstimmigkeitsprinzip des § 709 BGB, hatten aber übersehen, dass sie einen der beiden auch an der GmbH Beteiligten mit der Geschäftsführung in der GbR beauftragt hatten. Damit war gem. § 710 BGB die Einstimmigkeitsregel des § 709 BGB ausgeschlossen, sodass die Gruppe A und B in der Lage war, ihren Willen in beiden Gesellschaften durchzusetzen.

Liegen die sachlichen und persönlichen Voraussetzungen beide (absichtlich so gestaltet oder auch ungewollt) vor, so sprechen wir von einer Betriebsaufspaltung, bei der das Besitzunternehmen über das Betriebsunternehmen am allgemeinen wirtschaftlichen Verkehr teilnimmt und damit einen gewerbesteuerpflichtigen Gewerbebetrieb darstellt. Die Gesellschafter der Besitzgesellschaft sind damit Mitunternehmer, selbst wenn sie an der Betriebsgesellschaft nicht teilnehmen.

BEISPIEL

Eigentümer eines Grundstücks sind A, B und X zu je 1/3. Inhaber einer GmbH sind A, B und Y zu je 1/3. A, B und X verpachten das Grundstück, das eine wesentliche Betriebsgrundlage für die GmbH darstellt, an die GmbH. Es ist eine mehrheitliche Beschlussfassung vereinbart.

LÖSUNG Die sachlichen und persönlichen Voraussetzungen einer Betriebsaufspaltung liegen vor. A, B und X sind Mitunternehmer einer gewerblich tätigen GbR. Zum Betriebsvermögen dieser gewerblich tätigen GbR gehören die GmbH-Anteile von A und B (deren Sonderbetriebsvermögen) und als Gesamthandsvermögen das Grundstück.

Dass hier auch ein an sich Unbeteiligter (X) zum Mitunternehmer gemacht wird, ist laut BVerfG vom 14.01.1969 BStBl II 1969, 389 verfassungskonform; grundlegend bejahend auch BFH vom 12.11.1985 BStBl II 1986, 296 und BVerfG vom 12.03.1985 BStBl II 1985, 475.

BEISPIEL

Die Eheleute M und F sind Zahnärzte. Sie betreiben ihre gemeinsame Praxis als GbR in den Räumen, die in einem ihnen gehörenden Gebäude liegen. – Am 01. 04. 02 gründen M und F eine GmbH, die für sie und andere Zahnärzte Laborarbeiten durchführt. Sie vermieten das 1. OG der bisher schon betrieblich genutzten Räume an die GmbH.

LÖSUNG Durch die Vermietung wird eine Betriebsaufspaltung begründet. Wenn die Ehegatten einen zweiten Gesellschaftsvertrag abschließen mit dem Zweck der Vermietung, dann bleiben sie mit ihrer ersten Gesellschaft (Zweck Zahnarztleistungen) Freiberufler. Versäumen sie die Gründung einer Vermietungsgesellschaft, dann werden über § 15 Abs. 3 Nr. 1 EStG ihre gesamten Einkünfte (auch die aus der Zahnarzttätigkeit) gewerbliche Einkünfte, BFH vom 13.11.1997 DStR 1998, 200.

1.5.9 Mitunternehmerische Betriebsaufspaltung

Von einer solchen spricht man, wenn sich auf seiten des Betriebsunternehmens nicht eine Kapitalgesellschaft, sondern eine Personengesellschaft befindet. Bis 1996 wurden unter diesem Stichwort Fälle diskutiert, die eher unter die Fallgruppe »verdeckte (Mit-)Unternehmerschaft« gepasst hätten. So sollte eine mitunternehmerische Betriebsaufspaltung in dem Fall vorliegen, in dem der »Privatmann« A einer GmbH & Co. KG ein Betriebsgrundstück vermietete, an der die ihm allein gehörende Komplementär-GmbH und (mit einem Zwerganteil) seine Ehefrau als Kommanditistin beteiligt war (vgl. den ähnlichen Fall BFH vom 10.11.1982 BStBl II 1983, 136). Wie aber ist folgender Fall zu entscheiden:

BEISPIEL

K, L und M sind Miteigentümer eines Grundstücks zu je ein Drittel. Sie verpachten das Grundstück an eine GmbH & Co. KG, die zu je 50 % K und L gehört, die auch die einzigen Kommanditisten der KG sind.

LÖSUNG Hier wurde früher die Ansicht vertreten, dass die Zurechnung als Sonderbetriebsvermögen nach § 15 Abs. 1 Nr. 2 EStG der mitunternehmerischen Betriebsaufspaltung vorgehe, vgl. BFH vom 25.04.1985 BStBl II 1985, 622, nochmals bestätigt in BFH vom 03.02.1994 BStBl II 1994, 709 (711). – Diese Rechtsprechnung hat der BFH inzwischen aufgegeben: In den Urteilen des BFH vom 16.06.1994 BStBl II 1996, 82, vom 22.11.1994 BStBl II 1996, 93 und insbesondere vom 23.04.1996 BB 1996, 2074 wurde entschieden, dass die mitunternehmerische Betriebsaufspaltung Vorrang habe vor der Qualifikation als Sonderbetriebsvermögen. Die Verwaltung wendet diese Rechtsgedanken inzwischen uneingeschränkt an, vgl. BMF vom 18.01.1998 BStBl I 1998, 583. Das Ergebnis ist, dass nunmehr auch M als Mitunternehmer einer gewerblich tätigen Besitzgesellschaft Einkünfte aus Gewerbebetrieb bezieht.

Ob Rechtsprechung und Verwaltung auch alle Konsequenzen ihrer Rechtsansicht bedacht haben, ist fraglich. In neuem Lichte erscheinen nun nämlich auch folgende Fallgestaltungen:

BEISPIELE

a) L und K sind Kommanditisten einer KG. K hat zusätzlich ein Betriebsgrundstück im SBV. Dieses möchte er gerne steuerbegünstigt verkaufen.

LÖSUNG K gründet eine gewerblich geprägte GmbH & Co. KG, auf die er das Grundstück (neutral gemäß § 6 Abs. 5 EStG) überträgt. Diese vermietet das Grundstück einige Zeit an die KG, was nicht mehr zur Folge hat, dass das Grundstück SBV in der KG bliebe. Nach Ablauf der Sperrfrist des § 6 Abs. 5 Satz 4 EStG veräußert er alle Anteile an der GmbH & Co. KG an den Erwerber des Grundstücks.

b) K und L sind Gesellschafter einer KG, die die Größenmerkmale des § 7 g EStG übersteigt. Sie wollen eine teure Maschine erwerben und diese möglichst hoch abschreiben.

LÖSUNG K und L gründen eine gewerblich geprägte GmbH & Co. KG, die die Größenmerkmale des § 7 g EStG unterschreitet, lassen diese die Maschine erwerben und an die KG vermieten.

c) A hat ein Einzelunternehmen, das er aufgeben will, die WG mit hohen stillen Reserven sollen jedoch noch nicht versteuert werden.

LÖSUNG Parken der lästigen WG in einer gewerblich geprägten GmbH & Co. KG, anschließend Aufgabe oder Veräußerung des Restunternehmens nach §§ 16, 34 EStG. Allerdings postuliert der BFH in seiner Gesamtplanrechtsprechung für alle in einem zeitlichen Zusammenhang stehenden Maßnahmen eine einheitliche Beurteilung vorzunehmen. Vgl. BFH vom 06.09.2000 BStBl II 2001, 229 und vom 06.12.2000 BStBl II 2003, 194. Als zeitlichen Zusammenhang sieht die Verwaltung 36 Monate an.

Für alle Fälle, die in den vorigen Fällen mit einer gewerblich geprägten GmbH & Co. KG gelöst wurden, bietet sich jetzt die mitunternehmerische Betriebsaufspaltung als Alternative an. Während BFH vom 16.06.1994 BStBl II 1996, 82 und vom 22.11.1994 BStBl II 1996, 93 den Vorrang des Sonderbetriebsvermögens bei Verpachtung durch eine gewerblich tätige Personenhandelsgesellschaft aufgegeben hatten (was auf der Verpächterseite immerhin noch eine gewerblich geprägte GmbH & Co. KG erforderte), postuliert BFH vom 23.04.1996 BB 1996, 2074 den Vorrang der mitunternehmerischen Betriebsaufspaltung vor der Qualifikation als Sonderbetriebsvermögen uneingeschränkt. Allerdings hat der BFH in seinem Urteil vom 10.11.2005 BStBl II 2006, 173 eine mitunternehmerische Betriebsaufspaltung bei Vermietung an Freiberufler abgelehnt.

1.5.10 Schwesterpersonengesellschaften

Eine Besonderheit besteht bei der Überlassung von Wirtschaftsgütern innerhalb von Schwesterpersonengesellschaften. Von solchen spricht man, wenn ganz oder teilweise personenidentische Personengesellschaften vorliegen, die beide gewerblich tätig sind. Dann sind die überlassenen (i. d. R. vermieteten) Wirtschaftsgüter nicht als Sonderbetriebsvermögen bei der nutzenden, sondern als Betriebsvermögen bei der überlassenden Personengesellschaft zu erfassen, BFH vom 16.06.1994 BStBl II 1996, 82; vom 22.11.994 BStBl II 1996, 93 und vom 26.11.1996 BStBl II 1998, 328; BMF vom 28.04.1998 BStBl I 1998, 583. Die gewerbliche Tätigkeit der vermietenden Personengesellschaften kann insbesondere daraus herrühren, dass sie Besitzgesellschaft im Rahmen einer mitunternehmerischen Betriebsaufspaltung ist. Dies ist sie dann, wenn dieselben Personen oder dieselbe Personengruppe in der Lage ist, in beiden Gesellschaften ihren Willen durchzusetzen (personelle Verflechtung), wenn die Besitzgesellschaft zumindest eine wesentliche Betriebsgrundlage an die Betriebsgesellschaft überlässt (sachliche

Verflechtung) und Besitzgesellschaft eine Personengesellschaft ist. In diesen Fällen haben die Grundsätze der Betriebsaufspaltung Vorrang vor den Grundsätzen des § 15 Abs. 1 Satz 1 Nr. 2 EStG (Sonderbetriebsvermögen). Die Grundsätze über die Schwesterpersonengesellschaften gelten nicht, wenn eine Einzelperson Wirtschaftsgüter überlässt; hier bleibt es bei der Erfassung als Sonderbetriebsvermögen. Dasselbe gilt, wenn die vermietende Gesellschaft nicht gewerblich tätig ist (etwa bei fehlender Gewinnerzielungsabsicht oder weil die erforderlichen Verflechtungen einer Betriebsaufspaltung nicht vorliegen).

2 Besonderheiten im Rahmen der steuerlichen Gewinnermittlung

2.1 Unterschiede bei der Gewinnermittlung gegenüber Einzelbetrieben

Die Unterschiede bei der Gewinnermittlung gegenüber den Einzelbetrieben ergeben sich ausschließlich aus der Tatsache der Mitunternehmerschaft. Dies zeigt sich z. B. in der Notwendigkeit mehrerer Kapitalkonten, im Umfang des Betriebsvermögens (Sonderbetriebsvermögen), in Vereinbarungen über Gewinnverteilung und besondere Vergütungen. Ferner sind Rechtsgeschäfte zwischen Gesellschaft und Gesellschaftern möglich, die auch steuerliche Wirkungen haben können.

Bei bestimmten Personengesellschaften (den so genannten Kapitalgesellschaften & Co) richtet sich der Jahresabschluss nach den für Kapitalgesellschaften geltenden Vorschriften, vgl. § 264 a HGB (s. auch 10).

2.1.1 Kapitalkonten

In der Handelsbilanz der Personengesellschaft besteht der einzige, aber sehr auffällige Unterschied zur Bilanz eines Einzelunternehmers in den Kapitalkonten der Gesellschafter. Während es beim Einzelunternehmer stets nur ein Kapitalkonto gibt, haben Personengesellschaften für **jeden Gesellschafter mindestens eines**, häufiger aber zwei. Bei zwei Konten je Gesellschafter weist das eine ein so genanntes **Festkapital** aus, das meist im Gesellschaftsvertrag bestimmte Beteiligungskapital; das zweite Konto wird als **variables Kapitalkonto**, Kapitalkonto II, Verrechnungskonto, Darlehenskonto u. dergl. bezeichnet. Auf ihm werden insbesondere die Gewinnanteile gutgeschrieben und die Privatkonten verrechnet. Steuerlich sind sowohl Festkapitalkonten als auch variable Kapitalkonten **Betriebsvermögen** (Eigenkapital). Bei der Kommanditgesellschaft ist die Zweiteilung der Kapitalkonten bereits aus der Rechtsstellung des Kommanditisten unvermeidlich. Der Kommanditist leistet eine bestimmte Vermögenseinlage. Seine Haftung ist auf diese Einlage beschränkt (§ 172 HGB). Soweit die Einlage noch nicht voll erbracht ist, werden ihr die Gewinnanteile zugeschrieben (§ 167 Abs. 2 HGB) – Konto »Kommanditeinlage«. Ist die Einlage dagegen voll geleistet, so werden die Gewinnanteile einem besonderen Konto gutgeschrieben (Verrechnungskonto, Darlehenskonto oder Ähnliches). Dieses Konto wird auch mit den Entnahmen des Kommanditisten belastet. Es gehört handelsrechtlich nicht zum Eigenkapital der Personengesellschaft. Steuerlich stellt es dagegen Betriebsvermögen der Mitunternehmerschaft dar.

2.1.2 Privatkonten

So wie für jeden Gesellschafter der Personengesellschaft mindestens ein Kapitalkonto zu führen ist, so wird auch mindestens **ein Privatkonto je Gesellschafter** benötigt. Eine Aufteilung der Privatkonten in verschiedene Unterkonten (z. B. Personensteuern, Sachentnahmen usw.) ist – wie auch bei Einzelunternehmern – möglich und zweckmäßig. Die Privatkonten werden bei Bilanzerstellung – wenn vorhanden – mit dem jeweiligen Kapitalkonto II verrechnet, sonst mit dem einheitlichen Kapitalkonto des betreffenden Gesellschafters.

2.1.3 Sonder- und Ergänzungsbilanzen

Die steuerliche Gewinnermittlung weist gegenüber den Einzelunternehmen auch bezüglich der Bilanzen noch weitere Besonderheiten auf. Eventuell vorhandenes **Sonderbetriebsvermögen** (vgl. 2.2 und 2.3) macht eine Sonderbilanz (Sonderbetriebsvermögensbilanz) erforderlich. Für den einzelnen Gesellschafter können **abweichende Anschaffungskosten**, die nur ihn allein betreffen, positive oder negative Ergänzungsbilanzen veranlassen (vgl. 6).

Bei der steuerlichen **Gewinnermittlung** für eine Personengesellschaft ist demnach **mehrstufig** vorzugehen. Ausgangspunkt ist der Gewinn laut Handelsbilanz. Nun sind zuerst die Posten der Handelsbilanz auf ihre steuerliche Richtigkeit zu untersuchen und eventuell zu korrigieren. Schließlich sind noch die Ergebnisse etwaiger Sonderbilanzen oder Ergänzungsbilanzen einzubeziehen. Die Gesamtheit von Handelsbilanz, Steuerbilanz sowie Sonder- bzw. Ergänzungsbilanzen kann als **steuerliche Gesamtbilanz** bezeichnet werden, vgl. BFH vom 11.03.1992 BStBl II 1992, 797.

Die **Buchführungspflicht** für Sonderbetriebsvermögen obliegt nicht dem einzelnen Gesellschafter, sondern der **Personengesellschaft** (BFH vom 23.10.1990 BStBl II 1991, 401). Gleiches muss auch für eine evtl. Ergänzungsbuchführung gelten. Dabei kann grundsätzlich von der Vermutung ausgegangen werden, dass die eingereichten Sonder- und Ergänzungsbilanzen mit dem Gesellschafter abgestimmt sind. Dies gilt allerdings nicht, wenn der Gesellschafter bei Bilanzerstellung bereits ausgeschieden ist, BFH vom 25.01.2006, BFH/NV 2006, 874. Auch für das gewerbliche Sonderbetriebsvermögen erfolgt die Gewinnermittlung stets nach § 5 EStG (BFH vom 11.03.1992 BStBl II 1992, 797). Vgl. auch H 4.1 (Aufzeichnungs- und Buchführungspflichten) EStH.

2.1.4 Auswirkungen der Mitunternehmerschaft

Das Steuerrecht geht zunächst davon aus, dass nicht die Personengesellschaft selbst, sondern ihre **Gesellschafter** mit den Gewinnanteilen **der Einkommensteuer** (oder Körperschaftsteuer) unterliegen. Deshalb stehen die Gesellschafter der Personengesellschaft grundsätzlich nicht dem Gesellschafter einer Kapitalgesellschaft, sondern dem Einzelunternehmer gleich. Im Zweifel ist dem Ergebnis der Vorzug zu geben, das bei wirtschaftlich vergleichbaren Sachverhalten zu einer gleichmäßigen Besteuerung von Einzelunternehmern und Mitunternehmern führt.

Dieser Grundsatz schließt aber nicht aus, in bestimmten Fällen **Rechtsbeziehungen** zwischen **Gesellschaft und ihren Gesellschaftern** anzuerkennen und dem Gedanken der Einheit der Gesellschaft Vorrang gegenüber dem Gedanken der Vielheit der Gesellschafter einzuräumen.

2.2 Umfang des Betriebsvermögens von Personengesellschaften

2.2.1 Gesamthandsvermögen

Obwohl eine Personengesellschaft keine juristische Person ist, kann sie Eigentum erwerben (vgl. § 124 HGB für die OHG und i. V. m. § 161 Abs. 2 HGB für die KG, sowie i. V. m. § 7 Abs. 2 PartGG für die PartG). Es handelt sich dabei um **gemeinschaftliches Eigentum** der Gesellschafter, um Gesamthandsvermögen (§ 718 BGB). Zum Gesamthandsvermögen rechnet auch, was nicht im bürgerlich-rechtlichen, aber im **wirtschaftlichen Eigentum** der Personengesellschaft steht. Besonders ertragsteuerlich wird das Gesamthandsvermögen oft auch als Bruchteilseigentum der Mitunternehmer behandelt (§ 39 Abs. 2 Nr. 2 AO).

a) Notwendiges Betriebsvermögen

Die Wirtschaftsgüter, die unmittelbar dem Betrieb der Personengesellschaft zu dienen bestimmt sind, stellen notwendiges Betriebsvermögen der Personengesellschaft dar, wie beispielsweise das Bürogebäude, in dem sich die Verwaltung der OHG befindet; die Maschinen eines Herstellungsbetriebs; der Fuhrpark einer Transport-KG und die Warenvorräte einer Handelsgesellschaft.

b) Gewillkürtes Betriebsvermögen

Solange Wirtschaftsgüter zum Gesamthandsvermögen einer Personengesellschaft gehören, sind sie wegen des Maßgeblichkeitsprinzips **grundsätzlich notwendiges Betriebsvermögen**, vgl. auch R 4.2 Abs. 11 Sätze 1 und 2 EStR. Eine Personengesellschaft hat nicht wie ein Einzelunternehmer ein Wahlrecht, nach dem neutrales Vermögen als gewillkürtes Betriebsvermögen oder als Privatvermögen behandelt werden kann. Im Gesamthandsvermögen gibt es also bis zur Grenze des notwendigen Privatvermögens (vgl. Buchst. c)) nur Betriebsvermögen. Gewillkürtes Betriebsvermögen ist damit im Gesamthandsvermögen **begrifflich undenkbar**. Vergleiche den Beschluss des BFH vom 27.04.1990 BFH/NV 1990, 769, nach dem im Gesellschaftsvermögen (Gesamthandsvermögen) einer OHG nicht zwischen notwendigem und gewillkürtem Betriebsvermögen zu unterscheiden ist. Das führt z. B. dazu, dass Wirtschaftsgüter des Gesellschaftsvermögens selbst dann nicht durch bloße Buchung entnommen werden können, wenn sie in einem Einzelunternehmen gewillkürtes Betriebsvermögen bilden würden. So ist beispielsweise das von einer OHG zur Vermögensanlage erstellte und an Fremde vermietete Wohnhaus, das zum Gesamthandsvermögen gehört, Betriebsvermögen der Personengesellschaft. Vgl. aber R 4.2 Abs. 11 Satz 3 EStR.

c) Notwendiges Privatvermögen

Der Grundsatz, dass alles, was Gesamthandsvermögen ist, nur Betriebsvermögen sein kann, wird allerdings in Ausnahmefällen durchbrochen. Steuerlich kann nämlich notwendiges Privatvermögen auch dann nicht Betriebsvermögen sein, wenn es zum Gesamthandsvermögen einer Personengesellschaft gehört. Notwendiges Privatvermögen liegt vor, wenn aus der Sicht der Personengesellschaft **jeglicher betriebliche Anlass** für den Erwerb des Wirtschaftsguts **fehlt** (BFH vom 22.05.1975 BStBl II 1975, 804). So ist z. B. ein mit Mitteln der OHG erworbenes, im Grundbuch für die OHG eingetragenes Grundstück, das bereits im Zeitpunkt des Erwerbs für private Wohnzwecke der Gesellschafter bestimmt ist, notwendiges Privatvermögen der Gesellschafter (BFH vom 06.06.1973 BStBl II 1973, 705). Ein zum Gesellschaftsvermögen gehörendes unbebautes Grundstück wird mit der Überbauung durch ein Gebäude, das eigenen

Wohnzwecken eines, mehrerer oder aller Gesellschafter dienen soll, i. d. R. zum notwendigen Privatvermögen und damit (steuerlich) entnommen (BFH vom 30.06.1987 BStBl II 1988, 418). Mit dem notwendigen Privatvermögen erzielt die Personengesellschaft in diesen Fällen **Einkünfte aus Vermietung und Verpachtung**.

Desgleichen hat der BFH im Urteil vom 22.05.1975 BStBl II 1975, 804 eine von einem Gesellschafter entgeltlich erworbene **Darlehensforderung** nicht als steuerliches Betriebsvermögen angesehen, weil nach Lage des Falles ausgeschlossen werden konnte, dass die Personengesellschaft die Forderung auch von einem Fremden erworben hätte. Ähnlich wurde auch bei einer **Bürgschaftsschuld** (BFH vom 02.06.1976 BStBl II 1976, 668) sowie bei einem zinslosen und ungesicherten Darlehen an einen Gesellschafter (BFH vom 09.05.1996 BStBl II 1996, 642) entschieden. Vgl. auch BFH vom 15.11.1978 BStBl II 1979, 257.

Ähnlich ist die Rechtslage, wenn in einem zum Gesamthandsvermögen der Mitunternehmer der Personengesellschaft gehörenden Gebäude nur Teile **zu eigenen Wohnzwecken** eines oder mehrerer Gesellschafter genutzt werden. Durch den Beschluss des Großen Senats des BFH vom 26.11.1973 BStBl II 1974, 132 sind unterschiedlich genutzte Gebäudeteile selbstständige Wirtschaftsgüter. Der Teil des Gebäudes, der eigenen Wohnzwecken von Gesellschaftern dient, ist demnach – ebenso wie das selbstgenutzte Einfamilienhaus – als Wirtschaftsgut des notwendigen Privatvermögens zu behandeln und **darf** von der Personengesellschaft steuerlich **nicht bilanziert** werden.

Etwas anderes gilt für die Fälle, in denen zwischen Personengesellschaft und Mitunternehmer ein **Mietverhältnis zu Bedingungen wie unter fremden Dritten** besteht. In diesen Fällen bleibt der vom Mitunternehmer zu Wohnzwecken genutzte Teil des Grundstücks weiterhin **Betriebsvermögen**, vgl. auch BFH vom 17.05.1990 BStBl II 1991, 216, insbes. Seite 217 letzter Absatz. Die Mieteinnahmen sind dann betrieblicher Ertrag, die Grundstücksausgaben betrieblicher Aufwand.

Nicht zum Betriebsvermögen gehören auch die Ansprüche aus einer Risikolebensversicherung auf das Leben eines Gesellschafters, weshalb die Prämien als Privatentnahmen zu behandeln sind. Das gilt selbst dann, wenn die Versicherung der Absicherung eines Kredits dient (BFH vom 11.05.89 BStBl II 1989, 657 und vom 13.03.1991 BFH/NV 1991, 736) oder wenn die Versicherungsleistungen zur Abfindung der Hinterbliebenen des verstorbenen Gesellschafters verwendet werden sollen (BFH vom 06.02.1992 BStBl II 1992, 653; vom 08.09.1993 BFH/NV 1994, 539).

d) Grundstücke und Grundstücksteile

Eine Zusammenfassung für die Zuordnung von Grundstücken und Grundstücksteilen bei Personengesellschaften gibt R 4.2 Abs. 11 und 12 EStR.

2.2.2 Sonderbetriebsvermögen

2.2.2.1 Begriff

Im Unterschied zum Handelsrecht gehört zum steuerlichen Betriebsvermögen einer Personengesellschaft auch, was bürgerlich-rechtlich nur einem Gesellschafter oder mehreren bzw. allen Gesellschaftern gehört, aber dem Betrieb der Gesellschaft oder der Beteiligung zu dienen bestimmt und geeignet ist. Dieses Vermögen wird als Sonderbetriebsvermögen bezeichnet und in einer Sonderbetriebsvermögensbilanz erfasst.

2.2.2.2 Sonderbetriebsvermögen I

Zum Sonderbetriebsvermögen I gehören die Wirtschaftsgüter, die **einzelnen Gesellschaftern gehören**, die aber der Gesellschaft zur Nutzung gegen Entgelt oder unentgeltlich **überlassen** werden, soweit sie nicht der Gesellschaft selbst zuzurechnen sind, weil diese wirtschaftliche Eigentümerin ist. Die Wirtschaftsgüter können einem Mitunternehmer allein, aber auch einer Bruchteilsgemeinschaft oder einer neben der Personengesellschaft bestehenden Gesamthandsgemeinschaft gehören, an der ein, mehrere oder alle Gesellschafter beteiligt sind. Sind an Gemeinschaften auch Personen beteiligt, die nicht Mitunternehmer der Personengesellschaft sind, so kann Sonderbetriebsvermögen **nur insoweit** vorliegen, als es anteilig auf die **beteiligten Mitunternehmer** entfällt (BFH vom 18.03.1958 BStBl III 1958, 262). Vgl. auch R 4.2 Abs. 2 EStR.

a) Notwendiges Sonderbetriebsvermögen I

Dienen die Wirtschaftsgüter **unmittelbar** den **betrieblichen Zwecken** der Personengesellschaft, so liegt – wie bei Einzelunternehmern oder Gesamthandseigentum – notwendiges Betriebsvermögen vor. Dabei ist es gleichgültig, ob die Überlassung des Wirtschaftsguts auf der Grundlage einer im Gesellschaftsvertrag begründeten Beitragspflicht oder aufgrund eines besonderen Miet- oder Pachtvertrags bzw. eines anderen Vertrags erfolgt.

BEISPIELE

a) Der Gesellschafter A ist Eigentümer eines Bürogebäudes, das er an die A & B OHG, an der er zu 50 % beteiligt ist, vermietet hat. Die OHG nutzt dieses Gebäude eigenbetrieblich.

LÖSUNG Das Bürogebäude ist notwendiges Sonderbetriebsvermögen I.

b) C ist an der B + C OHG zur Hälfte und an der Hausgemeinschaft C, D, E zu einem Drittel beteiligt. Die Hausgemeinschaft hat ein bebautes Grundstück an die OHG vermietet.

LÖSUNG Ein Drittel des Grundstücks gehört als notwendiges Sonderbetriebsvermögen I des C zum steuerlichen Betriebsvermögen der OHG.

Nach der Rechtsprechung des BFH liegt sogar dann Sonderbetriebsvermögen vor, wenn das nur zur Nutzung überlassene Wirtschaftsgut zum **gewerblichen Betriebsvermögen eines Mitunternehmers** gehört. Es ist für Zwecke der steuerlichen Gewinnermittlung nicht mehr dem Mitunternehmer zuzurechnen, sondern der Personengesellschaft. Das gilt selbst dann, wenn der Mitunternehmer eine Kapitalgesellschaft ist (BFH vom 18.07.1979 BStBl II 1979, 750). Selbstverständlich gilt diese abweichende Zuordnung nicht für die Handelsbilanz.

Wirtschaftsgüter, die Sonderbetriebsvermögen des Gesellschafters einer Personengesellschaft sind, können jedoch nicht gleichzeitig Sonderbetriebsvermögen dieser Personengesellschaft bei einer zweiten Personengesellschaft sein, an der die erste Personengesellschaft, nicht aber ihr Gesellschafter beteiligt ist (BFH vom 12.11.1985 BStBl II 1986, 55). Auch bei »Schwestergesellschaften« (gesellschafteridentische Personengesellschaften) kommt es i. d. R. zu keinem Sonderbetriebsvermögen; vgl. BFH vom 16.06.1994 BStBl II 1996, 82 und vom 22.11.1994 BStBl II 1996, 93 sowie BMF vom 18.01.1996 BStBl I, 86 und vom 28.04.1998 BStBl I 1998, 583.

Bei einer atypischen stillen Gesellschaft gibt es kein Sonderbetriebsvermögen I für den Unternehmer, sondern allenfalls für den atypisch stillen Gesellschafter (BFH vom 02.05.1984 BStBl II 1984, 820).

b) Gewillkürtes Sonderbetriebsvermögen I

Gewillkürtes Betriebsvermögen können grundsätzlich alle Wirtschaftsgüter sein, die auch ein Alleinunternehmer zu seinem gewillkürten Betriebsvermögen machen kann (BFH vom 23.07.1975 BStBl II 1976, 180 und vom 21.10.1976 BStBl II 1977, 150). Ist z. B. ein Grundstück, das einem Gesellschafter einer Personengesellschaft gehört, objektiv geeignet, dem Betrieb der Personengesellschaft zu dienen, so ist es Sonderbetriebsvermögen, wenn es der Eigentümer **subjektiv dazu bestimmt**, dem Betrieb beispielsweise als Vorratsgelände zu dienen (BFH vom 19.03.1981 BStBl II 1981, 731). Eine spätere Überbauung durch ein vom Mitunternehmer selbst genutztes Einfamilienhaus führt dann zu einer Entnahme im Sinne des § 4 Abs. 1 Satz 2 EStG mit allen Konsequenzen.

Voraussetzung bleibt natürlich, dass das Wirtschaftsgut **objektiv geeignet** und **subjektiv dazu bestimmt** sein muss, dem Betrieb der Personengesellschaft zu dienen. Wirtschaftsgüter, die von vornherein nur Verluste bringen können (z. B. Anteile an einer Abschreibungsgesellschaft, vgl. BFH vom 20.06.1985 BStBl II 1985, 654) oder bei denen jeglicher Nutzen für die Personengesellschaft ausscheidet, sind nicht als gewillkürtes Sonderbetriebsvermögen geeignet.

Die subjektive betriebliche Bestimmung ist in der Buchführung zu dokumentieren. Es sind also entsprechende Zugangsbuchungen usw. für das gewillkürte Betriebsvermögen unbedingt erforderlich (vgl. BFH vom 23.10.1990 BStBl II 1991, 401).

2.2.2.3 Sonderbetriebsvermögen II

Zum Sonderbetriebsvermögen II zählen die Wirtschaftsgüter, die bürgerlich-rechtlich einzelnen Gesellschaftern der Personengesellschaft gehören, aber der **Beteiligung** an der Gesellschaft **dienen**, nicht dem Betrieb der Gesellschaft selbst.

a) Notwendiges Sonderbetriebsvermögen II

Wirtschaftsgüter, die dem Gesellschafter einer Personengesellschaft gehören, sind als dessen notwendiges Sonderbetriebsvermögen (II) der Beteiligung des Gesellschafters an der Personengesellschaft zu dienen bestimmt, wenn sie unmittelbar zur Begründung oder Stärkung der Beteiligung eingesetzt werden sollen (BFH vom 24.09.1976 BStBl II 1977, 69, zuletzt BFH vom 23.01.2001 BStBl II 2001, 825).

Zum typischen Sonderbetriebsvermögen II gehören z. B.

- Anteile der Kommanditisten an der Komplementär-GmbH einer GmbH & Co. KG (BFH vom 11.12.1990 BStBl II 1991, 510),
- Anteile der Gesellschafter einer Besitz-Personengesellschaft an der Betriebs-Kapitalgesellschaft bei einer Betriebsaufspaltung (BFH vom 15.11.1967 BStBl II 1968, 152, vom 05.07.1972 BStBl II 1973, 116 und vom 15.10.1975 BStBl II 1976, 188),
- bei einer Betriebsaufspaltung von den Gesellschaftern an der Betriebs-GmbH gewährte Darlehen, deren Laufzeit an die Dauer der Beteiligung gebunden ist (BFH vom 10.11.1994 BStBl II 1995, 452),
- Bürgschaften, die ein Gesellschafter der Besitzpersonengesellschaft für Verbindlichkeiten der Betriebskapitalgesellschaft übernimmt, können unter bestimmten Voraussetzungen negatives Sonderbetriebsvermögen II des Bürgen sein (BFH vom 18.12.2001 BStBl II 2002, 733),
- Anteile an einer Produktionsgesellschaft für die (Allein-)Vertriebspersonengesellschaft (BFH vom 06.07.1989 BStBl II 1989, 890).

Aber auch Darlehensschulden, die zum Erwerb solcher Beteiligungen oder für die Beteiligung an der Personengesellschaft selbst aufgenommen wurden, sind notwendiges (negatives) Sonderbetriebsvermögen II. Nicht als negatives Sonderbetriebsvermögen II, sondern als private Schulden sind aber die so genannten **Erbfallschulden** zu behandeln, vgl. BFH vom 27.07.1993 BStBl II 1994, 625 und BMF vom 11.08.1994 BStBl I 1994, 603.

Die Grenzen des notwendigen Sonderbetriebsvermögens II zeigt das Urteil des BFH vom 31.10.1989, BStBl II 1990, 677. Demnach dienen z. B. Aktien von Mitunternehmern, deren Gesellschaft mit der AG in Geschäftsbeziehungen steht, dann nicht der Begründung oder Stärkung ihrer Beteiligung an der Personengesellschaft, wenn die Gesellschafter die AG zwar beherrschen, die Geschäftsbeziehungen zwischen der Personengesellschaft und der AG aber für die Personengesellschaft von geringer Bedeutung sind und die AG in erheblichem Umfang auch andere Geschäftsbeziehungen hat. Vgl. dazu aber BFH vom 03.03.1998 BStBl II 1998, 383. Auch Anteile an einer Komplementär-GmbH müssen nicht notwendiges Sonderbetriebsvermögen II sein, wenn nämlich die GmbH neben ihrer Geschäftsführertätigkeit für die KG einen eigenen Geschäftsbetrieb von nicht ganz untergeordneter Bedeutung hat (Urteile des BFH vom 07.12.1984 BStBl II 1985, 241, vom 07.05.1986 BStBl II 1986, 615 und vom 07.10.1987 BStBl II 1988, 23).

Vermietet ein Mitunternehmer einer Personengesellschaft ein Grundstück an einen Dritten, der es seinerseits an die Personengesellschaft weitervermietet, so gehört das Grundstück zum notwendigen Sonderbetriebsvermögen II des Mitunternehmers (vgl. BFH vom 09.09.1993, Leitsatz 2, BStBl II 1994, 250).

b) Gewillkürtes Sonderbetriebsvermögen II

Beim Sonderbetriebsvermögen II ist gewillkürtes Betriebsvermögen wohl nur in **Ausnahmefällen** möglich. Die entsprechenden Wirtschaftsgüter müssen hier ja nicht dem Betrieb der Personengesellschaft, sondern der Beteiligung dienen. Gewillkürtes Sonderbetriebsvermögen setzt im Übrigen voraus, dass es in einer Steuerbilanz (Sonderbetriebsvermögensbilanz) ausgewiesen wird.

BEISPIEL

Ein Gesellschafter einer Personengesellschaft hat Anteile an einer fremden GmbH erworben, um seinen Mitgesellschaftern zu beweisen, dass er als Leiter eines kaufmännischen Unternehmens geeignet ist. Er will damit eine Stärkung seiner gesellschaftlichen Stellung bei der Personengesellschaft erreichen.

LÖSUNG Der BFH hat die Behandlung der GmbH-Anteile als Sonderbetriebsvermögen abgelehnt (BFH vom 24.09.1976 BStBl II 1977, 69).

2.3 Buchmäßige Behandlung des Sonderbetriebsvermögens

Sonderbetriebsvermögen darf in der Handelsbilanz einer Personengesellschaft als gesellschaftsfremdes Vermögen nicht ausgewiesen werden. Auch in der Steuerbilanz sollte vom Ausweis des Sonderbetriebsvermögens abgesehen werden, da sie ja von der Handelsbilanz abgeleitet ist. Eine einwandfreie Lösung bringt die Aufstellung einer Sonderbetriebsvermögensbilanz. Dabei geht es aber nicht um eine Bilanz des Gesellschafters, sondern vielmehr um einen besonderen **Teil des steuerlichen Betriebsvermögens der Personengesellschaft**, vgl. H 5.1 (Buchführungspflicht einer Personenhandelsgesellschaft) EStH. Das Ergebnis einer Sonderbetriebsvermögensbilanz ist daher bei der einheitlichen und gesonderten Feststellung des Gewinns der

Gesellschaft nach § 180 Abs. 1 Nr. 2 Buchst. a AO zu berücksichtigen, vgl. auch H 5.1 (Gewinnermittlung für Sonderbetriebsvermögen der Gesellschafter) EStH. Dabei kann grundsätzlich von der Vermutung ausgegangen werden, dass die eingereichten Sonderbilanzen mit dem Gesellschafter abgestimmt sind. Dies gilt allerdings nicht, wenn der Gesellschafter bei Bilanzerstellung bereits ausgeschieden ist, BFH vom 25.01.2006, BFH/NV 2006, 874.

2.3.1 Laufende Geschäftsvorfälle im Sonderbetriebsvermögen

Erzielt der Mitunternehmer aus seinem Sonderbetriebsvermögen laufende Einnahmen, z. B. in einem Mietvertrag mit der Personengesellschaft vereinbarte Mieteinnahmen, so liegen Sonderbetriebseinnahmen vor, die im Rahmen der Sonderbuchführung zu erfassen sind. Die damit in Zusammenhang stehenden Ausgaben, z. B. Grundstückskosten, sind als Sonderbetriebsausgaben Aufwand des Sonderbetriebsvermögens. Die Personengesellschaft muss die Mietzahlungen als Aufwand buchen.

BEISPIEL

Der Gesellschafter G hat zum 01.01.02 ein bebautes Grundstück für 680 000 € erworben (Grund und Boden 130 000 €, Gebäude 550 000 €, Baujahr 1980) und gleichzeitig an die G + P OHG vermietet, an der er zu 40 % beteiligt ist. Er erhält von der OHG eine vertragliche Miete von 5 000 € + USt monatlich (angemessen). Die OHG nutzt das Gebäude für ihre Verwaltung.
Die laufenden Grundstücksaufwendungen sind laut Mietvertrag von G zu tragen. Sie haben im Wj 02 (ohne AfA) insgesamt 18 400 € betragen, dazu waren 1 260 € USt gesondert in Rechnung gestellt. Im Jahr 02 hat G noch keine USt-Vorauszahlungen geleistet.

LÖSUNG Bei der OHG ist zu buchen:
1. bei Anschaffung des Grundstücks: keine Buchung; OHG nicht betroffen;
2. Zahlung der Monatsmiete (zusammengefasst für 12 Monate):
a) bei Überweisung auf ein Konto des G:

Mietaufwand	60 000 €	
Vorsteuer	11 400 €	
an Bank		71 400 €

b) bei Gutschrift auf Verrechnungskonto bzw. Kapitalkonto II:

Mietaufwand	60 000 €	
Vorsteuer	11 400 €	
an Verrechnungskonto G/Kapital G II		71 400 €

3. bei Zahlung der Grundstücksaufwendungen
a) durch den Gesellschafter G: bei OHG keine Buchung, da nicht betroffen.

b) wenn durch OHG verauslagt:

Verrechnungskonto G/Kapital G II	19 660 €	
an Bank		19 660 €

4. Beim Jahresabschluss:
Die OHG hat bezüglich des Sonderbetriebsvermögens nichts zu veranlassen.

In der Sonderbuchführung G ist zu buchen:
1. bei Anschaffung des Grundstücks:

Grund und Boden	130 000 €	
Gebäude	550 000 €	
an Privateinlagen		680 000 €

2. Zahlung der Monatsmiete (zusammengefasst für 12 Monate):

a) bei Überweisung auf ein **privates Girokonto** des G:

Privatentnahmen	71 400 €	
an Mietertrag		60 000 €
an Umsatzsteuer		11 400 €

b) bei Überweisung auf ein **Girokonto im Sonderbetriebsvermögen** G:

Bank	71 400 €	
an Mietertrag		60 000 €
an Umsatzsteuer		11 400 €

c) bei **Gutschrift auf Verrechnungskonto** bzw. Kapitalkonto II:

Verrechnungskonto OHG (oder Privat)	71 400 €	
an Mietertrag		60 000 €
an Umsatzsteuer		11 400 €

3. bei Zahlung der Grundstücksaufwendungen (Zusammenfassung):

a) durch Überweisung von einem **privaten Girokonto** des G:

Grundstücksaufwand	18 400 €	
Vorsteuer	1 260 €	
an Privateinlagen		19 660 €

b) bei Überweisung aus **Girokonto im Sonderbetriebsvermögen** G:

Grundstücksaufwand	18 400 €	
Vorsteuer	1 260 €	
an Bank		19 660 €

c) bei **Lastschrift auf Verrechnungskonto** bzw. Kapitalkonto II:

Grundstücksaufwand	18 400 €	
Vorsteuer	1 260 €	
an Verrechnungskonto OHG (oder Privat)		19 660 €

4. beim Jahresabschluss:

AfA an Gebäude (2 % v. 550 000 DM) (AfA nach § 7 Abs. 4 Satz 1 Nr. 2 a EStG)	11 000 €

Abschluss der Sonderbuchführung G zum 31. 12. 02 – es wird unterstellt, dass alle Zahlungen über die OHG liefen und auf einem Verrechnungskonto G gebucht wurden, bei G über ein Verrechnungskonto OHG:

Aktiva	Sonderbetriebsvermögen G, Bilanz zum 31. 12. 02			Passiva
Grund und Boden	130 000 €	Kapital 01. 01. 02:	0 €	
Gebäude	539 000 €	+ Einlagen	680 000 €	
Verrechnungskonto OHG	51 740 €	+ Gewinn	30 600 €	710 600 €
		Umsatzsteuerschuld		10 140 €
	720 740 €			720 740 €

S	Gewinn- und Verlustrechnung 02		H
Grundstücksaufwand	18 400 €	Mietertrag	60 000 €
AfA Gebäude	11 000 €		
Gewinn	30 600 €		
	60 000 €		60 000 €

Falls G im Zusammenhang mit dem Grundstückserwerb Schulden aufnehmen musste, gehören auch diese Schulden zum Sonderbetriebsvermögen. Die auf sie entfallenden Zinsen wären zusätzliche Sonderbetriebsausgaben.

2.3.2 Sonderbetriebsvermögen und Gewinnfeststellung

Die von der Personengesellschaft an den Mitunternehmer für die Überlassung von Sonderbetriebsvermögen gezahlten Vergütungen mindern den Gewinn der Gesellschaft. Andererseits wird im Rahmen der Gewinnfeststellung das Ergebnis aus der Sonderbetriebsvermögensbilanz wieder zugerechnet. Der steuerliche Gewinn einschließlich Sonderbetriebsvermögen wird auch als Gewinn aus Gewerbebetrieb i. S. des § 7 GewStG der Gewerbesteuer zugrunde gelegt (vgl. A 39 Abs. 2 GewStR). Bei der GewSt führt dies übrigens auch zu einer Kürzung nach § 9 Nr. 1 Satz 1 GewStG für Grundstücke, die als Sonderbetriebsvermögen zu einem Gewerbebetrieb gehören.

2.4 Gewinnrealisierung bei der Übertragung von Wirtschaftsgütern

Auch bei Übertragung von Wirtschaftsgütern zwischen einer Personengesellschaft und ihren Mitunternehmern und umgekehrt kann es zur Aufdeckung von stillen Reserven kommen. Grundsätzlich kann gesagt werden, dass eine Übertragung zu Bedingungen, wie sie unter fremden Dritten üblich sind, zu den gleichen Folgen führt, wie bei fremden Dritten.

2.4.1 Übertragung von Sonderbetriebsvermögen

Eine Übertragung von Sonderbetriebsvermögen ist insbesondere möglich durch Veräußerung an Dritte, in ein anderes Sonderbetriebsvermögen, in das Gesamthandsvermögen und durch Entnahme in das Privatvermögen.

2.4.1.1 Entgeltliche Veräußerung an Dritte oder an Mitunternehmer

Wird ein Wirtschaftsgut des Sonderbetriebsvermögens an Dritte oder auch an Mitunternehmer derselben Personengesellschaft veräußert, so führt dies zur Aufdeckung der stillen Reserven. Der Buchgewinn (Unterschied zwischen Veräußerungserlös abzüglich Veräußerungskosten und dem Buchwert zum Zeitpunkt der Veräußerung) ist im Rahmen des Sonderbetriebsvermögens beim steuerlichen Gewinn der Personengesellschaft zu erfassen. Dabei bedeutet auch die Veräußerung des gesamten Sonderbetriebsvermögens keine Betriebsveräußerung bzw. Teilbetriebsveräußerung i. S. des § 16 EStG (vgl. BFH vom 12.04.1967 BStBl III 1967, 419 und vom 05.04.1979 BStBl II 1979, 554 und H 16.3 [3] (Sonderbetriebsvermögen) EStH).

Überlässt ein erwerbender Mitunternehmer das Wirtschaftsgut ebenfalls der Personengesellschaft zur Nutzung oder dient es auch bei ihm der Beteiligung, so bleibt das Wirtschaftsgut Sonderbetriebsvermögen, wird aber dem neuen Eigentümer zugerechnet. Der Buchwert richtet sich nach den vom Erwerber zu tragenden Anschaffungskosten, vgl. H 6.15 EStH.

BEISPIEL

In der X OHG sind die Gesellschafter Y und Z mit je 50 % beteiligt. Die OHG übt ihren Betrieb in einem vom Gesellschafter Y gemieteten Gebäude aus. Dieses Gebäude (und der dazugehörende Grund und Boden) sind notwendiges Sonderbetriebsvermögen des Y.

Zum 01. 07. 08 veräußert Y das Grundstück für 800 000 € (Grund und Boden 150 000 €, Gebäude 650 000 €) an den Mitunternehmer Z. Der Buchwert zum 30. 06. 08 hat 90 000 € für Grund und Boden sowie 580 000 € für das Gebäude betragen. Z hat den Kaufpreis mittels eines Bankdarlehens in Höhe von 800 000 € beglichen.

LÖSUNG Bei Y entsteht ein Buchgewinn in Höhe von 800 000 € ./. 670 000 € = 130 000 €, der bei der einheitlichen und gesonderten Gewinnfeststellung 08 für die OHG zu berücksichtigen ist. Dieser Buchgewinn ist nicht nach § 16 Abs. 4 oder § 34 Abs. 1 EStG steuerbegünstigt. Falls jedoch das Grundstück schon mindestens sechs Jahre zum Sonderbetriebsvermögen (Anlagevermögen) des Y gehört hat, kommt die Begünstigung des § 6 b EStG in Betracht.
Z hat das erworbene Grundstück mit 150 000 € für den Grund und Boden und mit 650 000 € für das Gebäude zu aktivieren. Dazu kommen noch die angefallenen Nebenkosten (Grunderwerbsteuer, Notariatskosten usw.), die im Verhältnis 15 : 65 auf Grund und Boden sowie Gebäude aufzuteilen sind. Außerdem hat er die Darlehensschuld zu passivieren.

Auch der **Tausch** von Mitunternehmeranteilen stellt eine entgeltliche Veräußerung dar, die grundsätzlich zur Gewinnrealisierung führt (BFH vom 08. 07. 1992 BStBl II 1992, 946). Die Behandlung des Anteilstauschs als Realteilung wurde für den entschiedenen Fall untersucht, aber mangels Aufteilung des Gesellschaftsvermögens verworfen. Zur Realteilung vgl. 7.

2.4.1.2 Unentgeltliche oder teilentgeltliche Übertragung an Mitunternehmer

Wird das Wirtschaftsgut unentgeltlich auf einen Mitunternehmer übertragen, der es der Personengesellschaft weiter zur Nutzung überlässt, so liegt keine Gewinnverwirklichung durch Entnahme vor. Das Wirtschaftsgut bleibt Sonderbetriebsvermögen. Vgl. dazu BFH vom 13. 05. 1966 BStBl III 1966, 505, vom 28. 08. 1974 BStBl II 1975, 166 und vom 26. 05. 1982 BStBl II 1982, 695.

Nach § 6 Abs. 5 Satz 3 Nr. 3 EStG ist für diese Fälle die Buchwertfortführung vorgeschrieben. Die stillen Reserven bleiben bestehen, sofern ihre spätere Besteuerung sichergestellt ist.

BEISPIEL

Gesellschafter V (Vater) schenkte Gesellschafterin T (Tochter) ein bebautes Grundstück, das einen Teilwert von 250 000 € hatte.
Der Buchwert betrug 120 000 €.
LÖSUNG Beim Sonderbetriebsvermögen V ist das Grundstück erfolgsneutral auszubuchen. Der Buchwert von 120 000 € ist bei T fortzuführen. Zugangsbuchung erfolgsneutral.

Bei der **teilentgeltlichen Übertragung** (gemischte Schenkung) muss eine entsprechende Veräußerung nach dem Verhältnis der tatsächlich vereinbarten Gegenleistung zum Verkehrswert in einen voll unentgeltlichen und in einen voll entgeltlichen Teil aufgeteilt werden (Trennungstheorie, vgl. BFH vom 02. 05. 2001 BFH/NV 2002, 10). Vgl. auch BMF vom 08. 12. 2011 BStBl I 2011, 1279, Rz. 15.

BEISPIEL

Gesellschafter V (Vater) veräußert an Gesellschafterin T (Tochter) ein Grundstück, das einen Verkehrswert von 200 000 € hat, zum Kaufpreis von 150 000 €. Der Buchwert betrug 120 000 €. Das Wirtschaftsgut wird auch nach der Veräußerung von der V & T OHG eigenbetrieblich genutzt.
LÖSUNG Der Veräußerungspreis beträgt 75 % des Verkehrswerts. Anteiliger Buchwert also 75 % von 120 000 € = 90 000 €. Damit entsteht für V ein Buchgewinn von (150 000 ./. 90 000 =) 60 000 €.
Der unentgeltlich übergangene Anteil ist mit dem Buchwert gem. § 6 Abs. 5 EStG auszubuchen. Buchungssatz in der Sonderbuchführung des V also:

Forderung	150 000	an Grundstück	120 000
Privatentnahme	30 000	sonst. betr. Ertrag oder 6 b	60 000

Bei T sind zunächst 150 000 € tatsächliche Anschaffungskosten angefallen. Dazu kommt der unentgeltlich erworbene Teil, der nach § 6 Abs. 5 Satz 3 Nr. 3 EStG mit 25 % des Buchwerts = 30 000 € anzu-

setzen. Die gesamten Anschaffungskosten belaufen sich demnach auf 180 000 €. (Das entspricht übrigens dem Buchwert zuzüglich der aufgedeckten stillen Reserven.) Der Buchungssatz lautet bei T: Grundstück 180 000 an Verbindlichkeiten 150 000 Privateinlage 30 000.
Für den entgeltlichen Teil beginnt eine AfA neu aus 150 000 € AK. Für den unentgeltlichen Teil wird die AfA aus der anteiligen Bemessungsgrundlage des V für die restlichen Jahre fortgesetzt.

2.4.1.3 Übertragung in das Gesamthandsvermögen

Ein Wirtschaftsgut des Sonderbetriebsvermögens kann auch in das Gesamthandsvermögen überführt werden, und zwar durch Verkauf vom Mitunternehmer an die Personengesellschaft oder durch Einbringung (Einlage) in das Betriebsvermögen gegen Gewährung von Gesellschaftsrechten. Die Tatsache, dass der Mitunternehmer am Gesamthandsvermögen beteiligt ist, bleibt dabei i. d. R. unberücksichtigt.

2.4.1.3.1 Entgeltliche Veräußerung an die Personengesellschaft

Erfolgt die Veräußerung von Sonderbetriebsvermögen durch den Mitunternehmer an die Personengesellschaft zu Bedingungen, die denen bei der Veräußerung an einen fremden Dritten entsprechen, so tritt beim veräußernden Gesellschafter **volle Gewinnverwirklichung** ein. Die Gesellschaft hat das Wirtschaftsgut mit den Anschaffungskosten zu aktivieren. Vgl. Beispiel zu 2. 4. 1. 1. § 6 Abs. 5 Satz 3 EStG ist für solche Fälle nicht einschlägig. Vgl. im Übrigen BMF vom 07. 06. 2001 BStBl I 2001, 367, Nr. 3.

Erhält der Gesellschafter jedoch mehr, als ein fremder Dritter zahlen würde, so ist der das Angemessene übersteigende Betrag als Privatentnahme des Gesellschafters zu behandeln. Der Buchgewinn wird aber nicht beeinflusst. Die Personengesellschaft darf nur den angemessenen Preis aktivieren.

BEISPIEL

Der Gesellschafter M veräußert an die OHG, an der er mit 25 %. beteiligt ist, ein unbebautes Grundstück zum Preis von 130 000 € gegen Bankscheck. Das Grundstück diente bisher und dient auch künftig als Lagerplatz für den Betrieb der OHG. Der angemessene Preis des Grundstücks beträgt nur 100 000 €. Bisheriger Buchwert 60 000 €.

LÖSUNG

Buchung im Sonderbetriebsvermögen I des M:		
Bank	130 000	
an Grundstücke		60 000 €
an Sonst. betriebl. Ertrag		40 000 €
an Privateinlagen		30 000 €
Buchung bei der OHG:		
Grundstücke	100 000 €	
Privat M	30 000 €	
an Bank		130 000 €

Liegt der vereinbarte Preis dagegen **unter** dem Wert, den ein fremder Dritter zahlen würde, so ist § 6 Abs. 5 Satz 3 EStG zu beachten. Hier ist i. d. R. von einer teilentgeltlichen Übertragung auszugehen, vgl. BMF vom 07. 06. 2001 BStBl I 2001, 367, Nr. 4, vom 08. 12. 2012 BStBl I 2012, 1279 Tz. 15 und das Beispiel zur teilentgeltlichen Übertragung bei 2. 4. 1. 2.

2.4.1.3.2 Übertragung gegen Gewährung von Gesellschaftsrechten

Eine Übertragung von Sonderbetriebsvermögen vom Mitunternehmer auf die Personengesellschaft kann auch als Gegenleistung für die Gewährung von Gesellschaftsrechten erfolgen. Dieser Vorgang wird i. d. R. auch als **Einbringung** beschrieben. Dabei wird dem übertragenden Gesellschafter der Wert des eingebrachten Wirtschaftsguts auf seinem Kapitalkonto gutgeschrieben, und zwar in der Regel dem Kapitalkonto, das für seine Beteiligung am Gesellschaftsvermögen maßgebend ist (Kapitalkonto I). Allerdings würde auch eine Gutschrift auf dem Kapitalkonto II zu dem gleichen Ergebnis führen. Häufig wird eine solche Einbringung auch als Einlage bezeichnet. Dies ist jedoch steuerlich gesehen falsch. Eine Einlage i. S. des § 4 Abs. 1 Satz 5 EStG setzt voraus, dass Wirtschaftsgüter aus dem Privatvermögen in das Betriebsvermögen eingelegt werden. Sonderbetriebsvermögen ist im Ertragsteuerrecht kein Privatvermögen.

Steuerlich wird die Übertragung von Sonderbetriebsvermögen ins Gesamthandsvermögen gegen Gewährung von Gesellschaftsrechten als **tauschähnlicher Umsatz** angesehen. Die Bilanzierung richtet sich allerdings nicht nach den Grundsätzen für den Tausch in § 6 Abs. 6 EStG, sondern nach der Spezialvorschrift des § 6 Abs. 5 Satz 3 EStG, vgl. BMF vom 07.06.2001 BStBl I 2001, 367 Nr. 1, vgl. den Vorbehalt in § 6 Abs. 6 Satz 4 EStG. Damit ist für die eingebrachten Wirtschaftsgüter zwingend die **Fortführung des Buchwerts** vorgeschrieben. Das nach BFH vom 15.07.1976 BStBl II 1976, 748 den Steuerpflichtigen eingeräumte Wahlrecht zwischen Buchwert, Teilwert oder Zwischenwert ist entfallen.

BEISPIEL

Mitunternehmer E besitzt ein Ladengebäude, das er an die E & Co. KG vermietet hat. E ist an der KG als Komplementär zu 60 % beteiligt. Es stehen zu Buch: der Grund und Boden mit 50 000 € (Anschaffungskosten), das Gebäude mit 405 000 € (Anschaffungskosten 450 000 € ./. je 2 % AfA für fünf Jahre = 45 000 €). Der Teilwert des Grundstücks beträgt 560 000 €, davon 110 000 € für Grund und Boden sowie 450 000 € für Gebäude.

Zum 01. 07. 05 bringt E im Rahmen einer allgemeinen Kapitalerhöhung das Ladengebäude ins Gesamthandsvermögen der KG ein. (Am Verhältnis der Kapitalkonten wird dabei nichts geändert.)

LÖSUNG

Die KG könnte buchen

Grund und Boden	50 000 €	
Gebäude	405 000 €	
an Festkapital E		455 000 €

Diese Buchung ist jedoch äußerst unzweckmäßig. Sie ergibt ein Kapitalkonto I für Gesellschafter E, das den Tatsachen nicht entspricht und zu Fehlern führen kann. Man denke nur an die Möglichkeit einer Kapitalkontenverzinsung (§ 121 Abs. 1, § 168 HGB). Bei E würden an der Bemessungsgrundlage für die Zinsen 105 000 € fehlen! Probleme bestünden auch bei einer späteren Veräußerung des Ladengebäudes bezüglich der Zuordnung des Buchgewinns und bei einer etwaigen Auflösung der Gesellschaft.

Die praktikable Lösung des Problems ergibt sich dadurch, dass die Korrektur der angesetzten Werte nicht in der Handels- bzw. Steuerbilanz der Personengesellschaft erfolgen muss, sondern in einer Ergänzungsbilanz vorgenommen werden kann, d. h. die KG bucht

Grund und Boden	110 000 €	
Gebäude	450 000 €	
an Festkapital E		560 000 €

In einer **Ergänzungsbuchführung** E ist zu buchen:

Minderkapital	105 000 €	
an Minderwert Grund und Boden		60 000 €
an Minderwert Gebäude		45 000 €

Diese Minderwerte können als eine Art Wertberichtigung angesehen werden, durch die der in der Buchführung angesetzte Teilwert auf den gem. § 6 Abs. 5 Satz 3 EStG zwingend fortzuführenden Buchwert berichtigt wird.
Der Ansatz in der Buchführung der KG von zusammen 560 000 € abzüglich der Minderwerte von zusammen 105 000 € entspricht mit 455 000 € dem Buchwert des Sonderbetriebsvermögens E. Damit entsteht kein Buchgewinn durch die Einbringung. Die stillen Reserven werden auf die KG übertragen.

Mit dem Ansatz des eingebuchten Wirtschaftsguts zum Buchwert ist allerdings der Fall noch nicht abgeschlossen. Es ist zu prüfen, welche weiteren Folgen die jeweilige Entscheidung hat, insbesondere für die künftigen Abschreibungen. Die Lösung ergibt sich aus einer entsprechenden Anwendung der Rechtsgrundsätze des § 24 Abs. 4 i. V. m. § 23 UmwStG. Dort ist die Einbringung von Betriebsvermögen in eine Personengesellschaft geregelt.

Bei einer Buchwertfortführung sind §§ 23 Abs. 1, § 4 Abs. 2 Satz 1 und § 12 Abs. 3 UmwStG sinngemäß anzuwenden. Das bedeutet zunächst einmal eine **Besitzzeitanrechnung** (§ 4 Abs. 2 Satz 3). Bei der Frage, ob die Sechsjahresfrist des § 6 b Abs. 4 Nr. 2 EStG erfüllt ist, kommt es auf die Anschaffung durch den Gesellschafter an, nicht auf den Zeitpunkt der Einbringung. Weitere Fälle für eine Besitzzeitanrechnung finden sich in § 7 g Abs. 3 EStG oder in § 2 Satz 1 InvZulG.

Aus § 12 Abs. 3 UmwStG ergibt sich sinngemäß, dass die Personengesellschaft bezüglich der Absetzungen für Abnutzung, der erhöhten Absetzungen, der Sonderabschreibungen, der Inanspruchnahme von Bewertungsfreiheit oder eines Bewertungsabschlags, der den steuerlichen Gewinn mindernden Rücklagen (z. B. nach § 6 b EStG) sowie der Anwendung der Vorschriften des § 6 Abs. 1 Nr. 1 Satz 4 und Nr. 2 Satz 3 EStG **in die Rechtsstellung des einbringenden Mitunternehmers eintritt**. Dies entspricht den Auswirkungen einer Gesamtrechtsnachfolge.

Das bedeutet, dass die Personengesellschaft ein Gebäude weiter nach § 7 Abs. 5 EStG abzuschreiben hat, wenn der einbringende Gesellschafter diese AfA-Art gewählt hatte, oder dass für die Gesellschaft ein Ansatz der degressiven AfA des § 7 Abs. 2 EStG verwehrt ist, wenn der Gesellschafter das eingebrachte Wirtschaftsgut vorher linear abgeschrieben hatte. Auch müsste die Gesellschaft Wirtschaftsgüter, die der Gesellschafter auf den niedrigeren Teilwert abgeschrieben hatte, mit einem wieder gestiegenen Teilwert (höchstens den – evtl. fortgeführten – Anschaffungs- oder Herstellungskosten) ausweisen (§ 6 Abs. 1 Nr. 1 Satz 4 und Nr. 2 Satz 3 EStG).

BEISPIEL

Das von E zum 01. 07. 05 in die E & Co. KG eingebrachte Gebäude hat einen Buchwert von 405 000 € und einen Teilwert von 450 000 €. E hatte das Gebäude mit 2 % aus 450 000 € Anschaffungskosten abgeschrieben (§ 7 Abs. 4 EStG). Der in der KG-Buchführung aktivierte Wert des Gebäudes von 450 000 € (Teilwert) wurde in der Ergänzungsbuchführung E durch einen Minderwert von 45 000 € auf den Buchwert berichtigt. Die tatsächliche Restnutzungsdauer des Gebäudes beträgt mehr als 50 Jahre.

LÖSUNG

a) Es ist unstreitig, dass die KG bei Buchwertfortführung die von E bisher vorgenommene AfA weiterführen muss. Die steuerliche AfA für das Gebäude beträgt also 2 % von 450 000 € im Jahr, für das Wj 05 nur 6/12, d. s. 4 500 € (zuzüglich der AfA aus nachträglichen Anschaffungskosten wie Grunderwerbsteuer oder Notariatskosten).

Kein Problem gäbe es, wenn die KG in ihrer eigenen Buchführung den bisherigen Buchwert von 405 000 € direkt fortgeführt hätte, was zwar zulässig, aber sehr unzweckmäßig ist (s. Erläuterungen zum Beispiel bei 2.4.1.3.2).
Zweifelhaft ist dagegen die Behandlung bei Ansatz eines Minderwerts in einer Ergänzungsbilanz. Würde die E & Co. KG in ihrer Buchführung das Gebäude – scheinbar selbstverständlich – mit 2 % des Teilwerts abschreiben, so entspräche diese AfA ganz genau der steuerlich zulässigen. Der Minderwert bliebe unverändert, und zwar so lange, bis die ursprüngliche Abschreibungsdauer abgelaufen ist; das ist nach 45 Jahren erreicht. Nach dieser Zeit ist das Gebäude bei Buchwertfortführung steuerlich abgeschrieben. Da jedoch in der KG-Buchführung nach Ablauf des 45. (tatsächlich 50.) Jahres noch ein Restwert von 45 000 € verbleibt, wird die KG nochmals für fünf Jahre eine AfA von je 9 000 € anzusetzen haben. Diese AfA darf sich jedoch steuerlich nicht mehr auswirken. Dies wird dadurch erreicht, dass nunmehr auch der Minderwert Gebäude in der Ergänzungsbilanz abgeschrieben wird, und zwar mit jährlich 9 000 €, dem Betrag der steuerlich nicht mehr zulässigen AfA in der KG-Buchführung. Die Minder-AfA (Mehrgewinn) ist bei der Gewinnfeststellung dem Gesellschafter E zuzurechnen. Nach Ablauf von 50 Jahren, vom 01. 07. 05 an gerechnet, sind sowohl das Gebäude in der KG-Buchführung als auch der Minderwert Gebäude in der Ergänzungsbuchführung voll abgeschrieben.
An dieser Lösung vermag nicht zu überzeugen, dass der Minderwert Gebäude erst vom 46. Jahr an aufgelöst wird. Das steuerliche Ergebnis ist zwar insgesamt richtig, die von E nicht aufgedeckten stillen Reserven werden aber bei seinem Gewinnanteil u. E. erst viel zu spät erfasst.

b) Besser erscheint daher folgende Lösung:
Wegen der in § 12 Abs. 3 UmwStG vorgesehenen Rechtsfolgen ergibt sich bei Einbringung für das Gebäude noch eine Restabschreibungsdauer (nicht zu verwechseln mit Restnutzungsdauer) von 50 ./. 5 = 45 Jahren. Der aktivierte Teilwert von 450 000 € wird auf diese Zeit verteilt. Das ergibt eine Jahres-AfA von 10 000 € bzw. eine AfA von 5 000 € für das Wj 05. Gleichzeitig wird der Minderwert Gebäude von 45 000 € in der Ergänzungsbilanz E auf die gleiche Zeit verteilt; das ergibt eine jährliche Minder-AfA von 1 000 € bzw. von 500 € für das Wj 05.

Ergebnis:

AfA in der KG-Buchführung 05		5 000 €
Minder-AfA in Ergänzungsbuchführung E	./.	500 €
= steuerliche AfA KG insgesamt		4 500 €

Dies entspricht dem nach § 12 Abs. 3 UmwStG anzusetzenden Wert. Die Verteilung des aktivierten Werts auf 45 Jahre ist auch handelsrechtlich nicht zu beanstanden, da das Handelsrecht nur eine planmäßige Abschreibung verlangt. Bei der einheitlichen und gesonderten Gewinnfeststellung wird der Ertrag aus der Minder-AfA dem Gesellschafter E zugerechnet.

Bei Wirtschaftsgütern, die nach § 7 Abs. 1 oder Abs. 2 EStG abgeschrieben werden, ergeben sich vergleichbare Probleme nicht.

Veräußert die OHG das Grundstück innerhalb der Sperrfrist des § 6 Abs. 5 Satz 4 EStG, dann hat dies keine rückwirkende Änderung zur Folge, wenn die stillen Reserven in einer Ergänzungsbilanz E festgeschrieben wurden, vgl. der »es-sei-denn-Vorbehalt« in § 6 Abs. 5 Satz 4 EStG.

2.4.1.4 Entnahme in das Privatvermögen

Eine Entnahme ist grundsätzlich nur dann möglich, wenn für das Wirtschaftsgut die bisherige Zweckbestimmung aufgegeben wurde, wenn es also nicht mehr dem Betrieb der Personengesellschaft bzw. der Beteiligung an der Personengesellschaft dient.

BEISPIEL

Ein vor zehn Jahren für 35 000 € angeschafftes und bisher der Personengesellschaft als Lagerplatz überlassenes unbebautes Grundstück des Mitunternehmers M wird von ihm mit einem Einfamilienhaus überbaut, das eigengenutzt werden soll. Buchwert 35 000 €, Teilwert zum Beginn der Bebauung 60 000 €.

LÖSUNG Mit der Überbauung wird das Grundstück aus dem Sonderbetriebsvermögen entnommen. Es entsteht ein Entnahmegewinn von 25 000 €, der in der Sonderbuchführung M (und natürlich beim Gesamtgewinn der Personengesellschaft) zu erfassen ist.

Entnahmen sind nach § 6 Abs. 1 Nr. 4 EStG mit dem Teilwert anzusetzen. Eventuell vorhandene stille Reserven werden also aufgedeckt. Dabei handelt es sich i. d. R. nicht um einen Aufgabegewinn i. S. des § 16 EStG (vgl. aber BFH vom 24.06.1982 BStBl II 1982, 751). Vgl. jedoch § 15 Abs. 1 letzter Satz i. V. mit § 13 Abs. 5 EStG. Vgl. auch BFH vom 24.04.1975 BStBl II 1975, 580, vom 05.04.1979 BStBl II 1979, 554, vom 26.05.1982 BStBl II 1982, 693.

Keine Entnahme in das Privatvermögen liegt vor, wenn das Wirtschaftsgut des Sonderbetriebsvermögens anschließend vom Mitunternehmer eigenbetrieblich genutzt wird, nachdem die Nutzung durch die Personengesellschaft beendet wurde. In diesen Fällen bleibt das Wirtschaftsgut Betriebsvermögen, auch wenn in der Sonderbuchführung eine »Entnahme« (und in der Buchführung des Gesellschafters eine »Einlage«) zu buchen ist; vergleiche auch § 6 Abs. 5 Satz 2 EStG, der für diesen Fall den Buchwertansatz vorschreibt.

2.4.2 Übertragung von Gesamthandsvermögen

Gesamthandsvermögen kann im Rahmen einer Mitunternehmerschaft in ein Sonderbetriebsvermögen, in einen eigenen Betrieb eines Gesellschafters oder in das Privatvermögen übertragen werden.

2.4.2.1 Übertragung in ein Sonderbetriebsvermögen

Bei der Übertragung von Gesamthandsvermögen in ein Sonderbetriebsvermögen gibt es grundsätzlich zwei Möglichkeiten der Übertragung: die entgeltliche Veräußerung an den Gesellschafter und die Übertragung gegen Minderung von Gesellschaftsrechten.

a) Entgeltliche Veräußerung

Die Veräußerung eines Wirtschaftsguts aus dem Gesamthandsvermögen an einen Gesellschafter zu unter Fremden üblichen Bedingungen wird wie ein Verkauf an einen fremden Dritten behandelt, vgl. auch BMF vom 07.06.2001 BStBl I 2001, 367, Nr. 3. Vorhandene stille Reserven werden aufgedeckt. Dies gilt auch, wenn das nunmehr dem Mitunternehmer gehörende Wirtschaftsgut weiterhin dem Betrieb der Personengesellschaft dient, also Sonderbetriebsvermögen darstellt. Der Mitunternehmer hat dieses Wirtschaftsgut nach § 6 Abs. 1 Nr. 1 oder 2 EStG zu bewerten.

Übersteigt das vereinbarte Entgelt den Preis, den ein fremder Dritter fordern würde, so ist der Mehrpreis als Einlage des Gesellschafters zu behandeln.

BEISPIEL

An der A-OHG sind die Gesellschafter A, B und C zu je einem Drittel beteiligt. Zum Betriebsvermögen der OHG gehört schon seit zehn Jahren ein bebautes Grundstück, das der Firma als Bürogebäude dient. Am 30. 06. 06 beträgt der Buchwert des Gebäudes, das nach § 7 Abs. 4 EStG abgeschrieben

wurde, noch 225 000 €, der Buchwert des Grund und Bodens 114 000 €. Die Teilwerte von Gebäude bzw. Grund und Boden beliefen sich zu diesem Zeitpunkt auf 255 000 € bzw. 177 000 €.
Die A-OHG veräußerte zum 01. 07. 06 das bebaute Grundstück zum Preis von 432 000 € an den Gesellschafter A. A bezahlte den Kaufpreis mit einem Bankscheck, zu dessen Deckung er noch ein Bankdarlehen in Höhe von 200 000 € aufnehmen musste.

LÖSUNG

Buchungen bei der A-OHG:

Bank	432 000 €	
an Grund und Boden		114 000 €
an Gebäude		225 000 €
an so. betr. Erträge		93 000 €
so. betr. Aufwand	93 000 €	
an Sopo Rücklage § 6 b EStG		93 000 €

Buchungen in der Sonderbuchführung des A:

Grund und Boden	177 000 €	
Gebäude	255 000 €	
an Bank		432 000 €
Bank	200 000 €	
an Darlehensschuld		200 000 €

A kann das Gebäude nach § 7 Abs. 4 EStG abschreiben. Er hat die Möglichkeit, die § 6b-Rücklage anteilig auf das von ihm angeschaffte Gebäude und den Grund und Boden zu übertragen, vgl. R 6 b.2 Abs. 7 Nr. 2 EStR. Vom Buchgewinn von insgesamt 93 000 € entfallen auf A 10 000 € (Gebäude) und 21 000 € (Grund und Boden). Bei einer Übertragung ist zu buchen

in der Sonderbuchführung A:

Entnahmen	31 000 €	
an Sopo Rücklage § 6 b EStG		31 000 €
Sopo Rücklage § 6 b EStG	31 000 €	
an Grund und Boden		21 000 €
an Gebäude		10 000 €
bei der A-OHG:		
Sopo Rücklage § 6 b EStG	31 000 €	
an Privat A		31 000 €

In diesem Beispiel wurde davon ausgegangen, dass die Lieferung des Grundstücks nach § 4 Nr. 9 Buchst. a UStG steuerfrei war, die OHG also nicht optiert hat. Noch zu berücksichtigen wären die Notariatskosten und die Grunderwerbsteuer als Anschaffungsnebenkosten bei A.

b) Übertragung gegen Minderung von Gesellschaftsrechten

Wirtschaftsgüter des Gesamthandsvermögens können auch in der Weise in das Sonderbetriebsvermögen eines Mitunternehmers übertragen werden, dass der Wert des Wirtschaftsguts dem Kapitalkonto (Festkapital) dieses Mitunternehmers belastet wird, seine Beteiligung sich also entsprechend vermindert.

Obwohl hier eigentlich ein tauschähnlicher Vorgang gegen ist, ergibt sich die Lösung nicht nach § 6 Abs. 6 EStG, sondern nach § 6 Abs. 5 Satz 3 EStG, da dies die Spezialvorschrift ist, vgl. BMF vom 08. 12. 2011 BStBl I 2011, 1279 Tz. 16. Das bedeutet nun, dass die Buchwertfortführung vorgeschrieben ist. Wegen der Folgen vgl. 2.4.1.3.2 Buchst. a) und b).

2.4.2.2 Übertragung in einen anderen Betrieb eines Mitunternehmers

Auch die Übertragung von Gesamthandsvermögen in einen anderen Betrieb des Mitunternehmers kann durch entgeltliche Veräußerung oder über Minderung der Gesellschaftsrechte erfolgen. Es gelten die Regelungen zur Übertragung in ein Sonderbetriebsvermögen (vgl. 2.4.2.1). Bei der Übertragung gegen Minderung von Gesellschaftsrechten muss jedoch sichergestellt sein, dass die stillen Reserven nicht der Besteuerung entzogen werden. Der Ansatz des Buchwertes entfällt jedoch nicht, wenn der andere Betrieb des Mitunternehmers ein Betrieb der Land- und Forstwirtschaft oder ein freiberuflicher Betrieb ist, vgl. BMF vom 08.12.2011 BStBl I 2011, 1279 Rz. 5 Satz 2, Rz. 7, Glanegger in Schmidt Rz. 513 zu § 6.

2.4.2.3 Übertragung in das Privatvermögen

Eine Personengesellschaft selbst kann – zumindest handelsrechtlich – niemals Privatvermögen haben. Steuerlich sind dagegen Ausnahmen möglich, wenn auch selten (vgl. 2.2.1.3). Wird z. B. ein zum Gesamthandsvermögen gehörendes Grundstück durch Bau eines von den Gesellschaftern allein genutzten Wohnhauses zum notwendigen Privatvermögen, so ist es in der Steuerbilanz auszubuchen. Dabei ist die Entnahme nach § 6 Abs. 1 Nr. 4 EStG mit dem Teilwert anzusetzen. Die Entnahme ist den Gesellschaftern entsprechend dem Beteiligungsschlüssel zuzurechnen. Vgl. dazu BFH vom 28.09.1995 BStBl II 1996, 276. Anders ist es in den Fällen, in denen ein Wirtschaftsgut an einen Gesellschafter veräußert wird, der es zu privaten Zwecken verwendet, oder wenn es unentgeltlich auf den Gesellschafter übertragen wird.

a) Entgeltliche Veräußerung

Auch bei der entgeltlichen Veräußerung von Gesamthandsvermögen an einen Mitunternehmer in dessen Privatvermögen gilt die Regel, dass bei Verkauf wie unter Fremden üblichen Bedingungen der Vorgang so behandelt wird, als wäre die Veräußerung an einen fremden Dritten erfolgt (vgl. BFH vom 10.07.1980 BStBl II 1981, 84). Zwar scheint es vom Ergebnis her gesehen gleichgültig zu sein, ob ein Veräußerungsgewinn oder ein Entnahmegewinn angesetzt wird, jedoch wäre ein Entnahmegewinn niemals nach § 6 b EStG begünstigt. Bei Veräußerung zu unangemessen niedrigem Preis vgl. BFH vom 19.07.1984 BFH/NV 1985/1986, 77. Der BFH hat in diesem Urteil entschieden, dass bei der Veräußerung eines zum Gesamthandsvermögen einer Mitunternehmerschaft gehörenden Wirtschaftsguts an einen Gesellschafter in dessen Privatvermögen zu einem unangemessen niedrigen Preis eine Entnahme anzunehmen ist. Diese ist nach § 6 Abs. 1 Nr. 4 Satz 1 EStG mit dem Teilwert anzusetzen. Damit werden vorhandene stille Reserven in voller Höhe aufgelöst. Voraussetzung sei, dass die Gegenleistung den Buchwert des entsprechenden Wirtschaftsguts nicht übersteigt.

b) Unentgeltliche Übertragung

Überträgt die Personengesellschaft unentgeltlich ein Wirtschaftsgut auf einen oder mehrere Mitunternehmer und wird es dort Privatvermögen, so liegt eine Entnahme vor, die nach § 6 Abs. 1 Nr. 4 EStG mit dem Teilwert anzusetzen ist.

Ist allerdings mit der Übertragung eine Minderung der Gesellschaftsrechte verbunden, so handelt es sich um einen tauschähnlichen Vorgang, vgl. BMF vom 29.03.2000 BStBl I 2000, 462, Tz. II Nr. 3. Das hat zur Folge, dass die »Entnahme« gem. § 6 Abs. 6 EStG mit dem gemeinen Wert anzusetzen ist. Eine Minderung der Gesellschaftsrechte liegt i. d. R. vor, wenn durch den Vorgang das Kapitalkonto I oder II berührt wird BMF vom 11.07.2011 BStBl I 2011, 713 Ziff. I 2.

Umsatzsteuerlich dürfte in solchen Fällen meist eine einer Lieferung gleichgestellte Gegenstandsentnahme vorliegen, wenn nicht eine Lieferung zur Mindestbemessungsgrundlage nach § 10 Abs. 5 Nr. 1 UStG anzunehmen ist.

2.4.3 Übertragung von Privatvermögen ins Betriebsvermögen

Eine Übertragung von Privatvermögen ist sowohl in das Sonderbetriebsvermögen als auch in das Gesamthandsvermögen möglich.

2.4.3.1 Einlage ins Sonderbetriebsvermögen

Ein Wirtschaftsgut des Privatvermögens kann insbesondere dadurch zum Sonderbetriebsvermögen werden, dass es der Mitunternehmer erstmals der Personengesellschaft **zur Nutzung überlässt**, oder dass der Eigentümer eines von der Personengesellschaft genutzten Wirtschaftsguts Mitunternehmer wird. Die Änderung der Vermögensart vom Privatvermögen zum notwendigen Sonderbetriebsvermögen stellt eine Einlage dar, die nach § 6 Abs. 1 Nr. 5 EStG zu bewerten ist. Bei gewillkürtem Sonderbetriebsvermögen erfolgt die Einlage durch die entsprechende Einlagebuchung.

BEISPIEL

Der kaufm. Angestellte A hat sein ererbtes Ladengebäude an die Z-KG für 12 000 € monatlich vermietet. Zum 01. 01. 04 wird A Kommanditist der Z-KG. An dem bestehenden Mietverhältnis soll nichts geändert werden.

LÖSUNG Das Grundstück mit dem Ladengebäude wird ab 01. 01. 04 zum notwendigen Sonderbetriebsvermögen des A. Es ist mit dem Teilwert des Grund und Bodens und des Gebäudes einzulegen (dabei evtl. die Dreijahresfrist des § 6 Abs. 1 Nr. 5 Satz 1 Buchst. a und Satz 2 EStG beachten). Die Mieteinnahmen sind im Rahmen der Gewinnfeststellung Sonderbetriebseinnahmen, die Grundstücksaufwendungen einschließlich der AfA sind Sonderbetriebsausgaben. Zur weiteren buchmäßigen Behandlung vgl. Beispiel zu 2. 3. 1.

2.4.3.2 Einbringung in das Gesamthandvermögen

Ein Mitunternehmer kann ein Wirtschaftsgut seines Privatvermögens auch in das Gesamthandsvermögen der Personengesellschaft gegen Gewährung von Gesellschaftsrechten einbringen, d. h. der Wert des Wirtschaftsguts wird seinem Kapitalkonto gutgeschrieben. Für diese Einlage gilt, dass die Bewertung nach § 6 Abs. 6 EStG zu erfolgen hat.

Es handelt sich hier nach BFH vom 19. 10. 1998 BStBl II 2000, 230 und BMF vom 29. 03. 2000 BStBl I 2000, 462 und vom 11. 07. 2011 BStBl I 2011, 713 um einen tauschähnlichen Vorgang, der nach § 6 Abs. 6 EStG mit dem gemeinen Wert anzusetzen ist. Dies gilt jedenfalls dann, wenn die gewährten Gesellschaftsrechte dem Wert des eingebrachten Wirtschaftsguts entsprechen. Ist der Wert des übertragenen Wirtschaftsguts höher als die im Gegenzug eingeräumten Gesellschaftsrechte, so ist die Einbringung in einen tauschähnlichen Vorgang und in eine Einlage aufzuteilen. Aufteilungsmaßstab ist das Verhältnis des Werts der gewährten Gesellschaftsrechte zum gemeinen Wert des übertragenen Wirtschaftsguts (BFH vom 17. 07. 1980 BStBl II 1981, 11). Werden überhaupt keine Gesellschaftsrechte gewährt, so liegt eine (verdeckte) Einlage vor.

BEISPIEL

Mitunternehmer U erbringt eine von ihm verlangte Einlage in Höhe von 50 000 € durch einen Scheck von 20 000 € und durch Einlage eines seither privat genutzten Pkw im gemeinen Wert von 30 000 €. U hat diesen Pkw zwei Jahre vor der Einlage für 45 000 € erworben. Die »betriebsgewöhnliche« Nutzungsdauer beträgt sechs Jahre, vgl. BFM vom 15. 12. 2000 BStBl I 2000, 1532.

LÖSUNG Die gewährten Gesellschaftsrechte entsprechen dem Wert der eingebrachten Wirtschaftsgüter. Es liegt also ein tauschähnlicher Vorgang vor. Anzusetzen ist nach § 6 Abs. 6 Satz 1 EStG der gemeine Wert. Die für Einlagen geltende Beschränkung des Werts auf die fortgeführten Anschaffungskosten (§ 6 Abs. 1 Nr. 5 Buchst. a EStG) kommt nicht in Betracht. § 6 Abs. 6 Satz 3 EStG, der das Gegenteil zu besagen scheint, gilt nur für die Fälle des Satzes 2 (verdeckte Einlage in eine Kapitalgesellschaft).

Buchungen bei der Personengesellschaft:

Kraftfahrzeuge	30 000 €	
Bank	20 000 €	
an Festkapital U		50 000 €
AfA	7 500 €	
an Kraftfahrzeuge		7 500 €

(Dabei wurde davon ausgegangen, dass eine bei der Einbringung vorzunehmende Neuschätzung der betriebsgewöhnlichen Nutzungsdauer zu einer Nutzungsdauer von vier Jahren führt).

Es ist jedoch auch eine entgeltliche Veräußerung von Privatvermögen ins Gesamthandsvermögen mit steuerlicher Wirkung möglich. Voraussetzung dafür ist, dass der Kauf wie unter Fremden abgewickelt wird. Die Personengesellschaft muss in diesen Fällen des erworbene Wirtschaftsgut mit den Anschaffungskosten ansetzen. Eine teilweise Einlage wird nicht angenommen. Vgl. BFH vom 21. 10. 1976 BStBl II 1977, 145. Steuerliche Auswirkungen beim veräußernden Mitunternehmer können sich nur im Rahmen des § 23 EStG ergeben.

2.4.4 Übertragung von anderem Betriebsvermögen ins Gesamthandvermögen

Ein Mitunternehmer kann aus einem eigenen Betrieb Wirtschaftsgüter in das Gesamthandsvermögen übertragen, und zwar durch entgeltliche Veräußerung oder durch Übertragung gegen Gewährung von Gesellschaftsrechten. Für diese Fälle kann auf das unter 2.4.1.3 zu den Übertragungen von Sonderbetriebsvermögen ins Gesamthandsvermögen Gesagte verwiesen werden. Abweichungen ergeben sich nicht.

2.4.5 Vermögensübertragung und Umsatzsteuer

Es ist darauf hinzuweisen, dass bei der Umsatzsteuer in den genannten Fällen der Vermögensübertragung ein Leistungsaustausch zwischen dem Unternehmen Personengesellschaft und dem Gesellschafter als selbstständigem Unternehmer geprüft werden muss. Übertragungen vom Gesamthandsvermögen auf die Gesellschafter gegen Entgelt oder Minderung von Gesellschaftsrechten sind stets umsatzsteuerbar, desgleichen die einer Lieferung gleichgestellten Gegenstandsentnahmen. Gesellschafter sind dagegen nicht ohne weiteres Unternehmer, so dass insoweit auch ein nicht umsatzsteuerbarer Leistungsaustausch möglich sein kann. Im Einzelnen wird auf A 1.6 UStAE verwiesen.

2.4.6 Sperrfrist bei Buchwertfortführung nach § 6 Abs. 5 Satz 3 EStG

§ 6 Abs. 5 Satz 3 EStG sieht die Buchwertfortführung nach Abs. 5 Satz 1 (Ansatz des Werts, der sich nach den Vorschriften für die Gewinnermittlung ergibt) auch für folgende Fälle vor:

- Wirtschaftsgüter werden unentgeltlich oder gegen Gewährung oder Minderung von Gesellschaftsanteilen aus einem Betriebsvermögen des Mitunternehmers in das Gesamthandsvermögen der Mitunternehmerschaft übertragen – und umgekehrt,
- Wirtschaftsgüter werden unentgeltlich oder gegen Gewährung oder Minderung von Gesellschaftsanteilen aus dem Sonderbetriebsvermögen eines Mitunternehmers in das Gesamthandsvermögen derselben Mitunternehmerschaft oder einer anderen Mitunternehmerschaft, an der der beteiligt ist, übertragen – und umgekehrt,
- Wirtschaftsgüter werden unentgeltlich zwischen den jeweiligen Sonderbetriebsvermögen verschiedener Mitunternehmer derselben Mitunternehmerschaft übertragen.

Um nicht gerechtfertigte Steuervorteile, die sich aus dieser Regelung ergeben könnten, zu verhindern, besteht nach § 6 Abs. 5 Satz 4 eine **Sperrfrist**, die erst mit Abgabe der Steuererklärung für den Veranlagungszeitraum der Übertragung beginnt und **drei Jahre** beträgt. Wird das zum Buchwert übertragene Wirtschaftsgut vor Ablauf dieser Sperrfrist veräußert oder entnommen, so ist **rückwirkend** auf den Zeitpunkt der Übertragung der **Teilwert** anzusetzen, d. h. die stillen Reserven werden rückwirkend aufgelöst. Die dabei anzuwendende Korrekturvorschrift ist die des § 175 Abs. 1 Satz 1 Nr. 2 AO. Handelte es sich dabei um ein Wirtschaftsgut des abnutzbaren Anlagevermögens, ergäbe sich durch den rückwirkenden Teilwertansatz eine höhere AfA und damit auch eine Gewinnänderung für die dazwischen liegenden Jahre. Diese Rückwirkung lässt sich vermeiden, wenn in der Buchführung der Mitunternehmerschaft selbst zwar die Teilwerte angesetzt werden, die stillen Reserven aber in einer Ergänzungsbilanz für den übertragenden Mitunternehmer ausgewiesen werden. Vgl. Beispiel zu 2.4. 1. 3. 2.

Eine Sperrfrist von sieben Jahren wird ausgelöst, wenn an der Mitunternehmerschaft eine Kapitalgesellschaft (oder eine andere Körperschaft, Personenvereinigung oder Vermögensmasse) beteiligt ist und sich durch eine der aufgeführten Übertragungen z. B. der Anteil einer Kapitalgesellschaft an dem übertragenen Wirtschaftsgut erhöht. Auch hier kommt es zu einer rückwirkenden Gewinnrealisierung.

2.5 Vergütungen der Personengesellschaften an ihre Mitunternehmer oder umgekehrt für besondere Leistungen

2.5.1 Vergütungen an Mitunternehmer

Vergütungen, die ein Mitunternehmer einer Personengesellschaft für seine Tätigkeit im Dienst der Gesellschaft, für die Hingabe von Darlehen oder für die Überlassung von Wirtschaftsgütern bezieht, sind nach § 15 Abs. 1 Nr. 2 EStG stets Einkünfte aus Gewerbebetrieb – natürlich nur sofern die Personengesellschaft als Gewerbebetrieb i. S. des § 15 Abs. 3 EStG anzusehen ist. Die Vergütungen sind in den gemäß § 180 Abs. 1 Nr. 2 Buchst. a AO einheitlich und gesondert festzustellenden Gewinn der Personengesellschaft einzubeziehen und den betreffenden Gesellschaftern vorab zuzurechnen. Die Vergütungen zählen auch zum Gewerbeertrag der Personengesellschaft (vgl. A 39 Abs. 2 GewStR).

2.5.1.1 Vergütungen für Tätigkeit im Dienst der Gesellschaft

In der Regel werden solche Vergütungen für die **Geschäftsführertätigkeit** des Gesellschafters oder mehrerer Gesellschafter gezahlt, bei der KG insbesondere dem vollhaftenden Gesellschafter (Komplementär). Solche Vergütungen sind meist schon im Gesellschaftsvertrag vorgesehen. Sie können aber auch durch einen besonderen »Arbeits«-Vertrag vereinbart werden. Die vollhaftenden Gesellschafter sind jedoch weder steuerlich noch arbeitsrechtlich Arbeitnehmer. Die Vergütungen dürfen daher den steuerlichen Gewinn nicht mindern. In der Praxis gibt es für die buchmäßige Behandlung dieser Tätigkeitsvergütungen zwei Möglichkeiten.

1. Die Tätigkeitsvergütung wird, soweit Zahlungen bereits im Laufe des Jahres erfolgen, als **Privatentnahme** des Gesellschafters gebucht. Der Gewinn wird also nicht beeinflusst. Im Rahmen der Gewinnverteilung erhält der Gesellschafter die Tätigkeitsvergütung als Voraus und nur der Restgewinn wird nach dem vereinbarten Gewinnverteilungsschlüssel aufgeteilt.
2. Die Tätigkeitsvergütung wird als **laufender Aufwand** gebucht, z. B. unter »Gehälter«. Damit wird der Gewinn entsprechend verringert. Vor der Gewinnfeststellung und Verteilung muss die Vergütung dem Bilanzgewinn wieder zugerechnet werden. Der Begriff »Sonderbetriebseinnahme« ist für solche Vergütungen unzutreffend, eine Sonderbilanz gegenstandslos. Eine von der Handelsbilanz abweichende Steuerbilanz ist nur erforderlich, wenn zum Bilanzstichtag Gehaltsforderungen bzw. Verbindlichkeiten gegenüber dem Gesellschafter ausgewiesen werden.
3. Ob die Geschäftsführung aufgrund des Gesellschaftsvertrags als gesellschaftsrechtlicher Beitrag oder aufgrund eines Arbeitsvertrages als schuldrechtlich geschuldete Leistung erbracht wird, ist insbesondere für die **umsatzsteuerliche Behandlung** von Bedeutung. Wird an den geschäftsführenden Gesellschafter ein Gewinnvorab des handelsrechtlich nicht geschmälerten Gewinns verteilt, so ist dieser Gewinnvorab kein Sonderentgelt. Umsatzsteuer entsteht nicht. Erhält der Gesellschafter hingegen eine Vergütung, die zu Lasten des handelsrechtlichen Gewinns als (Lohn-)Aufwand behandelt wird, liegt ein umsatzsteuerbarer und -pflichtiger Leistungsaustausch vor, vgl. BMF vom 23.12.2003 BStBl I 2004, 240; A 1.6 Abs. 4 UStAE.

BEISPIEL

Gesellschafter V erhält laut Gesellschaftsvertrag eine Tätigkeitsvergütung von 3 000 € im Monat, die als »Geschäftsführergehalt« (Aufwandskonto) gebucht wird. Die Bilanz zum 31. 12. 02 weist einen Gewinn von 186 900 € aus, der im Verhältnis 1:1 auf V und den Mitgesellschafter M aufzuteilen ist.

LÖSUNG

Bilanzgewinn für das Wj 02	186 900 €
+ als Aufwand gebuchte Tätigkeitsvergütung	36 000 €
steuerlicher Gewinn	222 900 €
davon für Gesellschafter V als Voraus	36 000 €
Restgewinn	186 900 €

Gesellschafter	Anteil am laufenden Gewinn		Tätigkeitsvergütung	Gewinnanteil insgesamt
	%	€	€	
V	50	93 450	36 000	129 450
M	50	93 450	–	93 450
Summen	100	186 900	36 000	222 900

Einheitlich und gesondert festzustellender Gewinn	222 900 €
Gewinn aus Gewerbebetrieb i. S. des § 7 GewStG	222 900 €

Der Vorgang unterliegt der Umsatzsteuer.

Anders liegen die Fälle, in denen **Kommanditisten** als **Arbeitnehmer** untergeordnete Arbeiten ausführen. Es ist nämlich unter bestimmten Voraussetzungen möglich, dass Gesellschafter einer Personengesellschaft in Arbeits- und Sozialversicherungsrecht als Arbeitnehmer anzusehen sind, vgl. dazu Storr, NWB Fach 27, S. 5639, 5644. Steuerlich müssen aber auch die Löhne und Gehälter dieser Gesellschafter als Vergütungen im Dienste der Gesellschaft behandelt werden und dürfen den steuerlichen Gewinn nicht mindern. Sogar die nach den Sozialversicherungsgesetzen von der Personengesellschaft zu entrichtenden Arbeitgeberanteile zur Sozialversicherung sind dem steuerlichen Gewinn wieder hinzuzurechnen (BFH vom 19. 10. 1970 BStBl II 1971, 177 und vom 08. 04. 1992 BStBl II 1992, 812). Andererseits sind diese Arbeitgeberanteile in der Einkommensteuererklärung der Kommanditisten als Sonderausgaben (Vorsorgeaufwendungen) anzusetzen. Vgl. auch BFH vom 24. 01. 1980 BStBl II 1980, 271.

Eine Besonderheit ergibt sich auch in den Fällen, in denen ein Gesellschafter als **selbstständiger Unternehmer** Leistungen an die Gesellschaft erbringt. Nach der Rechtsprechung des BFH kommt es bei einer Tätigkeit für die Gesellschaft nicht darauf an, ob diese Tätigkeit im Gesellschaftsvertrag vereinbart ist bzw. auf einer gesellschaftsrechtlichen Beitragspflicht i. S. der §§ 705–707 BGB beruht oder ob sie eine andere Rechtsgrundlage hat (z. B. Werkvertrag). Die Vergütung könne sonst, je nach Vertragsgestaltung, einmal Sonderbetriebseinnahme im Rahmen der Personengesellschaft, das andere Mal Betriebseinnahme beim eigenen Betrieb des Mitunternehmers sein. Dies decke sich nicht mit dem Sinn des § 15 Abs. 1 Nr. 2 EStG. Vgl. BFH vom 18. 09. 1969 BStBl II 1970, 43, vom 30. 11. 1978 BStBl II 1979, 236, vom 24. 01. 1980 BStBl II 1980, 269 und vom 11. 12. 1986 BStBl II 1987, 553. Eine Tätigkeitsvergütung i. S. v. § 15 Abs. 1 Nr. 2 EStG liegt selbst dann vor, wenn diese Vergütung zu den Herstellungskosten für ein Wirtschaftsgut der Personengesellschaft (z. B. ein Betriebsgebäude) zählt.

Allerdings gehört z. B. ein Festpreis, den eine Personengesellschaft ihrem Gesellschafter für die schlüsselfertige Erstellung eines Gebäudes auf einem Grundstück der Gesellschaft zu zahlen hat, nicht zu den Vergütungen i. S. d. § 15 Abs. 1 Satz 1 Nr. 2 EStG (BFH vom 28. 10. 1999 BStBl II 2000, 339). Bei der Erstellung von Bauwerken handelt es sich nicht um eine Tätigkeit i. S. d. Vorschrift.

BEISPIEL

Ein freiberuflich tätiger Architekt ist zugleich Mitunternehmer eines Bauunternehmens (KG). Er erstellt für die KG von Fall zu Fall gegen das übliche Honorar Baupläne. Eine gesellschaftsrechtliche Vereinbarung über diese Leistungen besteht nicht.

LÖSUNG Das Honorar ist eine Vergütung i. S. d. § 15 Abs. 1 Satz 1 Nr. 2 EStG.

Die Tatsache, dass eine Vergütung für die Tätigkeit eines Gesellschafters als Sonderbetriebseinnahme zu behandeln ist, schließt jedoch nicht aus, dass diese Vergütung bei der Gesellschaft zu den Anschaffungskosten oder Herstellungskosten zählt.

BEISPIELE

a) Mitunternehmer H ist selbstständiger Handelsvertreter. Er vermittelt auch Einkäufe von Waren für die Personengesellschaft und erhält dafür eine Provision.

LÖSUNG Die Provision gehört einerseits zu den Anschaffungskosten der Waren, andererseits ist sie als Sonderbetriebseinnahme des H bei der Gewinnfeststellung für die Gesellschaft zu erfassen. Im Gewerbebetrieb des H scheidet sie dagegen aus.

Buchungen bei Personengesellschaft z. B.:	Wareneinkauf (Einkaufsprovision) an Bank
in Ergänzungsbuchführung H:	Privatentnahmen an Provisionserträge
Buchungen im Einzelunternehmen H:	Bank an Privateinlagen

b) Mitunternehmer I ist selbstständiger, freiberuflicher Ingenieur. Im Rahmen des Neubaus eines Betriebsgebäudes erstellt I für die Gesellschaft eine umfangreiche Konstruktionszeichnung, für die er das übliche Honorar (15 000 € + 2 850 € USt) verlangt und auch erhält.

LÖSUNG Das Honorar gehört zu den Herstellungskosten des Gebäudes, es ist auch als Sonderbetriebseinnahme des I anzusehen.

Buchung in der Gesellschaftsbuchführung:		
Betriebsgebäude	15 000 €	
Vorsteuer	2 850 €	
an Bank		17 850 €
Buchung in der Sonderbuchführung I:		
Privat	15 000 €	
an Honorareinnahmen		15 000 €
Buchung in der Buchführung »Ingenieurbüro«:		
Bank	17 850 €	
an Umsatzsteuer		2 850 €
an Privateinlagen		15 000 €

Das Ergebnis der Buchungen zu den Beispielen a) und b) kann auch auf andere Weise erreicht werden, z. B. durch Korrekturen beim jeweiligen Jahresabschluss. Im Übrigen müssen die mit den Sonderbetriebseinnahmen zusammenhängenden Aufwendungen als Sonderbetriebsausgaben ebenfalls bei der steuerlichen Gewinnermittlung für die Personengesellschaft berücksichtigt werden.

Wegen der umsatzsteuerlichen Behandlung von Leistungen der Gesellschafter an die Gesellschaft vgl. BFH vom 06.06.2002 BStBl II 2003, 36, und BMF vom 23.12.2003 BStBl I 2004, 240.

Nur in **Ausnahmefällen** können Vergütungen an den Mitunternehmer für eine Tätigkeit gegenüber der Personengesellschaft **Betriebsausgaben** der Gesellschaft sein. Dies ist z. B. möglich, wenn die Leistung und die Mitunternehmereigenschaft desjenigen, der leistet, nur **zufällig** und **vorübergehend** zusammentreffen und demgemäß jeglicher wirtschaftlicher Zusammenhang zwischen Leistung und Mitunternehmerschaft ausgeschlossen ist. Zu denken wäre etwa an einen einmaligen Auftrag zur Führung eines Prozesses, den ein Rechtsanwalt von einer Publikums-KG erhält, an der er selbst – neben zahlreichen anderen Kommanditisten – geringfügig beteiligt ist (BFH vom 24.01.1980 BStBl II 1980, 269). Dabei fällt auf, dass der BFH neben der Einmaligkeit des Auftrags auch die geringfügige Beteiligung und die große Zahl anderer Mitkommanditisten besonders hervorhebt. Daraus kann geschlossen werden, dass bei einem nicht geringfügig beteiligten Mitunternehmer ein einmaliger Auftrag keinen Ausnahmefall darstellen würde.

Erhält die **Witwe eines Gesellschafters**, die weder selbst Mitunternehmerin war noch als Erbin ihres verstorbenen Ehemannes Gesellschafterin wurde, von der Personengesellschaft eine **Witwenpension** aufgrund eines Dienstvertrags zwischen dem Ehemann (Mitunternehmer) und der Gesellschaft, so liegen auch hier **Sondervergütungen** i. S. von § 15 Abs. 1 Satz 2 EStG i. V. m. § 24 Nr. 2 EStG vor. Die Pension gilt also steuerlich nicht als Betriebsausgabe und darf den Gewinn der Personengesellschaft nicht mindern. Vgl. BFH vom 25.01.1994 BStBl II 1994, 455. Selbstverständlich liegt eine Sondervergütung erst recht dann vor, wenn die Witwe selbst an der Personengesellschaft beteiligt ist.

2.5.1.2 Vergütungen für die Hingabe von Darlehen

In § 121 Abs. 1 HGB ist für die OHG eine **Kapitalkontenverzinsung** im Rahmen der Gewinnverteilung vorgesehen. Dieselbe Regelung gilt nach § 168 HGB auch für die KG. In vielen Gesellschaftsverträgen für Personengesellschaften ist diese Kapitalkontenverzinsung ebenfalls vereinbart, wobei allerdings die Bemessungsgrundlage und insbesondere der Zinssatz von der gesetzlichen Regelung abweichen können. Es ist unbestritten, dass diese Zinsen auf das Kapital einen **Teil des Gewinns** darstellen (Gewinnvorab), also niemals Aufwand sein können.

Die **beweglichen Kapitalkonten** werden dagegen, vor allem bei Kommanditgesellschaften, oft wie Fremdkapital behandelt. Bei Kommanditisten trifft dies handelsrechtlich sogar zu. Diese Konten werden dann z. B. als Verrechnungskonten oder Darlehenskonten bezeichnet, Zinsen auf diese Konten als Zinsaufwand gebucht. Ebenso wird verfahren, wenn Mitunternehmer tatsächlich ihrer Gesellschaft Geldmittel in Form von Darlehen verzinslich zur Verfügung gestellt haben.

Nach der klaren gesetzlichen Regelung sind auch diese Zinsen Teil des gewerblichen Gewinns; ihre Zahlung ist **Gewinnverwendung**, nicht aber Gewinnminderung. Es ist nicht erforderlich, die Darlehen und die gezahlten Zinsen in eine Sonderbilanz einzustellen. Es genügt, den Handelsbilanzgewinn um den entsprechenden Zinsaufwand für die Gesellschafterdarlehen zu erhöhen, § 60 Abs. 2 EStDV. Es spielt in diesem Zusammenhang übrigens keine Rolle, ob der darlehensgebende Mitunternehmer Vollhafter oder Teilhafter, wesentlich, unwesentlich oder nur geringfügig beteiligt ist. Die Mitunternehmereigenschaft für sich allein genügt.

2.5.1.3 Vergütungen für die Überlassung von Wirtschaftsgütern

Bei Wirtschaftsgütern, die von Mitunternehmern der Personengesellschaft überlassen wurden, handelt es sich um Sonderbetriebsvermögen. Die dafür gezahlten Vergütungen sind Sonderbetriebseinnahmen. Wegen der Einzelheiten vgl. 2. 2.

2.5.1.4 Vergütungen für Lieferungen durch Mitunternehmer

Die Veräußerung eines Wirtschaftsguts durch den Gesellschafter an die Gesellschaft fällt nicht unter § 15 Abs. 1 Nr. 2 EStG. Das gilt sowohl für Lieferungen im Rahmen des gewöhnlichen Geschäftsverkehrs als auch für Veräußerungen außerhalb des gewöhnlichen Geschäftsverkehrs. Bei Veräußerung von Sonderbetriebsvermögen oder Privatvermögen vgl. 2.4.1.3.1 und 2. 4. 3. 2.

2.5.2 Leistungen der Personengesellschaft an ihre Mitunternehmer

Erbringt die Personengesellschaft gegenüber ihren Mitunternehmern Lieferungen oder Leistungen gegen Entgelt, so treten keine Besonderheiten auf, wenn das Entgelt mindestens dem **Teilwert entspricht**. Bei einem Entgelt, das niedriger als der Teilwert ist, muss dagegen in Höhe der Differenz zwischen Entgelt und Teilwert eine Entnahme angenommen werden. Bei der Umsatzsteuer ist in diesen Fällen § 10 Abs. 5 UStG zu beachten. Liegt das vereinbarte Entgelt jedoch über dem Preis, den ein fremder Dritter für das Wirtschaftsgut oder die Leistung zahlen würde, so ist in Höhe des Mehrpreises eine Einlage des Mitunternehmers zu sehen.

2.6 Behandlung der Sonderbetriebsausgaben

Es sind zwei Arten von Sonderbetriebsausgaben zu unterscheiden. Da sind zum einen die Aufwendungen, die mit **Sonderbetriebsvermögen** in **unmittelbarem Zusammenhang** stehen, z. B. die AfA der an die Personengesellschaft zur Nutzung überlassenen Wirtschaftsgüter, die Grundstücksaufwendungen (Grundsteuer, Gebäudeversicherung usw.) für ein durch die Gesellschaft genutztes Grundstück im Eigentum des Mitunternehmers, die Zinsen für einen Kredit zur Anschaffung von Sonderbetriebsvermögen. Diese Sonderbetriebsausgaben werden im Rahmen der Sonderbilanz (Sonderbuchführung) berücksichtigt.

Zum anderen gibt es Aufwendungen, die den **einzelnen Mitunternehmer** allein treffen, aber nicht mit Sonderbetriebsvermögen in Verbindung stehen. Dabei handelt es sich z. B. um Zinsen für Schulden, die zur Finanzierung der Beteiligung an der Personengesellschaft dienen. Diese Ausgaben werden oft in keiner Buchführung berücksichtigt. Sie wirken sich auch auf den handelsrechtlichen Gewinn nicht aus. Sie sind aber bei der einheitlichen und gesonderten Gewinnfeststellung vom Bilanzgewinn abzuziehen und **mindern** den **Gewinnanteil** des betreffenden Gesellschafters. Da es sich bei den genannten Schulden um (notwendiges) negatives Sonderbetriebsvermögen II handelt, ist das Aufstellen einer Sonderbetriebsvermögensbilanz zweckmäßig.

BEISPIEL

Gesellschafter S hat zur Finanzierung seines Kapitalanteils an der T-OHG einen Bankkredit in Höhe von 200 000 € aufgenommen. Er erhält dafür im Wj 03 eine Zinsbelastung von 20 000 €. Außerdem wurde bei Kreditaufnahme ein Disagio von 6 000 € einbehalten, das entsprechend der Laufzeit des Kredits auf zehn Jahre zu verteilen ist.
Die T-OHG hat im Wj 03 einen Gewinn von 249 000 € erzielt, an dem S, T und U mit je einem Drittel beteiligt sind.

LÖSUNG Gewinnverteilung:

Gesellschafter	Anteil am laufenden Gewinn		Sonderbetriebsausgaben	Gesamtanteil am Gewinn
	%	€	€	€
S	33 1/3	83 000	20 600	62 400
T	33 1/3	83 000	–	83 000
U	33 1/3	83 000	–	83 000
	100	249 000	20 600	228 400

einheitlich und gesondert festzustellender Gewinn	228 400 €
Gewinn aus Gewerbebetrieb i. S. des § 7 GewStG (vgl. H 7.1 [3] (Ermittlung des Gewerbeertrags bei Mitunternehmerschaften) GewStH)	228 400 €

2.7 Übertragung stiller Reserven zwischen Mitunternehmer und Personengesellschaft

Wie bereits unter 2.4.1.3.2 und 2.4.3.2 ausgeführt, können im Zusammenhang mit der Übertragung von Betriebsvermögen oder Sonderbetriebsvermögen vom Mitunternehmer in das Gesamthandseigentum gegen Gewährung von Gesellschaftsrechten stille Reserven übertragen werden, dann nämlich, wenn die eingebrachten Wirtschaftsgüter mit dem Buchwert angesetzt werden.

Die Übertragung stiller Reserven vom Mitunternehmer auf die Personengesellschaft und umgekehrt ist auch im Rahmen des § 6 b EStG möglich. In R 6 b.2 Abs. 6 und 7 EStR sind dazu verschiedene Übertragungsmöglichkeiten aufgezeigt, die nachfolgend näher erläutert werden sollen.

2.7.1 Buchgewinn-Übertragung von Gesellschafter auf Gesellschaft

Der Gesellschafter kann einen nach § 6 b Abs. 1 EStG begünstigten Buchgewinn, der in seinem eigenen Betrieb oder in seinem Sonderbetriebsvermögen entstanden ist, bzw. eine steuerfreie Rücklage nach § 6 b Abs. 3 EStG, übertragen

a) auf ein im Jahr der Veräußerung bzw. dem Vorjahr oder den folgenden vier (sechs) Wirtschaftsjahren angeschafftes Wirtschaftsgut seines Sonderbetriebsvermögens, oder
b) auf ein im Jahr der Veräußerung bzw. dem Vorjahr oder der folgenden vier (sechs) Wirtschaftsjahre von der Personengesellschaft erworbenes Wirtschaftsgut, allerdings nur bis zur Höhe seines Anteils am Wirtschaftsgut.

Dabei sind selbstverständlich die allgemeinen Voraussetzungen für die Anwendung des § 6 b EStG zu beachten (nur Veräußerung bestimmter Wirtschaftsgüter, beschränkte Übertragungsmöglichkeiten, Sechsjahresfrist usw.). Auch ist es nicht zulässig, stille Reserven von einem Gewerbebetrieb des Mitunternehmers auf die Gesellschaft zu übertragen, wenn diese nicht der Gewerbesteuer unterliegt (z. B. eine Land- und Forstwirtschaft betreibt), vgl. § 6 b Abs. 4 Satz 2 EStG.

BEISPIEL

Der Gewerbetreibende G, der an der G-OHG zu 25 % beteiligt ist, veräußerte im Wj 01 einen Bauplatz, der zu seinem Betriebsvermögen gehörte. Den bei diesem Verkauf erstandenen Buchgewinn von 49 300 € hat G – zu Recht – einer Rücklage nach § 6 b Abs. 3 EStG zugeführt.

Die G-OHG erwirbt im Mai 02 einen Bauplatz für 120 000 €. G möchte seine 6b-Rücklage auf dieses Grundstück übertragen.

LÖSUNG Die Übertragung der Rücklage ist grundsätzlich möglich. Das Grundstück ist dem G jedoch nur mit anteilig 25 % = 30 000 € zuzurechnen. Auf diesen Betrag ist die Übertragung begrenzt. Es ist zweckmäßig, die Übertragung nicht in der OHG-Buchführung unmittelbar vorzunehmen, sondern eine Ergänzungsbilanz einzuschalten

Buchungen beim Einzelunternehmer G:

Rücklage § 6 b EStG (Sopo)	30 000 €

an Privat		30 000 €
Buchungen bei der OHG in Ergänzungsbuchführung G:		
Privat	30 000 €	
an Minderwert unbeb. Grundstück		30 000 €

Die restliche Rücklage von 19 300 € kann zunächst beibehalten werden.

2.7.2 Buchgewinn-Übertragung von Gesellschaft auf Gesellschafter

Der Gesellschafter kann einen nach § 6 b Abs. 1 EStG begünstigten Buchgewinn, der bei der Gesellschaft durch Veräußerung von Gesamthandsvermögen entstanden ist, bzw. eine von der Gesellschaft gebildete Rücklage nach § 6 b Abs. 3 EStG, übertragen

a) auf in einem anderen Betrieb des Mitunternehmers angeschaffte Wirtschaftgüter,
b) auf vom Mitunternehmer angeschaffte Wirtschaftsgüter des Sonderbetriebsvermögens in dieser oder einer anderen Personengesellschaft,
c) auf Wirtschaftsgüter, die von einer anderen Personengesellschaft, an der der Gesellschafter ebenfalls Mitunternehmer ist, angeschafft worden sind, begrenzt auf die anteiligen Anschaffungs- oder Herstellungskosten.

Auch in diesen Fällen kommt die Übertragung nur in Betracht, wenn die Anschaffung oder Herstellung im Wj der Veräußerung durch die Personengesellschaft, im Vorjahr oder in den folgenden vier (sechs) Wirtschaftsjahren erfolgt, und wenn bei einer gewerblichen Personengesellschaft auch wieder auf einen Gewerbebetrieb übertragen wird (§ 6 b Abs. 4 Satz 2 EStG). Die Übertragung ist auf den anteiligen Buchgewinn bzw. die anteilige Rücklage begrenzt.

BEISPIEL

Die V-KG veräußerte im Juni 03 Anteile an Kapitalgesellschaften mit einem Buchgewinn von 33 000 € (davon 40 % nach § 3 Nr. 40 Buchst. a EStG steuerfrei), für den gemäß § 6 b Abs. 10 Satz 5 EStG eine Rücklage gebildet wurde.

Der Gesellschafter D, der an der V-KG zu 33 1/3 % beteiligt ist, möchte die Rücklage auf ein von ihm im Jahr 04 erstelltes Betriebsgebäude übertragen, das zum Betriebsvermögen seines Einzelunternehmens gehört.

Die Übertragung ist in Höhe des auf D entfallenden Anteils an der Rücklage zulässig.

Buchung bei der KG:		
Rücklage § 6 b EStG (Sopo)	11 000 €	
an Privat D		11 000 €
Buchung im Einzelunternehmen D:		
Privat	11 000 €	
an Rücklage § 6 b EStG (Sopo)		11 000 €
Rücklage § 6 b EStG (Sopo)	11 000 €	
an Gebäude		6 600 €
an sonst. betriebl. Erträge		4 400 €

Diese 4 400 € sind nach § 3 Nr. 40 EStG steuerfrei, werden also außerbilanziell vom Gewinn abgezogen.

Vgl. § 6 b Abs. 10 Sätze 2, 6 und 7 EStG.

Selbstverständlich kann unter den sonstigen Voraussetzungen des § 6 b EStG ein Buchgewinn, der bei der Veräußerung eines Wirtschaftsguts aus dem Gesamthandsvermögen entstanden ist, auf ein Wirtschaftsgut übertragen werden, das wiederum zum Gesamthandsvermögen gehört. Dabei darf der begünstigte Gewinn jedoch von allen Gesellschaftern nur einheitlich übertragen werden (R 6 b.2 Abs. 7 Nr. 1 EStR). Wegen Besonderheiten bei Gesellschafterwechsel vgl. 6.

2.8 Verlustberücksichtigung bei Kommanditisten mit negativem Kapitalkonto (§ 15 a EStG)

Nach § 167 Abs. 3 HGB nimmt ein Kommanditist an einem Verlust nur bis zur Höhe seines Kapitalanteils und seiner evtl. noch rückständigen Einlage teil. Demnach dürfte es ein **negatives Kapitalkonto** überhaupt nicht geben, zumal ein Kommanditist auch über seine Einlage hinaus nicht haftet. In der Praxis wird die Bestimmung des § 167 Abs. 3 HGB in den Gesellschaftsverträgen jedoch oftmals abbedungen. Dies ist handelsrechtlich zulässig und auch steuerlich anerkannt (BFH vom 13.03.1964 BStBl III 1964, 359). Dieses negative Kapitalkonto ist i. d. R. als Verrechnungsposten für spätere Gewinnanteile aufzufassen.

Negative Kapitalkonten kamen vor allem bei den so genannten Abschreibungsgesellschaften vor, deren Hauptzweck es meist war, durch Ausnützung der steuerlichen Abschreibungsvorschriften den Gesellschaftern (Kommanditisten) hohe Verlustanteile zu sichern (»150 % Verlustbeteiligung zugesichert!«). Die Tätigkeit dieser Abschreibungsgesellschaften führte zu – nicht nur steuerlichen – Auswirkungen, die der Gesetzgeber nicht mehr tolerieren wollte. So kam es schließlich zu der Regelung des § 15 a EStG, in dem insbesondere bestimmt wird, dass der einem Kommanditisten zuzurechnende Anteil am Verlust einer Kommanditgesellschaft **weder** mit **anderen Einkünften** aus Gewerbebetrieb noch mit Einkünften aus **anderen Einkunftsarten** ausgeglichen werden darf, soweit für den Kommanditisten ein negatives Kapitalkonto entsteht oder sich erhöht. Durch die Regelung des § 2 b EStG wird es künftig wohl nur noch wenige Abschreibungsgesellschaften geben.

Die Anwendung des § 15 a EStG ist **keine Frage der Bilanzierung oder der Buchführung**. Lediglich die Tatsache des negativen Kapitalkontos muss sich aus der Buchführung ergeben, wobei allerdings auch bestehende Ergänzungsbilanzen zu beachten sind, vgl. BFH vom 30.03.1993 BStBl II 1993, 706.

BEISPIEL

Kapitalkonto Kommanditist X	./.	21 380 €
Mehrkapital X laut Ergänzungsbilanz		68 510 €
Kapital X insgesamt		47 130 €

LÖSUNG Steuerlich liegt kein negatives Kapitalkonto vor. § 15 a EStG ist nicht anzuwenden.

Dagegen bleibt ein etwaiges **Sonderbetriebsvermögen außer Betracht** (BFH vom 01.06.1989 BStBl II 1989, 1018 und vom 14.05.1991 BStBl II 1992, 167 sowie BMF vom 30.05.1997 BStBl I 1997, 627). Hätte also im obigen Beispiel der Kommanditist X statt des Mehrkapitals laut Ergänzungsbilanz von 68 510 € ein Sonderbetriebsvermögen in gleicher Höhe, so würde es beim negativen Kapitalkonto verbleiben, weil Sonderbetriebsvermögen für § 15 a EStG ohne Bedeutung ist. Zu den entsprechenden Sonderbetriebseinnahmen vgl. BFH vom 13.10.1998 BStBl II 1999, 163.

Der Vollständigkeit halber sei darauf verwiesen, dass beim Ausscheiden des Kommanditisten, für den ein negatives Kapitalkonto besteht, ein **Veräußerungsgewinn** anfällt, wenn der Ausscheidende von Ausgleichsansprüchen und dergleichen freigestellt wird, der Wert der

Beteiligung damit also 0 € beträgt (vgl. BFH vom 10. 11. 1980 BStBl II 1981, 164, Leitsatz 2 und vom 10. 12. 1991 BStBl II 1992, 650).

3 Verteilung von Gewinn und Verlust und buchmäßige Behandlung

Ebenso wie die Ermittlung des steuerlichen Ergebnisses erfolgt auch die Verteilung von Gewinn und Verlust in mehreren Stufen.

a) Ermittlung des steuerlichen Ergebnisses

Ausgangspunkt für die Ermittlung des einheitlich und gesondert festzustellenden Gewinns oder Verlusts der Personengesellschaft ist und bleibt das Ergebnis der Handelsbilanz. In der **ersten Stufe** wird dieses Ergebnis, soweit erforderlich, den steuerlichen Bestimmungen angepasst.

BEISPIELE

a) Erhöhung des steuerlichen Gewinns wegen nicht anerkannter Rückstellungen oder Abschreibungen,

b) Erhöhung des steuerlichen Gewinns wegen als Aufwand gebuchter Tätigkeitsvergütungen oder Zinsen für Gesellschafterdarlehen,

In der **zweiten Stufe** werden dem steuerlichen Gewinn der Gesellschaft die Ergebnisse von Sonderbilanzen und/oder Ergänzungsbilanzen zugerechnet, um den steuerlichen Gesamtgewinn zu erhalten, der festzustellen und auf die Mitunternehmer zu verteilen ist.

b) Verteilung von Gewinn und Verlust

Aus dem steuerlichen Gesamtergebnis sind zunächst die Gewinne und Verluste (Sonderbetriebseinnahmen und Sonderbetriebsausgaben) wieder auszuscheiden, die nur **einzelnen Mitunternehmern zuzuordnen** sind und sich insbesondere aus Sonder- oder Ergänzungsbilanzen ergeben. Anschließend sind die **Vorwegvergütungen** laut Gesellschaftsvertrag (insbesondere Tätigkeitsvergütungen und Zinsen für das Kapital) vom verbleibenden Gewinn abzuziehen und den Gesellschaftern zuzuordnen. Bei einer Gewinnverteilung nach § 121 HGB sind dies die Zinsen aus den Kapitalkonten.

Der **verbleibende Gewinn** ist nach dem **Gewinnverteilungsschlüssel** des Gesellschaftsvertrages zu verteilen. Eine Verteilung nach § 121 Abs. 3 HGB dürfte nur selten in Betracht kommen, da diese Regelung für die meisten Gesellschaften zu starr ist. **Verluste** werden ebenfalls nach dem vorgesehenen Verteilungsschlüssel aufgeteilt. Dabei ist jedoch zu beachten, dass etwaige Tätigkeitsvergütungen oder Kapitalkontenverzinsung den zu verteilenden Verlust zunächst erhöhen.

BEISPIEL

Bilanzverlust der A & B OHG 81 900 €. Beteiligt sind A und B mit je 50 %. A erhält eine Tätigkeitsvergütung von 30 000 € jährlich, die nicht als Aufwand gebucht ist.

LÖSUNG

Bilanzverlust				81 900 €
Tätigkeitsvergütung A			+	30 000 €
zu verteilender Verlust				111 900 €
davon entfallen auf A und B je 50 % =				55 950 €
Verlustanteil A	./.	55 950 €		
Tätigkeitsvergütung	./.	30 000 €		25 950 €
Verlustanteil B				55 950 €
Verlust insgesamt				81 900 €

Nach der Rechtsprechung des BFH bezieht sich der zwischen den Gesellschaftern einer Personengesellschaft vereinbarte Gewinnverteilungsschlüssel grundsätzlich auf den Handelsbilanzgewinn (BFH vom 22.05.1990 BStBl II 1990, 965). Weicht der Steuerbilanzgewinn vom Handelsbilanzgewinn ab, so können bei der Gewinnverteilung Korrekturen in Betracht kommen.

BEISPIEL

Die A & B OHG hatte im Jahr 01 in ihrer Steuerbilanz – die insoweit von der Handelsbilanz abweicht – zu Recht eine Rücklage für Preissteigerungen nach § 74 EStDV a. F. in Höhe von 12 000 € gebildet. An der OHG beteiligt sind A und B zu je 50 %. Im Jahr 06 ist C als neuer Gesellschafter in die OHG eingetreten. Gewinnbeteiligung seither je ein Drittel.

LÖSUNG Zum Ende des Wj 07 (spätestens) ist die steuerfreie Rücklage gewinnerhöhend aufzulösen. Der Steuerbilanzgewinn liegt demnach um 12 000 € über dem Handelsbilanzgewinn. Dieser Mehrpreis ist den Gesellschaftern A und B mit je 6 000 € zuzurechnen (vgl. oben zitiertes Urteil).

c) Buchmäßige Behandlung

Die Gewinnanteile, die sich aus der Handelsbilanz ergeben, werden den Kapitalkonten der Gesellschafter gutgeschrieben, i. d. R. den variablen Kapitalkonten; Verlustanteile werden den Konten belastet.

Buchung (siehe vorstehendes Beispiel):

Kapital A	25 950 €	
Kapital B	55 950 €	
an Gewinn- und Verlust-Konto		81 900 €

Ergebnisse der Bilanzen für Sonderbetriebsvermögen oder Ergänzungsbilanzen haben keinerlei Einfluss auf die Kapitalkonten der Gesellschaft. Sie bleiben daher bei einer Kapitalkontoentwicklung unberücksichtigt. Dafür wirken sie sich auf das Sonderbetriebsvermögen des Gesellschafters oder auf das Mehrkapital bzw. Minderkapital in einer Ergänzungsbilanz aus. Bei anderen steuerlichen Mehr- oder Mindergewinnen ist zu unterscheiden, ob sie sich auf das Betriebsvermögen der Personengesellschaften auswirken oder nicht, und ob sie alle Gesellschafter oder nur einzelne betreffen.

BEISPIELE

a) Die Zurechnung der als Aufwand gebuchten Tätigkeitsvergütung betrifft nur einen Gesellschafter. Das Betriebsvermögen der Gesellschaft ändert sich nicht. Beim Kapital des Gesellschafters ergibt sich einerseits eine Erhöhung durch den Mehrgewinn aus Tätigkeitsvergütung, andererseits ist die Zahlung der Vergütung als Entnahme zu behandeln, die das Kapital wieder in gleicher Höhe mindert. Insgesamt ergibt sich also auch beim Gesellschafter keine Auswirkung auf das Kapital.

b) Eine Garantierückstellung wird vom Finanzamt nicht anerkannt. Der dadurch entstehende Mehrgewinn ist den Gesellschaftern nach dem Gewinnverteilungsschlüssel zuzurechnen und ihren Kapitalkonten gutzuschreiben (zunächst in der Steuerbilanz).

c) An der Müller KG sind beteiligt:
- der Gesellschafter Müller mit 50 % als Komplementär,
- der Gesellschafter Kurz mit 20 % als Kommanditist und
- die Gesellschafterin Lang mit 30 % als Kommanditistin.

Der Gewinn der KG hat im Wj 04 laut Handelsbilanz 175 600 € betragen.
Als Aufwand sind unter anderem gebucht:
aa) die Mietzahlungen von insgesamt 12 000 € für Büroräume in einem der Gesellschafterin Lang gehörenden gemischtgenutzten Grundstück,
bb) das Bruttogehalt von 30 000 € für den als Buchhalter beschäftigten Kommanditisten Kurz, außerdem 5 200 € als Arbeitgeberanteil zur gesetzlichen Sozialversicherung des Kurz.
Im Gesellschaftsvertrag ist für den Komplementär Müller eine jährliche Tätigkeitsvergütung von 60 000 € als Gewinnvorab und außerdem eine Verzinsung der variablen Kapitalkonten (nach Stand vom Jahresanfang) mit 5 % für Komplementär und Kommanditisten vereinbart.
Die Kapitalkonten II (variable) weisen vor dem Jahresabschluss der KG folgende Zahlen aus:

	Müller	**Kurz**	**Lang**
Stand 01. 01. 04 ./. Entnahmen	127 200 € 49 700 €	88 600 € 12 300 €	102 800 € 25 900 €
Summe	77 500 €	76 300 €	76 900 €

Einlagen sind im Wj 04 nicht erfolgt.
Für das Sonderbetriebsvermögen der Kommanditistin Lang ergibt sich folgende

S	Gewinn- und Verlustrechnung 04		H
Grundstückskosten	2 850 €	Mieterträge	12 000 €
AfA Bürogebäude	4 750 €		
Gewinn	4 400 €		
	12 000 €		12 000 €

LÖSUNG

Zunächst ist der steuerliche Gewinn zu ermitteln.

Handelsbilanzgewinn	175 600 €
+ Vergütung für Tätigkeit Kurz	35 200 €
+ Vergütung für Raumüberlassung (siehe Sonderbilanz)	–
+ Gewinn laut Sonderbilanz Lang	4 400 €
steuerlicher Gewinn (zugleich Gewinn aus Gewerbebetrieb i. S. d. § 7 GewStG)	**215 200 €**

Gewinnverteilung:

steuerlicher Gewinn		215 200 €
davon vorweg den Gesellschaftern zuzuweisen:		
Tätigkeitsvergütung Müller	60 000 €	
Gehalt + Arbeitgeberanteil Kurz	35 200 €	
Gewinn laut Sonderbilanz Lang	4 400 €	
Kapitalkontenverzinsung		
Müller: 5 % von 127 200 € =	6 360 €	
Kurz: 5 % von 88 600 € =	4 430 €	
Lang: 5 % von 102 800 € =	5 140 €	115 530 €
nach Verteilungsschlüssel aufzuteilen		99 670 €

Zusammenstellung zur gesonderten und einheitlichen Feststellung der Einkünfte für 04

Lfd. Nr.	Name der Mitunternehmer	Beteiligung an den Einkünften %	Anteile am laufenden Gewinn €	Vergütungen für Tätigkeiten im Dienst der Gesellschaft €	Zinsen für Kapitalanteile und Darlehen €	Vergütungen für die Überlassung von Wirtschaftsgütern €	Sonderbetriebsausgaben für einzelne Mitunternehmer €	Gesamtbetrag €	Höhe der a) Einnahmen b) Einlagen €
1	Müller	50	49 835	60 000	6 360			116 195	a) 49 700 b)
2	Kurz	20	19 934	35 200	4 430			59 564	a) 47 500 b)
3	Lang	30	29 901		5 140	12 000	7 600	39 441	a) 37 900 b) 2 850
Zusammen		100	99 670	95 200	15 930	12 000	7 600	215 200	a) 135 100 b) 2 850

Kapitalkontenentwicklung:

	Müller	Kurz	Lang
Stand 31. 12. 03	127 200 €	88 600 €	102 800 €
./. Entnahmen	49 700 €	47 500 €	25 900 €
+ Einlagen	–	–	–
	77 500 €	41 100 €	76 900 €
Gewinnanteile 04:			
+ Tätigkeitsvergütung	60 000 €	35 200 €	–
+ Zins für Kapital	6 360 €	4 430 €	5 140 €
+ laufender Gewinn	49 835 €	19 934 €	29 901 €
Stand 31. 12. 04	**193 695 €**	**100 664 €**	**111 941 €**

Zum gleichen Ergebnis kommt man, wenn die Vergütung an den Gesellschafter Kurz nur außerhalb der Bilanz berücksichtigt wird. Dann sind in der Kontoentwicklung sowohl Entnahmen Kurz als auch Gewinnanteil Kurz um je 35 200 € niedriger. Am Kontostand 31. 12. 04 ändert sich nichts.

d) Bei der Müller KG (s. Beispiel c) hat das Finanzamt hat im Steuerfestsetzungsverfahren eine Teilwertabschreibung auf Waren in Höhe von 40 000 € nicht anerkannt und eine Rückstellung um 6 000 € erhöht. Der steuerliche Gewinn beträgt nach dieser Bilanzberichtigung 249 200 €.

LÖSUNG Der Mehrgewinn von 34 000 € ist nach dem Gewinnverteilungsschlüssel aufzuteilen und erhöht das ausgewiesene variable Kapital in der Steuerbilanz.

	Müller	Kurz	Lang
Kapital laut Bilanz (s. Beispiel c)	193 695 €	100 664 €	111 941 €
+ steuerl. Mehrgewinn	17 000 €	6 800 €	10 200 €
berichtigtes steuerliches Kapital	**210 695 €**	**107 464 €**	**122 141 €**

4 Behandlung der Beteiligung eines Mitunternehmers im Betriebsvermögen seines Einzelbetriebs

Beteiligt sich ein Einzelunternehmer an einer Personengesellschaft, so kann die Beteiligung notwendiges oder gewillkürtes Betriebsvermögen der Einzelfirma darstellen. Sie ist dann **notwendiges Betriebsvermögen**, wenn die Beteiligung dem Einzelbetrieb unmittelbar dient. Das ist z. B. der Fall, wenn sich ein Herstellungsbetrieb an einer Vertriebs-Personengesellschaft beteiligt, oder wenn ein Papierwareneinzelhändler Mitunternehmer einer Papierwarengroßhandlung wird. Dabei wird davon ausgegangen, dass es mit der Beteiligung auch zu laufenden Geschäftsbeziehungen (insbes. Lieferungen) mit der Gesellschaft kommt.

Ergänzend sei vermerkt, dass Beteiligungen an einer Personengesellschaft unabhängig von ihrer möglichen Zuordnung zu einem anderen Betrieb **immer Betriebsvermögen** sind und bleiben. Die Beteiligung ist steuerlich nicht als selbstständiges Wirtschaftsgut zu bewerten (BFH vom 22.01.1981 BStBl II 1981, 427). Vgl. dazu auch die Erläuterungen in K 3.2.

5 Besonderheiten bei der Gründung von Personengesellschaften

Zur Gründung einer Personengesellschaft ist im Gegensatz zur Kapitalgesellschaft weder ein Gesellschaftsvertrag in notarieller Form noch ein Mindestkapital oder eine Mindestbeteiligung vorgeschrieben. Die Gründungskosten sind für eine Personengesellschaft daher relativ gering. Diese Kosten sind als betrieblicher Aufwand zu behandeln.

Die Höhe der von den Gesellschaftern zu erbringenden Kapitaleinlagen wird i. d. R. im Gesellschaftsvertrag bestimmt. Dabei wird – ähnlich wie bei Kapitalgesellschaften – zwischen Bargründung und Sachgründung unterschieden, wobei auch Mischformen möglich sind. Beispielsweise kann ein Gesellschafter Sachwerte einbringen, während der andere Gesellschafter nur Geld einlegt. Für die buchmäßige Behandlung der Einlagen ergeben sich bei der Personengesellschaft je nach Gründungsart unterschiedliche Probleme.

5.1 Bargründung

Bei der Bargründung treten naturgemäß keine Schwierigkeiten für die Buchführung auf. Gebucht wird

Geldkonto (Bank) an Kapitalkonto (des einlegenden Gesellschafters) ... €

Allenfalls ist zu fragen, wie zu verfahren ist, wenn die Einlagen noch nicht voll erbracht sind. Am einfachsten ist es dabei, wenn das Kapital nur in Höhe der erbrachten Einlagen ausgewiesen wird. Dass dies sogar bei Kommanditisten möglich ist, zeigt § 167 Abs. 2 HGB. Klarer dürfte es jedoch sein, wenn für Kommanditisten das vereinbarte Kommanditkapital auf der Passivseite und die noch ausstehenden Einlagen auf der Aktivseite ausgewiesen werden. Für Komplementäre erscheint der Ausweis noch nicht erbrachter Einlagen nicht sinnvoll. Sie haften ohnehin mit ihrem gesamten Vermögen.

BEISPIEL

V und T gründen gemeinsam eine KG. V hat als Komplementär eine Einlage von 200 000 €, T als Kommanditist eine Einlage von 100 000 € zu erbringen. Zu Betriebsbeginn legen V 150 000 €, T 80 000 € durch Bankscheck bzw. -überweisung ins Betriebsvermögen ein. Der Rest soll aus späteren Gewinnanteilen aufgestockt werden.

LÖSUNG

Buchungen:

Bank	150 000 €	
an Kapital V		150 000 €
Bank	80 000 €	
noch ausstehende Kommanditeinlagen	20 000 €	
an Kommanditkapital T		100 000 €

5.2 Sachgründung

Eine Sachgründung liegt vor, wenn die von den Gesellschaftern zu leistenden Einlagen ganz oder teilweise durch nicht in Geld bestehende Wirtschaftsgüter erbracht werden. Gehörten diese Wirtschaftsgüter **bisher** zum **Privatvermögen**, so ist nach BFH vom 19.10.1998 BStBl II 2000, 231 ein **tauschähnlicher Vorgang** gegeben, weil der Einlage eines Wirtschaftsguts die Gewährung von Gesellschaftsrechten gegenübersteht. Es handelt sich also nicht um eine Einlage i. S. d. § 6 Abs. 1 Nr. 6 i. V. m. Nr. 5 EStG, womit auch die dort vorgesehenen Begrenzungen des Einlagewertes entfallen. Zu bewerten ist vielmehr nach § 6 Abs. 6 EStG mit dem gemeinen Wert. Dieser dürfte i. d. R. dem vom BFH im o. a. Urteil angesprochenen »objektiven Wert« bzw. »angemessenen Betrag« entsprechen. Vgl. auch BMF vom 29.03.2000 BStBl I 2000, 462 und vom 11.07.2011 BStBl I 2011, 713).

Gehörten die Wirtschaftsgüter dagegen **bisher** schon zum **Betriebsvermögen** eines der Gründungs-Gesellschafter, so liegt ebenfalls keine Einlage i. S. des § 6 Abs. 1 Nr. 6 EStG vor. Hier gilt § 6 Abs. 5 Satz 3 EStG. Das bedeutet, dass für eine Einbringung der **Buchwert** fortgeführt werden muss. Während sich beim Ansatz mit dem gemeinen Wert kaum buchungstechnische Schwierigkeiten ergeben werden, führt die Buchwertfortführung zu Problemen, die praktisch nur durch eine Ergänzungsbilanz gelöst werden können.

BEISPIEL

A und B gründen gemeinsam die A & B OHG. Während A eine Bareinlage von 80 000 € (Bankscheck) leistet, bringt B eine Maschine im Teilwert bzw. gemeinen Wert von 80 000 € ein, die zuletzt einen Buchwert von 60 000 € hatte.
Der OHG-Anteil soll zum Betriebsvermögen des weiter bestehenden Unternehmens B gehören.

LÖSUNG

Die Maschine ist mit dem Buchwert anzusetzen, also mit 60 000 €. Folgerichtig müsste dann auch das Kapital B mit 60 000 € ausgewiesen sein. Das ist aber handelsrechtlich falsch. Die folgende Behandlung führt dagegen zu einer richtigen Lösung: Die OHG setzt die Maschine mit dem Teilwert bzw. gemeinen Wert an und bildet nachstehende Eröffnungsbilanz.

Aktiva	Eröffnungsbilanz		Passiva
Maschinen	80 000 €	Kapital A	80 000 €
Bankguthaben	80 000 €	Kapital B	80 000 €
	160 000 €		160 000 €

Für den Gesellschafter B wird – wie folgt – eine Ergänzungsbilanz erstellt.

Aktiva	Ergänzungsbilanz B		Passiva
Minderkapital B	20 000 €	Minderwert Maschine	20 000 €

Durch diese negative Ergänzungsbilanz wird in der steuerlichen Gesamtbuchführung der Wert der Maschine auf den Buchwert korrigiert. In dieser Ergänzungsbilanz ist nun auch die sich durch die Buchwertfortführung gegenüber die OHG-Buchführung ergebende Minder-AfA zu berücksichtigen. Angenommen, die Maschine hätte noch eine Restnutzungsdauer von vier Jahren und soll deshalb linear abgeschrieben werden, so ist in der OHG-Buchführung eine AfA von 20 000 € anzusetzen. Für die Ergänzungsbuchführung B ergibt sich eine Minder-AfA von 5 000 €, die den steuerlichen Gewinnanteil erhöht.

Aktiva	fortgeführte Ergänzungsbilanz B		Passiva
Minderkapital B	15 000 €	Minderwert Maschine	15 000 €

Im Einzelunternehmen B wird die Einbringung gebucht:

Beteiligungen	60 000 €	
an Maschinen		60 000 €

Der Ansatz der Beteiligung erhöht sich im Lauf der vier Jahre Restnutzungsdauer durch die höheren Gewinnanteile wegen Minder-AfA auf 80 000 €.

5.3 Fälle des § 24 UmwStG

Wird bei der Gründung einer Personengesellschaft ein ganzer Betrieb, ein Teilbetrieb (R 16 Abs. 3 EStR) oder ein Mitunternehmeranteil vom künftigen Mitunternehmer eingebracht, so liegt ein Fall des § 24 Abs. 1 UmwStG vor. Vgl. dazu BMF vom 25.03.1998 BStBl I 1998, 268 bzw. vom 21.08.2001 BStBl I 2001, 543 Tz. 24.01 f.. Die Folgen daraus ergeben sich aus den Absätzen 2 bis 4 des § 24 UmwStG. Sie lauten kurzgefasst:

- Die Personengesellschaft kann die eingebrachten Wirtschaftsgüter mit dem Buchwert, dem gemeinen Wert oder mit einem Zwischenwert ansetzen.
- Der angesetzte Wert gilt für den einbringenden Gesellschafter als Veräußerungspreis. Bei Buchwertansatz entsteht also kein Veräußerungsgewinn. Bei Ansatz des gemeinen Werts ist der Veräußerungsgewinn nach §§ 16 Abs. 4 (soweit die übrigen Voraussetzungen gegeben sind) und 34 Abs. 1 EStG begünstigt. Diese Vorschriften sind allerdings insoweit nicht anzuwenden, als bei einer Einbringung der Einbringende selbst an der Personengesellschaft beteiligt ist (§ 24 Abs. 3 Satz 3 UmwStG i. V. mit § 16 Abs. 2 Satz 3 EStG).
  Die Begünstigung nach § 34 Abs. 1 EStG gilt jedoch nur für Veräußerungsgewinne, die nicht nach § 3 Nr. 40 Satz 1 Buchst. b (i. V. m. § 3 c Abs. 2) EStG begünstigt sind, § 34 Abs. 2 Nr. 1 EStG. Werden also Aktien oder GmbH-Anteile in die neu gegründete Personengesellschaft eingebracht, so ist ein auf sie entfallender Veräußerungsgewinn nur mit dem steuerpflichtigen Teil nach § 16 Abs. 4 EStG begünstigt, vgl. H 16 Abs. 13 (Teileinkünfteverfahren) EStH.
  Hat der die betrieblichen Sachwerte einbringende Gesellschafter jedoch vom anderen Gesellschafter eine **Zuzahlung** (in sein Privatvermögen) erhalten, so entsteht überhaupt kein begünstigter Veräußerungsgewinn i. S. d. § 16 Abs. 4 und des § 34 Abs. 1 EStG. Es handelt sich vielmehr um einen laufenden Gewinn. Der Einbringende »veräußert« keinen Mitunternehmeranteil, denn einen solchen gab es bisher noch nicht. Auch wird kein Betrieb oder Teilbetrieb »veräußert«, sondern nur Anteile an den Wirtschaftsgütern des Betriebs. Vgl. BFH vom 18.10.1999 BStBl II 2000, 123 und BFH vom 21.09.2000 BStBl II 2001, 178 sowie BFM vom 21.08.2001 BStBl I 2001, 543, Tz. 24.11).
- Die Vorschriften des § 23 UmwStG gelten sinngemäß.

Dies gilt uneingeschränkt für Einbringungen im Wege der Einzelrechtsnachfolge.

Die Einbringung in eine neu gegründete Personengesellschaft kann aber auch im Wege der Gesamtrechtsnachfolge nach dem UmwG erfolgen, wenn etwa Personengesellschaften nach § 39 f. UmwG verschmolzen werden oder eine Ausgliederung nach § 123 Abs. 3 UmwG vorgenommen wird. Dies ist z. B. der Fall, wenn ein Einzelunternehmer einen Teilbetrieb aus seinem Unternehmen nach den Bestimmungen des UmwG abspaltet und in eine neu gegründete Personengesellschaft einbringt. Zu beachten ist in den Fällen der **Gesamtrechtsnachfolge**, dass hier das Wahlrecht des § 24 UmwStG zum Teil eingeschränkt ist, vgl. BMF vom 11.11.2011 BStBl I 2011, 1314 Tz. 01.47.

BEISPIEL

Zum 01. 01. 03 wird von den Kaufleuten K und L die KL-OHG gegründet. Beide Gesellschafter haben eine Einlage von je 200 000 € zu erbringen. K zahlt die 200 000 € auf dem Bankkonto der OHG ein. L bringt den von ihm seither als Einzelunternehmen geführten Betrieb mit allen Aktiven und Passiven im Gesamtwert von ebenfalls 200 000 € in die OHG ein.
Die Schlussbilanz dieses Betriebs zeigte am 31. 12. 02 – vereinfacht – folgendes Bild (in Klammern die Teilwerte = gemeine Werte):

Aktiva	Schlussbilanz L	zum 31. 12. 02			Passvia
Grund und Boden	82 000	(150 000)	Kapital	32 500	(200 000)
Gebäude	297 000	(320 000)	Verbindlichkeiten	623 500	(623 500)
Geschäftswert	–	(50 000)	Rücklage		
Betr. Ausstattung	61 500	(65 000)	§ 6 b EStG (Sopo)	20 000	(–)
Warenvorräte	102 000	(105 000)			
andere Aktiva	133 500	(133 500)			
	676 000	(823 500)		676 000	(823 500)

Das Gebäude wurde bisher mit 2 % aus 450 000 € Anschaffungskosten abgeschrieben. Für die Betriebsausstattung wurde die AfA nach § 7 Abs. 2 EStG mit 20 % vorgenommen. Die Rücklage § 6 b EStG wurde im Wj 02 anlässlich der Veräußerung eines unbebauten Grundstücks gebildet.

In den folgenden Textziffern soll untersucht werden, welche Folgen die Ausübung des Wahlrechts durch die Personengesellschaft hat.

5.3.1 Ansatz des gemeinen Werts

Die Personengesellschaft darf die im Rahmen der Einbringung eines Betriebs oder Teilbetriebs auf die Gesellschaft übergangenen Wirtschaftsgüter höchstens mit dem gemeinen Wert ansetzen (§ 24 Abs. 2 Satz 2 UmwStG). Das Wahlrecht muss für alle eingebrachten Wirtschaftsgüter einheitlich ausgeübt werden. Auch ein etwa vorhandener Geschäfts- oder Firmenwert muss angesetzt werden (vgl. BMF vom 11. 11. 2011 BStBl I 2011, 1314 Tz. 24.15).

BEISPIEL

Für das obige Beispiel ergibt sich bei Ansatz des gemeinen Werts folgende Eröffnungsbilanz:

Aktiva	Eröffnungsbilanz KL	OHG zum 01. 01. 03	Passiva
Grund und Boden	150 000 €	Kapital K	200 000 €
Gebäude	320 000 €	Kapital L	200 000 €
Betriebsausstattung	65 000 €	Verbindlichkeiten	623 500 €
Geschäftswert	50 000 €		
Warenvorräte	105 000 €		
andere Aktiva (+ Bank)	333 500 €		
	1 023 500 €		1 023 500 €

Die eingebrachten Wirtschaftsgüter gelten nach § 23 Abs. 4 i. V. m. § 24 Abs. 4 UmwStG als zum Zeitpunkt der Einbringung angeschafft, wenn die Einbringung nicht im Wege der Gesamtrechtsnachfolge geschehen ist. Bemessungsgrundlage für die AfA ist also der Eröffnungsbilanzwert. Gebäude sind nach § 7 Abs. 4 EStG abzuschreiben. Für bewegliche Wirtschaftsgüter ist die AfA nach § 7 Abs. 1 oder Abs. 2 EStG möglich, ohne Rücksicht darauf, wie der einbringende Gesellschafter verfahren ist (gilt natürlich nur in Jahren, in denen die AfA nach § 7 Abs. 2 EStG im Anschaffungsjahr überhaupt zulässig ist). Geringwertige Wirtschaftsgüter können sofort als Aufwand angesetzt werden (§ 6 Abs. 2 EStG). Für den Geschäftswert kommt eine lineare AfA mit 1/15 der Anschaffungskosten in Betracht. (§ 7 Abs. 1 Satz 3 EStG). Steuerfreie Rücklagen können nicht übernommen werden (BMF vom 11. 11. 2011 BStBl I 2011, 1314 Tz. 23.17). Die Sechsjahresfrist des § 6 b Abs. 4 Nr. 2 EStG beginnt mit dem Zeitpunkt der Einbringung neu.

Bei Einbringung im Wege der **Gesamtrechtsnachfolge** bleiben dagegen die steuerfreien Rücklagen bestehen. Die AfA wird weitergeführt, aber die Bemessungsgrundlage nach § 23 Abs. 3 UmwStG evtl. aufgestockt, vgl. §§ 24 Abs. 4, 23 Abs. 4 letzter Halbsatz UmwStG.

5.3.2 Buchwertfortführung

Die Personengesellschaft darf für die Wirtschaftsgüter des eingebrachten Betriebs oder Teilbetriebs auch die Buchwerte fortführen. Damit werden die **stillen Reserven** des Betriebs vom Einzelunternehmer auf die Personengesellschaft **übertragen**. Der Ansatz eines originären Geschäftswerts kommt dabei nicht in Betracht. Die steuerfreien Rücklagen dürfen übernommen werden, eine Auflösung wäre allerdings zulässig.

Technisch kann die Buchwertfortführung auf zweierlei Weise erfolgen. Entweder werden die Buchwerte in der Eröffnungsbilanz unmittelbar angesetzt oder in der Eröffnungsbilanz werden die gemeinen Werte ausgewiesen und durch eine Ergänzungsbilanz auf die Buchwerte herabgesetzt. Vgl. dazu BMF vom 11. 11. 2011 BStBl I 2011, 1314 Tz. 24.14).

BEISPIEL

Für das obige Beispiel ergeben sich im Falle der Buchwertfortführung folgende Eröffnungsbilanzen.

LÖSUNG

Variante 1:

Aktiva	Eröffnungsbilanz KL-OHG zum 01. 01. 03		Passiva
Grund und Boden	82 000 €	Kapital K	200 000 €
Gebäude	297 000 €	Kapital L	32 500 €
Betriebsausstattung	61 500 €	Rücklage § 6 b EStG (Sopo)	20 000 €
Warenvorräte	102 000 €	Verbindlichkeiten	623 500 €
andere Aktiva (+ Bank)	333 500 €		
	876 000 €		876 000 €

Die Buchwertübernahme in der Eröffnungsbilanz der Personengesellschaft selbst bringt zwar bezüglich des Ansatzes der künftigen AfA keine Probleme. Die Fortführung der vom einbringenden Gesellschafter angesetzten AfA erscheint ausgesprochen konsequent. Vgl. § 12 Abs. 3 i. V. m. §§ 23 Abs. 1 und 24 Abs. 4 UmwStG. Dieser Vorteil wird jedoch durch den Nachteil ungleicher Kapitalkonten bei gleicher Beteiligung weit überwogen. Bei einer Kapitalkontenverzinsung wäre L von vornherein benachteiligt. – Ebenso würde es bei einer Veräußerung von eingebrachten Wirtschaftsgütern mit der Verteilung des Buchgewinns Schwierigkeiten geben, solange in ihnen die stillen Reserven noch vorhanden sind. Auch bei der Auflösung der Gesellschaft wären diese Probleme zu beachten.

Aus diesem Grunde bietet sich der **Ansatz des gemeinen Werts** in der **Handelsbilanz** und das Aufstellen einer (negativen) **Ergänzungsbilanz** an. Dieses Verfahren ist auch vom BFH anerkannt (z. B. in der Begründung zum Urteil des BFH vom 28. 09. 1995 BStBl II 1996, 68, 69).

BEISPIEL

LÖSUNG

Variante 2 zum obigen Beispiel:

Aktiva — Eröffnungsbilanz KL-OHG zum 01. 01. 03 — Passiva

Aktiva		Passiva	
Grund und Boden	150 000 €	Kapital K	200 000 €
Gebäude	320 000 €	Kapital L	200 000 €
Betriebsausstattung	65 000 €	Verbindlichkeiten	623 500 €
Geschäftswert	50 000 €		
Warenvorräte	105 000 €		
andere Aktiva (+ Bank)	333 500 €		
	1 023 500 €		1 023 500 €

Aktiva — Ergänzungsbilanz L zum 01. 01. 03 — Passiva

Aktiva		Passiva	
Minderkapital	167 500 €	Rücklage § 6 b EStG (Sopo)	20 000 €
		Minderwerte	
		Grund und Boden	68 000 €
		Gebäude	23 000 €
		Geschäftswert	50 000 €
		Betriebsausstattung	3 500 €
		Warenvorräte	3 000 €
	167 500 €		167 500 €

Im Ergebnis wirkt die negative Ergänzungsbilanz wie eine Wertberichtigung, durch welche die gemeinen Werte auf den Buchwert herabgesetzt werden.

Gleichgültig, für welche technische Lösung sich die Personengesellschaft entscheidet, die steuerlichen Folgen sind stets dieselben. Nach § 4 Abs. 2 Satz 2 UmwStG gilt **Besitzzeitanrechnung**. Für die Frage, wie lange ein Wirtschaftsgut zum Anlagevermögen gehört, kommt es bei eingebrachten Gegenständen auf die Anschaffung oder Herstellung durch den einbringenden Gesellschafter an. Dies ist vor allem für die Anwendung des § 6 b Abs. 4 Nr. 2 EStG von Bedeutung. Außerdem tritt – wie bei Gesamtrechtsnachfolge – die Personengesellschaft bezüglich der Abschreibungen (AfA, erhöhte Absetzungen, Sonderabschreibungen, Bewertungsfreiheit) und der steuerfreien Rücklagen in die Rechtsstellung des einbringenden Gesellschafters ein. Auch muss für ein Wirtschaftsgut des nicht abnutzbaren Betriebsvermögens, das vom Gesellschafter in seiner Schlussbilanz mit dem niedrigeren Teilwert angesetzt wurde, von der Gesellschaft der Wert am nächsten Bilanzstichtag u. U. wieder aufgestockt werden (§ 6 Abs. 1 Nr. 1 Satz 4 und Nr. 2 Satz 3 EStG). Vgl. § 12 Abs. 3 UmwStG.

BEISPIEL

Bezogen auf das obige Beispiel ergibt sich, dass die AfA für das Gebäude weiter mit 2 % aus 450 000 € anzusetzen ist. Die Betriebsausstattung kann weiter mit 20 % des Buchwerts abgeschrieben werden, Übergang zur linearen AfA ist aber zulässig. Die Rücklage § 6 b EStG kann noch in den WJ 03 bis 06 auf entsprechende Anschaffungen (Grund und Boden, Gebäude) übertragen werden, sonst ist sie spätestens zum 31. 12. 06 aufzulösen, – mit den Folgen des § 6 b Abs. 7 EStG. Bezüglich der Übertragungsfrist ist § 6 b Abs. 3 Satz 3 EStG zu beachten (evtl. Verlängerung der Frist auf sechs Jahre).

Sind in einer negativen Ergänzungsbilanz **Minderwerte** ausgewiesen, so sind diese in gleicher Weise **abzuschreiben** wie die Wirtschaftsgüter selbst. Dadurch entsteht eine Minder-AfA, die einen Ertrag im Rahmen der Ergänzungsbilanz darstellt, bei der einheitlichen und gesonderten Gewinnfeststellung zu berücksichtigen und dem Gesellschafter vorweg zuzurechnen ist. Vgl. BFH vom 28.09.1995 BStBl II 1996, 68.

BEISPIEL

Wird in der Bilanz der oben beschriebenen KL-OHG der Geschäftswert mit 1/15 = 3 333 € abgeschrieben, so muss auch der Minderwert in der Ergänzungsbilanz mit 3 333 € abgeschrieben werden. Die AfA in der OHG-Bilanz und die Minder-AfA in der Ergänzungsbilanz gleichen sich aus. Eine Auswirkung ergibt sich nur bei der Gewinnverteilung.

Probleme können sich jedoch bei der **Gebäude-AfA** ergeben. Zunächst ist festzuhalten, dass nach der klaren Vorschrift des § 12 Abs. 3 UmwStG die AfA beizubehalten ist (abgesehen von nachträglichen Anschaffungskosten, die sich durch die Übertragung ergeben, wie Notariatskosten und Grunderwerbsteuer). Wird in der OHG-Bilanz mehr oder weniger abgeschrieben, – das ist bei Ausweis mit dem gemeinen Wert praktisch unausweichlich –, so muss der Ausgleich über die Ergänzungsbilanz erfolgen.

BEISPIEL

Die KL-OHG schreibt das Gebäude mit 2 % von 320 000 € ab. Dies ergibt einen AfA-Betrag von 6 400 €. Nach § 12 Abs. 3 UmwStG sind aber wie bisher 9 000 € anzusetzen.

LÖSUNG

a) Die OHG hat zu wenig abgeschrieben. Damit sind in der Ergänzungsbilanz 2 600 € AfA zusätzlich anzusetzen. Der Minderwert Gebäude erhöht (!) sich um diesen Betrag. Der Gewinnanteil des L wird entsprechend niedriger.
Dies geht so lange, bis das Gebäude steuerlich abgeschrieben ist, also insgesamt noch 33 Jahre (Anschaffung mit 450 000 € ./. 17 Jahre × 9 000 AfA = BW 297 000 €). Danach steht es in der OHG-Bilanz aber immer noch mit 108 800 € zu Buch und wird weiter mit jährlich 6 400 € abgeschrieben, und zwar nochmals 17 Jahre lang.
Inzwischen hat sich der Minderwert Gebäude in der Ergänzungsbilanz L durch jährliche Minder-AfA-Zuschreibungen auf 108 800 € erhöht. Er ist nun um die steuerlich nicht mehr zulässige AfA aus der Handelsbilanz zu kürzen und dann nach ebenfalls 17 Jahren abgeschrieben. Gesellschafter L erhält in dieser Zeit aus seiner Ergänzungsbilanz einen Ertrag aus Minder-AfA von jährlich 6 400 €.
Diese Lösung führt zwar insgesamt (OHG-Bilanz und Ergänzungsbilanz) zur steuerlich richtigen AfA. Im Blick auf die Gewinnanteile der Gesellschafter vermag das Ergebnis jedoch nicht zu überzeugen. Zu einem ausgewogeneren Ergebnis führt folgende Lösung:

b) Wie aus den Angaben zur Schlussbilanz des L auf 31. 12. 02 hervorgeht, ist das Gebäude schon 17 Jahre lang abgeschrieben worden. Die steuerliche Restabschreibungszeit beträgt damit nur noch 33 Jahre. Dies muss nach § 12 Abs. 3 UmwStG auch für die OHG gelten.
Die OHG schreibt demnach das Gebäude mit 1/33 von 320 000 € = 9 697 € jährlich ab. Der Minderwert Gebäude in der Ergänzungsbilanz L wird mit ebenfalls 1/33 (von 23 000 €) = 697 € abgeschrieben. Damit ergibt sich folgende Auswirkung:

Gebäude-AfA laut Handelsbilanz KL-OHG		9 697 €
Minder-AfA laut Ergänzungsbilanz L	./.	697 €
steuerliche AfA		9 000 €

Handelsrechtlich bestehen gegen diese AfA keine Bedenken, vgl. § 253 Abs. 2 HGB (planmäßige AfA).

In BMF vom 11. 11. 2011 BStBl I 2011, 1314 Tz. 24.13) wird noch eine **weitere Möglichkeit zur Aufstellung der Eröffnungsbilanzen** angeboten. Hier wird das eingebrachte Vermögen in der Eröffnungsbilanz der Personengesellschaft mit den Buchwerten angesetzt. Die Kapitalkonten werden jedoch nicht mit dem tatsächlichen Einlagewert bzw. dem alten Buchwert ausgewiesen. Vielmehr wird der Buchwert des Betriebsvermögens insgesamt entsprechend dem Beteiligungsverhältnis auf die Kapitalkonten verteilt. Im KL-OHG-Beispiel sieht dies folgendermaßen aus:

BEISPIEL

Aktiva	Eröffnungsbilanz KL-OHG zum 01. 01. 03		Passvia
Grund und Boden	82 000 €	Kapital K	116 250 €
Gebäude	297 000 €	Kapital L	116 250 €
Betriebsausstattung	61 500 €	Rücklage § 6 b EStG (Sopo)	20 000 €
Warenvorräte	102 000 €	Verbindlichkeiten	623 500 €
andere Aktiva (+ Bank)	333 500 €		
	876 000 €		876 000 €

Die von K aufgewendeten Anschaffungskosten haben jedoch nicht 116 250 €, sondern 200 000 € betragen. Er hat L insgesamt für 83 750 € stille Reserven abgekauft und **muss** dies in einer steuerlichen Ergänzungsbilanz berücksichtigen.

Aktiva	Ergänzungsbilanz K zum 01. 01. 03		Passiva
Mehrwerte:		Mehrkapital	83 750 €
Grund und Boden	34 000 €		
Gebäude	11 500 €		
Geschäftswert	25 000 €		
Betriebsausstattung	1 750 €		
Warenvorräte	1 500 €		
Rücklage § 6 b EStG (Sopo)	10 000 €		
	83 750 €		83 750 €

Die Mehrwerte sind gleichlaufend mit den Werten in der OHG-Bilanz abzuschreiben. Dies führt für den Gesellschafter K zu Mehr-AfA (Mehraufwand).
Dem Gesellschafter L wurde in der OHG-Bilanz ein Kapitalkonto von 116 250 € eingeräumt, obwohl der Buchwert seines bisherigen Kapitalkontos nur 32 500 € betragen hatte. Für L bedeutet dies einen Veräußerungsgewinn von 83 250 €. Dieser Veräußerungsgewinn ist allerdings in vollem Umfang nicht nach §§ 16 Abs. 4 und 34 Abs. 1 EStG begünstigt, weil **nicht alle** stille Reserven aufgedeckt wurden.
L kann die Versteuerung dieses Veräußerungsgewinns vermeiden, wenn er ebenfalls eine Ergänzungsbilanz aufstellt, und zwar eine negative Ergänzungsbilanz, die praktisch das Spiegelbild der Ergänzungsbilanz K darstellt.

Aktiva	Ergänzungsbilanz L zum 01. 01. 03		Passiva
Minderkapital	83 750 €	Minderwerte:	
		Grund und Boden	34 000 €
		Gebäude	11 500 €
		Geschäftswert	25 000 €
		Betriebsausstattung	1 750 €
		Warenvorräte	1 500 €
		Rücklage § 6 b EStG (Sopo)	10 000 €
	83 750 €		83 750 €

Die Minderwerte sind gleichlaufend mit den Werten in der OHG-Bilanz abzuschreiben. Dies führt bei Gesellschafter L zu Minder-AfA (Mehrgewinn).
Im Rahmen der einheitlichen und gesonderten Gewinnfeststellung gleichen sich Mehraufwand aus Ergänzungsbilanz K und Minderaufwand (Mehrgewinn) aus Ergänzungsbilanz L aus. Der Gesamtgewinn der OHG bleibt unberührt. Eine Auswirkung ergibt sich lediglich für die (steuerlichen) Gewinnanteile.

Diese Möglichkeit der Bilanzierung erscheint gegenüber der vorherigen Methode ziemlich kompliziert und daher wenig praktikabel. Sie ist daher tatsächlich in den Fällen der Gesellschaftsgründung nicht zu empfehlen. Anders ist es aber, wenn ein Gesellschafter in eine bereits bestehende Gesellschaft eintritt und die Buchwerte fortgeführt werden sollen. In diesen Fällen ist die zuletzt gezeigte Methode sogar am besten geeignet.

Zum Abschluss sei nochmals darauf hingewiesen, dass die **Wahl der Methode** für die technische Buchwertfortführung **nicht zu unterschiedlichen Auswirkungen** auf den steuerlichen Gewinn führen darf.

5.3.3 Ansatz eines Zwischenwerts

Will die Personengesellschaft weder den Buchwert fortführen noch den gemeinen Wert ansetzen, so kann sie einen **beliebigen Zwischenwert** wählen. Weil ein solcher Zwischenwert jedoch über dem Buchwert liegt, wird es zwangsläufig zu einem **Veräußerungsgewinn** kommen. Dieser Veräußerungsgewinn ist aber in vollem Umfang **nicht** nach § 16 Abs. 4 oder § 34 Abs. 1 EStG **begünstigt**, da Voraussetzung für diese Vergünstigungen der Ansatz des gemeinen Werts, anders gesagt, die Aufdeckung aller stillen Reserven ist. Vgl. § 24 Abs. 3 Satz 2 UmwStG.

Ansatz eines Zwischenwerts bedeutet, dass die Buchwerte der einzelnen Wirtschaftsgüter aufgestockt werden müssen. Diese Aufstockung darf jedoch nicht willkürlich erfolgen. Die in den Buchwerten der übernommenen Wirtschaftsgüter einschließlich eines Firmenwerts ruhenden stillen Reserven müssen **gleichmäßig aufgedeckt** werden. Maßgebend ist dabei das Verhältnis der stillen Reserven für das einzelne Wirtschaftsgut zu der Summe aller stillen Reserven (BMF vom 11.11.2011 BStBl I 2011, 1314 Tz. 03.25 ff.). Wegen des Ansatzes von anteiligen Gewinnen bei halbfertigen Arbeiten vgl. BFH vom 10.07.2002 BStBl II 2002, 784.

BEISPIEL

Um für die KL-OHG eine Eröffnungsbilanz aufstellen zu können, muss zuerst geklärt werden, wie der Zwischenwert zu bemessen ist. Es soll unterstellt werden, dass für L ein Veräußerungsgewinn von 50 000 € erreicht werden soll, demnach 50 000 € stille Reserven aufgedeckt werden sollen.

LÖSUNG Damit ergeben sich folgende Werte:

Bilanzposten	Buchwert	stille Reserven	Aufstockung	Eröffnungsbilanzwert
Grund und Boden	82 000 €	68 000 €	23 052 €	105 052 €
Gebäude	297 000 €	23 000 €	7 797 €	304 797 €
Betriebsausstattung	61 500 €	3 500 €	1 186 €	62 686 €
Warenvorräte	102 000 €	3 000 €	1 017 €	103 017 €
Firmenwert	50 000 €	50 000 €	16 948 €	16 948 €
		147 500 €	50 000 €	

Die Aufstockung erfolgte im Verhältnis 50 000 zu 147 500 (= 33,9 %).

Bezüglich der **Bilanzierungstechnik** ergeben sich für den Ansatz des Zwischenwerts keine Unterschiede zur Buchwertfortführung. Die Zwischenwerte können in der Eröffnungsbilanz der Personengesellschaft unmittelbar angesetzt werden (unzweckmäßig, s. 5.3.2.1). Besser ist auch hier, in der Bilanz der Personengesellschaft die gemeinen Werte auszuweisen und die Zwischenwerte über eine Ergänzungsbilanz (bzw. über Ergänzungsbilanzen) zu erreichen (s. 5.3.2.2).

Die Auswirkungen des Ansatzes eines Zwischenwerts entsprechen weit gehend denen bei der Buchwertfortführung. Dies gilt insbesondere für den **Eintritt der Gesellschaft in die Rechtsstellung** des Mitunternehmers hinsichtlich der Abschreibungen und der steuerfreien Rücklagen. Aus diesem Grunde wurden für den Beispielsfall die stillen Reserven in der § 6b-Rücklage nicht aufgedeckt. Die Rücklage § 6 b EStG wird von der KL-OHG fortgeführt.

Eine **Besitzzeitanrechnung** nach § 4 Abs. 2 Satz 3 UmwStG **findet** auch bei Ansatz eines Zwischenwerts **statt**. Außerdem müssen die Aufstockungsbeträge bei den abnutzbaren Wirtschaftsgütern berücksichtigt werden. Nach § 23 Abs. 3 Nr. 1 und 2 UmwStG i. V. mit § 24 Abs. 4 UmwStG wird bei der AfA nach § 7 Abs. 1, 4 und 5 EStG und bei der AfS die bisherige Bemessungsgrundlage um die Aufstockungsbeträge erhöht. Bei der degressiven AfA des § 7 Abs. 2 EStG wird die Bemessungsgrundlage Buchwert ohnehin durch die Aufstockungsbuchung auf den neuen Wert gebracht. Vgl. auch BMF vom 11. 11. 2011 BStBl I 2011, 1314 Tz. 23.14, 03.25 f.). § 6 Abs. 2 EStG kommt nicht in Betracht, weil die Einbringung beim Ansatz eines Zwischenwerts – anders als beim Ansatz des gemeinen Werts – nicht als Anschaffung gilt.

5.4 Gründung von Personengesellschaften und Umsatzsteuer

Wegen der umsatzsteuerlichen Fragen im Zusammenhang mit der Gründung von Personengesellschaften vgl. A 2.3 Abs. 2 ff. UStAE.

6 Besonderheiten beim Eintritt oder Ausscheiden eines Mitunternehmers

6.1 Aufnahme eines weiteren Mitunternehmers

Der Eintritt eines weiteren Mitunternehmers in eine schon bestehende Personengesellschaft fällt unter § 24 UmwStG. Es wird davon ausgegangen, dass die bisherigen Gesellschafter der Personengesellschaft – wirtschaftlich betrachtet – in diesem Fall ihre Mitunternehmeranteile an der bisherigen Personengesellschaft in eine **neue**, durch den neu hinzutretenden Gesellschafter **vergrößerte Personengesellschaft** einbringen. Tatsächlich wird der rechtliche Bestand der Personengesellschaft jedoch nicht berührt. Im Übrigen wird auf 5.3 verwiesen. Das dort Gesagte gilt auch für die Fälle, in denen ein weiterer Mitunternehmer eintritt.

6.2 Gesellschafterwechsel

Scheidet ein Gesellschafter aus einer Personengesellschaft aus und ein anderer erwirbt seine Anteile und tritt an seine Stelle, so hat dies auf die Buchführung der Personengesellschaft selbst i. d. R. nur die Auswirkung, dass das **Kapitalkonto** des ausscheidenden auf den neuen Gesellschafter **umgeschrieben** wird. Eine Zwischenbilanz auf den Stichtag des Gesellschafterwechsels muss nicht aufgestellt werden (BFH vom 09. 12. 1976 BStBl II 1977, 241). Die Gesellschaft wird mit großer Wahrscheinlichkeit einen vom neuen an den bisherigen Mitunternehmer gezahlten Mehrpreis nicht als Erhöhung des Kapitalkontos anerkennen.

6.2.1 Kaufpreis über Buchwert

So wie beim ausscheidenden Gesellschafter ein Mehrpreis (ein Kaufpreis, der über dem Buchwert seines Kapitalkontos liegt) zu einem **Veräußerungsgewinn** führt, so bedeutet dies auch, dass die Anschaffungskosten der (steuerlich) anteilig erworbenen Wirtschaftsgüter über dem Buchwert liegen. Diese **höheren Anschaffungskosten** müssen steuerlich berücksichtigt werden. Weil dies aber in der Buchführung der Personengesellschaft selbst nur schwer durchzuführen ist und zu einer Verzerrung der Kapitalkonten führen würde, wird erforderlich, die über den Buchwert hinausgehenden Anschaffungskosten in einer **Ergänzungsbilanz** für den neu eintretenden Gesellschafter auszuweisen. Für ihn entstehen daraus künftig höhere Abschreibungen, die bei der einheitlichen und gesonderten Gewinnfeststellung für die Personengesellschaft zu berücksichtigen und von seinem Gewinnanteil – wie Sonderbetriebsausgaben – abzuziehen sind. § 24 UmwStG ist für Fälle des Gesellschafterwechsels nicht anzuwenden (so ausdrücklich in BMF vom 21. 08. 2001 BStBl I 2001, 543, Tz. 24.01 Buchst. c Satz 3).

BEISPIEL

Gesellschafter Alt ist mit einem Festkapital von 250 000 € und einem Gewinnanteil von 25 % an der Falke + Partner OHG beteiligt. Er veräußert – mit Zustimmung der anderen Gesellschafter – zum 01. 01. 04 seinen Mitunternehmeranteil an Neu. Neu hat an Alt einen Kaufpreis von 350 000 € zu zahlen. Der Mehrpreis von 100 000 € ergibt sich aus den am 01. 01. 04 vorhandenen stillen Reserven von insgesamt 400 000 €, davon im Grund und Boden 90 000 €, für Gebäude 40 000 € und als Geschäftswert 270 000 €.

LÖSUNG Für den Gesellschafter Neu sind die Mehr-Anschaffungskosten in einer Ergänzungs-Bilanz auszuweisen.

Aktiva — Ergänzungsbilanz Neu zum 01. 01. 04 — Passiva

Aktiva		Passiva	
Mehrwert Grund und Boden	22 500 €	Mehrkapital	100 000 €
Mehrwert Gebäude	10 000 €		
anteiliger Geschäftswert	67 500 €		
	100 000 €		100 000 €

Die ausgewiesenen Mehrwerte führen zu einer Mehr-AfA bei Gebäude und beim Geschäftswert.
Unter der Annahme, dass die OHG das Gebäude mit 2 % nach § 7 Abs. 4 EStG abschreibt, wäre für die Ergänzungsbuchführung zum 31. 12. 04 folgender Abschluss aufzustellen:

Aktiva — Ergänzungsbilanz Neu zum 31. 12. 04 — Passiva

Aktiva		Passiva	
Mehrwert Grund und Boden	22 500 €	Mehrkapital 01. 01. 04	100 000 €
Mehrwert Gebäude	9 800 €	./. Verlust 04	4 700 €
anteiliger Geschäftswert	63 000 €	Mehrkapital 31. 12. 04	95 300 €
	95 300 €		95 300 €

Aktiva — Gewinn- und Verlustrechnung Neu Wj 04 — Passiva

Aktiva		Passiva	
Mehr-AfA Gebäude	200 €	Verlust	4 700 €
AfA anteil. Geschäftswert	4 500 €		
	4 700 €		4 700 €

6.2.2 Personenbezogene Steuervorschriften

Besonderheiten ergeben sich jedoch, wenn steuerliche Vorschriften personenbezogen sind, wie z. B. § 6 b EStG und § 7 Abs. 5 EStG (BFH vom 10.07.1980 BStBl II 1981, 84, vom 19.02.1974 BStBl II 1974, 704 und vom 13.08.1987 BStBl II 1987, 782). Das bedeutet, dass bei einem Gesellschafterwechsel die Sechsjahresfrist des § 6 b Abs. 4 Nr. 2 EStG für den Anteil des neu eingetretenen Gesellschafters mit dem Zeitpunkt des Gesellschafterwechsels neu beginnt. Für die AfA des § 7 Abs. 5 EStG ist der neue Gesellschafter nicht als Bauherr anzusehen, sein Gebäudeanteil erfüllt demnach die Voraussetzungen dieser AfA-Vorschrift nicht (mehr).

BEISPIEL

An der ABC-OHG sind die Gesellschafter A, B und C mit je 33 1/3 % beteiligt. Die OHG hat im Wj 01 ein Gebäude erstellt (Herstellungskosten 600 000 €), das sie nach § 7 Abs. 5 Nr. 2 EStG in den Wj 01 bis 06 mit je 5 % abgeschrieben hat. Mit Wirkung vom 01. 01. 07 hat C seinen Anteil an der OHG an Z veräußert. Im Kaufpreis sind die stillen Reserven beim Gebäude mit 40 000 € enthalten (Buchwert 31. 12. 06: 420 000 €, Teilwert 540 000 €, stille Reserven Gebäude insgesamt 120 000 €).

LÖSUNG Z ist ab 01. 01. 07 zu 33 1/3 % Miteigentümer des Gebäudes. Für diesen Teil ist § 7 Abs. 5 EStG nicht mehr anwendbar. Auch die Sonderregelungen des UmwStG greifen hier nicht; § 24 UmwStG gilt nicht für Gesellschafterwechsel.

Die AfA ist ab Wj 07 nur noch aus 2/3 der Herstellungskosten (Anteile A und B) nach § 7 Abs. 5 EStG zu berechnen. Aus den Anschaffungskosten des Z (1/3 von 540 000 € = 180 000 €) kann die AfA nur nach § 7 Abs. 4 EStG bemessen werden. Es kann davon ausgegangen werden, dass die OHG in ihrer Buchführung weiter aus dem ganzen Betrag degressiv abschreibt. Der Ausgleich muss dann über die – ohnehin erforderliche – Ergänzungsbilanz Z erfolgen.

Wj	Gebäude-AfA				Mehr-(+) Minder-(./.) AfA
	Anteil A, B	Anteil Z	zusammen	OHG-Buchf.	
07 – 08	20 000 €	3 600 €	23 600 €	30 000 €	./. 6 400 €
09 – 14	10 000 €	3 600 €	13 600 €	15 000 €	./. 1 400 €
15 – 50	5 000 €	3 600 €	8 600 €	7 500 €	+ 1 100 €
51 – 56	0	3 600 €	3 600 €	0	+ 3 600 €

Kontoentwicklung »Mehrwert-Gebäude«:

Zugang 01. 01. 07	40 000 €
Zuschreibung Minder-AfA 07 und 08: 2 × 6 400 € =	+ 12 800 €
Stand 31. 12. 08	52 800 €
Zuschreibung Minder-AfA 09 bis 14: 6 × 1 400 € =	+ 8 400 €
Stand 31. 12. 14	61 200 €
Abschreibung Mehr-AfA 15 bis 50: 36 × 1 100 € =	./. 39 600 €
Stand 31. 12. 50	21 600 €
Abschreibung Mehr-AfA 51 bis 56: 6 × 3 600 € =	./. 21 600 €
Stand 31. 12. 56	0

Die Zuschreibung in den Wj 07 bis 14 ist erforderlich, weil durch die zu hohe AfA in der Handelsbilanz sich der Unterschied zum steuerlich richtigen Wert noch zusätzlich erhöht.

Die Minder-AfA ist im Rahmen der Ergänzungsbuchführung – und damit auch für die einheitliche und gesonderte Gewinnfeststellung der OHG – als Ertrag auszuweisen, der den Gewinnanteil des Z erhöht; dagegen stellen die Mehr-AfA (ab Wj 15) Sonderbetriebsausgaben für Z dar.

6.2.3 Kaufpreis unter Buchwert

Vereinzelt kann es vorkommen, dass der Kaufpreis eines Mitunternehmeranteils unter dem Buchwert des Kapitalkontos liegt, das für den Veräußerer geführt wurde. Das ist z. B. der Fall, wenn die Ertragsaussichten der Personengesellschaft so schlecht sind, dass ein Erwerber nicht bereit ist, die vollen Werte der (anteiligen) Wirtschaftsgüter des Betriebsvermögens zu zahlen, und auch stille Reserven nicht oder nicht in nennenswerten Umfang vorhanden sind.

In der Literatur wird z. T. die Meinung vertreten, dass in solchen Fällen ein **negativer Geschäftswert** zu bilden sei. Der BFH hat sich in seinem Urteil vom 19. 02. 1981 BStBl II 1981, 730 diese Meinung nicht zu Eigen gemacht, sondern vielmehr den negativen Geschäftswert ausdrücklich abgelehnt. Der Minderwert sei vielmehr vom Erwerber in seiner **Ergänzungsbilanz** auf die Wirtschaftsgüter der Gesellschaft zu verteilen, da er insoweit gegenüber dem Buchwert niedrigere Anschaffungskosten hat. Vgl. dazu auch BFH vom 21. 04. 1994 BStBl I 1994, 745 (Leitsatz 2), das zum Erwerb eines Anteils mit positivem Kapitalkonto bei einem Kaufpreis von 1 DM ergangen ist. Unter Hinweis auf diese Rechtsprechung entschied der BFH mit Urteil vom 26. 06. 2002 BStBl II 2003,112, dass ein Mitunternehmer einen Veräußerungsverlust in Höhe des Buchwerts seiner Beteiligung erleidet, wenn er seinen Gesellschaftsanteil ohne Entgelt auf einen fremden Dritten überträgt. Eine freigebige Zuwendung (Schenkung) muss dabei allerdings ausgeschlossen sein. Auch in diesem Urteil wird bestätigt, dass der Erwerber den Minderpreis in einer Ergänzungsbilanz für Abstockungen auf die Wirtschaftsgüter der Gesellschaft (Minderwerte) zu verwenden hat. Damit mindern sich für ihn in Zukunft die Aufwendungen bei Verbrauch oder Veräußerung der Wirtschaftsgüter durch die Gesellschaft (letzter Absatz der Urteilsbegründung).

6.3 Ausscheiden eines Mitunternehmers aus einer Personengesellschaft

§ 736 BGB bestimmt, dass eine GbR aufgelöst wird, wenn ein Gesellschafter kündigt. Diese Auflösung kann jedoch durch entsprechende Vereinbarungen im Gesellschaftsvertrag vermieden werden. Die Gesellschaft besteht dann weiter, nur der Gesellschafter scheidet aus. Die OHG dagegen besteht nach dem Tode eines Gesellschafters fort. Sie wird, wenn im Gesellschaftsvertrag keine abweichende Regelung getroffen wird, unter den Altgesellschaftern fortgesetzt, § 131 Nr. 1 HGB. Noch in der Person des Verstorbenen entsteht der Abfindungsanspruch, was wegen des Alters des Verstorbenen im Hinblick auf die Vergünstigungen der §§ 16 Abs. 4, 34 Abs. 3 EStG wichtig ist. Die Erben erhalten nur den Abfindungsanspruch des Verstorbenen. Sieht der Gesellschaftsvertrag eine Fortsetzung mit den Erben vor, dann stehen diesen die Rechte des § 139 HGB zu, wonach er verlangen kann, die Stellung eines Kommanditisten eingeräumt zu erhalten. Zu den steuerlichen Folgen der verschiedenen Nachfolgeklauseln im Gesellschaftsvertrag vgl. BMF-Schreiben vom 14. 03. 2006 BStBl I 2006, 253 Tz. 69–74. Stirbt ein Komplementär einer KG, gilt das zur OHG Gesagte entsprechend. Stirbt ein Kommanditist, dann wird die KG mit seinen Erben fortgesetzt, wenn der Gesellschaftsvertrag nichts anderes besagt, § 177 HGB.

Ein Ausscheiden aus einer weitergeführten Personengesellschaft ist begrifflich nur vorstellbar, wenn die Gesellschaft vorher mindestens drei Gesellschafter hatte. Bei nur zwei Gesellschaftern besteht nach dem Ausscheiden eines Gesellschafters eben keine Gesellschaft mehr; sie ist aufgelöst. Die handelsrechtlichen und steuerrechtlichen Folgen sind aber weit gehend dieselben.

6.3.1 Handelsrechtliche (zivilrechtliche) Folgen

Die zivilrechtlichen Folgen des Ausscheidens sind in § 738 BGB geregelt. Es findet eine Auseinandersetzung statt. Der Anteil des ausscheidenden Gesellschafters am Gesellschaftsvermögen **wächst den übrigen Gesellschaftern** zu. Diese sind verpflichtet, dem Ausscheidenden die Gegenstände zurückzugeben, die er der Gesellschaft zur Nutzung überlassen hat, ihn von den gemeinschaftlichen Schulden zu befreien und ihm eine Abfindung zu zahlen, die dem entspricht, was er bei einer Auflösung der Gesellschaft zum Zeitpunkt seines Ausscheidens erhalten hätte. Für die Berechnung des **Abfindungsanspruchs** kommt es nicht auf den Bilanzwert des Gesellschaftsvermögens an, sondern auf den wirklichen Wert des lebenden Unternehmens einschließlich aller stillen Reserven und eines etwaigen »good will« (Geschäftswert) des Unternehmens. Im Allgemeinen ist der Wert zugrunde zu legen, der sich bei einem Verkauf des Unternehmens als Einheit ergeben würde (BB 1971, S. 1531). Vgl. auch BGH vom 21.04.1955 BGHE, 130. Der Gesellschaftsvertrag kann etwas anderes bestimmen.

Zur Ermittlung des Abfindungsanspruchs wird häufig auf den Zeitpunkt des Ausscheidens eine Auseinandersetzungsbilanz (auch: Abschichtungsbilanz) erstellt, in der die einzelnen Vermögensgegenstände mit ihrem wirklichen Wert angesetzt sind. Dieser »wirkliche Wert« dürfte weit gehend dem steuerlichen Teilwert entsprechen.

6.3.2 Ertragsteuerliche Folgen

Das Ertragsteuerrecht geht davon aus, dass der ausscheidende Gesellschafter nicht seinen Mitunternehmeranteil insgesamt, sondern seine jeweiligen Anteile an den einzelnen Wirtschaftsgütern der Gesellschaft (§ 39 Abs. 2 Nr. 2 AO) an die übrigen Gesellschafter veräußert, und dass die übrigen Gesellschafter diese **Anteile** an den **einzelnen Wirtschaftsgütern** erwerben. Das führt dazu, dass beim Ausscheiden z. B. ein Teil des Veräußerungsgewinns nach § 6 b EStG begünstigt sein kann. Andererseits beginnt die Sechsjahresfrist des § 6 b Abs. 4 Nr. 2 EStG bei den übrigen Gesellschaftern für die übernommenen (erworbenen) Anteile an den Wirtschaftsgütern neu. Eventuelle Mehrwerte sind zu aktivieren und führen bei abnutzbaren Wirtschaftsgütern zu höheren AfA. Diese Auswirkungen lassen sich in der Buchführung der Personengesellschaft selbst berücksichtigen. Ergänzungsbilanzen werden nicht erforderlich.

6.3.2.1 Abfindung über Buchwert

In aller Regel verlangt und erhält der ausscheidende Gesellschafter eine Abfindung, die über dem Buchwert seines Kapitalkontos liegt. Nach der ständigen Rechtsprechung des BFH (z. B. im Urteil vom 25.01.1979 BStBl II 1979, 302) besteht in diesen Fällen eine widerlegbare tatsächliche Vermutung dafür,

a) dass die bilanzierten materiellen und immateriellen Wirtschaftsgüter des Gesellschaftsvermögens stille Reserven enthalten oder dass nicht bilanzierte immaterielle Einzelwirtschaftsgüter oder ein originärer Geschäftswert vorhanden sind, an denen der ausgeschiedene Gesellschafter teilhatte, und
b) der den Buchwert übersteigende Teil der Abfindung Entgelt für den Anteil des ausscheidenden Gesellschafters an den stillen Reserven und/oder an einem Geschäftswert ist und danach für den oder die verbleibenden Gesellschafter als Anschaffungskosten für den Anteil des ausgeschiedenen Gesellschafters an den stillen Reserven und/oder am Geschäftswert zu aktivieren sind.

Diese Vermutung ist widerlegt, wenn und soweit feststeht, dass die bilanzierten und nicht bilanzierten Einzelwirtschaftsgüter des Gesellschaftsvermögens keine stillen Reserven enthalten und kein Geschäftswert vorhanden ist. Insoweit können Abfindungszahlungen, die den Buchwert des Kapitalkontos übersteigen, naturgemäß keine Anschaffungskosten für einen Anteil des ausgeschiedenen Gesellschafters an stillen Reserven oder am Geschäftswert sein.

In Ausnahmefällen kann aber auch bei Vorliegen stiller Reserven oder eines Geschäftswerts die Vermutung der Anschaffungskosten widerlegt werden. Dies trifft z. B. zu, wenn feststeht, dass der ausgeschiedene Gesellschafter gesellschaftsrechtlich an den stillen Reserven und am Geschäftswert nicht beteiligt war. Davon ist vor allem dann auszugehen, wenn nach den Bestimmungen des Gesellschaftsvertrags über die Bemessung eines Abfindungs- und Auseinandersetzungsguthabens der ausscheidende Gesellschafter weder bei seinem Ausscheiden unter Fortbestand der Gesellschaft noch bei einer Auflösung der Gesellschaft in Verbindung mit einer Liquidation an den stillen Reserven und am – evtl. realisierten – Geschäftswert teilhat. Wegen weiterer Einzelheiten vgl. BFH vom 07.06.1984 BStBl II 1984, 584. Vgl. außerdem BFH vom 31.07.1974 BStBl II 1975, 236.

Teile der Abfindung, die nach diesen Ausnahmeregelungen nicht aktiviert werden können, sind als sofort abzugsfähige Betriebsausgaben zu behandeln.

BEISPIEL

An der K-OHG sind die Gesellschafter K, L, M und N zu je 25 % beteiligt. Der Gesellschafter N scheidet mit Ablauf des Wj 03 aus der OHG aus. Die Gesellschaft wird ab 01. 01. 04 durch die Gesellschafter K, L und M fortgesetzt.

Zum 31. 12. 03 wurde neben der Handels- und Steuerbilanz der Gesellschaft (Buchwerte) zur Ermittlung des Abfindungsanspruchs N eine Auseinandersetzungsbilanz (Teilwerte) erstellt.

Aktiva — Bilanz auf den 31. 12. 03 — Passiva

	Buchwerte	Teilwerte		Buchwerte	Teilwerte
Grund und Boden	90 000	210 000	Kapital K	150 000	276 000
Gebäude	480 000	510 000	Kapital L	150 000	276 000
Betriebsausstattung	84 000	96 000	Kapital M	150 000	276 000
GWG	–	3 000	Kapital N	150 000	276 000
Geschäftswert	–	300 000	Rücklage		
Warenvorräte	120 000	129 000	§ 6 b EStG	30 000	–
Andere Aktiva	289 200	289 200	Andere Passiva	433 200	433 200
	1 063 200	1 537 200		1 063 200	1 537 200

N erhält eine Abfindung in Höhe von 276 000 €.

LÖSUNG

Die Auswirkungen des Ausscheidens auf die Buchführung und Gewinnermittlung sollen durch – an sich nicht erforderliche – Buchungssätze aufgezeigt werden.

Ermittlung des Veräußerungsgewinns für N und Buchwertaufstockung:

Grund und Boden	30 000 €	
Gebäude	7 500 €	
Betriebsausstattung	3 000 €	
GWG	750 €	
Geschäftswert	75 000 €	
Warenbestand	2 250 €	
Rücklage § 6 b EStG (Sopo)	7 500 €	
		126 000 €

Umbuchung Kapital N auf die Auseinandersetzungsschuld an N:

Kapital N	276 000 €	
an Abfindungsanspruch N		276 000 €

Aktiva	Eröffnungsbilanz K-OHG zum 01. 01. 04		Passiva
Grund und Boden	120 000 €	Kapital K	150 000 €
Gebäude	487 500 €	Kapital L	150 000 €
Betriebsausstattung	87 000 €	Kapital M	150 000 €
GWG	750 €	Rücklage § 6 b EStG	22 500 €
Geschäftswert	75 000 €	andere Passiva	433 200 €
Warenvorräte	122 250 €	Abfindungsanspruch N	276 000 €
andere Aktiva	289 200 €		
	1 181 700 €		1 181 700 €

Die AfA für das Wj 04 ist wie folgt zu berechnen:

Betriebsausstattung: je nach bisher gewählter AfA-Methode entweder linear mit 87 000 € verteilt auf die Restnutzungsdauer oder degressiv, falls im Anschaffungsjahr eine degressive AfA nach § 7 Abs. 2 EStG zulässig ist.

GWG: es ist die Bewertungsfreiheit nach § 6 Abs. 2 EStG gegeben. Voraussetzung ist jedoch, dass der volle Wert der einzelnen GWG 410 € nicht übersteigt, nicht etwa nur der auf N entfallende anteilige Wert.

Gebäude: Für das Gebäude sind zwei unterschiedliche Lösungen zu beachten, die durch entsprechende Beispielsvarianten aufgezeigt werden sollen.

a) Das Gebäude wurde zehn Jahre vor dem Ausscheiden des N erworben, Anschaffungskosten 600 000 €, AfA bisher nach § 7 Abs. 4 EStG mit 2 % = 12 000 € jährlich.

Die AfA ab 01. 01. 04 ist weiter mit 2 % linear aus 607 500 € (600 000 € AK + 7 500 € Aufstockung) = 12 150 € anzusetzen (Vereinfachungsregel). Der lineare AfA-Satz erhöht sich, wenn die tatsächliche Restnutzungsdauer des Gebäudes weniger als 50 Jahre beträgt. Oder die AfA wird exakt berechnet. Sie beträgt dann für die OHG 2 % aus 450 000 = 9 000 € zuzüglich für M 2 % aus 120 000 + 7 500 = 127 500 = 2 550 €.

b) Das Gebäude wurde acht Jahre vor dem Ausscheiden des N fertiggestellt und seither zu Recht nach § 7 Abs. 5 Nr. 3 c EStG mit 4 % der Herstellungskosten (600 000 €) = 24 000 €/Wj abgeschrieben.

Hier ist eine AfA nach § 7 Abs. 5 EStG nur noch für den Anteil der Gesellschafter K, L und M an den Herstellungskosten zulässig, also mit 4 % aus 450 000 € (3/4 von 600 000 €) = 18 000 €/Wj (noch bis zum Ende des 10. Jahres, danach nur noch 2,5 %).

Für den von N erworbenen Teil kann nur noch nach § 7 Abs. 4 EStG abgeschrieben werden, da insoweit für die verbleibenden Gesellschafter nicht die Bauherreneigenschaft vorliegt, die für § 7 Abs. 5 EStG gefordert ist, vgl. BFH vom 19. 02. 1974 BStBl II 1974, 704. Es kann also nur eine AfA von 2 % aus 127 500 € (1/4 von 510 000 €) = 2 550 €/Wj angesetzt werden.

Zusammen ergibt sich eine AfA von 25 050 €/Wj. Auch hier beträgt die lineare AfA nur dann 2 %, wenn sich die tatsächliche Restnutzungsdauer des Gebäudes am 01. 01. 04 noch auf mindestens 50 Jahre beläuft.

Zu prüfen ist, ob nicht auch die lineare AfA (Variante a) nach den gleichen Grundsätzen zu ermitteln ist. U. E. ist dies nicht der Fall. Der BFH hat die Entscheidung zur AfA nach § 7 Abs. 5 EStG nur getroffen, weil er der Auffassung war, diese Vorschrift sei personenbezogen. Für die AfA des § 7 Abs. 4 EStG trifft diese Einschränkung nicht zu; hier müsste die Einheit der Personengesellschaft als Subjekt der Gewinnermittlung beachtet werden. Eher ist fraglich, ob das Urteil vom 19. 02. 1974 a.a.O noch Bestand haben kann.

Der ausgeschiedene Gesellschafter kann anteilig auf ihn entfallende steuerfreie Rücklagen des § 6 b EStG »mitnehmen«, d. h. auf einen eigenen Betrieb oder noch zu gründenden Betrieb bzw. im Rahmen einer anderen Beteiligung an einer Personengesellschaft übertragen (R 6 b.2 Abs. 10 Satz 6 EStR). Das Gleiche gilt für steuerfreie Rücklagen i. S. des § 6 b EStG, die für einen anteiligen Veräußerungsgewinn gebildet werden.

BEISPIEL

Wäre im vorstehenden Beispiel für das bebaute Grundstück die Sechsjahresfrist erfüllt, so könnte N seine anteiligen stillen Reserven von 30 000 € für Grund und Boden und von 7 500 € für Gebäude in eine § 6b-Rücklage einstellen. Allerdings ist dabei § 34 Abs. 1 Satz 3 EStG zu beachten, d. h. die Steuerermäßigung des § 34 EStG geht verloren.

6.3.2.2 Abfindung an lästige Gesellschafter

Im wirtschaftlichen Alltag kommt es immer wieder zu Meinungsverschiedenheiten zwischen Gesellschaftern. Gelegentlich mag es dabei geschehen, dass diese Meinungsverschiedenheiten im Verhältnis zu einem Gesellschafter unüberbrückbar sind. Dies kann schließlich dazu führen, dass der Betrieb gestört wird und gar die Gesellschaft selbst in ihrem wirtschaftlichen Bestehen gefährdet ist, weil z. B. der Gesellschafter wichtige Entscheidungen verhindert oder den guten Ruf der Firma schädigt. In solchen Fällen kann man vom »lästigen Gesellschafter« sprechen, wobei »lästig« nicht mit »unbequem« gleichzusetzen ist.

Es leuchtet ein, dass – wenn eine Einigung auf lange Sicht nicht mehr möglich erscheint – die übrigen Gesellschafter alles tun werden, um das Ausscheiden des Lästigen zu erreichen. Insbesondere sind sie oft bereit, einen Preis zu zahlen, der über dem wirklichen Wert des Anteils am Gesellschaftsvermögen liegt. Diese **Mehr-Abfindung** an den lästigen Gesellschafter ist von der Personengesellschaft als **sofort abzugsfähige Betriebsausgabe** zu behandeln.

Allerdings ist es nicht möglich, den das Kapitalkonto des ausscheidenden lästigen Gesellschafters übersteigenden Teil der Abfindung kurzerhand als Aufwand zu buchen. Zuerst müssen alle anteiligen stillen Reserven aufgestockt und dabei auch ein etwa vorhandener Geschäftswert berücksichtigt werden. Erst danach ist Aufwand gegeben. Vgl. dazu BFH vom 11. 10. 1960 BStBl III 1960, 509.

BEISPIEL

An der Emas OHG sind die Gesellschafter E, M, A und S mit je 25 % beteiligt, und zwar sowohl am Gewinn als auch am Vermögen (einschließlich der stillen Reserven). Gesellschafter S scheidet wegen »Lästigkeit« aus der OHG aus, nachdem er von den verbleibenden Gesellschaftern eine Pauschalabfindung in Höhe von 600 000 € zugesagt erhalten hatte.

Die **Steuerbilanz** vor dem Ausscheiden zeigte – zusammengefasst – folgende Werte (in Klammer die Teilwerte), jeweils in Tausend Euro:

Aktiva		Steuerbilanz			Passiva
Anlagevermögen	800	(1 100)	Kapital E	300	(510)
Umlaufvermögen	750	(790)	Kapital M	300	(510)
Geschäftswert	–	(500)	Kapital A	300	(510)
			Kapital S	300	(510)
			Verbindlichkeiten	350	(350)
	1 550	(2 390)		1 550	(2 390)

LÖSUNG

Buchung:		
Kapital S	300 000 €	
Anlagevermögen	75 000 €	
Umlaufvermögen	10 000 €	
Geschäftswert	125 000 €	
außerordentlicher Aufwand	90 000 €	
an Abfindungsverbindlichkeit S		600 000 €

Fortführungsbilanz

Aktiva		Passiva	
Anlagevermögen	875 000	Kapital E	270 000
Umlaufvermögen	760 000	Kapital M	270 000
Geschäftswert	125 000	Kapital A	270 000
		Verbindlichkeiten	950 000
	1 760 000		1 760 000

Dabei wurden die Kapitalkonten der verbleibenden Gesellschafter um jeweils ein Drittel infolge des außerordentlichen Aufwands gekürzt.

6.3.2.3 Abfindung unter Buchwert

Abfindungen, die unter dem Buchwert des Kapitalkontos liegen, sind verhältnismäßig selten. Wenn man von privaten Gründen (s. dazu nachfolgend 6.3.2.5) absieht, dürften sie ihre Ursache in einer schlechten wirtschaftlichen Lage der Personengesellschaft oder in einem »Notverkauf« durch den ausscheidenden Gesellschafter haben.

BEISPIEL

Ein Gesellschafter ist zur Abdeckung von privaten oder eigenbetrieblichen Schulden gezwungen, seine Anteile an der Personengesellschaft zu veräußern. Die verbleibenden Gesellschafter sind aber nur bereit, eine unter dem Kapitalkonto des Ausscheidenden liegende Abfindung zu zahlen, weil sie sonst eine Gefährdung auch der Personengesellschaft befürchten.

Wie ist nun **der über die Abfindung hinausgehende Teil des Kapitalkontos** zu behandeln? Auch in diesem Fall wurde schon der Vorschlag gemacht, den Differenzbetrag als negativen Geschäftswert auszuweisen. Dies ist jedoch ebenso wie beim Gesellschafterwechsel (s. 6.2.3) nicht zulässig. Laut BFH vom 30.01.1974 BStBl II 1974, 352 stellt die Abfindung eines aus einer Personengesellschaft ausscheidenden Gesellschafters für die Gesellschafter, die seine Beteiligung erwerben, ein **Anschaffungsgeschäft** dar, bei dem die gezahlte Abfindung gemäß § 6 Abs. 1 Nr. 1 und 2 EStG als Anschaffungskosten anzusetzen ist. Liegt die Abfindung unter dem Buchwert des Kapitalanteils des Ausscheidenden, so führt das grundsätzlich auch dann zur entsprechenden Herabsetzung der Buchwerte der einzelnen Wirtschaftsgüter der erwerbenden Gesellschafter, wenn der Teilwert des Kapitalanteils mindestens dem Buchwert entspricht. Für die verbleibenden Gesellschafter entsteht dadurch kein Gewinn. Denkbar ist auch der Ansatz eines passiven Ausgleichspostens, vgl. BFH vom 26.04.2006 BFH/NV 2006, 1566, der immer dann in Betracht kommt, wenn eine weitere Teilwertabschreibung für Wirtschaftsgüter der Aktivseite nicht mehr möglich ist. Für den ausscheidenden Gesellschafter entsteht ein Veräußerungsverlust nach § 16 EStG.

Eine **Ausnahme** gilt nur für den Fall des ganz oder teilweise unentgeltlichen Erwerbs des Anteils des ausscheidenden Gesellschafters, es sei denn, dass die Vereinbarungen über die

Unentgeltlichkeit auf außerbetrieblichen Gründen beruht (BFH vom 11.07.1973 BStBl II 1974, 50). Dabei muss jedoch feststehen, dass es der Wille der Beteiligten war, der Erwerb des Anteils solle (teilweise) unentgeltlich erfolgen. Dies dürfte ohne privaten Anlass nur sehr selten vorkommen.

BEISPIEL

An der V-OHG sind die Gesellschafter U, V und W mit je einem Drittel am Vermögen und Gewinn beteiligt. Der Gesellschafter W muss aus zwingenden Gründen seinen Anteil an U und V veräußern. Die Bilanz der OHG hat zum Zeitpunkt des Ausscheidens des W folgendes Aussehen (vereinfacht):

Aktiva	Bilanz V-OHG		Passiva
Grund und Boden	93 000 €	Kapital U	184 000 €
Gebäude	366 000 €	Kapital V	184 000 €
Betriebsausstattung	72 000 €	Kapital W	184 000 €
andere Aktiva	279 000 €	andere Passiva	258 000 €
	810 000 €		810 000 €

Obwohl stille Reserven vorhanden sind (Grund und Boden 30 000 €, Gebäude 15 000 €, Betriebsausstattung 8 000 €), sehen sich U und V nicht in der Lage, eine Abfindung von mehr als 160 000 € zu zahlen. W, der das Geld dringend benötigt, ist mit der Abfindung einverstanden, zumal er wegen der nicht eingehaltenen Kündigungsfristen des Gesellschaftsvertrags auf die Zustimmung der Mitgesellschafter zu seinem vorzeitigen Ausscheiden angewiesen ist.

LÖSUNG Teil 1:

Die Abfindung liegt mit 160 000 € unter dem Kapitalkonto des W mit 184 000 €. Ein ganz oder teilweise unentgeltlicher Erwerb war nicht beabsichtigt. Daher müssen die Buchwerte der von U und V (anteilig) übernommenen Wirtschaftsgüter um insgesamt 24 000 € herabgesetzt (abgestockt) werden.

Bei einer notwendigen **Buchwertherabsetzung** (Abstockung) ergibt sich die Frage, wie der Betrag auf die einzelnen Wirtschaftsgüter zu verteilen ist. Sollte hierbei feststehen, für welches Wirtschaftsgut ganz konkret nicht der Buchwert vergütet wurde, so ist diese Frage leicht zu lösen: der Buchwert eben dieses Wirtschaftsguts ist abzustocken. In den anderen Fällen kommt nur eine **Verteilung des Abstockungsbetrags** im Wege einer **Schätzung** in Betracht, die aber nicht willkürlich sein darf. Sicher ist es dabei vertretbar, das Umlaufvermögen nicht mit einzubeziehen, vor allem, soweit es sich um Geldvermögen (Bank, Kasse, Forderungen) handelt. Hier lassen sich niedrigere Anschaffungskosten kaum vorstellen. Bei den Wirtschaftsgütern des Anlagevermögens sind niedrigere Anschaffungskosten dagegen gut denkbar. Als Verteilungsschlüssel kann man wohl das Verhältnis der stillen Reserven bzw. der Teilwerte von vornherein ausschließen; die Abstockung wäre dort am größten, wo bisher schon die höchsten stillen Reserven bestünden. Mangels besserer Erkenntnis ist daher i. d. R. das Verhältnis der Buchwerte für die Aufteilung des Abstockungsbetrags maßgebend.

BEISPIEL

Sachverhalt wie bei obigem Beispiel.

LÖSUNG Teil 2: Die Abfindung an den ausscheidenden Gesellschafter W wird gebucht

Kapital W	184 000 €	
an Abfindungsanspruch W		160 000 €
an Grund und Boden		4 203 €
an Gebäude		16 543 €
an Betriebsausstattung		3 254 €

Der Abstockungsbetrag wurde im Verhältnis 93:366:72 aufgeteilt.

Es erscheint vertretbar, bezüglich der AfA die Abstockungsbeträge wie nachträgliche Minderungen der Anschaffungskosten zu behandeln. Wegen der Probleme bei Gebäude-AfA nach § 7 Abs. 5 EStG wird auf 6.2.2 verwiesen.

6.3.2.4 Sachwertabfindung

6.3.2.4.1 Erfolgswirksame Sachwertabfindung

Bei ungenügenden Barmitteln und zur Vermeidung von Schulden können die Gesellschafter vereinbaren, dass der ausscheidende Gesellschafter die ihm zustehende Abfindung in Form von Sachwerten erhält. Ein etwaiger Mehrwert der Sache ist i. d. R. vom Ausscheidenden auszugleichen. Bei der Sachwertabfindung ergibt sich gegenüber der Barabfindung die Besonderheit, dass nicht nur beim Ausscheidenden die stillen Reserven aufgedeckt werden, sondern auch die anteiligen stillen Reserven der verbleibenden Gesellschafter für das im Wege der Sachwertabfindung ausgeschiedene Wirtschaftsgut. Vgl. auch BFH vom 23. 11. 1995 BStBl II 1996, 194, 196.

BEISPIEL

An der P-OHG sind die Gesellschafter P (mit 50 %), R und S (mit je 25 %) beteiligt. S scheidet zum 01. 07. 05 aus der Gesellschaft aus. Zum Zweck der Auseinandersetzung wird folgende Zwischenbilanz erstellt:

Aktiva — Zwischenbilanz der P-OHG zum 01. 07. 05 — Passiva

Aktiva	(a)	(b)	Passiva	(a)	(b)
Grund und Boden	80 000	140 000	Kapital P	320 000	418 000
Gebäude	312 000	340 000	Kapital R	160 000	209 000
Betriebsausstattg.	96 000	100 000	Kapital S	160 000	209 000
Geschäftswert	–	100 000	andere Passiva	162 000	162 000
Warenvorräte	84 000	88 000			
andere Aktiva	230 000	230 000			
	802 000	998 000		802 000	998 000

(a) = Buchwerte, (b) = Teilwerte

Im Auseinandersetzungsvertrag wird vereinbart, dass S als Abfindung die Hälfte des Betriebsgrundstücks erhalten soll (Teilwerte Grund und Boden 70 000 €, Gebäude 170 000 €). In Höhe des Mehrwerts der Abfindung (240 000 € ./. 209 000 € = 31 000 €) entsteht eine Ausgleichsforderung an S.

LÖSUNG Die Lösung des Falls soll durch Buchungssätze aufgezeichnet werden. (Üblicherweise wird jedoch nicht gebucht, sondern z. B. durch Erläuterungen zur Bilanz oder in der Inventur die Werte fortgeschrieben bzw. die Gewinne ermittelt.)

Ermittlung des Veräußerungsgewinns S und Buchwertaufstockung:

Grund und Boden	15 000 €	
Gebäude	7 000 €	
Betriebsausstattung	1 000 €	
Geschäftswert	25 000 €	
Warenvorräte	1 000 €	
an Kapital S (Veräußerungsgewinn)		49 000 €

Sachwertabfindung:

Kapital S	209 000 €	
Ausgleichsforderung	31 000 €	
an Grund und Boden		47 500 €[a)]
an Gebäude		159 500 €[a)]
an Kapital P (a. o. Ertrag)		22 000 €
an Kapital R (a. o. Ertrag)		11 000 €

[a)] Die Hälfte vom Buchwert zuzüglich Aufstockung.

Die stillen Reserven aus der veräußerten Grundstückshälfte sind im Verhältnis der Gewinnanteile (bisher) 50:25 auf P und R aufgeteilt worden.

Die bei den verbleibenden Gesellschaftern aufgedeckten stillen Reserven des veräußerten Sachwerts sind **kein Veräußerungsgewinn**. Sie erhöhen den laufenden Gewinn der Gesellschaft. Bei Vorliegen der entsprechenden Voraussetzungen ist jedoch die Anwendung des § 6 b EStG möglich, dies gilt übrigens auch für den Ausscheidenden.

Eine »Fortführungsbilanz« der P-OHG zum 02. 07. 05 hätte folgendes Aussehen:

Aktiva	Fortführungsbilanz		Passiva
Grund und Boden	47 500 €	Kapital P	342 000 €
Gebäude	159 500 €	Kapital R	171 000 €
Betriebsausstattung	97 000 €	andere Passiva	162 000 €
Geschäftswert	25 000 €		
Warenvorräte	85 000 €		
Ausgleichsforderung	31 000 €		
andere Aktiva	230 000 €		
	675 000 €		675 000 €

Die künftige Gebäude-AfA ist u. E. aus der Hälfte der bisherigen Bemessungsgrundlage, erhöht um die Hälfte der Buchwertaufstockung, zu berechnen. Ob dies auch für eine AfA nach § 7 Abs. 5 EStG gelten kann, erscheint jedoch zweifelhaft.

6.3.2.4.2 Erfolgsneutrale Sachwertabfindung

Gelangen die durch Sachwertabfindung erhaltenen Wirtschaftsgüter in ein **Betriebsvermögen** des ausgeschiedenen Gesellschafters, so ist nach § 6 Abs. 5 Satz 3 Nr. 1 i. V. mit Satz 1 EStG für diese Wirtschaftsgüter zwingend der Buchwert fortzuführen – sofern die Besteuerung der stillen Reserven sichergestellt ist. Vgl. auch § 16 Abs. 3 Satz 2 EStG für die Realteilung. Es handelt sich hier um die Überführung eines Wirtschaftsguts aus dem Gesamthandsvermögen einer Mitunternehmerschaft in das Betriebsvermögen eines (bisherigen) Mitunternehmers gegen Minderung von Gesellschaftsrechten. Das Ausscheiden ist soweit erfolgsneutral und bleibt deshalb – zunächst – ohne steuerliche Folgen.

Wird jedoch – wie im Beispielsfall – ein Wertausgleich verlangt, so kann es nicht bei einer reinen Buchwertfortführung bleiben, weil die Gegenleistung für das übernommene Wirtschaftsgut nicht nur in der Minderung der Gesellschaftsrechte beruht. Es bietet sich an, auf die Regelungen bei der Realteilung mit Spitzenausgleich zurückzugreifen, s. 7.2.1.3 und BMF vom 28. 02. 2006 BStBl I 2006, 228 Abschn. VII.

Bei Fortführung der Buchwerte fallen jedoch die Buchwerte der ausgeschiedenen bzw. verbleibenden Wirtschaftsgüter und die Kapitalkonten der ausgeschiedenen bzw. verbleibenden Gesellschafter auseinander. Nach der Rechtsprechung des BHF zur Realteilung (s. 7) sind daher die Kapitalkonten der Gesellschafter den Buchwerten der Wirtschaftsgüter anzugleichen, BMF vom 28. 02. 2006 BStBl I 2006, 228 Abschn. VIII. Dadurch ergibt sich allerdings eine Verlagerung von stillen Reserven zwischen verbleibenden und ausscheidenden Gesellschaftern.

Im Urteil vom 10. 12. 1991 (BStBl II 1992, 385) hat der BFH ausdrücklich entschieden, dass die Grundsätze für die Realteilung von Personengesellschaften nicht nur bei Teilbetrieben, sondern auch bei Einzelwirtschaftsgütern gelten, vgl. auch BFH vom 23. 03. 1995 BStBl II 1995, 700). Wegen der Problematik insbes. der buchtechnischen Behandlung s. 7 und die dort enthaltenen Beispiele.

6.3.2.5 Privat beeinflusste Abfindungen

Sind Abfindungen aus privaten Gründen zu hoch oder zu niedrig, so darf dies keine Auswirkung auf die ertragsteuerlichen Folgen haben. Vor allem beim Ausscheiden von Gesellschaftern aus einer Familienpersonengesellschaft ist mit solchen Möglichkeiten zu rechnen.

a) Ausscheiden über Teilwert

Erhalt ein Gesellschafter bei seinem Ausscheiden eine Abfindung, die aus privaten Gründen höher ist, als es seinem Anteil an den vorhandenen Wirtschaftsgütern einschließlich der stillen Reserven und eines etwaigen Geschäftswerts entspricht, so ist der Mehrbetrag als **Privatentnahme** der **verbleibenden Gesellschafter** zu behandeln. Ob diese Entnahme nur einem Gesellschafter zuzurechnen bzw. gleichmäßig oder nach dem Gewinnverteilungsschlüssel auf alle Gesellschafter zu verteilen ist, hängt vom Willen der Beteiligten ab. Die Entnahme ist jedoch erst zu buchen, wenn der **Geldabfluss** aus der Gesellschaft erfolgt. Die Abfindungsschuld darf nur ohne den Mehrbetrag ausgewiesen werden. Nur in dieser Höhe ist sie betrieblich veranlasst.

b) Ausscheiden unter Buchwert

Erhält ein Gesellschafter bei seinem Ausscheiden eine Abfindung, die aus privaten Gründen unter dem Buchwert seines Kapitalkontos liegt, so kommt weder ein Buchgewinn für die verbleibenden Gesellschafter bzw. ein Veräußerungsverlust für den Ausscheidenden noch eine Herabsetzung der Buchwerte der einzelnen Wirtschaftsgüter in Betracht. Vielmehr ist der **Minderbetrag** vom Kapitalkonto des Ausscheidenden auf die **Kapitalkonten der Verbleibenden** umzubuchen. Wem der Betrag im Einzelnen gutzuschreiben ist, hängt wiederum vom Willen der Beteiligten ab.

6.3.2.6 Ausscheiden eines Gesellschafters und Umsatzsteuer

Bei der Umsatzsteuer wird anders als bei den Ertragssteuern nicht von einer Veräußerung der Anteile an den einzelnen Wirtschaftsgütern ausgegangen. Gegenstand des umsatzsteuerlichen Leistungsaustausch sind vielmehr die **Gesellschaftsrechte**. Der Umsatz des Gesellschafters ist nach § 4 Nr. 8 Buchst. f UStG **steuerfrei**. Steuerbare Umsätze der Gesellschaft liegen nur vor, soweit die Gegenleistung der Gesellschaft in einer Lieferung oder sonstigen Leistung an den ausscheidenden Gesellschafter besteht, also bei einer Sachwertabfindung.

7 Realteilung

7.1 Begriff

Das Steuerrecht unterscheidet zwischen Naturalteilung und Realteilung. Von einer **Realteilung** wird insbesondere dann gesprochen, wenn die bei der Teilung übernommenen Wirtschaftsgüter bei den Realteilern weiterhin **Betriebsvermögen** bleiben und aus diesem Grund ein Gewinnausweis nicht erforderlich ist (vgl. BFH vom 10.12.1991 BStBl II 1992, 385). Von untergeordneter Bedeutung ist dabei, ob die Gesellschaft aufgelöst oder von den verbleibenden Gesellschaftern fortgeführt wird, ebenso ob Teilbetriebe, Mitunternehmeranteile oder nur einzelne Wirtschaftsgüter übergeben werden. Bei der **Naturalteilung** gehen die Wirtschaftsgüter ins **Privatvermögen** über. Vgl. auch Wacker in Schmidt, EStG § 16 Rz. 536. Keine Realteilung ist gegeben, wenn sich die Gesellschafter zweier personenidentischer Gesellschaften, die jeweils einen Betrieb unterhalten, in der Weise auseinander setzen, dass jeder der Gesellschafter einen Betrieb als Einzelunternehmen fortführt (BFH vom 20.02.2003 BStBl II 2003, 700). Das Gleiche gilt, wenn eine Personengesellschaft ihren Betrieb an einen ihrer Gesellschafter veräußert.

7.2 Steuerliche Folgen

Die steuerliche Auswirkung der Realteilung ist in § 16 Abs. 3 Satz 2 EStG ausdrücklich geregelt. Die Folgen für die Zuteilung von Teilbetrieben, Mitunternehmeranteilen oder Einzelwirtschaftsgütern im Rahmen einer Realteilung sind zwar weitgehend gleich, bei Einzelwirtschaftsgütern sind jedoch einige Besonderheiten zu beachten.

7.2.1 Zuteilung von Teilbetrieben oder Mitunternehmeranteilen

Soweit eine Realteilung auf die Übertragung von Teilbetrieben oder Mitunternehmeranteilen gerichtet ist, sind gemäß § 16 Abs. 3 Satz 2 EStG für diese Teilbetriebe oder Mitunternehmeranteile **zwingend** die Werte anzusetzen, die sich nach den Vorschriften über die Gewinnermittlung ergeben. Das sind die **Buchwerte**. Stille Reserven werden also nicht aufgedeckt. Sie können auch nicht durch Wahl des Teilwertansatzes freiwillig aufgedeckt werden. Die steuerliche Realteilungsbilanz entspricht der steuerlichen Schlussbilanz. Die bisherigen Mitunternehmer sind an die Buchwerte gebunden. Steuerfreie Rücklagen nach § 6 b EStG können die fortführenden Gesellschafter bei den ihnen zugeteilten Teilbetrieben anteilig weiterführen, vgl. R 6 b.2 Abs. 9 Satz 3 EStR. Die Buchwertfortführung kommt allerdings nur in Betracht, wenn die **Besteuerung der stillen Reserven sichergestellt** ist. Sonst kommt es zum Ansatz der gemeinen Werte und damit zur Gewinnrealisierung.

Handelsrechtlich gibt es dagegen **keinen Zwang zur Buchwertfortführung**. Im Gegenteil: es ist für die Auseinandersetzung wichtig, in einer Auseinandersetzungsbilanz die wirklichen Werte (Verkehrswerte, Teilwerte bzw. gemeinen Werte) der Teilbetriebs oder Mitunternehmeranteile zu ermitteln, um die Ansprüche der realteilenden Mitunternehmer feststellen zu können. Diese Bilanz ist aber wegen der Regelung in § 16 Abs. 3 Satz 2 EStG steuerlich unmaßgeblich.

7.2.1.1 Einfache Buchwertfortführung

Am einfachsten sind die Fälle zu lösen, bei denen die stillen Reserven in den Teilbetrieben gleichmäßig verteilt sind, so dass sich bei einer Buchwertübernahme keine Verschiebungen ergeben. Die Teilwerte sollen den gemeinen Werten entsprechen. Solche Fälle werden allerdings in der Praxis nur äußerst selten vorkommen, es sei denn, es sind überhaupt keine stillen Reserven vorhanden oder sie sind vor der Realteilung gleichmäßig auf die Teilbetriebe verteilt worden.

BEISPIEL

Aktiva — Schlussbilanz der K & L OHG zum 31. 12. 01 — Passiva

	Buchwert	Teilwert		Buchwert	Teilwert
Teilbetrieb 1	120 000 €	150 000 €	Kapital K	120 000 €	150 000 €
Teilbetrieb 2	120 000 €	150 000 €	Kapital L	120 000 €	150 000 €
	240 000 €	300 000 €		240 000 €	300 000 €

Bei der Realteilung erhält K den Teilbetrieb 1, L den Teilbetrieb 2. Es sind die Buchwerte fortzuführen. Die stillen Reserven gehen also auf die Einzelbetriebe K und L über.

LÖSUNG

Aktiva	Eröffnungsbilanz K zum 01. 01. 02		Passiva
Teilbetrieb 1	120 000 €	Kapital	120 000 €

Aktiva	Eröffnungsbilanz L zum 01. 01. 02		Passiva
Teilbetrieb 2	120 000 €	Kapital	120 000 €

7.2.1.2 Kapitalkontenanpassung

Häufig werden die Buchwerte der übernommenen Teilbetriebe oder Mitunternehmeranteile vom Kapitalkonto des übernehmenden Gesellschafter abweichen, obwohl die Teilwerte insgesamt der seitherigen Beteiligung entsprachen.

BEISPIEL

Aktiva	steuerliche Schlussbilanz der A & B OHG zum 31. 12. 01				Passiva
	Buchwert	Teilwert		Buchwert	Teilwert
Teilbetrieb 1	100 000 €	150 000 €	Kapital A	120 000 €	150 000 €
Teilbetrieb 2	140 000 €	150 000 €	Kapital B	120 000 €	150 000 €
	240 000 €	300 000 €		240 000 €	300 000 €

Bei der Realteilung erhält A den Teilbetrieb 1, B den Teilbetrieb 2. Die Buchwerte sind fortzuführen, und die stillen Reserven von 60 000 € werden nicht versteuert.

Das Beispiel zeigt, dass bei einer Buchwertfortführung dem Buchwert des Teilbetriebs 1 von 100 000 € ein Buchwert des Kapitals A von 120 000 € gegenübersteht. Bei B beträgt der Buchwert des Teilbetriebs 2 dagegen 140 000 €, der Kapital-Buchwert aber nur 120 000 €. Eröffnungsbilanzen mit diesen Buchwerten würden in Aktiva und Passiva unterschiedliche Werte ausweisen und wären deshalb falsch. Eine Anpassung der Werte ist zwingend erforderlich.

LÖSUNG Es stellt sich nun die Frage, ob die Buchwerte der Teilbetriebe an die Kapitalkonten anzupassen sind oder ob umgekehrt der Wert der Kapitalkonten an die Buchwerte der Teilbetriebe angepasst werden muss. Nach der Rechtsprechung des BFH sind es die **Kapitalkonten**, die anzugleichen sind. Diese Angleichung hat **erfolgsneutral** zu erfolgen. Vgl. BFH vom 10. 12. 1991 BStBl II 1992, 385, insbesondere 388; BMF vom 28. 02. 2006 BStBl I 2006, 228 Abschn. VII.

Aktiva	Eröffnungsbilanz A zum 01. 01.02			Passiva
Teilbetrieb 1	100 000 €	Kapital	120 000 €	
		Abstockung	./. 20 000 €	100 000 €
	100 000 €			100 000 €

Aktiva	Eröffnungsbilanz B zum 01. 01. 02			Passiva
Teilbetrieb 2	140 000 €	Kapital	120 000 €	
		Aufstockung	+ 20 000 €	140 000 €
	140 000 €			140 000 €

Die Lösung zeigt, dass durch die erfolgsneutrale Aufstockung und Abstockung stille Reserven von B auf A übergesprungen sind. B hat künftig nur 10 000 € zu versteuern (Teilwert 150 000 €, Buchwert 140 000 €), A dagegen 50 000 € (Teilwert 150 000 €, Buchwert 100 000 €), obwohl ursprünglich jeder einen Anteil von 30 000 € hatte, wie die Schlussbilanz der OHG ausweist. A ist im Ergebnis steuerlich benachteiligt. Der BFH sah eine finanzielle Entschädigung zum Ausgleich dieses Nachteils als steuerlich neutral an (BFH vom 10.02.1972 BStBl II 1972, 419). Ob dies auch heute noch gelten kann, erschien schon vor der gesetzlichen Regelung der Realteilung zweifelhaft (vgl. BFH vom 19.01.1982 BStBl II 1982, 456).

Solche Wertverhältnisse wie in den vorstehenden Beispielen, die eine unproblematische Auseinandersetzung möglich machen, kommen in der Praxis selten vor. Allerdings dürfte es keine Schwierigkeiten machen, durch einen Austausch von Geldbeständen (Bankguthaben, Bargeld, evtl. auch Forderungen und Verbindlichkeiten) zwischen den einzelnen Teilbetrieben eindeutige Verhältnisse zu schaffen. An der Tatsache des Übergangs von Teilbetrieben ändert sich dadurch nichts.

7.2.1.3 Spitzenausgleich

Es wird häufig nicht möglich sein, bei einer Realteilung den Gesellschaftern im Rahmen der Übertragung von Teilbetrieben oder Mitunternehmeranteilen gerade so viel zuzuteilen, als ihrer Kapitalbeteiligung entspricht. Ein teilweiser Ausgleich kann – wie schon erwähnt – durch Verlagerung von flüssigen Mitteln erfolgen, z. B. durch Überweisung vom Bankkonto 1 (im Teilbetrieb 1) auf das Bankkonto 2 (im Teilbetrieb 2). Einer solchen Verrechnung sind aber naturgemäß durch die Höhe des Geldvermögens meist enge Grenzen gesetzt. Deshalb hat i. d. R. der Gesellschafter, der über seinem Kapitalkonto abgefunden wird, dem anderen Gesellschafter/den anderen Gesellschaftern einen Ausgleich in Geld oder Sachwerten zu schaffen, die nicht aus dem Vermögen der Mitunternehmerschaft stammen (Abfindungs- oder Ausgleichszahlung).

Die steuerlichen Folgen eines solchen so genannten Spitzenausgleichs sind in § 16 Abs. 3 Satz 2 EStG nicht angesprochen. Sie waren auch vor der gesetzlichen Regelung der Realteilung teilweise umstritten. BFH und Finanzverwaltung sind sich darin einig, dass ein Spitzenausgleich zur **teilweisen Aufdeckung stiller Reserven** und damit zu einem Buchgewinn führt. Über die Höhe dieses Buchgewinns gibt es allerdings unterschiedliche Aussagen.

Nach BFH vom 01.12.1992 BStBl II 1994, 607 entsteht in Höhe der **Ausgleichszahlung** ein **nicht begünstigter Veräußerungsgewinn**, der entsprechend dem Verhältnis der Kapitalkonten der steuerlichen Schlussbilanz zu verteilen ist.

Anders dagegen die Auffassung der Finanzverwaltung. Nach BMF vom 28.02.2006 BStBl I 2006, 228 Abschn. VI ergibt sich eine **teilweise** Gewinnrealisierung nach Maßgabe der Abfindung. In Abschn. VI wird ausgeführt, dass die Abfindungszahlung bei Übertragung von Teilbetrieben dem Teil des Kapitalkontos gegenüberzustellen ist, der dem Verhältnis von Abfindungszahlung zum Wert des übernommenen Betriebsvermögens entspricht.

BEISPIEL

Die Gesellschafter der G-OHG beschließen zum 30. 06. 04 die Auflösung der Gesellschaft durch Realteilung. Der Anteil des G betrug 75 %, der Anteil des H 25 %.

Aktiva	steuerliche Schlussbilanz G-OHG auf den 30. 06. 04				Passiva
	Buchwert	Teilwert		Buchwert	Teilwert
Teilbetrieb 1	180 000 €	250 000 €	Kapital G	210 000 €	300 000 €
Teilbetrieb 2	100 000 €	150 000 €	Kapital H	70 000 €	100 000 €
	280 000 €	400 000 €		280 000 €	400 000 €

G erhält den Teilbetrieb 1, H den Teilbetrieb 2. H hat an G einen Wertausgleich von 50 000 € zu zahlen, weil der Wert des ihm zustehenden Teilbetriebs 2 seinen Kapitalwert um 50 000 € übersteigt. Beide Gesellschafter führen die übernommenen Teilbetriebe fort.

LÖSUNG Nach den Teilwerten (gemeinen Werten) steht H ein anteiliges Betriebsvermögen in Höhe von 100 000 € zu. Er erhält aber den Teilbetrieb 2 mit einem Wert von 150 000 €, demnach 50 000 € mehr und hat deshalb die entsprechende Ausgleichszahlung zu leisten. Er erwirbt somit 1/3 des Teilbetriebs 2 entgeltlich, die restlichen 2/3 unentgeltlich.

Entgelt	50 000 €
1/3 des Buchwerts von Teilbetrieb 2	33 333 €
zu aktivierende Anschaffungskosten	16 667 €

Für G entsteht in gleicher Höhe ein Veräußerungsgewinn, der als laufender Gewinn zu behandeln ist.

Aktiva	Eröffnungsbilanz G auf den 01. 07. 04		Passiva
Teilbetrieb 1	180 000 €	Kapital 30. 06. 04	210 000 €
Ausgleichsforderung	50 000 €	+ Veräußerungsgewinn	16 667 €
		+ erfolgsneutrale Aufstockung	3 333 €
	230 000 €		230 000 €

Aktiva	Eröffnungsbilanz H auf den 01. 07. 04		Passiva
Teilbetrieb 2	100 000 €	Kapital 30. 06. 04	70 000 €
+ zu aktivierende Anschaffungskosten	16 667 €	./. erfolgsneutrale Abstockung	./. 3 333 €
		Ausgleichsschuld	50 000 €
	116 667 €		116 667 €

7.2.2 Zuteilung von Einzelwirtschaftsgütern

Werden bei einer **Realteilung** den bisherigen Mitunternehmern, den Realteilern, keine Teilbetriebe, sondern einzelne Wirtschaftsgüter zugeteilt, so richtet sich die steuerliche Behandlung ebenfalls nach § 16 Abs. 3 Satz 2, das heißt, auch für die zugeteilten Einzelwirtschaftsgüter ist die Buchwertfortführung vorgeschrieben. Dies gilt allerdings nicht, soweit die Wirtschaftsgüter unmittelbar oder mittelbar auf eine Körperschaft, Personenvereinigung oder Vermögensmasse übertragen werden, also insbesondere auf eine Kapitalgesellschaft. In diesen Fällen ist statt des Buchwerts der gemeine Wert anzusetzen. Vgl. § 16 Abs. 3 Satz 4 EStG.

BEISPIEL

Die X OHG wurde zum 30. 06. 03 aufgelöst. Gesellschafter waren die Y-GmbH mit 33 1/3 % Anteil und Z mit einem Anteil von 66 2/3 %.

Aktiva	Schlussbilanz der X OHG auf den 30. 06. 03				Passiva
	Buchwert	gem. Wert		Buchwert	gem. Wert
Grundstück	240 000 €	360 000 €	Kapital Y-GmbH	158 000 €	200 000 €
übrige Aktiva	360 000 €	366 000 €	Kapital Z	316 000 €	400 000 €
			übrige Passiva	126 000 €	126 000 €
	600 000 €	726 000 €		600 000 €	726 000 €

Die Y-GmbH übernahm das Grundstück (wesentliche Betriebsgrundlage), das sie in ihrem Unternehmen weiter nutzt. Z erhielt die übrige Aktiva und die übrige Passiva, deren Wert insgesamt

40 000 € über dem Wert seines Kapitalanteils lag. Er hatte an die Y-GmbH eine Abfindung in dieser Höhe zu zahlen.

LÖSUNG In der Auseinandersetzungsbilanz (Realteilungsbilanz) der OHG ist für das Grundstück der gemeine Wert anzusetzen. Dadurch entsteht ein Gewinn von (360 000 € ./. 240 000 € =) 120 000 €. Davon entfallen auf die Y-GmbH 40 000 €, auf Z 80 000 €.

Bei den jetzigen Einzelunternehmen von Y-GmbH und Z sind folgende (vereinfachte) Zugangsbuchungen denkbar. Dabei ist sicher, dass die Y-GmbH ihre Beteiligung in ihrem schon bestehenden Unternehmen als Betriebsvermögen ausgewiesen hatte.

Buchung bei Z:		
übrige Aktiva	360 000 €	
an Ausgleichsschuld		40 000 €
an übrige Passiva		126 000 €
an Einlagen		194 000 €

Buchung bei Y-GmbH:		
Grundstück	360 000 €	
Ausgleichsforderung	40 000 €	
an Beteiligung X OHG		400 000 €

Für künftige AfA stellen die eingebuchten Werte die Anschaffungskosten dar.

Eine weitere Besonderheit ist die Sperrfrist für zum Buchwert übertragenen Grund und Boden, übertragene Gebäude oder andere übertragene wesentliche Betriebsgrundlagen. Diese Sperrfrist beträgt drei Jahre, gerechnet von der Abgabe der Steuererklärung der Mitunternehmerschaft für den Veranlagungszeitraum, in dem die Realteilung stattgefunden hat. Sie betrifft die Fälle, in denen die erwähnten Wirtschaftsgüter entnommen oder veräußert werden. Die Folge einer Veräußerung oder Entnahme innerhalb der Sperrfrist ist, dass die Wirtschaftsgüter bei der Übertragung mit dem gemeinen Wert anzusetzen sind. Der Ansatz in den Bilanzen ist damit rückwirkend zu ändern. Vgl. § 16 Abs. 3 Satz 3 EStG.

8 Besonderheiten bei der GmbH & Co KG

Eine Sonderform der Personengesellschaft stellt die GmbH & Co KG dar. Systematisch gehört sie eindeutig zu den Kommanditgesellschaften, jedoch ist der Komplementär, der **vollhaftende** Gesellschafter, eine Gesellschaft mit **beschränkter Haftung**. Trotz dieses scheinbaren Widerspruchs ist die GmbH & Co KG seit langem anerkannt (Reichsgerichtsurteil vom 04. 07. 1922). Dies gilt auch steuerlich, wie zahlreiche BFH-Entscheidungen beweisen, z. B. der Beschluss des Großen Senats vom 25. 06. 1984 BStBl II 1984, 751, in dem festgestellt wurde, dass die Tätigkeit der GmbH & Co KG nicht allein der Rechtsform wegen gewerblich sei (Aufgabe der Geprägerechtsprechung). Bei allen Bedenken gegen diese Rechtsform muss doch beachtet werden, dass durch das GmbHG beim Komplementär immerhin ein Mindestkapital von 25 000 € gegeben ist, was bei natürlichen Personen nicht immer zutreffen muss. Der Vollständigkeit halber sei vermerkt, dass vereinzelt auch die Rechtsform der AG & Co. KG anzutreffen ist. Wegen der Besonderheiten bei der Bilanzierung nach Handelsrecht s. 10.

Meist tritt die GmbH & Co KG als so genannte »echte« GmbH & Co KG auf, das heißt, die Gesellschafter der Komplementärs-GmbH sind zugleich die Kommanditisten, die GmbH ist der einzige Komplementär und ihre Tätigkeit beschränkt sich auf die Beteiligung an der KG. Dies muss allerdings nicht immer so sein.

8.1 Betriebsvermögen der GmbH & Co KG

Der Umfang des Betriebsvermögens unterscheidet sich im Allgemeinen nicht von dem anderer Personengesellschaften. Er bestimmt sich in erster Linie nach dem Gesamthandsvermögen der Gesellschaft. Jedoch ist auch hier Sonderbetriebsvermögen der Gesellschafter möglich. Bezüglich der **Anteile** der Kommanditisten an der **Komplementär-GmbH** liegt sogar stets **notwendiges Sonderbetriebsvermögen II** der Gesellschafter vor (BFH vom 05.12.1979 BStBl II 1980, 119 und vom 11.12.1990 BStBl II 1991, 510). Dies gilt jedenfalls dann, wenn sich die GmbH auf die Geschäftsführung für die KG beschränkt oder wenn ein daneben beste-hender eigener Geschäftsbetrieb von ganz untergeordneter Bedeutung ist, vgl. BFH vom 07.12.1984 BStBl II 1985, 241 (zum BewG) und vom 12.11.1985 BStBl II 1986, 55. Die im Urteil vom 15.10.1975 BStBl II 1976, 188 vertretene weiter gehende Meinung wurde aufgegeben.

8.2 Gewinnverteilung bei der GmbH & Co KG

8.2.1 Vertragliche Gewinnverteilung

Die Gewinnverteilung richtet sich grundsätzlich nach den Bestimmungen des Gesellschaftsvertrags. Bei der »echten« GmbH & Co KG besteht jedoch – ähnlich wie bei Familienpersonengesellschaften – die Möglichkeit, dass der **Gewinnanteil der GmbH** aus nicht sachgemäßen Gründen **zu niedrig bemessen** wird. Dies ist immer dann der Fall, wenn man zum Ergebnis kommt, eine aus gesellschaftsfremden Personen bestehende GmbH hätte sich mit dem Gewinnanteil nicht zufrieden gegeben. Bei der Gewinnverteilung muss vor allem der Kapitaleinsatz, die entstandenen Auslagen und das mögliche Haftungsrisiko berücksichtigt werden. Ist der vertraglich vorgesehene Gewinnanteil zu niedrig bemessen, so liegt eine **verdeckte Gewinnausschüttung** an die Kommanditisten vor, die zugleich Gesellschafter der GmbH sind oder solchen Gesellschaftern nahestehen (BFH vom 15.11.1967 BStBl II 1968, 152). Dazu auch BFH vom 25.04.1968 BStBl II 1968, 741. In den Fällen, in denen eine Komplementärs-GmbH weder selbst geschäftsführend tätig wird noch eine Kapitaleinlage leistet, sich also im Wesentlichen auf die Übernahme des Haftungsrisikos beschränkt, ist der auf die GmbH entfallende Gewinnanteil angemessen, wenn er der im Wirtschaftsleben für ein solches Haftungsrisiko üblichen Avalprovision entspricht. Eine Vergütung von etwa 2 % des Stammkapitals könnte also in solchen Fällen durchaus angemessen sein (FG BaWü vom 27.11.1973 I B 129/73, BB 1974, 1108 f.).

Sollte eine verdeckte Gewinnausschüttung angenommen werden müssen, so ist sie im Verfahren der einheitlichen und gesonderten Gewinnfeststellung für die KG zu berücksichtigen. Der vereinbarte Gewinnanteil der GmbH ist um die verdeckte Gewinnausschüttung zu erhöhen; bei den Kommanditisten sind die vereinbarten Gewinnanteile anzusetzen.

8.2.2 Erträge aus Sonderbetriebsvermögen

Die Zugehörigkeit der von einem Kommanditisten gehaltenen Geschäftsanteile an der Komplementär-GmbH zu einem Sonderbetriebsvermögen bewirkt, dass die **Gewinnausschüttungen** der GmbH an ihn als **Sonderbetriebseinnahmen** bei der Ermittlung seiner gewerblichen Einkünfte zu erfassen sind und den Gesamtgewinn der Kommanditgesellschaft erhöhen (BFH vom 05.12.1979 BStBl II 1980, 119). Dabei kommt es nicht auf den Zufluss der Dividende an, – wie immer bei Gewinnermittlung nach § 5 EStG. Maßgebend ist vielmehr der **Zeitpunkt** des **Gewinnverwendungsbeschlusses** der GmbH-Gesellschafterversammlung.

Zum Ertrag aus dem Sonderbetriebsvermögen gehört auch ein Buchgewinn aus der Veräußerung der GmbH. Dabei handelt es sich jedoch nicht um einen Veräußerungsgewinn i. S. d. § 16 EStG, es sei denn, die Anteile werden zusammen mit den Kommanditanteilen veräußert, d. h. bei Aufgabe der Mitunternehmerschaft oder es handle sich um die Veräußerung einer das gesamte Nennkapital der GmbH umfassenden Beteiligung (= Teilbetrieb gem. § 16 Abs. 1 Nr. 1 EStG).

8.2.3 Verdeckte Gewinnausschüttung

Verdeckte Gewinnausschüttungen sind nur im Verhältnis zu Kapitalgesellschaften möglich (§ 8 Abs. 3 Satz 2 KStG). Bei der GmbH & Co KG bedeutet dies, dass verdeckte Gewinnausschüttungen nur dann vorliegen können, wenn der Gewinnanteil der Komplementär-GmbH betroffen wird. Dies ist insbesondere gegeben, wenn schon die vertragliche Gewinnverteilung die GmbH benachteiligt (s. vorstehend 8.2.1). Es sind jedoch auch andere Fälle der verdeckten Gewinnausschüttung denkbar. Verkauft z. B. eine GmbH & Co KG Wirtschaftsgüter des **Betriebsvermögens der KG** unter dem erzielbaren Marktpreis an eine dem Gesellschafter der GmbH und gleichzeitig Kommanditisten nahestehende Person, so stellt der verdeckte Wertabfluss **in Höhe der Beteiligungsquote** der GmbH an der KG eine **verdeckte Gewinnausschüttung** dar. Im Übrigen ist der verdeckte Wertabfluss als Entnahme anzusehen, die mangels abweichender Gesellschafterabreden den Gewinnanteil des Kommanditisten erhöht (BFH vom 06.08.1985 BStBl II 1986, 17). Ein weiterer Fall der verdeckten Gewinnausschüttung bei einer GmbH & Co ist in BFH vom 09.05.1985 BStBl II 1985, 683 beschrieben.

8.3 Tätigkeitsvergütung für Geschäftsführer

Die Kommanditisten sind zur Vertretung der KG nicht berechtigt (§ 170 HGB). Sie sind auch grundsätzlich von der Führung der Geschäfte der Gesellschaft ausgeschlossen (§ 164 HGB). Das hat zur Folge, dass die **Geschäftsführung** in den Aufgabenbereich des Komplementärs fällt; das ist bei der GmbH & Co KG die **GmbH**. Die GmbH kann jedoch nicht selbst handeln, sondern nur durch ihre Organe tätig werden. Geschäftsführer der GmbH & Co KG ist daher i. d. R. der Geschäftsführer der GmbH. Als Geschäftsführer der GmbH ist üblicherweise ein Gesellschafter der GmbH berufen, der bei der »echten« GmbH & Co KG zugleich Kommanditist ist. Allerdings kann auch ein fremder Dritter als Geschäftsführer (Arbeitnehmer) bestellt sein. Dies führt zu unterschiedlichen steuerlichen Folgen.

8.3.1 Kommanditist als Geschäftsführer

Im Regelfall ist ein Kommanditist sowohl Geschäftsführer der GmbH als auch der GmbH & Co KG. Auch muss dabei bedacht werden, dass Kommanditisten nur dann von der Geschäftsführung für die KG nach § 164 HGB ausgeschlossen sind, wenn im Gesellschaftsvertrag nichts anderes bestimmt wird (163 HGB). Häufig wird im Gesellschaftsvertrag die Geschäftsführung gerade umgekehrt zur gesetzlichen Regelung vereinbart: die GmbH wird von der Geschäftsführung ausgeschlossen, ein Gesellschafter (Kommanditist) wird Geschäftsführer der KG. Es sind übrigens auch mehrere Geschäftsführer möglich.

In solchen Fällen ist es üblich, dass der Gesellschafter-Geschäftsführer der KG seine **Vergütung** unmittelbar von der GmbH & Co KG erhält. Dabei handelt es sich stets um eine Vergütung i. S. des § 15 Abs. 1 Nr. 2 EStG. Sie ist also als **Vorausgewinn** des Gesellschafter-Geschäftsführers zu behandeln und darf den steuerlichen Gewinn der KG nicht mindern.

Aber auch wenn die Vergütung, das Geschäftsführergehalt, von der GmbH an den Kommanditisten gezahlt wird, besteht nach Meinung des BFH wirtschaftlich kein Unterschied zur Vergütung durch die KG. Der Gesellschafter-Geschäftsführer sei sowohl Organ der GmbH als auch Gesellschafter der GmbH & Co KG. Seine Tätigkeit als Geschäftsführer könne nicht von seiner Eigenschaft als Gesellschafter und damit als Mitunternehmer der KG getrennt werden (BFH vom 02.08.1960 BStBl III 1960, 408). Dies führt dazu, dass die Vergütung insgesamt den Gewinn der KG nicht mindern darf, auch nicht soweit sie auf die Tätigkeit als Geschäftsführer der GmbH entfällt (so zur Frage der Gewerbesteuerpflicht BFH vom 14.12.1978 BStBl II 1979, 284, bestätigt durch BVerfG vom 13.06.1979 HFR 1979, 388).

Für eine **Pensionszusage** der Komplementärs-GmbH an ihren (Kommanditisten-) Geschäftsführer ist in der Bilanz der GmbH eine Pensionsrückstellung zu bilden, die innerhalb der einheitlichen Gewinnfeststellung der GmbH & Co. KG zu Sonderaufwand führt. Die Gewinnminderung ist aber durch einen entsprechenden Ansatz in einer Sonderbilanz des Kommanditisten-Geschäftsführers auszugleichen. Vgl. BFH vom 14.02.2006 BStBl II 2008, 182 und vom 30.03.2006 BStBl II 2008, 171 sowie BMF vom 19.01.2008 BStBl I 2008, 317.

8.3.2 Fremder Geschäftsführer

Ist der Gesellschafter der Komplementärs-GmbH nicht Kommanditist der GmbH & Co KG, so ist das von der GmbH gezahlte **Gehalt** ein **betrieblicher Aufwand**. Sie ist jedoch im Rahmen der einheitlichen und gesonderten Gewinnfeststellung als Sonderbetriebsausgabe der GmbH anzusetzen. Die von der KG vorgenommene »Auslagenerstattung« stellt im Rahmen der Gewinnfeststellung dagegen einen Vorausgewinn dar und darf den steuerlichen Gewinn nicht mindern. Beim Ansatz der Sonderbetriebsausgabe ist darauf zu achten, dass nur der Teil berücksichtigt wird, der auf die Geschäftsführung für die KG entfällt. Vgl. dazu BFH vom 06.05.1965 BStBl III 1965, 502 und vom 18.05.1995 BStBl II 1996, 295. Beim Geschäftsführer gehört das Gehalt zu den Einkünften aus **nichtselbstständiger Arbeit**.

BEISPIEL

Die F-GmbH ist als alleinige Komplementärin am Bilanzgewinn der F-GmbH & Co KG mit 5 % beteiligt. Sie erhält daneben Ersatz ihrer Auslagen. An ihren angestellten Geschäftsführer, der seinerseits nicht an der KG beteiligt ist, hat sie im Wj 03 ein Geschäftsführer-Gehalt von insgesamt 80 000 € gezahlt. Auf die gleichzeitige Tätigkeit als Geschäftsführer der KG entfallen davon 90 %.
Die KG hat der GmbH für die Geschäftsführung 80 000 € erstattet und als Aufwand gebucht. Gewinn laut Bilanz 03: 240 000 €.

LÖSUNG

Bilanzgewinn 03	240 000 €
+ Gewinnvoraus GmbH	80 000 €
	320 000 €
./. Sonderbetriebsausgaben (90 % von 80 000 € =)	72 000 €
steuerlicher Gewinn der KG	248 000 €

Auf die GmbH entfallen:	
5 % von 240 000 € =	12 000 €
+ Gewinnvoraus	80 000 €
./. Sonderbetriebsausgaben	72 000 €
Gewinnanteil insgesamt	20 000 €

8.3.3 Geschäftsführer und »doppelstöckige« GmbH & Co KG

Als »doppelstöckig« ist eine GmbH & Co KG anzusehen, an der eine andere GmbH & Co KG als Mitunternehmerin (Kommanditistin) beteiligt ist. Die evtl. Tätigkeitsvergütungen von A und B für eine Tätigkeit im Dienste der Untergesellschaft sind nicht anders zu behandeln, als bei unmittelbarer Beteiligung. Die entgegenstehende Entscheidung des Großen Senats des BFH vom 25.02.1991 BStBl II 1991, 691 wurde durch die Änderung des § 15 EStG Abs. 1 Nr. 2 EStG gegenstandslos. Vgl. auch R 15.8 Abs. 2 EStR.

BEISPIEL

An der X-GmbH & Co KG (KG 1) ist die X-GmbH als Komplementärin und die A-GmbH & Co KG (KG 2) als Kommanditistin beteiligt. Komplementärin der KG 2 ist die A-GmbH, Kommanditisten sind A und B, die zugleich Gesellschafter der A-GmbH sind.

LÖSUNG KG 2 ist in diesem Zusammenhang als Obergesellschaft, KG 1 als Untergesellschaft zu bezeichnen. A und B sind an der Untergesellschaft nur mittelbar beteiligt.

8.3.4 Tätigkeitsvergütung und Umsatzsteuer

Wegen der umsatzsteuerlichen Behandlung von Tätigkeitsvergütungen vgl. BFH vom 20.03.2001 BStBl II 2003, 36, und BFM vom 23.1.2003 BStBl I 2004, 240.

Demnach können Vergütungen für die Geschäftsführung der Umsatzsteuer unterliegen, vgl. Q 2.5.1.1 (Vergütung für Tätigkeit im Dienst der Gesellschaft).

9 Besonderheiten bei der typischen stillen Gesellschaft

Der stille Gesellschafter beteiligt sich nach § 230 HGB zwar an einem Handelsgewerbe, er leistet jedoch keine Kapitaleinlage, sondern eine **Vermögenseinlage**, die in das Vermögen des Betriebsinhabers übergeht. Betriebsinhaber kann auch eine Personengesellschaft oder eine Kapitalgesellschaft sein. Der stille Gesellschafter ist **nicht an einem Gesamthandsvermögen beteiligt** wie der Gesellschafter einer Personengesellschaft. Er hat lediglich eine Kapitalforderung, die ihm allerdings statt Zinsen eine Gewinnbeteiligung, u. U. aber auch eine Verlustbeteiligung bringt (§ 231 HGB).

Steuerlich kann jedoch ein stiller Gesellschafter zum Mitunternehmer werden, wenn er z. B. an den stillen Reserven beteiligt ist (siehe BFH vom 25.06.1981 BStBl II 1982, 59) oder eine unternehmerähnliche Stellung hat (BFH vom 28.01.1982 BStBl II 1982, 389). Es handelt sich dann um einen atypischen stillen Gesellschafter, der Mitunternehmer ist. Wegen Einzelheiten vgl. H 15.8 [1] (Stiller Gesellschafter) EStH und 1.5.4.

9.1 Behandlung der stillen Einlage beim Betriebsinhaber

Die Einlage des typischen stillen Gesellschafters stellt beim Betriebsinhaber (Einzelunternehmer, Personengesellschaft, Kapitalgesellschaft) eine **langfristige Verbindlichkeit** dar. Die Gewinnanteile des stillen Gesellschafters sind als **laufender Aufwand** (Zinsen und ähnliche Aufwendungen) des Wirtschaftsjahres zu behandeln, für das sie gewährt werden. Ihre Ermittlung erfolgt im Rahmen des Jahresabschlusses an einer der letzten Stellen, oft nach der Berechnung der GewSt-Rückstellung. Lediglich bei Kapitalgesellschaften folgt noch eine Berechnung, nämlich die der KSt-Rückstellung. Die Gewinnanteile können dem Darlehenskonto des stillen Gesellschafters zugerechnet werden, was aber nicht zweckmäßig ist. Ein besonderes Gewinnverwendungs- oder Verrechnungskonto ist im Interesse der Klarheit zu empfehlen. Zu beachten ist, dass Gewinnanteile aus stillen Beteiligungen nach § 43 Abs. 1 Satz 1 Nr. 3 EStG der **Kapitalertragsteuer** unterliegen, i. d. R. mit 25 % (§ 43 a Abs. 1 Nr. 1 EStG).

9.2 Behandlung beim stillen Gesellschafter

Der typische stille Gesellschafter hat aus seiner Beteiligung i. d. R. Einkünfte aus Kapitalvermögen (§ 20 Abs. 1 Nr. 4 EStG). Es ist jedoch nicht ausgeschlossen, dass die Beteiligung zum notwendigen oder gewillkürten Betriebsvermögen eines eigenen Betriebs des stillen Gesellschafters gehört. Das gilt vor allem, wenn stiller Gesellschafter eine Kapitalgesellschaft ist. Eine solche Beteiligung ist nach § 6 Abs. 1 Nr. 2 EStG mit den Anschaffungskosten oder dem (auf Dauer) niedrigeren Teilwert anzusetzen.

Fraglich kann sein, wann der Gewinnanspruch in der Bilanz des stillen Gesellschafters zu erfassen ist. Klauss/Mittelbach, Die stille Gesellschaft, Rn. 273–27, vertreten die Auffassung, dass der Gewinn dem Grund und (insbesondere) der Höhe nach erst dann festgestellt sei, wenn die Gesellschafter den Gewinn durch Bilanzaufstellung festlegen. Weber-Grellet (in Schmidt EStG, § 5 Rz. 270, Stichwort »Stille Gesellschaft«) verweist dagegen auf BFH vom 19.02.1991 BStBl II 1991, 569. Dort ist entschieden, dass bei einer BGB-Gesellschaft, die stille Gesellschafterin einer GmbH ist, der Gewinnanspruch bereits mit Ablauf des Wirtschaftsjahrs realisiert wird, in dem der Gewinn bei der GmbH erwirtschaftet wurde, wenn beide Gesellschaften von denselben Gesellschaftern beherrscht werden.

Der BFH hat in einem zur Vermögensteuer ergangenen Urteil (BFH vom 11.10.1968 BStBl II 1969, 123) entschieden, dass der **Anspruch** des typischen stillen Gesellschafters am Gewinn nicht erst im Zeitpunkt der Bilanzaufstellung, sondern schon **am Ende des Geschäftsjahres** des Unternehmens zu erfassen sei. Er begründet dies u. a. damit, dass die Feststellung des Jahresergebnisses den Gewinn (oder Verlust) nicht erst begründe, sondern nur die Bedeutung einer Aussage darüber habe, ob im Laufe des Geschäftsjahres ein Gewinn oder Verlust erwirtschaftet wurde. Wenn aber demnach der Gewinn schon mit dem Ende des Geschäftsjahres und nicht erst mit der Aufstellung der Bilanz entstehe, sei nicht einzusehen, weshalb der Anspruch des stillen Gesellschafters auf einen Anteil an diesem Gewinn erst später entstehen soll. Die Tatsache, dass das Ergebnis des Jahresabschlusses auch durch die bei der Bilanzerstellung zu fassenden Beschlüsse mitbeeinflusst wird, betreffe nicht die Entstehung des Gewinns, sondern allenfalls seine Höhe.

Bei einer typischen stillen Beteiligung, die zu einem Betriebsvermögen gehört, kommt es im Gegensatz zum Kapitalvermögen nicht auf den Zufluss der Vergütung, sondern auf das **Entstehen des Vergütungsanspruchs** an. Das obengenannte BFH-Urteil wäre deshalb auch für die Ertragsteuern anzuwenden. BFH vom 19.02.1991 BStBl II 1991, 569 lässt die Frage, wann der Gewinnanspruch entstanden ist, ausdrücklich offen und verweist auf die unterschiedlichen Auffassungen dazu. Bei einer Beherrschung des Betriebs durch den Gesellschafter – wie im entschiedenen Fall – wendet der BFH die so genannte Konzernrechtsprechung an und kommt so zum Ergebnis, dass der Gewinnanspruch bereits mit Ablauf des Wirtschaftsjahres realisiert ist, in dem der Gewinn des Betriebsinhabers erwirtschaftet wurde. Nach der Rechtsprechung des Großen Senats (BFH vom 07.08.2000 BStBl II 2000, 622) ist die phasengleiche Aktivierung von Dividendenansprüchen nach der Konzernrechtsprechung aber nicht mehr zulässig. Dies dürfte dann wohl auch für die Gewinnansprüche des stillen Gesellschafters zu gelten haben. S. auch M 5. 3.

9.3 Stille Beteiligung und Gewerbesteuer

Der Gewinnanteil des typischen stillen Gesellschafters bzw. seine Vermögenseinlage haben auch eine Bedeutung für die GewSt. Der Gewinnanteil des stillen Gesellschafters ist für die **Ermittlung des Gewerbeertrags** dem Gewinn nach § 8 Nr. 1 c GewStG in vollem Umfang hinzuzurechnen. Dies gilt jedoch nur dann, wenn die stille Beteiligung nicht zu einem gewerblichen Betriebsvermögen gehört, also nicht beim stillen Gesellschafter selbst der GewSt unterliegt.

10 Besondere Bilanzierungs- und Bewertungsvorschriften für bestimmte Personengesellschaften

Schon bisher galten für Kapitalgesellschaften nach dem HGB besondere Vorschriften für den Jahresabschluss, insbesondere für die Gliederung und Offenlegung der Bilanz und der Gewinn- und Verlustrechnung, die Aufstellung eines Anhangs und evtl. eines Lageberichts, sowie die Bewertung der Vermögensgegenstände, vgl. § 264 f. HGB. Der Geltungsbereich dieser Vorschriften wurde nun aufgrund einer EU-Richtlinie durch Gesetz vom 24.02.2000 BGBl I, 154 (Kapitalgesellschaften- und Co-Richtlinie-Gesetz – KapCoRiLiG) auf bestimmte Personengesellschaften, die so genannten Kapitalgesellschaften & Co., ausgedehnt (§ 264 a HGB). Betroffen sind offene Handelsgesellschaften und Kommanditgesellschaften, bei denen **nicht wenigstens ein persönlich haftender Gesellschafter eine natürliche Person** ist. Ist einzig persönlich haftender Gesellschafter eine andere Personengesellschaft, so muss wenigstens bei ihr eine natürliche Person persönlich haften, damit die besonderen Vorschriften nicht anzuwenden sind. Die typische GmbH & Co. KG fällt also unter die erweiterten Abschluss- und Bewertungsregelungen.

a) Besondere Gliederung der Bilanz und der Gewinn- und Verlustrechnung

Die Bilanzen der betroffenen Personengesellschaften müssen nun entsprechend § 266 HGB gegliedert sein, wobei es größenabhängige Unterschiede gibt. Auch für die Gewinn- und Verlustrechnung müssen nach § 275 HGB Gliederungsregeln beachtet werden. Wegen Einzelheiten s. R 2. Unterschiede zu den echten Kapitalgesellschaften ergeben sich selbstverständlich durch die andere Rechtsform. Dies zeigt sich insbesondere beim Kapital, für dessen Ausweis § 264 c HGB maßgebend ist. Danach ist das Eigenkapital zu gliedern in

I. Kapitalanteile
II. Rücklagen
III. Gewinnvortrag/Verlustvortrag
IV. Jahresüberschuss/Jahresfehlbetrag

Unter »I. Kapitalanteile« ist zunächst der Kapitalanteil des persönlich haftenden Gesellschafters auszuweisen. Bei mehreren persönlich haftenden Gesellschaftern **können** die Kapitalanteile zusammengefasst werden. Bei einer Kommanditgesellschaft sind unter I. auch die Kapitalanteile der Kommanditisten insgesamt, aber getrennt von den Anteilen der persönlich Haftenden auszuweisen. Wegen Einzelheiten vgl. § 264 c Abs. 2 HGB. Rücklagen können nur angesetzt werden, wenn sie aufgrund einer gesellschaftsrechtlichen Vereinbarung gebildet worden sind. **Gegenüber Gesellschaftern** bestehende **Forderungen** oder Verbindlichkeiten müssen nach § 264 c Abs. 1 HGB in der Bilanz gesondert ausgewiesen oder im Anhang angegeben werden.

Sonderbetriebsvermögen gehört **nicht in die Bilanz** der Kapitalgesellschaft & Co. Dies ergibt sich zweifelsfrei aus § 264 c Abs. 3 HGH, weil diese Vermögensgegenstände handelsrechtlich zum Privatvermögen der Gesellschafter gehören. Damit bleiben auch die damit zusammenhängenden Sonderbetriebseinnahmen und -ausgaben für die Gewinn- und Verlustrechnung außer Betracht. Eine Besonderheit stellt jedoch dar, dass ein dem Steuersatz der Komplementär(kapital)gesellschaft entsprechender Steueraufwand in der Gewinn- und Verlustrechnung offen ausgewiesen werden darf (Wahlrecht!), allerdings erst nach dem Posten »Jahresüberschuss/Jahresfehlbetrag«.

BEISPIEL

Die M GmbH & Co KG weist in ihrer Gewinn- und Verlustrechnung einen Jahresüberschuss von 240 000 € aus. Für die M GmbH (alleinige Komplementärin) beträgt der KSt-Satz 15 % + 5,5 % Solidaritätszuschlag.

LÖSUNG In der Gewinn- und Verlustrechnung der KG **darf** nach dem Jahresüberschuss ein Steueraufwand von 37 980 € abgesetzt werden. Der Bilanzgewinn verringert sich dadurch auf 202 020 €.

b) Anhang und Lagebericht

Wie Kapitalgesellschaften müssen auch die Personengesellschaften, die als Komplementäre nur Kapitalgesellschaften haben, zusätzlich zu Bilanz und Gewinn- und Verlustrechnung einen Anhang (§ 284 HGB) und einen Lagebericht (§ 289 HGB) erstellen. Zum Anhang vgl. R 2. 3.

c) Besondere Bewertungsvorschriften

Die Bewertungs- und Bilanzierungswahlrechte, die das HGB den Kaufleuten für den Abschluss einräumt, sind für Kapitalgesellschaften – und damit auch für die ihnen nach § 264 a HGB gleichgestellten bestimmten Personengesellschaften – teilweise eingeschränkt. Wegen weiterer Einzelheiten vgl. R 3. 3.

d) Offenlegung und Prüfung

Eine besonders weit gehende Konsequenz hat das KapCoRiLiG für die Frage der Offenlegung des Abschlusses. Die unter § 264 a HGB fallenden Personengesellschaften **müssen** nun auch wie die Kapitalgesellschaften ihren Abschluss **zum Handelsregister** einreichen (§ 325 HGB) – wo er dann auch von Interessierten eingesehen werden kann. Vor allem diese Tatsache dürfte der Hauptgrund für den Widerstand gegen das neue Gesetz gewesen sein. Daneben ist es von Bedeutung, dass Jahresabschluss und Lagebericht stets durch einen Abschlussprüfer zu prüfen sind (§ 316 HGB).

e) Erleichterungen

Auch für die bestimmten Personengesellschaften i. S. des § 264 a HGB gibt es wie bei den Kapitalgesellschaften Erleichterungen vor allem bezüglich der Gliederungsvorschriften sowie für Anhang, Lagebericht, Prüfung und Offenlegung. So befreit § 264 b HGB die Gesellschaften von der Pflicht zur Aufstellung eines Jahresabschlusses nach den für die Kapitalgesellschaften geltenden Vorschriften unter bestimmten Bedingungen, wenn sie zu einem Konzern gehören. Größere Bedeutung hat jedoch der § 267 HGB. Er teilt die Gesellschaften in Größenklassen ein, für die unterschiedliche Pflichten gelten. So können kleine Gesellschaften verkürzte Bilanzen und Gewinn- und Verlustrechnungen aufstellen (vgl. auch R 2.4). Sie unterliegen auch nicht der Prüfungspflicht (§ 316 Abs. 1 HGB). Ebenso sind bei der Offenlegung des Abschlusses Erleichterungen vorgesehen. Die Einreichungsfrist ist verlängert und die Gewinn- und Verlustrechnung muss nicht eingereicht werden (§ 326 HGB). Wegen der Einteilung in die Größenklassen vgl. R 2.4.1.

Teil R Besonderheiten beim Abschluss von Kapitalgesellschaften

1 Grundlegende Unterschiede zur Personengesellschaft

Der Abschluss einer Kapitalgesellschaft (AG, GmbH, KGaA) unterscheidet sich schon äußerlich vom Abschluss einer Personengesellschaft oder gar eines Einzelunternehmens, einmal abgesehen von den Personengesellschaften i. S. d. § 264 a HGB, den so genannten Kapitalgesellschaften Co. Dies liegt nicht nur an den besonderen Gliederungsvorschriften des Handelsrechts. Die Hauptursache liegt vielmehr in der Rechtsstellung der beiden Gesellschaftsformen. Die Kapitalgesellschaft ist eine **juristische Person**. Ihr Vermögen ist nicht Gesamthandsvermögen der Gesellschafter, wie dies bei der Personengesellschaft der Fall ist. Die Gesellschafter der Kapitalgesellschaft sind nicht Mitunternehmer. Das bedeutet, dass zwischen Gesellschaft und Gesellschafter auch **steuerlich wirksame Verträge** abgeschlossen werden können, die zu Betriebsausgaben führen und nicht etwa Vorweggewinne oder Sonderbetriebseinnahmen verursachen. Außerdem kennt die Kapitalgesellschaft keine Privatkonten. Ihr Vermögen ist **grundsätzlich Betriebsvermögen**. Die Frage des notwendigen oder gewillkürten Betriebsvermögens stellt sich also nicht. Eine Kapitalgesellschaft hat auch steuerlich keine außerbetriebliche Sphäre (BFH vom 04.12.1996 BFHE 182, 123).

Ein weiterer Unterschied zur Personengesellschaft ergibt sich aus der Vorschrift des § 264 Abs. 1 Satz 1 HGB, nach welcher der Jahresabschluss um einen **Anhang** (vgl. §§ 284 bis 288 HGB) zu erweitern ist. Der Jahresabschluss einer Kapitalgesellschaft besteht also aus drei Teilen: der Bilanz, der Gewinn- und Verlustrechnung sowie dem Anhang.

1.1 Kapitalkonten

Der wohl augenfälligste Unterschied zwischen den Bilanzen einer Personengesellschaft und einer Kapitalgesellschaft liegt im Ausweis der Kapitalkonten. Bei der Personengesellschaft wird für jeden Gesellschafter mindestens ein Kapitalkonto geführt. Die Kapitalgesellschaft hat dagegen nur ein **einheitliches Kapital**, das allerdings auf verschiedene Unterkonten aufgeteilt ist. Nach § 266 Abs. 3 Buchst. A und § 272 HGB ist das Eigenkapital wie folgt zu gliedern:

I. Gezeichnetes Kapital
II. Kapitalrücklage
III. Gewinnrücklagen
   1. gesetzliche Rücklage
   2. Rücklage für Anteile an einem herrschenden oder mehrheitlich beteiligten Unternehmen
   3. satzungsmäßige Rücklagen
   4. andere Gewinnrücklagen
IV. Gewinnvortrag/Verlustvortrag
V. Jahresüberschuss/Jahresfehlbetrag

Ein »Nicht durch Eigenkapital gedeckter Fehlbetrag« ist auf der Aktivseite auszuweisen (§ 268 Abs. 3 HGB).

a) Gezeichnetes Kapital

Als »Gezeichnetes Kapital« ist bei der AG das Grundkapital, bei der GmbH das Stammkapital auszuweisen (§ 152 Abs. 1 AktG, § 42 Abs. 1 GmbHG), und zwar jeweils mit dem Nennbetrag (§ 272 Abs. 1 Satz 2 HGB). Ausstehende und noch nicht eingeforderte Einlagen auf das gezeichnete Kapital sind offen vom Posten »Gezeichnetes Kapital« abzusetzen; der verbleibende Betrag (schon geleistete und eingeforderte Einlagen) ist dann als Posten »Eingefordertes Kapital« auszuweisen; der eingeforderte, aber noch nicht eingezahlte Betrag ist unter den Forderungen gesondert auszuweisen und entsprechend zu bezeichnen (§ 272 Abs. 1 Satz 3 HGB).

b) Kapitalrücklagen

Zu den Kapitalrücklagen gehören insbesondere das bei der Ausgabe von jungen Aktien »über pari« erzielte Agio (der Betrag, um den die Einlage durch Kapitalerhöhung den Nennwert bzw. rechnerischen Wert übersteigt) und Zuzahlungen der Gesellschafter in das Eigenkapital (z. B. bei Nachschüssen der Gesellschafter nach § 26 GmbHG). Im Übrigen wird auf § 272 Abs. 2 HGB verwiesen.

c) Gewinnrücklagen

Nach § 272 Abs. 3 HGB dürfen als Gewinnrücklagen nur Beträge ausgewiesen werden, die im Geschäftsjahr oder einem früheren Geschäftsjahr aus dem Ergebnis gebildet worden sind. Dazu gehören auch die gesetzlichen Rücklagen nach § 150 AktG und Rücklagen, die aufgrund der Satzung der Kapitalgesellschaft zu bilden sind.

Für die Bildung der Gewinnrücklagen gibt es grundsätzlich zwei Möglichkeiten. Bei der GmbH wird der Gewinn (Jahresüberschuss) in der Bilanz regelmäßig ungekürzt ausgewiesen. Die Gesellschafterversammlung beschließt dann über die Gewinnverwendung durch Ausschüttung (Dividende), Einstellung in eine Rücklage (Gewinnrücklage) und/oder Vortrag auf neue Rechnung (Gewinnvortrag). Die Einstellung in eine Rücklage kann aber auch schon vorweg erfolgen, also bereits bei Aufstellung der Bilanz (Regelfall bei einer AG). In der Bilanz wird dann der gekürzte Jahresüberschuss (gemindert um den der Gewinnrücklage zugeführten Betrag) als »Bilanzgewinn« ausgewiesen, s. Beispiel zu 1.1 Buchst. d). Vgl. auch § 268 Abs. 1 HGB.

Erwirbt eine Kapitalgesellschaft Anteile an einem herrschenden oder mit Mehrheit beteiligten Unternehmen, sind diese grundsätzlich mit den Anschaffungskosten im Umlaufvermögen auszuweisen (§ 266 Abs. 2 B.III.1. HGB). In Höhe des aktivierten Betrages muss dann eine Rücklage für diese Anteile gebildet werden, welche zu den Gewinnrücklagen zählt. Diese Rücklage ist bereits bei Aufstellung der Bilanz aus vorhandenen frei verfügbaren Rücklagen zu bilden. Eine Auflösung erfolgt, soweit die Anteile später veräußert, ausgegeben, eingezogen oder außerplanmäßig auf einen niedrigeren Wert abgeschrieben werden. Vgl. § 272 Abs. 4 HGB. Durch die Verpflichtung zum Ausweis der Rücklage entsteht praktisch eine Ausschüttungssperre in Höhe der aktivierten Anteile an einem herrschenden oder mit Mehrheit beteiligten Unternehmen.

d) Gewinn- bzw. Verlustvortrag – Jahresüberschuss bzw. -fehlbetrag

Beim Gewinnvortrag handelt es sich um Gewinne früherer Wirtschaftsjahre, die nicht ausgeschüttet und auch nicht den Rücklagen zugeführt wurden. Er entsteht i. d. R. dadurch, dass nur runde Beträge als Ausschüttung oder Zuweisung zu Rücklagen vorgesehen werden und ist daher meist relativ gering. Der Verlustvortrag stellt den noch nicht durch spätere Gewinne oder aufgelöste Rücklagen ausgeglichenen Verlust (Jahresfehlbetrag) früherer Wirtschaftsjahre dar. Jahresüberschuss bzw. Jahresfehlbetrag ist der Unterschied zwischen Ertrag und Aufwand, also der Gewinn des laufenden Wirtschaftsjahres.

Der Bilanzgewinn ist die Summe aus Jahresüberschuss und Gewinnvortrag, vermindert um Vorwegzuweisungen zu Gewinnrücklagen (§ 268 Abs. 1 Satz 2 HGB). Über die Verwendung des Bilanzgewinns hat die Hauptversammlung der AG (§ 174 AktG) bzw. die Gesellschafterversammlung der GmbH (§§ 29 und 46 Nr. 1 GmbHG) zu entscheiden.

BEISPIEL

Die K-AG hat für das Wj 05 einen Jahresüberschuss von 839 146 € erzielt. Vom Bilanzgewinn 04 wurde ein Spitzenbetrag von 5 725 € auf neue Rechnung vorgetragen. Es soll ein Bilanzgewinn ausgewiesen werden, der 20 % des Grundkapitals entspricht. Der diesen Betrag übersteigende Teil der Summe aus Jahresüberschuss und Gewinnvortrag soll in die anderen Gewinnrücklagen eingestellt werden.

LÖSUNG

a) Ausweis auf der Passivseite der Bilanz zum 31. 12. 05:

		31. 12. 05	31. 12. 04
A.	Eigenkapital		
I.	Gezeichnetes Kapital	**3 500 000 €**	3 500 000 €
II.	Kapitalrücklage	**150 000 €**	150 000 €
III.	Gewinnrücklagen		
	1. gesetzliche Rücklage	**350 000 €**	350 000 €
	2. andere Rücklagen	**676 835 €**	531 964 €
IV.	Bilanzgewinn	**700 000 €**	700 000 €

Im Anhang sind außerdem die in § 152 Abs. 3 AktG geforderten Angaben zur Entwicklung der Gewinnrücklagen zu machen.

b) Auch die Gewinn- und Verlustrechnung ist zu erweitern (vgl. § 158 AktG und § 275 Abs. 4 HGB), und zwar wie folgt:

.

.

.

19. Jahresüberschuss		839 146 €
20. Gewinnvortrag aus dem Vorjahr	+	5 725 €
21. Einstellung in andere Gewinnrücklagen	./.	144 871 €
22. Bilanzgewinn		700 000 €

Auch hier sind übrigens die Vorjahreszahlen anzugeben.

Ein Jahresfehlbetrag muss auf der Passivseite vom Eigenkapital abgesetzt werden. Es gibt also in der Bilanz insoweit Minusbeträge. Für den Verlustvortrag gilt das Gleiche. Ist der Jahresfehlbetrag zuzüglich eines etwaigen Verlustvortrags jedoch höher als das ausgewiesene Eigenkapital (Gezeichnetes Kapital, Kapitalrücklagen, Gewinnrücklagen), so muss der übersteigende Betrag – wie schon erwähnt – als »Nicht durch Eigenkapital gedeckter Fehlbetrag« auf der **Aktivseite** der Bilanz an letzter Stelle angesetzt werden (§ 268 Abs. 3 HGB).

1.2 Personensteuern

1.2.1 Personensteuern als Aufwand

Nach § 12 Nr. 3 EStG dürfen die Steuern vom Einkommen und die sonstigen Personensteuern sowie die Umsatzsteuer für Umsätze, die Entnahmen sind, und bestimmte Vorsteuerbeträge den **Gewinn nicht mindern**. Dieselbe Aussage macht auch § 10 Nr. 2 KStG. Insoweit sind also Einzelunternehmer, Personengesellschaften und Kapitalgesellschaften rechtlich gleichgestellt. Unterschiede ergeben sich jedoch bei der buchmäßigen Behandlung.

Bei Einzelunternehmern und Personengesellschaften stellt die Zahlung der nichtabziehbaren Steuern aus betrieblichen Mitteln eine Privatentnahme i. S. des § 4 Abs. 1 Satz 2 EStG dar, die auf dem Privatkonto des Unternehmers oder des Gesellschafters zu buchen ist.

Bei Kapitalgesellschaften gibt es keine Privatentnahmen und auch keine Privatkonten. Die gezahlten Personensteuern und die nach § 10 Nr. 2 KStG nicht abzugsfähige Umsatzsteuer bzw. Vorsteuer müssen **als Aufwand verbucht** werden. § 275 HGB sieht dafür die GuV-Posten »Steuern vom Einkommen und vom Ertrag« und »sonstige Steuern« vor. Die Gewerbesteuer ist bei Kapitalgesellschaften – wie bei Personenunternehmen – gemäß § 8 Abs. 1 Satz 1 KStG i. V. m. § 4 Abs. 5 b EStG steuerlich nicht abzugsfähig. Folge der Aufwandsbuchungen ist, dass der Gewinn (Jahresüberschuss) um die nicht abzugsfähigen Steuern gemindert ist. Die Gleichstellung mit den natürlichen Personen kann nur **außerhalb der Bilanz** erfolgen. Die nichtabziehbaren Aufwendungen werden zur Ermittlung des Einkommens dem Gewinn (Jahresüberschuss) zugerechnet. Steuerfreie Erträge – wie z. B. nach § 8b Abs. 1 und 5 KStG zu 95 % steuerfreie Dividendenerträge – werden entsprechend abgerechnet.

1.2.2 Körperschaftsteuerrückstellung

Die Eigenschaft der Körperschaftsteuer als Aufwand der Kapitalgesellschaft führt dazu, dass für die Steuer des laufenden Jahres – wie sonst nur bei der Gewerbesteuer üblich (s. L 5.9.1) – gemäß § 249 Abs. 1 Satz 1 HGB Rückstellungen für ungewisse Verbindlichkeiten zu bilden sind oder ein Erstattungsanspruch als Forderung auszuweisen ist.

BEISPIEL

Die A-GmbH hat in ihrer vorläufigen Bilanz zum 31. 12. 01 einen Gewinn vor Rückstellung zu GewSt, KSt und SolZ in Höhe von 170 000 € ermittelt. Die im Jahr 01 geleisteten Vorauszahlungen haben betragen: zur GewSt 20 000 €, zur KSt 25 000 € und zum SolZ 1 375 €.

LÖSUNG

Gewinn vor Rückstellung zu KSt und SolZ		170 000 €
+ Vorauszahlungen für GewSt, KSt und SolZ	+	46 375 €
Einkommen 01		216 375 €
GewSt 3,5 % (Steuermesszahl) × 400 % (Hebesatz)		30 292 €
KSt 15 %		32 456 €
SolZ 5,5 % auf die KSt	+	1 785 €
zusammen		64 533 €
Vorauszahlungen	./.	46 375 €
Rückstellung für GewSt, KSt und SolZ		18 158 €

Buchung zum 31. 12.:

Steuern von Einkommen und vom Ertrag	18 158 €	
an Rückstellungen		18 158 €

Dadurch vermindert sich der handelsrechtliche Gewinn um 18 158 € auf 151 842 €. Weil aber die zuzurechnenden Aufwendungen jetzt 64 533 € betragen, bleibt das Einkommen (216 375 €) unverändert – und damit auch die Steuer selbst. In diesem Beispiel wurde davon ausgegangen, dass neben den KSt-und SolZ-Aufwendungen keine weiteren nicht abziehbaren Aufwendungen i. S. d. § 10 KStG und keine Hinzurechnungen oder Kürzungen nach den §§ 8 und 9 GewStG vorliegen.

Der Ausweis einer zu niedrigen KSt-Rückstellung kann zur Nichtigkeit der Bilanz führen, vgl. FG Nürnberg vom 28. 10. 1986 BB 1987, 520.

1.2.3 Steuernachzahlungen und -erstattungen

Nachzahlungen von Steuern für frühere Wj oder entsprechende Steuererstattungen werden als »sonstige betriebliche Aufwendungen« bzw. »sonstige betriebliche Erträge« gebucht. Auch die Buchung über »Steuern vom Einkommen und Ertrag« bzw. über »sonstige Steuern« ist vertretbar (vgl. DATEV-Kontenrahmen SKR 04 Kontonummern 7640 und 7690). Wegen der Steuerabgrenzung i. S. des § 274 HGB vgl. 3. 2.

2 Besondere Gliederungsvorschriften für Bilanz sowie Gewinn- und Verlustrechnung

2.1 Die Bilanzgliederung nach § 266 HGB

Die Gliederungsvorschrift des § 266 HGB gilt für alle Kapitalgesellschaften. Sie bringt insbesondere Regelungen zur Bezeichnung und Reihenfolge der Bilanzposten. Die Bilanz ist in **Kontoform** aufzustellen. Dabei sind die auszuweisenden Bilanzposten und ihre Reihenfolge für die Aktivposten in § 266 Abs. 2 HGB, für die Passivposten in Abs. 3 dieser Vorschrift im Einzelnen aufgeführt. Eine weitere Untergliederung der Posten ist zulässig. Neue Posten dürfen aber nur hinzugefügt werden, wenn ihr Inhalt nicht von einem vorgeschriebenen Posten gedeckt wird (§ 265 Abs. 5 HGB). Dies ist zum Beispiel der Fall bei eingeforderten ausstehenden Einlagen auf das gezeichnete Kapital (§ 272 Abs. 1 Satz 3 HGB).

Vorgeschriebene Bilanzposten, die aber **keinen Betrag** ausweisen würden, brauchen **nicht aufgeführt** zu werden (z. B. der Posten »gesetzliche Rücklage« bei einer GmbH oder der Posten »Immaterielle Vermögensgegenstände«, wenn keine immateriellen Vermögensgegenstände des Anlagevermögens vorhanden sind, vgl. auch § 248 Abs. 2 HGB). Dies gilt nur dann nicht, wenn im **Vorjahr** unter diesem Bilanzposten ein Betrag auszuweisen war (§ 265 Abs. 8 HGB). Der Ausweis des Postens ist hier schon nach § 265 Abs. 2 Satz 1 HGB erforderlich. Nach dieser Vorschrift muss zu jedem Posten der entsprechende Betrag des Vorjahres angegeben werden. Damit hat jede Seite der Bilanz zwei Betragsspalten, eine für die Werte am Stichtag der Bilanz und eine für die Vorjahreswerte. Auch innerhalb der einzelnen Bilanzposten können Veränderungen nötig werden, damit Bilanzwahrheit und -klarheit sichergestellt werden. Sind z. B. weder grundstücksgleiche Rechte noch Bauten auf fremden Grundstücken vorhanden, so verkürzt sich die Bezeichnung des Aktivpostens A II 1 auf »Grundstücke und Bauten« (§ 265 Abs. 6 HGB).

Durch das Weglassen (§ 265 Abs. 8 HGB) oder das Hinzufügen (§ 265 Abs. 5 Satz 2 HGB) ändert sich automatisch die **Kennzeichnung der Bilanzposten** durch Buchstaben, römische und arabische Zahlen. Die Zuordnung dieser Kennzeichen in § 266 Abs. 2 und Abs. 3 HGB zu den einzelnen Bilanzposten ist nicht verbindlich und kann verändert werden. Die gesetzliche Numerierung ist nicht Teil der Postenbezeichnung und kann daher weggelassen werden (vgl. auch Adler/Düring/Schmaltz, Rechnungslegung und Prüfung der Unternehmen, 6. Aufl., § 265 Tz. 75). Verbindlich bleibt dagegen die Reihenfolge. Wegen weiterer allgemeiner Grundsätze für die Gliederung wird auf § 265 HGB verwiesen.

Forderungen, deren **Restlaufzeit** mehr als ein Jahr beträgt, sind nach § 268 Abs. 4 Satz 1 HGB in der Bilanz bei jedem gesondert ausgewiesenen Posten (vgl § 266 Abs. 2 B II) zu vermerken; z. B. »davon mit Restlaufzeit von mehr als einem Jahr ... €«. Ebenso ist bei Verbindlichkeiten mit einer Restlaufzeit bis zu einem Jahr zu verfahren (§ 268 Abs. 5 Satz 1 HGB). Selbstverständlich sind die Bilanzvermerke nach § 251 HGB (vgl. L 5.9.7) auch bei Kapitalgesellschaften vorzunehmen.

2.2 Die Gliederung der Gewinn- und Verlustrechnung nach § 275 HGB

Für die Gewinn- und Verlustrechnung der Kapitalgesellschaften ist nach § 275 HGB die Staffelform vorgeschrieben. Wie bei der Bilanz sind auch hier bestimmte Posten vorgeschrieben und eine bestimmte Reihenfolge einzuhalten. Es gelten jedoch für die GuV zwei unterschiedliche Gliederungsmöglichkeiten. Der Unterschied ergibt sich aus den beiden Methoden der Fabrikbuchführung; dem – relativ problemlosen – **Gesamtkostenverfahren** und dem – schwierigeren – **Umsatzkostenverfahren**. Für das bisher überwiegend verwendete Gesamtkostenverfahren gilt die Gliederung nach § 275 Abs. 2 HGB, beim Umsatzkostenverfahren ist dagegen Abs. 3 anzuwenden.

Auch für die GuV gilt nach § 265 HGB,

- die Vorjahresbeträge sind anzugeben,
- Leerposten müssen nicht ausgewiesen werden,
- das Einfügen von Posten ist nur zulässig, wenn ihr Inhalt nicht von anderen Posten gedeckt wird,
- zulässig ist die weitere Untergliederung von GuV-Posten,
- die Numerierung kann bzw. muss geändert oder weggelassen werden.

Vorwegzuweisungen zu den Gewinnrücklagen dürfen den Jahresüberschuss nicht mindern und sind deshalb erst nach diesem Posten auszuweisen (§ 275 Abs. 4 HGB). Dies hat vor allem für die Aktiengesellschaften Bedeutung; vgl. hierzu § 158 AktG. Beispiele für eine GuV in Staffelform finden Sie in B 1.6 Buchst. b) und H 3. 9. 4.
Zu den einzelnen Positionen der GuV-Rechnung siehe auch § 277 HGB.

2.3 Der Anhang

Gemäß § 264 Abs. 1 Satz 1 HGB gehört zum Abschluss einer Kapitalgesellschaft neben der Bilanz und der GuV ein Anhang. Dieser Anhang soll zusätzliche Klarheit u. a. über die Vermögens- und Ertragslage der Gesellschaft bringen. Sein Inhalt ergibt sich aus den §§ 284 bis 288 HGB, § 160 AktG. Für einige Angaben besteht ein Wahlrecht: sie können entweder in Bilanz bzw. GuV oder im Anhang gemacht werden.

Im Anhang ist nach § 284 Abs. 3 HGB insbesondere die Entwicklung der einzelnen Posten des Anlagevermögens in einer gesonderten Aufgliederung (Anlagespiegel) darzustellen. Dabei sind, ausgehend von den gesamten Anschaffungs- und Herstellungskosten, die Zugänge, Abgänge, Umbuchungen und Zuschreibungen des Geschäftsjahrs sowie die Abschreibungen gesondert aufzuführen.

2.4 Erleichterungen für bestimmte Kapitalgesellschaften

Für Kleinstkapitalgesellschaften sowie für kleine und mittelgroße Kapitalgesellschaften bestehen diverse Erleichterungen hinsichtlich der Gliederungsvorschriften für die Bilanz sowie für die Gewinn- und Verlustrechnung.

2.4.1 Größenklassen

In den §§ 267 und 267 a HGB sind die Kapitalgesellschaften in vier Größenklassen eingeteilt:

Größenklasse	Abgrenzungsmerkmale		
	Bilanzsumme	Umsatzerlöse	Arbeitnehmer
Kleinstkapitalgesellschaft	350 000 €	700 000 €	10
Kleine Kapitalgesellschaft	6 000 000 €	12 000 000 €	50
Mittelgroße Kapitalgesellschaft	20 000 000 €	40 000 000 €	250
Große Kapitalgesellschaft	> 20 000 000 €	> 40 000 000 €	> 250

Um als Kleinstkapitalgesellschaft, kleine oder mittelgroße Kapitalgesellschaft zu gelten, darf höchstens eines der drei maßgeblichen Abgrenzungsmerkmale überschritten sein. Wegen der Ermittlung der Abgrenzungsmerkmale im Einzelnen wird auf § 267 Abs. 4, 4a und 5 HGB verwiesen. Der Gesetzgeber unterscheidet dabei nicht zwischen AG und GmbH. Kapitalmarktorientierte Aktiengesellschaften gelten jedoch stets als große (§ 267 Abs. 3 Satz 2 i. V. m. § 264 d HGB).

BEISPIEL

Bei einer GmbH liegen folgende Merkmale vor:

Bilanzsumme	1 580 712 €
Umsatzerlöse	12 643 520 €
Arbeitnehmer im Jahresdurchschnitt	35

LÖSUNG Es handelt sich um eine **kleine** Kapitalgesellschaft.

2.4.2 Verkürzte Bilanz

Für Kleinstkapitalgesellschaften und kleine Kapitalgesellschaften ist nach § 266 Abs. 1 Sätze 3 und 4 HGB eine verkürzte Bilanz zulässig; für kleine Kapitalgesellschaften müssen nur folgende Bilanzposten ausgewiesen sein:

Aktiva	Passiva
A. Anlagevermögen	A. Eigenkapital
I. Immaterielle Vermögensgegenstände	I. Gezeichnetes Kapital
II. Sachanlagen	II. Kapitalrücklage
III. Finanzanlagen	III. Gewinnrücklagen
B. Umlaufvermögen	IV. Gewinnvortrag/Verlustvortrag
I. Vorräte	V. Jahresüberschuss/Jahresfehlbetrag
II. Forderungen und sonstige Vermögensgegenstände	B. Rückstellungen
III. Wertpapiere	C. Verbindlichkeiten
IV. Kassenbestand, Bundesbankguthaben, Guthaben bei Kreditinstituten und Schecks	D. Rechnungsabgrenzungsposten
C. Rechnungsabgrenzungsposten	E. Passive latente Steuern
D. Aktive latente Steuern	
E. Aktiver Unterschiedsbetrag aus der Vermögensverrechnung	
Bilanzsumme	Bilanzsumme

Kleinstkapitalgesellschaften müssen sogar nur die mit Buchstaben bezeichneten Posten aufnehmen.

Von der Pflicht zum Ausweis passiver latenter Steuern sind Kleinstkapitalgesellschaften und kleine Kapitalgesellschaften gemäß § 274 a Nr. 4 i. V. m. § 267 a Abs. 2 HGB befreit. Die Aussagekraft einer solchen verkürzten Bilanz ist verhältnismäßig gering. Das mag im Blick auf die Offenlegungspflicht (§ 325 i. V. m. § 326 Abs. 1 HGB) bzw. Hinterlegungspflicht (§ 326 Abs. 2 HGB) für die Gesellschaft nicht unerwünscht sein. Für den »Eigenbedarf«, zur Vorlage beim Finanzamt und evtl. bei den Banken ist wohl eine ausführlichere Bilanz zu empfehlen. Auch eine Hauptabschlussübersicht (vgl. B 3.4) könnte als Ergänzung einer verkürzten Bilanz dienen.

2.4.3 Sonstige Erleichterungen

Nach § 274 a i. V. m. 267 a Abs. 2 HGB sind kleine Kapitalgesellschaften auch von bestimmen Erläuterungspflichten im Anhang befreit. Für Kleinstkapitalgesellschaften kann nach § 264 Abs. 1 Satz 5 auf die Erstellung eines Anhangs gänzlich verzichtet werden, wenn bestimmte Angaben unter der Bilanz angegeben werden.

In der GuV-Rechnung dürfen Kleinstkapitalgesellschaften sowie kleine und mittelgroße Kapitalgesellschaften verschiedene Posten unter der Bezeichnung »Rohergebnis« zusammenfassen (§ 276 i. V. m. § 267 a Abs. 2 HGB). Kleinstkapitalgesellschaften können nach § 275 Abs. 5 HGB alternativ auch eine verkürzte GuV-Rechnung mit nur acht Positionen erstellen.

3 Besondere Bewertungs- und Bilanzierungsvorschriften

3.1 Sonderposten mit Rücklageanteil

Nach Aufhebung des § 247 Abs. 3 HGB a. F. durch das BilMoG können steuerfreie Rücklagen (s. L 9) handelsrechtlich letztmalig in Jahresabschlüssen für Wirtschaftsjahre, die vor dem 01.01.2010 begonnen haben, als Sonderposten mit Rücklageanteil gebildet werden (Art. 66 Abs. 5 EGHGB). Ab Wirtschaftsjahr (= Kalenderjahr) 2010 sind steuerfreie Rücklagen nur noch steuerlich zulässig und können gemäß § 5 Abs. 1 Satz 1 2. HS EStG unabhängig von der

Handelsbilanz in einer eigenständigen Steuerbilanz oder einem besonderen Verzeichnis im Sinne von § 5 Abs. 1 Sätze 2 und 3 EStG ausgewiesen werden (vgl. BMF vom 12. 03. 2010 BStBl I 2010, 239 unter Rdnr. 22). Folgerichtig wurden durch das BilMoG auch die Kapitalgesellschaften betreffenden handelsrechtlichen Sondervorschriften der §§ 273 und 281 Abs. 2 Satz 2 HGB a. F. zur Bildung und Auflösung von Sonderposten mit Rücklageanteil aufgehoben.

3.2 Steuerabgrenzung gemäß § 274 HGB (latente Steuern)

Eine Besonderheit für Kapitalgesellschaften stellt die Steuerabgrenzung nach § 274 HGB dar. Sie hat nichts mit Rechnungsabgrenzungsposten i. S. des § 250 HGB zu tun, obwohl eine gewisse Verwandtschaft nicht zu leugnen ist.

Enthält die Handelsbilanz Ansätze oder Beträge, die den steuerlichen Vorschriften nicht entsprechen, so ist eine besondere Steuerbilanz (StB) aufzustellen oder die Ansätze bzw. Beträge sind durch Zusätze oder Anmerkungen den steuerlichen Vorschriften anzupassen (§ 60 Abs. 2 EStDV). In diesen Fällen weicht der steuerliche Gewinn regelmäßig vom Handelsbilanzgewinn (Jahresüberschuss) ab. Damit entspricht jedoch die Ertragssteuerbelastung nicht mehr dem handelsrechtlichen Ergebnis. Gleichen sich diese Differenzen in späteren Wirtschaftsjahren voraussichtlich wieder aus, sind die sich hieraus ergebenden latenten Steuern nach Maßgabe von § 274 HGB bilanziell auszuweisen.

3.2.1 Passive (passivische) Steuerabgrenzung

Übersteigt das handelsrechtliche Ergebnis aufgrund unterschiedlicher Wertansätze den steuerlichen Gewinn, wird der tatsächliche Ertragssteueraufwand (KSt, SolZ, GewSt) im Vergleich zum handelsrechtlichen Ergebnis zu niedrig ausgewiesen. Gleichen sich die Differenzen in den Wertansätzen in späteren Geschäftsjahren voraussichtlich wieder aus, entsteht hieraus aus handelsrechtlicher Sicht künftig eine latente Steuermehrbelastung, welche in der Handelsbilanz nach § 274 Abs. 1 Satz 1 HGB als »Passive latente Steuern« **zwingend** anzusetzen ist. Die passive Steuerabgrenzung kommt insbesondere in Betracht, wenn selbstgeschaffene immaterielle Wirtschaftsgüter des Anlagevermögens in der Handelsbilanz nach § 248 Abs. 2 Satz 1 HGB wahlweise aktiviert werden, was steuerlich gemäß § 5 Abs. 2 EStG ausgeschlossen ist.

Die künftige Steuerbelastung ist mit den unternehmensindividuellen Steuersätzen im Zeitpunkt des Abbaus der Differenzen zu berechnen und nicht abzuzinsen (§ 274 Abs. 2 Satz 1 HGB). Der Posten »Passive latente Steuern« ist aufzulösen, sobald die Steuerbelastung eintritt oder mit ihr nicht mehr zu rechnen ist (§ 274 Abs. 2 Satz 2 HGB). Durch die Auflösung vermindern sich die »Steuern vom Einkommen und vom Ertrag«. Der Auflösungsbetrag ist in der GuV gesondert auszuweisen (§ 274 Abs. 2 Satz 3 HGB).

BEISPIEL

Die Z-GmbH aktiviert nach § 248 Abs. 2 Satz 1 HGB in der Handelsbilanz zum 31. 12. 01 Aufwendungen für ein im Januar 01 selbst geschaffenes immaterielles Wirtschaftsgut des Anlagevermögens mit den Herstellungskosten i. H. v. 200 000 € abzüglich 40 000 € AfA (betriebsgewöhnliche Nutzungsdauer: 5 Jahre). Der Hebesatz für die Gewerbesteuer beträgt 400 %.

LÖSUNG Das selbst geschaffene immaterielle Wirtschaftsgut des Anlagevermögens darf in der Steuerbilanz gemäß § 5 Abs. 2 EStG nicht aktiviert werden. Der Gewinn in der **Handelsbilanz** ist demnach im Jahre 01 um 160 000 € **höher** und in den Jahren 02–05 jeweils um 40 000 € **niedriger** als in der Steuerbilanz.

Würde der **Handelsbilanzgewinn** der Besteuerung zugrunde gelegt, ergäbe sich folgende Änderung der Steuerbelastung:

Im Jahr 01:

Mehrgewinn	160 000 €	
GewSt (3,5 % × 400 %)		22 400 €
KSt (15 %)		24 000 €
SolZ (5,5 % von 24 000 €)		1 320 €
Latente Steuer**mehr**belastung		47 720 €

In den Jahren 02 – 05:

Mindergewinn jeweils	40 000 €	
GewSt (3,5 % × 400 %)		5 600 €
KSt (15 %)		6 000 €
SolZ (5,5 % von 6 000 €)		330 €
Effektive Steuermehrbelastung jeweils		11 930 €

Im Wirtschaftsjahr 01 muss die GmbH nach § 274 Abs. 1 Satz 1 HGB gewinnmindernd den Posten »Passive latente Steuern« i. H. v. 47 720 € bilden (Buchung: Steuern vom Einkommen und vom Ertrag an Passive latente Steuern 47 720 €). Insgesamt ergibt sich dadurch in der Handelsbilanz des Jahres 01 nur noch ein Mehrgewinn von 112 280 € (160 000 € abzüglich 47 720 €). Dieser Bilanzposten muss in den Jahren 02–05 um jeweils 11 930 € gewinnerhöhend aufgelöst werden (Buchung: Passive latente Steuern an Steuern vom Einkommen und vom Ertrag 11 930 €). In der Handelsbilanz ergibt sich dadurch in den Jahren 02–05 nur noch eine jährliche Gewinnminderung von 28 070 € (40 000 € abzüglich 11 930 €), insgesamt somit in Höhe von 112 280 €.

Hinweis: Könnte die voraussichtliche Nutzungsdauer eines selbst geschaffenen immateriellen Vermögensgegenstands des Anlagevermögens nicht verlässlich geschätzt werden, müsste dieser nach § 253 Abs. 3 Satz 3 HGB über den Zeitraum von zehn Jahren abgeschrieben werden.

Der Bilanzposten »Passive latente Steuern« bewirkt bei der Kapitalgesellschaft **faktisch** eine **Ausschüttungssperre**. Er ist **ausschließlich handelsrechtlich** von Bedeutung; denn es sollen ja gerade die Auswirkungen der abweichenden steuerlichen Behandlung aufgezeigt werden. Eine Übernahme in die Steuerbilanz würde aber dieses Ergebnis verfälschen; vgl. auch Weber-Grellet in Schmidt EStG § 5 Rz. 270 (Latente Steuern) m. w. N.

Kleinstkapitalgesellschaften (vgl. § 267 a HGB) und kleine Kapitalgesellschaften (vgl. § 267 Abs. 1 HGB) sind von der Verpflichtung zur Steuerabgrenzung nach § 274 HGB befreit (§ 274 a Nr. 4 i. V. m. § 267 a Abs. 2 HGB). Dies soll allerdings nach h. M. (vgl. Grottel in Beck'scher Bilanzkommentar, § 274 a HGB Rz. 6 und 7) dann nicht gelten, wenn die latente Steuerbelastung zugleich die Voraussetzungen für die Bildung einer Steuerrückstellung nach § 249 Abs. 1 Satz 1 HGB erfüllt; dann sei die latente Steuerbelastung als Rückstellung zu passivieren. Ob diese Auffassung mit dem Vereinfachungsgedanken des § 274 a HGB vereinbar ist, scheint allerdings sehr fraglich.

3.2.2 Aktive (aktivische) Steuerabgrenzung

Ein Unterschied in der Steuerbelastung ergibt sich auch, wenn das steuerliche Ergebnis aufgrund unterschiedlicher Wertansätze über dem handelsrechtlichen Ergebnis liegt. § 274 Abs. 1 Satz 2 HGB sieht bei solchen Fällen ein **Wahlrecht** zum Ausweis »Aktiver latenter Steuern« für die Kapitalgesellschaft vor, wenn sich die Differenzen in späteren Geschäftsjahren voraussichtlich wieder ausgleichen. Zur Berechnung der Postens »Aktive latente Steuern« und zu dessen Auflösung gelten die Ausführungen zur passiven Steuerabgrenzung unter 3.2.1 entsprechend. Steuerliche Verlustvorträge sind nach § 274 Abs. 1 Satz 4 HGB bei der Berechnung aktiver latenter Steuern in Höhe der innerhalb der nächsten fünf Jahre zu erwartenden Verlustverrechnung zu berücksichtigen. Auch die aktive Steuerabgrenzung ist nur für die Handelsbilanz von Bedeutung.

BEISPIEL

Die X-GmbH hat in ihrer Handelsbilanz zum 31. 12. 01 nach § 249 Abs. 1 Satz 1 HGB eine Rückstellung für drohende Verluste aus schwebenden Geschäften i. H. v. 200 000 € gebildet. Der Hebesatz für die Gewerbesteuer beträgt 400 %.

LÖSUNG In der Steuerbilanz darf diese Rückstellung gemäß § 5 Abs. 4 a Satz 1 EStG nicht gebildet werden. Somit ist der Gewinn des Jahres 01 in der Steuerbilanz um 200 000 € höher als in der Handelsbilanz.

Steuerlicher Mehrgewinn	200 000 €	
GewSt (3,5 % × 400 %)		28 000 €
KSt (15 %)		30 000 €
SolZ (5,5 % von 30 000 €)		1 650 €
Effektive Steuer**mehr**belastung 01		59 650 €

Wird die latente Steuer in der Handelsbilanz aktivisch abgegrenzt (Wahlrecht), erhöht sich der Gewinn für 01 in der Handelsbilanz um 59 650 € (Buchung: Aktive latente Steuern an Steuern vom Einkommen und vom Ertrag 59 650 €). Insgesamt beträgt dann der Gewinnunterschied zwischen Handelsbilanz und Steuerbilanz im Jahr 01 nur noch 140 350 €.

Tritt der Verlust im Jahr 02 tatsächlich ein, ist die Rückstellung in der Handelsbilanz des Jahres 02 **gewinnneutral** aufzulösen. In der Steuerbilanz ergibt sich durch die erstmalige Erfassung des Verlustes eine Gewinnminderung von 200 000 €. Folglich sind die aktiven latenten Steuern in der Handelsbilanz des Jahres 02 gemäß § 274 Abs. 2 Satz 2 HGB in voller Höhe gewinnmindernd auszubuchen (Buchung: Steuern vom Einkommen und vom Ertrag an Aktive latente Steuern 59 650 €). Der Mehrgewinn des Jahres 02 in der Handelsbilanz gegenüber der Steuerbilanz beträgt somit nur noch 140 350 €.

Werden latente Steuern aktiviert, steht der Kapitalgesellschaft insoweit tatsächlich kein Vermögen zur Verfügung. Daher besteht gem. § 268 Abs. 8 Satz 2 HGB insoweit eine **Ausschüttungssperre**. Der Posten »Aktive latente Steuern« kann nicht gebildet werden, wenn der steuerliche Gewinn nicht nur latent, sondern dauerhaft über dem handelsrechtlichen Ergebnis liegt. Dies ist z. B. bei steuerlich nicht abzugsfähigen Betriebsausgaben nach § 4 Abs. 5 EStG der Fall.

3.2.3 Saldierung der latenten Steuern

Aktivische und passivische latente Steuern können wahlweise saldiert und unsaldiert ausgewiesen werden (§ 274 Abs. 1 Sätze 1 bis 3 HGB).

3.3 Eigene Anteile

Kapitalgesellschaften können unter bestimmten Voraussetzungen (vgl. § 33 GmbHG und § 71 AktG) eigene Anteile erwerben. Durch den Erwerb gehen diese Anteile nicht unter; sie können später wieder veräußert werden. Als Gründe für den Erwerb eigener Anteile kommen beispielsweise in Betracht: spätere Ausgabe an die Belegschaft, Vorbereitung einer Kapitalherabsetzung, Einflussnahme auf den Aktienkurs. Eigene Anteile dürfen nach den durch das BilMoG neugefassten Vorschriften des HGB allerdings nicht mehr als Vermögensgegenstände/

Wirtschaftsgüter des Umlaufvermögens (vgl. § 265 Abs. 3 Satz 2 HGB a. F.) in der Bilanz ausgewiesen werden.

Im Falle des Erwerbs eigener Anteile ist deren Nennbetrag bzw. rechnerischer Wert in der Vorspalte offen von dem Posten »Gezeichnetes Kapital« abzusetzen. Der Unterschiedsbetrag zwischen dem Nennbetrag bzw. rechnerischen Wert und den Anschaffungskosten der eigenen Anteile ist mit den frei verfügbaren Rücklagen zu verrechnen. Nebenkosten des Erwerbs sind laufender Aufwand des Geschäftsjahrs. Vgl. § 272 Abs. 1 a HGB.

Nach einer Wiederveräußerung eigener Anteile ist die Kürzung des gezeichneten Kapitals in Höhe des Nennbetrags bzw. rechnerischen Werts dieser Anteile rückgängig zu machen. Der übersteigende Teil des Veräußerungserlöses ist zunächst in diejenigen Rücklagen einzustellen, mit denen der Erwerb verrechnet wurde; darüber hinaus ist er der Kapitalrücklage zuzuführen. Nebenkosten der Veräußerung stellen Aufwand des laufenden Geschäftsjahrs dar. Vgl. § 272 Abs. 1 b HGB.

Das Schreiben des BMF vom 27. 11. 2013 BStBl I 2013, 1615, folgt dieser wirtschaftlichen Betrachtung des Handelsrechts. Der Erwerb eigener Anteile stellt somit auch steuerlich kein Anschaffungsgeschäft, sondern eine Herabsetzung des Nennkapitals dar; die Veräußerung eigener Anteile führt steuerlich nicht zu einen Veräußerungsvorgang, sondern ist wie eine Erhöhung des Nennkapitals zu behandeln.

BEISPIELE

a) Die X-AG hat im Wirtschaftsjahr 01 1 000 eigene Aktien (Nennbetrag pro Aktie 10 €) für 50 000 € zuzüglich 1 500 € Erwerbsnebenkosten erworben. Die Gewinnrücklagen der AG betragen 800 000 €.

LÖSUNG Der Erwerb ist wie folgt zu buchen:

Gezeichnetes Kapital	10 000 €
Gewinnrücklagen	40 000 €
so. betr. Aufwand	1 500 €
an Bank	51 500 €

b) Im Wirtschaftjahr 02 werden wieder 600 eigene Aktien für 40 000 € abzüglich Veräußerungskosten von 1 200 € veräußert.

LÖSUNG Die Veräußerung ist wie folgt zu buchen:

Bank	38 800 €
so. betr. Aufwand	1 200 €
an Gezeichnetes Kapital	6 000 €
an Gewinnrücklagen	24 000 €
an Kapitalrücklage	10 000 €

4 Ausschüttungssperren

Nach § 268 Abs. 8 HGB dürfen Kapitalgesellschaften Gewinne nur ausschütten, wenn die nach der Ausschüttung verbleibenden frei verfügbaren Rücklagen (zuzüglich eines Gewinnvortrags und abzüglich eines Verlustvortrags) mindestens folgenden Beträgen entsprechen:

- den aktivierten selbst geschaffenen immateriellen Vermögensgegenständen des Anlagevermögens abzüglich der hierfür gebildeten passiven latenten Steuern,
- der Differenz aus höherem Zeitwert (vgl. § 253 Abs. 1 Satz 4 HGB) und Anschaffungskosten von Vermögensgegenständen, die zur Deckung von Altersversorgungsverpflichtungen

dienen und nach § 246 Abs. 2 Satz 2 HGB mit diesen zu verrechnen sind (s. L 5.12.7), abzüglich der hierfür gebildeten passiven latenten Steuern, und

- der Differenz zwischen den aktivierten und den **übrigen** (u. E. kann nach Sinn und Zweck der Vorschrift keine Doppelberücksichtigung erfolgen) passivierten latenten Steuern (Aktivüberhang).

Sofern in der Bilanz kein Ausweis passiver latenter Steuern erfolgt, weil diese vollständig mit aktiven latenten Steuern verrechnet werden, erübrigt sich bei selbst geschaffenen immateriellen Vermögensgegenständen des Anlagevermögens und den nach § 246 Abs. 2 Satz 2 HGB zum Zeitwert zu berücksichtigenden Vermögensgegenständen eine Anrechnung der eigentlich hierauf entfallenden passiven latenten Steuern (Küting/Pfitzer/Weber, Das neue deutsche Bilanzrecht, 2. Auflage, S. 522 f.).

Die Ausschüttungssperre soll gewährleisten, dass unsichere Erträge im Unternehmen gebunden bleiben und damit dem Gläubigerschutz Rechnung getragen wird.

Gemäß § 285 Nr. 28 HGB ist im Anhang der Gesamtbetrag der Ausschüttungssperren nach § 268 Abs. 8 HGB anzugeben, und zwar aufgegliedert in Beträge aus der Aktivierung selbst geschaffener immaterieller Vermögensgegenstände des Anlagevermögens, Beträge aus der Aktivierung latenter Steuern und aus der Aktivierung von Vermögensgegenständen zum beizulegenden Zeitwert.

5 Konzernabschluss

Ein Konzern ist der wirtschaftliche Zusammenschluss von Unternehmen, bei denen die rechtliche Selbstständigkeit erhalten bleibt. Meist stehen dabei die Unternehmen unter der einheitlichen Leitung einer Kapitalgesellschaft (Mutterunternehmen bzw. -gesellschaft), die an diesen Unternehmen (Tochterunternehmen bzw. -gesellschaften) nach § 271 HGB beteiligt ist. Sowohl Muttergesellschaft als auch Tochtergesellschaft(en) sind jeweils für sich zur Erstellung von Jahresabschlüssen verpflichtet. Für den Konzern insgesamt muss jedoch **zusätzlich** ein eigener Konzernabschluss erstellt werden, der das Vermögen und das Ergebnis des ganzen Konzernkreises einschließt. Die Einzelheiten dazu sind in § 290 ff. HGB geregelt.

6 Genossenschaften

Genossenschaften sind keine Kapitalgesellschaften, sondern stellen eine eigene Rechtsform dar. Für sie gilt das Genossenschaftsgesetz. Soweit es allerdings um Fragen der Buchführung und des Jahresabschlusses geht, ergibt sich die Antwort aus dem Dritten Buch des HGB, den §§ 238 ff. Ergänzende Vorschriften für die Genossenschaften finden sich in den §§ 336 bis 339 HGB.

Im Wesentlichen gelten für die Genossenschaften nach § 336 Abs. 2 HGB die gleichen Regelungen wie für die Kapitalgesellschaften, mit wenigen Ausnahmen. So entfallen der gesonderte Ausweis von außerplanmäßigen Abschreibungen bzw. die gesonderte Angabe im Anhang nach § 277 Abs. 3 Satz 1 HGB und bestimmte Pflichtangaben im Anhang. Da eine Genossenschaft kein Nennkapital hat, ist in der Bilanz an Stelle des gezeichneten Kapitals der Betrag der Geschäftsguthaben der Genossen auszuweisen (§ 337 Abs. 1 HGB). An die Stelle der Gewinnrücklagen treten die Ergebnisrücklagen, aufgegliedert in gesetzliche Rücklage und in andere Ergebnisrücklagen (§ 337 Abs. 2 und 3 HGB).

7 Steuerbilanz und steuerliche Ausgleichsposten

7.1 Steuerbilanz

Enthält eine (Handels-)Bilanz Ansätze oder Beträge, die den steuerlichen Vorschriften nicht entsprechen, so sind diese Ansätze oder Beträge durch Zusätze oder Anmerkungen den steuerlichen Vorschriften anzupassen, oder es ist eine den steuerlichen Vorschriften entsprechende Bilanz (Steuerbilanz) vorzulegen (§ 60 Abs. 2 EStDV). In einfachen Fällen genügt es sicher, der Handelsbilanz eine Erläuterung beizufügen, aus der sich die geänderten Bilanzansätze und ihre Gewinnauswirkung ergeben. Im Zweifel ist jedoch eine Steuerbilanz vorzuziehen. Für diese Steuerbilanz gibt es keine besonderen Formvorschriften. Sie kann bei Bedarf in einfachster Form gehalten werden.

BEISPIEL

Die Firma A hat in ihrer Handelsbilanz auf den 31. 12. 01 neben Rückstellungen für ungewisse Verbindlichkeiten in Höhe von 112 000 € eine steuerlich nicht zulässige Rückstellung für drohende Verluste aus schwebenden Geschäften nach § 249 Abs. 1 Satz 1 HGB gebildet, und zwar in Höhe von 55 000 €; Rückstellungen insgesamt also von 167 000 €. Der Gewinn laut Handelsbilanz beträgt 315 000 €.

LÖSUNG

Aktiva		Steuerbilanz	Passiva
Aktiva (wie HB)	12 397 600 €	Kapital (wie HB)	1 310 000 €
		Gewinn lt. StB	370 000 €
		Rückstellungen berichtigt	112 000 €
		andere Passiva (wie HB)	10 605 600 €
	12 397 600 €		12 397 600 €

Selbstverständlich bleibt es dem Kaufmann unbenommen, eine ausführliche, bis auf die geänderten Posten mit der Handelsbilanz übereinstimmende Steuerbilanz aufzustellen. Eine steuerliche GuV ist übrigens nicht verlangt und auch nicht üblich. Eine Kontrolle des Ergebnisses aufgrund der GuV-Posten empfiehlt sich jedoch zur Vermeidung von Fehlern.

7.2 Steuerliche Ausgleichsposten »Mehrkapital« und »Minderkapital«

Die besondere Steuerbilanz führt bei Kapitalgesellschaften und Genossenschaften mit ihrem festgelegten Eigenkapital zu einem besonderen Bilanzierungsproblem. Es stellt sich nämlich die Frage: wohin mit dem steuerlichen Mehrgewinn (oder Mindergewinn). Bei Einzelunternehmen und Personengesellschaften wird dieser Betrag im Kapital berücksichtigt, nicht jedoch bei den juristischen Personen. Das in der Handelsbilanz ausgewiesene Eigenkapital (gezeichnetes Kapital, Kapitalrücklage, Gewinnrücklagen, Gewinn-/Verlustvortrag, Jahresüberschuss/Jahresfehlbetrag) darf nicht verändert werden; denn diese Bestandteile des Eigenkapitals sind entweder durch gesetzliche Vorschriften oder Gesellschafterbeschlüsse betragsmäßig festgelegt und bilden die Grundlage für den handelsrechtlichen Gewinnverwendungsbeschluss. Steuerliche Mehr- oder Mindergewinne sind deshalb in der Steuerbilanz in einen Ausgleichsposten einzustellen, der vielfach auch als »steuerliches Mehrkapital« bzw. »steuerliches Minderkapital« bezeichnet wird. Dieser Ausgleichsposten ist Bestandteil des steuerlichen

Eigenkapitals der Kapitalgesellschaft. Er ist nicht zu verwechseln mit dem besonderen Ausgleichsposten bei Organträgern nach R 63 KStR.

BEISPIEL

Die GmbH G hat für die Jahre 01 bis 03 die folgenden, vereinfacht dargestellten Handelsbilanzen erstellt:

	HB 31. 12. 01 €	HB 31. 12. 02 €	HB 31. 12. 03 €
Aktiva			
Anlagevermögen	400 000	912 500	775 000
Umlaufvermögen	200 000	362 500	415 000
	600 000	1 275 000	1 190 000
Passiva			
Gez. Kapital	250 000	250 000	250 000
Gewinnrücklage	50 000	50 000	50 000
Jahresüberschuss	120 000	115 000	160 000
Verbindlichkeiten und Rückstellungen	180 000	860 000	730 000
	600 000	1 275 000	1 190 000

Erläuterungen zu den Jahresabschlüssen:
1. Zur Finanzierung betrieblicher Ausgaben wurde Anfang Januar 02 ein Kredit in Höhe von 300 000 € aufgenommen. Die Auszahlung erfolgte unter Einbehaltung eines Disagios i. H. v. 6 %. Der Kredit ist nach 10 Jahren in einer Summe zu tilgen. Das Disagio wurde 02 in voller Höhe als Aufwand verbucht.
2. Das im Juli 02 fertig gestellte Verwaltungsgebäude ist unter dem sonstigen Anlagevermögen mit folgenden Werten enthalten:

Herstellungskosten		400 000 €
AfA 2 % (1/2)	./.	4 000 €
31. 12. 02		396 000 €
AfA 2 %	./.	8 000 €
31. 12. 03		388 000 €

Die AfA wurde entsprechend der betriebsgewöhnlichen Nutzungsdauer von 50 Jahren mit jährlich 2 % der Herstellungskosten vorgenommen.
3. Zum 31. 12. 02 wurde eine Rückstellung wegen drohender Verluste aus schwebenden Geschäften nach § 249 Abs. 1 Satz 1 HGB i. H. v. 10 000 € passiviert und zum 31. 12. 03 wieder aufgelöst.
4. Die erwirtschafteten Gewinne sind jeweils im Folgejahr in voller Höhe ausgeschüttet worden.
5. Die Steuerrückstellungen sind in den Handelsbilanzen in zutreffender Höhe gebildet.
Erstellen Sie die Steuerbilanzen zum 31. 12. 02 und zum 31. 12. 03 und ermitteln Sie den steuerlichen Gewinn der GmbH für 02 und 03!

LÖSUNG

1. Für das einbehaltene Disagio besteht handelsrechtlich gem. § 250 Abs. 3 HGB ein Aktivierungswahlrecht.
Steuerrechtlich ist gem. § 5 Abs. 5 Satz 1 Nr. 1 EStG zwingend ein ARAP auszuweisen (wirtschaftlich betrachtet abgekürzter Zahlungsweg – volle Auszahlung der Darlehenssumme und sofortige Rückzahlung des Disagios; GrS BFH: handelsrechtliches Aktivierungswahlrecht = steuerliche Aktivierungspflicht). Der (zinsähnliche) Aufwand ist beim vorliegenden Fälligkeitsdarlehen linear auf die Laufzeit zu verteilen, sodass der jährliche Auflösungsbetrag 1 800 € beträgt.
2. Die auf das Gebäude vorgenommene Abschreibung ist handelsrechtlich nicht zu beanstanden (vgl. § 253 Abs. 3 Sätze 1 und 2 HGB).
Steuerrechtlich handelt es sich hier um ein Wirtschaftsgebäude i. S. d. § 7 Abs. 4 Satz 1 Nr. 1 EStG, für das zwingend eine (Mindest-)AfA von 3 % vorgesehen ist.

AfA 02:	400 000 € × 3 % × 1/2	=	6 000 €;	BW Geb. 31. 12. 02: 394 000 €
AfA 03:	400 000 € × 3 %	=	12 000 €;	BW Geb. 31. 12. 03: 382 000 €

3. Die handelsrechtlich nach § 249 Abs. 1 Satz 1 HGB gebotene Rückstellung für drohende Verluste aus schwebenden Geschäften darf gem. § 5 Abs. 4 a Satz 1 EStG in der Steuerbilanz zum 31. 12. 02 nicht gebildet werden.
Zum 31. 12. 01 entsprechen die Wertansätze der Steuerbilanz denen der Handelsbilanz.
Die Steuerbilanzen zum 31. 12. 02 und 31. 12. 03 hingegen weisen gegenüber den Handelsbilanzen zum Teil abweichende Wertansätze aus. Die sich dadurch ergebenden Erhöhungen oder Minderungen des Betriebsvermögens können hier aber nicht einfach mit dem ursprünglich ausgewiesenen Kapital verrechnet werden.
Das Eigenkapital einer Kapitalgesellschaft ist in einzelne Bilanzposten aufgegliedert (vgl. §§ 266 Abs. 3 A., 272 HGB), deren betragsmäßige Höhe entweder durch Satzung bzw. Gesellschaftsvertrag oder Gesellschafterbeschluss festgeschrieben ist.
Unterschiede zwischen dem Kapital laut HB und dem Kapital laut StB können daher nur durch eine zusätzliche Bilanzposition, dem sog. **steuerlichen Ausgleichsposten**, erfasst werden.
Der steuerliche Ausgleichsposten kann sowohl auf der Aktivseite (steuerliches Minderkapital) als auch auf der Passivseite (steuerliches Mehrkapital) der StB stehen. Er ist solange weiterzuentwickeln bzw. fortzuführen, wie unterschiedliche Wertansätze zwischen HB und StB vorhanden sind.
Die Steuerbilanzen der GmbH entwickeln sich demnach wie folgt:

	StB 31. 12. 02 €	StB 31. 12. 03 €
Aktiva		
Anlagevermögen	910 500	769 000
Umlaufvermögen	362 500	415 000
ARAP	16 200	14 400
	1 289 200	1 198 400
Passiva		
Gez. Kapital	250 000	250 000
Gewinnrücklage	50 000	50 000
Jahresüberschuss	115 000	160 000
Steuerlicher Ausgleichsposten	24 200	8 400
Verbindlichkeiten und Rückstellungen	850 000	730 000
	1 289 200	1 198 400
StB-Gewinn	**02**	**03**
Jahresüberschuss	115 000	160 000
+ Mehr-BV a.E.	24 200	8 400
– Mehr BV a.A.	–	24 200
	139 200	144 200

oder				
Jahresüberschuss		115 000 €		160 000 €
Aufwand Damnum	+	16 200 €	./.	1 800 €
Rückstellungsaufwand/-ertrag	+	10 000 €	./.	10 000 €
AfA Gebäude	./.	2 000 €	./.	4 000 €
		139 200 €		144 200 €

Hinweis: Aufgrund der Differenzen zwischen HB und StB sind hieraus sich ergebende künftige Steuerbelastungen in der HB gem. § 274 Abs. 1 Satz 1 HGB unter der Bilanzposition »Passive latente Steuern« zwingend auszuweisen. Sich hieraus ergebende künftige Steuerentlastungen können gem. § 274 Abs. 1 Satz 2 HGB wahlweise unter der Position »Aktive latente Steuern« ausgewiesen werden. Aktive und passive latente Steuern können, müssen aber nicht, miteinander verrechnet werden (§ 274 Abs. 1 Satz 3 HGB). Auf den steuerlichen Gewinn dürfen sich latente Steuern nicht auswirken. Sie sind deshalb in den Steuerbilanzen nicht zu berücksichtigen; der Maßgeblichkeitsgrundsatz nach § 5 Abs. 1 Satz 1 erster HS EStG gilt insoweit nicht.

7.3 Verdeckte Gewinnausschüttungen

Verdeckte Gewinnausschüttungen (§ 8 Abs. 3 Satz 2 KStG) beeinflussen die Bilanzen einer Kapitalgesellschaft in der Regel nicht. Sie werden zur Ermittlung des steuerlichen Gewinns außerhalb der Bilanz zugerechnet. In besonderen Fällen kann es jedoch durchaus zu Auswirkungen auf die Steuerbilanz kommen.

Führt eine Vereinbarung mit einem Gesellschafter, die ganz oder teilweise als verdeckte Gewinnausschüttung zu werten ist, zu einer Verbindlichkeit, so bleibt die Pflicht zur Passivierung unberührt. Die Schuld ist also auch in der Steuerbilanz auszuweisen. Zum Zwecke der weiteren steuerlichen Behandlung sind aber Nebenrechnungen durchzuführen. Das gilt insbesondere auch bei Rückstellungen nach § 6 a EStG für Pensionszusagen an Gesellschafter-Geschäftsführer, bei denen verdeckte Gewinnausschüttungen anzunehmen sind.

Anders ist die Lage bei Aktivposten. Wird z. B. einem Gesellschafter beim Erwerb eines Wirtschaftsguts ein ungerechtfertigt hoher Preis gezahlt, so wirkt sich dies auf die Steuerbilanz direkt aus. Das Wirtschaftsgut ist mit den unter fremden Dritten üblichen Anschaffungskosten zu aktivieren. Der Unterschied zum bezahlten Kaufpreis wird so zu Aufwand, der jedoch als verdeckte Gewinnausschüttung zu behandeln ist und dem Gewinn – außerhalb der Bilanz – wieder zugerechnet wird. Zu Einzelheiten vgl. BMF vom 28. 05. 2002 BStBl I 2002, 603.

8 Buchung der Gewinnverwendung

Der Jahresüberschuss bzw. Bilanzgewinn bildet bei Kapitalgesellschaften einen eigenen Bilanzposten. Über das weitere Schicksal des Bilanzgewinns hat die Hauptversammlung der AG bzw. die Gesellschafterversammlung der GmbH zu entscheiden (vgl. 1.1 Buchst. c)).

Zum Jahresbeginn wird der Bilanzgewinn des Vorjahrs (Gewinnvortrag + Jahresüberschuss) in das Konto »Gewinnvortrag« übernommen (Habenseite). Nach dem Beschluss des zuständigen Organs wird der in Rücklagen eingestellte Gewinn auf »Gewinnrücklagen«, der für Ausschüttungen (Dividende) vorgesehene Gewinn auf »Verbindlichkeiten gegenüber Gesellschaftern« umgebucht. Der nicht umgebuchte Teil kommt als Gewinnvortrag in die nächste Bilanz.

BEISPIEL

Der Bilanzgewinn für das Wj 02 der W-GmbH hat 137 514 € betragen (Jahresüberschuss 137 182 € + 332 € Gewinnvortrag). Am 31. 05. 03 beschließt die Gesellschafterversammlung die Ausschüttung einer Dividende von 130 000 €; 7 000 € werden der Gewinnrücklage zugeführt, der Rest auf neue Rechnung vorgetragen. Bei Auszahlung der Dividende ist Kapitalertragsteuer und Solidaritätszuschlag einzubehalten und an das Finanzamt abzuführen.

LÖSUNG

Buchungen im Wj 03		
zum 01. 01. 03:		
Saldovortragskonto an Gewinnvortrag		137 514,00 €
zum 31. 05. 03:		
Gewinnvortrag	137 000,00 €	
an Gewinnrücklage		7 000,00 €
an Verbindlichkeiten gegenüber Gesellschaftern		130 000,00 €
bei Dividendenüberweisung:		
Verbindlichkeiten gegenüber Gesellschaftern	130 000,00 €	
an sonstige Verbindlichkeiten (FA)		34 287,50 €[a]
an Bank		95 712,50 €
bei Zahlung der Kapitalertragsteuer:		
sonstige Verbindlichkeiten	34 287,50 €	
an Bank		34 287,50 €
zum 31. 12. 03		
Gewinnvortrag an Schlussbilanzkonto		514,00 €
[a] 25 % Kapitalertragsteuer aus 130 000 € =		32 500,00 €
+ 5,5 % Solidaritätszuschlag aus 32 500 € =		1 787,50 €
		34 287,50 €

9 Rechnungslegung nach IFRS

Die Rechnungslegung nach den »International Financial Reporting Standards (IFRS)« bekommt immer größere Bedeutung. Die Europäische Union hat durch die Verordnung 1606/2002 vom 19. 07. 2002 festgelegt, dass ab dem 01. 01. 2005 **im Konzernabschluss** von kapitalmarktorientierten Unternehmen die IFRS anzuwenden sind. Diese Regelung hat der deutsche Gesetzgeber durch das Bilanzrechtsreformgesetz vom 04. 12. 2004 BGBl I 2004, 3166 in § 315 a Abs. 1 HGB übernommen. Zusätzlich wurde den nicht börsennotierten Konzernen in § 315 a Abs. 3 HGB ein Wahlrecht zur Anwendung der IFRS eingeräumt.

Es ist jedoch zu beachten, dass der IFRS-Abschluss den Abschluss nach dem HGB nur zum Teil ersetzen kann. Er ist insbesondere für eine Veröffentlichung von Bedeutung. Für die Bemessung der Gewinnausschüttungen und vor allem für steuerliche Zwecke ist der Abschluss nach dem HGB weiterhin maßgeblich.

Grund dafür ist insbesondere der im deutschen Recht herrschende Grundsatz, dass nicht verwirklichte Gewinne nicht ausgewiesen werden dürfen. Bei IFRS ist dagegen das Zeitwertprinzip sehr stark betont. Das hat zur Folge, dass bereits Erträge zu erfassen sind, die nur auf dem Papier stehen, wie z. B. Wertsteigerungen von Immobilien oder Aktien über die Anschaffungskosten hinaus. Das Eigenkapital ist i. d. R. deutlich höher als bei einer Bewertung nach HGB. Dadurch wird ein Ausweis nach IFRS z. B. für alle Betriebe interessant, die sich bei Banken um einen Kredit bemühen (Stichwort »Basel III«!). Ein Abschluss nach IFRS dient also in erster Linie Informationszwecken und kann somit nur **neben** den Abschluss nach HGB treten.

Das Aufstellen von Abschlüssen nach zwei grundlegend verschiedenen Wertesystemen erfordert beträchtlichen organisatorischen Aufwand. In diesem Zusammenhang könnten z. B. auch getrennte Buchungskreise für IFRS- und HGB-Ansätze eine Rolle spielen (s. B 3.5), um die Probleme bei der Buchführung in den Griff zu bekommen.

Teil S Komplexe Übungsfälle

In allen Übungsfällen zur Ermittlung der Herstellungskosten (Übungsfälle 3 – 5) werden folgende Abkürzungen verwendet:

AK Anschaffungskosten
FEK Fertigungseinzelkosten
FGK Fertigungsgemeinkosten
FK Fertigungskosten
FL Fertigungslöhne
HK Herstellungskosten
MGK Materialgemeinkosten
MK Materialkosten
SK Selbstkosten

Übungsfall 1: Wechsel von der Gewinnermittlung durch Überschussrechnung zur Gewinnermittlung durch Betriebsvermögensvergleich

Bearbeitungszeit: 30 Minuten
Hilfsmittel: EStG, EStR

I. Sachverhalt

Der Kleingewerbetreibende K, der bisher den Gewinn durch Überschussrechnung ermittelte, geht ab 01. 01. 08 zur doppelten Buchführung über. Er erstellte zum 01. 01. 08 ein Eröffnungsinventar und folgende Eröffnungsbilanz:

Aktiva	Eröffnungsbilanz zum 01. 01. 08		Passiva
A. Anlagevermögen:		A. Eigenkapital	135 000 €
1. Grund und Boden	20 000 €	B. Verbindlichkeiten:	
2. Gebäude	91 000 €	1. Darlehensschuld	30 000 €
3. Maschinen	15 000 €	2. Lieferantenschulden	4 200 €
4. Einrichtung	5 000 €	3. USt-Schuld	1 800 €
B. Umlaufvermögen:			
1. Roh-, Hilfs- und Betriebsstoffe	10 000 €		
2. Fertigerzeugnisse	12 000 €		
3. Kundenforderungen	8 000 €		
4. Kasse und Bank	9 600 €		
C. Akt. RAP	400 €		
Summe Aktiva	171 000 €	Summe Passiva	171 000 €

Erläuterungen zu den einzelnen Bilanzposten:

1. Der Grund und Boden wurde am 10. 01. 01 erworben, Anschaffungskosten 20 000 €.
2. Bei dem Gebäude handelt es sich um eine kleine Lagerhalle, die K auf dem erworbenen Grundstück errichten ließ, Herstellungskosten 100 000 €, bezugsfertig am 25. 01. 05, betriebsgewöhnliche Nutzungsdauer 60 Jahre, Abschreibung bisher nach § 7 Abs. 4 Satz 1 Nr. 1 EStG mit jährlich 3 %

3. Der Ansatz der Maschinen wurde wie folgt ermittelt:

Anschaffungskosten im Juli 05	30 000 €
./. AfA linear bei 5 Jahren betriebsgewöhnliche Nutzungsdauer: 6 000 € × 2 1/2 Jahre (05 für sechs Monate, 06 und 07 jeweils volles Jahr) =	15 000 €
Ansatz zum 01. 01. 08	15 000 €

4. Die Einrichtung wurde im Januar 03 für 10 000 € angeschafft und jährlich mit 1 000 € linear abgeschrieben.
5. Die Rohstoffe wurden zutreffend mit dem Teilwert von 7 000 € angesetzt, obwohl die Anschaffungskosten 8 000 € betragen hatten. Die Hilfs- und Betriebsstoffe sind mit den Anschaffungskosten in Höhe von 3 000 € enthalten.
6. Die Fertigerzeugnisse sind mit den Herstellungskosten i. S. von R 6.3 EStR angesetzt.
7. Die Kundenforderungen wurden mit dem Nennwert von 8 200 € abzüglich einer i. H. v. 200 € einzelwertberechtigten Kundenforderung angesetzt.
8. Das Bargeld und das Bankguthaben wurden mit dem Nennwert angesetzt. Im Bankguthaben ist ein Scheckbetrag eines Kunden in Höhe von 500 € enthalten, der bei Erhalt am 28. 12. 07 als Betriebseinnahme behandelt worden war.
9. Bei dem aktiven RAP handelt es sich um für das Jahr 08 im Jahre 07 im Voraus gezahlte betriebliche Versicherungsprämien.
10. Das Eigenkapital entspricht dem rechnerischen Unterschied zwischen der Summe der Besitzposten und Schuldposten.
11. Die Darlehensschuld wurde mit dem Nennwert angesetzt. Das Darlehen wurde zur Finanzierung betrieblicher Vorgänge aufgenommen.
12. Die Lieferantenschulden wurden mit dem Nennwert angesetzt.
13. Bei der USt-Schuld handelt es sich um die Zahllast für den Dezember 07, die ausschließlich aufgrund von Lieferungen und sonstigen Leistungen entstand. K hat dem Finanzamt eine Lastschrift-Einzugsermächtigung hinsichtlich der sich aus den USt-Voranmeldungen ergebenden Zahllasten erteilt.

II. Aufgabe

Prüfen Sie, welche Korrekturen wegen des Wechsels von der früheren Gewinnermittlung durch Überschussrechnung zur Gewinnermittlung durch Betriebsvermögensvergleich erforderlich sind!

Wie hoch ist der Gewinn, der für 08 der Veranlagung zugrunde zu legen ist, falls der Steuerbilanzgewinn für 08 30 000 € beträgt.

Übungsfall 2: Wechsel von der Gewinnermittlung durch Betriebsvermögensvergleich zur Gewinnermittlung durch Überschussrechnung

Bearbeitungszeit: 30 Minuten
Hilfsmittel: EStG, EStR

I. Sachverhalt

Handwerksmeister H (kein Kaufmann nach Handelsrecht) hat seinen Gewinn seit der Betriebseröffnung vor 30 Jahren nach § 5 EStG aufgrund ordnungsmäßiger Buchführung ermittelt und regelmäßig Abschlüsse gemacht. Zum 31. 12. 07 stellte er letztmals eine Steuerbilanz auf, weil er ab dem Jahr 08 den Gewinn nur noch durch Überschussrechnung ermitteln möchte, zumal er schon seit einigen Jahren unter die Grenzen des § 141 Abs. 1 AO gesunken ist und er auch altersbedingt seinen Betrieb eingeschränkt hat.

Aktiva	Schlussbilanz zum 31. 12. 07		Passiva
A. Anlagevermögen:		A. Eigenkapital	140 000 €
1. Grund und Boden	20 000 €	B. Rücklage nach R 6.6 EStR	1 000 €
2. Gebäude	91 000 €	C. Rückstellungen (GewSt)	1 000 €
3. Maschinen	15 000 €	D. Verbindlichkeiten:	
4. Einrichtung	5 000 €	1. Darlehensschuld	20 000 €
5. Kraftfahrzeuge	1 €	2. Lieferantenschuld	7 200 €
B. Umlaufvermögen:		3. USt-Schuld	1 800 €
1. Hilfs- und Betriebsstoffe	4 000 €		
2. Material	6 000 €		
3. Unfertige Erzeugnisse	3 000 €		
4. Kundenforderungen	8 000 €		
5. Kasse und Bank	18 599 €		
C. Akt. RAP	400 €		
Summe Aktiva	171 000 €	Summe Passiva	171 000 €

Entwicklung des Eigenkapitals:	
Stand 01. 01. 07	151 000 €
./. Entnahmen in 07	39 000 €
	112 000 €
+ Gewinn 07	28 000 €
Stand 31. 12. 07	140 000 €

Erläuterungen zu den einzelnen Bilanzposten:

1. Der Grund und Boden wurde am 01. 10. 01 erworben, Anschaffungskosten 20 000 €.
2. Bei dem Gebäude handelt es sich um eine kleine Lagerhalle, die H auf dem erworbenen Grundstück errichten ließ, Herstellungskosten 100 000 €, bezugsfertig am 25. 01. 05, betriebsgewöhnliche Nutzungsdauer 60 Jahre, AfA bisher nach § 7 Abs. 4 Satz 1 Nr. 1 EStG mit jährlich 3 %.

3. Der Ansatz der Maschinen ergab sich wie folgt:

Anschaffungskosten im Juli 05	30 000 €
./. AfA linear bei 5 Jahren betriebsgewöhnlicher Nutzungsdauer:	
6 000 € × 2,5 Jahre (05 sechs Monate, 06 und 07 jeweils volles Jahr)	15 000 €
Bilanzansatz 31. 12. 07	15 000 €

4. Die Einrichtung wurde im Januar 03 für 10 000 € angeschafft und jährlich mit 1 000 € linear abgeschrieben.
5. Die Kraftfahrzeuge stehen nur noch mit dem Erinnerungswert zu Buch, weil sie schon ganz abgeschrieben sind. Der Teilwert beträgt jedoch noch 6 000 €.
6. Die Hilfs- und Betriebsstoffe wurden mit den Anschaffungskosten angesetzt.
7. Die Anschaffungskosten des Materials betrugen 6 600 €, wurden jedoch zum 31. 12. 07 zutreffend auf den niedrigeren Teilwert von 6 000 € abgeschrieben.
8. Die unfertigen Erzeugnisse wurden mit den Herstellungskosten i. S. von R 6.3 EStR angesetzt.
9. Die Kundenforderungen wurden mit dem Nennwert angesetzt.
10. Das Bargeld und das Bankguthaben entsprechen dem Nennwert.
11. Bei dem aktiven RAP handelt es sich um für das Jahr 08 vorausgezahlte Versicherungsprämien.
12. Das Eigenkapital entspricht dem rechnerischen Unterschied zwischen der Summe der Besitzposten und der Schulden.
13. Der Sonderposten mit Rücklageanteil wurde für eine Maschine gebildet, die im Jahre 07 wegen höherer Gewalt aus dem Betriebsvermögen ausgeschieden ist. Die Maschine hatte im Zeitpunkt des Ausscheidens einen Restbuchwert von 3 000 €. Die Versicherung zahlte im Oktober 07 eine Entschädigung von 4 000 €. Im Mai 08 wurde eine Ersatzmaschine für 8 000 € zuzüglich USt angeschafft. Vgl. R 6.6 EStR.
14. Die Darlehensschuld wurde mit dem Nennwert angesetzt. Das Darlehen war zur Finanzierung betrieblicher Vorgänge aufgenommen worden.
15. Die Lieferantenschulden sind mit dem Nennwert angesetzt.
16. Die GewSt-Rückstellung wurde gebildet, weil für das Jahr 07 mit einer Nachzahlung in dieser Höhe gerechnet wird.
17. Bei der ausgewiesenen USt-Schuld handelt es sich um die Zahllast des Monats Dezember 07. H hat dem Finanzamt eine Lastschrift-Einzugsermächtigung hinsichtlich der sich aus den USt-Voranmeldungen ergebenden Zahllasten erteilt.

II. Aufgabe

Prüfen Sie, welche Korrekturen wegen des Wechsels der Gewinnermittlungsart in welchem Jahr in Betracht kommen! Der durch Überschussrechnung ermittelte Gewinn für 08 belief sich auf 20 000 €.

Übungsfall 3: Ermittlung der Herstellungskosten Firma Schuster

Bearbeitungszeit: 45 Minuten
Hilfsmittel: HGB, EStR

I. Sachverhalt

Die Firma Schuster betreibt ausschließlich die Herstellung von Sportschuhen für Herren, Damen und Kinder. Zum Bilanzstichtag 31. 12. 02 wurden im Rahmen der Inventur mengemäßig folgende Bestände an solchen Sportschuhen aufgenommen:

Sportschuhe für	Herren	300 Paar
	für Damen	500 Paar
	für Kinder	200 Paar.

Während des Geschäfts- bzw. Wirtschaftsjahres 02 wurde von jeder Gruppe die 15fache Menge des Bestandes hergestellt, das Gros wurde aber bereits im September an die verschiedensten Abnehmer ausgeliefert. Mit einem Preisverfall bei den am 31. 12. 02 vorhandenen Beständen ist nicht zu rechnen.

Aus den Aufzeichnungen außerhalb der Buchführung ergaben sich für das Jahr 02 folgende Zahlen:

Leder- und sonstiger Rohstoffverbrauch insgesamt	165 000 €
Fertigungslöhne	75 000 €
Fertigungsgemeinkosten	85 000 €

Zu den Zahlenangaben ist Folgendes zu bemerken:

a) Die Kosten der Sportschuheherstellung waren bei Herren-, Damen- und Kinderschuhen mit Ausnahme des Materialverbrauchs gleich hoch. Der Materialverbrauch stand durchschnittlich in folgendem Verhältnis:

Herrenschuhe:	Kostenverhältnis	1,50
Damenschuhe:	Kostenverhältnis	1,00
Kinderschuhe:	Kostenverhältnis	0,75.

b) Rohstoffverbrauch und Fertigungslöhne sind zutreffend ermittelt worden.

c) In den Fertigungsgemeinkosten ist an Stelle einer in der Finanzbuchführung degressiv vorgenommenen Abschreibung für Maschinen in Höhe von 5 000 € nur die lineare Abschreibung in Höhe von 2 500 € enthalten.
Darüber hinaus wurden bisher kalkulatorische Zinsen in Höhe von 10 000 € ebensowenig wie die auf die Fertigungslöhne entfallenden gesetzlichen sozialen Aufwendungen in Höhe von 7 500 € in die Fertigungsgemeinkosten einbezogen. Außerdem ergab die Nachaddition der Fertigungsgemeinkostenzusammenstellung einen Rechenfehler in Höhe von 10 000 € (richtig 75 000 € statt 85 000 €).

II. Aufgabe

Ermitteln Sie den maßgebenden handelsrechtlichen und steuerlichen Bilanzansatz (Herstellungskosten) für die zum Bilanzstichtag 31. 12. 02 vorhandenen Sportschuhe.

Übungsfall 4: Ermittlung der Herstellungskosten für halbfertige und fertige Erzeugnisse

Bearbeitungszeit: 60 Minuten
Hilfsmittel: HGB, EStR

I. Sachverhalt

Der Buchhalter des Fabrikanten Fertig ermittelte für die Aufstellung der vorläufigen einheitlichen Handelsbilanz/Steuerbilanz zum 31. 12. 02 die Herstellungskosten für die halbfertigen und fertigen Erzeugnisse zunächst wie folgt:

	Halbfertige Erzeugnisse	Fertige Erzeugnisse	Insgesamt
Fertigungsmaterial-Einzelkosten	48 000 €	57 000 €	105 000 €
Fertigungslöhne:			
Kostenstelle A	12 600 €	16 200 €	28 800 €
Kostenstelle B	15 350 €	22 240 €	37 590 €
Kostenstelle C	8 400 €	24 480 €	32 880 €
	36 350 €	62 920 €	99 270 €
Fertigungsgemeinkosten (geschätzt mit 100 % der Fertigungslöhne)	36 350 €	62 920 €	99 270 €
Summe = Wertansatz in HB/StB	120 700 €	182 840 €	303 540 €

Eine Nachprüfung ergab Folgendes:

- Die ausgewiesenen Fertigungsmaterialeinzelkosten sowie die erfassten Fertigungslöhne sind nicht zu beanstanden.
- Für die Ermittlung der Gemeinkostenzuschläge hatte der Buchhalter zum Bilanzstichtag 31. 12. 02 zunächst anhand der Buchführungsunterlagen und weiterer statistischer Aufzeichnungen folgende Übersicht erstellt:

Fertigungsmaterial-Einzelkosten	620 000 €
Materialgemeinkosten	35 500 €
Fertigungslöhne der Kostenstelle A	111 200 €
Fertigungslöhne der Kostenstelle B	185 000 €
Fertigungslöhne der Kostenstelle C	252 000 €
Fertigungsgemeinkosten der Kostenstelle A	150 120 €
Fertigungsgemeinkosten der Kostenstelle B	345 950 €
Fertigungsgemeinkosten der Kostenstelle C	292 320 €

Die Überprüfung dieser Übersicht ergab Folgendes:

a) Sämtliche Sozialaufwendungen (auch die der Fertigungslöhne) sind bei den Verwaltungs- und Vertriebskosten erfasst. Die gesetzlichen Sozialaufwendungen betragen im Geschäfts- bzw. Wirtschaftsjahr 02 rd. 10 % aller Lohn- und Gehaltsaufwendungen. Die freiwilligen Sozialaufwendungen beliefen sich auf rd. 5 % aller Lohn- und Gehaltsaufwendungen.
Hilfslöhne sind enthalten:

in den Materialgemeinkosten mit	17 000 €
in den Fertigungsgemeinkosten	
der Kostenstelle A mit	88 000 €
der Kostenstelle B mit	55 500 €
der Kostenstelle C mit	79 300 €

b) In den Fertigungsgemeinkosten der Kostenstelle C ist für eine Produktionsmaschine (Anschaffung 2010) die AfA nach § 7 Abs. 2 EStG degressiv mit einem Betrag in Höhe von 9 600 € enthalten. Bei einer linearen AfA ergäbe sich nur ein Betrag von 5 000 €.

c) Den Fertigungsgemeinkosten der Kostenstelle B ist eine im Jahre 02 zu Recht vorgenommene Teilwertabschreibung in Höhe von 3 240 € auf Produktionsanlagen zugerechnet worden.

d) Bei den Fertigungsgemeinkosten der Kostenstelle C wurden kalkulatorische Eigenkapitalzinsen in Höhe von 1 610 € erfasst.

Anmerkung: Das Unternehmen behandelt im Rahmen der Kosten- und Leistungsrechnung regelmäßig sämtliche Sozialaufwendungen und die Hilfslöhne als Gemeinkosten. Dies ist nicht zu beanstanden. Bei dem Geschäfts- bzw. Wirtschaftsjahr 02 handelt es sich um das Jahr 2015.

II. Aufgabe

Überprüfen Sie, ob die vom Buchhalter in der vorläufigen Handelsbilanz/Steuerbilanz zum 31. 12. 02 (Rechtslage 2015) angesetzten halbfertigen und fertigen Erzeugnisse zutreffend bewertet wurden. Stellen Sie ggf. die Bewertung richtig und führen Sie die erforderlichen Berichtigungsbuchungen durch!

Gehen Sie dabei davon aus, dass Fertig für steuerliche Zwecke einen möglichst niedrigen Gewinn ausweisen möchte.

Übungsfall 5: Ermittlung der Herstellungskosten für ein Bürogebäude

Bearbeitungszeit: 30 Minuten
Hilfsmittel: HGB, EStR

I. Sachverhalt

Die Firma Bauer beauftragte Anfang März 02 (Bauantrag am 02. 01. 02 gestellt, Beginn der Herstellung am 15. 03. 02) das Bauunternehmen Unger mit der Errichtung eines Bürogebäudes auf eigenem Baugelände. Das Gebäude wurde am 25. 10. 02 bezugsfertig und ab diesem Zeitpunkt für eigenbetriebliche Zwecke genutzt. Der Buchhalter der Firma Bauer buchte nur die vom Bauunternehmer Unger in Rechnung gestellten Baukosten in Höhe von 500 000 € zuzüglich Umsatzsteuer zutreffend auf das Konto Gebäude und Vorsteuer.

Im Rahmen der Erstellung des Jahresabschlusses zum 31. 12. 02 der Firma Bauer wurde Folgendes festgestellt:

a) Im Rechnungsbetrag des Bauunternehmens Unger sind Kosten für Instandhaltungsarbeiten an einem Produktionsgebäude der Firma Bauer in Höhe von 20 000 € (zuzüglich 19 % Umsatzsteuer) enthalten.

b) Bei der Errichtung des Bürogebäudes hat die Firma Bauer auch eigene Arbeitskräfte zur Verfügung gestellt. Die Lohnkosten dafür betrugen 10 000 €, die Fertigungsgemeinkosten 80 % der Lohnkosten, die Verwaltungs- und Vertriebsgemeinkosten je 5 % der Herstellungskosten. Außerdem kalkuliert die Firma Bauer mit einem Gewinn von 10 % der Selbstkosten.

c) Da auf dem Grundstück, auf dem das Bürogebäude errichtet worden ist, zuvor eine alte Fabrikhalle stand, die bereits vor 20 Jahren erstellt worden war, entstanden im März 02 noch Abbruchkosten in Höhe von 12 000 €, die der Buchhalter der Firma Bauer über das

Konto »Grundstückskosten« gebucht hatte. Die abgebrochene Fabrikhalle war bereits voll abgeschrieben.

II. Aufgabe

Überprüfen Sie die Buchungen des Buchhalters hinsichtlich der aktivierten Herstellungskosten und führen Sie evtl. erforderliche Berichtigungsbuchungen durch. Gehen Sie dabei davon aus, dass die Firma Bauer für das Jahr 02 einen möglichst niedrigen Gewinn ausweisen möchte und es sich bei dem Jahr 02 um das tatsächliche Jahr 2015 handelt. Die Firma Bauer möchte für das Bürogebäude die höchstmögliche steuerliche AfA für das Jahr 02.

Übungsfall 6: Gesamtkostenverfahren

Bearbeitungszeit: 60 Minuten
Hilfsmittel: Keine

I. Sachverhalt

Bilanzposten	**Endbestände lt. Inventur**
Maschinen	10 000 €
Rohstoffe	44 100 €
Hilfsstoffe	7 000 €
Betriebsstoffe	8 000 €
Unfertige Erzeugnisse	25 000 €
Fertige Erzeugnisse	66 000 €
Geldkonten und Forderungen	buchmäßig zu ermitteln
USt-Zahllast	buchmäßig zu ermitteln

Geschäftsvorfälle:

1. a) Kauf von Rohstoffen, Banküberweisung, 105 000 € + 19 950 € Umsatzsteuer.
   b) Frachtkosten dafür, bar bezahlt, 3 000 € + 570 € Umsatzsteuer.
2. Kauf von Hilfsstoffen, bar bezahlt, 20 000 € + 3 800 € Umsatzsteuer.
3. Kauf von Betriebsstoffen, bar bezahlt, 12 000 € + 2 280 € Umsatzsteuer.
4. Rohstoffe in die Verarbeitung gegeben im Einkaufswert von 123 900 €.
5. Zielverkäufe von fertigen Erzeugnissen 450 000 € + 85 500 € Umsatzsteuer.
6. Lohnzahlungen durch Banküberweisung: Auszahlungsbetrag 84 000 €, Sozialversicherungsbeiträge Arbeitnehmeranteil 7 000 €, Lohnsteuer, Solidaritätszuschlag und Kirchensteuer 9 600 €, Sozialversicherungsbeiträge Arbeitgeberanteil 7 000 €.
7. Mietzahlung, durch Banküberweisung, 7 200 € (kein Vorsteuerabzug).
8. Allgemeine Verwaltungskosten, bar bezahlt, 6 000 € + 1 140 € Umsatzsteuer.
9. Forderungsausfälle 1 000 € + 190 € Umsatzsteuer.
10. Verbrauch von Hilfsstoffen im Einkaufswert von 23 000 €.
11. Verbrauch von Betriebsstoffen im Einkaufswert von 9 000 €.
12. Abschreibungen auf Maschinen: bilanzmäßig 20 000 €, kalkulatorisch 15 000 €.

II. Aufgabe

Wie ist die buchmäßige Abwicklung im Rahmen des Gesamtkostenverfahrens bei einem Industriebetrieb?

Verwenden Sie bei der buchmäßigen Darstellung dieses Übungsfalles nur folgende Konten (Konten-Nr. nach dem Gemeinschaftskontenrahmen der Industrie – GKR; vgl. auch die Ausführungen zum GKR in H 3.9.3 am Schluss):

020	Maschinen	Anfangsbestand	30 000 €
100/110	Geldkonten	Anfangsbestand	320 000 €
140	Forderungen	kein Anfangsbestand	
154	Vorsteuer		
175	Umsatzsteuer	kein Anfangsbestand	
300	Rohstoffe	Anfangsbestand	60 000 €
310	Hilfsstoffe	Anfangsbestand	10 000 €
320	Betriebsstoffe	Anfangsbestand	5 000 €
230	Bilanzmäßige Abschreibungen		
252	Abschreibung auf Forderungen		
280	Verrechnete kalkulatorische Abschreibung		
401	Verbrauch von Rohstoffen		
402	Verbrauch von Hilfsstoffen		
403	Verbrauch von Betriebsstoffen		
430	Löhne		
431	Gesetzliche soziale Aufwendungen		
470	Mietaufwand		
472	Allgemeine Verwaltungskosten		
480	Kalkulatorische Abschreibungen		
780	Unfertige Erzeugnisse	Anfangsbestand	27 000 €
790	Fertige Erzeugnisse	Anfangsbestand	35 000 €
830	Erlöse aus Erzeugnissen		
890	Bestandsveränderungen		
980	Betriebsergebnis		
987	Neutrales Ergebnis		
989	GuV-Konto		
999	Schlussbilanzkonto		

Hinweis: Da mit diesem Übungsfall im Wesentlichen das Betriebsergebnis (über das Abschlusskonto »980 Betriebsergebnis«) und das neutrale Ergebnis (über das Abschlusskonto »987 Neutrales Ergebnis«) sowie die Bestandsveränderungen (über das Erlöskonto »890 Bestandsveränderungen«) aufgezeigt werden sollen, wurden auch nur Geschäftsvorfälle vorgesehen, die dafür von Bedeutung sind. Der Übungsfall wurde aus diesem Grunde sehr knapp gehalten und es wurde auf weitere Geschäftsvorfälle verzichtet. Deshalb kann buchmäßig auch kein »kompletter Abschluss zum Bilanzstichtag« vorgenommen werden. Am zweckmäßigsten ist es, alle aus dem Sachverhalt sich ergebenen Buchungen auf T-Konten darzustellen.

Übungsfall 7: Veräußerung eines ganzen Betriebs

Bearbeitungszeit: 30 Minuten
Hilfsmittel: HGB, EStG, EStR, UStG, GrEStG

I. Sachverhalt

V veräußert seinen Gewerbebetrieb zum 31. 12. 02 an den Erwerber E.
Die Schlussbilanz für den Betrieb des V hat zum 31. 12. 02 folgendes Aussehen:

Aktiva	Schlussbilanz zum 31. 12. 02 (in vereinfachter Form)		Passiva
Grund und Boden	100 000 €	Eigenkapital	130 000 €
Gebäude	50 000 €	Verbindlichkeiten	120 000 €
Maschinen	30 000 €		
Einrichtung	10 000 €		
Waren	60 000 €		
	250 000 €		250 000 €

V und E sind sich darüber (unstreitig) einig, dass nur der Grundbesitz stille Reserven aufweist und zwar der Grund und Boden 90 000 € und das Gebäude 40 000 €, und dass ein Mehrbetrag des Kaufpreises auf den Geschäfts- oder Firmenwert entfällt.

Es wurde vertraglich vereinbart, dass der Betrieb mit Ablauf des Jahres 02 auf E übergeht und dass E als Kaufpreis dem V bis zu dessen Lebensende (V ist 66 Jahre alt) eine Rente von monatlich 3 000 €, beginnend am 01. 01. 03, zu zahlen habe. Außerdem übernimmt E die Verbindlichkeiten in Höhe von 120 000 €.

Der Rentenbarwert beträgt (nur auf die übertragenen Aktivposten bezogen):

zum 31. 12. 02	340 000 €
zum 31. 12. 03	318 000 €

Der Veräußerungsvorgang verursachte außerdem folgende Aufwendungen, die vereinbarungsgemäß von E übernommen werden:

Notargebühren für den notariellen Grundstückskaufvertrag vom 10. 12. 02 (bezahlt durch E am 20. 12. 02) 1 500 € + 285 € Umsatzsteuer.

Grundbuchgebühren (Bescheid des Grundbuchamts vom 15. 02. 03, bezahlt durch E am 12. 03. 03) 500 €

Grunderwerbsteuer mit 5 % des Grundstückswerts 280.000 € (Bescheid des Finanzamts vom 25. 09. 03, bezahlt durch E am 24. 10. 03).

II. Aufgabe

Behandeln Sie den Vorgang zum 31. 12. 02 und 31. 12. 03 beim Erwerber E und die Veräußerung im Jahre 02 beim Veräußerer V.

Übungsfall 8: Veräußerung eines einzelnen Wirtschaftsguts

Bearbeitungszeit: 30 Minuten
Hilfsmittel: HGB, EStG, EStR, UStG, GrEStG

I. Sachverhalt

V veräußert mit notariellem Vertrag vom 02. 01. 03 ein bebautes Grundstück gegen monatliche Leibrente in Höhe von 3 000 € umsatzsteuerfrei an E. Vereinbarungsgemäß gehen die Nutzen und Lasten aus dem Grundstück mit sofortiger Wirkung auf E über. Die monatlichen Rentenzahlungen beginnen am 02. 01. 03. Das Grundstück gehörte bei V bis zur Veräußerung zum notwendigen Betriebsvermögen seines Betriebs.

Der Rentenbarwert beträgt:

zum 02. 01. 03	340 000 €
zum 31. 12. 03	318 000 €

Nach dem Verhältnis der Teilwerte entfällt 1/3 vom gesamten Grundstückswert auf den Grund und Boden und 2/3 auf das Gebäude.

Bei V betrugen die Buchwerte zum 31. 12. 02 für:

den Grund und Boden	80 000 €
das Gebäude	140 000 €

Vereinbarungsgemäß hat E die Grunderwerbsteuer zu tragen, V dagegen die Notariatsgebühren in Höhe von 1 500 € (zuzüglich 285 € Umsatzsteuer), die von V am 15. 01. 03 bezahlt wurden.

Die Grundbuchgebühren in Höhe von 600 € (Eintrag des Eigentumswechsels im März 03) bezahlte E am 15. 04. 03 an die Gemeinde.

Der Grunderwerbsteuerbescheid (5 %) des Finanzamtes erging am 15. 08. 03 an E.

II. Aufgabe

Behandeln Sie den Vorgang zum Zeitpunkt des Eigentumswechsels und zum 31. 12. 03 beim Erwerber E und Veräußerer V. Bei E gehört das Grundstück ebenfalls zum notwendigen Betriebsvermögen seines Einzelunternehmens.

Übungsfall 9: Full-pay-out-Leasing

Bearbeitungszeit: 45 Minuten
Hilfsmittel: HGB, EStR, UStG, Leasing-Erlasse

I. Sachverhalt

Ein Leasing-Nehmer (LN) mietet von einer Leasing-Gesellschaft (LG) eine Maschine fest für die Zeit vom 02. 01. 02 – 31. 12. 04. Betriebsgewöhnliche Nutzungsdauer der Maschine fünf Jahre, Listenpreis 85 000 €. Der LN muss jährlich 30 000 € + Umsatzsteuer an die LG zahlen und außerdem eine einmalige Sonderzahlung von 6 000 € + Umsatzsteuer zu Beginn der Mietzeit leisten.

Außerdem wurde vereinbart, dass der LN nach Ablauf der festen Mietzeit die Maschine für einen Aufpreis von 32 000 € + Umsatzsteuer erwerben darf.

Die Anschaffungskosten einschließlich aller Neben- und Finanzierungskosten betrugen für die LG 80 000 €. Diese Beträge werden dem LN nicht bekannt gegeben.

Da die LG die Maschine direkt vom Hersteller an den LN ausliefern ließ, fielen für den Transport 1 000 € + Umsatzsteuer an, die die LG dem LN gesondert in Rechnung stellte und auch separat bezahlt wurden. Außerdem stellte die LG für die Aufstellung und Montage der Maschine dem LN 3 000 € + Umsatzsteuer in Rechnung, die nicht in die Leasing-Raten einbezogen wurden und daher sofort zu zahlen waren.

II. Aufgabe

Wie ist die buch- und bilanzmäßige Behandlung beim LN und bei der LG? Dabei ist davon auszugehen, dass für alle Leistungen der LG Rechnungen mit ordnungsmäßig ausgewiesener Umsatzsteuer vorliegen und die LG auf eine mögliche Umsatzsteuer-Befreiung nach § 4 Nr. 8a UStG verzichtet.

Übungsfall 10: Abbruch Lagerhalle

Bearbeitungszeit: 30 Minuten
Hilfsmittel: EStG, EStR

I. Sachverhalt

S hatte seit 30 Jahren eine Lagerhalle in seinem Betriebsvermögen, die am 31. 12. 02 auf 120 000 € abgeschrieben war. Anfang 03 riss er diese Halle ab und errichtete auf demselben Platz eine Hochgarage. Dabei wurde Abbruchmaterial mit einem anteiligen Buchwert von 10 000 € für die Herstellung der Garage verwendet. Weiteres Abbruchmaterial mit einem anteiligen Buchwert von 1 000 € wurde für 4 000 € veräußert (zuzügl. Umsatzsteuer). Die Abbruchkosten betrugen 9 000 € + Umsatzsteuer. Die Herstellungskosten der Garage 300 000 € + 57 000 € Umsatzsteuer.

II. Aufgabe

Wie ist der Sachverhalt buchtechnisch zu behandeln?

III. Abwandlung 1

Wie ist die Lösung, wenn S die Lagerhalle erst innerhalb der letzten drei Jahre erworben hat und das Gebäude noch voll nutzbar war?

IV. Abwandlung 2

Wie ist die Lösung in der vorigen Abwandlung 1, wenn das Gebäude schon beim Erwerb objektiv wertlos war?

Übungsfall 11: Gebäudebrand

Bearbeitungszeit: 20 Minuten
Hilfsmittel: EStG, EStR

I. Sachverhalt

A hat im Januar 02 ein Gebäude für 300 000 € errichtet, das er seither mit 3 % abschreibt. Anfang Juli 06 werden durch Brand 50 % des voll eigenbetrieblich genutzten Gebäudes zerstört. A baut diesen Gebäudeteil für 240 000 € zuzüglich 45 600 € Umsatzsteuer wieder auf, Fertigstellung am 01. 12. 06.

II. Aufgabe

Wie ist der Sachverhalt steuerlich zu behandeln?

Übungsfall 12: Erwerb eines Erbbaurechts und Bilanzberichtigung

Bearbeitungszeit: 30 Minuten
Hilfsmittel: ErbbauRG, EStR

I. Sachverhalt

Mit notariellem Vertrag vom 02. 01. 01 erwarb die X-GmbH mit Sitz in Ludwigsburg an dem unbebauten Grundstück Neckarstraße 15 ein Erbbaurecht, um eine neue Fabrikationshalle zu errichten. Nutzen und Lasten des umsatzsteuerfrei erworbenen Erbbaurechts gingen am 03. 01. 01 auf die GmbH über. Das Erbbaurecht hat eine Laufzeit von 99 Jahren und wurde am 03. 03. 01 ins Grundbuch der Stadt Ludwigsburg eingetragen. Folgende Aufwendungen sind durch die Erbbaurechtsbestellung entstanden:

Grunderwerbsteuer	16 300 €
Maklerprovision (inkl. 19 % Umsatzsteuer)	5 950 €
Grundbuchkosten	3 000 €
Notargebühren (inkl. 19 % Umsatzsteuer)	2 975 €
	28 225 €

Die Beträge wurden durch Banküberweisung bezahlt und in voller Höhe (28 225 €) als Grundstücksaufwand gebucht.

Jeweils einmal jährlich zum 30. 12. sind Erbbauzinsen in Höhe von 20 000 € zu entrichten. Die erste Rate wurde am 29. 12. 01 durch Banküberweisung beglichen und ebenfalls als Grundstücksaufwand gebucht.

Am 06. 07. 01 erhielt die X-GmbH folgende Rechnung der Ludwigsburger Straßenbau GmbH:

»Erschließung des Gewerbegebietes Neckarstraße im Auftrag der Stadt Ludwigsburg

Kosten für Leistungen im Bereich außerhalb der Grundstücksgrenze; Abschluss der Arbeiten am 30. 06. 01

Ihr Anteil:	25 000 €
Zuzüglich 19 % Umsatzsteuer	4 750 €
	29 750 €

Zahlbar bis zum 20. 07. 01«

Aufgrund der Banküberweisung vom 19. 07. 01 wurde gebucht:

Unbebaute Grundstücke	25 000 €
Vorsteuer	4 750 €
an Bank	29 750 €

Die Übernahme der Erschließungskosten außerhalb des Grundstücks durch die X-GmbH ist im Erbbaurechtsvertrag entsprechend geregelt. Die Kosten für die Erschließung innerhalb der Grundstücksgrenzen von 15 000 € zuzüglich 2 850 € Umsatzsteuer wurden durch den Grundstückseigentümer getragen.

Die X-GmbH hat am 10. 08. 01 mit der Erstellung der Fabrikationshalle begonnen. Die bis zum 31. 12. 01 angefallenen Herstellungskosten von netto 450 000 € wurden unter der Position »Unfertige Bauten« aktiviert. Die Fertigstellung erfolgte im April 02.

II. Aufgabe

1. Würdigen Sie den Sachverhalt für die X-GmbH aus steuerlicher Sicht!
2. Stellen Sie die erforderlichen Korrekturen der betroffenen Bilanz- und GuV-Posten sowie die entsprechende Gewinnauswirkung dar! Die X-GmbH hat zum 31. 12. 01 eine Einheitsbilanz erstellt. Die für 01 ergangenen Steuerbescheide stehen unter dem Vorbehalt der Nachprüfung gemäß § 164 AO.
3. Cent-Beträge sind auf volle Euro abzurunden (bis 49 Cent) bzw. aufzurunden (ab 50 Cent).

Für die Übungsfälle 13 bis 15 ist davon auszugehen, dass die Jahre 03 bis 05 unter dem Vorbehalt der Nachprüfung (§ 164 AO) veranlagt wurden und für diese Jahre im Jahr 06 eine Außenprüfung stattfand. Schwerpunkt dieser Übungsfälle ist die Technik der Darstellung der Bilanzberichtigung und Gewinnberichtigung.

Übungsfall 13: Bilanzberichtigung: Bewertung Warenbestände

Bearbeitungszeit: 20 Minuten
Hilfsmittel: HGB, EStR

I. Sachverhalt

Ein Unternehmer setzte bei der Bewertung der Warenbestände jeweils nur die Netto-Einkaufspreise an, nicht dagegen die Anschaffungsnebenkosten, die jeweils 10 % der Netto-Einkaufspreise betrugen. Die Bilanzansätze in den Handels- und Steuerbilanzen (HB/StB) betrugen:

zum 31. 12. 03	85 000 €
zum 31. 12. 04	90 000 €
zum 31. 12. 05	92 000 €

Außerdem wurde zum 31. 12. 04 ein Warenposten im Wert von 10 000 € (Netto-Einkaufspreis) versehentlich doppelt erfasst.

II. Aufgabe

Stellen Sie evtl. Bilanzberichtigungen und Gewinnberichtigungen dar!

Übungsfall 14: Bilanzberichtigung: Gewerbesteuer-Rückstellung

Bearbeitungszeit: 20 Minuten
Hilfsmittel: HGB, EStR

I. Sachverhalt

Der Unternehmer hatte bisher in seinen HB/StB die Gewerbesteuer-Rückstellungen wie folgt ausgewiesen:

zum 31. 12. 03	2 000 €
zum 31. 12. 04	8 000 €
zum 31. 12. 05	6 000 €

Für die Bilanzstichtage 03 und 05 sind die Rückstellungen richtig berechnet. Die Rückstellung zum 31. 12. 04 ist um 1 500 € zu hoch ausgewiesen.

Aufgrund der Mehrergebnisse der Außenprüfung ergeben sich folgende Gewerbesteuer-Nachzahlungen:

Gewerbesteuer-Nachzahlung für 03	1 800 €
Gewerbesteuer-Nachzahlung für 04	1 000 €
Gewerbesteuer-Nachzahlung für 05	2 500 €

II. Aufgabe

Stellen Sie evtl. Bilanzberichtigungen und Bilanzänderungen sowie Gewinnberichtigungen dar!

Übungsfall 15: Bilanzberichtigung: Rücklage für Ersatzbeschaffung (RfE)

Bearbeitungszeit: 20 Minuten
Hilfsmittel: HGB, EStR

I. Sachverhalt

Bei der Firma U wurden im Oktober 03 zwei Kraftfahrzeuge, ein Lkw und ein Pkw, ohne Verschulden der Firma durch Feuer zerstört. Beide Fahrzeuge waren versichert. Der Lkw hatte zum 31. 12. 02 einen Buchwert von 0 €, der Buchwert des Pkw auf diesen Stichtag betrug 12 000 €. Die Jahres-AfA für den Pkw beträgt 6 000 €.

Noch im Jahr 03 bestellte die Firma einen neuen Lkw und einen neuen Pkw als Ersatz für die zerstörten Fahrzeuge. Kurz vor der Lieferung des Lkw im Juni 04 stellte sich heraus, dass aufgrund des schlechteren Geschäftsgangs ein neuer Lkw z. Zt. nicht benötigt wird. Die Firma trat deshalb alle Rechte und Pflichten aus dem Kaufvertrag an einen ihrer Lieferer ab. Der Ersatz-Pkw wurde dagegen im Juli 04 für 30 000 € + 5 700 € Umsatzsteuer (19 %) an die Firma U geliefert.

Die Firma U hatte noch im Jahr 03 von ihrer Versicherungsgesellschaft die Zusage erhalten, für den Brandschaden eine Entschädigung in Höhe von 28 000 € zu zahlen, und zwar

Entschädigung für Lkw	12 000 €
Entschädigung für Pkw	13 000 €
Entschädigung für Verdienstausfall	3 000 €

Die Firma buchte

im Jahr **03** (nur steuerlich):

Sonst. betrieblicher Aufwand	40 000 €	
an Fuhrpark		12 000 €
an Rücklage für Ersatzbeschaffung		28 000 €

im Jahr **04**:

Fuhrpark	30 000 €	
Vorsteuer	5 700 €	
an Bank		35 700 €
Rücklage für Ersatzbeschaffung	13 000 €	
an Fuhrpark		13 000 €
AfA (25 % von 17 000 €)	4 250 €	
an Fuhrpark		4 250 €

im Jahr **05**:

AfA	4 250 €	
an Fuhrpark		4 250 €

Die Versicherungssumme von 28 000 € wurde auf Wunsch des U von der Versicherungsgesellschaft am 14. 05. 04 auf das private Bankkonto des U überwiesen. Eine Erfassung in der steuerlichen Buchführung unterblieb versehentlich mangels Beleg.

Die betriebsgewöhnliche Nutzungsdauer beträgt für die Kraftfahrzeuge der Firma U durchweg vier Jahre. Die AfA wird stets linear vorgenommen und soll beibehalten werden. Die verbliebene Rücklage für Ersatzbeschaffung wurde im Jahr 05 über das Privatkonto aufgelöst mit der Buchung »Rücklage für Ersatzbeschaffung an Privat 15 000 €«.

II. Aufgabe

Stellen Sie die steuerliche Gewinnauswirkungen dar!

Schwerpunkt der Übungsfälle 16 und 17 ist die Anpassung an einen Vorprüfungszeitraum.

Übungsfall 16: Außenprüfung bei einem Einzelunternehmen

Bearbeitungszeit: 75 Minuten
Hilfsmittel: HGB, EStG, EStR

I. Sachverhalt

1. Allgemeines

Bei dem Einzelunternehmer Schneider (S) wurde im Mai 05 eine Außenprüfung durchgeführt. Der Prüfungszeitraum erstreckt sich auf die Jahre 02 – 04. S ermittelt seinen Gewinn nach § 5 EStG aufgrund einheitlicher Handels- und Steuerbilanzen (HB/StB). Das Geschäfts- bzw. Wirtschaftsjahr stimmt mit dem Kalenderjahr überein. Die Jahresabschlüsse werden jeweils im April des folgenden Jahres durchgeführt. Die Veranlagungen 02 und 03 zur Einkommensteuer, Gewerbesteuer und Umsatzsteuer erfolgten entsprechend den Angaben in den eingereichten Erklärungen nach § 164 Abs. 1 AO unter dem Vorbehalt der Nachprüfung. Die Veranlagung 04 ist noch nicht durchgeführt.

Folgende steuerliche Gewinne aus dem Gewerbebetrieb wurden veranlagt bzw. erklärt:

für das Jahr 02	=	20 000 €
für das Jahr 03	=	60 000 €
für das Jahr 04	=	70 000 €

Die Steuerfestsetzungen bis einschließlich des Jahres 01 sind bestandskräftig und nach den Vorschriften der AO nicht mehr änderungsfähig.

2. Prüfungsfeststellungen (nur auszugsweise für die Ergebnisse eines Vorprüfungszeitraums)

Im August 02 hatte bei der Firma eine Außenprüfung für die Jahre 00 und 01 stattgefunden. Das Ergebnis der (Vor-)Prüfung war von S in allen Punkten anerkannt worden. Berichtigungsveranlagungen sind seinerzeit durchgeführt worden. Der Buchhalter des S führte im Oktober 02, kurz nach Eingang des Prüfungsberichts, die nachstehenden Angleichungsbuchungen auf Konten des laufenden Geschäfts- bzw. Wirtschaftsjahres 02 durch, um seine HB/StB auf den 01. 01. 02 (= 31. 12. 01) der Prüferbilanz des Außenprüfers entsprechend anzugleichen:

2.1 Der Vorprüfer erhöhte die Teilwertabschreibung für Waren zum 31. 12. 01 um 10 000 €.

Angleichungsbuchung 02:

Entnahme	10 000 €	
an Wareneinkauf		10 000 €

2.2 Der Vorprüfer aktivierte 3 000 € Grunderwerbsteuer, die im Jahre 00 angefallen war, auf dem Konto »Grund und Boden«. S hatte diesen Betrag im Jahr 00 über das Konto »Betriebsteuern« als Betriebsausgabe gebucht.

Angleichungsbuchung 02:

Grund und Boden	3 000 €	
an Betriebsteuern		3 000 €

2.3 Der Vorprüfer hatte die Rückstellungen für Garantieverpflichtungen zum 31. 12. 01 um 4 000 € gekürzt.

Angleichungsbuchung 02:

Garantierückstellungen	4 000 €	
an Sonst. betriebliche Erträge		4 000 €

2.4 Im Jahre 01 hatte S die Reinemachefrau des Betriebs auch für Reinigungsarbeiten in seinem privaten Einfamilienhaus beschäftigt und den auf diese Tätigkeit entfallenden Lohn in Höhe von 600 € irrtümlich als Aufwand gebucht. Der Vorprüfer behandelte den Betrag von 600 € als Entnahme des Wirtschaftsjahres 01 zuzüglich 114 € Umsatzsteuer.

Angleichungsbuchung 02:

Entnahme	714 €	
an Löhne		600 €
an Umsatzsteuer		114 €

2.5 Der Vorprüfer erhöhte die Gewerbesteuer-Rückstellung zum 31. 12. 00 um 800 € und zum 31. 12. 01 um 1 200 €.

Für diese Berichtigungen hatte S im Jahre 02 noch keine Angleichungsbuchung vorgenommen. Da über die Gewerbesteuererhöhung aufgrund der Vorprüfung versehentlich noch keine Gewerbesteuer-Bescheide von der Gemeinde ergingen, hat S diese Gewerbesteuer bis Ende 04 noch nicht bezahlt.

S legte der Gewinnermittlung für das Geschäfts- bzw. Wirtschaftsjahr 02 seine eigene unveränderte HB/StB auf den 31. 12. 01 zugrunde.

II. Aufgabe

Überprüfen Sie, ob die vom Buchhalter des S im Oktober 02 durchgeführten Angleichungsbuchungen (Anpassungsbuchungen) zutreffend sind und führen Sie erforderlichenfalls entsprechende Bilanzberichtigungen durch! Stellen Sie die Gewinnauswirkungen (Gewinnberichtigungen) sowohl nach der Bilanz-Methode als auch nach der GuV-Methode dar!

Übungsfall 17: Außenprüfung bei einem Einzelunternehmen

Bearbeitungszeit: 75 Minuten
Hilfsmittel: HGB, EStG, EStR

I. Sachverhalt

1. Allgemeines

Martin Morlock (M) betreibt in gemieteten Räumen unter der Firmenbezeichnung »Morlock Mode- und Freizeit-Center« ein Einzelhandelsgeschäft für Sportkleidung und Sportgeräte aller Art. M ermittelt den Gewinn durch Betriebsvermögensvergleich nach § 5 EStG und macht regelmäßig Abschlüsse zum Schluss des Kalenderjahres. Die Jahresabschlüsse werden stets im April des auf das Geschäfts- bzw. Wirtschaftsjahr folgenden Jahres erstellt. Es werden jeweils einheitliche Handels- und Steuerbilanzen (HB/StB) erstellt. Die Umsätze werden nach dem UStG im Rahmen der Regelbesteuerung besteuert. Sämtliche Umsätze unterlagen dem Regelsteuersatz von 19 %.

Die Veranlagungen zur Einkommensteuer, Gewerbesteuer und Umsatzsteuer für die Jahre 02 und 03 wurden nach den eingereichten Erklärungen unter dem Vorbehalt der Nachprüfung nach § 164 Abs. 1 AO durchgeführt. Für das Jahr 04 liegen dem Finanzamt die Steuererklärungen vor, Steuerfestsetzungen wurden jedoch noch nicht durchgeführt. Die Veranlagungen der Jahre 01 und früher sind bestandskräftig und können nach der AO nicht mehr geändert werden.

Aufgrund einer ordnungsgemäßen Prüfungsanordnung fand im Juni 05 bei M für die Jahre 02, 03 und 04 eine Außenprüfung statt. Dabei stellte der Außenprüfer u. a. die nachstehend aufgeführten Sachverhalte fest.

M wünscht für die einzelnen Wirtschaftsjahre möglichst niedrige steuerliche Gewinne. Soweit im Rahmen der Außenprüfung noch Bilanzänderungen nach § 4 Abs. 2 Satz 2 EStG möglich sind, wurden von M entsprechende Anträge gestellt.

2. Prüfungsfeststellungen

Bei M war bereits im Oktober 02 im Zuge der Überprüfung der dem Finanzamt vorgelegenen Steuererklärungen 01 für das Jahr 01 eine abgekürzte Außenprüfung durchgeführt worden. Dabei hatte der damalige Außenprüfer (Vorprüfer) folgende Feststellungen getroffen:

2.1 Unbebautes Grundstück:

M und seine Ehefrau Friederike (F) hatten am 02. 01. 01 in Miteigentum zu je 1/2 ein unbebautes Grundstück erworben (Übergang der Nutzen und Lasten am 02. 01. 01). Sie bezahlten dem Veräußerer sofort 125 000 € mit privatem Geld und übernahmen eine auf dem Grundstück lastende normal verzinsliche Grundschuld in Höhe von 30 000 €, die erst am 31. 12. 07 in einer Summe zu tilgen ist. Außerdem trugen M und F die Notar- und Grundbuchgebühren sowie die Grunderwerbsteuer in Höhe von insgesamt 5 000 € (darin keine Umsatzsteuer bzw. Vorsteuer enthalten) und bezahlten sie ebenfalls aus privaten Mitteln.

Da dieses Grundstück unmittelbar an das gemietete Geschäftsgebäude des M angrenzt, nutzte M es von Anfang an als Kundenparkplatz für sein Einzelhandelsgeschäft. Er zahlte seiner Frau eine angemessene Miete in Höhe von monatlich 500 € (umsatzsteuerfrei). Außerdem zahlte er einen gleichhohen Betrag monatlich auf sein eigenes privates Sparkonto ein. Beide Beträge buchte M als betrieblichen Aufwand. Darüber hinaus wurde von dem Vorgang nichts gebucht und auch in der Schlussbilanz zum 31. 12. 02 kein Bilanzposten ausgewiesen. Die laufenden Grundstückskosten wurden von M zutreffend behandelt.

Der Vorprüfer beanstandete die Nichtbehandlung dieses Vorgangs in der Buchführung und Bilanz des M zum 31. 12. 01 und die Behandlung der Einzahlung auf das private Sparkonto des M als Betriebsausgabe, stellte insoweit die bei den Steuerakten des Finanzamts befindliche Schlussbilanz zum 31. 12. 01 richtig und erhöhte den Gewinn 01 um die auf das private Sparkonto eingezahlten 6 000 €. Aufgrund der Beanstandungen stellte zwar M ab 01. 11. 02 seine monatlichen Einzahlungen auf das private Sparkonto und die entsprechenden Buchungen ein; weitere buchmäßige Konsequenzen zog M aus den Feststellungen des Vorprüfers jedoch weder im Jahre 02 noch in den folgenden Jahren.

Am 29. 12. 03 verunglückte die Ehefrau F tödlich und M wurde Alleinerbe ihres halben Grundstücksanteils. Hieraus zog M ebenfalls keine buchmäßigen Konsequenzen, obwohl er weiterhin das ganze Grundstück als Kundenparkplatz nutzt. Lediglich die Buchung der bisherigen Mietzahlungen in Höhe von monatlich 500 € wurden ab 01. 01. 04 eingestellt.

Zum 30. 12. 03 betrug der Teilwert (der dem handelsrechtlichen beizulegenden Wert entspricht) des ganzen Grundstücks 200 000 €.

Die laufenden Zinsen für die übernommene Grundschuld wurden in den einzelnen Jahren zutreffend behandelt.

2.2 Warenbestand:

M hatte am 10. 12. 01 einen Posten Langlauf-Ski für insgesamt 11 900 € (einschließlich 19 % Umsatzsteuer) bestellt und dafür sofort eine Anzahlung in Höhe von 5 950 € geleistet und diese am 10. 12. 01 wie folgt gebucht:

Wareneinkauf	10 000 €
Vorsteuer	1 900 €
an Bank	5 950 €
an Verbindlichkeiten	5 950 €

Bei der Inventur zum 31. 12. 01 war die Ware nicht erfasst worden.

Da M diese Ware (und die Rechnung über die Lieferung) von Lieferanten jedoch erst am 05. 01. 02 erhielt, war der Vorgang vom Vorprüfer ebenfalls beanstandet und zum 31. 12. 01 richtig gestellt worden. Auch hieraus zog M im Jahre 02 keine buchmäßigen Folgerungen, sondern buchte lediglich am 25. 01. 02 bei Bezahlung der restlichen Kaufpreisschuld:

Verbindlichkeiten an Bank 5 950 €

Diese Waren sind alle im Jahr 02 veräußert worden.

Da der Vorprüfer auch die zeitliche Vornahme des Vorsteuerabzugs im Jahr 01 beanstandet hatte, erging vom Finanzamt am 15. 11. 02 ein geänderter Umsatzsteuerbescheid für das Jahr 01, der eine Umsatzsteuernachzahlung in Höhe von 1 900 € ergab. M zahlte diesen Betrag am 15. 12. 02 an die Finanzkasse und buchte am selben Tage den Vorgang erstmalig wie folgt:

Umsatzsteuer (Sonstige Verbindlichkeiten) an Bank 1 900 €.

II. Aufgabe

Werten Sie die Feststellungen des Außenprüfers in rechtlicher sowie buch- und bilanzmäßiger Hinsicht nach ertragsteuerlichen Gesichtspunkten aus.

a) Stellen Sie bei Abweichungen von der HB/StB die Auswirkungen auf die Bilanzposten einschließlich Entnahmen und Einlagen und den Gewinn im Rahmen der **Bilanz-Methode** nach folgendem **Schema** dar:

Bilanzposten	01. 01. 02[a]		02		03		04	
	Berichtigung	GA[b]	Berichtigung	GA	Berichtigung	GA	Berichtigung	GA

[a] soweit erforderlich

[b] Gewinnauswirkung

b) Stellen Sie außerdem für jeden einzelnen GuV-Posten die Gewinnauswirkung im Rahmen der **GuV-Methode** nach folgendem **Schema** dar:

GuV-Posten	02		03		04	
	Berichtigung	GA	Berichtigung	GA	Berichtigung	GA

Teil T Lösungen zu den komplexen Übungsfällen

In den Lösungen zu den Übungsfällen zur Ermittlung der Herstellungskosten (Lösung zu den Übungsfällen 3–5) werden folgende Abkürzungen verwendet:

AK Anschaffungskosten
FEK Fertigungseinzelkosten
FGK Fertigungsgemeinkosten
FK Fertigungskosten
FL Fertigungslöhne
HK Herstellungskosten
MGK Materialgemeinkosten
MK Materialkosten
SK Selbstkosten

Lösung zu Übungsfall 1: Wechsel von der Gewinnermittlung durch Überschussrechnung zur Gewinnermittlung durch Betriebsvermögensvergleich

Der laufende Gewinn des Wirtschaftsjahres 08 ist nach R 4.6 Abs. 1 i. V. mit der Anlage zu R 4.6 EStR wegen des Übergangs zur Gewinnermittlung durch Betriebsvermögensvergleich wie folgt zu korrigieren:

Nr.	Posten	Grund für die Korrektur	Hinzurechnung €	Abrechnung €
1	Grund und Boden	Keine Korrektur	–	–
2	Gebäude	Keine Korrektur	–	–
3	Maschinen	Keine Korrektur	–	–
4	Einrichtung	Keine Korrektur	–	–
5	Rohstoffe	Sie wirken sich im späteren Bestandsvergleich über den Materialeinsatz mit dem Bilanzansatz »Teilwert« nochmals gewinnmindernd aus	7 000	–
	Hilfs- und Betriebsstoffe	Wie bei den Rohstoffen, (aber mit dem Bilanzansatz »Anschaffungskosten«)	3 000	–
6	Fertigerzeugnisse	Sie wirken sich im späteren Bestandsvergleich über den Wareneinsatz (Bestandsveränderungen) nochmals gewinnmindernd aus	12 000	–
7	Kundenforderungen	Die diesen Forderungen zugrunde liegenden Umsätze wirkten sich bisher noch nicht als Betriebseinnahmen aus; auch die Vereinnahmung bleibt beim Betriebsvermögensvergleich erfolgsneutral	8 000	–
8	Kasse, Bank	Keine Korrekturen	–	–

Nr.	Posten	Grund für die Korrektur	Hinzu-rechnung €	Abrech-nung €
9	Akt. RAP	Die gezahlten Versicherungsbeiträge wirkten sich bisher bereits als Betriebsausgaben aus; die Auflösung des aktiven RAP führt zu einer zusätzlichen Gewinnminderung	400	–
10	Eigenkapital	Keine Korrektur	–	–
11	Darlehensschuld	Keine Korrektur	–	–
12	Lieferantenschuld	Die Anschaffung von Roh-, Hilfs- und Betriebsstoffen wirkte sich insoweit bisher noch nicht als Betriebsausgaben aus; auch die Bezahlung bleibt beim Betriebsvermögensvergleich erfolgsneutral	–	4 200
13	USt-Schuld	Keine Korrektur, da es sich bei der USt-Zahllast für den Dezember 07 um eine regelmäßig wiederkehrende Ausgabe handelt, die sich nach § 11 Abs. 2 Satz 2 EStG bereits im Jahr 07 als Betriebsausgabe ausgewirkt hat und dadurch die als Betriebseinnahmen erfassten USt-Zahlungen der Kunden (ggf.auch über den bei Nr. 7 angesetzten Betrag der Kundenforderungen) neutralisiert hatte.	–	
			30 400	4 200

Gewinn für 08 lt. Bilanz	30 000 €
+ Summe der Hinzurechnungen	30 400 €
./. Summe der Abrechnungen	4 200 €
Maßgebender Gewinn für 08	56 200 €

Lösung zu Übungsfall 2: Wechsel von der Gewinnermittlung durch Betriebsvermögensvergleich zur Gewinnermittlung durch Überschussrechnung

Wegen des Übergangs zur Gewinnermittlung durch Überschussrechnung ist der laufende Gewinn des Jahres 08 nach R 4.6 Abs. 2 i. V. mit der Anlage zu R 4.6 EStR wie folgt zu korrigieren:

Nr.	Posten	Grund für die Korrektur	Hinzurechnung €	Abrechnung €
1	Grund und Boden	Keine Korrektur	–	–
2	Gebäude	Keine Korrektur	–	–
3	Maschinen	Keine Korrektur	–	–
4	Einrichtung	Keine Korrektur	–	–
5	Kraftfahrzeuge	Keine Korrektur	–	–
6	Hilfs- und Betriebsstoffe	Diese Bestände haben sich noch nicht gewinnmindernd ausgewirkt und wirken sich auch (soweit sie bereits bezahlt sind) bei der Überschussrechnung nicht mehr als Betriebsausgaben aus	–	4 000
7	Material	dto.	–	6 000
8	Unfertige Erzeugnisse	Diese aktivierten Herstellungskosten haben sich bisher noch nicht gewinnmindernd ausgewirkt und wirken sich bei der Überschussrechnung auch nicht mehr als Betriebsausgaben aus	–	3 000
9	Kundenforderungen	Sie haben sich bisher in Höhe des Nettobetrages schon gewinnerhöhend ausgewirkt und werden bei Bezahlung mit ihrem Bruttobetrag nochmals als Betriebseinnahmen erfasst	–	8 000
10	Kasse, Bank	Keine Korrektur	–	–
11	Akt. RAP	Die Versicherungsprämien haben sich bisher noch nicht als Betriebsausgaben ausgewirkt, obwohl sie bereits bezahlt wurden (bei der Überschussrechnung werden sie sich nicht mehr auswirken)	–	400
12	Eigenkapital	Keine Korrektur	–	–
13	Sonderposten mit Rücklageanteil	Der Sonderposten kann beim Übergang von der Gewinnermittlung durch Betriebsvermögensvergleich zur Einnahmeüberschussrechnung fortgeführt werden (H 6.6 Abs. 5 EStH) und mindert die AfA-Bemessungsgrundlage der im Mai 08 angeschafften Ersatzmaschine; keine Korrektur	–	–
14	Darlehensschuld	Keine Korrektur	–	–

Nr.	Posten	Grund für die Korrektur	Hinzurechnung €	Abrechnung €
15	Lieferantenschuld	Weil sie später bei Bezahlung nochmals Betriebsausgabe ist	7 200	–
16	GewSt-Rückstellung	Die Gewerbesteuer wirkt sich gemäß § 4 Abs. 5 b EStG weder bei Bildung der GewSt-Rückstellung noch bei Bezahlung steuerlich als Betriebsausgabe aus; keine Korrektur	–	–
17	USt-Schuld	Für die USt-Zahllast Dezember 07 hat keine Korrektur zu erfolgen, da es sich um eine regelmäßig wiederkehrende Ausgabe handelt und damit bei Zahlung im Jahr 08 von H nicht mehr als Betriebsausgabe abgezogen werden darf. Dass sich die im Betrag der Kundenforderungen enthaltene USt bei Bezahlung als Betriebseinnahme auswirkt, wurde bereits durch die Korrektur (Abrechnung) des Bruttobetrags der Kundenforderungen bei Nr. 9 berücksichtigt.		–
			7 200	21 400

Gewinn für 08 lt. Überschussrechnung	20 000 €
+ Summe der Hinzurechnungen	7 200 €
./. Summe der Abrechnungen	21 400 €
Maßgebender Gewinn für 08	5 800 €

Lösung zu Übungsfall 3: Ermittlung der Herstellungskosten Firma Schuster

Im Rahmen der Kostenträgerstückrechnung bzw. Nachkalkulation können nach den vorgegebenen Daten die maßgebenden Herstellungskosten am zweckmäßigsten durch eine mehrstufige Divisionskalkulation mit Äquivalenzziffern ermittelt werden. Die Berechnung der handelsrechtlichen und steuerlichen Hestellungskosten (§ 255 Abs. 2 HGB, R 6.3 EStR) lässt sich nach folgendem Schema darstellen:

Art der Erzeugnisse (Sportschuhe)	Hergestellte Menge (Paar)	Äquivalenzziffer	Verrechnungseinheiten €	MK je Sorte (nach Verr.-E.) €	MK je Paar €		FK je Paar €	HK je Paar (Sp. 6 + Sp. 7) €	Bestand zum Bilanzstichtag (Paar)	Bilanzansatz €
1	2	3	4	5	6		7	8	9	10
Herren	4 500	1,5	6 750	67 500	15,00	+	10,50	25,50	300	7 650
Damen	7 500	1,0	7 500	75 000	10,00	+	10,50	20,50	500	10 250
Kinder	3 000	0,75	2 250	22 500	7,50	+	10,50	18,00	200	3 600
Zwischenergebnis	15 000		16 500	165 000						21 500
Anmerkungen	1)			2), 2a)	3)		4)			

Anmerkungen zu den einzelnen Zwischen-Berechnungs-Ergebnissen:

1. Die hergestellte Menge im Geschäfts- bzw. Wirtschaftsjahr 02 errechnet sich wie folgt:

Sportschuhe	Herren	300 Paar × 15 =	4 500 Paar
	Damen	500 Paar × 15 =	7 500 Paar
	Kinder	200 Paar × 15 =	3 000 Paar
			15 000 Paar

2. Die Gesamt-MK in Höhe von 165 000 € ergeben sich aus der Buchführung (Vorgabe im Sachverhalt).

2a) 165 000 : 15 500 = 10,0 und z. B. 6 750 × 10,0 = 67 500

3. Die MK je Paar ergeben sich durch die Berechnung:

MK insgesamt		Verrechnungseinheiten insgesamt		MK je Paar €	Äquivalenzziffer	MK je Paar €
165 000 €	:	16 500	=	10,00[1]		
Sportschuhe		Herren		10,00	× 1,5	= 15,00
		Damen		10,00	× 1,0	= 10,00
		Kinder		10,00	× 0,75	= 7,50

1 bezogen auf die gesamten Verrechnungseinheiten

oder folgende vereinfachte Berechnung:

		MK je Sorte €		Hergestellte Menge €	MK je Paar €
Sportschuhe	Herren	67 500	:	4 500	= 15,00
	Damen	75 000	:	7 500	= 10,00
	Kinder	22 500	:	3 000	= 7,50

4. Die FK je Paar errechnen sich wie folgt

Fertigungslöhne (lt. Buchführungsunterlagen)		75 000 €
Fertigungsgemeinkosten (lt. Buchführungsunterlagen)	85 000 €	
Korrekturen lt. Buchst. c) des Sachverhalts:		
./. Rechenfehler	10 000 €	
+ Gesetzliche soziale Aufwendungen, da bisher in den FGK nicht enthalten	7 500 €	
(Die kalkulatorischen Zinsen in Höhe von 10 000 € gehören nicht zu den steuerlichen und handelsrechtlichen FGK. Die degressive AfA für die Maschinen braucht nicht bei der Ermittlung der steuerlichen und handelsrechtlichen FGK angesetzt werden [vgl. R 6.3 Abs. 4 EStR 2012], sodass der Differenzbetrag zwischen der degressiven und der linearen AfA nicht hinzugerechnet werden muss.)		82 500 €
Fertigungskosten (FK) insgesamt		157 500 €
FK je Paar: 157 500 € : 15 000 Paar		= 10,50 €

Lösung zu Übungsfall 4: Ermittlung der Herstellungskosten für halbfertige und fertige Erzeugnisse

1. Berechnung der Grundlagen für die Ermittlung der handelsrechtlichen und steuerlichen Herstellungskosten der fertigen und halbfertigen Erzeugnisse zum 31.12.02

Nach den vorhandenen Unterlagen kommt für die Ermittlung der Herstellungskosten nur die Zuschlagsmethode (Zuschlagskalkulation) auf der Basis der Fertigungsmaterial-Einzelkosten und der Fertigungslöhne in Betracht.

Es sind deshalb die Materialgemeinkostenzuschläge und Fertigungsgemeinkostenzuschläge zu ermitteln. Die in der Übersicht aufgeführten Gemeinkosten sind zunächst nach steuerlichen Grundsätzen richtigzustellen, die auch handelsrechtlich gelten. Im Einzelnen gilt Folgendes:

a) Freiwillige Sozialaufwendungen brauchen bei der Ermittlung der Herstellungskosten nicht berücksichtigt zu werden (R 6.3 Abs. 9 EStR 2012 sowie BMF vom 25. 03. 2013, BStBl 2013 I, 296).

Die gesetzlichen Sozialaufwendungen dagegen, die sich auf die Fertigungslöhne und auf die in den Gemeinkosten enthaltenen Hilfslöhne beziehen, gehören zu den Herstellungskosten, da sie der Unternehmer so behandelt.

Es sind noch anzusetzen:

- bei den Materialgemeinkosten:
  10 % aus 17 000 € (Hilfslöhnen) = 1 700 €
- bei den Fertigungsgemeinkosten*):
  der Kostenstelle A:
  10 % aus 199 200 DM (111 200 + 88 000 Hilfslöhne) = 19 920 €
  der Kostenstelle B:
  10 % aus 240 050 € (185 000 + 55 500 Hilfslöhne) = 24 050 €
  der Kostenstelle C:
  10 % aus 331 300 € (252 000 + 79 300 Hilfslöhne) = 33 130 €

  *) **Anmerkung:** Die auf die Fertigungslöhne entfallenden gesetzlichen Sozialaufwendungen könnten auch als Einzelkosten bei diesen berücksichtigt werden, wodurch sich vom Lösungsvorschlag abweichende Zuschlagsätze ergeben. Das Gleiche gilt für die Hilfslöhne selbst.

b) Die Fertigungsgemeinkosten der Kostenstelle C sind um die Differenz zwischen der degressiven AfA für die Produktionsmaschine in Höhe von 9 600 € und der linearen AfA in Höhe von 5000 €, also um 4 600 € zu kürzen (R 6.3 Abs. 4 Satz 2 EStR 2012), da der Unternehmer den niedrigsten Gewinn wünscht.

c) Die Teilwertabschreibung von 3 240 € ist von den Fertigungsgemeinkosten der Kostenstelle A abzusetzen (R 6.3 Abs. 4 Satz 6 EStR 2012).

d) Die Fertigungsgemeinkosten der Kostenstelle C sind um die Zinsen in Höhe von 1 610 € zu mindern (H 6.3 (Kalkulatorische Kosten) EStH).

2. Ermittlung der Gemeinkostenzuschläge für 02:

- Materialgemeinkosten-Zuschlag:

Materialgemeinkosten lt. Übersicht	35 500 €
+ Korrektur (siehe oben Buchst. a)	1 700 €
Korrigierte Materialgemeinkosten	37 200 €

$$\frac{37\,200 \times 100}{620\,000} = \text{MGK-Zuschlag } 6\,\%.$$

- Fertigungsgemeinkosten Zuschlag:
  Fertigungsgemeinkosten der **Kostenstelle:**

	A	B	C
	€	€	€
lt. Übersicht	150 120	345 950	292 320
+ Korrekturen:			
Buchst. a)	19 920	24 050	33 130
Zwischensumme	170 040	370 000	325 450
Buchst. b)			./. 4 600
Buchst. c)	./. 3 240		
Buchst. d)			./. 1 610
Korrigierte FGK	166 800	370 000	319 240

Somit ergeben sich folgende GMK-Zuschlagssätze für die jeweilige Kostenstelle:

		Kostenstelle A	Kostenstelle B	Kostenstelle C
$\frac{166800 \times 100}{111200}$	=	150 %		
$\frac{370000 \times 100}{185000}$	=		200 %	
$\frac{319240 \times 100}{252000}$	=			126 %

3. Ermittlung der richtigen handelsrechtlichen und steuerlichen Herstellungskosten und Berichtigung der Bilanzposten zum 31.12.02:

	Halbfertige Erzeugnisse €	Fertige Erzeugnisse €	Insgesamt €
FM-Einzelkosten:			
lt. Bestandsaufnahme	48 000	57 000	105 000
+ MGK 6 %	2 880	3 420	6 300
Materialkosten	50 880	60 420	111 300
FL (FEK):			
lt. Bestandsaufnahme:			
Kostenstelle A	12 600	16 200	28 800
+ FGK 150 %	18 900	24 300	43 200
Kostenstelle B	15 350	22 240	37 590
+ FGK 200 %	30 700	44 480	75 180
Kostenstelle C	8 400	24 480	32 880
+ FGK 126 %	10 584	30 844	41 428
Fertigungskosten	96 534	162 544	259 078
Maßgebende Herstellungskosten somit	147 414	222 964	370 378
Bisheriger Ansatz	120 700	182 840	303 540
Berichtigung	+ 26 714	+ 40 124	+ 66 638

4. Berichtigungsbuchungen:

Halbfertige Erzeugnisse	26 714 €	
Fertige Erzeugnisse	40 124 €	
an Bestandsveränderungen		66 838 €

Lösung zu Übungsfall 5: Ermittlung der Herstellungskosten für ein Bürogebäude

1. Ermittlung der Herstellungskosten:

Zu den Herstellungskosten gehören alle Aufwendungen, die bei der Errichtung des Bürogebäudes angefallen sind (vgl. im einzelnen auch H 6.4 EStH).

Die Herstellungskosten setzen sich wie folgt zusammen:

Fremde Baukosten lt. Rechnung der Firma Unger		500 000 €
./. Reparaturkosten für Produktionsgebäude		20 000 €
		480 000 €
+ Eigenleistungen:		
Fertigungslöhne	10 000 €	
+ FGK 80 %	8 000 €	
	18 000 €[2]	
Die Abbruchkosten gehören nach H 6.4 (Abbruchkosten) EStH nicht zu den Herstellungskosten, da die Firma Bauer das abgebrochene Gebäude seinerzeit auf einem ihr selbst gehörenden Grundstück hatte errichten lassen.	0 €	18 000 €
Herstellungskosten insgesamt		498 000 €

2

2. AfA für das Bürogebäude:

Es kommt nur die lineare AfA nach § 7 Abs. 4 Satz 1 Nr. 1 EStG in Höhe von 3 %, zeitanteilig für drei Monate (§ 7 Abs. 1 Satz 4 EStG analog), zum Ansatz, da mit der Errichtung des Gebäudes im Jahr 2015 begonnen wurde (§ 52 Abs. 15 EStG). Die degressive AfA nach § 7 Abs. 5 Satz 1 Nr. 1 EStG kommt nicht in Betracht, da der Bauantrag nicht vor dem 01. 01. 1994 gestellt wurde.

Herstellungskosten		498 000 €
./. Lineare AfA 3 % für 3/12	=	3 735 €
Buchwert 31. 12. 02		494 265 €

3. Berichtigungsbuchungen bzw. Nachbuchungen zum 31. 12. 02:

a)	für die Reparaturkosten:		
	Grundstückskosten	20 000 €	
	an Bürogebäude		20 000 €
b)	für die Aktivierung der Eigenleistungen:		
	Bürogebäude	18 000 €	
	an Aktivierte Eigenleistungen		18 000 €
c)	für die Gebäude-AfA:		
	Abschreibungen (AfA)	3 735 €	
	an Bürogebäude		3 735 €

2 Die Verwaltungskosten sind nicht einzubeziehen, weil Bauer den niedrigsten Gewinn wünscht.

Lösung zu Übungsfall 6: Gesamtkostenverfahren

Buchungssätze:

Lfd. Nr.	Buchungssatz		Soll €	Haben €
	Laufende Geschäftsvorfälle:			
1. a)	300	Rohstoffe	105 000	
	154	Vorsteuer	19 950	
		an 100/110 Geldkonto		124 950
1. b)	300	Rohstoffe	3 000	
	154	Vorsteuer	570	
		an 100/110 Geldkonto		3 570
2.	310	Hilfsstoffe	20 000	
	154	Vorsteuer	3 800	
		an 100/110 Geldkonto		23 800
3.	320	Betriebsstoffe	12 000	
	154	Vorsteuer	2 280	
		an 100/110 Geldkonto		14 280
4.	401	Verbrauch von Rohstoffen	123 900	
		an 300 Rohstoffe		123 900
5.	140	Forderungen	535 500	
		an 830 Erlöse aus Erzeugnissen		450 000
		an 175 Umsatzsteuer		85 500
6.	430	Löhne	100 600	
		an 100/110 Geldkonto		100 600
	431	Gesetzliche soziale Aufwendungen	7 000	
		an 100/110 Geldkonto		7 000
7.	470	Mietaufwand	7 200	
		an 100/110 Geldkonto		7 200
8.	472	AVK	6 000	
	154	Vorsteuer	1 140	
		an 100/110 Geldkonto		7 140
	Vorbereitende Abschlussbuchungen:			
9.	252	Abschreibung auf Forderungen	1 000	
	175	Umsatzsteuer	190	
		an 140 Forderungen		1 190
10.	402	Verbrauch von Hilfsstoffen	23 000	
		an 310 Hilfsstoffe		23 000
11.	403	Verbrauch von Betriebsstoffen	9 000	
		an 320 Betriebsstoffe		9 000
12. a)	230	Bilanzmäßige Abschreibung	20 000	
		an 020 Maschinen		20 000
12. b)	480	Kalkulatorische Abschreibung	15 000	
		an 280 Verrechnete kalkulatorische Abschreibung		15 000
13. a)	999	SBK	25 000	
		an 780 Unfertige Erzeugnisse		25 000

Lfd. Nr.	Buchungssatz		Soll €	Haben €
13. b)	890	Bestandsveränderungen	2 000	
		an 780 Unfertige Erzeugnisse		2 000
14. a)	999	SBK	66 000	
		an 790 Fertige Erzeugnisse		66 000
14. b)	790	Fertige Erzeugnisse	31 000	
		an 890 Bestandsveränderungen		31 000
15.	175	Umsatzsteuer	27 740	
		an 154 Vorsteuer		27 740
	Abschlussbuchungen:			
16. a)	980	Betriebsergebnis	123 900	
		an 401 Verbrauch von Rohstoffen		123 900
16. b)	980	Betriebsergebnis	23 000	
		an 402 Verbrauch von Hilfsstoffen		23 000
16. c)	980	Betriebsergebnis	9 000	
		an 403 Verbrauch von Betriebsstoffen		9 000
16. d)	980	Betriebsergebnis	100 600	
		an 430 Löhne		100 600
16. e)	980	Betriebsergebnis	7 000	
		an 431 Gesetzliche soziale Aufwendungen		7 000
16. f)	980	Betriebsergebnis	7 200	
		an 470 Mietaufwand		7 200
16. g)	980	Betriebsergebnis	6 000	
		an 472 AVK		6 000
16. h)	980	Betriebsergebnis	15 000	
		an 480 Kalkulatorische Abschreibung		15 000
17.	830	Erlöse aus Erzeugnissen	450 000	
		an 980 Betriebsergebnis		450 000
18.	890	Bestandsveränderungen	29 000	
		an 980 Betriebsergebnis		29 000
19. a)	987	Neutrales Ergebnis	20 000	
		an 230 Bilanzmäßige Abschreibung		20 000
19. b)	987	Neutrales Ergebnis	1 000	
		an 252 Abschreibung auf Forderungen		1 000
19. c)	280	Verrechnete kalkulatorische Abschreibung	15 000	
		an 987 Neutrales Ergebnis		15 000
20.	980	Betriebsergebnis	187 300	
		an 989 GuV-Konto		187 300
21.	989	GuV-Konto	6 000	
		an 987 Neutrales Ergebnis		6 000
22. usw.	Abschluss der übrigen aktiven und passiven Bestandskonten einschließlich des Kapitalkontos (hier vernachlässigt, da in den Sachverhalt nicht alle Bestandskonten einbezogen worden sind)			

Buchung auf den Sachkonten:
Klassen 0, 1 und 2: Bestandskonten/Neutrale Aufwendungen und Erträge

Lösung zu Übungsfall 7: Veräußerung eines ganzen Betriebs

1. Buch- und bilanzmäßige Behandlung beim Erwerber E:

1.1 Ermittlung der Anschaffungskosten für die Wirtschaftsgüter des Betriebs zum Zeitpunkt des Erwerbs am 31.12.02 (soweit es den eigentlichen Kaufpreis betrifft):

Anschaffungskosten für die Wirtschaftsgüter des Betriebs (§ 255 Abs. 1 HGB, R 6.2 Satz 1 EStR und H 6.2 (Anschaffungskosten) EStH):

Die Anschaffungskosten für den Betrieb betragen (ohne Anschaffungsnebenkosten):

Rentenbarwert zum 31.12.02	340 000 €
+ Übernommene Verbindlichkeiten	120 000 €
Kaufpreis des Betriebs (brutto = netto)	460 000 €

Nach § 6 Abs. 1 Nr. 7 EStG ist dieser Betrag auf die einzelnen Wirtschaftsgüter entsprechend der Teilwerte aufzuteilen.

Es ergeben sich für E somit folgende Bilanzansätze (Eröffnungsbilanz bei E):

Besitzposten:	
Grund und Boden (100 000 € + 90 000 € =)	190 000 €
Gebäude (50 000 € + 40 000 € =)	90 000 €
Maschinen	30 000 €
Einrichtung	10 000 €
Waren	60 000 €
Geschäfts- oder Firmenwert (Unterschied zwischen Teilwert der materiellen Wirtschaftsgüter mit 380 000 € zum Gesamtkaufpreis von 460 000 € =)	80 000 €
Summe Aktiva	460 000 €
Schuldposten:	
Rentenverbindlichkeit	340 000 €
(Übernommene) Verbindlichkeiten	120 000 €
Summe der Passiva	460 000 €

Ein Vorsteuerabzug ergibt sich bei E nicht, da eine Geschäftsveräußerung beim Veräußerer nicht der Umsatzsteuer unterliegt (§ 1 Abs. 1a UStG).

1.2 Behandlung der Anschaffungsnebenkosten

Bis zum 31.12.02 entstanden:

Notargebühren (ohne Umsatzsteuer)	1 500 €
Grunderwerbsteuer (5 % von 280 000 €) =	14 000 €
	15 500 €

Davon entfallen auf:

Grund und Boden 190/280	10 518 €
Gebäude 90/280	4 982 €

Buchung bei E in 02:

Grund und Boden	10 518 €	
Gebäude	4 982 €	
Vorsteuer	285 €	
an Geldkonto (Zahlung der Notargebühren)		1 785 €
an Sonst. Verbindlichkeiten (Grunderwerbsteuer)		14 000 €

Nachträgliche Anschaffungskosten im Jahre 03:

Grundbuchgebühren		500 €
Davon entfallen auf:		
Grund und Boden 190/280		339 €
Gebäude 90/280		161 €

Buchung bei E in 03:

Grund und Boden	339 €	
Gebäude	161 €	
an Geldkonto		500 €

Zahlung der Grunderwerbsteuer am 24. 10. 03:

Sonst. Verbindlichkeiten	14 000 €	
an Geldkonto		14 000 €

1.3 Laufende Rentenzahlungen in 03:

Jeden Monat ist die Zahlung zunächst zu buchen:

Rentenaufwand	3 000 €	
an Geldkonten		3 000 €

1.4 Behandlung der Rentenverbindlichkeit zum 31.12.03:

Die Rentenverbindlichkeit ist nach der versicherungsmathematischen Methode aufzulösen. Dies geschieht buchtechnisch dadurch, dass der Unterschiedsbetrag des Barwerts vom Beginn des Wirtschaftsjahres gegenüber dem Schluss des Geschäfts- bzw. Wirtschaftsjahres zu ermitteln und vom Rentenaufwand auf die Rentenverbindlichkeit umzubuchen ist.

Rentenbarwert am 31.12.02	340 000 €
Rentenbarwert am 31.12.03	318 000 €
Tilgungsanteil der Ratenzahlungen	22 000 €

Buchung bei E zum 31.12.03:

Rentenverbindlichkeit	22 000 €	
an Rentenaufwand		22 000 €

Somit verbleibt ein Rentenaufwand für das Jahr 03 in Höhe von (36 000 € ./. 22 000 € =) 14 000 €.

2. Buch- und bilanzmäßige Behandlung beim Veräußerer V:

Beim Veräußerer V ergeben sich keine Buchungen, da er keinen Betrieb mehr hat. Durch die Veräußerung des Betriebs entsteht dem V folgender Veräußerungsgewinn, der nach §§ 16 und 34 EStG begünstigt ist:

Erlös aus der Veräußerung:	
Rentenbarwert	340 000 €
+ von V übernommene Verbindlichkeiten	120 000 €
Veräußerungserlös insgesamt (netto)	460 000 €
./. Buchwert des Betriebs (nur die Aktivposten, da die vom Erwerber übernommenen Verbindlichkeiten im Veräußerungserlös erfasst)	250 000 €
Veräußerungsgewinn	210 000 €

Hiervon gehen evtl. dem V noch entstandene Veräußerungskosten ab (vgl. § 16 Abs. 2 EStG).

Nach § 1 Abs. 1 a UStG unterliegt die Geschäftsveräußerung nicht der Umsatzsteuer.

Lösung zu Übungsfall 8: Veräußerung eines einzelnen Wirtschaftsguts

1. Behandlung beim Erwerber E:

Es liegt bei E eine betriebliche Anschaffung vor. Da die Nutzen und Lasten mit Wirkung ab 02.01.03 auf E übergehen, ist ihm ab diesem Zeitpunkt das Grundstück als wirtschaftlichem Eigentümer zuzurechnen (§ 39 Abs. 2 Nr. 1 AO, und auch handelsrechtlich nach § 246 Abs. 1 Satz 2 HGB). Der gesamte Anschaffungsvorgang ist bei E daher Anfang Januar 03 zu buchen. Die Anschaffungskosten für das Grundstück betragen nach § 255 Abs. 1 HGB (H 6.2 (Anschaffungskosten) EStH) insgesamt (ohne die späteren Grundbuchgebühren):

Rentenbarwert	340 000 €
+ 5 % Grunderwerbsteuer	17 000 €
zusammen	357 000 €
Davon entfallen auf:	
Grund und Boden (1/3)	119 000 €
Gebäude (2/3)	238 000 €

Von den im März 03 anfallenden Anschaffungsnebenkosten (Grundbuchgebühren) in Höhe von 600 € entfallen auf:

Grund und Boden	200 €
Gebäude	400 €

Buchungen bei E:

a) am 02.01.03:

Grund und Boden	119 000 €	
Gebäude	238 000 €	
an Rentenverbindlichkeit		340 000 €
an Sonstige Verbindlichkeiten (Grunderwerbsteuerschuld)		17 000 €

b) im März 03 (bei Erhalt des Grundbuchgebührenbescheids der Gemeinde):

Grund und Boden	200 €	
Gebäude	400 €	
an Sonstige Verbindlichkeiten		600 €

c) laufenden Rentenzahlungen im Jahre 03:

Rentenaufwand	3 000 €	
an Geldkonten		3 000 €

d) bei Bezahlung der Grunderwerbsteuerschuld im August bzw. September 03:

Sonstige Verbindlichkeiten	17 000 €	
an Bank		17 000 €

e) zum Bilanzstichtag 31.12.03 für den Tilgungsanteil in Höhe von 22 000 € der Rentenzahlungen (Unterschied zwischen den Barwerten am 02. 01. 03 und 31. 12. 03):

Rentenverbindlichkeit	22 000 €	
an Rentenaufwand		22 000 €

2. Behandlung beim Veräußerer V:

Durch die Veräußerung des Grundstücks zum 02.01.03 entsteht folgender Veräußerungsgewinn als laufender Gewinn:

Rentenbarwert als Erlös	340 000 €
./. Veräußerungskosten (Notargebühren)	1 500 €
verbleiben	338 500 €
./. Buchwerte: Grund und Boden	80 000 €
Gebäude (AfA vom 01. 01.–02. 01. 03 vernachlässigt)	140 000 €
Veräußerungsgewinn	118 500 €

Buchungen bei V:

a) am 02. 01. 03: Rentenforderung	340 000 €	
an Grund und Boden		80 000 €
an Gebäude		140 000 €
an so. betr. Erträge (oder: Erlöse aus Anlagenverkauf)		120 000 €

b) am 15. 01. 03: Sonst. betrieblicher Aufwand (Notargebühren)	1 500 €	
Vorsteuer	285 €	
an Geldkonten		1 785 €

c) bei Erhalt der laufenden Rentenzahlungen im Jahr 03:

Geldkonten	3 000 €	
an Rentenerträge		3 000 €

d) zum Bilanzstichtag 31. 12. 03 für den Tilgungsanteil in Höhe von 22 000 € der erhaltenen Rentenzahlungen (Unterschied zwischen den Barwerten am 02. 01. 03 und 31. 12. 03):

Rentenerträge	22 000 €	
an Rentenforderung		22 000 €

Würden die Voraussetzungen des § 6 b EStG vorliegen, könnte V in Höhe des Veräußerungsgewinns steuerlich eine steuerfreie Rücklage bilden oder die aufgedeckten stillen Reserven sofort auf ein nach § 6 b Abs. 1 Satz 2 EStG begünstigtes Wirtschaftsgut übertragen.

Lösung zu Übungsfall 9: Full-pay-out-Leasing

Es handelt sich um ein Finanzierungsleasing, da eine feste Grundmietzeit vereinbart wurde und der LN innerhalb der Grundmietzeit mit der Zahlung von (30 000 € × 3 Raten =) 90 000 € (ohne Umsatzsteuer) mindestens alle Kosten der LG deckt.

Im Rahmen dieses Mobilien-Finanzierungs-Leasingvertrags handelt es sich um einen Fall mit Kaufoption. Die Grundmietzeit beträgt bei drei Jahren Grundmietzeit 60 % der betriebsgewöhnlichen Nutzungsdauer der Maschine von fünf Jahren. Es muss daher ein Vergleich des Aufpreises mit dem Buchwert der Maschine zum 31.12.04 durchgeführt werden:

Listenpreis (Anschaffungskosten der LG dem LN nicht bekannt)	85 000 €
./. lineare AfA (Wertverzehr) für drei Jahre bei fünf Jahren betriebsgewöhnliche Nutzungsdauer:	
60 % von 85 000 €	51 000 €
»Fiktiver« Buchwert zum 31.12.04	34 000 €

Da der Aufpreis von 32 000 € niedriger ist als dieser fiktive Buchwert, ist die Maschine von Anfang an dem LN als wirtschaftlichem Eigentümer zuzurechnen (§ 39 Abs. 2 Nr. 1 AO, § 246 Abs. 1 Satz 2 HGB) und bei ihm zu aktivieren.

Vgl. Mobilien-Leasing-Erlass vom 19. 04. 1971 (BStBl I 1971, 264).

1. Behandlung beim LN:

Die **Anschaffungskosten** der Maschine setzen sich wie folgt zusammen (§ 255 Abs. 1 HGB):

Listenpreis (da die Anschaffungskosten der LG dem LN nicht bekannt)	85 000 €
Transportkosten	1 000 €
Aufstellungs- und Montagekosten	3 000 €
Anschaffungskosten insgesamt	89 000 €

Der spätere Aufpreis zählt nicht zu den Anschaffungskosten. Er ist bei Ausübung der Kaufoption sofort als Aufwand zu behandeln.

Die **Verbindlichkeit** gegenüber der LG errechnet sich wie folgt:

30 000 € × 3 Raten =		90 000 €
+ 19 % Umsatzsteuer		17 100 €
Verbindlichkeit gegenüber der LG bezüglich der Leasing-Raten		107 100 €
Transportkosten	1 000 €	
Aufstellungs- und Montagekosten	3 000 €	
	4 000 €	
+ 19 % Umsatzsteuer	760 €	4 760 €
Verbindlichkeiten insgesamt gegenüber der LG		111 860 €

Dazu kommt noch die Sonderzahlung mit 6 000 € zuzüglich (19 % Umsatzsteuer =) 1 140 € = 7 140 €.

Ermittlung des **Zins- und Kostenanteils:**

Summe aller Leasing-Raten (ohne Umsatzsteuer)	90 000 €
./. Listenpreis der Maschine	85 000 €
Zins- und Kostenanteil insgesamt	5 000 €

Dieser Betrag ist als RAP zu aktivieren (§ 250 Abs. 1 HGB, § 5 Abs. 5 Satz 1 Nr. 1 EStG) und nach der Zinsstaffelmethode auf die Grundmietzeit zu verteilen.

Die einmalige **Sonderzahlung** zu Beginn der Mietzeit in Höhe von 6 000 € (ohne Umsatzsteuer bzw. Vorsteuer) ist als Aufgeld in gleicher Weise wie der Zins- und Kostenanteil auf die Grundmietzeit zu verteilen. Beide Beträge können daher für die buchmäßige Abwicklung zusammengefasst werden, also insgesamt 11 000 €.

Die **Verteilung** des Zins- und Kostenanteils und des Aufgelds ergibt sich wie folgt:

Summe der Zahlenreihe aller Raten:

$\frac{3}{2} \times (1 + 3) = 6$ oder: $3 + 2 + 1 = 6$.

Es entfallen somit auf das

Jahr 02: 3/6 von 11 000 € = 5 500 €

Jahr 03: 2/6 von 11 000 € = 3 667 €

Jahr 04: 1/6 von 11 000 € = 1 833 €.

Buchungen (nur für das Jahr 02):

a) Anfang Januar 02:

Maschinen	89 000 €	
akt. RAP	11 000 €	
Vorsteuer (für Nebenkosten: 19 % von 4 000 € = 760 € für Sonderzahlung: 19 % von 6 000 € = 1 140 €)	1 900 €	
Vorsteuer (ggf. noch nicht abzugsfähige Vorsteuer) (für die Leasing-Raten: 19 % von 90 000 € =)	17 100 €	
an Sonstige Verbindlichkeiten		119 000 €

b) Bei Zahlung der jeweiligen Leasing-Rate:

Sonstige Verbindlichkeiten	35 700 €	
an Geldkonten		35 700 €

Falls die auf die Leasing-Raten entfallende Umsatzsteuer zunächst auf noch nicht abzugsfähige Vorsteuer gebucht werden musste, weil noch keine Gesamtrechnung vorlag:

Vorsteuer	5 700 €	
an Noch nicht abzugsfähige Vorsteuer		5 700 €

c) Bei Zahlung der Sonderzahlung und der Nebenleistungen:

Sonstige Verbindlichkeiten (4 760 € + 7 140 € =)	11 900 €	
an Geldkonto		11 900 €

d) Zum Bilanzstichtag für die Auflösung des aktiven RAP und für die Abschreibung der Maschine (lineare Abschreibung bzw. AfA von 20 % unterstellt, § 253 Abs. 3 Sätze 1 und 2 HGB, § 7 Abs. 1 EStG):

Finanzkosten (oder: Kosten des Geld- und Finanzverkehrs)	5 500 €	
an Akt. RAP		5 500 €
Abschreibung auf Anlagevermögen (20 % von 89 000 € =)	17 800 €	
an Maschinen		17 800 €

2. Behandlung bei der LG:

Bei der LG gilt Folgendes:

a) Aktivierung einer **Forderung** gegen den LN, die sich wie folgt zusammensetzt:

Summe der Leasing-Raten (30 000 € × 3 =)	90 000 €
Sonderzahlung	6 000 €
Weiterberechnete Transportkosten	1 000 €
Aufstellungs- und Montagekosten	3 000 €
	100 000 €
+ 19 % Umsatzsteuer	19 000 €
Rechnungsbetrag insgesamt	119 000 €

Die Umsatzsteuer entsteht sofort, weil auch umsatzsteuerlich durch Übergang des wirtschaftlichen Eigentums an der Maschine eine Lieferung vorliegt (vgl. Abschn. 3.5 Abs. 5 Satz 1 UStAE).

b) Passivierung des in der Summe der Leasing-Raten enthaltenen **Zins- und Ertragsanteils** (als passivem RAP, § 250 Abs. 2 HGB, § 5 Abs. 5 Satz 1 Nr. 2 EStG) **und Verteilung** auf die Grundmietzeit wie beim LN.

Die einmalige **Sonderzahlung** in Höhe von 6 000 € kann sofort in vollem Umfang als Ertrag bzw. Betriebseinnahmen gebucht werden, aber wohl auch (wie der Zins- und Ertragsanteil) auf die Grundmietzeit verteilt werden.

Buchungen (nur für das Jahr 02):

a) Anfang Januar 02:

Forderungen	119 000 €	
an Warenverkauf (Listenpreis)		85 000 €
an Pass. RAP (hier nur »Zins- und Ertragsanteil«)		5 000 €
an Sonst. betrieblicher Ertrag (Sonderzahlung; kann auch auf ein besonderes Erlöskonto »Erträge aus Leasing-Geschäften« gebucht werden)		6 000 €
an Weiterberechnete Frachtkosten		1 000 €
an Erlöse aus Montageleistungen (kann auch auf Warenverkauf gebucht werden)		3 000 €
an Umsatzsteuer		19 000 €

b) Bei Erhalt der jeweiligen Leasing-Rate:

Geldkonto	35 700 €	
an Forderungen		35 700 €

c) Bei Erhalt der weiterberechneten Nebenkosten und Sonderzahlung:

Geldkonto	11 900 €	
an Forderungen (4 760 € + 7 140 € =)		11 900 €

d) Zum Bilanzstichtag 31. 12. 02 für die Auflösung des pass. RAP:

Auflösungsbetrag für das Jahr 02: 3/6 von	5 000 €	= 2 500 €
Buchung:		
Pass. RAP	2 500 €	
an Erträge aus Leasing-Geschäften		2 500 €

Lösung zu Übungsfall 10: Abbruch Lagerhalle

Da die Lagerhalle nach ihrem Abbruch keine weitere Nutzungsmöglichkeit mehr bietet, ist eine Absetzung wegen außergwöhnlicher Abnutzung möglich (bzw. außerplanmäßige Abschreibung), und zwar unabhängig von der zuvor für die Halle gewählten Abschreibungsart (R 7.4 Abs. 11 EStR). Also können der Restbuchwert und die Abbruchkosten zunächst einmal in vollem Umfang als Aufwand gebucht werden (H 6.4 (Abbruchkosten) EStH). Abbruchmaterial, das wiederverwendet wurde, gehört zu den Herstellungskosten des neuen Gebäudes und ist dann aber über Sonstiger betrieblicher Ertrag wieder zu erfassen. Also bucht S:

AfaA (außerplanmäßige Abschreibung)	120 000 €	
so. betr. Aufwand (Abbruch)	9 000 €	
Vorsteuer	1 710 €	
an Lagerhalle		120 000 €
an Bank		10 710 €
Garage (300 000 € + 10 000 €)	310 000 €	
Vorsteuer	57 000 €	
an Sonstige Verbindlichkeiten		357 000 €
an so. betr. Ertrag (wiederverw. Abbruchmaterial)		10 000 €

Sonstige Forderung	4 760 €	
an so. betr. Ertrag (verk. Abbruchmaterial)		4 000 €
an Umsatzsteuer		760 €

Dabei ist es völlig gleichgültig, ob die Halle technisch verbraucht war oder noch weiterhin hätte genutzt werden können.

Genauso ist zu verfahren, wenn nur Teile eines Gebäudes abgebrochen und neu errichtet werden, wobei im Abbruchjahr H 7.4 (AfaA) EStR, im Jahr der Fertigstellung des wiederaufgebauten Teiles (häufig mit dem Abbruchjahr identisch) R 7.4 Abs. 9 Satz 3 EStR und im Jahr nach dem Abbruch § 11 c Abs. 2 Satz 1 EStDV zu beachten sind.

Lösung zur Abwandlung 1

In diesem Fall gehören der Restbuchwert ohne das weiterveräußerte Abbruchmaterial und die Abbruchkosten zu den Herstellungskosten des neuen Gebäudes (H 6.4 (Abbruchkosten) EStH).

Garage (ohne ant. verk. Mat.)	119 000 €	
Garage (Abbruchkosten)	9 000 €	
Vorsteuer	1 710 €	
an Lagerhalle		119 000 €
an Bank		10 710 €
Sonstige Forderung	4 760 €	
an Lagerhalle		1 000 €
an so. betr. Ertrag		3 000 €
an Umsatzsteuer		760 €

In der BP-Kartei NRW findet sich folgende (Billigkeits-)Regelung: »Soweit das Abbruchmaterial weiterveräußert wird, ist der erzielte Erlös mit den Abbruchkosten und dem Restbuchwert des Gebäudes zu verrechnen.« Wendet man diese Regelung an, ergeben sich folgende Buchungen:

Sonstige Forderung	4 760 €	
an Lagerhalle		4 000 €
an Umsatzsteuer		760 €
Garage	116 000 €	
an Lagerhalle		116 000 €
Garage	9 000 €	
Vorsteuer	1 710 €	
an Bank		10 710 €

Lösung zur Abwandlung 2

In diesem Fall gehören auch die anteiligen Aufwendungen für die wertlose Lagerhalle in Höhe von 120 000 € zu den Anschaffungskosten des Grund und Bodens (H 6.4 (Abbruchkosten) EStH) und müssen entsprechend umgebucht werden.

Dass das wertlose Gebäude durch Verkauf und Wiederverwendung von Abbruchmaterial noch einen objektiven Wert von 11 000 € verkörpert, stellt eine wertaufhellende Tatsache dar, die bei der Bilanzerstellung zum Bilanzstichtag des Erwerbsjahres berücksichtigt werden muss (bei Anwendung der o. a. Billigkeitsregelung könnte sogar eine Verteilung mit Grund und Boden 106 000 € und Lagerhalle 14 000 € gebucht werden; dafür kein sonst. betr. Ertrag).

In diesem Fall müsste gebucht werden:

Garage (Abbruchkosten)	9 000 €	
Vorsteuer	1 710 €	
an Bank		10 710 €
Garage (Abbruchmaterial)	10 000 €	
an Lagerhalle (bzw. Grund und Boden)		10 000 €
Sonstige Forderung	4 760 €	
an Lagerhalle (bzw. Grund und Boden)		1 000 €
an so. betr. Ertrag		3 000 €
an Umsatzsteuer		760 €
(Bei Anwendung der o. a. Billigkeitsregelung:		
Sonstige Forderung	4 760 €	
an Lagerhalle (bzw. Grund und Boden)		4 000 €
Umsatzsteuer		760 €)

Lösung zu Übungsfall 11: Gebäudebrand

Interessanterweise behandelt die Finanzverwaltung Fälle dieser Art nicht als Erhaltungsaufwand (unveränderte AfA, Wiederaufbau Betriebsausgaben), sondern wie einen Teilabbruch und Wiederaufbau. Im Wirtschaftsjahr 06 kann A also eine AfaA für den abgebrannten Gebäudeteil vornehmen (R 7.4 Abs. 11 EStR, H 7.4 (AfaA) EStH; keine Teilwertabschreibung, da der Teilwert nur am Bilanzstichtag von Bedeutung ist; da ist das Gebäude aber mehr wert als am Bilanzstichtag zuvor!). Zur Errechnung der AfaA muss rechnerisch erst der Buchwert auf den 30. 6. 06 ermittelt werden. Er beträgt 259 500 € (Herstellungskosten 300 000 € abzüglich 3 % AfA für 4 Jahre und 6 Monate = 13,5 % = 40 500 €). Hiervon kann A die Hälfte, also 129 750 € als AfaA abschreiben. Für die Ermittlung der Jahres-AfA kann A so rechnen, als seien die nachträglichen Herstellungskosten bereits zu Beginn des Jahres angefallen (R 7.4 Abs. 9 Satz 3 EStR). Bemessungsgrundlage für die Jahres-AfA ist also ein Betrag von 540 000 €, AfA 16 200 €. 07 ist von diesem Betrag der im Vorjahr als AfaA abgesetzte Betrag von der Bemessungsgrundlage abzuziehen (§ 11 c Abs. 2 Satz 1 EStDV). Die AfA-Bemessungsgrundlage 07 beläuft sich also auf 410 250 €, die AfA auf rd. 12 308 €.

Buchungen also:

06: AfaA	129 750 €	
AfA	16 200 €	
an Gebäude		145 950 €
Gebäude	240 000 €	
Vorsteuer	45 600 €	
an Sonst. Verbindl.		285 600 €
07: AfA	12 308 €	
an Gebäude		12 308 €

Lösung zu Übungsfall 12: Erwerb eines Erbbaurechts und Bilanzberichtigung

Das Erbbaurecht ist ein grundstücksgleiches Recht (§§ 1 und 11 ErbbauRG) und stellt ein Wirtschaftsgut bzw. einen Vermögensgegenstand des abnutzbaren Anlagevermögens dar. Es ist in der Bilanz nicht als »Unbebautes Grundstück«, sondern unter der Position »Grundstücksgleiche Rechte« auszuweisen (§ 266 Abs. 2 A II 1 HGB).

Nach § 253 Abs. 1 Satz 1 HGB und § 6 Abs. 1 Nr. 1 Satz 1 EStG ist das Erbbaurecht mit den Anschaffungskosten abzüglich AfA zu bewerten. Die Anschaffungskosten ermitteln sich wie folgt (vgl. H 6.2 (Erbbaurecht – 1. Strich) EStH):

Grunderwerbsteuer	16 300 €
Maklerprovision (netto)	5 000 €
Grundbuchkosten	3 000 €
Notarkosten (netto)	2 500 €
	26 800 €

Die abzugsfähige Vorsteuer in Höhe von 950 € und 475 € gehört nach § 9 b Abs. 1 EStG nicht zu den Anschaffungskosten. Der Barwert der insgesamt zu entrichtenden Erbbauzinsen darf nicht zu den Anschaffungskosten gerechnet werden, da ein schwebendes Geschäft vorliegt.

Das Erbbaurecht ist nach § 7 Abs. 1 Sätze 1 und 2 EStG (bzw. handelsrechtlich nach § 253 Abs. 1 Satz 1 und Abs. 3 Sätze 1 und 2 HGB) linear auf die Laufzeit abzuschreiben. Der AfA-Betrag für 01 beträgt 271 € (26 800 € × 1/99). Demnach ist das Erbbaurecht zum 31. 12. 01 bei den »Grundstücksgleichen Rechten« mit 26 529 € auszuweisen.

Die laufende Erbbauzinszahlung wurde zu Recht als sofort abzugsfähige Betriebsausgabe (bzw. Aufwand) unter der Aufwandsposition »Grundstücksaufwand« gebucht.

Bei den übernommenen Erschließungskosten handelt es sich um ein zusätzliches vorausbezahltes Nutzungsentgelt, das gemäß § 250 Abs. 1 HGB und § 5 Abs. 5 Satz 1 Nr. 1 EStG aktiv auf die Restlaufzeit des Erbbaurechts abzugrenzen ist (BFH vom 17.04.1985 BStBl II 1985, 617; H 5.6 (Bestimmte Zeit nach dem Abschlussstichtag liegt vor – 2. Strich) EStH). Zu den abzugrenzenden Kosten gehört auch die gezahlte Umsatzsteuer. Diese ist gemäß § 15 Abs. 1 Nr. 1 UStG nicht als Vorsteuer abzugsfähig, da die Ludwigsburger Straßenbau GmbH im Auftrag der Stadt Ludwigsburg tätig wurde und daher die Erschließungsleistung nicht an die X-GmbH, sondern an die Stadt Ludwigsburg erbracht hat. Die Erschließung ist eine hoheitliche Maßnahme der Stadt Ludwigsburg. Die Stadt Ludwigsburg hat sich insoweit nur eines beauftragten Unternehmers bedient. Bei der direkten Zahlung an die Ludwigsburger Straßenbau GmbH handelt es sich nur um einen abgekürzten Zahlungsweg.

Der aktive RAP ist zum 31. 12. 01 mit 29 599 € (29 750 € × 98/98,5) auszuweisen.

Die im Bau befindliche Fabrikationshalle wurde zum 31. 12. 01 zutreffend mit den bis dahin angefallenen Herstellungskosten von 450 000 € bei den »Unfertigen Bauten« aktiviert. Eine Abschreibung kommt erst nach Fertigstellung in Betracht (vgl. R 7.4 Abs. 1 Sätze 1 und 5 EStR).

Berichtigung der Bilanz- und GuV-Posten und Gewinnberichtigung:

Bilanzposten		Berichtigung		Gewinnauswirkung
Unbebaute Grundstücke	./.	25 000 €	./.	25 000 €
Grundstücksgleiche Rechte	+	26 529 €	+	26 529 €
Aktiver RAP	+	29 599 €	+	29 599 €
Umsatzsteuer	+	3 325 €	./.	3 325 €
Gewinnberichtigung			+	27 803 €
GuV-Posten				
Grundstücksaufwand	./.	28 074 €	+	28 074 €
AfA	+	271 €	./.	271 €
Gewinnberichtigung			+	27 803 €

Lösung zu Übungsfall 13: Bilanzberichtigung: Bewertung Warenbestände

1. Rechtliche Würdigung:

Es liegen Bewertungsfehler vor. Die Anschaffungsnebenkosten gehören nach § 255 Abs. 1 Satz 2 HGB (H 6.2 (Anschaffungskosten) EStH) zu den Anschaffungskosten. Die Netto-Einkaufspreise sind daher noch entsprechend zu erhöhen. Außerdem ist der Rechenfehler zum 31.12.04 richtigzustellen. Danach ergeben sich folgende berichtigte Ansätze für den Posten:

		03 €		**04 €**		**05 €**
Waren:						
Bisheriger Ansatz		85 000		90 000		92 000
./. Inventurfehler				10 000		
berichtigte Einkaufspreise		85 000		80 000		92 000
+ Anschaffungsnebenkosten 10 %		8 500		8 000		9 200
Berichtigter Warenbestand		93 500		88 000		101 200
Bisheriger Ansatz		85 000		90 000		92 000
Bilanzberichtigung	+	8 500	./.	2 000	+	9 200

2. Technische Darstellung:

a) Bilanzberichtigung und Gewinnberichtigung nach Bilanz-Methode:

Bilanzposten	Jahr 03		Jahr 04		Jahr 05	
	Berichtigung	GA	Berichtigung	GA	Berichtigung	GA
Waren Folgewirkung	+ 8 500	+ 8 500 entf.	./. 2 000	./. 2 000 ./. 8 500	+ 9 200	+ 9 200 + 2 000
Gewinnberichtigung		+ 8 500		./. 10 500		+ 11 200

b) Gewinnberichtigung nach GuV-Methode:

GuV-Posten	Jahr 03		Jahr 04		Jahr 05	
	Berichtigung	GA	Berichtigung	GA	Berichtigung	GA
Wareneinsatz (wegen Bestandsveränderung zum Ende des Wj.) Wareneinsatz (aus Änderung des Waren-AB)	./. 8 500	+ 8 500 entf.	+ 2 000	./. 2 000 ./. 8 500	./. 9 200	+ 9 200 + 2 000
Gewinnberichtigung		+ 8 500		./. 10 500		+ 11 200

3. Erforderliche Anpassungsbuchung (Angleichungsbuchung) im Jahre 06:

Waren	9 200 €	
an Anfangs-Kapital		9 200 €

Lösung zu Übungsfall 14: Bilanzberichtigung: Gewerbesteuer-Rückstellung

1. Rechtliche Würdigung:

Es liegen Bewertungsfehler vor. Die Korrektur führt zu folgenden berichtigten Gewerbesteuer-Rückstellungen:

	03 €	04 €	05 €
Gewerbesteuer Rückstellungen:			
Bisheriger Bilanzansatz	2 000	8 000	6 000
./. Fehlerberichtigung für 04		1 500	
Berichtigter Ansatz	2 000	6 500	6 000
Gewerbesteuer-Nachzahlungen für:			
Jahr 03	+ 1 800	+ 1 800	+ 1 800
Jahr 04		+ 1 000	+ 1 000
Jahr 05			+ 2 500
Berichtigte Gewerbesteuer-Rückstellungen	3 800	9 300	11 300
Bisheriger Ansatz	2 000	8 000	6 000
Berichtigung	+ 1 800	+ 1 300	+ 5 300

2. Technische Darstellung:

a) Bilanzberichtigung und Gewinnberichtigung nach Bilanz-Methode:

Bilanzposten	Jahr 03		Jahr 04		Jahr 05	
	Berichtigung	GA	Berichtigung	GA	Berichtigung	GA
Gewerbesteuer-Rückstellung Folgewirkung	+ 1 800	./. 1 800 entf.	+ 1 300	./. 1 300 + 1 800	+ 5 300	./. 5 300 + 1 300
Gewinnberichtigung		./. 1 800		+ 500		./. 4 000

b) Gewinnberichtigung nach GuV-Methode:

GuV-Posten	Jahr 03		Jahr 04		Jahr 05	
	Berichtigung	GA	Berichtigung	GA	Berichtigung	GA
Gewerbesteuer-Aufwand (Rückstellungs-Aufwand aus Zuführung zur Rückstellung)	+ 1 800	./. 1 800	+ 1 300	./. 1 300	+ 5 300	./. 5 300
Erfolg aus Auflösung Rückstellung (aus Mehr-AB)		entf.		+ 1 800		+ 1 300
Gewinnberichtigung		./. 1 800		+ 500		./. 4 000

3. Erforderliche Anpassungsbuchung (Angleichungsbuchung) im Jahre 06:

Anfangskapital	5 300 €	
an GwSt-Rückstellung		5 300 €

4. Anmerkung zur Gewerbesteuer-Rückstellung:

Nach § 4 Abs. 5 b i. V. m. § 52 Abs. 12 Satz 7 EStG ist die Gewerbesteuer ab 2008 zwar keine Betriebsausgabe mehr, aber nach Auffassung der Finanzverwaltung (vgl. Verfügung OFD Rheinland vom 05. 05. 2009 Der Betrieb 2009, 1046 sowie R 5.7 Abs. 1 Satz 2 EStR) ist dennoch eine Gewerbesteuer-Rückstellung in der Steuerbilanz zulässig. Handelsrechtlich ist für zu erwartende Gewerbesteuernachzahlung auf jeden Fall nach § 249 Abs. 1 Satz 1 HGB eine Rückstellung für ungewisse Verbindlichkeiten zu bilden. Aus den genannten Gründen muss daher auch bei einer fehlerhaften Handels- bzw. Steuerbilanz eine Bilanzberichtigung nach § 4 Abs. 2 Satz 1 EStG vorgenommen werden. Die steuerliche Gewinnauswirkung ist aber außerbilanziell zu korrigieren (§ 60 Abs. 2 Satz 1 EStDV).

Lösung zu Übungsfall 15: Bilanzberichtigung: Rücklage für Ersatzbeschaffung (RfE)

1. Rechtliche Würdigung (nur steuerlich, da handelsrechtlich ein Sonderposten mit Rücklageanteil ab 2010 wegen Wegfalls des § 247 Abs. 3 HGB a. F. nicht mehr zulässig ist):

Vom Steuerpflichtigen U wurden Bilanzierungs- und Bewertungsfehler gemacht. Die Zusage der Entschädigung i. H. von 28 000 E ist im Jahr 03 als dem Jahr der Zusage bereits erfolgswirksam als sonstige Forderung zu erfassen. Die Entschädigung für den Verdienstausfall in Höhe von 3 000 € kann nicht in die RfE einbezogen werden (H 6.6 [1] (Entschädigung) EStH). Die RfE bezüglich des Lkw in Höhe von 12 000 € ist mit Wegfall der Ersatzbeschaffungsabsicht im Jahr 04 aufzulösen. Die Auflösung im Jahr 05 über Privat ist nicht zulässig. Ermittlung der übertragungsfähigen RfE:

	Pkw €	Lkw €
Buchwert 31. 12. 02	12 000	0
./. Rest-AfA 01. 01. - 31. 10. 03	5 000	
Restwert beim Ausscheiden	7 000	0
Entschädigung	13 000	12 000
Buchgewinn = RfE	6 000	12 000

Kontenentwicklung Pkw:	**lt. Firma €**	**lt. Bp[1] €**	**Berichtigung €**
Buchwert 31. 12. 02	12 000	12 000	
Rest-AfA	–	./. 5 000	
Abgang	./. 12 000	./. 7 000	
Buchwert 31. 12. 03	0	0	0
Zugang Juli 04	30 000	30 000	
./. RfE	13 000	6 000	(nur für Pkw)
verbleibende Anschaffungskosten	17 000	24 000	
./. AfA 04: 25 %			
für 6 Monate	4 250	3 000	
Buchwert 31. 12. 04	12 750	21 000 +	8 250
./. AfA 05: 25 %	4 250	6 000	
Buchwert 31.12.05	8 500	15 000 +	6 500

Kontenentwicklung Rücklage für Ersatzbeschaffung:	**lt. Firma €**	**lt. Bp[1] €**	**Berichtigung €**
Buchwert 31. 12. 03	28 000	18 000 ./.	10 000
./. Übertragung in 04	13 000	6 000	
./. Auflösung in 04		12 000	
Buchwert 31. 12. 04	15 000	0 ./.	15 000
Ausbuchung über Privateinlagen in 05	15 000	keine	
Buchwert 31. 12. 05	0	0	keine

1 Bp = Abkürzung für Betriebsprüfung

Kontenentwicklung Privatentnahmen in 04:	**lt. Firma €**	**lt. Bp €**	**Berichtigung €**
Buchung durch die Firma in 04	keine		
Die Überweisung der Versicherungsentschädigung auf ein privates Bankkonto in 04 hätte über Privatentnahmen gebucht werden müssen		28 000	+ 28 000

Kontenentwicklung Privateinlagen in 05:	**lt. Firma €**	**lt. Bp €**	**Berichtigung €**
Ausbuchung der verbleibenden Rücklage für Ersatzbeschaffung durch die Firma in 05	15 000		
Kein Ansatz in 05 durch Bp, da in 05 keine Privateinlagen vorliegen	keine		./. 15 000

Anmerkung: Die Darstellung der Kontenentwicklung für die Posten »Rücklage für Ersatzbeschaffung«, »Privatentnahmen« und »Privateinlagen« sind entbehrlich, jedoch übungshalber zur plausiblen Darstellung und Entwicklung dieser Posten u. U. recht sinnvoll.

2. Technische Darstellung:

a) Bilanzberichtigung und Gewinnberichtigung nach Bilanz-Methode:

Bilanzposten	Jahr 03		Jahr 04		Jahr 05	
	Berichtigung	GA	Berichtigung	GA	Berichtigung	GA
Fuhrpark			+ 8 250	+ 8 250	+ 6 500	+ 6 500
Sonst. Forderungen (Versicherungsanspruch)	+ 28 000	+ 28 000				
RfE	./. 10 000	+ 10 000	./. 15 000	+ 15 000		
Zwischensumme		+ 38 000		+ 23 250		+ 6 500
Folgewirkung		entf.		./. 38 000		./. 23 250
Zwischensumme		+ 38 000		./. 14 750		./. 16 750
Privatentnahmen			+ 28 000	+ 28 000		
Privateinlagen					./. 15 000	+ 15 000
Gewinnberichtigung		+ 38 000		+ 13 250		./. 1 750

b) Gewinnberichtigung nach GuV-Methode:

GuV-Posten	Jahr 03		Jahr 04		Jahr 05	
	Berichtigung	GA	Berichtigung	GA	Berichtigung	GA
Sonst. betrieblicher Aufwand	./. 40 000	+ 40 000				
AfA Pkw (alt)	+ 5 000	./. 5 000				
AfA Pkw (neu)			./. 1 250	+ 1 250	+ 1 750	./. 1 750
Sonst. betrieblicher Ertrag (Verdienstausfall)	+ 3 000	+ 3 000				
Sonst betriebliche Erträge (RfE-Auflösung)			+ 12 000	+ 12 000		
Gewinnberichtigung		+ 38 000		+ 13 250		./. 1 750

3. Erforderliche steuerliche Anpassungsbuchung (Angleichungsbuchung) im Jahre 06:

Fuhrpark 6 500 €
an Anfangs-Kapital 6 500 €

Lösung zu Übungsfall 16: Außenprüfung bei einem Einzelunternehmen

Die vom Buchhalter des S vorgenommenen »Angleichungsbuchungen« sind sämtlich unzutreffend.

Die **richtigen Buchungen** im Geschäfts- bzw. Wirtschaftsjahr 02 hätten lauten müssen:

2.1: Für die Anpassung des Warenbestands:
Anfangskapital 01. 01. 02 (oder »Quasi-Entnahme«) an Waren(Einkauf) 10 000 €

2.2: Für die Anpassung des Grund und Bodens:
Grund und Boden an Anfangskapital 01. 01. 02 (oder »Quasi-Einlage«) 3 000 €

2.3: Für die Anpassung der Garantierückstellungen:
Garantierückstellung an Anfangskapital 01. 01. 02 (oder »Quasi-Einlage«) 4 000 €

2.4: Hinsichtlich Entnahme und Umsatzsteuer:
Es handelt sich um Entnahmen des Jahres 01 und nicht des Jahres 02.
Eine Anpassungsbuchung ist hier nur bezüglich der Umsatzsteuer vorzunehmen mit:
Anfangskapital 01. 01. 02 (oder »Quasi-Entnahme«) an Umsatzsteuer 114 €

2.5: Für die Anpassung der Gewerbesteuerrückstellungen:
Anfangskapital 01. 01. 02 (oder »Quasi-Entnahme«) an Gewerbesteuerrückstellung 1 200 €

Damit ergeben sich folgende Bilanzberichtigungen:

Bilanzberichtigung	**01.01.02**	**02**	**03**	**04**
	€	**€**	**€**	**€**
Waren	./. 10 000			
Grund und Boden	entfällt, da bereits von S richtig angepasst			
Garantierückstellungen	entfällt, da bereits von S richtig angepasst			
Umsatzsteuer	entfällt, da bereits von S in richtiger Höhe mit 114 € angepasst; insoweit auch keine Berichtigung des Anfangskapitals 01.01.02, da durch die Buchung »Entnahme an Umsatzsteuer« das gleiche Ergebnis erzielt wurde			
Gewerbesteuer-Rückstellungen	+ 1 200	+ 1 200	+ 1 200	+ 1 200
Anfangs-Kapital (Saldo)	./. 11 200			
Entnahmen (WEK		./. 10 000		
Entnahmen (Löhne)		./. 600 (nur in Höhe des Differenzbetrags zwischen 714 € und 114 €)		

Bilanzberichtigung und Gewinnberichtigung nach Bilanz-Methode:

Erste Darstellungsmöglichkeit (für das Jahr 02 unter Einbeziehung des 01. 01. 02):

Bilanzposten	01. 01. 02		02		03		04	
	Berichtigung	GA	Berichtigung	GA	Berichtigung	GA	Berichtigung	GA
Waren	./. 10 000	./. 10 000						
Umsatzsteuer	+ / ./. 0	+ / ./. 0						
Gewerbesteuer-Rückst.	+ 1 200	./. 1 200	+ 1 200	./. 1 200	+ 1 200	./. 1 200	+ 1 200	./. 1 200
Zw.-Summe		./. 11 200		./. 1 200		./. 1 200		./. 1 200
Folgewirkung		entf.		+ 11 200		+ 1 200		+ 1 200
Zw.-Summe		./. 11 200		+ 10 000		+ / ./. 0		+ / ./. 0
Anf.-Kap.	+ 11 200	+ 11 200						
Entnahmen (WEK)			./. 10 000	./. 10 000				
Kapital 31. 12. 02 (»Quasi-Einlage« wegen Rückgängigmachung Betriebsteuer-Aufwand)			+ 3 000	./. 3 000				
Kapital 31. 12. 02 (»Quasi-Einlage« wegen Rückgängigmachung So. betr. Erträge)			+ 4 000	./. 4 000				
Entnahmen (Löhne)			./. 600	./. 600				
Gewinnberichtigung		+/– 0		./. 7 600		+ / ./. 0		+ / ./. 0

Anmerkung: Anstelle der Darstellung »Quasi-Einlagen wegen Rückgängigmachung des Betriebsteueraufwands von 3 000 € und der sonstigen betrieblichen Erträge 4 000 €« könnte insoweit zum 01.01.02 das Anfangskapital mit 7 000 € angesetzt werden, ohne dass gleichzeitig ein entsprechender Aktiv- bzw. Passivposten vorgesehen wird.

Zweite Darstellungsmöglichkeit (für das Jahr 02 nur Darstellung zum 31.12.02):

Bilanzposten	02		03		04	
	Berichtigung	GA	Berichtigung	GA	Berichtigung	GA
Waren	+ / ./. 0	+ / ./. 0				
Gewerbesteuer-Rückstellung	+ 1 200	./. 1 200	+ 1 200	./. 1 200	+ 1 200	./. 1 200
Zw.-Summe		./. 1 200		./. 1 200		./. 1 200
Folgewirkung		entf.		+ 1 200		+ 1 200
Zw.-Summe		./. 1 200		+ / ./. 0		+ / ./. 0
»Quasi-Entnahme«	+ 10 000	+ 10 000				
»Quasi-Entnahme«	+ 1 200	+ 1 200				
Entnahmen (WEK)	./. 10 000	./. 10 000				
Entnahmen (Löhne)	./. 600	./. 600				
Kapital 31. 12. 02 »Quasi-Einlagen« wie erste Darstellungsmöglichkeit	+ 7 000	./. 7 000				
Gewinnberichtigung		./. 7 600		+ / ./. 0		+ / ./. 0

Gewinnberichtigung nach GuV-Methode:

GuV-Posten	02		03		05	
	Berichtigung	GA	Berichtigung	GA	Berichtigung	GA
WES (aus Minderung AB)	./. 10 000	+ 10 000				
WES (aus Wegfall der Habenbuchung)	+ 10 000	./. 10 000				
Löhne	+ 600	./. 600				
Betriebsteuern	+ 3 000	./. 3 000				
so. betr. Erträge	./. 4 000	./. 4 000				
Gewinnberichtigung		./. 7 600				

Lösung zu Übungsfall 17: Außenprüfung bei einem Einzelunternehmen

Unbebautes Grundstück (Ziffer 2.1):

1. **Feststellungen des Vorprüfers:**

Der Vorprüfer hatte zu Recht Folgendes festgestellt:

- Der halbe Anteil des M an dem unbebauten Grundstück ist notwendiges Betriebsvermögen des M und hätte mit den anteiligen Anschaffungskosten aktiviert werden müssen.

Die anteiligen Anschaffungskosten des M betragen (§ 255 Abs. 1 HGB, H 6.2 (Anschaffungskosten) EStH):

Barpreis des Grundstücks	125 000 €
+ übernommene Grundschuld	30 000 €
+ Anschaffungsnebenkosten (insgesamt)	5 000 €
zusammen	160 000 €
davon Anteil des M	80 000 €

- Der halbe Anteil des M an der übernommenen Grundschuld ist ebenfalls notwendiges Betriebsvermögen des M und hätte anteilig mit 15 000 € passiviert werden müssen. Wegen der Verzinslichkeit unterblieb gemäß § 6 Abs. 1 Nr. 3 Satz 2 EStG eine Abzinsung der Schuld.
- Von den gezahlten Mieten hätten nur 500 € monatlich, d. h. 6 000 € jährlich als Aufwand bzw. Betriebsausgabe gebucht werden dürfen. Der auf das Sparkonto des M jeweils eingezahlte Betrag von monatlich 500 € (d. h. jährlich 6 000 €) hätte als Privatentnahme des M gebucht werden müssen.

  Zur Anpassung der Anfangsbilanz des Wirtschaftsjahres 02 hätte im Laufe des Jahres 02 folgende Anpassungsbuchung durchgeführt werden müssen:

Grund und Boden	80 000 €	
an Grundschuld-Verbindlichkeit		15 000 €
an Anfangs-Kapital 02		65 000 €

Für die Berichtigung der Privatentnahmen des Jahres 01 wegen der Einzahlungen auf das private Sparkonto des M ergibt sich im Jahre 02 keine Anpassungsbuchung, da sich durch diese Berichtigung keine Auswirkung auf das Kapital zum 31.12.01 ergab und somit auch keine Folgewirkung für das Wirtschaftsjahr 02 ergibt.

2. **Berichtigungen für die Wirtschaftsjahre 02 – 04:**

   Nach dem Tode seiner Ehefrau, d. h. ab 30.12.03, war M auch an der zweiten Hälfte dieses Grundstücks Eigentümer geworden, sodass ab diesem Zeitpunkt insoweit ebenfalls notwendiges Betriebsvermögen des M vorliegt. Das Gleiche gilt für die bisher auf die Ehefrau F entfallende anteilige Schuld in Höhe von 15 000 €. Durch die weiterhin in vollem Umfang betriebliche Nutzung fand zum 30.12.03 eine Einlage (§ 4 Abs. 1 Satz 7 EStG), sowohl der zweiten Hälfte des Grundstücks als auch der anteiligen Grundschuld statt.

   Die Einlagewerte zum 30.12.03 betragen (§ 6 Abs. 1 Nr. 5 EStG):

- für das **Grundstück** die ehemaligen Anschaffungskosten in Höhe von (1/2 von 160 000 € =) 80 000 €. Der anteilige Teilwert in Höhe von 100 000 € kommt nicht zum Ansatz, da die Anschaffung nicht länger als 3 Jahre zurückliegt (vgl. § 6 Abs. 1 Nr. 5 Satz 1 EStG),
- für die anteilige **Grundschuld** (1/2 von 30 000 € =) 15 000 €.

  Die Berichtigung der **Einlagen** beträgt insgesamt (saldiert für Grundstück und Grundschuld) 65 000 €. (Alternative Berichtigung: Einlagen + 80 000 €, Entnahmen + 15 000 €.)

  Bei den für die Zeit vom 01.01. bis 31.10.02 auf das private Sparkonto des M eingezahlten »Mietbeträgen« von monatlich 500 € (insgesamt 5 000 €) handelt es sich wie in den Vorjahren um Privatentnahmen (§ 4 Abs. 1 Satz 2 EStG), die den Gewinn nicht mindern dürfen.

3. **Zusammenfassend** ergeben sich folgende **Bilanzberichtigungen** und **Gewinnberichtigungen:**

Bilanzberichtigung und Gewinnberichtigung nach Bilanz-Methode:

Bilanzposten	01.01.02		02		03		04	
	Berichtigung	GA	Berichtigung	GA	Berichtigung	GA	Berichtigung	GA
Grund und Boden Grundschuld	+ 80 000 + 15 000	+ 80 000 ./. 15 000	+ 80 000 + 15 000	+ 80 000 ./. 15 000	+ 160 000 + 30 000	+ 160 000 ./. 30 000	+ 160 000 + 30 000	+ 160 000 ./. 30 000
Zw.-Summe Folgewirkung		+ 65 000 entf.		+ 65 000 ./. 65 000		+ 130 000 ./. 65 000		+ 130 000 ./.130 000
Zw.-Summe Anf.-Kap. 02 Entnahmen Einlagen (saldiert für Grundstück und Grundschuld)	 + 65 000	+ 65 000 ./. 65 000	 + 5 000	+ / ./. 0 + 5 000	 + 65 000	+ 65 000 ./. 65 000		
Gewinnber.		0		+ 5 000		0		0

Gewinnberichtigung nach GuV-Methode:

GuV-Posten	05		06		07	
	Berichtigung	GA	Berichtigung	GA	Berichtigung	GA
Mietaufwand M	./. 5 000	+ 5 000				
Gewinnberichtigung		+ 5000				

Warenbestand und Umsatzsteuer (Ziffer 2.2):

1. **Feststellungen des Vorprüfers:**
Da M bei Anzahlung der Warenlieferung am 10.12.01 hätte buchen müssen:

Anzahlung für Waren	5 950 €[a)]	
an Bank		5 950 €

[a)] ggf. 950 € als »noch nicht verrechenbare Vorsteuer gebucht«

ergaben sich zum 31.12.01 durch den Vorprüfer folgende Bilanzberichtigungen:

Anzahlung für Waren	+	5 950 €
Verbindlichkeiten	./.	5 950 €
Umsatzsteuer	+	1 900 €

Außerdem musste der Wareneinsatz zum 31.12.01 um 10 000 € gemindert werden. Somit hätte im Laufe des Jahres 02 folgende Anpassungsbuchung durchgeführt werden müssen:

Anzahlung für Waren	5 950 €	
Verbindlichkeiten	5 950 €	
an Umsatzsteuer		1 900 €
an Anfangs-Kapital		10 000 €

Bei Lieferung hätte am 05.01.02 gebucht werden müssen:

Wareneinkauf	10 000 €	
Vorsteuer	1 900 €	
an Anzahlung für Waren		5 950 €
an Bank		5 950 €

Die Zahlung der Umsatzsteuer am 15.12.02 hätte gebucht werden müssen:

Umsatzsteuer	1 900 €	
an Bank		1 900 €

2. **Berichtigungen für die Wirtschaftsjahre 02 bis 04:**
Mit Ausnahme der Umsatzsteuer ergeben sich zum Bilanzstichtag 31.12.02 aus dem Vorgang keine Bilanzberichtigungen, da sich die Fehler bezüglich der Anzahlungsverbuchung inzwischen bereinigt haben. Jedoch hat zum 31.12.02 auch keine Berichtigung der Umsatzsteuerschuld mehr zu erfolgen. Die durch den Vorprüfer festgestellte höhere Umsatzsteuerschuld zum 31.12.01 führte zwar zu einer höheren Umsatzsteuerschuld am 01. 01. 02. Dies hatte M jedoch in seiner Buchführung nicht nachvollzogen. Durch die Bezahlung der Umsatzsteuer am 15.12.02 und deren Buchung im Soll des Kontos »Umsatzsteuer« und damit als Schmälerung seiner Umsatzsteuerschulden, hätte er danach eigentlich in seiner Buchführung eine um 1 900 € zu niedrige Umsatzsteuerschuld ausgewiesen. Ebenso hatte M jedoch die Entstehung des Vorsteueranspruchs am 05. 01. 02 nicht gebucht, was seinerseits zu einer niedrigeren Umsatzsteuerschuld von 1 900 € geführt hätte. Somit wurde per Saldo doch noch die richtige Umsatzsteuerschuld zum 31.12.02 in seiner Buchführung erfasst, so dass in der Bilanz zum 31.12.02 keine Berichtigung der Umsatzsteuerschuld mehr erforderlich ist.
3. **Zusammenfassend** ergeben sich folgende **Bilanzberichtigungen** und **Gewinnberichtigungen:**

Bilanzberichtigung und Gewinnberichtigung nach Bilanz-Methode:

Bilanzposten	01. 01. 02		02		03 und 04	
	Berichtigung	GA	Berichtigung	GA	Berichtigung	GA
Anzahlung für Waren Verbindlichkeiten Umsatzsteuer	+ 5 950 ./. 5 950 + 1 900	+ 5 950 + 5 950 ./. 1 900				
Zw.-Summe Folgewirkung Anfangs-Kapital 02	 + 10 000	+ 10 000 entf. ./. 10 000		 ./. 10 000 		
Gewinnberichtigung		0		./. 10 000		

Gewinnberichtigung nach GuV-Methode:

GuV-Posten	02		03		04	
	Berichtigung	GA	Berichtigung	GA	Berichtigung	GA
Wareneinsatz	+ 10 000	./.10 000				
Gewinnberichtigung		./. 10 000				

Literaturverzeichnis

Adler/Düring/Schmaltz, Rechnungslegung und Prüfung der Unternehmen, 6. Auflage
Aisenbrey, W./Weinläder, H., Entnahme aus dem gewillkürten Betriebsvermögen, DB 1986, 934
Arndt, Hans-Wolfgang, Zur Abgrenzung des Betriebsvermögens vom Privatvermögen, Steuer-Stud 1989, 221
Ballwieser, Ist das Maßgeblichkeitsprinzip überholt?, BFuP 1990, 477
Baumbach/Hopt, Kommentar zum Handelsgesetzbuch, 37. Auflage
Bauschatz, Vermögensübertragung gegen wiederkehrende Leistungen nach dem dritten Rentenerlass, KöSDI 2005, 14596
Beck'scher Bilanzkommentar (BeBiKo), 9. Auflage
Blümich, EStG/KStG/GewStG (Loseblatt)
Coenenberg, Adolf-Gerhard, Jahresabschluss und Jahresabschlussanalyse, 22. Auflage
Crezelins/Fischer/Runge/Stephan, Ertragsteuerliche Probleme mit Renten, dauernden Lasten und Nießbrauch, Stbg 1996, 193 und 251
Dehmer, NWB Fach 18, 2803 f.
Döllerer, Georg, Verdeckte Einlagen bei der AG, BB 1971, 1245
Erman, Walter, BGB, 14. Auflage
Felix, Güther, Notwendiges Privatvermögen und notwendiges Betriebsvermögen; DStR 1964, 307 und 339
Geßler, Kommentar zum Akiengesetz (Loseblatt)
Groh, Manfred, Die vorweggenommenen Erbfolge – ein Veräußerungsgeschäft?, DB 1990, 2187
Hayn/Waldersee/Benzel, HGB und Steuerbilanz im Vergleich, 2. Auflage
Herrmann/Heuer/Raupach, Kommentar zum EStG und KStG (Loseblatt)
Herzig/Briesemeister, Steuerliche Konsequenzen aus BilMoG-Deregulierung und Maßgeblichkeit, DB 2009, 926
Hörger, Hilmar, Ertragsteuerliche Behandlung der Erbengemeinschaft und ihrer Auseinandersetzung, DStR 1993, 37
Hörger/Stephan/Pohl, Unternehmens- und Vermögensnachfolge, 3. Auflage
Horschitz, Harald, Die Betriebsaufspaltung, SteuerStud 1983, 102
Horschitz/Groß/Lahme/Zipfel, Erbschaft- und Schenkungssteuer, Bewertungsrecht, Finanz und Steuern, Band 13, 18. Auflage
Jauernig, Othmar, Bürgerliches Gesetzbuch (BGB), Kommentar, 16. Auflage
Kirschbaum, Jürgen, Wertsteigernde Maßnahmen an einem zu veräußernden Grundstück des Anlagevermögens und deren Auswirkungen auf die Vergünstigung nach § 6b EStG, in Festschrift für Walter Maier, Stuttgart 2012.
Klauss/Mittelbach, Die stille Gesellschaft
Knapp, Lotte, Mieteinbauten und -umbauten sowie Gebäude auf fremdem Grund und Boden in der Handelsbilanz, BB 1975, 1103
Knobbe-Keuk, Brigitte, Bilanz- und Unternehmenssteuerrecht, 9. Auflage
Küting/Pfitzer/Weber, Das neue deutsche Bilanzrecht, 2. Auflage
Küting/Pfitzer/Weber, Handbuch der Rechnungslegung Einzelabschluss, 5. Auflage (Loseblatt)
Ley, Die nicht abziehbaren Schuldzinsen nach § 4 Abs. 4 a EStG, NWB F3, 11167
Littmann/Bitz/Pust, Das Einkommensteuerrecht (Loseblatt)
Marx, Franz Jürgen, Der Wesentlichkeitsgrundsatz in der steuerrechtlichen Gewinnermittlung, FR 2011, 267
Münchener Kommentar, Kommentar zum BGB, Band 4, 6. Auflage, 2013
Müncks, Hanns H., Die Bundesanleihen
Neufang, Vermögensübergabe gegen Versorgungsleistungen im Blickwinkel des JStG 2008, StBG 2007, 18
Niehues, Abschreibungen bei Mietereinbauten, DB 2006, 1234
Obermeier, Arnold, Ertragsteuerliche Behandlung der vorweggenommenen Erbfolge, DStR 1993, 77
Palandt, Kommentar zum BGB, 74. Auflage
Piltz, Detlev-Jurgen, Aktivierung von Wirtschaftsgütern ohne rechtliches oder wirtschaftliches Eigentum?, DB 1075, 2054

Raupach, Arndt, Koreferat zum Referat von Döllerer, JbFfSt 1980/81, 263
Schmidt, Ludwig, Einkommensteuergesetz, Kommentar, 34. Auflage
Schneeloch, Dieter, Die Grundsätze der Maßgeblichkeit, DStR 1990, 51
Soergel, Hans-Theodor, Kommentar zum BGB, 13. Auflage
Spiegelberger, Versorgungsrenten im Rahmen der vorweggenommenen Erbfolge, ErbStB 2003, 13
Stadie, Holger, Zur Einlage von Nutzungsrechten in das Betriebsvermögen, DB 1984, 578
Strahl, Wirtschaftliches Eigentum bei Gebäuden auf fremdem Grund und Boden und Mietereinbauten, FR 2003, 447
Tiedtke, Klaus, Unfallkosten als Betriebsausgaben und Werbungskosten FR 1978, 493
Tipke/Kruse, Abgabenordnung, Finanzgerichtsordnung, Kommentar (Loseblatt)
Theilacker, Vorweggenommene Erbfolge im ESt-Recht, 1993
Trzasklalik, Christoph, Nutzungsrechte im Einkommensteuerrecht, StuW 1983, 126
Valentin, Hinzurechnung nicht abziehbarer Schuldzinsen i. S. d. § 4 Abs. 4 a EStG, EFG 2005, 264
Wenzig, Herbert, Die Teilwertermittlung eines Grundstücks, StBP 1985, 265
Wuttke, Ralf, Bilanzberichtigung – Bilanzzusammenhang – Bestandskraft, DStR 1982, 607
Zenthöfer, Wolfgang, Nießbrauch, Wohnrecht und obligatorische Nutzungsrechte an privaten Grundstücken, FR 1985, 113 und 141
Zenthöfer, Wolfgang, Einkommensteuer, Finanz und Steuern Band 3, 11. Auflage
Zimmermann/Hottmann/Kiebele/Schaeberle/Scheel, Die Personengesellschaft im Steuerrecht, 11. Auflage

Stichwortregister

D

K

L

M

Z